Dicionário Ilustrado Houaiss

OBJETIVA

HOUAISS

Dicionário Ilustrado Houaiss

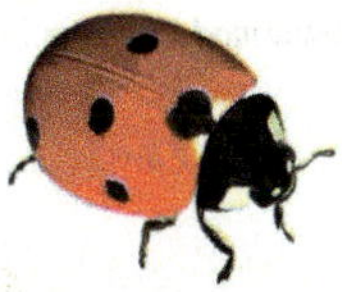

Integralmente adaptado ao acordo ortográfico

OBJETIVA

HOUAISS

Editora Objetiva Ltda.
Rua Cosme Velho, 103
Rio de Janeiro RJ CEP 22241-090
Tel.: (21) 2199 7824 Fax: (21) 2199 7825

www.objetiva.com.br

Editora Moderna Ltda.
Rua Padre Adelino, 758
São Paulo SP CEP 03303-904
Tel.: (11) 2790 1300 Fax: (11) 2790 1501

www.moderna.com.br

CIP-BRASIL. CATALOGAÇÃO-NA-FONTE
SINDICATO NACIONAL DOS EDITORES DE LIVROS, RJ

H83d
Houaiss, Antonio, 1915-1999
Dicionário Houaiss ilustrado : integralmente adaptado ao acordo ortográfico / [diretor do projeto Mauro de Salles Villar ; desenvolvimento e coordenação Laura do Carmo]. – Rio de Janeiro : Objetiva, 2010.
il.color.
ISBN 978-85-390-0038-8
1. Língua portuguesa - Dicionários infanto-juvenis. I. Villar, Mauro, 1939-. II. Carmo, Laura do. III. Título
09-4993 CDD: 469.3
CDU: 811.134.3(81)(038)

EQUIPE EDITORIAL

DIRETOR DE PROJETO
Mauro de Salles Villar

GRUPO EDITORIAL
Laura do Carmo
(desenvolvimento e coordenação)
Maria Elisa Luiz da Silveira
(desenvolvimento e redação)
Rita de Cassia Marinho Bueno de Abreu
(desenvolvimento e redação)
Silvia Oliveira da Rosa
(desenvolvimento e redação)
Elisabeth Lissovsky
(redação)
Magda Carlos Cascardo
(redação)
Maria Clara A. Jeronimo
(revisão e acompanhamento editorial)

DIREÇÃO DE ARTE
Susan Johnson
(projeto gráfico e diagramação)

CAPA
Carolina Vaz

ILUSTRADORES
Flávio Hugo Castanhola Tavares
Aguinaldo de Almeida da Silva
Wasteresley Moraes Costa Lima
Francisco Ferreth
Daniel Kondo (*ilustrações de caju, peteca e vulcão*)

CRIAÇÃO DA TIPOLOGIA HOUAISS©
Rodolfo Capeto

INFORMATIZAÇÃO
João Rodrigo de Mello Franco

REVISORA
Maria Isabel Sampaio Newlands

EDITORAÇÃO
Susan Johnson
Cecília Jucá de Hollanda
Nathalia Barone
Augusto Erthal

PESQUISA E AQUISIÇÃO DE IMAGENS
Maryanne Linz

FOTOS DE
Getty Images, Keystone, Stock Photos, ImagePlus, Opção Brasil Imagens e Futura Press

RECORTE DAS IMAGENS
Trio Studio

Sumário

Apresentação

1 A DEFINIÇÃO.

Neste dicionário, as definições das palavras respondem às perguntas "que quer dizer?", "o que é?", "para que serve?", "como funciona?", "como é usado?" etc., utilizando como resposta ora frases inteiras que referem as próprias experiências concretas da vida cotidiana do jovem leitor, ora excertos adaptados de notícias e informações que permeiam a imprensa, a internet e os seus livros didáticos.

Tais definições utilizaram técnicas lexicográficas contemporâneas, mais frequentemente o método frástico, que as extrai de frases do próprio grupo etário do leitor. Isso foi mesclado com outras definições de ordem parafrástica, mais próxima do que os alunos encontrarão nos dicionários dos adultos, uma vez que o presente *Dicionário Houaiss Ilustrado* faz de ponte entre os dicionários infantis e aqueles que eles irão utilizar no futuro e que lançam mão da metalinguagem nas definições, que é mais abstrata.

Nas nossas definições foram sempre empregadas palavras que podem ser encontradas no próprio dicionário, como entrada autônoma, em locuções ou como cognatos.

2 AS ENTRADAS.

A lista de nossos verbetes levou em consideração o universo vocabular infantojuvenil, especialmente da faixa de nove e dez anos, captado em seus livros de estudo e de recreação. Esses dados foram cruzados com as entradas encontradas em outros dicionários destinados a essa faixa etária. Foram acrescentadas ainda palavras que extrapolam o vocabulário dessa idade, mas que estão presentes em textos didáticos ou mesmo nos meios de comunicação. Do levantamento, resultaram 6.711 entradas e 378 locuções.

3 A FONTE.

Houaiss© foi a fonte utilizada. Os verbetes estão impressos com corpo 14 nos cabeços, 9,5 nas entradas, 9 nas definições e 9 nos acréscimos com dados gramaticais.

4 A ILUSTRAÇÃO.

Com desenhos de cores e traços alegres e comunicativos, conjugados a fotografias, as ilustrações cumprem a função de facilitar o entendimento de certos conceitos. O dicionário tem 345 ilustrações.

Todos os verbetes ilustrados vêm com uma seta – ▲▼◄►◢◤◣◥ – que indica onde está a sua ilustração. Quando o verbete tiver mais de uma acepção, uma legenda estabelece a relação entre o desenho ou fotografia e essa acepção.

acerola ▼ (a-ce-ro-la) *subst.fem.* Fruta pequena, redonda, avermelhada quando madura, rica em vitamina C.

5 OS DADOS GRAMATICAIS.

Este dicionário acrescenta à estrutura básica do verbete certas informações gramaticais, adequadas ao ensino dos quarto e quinto anos escolares.

5.1 Indica-se a divisão da palavra da entrada em **sílabas** e a **sílaba tônica** vem marcada em letras coloridas.

5.2 Informa-se a ortoépia da palavra nos seguintes casos:

- Tônicas fechadas ***ê*** e ***ô***, quando não expressamente acentuadas, como em **abelha** \ê\ e **acordo** \ô\.
- Timbre aberto das vogais ***e*** e ***o*** dos ditongos que deixaram de ser acentuados graficamente, como **alcateia** \éi\ e **joia** \ói\.
- Pronúncia do ***u*** nas combinações *gue, gui, que, qui*, anteriormente sinalizada pelo trema. Assim: \güe\, \güi\, \qüe\, \qüi\.
- Sons da letra *x*, no caso de esta valer por \cs\, \ss\ ou \z\.
- Possibilidades de mais de uma pronúncia para a mesma palavra, como **liquidificador** \qui ou qüi\.
- No caso de palavras compostas com hífen, não incluímos a sua ortoépia, por estar ela registrada na palavra formante desse composto.

5.3 A seguir, o verbete informa a **classe gramatical** da entrada. As classes de uso mais comuns estão abreviadas. Para identificar o significado das abreviações, há uma lista delas na p. xvii.

5.3.1 Este dicionário seguiu a orientação da 5ª edição do *Vocabulário ortográfico da língua portuguesa*, da Academia Brasileira de Letras, além de sua errata e demais aditamentos, mesmo no caso das palavras compostas que tinham conectivos e perderam os hifens. Classificamo-las de substantivos, adjetivos etc., por não terem perdido sua natureza substantiva ou adjetiva etc., embora consideremos que, quanto à forma, elas tenham passado a locuções.

5.4 Registra-se o **plural** das palavras terminadas em *-ão*, das palavras compostas e todos os outros que não se formam apenas com o acréscimo do *s* (papéis, dores, jovens etc.). O plural de palavras que tenham a acentuação gráfica alterada, como *pólen*, cujo plural é *polens*, também foi indicado.

5.4.1 Registram-se também, como subentradas, plurais com sentido próprio:

miúdo (mi-ú-do) *adj.* **1** Muito pequeno. *A letra era tão **miúda** que ninguém conseguia ler.* **miúdos** *subst. masc.pl.* **2** Órgãos internos de animais, usados como alimento. Fígado, rins, moela etc. são **miúdos**. *André adora farofa com **miúdos** de galinha.*

5.5 Informa-se o **feminino** de algumas palavras, quando sua formação é irregular ou oferece alguma dificuldade.

5.5.1 Não se dá entrada ao **feminino** de palavras que têm entradas no masculino, a não ser que se trate de vocábulo com outras acepções registráveis na forma feminina (por exemplo, **pato** e **pata**), ou quando se tratar de feminino que possa oferecer alguma dificuldade. Os femininos em tais casos podem entrar como verbetes autônomos, mas para isso têm de estar afastados um do outro por três ou mais verbetes intermediários, como ocorre em **ator** e **atriz**.

5.5.2 Os **masculinos** de substantivos femininos serão indicados em alguns casos especiais.

madrasta (ma-dras-ta) *subst.fem.* Se o seu pai se casa com outra mulher que não é a sua mãe, essa mulher é sua **madrasta**. [Masc.: *padrasto*.]

5.6 Informa-se o **grau superlativo** de adjetivos e advérbios cuja formação não seja apenas o acréscimo do sufixo *-íssimo* ao radical da palavra e, entre esses, os que tenham produtividade na língua.

feroz (fe-roz) *adj.masc.fem.* **1** Um animal **feroz** pode atacar e ferir. *O leão é um animal **feroz**.* **2 Feroz** também é o que dá medo, porque é cruel ou porque é muito bravo. *O adversário tinha um olhar **feroz**.* [Pl.: *ferozes*. Superl.absol.: *ferocíssimo*.]

5.6.1 No caso de o adjetivo ou advérbio possuírem o superlativo absoluto sintético de formação irregular e regular, acrescentaram-se as duas formas.

cruel (cru-el) *adj.masc.fem.* **1** Alguém **cruel** tem prazer em maltratar os outros. *O reino sofria com seu rei **cruel**.* **2** Cheio de sofrimento ou infeliz. *A princesa reclamava de seu destino **cruel**.* [Pl.: *cruéis*. Superl.absol.: *cruelíssimo, crudelíssimo*.] ~ **crueldade** *subst.fem.*

5.7 O dicionário registra **aumentativos** e **diminutivos** irregulares, assim como alguns **coletivos**. Não coletivos exóticos, mas apenas aqueles que fazem parte dos conteúdos ensinados nas escolas nos quarto e quinto anos do ensino fundamental. Também não foram registrados coletivos formados por sufixos que indiquem acúmulo, como, por exemplo, **-eiro**/**-eira** (vespeiro, formigueiro, buraqueira, piolheira), **-ada** (porcada, piolhada), **-al** (laranjal, milharal).

nariz (na-riz) *subst.masc.* Parte do rosto que fica acima da boca e por onde a gente respira e sente cheiros. [Pl.: *narizes*. Aument.: *narigão*.] ☛ Ver ilustração na p. 478.

estátua (es-tá-tua) *subst.fem.* Escultura que representa, em três dimensões, figuras humanas ou de animais ou de seres imaginários, como deuses e anjos. *Na praça há uma **estátua** de Tiradentes.* [Dimin.: *estatueta*.]

cão *subst.masc.* É o mesmo que cachorro. [Pl.: *cães*. Fem.: *cadela*. Col.: *matilha*. Aument.: *canzarrão*.]

5.8 Se a **informação gramatical** referir-se a uma acepção apenas, ela virá entre colchetes, ao fim da acepção.

galo (ga-lo) *subst.masc.* **1** Ave doméstica, de bico pequeno, crista vermelha, asas curtas e largas e rabo com longas penas coloridas. [Fem.: *galinha*.] **2** *informal* Calombo causado por pancada forte na cabeça ou na testa.

5.8.1 Se a informação referir-se a várias acepções, ela será registrada ao final do verbete, entre colchetes coloridos.

colher (co-lher) *subst.fem.* **1** Talher com uma ponta arredondada e funda, usado para misturar, servir e para levar alimentos líquidos à boca. **2** Também chamamos de **colher** o que esse talher é capaz de conter. *A receita dizia para colocarmos três **colheres** de açúcar.* **dar uma colher de chá** *informal* Se alguém lhe **dá uma colher de chá**, deixa as coisas mais fáceis para você. [Pl.: *colheres*. Dimin.: *colherinha, colherzinha*.]

6 SINÔNIMOS E ANTÔNIMOS.

Grande número de verbetes registra-os para uma ou mais acepções ou então para todo o verbete. A inclusão dessas informações cumpre a função de estender os conceitos analisados um pouco além de seu campo de significação (sinonímia), eventualmente completando o esclarecimento prestado com a indicação do seu oposto semântico (antonímia).

6.1 Os **sinônimos** e/ou **antônimos** relativos a determinada acepção apenas são registrados imediatamente após a mesma, dentro de colchetes.

corajoso (co-ra-jo-so) \ô\ *adj.* As pessoas **corajosas** não se importam de enfrentar perigos e não demonstram medo em situações difíceis ou perigosas. [Sinôn.: *valente*. Antôn.: *covarde, medroso*.]

6.2 Os **sinônimos** e/ou **antônimos** relativos a mais de uma acepção foram registrados no final do verbete, entre colchetes coloridos.

erguer (er-guer) *verbo* **1** Mover de baixo para cima, colocar num lugar alto. *Quem quer falar precisa **erguer** o braço. **Ergui** os olhos para ver melhor.* **2** Colocar na posição vertical. ***Erga** a cabeça e vá em frente.* [Sinôn.: *levantar*.] **3** Construir prédio, casa etc. **4** **Erguer** a voz é falar mais alto, mais forte. **5** Aparecer, surgir. *O Sol se **erguia** por trás da montanha.* [Sinôn. geral: *elevar*. Antôn. geral: *abaixar*.]

7 LOCUÇÕES.

As locuções afins à entrada vêm em seguida às definições, em letras coloridas.

maçã (ma-çã) *subst.fem.* Fruta arredondada, de casca fina, vermelha ou verde, polpa quase branca e caroços pequenos. **maçã do rosto** Parte mais alta que fica em cima da nossa bochecha. ~ **macieira** *subst.fem.*

8 ENTRADAS MÚLTIPLAS.

Foram usadas no dicionário, no caso de se tratar de variantes de curso habitual na língua. A divisão silábica de ambas as palavras é fornecida, assim como sua sílaba tônica.

acordeão ou **acordeom** (a-cor-de-ão; a-cor-de-om) *subst.masc.* MÚS Instrumento musical que tem, de um lado, um pequeno teclado e, do outro, uma série de botões. O **acordeão** tem duas alças e é colocado como uma mochila, só que na frente. [Pl.: *acordeões; acordeons*.] ☛ Ver ilustração na p. 494. ~ **acordeonista** *subst.masc.fem.*

9 PALAVRAS DE GRAFIAS PARECIDAS.

O dicionário alerta para possíveis confusões entre parônimos.

cavaleiro (ca-va-lei-ro) *subst.masc.* Homem que anda a cavalo. ☛ Não confundir com *cavalheiro*.

cavalheiro (ca-va-lhei-ro) *subst.masc.* **1** Homem muito educado e gentil. *Fred sempre ajuda as senhoras do prédio, é um **cavalheiro**.* **2** Homem que faz par com a mulher, em uma dança. *Na quadrilha, a professora vai dizer: **cavalheiro** em frente à dama.* [Fem.: *dama*.] ☛ Não confundir com *cavaleiro*.

10 PALAVRAS HOMÔNIMAS HOMÓGRAFAS HOMÓFONAS.

Neste caso, um algarismo alceado à esquerda foi usado para cada entrada autônoma, e a origem de cada um dos vocábulos foi informada, de modo a esclarecer a razão de suas entradas serem independentes.

[1]**colar** (co-lar) *subst.masc.* Enfeite que se usa no pescoço. [Pl.: *colares*.]

Colar veio do latim *collare*, que também quer dizer "enfeite para o pescoço".

[2]**colar** (co-lar) *verbo* **1** Grudar uma coisa na outra com cola. **2** **Colar** também é ficar bem perto de alguma coisa ou de alguém. *Se você **colar** no para-choque do carro da frente, pode causar um acidente.* **3** *informal* **Copiar** escondido as respostas de uma prova, um teste ou um exercício de outra pessoa ou de um papel. *Quem **colar** na prova será retirado da sala.* [Sinôn. para 1 e 2: *grudar*. Antôn. para 1 e 2: *descolar, desgrudar*.]

O verbo **colar** veio da palavra *cola*.

11 COGNATOS.

As palavras cognatas do vocábulo da entrada cujo sentido seja depreensível do deste foram acrescentadas no final do verbete com sua respectiva classe gramatical, antecedidos do símbolo ~.

cochichar (co-chi-char) *verbo* Falar bem baixinho, geralmente um segredo. [Sinôn.: *sussurrar*.] ~ **cochicho** *subst.masc.*

12 INFORMAÇÕES DE USO.

Em muitos verbetes, informações gerais ou gramaticais sobre o seu uso são prestadas imediatamente após a acepção a que se referem, ou no final do verbete, caso abranjam todo o seu conteúdo. Essas informações vêm antecedidas do símbolo ☛, para uma acepção, ou ☛, para mais de uma acepção.

amigo (a-mi-go) *adj.* **1** Uma pessoa **amiga** é alguém que você conhece bem e de quem gosta, mas não é seu parente. ☛ Neste sentido, esta palavra pode ser usada como subst.: *Tenho muitos **amigos**.* **2** Gestos, palavras, conselhos **amigos** expressam amizade, conforto, geralmente porque vêm de um **amigo**. **3** Países e povos são **amigos** quando se ajudam sem criar problemas uns para os outros. **amigo oculto** **1** Espécie de sorteio em que cada participante recebe em segredo o nome de outro a quem deve dar um presente. *Eliaquim vai participar do **amigo oculto**.* **2** Cada pessoa que participa desse sorteio. *A minha **amiga oculta** é a Élida.* **amigo secreto** É o mesmo que amigo oculto. [Antôn. geral: *inimigo*. Superl.absol.: *amicíssimo*.]

universo (u-ni-ver-so) *subst.masc.* **1** Conjunto de tudo o que existe. *O **Universo** é infinito.* **2** Sistema solar. *O Sol é o centro do **Universo**.* **3** Qualquer ambiente ou meio. *O **universo** teatral encanta muitos atores.* ☛ Em 1 e 2, primeira letra maiúscula.

13 CURIOSIDADES.

Curiosidades sobre a **origem** de certas palavras, **informações** enciclopédicas, **sugestões** de *sites* (oficiais) para pesquisa fazem parte deste dicionário. Estas informações buscam a interação do dicionário com os jovens consulentes, incentivando de forma lúdica o aprofundamento de certos temas, e vêm antecedidas do símbolo ➜, para o saiba mais, ou ✎, para a origem da palavra.

deputado (de-pu-ta-do) *subst.masc.* **1** Quem recebeu poder para representar outras pessoas em reuniões. **2** Os **deputados** são eleitos para representar o povo de um estado por quatro anos, no próprio estado ou junto ao governo federal.

➜ Visite o *site* http://www.plenarinho.gov.br/ e fique sabendo quem são e o que fazem os deputados federais.

itororó (i-to-ro-ró) *subst.masc.* Pequena cachoeira.

✎ A palavra **itororó** é formada de duas palavras tupis: *i*, que quer dizer "água, rio", e *tororó*, que quer dizer "barulhento". Daí o significado cachoeira, que é uma água que faz barulho.

14 PALAVRAS DE LÍNGUA ESTRANGEIRA.

O dicionário evitou incluí-las, mas não deixou de registrar aquelas que fazem parte do cotidiano dos consulentes, como, por exemplo, as da área da informática. Em tais verbetes, no campo das informações gerais, indica-se a pronúncia aproximada da palavra.

site *subst.masc.* INF Palavra inglesa que significa página ou conjunto de páginas na internet. Nos ***sites***, você encontra informações sobre um assunto, na forma de texto, foto, vídeo, música etc. *Hoje em dia muitas empresas e escolas têm **sites**.* ☛ Pronuncia-se *sáit*.

15 ACEPÇÕES INFORMAIS E REGIONALISMOS.

Registraram-se algumas vezes acepções informais (gíria, coloquialismos) de determinadas entradas, quer por ser seu sentido muito usual entre as crianças, quer pela necessidade de não fugir o dicionário de sua função de registrar a língua sem julgamentos de valor. Também se averbaram palavras e acepções regionais. Tais registros aparecem claramente informados nos verbetes em que ocorrem.

boia ▼ (boi-a) \ói\ *subst.fem.* **1** Objeto que flutua na água e serve para ajudar as pessoas a não afundar. As **boias** também são usadas para indicar um caminho ou um obstáculo no mar. *Os novatos na aula de natação usavam **boias** no braço.* **2** *informal* Refeição. *A **boia** hoje está gostosa lá em casa.*

taperebá (ta-pe-re-bá) *subst.masc.* **1** É o mesmo que cajá, no Norte do Brasil. **2** **Taperebá** também é outro nome do imbu.

16 RUBRICAS TEMÁTICAS.

Sua presença nos verbetes sinaliza que o dicionário preocupa-se em definir palavras de diferentes áreas do conhecimento, bem como mostrar ao aluno que alguns sentidos são específicos dessas áreas. Para identificar o significado das abreviações, há uma lista delas na p. xvii.

harmonia (har-mo-ni-a) *subst.fem.* **1** Combinação perfeita ou agradável entre objetos, cores, sons, pessoas etc. *Os móveis estavam em* ***harmonia*** *com os quadros. O casal vivia em* ***harmonia****, sempre conversando.* **2** MÚS Combinação de sons que acompanham uma melodia. ~ **harmônico** *adj.* **harmonioso** *adj.*

meridiano (me-ri-di-a-no) *subst.masc.* GEOG Cada uma das linhas imaginárias que é traçada na vertical do globo e que passa pelos dois polos. ☛ Ver ilustração na p. 482. ~ **meridional** *adj.masc.fem*

17 REMISSÕES.

Há remissões para outros verbetes quando os sentidos se complementam ou quando há uma ilustração que clarifica a descrição feita em palavras no verbete. Além disso, há remissões para os anexos (quadros, tabelas etc.) e páginas temáticas que ficam no final do dicionário. Neste caso, a remissão será para a página em que está o anexo.

capital (ca-pi-tal) *subst.fem.* **1** Cidade onde se situa o governo de um estado ou país. *Cairo é a* ***capital*** *do Egito. Vitória é a* ***capital*** *do Espírito Santo.* ☛ Ver tabelas nas p. 502 e 503. *subst.masc.* **2** O dinheiro, as riquezas que uma pessoa possui é o seu **capital**. *A empresa não está com* ***capital*** *suficiente para comprar novos carros.* [Pl.: *capitais.*]

lixão (li-xão) *subst.masc.* Local onde o lixo de uma cidade é depositado, geralmente sem nenhum cuidado para proteger o meio ambiente e a saúde das pessoas que vivem perto desse lugar. [Pl.: *lixões.*] ☛ Ver *aterro sanitário.*

18 PÁGINAS TEMÁTICAS.

São ilustrações geralmente de página dupla, ao final do dicionário, que agrupam uma série de elementos que pertencem a um tema comum. As temáticas escolhidas atendem aos interesses da faixa etária do nosso público, entre elas o corpo humano, o mapa do mundo, os biomas brasileiros, o espaço urbano, o espaço rural, acidentes geográficos, esportes, instrumentos musicais, dinossauros, figuras geométricas e cores. Os verbetes correspondentes fazem remissão a estas páginas.

triângulo (tri-ân-gu-lo) *subst.masc.* **1** MAT Figura geométrica que tem três lados. *Na bandeira de Minas Gerais há o desenho de um* ***triângulo****.* ☛ Ver ilustração na p. 498. **2** MÚS Instrumento musical feito de metal e com forma triangular. O **triângulo** é tocado com uma vareta de metal. *Luís toca* ***triângulo*** *numa banda de forró.* ☛ Ver ilustração na p. 494.

19 TABELAS E QUADROS.

Ao final deste dicionário, apresentam-se quadros e tabelas com algarismos e numerais, unidades de medida, estados do Brasil e suas capitais, gentílicos, alguns grupos indígenas brasileiros e o lugar em que vivem, países, nacionalidades e suas capitais e ainda uma versão abreviada da Declaração dos Direitos da Criança.

Como usar este dicionário

ESTE DICIONÁRIO foi feito pensando em você que começa a dominar a linguagem escrita. Queremos que ele ajude a ampliar seu vocabulário e contribua para melhorar a compreensão dos textos lidos ou ouvidos, dentro ou fora da escola. Desejamos que este livro seja uma rica fonte de consulta para as suas necessidades como falante da língua.

O que se espera de um dicionário, e é a sua função mais importante, é que seja possível encontrar nele os principais significados da palavra que estamos consultando. Mas, além das definições, há aqui exemplos de como usá-las, sinônimos e antônimos, informações gramaticais, como plurais, alguns femininos ou masculinos, formas de uso, variações de grafias, origem de algumas palavras etc. Nosso objetivo é estimular a sua curiosidade a respeito do universo das palavras e, através dele, fazer com que você possa compreender melhor o mundo em que vivemos. Por isso, algumas vezes sugerimos pesquisas em outras fontes ou associamos o tema a outros conteúdos ou verbetes.

As ilustrações ajudam na compreensão das definições, tornando os conceitos e as descrições mais concretos e familiares. Alguns verbetes propõem a consulta de tabelas e ilustrações temáticas, encontradas no final do livro com variadas informações sobre diversos assuntos.

Agora, vamos aprender como localizar as palavras neste dicionário e aproveitá-lo ao máximo.

Digamos que você queira procurar a palavra **domínio.** Observe que nas margens das páginas há uma linha com o alfabeto; ela nos ajuda a lembrar a ordem alfabética. A letra com cor em volta indica que todas as palavras desta página começam com a letra marcada. Encontre a letra **d.** Leia também as palavras que estão no alto da página, elas iniciam e terminam a página. Você deve se guiar por elas até encontrar a palavra que você procura, sempre observando a ordem alfabética.

Vamos chamar de **verbete** o conjunto das informações sobre a palavra que você procura, que passaremos a chamar de **entrada.**

domar | 146 | drible

D

domar (do-mar) *verbo* Treinar um animal para ele ficar manso e obediente. *Antônio **domava** os cavalos da fazenda.* [Sinôn.: *domesticar*.]

domesticar (do-mes-ti-car) *verbo* É o mesmo que domar.

doméstico (do-més-ti-co) *adj.* **1** Tudo que faz parte da casa e da família é chamado de **doméstico**. *Carol gosta de fazer trabalhos **domésticos**.* **2** Animal **doméstico** é aquele que vive junto às pessoas. Cachorros, gatos e galinhas são animais **domésticos**.

dominar (do-mi-nar) *verbo* **1** Ter poder ou grande influência sobre pessoas, nações etc. *O imperador **domina** seu país. O medo **domina** as pessoas.* **2** Conhecer muito bem. *Marco **domina** alguns golpes de caratê.*

domingo (do-min-go) *subst.masc.* Primeiro dia da semana, entre sábado e segunda-feira.

domínio (do-mí-nio) *subst.masc.* **1** Controle sobre alguém ou alguma coisa. *Mantinha os filhos sob seu **domínio**. Aos poucos recuperou o **domínio** da situação.* **2** Conjunto de terras, de propriedades que pertence a alguém. *Nos seus **domínios** se considerava um rei.*

dominó ▼ (do-mi-nó) *subst.masc.* **1** Conjunto de 28 peças retangulares, com pontos redondos de um a seis desenhados em cada metade, formando combinações. **2** Jogo com essas peças. *O campeonato de **dominó** foi disputado por duplas.*

dono (do-no) *subst.masc.* Pessoa que possui alguma coisa. Pode ser um objeto, um animal, uma loja etc. *O **dono** da padaria é o seu Manuel.* [Sinôn.: *proprietário*.] **dona de casa** Mulher que, todos os dias, faz os trabalhos de uma casa, como arrumar, lavar e cozinhar.

dor \ô\ *subst.fem.* **1** Sensação física desagradável, causada por um machucado, choque, doença etc. **2** Quando acontece algo que deixa você triste, magoado ou infeliz, você também sente **dor**, só que não é no corpo. *A **dor** da saudade diminui com o tempo.* [Pl.: *dores*.]

dorminhoco (dor-mi-nho-co) \ô\ *subst.masc.* Quem dorme muito. *Aquele **dorminhoco** ainda não se levantou?* ☛ Esta palavra pode ser usada como adj.: *criança **dorminhoca***.

dormir (dor-mir) *verbo* Quando você **dorme**, o seu corpo e a sua mente descansam. Os seus olhos ficam fechados e você não sabe o que está acontecendo nem perto de você. *O vigia **dorme** de dia e trabalha de noite.* [Sinôn.: *adormecer*. Antôn.: *acordar*.]

dormitório (dor-mi-tó-rio) *subst.masc.* **1** Quarto individual ou coletivo, usado para dormir. *Os meninos ficarão no **dormitório** do segundo andar.* **2** Conjunto de móveis para este quarto. *A loja vendeu todos os **dormitórios** de casal.*

dourado (dou-ra-do) *subst.masc.* Cor parecida com a do ouro. ☛ Esta palavra pode ser usada como adj.: *bolsa **dourada***.

doutor (dou-tor) \ô\ *subst.masc.* Damos aos médicos, advogados e a algumas autoridades o título de **doutor**. [Pl.: *doutores*.]

dragão (dra-gão) *subst.masc.* Animal imaginário que tem a forma de um grande lagarto, com pescoço comprido, cauda de serpente e asas. Os **dragões** lançam fogo pela boca. [Pl.: *dragões*.]

drama (dra-ma) *subst.masc.* **1** Uma peça de teatro, um filme, um romance etc. que trata de assuntos tristes é chamado de **drama**. **2 Drama** também é qualquer situação em que haja conflito ou confusão. *A separação dos pais de Elaine foi um **drama** para ela.* **3** Um fato com consequências graves provocado por acidente, crime etc. também é um **drama**. *A queda do avião foi um **drama** para muitas famílias.*

drible (dri-ble) *subst.masc.* ESP Em esportes como futebol e basquete, movimento de corpo feito

Observe as dicas apresentadas nos verbetes abaixo:

Entrada é a palavra que estamos procurando.

Separação de sílabas.

Marca da sílaba tônica.

Classe gramatical.

Gênero dos substantivos e adjetivos.

domínio (do-mí-nio) *subst.masc.* **1** Controle sobre alguém ou alguma coisa. *Mantinha os filhos sob seu **domínio**. Aos poucos recuperou o **domínio** da situação.* **2** Conjunto de terras, de propriedades que pertence a alguém. *Nos seus **domínios** se considerava um rei.*

A definição ou acepção explica o que a palavra quer dizer. Algumas palavras têm mais de uma acepção.

O exemplo mostra como a acepção pode ser usada.

exame (e-xa-me) \z\ *subst.masc.* **1** Análise ou pesquisa detalhada, feita com bastante atenção. *O médico fez um **exame** em Gustavo e depois pediu-lhe um **exame** de sangue.* **2** Avaliação escrita para observar se um aluno aprendeu uma matéria. *O **exame** de português estava fácil.*

Indicação da pronúncia de uma entrada em português, quando ela trouxer algum tipo de dúvida.

azulejo (a-zu-le-jo) \ê\ *subst.masc.* Placas de cerâmica de vários tamanhos, desenhadas ou não, muito usadas como revestimento em paredes de cozinhas, banheiros etc.

O número que aparece acima e à esquerda da entrada indica que há outra com a mesma grafia, porém com origem e sentido diferentes. Neste caso haverá sempre informação sobre a origem da palavra.

[1]**dado** (da-do) *subst.masc.* Resultado de análise, cálculo ou pesquisa. *Os* ***dados*** *de uma pesquisa eleitoral devem ser publicados nos jornais.*

Esta palavra veio do latim *datus*, que quer dizer "dado, entregue".

[2]**dado** (da-do) *subst.masc.* Objeto em forma de cubo, usado em jogos ou brincadeiras. Em cada face do **dado** há um número ou figura.

Há várias possibilidades de origem para esta palavra, uma delas é a palavra árabe *dad*, que quer dizer "dado de jogo".

Indicação de que a entrada ou acepção apresenta uso mais informal ou próximo da gíria.

Indicação de algum sentido próprio de determinada área do conhecimento (ver lista de abreviações na p. xvii).

frango (fran-go) *subst.masc.* **1 Frango** é o nome dado aos galos e às galinhas crescidos, mas não adultos ainda. [Dimin.: *frangote.*] **2** ESP *informal* Bola que é fácil defender, mas que o goleiro deixa entrar no gol.

Plural com sentido próprio.

As locuções aparecem após todas as acepções da entrada e iniciam uma nova numeração de acepções.

ouro (ou-ro) *subst.masc.* **1** Metal valioso, de cor amarela, extraído de minas. O **ouro** pode ser derretido e transformado em barras, fios, pó, joias, medalhas, moedas etc. **2** A cor amarela desse metal. *A fantasia terá duas cores:* ***ouro*** *e azul.* **3** *informal* **Ouro** também pode significar riqueza, dinheiro. *Guardava todo seu* ***ouro*** *num baú.* **ouros** *subst.masc.pl.* **4 Ouros** é o nome da figura vermelha em forma de losango desenhada nas cartas do baralho. ☛ Ver ilustração de *baralho.* **de ouro** *informal* Quando se diz que alguém ou algo é **de ouro**, é porque tem qualidades muito positivas. *Verônica tem um coração* ***de ouro****. José é um filho* ***de ouro****.*

Sinônimo e antônimo – para a acepção ou para o verbete.

erguer (er-guer) *verbo* **1** Mover de baixo para cima, colocar num lugar alto. *Quem quer falar precisa* ***erguer*** *o braço.* ***Ergui*** *os olhos para ver melhor.* **2** Colocar na posição vertical. ***Erga*** *a cabeça e vá em frente.* [Sinôn.: *levantar.*] **3** Construir prédio, casa etc. **4 Erguer** a voz é falar mais alto, mais forte. **5** Aparecer, surgir. *O Sol se* ***erguia*** *por trás da montanha.* [Sinôn. geral: *elevar*. Antôn. geral: *abaixar.*]

Plural
Feminino
Coletivo
Aumentativo

cão *subst.masc.* É o mesmo que cachorro. [Pl.: *cães*. Fem.: *cadela*. Col.: *matilha*. Aument.: *canzarrão*.]

Masculino

madrinha (ma-dri-nha) *subst.fem.* **1** Mulher que, no batismo cristão, assume com relação à criança papel parecido com o da mãe. **2** Mulher que serve de testemunha num casamento. [Masc.: *padrinho*.]

Diminutivo

gota (go-ta) \ô\ *subst.fem.* **1** Porção muito pequena de líquido. A **gota** parece uma pera pequenininha. **2** Pequena quantidade de qualquer coisa. *Ainda resta uma **gota** de esperança de ganharmos o torneio.* [Sinôn. geral: *pingo*. Dimin.: *gotícula*.]

Superlativo absoluto sintético

amável (a-má-vel) *adj.masc.fem.* Muito educado e simpático. *As vendedoras dessa loja são muito **amáveis**.* [Antôn.: *grosseiro*. Pl.: *amáveis*. Superl.absol.: *amabilíssimo*.]

Informações gerais sobre gramática, pronúncia, grafia etc.

pousar (pou-sar) *verbo* **1** Deixar o que trazia na mão em um lugar. *As crianças **pousaram** as mochilas no chão.* [Sinôn.: *descansar*.] **2** Descer do céu para a terra. *O avião **pousou** no horário certo.* ☛ Não confundir com *posar*.

cais *subst.masc.* Nos portos, local de embarque e desembarque de passageiros ou de carga. ☛ O sing. e o pl. desta palavra são iguais: *o **cais**, os **cais***.

Pronúncia de palavras estrangeiras

light *adj.masc.fem.* **1** Palavra inglesa usada para dizer que um alimento ou bebida tem uma quantidade menor de um dos seus ingredientes. Um iogurte ***light*** tem menos gordura do que um iogurte comum. **2** Um produto com menos calorias também é ***light***. ☛ Pronuncia-se *láit*. Ver *diet*.

Sugestão de consulta complementar a verbetes, ilustrações, tabelas, páginas temáticas.

cuíca (cu-í-ca) *subst.fem.* **1** MÚS Instrumento musical parecido com um tambor e com uma vareta fina presa à pele, por dentro. Para tirar som da **cuíca** é preciso esfregar essa vareta com a mão ou com um pano úmido. ☛ Ver ilustração na p. 494. **2** Animal parecido com o gambá, só que menor.

➜ O animal e o instrumento têm o mesmo nome porque o som do instrumento parece com a voz do animal.

Saiba mais – Curiosidades ou informações complementares que ampliam o conhecimento sobre a palavra e seus usos.

Entradas múltiplas: duas formas de se escrever a palavra, igualmente aceitas e usadas.

cutucar ou **catucar** (cu-tu-car; ca-tu-car) *verbo* **1** *informal* Tocar alguém com os dedos, o cotovelo etc. para chamar a atenção. **2** *informal* Enfiar o dedo ou objeto fino e pontudo em um buraco. *Não devemos **cutucar** o ouvido.*

catucar *verbo* → cutucar

Palavras, com o mesmo radical da entrada, que podem ser compreendidas a partir do significado do verbete.

contagiar (con-ta-gi-ar) *verbo* **1** Transmitir doença. *Um aluno com catapora **contagiou** a turma toda.* [Sinôn.: *contaminar*.] **2** Quando você passa uma emoção, um hábito, um ofício, um gosto para outra pessoa, você a **contagia** com ele. *O palhaço nos **contagiou** com o seu bom humor.* ~ **contagiante** *adj.masc.fem.* **contágio** *subst.masc.*

Abreviações e símbolos usados neste dicionário

ABREVIAÇÕES

adj.	adjetivo
adj.masc.fem.	adjetivo masculino e feminino
ANAT	anatomia
antôn.	antônimo
art.def.	artigo definido
art.indef.	artigo indefinido
aument.	aumentativo
BIO	biologia
col.	coletivo
CUL	culinária
dimin.	diminutivo
ESP	esporte
fem.	feminino
FOLCL	folclore
GEOG	geografia
GRAM	gramática
INF	informática
masc.	masculino
MAT	matemática
MED	medicina
MÚS	música
p.	página
pl.	plural
pron.demonst.	pronome demonstrativo
pron.indef.	pronome indefinido
pron.pessoal	pronome pessoal
pron.poss.	pronome possessivo
pron.rel.	pronome relativo
pron.trat.	pronome de tratamento
REL	religião
sing.	singular
sinôn.	sinônimo
subst.	substantivo
subst.fem.	substantivo feminino
subst.fem.pl.	substantivo feminino plural
subst.masc.	substantivo masculino
subst.masc.fem.	substantivo masculino e feminino
subst.masc.pl.	substantivo masculino plural
superl.absol.	superlativo absoluto

SÍMBOLOS

[ ]	sinônimo, antônimo ou informação gramatical para a acepção
[ ] (laranja)	sinônimo, antônimo ou informação gramatical para mais de uma acepção
\ \	pronúncia
☛	informação para uma acepção
☛ (laranja)	informação para mais de uma acepção
~	palavras com o mesmo radical
▲▼◀	verbete ilustrado
✏	origem da palavra
➜	saiba mais
→	ver o verbete

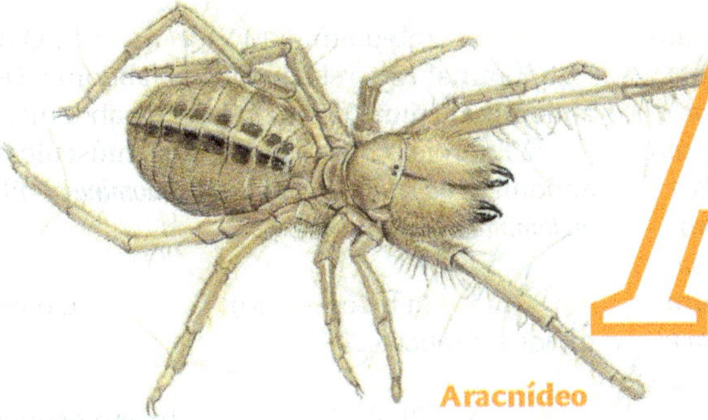

Aa

Aracnídeo

[1]a *subst.masc.* Primeira letra do nosso alfabeto. O a é uma vogal.

Nome da primeira letra do alfabeto latino.

[2]a *preposição* **1** Usamos **a** para expressar movimento de um lugar para outro. *Manoel caminhava da casa **à** escola todos os dias.* **2** A expressa tempo futuro. *Rosane disse que volta daqui **a** uma semana.* **3** A também é usado para indicar o modo, o meio ou a matéria de que algo é feito. *Não podemos falar **aos** berros. Luisa gosta de andar **a** pé. Ricardo faz pintura **a** óleo.* ☛ Quando a preposição **a** se junta ao artigo "a", ela é escrita *à* (com acento); quando se junta ao artigo "o", forma *ao*.

A preposição **a** vem da preposição latina *ad*, que significa "movimento no tempo e no espaço".

[3]a *art.def.* **1** Usamos a junto de substantivos para mostrar que a palavra é feminina e falamos de algo em especial, não de qualquer coisa. Se dizemos "A menina é bonita", estamos falando de uma menina em especial, que as pessoas que conversam sabem quem é. *pron.demonst.* **2** Também usamos a para substituir outra palavra que já citamos e que não queremos repetir na frase. É o mesmo que aquela. *A bola que Júlia pediu não é esta, **a** que ela quer é azul.* *pron.pessoal* **3** A também é usado no lugar de "ela", para completar alguns verbos. ☛ Na frase "Não sei da Telma, não a vejo desde ontem", **a** foi usado no lugar de "ela". Se a última letra do verbo é "r" e a vem depois dele, transforma-se em "la", como em "Ciro pegou a pomada para passá-**la** no machucado."

A, artigo e pronome, vem do latim *illa*, que quer dizer "aquela".

aba (a-ba) *subst.fem.* Parte do chapéu que fica além da parte que se encaixa na cabeça. O boné, por exemplo, só tem **aba** na frente. ☛ Ver ilustração de *chapéu*.

abacate (a-ba-ca-te) *subst.masc.* Fruta que parece uma pera grande, tem casca verde bem escura, semente grande e redonda e polpa verde e amarelada. O **abacate** é muito usado cru, geralmente em sobremesas. ~ **abacateiro** *subst.masc.*

abacaxi (a-ba-ca-xi) *subst.masc.* Fruta oval, de polpa amarela, doce e suculenta, com casca grossa e folhas duras que lembram uma coroa. O **abacaxi** é uma fruta brasileira. ~ **abacaxizeiro** *subst.masc.*

abafado (a-ba-fa-do) *adj.* **1** Num lugar **abafado**, as pessoas não conseguem respirar direito. **2** Uma notícia **abafada** não foi revelada. **3** Um som **abafado** está mais baixo, porque algo está impedindo que ele saia normalmente. *Renata ouviu o som **abafado** da conversa dos vizinhos.*

abafar (a-ba-far) *verbo* Cobrir algo para evitar que o calor, o som, o fogo etc. se espalhe.

abaixar (a-bai-xar) *verbo* **1** Ficar baixo ou mais baixo. *O toldo **abaixou** com o peso da água da chuva.* **2** Mover de cima para baixo. Quem se **abaixa** também se move para baixo. *Félix **abaixou** os olhos diante do pai.* **3** Deixar mais barato, menos intenso ou em menor quantidade. *A loja **abaixou** os preços na liquidação. O vizinho pediu para **abaixar** o som da festa.* [Sinôn. geral: *baixar*. Antôn. 1 e 2: *levantar*.]

abaixo (a-bai-xo) *advérbio* **1** Abaixo quer dizer em posição inferior a outra coisa. *Os itens **abaixo** devem ser lidos com atenção.* [Sinôn.: *embaixo*.] **2** Descer morro **abaixo** é ir da parte mais alta para a parte mais baixa, às vezes caindo, dando voltas. *Com a chuva, o lixo desceu morro **abaixo**. Rita tropeçou e* *acabou rolando escada* ***abaixo***. **3** Quando um prédio vem **abaixo**, ele fica completamente destruído. **abaixo de** **1** Se algo está **abaixo de** outra coisa, é porque essa outra coisa está num lugar mais alto ou antes dele. *O espaço para resposta na prova fica logo* ***abaixo da*** *pergunta*. **2** Se algo estiver **abaixo de** uma quantidade ou valor é menor que essa quantidade ou esse valor. *Quem tirou nota* ***abaixo de*** *cinco deverá fazer outra prova. Crianças com idade* ***abaixo de*** *12 anos não devem assistir a esse filme.* [Antôn. geral: *acima*.]

abaixo-assinado (a-bai-xo - as-si-na-do) *subst. masc.* Documento que contém uma solicitação coletiva dirigido a uma autoridade e assinado por muitas pessoas, todas interessadas na solução do problema. *Marta e Fernando estão recolhendo assinaturas para o* ***abaixo-assinado***. [Pl.: *abaixo-assinados*.]

abajur ► (a-ba-jur) *subst. masc.* Utensílio usado para iluminar. Os **abajures** têm uma lâmpada e uma tela que protege os olhos da luz. [Pl.: *abajures*.]

abanar (a-ba-nar) *verbo* **1** Mover de um lado para o outro. *O cachorro* ***abanava*** *a cauda*. **2** Refrescar-se com o vento de leque ou de objeto parecido. *Todos se* ***abanavam*** *por causa do calor*.

abandonar (a-ban-do-nar) *verbo* Largar de vez sem dar o apoio ou a dedicação necessária. *Não é bom* ***abandonar*** *os estudos. O governo não* ***abandonou*** *os pobres*.

abastecer (a-bas-te-cer) *verbo* Dar o que é necessário ou útil para algo ficar bom, funcionar, acontecer etc. *É necessário* ***abastecer*** *o carro antes de viajar. Francisco* ***abasteceu*** *a geladeira de frutas*.

abdicar (ab-di-car) *verbo* Deixar de lado por vontade própria algo como, por exemplo, poder ou autoridade. *O rei* ***abdicou*** *do trono*.

abdome ou **abdômen** (ab-do-me; ab-dô-men) *subst.masc.* Parte do corpo onde estão o estômago e os intestinos. O **abdome** fica entre o tórax e a pelve. [Sinôn.: *barriga, ventre*.] ☛ O pl. de **abdômen** é *abdomens* ou *abdômenes*. Ver ilustração na p. 478.

abdominal (ab-do-mi-nal) *adj.masc.fem.* **1** O que é **abdominal** está relacionado ao abdome. Dor **abdominal** é uma dor na região do abdome. *subst. fem.* **2** Exercício para fortalecer os músculos do abdome. *Todo dia Marco faz 80* ***abdominais***. [Pl.: *abdominais*.]

abecedário (a-be-ce-dá-rio) *subst.masc.* É o mesmo que alfabeto.

abelha (a-be-lha) \ê\ *subst.fem.* Inseto pequeno e voador, de corpo com pelos e ferrão. As **abelhas** vivem em comunidade e colhem pólen e néctar das flores, para produzir mel e cera. [Masc.: *zangão*. Col.: *enxame*.] ☛ Ver ilustração de *colmeia*.

aberto (a-ber-to) *adj.* **1** O que está **aberto** deixa passar o ar, água, luz etc., porque não tem obstáculos ou cobertura. *A garrafa* ***aberta*** *faz o gás escapar. Mantenha os olhos bem* ***abertos***. **2** O que está **aberto** está funcionando, valendo ou em uso. *Está* ***aberta*** *a reunião. A torneira* ***aberta*** *sem necessidade desperdiça água*. **3** Separado, o que normalmente é junto. *Os alunos agacharam com os braços* ***abertos***. *Mantenham os livros* ***abertos***. **4** GRAM Um som é **aberto** quando sai mais livre pela boca, pois a língua está em repouso como o "e" de "pé". [Antôn. de 1 a 3: *fechado*.]

abertura (a-ber-tu-ra) *subst.fem.* **1** Qualquer espaço vazio no meio de algo. *Os meninos viram o jogo pela* ***abertura*** *no portão*. **2** Primeiro momento ou primeira vez em que algo vai acontecer ou funcionar. *A festa de* ***abertura*** *do restaurante é hoje. A* ***abertura*** *da bilheteria é às dez horas*. [Sinôn.: *início*.]

abio (a-bi-o) *subst.masc.* Fruto de polpa doce e amarelada. ~ **abieiro** *subst.masc.*

abismo (a-bis-mo) *subst.masc.* Cratera natural muito profunda. *As malas caíram no* ***abismo*** *e nunca mais foram encontradas*. [Sinôn.: *precipício*.]

abóbora (a-bó-bo-ra) *subst.fem.* **1** Legume de polpa comestível alaranjada, verde ou amarelada. A **abóbora** tem a casca dura, pode ser arredondada ou comprida, e cresce no chão. *subst.masc.* **2** Cor entre o amarelo e o vermelho, como a da polpa da **abóbora**. ☛ Neste sentido, o sing. e o pl. desta palavra são iguais, e ela pode ser usada como adj.: *vestido* ***abóbora***, *xícaras* ***abóbora***. ~ **aboboreira** *subst.fem.*

abobrinha (a-bo-bri-nha) *subst.fem.* **1** Tipo de abóbora alongada, de casca verde mais clara, com riscas escuras e polpa esverdeada ou amarelada. **2** *informal* Se dizemos que alguém falou **abobrinha**, essa pessoa disse alguma besteira.

abocanhar (a-bo-ca-nhar) *verbo* **1** Pegar algo com a boca. *A gata **abocanha** os filhotes para carregá-los.* **2** **Abocanhar** também é morder alguma coisa. *A onça **abocanhou** o bezerro. João **abocanhou** o pedaço de bolo.*

abolição (a-bo-li-ção) *subst.fem.* A **abolição** de um costume ou de uma lei torna esse costume ou lei sem valor. [Pl.: *abolições.*]

→ No Brasil, em 1888, foi assinada pela princesa Isabel a **abolição** da lei que permitia a escravidão.

aborrecer (a-bor-re-cer) *verbo* **1** Você **aborrece** uma pessoa quando a irrita ou acaba com o seu sossego. *Não **aborreça** o seu avô; deixe-o em paz.* **2** Quando alguém se **aborrece**, perde a paciência, fica de mau humor. *O filme era horrível e **aborreceu** o público.*

aborrecido (a-bor-re-ci-do) *adj.* **1** Uma coisa sem interesse e chata é **aborrecida**. *Ficar em casa parado é **aborrecido**.* [Antôn.: *interessante.*] **2** Quando alguém fica **aborrecido**, se sente infeliz, contrariado, até com raiva. *Não fiquei **aborrecido** com você por ter quebrado a bicicleta.* [Antôn.: *feliz.*]

aborrecimento (a-bor-re-ci-men-to) *subst.masc.* **1** Sensação desagradável causada por uma amolação, um problema. *Foi um **aborrecimento** saber que nossos primos não vêm mais.* **2** Sensação ruim, causada por alguém ou alguma coisa chata, que cansa a gente. *Muitos dias seguidos de chuva são um **aborrecimento**.*

abraçar ► (a-bra-çar) *verbo* Envolver com os braços alguém ou alguma coisa. *Sofia **abraça** o seu ursinho para dormir. Mãe e filha **abraçaram**-se.*

abraço (a-bra-ço) *subst.masc.* **1** Quando você envolve com os braços alguém ou alguma coisa, está dando um **abraço**. *Puxa, que **abraço** apertado!* **2** Sinal de afeto ou amizade. *Mande um grande **abraço** para os seus pais.*

abreviação (a-bre-vi-a-ção) *subst.fem.* É o mesmo que abreviatura. [Pl.: *abreviações.*]

abreviar (a-bre-vi-ar) *verbo* Reduzir uma palavra ou locução a algumas de suas letras ou sílabas.

abreviatura (a-bre-vi-a-tu-ra) *subst.fem.* **1** Redução de uma palavra a algumas sílabas ou letras. *Com a **abreviatura**, ocupamos menos espaço para escrever.* **2** Também são **abreviaturas** essas letras ou sílabas. *"Dr." é uma **abreviatura** de "doutor".* [Sinôn. geral: *abreviação.*]

abrigar (a-bri-gar) *verbo* **1** Deixar protegido quem precisa de ajuda, quem está viajando, quem está em perigo, o que precisa ficar guardado etc. *Camila **abrigou** o cão da chuva. O prefeito **abrigou** as vítimas da enchente.* **2** Poder guardar ou ter em si. *O salão **abriga** até 90 pessoas.*

abrigo (a-bri-go) *subst.masc.* **1** Tudo que serve para proteger do tempo ruim, do perigo, do abandono etc. *Marisa encontrou **abrigo** seguro contra a chuva. A caverna foi um bom **abrigo** na mata.* **2** Lugar onde podem ficar pessoas que estão abandonadas, sem casa, sem família. *Crianças que ficam nas ruas vão para **abrigos**.*

abril (a-bril) *subst.masc.* Quarto mês do ano, entre março e maio. **Abril** tem 30 dias.

abrir (a-brir) *verbo* **1** Deixar livre para entrar ou sair ar, luz, água etc., separando duas partes que cobrem, tapam ou são obstáculo. *É bom **abrir** a janela para o vento circular. Se **abrir** os olhos na água, eles vão arder. O rapaz **abriu** a blusa por causa*

A

do calor. **2** Retirar o que cobre ou tapa algum objeto, passagem, buraco etc. *Se **abrir** a garrafa, o gás escapará.* **3** Deixar que as pessoas usem, passem, entrem, saiam etc. *O rei **abriu** os portos a outras nações.* **4** Colocar em posição horizontal, separando. *O pássaro **abre** as asas para voar.* **5** Fazer um corte em algo. *O médico **abriu** a barriga do paciente. Lúcia caiu e **abriu** a testa.* **6** Deixar uma substância passar por um dispositivo, buraco etc. *Carol **abriu** o gás para tomar banho.* **7** O que **abre** tem início ou passa a funcionar, a valer. ***Abriram** a investigação para prender o culpado.* **8** Se o sinal de trânsito **abre**, podemos passar. **9** Quem se **abre** com alguém conta seus problemas, fala o que pensa. [Antôn. geral: *fechar.*]

absoluto (ab-so-lu-to) *adj.* **1** O que é **absoluto** não pode ser contrariado, mudado, interrompido etc. *No passado, os reis tinham poder **absoluto**.* [Antôn.: *relativo.*] **2** Completo, total. *Durante o discurso, fizemos silêncio **absoluto**. O médico recomendou repouso **absoluto**.*

absolver (ab-sol-ver) *verbo* Reconhecer que uma pessoa não é culpada e não deve receber punição. *O juiz **absolveu** o réu.* [Antôn.: *condenar.*] ☛ Não confundir com *absorver.*

absorver (ab-sor-ver) *verbo* Recolher o líquido de um lugar para dentro de si. *É bom usar tecido que **absorve** o suor.* [Sinôn.: *sugar.*] ☛ Não confundir com *absolver.*

abstrato (abs-tra-to) *adj.* **1** O que é **abstrato** existe como uma ideia, na mente ou na imaginação. *Um exemplo **abstrato** nem sempre ajuda na explicação.* [Antôn.: *concreto.*] **2** Os sentimentos são **abstratos**, não podemos tocá-los, cheirá-los etc.

absurdo (ab-sur-do) *adj.* Algo **absurdo** não tem sentido, porque não está de acordo com a razão. *Pular numa piscina vazia é uma ideia **absurda**.* ☛ Esta palavra pode ser usada como subst.: *Deixar um idoso na fila é um **absurdo**!*

abundante (a-bun-dan-te) *adj.masc.fem.* Em grande quantidade. *A Floresta Amazônica tem uma vegetação **abundante**. Chuvas **abundantes** estão previstas para toda a região.* ~ **abundância** *subst.fem.*

abusar (a-bu-sar) *verbo* **1** Usar alguma coisa sem cuidado ou de forma errada. *É melhor não **abusar** da paciência da sua mãe.* **2** Quando você usa alguma coisa de forma exagerada, você **abusa** dessa coisa. *Carolina **abusou** do brigadeiro e passou mal.*

abuso (a-bu-so) *subst.masc.* **1** Uso exagerado ou errado. *O **abuso** de bebida alcoólica faz mal às pessoas.* **2** Atitude que demonstra falta de respeito ou

acampamento

de educação. *Que **abuso**, pegou o livro emprestado e arrancou a capa.*

abutre (a-bu-tre) *subst.masc.* Ave bem grande, geralmente de cabeça e pescoço sem penas, encontrada na Ásia, na África e na Europa. Os **abutres** se alimentam de carniça.

a.C. Abreviatura de antes de Cristo, e quer dizer que se está falando de um tempo anterior ao nascimento de Jesus Cristo. *O faraó Ramsés II governou de 1279 **a.C.** a 1213 **a.C.*** ☛ Sempre se escreve **a** minúsculo e **C** maiúsculo. Ver *d.C.*

→ Os anos antes de Cristo são contados do maior para o menor, até a data aproximada do nascimento de Cristo, estabelecida como ano 0.

acabar (a-ca-bar) *verbo* **1** Quando alguma coisa **acaba**, ela para de acontecer ou chega ao fim. *O doce de goiaba **acabou**. **Acabamos** de estudar, agora vamos brincar. A festa **acabou** em confusão.* **2** Pôr fim. *O professor **acabou** a aula mais cedo. O cigarro **acabou** com a saúde de Rodolfo.* [Sinôn. gerais: *encerrar, terminar*. Antôn. geral: *começar*.]

academia (a-ca-de-mi-a) *subst.fem.* **1** Local para prática de exercícios físicos como musculação, ginástica, natação, ioga, entre outros. *Sueli se matriculou na **academia** de dança.* **2** Grupo de pessoas que se reúnem e se dedicam a uma atividade artística, científica ou intelectual. *O prêmio foi oferecido pela **Academia** Brasileira de Letras.*

açaí (a-ça-í) *subst.masc.* Fruta de cor roxa bem escura que nasce em cachos em um tipo de palmeira comum na Amazônia. ~ **açaizeiro** *subst.masc.*

→ O **açaí**, rico em vitaminas, proteínas e fibras, é considerado o segundo alimento mais nutritivo da Amazônia; o primeiro é a castanha-do-pará. O **açaí** é exportado para muitos países. Da sua imensa árvore, de até quase 30 metros, além dos frutos e do palmito, o povo da região amazônica aproveita a palha para cobertura de casas, os cachos secos para fabricação de vassouras e os caroços para artesanatos.

acalmar (a-cal-mar) *verbo* Deixar alguém tranquilo, calmo. Quem se **acalma** não está mais nervoso, aflito ou irritado. *A mãe **acalmou** o filho após o tombo.* [Antôn.: *agitar*.]

acampamento ◣ (a-cam-pa-men-to) *subst.masc.* Local onde as pessoas ficam e dormem em barracas ou tendas. Os **acampamentos** podem ser para lazer, como nas férias, para abrigar tropas militares, pessoas que perderam suas casas etc.

ação (a-ção) *subst.fem.* **1** Tudo o que você faz, geralmente com um objetivo ou numa ocasião em especial. *As **ações** para melhorar a disciplina tiveram resultado.* [Sinôn.: *ato*.] **2** O que mostra os resultados de um acontecimento. *A **ação** do medicamento foi rápida.* **3** Capacidade para fazer algo. *O medo deixou o caçador sem **ação**.* [Pl.: *ações*.]

acarajé (a-ca-ra-jé) *subst.masc.* CUL Bolinho típico da Bahia, feito de feijão, frito no dendê e servido com molho de camarão e pimenta.

acariciar (a-ca-ri-ci-ar) *verbo* Tocar em alguém de um modo agradável, carinhoso, cheio de prazer é **acariciar**. *Beatriz adora **acariciar** o pelo do meu gato.*

ácaro (á-ca-ro) *subst.masc.* Animal microscópico que geralmente está na poeira de nossa casa e pode causar várias doenças.

acasalar (a-ca-sa-lar) *verbo* Quando uma fêmea e um macho fazem sexo, dizemos que eles **acasalaram**. ~ **acasalamento** *subst.masc.*

acaso (a-ca-so) *subst.masc.* Acontecimento que não era esperado. *A derrota do time foi um **acaso**.* **por acaso** O que acontece **por acaso** não é esperado ou não é possível prever. *Alfredo encontrou Estela na rua **por acaso**.*

aceitar (a-cei-tar) *verbo* **1** Dizer sim para alguma coisa que é oferecida para você ou que querem que você faça. *Ninguém deve **aceitar** comida de estranhos.* [Antôn.: *recusar*.] **2** Estar de acordo com ideias ou situações, porque acha que são boas ou não pode ir contra elas. *O síndico **aceitou** as sugestões de obra. O rapaz teve de **aceitar** o fim do namoro.* ~ **aceitável** *adj.masc.fem.*

acelerar (a-ce-le-rar) *verbo* Deixar ou ficar mais rápido, com mais movimento. *Se **acelerar** o passo, você chegará na hora. O piloto **acelerou** o carro depois da curva.*

acenar (a-ce-nar) *verbo* Fazer sinais, com as mãos, a cabeça, um objeto etc., para chamar a atenção ou informar algo. *O guarda* ***acenou*** *para pararmos.* ~ **aceno** *subst.masc.*

acender (a-cen-der) *verbo* **1** Se você **acende** uma coisa, você coloca fogo nela. *Marcelo vai* ***acender*** *a fogueira.* **2** Pôr em funcionamento a luz, a lanterna e outros aparelhos elétricos ou a pilha. [Antôn. geral: *apagar.*]

acento (a-cen-to) *subst.masc.* GRAM Sinal que fica sobre uma letra numa palavra, para mostrar que a sílaba dessa letra é pronunciada com mais força. *A palavra cômodo tem* ***acento*** *no primeiro "o".* **acento agudo** GRAM Esse **acento** marca uma vogal com som aberto, como em "pé". **acento circunflexo** GRAM Esse **acento** marca uma vogal com som fechado, como em "bebê". **acento grave** GRAM O **acento grave** marca o "a" em que há crase. Ele é escrito para o lado contrário ao do agudo, como em "ir à cidade". ☛ Não confundir com *assento.*

acepção (a-cep-ção) *subst.fem.* Cada sentido de uma palavra. A palavra "ponto", por exemplo, tem uma **acepção** de gramática, outra de costura, outra de jogo etc. [Pl.: *acepções.*]

→ Grupos de palavras, às vezes, têm **acepções** diferentes do sentido de cada uma delas utilizadas separadamente. Por exemplo, você sabe o que quer dizer "amarelo" e sabe o que é "sorriso". Mas "sorriso amarelo" é uma outra coisa, uma outra **acepção** (sorriso forçado, para disfarçar uma decepção).

---

acerola ▼ (a-ce-ro-la) *subst.fem.* Fruta pequena, redonda, avermelhada quando madura, rica em vitamina C.

acertar (a-cer-tar) *verbo* **1** Quem **acerta** faz algo do jeito como deveria mesmo ser feito. ***Acertei*** *todas as respostas. Lúcia* ***acertou*** *ao não brincar com fogo.* [Antôn.: *errar.*] **2** Eliminar o erro. ***Acerte*** *essa soma, ela está errada.* [Sinôn.: *corrigir.*] **3** Deixar funcionando bem. *Mônica* ***acertou*** *o relógio para não se atrasar.* **4** Descobrir, encontrar. *Gustavo demorou a* ***acertar*** *a saída.* **5** Atingir, alcançar. *Davi* ***acertou*** *o alvo com o primeiro dardo.* **6** Se você **acerta** um jogo de futebol com seus amigos, você resolveu isso com eles em conjunto. [Sinôn.: *combinar.*] ~ **acerto** *subst.masc.*

aceso (a-ce-so) \ê\ *adj.* **1** O que está **aceso** está em chamas. *A casa está quentinha porque a lareira está* ***acesa.*** **2** Uma lâmpada ou aparelho elétrico **aceso** está ligado. *Alguém esqueceu a lâmpada* ***acesa.*** **3** Se uma pessoa está muito animada ou inquieta, você diz que ela está **acesa.** *O bebê estava* ***aceso,*** *não queria dormir de jeito nenhum.*

acessar (a-ces-sar) *verbo* INF **Acessar** é ter acesso a uma informação ou a um *site* da internet. Se você **acessa** o *site* www.plenarinho.gov.br, por exemplo, você pode ver o seu conteúdo.

acesso (a-ces-so) *subst.masc.* **1** Ter **acesso** a algo é poder entrar, usar, pegar, mexer etc. *O* ***acesso*** *à praia é livre. Crianças não devem ter* ***acesso*** *a remédios.* **2** Quem tem um **acesso** de tosse, não consegue parar de tossir. [Sinôn.: *ataque.*] **3** INF Comunicação com algo, por exemplo, a rede, para receber ou mandar dados. *O computador está sem* ***acesso*** *à internet.* **4** Também é **acesso** a entrada de um lugar. *O salão tem vários* ***acessos.***

acessório (a-ces-só-rio) *subst.masc.* **1** Tudo o que é usado junto com uma coisa para deixá-la mais eficiente, mais rápida, mais confortável, melhor. *A impressora é um* ***acessório*** *do computador.* **2** **Acessórios** de roupas são as peças que deixam a roupa mais bonita. Brincos, anéis, colares, cintos são **acessórios.**

achar (a-char) *verbo* **1** Encontrar alguma coisa, por ter procurado ou por acaso. *Depois de muito procurar, Fabiane* ***achou*** *a chave embaixo da cama. Maria* ***achou*** *uma moeda de 1 real na rua.* [Antôn.: *perder.*] **2** O que você pensa sobre um assunto é o que você **acha** dele. *Tiago* ***achou*** *o filme muito interessante.* [Sinôn.: *considerar, julgar.*] **3** **Achar** é também ter uma impressão, sem ter certeza. ***Acho*** *que vai chover amanhã.* [Sinôn.: *supor.*] **4** **Achar**-se é estar em um certo local ou condição. *As vítimas da enchente* ***achavam****-se em uma situação difícil.*

achatado (a-cha-ta-do) *adj.* O que é **achatado** parece ter sido apertado dos lados e geralmente fica fininho. *A massa de* pizza *é* ***achatada.***

acidente (a-ci-den-te) *subst.masc.* **1** Acontecimento que não se espera. *Encontraram o tesouro por **acidente**.* **2** Acontecimento de consequências ruins, como sofrimento, prejuízo, morte. *Houve um **acidente** com o bujão de gás.*

ácido (á-ci-do) *subst.masc.* **1** Substância química, geralmente líquida, que reage com outras. Alguns **ácidos** são bem fortes e podem queimar a nossa pele e dissolver metais; outros, como o que existe na laranja e no vinagre, não fazem mal nenhum. *adj.* **2** Um sabor **ácido** é forte e meio azedo, parecido com o do limão. *Amélia adora frutas ácidas, como o tamarindo e a carambola.* ~ **acidez** *subst.fem.*

acima (a-ci-ma) *advérbio* **1** **Acima** quer dizer numa posição mais alta. *Eu moro no quarto andar e tia Lúcia mora dois andares **acima**.* **2** Para subir morro **acima**, você vai para a parte mais alta dele. **acima de** Se algo estiver **acima de** uma quantidade ou valor, é maior que essa quantidade ou esse valor. *O filme é para quem tem idade **acima de** 12 anos. Quem tirar nota **acima de** cinco não precisa fazer a prova final.* [Antôn. geral: *abaixo*.]

aclamar (a-cla-mar) *verbo* Receber alguém com grande alegria, geralmente com gritos e aplausos. *O povo **aclamou** o novo rei.* ~ **aclamação** *subst.fem.*

aço (a-ço) *subst.masc.* Liga de metal, formada principalmente pela mistura do ferro e do carbono, muito resistente e capaz de adquirir diferentes formas sem perder suas qualidades. O **aço** pode ser transformado em fios, chapas, peças de carros, talheres etc.

acolher (a-co-lher) *verbo* **1** Receber uma pessoa, dar-lhe proteção, conforto. *Fátima **acolheu** os vizinhos em casa por uma noite.* [Sinôn.: *hospedar*. Antôn.: *abandonar*.] **2** Quem recebe uma sugestão ou um conselho pode **acolhê**-lo bem ou mal. *Telmo **acolheu** mal a nossa ideia.*

acomodar (a-co-mo-dar) *verbo* **1** Deixar confortável, numa posição ou num lugar cômodo. *Ao **acomodar** o bebê no berço, ele dormiu. Elisa **acomodou** os hóspedes no quarto grande.* **2** Poder guardar ou ter em si. *O salão **acomoda** até 150 convidados.* [Sinôn.: *abrigar*.] **3** Acostumar-se a uma situação ou não se esforçar para deixá-la melhor. *Fabiane se **acomodou** num emprego ruim.*

acompanhar (a-com-pa-nhar) *verbo* **1** Estar, ficar ou ir junto. *O ministro **acompanhou** o presidente na viagem.* **2** Ir na mesma direção que outro. *A Lua **acompanha** a Terra na sua órbita em torno do Sol.* **3** Tomar conhecimento de como se desenvolve história, notícia, processo etc. *Os pais **acompanham** o desenvolvimento dos filhos.* **4** Compreender bem. *Lídia não conseguiu **acompanhar** meu raciocínio.* ~ **acompanhamento** *subst.masc.*

aconselhar (a-con-se-lhar) *verbo* **1** Dar ou pedir conselhos. *O padre **aconselhou** os fiéis antes de partir. Muitos pais se **aconselham** na escola dos filhos.* **2** Sugerir certa atitude ou mostrar as vantagens de se agir de uma certa maneira. *Os fabricantes **aconselham** que o remédio fique longe de crianças.*

acontecer (a-con-te-cer) *verbo* Se algo **acontece**, torna-se realidade. Um fato pode **acontecer** sem ser planejado, pode ser o efeito de uma ação, pode ter um efeito sobre alguém. *Você não sabe o que me **aconteceu** hoje. O eclipse **aconteceu** na hora prevista.* [Sinôn.: *ocorrer, suceder*.]

acontecimento (a-con-te-ci-men-to) *subst.masc.* Tudo o que acontece. *A vida é cheia de **acontecimentos** inesperados.*

acordar (a-cor-dar) *verbo* Quando você para de dormir, você **acorda**. *Graça **acorda** cedo. Os fogos **acordaram** os animais.* [Sinôn.: *despertar*. Antôn.: *adormecer, dormir*.]

acorde (a-cor-de) *subst.masc.* MÚS Três ou mais notas musicais tocadas ao mesmo tempo formam um **acorde**.

acordeão ou **acordeom** (a-cor-de-ão; a-cor-de-om) *subst.masc.* MÚS Instrumento musical que tem, de um lado, um pequeno teclado e, do outro, uma série de botões. O **acordeão** tem duas alças e é colocado como uma mochila, só que na frente. [Pl.: *acordeões; acordeons*.] ☛ Ver ilustração na p. 494. ~ **acordeonista** *subst.masc.fem.*

acordo (a-cor-do) \ô\ *subst.masc.* **1** Quando se combina uma coisa, é feito um **acordo**. *Vamos chegar a um **acordo** para saber se vamos sair ou ficar em casa?* **2** Documento assinado por empresas, governos ou pessoas que assumiram um compromisso. *Brasil e Argentina assinaram um **acordo** comercial.* **de acordo com** Se você faz algo **de**

A

acordo com uma regra, você obedece a essa regra. Se algo aconteceu **de acordo com** o que se disse, aconteceu como tinha sido dito, recomendado etc. ***De acordo com*** *a meteorologia, vai chover hoje.* [Sinôn.: *segundo.*]

acostamento (a-cos-ta-men-to) *subst.masc.* Pista lateral de uma estrada, usada como faixa de segurança para situações de emergência, como a troca de pneu. *Os guardas desviaram o trânsito para o* ***acostamento****.*

acostumar (a-cos-tu-mar) *verbo* **1** Fazer alguém agir de um jeito, sempre ou muitas vezes. Quem se **acostuma** a fazer uma coisa, a faz sem dificuldade. *Jorge* ***acostumou*** *os filhos a caminhar.* **2** Deixar confortável em uma situação nova. *Depois de* ***acostumar*** *a vista ao escuro, conseguimos andar.*

açougue (a-çou-gue) *subst.masc.* Loja que vende carne, fresca e crua, a varejo.

acreditar (a-cre-di-tar) *verbo* **1** Ter certeza de que algo é real, verdadeiro. ***Acredito*** *na sinceridade de Paula.* **2** Achar que uma coisa é possível ou provável. ***Acredito*** *que a diretora não venha hoje.* **3** Se você **acredita** que uma pessoa é melhor do que parece, você só está imaginando isso. **4 Acreditar** é também ter confiança. ***Acredito*** *nele como se fosse meu pai.* [Sinôn. geral: *crer.*]

acrescentar (a-cres-cen-tar) *verbo* Pôr alguma coisa a mais em outra. ***Acrescente*** *sal à comida. Depois do título do livro,* ***acrescenta****-se o nome do autor.* [Sinôn.: *adicionar.* Antôn.: *tirar.*]

acrobacia (a-cro-ba-ci-a) *subst.fem.* **1** Movimento de corpo muito rápido, que precisa de muito equilíbrio e agilidade. *No circo, Glória viu vários números de* ***acrobacias****.* **2** Um movimento que precisa de habilidade é chamado de **acrobacia**. *Andreia fez uma* ***acrobacia*** *para estacionar o carro.*

→ A pessoa que faz **acrobacias** é *acrobata* que, em grego, quer dizer "que anda na ponta dos pés".

açúcar (a-çú-car) *subst.masc.* Substância doce extraída principalmente da cana-de-açúcar e da beterraba. [Pl.: *açúcares.*]

açude (a-çu-de) *subst.masc.* Lago artificial construído para interromper ou desviar o curso de um rio e poder armazenar água. Os **açudes** geralmente são construídos em regiões de seca. [Sinôn.: *barragem.*] ☛ Ver ilustração na p. 486.

acudir (a-cu-dir) *verbo* Ajudar quem está em dificuldade. *A senhora desmaiou e o rapaz a* ***acudiu****.*

acumular (a-cu-mu-lar) *verbo* Deixar muitas coisas juntas, de um jeito organizado ou não. *Carlos* ***acumulou*** *garrafas para reciclar. O lixo se* ***acumulou*** *nas ruas.* ~ **acúmulo** *subst.masc.*

acusar (a-cu-sar) *verbo* Dizer que alguém é o responsável por algum crime, erro etc. Quem se **acusa** assume essa responsabilidade. *Não se deve* ***acusar*** *ninguém sem provas. Flávio achou melhor se* ***acusar****.* ~ **acusação** *subst.fem.*

adaptar (a-dap-tar) *verbo* Mudar para que possa combinar com algo, que geralmente é novo. Alguém pode se **adaptar** a uma situação, mudando ideias ou comportamento. *A costureira* ***adaptou*** *o vestido à nova moda. Os alunos se* ***adaptaram*** *bem às novas regras.* ~ **adaptação** *subst.fem.*

adentro (a-den-tro) *advérbio* Para dentro. *Elias entrou gritando sala* ***adentro****.*

adequado (a-de-qua-do) *adj.* O que é **adequado** está bom e combina com uma situação, um objeto, uma pessoa. *Não é* ***adequado*** *rir num velório.* ~ **adequação** *subst.fem.*

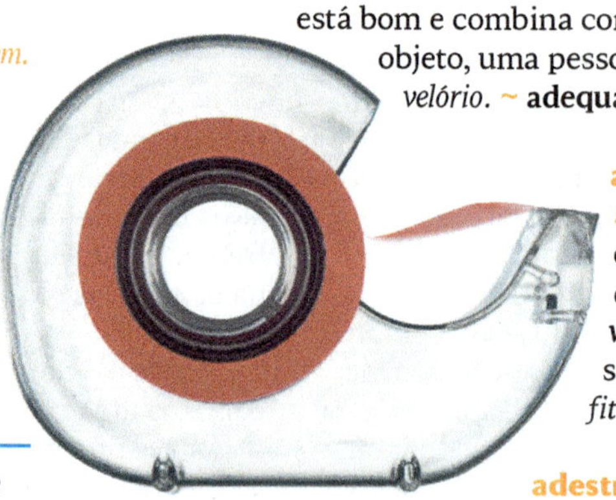

Fita **adesiva**.

adesivo ◄ (a-de-si-vo) *subst.masc.* Fita, papel ou etiqueta que cola. *O caderno tinha muitos* ***adesivos****.* ☛ Esta palavra pode ser usada como adj.: *fita* ***adesiva****.*

adestrar (a-des-trar) *verbo* Ensinar os animais a obedecerem o dono. *Contratamos um treinador para* ***adestrar*** *os cães.*

adeus (a-deus) *interjeição* Dizemos **adeus** quando vamos embora e não vamos mais voltar ou quando vamos para muito longe. ☛ Ver *tchau*.

adiantar (a-di-an-tar) *verbo* **1** Mover para frente, para depois. *Cacau **adiantou** os ponteiros do relógio para não se atrasar.* [Sinôn.: *avançar*. Antôn.: *atrasar*.] **2** Fazer algo antes do que deveria. *Bernardo **adiantou** a notícia de sua viagem. O chefe **adiantou** as reuniões e saiu cedo.* [Antôn.: *adiar*.] **3** Ser bom ou útil. *Usar a violência não **adianta**.*

adiante (a-di-an-te) *advérbio* **1** Se algo está **adiante**, está mais para a frente. *A padaria fica ali **adiante**.* **2** O que vai **adiante** não para, continua. *Maria não levou a discussão **adiante**. O carro ia seguir **adiante**, mas a rua estava fechada.*

adiar (a-di-ar) *verbo* Deixar para outro dia ou marcar para depois. *Com tanta chuva, é melhor **adiar** a viagem.* [Antôn.: *adiantar*.]

adição (a-di-ção) *subst.fem.* **1** MAT Operação matemática que junta dois ou mais elementos para obter um resultado. *O resultado da **adição** de uma bala a mais duas é três balas.* [Sinôn.: *soma*.] **2** Quando acrescentamos uma coisa a outra, fazemos uma **adição**. *A **adição** de fermento à massa deve ser a última coisa.* [Pl.: *adições*.]

adicionar (a-di-cio-nar) *verbo* **1** Juntar uma coisa a outra. *Temos de **adicionar** sal ao molho.* [Sinôn.: *acrescentar*.] **2** Realizar uma das operações matemáticas, a adição. [Sinôn.: *somar*.]

adivinha (a-di-vi-nha) *subst.fem.* Pergunta divertida ou enigmática que testa a esperteza de quem responde. ☛ Ver *charada*.

→ Em tempos antigos, descobrir a resposta de **adivinhas** era sinal de inteligência, e, muitas vezes, elas eram usadas como teste. Hoje em dia, é uma brincadeira. Estas são algumas **adivinhas** muito conhecidas: "O que é, o que é, que cai em pé e corre deitado? (A chuva.)"; "Quanto mais se tira, maior fica? (O buraco.)"; "Enche uma casa mas não enche uma mão? (O botão.)"

adivinhar (a-di-vi-nhar) *verbo* **1** Descobrir por acaso. *Mauro **adivinhou** minha idade.* **2** Descobrir por meios sobrenaturais. *Vanessa **adivinha** o futuro nas cartas de baralho.* [Sinôn.: *prever*.] ~ **adivinhação** *subst.fem.*

adjetivo (ad-je-ti-vo) *subst.masc.* GRAM Palavra usada para descrever ou indicar a qualidade de uma pessoa ou uma coisa, mostrando o que elas têm de diferente ou de especial. No exemplo "Marina comprou o tênis amarelo", o **adjetivo** "amarelo" identifica o tênis que Marina comprou. Contente, novo, amargo também são **adjetivos**. O **adjetivo** é uma das classes de palavras.

administrar (ad-mi-nis-trar) *verbo* **1 Administrar** uma casa, uma empresa, um hospital etc. é comandar o seu funcionamento, gastos, funcionários, horários etc. *Não sei como Marina consegue **administrar** a casa e o salão de beleza sozinha.* **2** Organizar ou ter controle sobre alguma coisa, como o seu tempo, a sua vida etc. *Elias precisa aprender a **administrar** melhor o seu tempo.* ~ **administração** *subst.fem.*

administrativo (ad-mi-nis-tra-ti-vo) *adj.* **Administrativo** quer dizer relacionado à administração. Medidas **administrativas** são as que tratam de como administrar negócios, cidades, estados etc.

admiração ◢ (ad-mi-ra-ção) *subst.fem.* **1** Sentimento de respeito, consideração por alguém ou alguma coisa que a nosso ver é nobre ou linda ou perfeita. *Tenho grande **admiração** pelo trabalho dos bombeiros.* **2** Sentimento de surpresa ou espanto. *Aquela resposta causou **admiração**.* **3** Entusiasmo por alguém ou por alguma coisa. *Paulo sente **admiração** por campeões de tênis.* [Sinôn.: *paixão*.] [Pl.: *admirações*.]

A menina fez uma cara de **admiração** ao ver o carro novo.

admirar (ad-mi-rar) *verbo* **1** Sentir admiração por uma pessoa ou por uma coisa. ***Admiro** a gentileza com que ela trata todo mundo.* **2** Sentir surpresa ou espanto. *Eu me **admirei** de Carla não ter telefonado.* **3** Achar uma coisa interessante e, por isso, gostar de ficar olhando para ela. *Ana deitou-se no chão para **admirar** as estrelas.*

admitir (ad-mi-tir) *verbo* **1** Mostrar que aceita algo como certo ou verdadeiro. *O motorista **admitiu** que estava errado.* **2** Tolerar algum comportamento, situação etc. que normalmente não aceitaria. *Os avós **admitem** até a bagunça que os netos fazem.* **3** Contratar alguém para trabalhar. *A fábrica de móveis **admitiu** novos funcionários.* **4** Aceitar como uma possibilidade. *Alguns cientistas **admitem** a existência de vida em outros planetas.*

adoçante (a-do-çan-te) *subst.masc.* Substância natural ou artificial que adoça alimentos, bebidas etc. *Você usa açúcar ou **adoçante** no café?*

adoçar (a-do-çar) *verbo* **1** Tornar algo doce, acrescentando açúcar, mel, melado etc. *Quer que **adoce** seu café?* **2** *informal* Tornar algo mais agradável, mais suave. *Os netinhos **adoçavam** a vida do avô.*

adoecer (a-do-e-cer) *verbo* Ficar doente.

adolescência (a-do-les-cên-cia) *subst.fem.* Fase da vida humana entre a infância e a idade adulta. Durante a **adolescência**, o corpo e o comportamento se modificam muito e de modo rápido. Nessa época surgem os pelos, os seios nas meninas se desenvolvem, o interesse por namorados começa a aparecer etc.

adolescente (a-do-les-cen-te) *subst.masc.fem.* **1** Quem está na adolescência. *adj.masc.fem.* **2** **Adolescente** quer dizer relacionado à adolescência.

→ De acordo com a Lei federal 8.069, de 1990, que criou o Estatuto da Criança e do **Adolescente**, o **adolescente** é a pessoa que tem entre 12 e 18 anos.

adorar (a-do-rar) *verbo* **1** Prestar culto a Deus ou a uma divindade. ***Adorar** a Deus.* **2** *informal* Gostar muito. ***Adoramos** sorvete. **Adoro** meu namorado.* [Antôn.: *detestar.*] ~ **adoração** *subst.fem.* **adorável** *adj.masc.fem.*

adormecer (a-dor-me-cer) *verbo* É o mesmo que dormir.

adotar (a-do-tar) *verbo* **1** **Adotar** uma criança é escolhê-la para ser seu filho. A criança que foi **adotada** passa a ser parte da família e é declarada como filho perante a lei. **2** Quando você **adota** comportamentos, ideias etc., eles passam a fazer parte da sua vida, dos seus hábitos.

adotivo (a-do-ti-vo) *adj.* Filho **adotivo** é aquele que foi adotado. Pais **adotivos** são aqueles que adotaram um filho.

adquirir (ad-qui-rir) *verbo* **1** Passar a ser dono de algo, porque comprou ou trocou. *João **adquiriu** dez figurinhas pelo preço de uma.* **2** Passar a ter habilidades, qualidades etc. *Quem estuda **adquire** conhecimento.*

adrenalina (a-dre-na-li-na) *subst.fem.* **1** BIO Substância produzida no corpo quando estamos agitados, com raiva ou com medo. A **adrenalina** faz o coração bater mais rápido e dá mais energia. **2** *informal* Emoção muito forte. *Para quem gosta de **adrenalina**, surfe é um bom esporte.*

adubo (a-du-bo) *subst.masc.* Conjunto de resíduos minerais e vegetais usados para fertilizar a terra. [Sinôn.: *estrume.*]

adulto (a-dul-to) *subst.masc.* **1** Animal ou vegetal que já se desenvolveu ao máximo, que não cresce mais. **2** Ser humano que não é mais adolescente e ainda não é idoso. ☛ Esta palavra pode ser usada como adj.: *animais **adultos**, idade **adulta**.*

advérbio (ad-vér-bio) *subst.masc.* GRAM Palavra usada para mostrar diferentes circunstâncias, como tempo, modo etc., que pode alterar o significado de um adjetivo, verbo ou outro **advérbio**. No exemplo "Marina viajou ontem", o **advérbio** "ontem" expressa uma circunstância de tempo, pois informa quando Marina viajou. O **advérbio** é uma das classes de palavras.

adversário (ad-ver-sá-rio) *subst.masc.* Em uma competição, disputa ou guerra, a pessoa, o time ou o exército que você enfrenta ou que vai contra o que você acredita. *Os **adversários** políticos vão se encontrar para um debate. A Itália foi o **adversário** do Brasil na final da Copa de 1994.* [Antôn.: *aliado.*] ☛ Esta palavra pode ser usada como adj.: *equipe **adversária**.*

advertência (ad-ver-tên-cia) *subst.fem.* **1** Quando avisamos alguma coisa a alguém, fazemos uma **advertência**. *Na placa havia uma **advertência**: é proibido fumar aqui.* **2** Se chamamos a atenção de alguém por uma atitude errada, fazemos uma

advertência. *O aluno recebeu uma **advertência** da diretora por ter brigado na sala.* ~ **advertir** verbo

advogado (ad-vo-ga-do) subst.masc. Pessoa que trabalha orientando as outras sobre as leis e representando seus clientes nos tribunais. *Meu tio consultou um **advogado** para tirar dúvidas sobre a venda de sua casa.*

aéreo (a-é-reo) adj. **1** **Aéreo** quer dizer relacionado ao ar. Meio de transporte **aéreo** é aquele que se move pelo ar. **2** Visto ou observado do alto. *Da montanha, tínhamos uma vista **aérea** do vale.* **3** Quando uma pessoa é muito distraída, dizemos que ela é **aérea**. *Jair é tão **aéreo** que tomou banho com os óculos no rosto.*

aeronáutica (a-e-ro-náu-ti-ca) subst.fem. **1** **Aeronáutica** é o estudo e a prática da navegação aérea. **2** **Aeronáutica** também é a força militar que defende o espaço aéreo de um país. *Filipe trabalha na **Aeronáutica**.* ☛ Primeira letra maiúscula.

aeronave ▼ (a-e-ro-na-ve) subst.fem. Qualquer veículo que faz o transporte aéreo. Avião e helicóptero são **aeronaves**. [Col.: *esquadrilha*.]

aeroporto (a-e-ro-por-to) \ô\ subst.masc. Local para pouso e decolagem de aeronaves, com instalações para embarque e desembarque de passageiros e de cargas.

afastar (a-fas-tar) verbo **1** Colocar uma coisa distante ou separada do que está junto dela. *Luís **afastou** o prato ao acabar de comer. É bom **afastar** da mente as ideias ruins.* [Antôn.: *aproximar*.] **2** Quem se **afasta** de trabalho ou cargo não está mais nesse trabalho ou deixou de ter esse cargo. *O diretor do hospital **afastou** o médico.* ~ **afastamento** subst.masc.

afeição (a-fei-ção) subst.fem. Se você sente **afeição** por alguém ou algo, você gosta dele, quer tê-lo com você ou para você. *Ela sente **afeição** pela família. Vovó sente muita **afeição** pelos móveis da fazenda.* [Pl.: *afeições*.]

afeto (a-fe-to) subst.masc. Sentimento de carinho ou afeição por uma pessoa ou animal. *Tenho grande **afeto** por minha mãe.* ~ **afetivo** adj. **afetuoso** adj.

afiado (a-fi-a-do) adj. Uma faca **afiada** corta muito bem. Qualquer objeto que corta, como um canivete ou uma tesoura, pode ser **afiado**.

afilhado (a-fi-lha-do) subst.masc. Quem foi batizado ou se casou é **afilhado** de quem foi seu padrinho ou sua madrinha.

afinal (a-fi-nal) advérbio **1** **Afinal** mostra que nossa ideia é boa, pois explica por que nosso pensamento é correto. *Eu sabia que você ficaria resfriado; **afinal**, tomou um banho de chuva e não se secou.* **2** Usamos **afinal** quando acontece algo que demorou muito. *Depois de ficar uma hora parado, o ônibus **afinal** seguiu viagem.* **3** Também usamos **afinal** quando queremos terminar um assunto ou uma discussão. *Os irmãos pararam a briga quando o pai perguntou: – **Afinal**, por que estão brigando?*

afirmação (a-fir-ma-ção) subst.fem. **1** Quando respondemos sim a uma pergunta ou proposta, ou quando concordamos com uma ideia, respondemos com uma **afirmação**. *Um gesto de **afirmação** permitiu nossa entrada.* [Antôn.: *negação*.] **2** O que se diz como verdade, com segurança. *A **afirmação** do vereador irritou o prefeito.* **3** Atitude de quem se mostra independente e quer impor a sua vontade. *Os adolescentes buscam **afirmação**.* [Pl.: *afirmações*.]

afirmar (a-fir-mar) verbo **1** Dizer algo assumindo que isso é verdade. *Elaine **afirmou** que não sairá de casa.* **2** Garantir ou comprovar a verdade. *Até agora só a polícia pode **afirmar** o que houve realmente.*

afirmativo (a-fir-ma-ti-vo) adj. Quando queremos dizer que sim, usamos uma frase, uma palavra, um gesto, um olhar **afirmativo** ou qualquer outro jeito de expressar isso. [Antôn.: *negativo*.]

aflição (a-fli-ção) subst.fem. **1** Sensação de angústia, de tristeza, por sentir medo, ter vivido uma experiência ruim, estar preocupado. *Que **aflição***

*vivem as vítimas da enchente! A demora da filha provoca **aflição** na mãe.* [Antôn.: *calma*.] **2** Sensação de sofrimento físico ou de falta de conforto. *Joaquina sente **aflição** em lugares fechados.* [Antôn.: *alívio*.] [Pl.: *aflições*.]

aflito (a-fli-to) *adj.* **1** Uma pessoa **aflita** se sente angustiada, infeliz, inquieta. **2** Uma pessoa também pode estar **aflita** por sentir medo ou estar muito preocupada com algo. [Antôn. geral: *tranquilo*.]

afluente (a-flu-en-te) *subst.masc.* Rio que deságua em outro rio. *O rio das Velhas é um dos maiores **afluentes** do rio São Francisco.* ☛ Ver ilustração na p. 490.

afogar (a-fo-gar) *verbo* Quem se **afoga** fica sem ar e não consegue respirar, porque entrou água nos pulmões. *Quem não se cuida no mar pode se **afogar**.*

afora (a-fo-ra) *advérbio* **1** Para fora. *Quando bateu o sinal, a turma saiu porta **afora**.* **2** Adiante, em frente. *Vocês serão muito felizes pela vida **afora**. Adriana viajou mundo **afora**.*

afoxé (a-fo-xé) *subst.masc.* **1** Grupo negro ligado ao candomblé. Na Bahia, o **afoxé** desfila nas ruas no carnaval. **2** MÚS Instrumento musical parecido com um chocalho, só que feito de uma cabaça revestida com contas.

africano (a-fri-ca-no) *subst.masc.* **1** Pessoa que nasceu ou que mora na África. *adj.* **2** **Africano** quer dizer relacionado à África. Um produto **africano** é um produto da África. Um país da África é um país **africano**. ☛ Ver ilustração na p. 482.

afro-brasileiro (a-fro - bra-si-lei-ro) *subst.masc.* **1** Brasileiro descendente de africano. *adj.* **2** O que é **afro-brasileiro** é relacionado, ao mesmo tempo, à África e ao Brasil, com características das duas culturas. *A capoeira é um tipo de luta **afro-brasileira**.* [Pl.: *afro-brasileiros*. Fem.: *afro-brasileira*.]

afrodescendente (a-fro-des-cen-den-te) *subst.masc.fem.* Descendente de africanos negros, especialmente aqueles que saíram da África como escravos.

afta (af-ta) *subst.fem.* MED Ferida pequena e dolorida dentro da boca. A **afta** é causada por problemas de alimentação ou por alguma doença.

afundar (a-fun-dar) *verbo* **1** Se um barco **afunda**, ele vai para o fundo do rio ou mar. *Lílian **afundou** o pé na poça.* **2** Ficar com uma parte mais funda que o resto. *Ao pressionarmos com o dedo, o colchão **afunda**.*

agachar ► (a-ga-char) *verbo* **Agachar**-se é ficar com os joelhos dobrados, com o corpo pertinho do chão.

agarrar (a-gar-rar) *verbo* **1** Segurar com força. *Fernanda, com medo, **agarrou** o braço da mãe.* **2** Colocar na prisão. *A polícia **agarrou** o bandido.* **3** *informal* Ficar muito junto, grudado, preso. *A planta cresceu e **agarrou**-se à cerca.* [Antôn. geral: *soltar*.]

agasalho (a-ga-sa-lho) *subst.masc.* Roupa que protege o corpo da chuva ou do frio.

agência (a-gên-cia) *subst.fem.* **1** Empresa que presta serviços a outras. Por exemplo, uma **agência** de empregos escolhe pessoas que serão contratadas por outras empresas. **2** Empresa que é parte menor de uma organização maior. *O banco tem várias **agências** neste bairro. Abriram duas novas **agências** dos Correios.*

agenda (a-gen-da) *subst.fem.* **1** Caderno com datas onde anotamos nossos compromissos diários. A **agenda** também pode ter espaço para escrever telefones, aniversários etc. **2** Conjunto de compromissos a serem cumpridos em um dia. *Na **agenda** de hoje, o ministro tem uma reunião com o jornalista.*

agente (a-gen-te) *subst.masc.fem.* **1** Pessoa ou coisa que provoca alguma ação ou reação. *A bactéria é um **agente** biológico.* **2** Quem cuida de negócios para outras pessoas ou empresas, como o **agente** de viagens e os **agentes** de pessoas famosas. **3** Policial. *Os **agentes** da polícia federal receberam treinamento.* **4** Quem tem um cargo ou função que representa o poder público. *O **agente** sanitário cuida da higiene e da saúde da população.*

ágil (á-gil) *adj.masc.fem.* Uma pessoa **ágil** se move com rapidez e sem esforço. Há também pessoas **ágeis** em outras atividades, como pensar ou resolver problemas. [Sinôn.: *rápido, veloz*. Antôn.: *lento*. Pl.: *ágeis*. Superl.absol.: *agilíssimo, agílimo*.]

agilidade (a-gi-li-da-de) *subst.fem.* Quem é ágil se move, pensa ou faz qualquer outra coisa com **agilidade**.

agir (a-gir) *verbo* **1** Tomar uma atitude, fazer algo. *Os políticos não devem só falar, têm de **agir**.* **2** Produzir uma reação ou um efeito. *O remédio **agiu** rápido e a dor passou.* **3** Ter certo comportamento. *Laís não sabia como **agir** diante de Marcelo.* [Sinôn.: *comportar-se*.]

agitar (a-gi-tar) *verbo* **1** Fazer algo se mexer com frequência e, às vezes, rapidez. O que se **agita** também se mexe desse jeito. *O vento **agitou** as águas do mar.* **2** Deixar com vontade de se mexer, de fazer bagunça, de fazer barulho, de correr. *O barulho **agitou** as crianças.* [Antôn.: *acalmar*.] ~ **agitação** *subst.fem.*

agogô (a-go-gô) *subst.masc.* MÚS Instrumento musical formado por dois cones de metal unidos pela ponta mais estreita. Uma vareta também de metal é usada para bater nos cones e tirar sons. ☛ Ver ilustração na p. 494.

agora (a-go-ra) *advérbio* **Agora** é neste momento, não é nem antes nem depois. *Você está lendo este dicionário **agora**. Papai mandou Joaquim tomar banho **agora**.* [Sinôn.: *já*.]

agosto (a-gos-to) \ô\ *subst.masc.* Oitavo mês do ano, entre julho e setembro. **Agosto** tem 31 dias.

agradar (a-gra-dar) *verbo* **1** **Agradar** é satisfazer por preencher uma necessidade. Quando uma sugestão **agrada**, ela traz satisfação, alegria. *A sugestão do síndico **agradou** aos moradores.* **2** **Agradar** também é provocar uma sensação agradável, de prazer. *A limpeza do hotel **agradou** o hóspede.* [Antôn. geral: *desagradar*.]

agradável (a-gra-dá-vel) *adj.masc.fem.* A gente sempre se sente bem com as pessoas ou os bichos que achamos **agradáveis**. *Nossos vizinhos são gente muito educada e **agradável**.* [Antôn.: *desagradável*. Pl.: *agradáveis*. Superl.absol.: *agradabilíssimo*.]

agradecer (a-gra-de-cer) *verbo* Mostrar gratidão por algo que alguém tenha feito. *Telefonei para **agradecer** os presentes.* ~ **agradecimento** *subst.masc.*

agrado (a-gra-do) *subst.masc.* **1** Um carinho, uma palavra amável para com outra pessoa são **agrados**. **2** Também se chama de **agrado** o sentimento de satisfação, de alegria. *Foi com **agrado** que a tia recebeu o telefonema pelo seu aniversário.*

agredir (a-gre-dir) *verbo* Ter atitudes violentas contra outra pessoa. *O rapaz **agrediu** o inimigo com pontapés e xingamentos.*

agressão (a-gres-são) *subst.fem.* **1** Quando alguém age com violência física contra outra pessoa, comete uma **agressão**. *Um soco é um ato de **agressão**.* **2** Se alguém é atingido na sua moral e se sente provocado, também sofre uma **agressão**. *Xingar uma pessoa é uma **agressão** feia.* [Pl.: *agressões*.]

agressivo (a-gres-si-vo) *adj.* Uma pessoa **agressiva** mostra que tem raiva e está pronta para brigar ou discutir com outra. Os animais e as atitudes das pessoas também podem ser **agressivos**. ~ **agressividade** *subst.fem.*

agreste (a-gres-te) *subst.masc.* **1** GEOG No Nordeste brasileiro, zona árida, com pouca vegetação, mas que não chega a ser caatinga. *adj.masc.fem.* **2** Uma região selvagem, que não é cultivada, é uma região **agreste**. *O sítio está bem **agreste**, ainda não tiramos o mato que invadiu o terreno.*

agrião (a-gri-ão) *subst.masc.* Verdura de folhas pequenas e verde-escuras, que geralmente é consumida em saladas. O **agrião** cresce bem onde há muita água. [Pl.: *agriões*.]

agrícola (a-grí-co-la) *adj.masc.fem.* O que é **agrícola** é relativo à agricultura. Produtos **agrícolas** são produtos que vêm do campo.

agricultura (a-gri-cul-tu-ra) *subst.fem.* Atividade destinada à produção de vegetais usados como alimento, como ração, matéria-prima para a indústria, medicamentos etc. ~ **agricultor** *subst.masc.*

agropecuária (a-gro-pe-cu-á-ria) *subst.fem.* Atividade que envolve, ao mesmo tempo, a agricultura e a pecuária.

agrotóxico (a-gro-tó-xi-co) \cs\ *subst.masc.* Produto químico usado para combater doenças e pragas nas plantações. ☛ Esta palavra pode ser usada como adj.: *substância **agrotóxica***.

agrupar (a-gru-par) *verbo* Juntar em grupo. Pessoas que se **agrupam** passam a formar um grupo. *A funcionária **agrupou** os livros pelo nome.* ~ **agrupamento** *subst.masc.*

água (á-gua) *subst.fem.* **1** Líquido incolor, sem cheiro e sem sabor, natural e essencial à vida. *Sem **água** e ar não vivemos.* **2** Toda a parte líquida existente no planeta Terra. *No nosso planeta as áreas de **água** são maiores que as de terra.* **águas** *subst.fem.pl.* **3** As grandes extensões de água da Terra, como os mares, os grandes lagos e os rios. *Em algumas religiões, Iemanjá é a rainha das **águas**.* **4** Época de chuvas. *Março é o mês das **águas** de fim de verão.* **água doce** Água dos rios e de lagoas, que não é salgada como a água do mar. **água mineral** Água potável, colhida em fontes naturais e geralmente boa para a saúde. A **água mineral** pode ser gasosa ou não. **águas passadas** **Águas passadas** é o que passou, que não tem mais importância. *A briga entre os colegas da turma são **águas passadas**, agora são todos amigos.* **até debaixo de água** *informal* Se alguém é seu amigo **até debaixo de água**, ele é seu amigo de verdade. *Adoro meu time de futebol **até debaixo de água**.* **ir por água abaixo** *informal* Se alguma coisa **vai por água abaixo** é porque não deu certo. *Os planos de viagem **foram por água abaixo**!*

água com açúcar (á-gua com a-çú-car) *adj.masc.fem.* *informal* Um filme **água com açúcar** é um filme muito romântico, ingênuo, que todo mundo já sabe que terá um final feliz. ☛ O sing. e o pl. desse adj. são iguais: *romance **água com açúcar**, romances **água com açúcar**.*

água de cheiro (á-gua de chei-ro) *subst.fem.* É o mesmo que água-de-colônia. [Pl.: *águas de cheiro*.]

água de coco (á-gua de co-co) *subst.fem.* Líquido natural e nutritivo que existe no coco ainda verde. [Pl.: *águas de coco*.]

água-de-colônia (á-gua - de - co-lô-nia) *subst.fem.* Líquido de aroma suave e natural, usado para perfumar e refrescar o corpo. *Os lençóis da vovó tinham o cheirinho da **água-de-colônia** que ela usava.* [Pl.: *águas-de-colônia*.]

aguardar (a-guar-dar) *verbo* Deixar de fazer algo até que aconteça o que deveria acontecer ou apareça alguém que deveria aparecer. *Lídia **aguardou** o almoço lendo.* [Sinôn.: *esperar*.]

aguardente (a-guar-den-te) *subst.fem.* Bebida alcoólica feita do caldo de alguns vegetais doces, como cana-de-açúcar, uva, cereais, raízes etc. **aguardente de cana** É o mesmo que cachaça.

água-viva ◢ (á-gua - vi-va) *subst.fem.* Animal marinho que tem o corpo transparente e mole como uma gelatina. Os tentáculos da **água-viva** podem causar queimaduras nas pessoas. [Pl.: *águas-vivas*.]

agudo (a-gu-do) *adj.* **1** O som **agudo** é um som como o do canto dos passarinhos. *Os bebês costumam dar gritos **agudos**.* [Sinôn.: *fino*. Antôn.: *grave*. Superl.absol.: *agudíssimo, acutíssimo*.] ☛ Neste sentido, esta palavra pode ser usada como subst.: *A cantora deu muitos **agudos**.* **2** GRAM O acento **agudo** é um traço virado para a direita (´) e mostra que a sílaba tônica é uma vogal aberta, como o "é" em "café".

aguentar (a-guen-tar) \güe\ *verbo* **1** Ser capaz de segurar ou carregar algo pesado. *A mesa **aguentou** o peso dos livros.* **2** Ter paciência para enfrentar uma situação difícil ou um problema. *Guilherme não **aguenta** mais esse barulho.*

águia (á-guia) *subst.fem.* Ave muito grande, com bico e garras bem fortes, que a ajudam a caçar suas presas. Como a **águia** pode voar muito alto, costuma fazer seu ninho em lugares distantes do solo.

agulha (a-gu-lha) *subst.fem.* **1** Objeto fino e longo, geralmente de aço, bem pontudo de um lado e com um buraquinho para passar a linha do outro, usado para costurar ou bordar. **2** Objeto como esse, mas mais comprido e de formas variadas, usado para tecer, fazer tricô, crochê etc. **3** Objeto parecido com a **agulha** de costura, mas oco por dentro, usado para dar injeções e tirar sangue das veias.

→ Busque o texto "Um apólogo" de Machado de Assis, em que a personagem principal é uma **agulha**, em *Ciência Hoje das Crianças on-line*.

ah *interjeição* Palavra usada para expressar alegria, surpresa, decepção etc. ***Ah**, você não vem?*

ai *interjeição* Usamos **ai** para expressar dor. *Marcela pisou no prego e gritou "**ai**".* [Sinôn.: *ui*.] ☛ Não confundir com *aí*.

aí (a-í) *advérbio* **1** Usamos **aí** quando falamos de um lugar que está perto da pessoa com quem conversamos. *Pegue essa caneta que está **aí** sobre a mesa.* **2** Nesse momento. *A noiva chegou, **aí**, a festa começou.* [Sinôn.: *então*.] ☛ Não confundir com *ai*.

aids *subst.fem.* MED Doença que deixa a pessoa muito fraca, sem defesa contra outras doenças. A **aids** é provocada por um vírus e pode se desenvolver ou não depois que a pessoa é contaminada por ele. ☛ Esta palavra também se escreve com todas as letras maiúsculas.

→ Se você não sabe responder às perguntas "Como se pega? Quem tem **aids** vai morrer?", visite a seção "Proteger-me do HIV" no *site* Unicef Kids e aprenda coisas importantes sobre essa doença e como evitá-la.

ainda (a-in-da) *advérbio* **1** Até agora, até hoje, até este momento. *Sandra saiu cedo e **ainda** não chegou. Heraldo tem 30 anos e **ainda** mora com os pais.* **2 Ainda** é usado para falar de um fato que acontece ao mesmo tempo que outro. *Quando meu irmão nasceu, eu **ainda** era um bebê.* **3** Usamos **ainda** para acrescentar uma ideia à outra, um fato a outro, geralmente para mostrar que não esperávamos isso acontecer. *Comprei tudo e **ainda** sobrou troco.*

aipim (ai-pim) *subst.masc.* Raiz comestível semelhante à mandioca brasileira, só que mais doce. O **aipim** é usado na alimentação, em pratos salgados e doces. [Sinôn.: *macaxeira*. Pl.: *aipins*.]

ajoelhar (a-jo-e-lhar) *verbo* Dobrar os joelhos, encostando-os numa superfície e apoiando o peso do corpo sobre eles.

ajuda (a-ju-da) *subst.fem.* Aquilo que é feito para ajudar uma pessoa. *Isa quis a **ajuda** da mãe para fazer o dever.* [Sinôn.: *auxílio*.]

ajudar (a-ju-dar) *verbo* **1** Podemos **ajudar** uma pessoa dando conselhos ou colaborando na realização de alguma tarefa. *Clóvis gosta de **ajudar** nas tarefas domésticas.* **2 Ajudar** também é tornar as coisas mais fáceis. *Caminhar **ajuda** a digestão.* [Sinôn. geral: *auxiliar*. Antôn. geral: *atrapalhar*.]

ajuizado (a-ju-i-za-do) *adj.* Uma pessoa **ajuizada** tem juízo, pensa antes de agir, é responsável. Gestos e atitudes também podem ser **ajuizados**.

alagar (a-la-gar) *verbo* Deixar ou ficar cheio de água ou coberto por água. *A chuva **alagou** as ruas da cidade.* ~ **alagamento** *subst.masc.*

alaranjado (a-la-ran-ja-do) *subst.masc.* Cor que tem o laranja na sua composição. ☛ Esta palavra pode ser usada como adj.: *polpa **alaranjada***.

alarme (a-lar-me) *subst.masc.* Campainha ou outro tipo de aviso que serve para acordar as pessoas ou indicar algum perigo, como incêndio ou roubo. *O **alarme** vai tocar amanhã às seis horas. O carro de Rosana tem **alarme**.*

álbum (ál-bum) *subst.masc.* Livro ou caderno próprio para colar fotografias, selos, figurinhas etc. *Faltam três figurinhas para completar o **álbum**.* [Pl.: *álbuns*.]

alça (al-ça) *subst.fem.* **1** Alguns objetos têm **alça** para que possamos segurá-los. Malas e algumas bolsas têm **alça**. **2** Tira que se passa pelos ombros para segurar certas roupas, como camisetas e vestidos. Quando a roupa é de **alças**, os braços não ficam cobertos.

alcançar (al-can-çar) *verbo* **1** Conseguir ficar junto de alguém ou algo. *Luísa correu para **alcançar** o ônibus. O menino se esticou para **alcançar** a estante.* **2** Conseguir algo depois de algum esforço ou trabalho. *Quem espera sempre **alcança**. O autor **alcançou** o sucesso com o novo livro.* ~ **alcance** *subst.masc.*

alcateia (al-ca-tei-a) \éi\ *subst.fem.* Uma porção de lobos juntos é uma **alcateia**.

álcool (ál-co-ol) *subst.masc.* **1** Substância sem cor, geralmente feita da cana-de-açúcar, que tem cheiro forte, queima e evapora com facilidade. *O médico limpou a pele do paciente com **álcool**.* **2** Bebida que tem como base essa substância. *Só pessoas com mais de 18 anos podem consumir **álcool**.* [Pl.: *alcoóis*.]

A

alcoólico (al-co-ó-li-co) *adj.* Bebida **alcoólica** é aquela que contém álcool. Cerveja, vinho e cachaça são bebidas **alcoólicas**.

alcorão (al-co-rão) *subst.masc.* REL Livro sagrado dos muçulmanos. [Pl.: *alcorões e alcorães.*] ☛ Primeira letra maiúscula.

aldeia (al-dei-a) *subst.fem.* **1** Pequeno povoado. **2** Local onde os índios vivem e constroem as suas casas.

alecrim (a-le-crim) *subst.masc.* Arbusto de folhas fininhas, compridas e cheirosas. As flores e folhas do **alecrim** são muito usadas como tempero. [Pl.: *alecrins.*]

alegre (a-le-gre) *adj.masc.fem.* **1** O que é **alegre** é cheio de felicidade, contentamento, entusiasmo ou nos faz sentir tudo isso. *Os dias de férias são muito **alegres**. Ontem recebemos notícias **alegres**.* **2** Uma pessoa que sente alegria está **alegre**. *Dudu ficou **alegre** em nos ver.* **3** Dizemos que uma cor é **alegre** quando é forte, brilhante, chama a atenção. *Nada de cinzento! Quero aqui uma cor mais **alegre**.* ~ **alegrar** *verbo*

alegria (a-le-gri-a) *subst.fem.* **1** Sentimento de prazer, bem-estar, satisfação. *A **alegria** muitas vezes nos faz rir ou sorrir.* [Antôn.: *tristeza.*] **2** Pessoa ou coisa que produz esse sentimento. *Roberta era a **alegria** da nossa casa.*

aleijado (a-lei-ja-do) *adj.* A pessoa ou o animal **aleijado** é aquele que tem uma deficiência física ou que não tem uma parte do corpo. Chamar uma pessoa de **aleijado** é ofensivo.

além (a-lém) *advérbio* O que fica **além** está depois ou mais longe. *Ricardo não podia ir **além** do quintal de casa. Custamos a achar a entrada, que ficava mais **além**.* **além de** **1** Usamos **além de** para juntar duas informações que consideramos muito importantes. ***Além de** bonito, Rodrigo é simpático.* **2** **Além de** também quer dizer mais do que. *Quando fazemos batata frita, Helena come **além do** necessário.*

alemão (a-le-mão) *subst.masc.* **1** Pessoa que nasceu na Alemanha. **2** Língua falada na Alemanha, na Áustria, em partes da Bélgica e da Suíça. *adj.* **3** **Alemão** quer dizer relacionado à Alemanha. Um piano **alemão** é fabricado na Alemanha. [Pl.: *alemães.* Fem.: *alemã.*]

alergia (a-ler-gi-a) *subst.fem.* MED Se você tem **alergia** a alguma coisa, você se sente mal, fica com a pele vermelha ou fica espirrando muito, quando está perto dessa coisa ou quando a come. *Gustavo tem **alergia** a pelo de gato.* ~ **alérgico** *adj.*

alfabético (al-fa-bé-ti-co) *adj.* O que é **alfabético** segue a ordem das letras do alfabeto. *As palavras deste dicionário estão em ordem **alfabética**.*

alfabetizar (al-fa-be-ti-zar) *verbo* Ensinar ou aprender a ler e escrever. ~ **alfabetização** *subst.fem.*

alfabeto (al-fa-be-to) *subst.masc.* Conjunto das letras de uma língua escrita. Nosso **alfabeto** é o mesmo usado em outras línguas, como o inglês, o francês e o espanhol. [Sinôn.: *abecedário.*]

A palavra **alfabeto** é formada pelo nome das duas primeiras letras gregas *álpha* e *bêta*.

---

alface (al-fa-ce) *subst.fem.* Verdura de folhas grandes, verdes ou arroxeadas, com a borda lisa ou ondulada, e arrumadas como as pétalas de uma rosa. As folhas da **alface** são muito usadas em saladas e sanduíches.

alfinete ◢ (al-fi-ne-te) \ê\ *subst.masc.* Haste de metal, parecida com uma agulha. **alfinete de fralda** Alfinete formado por uma espécie de gancho que abre e fecha, usado para prender fraldas de pano e coisas em tecido.

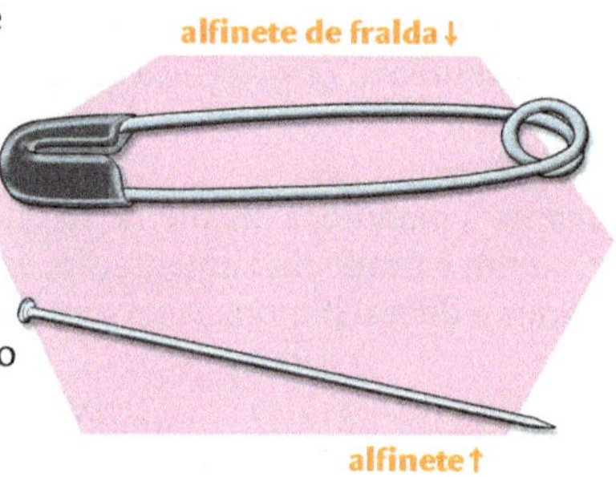

alga (al-ga) *subst.fem.* Planta sem caule, raiz, flor ou folhas, que vive em água salgada ou doce. As **algas** podem ser usadas como alimento ou para a fabricação de diversos produtos, como fertilizantes.

algarismo (al-ga-ris-mo) *subst.masc.* Cada um dos sinais usados para escrever números. *O número*

*12 é formado pelos **algarismos** 1 e 2.* algarismo arábico Cada um dos dez sinais que representam os números 0 (zero), 1 (um), 2 (dois), 3 (três), 4 (quatro), 5 (cinco), 6 (seis), 7 (sete), 8 (oito), 9 (nove). algarismo romano São representados por letras maiúsculas. I (um), V (cinco), X (dez), L (cinquenta), C (cem), D (quinhentos), M (mil). ☛ Ver tabela na p. 509.

algema (al-ge-ma) *subst.fem.* Par de argolas de metal, usado para prender os pulsos de uma pessoa. *O ladrão foi levado com **algemas** para a delegacia.* ☛ Esta palavra é mais usada no plural. ~ **algemar** *verbo*

algo (al-go) *pron.indef.* Usamos **algo** para falar de qualquer coisa, situação, acontecimento ou ideia, sem dizer com todos os detalhes o que é. ***Algo** aconteceu aqui em casa enquanto viajamos.*

algodão (al-go-dão) *subst.masc.* **1** Conjunto de pelos muito longos, macios e geralmente brancos que envolve as sementes de uma planta. O **algodão** é usado em higiene e limpeza. **2** Tecido fabricado com fios feitos desses pelos. algodão doce Doce feito apenas com açúcar em que, numa máquina especial, os fios bem finos se juntam em flocos, como se fossem algodão de verdade. [Pl.: *algodões.*]

Flor do **algodão**.

alguém (al-guém) *pron.indef.* Usamos **alguém** para falar de uma pessoa sem dizer exatamente quem ela é, porque não sabemos ou não queremos dizer quem ela é. ***Alguém** bateu na porta, mas Henrique não abriu.*

algum (al-gum) *pron.indef.* **1** Um objeto, um ser ou uma pessoa no meio de muitas outras. ***Algum** de vocês viu meu lápis? **Algumas** cadeiras estão quebradas.* **2** Também usamos **algum** quando não sabemos ou não queremos dizer com certeza um número ou quantidade. *Papai precisa de mais **algum** dinheiro para comprar o carro.* [Sinôn.: *certo.*] [Pl.: *alguns.* Fem.: *alguma.*]

→ Se dizemos "**Algum** dinheiro pode resolver nosso problema" significa que uma certa quantidade de dinheiro vai resolver nosso problema. Se colocamos o pronome depois do substantivo, "Dinheiro **algum** pode resolver nosso problema", não há dinheiro nenhum que vá ajudar.

alho (a-lho) *subst.masc.* Bulbo com gomos, chamados de dentes, que ficam juntos e são cobertos por uma casca fina. O **alho** é branco, tem cheiro e sabor fortes e é muito usado como tempero.

ali (a-li) *advérbio* Usamos **ali** para falar de um lugar que não está nem perto de nós nem da pessoa com quem falamos. *A professora perguntou o que Zeca fazia **ali** na rua.*

aliado (a-li-a-do) *subst.masc.* Em uma disputa ou guerra, a pessoa, o grupo ou o exército que apoia você. *Ana conseguiu vários **aliados** na briga com o síndico. Estados Unidos e Inglaterra foram **aliados** nas duas guerras mundiais.* [Antôn.: *adversário, inimigo.*] ☛ Esta palavra pode ser usada como adj.: *grupo **aliado**.*

aliança (a-li-an-ça) *subst.fem.* **1** Acordo entre duas ou mais pessoas, países etc. em que eles assumem compromisso. *É importante a **aliança** dos países pela paz.* **2** Anel usado por duas pessoas que estão noivas ou são casadas.

aliás (a-li-ás) *advérbio* **1** Usamos **aliás** para comentar o que dissemos ou acrescentar algo que só lembramos depois. *Rute, não acenda o fogo. **Aliás**, isso é um perigo, sabia?* **2** **Aliás** também serve para corrigir uma informação errada. *Todos nós temos seis, **aliás**, cinco dedos nas mãos.*

alicate (a-li-ca-te) *subst.masc.* Ferramenta de metal formada por duas hastes unidas em um ponto. O **alicate** serve para cortar ou segurar objetos. *Susi tem seu próprio **alicate** de unha.*

alienígena (a-li-e-ní-ge-na) *subst.masc.fem.* Ser de outro planeta. ☛ Esta palavra pode ser usada como adj.: *nave **alienígena**, seres **alienígenas**.*

alimentação (a-li-men-ta-ção) *subst.fem.* A comida e a bebida usadas para nos alimentar. *Ter saúde depende de uma boa **alimentação**.* [Sinôn.: *nutrição.* Pl.: *alimentações.*]

A lacraia tem o corpo **alongado**.

alimentar (a-li-men-tar) *verbo* **1** Dar ou tomar alimento. ***Alimentei*** *os cães pela manhã. As crianças precisam se* ***alimentar*** *bem para crescerem saudáveis.* **2** Quando você **alimenta** um sonho, você não o deixa morrer, você o mantém vivo. *Desde criança ele* ***alimenta*** *a esperança de um dia ser médico.* **3** Se você quer que uma fogueira não se apague, você tem que **alimentar** o seu fogo. *O forno da fábrica era* ***alimentado*** *com carvão.*

alimentício (a-li-men-tí-cio) *adj.* **Alimentício** quer dizer relacionado à alimentação. Os gêneros **alimentícios** são próprios para alimentar.

alimento (a-li-men-to) *subst.masc.* Tudo aquilo que alimenta um organismo. *O ingresso do* show *é um quilo de* ***alimento****. Alguns animais são* ***alimentos*** *para outros.* [Sinôn.: *comida.*]

→ Se você quiser saber mais sobre **alimentos**, leia "O segredo das gostosuras", na revista *Ciência Hoje das Crianças on-line*.

---

alinhar (a-li-nhar) *verbo* Colocar ou ficar em linha reta. *O sargento* ***alinhou*** *a tropa. Os cavalos* ***alinharam****-se para a largada.*

alisar (a-li-sar) *verbo* **1** Deixar liso, sem partes mais altas, sem ondas, sem rugas, sem dobras etc. *O carpinteiro* ***alisou*** *a madeira com a lixa. Há mulheres que* ***alisam*** *o cabelo.* **2** Passar a mão ou os dedos sobre algo, geralmente com delicadeza. *O moço* ***alisava*** *o bigode enquanto conversava.*

alívio (a-lí-vio) *subst.masc.* **1** Sensação boa por se livrar de um mal-estar, de um sofrimento. *Rita sentiu um* ***alívio*** *quando a dor de cabeça passou.* **2** Quando a gente resolve problemas ou alguma dificuldade, também sente **alívio**. *Foi um* ***alívio*** *sair daquele salão tão quente.* ~ **aliviar** *verbo*

alma (al-ma) *subst.fem.* **1** REL Parte imortal do homem. [Sinôn.: *espírito.*] **2** Causa de ânimo, entusiasmo em um grupo ou acontecimento. *Miguel foi a* ***alma*** *da festa. Naiara é a* ***alma*** *da empresa.*

almirante (al-mi-ran-te) *subst.masc.* Oficial militar que ocupa o mais alto posto da Marinha.

almoçar (al-mo-çar) *verbo* Fazer a refeição que corresponde ao almoço. *Todas as terças, eu* ***almoçava*** *na escola.*

almoço (al-mo-ço) \ô\ *subst.masc.* **1** Refeição após o café da manhã, feita por volta do meio-dia. *Aos domingos, o* ***almoço*** *é na casa da vovó.* **2** A comida servida nessa refeição. *Hoje, vou levar o meu* ***almoço*** *na marmita menor.*

almofada (al-mo-fa-da) *subst.fem.* Espécie de travesseiro utilizado como apoio para as costas, como assento ou apenas para enfeitar um ambiente. *As cadeiras da sala precisam de novas* ***almofadas****.*

alô (a-lô) *interjeição* Usamos **alô** quando atendemos ao telefone.

alongado ▲ (a-lon-ga-do) *adj.* O que é **alongado** é mais comprido do que largo.

alongar (a-lon-gar) *verbo* **1** Ficar mais longo do que deveria ou do que era antes. *Com as discussões, a reunião se* ***alongou*** *muito.* [Antôn.: *encurtar.*] **2** Esticar. *Após o exercício,* ***alongou*** *os músculos.* ~ **alongamento** *subst.masc.*

altar (al-tar) *subst.masc.* **1** REL Mesa atrás da qual o padre fica durante a missa. **2** Qualquer móvel onde se colocam estátuas ou fotos de um ou mais santos, para homenageá-los ou para rezar para eles. [Pl.: *altares.*]

alterar (al-te-rar) *verbo* **1** É o mesmo que modificar. **2 Alterar**-se também é ficar muito irritado. *O deputado se **alterou** ao ser chamado de ladrão.* ~ **alteração** *subst.fem.*

alternar (al-ter-nar) *verbo* Quando duas coisas se **alternam**, acontece uma de cada vez e uma sempre depois da outra, e isso se repete várias vezes. *O médico mandou **alternar** os dois remédios. Para andar, **alternamos** os pés.*

alternativa (al-ter-na-ti-va) *subst.fem.* Cada uma de duas ou mais opções a escolher. *As **alternativas** do passeio são cinema ou praia.*

alteza (al-te-za) \ê\ *subst.fem.* Título dado aos príncipes. *Quando falamos com um príncipe devemos chamá-lo de **Alteza**.* ☛ Primeira letra maiúscula.

alto (al-to) *adj.* **1** O que é **alto** é muito comprido para cima. *A estante é muito **alta** para mim. O jogador de basquete tem que ser **alto**.* **2** O que tem preço **alto** custa muito dinheiro. **3** Um som **alto** é aquele que é bem ouvido, mas, se for **alto** demais, pode incomodar. *Festa sempre tem som **alto**.* **4** Um voo **alto** é realizado a bastante distância do chão. *subst.masc.* **5** O **alto** de um lugar ou de um objeto é a parte que está mais longe do chão. *Os ladrões correram para o **alto** do prédio.* [Antôn. de 1 a 4: *baixo.*] ☛ Em 3 e 4, esta palavra pode ser usada como advérbio: *As crianças falavam **alto**. Os gaviões voam **alto**.*

alto-falante (al-to - fa-lan-te) *subst.masc.* Aparelho que transforma sinais elétricos em sons, altos o bastante para serem ouvidos a distância. [Pl.: *alto-falantes.*]

altura (al-tu-ra) *subst.fem.* Tamanho de algo, medido de baixo até em cima. *O jogador de vôlei tinha quase dois metros de **altura**.*

aluguel (a-lu-guel) *subst.masc.* **1** O **aluguel** de um lugar ou de uma coisa permite que alguém use isso por um tempo certo, pagando em troca desse uso. *No parque, há **aluguel** de bicicletas.* **2** Valor pago pelo uso desse lugar ou objeto. *O **aluguel** deve ser depositado no banco.* [Pl.: *aluguéis.*] ~ **alugar** *verbo*

alumínio (a-lu-mí-nio) *subst.masc.* Metal flexível, leve e de cor prateada. O **alumínio** é muito utilizado na indústria, porque não enferruja e pode conduzir energia e calor. *Uma panela de ferro é mais pesada que uma de **alumínio**.*

aluno (a-lu-no) *subst.masc.* Pessoa que recebe instruções de um professor ou de outra pessoa, na escola ou em aula particular. *Os **alunos** de capoeira farão uma apresentação na praça.* [Sinôn.: *estudante.*]

alvo (al-vo) *subst.masc.* **1** Ponto que procuramos atingir com algo, como uma flecha. *O tiro ao **alvo** é um esporte.* **2 Alvo** também é tudo o que buscamos conseguir. *Ao estudar, Zuleica tem um **alvo**: a faculdade.* [Sinôn.: *objetivo.*] **3** A cor branca. ☛ Neste sentido, esta palavra pode ser usada como adj.: *lençóis **alvos**.*

amadurecer (a-ma-du-re-cer) *verbo* **1** Quando um fruto **amadurece**, ele já se desenvolveu ao máximo e aí podemos colhê-lo e consumi-lo. **2** Uma pessoa **amadurece** quando fica mais velha ou quando age com responsabilidade e sabedoria. *À medida que crescem, as crianças vão **amadurecendo**, vão aprendendo a cuidar melhor de suas coisas.*

amamentar (a-ma-men-tar) *verbo* Quando uma mãe **amamenta** um filho, ela dá para ele, como alimento, o leite produzido pelo seu corpo. ~ **amamentação** *subst.fem.*

amanhã (a-ma-nhã) *advérbio* **1** No dia seguinte ao presente. *No jornal deu que **amanhã** vai fazer sol.* **2** Em um futuro próximo, sem sabermos bem quando. *Hoje ele tem um bom salário, **amanhã** não se sabe.* *subst.masc.* **3** O dia seguinte ao que estamos vivendo. ***Amanhã** será outro dia.*

amanhecer (a-ma-nhe-cer) *verbo* **1** Quando o Sol nasce, o dia **amanhece**. *Acorde que já **amanheceu**.* **2** O modo como você se sente de manhã, ao acordar, é o modo como você **amanhece**. *Mateus **amanheceu** gripado.* *subst.masc.* **3** O começo do dia. *Vamos viajar ao **amanhecer**.*

amar (a-mar) *verbo* **1** Gostar muito, sentir prazer, achar agradável. ***Amo** comer pipoca.* **2** Quando uma pessoa **ama** a outra, sente amor por ela. Podemos

amar pessoas da nossa família, amigos ou alguém que queremos namorar. *Papai **ama** meu avô mais do que tudo. Minha irmã **ama** o namorado dela.*

amarelado (a-ma-re-la-do) *subst.masc.* Cor que tem o amarelo na sua composição. ☛ Esta palavra pode ser usada como adj.: *pelo **amarelado**.*

amarelinha ◢ (a-ma-re-li-nha) *subst.fem.* Brincadeira em que se pula num pé só dentro de quadrados desenhados no chão. Para pular **amarelinha**, é preciso jogar uma pequena pedra dentro de um dos quadrados, que não deve ser pisado.

amarelo (a-ma-re-lo) *subst.masc.* Cor da gema do ovo, um pouco mais clara que o laranja. *O **amarelo** da nossa bandeira representa o ouro.* ☛ Esta palavra pode ser usada como adj.: *lençol **amarelo**.* Ver ilustração na p. 498.

amargo (a-mar-go) *adj.* **1** O que é **amargo** tem um sabor forte, que não é doce e geralmente é ruim. *Samuel só toma café **amargo**.* **2** Alguém **amargo** é infeliz, guarda mágoas. [Antôn.: *feliz.*] [Superl.absol.: *amarguíssimo, amaríssimo.*]

amarrar (a-mar-rar) *verbo* **1** Prender de um jeito que não é fácil soltar. Podemos **amarrar** algo com corda, fita, barbante etc. *Sueli **amarrou** o cabelo para tomar banho.* [Antôn.: *desamarrar.*] **2** *informal* Gostar muito. *Jovem se **amarra** em música.* [Sinôn.: *adorar.*]

amarronzado (a-mar-ron-za-do) *subst.masc.* Cor que tem o marrom na sua composição. ☛ Esta palavra pode ser usada como adj.: *bolsa **amarronzada**.*

amarrotar ► (a-mar-ro-tar) *verbo* Fazer pressão sobre um tecido, uma folha de papel etc., deixando dobras e marcas. *A camiseta **amarrotou** na máquina de lavar.* [Sinôn.: *amassar.*]

amassar (a-mas-sar) *verbo* **1** É o mesmo que amarrotar. *Não coloquei as roupas na mala para não **amassá**-las.* **2** Transformar em pasta ou massa. *Misture a farinha, o leite e o sal e **amasse** bem.* **3** Esmagar ou deixar achatado. *O ônibus bateu e **amassou** a porta do carro.*

amável (a-má-vel) *adj.masc.fem.* Muito educado e simpático. *As vendedoras dessa loja são muito **amáveis**.* [Antôn.: *grosseiro.* Pl.: *amáveis.* Superl.absol.: *amabilíssimo.*]

amazônico (a-ma-zô-ni-co) *adj.* **Amazônico** quer dizer relativo à Amazônia, região onde está a bacia do rio Amazonas.

ambição (am-bi-ção) *subst.fem.* **1** Forte atração por riqueza, poder, fama. *A **ambição** de enriquecer acabou com a vida dele.* **2** Coisa que se deseja muito. *Minha **ambição** é trabalhar no cinema.* [Pl.: *ambições.*] ~ **ambicioso** *adj.*

ambiente (am-bi-en-te) *subst.masc.* **1** Conjunto de elementos que cerca os organismos e as coisas. *Alguns répteis vivem em **ambiente** aquático.* [Sinôn.: *meio ambiente.*] **2** Espaço em que se vive ou está. *A sala será dividida em três **ambientes**.* **3** Conjunto de condições físicas, emocionais, morais etc. que envolve as pessoas. *Minha família vive num **ambiente** tranquilo.* *adj.masc.fem.* **4** Som **ambiente** é o som que se ouve em todo o ambiente. Temperatura **ambiente** é aquela do meio em que se vive ou está. ~ **ambiental** *adj.masc.fem.*

ambos (am-bos) *pron.* Usamos **ambos** para falar de duas coisas ou pessoas que não estão em lados opostos, como numa briga, por exemplo. *Marco tem filhos gêmeos, **ambos** são meninos.*

ambrosia (am-bro-si-a) *subst.fem.* CUL Doce de ovos cozidos no leite com açúcar e baunilha.

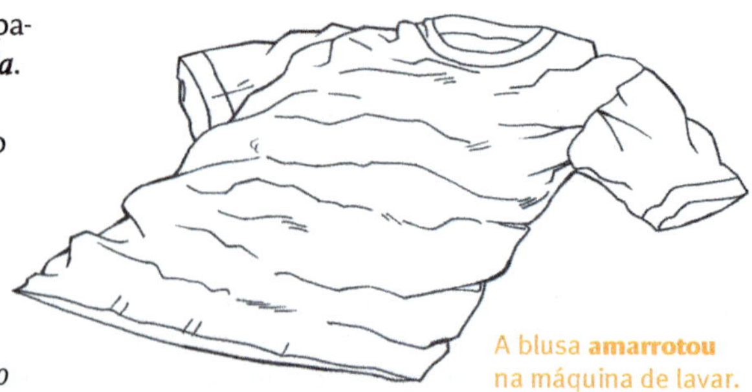

A blusa **amarrotou** na máquina de lavar.

ambulância (am-bu-lân-cia) *subst.fem.* Carro próprio para atender e transportar pessoas doentes ou feridas.

ameaça (a-me-a-ça) *subst.fem.* **1** Tudo que alguém diz ou faz para deixar outra pessoa com medo. *Não tenho medo das suas* ***ameaças!*** **2** Sinal de acontecimento ruim ou perigoso. *A* ***ameaça*** *do temporal fez todos saírem cedo.*

ameaçar (a-me-a-çar) *verbo* **1** Deixar alguém com medo ao prometer fazer coisas ruins com essa pessoa. *Garotos maiores* ***ameaçaram*** *nosso irmão.* **2** Deixar em perigo, fazer mal. *O cigarro* ***ameaça*** *nossa saúde.* [Sinôn.: *prejudicar.*] **3** Mostrar que tem a intenção de fazer algo. *Sara* ***ameaçou*** *entrar, mas parou na porta.* **4** Dar sinal de que vai acontecer logo. *Rita saiu porque estava* ***ameaçando*** *chuva.*

ameba (a-me-ba) *subst.fem.* Organismo microscópico, que só tem uma célula. A **ameba** pode ficar no nosso intestino e causar muitas doenças.

ameixa (a-mei-xa) *subst.fem.* Fruta redonda e doce, de casca vermelha ou amarela. A **ameixa** tem polpa macia, apenas um caroço e ajuda nosso intestino a funcionar melhor. ~ **ameixeira** *subst.fem.*

amendoim (a-men-do-im) *subst.masc.* Semente de um fruto que amadurece debaixo da terra. O **amendoim** é usado cru, torrado ou cozido, em pratos doces e salgados. [Pl.: *amendoins.*]

americano (a-me-ri-ca-no) *subst.masc.* **1** Pessoa que nasceu ou que mora na América. **2** Quem nasceu ou mora nos Estados Unidos da América. *adj.* **3** **Americano** quer dizer relacionado ao continente da América. *O Chile é um país* ***americano.*** **4** **Americano** também quer dizer relacionado aos Estados Unidos da América.

amido (a-mi-do) *subst.masc.* Carboidrato presente em vegetais, como trigo, arroz, batata etc.

amigo (a-mi-go) *adj.* **1** Uma pessoa **amiga** é alguém que você conhece bem e de quem gosta, mas não é seu parente. ☛ Neste sentido, esta palavra pode ser usada como subst.: *Tenho muitos* ***amigos.*** **2** Gestos, palavras, conselhos **amigos** expressam amizade, conforto, geralmente porque vêm de um **amigo.** **3** Países e povos são **amigos** quando se ajudam sem criar problemas uns para os outros. **amigo oculto** Cada pessoa que participa de um amigo-oculto. *A minha* ***amiga oculta*** *é a Élida.* [Antôn. geral: *inimigo.* Superl.absol.: *amicíssimo.*]

amigo-oculto (a-mi-go - o-cul-to) *subst.masc.* Espécie de sorteio em que cada participante recebe em segredo o nome de outro a quem deve dar um presente. *Eliaquim vai participar do* ***amigo-oculto.*** [Pl.: *amigos-ocultos.*]

amizade (a-mi-za-de) *subst.fem.* Relação entre dois ou mais amigos. Se você tem a **amizade** de outra pessoa, você é amigo dela.

amolar (a-mo-lar) *verbo* **1** **Amolar** uma faca ou tesoura é fazer a lâmina ficar bem afiada para cortar muito bem. **2** **Amolar** também é chatear. *Pare de me* ***amolar,*** *que eu quero ver televisão.* ~ **amolação** *subst.fem.*

amor (a-mor) \ô\ *subst.masc.* **1** Forte sentimento de afeição, fidelidade, dedicação, carinho por outra pessoa. *O* ***amor*** *dessa mãe pelos filhos é fora do comum.* **2** Forte atração ou entusiasmo por uma coisa. *Tenho muito* ***amor*** *à natureza e aos bichos.* **3** A pessoa querida. *Você é o meu* ***amor.*** [Pl.: *amores.*]

amora ◣ (a-mo-ra) *subst.fem.* Fruta bem pequena, consumida como alimento ao natural, em geleias e doces. Quando está madura, a **amora** fica bem escura, quase preta. ~ **amoreira** *subst.fem.*

amoroso (a-mo-ro-so) \ô\ *adj.* Chamamos uma pessoa ou coisa de **amorosa,** quando ela demonstra carinho, afeto, amor. *Paula disse palavras* ***amorosas*** *para a avó dela.*

amostra (a-mos-tra) *subst.fem.* Pequena quantidade ou parte de um produto que se dá às pessoas para provar a sua qualidade e ter uma ideia de como ele é. *A **amostra** do medicamento tinha dois comprimidos.*

ampliar (am-pli-ar) *verbo* Deixar maior, mais intenso, mais desenvolvido etc. *O governo **ampliou** o número de creches. Pesquisas **ampliaram** o conhecimento sobre a doença.* [Sinôn.: *aumentar*. Antôn.: *diminuir*.] ~ **ampliação** *subst.fem.*

amplo (am-plo) *adj.* **1** O que é **amplo** tem grandes dimensões e muito espaço. *A sala de aula é **ampla** e bem iluminada.* **2** Também é **amplo** o que envolve ou inclui muitas coisas, muitos elementos. *O trabalho de ciências exigiu uma pesquisa **ampla**. O professor tem um **amplo** conhecimento da matéria.*

ampulheta ◢ (am-pu-lhe-ta) \ê\ *subst.fem.* Instrumento que serve para medir o tempo, com a ajuda de areia que escorre de um lado do recipiente para o outro.

analfabeto (a-nal-fa-be-to) *subst.masc.* Quem não sabe ler nem escrever. ☛ Esta palavra pode ser usada como adj.: *pessoas **analfabetas**.*

analgésico (a-nal-gé-si-co) *subst.masc.* MED Remédio para combater a dor. ☛ Esta palavra pode ser usada como adj.: *comprimido **analgésico**.*

analisar (a-na-li-sar) *verbo* **1** Separar em partes e observar como são essas partes e como se organizam. *O prefeito mandou **analisar** a água do rio.* **2** Observar ou estudar com muita atenção, em todos os detalhes. *A diretora dará a solução depois de **analisar** o caso.*

análise (a-ná-li-se) *subst.fem.* **1** Divisão em partes, para observar como essas partes são e como elas formam o todo. *Deve ser feita uma **análise** nas estruturas do prédio.* **2** Observação cuidadosa e atenta. *O professor deu a nota após a **análise** do trabalho.*

anão (a-não) *subst.masc.* Pessoa que é muito mais baixa que as outras, com as pernas e os braços mais curtos também. [Pl.: *anãos, anões*. Fem.: *anã*.]

anatomia (a-na-to-mi-a) *subst.fem.* Estudo do corpo dos organismos e das partes que o compõem.

âncora (ân-co-ra) *subst.fem.* Peça de ferro muito pesada, jogada no fundo da água para manter o barco no mesmo lugar.

andaime (an-dai-me) *subst.masc.* Armação provisória usada em construções. Os operários ficam nos **andaimes** para pintar, reformar ou construir em lugares altos.

andar (an-dar) *verbo* **1** Mover-se em ritmo regular, colocando um pé de cada vez na frente do outro. [Sinôn.: *caminhar*.] **2** O que se move sozinho também **anda**. *O carro **anda** muito rápido.* **3** Ser levado por um meio de transporte. ***Andar** de avião é bom.* **4** Estar acompanhado de alguém. *Diga-me com quem **andas**, eu te direi quem és.* **5** Quem **anda** doente já está assim há algum tempo. *subst.fem.* **6** Jeito de caminhar. *A bailarina tem um **andar** suave.* **7** Cada uma das divisões horizontais de uma construção. *O prédio da escola tem quatro **andares**.* [Pl. para o subst.: *andares*.]

andorinha (an-do-ri-nha) *subst.fem.* Ave pequena, de bico largo e asas compridas e pontudas. A **andorinha** vive em bandos, se alimenta só de insetos e migra em algumas épocas do ano.

anedota (a-ne-do-ta) *subst.fem.* É o mesmo que piada.

anel (a-nel) *subst.masc.* **1** Acessório em forma de círculo, usado como enfeite nos dedos. O **anel** pode ser de ouro, prata, plástico etc. **2** Também chamamos de **anel** o que tem a forma igual ou parecida com a desse acessório. Por exemplo, uma corrente é formada de **anéis**, os cachos do cabelo também são **anéis**. [Pl.: *anéis*.]

anemia (a-ne-mi-a) *subst.fem.* MED Uma pessoa está com **anemia** quando as células que carregam o oxigênio no sangue diminuem muito. A **anemia** deixa a pessoa cansada e pálida. ~ **anêmico** *adj.*

anestesia (a-nes-te-si-a) *subst.fem.* MED Remédio para deixar o corpo ou uma parte dele sem a capacidade de sentir. Tomamos **anestesia** para não sentirmos dor. *O dentista aplicou **anestesia** para extrair o dente.*

anexar (a-ne-xar) \cs\ *verbo* Juntar o que é menos importante a algo que é principal, como prova, para dar mais informações etc. *José **anexou** uma cópia da identidade ao formulário.*

anexo (a-ne-xo) \cs\ *adj.* O que está **anexo** está junto de outra coisa maior, que é a principal. *Este escritório tem uma sala **anexa**.* ☛ Esta palavra pode ser usada como subst.: *O currículo tinha dois **anexos**.*

anfíbio (an-fí-bio) *subst.masc.* Nome dado aos animais vertebrados que, quando são novos, vivem na água e, quando se tornam adultos, passam a viver na terra. Os **anfíbios** têm a pele lisa, sem escamas. Sapos, rãs e pererecas são **anfíbios.** ☛ Esta palavra pode ser usada como adj.: *animais **anfíbios**.*

angu (an-gu) *subst.masc.* CUL Papa feita com fubá ou farinha de mandioca ou de arroz, misturada e cozida em água.

ângulo ◢ (ân-gu-lo) *subst.masc.* **1** MAT Espaço que se forma quando duas retas se encontram em um mesmo ponto. **2** Uma esquina ou um canto também podem ser chamados de **ângulo**. *Laís machucou a perna no **ângulo** da mesa.*

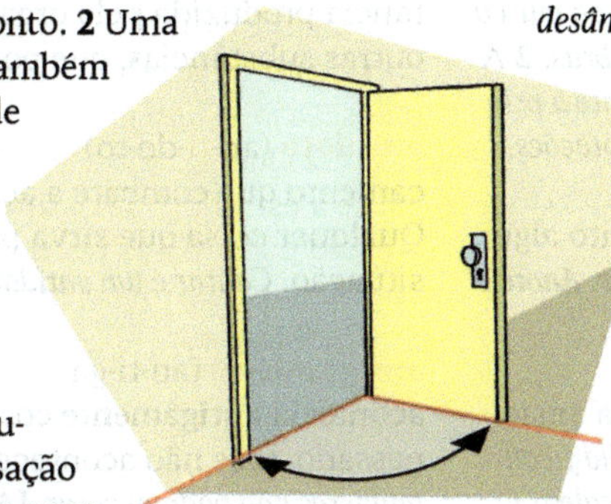

Quando duas retas se encontram, formam um **ângulo**.

angústia (an-gús-tia) *subst.fem.* Quando estamos ansiosos ou preocupados, temos uma sensação ruim, como se fosse um aperto no peito. Isso é **angústia**. *Minha tia sente **angústia** quando anda na roda-gigante.* [Sinôn.: *aflição*.] ~ **angustiar** *verbo*

animado (a-ni-ma-do) *adj.* **1** Com vida, com movimento. *Animais e plantas são seres **animados**.* [Antôn.: *inanimado*.] **2** Uma pessoa ou coisa alegre, movimentada é **animada**. *O aniversário da Sílvia foi bem **animado**.* **3** **Animado** também se diz de quem sente confiança, tem esperanças. *O Jorge está muito **animado** com a nova escola.* **4** Os desenhos **animados** têm esse nome porque, no filme, os desenhos parecem ter movimento. ~ **animação** *subst.fem.* **animar** *verbo*

animal (a-ni-mal) *subst.masc.* **1** Organismo que tem mais de uma célula, é capaz de se movimentar sozinho e se alimenta de outros organismos, porque não produz seu próprio alimento. As pessoas, as aves, os insetos e os peixes, por exemplo, são **animais**. **2** Usamos mais a palavra **animal** para falar desses organismos quando não são os seres humanos. [Sinôn.: *bicho*. Col.: *fauna*.] ☛ Em 1 e 2, esta palavra pode ser usada como adj.: *mundo **animal***. *adj.masc.fem.* **3** Produto **animal** é o que se obtém do corpo dos **animais** e é usado em nossa alimentação, para nos vestir etc. *Leite, ovos e couro são produtos **animais**.* **animal irracional** Qualquer **animal** que não seja o ser humano. **animal racional** O ser humano. [Pl.: *animais*.]

→ Assim como os humanos, os **animais** também têm seus direitos. A Declaração Universal dos Direitos do **Animal** foi aprovada pela Unesco em janeiro de 1978. Leia essa declaração no *site* do Instituto Butantan.

ânimo (â-ni-mo) *subst.masc.* Coragem em situações difíceis, de perigo ou de sofrimento. *As palavras do técnico deram **ânimo** ao time.* [Antôn.: *desânimo*.]

aniversário (a-ni-ver-sá-rio) *subst.masc.* **1** Dia em que alguém completa anos de vida. **2** Dia em que se completa um ou mais anos de ocorrência de um fato. *O **aniversário** da cidade foi comemorado com um baile na praça.* **3** Comemoração desse dia. *O **aniversário** da Ivana foi muito alegre.* ~ **aniversariante** *subst.masc.fem.*

anjo (an-jo) *subst.masc.* **1** REL Ser sobrenatural, mensageiro de Deus entre os homens. **2** **Anjo** também é uma pessoa muito boa e tranquila.

ano (a-no) *subst.masc.* **1** Período de tempo que começa geralmente no dia primeiro de janeiro e termina no dia 31 de dezembro. Um **ano** tem 12 meses. **2** Qualquer período de 12 meses. *Francisco demorou dois **anos** para construir a casa.* **3** O número de **anos** de vida que você tem é a sua idade. *Miguel já tem sete **anos**.* **4** Série escolar. *No sexto **ano** teremos aula de espanhol.* **ano bissexto** Ano de 366 dias que ocorre a cada quatro anos. **ano letivo** Parte do ano em que são dadas as aulas nas escolas. *O **ano letivo** no Brasil tem 200 dias.*

A

→ Um **ano** é o intervalo de tempo que a Terra leva para contornar o Sol, o que demora mais ou menos 365 dias e seis horas. Somando-se essas seis horas, a cada quatro **anos**, acrescenta-se mais um dia, o dia 29 de fevereiro. Por isso temos o **ano** bissexto.

anoitecer (a-noi-te-cer) *verbo* **1** Ir ficando cada vez mais de noite. *No inverno, **anoitece** mais cedo.* [Sinôn.: *escurecer.*] *subst.masc.* **2** O início da noite. *Maurício gosta do **anoitecer**.*

ano-novo (ano - no-vo) *subst.masc.* **1** Ano que começa. *Naiara desejou aos colegas um feliz **ano-novo**.* **2** Meia-noite do dia 31 de dezembro. *Onde você vai passar o **ano-novo**?* [Pl.: *anos-novos.*]

anormal (a-nor-mal) *adj.masc.fem.* Fora das normas ou diferente do que é habitual. *O exame de sangue apresentou um resultado **anormal**. Gilda sente um cansaço **anormal** depois das aulas.* [Antôn.: *normal.* Pl.: *anormais.*]

anotação (a-no-ta-ção) *subst.fem.* **1** Registro escrito de observações, opiniões etc. *Na visita ao museu é bom fazer algum tipo de **anotação** sobre as obras.* **2** A informação contida nesse registro. *Durante a prova, pude consultar minhas **anotações**.* [Pl.: *anotações.*]

anotar (a-no-tar) *verbo* Registrar por escrito alguma informação que não se quer esquecer. ***Anote** o meu telefone novo.*

ansioso (an-si-o-so) \ô\ *adj.* **1** Uma pessoa **ansiosa** se sente preocupada, aflita, infeliz. *Júlia ficou **ansiosa** quando a bolsa dela sumiu.* [Antôn.: *calmo.*] **2** Também ficamos **ansiosos** quando queremos muito que uma coisa aconteça ou dê certo. *Estou **ansioso** para que amanhã faça sol.*

anta ► (an-ta) *subst.fem.* Animal de pelo castanho, pernas curtas e focinho comprido em forma de tromba. A **anta** vive perto de rios e lagoas e é o maior mamífero brasileiro. [Sinôn.: *tapir.*]

antebraço (an-te-bra-ço) *subst.masc.* Parte do braço entre o cotovelo e o punho. ☛ Ver ilustração na p. 478.

antena (an-te-na) *subst.fem.* **1** Parte longa e fina da cabeça de alguns animais, como as formigas e os caracóis. A **antena** serve para o animal sentir cheiros, perceber sons e tocar objetos. **2** Dispositivo, normalmente de metal, que recebe e envia sinais de televisão e rádio. *Uma nova **antena** de celular foi instalada na cidade.*

anterior (an-te-ri-or) \ô\ *adj.masc.fem.* **1** O que é **anterior** aconteceu antes ou vem antes. *O time jogou em agosto, mas treinou no mês **anterior**. A explicação está na página **anterior** a esta.* **2** O que é **anterior** está na parte da frente. *Nossa barriga fica na parte **anterior** do nosso corpo.* [Antôn. geral: *posterior.* Pl.: *anteriores.*]

antes (an-tes) *advérbio* **1** O que acontece **antes** de uma data, hora ou fato acontece mais cedo. [Antôn.: *após, depois.*] **2** **Antes** também é usado perto daquilo que preferimos, se estamos comparando uma coisa com outra. ***Antes** sozinho do que mal acompanhado.*

antibiótico (an-ti-bi-ó-ti-co) *subst.masc.* MED Remédio para combater bactérias causadoras de infecções.

anticorpo (an-ti-cor-po) \ô\ *subst.masc.* BIO Substância produzida pelo organismo para combater outras substâncias, que podem causar doenças.

antídoto (an-tí-do-to) *subst.masc.* **1** MED Medicamento que combate a ação de um veneno. **2** Qualquer coisa que sirva para melhorar uma situação. *Cantar é um **antídoto** para a tristeza.*

antigamente (an-ti-ga-men-te) *advérbio* O que acontecia **antigamente** costumava acontecer no passado, mas não acontece mais. ***Antigamente** as mulheres não podiam votar.* [Antôn.: *atualmente.*]

antigo (an-ti-go) *adj.* O que é **antigo** é muito velho ou aconteceu há muito tempo. *Marcos colecio-*

*na moedas **antigas**. Vou contar para você uma história muito **antiga**.* [Antôn.: *moderno, novo.* Superl.absol.: *antiguíssimo, antiquíssimo.*] ~ **antiguidade** *subst.fem.*

antipatia (an-ti-pa-ti-a) *subst.fem.* Se você não gosta de uma pessoa ou de uma coisa, muitas vezes até sem saber porquê, isso é **antipatia**. *A **antipatia** pela cunhada logo acabou.* [Antôn.: *simpatia.*]

antipático (an-ti-pá-ti-co) *adj.* Uma pessoa **antipática** é desagradável, mal-educada e ninguém gosta dela. Também há coisas **antipáticas**. *Falta de respeito é uma coisa muito **antipática**.* [Antôn.: *simpático.*]

antivírus (an-ti-ví-rus) *subst.masc.* INF Programa que encontra e elimina vírus do computador. ☛ O sing. e o pl. desta palavra são iguais, e ela pode ser usada como adj.: *programação **antivírus**, programas **antivírus**.*

antônimo (an-tô-ni-mo) *subst.masc.* GRAM Palavra que significa o oposto de outra. O que é bom não é mau, então "bom" e "mau" são **antônimos**. ☛ Esta palavra pode ser usada como adj.: *palavras **antônimas**.* Ver *sinônimo*.

anu (a-nu) *subst.masc.* Ave pequena e preta, de bico forte e cauda longa.

anual (a-nu-al) *adj.masc.fem.* **Anual** quer dizer relacionado ao ano. Uma festa **anual** acontece uma vez por ano. Uma assinatura **anual** dura um ano. [Pl.: *anuais.*]

[1]**anular** (a-nu-lar) *verbo* Se um juiz **anula** um gol, ele torna o gol sem valor. *A professora **anulou** uma questão da prova.*

✏ **Anular** vem do verbo latino *anullare*, que quer dizer "reduzir a nada".

---

[2]**anular** (a-nu-lar) *subst.masc.* Dedo da mão que fica ao lado do dedo mínimo. Pessoas noivas ou casadas costumam usar aliança no **anular**. [Pl.: *anulares.*] ☛ Esta palavra pode ser usada como adj.: *dedo **anular***. Ver ilustração na p. 478.

✏ **Anular** vem da palavra latina *anularis*, que quer dizer "relacionado a anel".

---

anunciar (a-nun-ci-ar) *verbo* **1** Fazer as pessoas saberem de algo. *O prefeito **anunciou** a data da obra.* **2** Mostrar, por sinais, que algo vai acontecer. *As nuvens **anunciavam** a chuva.* **3** Exibir o que se quer vender, geralmente nos meios de comunicação. *A empresa **anunciou** sua promoção de férias.*

anúncio (a-nún-cio) *subst.masc.* Notícia ou propaganda para informar as pessoas de alguma coisa. *Pedi de presente o carrinho que vi no **anúncio** da TV.*

ânus (â-nus) *subst.masc.* ANAT Abertura do corpo por onde saem as fezes. ☛ O sing. e o pl. desta palavra são iguais: *o **ânus**, os **ânus**.*

anzol ▼ (an-zol) *subst.masc.* Pequeno gancho de metal que se prende numa linha para pescar. É no **anzol** que se põe a isca para o peixe morder. [Pl.: *anzóis.*]

aonde (a-on-de) *advérbio* Para que lugar, para onde. ***Aonde** vamos hoje, Samuel?*

apagar (a-pa-gar) *verbo* **1** Acabar com o fogo ou com a luz. *Quando sair, **apague** as luzes. O fogo da lareira **apagou**.* [Antôn.: *acender.*] **2** Sumir com o que estava escrito, riscado, colorido etc. ***Apague** somente as linhas tortas.* **3** Acabar com a lembrança de alguém ou de algum acontecimento. *Quero **apagar** da memória aquele dia tão triste.* **4** *informal* Desmaiar ou cair em sono profundo. *Jurema não pode ver sangue que **apaga** na hora. Cléber **apagou** no sofá de novo.*

apaixonado (a-pai-xo-na-do) *adj.* **1** Quando alguém está amando, está **apaixonado** por outra pessoa. *Minha irmã é **apaixonada** pelo namorado.* **2** Se uma pessoa sente forte atração por certa coisa, é **apaixonada** por essa coisa. *Pedro é **apaixonado** por surfe.* ~ **apaixonar** *verbo*

A

apanhar (a-pa-nhar) *verbo* **1** Quando você **apanha** uma coisa, você segura essa coisa. *As crianças **apanharam** a goiaba do pé e comeram.* **2** Se você **apanha** chuva, é atingido por ela. *Nós **apanhamos** muito frio na viagem e adoecemos.* **3** **Apanhar** também é prender uma pessoa ou animal. *O guarda **apanhou** o ladrão.* **4** Se uma pessoa bate em outra, a outra **apanha**. [Sinôn. de 1 a 3: *pegar*.]

aparecer (a-pa-re-cer) *verbo* **1** Quando uma coisa **aparece**, você pode vê-la. *Depois que a noite passa, o sol **aparece**.* [Sinôn.: *surgir*. Antôn.: *desaparecer*.] **2** **Aparecer** num lugar é ir a esse lugar. *João **apareceu** na casa da avó no domingo.* [Sinôn.: *comparecer*.] **3** **Aparecer** também é acontecer. *Os primeiros casos de dengue do ano **apareceram** neste bairro.* ~ **aparecimento** *subst.masc.*

aparelho (a-pa-re-lho) \ê\ *subst.masc.* Máquina ou instrumento feito de mais de uma peça. Televisão, liquidificador, forno de micro-ondas etc. são **aparelhos**.

aparência (a-pa-rên-cia) *subst.fem.* Modo como as pessoas e as coisas se mostram ao nosso olhar. *Juvenal cuida bem de sua **aparência**. A **aparência** da comida não é boa, mas o gosto é bom.*

apartamento (a-par-ta-men-to) *subst.masc.* Cada uma das residências em um edifício. *Nosso **apartamento** tem dois quartos, sala, banheiro e cozinha.*

apear (a-pe-ar) *verbo* Descer de animal em que se está montado ou de veículo.

apelido (a-pe-li-do) *subst.masc.* Nome que você inventa para uma pessoa, diferente do nome dela de verdade. *Bené é **apelido**, ela se chama Benedita.*

apenas (a-pe-nas) *advérbio* Se **apenas** uma coisa serve para uma situação, é porque só ela serve e mais nenhuma outra. ***Apenas** os maiores de 18 anos podem dirigir carros. Quero **apenas** um brigadeiro.* [Sinôn.: *só, somente*.]

apertar (a-per-tar) *verbo* **1** Deixar muito junto, diminuindo os espaços entre as coisas. *Sebastião **apertou** as roupas na mala. Rute **apertou** a letra para caber na linha.* **2** Segurar em volta ou dos lados, com força. *Sebastião **apertava** o dedo para não sangrar.* **3** Fazer pressão sobre algo, como uma campainha. **4** **Apertar** um parafuso é deixá-lo firme em algum lugar. **5** **Apertar** uma roupa é deixá-la menor ou menos larga no corpo. **6** Ficar muito justo e incomodar. *O sapato novo **apertou** meu pé.* **7** Deixar ou ficar mais forte, mais intenso, pior, mais severo etc. *O técnico **apertou** a disciplina do time. A chuva **apertou**.*

aperto (a-per-to) \ê\ *subst.masc.* **1** Dar um **aperto** é ameaçar, dar bronca em alguém. *Depois do **aperto** do pai, o menino obedeceu.* **2** **Aperto** também é dificuldade. *Ivone passou **aperto** porque tem medo de altura.* **3** Grande angústia ou aflição. *Longe do filho, a mãe sentia um **aperto** no peito.*

apesar (a-pe-sar) *advérbio* A palavra **apesar** só é usada com a preposição de. **apesar de** O que acontece **apesar de** outra coisa, aconteceu mesmo assim. ***Apesar de** estar sol, não estava muito quente.*

apetite (a-pe-ti-te) *subst.masc.* Vontade de comer. *Não vou jantar, estou sem **apetite**.*

apito (a-pi-to) *subst.masc.* **1** Instrumento formado por um tubo mais estreito numa ponta ou com uma fenda por onde passa uma corrente de ar ou vapor para produzir som. Navios, fábricas e chaleiras podem ter **apito**. **2** Instrumento pequeno que se sopra para produzir um som agudo. *O cachorro engoliu um **apito**.* **3** Som agudo produzido por esses instrumentos. *O **apito** do juiz marcou o fim do jogo.* ~ **apitar** *verbo*

aplaudir (a-plau-dir) *verbo* Bater com uma palma da mão na outra. **Aplaudimos** um artista, um *show*, um discurso etc. como forma de dizer que gostamos do que vimos ou ouvimos.

aplauso (a-plau-so) *subst.masc.* Maneira de indicarmos, batendo palmas, que gostamos de uma apresentação, discurso etc. *Os atletas merecem nossos **aplausos**.* [Antôn.: *vaia*.]

aplicar (a-pli-car) *verbo* **1** Colocar ou passar por cima de outra coisa. *O médico **aplicou** remédio no ferimento.* **2** Prender junto de algo, como enfeite. *A costureira **aplicou** renda no vestido.* **3** Dar aos outros pena, castigo etc. *O guarda **aplicou** várias multas.* **4** Colocar em prática o conhecimento que vem de uma teoria. *O professor **aplicou** um novo método de leitura.* **5** **Aplicar**-se é esforçar-se em tarefa, trabalho, atividade etc. **6** Investir uma quantia em dinheiro para que ela fique maior. *Marco* ***aplica*** *a mesada na poupança.* ~ **aplicação** *subst.fem.*

apodrecer (a-po-dre-cer) *verbo* Ficar podre, estragar. *As bananas* ***apodreceram*** *muito rápido.*

apoiar (a-poi-ar) *verbo* **1** Usar alguma coisa como encosto ou base. *A tábua* ***apoia*** *a cerca. Luci* ***apoiou*** *as mãos na bola.* **2** Ter algo como base ou prova. *Essa história se* ***apoia*** *em fatos reais. A acusação contra o rapaz se* ***apoia*** *nas pistas.* **3** Quando você acha certos uma ideia, um modo de agir, você os **apoia**. *O vereador* ***apoiou*** *o pedido dos moradores.*

apoio (a-poi-o) \ô\ *subst.masc.* **1** Tudo o que serve para apoiar, segurar, sustentar, deixar firme. *Sem* ***apoio****, o telhado desabou.* **2** O que fazemos para ajudar quem precisa. *Isabel deu* ***apoio*** *à viúva.* [Sinôn.: *auxílio, ajuda.*] **3** Atitude de quem é a favor de algo. *Laura deu seu* ***apoio*** *ao nosso pedido.*

apontador (a-pon-ta-dor) \ô\ *subst.masc.* Objeto usado para fazer ponta nos lápis, quando elas quebram ou ficam muito grossas. [Pl.: *apontadores.*]

apontar (a-pon-tar) *verbo* **1** Se você **aponta** para algo, você mostra a direção onde ele está, geralmente usando o dedo indicador. *O bebê* ***apontou*** *para a mamadeira.* **2** Se você **aponta** um lápis, faz ponta nele.

após (a-pós) *preposição* **1** Usamos **após** para dizer que algo acontece ou está depois de outro. *Os primos vão chegar* ***após*** *o carnaval. As crianças entraram* ***após*** *os idosos. advérbio* **2** **Após** também quer dizer em seguida. *Os médicos chegaram e logo* ***após*** *começaram a atender.* [Sinôn.: *depois.* Antôn.: *antes.*]

aposentadoria (a-po-sen-ta-do-ri-a) *subst.fem.* **1** Afastamento de uma pessoa do trabalho, porque não pode mais trabalhar ou por já ter completado o tempo de serviço estabelecido por lei. *A* ***aposentadoria*** *do tio Luís será no ano que vem.* **2** Valor mensal que a pessoa aposentada recebe. *Sempre que recebe a* ***aposentadoria*** *vovô me dá um presente.*

aposentar (a-po-sen-tar) *verbo* Obter aposentadoria.

aposta (a-pos-ta) *subst.fem.* **1** Combinação entre pessoas com opiniões diferentes a respeito do resultado de algo. A pessoa que perder ou errar paga à outra o valor combinado. *O Fluminense não ganhou o campeonato e João perdeu a* ***aposta***. **2** Também se chama **aposta** a quantia ou coisa que se combinou pagar ou dar. *Por sorte, a* ***aposta*** *de João foi de apenas cinco reais.* ~ **apostar** *verbo*

apostila (a-pos-ti-la) *subst.fem.* Conjunto formado por várias folhas presas, com anotações ou resumo sobre determinado assunto. *A* ***apostila*** *de ecologia tem 20 páginas.*

apreciar (a-pre-ci-ar) *verbo* Dar valor a algo considerado bom. *O casal* ***apreciou*** *a beleza da lua.*

aprender (a-pren-der) *verbo* Quem **aprende** algo passa a fazer ou saber o que não sabia antes, depois de tentar sozinho, estudar ou alguém ensinar. *Carlos* ***aprendeu*** *a andar de bicicleta e a falar inglês.*

aprendizado (a-pren-di-za-do) *subst.masc.* Durante o tempo em que se aprende algo, está acontecendo o **aprendizado**. *Ler deixa o* ***aprendizado*** *mais fácil.*

apresentação (a-pre-sen-ta-ção) *subst.fem.* **1** Evento público e artístico, de teatro, dança, música, circo etc. *Os alunos já ensaiaram a* ***apresentação*** *de fim de ano.* **2** Contato inicial de alguém com outras pessoas. *Hoje será a* ***apresentação*** *da namorada à família.* **3** Aparência pessoal. **4** Parte inicial de um texto, de um programa, de um filme que contém informações sobre seus autores, atores, direção etc. [Pl.: *apresentações*.]

apresentar (a-pre-sen-tar) *verbo* **1** Pôr pessoas em contato ou entrar em contato com novas pessoas. ***Apresentei** minha namorada aos meus pais. A professora nova se **apresentou** à turma.* **2** Demonstrar, mostrar na aparência. *O cão **apresentou** sinais de raiva. O projeto **apresenta** algumas falhas.* **3** Dar conhecimento ao público. *O presidente **apresentou** suas desculpas à Nação.* **4** Fazer espetáculos. *O cantor **apresentou**-se nas principais capitais.* **5** Estar presente, comparecer. *Os jogadores se **apresentaram** na sede do clube.*

apressado (a-pres-sa-do) *adj.* **1** Uma pessoa **apressada** tem pressa. **2** Uma decisão **apressada** é tomada sem que se pense muito. ~ **apressar** *verbo*

aprovar (a-pro-var) *verbo* **1** Achar bom, justo ou adequado. *Rodolfo não **aprovou** minha atitude.* [Antôn.: *reprovar*.] **2** Deixar que aconteça. *A diretora **aprovou** a festa na quadra.* [Sinôn.: *autorizar*. Antôn.: *impedir*.] **3** Considerar que alguém é capaz de passar para a etapa seguinte em curso ou que pode exercer uma função. *O chefe só **aprovou** um candidato à vaga de garçom.* ~ **aprovação** *subst.fem.*

aproveitar (a-pro-vei-tar) *verbo* **1** Quem **aproveita** algo usa de um jeito que é bom para si. *Heloísa **aproveitou** a folga viajando.* **2** Tornar útil, eficiente. *O arquiteto **aproveitou** sobras na própria obra.* **3** **Aproveitar**-se é abusar dos outros. *O vizinho está se **aproveitando** de você.*

aproximar (a-pro-xi-mar) \ss\ *verbo* **1** Colocar próximo. Quem se **aproxima** chega bem perto. Uma data que se **aproxima** não vai demorar muito a chegar. *Mateus **aproximou** o perfume do nariz para sentir o cheiro.* [Antôn.: *afastar*.] **2** Duas coisas que se **aproximam** são parecidas. *Toda cor escura se **aproxima** do preto.* ~ **aproximação** *subst.fem.*

aquarela (a-qua-re-la) *subst.fem.* **1** Tinta que, para ser usada, é preciso misturar com água. *Vera comprou uma caixa de **aquarelas**.* **2** Pintura feita com essa tinta. *A sala de Ana tinha várias **aquarelas** nas paredes.*

aquário (a-quá-rio) *subst.masc.* Reservatório de água doce ou salgada preparado para manter, criar ou observar plantas e animais aquáticos.

aquático (a-quá-ti-co) *adj.* **1** **Aquático** quer dizer relacionado à água. O que acontece ou deve ser usado na água é chamado de **aquático**. *O filme sobre esportes **aquáticos** foi ótimo!* **2** Uma planta ou animal **aquático** vive na água ou na sua superfície. *Cisnes e baleias são animais **aquáticos**.*

aquecer (a-que-cer) *verbo* **1** Deixar quente ou mais quente. *Meu pai **aqueceu** meus irmãos com seu casaco. Os animais se **aqueciam** no sol.* [Sinôn.: *esquentar*.] **2** Os atletas **aquecem** os músculos antes de praticar um esporte, fazendo exercícios mais leves. *Antes de nadar, vamos nos **aquecer**, correndo em volta da piscina.*

aquecimento (a-que-ci-men-to) *subst.masc.* **1** Um aumento de temperatura provoca um **aquecimento**. **2** Série de exercícios praticados antes de uma atividade física. *Antes dos saltos, as ginastas fazem muito **aquecimento**.* **aquecimento global** Elevação da temperatura no mundo causada pelo efeito estufa. *O **aquecimento global** está modificando o clima no mundo.*

aquele (a-que-le) \ê\ *pron.demonst.* **1** Usamos **aquele**, perto de um substantivo, para falar de algo ou alguém que está longe de nós e da pessoa com quem conversamos. *Ivone me disse que não conhece **aquele** menino lá.* **2** **Aquele** também é usado para falar de um tempo ou de um fato de um passado distante. *Passei muitas férias no sítio durante a infância, **aquela** época era muito boa.* [Fem.: *aquela*.]

aqui (a-qui) *advérbio* **1** Usamos **aqui** para falar de um lugar que está perto de nós. ***Aqui** na minha casa nós dormimos cedo.* **2** **Aqui** também é um tempo próximo de nós. *Eu não entendi nada do filme até **aqui**, espero que melhore depois do intervalo.*

aquilo (a-qui-lo) *pron.demonst.* **Aquilo** é o que está distante de nós e da pessoa com quem falamos e não queremos ou não sabemos dizer o que é. *O que é **aquilo** lá no céu?*

ar *subst.masc.* **1** Mistura de gases que forma a atmosfera terrestre e que nós respiramos. **2** Essa mistura em movimento. *Ao fechar a porta, parou a corrente de **ar**.* [Sinôn.: *vento*.] **3** Aparência externa, atitude, expressão etc. que indicam um sentimento ou um pensamento. *Guilherme chegou com **ar** de poucos amigos.* [Sinôn.: *aparência*.] **ao ar livre** Em espaço aberto. *Murilo gosta de passeios **ao ar livre**.* [Pl.: *ares*.]

→ O **ar** compõe-se especialmente de nitrogênio e oxigênio, mas tem também vapor de água etc.

árabe (á-ra-be) *subst.masc.fem.* **1** Pessoa que nasceu ou que mora na península Arábica, região que fica entre a Ásia e a África. *subst.masc.* **2** Língua falada nessa região, além de Argélia, Egito, Iraque, Israel, Líbano, Marrocos, Senegal etc. ☛ Esta palavra pode ser usada como adj.: *língua **árabe**, homem **árabe**.* ~ **arábico** *adj.*

araçá (a-ra-çá) *subst.masc.* Fruta silvestre, parecida com a goiaba, só que menor, e de sabor ácido. ~ **araçazeiro** *subst.masc.*

aracnídeo (a-rac-ní-deo) *subst.masc.* BIO Animal invertebrado, com quatro pares de patas e sem antenas. ☛ Esta palavra pode ser usada como adj.: *animal **aracnídeo**.*

arado (a-ra-do) *subst.masc.* Instrumento usado para revirar a terra, preparando-a para a plantação.

arame (a-ra-me) *subst.masc.* Fio de metal. O **arame** é muito usado para fazer cercas.

aranha (a-ra-nha) *subst.fem.* Nome comum a diversos aracnídeos, de tamanhos variados. A maioria das **aranhas** constrói teias, geralmente para prender insetos de que elas se alimentam.

arar (a-rar) *verbo* Preparar a terra para a lavoura, usando o arado.

arara (a-ra-ra) *subst.fem.* Ave de cauda longa, penas de cores fortes e bico pequeno e curvado para baixo. A **arara** se parece com o papagaio.

árbitro (ár-bi-tro) *subst.masc.* Em um jogo ou competição, pessoa que faz cumprir as regras estabelecidas. O **árbitro** pode expulsar um jogador, marcar falta etc. [Sinôn.: *juiz*.]

arbusto (ar-bus-to) *subst.masc.* Planta menor que a árvore e com galhos que ficam perto do solo. O **arbusto** mede no máximo seis metros de altura.

arca (ar-ca) *subst.fem.* É o mesmo que baú. *As joias eram guardadas em **arcas** de ouro.*

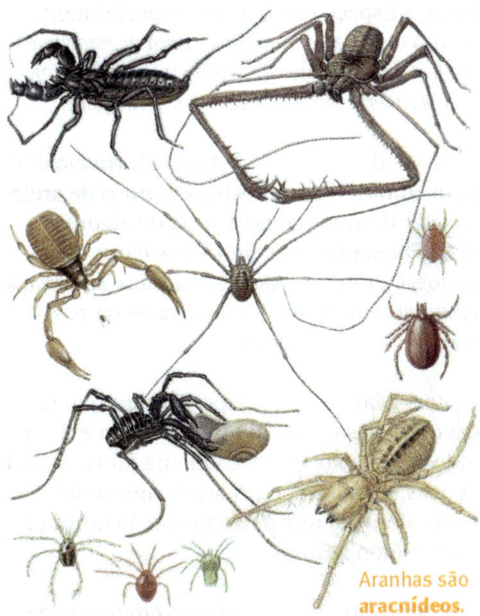

Aranhas são **aracnídeos**.

arco (ar-co) *subst.masc.* **1** Arma feita de uma vara flexível com uma corda presa nas duas pontas, para a vara ficar curvada. O **arco** é usado para lançar flechas. **2** **Arco** também é o que tem a forma curvada, como se fosse a letra C. Um **arco** pode ser encontrado, por exemplo, em janelas e portas. **3** Acessório com a forma de um meio círculo, usado pelas meninas para segurar o cabelo. **4** MÚS Peça alongada e fina, feita de madeira de um lado e fibras do outro, usada para tocar as cordas de instrumentos como violino e viola.

arco-íris (ar-co - í-ris) *subst.masc.* Arco luminoso e colorido que surge no céu quando minúsculas gotinhas de chuva refletem a luz do Sol. *Há uma lenda que diz que no fim do **arco-íris** existe um pote de ouro.* ☛ O sing. e o pl. desta palavra são iguais: *o **arco-íris**, os **arco-íris**.* Ver *cor*.

arder (ar-der) *verbo* **1** Uma fogueira, vela ou uma casa **arde** quando está pegando fogo. **2** Se uma comida **arde**, ela tem um gosto picante. *A pimenta-malagueta **arde** muito.* **3** Quando a sua pele **arde**, ela dói como se estivesse queimando. ~ **ardência** *subst.fem.*

área (á-rea) *subst.fem.* **1** Parte de espaço, terreno ou superfície com limites definidos. *Ninguém entra na **área** isolada do hospital. Pintem só a **área** azul da quadra.* **2** Ramo de conhecimento ou de atividade profissional. *Gisele trabalha na **área** de prevenção de* *acidentes.* **3** Espaço que é usado especialmente para uma atividade. *Aqui fica a **área** de estacionamento.* **4** MAT Tamanho de uma superfície. *Hoje vamos aprender a medir a **área** de um triângulo.*

areia (a-rei-a) *subst.fem.* Substância formada por pedaços minúsculos de rocha. Os grãos de **areia** podem ser fininhos como a **areia** de algumas praias ou bem grossos como a dos leitos de alguns rios. *O pedreiro preparou uma massa misturando água, cimento e **areia**.* ☛ Ver ilustração na p. 488. ~ **areal** *subst.masc.* **arenoso** *adj.*

argila (ar-gi-la) *subst.fem.* Tipo de terra que fica macia e pegajosa quando está molhada e dura quando seca e, por isso, é usada na fabricação de cerâmicas, de telhas etc. A **argila** apresenta cores diversas, dependendo da composição química do solo. [Sinôn.: *barro.*]

argola (ar-go-la) *subst.fem.* Objeto em forma de círculo, vazio no meio, que usamos para várias finalidades. *Inês faz ginástica olímpica e treina nas **argolas**. Lívia não usa brincos pequenos, só **argolas**.*

arguição (ar-gui-ção) \güi\ *subst.fem.* Tipo de avaliação em que os alunos respondem às questões falando e não escrevendo. [Pl.: *arguições.*]

argumento (ar-gu-men-to) *subst.masc.* Ideia que serve como explicação de uma ideia anterior. *Lara não quis tomar banho e usou como **argumento** o chuveiro só ter água fria.* ~ **argumentar** *verbo*

árido (á-ri-do) *adj.* **1** Um terreno **árido** é um terreno que não é fértil. **2** Um clima **árido** é um clima seco, sem umidade. [Antôn.: *úmido.*]

ariranha ▼ (a-ri-ra-nha) *subst.fem.* Animal grande e feroz, que tem cor escura, pele macia e uma cauda achatada no final. A **ariranha** é um mamífero comum nos rios e lagoas da Amazônia.

aritmética (a-rit-mé-ti-ca) *subst.fem.* MAT Parte da matemática que estuda as quatro operações: adição, subtração, multiplicação e divisão.

arma (ar-ma) *subst.fem.* **1** Instrumento usado para atacar ou para se defender. O revólver e a espada são **armas**. **2** Conhecimento ou atitude que uma pessoa pode ter para se defender de uma situação difícil. *Ter amigos é a **arma** contra a solidão.* **arma de fogo** Qualquer arma que utiliza uma carga explosiva.

armação (ar-ma-ção) *subst.fem.* Conjunto de peças que sustenta, dá reforço ou une as partes de algo. *A **armação** dos óculos quebrou.* [Pl.: *armações.*]

armadilha (ar-ma-di-lha) *subst.fem.* **1** O que usamos para capturar animais. A **armadilha** é montada para que eles sejam capturados sem perceber. **2** Tudo o que fazemos para enganar alguém é uma **armadilha**. *Não caia nas **armadilhas** daquela menina!* [Sinôn.: *cilada.*]

armadura ► (ar-ma-du-ra) *subst.fem.* Roupa de guerreiros antigos, resistente e feita de vários materiais, como metal e couro.

armar (ar-mar) *verbo* **1** Dar armas para ataque ou defesa. *Não foi preciso **armar** as tropas para combate.* **2** Preparar a arma para atirar. *O caçador **armou** a espingarda, mas não atirou.* **3** Deixar um aparelho ou mecanismo pronto para funcionar. *Glória **armou** a máquina, mas não tirou a foto.* **4** Instalar, montar. *Joana **armou** a barraca sozinha.* [Antôn. para 1, 3 e 4: *desarmar.*]

armário (ar-má-rio) *subst.masc.* Móvel com divisões internas, próprio para guardar roupas, louças, brinquedos, remédios etc. *A porta do **armário** da cozinha está caindo.*

armazém (ar-ma-zém) *subst.masc.* **1** Estabelecimento comercial que vende produtos para alimentação, limpeza, utensílios para a casa, bebidas etc. *Vou até o **armazém** comprar uns ovos.* [Sinôn.: *mercearia.*] **2** **Armazém** também quer dizer um grande depósito. *As sacas de arroz vão para o **armazém** dos cereais.* [Pl.: *armazéns.*]

Arraias no fundo do mar.

armazenar (ar-ma-ze-nar) *verbo* **1** Guardar mercadorias em um armazém. *O agricultor **armazenou** metade da safra.* **2** Guardar uma quantidade maior de uma coisa para usar depois. *Joana **armazenou** os biscoitos de chocolate.* **3** INF **Armazenar** também é guardar, na memória de um computador, dados que podem ser usados depois. ~ **armazenamento** *subst.masc.*

arnica (ar-ni-ca) *subst.fem.* Planta usada como remédio, principalmente quando o corpo levou alguma batida.

aro (a-ro) *subst.masc.* **1** Objeto que tem a forma de um círculo. As lentes dos óculos são protegidas por um **aro.** **2** A parte circular e interna da roda de um carro ou de uma bicicleta é um **aro.**

aroma (a-ro-ma) *subst.masc.* Cheiro bom, agradável. [Sinôn.: *perfume.* Antôn.: *fedor.*]

arqueologia (ar-que-o-lo-gi-a) *subst.fem.* Ciência que estuda a história, os costumes e as culturas dos povos antigos. ~ **arqueológico** *adj.* **arqueólogo** *subst.masc.*

→ A **arqueologia** estuda as pedras, os objetos, as pinturas em rochas, os vestígios deixados pelos povos que viveram há muitos e muitos anos. Os arqueólogos vão montando um quebra-cabeça com essas pistas e desvendando os hábitos desses povos.

arquibancada (ar-qui-ban-ca-da) *subst.fem.* **1** Conjunto de assentos em fila e em planos diferentes, como numa escada, destinados aos espectadores de eventos esportivos ou artísticos. *As **arquibancadas** do estádio foram reformadas.* **2** O público que ocupa esses assentos. *A **arquibancada** vibrava a cada gol.*

arquipélago (ar-qui-pé-la-go) *subst.masc.* Grupo de ilhas mais ou menos próximas umas das outras. *Abrolhos é um **arquipélago** localizado no litoral do sul da Bahia.* ☛ Ver ilustração na p. 488.

arquitetura (ar-qui-te-tu-ra) *subst.fem.* **1** Arte de organizar um espaço ou dizer como um prédio deve ser construído. A **arquitetura** organiza esse espaço pensando em como ele será usado. **2** **Arquitetura** também é o conjunto das construções que marcam uma época, um povo ou um lugar. *A **arquitetura** de Brasília é muito bonita.* ~ **arquiteto** *subst.masc.*

arquivo (ar-qui-vo) *subst.masc.* **1** Conjunto de documentos que guardam a história de um país, de uma região, de uma pessoa etc. *Essas fotos antigas fazem parte do **arquivo** da prefeitura.* **2** Móvel, armário ou caixa que abriga esses documentos. *Esse **arquivo** é para guardar as cartas.* **3** INF Local, num computador, onde são armazenados dados, como textos, fotografias, músicas etc. *Mandei para você por* e-mail *os **arquivos** com o trabalho de ciências.*

arraia ▲ (ar-rai-a) *subst.fem.* **1** Peixe marinho, grande e com o corpo largo e fino, parecido com um disco. Algumas **arraias** têm um tipo de espinho na cauda. [Sinôn.: *raia.*] **2** **Arraia** também é o mesmo que pipa.

arraial (ar-rai-al) *subst.masc.* Pequeno povoado do interior, com poucas casas e, às vezes, uma igrejinha. As festas juninas se inspiram nesse cenário de interior. [Pl.: *arraiais.*] ☛ Ver ilustração na p. 486.

arrancar (ar-ran-car) *verbo* **1** Tirar usando a força. *Será necessário **arrancar** o dente.* **2** Sair de repente. *O carro **arrancou.*** **3** **Arrancar** também é causar, provocar. *O belo discurso **arrancou** lágrimas da plateia.*

A B C D E F G H I J K L M N O P Q R S T U V W X Y Z

arranha-céu (ar-ra-nha - céu) *subst.masc.* Prédio muito mais alto que os outros que estão a sua volta. *Um **arranha-céu** pode ter mais de 100 andares.* [Pl.: *arranha-céus.*] ☛ Ver ilustração na p. 484.

arranhão (ar-ra-nhão) *subst.masc.* **1** Ferimento leve. *Juca ficou com um **arranhão** no dedo por causa dos dentes do cachorrinho.* **2** Risco ou pequeno corte em uma superfície lisa. *Houve alguns **arranhões** nos móveis durante a mudança.* [Pl.: *arranhões.*]

arranhar (ar-ra-nhar) *verbo* **1** Machucar de leve com a unha, com objetos que tenham ponta ou superfícies ásperas. *O gato **arranhou** minha perna. Se você passar pela cerca, pode se **arranhar**.* [Sinôn.: *ralar.*] **2** Deixar uma superfície marcada com riscos ou cortes. *A areia **arranhou** os óculos.* **3** *informal* **Arranhar** também é saber um pouco. *Sérgio **arranhava** no francês e conseguiu dar a informação ao turista.*

arranjar (ar-ran-jar) *verbo* **1** Conseguir algo de que precisava. *Tiago **arranjou** parceiro para o jogo de tênis. Maurício **arranjou** o livro emprestado com um amigo.* **2** Deixar bonito, arrumado, enfeitado. *Renata **arranjou** o cabelo para a festa.* **3** Deixar pronto para funcionar bem. *O mecânico **arranjou** o ônibus e ele ficou ótimo.* [Sinôn.: *consertar.*]

arrasar (ar-ra-sar) *verbo* **1** Destruir por completo ou causar muitos danos. *O temporal **arrasou** a plantação.* **2** Deixar muito cansado ou muito triste. *A gincana **arrasou** os alunos.* **3** Agir para prejudicar alguém. *Em seu discurso, o candidato **arrasou** com o adversário.*

arrasta-pé (ar-ras-ta - pé) *subst.masc.* Baile em que se costuma dançar forró, samba etc. [Sinôn.: *forró.* Pl.: *arrasta-pés.*]

arrastar (ar-ras-tar) *verbo* **1** Puxar ou empurrar sem levantar de uma superfície. ***Arraste** a cama para varrer embaixo dela.* **2** Se você se **arrasta**, você se move com o corpo encostado no chão.

arrebentar (ar-re-ben-tar) *verbo* **1** Deixar ou ficar em vários pedaços. *A queda **arrebentou** o vaso de plantas. O vidro **arrebentou** na minha mão.* **2** Estourar ou explodir fazendo algum barulho. *O balão de gás **arrebentou**.* **3** O mar **arrebenta** quando suas ondas chegam à areia e fazem espuma. **4** Deixar ou ficar muito cansado. *A longa corrida **arrebentou** o cavalo. Pedro se **arrebentou** de trabalhar na obra.* [Sinôn. geral: *rebentar.*]

arredondado (ar-re-don-da-do) *adj.* O que é **arredondado** não possui pontas, tem uma forma quase redonda. *O maracujá é uma fruta **arredondada**.*

arregalar (ar-re-ga-lar) *verbo* Abrir muito os olhos.

arreio (ar-rei-o) *subst.masc.* Conjunto de peças usadas para preparar o animal que será montado ou transportará carga.

arremedar (ar-re-me-dar) *verbo* Imitar alguém ou alguma coisa com a intenção de zombar.

arremessar (ar-re-mes-sar) *verbo* Lançar algo longe, com força. *O atleta pode correr antes de **arremessar** o peso.*

arremesso (ar-re-mes-so) \ê\ *subst.masc.* Quando alguém joga alguma coisa, como dardo, pedra, peso, com força, faz um **arremesso**.

arrepender-se (ar-re-pen-der - se) *verbo* Lamentar uma coisa que você fez, quis fazer ou deixou de fazer. *Jane **se arrependeu** de ter respondido mal à mãe.* ~ **arrependimento** *subst.masc.*

arrepiar (ar-re-pi-ar) *verbo* **1** Quando o pelo **arrepia**, geralmente por causa do frio, ele fica levantado. *Rute colocou a mão na água e os pelos do braço **arrepiaram**.* **2** Quem se **arrepia** sente os pelos levantarem e o corpo tremer, por medo, emoção forte etc.

arrepio (ar-re-pi-o) *subst.masc.* Tremor rápido do corpo que a gente não controla. O **arrepio** acontece quando sentimos frio, medo, levamos um susto etc. [Sinôn.: *calafrio.*]

arriscar (ar-ris-car) *verbo* **1** Colocar em perigo. *O bombeiro **arriscou** a vida para salvar a vítima.* **2** Deixar a sorte decidir uma situação. *Miguel **arriscou** seu lanche numa aposta.*

arrombar (ar-rom-bar) *verbo* **1** Fazer um grande buraco em algo. *A força da água **arrombou** o muro.* **2** Abrir de um jeito muito violento. *O bombeiro **arrombou** a porta para salvar as pessoas do incêndio.*

arroxeado (ar-ro-xe-a-do) *subst.masc.* Cor que tem o roxo na sua composição. ☛ Esta palavra pode ser usada como adj.: *alface de folhas **arroxeadas**.*

arroz (ar-roz) \ô\ *subst.masc.* Grão bem pequeno e coberto por uma casca. Depois de descascado e cozido, o **arroz** é usado como alimento por pessoas de quase todo o mundo. [Pl.: *arrozes.*]

arruda (ar-ru-da) *subst.fem.* Planta de cheiro muito forte, usada como remédio.

arrumar (ar-ru-mar) *verbo* **1** Pôr algo em ordem. *Já **arrumei** meu quarto.* [Sinôn.: *ordenar, organizar.*] **2** Conseguir alguma coisa. *Cristina **arrumou** um trabalho de secretária.* **3** Cuidar da aparência, especialmente ao se vestir. *Lúcia está se **arrumando** há horas.* **4** Consertar alguma coisa. *Vou mandar **arrumar** essa torneira que está pingando.* ~ **arrumação** *subst.fem.*

arte (ar-te) *subst.fem.* **1 Arte** é a criação de pinturas, esculturas, filmes, músicas, livros que são belos ou originais. *O pai de Érica se interessa pela **arte** da pintura.* **2** Algo que precisa de capacidade ou jeito especial. *Amir conhece a **arte** de cozinhar. Cuidar bem de crianças é uma **arte**.* **3** *informal* **Arte** também é o mesmo que travessura. *Zoé fez tanta **arte** que ficou de castigo.*

artéria (ar-té-ria) *subst.fem.* ANAT Canal do corpo que leva sangue com oxigênio do coração para o resto do corpo, exceto para os pulmões. [Dimin.: *arteríola.*]

artesanato (ar-te-sa-na-to) *subst.masc.* **1** A arte ou a técnica do trabalho feito pelo artesão. **2 Artesanato** também é o objeto ou o conjunto de objetos feitos com essa técnica. *Eurico adora o **artesanato** cearense.*

artesão (ar-te-são) *subst.masc.* Pessoa que faz ou enfeita objetos à mão e em pequena quantidade. *Uma jovem **artesã** bordou nossas toalhas.* [Pl.: *artesãos.* Fem.: *artesã.*]

articulação ◢ (ar-ti-cu-la-ção) *subst.fem.* **1** ANAT Parte do corpo em que dois ou mais ossos se encontram e permitem o movimento. Pulso, joelho e cotovelo são **articulações**. **2** Quando duas ou mais partes se juntam ou combinam alguma coisa, elas fazem uma **articulação**. *Os adversários fizeram uma **articulação** para as eleições.* **3 Articulação** também é a maneira de pronunciar as palavras. *Os cantores precisam ter boa **articulação**.* [Pl.: *articulações.*]

artificial (ar-ti-fi-ci-al) *adj.masc.fem.* **1** Feito pelo ser humano. *A gelatina tem sabor **artificial** de morango.* [Antôn.: *natural.*] **2** Um gesto ou uma atitude **artificial** não é espontâneo, não demonstra naturalidade. *O sorriso na foto ficou muito **artificial**.* [Antôn.: *sincero.*] [Pl.: *artificiais.*]

artifício (ar-ti-fí-cio) *subst.masc.* Estratégia usada para tornar as coisas mais fáceis, para resolver um problema. *O professor usava músicas como **artifício** para ensinar a tabuada.*

artigo (ar-ti-go) *subst.masc.* **1** Qualquer mercadoria vendida no comércio. *João comprou o tênis numa loja de **artigos** esportivos.* **2** Texto de um jornal ou revista que geralmente expressa uma opinião ou traz comentários do autor ou de outras pessoas. **3** GRAM Palavra que vem antes de um substantivo e indica se falamos de algo em especial, como "a" em "A Terra é redonda", ou de um modo geral, como "um" em "Um cachorro latiu na rua". O **artigo** é uma das classes de palavras. **artigo definido** GRAM Artigo que indica se falamos de algo em especial. Os **artigos definidos** são "o" e "a". **artigo indefinido** GRAM Artigo que indica se falamos de algo de um modo mais geral. Os **artigos indefinidos** são "um" e "uma".

artilheiro (ar-ti-lhei-ro) *subst.masc.* ESP Jogador que faz o maior número de gols em um time, jogo ou campeonato.

artista (ar-tis-ta) *subst.masc.fem.* **1** Pessoa que se dedica às artes. **2 Artista** também é quem representa em teatro, televisão, rádio etc. *A nova novela tem ótimos **artistas**.* **3** Pessoa com alguma habilidade especial. *Aquele carpinteiro é um verdadeiro **artista**.*

artístico (ar-tís-ti-co) *adj.* **Artístico** é relacionado às artes. Um trabalho **artístico** é um trabalho de arte.

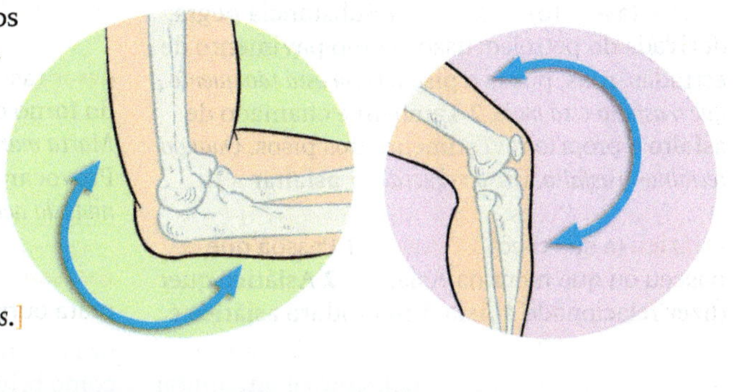

Articulação do cotovelo e do joelho.

A B C D E F G H I J K L M N O P Q R S T U V W X Y Z

árvore ▲ (ár-vo-re) *subst.fem.* Planta adulta, de vários tamanhos, que tem um caule com galhos, onde há folhas e, às vezes, flores. O tronco e a copa da **árvore** são sempre mais altos que o solo e algumas **árvores** também dão frutos. [Dimin.: *arvoreta.*]

ás *subst.masc.* **1** Carta de baralho que corresponde ao número um. Em certos jogos, o **ás** pode ser a carta mais alta. ☛ Ver ilustração de *baralho.* **2** Pessoa que é excelente no que faz. *Geraldo é um **ás** da natação.* [Pl.: *ases.*]

asa (a-sa) *subst.fem.* **1** Parte do corpo que as aves, alguns insetos e os morcegos movem para voar. As aves e os morcegos têm duas **asas**, os insetos podem ter duas ou quatro. **2** O avião também tem **asas**, mas elas não se mexem para ele voar. **3** Também chamamos de **asa** a peça que fica num dos lados da xícara, da caneca e de outros objetos e que usamos para segurá-los.

asfalto (as-fal-to) *subst.masc.* **1** Substância negra, derivada do petróleo, usada como pavimento de estradas, ruas, pistas e pisos. *O sol está tão quente que o **asfalto** está mole.* **2** Também é chamado de **asfalto** o próprio revestimento dos pisos. *Quando terminar o **asfalto**, vire à esquerda.* ~ **asfaltar** *verbo*

asiático (a-si-á-ti-co) *subst.masc.* **1** Pessoa que nasceu ou que mora na Ásia. *adj.* **2 Asiático** quer dizer relacionado à Ásia. Um produto **asiático** é um produto da Ásia. Um país da Ásia é um país **asiático.** ☛ Ver ilustração na p. 482.

asilo (a-si-lo) *subst.masc.* Local que abriga e cuida de idosos, doentes, crianças abandonadas etc. *Tirou os pais do **asilo** e levou-os para casa.*

asma (as-ma) *subst.fem.* MED Doença que causa dificuldade para respirar. Na crise de **asma**, a pessoa respira fazendo barulho como um apito.

aspecto (as-pec-to) *subst.masc.* **1** Aparência física das pessoas ou das coisas. *A roupa toda amarrotada dá um **aspecto** descuidado à pessoa.* **2** Cada um dos pontos de vista ou lados que algo pode apresentar. *Vamos analisar todos os **aspectos** do problema.*

áspero (ás-pe-ro) *adj.* **1** Uma superfície **áspera** é uma superfície irregular, desagradável ao tato. *Lixem a madeira até que ela não esteja mais **áspera**.* [Antôn.: *liso.*] **2** Uma resposta **áspera** é uma resposta que foi dada de forma grosseira, sem delicadeza. [Antôn.: *suave.*] [Superl.absol.: *asperíssimo, aspérrimo.*]

aspirador (as-pi-ra-dor) \ô\ *subst.masc.* Aparelho usado para sugar vapores, gases, líquidos, poeira etc. *Com o **aspirador** de pó ficou mais fácil limpar o porão.* [Pl.: *aspiradores.*]

aspirar (as-pi-rar) *verbo* **1** Puxar para dentro de si. *Existe um aparelho para **aspirar** pó.* **2** Puxar o ar para os pulmões. [Sinôn.: *inspirar.* Antôn.: *expirar.*]

assadura (as-sa-du-ra) *subst.fem.* MED Uma pessoa está com **assadura** quando a pele dela está vermelha e irritada por causa do suor e do atrito com o próprio corpo ou com a roupa.

assalto (as-sal-to) *subst.masc.* Ataque que acontece de repente e com violência para roubar alguma coisa. ~ **assaltante** *adj.masc.fem.subst.masc.fem.* **assaltar** *verbo*

assar (as-sar) *verbo* **1** Colocar um alimento dentro do forno ou junto a brasas para que ele cozinhe. *Marta mandou **assar** o leitão no forno da padaria.* **2** Provocar assadura. *A fralda molhada **assou** as perninhas do neném.*

assassino (as-sas-si-no) *subst.masc.* Pessoa que mata outra. *O **assassino** do motorista foi preso ontem* *à tarde.* ☛ Esta palavra pode ser usada como adj.: *arma* ***assassina***. ~ **assassinar** verbo

asseio (as-sei-o) subst.masc. É o mesmo que higiene.

assembleia (as-sem-blei-a) \éi\ subst.fem. Reunião de pessoas para discutir e tomar decisões sobre um tema determinado. *Os alunos vão resolver como será o uso da quadra na próxima* ***assembleia***. **Assembleia Legislativa** Órgão que reúne os deputados estaduais. ☛ Primeiras letras maiúsculas.

assento (as-sen-to) subst.masc. **1** Objeto sobre o qual podemos sentar. Cadeiras e bancos são **assentos**. **2** O **assento** também é a parte horizontal de uma cadeira, um sofá, um banco onde as pessoas se sentam realmente. ☛ Não confundir com *acento*.

assim (as-sim) advérbio **1** Se você anda, age, fala etc. **assim**, você faz isso de um jeito que você e a pessoa com quem conversa sabem que jeito é. *Não faça o desenho* ***assim****, não está bonito.* conjunção **2** Deste modo. *Parou de chover;* ***assim****, haverá jogo.* **assim como** Usamos **assim como** para comparar o que é igual ou tem características em comum. *Os pobres,* ***assim como*** *os ricos, merecem respeito.* **assim que** Logo depois. *O telefone tocou* ***assim que*** *Antônio saiu.* **assim mesmo** **Assim mesmo** é usado para o que aconteceu, mas não era esperado. *Choveu muito,* ***assim mesmo*** *a rua não encheu.*

assinalar (as-si-na-lar) verbo Fazer marcas ou sinais para chamar atenção sobre algo. *No texto,* ***assinale*** *o trecho que está fora da ordem.*

assinar (as-si-nar) verbo **1** Escrever seu próprio nome em documentos, cartas, contratos etc., assumindo ser o autor, o responsável ou estar consciente do que faz. *Milena agora* ***assina*** *seu nome de casada.* **2** Escrever o próprio nome como forma de reconhecer um compromisso. *Os professores já* ***assinaram*** *os novos contratos de trabalho.* **3** Pagar para receber revistas, jornais etc., durante determinado período. *A escola* ***assinará*** *por um ano uma revista de ciências.*

assinatura (as-si-na-tu-ra) subst.fem. **1** Nossa **assinatura** é o nosso nome escrito por nós mesmos. *O gerente não reconheceu a sua* ***assinatura*** *no cheque.* **2** Contrato para receber revistas, jornais etc., durante um certo período. *Vamos cancelar a* ***assinatura*** *do jornal.*

assistência (as-sis-tên-cia) subst.fem. Dar **assistência** a alguém é ajudar quando é preciso. *Os bombeiros prestaram* ***assistência*** *aos feridos. Mateus tem um plano de* ***assistência*** *médica.*

assistir (as-sis-tir) verbo **1** Estar presente quando algo acontece. *O menino* ***assistiu*** *ao acidente de perto.* **2** Ver apresentação de um filme, espetáculo etc. **3** Dar ajuda a quem está precisando. *O médico deve* ***assistir*** *os feridos.* [Sinôn.: *auxiliar*.]

assoalho (as-so-a-lho) subst.masc. Piso, geralmente de madeira, que cobre o chão de residências. [Sinôn.: *soalho*.]

assoar (as-so-ar) verbo Soprar o ar pelo nariz, para limpá-lo de alguma secreção.

assobio ou **assovio** (as-so-bi-o; as-so-vi-o) subst. masc. Som, geralmente agudo, produzido quando soltamos o ar pelos lábios apertados.

associação (as-so-ci-a-ção) subst.fem. **1** Quando aproximamos ou combinamos duas ou mais coisas, fazemos uma **associação**. *As* ***associações*** *de ideias nos ajudam a aprender.* **2** Reunião de pessoas que têm interesses em comum. *Hoje há reunião da* ***associação*** *de moradores.* [Pl.: *associações*.] ~ **associar** verbo

assombração (as-som-bra-ção) subst.fem. Pessoa morta que aparece entre pessoas vivas. *Celina acreditava ter visto uma* ***assombração***. [Sinôn.: *fantasma*. Pl.: *assombrações*.]

assombro (as-som-bro) subst.masc. **1** Reação de uma pessoa que repara de repente numa coisa que a encanta ou surpreende. **2** Pessoa ou coisa que causa admiração. *Essa menina é um* ***assombro***! ~ **assombrar** verbo **assombroso** adj.

assovio subst.masc. → assobio

assumir (as-su-mir) verbo **1** Se você **assume** algo, passa a ter como seu o que antes não era seu, por exemplo, uma responsabilidade ou um cargo. *O menino* ***assumiu*** *a culpa pelo irmão caçula. O corredor* ***assumiu*** *a liderança.* **2** Apresentar, mostrar. *Na entrevista, o rapaz* ***assumiu*** *um ar de segurança.*

assunto (as-sun-to) subst.masc. É o mesmo que tema. *Isa e Valente não tinham* ***assunto***. *Qual o* ***assunto*** *da reunião?*

A B C D E F G H I J K L M N O P Q R S T U V W X Y Z

A

assustar (as-sus-tar) *verbo* **1** Assustar-se é tomar um susto. *Bia se **assustou** com o trovão.* **2** Assustar-se também é sentir medo. *Meu primo se **assusta** com a própria sombra.* **3** A gente **assusta** os outros quando faz ou diz uma coisa inesperada ou quando provoca medo neles. *Mariana **assusta** o irmão contando histórias de dragões.* ~ **assustador** *adj. subst.masc.*

astro (as-tro) *subst.masc.* **1** Qualquer corpo celeste com ou sem luz própria, como os planetas, as estrelas e os cometas. *O planeta Terra é um dos **astros** do sistema solar.* **2** Artista de grande fama. ***Astros** da TV farão um* show *gratuito no dia das crianças.*

astronauta ◥ (as-tro-nau-ta) *subst.masc.fem.* Piloto ou passageiro de nave espacial. *Os **astronautas** pisaram na Lua pela primeira vez em 1969.*

astronomia (as-tro-no-mi-a) *subst.fem.* Ciência que estuda o Universo e os corpos celestes. ~ **astrônomo** *subst.masc.*

astúcia (as-tú-cia) *subst.fem.* **1** Quem tem **astúcia** não é enganado com facilidade. *Rodrigo tem a **astúcia** dos mais velhos.* **2** Capacidade de agir para enganar os outros. *A **astúcia** do menino não foi suficiente para enganar os pais.*

atacado (a-ta-ca-do) *subst.masc.* Venda de produtos em grande quantidade, geralmente para pessoas ou empresas que vão vender depois a outros consumidores. *As camisas são mais baratas no **atacado**.* [Antôn.: *varejo.*]

atacar (a-ta-car) *verbo* **1** Ir contra algo, de repente, de surpresa e com violência. *O cão **atacou** o gato.* **2** Tentar prejudicar alguém, com ofensas, críticas, mentiras. *O jornal **atacou** o presidente.* **3** ESP Tentar marcar ponto contra o adversário. *O time **atacou**, mas não fez gol.* **4** Mostrar que considera errado ou ruim. *A propaganda **ataca** quem fuma.* **5** Causar prejuízo. *Insetos **atacaram** a plantação.* [Sinôn.: *estragar.*] **6** Se uma doença ataca, ela chega de repente e deixa uma pessoa muito doente.

atalho (a-ta-lho) *subst.masc.* Caminho mais curto. *Vamos pegar um **atalho** para chegar à estrada.*

ataque (a-ta-que) *subst.masc.* **1** Ação violenta contra alguém ou algo. *Ontem houve um **ataque** ao mercado.* [Antôn.: *defesa.*] **2** ESP Jogada que coloca

a bola mais próxima do gol ou de marcar ponto. **3** ESP Grupo de jogadores responsável por essas jogadas. *Perdemos porque o **ataque** era fraco.* **4** Quando alguém tem um **ataque** de tosse ou de riso, tosse ou ri sem conseguir parar. [Sinôn.: *acesso.*]

até (a-té) *preposição* Usamos **até** para marcar um momento ou um lugar e tudo o que vem antes dele. *Cássia esperou **até** o dia seguinte para poder sair. Júlio participou da corrida, mas não chegou **até** o final.*

atear (a-te-ar) *verbo* **Atear** é pôr fogo em algo. *O homem foi preso por **atear** fogo na floresta.*

atenção (a-ten-ção) *subst.fem.* **1** Capacidade de voltar seus pensamentos para uma coisa e não fazer mais nada enquanto isso acontece. *Paulo César ouviu o pai com **atenção**.* **2** Atitude que mostra seu carinho e sua preocupação com alguém. *O cachorro latiu porque queria **atenção**.* [Pl.: *atenções.*] ~ **atencioso** *adj.*

atender (a-ten-der) *verbo* **1** Responder a um chamado, uma ligação etc. *Ele **atende** pelo nome de Ricardo. Por que ninguém **atende** o telefone?* **2** Ouvir os pedidos, as queixas etc. *Minha bisavó tem fé que os santos vão **atender** as suas preces.* **3** Aprovar ou ser favorável a um pedido, reclamação etc. *Os patrões **atenderão** em parte as sugestões dos operários.* **4**

Receber pessoas para entrevista, consulta etc. *O doutor irá **atendê**-los num instante.* **5** Prestar socorro. *Os bombeiros **atendem** mais de dez chamados por dia.* ~ **atendimento** *subst.masc.*

[1]**atentado** (a-ten-ta-do) *subst.masc.* Ação criminosa para mostrar que se está contra pessoas, ideias, governo, país etc. *A embaixada sofreu um **atentado**.*

Atentado vem da palavra francesa *attentat*, que também quer dizer "ataque criminoso".

[2]**atentado** (a-ten-ta-do) *adj. informal* Uma criança **atentada** faz muita bagunça e muita travessura.

Atentado vem do verbo "atentar", que quer dizer "aborrecer".

atento (a-ten-to) *adj.* Quem é **atento** presta atenção e tem cuidado para fazer as coisas. Nossos gestos e nossas atitudes também podem ser **atentos**. [Antôn.: *desatento*.]

aterrissar (a-ter-ris-sar) *verbo* Pousar em terra com aeronave, paraquedas etc. *O avião conseguiu **aterrissar** no aeroporto.* ~ **aterrissagem** *subst.fem.*

aterro (a-ter-ro) \ê\ *subst.masc.* **1** Terra que é usada para deixar um terreno todo no mesmo nível. *Foi preciso muito **aterro** para acabar com o buraco da piscina.* **2** Local em que essa terra foi colocada. *O **aterro** do Flamengo fica no Rio de Janeiro.* **aterro sanitário** Área onde o lixo é depositado em camadas e depois coberto com terra, para evitar risco ou dano ao meio ambiente e à saúde da população. ☛ Ver *lixão*. ~ **aterrar** *verbo*

ateu (a-teu) *subst.masc.* Pessoa que não acredita em Deus ou em deuses. [Fem.: *ateia*.] ☛ Esta palavra pode ser usada como adj.: *homem **ateu**.*

atingir (a-tin-gir) *verbo* **1** Sair de um lugar e ficar junto de outro ou de um objeto, pessoa etc. *O foguete **atingiu** a Lua.* **2** Bater, chocar-se. *A flecha **atingiu** o alvo.* **3** Conseguir cumprir um objetivo. *Os funcionários **atingiram** as metas de venda.* **4** Passar de um nível menor para outro maior, em uma escala, sequência etc. *A temperatura **atingiu** 40 graus. Vovô **atingiu** 90 anos bem saudável.* **5** Se uma coisa **atinge** só um grupo de pessoas é porque só diz respeito a elas. *A multa só **atinge** quem atrasa o pagamento.* **6** Causar mágoas ou problemas. *Suas ofensas não me **atingem**.*

atirar (a-ti-rar) *verbo* **1** Jogar para bem longe, com força. *A criança **atirou** as pedras no rio.* **2** Dar um tiro com arma de fogo em alguém, num alvo etc.

atitude (a-ti-tu-de) *subst.fem.* Modo de agir, de se comportar. *Ronaldo, suas **atitudes** não agradam papai.*

atividade (a-ti-vi-da-de) *subst.fem.* **1** Capacidade de agir, de se movimentar, de funcionar, de fazer coisas, de pensar, de resolver problemas etc. **Atividade** também é o uso dessa capacidade. *A **atividade** do coração é muito importante para nossa vida. A loja está em **atividade** desde janeiro.* **2 Atividade** também é uma ou várias coisas que a gente faz. *Capoeira é uma das **atividades** da escola.* **3** A **atividade** profissional, comercial, industrial etc. é um conjunto de ações especiais de uma profissão, um comércio, uma indústria.

ativo (a-ti-vo) *adj.* **1** O que está **ativo** está funcionando ou valendo. **2** Quem é **ativo** age mais do que fala, pensa ou observa. *Precisamos de pessoas **ativas** para a loja funcionar.* **3** Uma pessoa **ativa** não para quieta, se movimenta muito, faz muitas coisas. *As crianças são sempre muito **ativas**.*

atlas (a-tlas) *subst.masc.* Livro com uma coleção de mapas. ☛ O sing. e o pl. desta palavra são iguais: *o **atlas**, os **atlas**.*

aterrissar

atleta (a-tle-ta) *subst.masc.fem.* **1** Pessoa que pratica esportes. *Os* ***atletas*** *treinam todos os dias.* **2** ESP Indivíduo que se dedica ao atletismo.

atletismo (a-tle-tis-mo) *subst.masc.* ESP Conjunto de atividades físicas como corrida, salto, lançamentos (de disco, peso e martelo) e arremesso de dardo.

atmosfera (at-mos-fe-ra) *subst.fem.* **1** Todo o ar que envolve a Terra. *A fumaça dos caminhões polui a* ***atmosfera****.* **2** Camada de gases que envolve um planeta. *A* ***atmosfera*** *de Marte tem muito gás carbônico.* **3** *informal* Um ambiente com uma **atmosfera** alegre é um lugar bom de ficar. Mas se todos estão aborrecidos ou brigando entre si, a **atmosfera** é desagradável. *A* ***atmosfera*** *na sala era de muita tensão.* [Sinôn.: *clima.*] ~ **atmosférico** *adj.*

ato (a-to) *subst.masc.* **1** Tudo o que fazemos é um **ato**. *Dar esmolas é um* ***ato*** *de caridade.* [Sinôn.: *ação.*] **2** Ocasião, momento. *No* ***ato*** *da matrícula, o aluno deve trazer sua foto.* **3** Cada uma das partes em que se divide uma peça de teatro.

à toa (à to-a) *adj.masc.fem.* Sem muita importância. *Iara chorou porque caiu, mas foi um machucado* ***à toa****.* ☛ Ver **toa**.

atolar (a-to-lar) *verbo* Afundar na lama, no lodo, na poça etc.

atômico (a-tô-mi-co) *adj.* **Atômico** quer dizer relacionado a átomo; por exemplo, a energia **atômica** é obtida com a explosão do núcleo do átomo.

átomo (á-to-mo) *subst.masc.* A menor parte de um elemento. Um **átomo** não pode ser partido em dois, mas pode ser dividido em partes diferentes.

átono (á-to-no) *adj.* Uma vogal ou uma sílaba **átona** não é a mais forte da palavra. Uma palavra **átona** é como se fosse mais uma sílaba de outra palavra, como "de" em "boneca de pano". [Antôn.: *tônico.*]

ator (a-tor) \ô\ *subst.masc.* Homem que representa um papel em teatro, cinema ou televisão. [Pl.: *atores.* Fem.: *atriz.*]

atração (a-tra-ção) *subst.fem.* **1** Força que traz uma coisa para perto ou para junto de outra. *Há* ***atração*** *entre a Terra e a Lua.* **2** Se você se interessa muito por uma pessoa ou uma coisa, você sente **atração** por ela. *Camila sente* ***atração*** *pelo cinema.* **3** Lugar, acontecimento ou espetáculo a que as pessoas vão por ser do seu interesse ou para se divertir. *Os museus são uma* ***atração*** *para turistas.* **4** Diversão, número artístico ou artista de um espetáculo. *A cantora de São Paulo foi a maior* ***atração*** *da festa.* [Pl.: *atrações.*]

atrair (a-tra-ir) *verbo* **1** Quando um objeto **atrai** outro, faz esse segundo objeto se mover em sua direção. *Os ímãs* ***atraem*** *o ferro.* **2** Interessar, chamar a atenção de alguém. *Esse evento* ***atrai*** *grande público.* ~ **atraente** *adj.masc.fem.*

atrapalhar (a-tra-pa-lhar) *verbo* **1** Não deixar que funcione bem ou aconteça como deveria. *Cadeiras* ***atrapalhavam*** *a passagem dos convidados. O barulho* ***atrapalha*** *a concentração.* [Sinôn.: *perturbar.*] **2** Quem se **atrapalha** fica confuso, troca palavras, esquece coisas. *Carol se* ***atrapalha*** *ao ver Beto.*

atrás (a-trás) *advérbio* **1** O que fica **atrás** fica no lado contrário à face, nos humanos, e ao focinho, nos animais. *O vestido de Ana tem um laço* ***atrás****. O cachorro ouviu um assovio mas não viu nada* ***atrás****.* **2** **Atrás** também é na parte que não está virada para nós. *O posto de saúde fica* ***atrás*** *da escola.* **3** O que está **atrás** numa fila ou numa ordem está depois. *Raul era o próximo da fila, estava* ***atrás*** *do número quatro.*

atrasar (a-tra-sar) *verbo* **1** Colocar para trás. *Ian* ***atrasou*** *os ponteiros do relógio.* [Antôn.: *adiantar.*] **2** Deixar para depois ou acontecer depois do que deveria. *O trem* ***atrasou*** *uma hora.* **3** Ir mais devagar do que é normal ou necessário. *Este relógio sempre* ***atrasa****.*

atraso (a-tra-so) *subst.masc.* Um **atraso** acontece quando algo ocorre depois do que deveria. *O funcionário já tem dois* ***atrasos****. O* ***atraso*** *do voo deixou todos irritados.*

através (a-tra-vés) *advérbio* **1** O que passa **através** de algo entra por um lado e sai pelo outro. *O alfinete passou* ***através*** *da roupa.* **2** **Através** mostra também um meio que usamos para conseguir algo. *Elsa conheceu o namorado* ***através*** *de Cássia. Os pais educam os filhos* ***através*** *de exemplos.*

atravessar (a-tra-ves-sar) *verbo* **1** Colocar algo numa posição em que cruza com outra coisa. *Por causa do vento,* ***atravessou*** *uma tábua na janela.* **2** Passar para o outro lado de um ambiente, um lugar, uma multidão etc. *O jogador **atravessou** a quadra com a bola.* **3** Fazer um buraco em algo, chegando do outro lado. *A flecha **atravessou** o alvo.*

atrevimento (a-tre-vi-men-to) *subst.masc.* **1** Ato que mostra coragem, muitas vezes em excesso. *Graças ao seu **atrevimento**, não fomos assaltadas.* **2** Falta de respeito. *Não venha com **atrevimento** ou vamos brigar.* [Sinôn.: *desaforo*.] ~ **atrevido** *adj. subst.masc.*

atrito (a-tri-to) *subst.masc.* Contato entre duas coisas que se esfregam. A etiqueta da roupa faz **atrito** com a nossa pele.

atriz (a-triz) *subst.fem.* Mulher que representa um papel na televisão, no teatro ou no cinema. [Pl.: *atrizes*. Masc.: *ator*.]

atropelar (a-tro-pe-lar) *verbo* **1** Bater em alguém, derrubando ou passando por cima. *O carro quase **atropelou** a senhora.* **2** Movimentar-se sem cuidado, esbarrando nos outros. *Os alunos se **atropelaram** na saída para o recreio.* **3** Fazer mal, com pressa, de um jeito confuso ou sem respeitar a ordem das coisas. *Fábio **atropelou** as etapas e montou errado o brinquedo. Ana ficou nervosa e **atropelou** as palavras.* ~ **atropelamento** *subst.masc.*

atual (a-tu-al) *adj.masc.fem.* O que é **atual** está relacionado ao presente ou está acontecendo na época em que estamos vivendo. *O mundo **atual** está muito poluído. Os conselhos dos avós continuam **atuais**.* [Pl.: *atuais*.]

atualmente (a-tu-al-men-te) *advérbio* O que acontece **atualmente** é comum no presente, nos dias atuais. ***Atualmente** as pessoas não ouvem novela no rádio.* [Antôn.: *antigamente*.]

atuar (a-tu-ar) *verbo* **1** Fazer alguma coisa, agir. *O bombeiro **atuou** com coragem no incêndio.* **2** Ter uma função. *Iara **atua** como líder do grêmio.* **3** Fazer um papel em filme, peça, novela etc. [Sinôn.: *representar*.] **4** Produzir certo efeito. *As mudanças **atuaram** bem sobre o time.* ~ **atuação** *subst.fem.*

atum ► (a-tum) *subst.masc.* Grande peixe marinho de carne muito apreciada, fresca ou em conserva. [Pl.: *atuns*.]

audição (au-di-ção) *subst.fem.* **1** Capacidade física de ouvir sons. O ouvido é o órgão da **audição**. **2** Apresentação pública de teatro ou de música. *Jaqueline ensaiou muito para a sua primeira **audição** de piano.* [Pl.: *audições*.]

auditório (au-di-tó-rio) *subst.masc.* **1** Local para a realização de palestras, apresentações musicais, peças de teatro etc. *O ensaio do coral será no **auditório** da escola.* **2** Público presente em programas de televisão, *shows*, palestras etc. *No final da apresentação, o **auditório** aplaudiu de pé.*

aula (au-la) *subst.fem.* **1** Na **aula**, o professor e os alunos conversam, discutem ideias e fazem outras atividades para aprender coisas novas. **2 Aula** é também o lugar onde isso acontece. *Os alunos saíram da **aula** e foram para casa.*

aumentar (au-men-tar) *verbo* Ficar maior no tamanho, na força, na quantidade etc. *O número de alunos da turma **aumentou**. A dor do machucado **aumentou** quando ele tirou a casca. A temperatura do corpo **aumenta** com a febre.* [Sinôn.: *crescer*. Antôn.: *diminuir*.]

aumentativo (au-men-ta-ti-vo) *subst.masc.* GRAM Palavra que expressa tamanho maior, como "casarão", que é "uma casa muito grande". É muito comum criarmos **aumentativo** com final "-ão".

→ O **aumentativo** também pode expressar outras ideias, como grande importância ou intensidade. Por exemplo, se alguém é seu **"amigão"**, não é um amigo grande, mas sim um amigo muito querido.

aumento (au-men-to) *subst.masc.* **1** O que teve um **aumento** ficou maior no tamanho, na quantidade etc. *Houve um **aumento** no número de matrículas. O **aumento** das despesas foi muito grande.* **2 Aumento** também é o valor que aumentou no salário. *Oba! Papai teve um **aumento**.*

A

auréola (au-ré-o-la) *subst.fem.* Círculo de metal ou de outro material de cor dourada que fica sobre a cabeça de estátuas de santos.

ausência (au-sên-cia) *subst.fem.* **1** **Ausência** é a falta de alguma coisa, porque ela não existe ou acabou. *A **ausência** de carne no mercado aborreceu os fregueses.* **2** **Ausência** também é a falta de alguém ou de algo por não estar presente. *Todos sentiram sua **ausência**.* [Antôn.: *presença*.]

ausente (au-sen-te) *adj.masc.fem.* **1** Se você está **ausente** de algum lugar, você não está nesse lugar. *Eduardo está **ausente**, professora.* [Antôn.: *presente*.] ☛ Neste sentido, esta palavra pode ser usada como subst.: *Os **ausentes** prejudicaram o grupo.* **2** Quem está por perto mas não presta atenção ou não participa das atividades é uma pessoa **ausente**. *Pais **ausentes** deixam de viver muitas alegrias com os filhos.*

autêntico (au-tên-ti-co) *adj.* É o mesmo que verdadeiro. ~ **autenticidade** *subst.fem.*

autódromo (au-tó-dro-mo) *subst.masc.* Local onde ocorrem corridas de automóvel, incluindo arquibancadas, garagens, pistas etc.

autoescola (au-to-es-co-la) *subst.fem.* Escola onde as pessoas aprendem a dirigir automóveis e recebem instruções sobre as leis de trânsito.

autógrafo (au-tó-gra-fo) *subst.masc.* Assinatura de uma pessoa famosa ou de um artista. *O CD tinha um **autógrafo** do cantor.*

automático (au-to-má-ti-co) *adj.* **1** Um aparelho ou máquina **automática** funciona sem alguém ficar comandando o tempo todo. *O flash desta câmera é **automático**. Este carro tem marcha **automática**.* **2** Se você faz um gesto ou dá uma resposta **automática**, você faz isso sem perceber.

✏ **Automático** está relacionado a uma palavra grega que quer dizer "que se move sozinho".

---

automóvel (au-to-mó-vel) *subst.masc.* Veículo com motor e, geralmente, com quatro rodas, usado no transporte de pessoas ou cargas. [Sinôn.: *carro*. Pl.: *automóveis*.]

autor (au-tor) \ô\ *subst.masc.* **1** Quem escreve qualquer tipo de livro, novela ou música é chamado de **autor**. *Ziraldo é o **autor** do livro* O menino maluquinho. **2** Quando alguém faz alguma coisa, é o **autor** dela. *Quem foi o **autor** dessa piada de mau gosto?* [Pl.: *autores*.]

autoridade (au-to-ri-da-de) *subst.fem.* **1** Direito ou poder para tomar decisões, mandar e ter suas ordens cumpridas. *O rei é uma **autoridade**.* **2** Quem exerce cargo político ou representa o governo, a polícia etc. *As **autoridades** vão ajudar os desabrigados.* **3** Pessoa que sabe muito sobre um assunto. *Érica é uma **autoridade** em desenvolvimento sustentável.*

autorizar (au-to-ri-zar) *verbo* **1** Dar motivo ou razão para algo acontecer. *A injustiça **autoriza** o povo a reclamar.* **2** Se você **autoriza** algo, para você está tudo bem e não há problemas para isso acontecer. *A professora me **autorizou** a sair da sala.* [Sinôn. geral: *permitir*. Antôn. geral: *proibir*.] ~ **autorização** *subst.fem.*

[1]auxiliar (au-xi-li-ar) \ss\ *subst.masc.fem.* Pessoa que ajuda outra, às vezes porque isso é o trabalho dela. *A firma vai contratar dois **auxiliares** de escritório.* [Pl.: *auxiliares*.] ☛ Esta palavra pode ser usada como adj.: *professor **auxiliar***.

✏ Esta palavra vem do latim *auxiliaris*, que significa "que socorre, que ajuda".

---

[2]auxiliar (au-xi-li-ar) \ss\ *verbo* É o mesmo que ajudar.

✏ O verbo **auxiliar** vem do substantivo *auxílio*.

---

auxílio (au-xí-lio) \ss\ *subst.masc.* É o mesmo que ajuda.

avaliação (a-va-li-a-ção) *subst.fem.* **1** Observação das características, da qualidade ou das condições de algo ou de alguém. *Antes da matrícula, passamos por uma **avaliação** médica.* **2** A **avaliação** também analisa o progresso e o desempenho de um aluno ou de um profissional. *Maíra tirou boa nota na **avaliação** individual.* [Pl.: *avaliações*.] ~ **avaliar** *verbo*

avançar (a-van-çar) *verbo* **1** Mover ou ir para a frente. *A água do mar **avançou** pelas ruas.* [Antôn.: *recuar.*] **2** Ter progresso, evoluir. *As negociações de paz **avançaram**.* **3** Quem **avança** o sinal vermelho passa além do que é permitido. **4** Atacar. *Cuidado, o cachorro pode **avançar**!* ~ **avanço** *subst.masc.*

ave ▼ (a-ve) *subst.fem.* BIO Qualquer animal que tem bico, asas e o corpo coberto de penas. As **aves** que são fêmeas põem ovos, e a maioria delas pode voar.

Há **aves** de diversos tamanhos e tipos.

aveia (a-vei-a) *subst.fem.* **1** Cereal muito nutritivo, usado na alimentação humana e de animais. **2** O grão desse cereal também é chamado de **aveia**.

avenida (a-ve-ni-da) *subst.fem.* Via pública dentro da cidade, mais larga que uma rua. *Que ônibus vai até o final dessa **avenida**?* ☛ Ver ilustração na p. 484.

avental (a-ven-tal) *subst.masc.* Peça de roupa com tiras no pescoço e na cintura, usada como proteção da parte da frente do corpo. [Pl.: *aventais.*]

aventura (a-ven-tu-ra) *subst.fem.* Experiência que não tem um fim conhecido, é emocionante e, geralmente, perigosa. *Escalar montanhas é sempre uma **aventura**.*

avermelhado (a-ver-me-lha-do) *subst.masc.* Cor que tem o vermelho na sua composição. ☛ Esta palavra pode ser usada como adj.: *fruta de casca **avermelhada**.*

avesso (a-ves-so) \ê\ *subst.masc.* **1** O lado de uma roupa que não é o certo para ser usado. *Beto vestiu a blusa do **avesso**.* [Antôn.: *direito.*] ☛ Também pode ser usado como adj.: *lado **avesso** da blusa.* **2** Tudo que é o oposto de outra coisa. *Carolina é o **avesso** da irmã.* *adj.* **3** Quem é **avesso** a uma ideia, um hábito etc. não gosta dele. *Beatriz é **avessa** a festas.*

avestruz (a-ves-truz) *subst.masc.fem.* Ave de pernas compridas e fortes, pés com dois dedos, cabeça e pescoço quase sem penas, encontrada na África. O **avestruz** é a maior ave que existe. [Pl.: *avestruzes.*]

aviação (a-vi-a-ção) *subst.fem.* Navegação aérea por meio de diferentes transportes, como aviões e helicópteros. *O país tem várias companhias de **aviação**.* [Pl.: *aviações.*]

avião (a-vi-ão) *subst.masc.* Meio de transporte aéreo que tem duas asas e um motor e que serve para levar pessoas e cargas. [Pl.: *aviões.* Col.: *esquadrilha.*]

avisar (a-vi-sar) *verbo* Informar, aconselhar ou tornar alguém consciente de algo. *O representante da turma **avisou** que o ensaio será na quadra. Quem **avisa** amigo é, diz o ditado.*

aviso (a-vi-so) *subst.masc.* Quando damos um **aviso**, estamos dando uma informação ou chamando a atenção para algo. *Você leu o* ***aviso*** *no elevador? Desta vez é um* ***aviso****, da próxima vou tirar a bola.*

avistar (a-vis-tar) *verbo* **1** Ver, enxergar. *Daqui* ***avistamos*** *a montanha.* **2** Perceber o que ainda está distante, escondido. *Os cães* ***avistavam*** *o perigo.*

avô (a-vô) *subst.masc.* O pai do seu pai ou da sua mãe é seu **avô**. [Fem.: *avó*.]

→ **Avô** é uma palavra curiosa. Para ficar no feminino, mudamos o acento e temos **avó**. Além disso, o plural **avôs** junta o pai do pai e o pai da mãe. O plural **avós** junta o **avô** mais a **avó**, a mãe da mãe e a do pai e também todos os seus **avôs** e **avós** juntos.

avulso (a-vul-so) *adj.* O que é **avulso** não faz parte de um conjunto. *Rodrigo comprou figurinhas* ***avulsas*** *para o álbum.*

axila (a-xi-la) \cs\ *subst.fem.* ANAT Região do corpo que fica debaixo do braço e que se prende ao tórax. ☛ Ver ilustração na p. 478.

azar (a-zar) *subst.masc.* Quando acontece um fato ruim ou tudo começa a dar errado, estamos com **azar**. *Rosana teve o* ***azar*** *de quebrar o pé.* [Pl.: *azares*.]

azedo (a-ze-do) \ê\ *adj.* **1** O que é **azedo** tem um gosto forte e geralmente desagradável, como o sabor do limão. **2** Um alimento **azedo** estragou e não deve mais ser consumido por nós. ~ **azedar** *verbo*

azeite (a-zei-te) *subst.masc.* **1** Óleo extraído das azeitonas, muito usado para temperar saladas e outras comidas. **2** Também podemos chamar de **azeite** o óleo feito com outros frutos, como o dendê.

azeitona (a-zei-to-na) *subst.fem.* É o mesmo que oliva. A **azeitona** é consumida em conserva e geralmente é verde ou preta.

azia (a-zi-a) *subst.fem.* MED Sensação de que a região do estômago até a boca está queimando por causa de indigestão.

azul (a-zul) *subst.masc.* Cor como a do céu num dia de sol. *O* ***azul*** *da nossa bandeira representa o céu.* [Pl.: *azuis*.] ☛ Esta palavra pode ser usada como adj.: *blusa* ***azul****, casacos* ***azuis***. Ver ilustração na p. 498.

azulado (a-zu-la-do) *subst.masc.* Cor que tem o azul na sua composição. ☛ Esta palavra pode ser usada como adj.: *tecido* ***azulado***.

azulejo (a-zu-le-jo) \ê\ *subst.masc.* Placa de cerâmica de vários tamanhos, desenhada ou não, muito usada para revestir paredes de cozinhas, banheiros etc.

Bicicleta

Bb

b *subst.masc.* Segunda letra do nosso alfabeto. O **b** é uma consoante.

baba (ba-ba) *subst.fem.* **1** Saliva que escorre da boca sem a gente controlar. **2** Substância pegajosa como a que certos vegetais têm. *Mamãe sabe preparar o quiabo para ele não ficar com* ***baba****.* ☛ Não confundir com *babá*.

babá (ba-bá) *subst.fem.* Empregada doméstica que cuida de crianças. ☛ Não confundir com *baba*.

babaçu (ba-ba-çu) *subst.masc.* Palmeira de folhas grandes com riscos amarelos, usadas para produzir esteiras, cestos etc. As sementes do fruto do **babaçu** são comestíveis e produzem um tipo de óleo.

babado ◢ (ba-ba-do) *subst.masc.* Faixa de tecido franzido que enfeita roupas, toalhas, cortinas etc.

babador (ba-ba-dor) \ô\ *subst.masc.* Peça, geralmente de pano, que fica amarrada ao pescoço de crianças pequenas para que não sujem a roupa na hora de comer. [Pl.: *babadores*.]

bacalhau (ba-ca-lhau) *subst.masc.* Peixe grande, que vive nos mares de água fria. O **bacalhau** seco e salgado é muito usado na alimentação.

bacana (ba-ca-na) *adj.masc.fem.* **1** *informal* O que é **bacana** nós consideramos bom, bonito, interessante, agradável etc. *A rádio só toca música* ***bacana****.* [Sinôn.: *legal*.] *subst.masc.fem.* **2** *informal* Quem é rico. *O hóspede vestia roupa de* ***bacana****.*

bacia (ba-ci-a) *subst.fem.* **1** Recipiente arredondado, largo, de fundo achatado, com bordas mais ou menos altas. *A* ***bacia*** *está cheia de água.* **2** Porção mais baixa de terra ocupada pelas águas de um rio ou lago. *A* ***bacia*** *do rio da Prata é a segunda maior do Brasil.* **3** Bacia também é o mesmo que pelve.

bacon *subst.masc.* Palavra inglesa que significa gordura de porco, com ou sem o couro, que é usada na alimentação. ☛ Pronuncia-se *bêicon*

bactéria (bac-té-ria) *subst.fem.* BIO Organismo microscópico de uma só célula. Algumas **bactérias** ajudam nosso corpo na digestão dos alimentos, outras podem causar doenças.

bacuri (ba-cu-ri) *subst.masc.* Fruto grande de uma árvore comum na Amazônia. O **bacuri** é redondo e amarelo e tem polpa amarelada, usada para fazer refrescos e doces. ~ **bacurizeiro** *subst.masc.*

badalar (ba-da-lar) *verbo* **1** **Badalar** é o sino soar ou alguém fazer isso acontecer. *Às seis horas os sinos* ***badalavam****. O padre* ***badalou*** *o sino antes da missa.* **2** *informal* Estar sempre presente em festas, eventos, passeios etc. para ver os amigos, se divertir etc. *Hoje as duas saíram para* ***badalar****.* **3** Fazer propaganda, anunciar algo que está acontecendo ou está para acontecer. *A editora preparou uma festa para* ***badalar*** *o novo livro.*

badejo (ba-de-jo) \é *ou* ê\ *subst.masc.* Nome dado a vários peixes que vivem no fundo das águas da costa tropical. O **badejo** não forma cardumes e é muito consumido como alimento pelo homem.

bafo (ba-fo) *subst.masc.* **1** Ar que sai dos pulmões pela boca. **2** Hálito com um cheiro diferente do comum. Cebola, cigarro e bebida deixam a pessoa com **bafo**.

bagaço (ba-ga-ço) *subst.masc.* **1** Quando extraímos todo o suco das frutas, o que sobra delas é o **bagaço. 2** O que sobrou de uma roupa, um caderno etc. muito usados ou muito velhos. *Não posso usar este **bagaço** de camiseta.* **3** Muito cansado e com uma aparência horrível. *Este calor deixa a pessoa um **bagaço**.*

bagagem (ba-ga-gem) *subst.fem.* **1** Conjunto das malas, bolsas etc. que são levadas em uma viagem. *Pelo tamanho da **bagagem**, acho que vovó vai ficar aqui dois anos.* **2** Tudo o que está dentro dessas malas, bolsas etc. *Já procurei na **bagagem** e não encontrei as chaves.* [Pl.: *bagagens.*]

bagre (ba-gre) *subst.masc.* Peixe grande, sem escamas e com fios perto da boca que lembram um bigode. Os **bagres** vivem no fundo de águas doces e salgadas.

bagunça (ba-gun-ça) *subst.fem.* Falta de ordem ou organização. *Que **bagunça** é esta que vocês estão fazendo? A sala estava uma **bagunça**.* ~ **bagunçar** *verbo*

baía (ba-í-a) *subst.fem.* **1** GEOG Região da costa em que as águas do mar entram por uma passagem estreita que vai ficando mais larga para o interior do continente. **2** GEOG Lagoa que se comunica com um rio através de um canal.

baião (bai-ão) *subst.masc.* Dança e canto populares do Nordeste brasileiro. O ritmo do **baião** é acompanhado por sanfona, acordeão e violas. [Pl.: *baiões.*]

bailarino (bai-la-ri-no) *subst.masc.* **1** Pessoa que dança por profissão, especialmente balé. **2 Bailarino** também é a pessoa que dança muito bem.

baile (bai-le) *subst.masc.* Festa com dança. *Valéria adora **bailes** de carnaval.*

bainha (ba-i-nha) *subst.fem.* **1** Parte final das roupas, dobrada para dentro e costurada. *Vovó cortou minha saia comprida e fez **bainha**.* **2** Estojo de couro, metal ou madeira, usado para guardar faca, espada etc. *A espada do samurai fica guardada numa **bainha** de prata.*

Criança brincando no **balanço**.

bairro (bair-ro) *subst.masc.* Cada uma das partes em que uma cidade é dividida. Nem todos os **bairros** são iguais, uns são maiores, outros têm mais serviços públicos, outros podem ter mais comércio.

baixar (bai-xar) *verbo* **1** É o mesmo que abaixar. *Eurico **baixou** o varal para poder pendurar a roupa. Os vizinhos pediram para **baixar** a música.* **2** Determinar uma ordem para que os outros cumpram. *O governo **baixou** novas normas para importação.* **3** INF **Baixar** também é transferir dados, arquivos, programas etc. de um computador para outro.

[1]**baixo** (bai-xo) *adj.* **1** O que é **baixo** tem pouca altura. *Esta mesa está **baixa** para Clarice, mas está alta para sua filha.* **2** Se um produto tem preço **baixo**, quando você paga, acha que está gastando pouco dinheiro. **3** Um voo **baixo** é realizado a pouca distância do chão. **4** Se um som, como a música ou uma voz, está **baixo**, quase não é ouvido. *A música estava tão **baixa** que nem parecia festa.* [Antôn. geral: *alto.*] ☛ Em 3 e 4, esta palavra pode ser usada como advérbio: *O avião voava muito **baixo**. Carina fala **baixo**.*

Baixo vem da palavra latina *bassus*, que significa "pequeno e gordo".

---

[2]**baixo** (bai-xo) *subst.masc.* MÚS É o mesmo que contrabaixo.

bala (ba-la) *subst.fem.* **1** Doce mais ou menos duro e de variados sabores, que se coloca inteiro na boca. As **balas** geralmente vêm embrulhadas em papel. *Chupar muita **bala** estraga os dentes.* **2** As armas de fogo são carregadas com **bala**. *A **bala** não atingiu o alvo.* [Aument.: *balaço.*]

balança (ba-lan-ça) *subst.fem.* Aparelho usado para medir o peso de pessoas, produtos etc.

balançar (ba-lan-çar) *verbo* Mover-se de um lado para outro. *Durante a viagem, a barca **balançou** muito.*

balanço ◄ (ba-lan-ço) *subst.masc.* **1** Movimento para frente e para trás, ou para um lado e outro. *O **balanço** da rede fez a menina dormir.* **2** Brinquedo formado por um assento sustentado no ar por correntes ou cordas, usado para balançar.

balão (ba-lão) *subst.masc.* **1** Aeronave cheia de ar quente ou de gás mais leve que o ar. **2** Objeto oco, de papel muito fino, que se enche de ar quente. Esse **balão** é comum nas festas juninas, mas é perigoso, pois pode causar incêndios. **3** **Balão** também é o mesmo que bola de encher. [Pl.: *balões*.]

balcão (bal-cão) *subst.masc.* Móvel comprido, da altura dos cotovelos de um adulto, usado para atender os clientes ou para mostrar mercadorias. *O garçom serviu o cafezinho no **balcão**.* [Pl.: *balcões*.]

balde (bal-de) *subst.masc.* Recipiente fundo, com uma alça em cima, muito usado para carregar líquidos e areia. A gente também usa **balde** para armazenar água, lavar roupa etc.

baldio (bal-di-o) *adj.* Um terreno **baldio** é um terreno abandonado, que não é cultivado nem tem construção.

balé (ba-lé) *subst.masc.* **1** Dança artística em que os movimentos combinados procuram exprimir ideias, sentimentos etc. **2** Espetáculo com essa dança, junto com música, cenários e roupas próprias. Os **balés**, muitas vezes, contam uma história.

baleia (ba-lei-a) *subst.fem.* Nome dado a mamíferos enormes que vivem no mar. A forma do corpo das **baleias** lembra a do corpo dos peixes, e elas respiram por orifícios no alto da cabeça.

balsa (bal-sa) *subst.fem.* Embarcação utilizada para atravessar cargas, veículos e passageiros em rios onde não há ponte.

bambo (bam-bo) *adj.* **1** Algo está **bambo** quando não está muito firme e quase não resiste a toque ou peso. *O banco está **bambo**. Andou tanto que ficou com as pernas **bambas**.* **2** Um fio ou corda que não está muito esticado está **bambo**. [Sinôn. geral: *frouxo*.]

bambolê ▼ (bam-bo-lê) *subst.masc.* Aro grande que, sem o auxílio das mãos, se tenta girar em torno da cintura, do braço ou da perna.

bambu (bam-bu) *subst.masc.* Planta de caule oco e comprido, muito usada em decoração, artesanato e para fazer cercas.

banana (ba-na-na) *subst.fem.* Fruta que nasce em cachos e, quando está madura, tem a casca amarela. A **banana** pode ser de vários tamanhos, é comprida e meio curvada.

bananeira (ba-na-nei-ra) *subst.fem.* Planta que produz a banana. **plantar bananeira** Uma pessoa **planta bananeira** quando, apoiando as mãos no chão, fica de cabeça para baixo.

banca (ban-ca) *subst.fem.* **1** Mesa grande e simples, às vezes improvisada. *Dona Josefa montou uma **banca** de verduras na feira.* **2** Local de venda de jornais, revistas, álbuns de figurinhas etc.

banco (ban-co) *subst.masc.* **1** Lugar para sentar, em geral sem braços e sem encosto. **2** Estabelecimento em que pessoas ou empresas guardam seu dinheiro. **3** Local onde se armazena um produto para ser usado depois. *O hospital tem um **banco** de sangue.* **banco de dados** INF Conjunto de informações armazenadas em computador.

[1]**banda** (ban-da) *subst.fem.* Tira de pano. *Sueli tirou uma **banda** da saia velha para fazer um remendo.* **banda larga** INF Conexão com a internet via telefone digital, rádio, satélites etc.

Banda vem de *bande*, palavra francesa que significa "faixa, tira".

[2]**banda** (ban-da) *subst.fem.* **1** Um grupo de músicos, com ou sem cantores, é uma **banda**. *Murilo faz parte de uma **banda** de* rock. **2** Parte lateral de alguma coisa. *Os mais altos passaram para a **banda** esquerda da sala.* [Sinôn.: *lado*.] **3** Metade de algo. *Marta comeu apenas uma **banda** da maçã.*

Banda vem de *bande*, palavra francesa que significa "tropa".

bandeira (ban-dei-ra) *subst.fem.* **1** Pedaço de pano com cores e desenhos que representam um país, um estado, um clube etc. *As **bandeiras** do Brasil e de Goiás foram hasteadas.* **2** Pedaço de pano usado para transmitir mensagens. *A corrida acaba quando o chefe da prova abaixa a **bandeira** quadriculada.* **3** HIST Durante o século XVI e o início do século XVII, cada um dos grupos liderados por paulistas, que conquistavam e exploravam o interior do Brasil, nem sempre autorizados pelo governo português. ☛ Neste sentido, esta palavra é mais usada no plural.

bandeirante (ban-dei-ran-te) *subst.masc.* **1** Homem que fazia parte das bandeiras, grupos que exploravam o interior do Brasil durante o período colonial. *subst.fem.* **2** Também chamamos de **bandeirante** a menina que é escoteira.

bandeirinha (ban-dei-ri-nha) *subst.fem.* **1** Bandeira bem pequena. **2** Enfeite colorido, parecido com uma bandeira, que fica pendurado em barbante, especialmente nas festas juninas. *subst.masc.fem.* **3** Pessoa que ajuda o juiz no jogo de futebol. *O **bandeirinha** marcou uma falta que o juiz não viu.*

bandeja (ban-de-ja) \ê\ *subst.fem.* Recipiente raso e plano, usado para apoiar ou transportar xícaras, pratos, copos etc. *Os docinhos foram servidos em **bandejas** de papelão.* **de bandeja** *informal* Quando um time não luta para vencer o jogo, esse time dá a vitória **de bandeja** ao adversário. Se você revela algo de forma espontânea, quase sem querer, você entrega **de bandeja** essa informação.

bandido (ban-di-do) *subst.masc.* Pessoa que tem mau caráter e que faz mal para as outras pessoas. **Bandido** também é um modo de chamar quem assassina, rouba ou atua no tráfico. [Col.: *quadrilha*.]

bando (ban-do) *subst.masc.* **1** Grupo de pessoas ou animais. *Um **bando** de torcedores entrou no metrô cantando. Um **bando** de andorinhas sobrevoou a mangueira.* **2** Grupo de bandidos. *Prenderam o líder do **bando**.*

bandolim (ban-do-lim) *subst.masc.* MÚS Instrumento musical com o corpo em forma de gota arredondada e o braço curto. O **bandolim** tem oito cordas, agrupadas duas a duas. [Pl.: *bandolins*.] ☛ Ver ilustração na p. 494.

banguela (ban-gue-la) *adj.masc.fem.* Uma pessoa **banguela** não tem um ou mais dentes da frente na boca. [Sinôn.: *desdentado*.]

banha (ba-nha) *subst.fem.* Gordura animal, principalmente a de porco, usada na alimentação.

banhar (ba-nhar) *verbo* **1** Dar ou tomar banho. **2** Um rio que passa em uma cidade **banha** essa cidade. *O rio São Francisco **banha** vários estados brasileiros.*

banheira (ba-nhei-ra) *subst.fem.* **1** Grande bacia, geralmente comprida e funda, usada para tomar banho. *O neném adorava brincar na **banheira**.* **2** ESP No futebol, **banheira** é a posição em que o jogador está impedido de receber ou passar a bola. *Só o juiz não viu que o Renato estava na **banheira**.*

banheiro (ba-nhei-ro) *subst.masc.* Local que contém vaso sanitário e pia. Alguns **banheiros** também possuem chuveiro ou banheira.

banho (ba-nho) *subst.masc.* **1** Limpeza que se faz no corpo usando água e, em geral, algum tipo de sabão. *Hoje é o dia do **banho** do cachorro.* **2** A água usada nessa limpeza. *A enfermeira preparou um **banho** quente para o paciente.* **3** *informal* Vitória por muitos pontos de vantagem. *Demos um **banho** naquele time!*

banquete (ban-que-te) \ê\ *subst.masc.* Refeição para muitas pessoas, com muitos pratos diferentes, servida de modo formal.

bar *subst.masc.* **1** Balcão onde as bebidas e os petiscos são consumidos em pé. *Vamos até o **bar** comprar refrigerante.* **2** Local para beber e comer petiscos sentado à mesa e com garçons servindo. *Depois do trabalho, eles foram para um **bar** tomar um lanche e conversar.* **3** Móvel usado para guardar bebidas, copos, taças etc. *O **bar** vai ficar perto da mesa.* [Pl.: *bares.*]

baralho ▲ (ba-ra-lho) *subst.masc.* Conjunto de 52 cartas de jogo com figuras e números. Os desenhos das cartas são copas, ouros, espadas e paus. [Sinôn.: *cartas.*]

barata (ba-ra-ta) *subst.fem.* Inseto marrom de corpo achatado, oval e coberto por uma casca. A **barata** se move com rapidez, geralmente fica escondida durante o dia e vive em lugares quentes e úmidos, como os ralos e bueiros. Algumas **baratas** voam. ☛ Ver ilustração de *inseto*.

barato (ba-ra-to) *adj.* **1** O que é **barato** não custa muito dinheiro. *Elisabete comprou cadernos **baratos**.* *advérbio* **2** Se compramos **barato** um produto, pagamos pouco por ele. *Elisabete comprou **barato** seu batom preferido.* [Antôn. geral: *caro.*]

barba (bar-ba) *subst.fem.* Conjunto de pelos que cresce no rosto dos homens, especialmente, no queixo e nas bochechas.

barbante (bar-ban-te) *subst.masc.* Corda fina, muito usada para amarrar embrulhos e ainda em trabalhos de artesanato, como bolsas, almofadas etc.

bárbaro (bár-ba-ro) *adj.* **1** Cruel, desumano. *Ninguém podia compreender uma atitude tão **bárbara**.* **2** *informal* Incrível, muito bom. *A excursão foi **bárbara**!* *subst.masc.* **3** Os povos antigos chamavam de **bárbaros** os estrangeiros que vinham de outra civilização e falavam língua diferente.

barbatana (bar-ba-ta-na) *subst.fem.* BIO Parte bicuda e mais ou menos dura que fica na parte de cima do corpo de alguns peixes. Os tubarões têm **barbatana**.

barbear (bar-be-ar) *verbo* Cortar a barba bem baixinha, deixando o rosto sem pelos.

barbeiro (bar-bei-ro) *subst.masc.* **1** Pessoa que tem como profissão cortar o cabelo e fazer a

barba dos clientes. **2** *informal* O mau motorista é chamado de **barbeiro**. **3** Inseto que transmite a doença de Chagas.

→ O inseto ficou conhecido por este nome por picar as pessoas, em geral, no rosto, perto dos olhos e da boca.

barca (bar-ca) *subst.fem.* Embarcação grande e de fundo raso, usada no transporte de cargas e passageiros.

barco (bar-co) *subst.masc.* Nome dado às embarcações em geral, especialmente as pequenas. *O casal ia viajar de **barco**.* ☛ Ver ilustração de *embarcação*.

barra (bar-ra) *subst.fem.* **1** Bloco de qualquer substância sólida, geralmente com os lados em forma de retângulo. *Vânia só usa sabão em **barra** para lavar roupa.* **2** Haste dura, comprida e fina, de diferentes materiais e para diversas finalidades. *A grade do meu prédio tem **barras** de ferro. No salto com vara, os atletas pulam por cima de uma **barra** horizontal.* **3** **Barra** também é a parte final de uma roupa, que fica em uma das suas extremidades. *A blusa verde tinha flores na **barra** da manga. Marisa molhou a **barra** do vestido na rua.* **4** Traço inclinado (/) que separa dia, mês e ano em datas.

barraca (bar-ra-ca) *subst.fem.* **1** Abrigo feito de lona ou de tecido impermeável que as pessoas carregam desmontado e depois armam em acampamentos. [Sinôn.: *tenda*.] **2** Tipo de construção desmontável, com ou sem telhado, usada em feiras, para exposição de produtos. *Julieta e Francisco combinaram de se encontrar na **barraca** de doces.* **3** **Barraca** também é o mesmo que guarda-sol.

barraco (bar-ra-co) *subst.masc.* Habitação muito simples, quase sempre construída de maneira improvisada e sem saneamento básico. *Mais **barracos** foram construídos nas encostas.*

barragem ◄ (bar-ra-gem) *subst.fem.* Construção que impede ou controla o curso das águas de um rio. [Sinôn.: *açude, represa*. Pl.: *barragens*.]

barranco (bar-ran-co) *subst.masc.* **1** Margem alta de um rio. *Na cheia, esse **barranco** é bem menor.* **2** Terreno de encostas escavado pelo homem ou pela natureza. *Com as chuvas fortes, os **barrancos** deslizaram sobre a estrada.* ☛ Ver ilustração na p. 486.

barreira (bar-rei-ra) *subst.fem.* **1** Algo que é colocado para impedir ou atrapalhar a passagem. Uma corrida com **barreiras** é uma corrida com obstáculos. *Os jogadores formaram uma **barreira** na frente do gol.* **2** Quando terras de barrancos deslizam sobre a estrada, houve uma queda de **barreira**. **3** Posto policial nas fronteiras de países, de cidades, que controla a entrada e saída de carros, mercadorias etc.

barriga (bar-ri-ga) *subst.fem.* **1** É o mesmo que abdome. **2** **Barriga** também é a gordura que se acumula abaixo da cintura. *Célia fazia abdominais para não ter **barriga**.*

barril (bar-ril) *subst.masc.* **1** Recipiente parecido com um cilindro, usado para transportar ou guardar líquidos. *Os **barris** de chope estão no subsolo.* **2** O conteúdo desse recipiente usado como medida. *O preço do **barril** de petróleo subiu.* [Pl.: *barris*.]

barro (bar-ro) *subst.masc.* **1** É o mesmo que argila. **2** **Barro** também é o nome dado à terra molhada. *Minhas botas estão cobertas de **barro**.* [Sinôn.: *lama*.]

barulho (ba-ru-lho) *subst.masc.* Ruído ou sons confusos que geralmente incomodam as pessoas. *Não consigo dormir por causa do **barulho** da rua. Você ouviu um **barulho** de chave?* ~ **barulhento** *adj.*

base (ba-se) *subst.fem.* **1** Tudo o que apoia ou sustenta outra coisa. A **base** geralmente fica na parte de baixo dessa coisa ou sob ela. *O rio corre na **base** da montanha. Os bancos serviam de **base** para as latas de tinta.* **2** A primeira camada de um produto sobre a qual outros serão aplicados. *A manicure passou **base** antes do esmalte.* **3** Parte mais importante, que não pode faltar a algo. *Quais são as **bases** do contrato?* **4** Conjunto de conhecimentos, fatos, informações que temos para dar uma opinião, ter um pensamento etc. *Você não tem **base** para afirmar isso.* **5** Tudo o que inicia uma ideia, uma teoria, um cálculo etc. *O aumento de salário foi calculado com **base** na inflação.* **6** O principal ingrediente de uma mistura. *O cacau é a **base** do chocolate.* **7** Lugar em que se concentram tropas e outros meios usados em operações militares. *Os soldados deixaram a **base** aérea à noite.*

básico (bá-si-co) *adj.* **1** O que é **básico** faz parte da base ou serve de base para outras coisas. *O cacau é o elemento **básico** do chocolate. O casal aprendeu os passos **básicos** do samba.* **2** O que é **básico** é muito importante e não pode faltar. *Comer é uma das necessidades **básicas** do ser humano.* [Sinôn. geral: *fundamental.*]

basquete (bas-que-te) *subst.masc.* ESP É o mesmo que basquetebol.

basquetebol (bas-que-te-bol) *subst.masc.* ESP Jogo em que dois times de cinco pessoas devem, apenas com o uso das mãos, bater a bola no chão da quadra e arremessá-la a uma cesta suspensa. Também se diz apenas basquete. [Pl.: *basquetebóis.*] ☛ Ver ilustração na p. 492.

A palavra **basquetebol** veio do inglês *basketball*, que quer dizer "bola ao cesto".

bastante (bas-tan-te) *adj.masc.fem.* **1** O que é **bastante** está na medida ou na quantidade de que precisamos. *Liana tem dinheiro **bastante** para ir ao cinema?* ☛ Esta palavra pode ser usada como subst.: *Renata já comeu o **bastante** para matar a fome.* *pron.indef.* **2** Em grande quantidade. *O nosso livro tem **bastantes** exemplos.* *advérbio* **3** **Bastante** também quer dizer de um jeito intenso, forte ou frequente. *Jorge viaja **bastante**.* [Sinôn. para 2 e 3: *muito*. Antôn. para 2 e 3: *pouco*.]

bastão ► (bas-tão) *subst.masc.* **1** Vara de madeira em forma de rolo usada para apoio em caminhadas. **2** ESP Haste roliça mais ou menos grossa, feita de madeira ou outro material, usada para rebater a bola no jogo de beisebol. **3** Qualquer coisa roliça e delgada. *Raquel prefere usar cola em bastão.* [Pl.: *bastões.*]

bata (ba-ta) *subst.fem.* Blusa larga, reta e solta, geralmente usada por mulheres por fora da saia ou da calça.

batalha (ba-ta-lha) *subst.fem.* **1** Combate entre tropas inimigas, na terra, no céu ou no mar. *O general venceu mais uma **batalha**.* **2** Trabalho ou empenho constantes. *Às cinco da manhã já vai para a **batalha**. Estamos na **batalha** para conseguir um patrocinador.* ~ **batalhador** *adj. subst.masc.*

batata (ba-ta-ta) *subst.fem.* **1** Qualquer tubérculo, comestível ou não. **2** É o mesmo que batata-inglesa. **batata da perna** É o mesmo que panturrilha.

batata-baroa (ba-ta-ta - ba-ro-a) *subst.fem.* Tubérculo alongado, de casca e miolo amarelos. A **batata-baroa** tem um sabor meio doce. [Sinôn.: *mandioquinha*. Pl.: *batatas-baroas.*]

batata-doce (ba-ta-ta - do-ce) *subst.fem.* Tubérculo alongado, muito rico em açúcar e consumido geralmente cozido ou assado. Existem **batatas-doces** de cores variadas, mas a de casca arroxeada é a mais comum. [Pl.: *batatas-doces.*]

batata-inglesa ► (ba-ta-ta - in-gle-sa) *subst.fem.* Tubérculo arredondado, de casca fina e amarelada e miolo também amarelado. A **batata-inglesa** é muito usada na alimentação humana. [Pl.: *batatas-inglesas.*]

bater (ba-ter) *verbo* **1** Usar as mãos, os pés ou algum objeto para encostar com força em alguém e, assim, machucá-lo. *É muito feio **bater** nos amigos.* **2** **Bater** também é encostar com força, sem ser de propósito ou sem machucar. *O ventilador quebrou e a pá **bateu** na janela. As crianças **bateram** palmas para o palhaço.* **3** Quando as aves **batem** as asas, movem-nas para cima e para baixo. **4** **Bater** um bolo é misturar bem todos

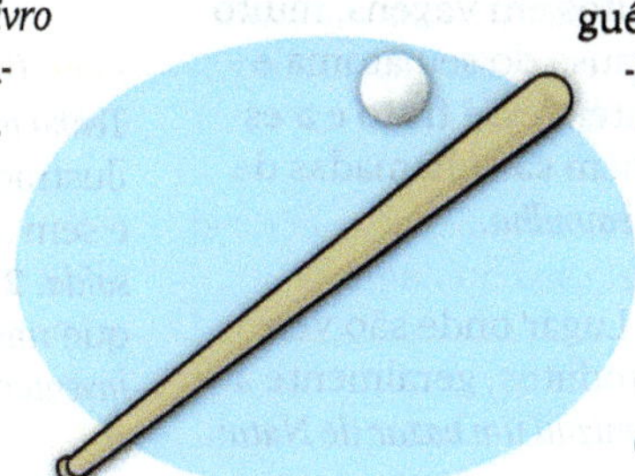

Bastão de beisebol.

os ingredientes para fazer a massa. **5** **Bater** um inimigo, um adversário etc. é ser melhor que ele. **6** **Bater** um recorde é anular esse porque fez um melhor. **7** Dar golpes ou fazer barulho em porta, janela etc., para que as pessoas atendam. *Veja quem está **batendo**!* **8** Tocar, fazer barulho. *O sinal para o recreio **bateu** agora.* **9** Fazer movimento regular para circular o sangue. *Quando estamos assustados, sentimos o coração **bater**.*

bateria (ba-te-ri-a) *subst.fem.* **1** Tipo de aparelho que guarda e passa adiante energia elétrica. Quando a energia de uma **bateria** acaba, podemos carregá-la novamente. *Muitos relógios funcionam com **bateria**.* **2** MÚS Instrumento musical formado por tambores e pratos. ☛ Ver ilustração na p. 494. **3** A **bateria** de uma escola de samba é o conjunto dos instrumentos e das pessoas que os tocam.

batida (ba-ti-da) *subst.fem.* **1** Quando duas coisas se encostam com força, acontece uma **batida**. A **batida** pode ser para machucar, para fazer barulho, pode ser de propósito, sem querer etc. **2** Vibração de som produzida por pancadas. *A **batida** dos tambores marcou o ritmo da música.*

batismo (ba-tis-mo) *subst.masc.* REL Cerimônia cristã que introduz uma pessoa na religião. ~ **batizar** *verbo*

batom (ba-tom) *subst.masc.* Pasta colorida e em forma de bastão, usada para pintar os lábios. [Pl.: *batons*.]

baú (ba-ú) *subst.masc.* Caixa com tampa, usada para guardar ou transportar objetos, roupas de cama, joias etc. [Sinôn.: *arca*.]

baunilha (bau-ni-lha) *subst.fem.* **1** Espécie tropical de orquídea que dá frutos em vagens, muito usados na culinária por causa do seu aroma e sabor. **2** A vagem que contém esse fruto e a essência extraída dele também são chamadas de **baunilha**. *Quero sorvete de **baunilha**.*

bazar (ba-zar) *subst.masc.* Lugar onde são vendidos os mais variados produtos, geralmente a preços baixos. *Juliana organizou um **bazar** de Natal na igreja.* [Pl.: *bazares*.]

bêbado ou **bêbedo** (bê-ba-do; bê-be-do) *adj.* **1** Uma pessoa **bêbada** está com a mente e os sentidos alterados, porque ingeriu bebida alcoólica. [Sinôn.: *tonto*.] *subst.masc.* **2** Pessoa que está quase sempre embriagada.

beijo

bebê (be-bê) *subst.masc.fem.* Criança muito pequena, recém-nascida ou com poucos meses de vida. [Sinôn.: *neném*.]

bebedouro (be-be-dou-ro) *subst.masc.* **1** Aparelho de onde sai água filtrada, muito comum em escolas e outros lugares com muita gente. **2** Recipiente ou local onde os animais bebem água. *O **bebedouro** das galinhas está sem água.*

beber (be-ber) *verbo* **1** Ingerir líquidos. *Durante o dia **beba** bastante água.* **2** Tomar bebida alcoólica. *Depois do futebol, saíram para **beber** no bar.*

bebida (be-bi-da) *subst.fem.* **1** Qualquer líquido que se pode beber. *Os meninos trazem as **bebidas** e as meninas, os salgadinhos.* **2** Qualquer líquido que se possa beber e que contenha álcool em sua composição. *É proibido por lei vender **bebida** a menores de idade.* **3** Vício de beber. *Está fraco e doente por causa da **bebida**.*

beco (be-co) \ê\ *subst.masc.* Rua estreita e curta. *Tenho medo de passar por aquele **beco** à noite.* ☛ Ver ilustração na p. 484. **beco sem saída** **1** Rua estreita e sem saída. *A vila em que moramos fica num **beco sem saída**.* **2** *informal* Uma situação difícil de resolver, que não tem solução, é um **beco sem saída**. *Você foi inventar aquela história, agora está num **beco sem saída**.*

bege (be-ge) *subst.masc.* Cor entre o branco e o marrom claro. ☛ O sing. e o pl. desta palavra são iguais, e ela pode ser usada como adj.: *saias **bege**, armário **bege**.*

beiço (bei-ço) *subst.masc.* É o mesmo que lábio.

beija-flor (bei-ja - flor) *subst.masc.* Ave pequena e colorida que tem o bico longo e fino, para poder se alimentar do néctar das flores. O **beija-flor** é capaz de voar muito rápido e também de ficar parado no ar só batendo as asas. [Sinôn.: *colibri*. Pl.: *beija-flores*.]

beijar (bei-jar) *verbo* **1** Tocar com os lábios em alguém para demonstrar carinho, cumprimentar ou para se despedir. **2** Também se **beija** em sinal de respeito. *Ademilde **beijou** a cruz e guardou-a na gaveta.*

beijo ◤ (bei-jo) *subst.masc.* Toque com os lábios, para demonstrar afeto ou respeito.

beira (bei-ra) *subst.fem.* **1** Parte da terra que toca as águas dos mares e rios ou que contorna os lagos, os açudes etc. *Amarre o barco na **beira** do rio.* [Sinôn.: *orla*.] **2 Beira** também é a extremidade de algo. *Encheu o copo até a **beira**. Tire o jarro da **beira** da mesa, pois ele pode cair.*

beira-mar (bei-ra - mar) *subst.fem.* Faixa de terra, com ou sem vegetação, que fica perto do mar. [Sinôn.: *litoral*.] **à beira-mar** Uma casa à **beira-mar** é uma casa que se localiza na beira da praia. [Pl.: *beira-mares*.]

beisebol (bei-se-bol) *subst.masc.* ESP Jogo praticado entre dois times de nove pessoas. Vence o time que, após seu jogador rebater a bola do adversário com um bastão, der mais voltas em torno do campo. [Pl.: *beisebóis*.] ☛ Ver ilustração na p. 492.

A palavra **beisebol** veio do inglês *baseball*, que quer dizer "bola na base". As bases são locais determinados em que os jogadores devem ficar.

beleza (be-le-za) \ê\ *subst.fem.* **1** Característica do que é belo ou bom. *Gosto de admirar a **beleza** das praias cariocas. Gabriela é uma **beleza** de menina.* **2** A pessoa ou coisa que é **bela**. *Você hoje está uma **beleza**!*

beliche ► (be-li-che) *subst.masc.* Conjunto de duas camas apoiadas uma sobre a outra, ligadas por uma escadinha.

beliscão ▼ (be-lis-cão) *subst.masc.* Apertar a pele com os dedos ou com as unhas, para provocar dor. [Pl.: *beliscões*.]

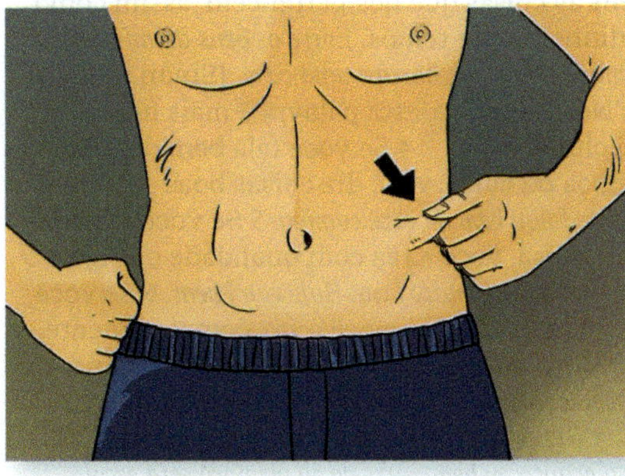

belo (be-lo) *adj.* **1** Agradável aos olhos, por causa da harmonia do conjunto. *Na exposição havia **belos** trabalhos artísticos. Todos notaram aquela **bela** mulher.* **2** Um **belo** gesto é um gesto que demonstra sentimentos nobres ou bondosos. *Ajudar os necessitados foi uma **bela** iniciativa.* *subst.masc.* **3** É o mesmo que beleza. *Não canso de admirar o que esta cidade tem de **belo**.* [Sinôn. para 1 e 2: *bonito*. Antôn. para 1 e 2: *feio*.]

beltrano (bel-tra-no) *subst.masc.* Usamos **beltrano** junto de fulano e sicrano para falar de pessoas sem usar seu nome, porque não sabemos ou não queremos falar.

bem *subst.masc.* **1** Fazer o **bem** é fazer atos de bondade, é ser caridoso. *Devemos fazer o **bem** sem*

olhar a quem. [Antôn.: *mal.*] **2** Chamamos de meu **bem** a pessoa de quem gostamos ou que amamos. *Minha namorada é meu **bem**.* **3** Chamam-se **bens** as coisas que nos pertencem, assim como o dinheiro que temos. *Entre os **bens** da minha família, temos um barco e uma casa.* [Sinôn.: *posses.*] ☛ Neste sentido, esta palavra é mais usada no plural. *advérbio* **4** Se você fala **bem** de uma pessoa ou coisa, você diz coisas boas sobre ela. *Janine falou **bem** de você comigo.* **5** Se você faz **bem** uma coisa, você a faz com qualidade ou rigor. *O João joga vôlei muito **bem**. Hoje comi **bem**.* **6** Se você faz **bem** uma coisa, você a faz completamente. *Jair lavou **bem** as mãos antes de comer.* **7** Exatamente. *Chegamos **bem** na hora da aula.* **8** **Bem** também quer dizer muito. *Liane é **bem** conhecida na classe. Isso aconteceu **bem** antes de eu vir para esta escola.* [Antôn. para o advérbio: *mal.*]

bem-estar (bem - es-tar) *subst.masc.* O **bem-estar** de uma pessoa é a saúde e a felicidade dela. *Joice sentiu um **bem-estar** ao perdoar a amiga.* [Pl.: *bem-estares.*]

bem-feito (bem - fei-to) *adj.* O que é **bem-feito** foi feito com cuidado e capricho. *Toda roupa que essa costureira faz fica **bem-feita**.* [Antôn.: *malfeito.* Pl.: *bem-feitos.*] ☛ Não confundir com *bem feito* (interjeição).

bem-te-vi (bem-te-vi) *subst.masc.* Ave pequena, de bico fino, costas verdes, barriga amarela, cabeça preta e branca. Chamamos essa ave de **bem-te-vi** porque, quando ela canta, parece que está falando isso. [Pl.: *bem-te-vis.*]

bem-vindo (bem - vin-do) *adj.* **1** Aceito ou recebido com alegria. *Chocolate é um presente **bem-vindo**. Franca é sempre **bem-vinda** em nossa casa.* [Pl.: *bem-vindos.* Fem.: *bem-vinda.*]

bênção (bên-ção) *subst.fem.* **1** Pedido de proteção divina. *Artur entrou na igreja para pedir a **bênção** ao padre.* **2** As palavras usadas para dar essa proteção divina também são chamadas de **bênção**. *Todos queriam ouvir a **bênção** aos animais.* **3** Um acontecimento muito bom é uma **bênção**. *A chuva foi uma **bênção** para as plantas.* [Pl.: *bênçãos.*]

benefício (be-ne-fí-cio) *subst.masc.* Auxílio, em dinheiro ou produtos, dado a uma pessoa ou a uma instituição. *O orfanato tem recebido muitos **benefícios** da comunidade.*

benéfico (be-né-fi-co) *adj.* **1** O que é **benéfico** faz bem. *O remédio só tem efeitos **benéficos**.* **2** Atitudes **benéficas** são voltadas para fazer o bem. [Sinôn.: *bondoso.*] [Antôn. geral: *maléfico.*]

bengala (ben-ga-la) *subst.fem.* Bastão, geralmente de madeira, usado por algumas pessoas como apoio para andar.

benzer (ben-zer) *verbo* **1** Dar a bênção. *O padre **benzeu** as crianças.* **2** Fazer um sinal em forma de cruz, tocando a testa, o peito e os ombros com uma das mãos. As pessoas se **benzem** para pedir proteção. *Ana **benzeu**-se ao ouvir os trovões.*

berçário (ber-çá-rio) *subst.masc.* Local, nas maternidades ou nos hospitais, onde ficam os recém-nascidos.

berço (ber-ço) \ê\ *subst.masc.* **1** Caminha para bebês. **2** O lugar que deu origem a alguma coisa também é chamado de **berço**. *Dizem que a Bahia é o **berço** do samba.* **nascer em berço de ouro** Nascer rico.

bergamota (ber-ga-mo-ta) *subst.fem.* Nome dado à tangerina no Sul do Brasil.

berimbau (be-rim-bau) *subst.masc.* MÚS Instrumento musical feito de um arco de madeira com um fio de arame preso em cada uma de suas pontas e com uma cabaça na parte de baixo. ☛ Ver ilustração na p. 494.

berinjela (be-rin-je-la) *subst.fem.* Fruto de uma hortaliça, de casca lisa e roxa e polpa esverdeada clara.

Berinjela veio do espanhol berenjena, que veio do árabe *badindjana*, sempre com o significado deste fruto. A primeira forma escrita desta palavra em português foi **beringela**, com -g-, ainda usada até hoje em Portugal.

---

bermuda (ber-mu-da) *subst.fem.* É o mesmo que bermudas.

bermudas (ber-mu-das) *subst.fem.pl.* Roupa parecida com as calças, só que curtas, geralmente até perto dos joelhos. As **bermudas** costumam ser usadas em situações e lugares informais.

berrar (ber-rar) *verbo* **1** Gritar bem alto. *Fazendo pirraça, a menina **berrava** "não".* **2** Certos animais, como o cabrito, **berram** quando soltam pela boca um som que é próprio deles. ~ **berro** *subst.masc.*

berruga *subst.fem.* → verruga

besouro (be-sou-ro) *subst.masc.* Nome dado a insetos escuros que têm um par de asas moles coberto por outro par de asas mais duras. O **besouro** faz um zumbido forte quando voa. ☛ Ver ilustração de *inseto*.

besta (bes-ta) \ê\ *subst.fem.* **1** Nome dado a animal quadrúpede e doméstico, como o burro e o jumento, que transporta cargas para o homem. *adj.masc.fem.* **2** *informal* Uma pessoa **besta** costuma tratar mal os outros, porque pensa que é melhor que eles. *Só porque ganhou uma bicicleta, seu irmão ficou **besta**.* **3** *informal* Também chamamos de **besta** a pessoa que não é muito inteligente ou é meio boba. Mas chamar alguém assim é ofensa.

besteira (bes-tei-ra) *subst.fem.* **1** Tudo o que fazemos ou falamos sem pensar e que não é bom, certo ou adequado. *Sair sem guarda-chuva foi uma **besteira**.* **2** O que não é necessário ou não tem importância. *Brigar por causa de namorado é **besteira**.* [Sinôn. geral: *bobagem*.]

beterraba (be-ter-ra-ba) *subst.fem.* Raiz comestível, arredondada e de cor vermelha escura, muito consumida como alimento. A **beterraba** é rica em açúcar.

bexiga (be-xi-ga) *subst.fem.* **1** Órgão em forma de saco, localizado debaixo da barriga. A **bexiga** acumula a urina antes de ela ser expelida. ☛ Ver ilustração na p. 478. **2** **Bexiga** também é o mesmo que bola de encher.

bezerro ◥ (be-zer-ro) \ê\ *subst.masc.* Filhote de vaca ainda em fase de amamentação.

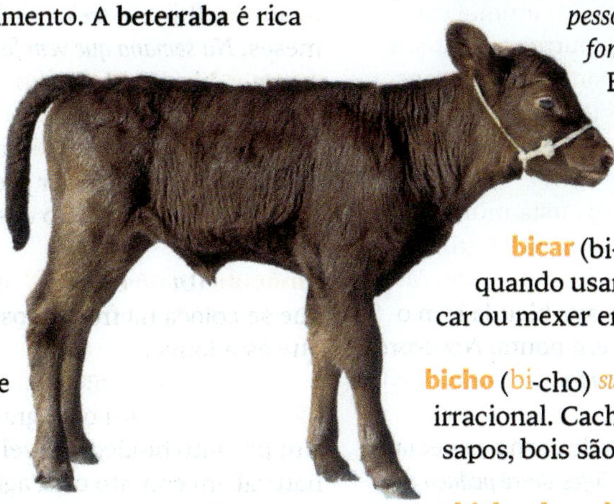

bíblia (bí-blia) *subst.fem.* A **Bíblia** é um livro sagrado para os judeus e para os cristãos. Ela é dividida em duas partes, o Antigo Testamento e o Novo Testamento. ☛ Primeira letra maiúscula.

Bíblia vem da palavra grega *biblía*, que quer dizer "livros", no plural. *Biblioteca* e *bibliografia* também estão relacionadas a essa palavra grega. A Bíblia recebeu este nome porque é um conjunto de textos, como se fossem vários livros, reunidos em um.

bibliografia (bi-bli-o-gra-fi-a) *subst.fem.* Lista com os livros, revistas etc. consultados para se escrever um texto. Geralmente a **bibliografia** é apresentada em ordem alfabética no final do texto.

biblioteca (bi-bli-o-te-ca) *subst.fem.* **1** Conjunto de todos os livros que uma pessoa tem. *Na **biblioteca** de Eliaquim há muitos livros de aventura.* **2** Local onde livros variados são organizados por assunto, autor, especialidade, de modo que as pessoas possam encontrá-los e consultá-los, lê-los ou levá-los emprestado para casa. *As editoras doaram dezenas de livros para as **bibliotecas** públicas.*

→ A **Biblioteca** Nacional do Rio de Janeiro é a maior da América Latina. Pela internet podemos saber que livros ela tem e ver alguns documentos e fotografias.

bica (bi-ca) *subst.fem.* **1** É o mesmo que torneira. *A **bica** da pia está pingando.* **2** Local por onde escorre água corrente. *Na praça havia uma **bica** onde as pessoas buscavam água.* [Sinôn.: *fonte*.] **estar na bica** *informal* Estar quase pronto para realizar alguma coisa. ***Estava na bica** de fazer o gol, quando o juiz apitou.*

bicar (bi-car) *verbo* As aves **bicam** quando usam o bico para furar, cutucar ou mexer em algo. ~ **bicada** *subst.fem.*

bicho (bi-cho) *subst.masc.* Qualquer animal irracional. Cachorros, insetos, pássaros, sapos, bois são **bichos**. [Sinôn.: *animal*.]

bicho-da-seda (bi-cho - da - se-da) *subst.masc.* Larva que produz fios bem finos em seu casulo, usados para fazer a seda. Quando sai desse casulo, a larva torna-se uma mariposa. [Pl.: *bichos-da-seda*.]

bicho-de-pé (bi-cho - de - pé) *subst.masc.* Inseto pequeno que entra na nossa pele, geralmente nos pés, e provoca infecção e coceira. [Pl.: *bichos-de-pé*.]

bicho-papão (bi-cho - pa-pão) *subst.masc.* Monstro inventado para meter medo em crianças. Também se diz apenas papão. [Pl.: *bichos-papões*.]

bicicleta ► (bi-ci-cle-ta) *subst.fem.* **1** Veículo de duas rodas, movido por pedais e guiado por um guidom. **2** ESP No futebol **bicicleta** é um movimento em que o jogador, de costas para o gol, chuta a bola para trás, por cima da cabeça. *Ronaldo fez um gol de* ***bicicleta***.

bico ▼ (bi-co) *subst.masc.* **1** Parte dura da boca das aves. O **bico** pode ser curvado ou reto. **2** **Bico** também é a parte fina e pontuda de um objeto. *Como é fino o* ***bico*** *da sua bota! O* ***bico*** *da chaleira está sujo.*

As aves têm **bicos** diferentes.

bicudo (bi-cu-do) *adj.* **1** Uma ave **bicuda** tem o bico grande. **2** Algo **bicudo** tem ponta. *Não gostei da manga do vestido, é muito* ***bicuda***.

bife (bi-fe) *subst.masc.* **1** Fatia de carne, especialmente a de boi. *Vou tirar três* ***bifes*** *deste pedaço de carne.* **2** *informal* Também chamamos de **bife** um corte que se faz por acidente. *Esta faca tirou um* ***bife*** *do meu dedo!*

bigode (bi-go-de) *subst.masc.* **1** **Bigode** são os pelos que crescem entre o nariz e a boca dos homens. **2** **Bigode** também é o pelo duro e espetado que cresce no focinho de animais, como o gato e o cachorro.

bilhete (bi-lhe-te) \ê\ *subst.masc.* **1** Carta em que escrevemos um recado curto. *Deixe um* ***bilhete*** *dizendo a que horas você vai voltar.* **2** Papel ou cartão que garante a entrada para eventos como espetáculos e jogos. [Sinôn.: *ingresso*.] **3** Papel impresso com que concorremos a um prêmio. *Ester achou um* ***bilhete*** *de loteria no lixo.*

bilíngue (bi-lín-gue) \güe\ *adj.masc.fem.* **1** Uma pessoa **bilíngue** fala duas línguas. **2** Escrito em duas línguas. Um dicionário **bilíngue** traduz palavras de uma língua para outra.

bimestre (bi-mes-tre) *subst.masc.* Período de dois meses. *Na semana que vem faremos as provas do* ***bimestre***. ~ **bimestral** *adj.masc.fem.*

bingo (bin-go) *subst.masc.* Jogo com cartões numerados que devem ser preenchidos de acordo com a ordem de sorteio dos números.

binóculo (bi-nó-cu-lo) *subst.masc.* Instrumento que se coloca na frente dos dois olhos para ver o que está longe.

biodegradável (bi-o-de-gra-dá-vel) *adj.masc.fem.* Um produto **biodegradável** se dissolve de modo natural em contato com agentes biológicos, como as bactérias. Dessa forma, seus resíduos não prejudicam o meio ambiente. *Procure usar sabão em pó* ***biodegradável***. [Pl.: *biodegradáveis*.]

biodiversidade (bi-o-di-ver-si-da-de) *subst.fem.* BIO Conjunto de todas as variedades de vida presentes no mundo natural. A **biodiversidade** reúne todos os organismos da Terra, ou todos de uma região ou época. *A **biodiversidade** da flora brasileira é imensa.*

biografia (bi-o-gra-fi-a) *subst.fem.* Livro ou filme que conta a história da vida de alguém. *O novo presidente lançará em breve sua **biografia**.*

biologia (bi-o-lo-gi-a) *subst.fem.* Ciência que estuda os organismos e como eles se relacionam entre si e com o ambiente em que vivem. São partes da **biologia** outras ciências mais específicas, como a ecologia, a botânica e a zoologia. ~ **biológico** *adj.* **biólogo** *subst.masc.*

bioma (bi-o-ma) *subst.masc.* BIO Área com determinadas condições climáticas e ambientais que permitem o desenvolvimento de diversos ecossistemas. ☛ Ver ilustração na p. 480.

bípede (bí-pe-de) *subst.masc.* Animal que anda sobre dois pés. O ser humano é **bípede**. ☛ Esta palavra pode ser usada como adj.: *animal **bípede**, espécie **bípede**.*

biquíni (bi-quí-ni) *subst.masc.* Traje feminino de duas peças que são semelhantes à calcinha e ao sutiã, mas são usadas sem roupa por cima, por exemplo, para tomar banho de piscina ou ir à praia.

bis *subst.masc.* **1** Repetição de algo, como uma música ao final de um *show*. *Todos gostaram tanto que pediram **bis**.* **2** A música que foi repetida também se chama **bis**. ☛ O sing. e o pl. do substantivo são iguais: *um **bis**, dois **bis**.* *interjeição* **3** Palavra usada para dizer que queremos que algo seja repetido. *Linda essa música que você cantou! **Bis!***

bisavô (bi-sa-vô) *subst.masc.* O pai do avô ou da avó. [Fem.: *bisavó*.] ☛ Ver *avô*.

biscoito (bis-coi-to) *subst.masc.* Massa de farinha, ovos etc., doce ou salgada, que pode ser moldada de diversas formas, assada em forno ou frita.

bisneto (bis-ne-to) *subst.masc.* Filho do neto ou da neta.

bispo (bis-po) *subst.masc.* REL Líder religioso cristão, com mais poderes e responsabilidades que um padre.

bissexto (bis-sex-to) \ê\ *adj.* Ano **bissexto** é o ano que tem mais um dia, o dia 29 de fevereiro. *2012 e 2016 serão **bissextos**.*

bit *subst.masc.* INF ***Bit*** é uma sigla inglesa que quer dizer a menor unidade de informação para um computador trabalhar (símbolo: *b*). ☛ Pronuncia-se *bit*. Ver tabela na p. 508.

blindar (blin-dar) *verbo* Proteger com peças ou camadas de um material bem resistente, como aço. *É preciso **blindar** o carro do presidente.*

bloco (blo-co) *subst.masc.* **1** Pedaço grande de matéria dura. Há **blocos** de gelo, de concreto e de vários outros materiais. **2** Conjunto de folhas, em branco ou com linhas, que são coladas juntas e geralmente podem ser destacadas. *Marina fez a redação no **bloco** de rascunhos.* **3** **Bloco** também é cada prédio de um conjunto de prédios onde as pessoas moram ou trabalham. **4** Grupo de pessoas que se reúnem nas ruas durante o carnaval, geralmente ao som de uma música que é somente desse grupo. *Galo da Madrugada é um **bloco** de frevo de Recife.*

Blocos de gelo.

bloquear (blo-que-ar) *verbo* **1** Impedir a passagem. *A cadeira está **bloqueando** a entrada do quarto.* **2** Não permitir o movimento de alguma coisa ou pessoa. *Uma pedra **bloqueava** a roda do carro.* **3** ESP Evitar o ataque do time adversário, especialmente no vôlei. ~ **bloqueio** *subst.masc.*

blusa (blu-sa) *subst.fem.* Peça de roupa usada na parte de cima do corpo para cobrir o tronco. *Só falta comprar a **blusa** da escola.*

boa-noite (bo-a - noi-te) *subst.masc.* Cumprimentamos os outros com **boa-noite** quando já é de noite. [Pl.: *boas-noites.*]

boa-tarde (bo-a - tar-de) *subst.masc.* Cumprimentamos os outros com **boa-tarde** quando já passa de meio-dia, mas ainda não é noite. [Pl.: *boas-tardes.*]

boato (bo-a-to) *subst.masc.* Notícia que se espalha sem que se saiba quem a contou primeiro ou se ela é verdadeira. *Corre pela cidade o **boato** de que o prefeito vai se casar.*

Esta palavra veio do latim *boatus*, que quer dizer "mugido de boi", como se fosse uma "notícia que se dá aos gritos".

---

bobagem (bo-ba-gem) *subst.fem.* É o mesmo que besteira. [Pl.: *bobagens.*]

bobeira (bo-bei-ra) *subst.fem. informal* Tudo que um bobo diz ou faz. *Deixe de **bobeira** e responda certo!* **de bobeira** *informal* Ficar **de bobeira** é ficar sem fazer nada de útil.

bobo (bo-bo) \ô\ *subst.masc.* **1** Quem faz os outros rirem, porque diz ou faz coisas engraçadas. **2** Quem faz coisas que não devia, porque não são certas, adequadas ou podem fazer mal. *Só um **bobo** pularia de tão alto.* **3** Quem não é muito inteligente custa a entender ou a perceber as coisas. Mas isso é uma ofensa. *adj.* **4** De pouca importância. *Eu caí e só senti uma dor **boba**.* [Antôn.: *importante.*] ☛ Em 1, 2 e 3, esta palavra pode ser usada como adj.: *pessoa **boba**.*

bobó (bo-bó) *subst.masc.* CUL Creme de aipim ou inhame, cozido e temperado com dendê, que pode ser comido com camarões, carne de caranguejos etc.

boca (bo-ca) \ô\ *subst.fem.* **1** Parte da cabeça por onde os seres humanos e os animais se alimentam. Os seres humanos usam a **boca** também para falar. ☛ Ver ilustração na p. 478. **2 Boca** também é um buraco que serve de entrada. Sacos, garrafas, túneis e cavernas têm **boca**. [Aument.: *bocarra.*]

bochecha (bo-che-cha) \ê\ *subst.fem.* Cada lado macio do rosto, entre o nariz e a orelha. *Tio Antônio adorava apertar as **bochechas** das crianças.* ☛ Ver ilustração na p. 478.

bode (bo-de) *subst.masc.* Mamífero ruminante que tem chifres grandes e pelos no queixo que lembram uma barba comprida. [Fem.: *cabra.* Col.: *rebanho.*] ☛ Ver ilustração na p. 486.

bofetada (bo-fe-ta-da) *subst.fem.* Tapa no rosto, dado com a mão aberta.

boi *subst.masc.* **1** Mamífero ruminante do sexo masculino, em geral domesticado. [Fem.: *vaca.*] **2** Qualquer animal dessa espécie, seja do sexo masculino ou feminino. *A carne de **boi** está muito cara.* [Col.: *rebanho.*]

→ O **boi** e o touro são animais da mesma espécie. O touro é o macho usado para a reprodução. O **boi**, depois de passar por uma cirurgia que o impede de se reproduzir, torna-se manso e capaz de obedecer a comandos necessários para puxar veículos, como carroça, carro de **boi**, arado. Um rebanho bovino costuma ter poucos touros e vários **bois**.

---

boia ▼ (boi-a) \ói\ *subst.fem.* **1** Objeto que flutua na água e serve para ajudar as pessoas a não afundar. As **boias** também são usadas para indicar um caminho ou um obstáculo no mar. *Os novatos na aula de natação usavam **boias** no braço.* **2** *informal* Refeição. *A **boia** hoje está gostosa lá em casa.*

O menino usa uma **boia** azul.

boia-fria (boi-a - fri-a) *subst.masc.fem.* Trabalhador rural sem emprego fixo, que muda de trabalho conforme a época da colheita. *Muitos **boias-frias** trabalham cortando cana-de-açúcar.* [Pl.: *boias-frias*.]

boiar (boi-ar) *verbo* Quando você **boia**, você não afunda, fica em cima da água. [Sinôn.: *flutuar*.]

boi-bumbá (boi - bum-bá) *subst.masc.* FOLCL Tipo de bumba meu boi dançado no Norte do Brasil. [Pl.: *bois-bumbás e bois-bumbá*.]

boitatá (boi-ta-tá) *subst.masc.* FOLCL Personagem que pode ser uma serpente de fogo ou um touro que solta fogo pelo nariz. Nas histórias, o **boitatá** mostra onde estão tesouros escondidos ou protege o campo contra incêndios.

bola (bo-la) *subst.fem.* **1** Qualquer objeto em forma de esfera. *O cesto estava cheio de **bolas** de papel.* **2** Objeto em forma de esfera usado em alguns jogos ou esportes. A **bola** pode ser oca ou não, pode ser feita de diferentes materiais como borracha, couro, pano ou plástico. *Antônio ganhou uma **bola** de basquete.* **bola de cristal** Esfera de cristal ou vidro, usada para prever o futuro. Quando se diz que alguém tem **bola de cristal**, quer dizer que essa pessoa adivinha o que vai acontecer. **bola de encher** Esfera de borracha com uma pequena abertura por onde se coloca ar. [Sinôn.: *balão, bexiga*.] **bola de gude** **1** Pequena esfera de vidro usada no jogo de gude. Por causa do tamanho da esfera, é muito comum dizer **bolinha de gude**. **2** Jogo com essas bolinhas, chamado jogo de gude. *Ele é craque em **bola de gude**.* **bater bola** Jogar futebol sem compromisso com tempo, número de jogadores em cada time etc. *Na volta da escola, Sérgio **batia bola** com os vizinhos.* **dar bola** **1** *informal* Dar importância a algum acontecimento, notícia etc. *Valéria não **deu bola** para a nota baixa no teste.* **2** *informal* **Dar bola** para alguém também é o mesmo que dar confiança, mostrar interesse em namorar. *Marcelo adorava Sandra, mas ela não **dava bola** para ele.* **estar com a bola toda** *informal* Dominar a situação. *Depois da medalha de ouro, o nadador parecia **estar com a bola toda**.* **pisar na bola** *informal* Enganar-se em relação a algo ou agir mal em alguma circunstância. *Danilo **pisou na bola** ao sair sem falar com a avó.*

bolacha (bo-la-cha) *subst.fem.* **1** Biscoito leve, geralmente redondo e achatado. *Vovó toma chá com **bolachas**.* **2** *informal* Um tapa na cara é uma **bolacha**. *O palhaço fingiu que deu uma **bolacha** no colega.*

boldo (bol-do) \ô\ *subst.masc.* Arbusto de onde são tiradas folhas para preparar um chá que auxilia na digestão.

boletim (bo-le-tim) *subst.masc.* **1** Texto curto que informa sobre algo. No **boletim** do tempo, sabemos se choverá ou se fará sol; no **boletim** médico, sabemos como está a saúde de um paciente internado no hospital. **2** Documento escolar com as notas de um aluno. [Pl.: *boletins*.]

bolha (bo-lha) \ô\ *subst.fem.* **1** Pequeno globo de ar. *Joana adorava fazer **bolhas** com água e sabão.* **2** Globo de água ou sangue que se forma sob a pele. *Um sapato apertado pode provocar **bolhas**. Carla prendeu o dedo na gaveta e ficou com uma **bolhinha** de sangue.*

boliche (bo-li-che) *subst.masc.* **1** Jogo que tem como objetivo derrubar, com uma bola especial, pinos de madeira colocados ao final de uma pista estreita. **2** O lugar onde se pratica esse jogo também é chamado de **boliche**.

bolo (bo-lo) \ô\ *subst.masc.* **1** Massa, doce ou salgada, feita de farinha, ovos, leite, manteiga etc. e assada no forno. *O **bolo** de aniversário era de chocolate.* **2** *informal* Uma porção de coisas ou pessoas juntas é um **bolo**. *Há um **bolo** de roupas para lavar.* **dar bolo** *informal* Quem **dá bolo** falta a um compromisso, a um encontro. *Tatiana está sempre **dando bolo** em todo mundo.* **levar bolo** *informal* **Leva bolo** aquele que fica esperando alguém que não aparece para um encontro ou compromisso. *Lúcia já está cansada de **levar bolo** do namorado.*

bolsa (bol-sa) \ô\ *subst.fem.* **1** Espécie de saco com alça e fecho, feito de couro, tecido, plástico etc., usado para transportar ou guardar objetos. **2** Ajuda em dinheiro para estudo, geralmente paga por mês.

bolso (bol-so) \ô\ *subst.masc.* Pequeno saco preso na roupa, costurado por dentro ou por fora. O **bolso** serve de enfeite ou para guardar tudo que é pequeno, como chaves e moedas.

bom *adj.* **1** Quem é **bom** age com bondade, sem prejudicar ninguém. *Pedro é um **bom** homem.* [Antôn.: *mau.*] **2 Bom** é o que tem qualidade e cumpre com a sua função. *O Assis é um **bom** advogado. Esse remédio é muito **bom**.* [Antôn.: *mau.*] **3 Bom** é o que faz bem ou o que é conveniente. *Comer verduras é **bom** para a saúde.* **4** Chamamos de **boas** as coisas que agradam aos sentidos. *Esta sopa está muito **boa**. Bárbara usa um **bom** perfume.* **5 Bom** é o que não está estragado. *Não vou dar este calção, ele ainda está **bom**.* **6** Dizemos que está **bom** quem já não está doente. *Meire torceu o tornozelo, mas já está **boa**.* **7** Quando se diz que um **bom** número de alunos compareceu, **bom** aí significa grande ou suficiente. *subst.masc.* **8** O **bom** de uma coisa ou pessoa é o que ela tem de positivo, de melhor. *O **bom** desse restaurante são as sobremesas.* [Antôn.: *ruim.*] *interjeição* **9** Usamos a palavra **bom** para exprimir aprovação. ***Bom!** Você passou no exame.* **10 Bom** também marca o início de uma frase. ***Bom**, agora vamos ler uma história.* [Antôn. de 1 a 6: *ruim*. Pl.: *bons*. Superl.absol.: *boníssimo, ótimo.*] ☛ Ver *melhor*.

bomba (bom-ba) *subst.fem.* **1** Arma explosiva com grande capacidade de destruição. **2 Bomba** é também uma máquina usada para chupar ou empurrar água ou um gás. *Enquanto não consertam a **bomba**, ficam todos sem água.* **3** CUL Doce recheado com um creme. *Eneida adora **bomba** de chocolate.* **4** *informal* Se uma pessoa leva **bomba** na escola, ela foi reprovada em alguma prova.

bombachas ◄ (bom-ba-chas) *subst.fem.pl.* Calças largas nas pernas e apertadas nos tornozelos, do traje típico dos gaúchos.

bombeiro (bom-bei-ro) *subst.masc.* **1** Pessoa responsável por apagar incêndios e salvar pessoas em qualquer tipo de acidente. O **bombeiro** é um militar e pertence a uma organização chamada Corpo de **Bombeiros**. **2 Bombeiro** também é o mesmo que encanador.

bombom (bom-bom) *subst.masc.* Tipo de bala macia, geralmente coberta de chocolate, com recheio ou não. [Pl.: *bombons.*]

bom-dia (bom - di-a) *subst.masc.* Cumprimentamos os outros com **bom-dia** quando ainda está de manhã. [Pl.: *bons-dias.*]

bondade (bon-da-de) *subst.fem.* **1** Dom de fazer o bem. *Cheia de **bondade**, a freira acolhia crianças órfãs.* **2 Bondade** pode ser gentileza. *Dizer que sou bonita é **bondade** sua.* **3 Bondade** também é boa vontade. *Tenha a **bondade** de esperar um pouco.* [Antôn. para 1 e 2: *maldade.*]

bonde (bon-de) *subst.masc.* Veículo urbano e elétrico que circula sobre trilhos. *Vocês conhecem o **bonde** de Santa Teresa no Rio de Janeiro?*

bondoso (bon-do-so) \ô\ *adj.* Uma pessoa **bondosa** ajuda quem precisa dela, faz o bem, faz caridade. Gestos e palavras também podem ser **bondosos**. [Antôn.: *malvado, mau.*]

boné ▲ (bo-né) *subst.masc.* Tipo de chapéu que tem aba só na frente. O **boné** geralmente é feito de tecido.

boneca (bo-ne-ca) *subst.fem.* Objeto que imita uma menina ou uma mulher, geralmente usado como brinquedo.

boneco (bo-ne-co) *subst.masc.* Objeto que imita um menino ou um homem, geralmente usado como brinquedo.

bonito (bo-ni-to) *adj.* **1** Tudo que é **bonito** agrada aos olhos ou é gostoso de ouvir. *Que moço **bonito**! Esta é uma **bonita** canção.* **2** Um gesto generoso ou de solidariedade é um gesto **bonito**. *Achei muito **bonito** vocês doarem seus brinquedos.* **3** Um dia **bonito** é um dia com sol. *A manhã está*

***bonita**, perfeita para um passeio.* **fazer bonito** *informal* Ter ótimo desempenho. *Nosso time **fez bonito** no campeonato.* [Sinôn. para 1 e 2: *belo*. Antôn. geral: *feio*.]

bônus (bô-nus) *subst.masc.* **1** Quantidade de dinheiro a mais que uma pessoa recebe como prêmio. *Todo mês de março a empresa paga um **bônus** aos empregados.* **2** Alguma coisa boa que você recebe a mais, geralmente sem estar esperando por ela. *Junto com o livro veio um CD de **bônus**.* ☛ O sing. e o pl. desta palavra são iguais: *o **bônus**, os **bônus***.

borboleta ► (bor-bo-le-ta) \ê\ *subst.fem.* **1** Inseto de corpo fino, que tem asas coloridas e só voa de dia. Antes de virar **borboleta**, o inseto fica, na forma de larva, dentro de um casulo. [Col.: *panapaná*.] **2** Estilo de natação que, por seus movimentos, lembra uma **borboleta**.

borda (bor-da) *subst.fem.* **1** Parte que fica em volta de algo. *Escorreguei na **borda** da piscina.* **2** Extremidade de algo. *Só falta costurar a renda na **borda** da toalha. Havia uma grade na **borda** do abismo.* [Sinôn. geral: *beira*.]

bordar (bor-dar) *verbo* Enfeitar com fios, pérolas, linhas coloridas etc. usando agulha. As pessoas podem **bordar** desenhos em panos, almofadas, roupas etc. ~ **bordado** *adj. subst.masc.*

borracha (bor-ra-cha) *subst.fem.* **1** Material elástico usado na fabricação de pneus, solas de sapatos etc. **2** A gente também usa **borracha** para apagar os riscos de lápis no papel.

→ A **borracha** é geralmente feita de uma substância tirada das seringueiras, árvores comuns no Norte do Brasil. Há também borracha sintética.

borrar (bor-rar) *verbo* Sujar ou manchar com tinta, maquiagem, caneta, lápis de cor etc. *Encostei na tinta e **borrei** meu dedo. Vamos colorir o mapa com cuidado para não **borrar**.*

bosque (bos-que) *subst.masc.* Conjunto de árvores nativas que cobre uma grande área e representa o que restou de uma floresta. *Essa passagem leva a um pequeno **bosque**.* [Sinôn.: *mata*.] ☛ Ver ilustração na p. 486.

Borboleta e casulo.

bota (bo-ta) *subst.fem.* Tipo de calçado que cobre todo o pé e também o tornozelo ou parte da perna. ☛ Ver ilustração de *calçado*.

botânica (bo-tâ-ni-ca) *subst.fem.* Parte da biologia que estuda as plantas.

botão (bo-tão) *subst.masc.* **1** Peça que serve para fechar roupas, passando por dentro de um furo, que chamamos de casa. Blusas e calças podem ter **botões**. **2** Pequena peça que nós giramos ou apertamos para fazer algo funcionar. Televisões e rádios têm **botões** para ligar e desligar, para aumentar volume etc. **3** Futebol de botão. *Quem quer jogar **botão**?* **4** **Botão** também é a flor quando nasce ou quando ainda não abriu completamente. *Papai deu **botões** de rosa à mamãe, no dia dos namorados.* [Pl.: *botões*.]

botar (bo-tar) *verbo* **1** Colocar para fora. *Como **botar** para fora de casa aquele monte de bichos?* **2** *informal* Colocar uma coisa dentro de outra. *O filho **botou** a roupa na mochila e foi embora.* **3** Deixar alguém em uma situação ou provocar um sentimento em alguém. *Os covardes sempre **botam** a culpa nos outros. Tanta violência nos **bota** medo.* **4** *informal* Calçar ou vestir uma peça de roupa. ***Botem** os casacos e já podem sair.* **5** Pôr ovos. *Robson, vai ver se a galinha **botou**.* [Sinôn. geral: *pôr*.]

[1]**bote** (bo-te) *subst.masc.* Embarcação bem pequena que pode ser movida a vela ou a remo.

✎ **Bote** vem do francês *bot*, que também significa "embarcação".

[2]**bote** (bo-te) *subst.masc.* Ataque para morder feito por alguns animais, especialmente a cobra. *A jararaca deu um **bote** e pegou o rato.*

Bote vem do verbo português *botar*.

---

botijão (bo-ti-jão) *subst.masc.* Recipiente para armazenar e transportar certas substâncias, como gás de cozinha ou gasolina. [Sinôn.: *bujão*. Pl.: *botijões*.]

boto (bo-to) \ô\ *subst.masc.* Mamífero de água doce ou salgada que tem um orifício para respirar no alto da cabeça e é parecido com o golfinho. Algumas espécies de **boto** fazem parte da fauna da Amazônia.

→ Os **botos** podem ser pretos, cinzentos ou avermelhados, como o **boto** cor-de-rosa. Algumas pessoas acreditam que o **boto** rosado é mais perigoso que os outros. Na Amazônia, há uma lenda que diz que o **boto** transforma-se em um homem bonito, forte, vestido de branco e com chapéu, e vai às festas da região para namorar com as jovens e engravidá-las.

---

bovino (bo-vi-no) *adj.* **1** **Bovino** quer dizer do boi. Casco **bovino** é o casco dos bois. Produto **bovino**, como couro ou carne, é um produto fornecido pelos bois. *subst.masc.* **2** Nome dado aos bois e também a outros mamíferos ruminantes que têm chifres, como as cabras e ovelhas. *A criação de **bovinos** foi prejudicada pelas enchentes.*

[1]**boxe** (bo-xe) \cs\ *subst.masc.* ESP Luta de socos, em que se usam luvas especiais. ☛ Ver ilustração na p. 492.

Boxe veio de *boxing*, nome inglês dessa mesma luta.

---

[2]**boxe** (bo-xe) \cs\ *subst.masc.* **1** Parte de um cômodo separada do todo por paredes, meias paredes ou qualquer tipo de divisão vertical. **2** Local destinado ao banho de chuveiro. **3** Texto posto dentro de um retângulo, em uma página. *Neste dicionário, a origem das palavras está em **boxes**.*

Esta palavra vem da palavra inglesa *box*, que quer dizer "caixa".

---

brabo (bra-bo) *adj.* **1** Quando um cão late e morde, dizemos que ele é **brabo**. [Sinôn.: *bravo*.] **2** *informal* **Brabo** também quer dizer ruim, difícil. *Este mês está sendo **brabo**.* **3** *informal* Também se usa **brabo** para dar mais força ao que se diz. *Caiu uma chuva **braba** aqui ontem. Tenho agora de resolver um problema **brabo**.*

braço (bra-ço) *subst.masc.* **1** Parte comprida do corpo entre o ombro e a mão. ☛ Ver ilustração na p. 478. **2** Apoio para o antebraço nas cadeiras e nos sofás. **3** Em um objeto, parte que se destaca, por ser mais estreita e alongada. *Violão, guitarra e violino têm **braços**.* **4** GEOG Parte mais estreita de mar ou de rio que entra pela terra.

braile ou **braille** ► (brai-le; brail-le) *subst.masc.* Sistema de leitura e escrita próprio para cegos. Um texto em **braile** está escrito com vários pontinhos em relevo para que a pessoa use os dedos para ler. ☛ Esta palavra pode ser usada como adj.: *alfabeto **braile**, escrita **braile**.*

→ Já pensou em jogar forca em **braile**? Visite o *site* Braille Virtual, que desenvolveu um curso de **braile** para os que veem, e conheça este interessante sistema de leitura e a sua história.

---

branco (bran-co) *subst.masc.* **1** Cor clara, como a do algodão e a do leite. ☛ Ver ilustração na p. 498. **2** Os **brancos** são pessoas que têm a cor da pele bem clara. **3** *informal* Esquecimento que acontece de repente. *Deu um **branco** em Tatiana na hora da prova.* ☛ Em 1 e 2, esta palavra pode ser usada como adj.: *dentes **brancos**, população **branca**.*

brânquia (brân-quia) *subst.fem.* BIO É o mesmo que guelra.

brasa (bra-sa) *subst.fem.* Carvão ou pedaço de madeira que está queimando, mas sem chamas. A **brasa** fica vermelhinha por causa do fogo.

brasileiro (bra-si-lei-ro) *subst.masc.* **1** Pessoa que nasceu ou que mora no Brasil. *adj.* **2 Brasileiro** quer dizer relacionado ao Brasil. Um produto **brasileiro** é um produto do Brasil. Um estado do Brasil é um estado **brasileiro**.

brasiliense (bra-si-li-en-se) *subst.masc.fem.* **1** Pessoa que nasceu ou que mora em Brasília, capital do Brasil. *adj.masc.fem.* **2 Brasiliense** quer dizer relacionado a Brasília.

bravo (bra-vo) *adj.* **1** Um animal **bravo** é perigoso e pode atacar as pessoas ou outros animais. [Sinôn.: *brabo*. Antôn.: *manso*.] **2** Quando você fica **bravo**, você sente raiva por causa de alguma coisa. *Meu pai ficou **bravo** comigo porque não avisei que ia sair.* **3** Uma pessoa que gosta que todas as regras sejam seguidas é chamada de **brava**. *Juliana era uma professora **brava**, mas muito legal.* **4** Corajoso. *Os rapazes foram **bravos** ao atravessar o rio.* **5** Mar **bravo** é um mar agitado, com muitas ondas. [Antôn.: *calmo, manso*.] *interjeição* **6** Palavra que a plateia diz ao final de um espetáculo ou apresentação para mostrar que gostou muito do que viu ou ouviu. ***Bravo!** – dizia a plateia com entusiasmo ao final do balé.* ~ **bravura** *subst.fem.*

brejo (bre-jo) *subst.masc.* É o mesmo que pântano. **ir para o brejo** *informal* Se algo **foi para o brejo** é porque alguma coisa não deu certo. *Com a chuva, a festa **foi para o brejo**.*

breve (bre-ve) *adj.masc.fem.* **1** Uma música, filme ou discurso **breve** dura pouco tempo. [Antôn.: *prolongado*.] **2** Uma distância **breve** é pequena. *A estrada tem um **breve** trecho sem iluminação.* [Antôn.: *extenso*.] *advérbio* **3** Se uma pessoa diz que volta **breve**, volta logo, em pouco tempo. [Sinôn. para 1 e 2: *curto*. Antôn. para 1 e 2: *longo*.]

briga (bri-ga) *subst.fem.* **1** Quando duas ou mais pessoas lutam em contato direto de corpo contra corpo, isso é uma **briga**. **2** Quando há um desentendimento e uma discussão por causa disso, também é uma **briga**. **3 Briga** também é uma disputa por um privilégio, um favor etc. *Paulo entrou na **briga** pelo cargo de gerente.*

brigadeiro (bri-ga-dei-ro) *subst.masc.* **1** CUL Doce feito de chocolate e leite condensado. **2** Homem que ocupa o maior posto entre os oficiais da Aeronáutica.

brigar (bri-gar) *verbo* **1** Quando uma pessoa **briga**, bate-se corpo a corpo com outra ou outras. *O José **brigou** aos socos com o Pedro por uma bobagem.* [Sinôn.: *lutar*.] **2 Brigar** também é ter uma discussão com outra pessoa. *Lea e Rute **brigaram** e agora não se falam.* **3** A gente também **briga** por uma coisa que quer. *Jaime **brigou** muito e conseguiu passar de ano, estudando no recreio.*

brilhante (bri-lhan-te) *subst.masc.* **1** Diamante muito usado em joias. *Lia ganhou do noivo uma aliança de **brilhantes**.* *adj.masc.fem.* **2** Algo **brilhante** emite ou reflete luz. *Marília deixa as panelas **brilhantes**.* **3** Uma resposta muito inteligente ou criativa é **brilhante**. *Desde o início, foi um discípulo **brilhante**.*

brilhar (bri-lhar) *verbo* **1** Lançar ou refletir luz. *O dia estava lindo e o sol **brilhava**.* **2** Chamar a atenção sobre si por seu bom desempenho em alguma coisa, sua inteligência etc. *Téo **brilhou** nas últimas provas.*

brilho (bri-lho) *subst.masc.* **1** Luz que sai de um corpo, como o Sol, as lâmpadas etc. **2** Luz que um corpo reflete. *Este creme é ótimo para cabelos sem **brilho**.* **3** Alegria, entusiasmo, animação. *Aquela menina tem um **brilho** no olhar. As festas de Henrique têm um **brilho** especial.*

brincadeira (brin-ca-dei-ra) *subst.fem.* **1** Jogo ou qualquer atividade divertida, especialmente entre crianças. *A **brincadeira** preferida de Elisa é amarelinha.* [Sinôn.: *divertimento, passatempo*.] **2** Coisa fácil de resolver. *A última questão da prova foi uma **brincadeira**.* **3** Algo que não é dito ou feito a sério, às vezes com a intenção de zombar de algo ou alguém. *Sérgio é legal, mas exagera nas **brincadeiras**.*

brincar (brin-car) *verbo* **1** Distrair-se com um jogo, uma brincadeira ou um brinquedo. *Flávio não gostava de **brincar** de cabra-cega.* **2** Zombar de alguma coisa ou de alguém. *Não se deve **brincar** com as dificuldades das pessoas.*

brinco (brin-co) *subst.masc.* Enfeite de diferentes formas e tamanhos, colocado na parte mole da orelha. O **brinco** pode ou não ser uma joia.

brinde (brin-de) *subst.masc.* **1** Quando se faz um **brinde**, se deseja em voz alta sucesso para um projeto, saúde para uma pessoa etc. *Os padrinhos* *fizeram um **brinde** aos noivos.* **2** Algo que se dá a alguém de presente. *A quitanda está dando calendários de **brinde** aos clientes.*

brinquedo (brin-que-do) \ê\ *subst.masc.* Objeto feito para brincar. Quando se diz que uma coisa é de **brinquedo** significa que não é de verdade. *Júlia ganhou uma guitarra de **brinquedo**.*

brisa (bri-sa) *subst.fem.* Vento leve, fresco e agradável. *Flávia gosta de sentir a **brisa** do mar.*

broche (bro-che) *subst.masc.* Peça que se prende na roupa, na altura do peito, geralmente para enfeitar.

bronca (bron-ca) *subst.fem.* *informal* Se você leva uma **bronca**, alguém está repreendendo ou criticando você. *Juninho levou uma **bronca** do pai porque chegou atrasado.*

bronquite (bron-qui-te) *subst.fem.* MED Doença que causa tosse porque os canais que levam o ar para os pulmões estão inflamados.

bronze (bron-ze) *subst.masc.* Metal formado pela mistura de cobre com outros metais. O **bronze** é muito usado para fabricar medalhas, estátuas e outros objetos.

brotar (bro-tar) *verbo* **1** É o mesmo que germinar. *Uma planta diferente começou a **brotar** da terra. Essa grama **brotou** aqui sem ninguém plantar.* **2** As plantas também **brotam** quando surgem novos galhos ou folhas nela. *Nesta época do ano as roseiras já **brotaram**.* **3** Quando uma coisa sai de algum lugar onde parecia guardada, dizemos que ela **brotou**. *A água **brotava** das paredes da caverna.*

broto (bro-to) \ô\ *subst.masc.* **1** Cada nova folha, flor ou galho que nasce da planta. *A goiabeira está cheia de **brotos**.* **2** *informal* Uma pessoa jovem é um **broto**.

bruto (bru-to) *adj.* **1** Algo **bruto** está em seu estado natural, sem alteração. *O Brasil exporta barris de petróleo **bruto**. Os diamantes **brutos** são menos valiosos.* **2** Mal-educado ou violento. *Não seja **bruto** com ela, fale com carinho.* [Sinôn.: *rude*. Antôn.: *gentil*.] **3** Pessoa **bruta** também é aquela que não tem instrução, que não recebeu educação refinada.

bruxa ◄ (bru-xa) *subst.fem.* Em histórias, mulher que tem poderes mágicos e faz maldades.

bruxaria (bru-xa-ri-a) *subst.fem.* Magia de bruxa. *Memeia fez uma **bruxaria** e o gato virou sapo.* [Sinôn.: *feitiço*.]

bucha (bu-cha) *subst.fem.* **1** Esponja de limpeza. **2** Fruto de uma trepadeira que, quando seco, é usado para esfregar a pele no banho. **3** Peça que se coloca dentro da parede para fixar prego ou parafuso.

budismo (bu-dis-mo) *subst.masc.* REL Religião e filosofia oriental que busca, por meio da meditação e do amor a todos os seres vivos, vencer o sofrimento.

budista (bu-dis-ta) *subst.masc.fem.* Pessoa que segue o budismo. ☛ Esta palavra pode ser usada como adj.: *pessoa **budista**, livro **budista**.*

bueiro (bu-ei-ro) *subst.masc.* **1** Abertura no solo por onde escoam as águas. *O lixo das ruas entope os **bueiros**.* **2** O conjunto formado pelo canal por onde essas águas escoam e a grade que cobre a abertura. *Trocaram o **bueiro** de ferro da minha rua por um de concreto.*

búfalo ► (bú-fa-lo) *subst.masc.* Mamífero de cauda curta, parecido com o touro. Alguns **búfalos** possuem chifres grandes e bastante curvados.

bujão (bu-jão) *subst.masc.* É o mesmo que botijão. [Pl.: *bujões.*]

bulbo (bul-bo) *subst.masc.* Parte arredondada de certos vegetais, que pode ficar debaixo ou fora da terra e que armazena o que é necessário para a planta brotar. A cebola, o alho e o lírio são exemplos de plantas com **bulbo**.

bule ► (bu-le) *subst.masc.* Recipiente com tampa, asa e bico, usado para servir café, leite, chá etc.

bumba (bum-ba) *interjeição* Palavra usada para reproduzir um ruído forte, como o de um tiro, uma pancada etc.

bumba meu boi (bum-ba meu boi) *subst.masc.* FOLCL Dança da época de Natal, especialmente no Nordeste, em que se conta a história de um boi que morre e ressuscita. ☛ O sing. e o pl. desse subst. são iguais: *o* ***bumba meu boi****, os* ***bumba meu boi****.*

bumbum (bum-bum) *subst.masc. informal* Parte do corpo onde as pessoas se apoiam quando se sentam. O **bumbum** é formado pelas duas nádegas. [Pl.: *bumbuns.*]

buquê (bu-quê) *subst.masc.* Grupo de flores que são mantidas juntas e que podem ser carregadas nas mãos. *A noiva jogou o* ***buquê*** *e quem pegou foi a vovó.* [Sinôn.: *ramalhete.*]

buraco (bu-ra-co) *subst.masc.* **1** Espaço vazio, natural ou cavado, em um corpo ou uma superfície. *Gabriel caiu no* ***buraco*** *que havia na rua.* **2** Local onde alguns animais se escondem ou vivem. *Elias encontrou um* ***buraco*** *de cobra no quintal.* **3** Jogo de cartas. *Vocês já jogaram* ***buraco****?*

buriti (bu-ri-ti) *subst.masc.* Palmeira bem alta, comum no cerrado. O **buriti** fornece fibras para cobertura de casas e artesanato, frutos para alimentação e sementes para fabricação de óleos.

burro (bur-ro) *subst.masc.* **1** Animal parecido com o cavalo, mas menor, com crina curta e orelhas mais longas. [Sinôn.: *jumento, jegue, jerico.*] **2** *informal* Pessoa considerada pouco inteligente. Chamar alguém de **burro** é uma ofensa. ☛ Neste sentido, esta palavra pode ser usada como adj.: *pessoa* ***burra****.*

buscar (bus-car) *verbo* **1 Buscar** é ir atrás de alguma coisa ou pessoa e trazê-la de volta. *Meu tio me* ***buscou*** *na saída do cinema.* **2 Buscar** também é o mesmo que procurar. ~ **busca** *subst.fem.*

bússola (bús-so-la) *subst.fem.* Instrumento de orientação com uma agulha que aponta sempre para o norte.

busto (bus-to) *subst.masc.* **1** Parte do corpo da cintura para cima. **2 Busto** também é o nome dado aos seios das mulheres.

buzina (bu-zi-na) *subst.fem.* Instrumento instalado em veículos que produz um som forte e serve para chamar a atenção das pessoas que passam ou de outros veículos. ~ **buzinar** *verbo*

búzio ▼ (bú-zio) *subst.masc.* **1** Nome dado a vários moluscos que têm conchas grandes. **2** Concha desse molusco.

Concha do **búzio**.

byte *subst.masc.* INF Palavra inglesa usada para nomear um conjunto de oito *bits*. Cada letra, algarismo ou outro sinal escrito em um computador ocupa um ***byte***, que é usado para medir a capacidade de memória de um computador, o tamanho de um arquivo etc. (símbolo: *B*). ☛ Pronuncia-se *bait*. Ver tabela na p. 508.

A B C D E F G H I J K L M N O P Q R S T U V W X Y Z

Cobra

Cc

c *subst.masc.* Terceira letra do nosso alfabeto. O c é uma consoante e, na língua portuguesa, pode marcar sons diferentes, dependendo das vogais que estão na sílaba. Junto de "a", "o" e "u" soa como em "casa", "cozinha" e "cuidado", junto de "e" e "i", como em "céu" e "cidade", tem o mesmo som que o "s" em "sapo". Quando o c está junto de "h", como em "chuva", o som fica como o de "x" em "xixi".

cá *advérbio* **1** Usamos cá para falar de um lugar que está perto de nós. *Venha **cá**, Maria, sente perto de mim.* **2** Cá também pode falar de uma época que passou há pouco tempo. *Do início do século XXI para **cá**, foram criadas muitas máquinas interessantes.*

caapora (ca-a-po-ra) *subst.masc.fem.* FOLCL É o mesmo que caipora.

caatinga (ca-a-tin-ga) *subst.fem.* GEOG Vegetação formada por arbustos com espinhos e cactos, típica dos climas muito quentes e secos, como o do Nordeste brasileiro e o do sertão de Minas Gerais. ☛ Não confundir com *catinga*. Ver ilustração na p. 480.

cabaça (ca-ba-ça) *subst.fem.* Nome dado a vários frutos ocos e de casca dura. A **cabaça** é usada como vasilha e também para fazer artesanato e chocalho.

cabana (ca-ba-na) *subst.fem.* Casa pequena e simples, usada como abrigo. Algumas **cabanas** são feitas de madeira e cobertas por telhados de palha.

cabeça (ca-be-ça) \ê\ *subst.fem.* **1** Parte do corpo onde ficam o cérebro, os olhos, a boca, o nariz, as orelhas etc. ☛ Ver ilustração na p. 478. **2** Parte de cima de certos objetos. *O marceneiro bate com o martelo na **cabeça** do prego.* **3** **Cabeça** também quer dizer pensamento. *Aquela história não me sai da **cabeça**.* *subst.masc.fem.* **4** Pessoa que tem um papel importante numa tarefa. *Luísa e Sérgio foram os **cabeças** do grupo.* [Aument.: *cabeçorra*.]

cabeceira (ca-be-cei-ra) *subst.fem.* **1** Extremidade da cama onde se deita a cabeça. *Ao lado da **cabeceira** há uma mesinha com abajur.* **2** Cada uma das extremidades de uma mesa retangular ou oval. *Quem sentar na **cabeceira** vai pagar a conta!* **3** Nascente de um rio. *A **cabeceira** do rio São Francisco é na serra da Canastra, em Minas Gerais.*

cabeleireiro (ca-be-lei-rei-ro) *subst.masc.* Pessoa que corta ou arruma o cabelo das pessoas.

cabelo (ca-be-lo) \ê\ *subst.masc.* Pelo que cresce no corpo humano, especialmente o que cresce em conjunto na cabeça. ☛ Ver ilustração na p. 478.

caber (ca-ber) *verbo* **1** Uma roupa **cabe** em você quando ela tem espaço suficiente para você entrar ou passar por ela. *Depois que engordou, o vestido não **cabe** mais nela.* **2** Se você diz que numa caixa **cabem** dez latas, quer dizer que você não pode colocar mais de dez latas nela.

cabide (ca-bi-de) *subst.masc.* Objeto mais ou menos do mesmo tamanho dos ombros de uma pessoa, usado para pendurar roupas no armário. Os **cabides** geralmente são feitos de plástico, madeira ou metal.

cabine (ca-bi-ne) *subst.fem.* **1** Espaço para experimentar roupas em uma loja, sem que os outros possam ver. **2** Espaço, como um quarto ou sala, para acomodar uma ou mais pessoas em navios, trens etc. **3** **Cabine** também é a parte do avião onde viajam os pilotos. **4** A **cabine** do elevador parece uma caixa e é onde sobem e descem os passageiros e as cargas.

[1]cabo (ca-bo) *subst.masc.* **1** O **cabo** de um objeto é a parte alongada dele, onde você segura. Colheres, vassouras e pás têm **cabos**. **2 Cabo** também é uma corda grossa ou uma espécie de fio grosso formado por vários fiozinhos. *O artista do circo se equilibrou em um **cabo** de aço.* **3** Fio que conduz sinais de televisão e rádio.

Cabo vem da palavra latina *capulum*, que quer dizer "corda".

---

[2]cabo (ca-bo) *subst.masc.* **1** Militar que ocupa posto abaixo de sargento e acima de soldado. **2** GEOG Ponta de terra que entra pelo mar. *O navio passou próximo do **cabo**.* ☛ Ver ilustração na p. 488.

Cabo vem da palavra latina *caput*, que quer dizer "parte superior, extremidade".

---

caboclo (ca-bo-clo) \ô\ *subst.masc.* **1** Descendente de índio e branco. **2** Pessoa do interior, que vive na roça. **3** Pessoa de pele morena. *O rapaz se apaixonou pelo olhar da **cabocla**.*

cabra (ca-bra) *subst.fem.* **1** A **cabra** é a fêmea do bode. O leite de **cabra** é usado na alimentação dos seres humanos. [Col.: *rebanho*.] *subst.masc.fem.* **2** No Nordeste, usa-se **cabra** para falar de qualquer pessoa se não sabemos ou não queremos dizer o nome dela. *João, veio um **cabra** aí procurar você.*

cabra-cega (ca-bra - ce-ga) *subst.fem.* Brincadeira em que uma criança com os olhos tampados tenta encontrar outra para ficar no seu lugar. [Pl.: *cabras-cegas*.]

cabrito (ca-bri-to) *subst.masc.* Bode que ainda não é adulto.

caça (ca-ça) *subst.fem.* **1** As pessoas participam de uma caça quando perseguem animais para prendê-los ou matá-los. *A **caça** às baleias é proibida em muitos países.* **2 Caça** também é o animal que foi capturado ou morto. *Os povos primitivos viviam da **caça** e da pesca.* **3** Quando procuramos algo com muita vontade, estamos fazendo uma **caça**. *Vamos brincar de **caça** ao tesouro?* ~ **caçador** *subst.masc.* **caçar** *verbo*

→ A caça de alguns animais é proibida, porque eles estão em extinção, a de outros só é permitida em certas épocas do ano, depois que eles já se reproduziram.

---

cacarejar (ca-ca-re-jar) *verbo* Uma galinha **cacareja** ao fazer o som que é comum a ela, por exemplo, quando bota ovo. ~ **cacarejo** *subst.masc.*

cacau (ca-cau) *subst.masc.* **1** Fruta amarela, parecida com um mamão pequeno, de sabor meio doce e refrescante. **2** Pó escuro, feito com a semente torrada do **cacau**, usado para a fabricação do chocolate.

cachaça (ca-cha-ça) *subst.fem.* Bebida alcoólica feita a partir da cana-de-açúcar. [Sinôn.: *aguardente de cana, pinga*.]

cachecol (ca-che-col) *subst.masc.* Tira de pano que usamos em volta do pescoço para aquecê-lo. O **cachecol** costuma ser de lã ou de outro tecido bem quentinho. [Pl.: *cachecóis*.]

cachimbo (ca-chim-bo) *subst.masc.* Tubo fino com uma parte mais larga na ponta e um buraco virado para cima, onde se põe o tabaco. O **cachimbo** é usado para fumar.

cacho ◣ (ca-cho) *subst.masc.* **1** Conjunto de flores ou frutos que nascem em uma mesma haste, como as uvas e o açaí. **2** As pencas de banana nascem em um tipo de caule. Esse caule cheio de pencas chama-se **cacho**. **3** Porção de cabelo em forma de anel.

cachoeira (ca-cho-ei-ra) *subst.fem.* Quando as águas de um rio caem de uma certa altura, formam uma **cachoeira**. As **cachoeiras** podem ser mais ou menos fortes, dependendo da altura da sua queda e do volume de água do rio. *Antes do almoço fomos tomar banho de **cachoeira**.* [Sinôn.: *queda-d'água*.] ☛ Ver ilustração na p. 490.

cachorro (ca-chor-ro) \ô\ *subst.masc.* Mamífero de quatro patas, que late e tem o corpo coberto de pelos. As pessoas costumam ter **cachorros** para proteger suas casas ou para lhes fazer companhia. [Sinôn.: *cão*. Col.: *matilha*.] ☛ Ver ilustração de *mamífero*.

cachorro-quente (ca-chor-ro - quen-te) *subst. masc.* Salsicha cozida, servida quente dentro de um pão, acompanhada ou não de molhos, mostarda, *ketchup* etc. [Pl.: *cachorros-quentes.*]

cacique (ca-ci-que) *subst.masc.* **1** Chefe indígena. **2** **Cacique** também é a pessoa que manda muito em determinado lugar.

cacoete (ca-co-e-te) \ê\ *subst.masc.* Gesto que alguém faz sem controlar e com frequência, considerado feio pelas outras pessoas. *O vizinho tinha um **cacoete** de levantar um ombro toda vez que falava.*

cacto (cac-to) *subst.masc.* Nome dado a plantas de regiões quentes e secas, com caule cheio de espinhos e sem folhas. O caule do **cacto** armazena água. [Sinôn.: *cáctus.*]

cáctus (các-tus) *subst.masc.* É o mesmo que cacto. ☛ O sing. e o pl. desta palavra são iguais: *o **cáctus**, os **cáctus**.*

caçula (ca-çu-la) *subst.masc.fem.* O irmão mais novo de todos. ☛ Esta palavra pode ser usada como adj.: *irmão **caçula**, irmã **caçula**.*

cada (ca-da) *pron.indef.* **Cada** elemento de um conjunto é um só, que nós observamos separado dos outros. ***Cada** doce custa um real.*

cadarço (ca-dar-ço) *subst.masc.* Cordão usado para amarrar o calçado. Os tênis costumam ter **cadarço**.

cadastro (ca-das-tro) *subst.masc.* **1** Conjunto de informações sobre pessoas, clientes, produtos, mercadorias etc. *O nome da moça não estava no **cadastro** da loja.* **2** Papel ou documento que contém essas informações. *Preencha o **cadastro** para poder se matricular.*

cadáver (ca-dá-ver) *subst.masc.* Corpo morto, especialmente o de um ser humano. [Pl.: *cadáveres.*]

cadeado (ca-de-a-do) *subst.masc.* Tranca portátil, composta de uma barra de ferro com a forma da letra *u*, que se encaixa num corpo que contém a fechadura. *Titio usou um **cadeado** para fechar a mala.*

cadeia (ca-dei-a) *subst.fem.* **1** Lugar onde ficam presas as pessoas que cometeram algum crime. [Sinôn.: *prisão.*] **2** Uma sequência de montanhas, como se estivessem em fila, é uma **cadeia** de montanhas. **3** Conjunto de coisas ou de acontecimentos em sequência. *O jornal apresentou uma **cadeia** de fatos que esclareceu o caso.* **4** Se uma programação for transmitida por várias emissoras ao mesmo tempo, ela está indo ao ar em **cadeia**. *O discurso do presidente será transmitido em **cadeia** nacional.* [Sinôn.: *rede.*]

cadeira (ca-dei-ra) *subst.fem.* **1** Assento com quatro pernas e apoio para as costas, geralmente para uma pessoa. *A perna da **cadeira** está torta.* **2** É o mesmo que quadril. *Para dançar samba tem que balançar as **cadeiras**.* ☛ Neste sentido, esta palavra é mais usada no plural.

cadela (ca-de-la) *subst.fem.* Fêmea do cão.

caderneta (ca-der-ne-ta) \ê\ *subst.fem.* Caderno pequeno, usado para anotações curtas, como telefones, datas etc. Na **caderneta** da escola, por exemplo, anota-se a presença do aluno e os recados para os pais. **caderneta de poupança** Forma de guardar dinheiro no banco. O dinheiro depositado na **caderneta de poupança**, se não for retirado, rende juros. Também se diz apenas poupança.

caderno (ca-der-no) *subst.masc.* **1** Conjunto de folhas de papel, unidas por um dos lados, usado para anotações, desenhos, trabalhos escolares etc. As folhas dos **cadernos** podem ser com linhas ou em branco. **2** Parte de um jornal ou revista com um assunto específico. *Ígor sempre lê o **caderno** de esportes.*

cadete (ca-de-te) \ê\ *subst.masc.* Pessoa que estuda para se tornar um oficial das Forças Armadas.

café (ca-fé) *subst.masc.* **1** Fruto comprido e vermelho de uma árvore pequena, que tem suas sementes torradas e moídas para ser consumida como bebida. **2** Bebida meio amarga e escura, preparada com água quente e pó de **café**. *Toda manhã, Teresinha toma **café** com leite.* **3** Local onde se vende **café**, outras bebidas, lanches e doces. *Os professores costumam se encontrar no **café** da esquina.* ~ **cafeeiro** *subst.masc.*

café da manhã (ca-fé da ma-nhã) *subst.masc.* Refeição feita pela manhã, ao acordar. *Mauro só come frutas no **café da manhã**.* [Pl.: *cafés da manhã.*]

cáfila (cá-fi-la) *subst.fem.* Uma porção de camelos juntos é uma **cáfila**.

cágado (cá-ga-do) *subst.masc.* Réptil de pescoço longo e casco duro, mais achatado que o do jabuti. Os **cágados** põem ovos e vivem em ambientes de água doce, normalmente em rios e lagoas rasas.

cãibra ou **câimbra** (cãi-bra; câim-bra) *subst.fem.* Se um músculo do seu corpo se contrai de repente, independente da sua vontade e causando dor, você está tendo uma **cãibra**.

→ A **cãibra** aparece de repente, tem curta duração e pode ocorrer num ou em vários músculos.

caiçara (cai-ça-ra) *subst.masc.fem.* No Sudeste, morador do litoral que vive da pesca ou de atividades relacionadas a ela.

caipira (cai-pi-ra) *subst.masc.fem.* **1** Habitante da roça ou de cidade do interior, que não está acostumado com a cidade grande. *adj.masc.fem.* **2** **Caipira** quer dizer relacionado a essas pessoas e ao modo de elas viverem. *Dormir cedo é um hábito* ***caipira***. **3** **Caipira** também quer dizer relacionado a festas juninas.

caipora (cai-po-ra) *subst.masc.fem.* FOLCL Criatura do folclore indígena, protetora das matas e dos animais. [Sinôn.: *caapora*.]

Caipora vem da palavra tupi *caapora*, que quer dizer "que mora (*pora*) no mato (*caá*)".

cair (ca-ir) *verbo* **1** Ir ao chão. *A panela* ***caiu*** *e derramou a comida no chão.* [Sinôn.: *tombar*.] **2** Atirar-se, lançar-se em piscina, mar etc. *Fui à praia mas não* ***caí*** *no mar.* [Sinôn.: *mergulhar*.] **3** Baixar ou diminuir a temperatura, o preço, o valor etc. *De noite, a temperatura* ***cai***. *Os preços dos aparelhos importados ainda vão* ***cair*** *mais.* **4** Ocorrer ou acontecer em determinada data, dia etc. *O carnaval* ***caiu*** *no final de fevereiro.* **5** *informal* Ser enganado. *Coitado, mais um que* ***caiu*** *na conversa dele.*

cais *subst.masc.* Nos portos, local de embarque e desembarque de passageiros ou de carga. ☛ O sing. e o pl. desta palavra são iguais: *o* ***cais***, *os* ***cais***.

caititu (cai-ti-tu) *subst.masc.* Mamífero parecido com porco, mas de pelo mais áspero e pernas mais compridas. O **caititu** vive em bandos e é encontrado nas matas brasileiras, apesar de estar ameaçado de extinção. [Sinôn.: *cateto*.]

caixa (cai-xa) *subst.fem.* **1** Objeto de diferentes formas, com ou sem tampa, geralmente feito de material resistente, onde guardamos ou transportamos objetos. **2** O que está dentro desse objeto. *O calor azedou a* ***caixa*** *de morangos.* **3** Seção de uma loja ou de um banco onde são feitos os pagamentos. Em **caixas** de banco, também recebemos dinheiro. *Era grande a fila das* ***caixas*** *do mercado.* *subst.masc.fem.* **4** Funcionário de banco ou comércio que trabalha nessa seção. **caixa eletrônico** Máquina de serviços dos bancos, usada para sacar e depositar dinheiro, fazer pagamentos etc.

caixão (cai-xão) *subst.masc.* Caixa de madeira com tampa onde um cadáver é colocado para ser enterrado. [Pl.: *caixões*.]

cajá (ca-já) *subst.masc.* Fruta amarela, azeda e de cheiro forte, muito usada para fazer doces, sucos e sorvetes. [Sinôn.: *taperebá*.] ~ **cajazeira** *subst.fem.*

caju ▼ (ca-ju) *subst.masc.* Parte macia, parecida com uma fruta, que serve de haste para a castanha-de-caju. O **caju** é doce e suculento, tem casca fina amarela ou avermelhada e é muito consumido ao natural, em sucos ou em doces. ~ **cajueiro** *subst.masc.*

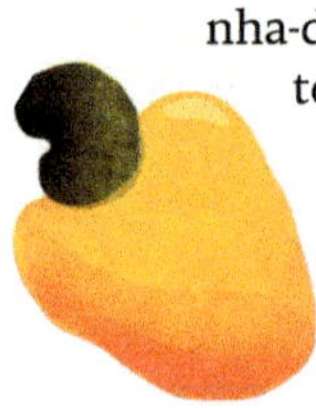

cal *subst.fem.* Pó branco extraído de uma rocha e usado em materiais de construção e tintas. *O muro foi pintado com* ***cal***. [Pl.: *cais, cales*.]

calado (ca-la-do) *adj.* Uma pessoa **calada** não está falando ou fala muito pouco. *Ana sempre foi* ***caladinha***. *Todos ficam* ***calados*** *quando o sargento se aproxima.*

calafrio (ca-la-fri-o) *subst.masc.* É o mesmo que arrepio. *Lúcia sentiu um* ***calafrio*** *quando ficou sozinha.*

calango (ca-lan-go) *subst.masc.* Pequeno lagarto que vive na terra, em rochas etc. *Que susto! Passou um* ***calango*** *no muro.*

calar (ca-lar) *verbo* Quando alguém se **cala**, fica em silêncio, sem pronunciar uma palavra ou som. *Todos se **calaram** na hora de ouvir o hino.*

calça (cal-ça) *subst.fem.* É o mesmo que calças.

calçada (cal-ça-da) *subst.fem.* Numa rua, cada uma das laterais mais altas por onde as pessoas caminham. *É um absurdo estacionarem os carros na **calçada**!* [Sinôn.: *passeio*.] ☛ Ver ilustração na p. 484.

calçado ▼ (cal-ça-do) *subst.masc.* O **calçado** protege nossos pés e impede que pisemos no chão.

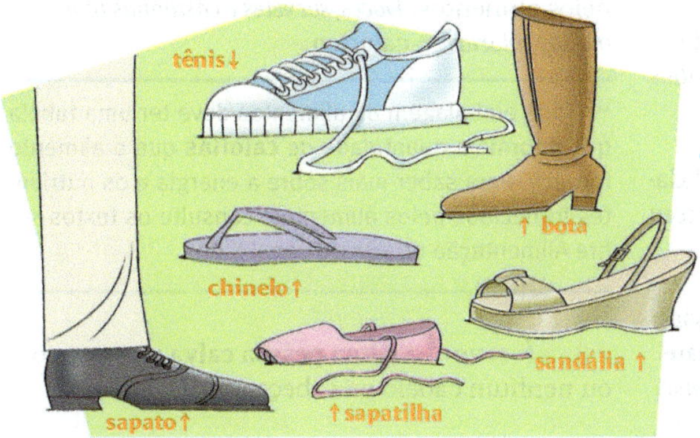

calcanhar (cal-ca-nhar) *subst.masc.* ANAT Parte de trás do pé, arredondada e logo abaixo do tornozelo. [Pl.: *calcanhares*.] ☛ Ver ilustração na p. 478.

calção (cal-ção) *subst.masc.* **1** Calça curta presa à cintura por cordão ou elástico. O **calção** tem abertura larga nas pernas, chega geralmente ao meio das coxas e é usado como parte do uniforme em alguns esportes, como o futebol. **2 Calção** também é a roupa que o homem usa para tomar banho de piscina ou ir à praia. [Pl.: *calções*.]

calçar (cal-çar) *verbo* **1 Calçar** sapato ou meia é colocá-los nos pés. Também podemos **calçar** luvas para cobrir as mãos. **2** Podemos **calçar** um móvel quando ele está balançando. Para isso, colocamos um calço debaixo dele. **3 Calçar** ruas ou calçadas é cobri-las de pedras ou asfalto.

calças (cal-ças) *subst.fem.pl.* Peça de roupa masculina ou feminina que fica presa na cintura e cobre cada uma das pernas, geralmente até os tornozelos.

calcinha (cal-ci-nha) *subst.fem.* É o mesmo que calcinhas.

calcinhas (cal-ci-nhas) *subst.fem.pl.* Peça de roupa feminina usada debaixo de saias, calças e bermudas.

calço (cal-ço) *subst.masc.* Objeto pequeno, colocado sob móveis, para que fiquem firmes ou em nível mais alto. Também usamos **calço** em portas e janelas, para que elas não se movam.

calculadora (cal-cu-la-do-ra) \ô\ *subst.fem.* Máquina usada para fazer contas.

→ Conheça a história da **calculadora**, esta "tataravó" do computador, no *site* Canal Kids, seção Tecnologia.

calcular (cal-cu-lar) *verbo* **1** Realizar uma das operações matemáticas para se chegar a algum resultado. *Tenho de **calcular** o número de pessoas que vão à festa.* **2** Tentar imaginar ou fazer ideia de alguma coisa. *Você consegue **calcular** o tamanho da minha alegria?*

cálculo (cál-cu-lo) *subst.masc.* **1** Quando realizamos uma das operações matemáticas, fazemos um **cálculo**. *Faça o **cálculo** de quantas passagens você gasta por mês.* **2** Quando fazemos uma avaliação, também realizamos um **cálculo**. *Pelos **cálculos** da Eliane, o ônibus vai passar daqui a pouco.*

calda (cal-da) *subst.fem.* CUL Líquido grosso, feito com açúcar e, às vezes, com outras substâncias que dão sabor. A **calda** geralmente é colocada em doces, como bolos e pudins. ☛ Não confundir com *cauda*.

caldo (cal-do) *subst.masc.* **1** Alimento líquido feito de carnes, legumes, verduras etc. cozidos e temperados. *Todos os dias ele toma um prato de **caldo** de feijão.* **2** Suco extraído de legumes, vegetais etc. *Vou tomar um **caldo** de cana.*

calendário (ca-len-dá-rio) *subst.masc.* **1** O **calendário** é a divisão do tempo em dias, meses e anos adotada por um povo. **2 Calendário** também é o quadro impresso em que a gente vê essa divisão. *Joana ganhou um **calendário** para pendurar na parede.*

→ Durante a história da humanidade, muitos **calendários** foram criados, com base em datas religiosas e ciclos solares e lunares. Hoje em dia, os principais **calendários** do mundo são: o **calendário** cristão, com base no movimento solar e com início a partir do nascimento de Cristo; o judaico, com base no movimento lunar; o muçulmano, também conforme o ciclo lunar e com início a partir da ida de Maomé para a cidade de Medina; e o chinês, que é dividido em ciclos de 12 anos, cada um tendo como símbolo um animal.

caligrafia (ca-li-gra-fi-a) *subst.fem.* **1** Estilo próprio e particular de escrever à mão. *Só a secretária entende a **caligrafia** do doutor Carlito.* **2** Técnica de escrever à mão com clareza e beleza. *Todos os dias Vítor treina **caligrafia**.*

calma (cal-ma) *subst.fem.* Equilíbrio e tranquilidade para agir, pensar ou sentir. *A Maria se aborreceu com a Bia, mas não perdeu a **calma**.*

calmante (cal-man-te) *subst.masc.* **1** Remédio usado para acalmar. *adj.masc.fem.* **2** Aquilo que é **calmante** ajuda a acalmar. *Tome um chá **calmante** e vá dormir.*

calmaria (cal-ma-ri-a) *subst.fem.* **1** Situação em que não há vento no mar. *A esquadra de Cabral ficou dias esperando a **calmaria** passar.* **2** Situação muito tranquila, sem novidades. *Não estou aguentando essa **calmaria**, vamos sair?*

calmo (cal-mo) *adj.* **1** Uma pessoa **calma** tem tranquilidade e age com equilíbrio. Os animais também podem ser **calmos**. **2** Quando você está **calmo**, não sente preocupação ou não fica aborrecido. [Antôn.: *ansioso*.] **3** Uma rua **calma** tem pouco movimento e barulho. Um mar **calmo** não tem ondas. *O centro da cidade é agitado, mas o bairro onde moramos é **calmo**.*

calo (ca-lo) *subst.masc.* Parte da pele que fica endurecida por causa de atrito, geralmente nas mãos ou nos pés. *Joana tinha **calo** de tanto escrever.*

calombo (ca-lom-bo) *subst.masc.* **1** Inchaço no corpo, resultado de uma batida, pancada etc. **2** Uma superfície ondulada tem **calombos**. *A cola deixou uma porção de **calombos** na folha.*

calor (ca-lor) \ô\ *subst.masc.* **1** Temperatura alta. *Amanhã vai fazer **calor**. Luís sempre gostou do **calor** da fogueira.* **2** Se você sente **calor**, você tem uma sensação desagradável de que o seu corpo está quente. *Guilherme sentia muito **calor** para ficar dentro de uma sala tão cheia.* [Antôn. geral: *frio*. Pl.: *calores*.]

caloria (ca-lo-ri-a) *subst.fem.* Unidade usada para medir a quantidade de energia que se consegue pelos alimentos. *Doces, sorvetes e castanhas têm muitas **calorias**.* ~ **calórico** *adj.*

→ Toda embalagem de alimentos deve ter uma tabela que informe a quantidade de **calorias** que o alimento fornece. Para saber mais sobre a energia e os nutrientes fornecidos pelos alimentos, consulte os textos sobre Alimentação no *site* do Canal Kids.

calvo (cal-vo) *adj.* Uma pessoa **calva** tem pouco ou nenhum cabelo na cabeça.

cama (ca-ma) *subst.fem.* Móvel usado para dormir ou se deitar. *A **cama** de casal do hotel era enorme.* [Sinôn.: *leito*.] **de cama** Quando você está **de cama**, você está doente, não pode se levantar. *A gripe foi tão forte que Elias ficou três dias **de cama**.*

cama de gato (ca-ma de ga-to) *subst.fem.* Brincadeira que se joga prendendo nos dedos um barbante com as pontas unidas. [Pl.: *camas de gato*.]

cama de gato

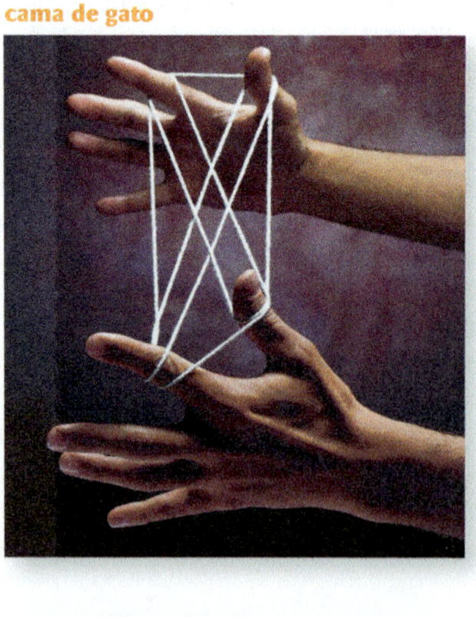

camada (ca-ma-da) *subst.fem.* Qualquer substância que se espalha ou é depositada sobre uma superfície. *O sanduíche tinha três **camadas** de presunto e queijo. A crosta terrestre é a **camada** exterior e sólida da Terra.*

camaleão (ca-ma-le-ão) *subst.masc.* Tipo de lagarto que pode mudar de cor para ficar parecido com o ambiente onde está e, assim, se proteger dos predadores. A língua do **camaleão** é bem longa e pegajosa, para capturar insetos. [Sinôn.: *iguana*. Pl.: *camaleões*.]

câmara (câ-ma-ra) *subst.fem.* **1** Quarto ou compartimento de uma casa. *O laboratório ficava em uma **câmara** secreta da mansão.* **2** Órgão com poderes e responsabilidades ligados ao Poder Legislativo, como a **Câmara** dos Deputados e a **Câmara** dos Vereadores. ☛ Primeira letra maiúscula. **3** Máquina de filmar ou de fotografar. *Comprei uma **câmara** digital.* *subst.masc.fem.* **4** Quem opera essa máquina também é chamado de **câmara**. *O **câmara** faltou e a Josi vai substituí-lo.* **câmara lenta** Gravação ou filmagem que deixa os movimentos bem mais lentos. *A implosão do prédio foi filmada em **câmara lenta**.* [Sinôn. para 3 e 4: *câmera*.]

camarão (ca-ma-rão) *subst.masc.* Animal de água salgada ou doce, com várias patas e corpo mole e alongado, coberto por uma casca quase transparente. O **camarão** é muito usado como alimento pelos humanos. [Pl.: *camarões*.] ☛ Ver ilustração de *crustáceo*.

cambalhota (cam-ba-lho-ta) *subst.fem.* Volta completa que o corpo faz no ar, passando os pés por cima da cabeça. É mais fácil dar uma **cambalhota** apoiando as mãos no chão.

camelo (ca-me-lo) \ê\ *subst.masc.* Mamífero ruminante que tem pescoço comprido, cabeça pequena, focinho alongado e duas corcovas nas costas. O **camelo** vive em desertos e é usado para transportar pessoas e mercadorias. [Col.: *cáfila*.] ☛ Ver ilustração de *corcova*.

camelô (ca-me-lô) *subst.masc.fem.* Pessoa que vende sua mercadoria na rua, geralmente em uma banca montada em calçadas.

câmera (câ-me-ra) *subst.fem.* **1** Máquina de filmar ou de fotografar. *Você viu onde deixei minha **câmera**?* *subst.masc.fem.* **2** Pessoa que opera essa máquina. *Todos estavam esperando o **câmera** chegar.* **câmera lenta** É o mesmo que câmara lenta. [Sinôn. geral: *câmara*.]

caminhão (ca-mi-nhão) *subst.masc.* Veículo bem grande, com quatro rodas ou mais, que serve para transportar cargas pesadas em estradas. [Pl.: *caminhões*.]

caminhar (ca-mi-nhar) *verbo* Mover-se a pé. [Sinôn.: *andar*.] ~ **caminhada** *subst.fem.*

caminho (ca-mi-nho) *subst.masc.* **1** Rua, trilha ou qualquer via que leva de um lugar a outro. *Este trecho do **caminho** é bem estreito.* ☛ Ver ilustração na p. 486. **2** Roteiro para se chegar a algum lugar. *Faço sempre o mesmo **caminho** para ir à escola.* **3 Caminho** também significa direção, rumo. *O motorista não sabia que **caminho** tomar: ir pela praia ou pelo centro?* **4** Maneira de agir para alcançar um objetivo. *Estudar todo dia é um bom **caminho** para ser aprovado.*

camisa (ca-mi-sa) *subst.fem.* Peça de roupa com mangas, que cobre o tronco e geralmente vai além da cintura. A maioria das **camisas** é fechada na frente com botões, e algumas têm gola.

camiseta (ca-mi-se-ta) \ê\ *subst.fem.* Espécie de camisa que não é aberta na frente nem tem botões. A **camiseta** também não tem gola e pode ter ou não mangas.

camisola (ca-mi-so-la) *subst.fem.* Roupa feminina para dormir, parecida com um vestido, com ou sem mangas, geralmente feita de um tecido fino.

camomila (ca-mo-mi-la) *subst.fem.* Erva com flores parecidas com margaridas pequenas, usadas para fazer chá.

campainha (cam-pa-i-nha) *subst.fem.* **1** Mecanismo, elétrico ou não, que dispara um sinal sonoro. *Ao chegar, toque a **campainha**.* **2** Pequeno sino de mão, usado para chamar alguém.

campanha (cam-pa-nha) *subst.fem.* Quando várias pessoas querem que uma coisa aconteça, elas fazem uma **campanha**. *Meus vizinhos fizeram uma **campanha** para recolher roupas usadas.*

campeão (cam-pe-ão) *subst.masc.* Aquele que vence uma prova, um torneio, uma competição etc. *Nossa cidade foi **campeã** no torneio estadual.* [Pl.: *campeões*. Fem.: *campeã*.] ☛ Esta palavra pode ser usada como adj.: *equipe **campeã***.

campeonato (cam-pe-o-na-to) *subst.masc.* Competição esportiva que dá ao vencedor o título de campeão. *A final do **campeonato** paraense será no Mangueirão.* [Sinôn.: *torneio*.]

campo (cam-po) *subst.masc.* **1** Grande extensão de terra para a agricultura ou pasto. *Os **campos***

estão sendo preparados para próxima colheita. **2** Região que fica fora dos centros urbanos. *A vida no **campo** é mais calma e mais saudável.* **3** Terreno usado para a prática de esportes, especialmente o futebol. *O jogador atravessou o **campo** carregando a taça de campeão.* **4** O estádio onde se localiza esse terreno. *Jogo de futebol pela televisão e no **campo** são duas partidas diferentes.*

camundongo (ca-mun-don-go) *subst.masc.* Pequeno roedor de orelhas grandes e arredondadas e cauda longa, sem pelos. Os **camundongos** se parecem com ratos pequenos e são encontrados nas residências.

cana-de-açúcar (ca-na - de - a-çú-car) *subst. fem.* Planta de caule fino e comprido de onde se extrai suco para produção de açúcar, melado, cachaça, álcool etc. [Pl.: *canas-de-açúcar.*]

canal (ca-nal) *subst.masc.* **1** Via natural ou artificial que faz a comunicação entre mares, rios etc. *O **canal** da Mancha une o mar do Norte ao oceano Atlântico.* **2** Abertura comprida, estreita e não muito funda por onde as águas correm. *Com as chuvas, as águas do **canal** transbordaram.* **3** ANAT Meio de ligação que dá passagem a líquidos e gases no interior do organismo. Veias, artérias e faringe são **canais**. **4** Estação ou emissora de televisão. *Esse **canal** só passa filmes antigos.* [Pl.: *canais.*]

canário (ca-ná-rio) *subst.masc.* Nome dado a pequenos pássaros silvestres, muito conhecidos por seu canto, naturais das ilhas Canárias, dos Açores e da ilha da Madeira.

canção (can-ção) *subst.fem.* Um poema cantado, com texto e melodia de autores conhecidos. [Pl.: *canções.*]

cancelar (can-ce-lar) *verbo* **1** Quando **cancelamos** um compromisso, anulamos o que estava marcado. *A secretária ligou **cancelando** a consulta.* **2** Tornar algo sem validade. *As vítimas tiveram de **cancelar** os cartões do banco.* ~ **cancelamento** *subst.masc.*

câncer (cân-cer) *subst.masc.* MED Doença provocada pela multiplicação descontrolada de um grupo de células. Essa multiplicação causa tumores nocivos ao organismo. [Pl.: *cânceres.*]

candidato (can-di-da-to) *subst.masc.* **1** Pessoa que disputa uma vaga com outras, para emprego ou escola. *Os **candidatos** para a vaga de vendedor precisam fazer uma prova escrita.* **2** **Candidato** também é a pessoa que está disputando uma eleição. *Os **candidatos** a governador participarão de um debate na TV.* ~ **candidatar** *verbo*

candomblé (can-dom-blé) *subst.masc.* **1** REL Religião afro-brasileira que cultua os orixás com danças, cantos e presentes. **2** O local onde as pessoas se reúnem para esse culto também se chama **candomblé**.

caneca ◣ (ca-ne-ca) *subst.fem.* Recipiente para tomar líquidos, com asa e maior que uma xícara.

caneco (ca-ne-co) *subst.masc.* **1** Caneca alta e estreita. **2** ESP Taça dada a campeões de competições esportivas.

canela (ca-ne-la) *subst.fem.* **1** Parte anterior da perna entre o joelho e o pé. *O jogador de futebol levou um chute na **canela**.* **2** Tempero marrom e de cheiro forte, tirado da casca de uma árvore. A **canela** pode ser usada aos pedaços ou em pó. *Banana com açúcar e **canela** é muito gostoso.*

caneta (ca-ne-ta) \ê\ *subst.fem.* Objeto de metal ou plástico com um tubo de tinta dentro, usado para escrever ou desenhar.

cangaço (can-ga-ço) *subst.masc.* **1** Modo de viver de grupos armados que andavam em bandos pelo sertão nordestino brasileiro. *Nem todos aguentavam a vida dura do **cangaço**.* **2** Conjunto de todos os membros desses grupos. *Lampião era o rei do **cangaço**.* ~ **cangaceiro** *subst.masc.*

canguru (can-gu-ru) *subst.masc.* Mamífero australiano que tem cabeça pequena, orelhas grandes, cauda comprida e grossa e se movimenta pulando com suas fortes e longas patas traseiras. A fêmea do **canguru** tem uma bolsa no abdome, onde carrega os filhotes. ☛ Ver ilustração de *mamífero*.

canhão (ca-nhão) *subst.masc.* Arma usada em guerras para atirar a grande distância. O **canhão** tem um tubo longo por onde saem as balas. [Pl.: *canhões*.]

canhoto (ca-nho-to) \ô\ *adj.* Uma pessoa **canhota** prefere usar a mão ou o pé esquerdo para fazer coisas como escrever, pegar objetos, chutar. [Antôn.: *destro*.]

canibal (ca-ni-bal) *subst.masc.fem.* Animal que devora outro da mesma espécie. [Pl.: *canibais*.] ☛ Esta palavra pode ser usada como adj.: *espécie **canibal***.

[1]**canino** (ca-ni-no) *adj.* **Canino** quer dizer relacionado a cão. Faro **canino** é o faro dos cães; ração **canina** é ração própria para alimentação de cães.

Canino vem de uma palavra latina que também quer dizer "do cão".

[2]**canino** (ca-ni-no) *subst.masc.* ANAT Cada um dos dentes pontudos, situados quase na frente da boca, entre os incisivos e os pré-molares, e usados para rasgar os alimentos. ☛ Esta palavra pode ser usada como adj.: *dente **canino***. Ver ilustração na p. 478.

Forma simplificada de dizer "dente canino".

canivete (ca-ni-ve-te) *subst.masc.* Faca pequena com uma lâmina que se esconde no cabo, quando é dobrada.

canjica (can-ji-ca) *subst.fem.* **1** Mingau de milho branco cozido com leite de coco. **2** Papa de milho verde ralado e cozido com leite e açúcar.

cano (ca-no) *subst.masc.* **1** Tubo longo por onde passam líquidos ou gases. *Faltou água na rua porque um **cano** está furado.* **2** Tubo da arma de fogo por onde sai a bala. **3** Parte da bota que cobre a perna acima do tornozelo.

canoa (ca-no-a) \ô\ *subst.fem.* Embarcação pequena e movida a remo.

cansaço (can-sa-ço) *subst.masc.* Sensação de que o corpo ou a mente fez mais esforço do que podia ou devia.

cansado (can-sa-do) *adj.* **1** Uma pessoa **cansada** fez uma coisa em excesso e sente que precisa parar. Nossa mente, nosso corpo, nossos músculos também ficam **cansados**. **2** Quem está **cansado** também ficou aborrecido com alguma coisa. *O diretor está **cansado** de ouvir reclamações.* **3** O que está **cansado** não é mais como era antes. A terra **cansada** não produz mais, a vista **cansada** não enxerga bem.

cansar (can-sar) *verbo* **1** Deixar o corpo, a mente etc. cansado porque fez um grande esforço, além do que podia. *Carregar peso **cansa** o braço.* **2** Deixar aborrecido, chateado. *Discutir sempre **cansa**.* **3** Quem **cansa** de uma coisa, acha isso muito chato ou incômodo. *Naiara **cansou** de ler e dormiu. Jorge **cansou** das brincadeiras do colega.* ~ **cansativo** *adj.*

cantar (can-tar) *verbo* **1** Produzir sons musicais com a voz, formando uma melodia com ou sem palavras. *Rute passa o dia **cantando**. Todos dizem que os sabiás **cantam** muito bem.* **2** *informal* **Cantar** também é tentar convencer alguém a fazer algo. *César **cantou** o amigo para ir com ele ao restaurante.* **3** *informal* Quando uma pessoa tenta, com palavras, convencer outra a namorá-la, diz-se que uma está **cantando** a outra. *Henrique **cantou** duas meninas na festa.*

cantiga (can-ti-ga) *subst.fem.* Texto e melodia de autor desconhecido que, geralmente, fazem parte do folclore de um povo ou de um lugar. *Os bebês gostam de ouvir **cantigas** de ninar. O CD tinha só **cantigas** de roda.*

→ "Boi da cara preta", famosa **cantiga** de ninar, foi feita por Dorival Caymmi para sua filha; outra muito conhecida é "Dorme neném", do folclore brasileiro. As **cantigas** de roda que cantamos vieram da Espanha e de Portugal, mas foram se adaptando ao folclore e à vida do Brasil e às vezes parece que nasceram aqui mesmo. "A canoa virou", "Ciranda, cirandinha", "Atirei o pau no gato", "Marcha soldado" são exemplos de **cantigas** de roda.

cantina (can-ti-na) *subst.fem.* **1** Comércio que fica dentro de um estabelecimento maior, como uma escola ou um hospital. A **cantina** vende alimentos e bebidas. **2 Cantina** também é um restaurante simples que faz comida típica da Itália.

¹canto (can-to) *subst.masc.* **1** Ponto de encontro, interno ou externo, entre duas linhas e a região em torno dele. *Quem deixou a vassoura no* ***canto*** *do armário?* **2 Canto** também pode ser um lugar qualquer. *O pobre cachorro não tinha um* ***canto*** *para dormir. Com minha bicicleta vou para qualquer* ***canto****!*

A palavra **canto** veio do latim *canthus*, que quer dizer "círculo de ferro de uma roda" e que veio da palavra grega *kanthós* que, além de significar esse círculo de ferro, também significa "o lugar do olho onde se formam as lágrimas".

canto do olho ↓

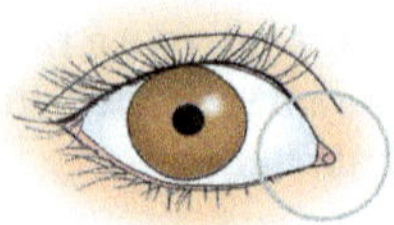

canto da folha de papel →

²canto (can-to) *subst.masc.* **1** Qualquer série de sons musicais produzidos pela voz de uma pessoa ou por um pássaro. *Heloísa riu ao ouvir o* ***canto*** *do bem-te-vi.* **2** Conjunto de técnicas para melhorar a voz. *Benedita tem aulas de* ***canto*** *há dois anos.*

Esta palavra veio do latim *cantus*, que quer dizer "som musical produzido pela voz humana".

cantor (can-tor) \ô\ *subst.masc.* Pessoa que canta, especialmente como trabalho. *Desde criança, Henrique queria ser* ***cantor***. [Pl.: *cantores*.] ☛ Esta palavra pode ser usada como adj.: *meninos* ***cantores***.

canudo (ca-nu-do) *subst.masc.* Tubo pequeno, geralmente de plástico, usado para sugar líquidos. *Sara bebeu o suco com* ***canudo***.

cão *subst.masc.* É o mesmo que cachorro. [Pl.: *cães*. Fem.: *cadela*. Col.: *matilha*. Aument.: *canzarrão*.]

caolho (ca-o-lho) \ô\ *subst.masc.* **1** Cego de um olho. **2 Caolho** também é o mesmo que estrábico.

capa (ca-pa) *subst.fem.* **1** Parte de fora de livro, caderno, revista etc. *A matéria sobre o desmatamento foi publicada na* ***capa*** *da revista.* **2 Capa** também é o que envolve algo, para protegê-lo ou para escondê-lo. *O sofá está precisando de* ***capas*** *novas. Júlio ganhou uma* ***capa*** *de plástico para a agenda.* **3** Peça de roupa impermeável, geralmente com mangas compridas e capuz, que se usa por cima da roupa em dia de chuva. **4** Tipo de manto usado nas costas por reis e cavaleiros antigos.

capacete (ca-pa-ce-te) \ê\ *subst.masc.* Espécie de chapéu feito de material bem resistente, para proteger a cabeça. O **capacete** é usado, por exemplo, por quem anda de moto ou trabalha em obra.

capacidade (ca-pa-ci-da-de) *subst.fem.* **1** Se você tem **capacidade** para fazer algo, você tem as qualidades necessárias para poder fazer isso. *Todos têm* ***capacidade*** *para aprender.* **2** Quantidade máxima que algo pode produzir ou conter. *A impressora tem* ***capacidade*** *para imprimir três páginas por minuto. A* ***capacidade*** *do teatro é de 200 lugares.*

capaz (ca-paz) *adj.masc.fem.* **1** Uma pessoa **capaz** consegue fazer bem uma coisa. *O senhor é* ***capaz*** *de consertar a fechadura da porta?* **2** Ser **capaz** também é ter uma habilidade específica. *Este vidro é* ***capaz*** *de impedir a passagem da luz.* [Pl.: *capazes*. Superl. absol.: *capacíssimo*.]

capela (ca-pe-la) *subst.fem.* Pequeno templo religioso cristão.

capim (ca-pim) *subst.masc.* Nome dado a várias plantas, geralmente de altura baixa, usadas para alimentar animais. [Pl.: *capins*.]

capinar (ca-pi-nar) *verbo* Tirar capim ou erva daninha de um terreno ou de uma plantação.

capital (ca-pi-tal) *subst.fem.* **1** Cidade onde se situa o governo de um estado ou país. *Cairo é a* ***capital*** *do Egito. Vitória é a* ***capital*** *do Espírito Santo.* ☛ Ver tabelas nas p. 502 e 503. *subst.masc.* **2** O dinheiro, as riquezas que uma pessoa possui é o seu **capital**. *A empresa não está com* ***capital*** *suficiente para comprar novos carros.* [Pl.: *capitais*.]

capitão (ca-pi-tão) *subst.masc.* **1** Oficial militar que ocupa posto abaixo de major e acima de tenente. **2 Capitão** também é o comandante de um navio. 3 ESP Jogador que comanda o time e fala pelos jogadores. [Pl.: *capitães*. Fem.: *capitã*.]

capitão de corveta (ca-pi-tão de cor-ve-ta) *subst.masc.* Posto da Marinha equivalente ao de major no Exército e na Aeronáutica. [Pl.: *capitães de corveta*.]

capitão de fragata (ca-pi-tão de fra-ga-ta) *subst.masc.* Posto da Marinha equivalente ao de tenente-coronel no Exército e na Aeronáutica. [Pl.: *capitães de fragata*.]

capitão de mar e guerra (ca-pi-tão de mar e guer-ra) *subst.masc.* Posto da Marinha equivalente ao de coronel no Exército e na Aeronáutica. [Pl.: *capitães de mar e guerra*.]

capitão-tenente (ca-pi-tão- te-nen-te) *subst.masc.* Oficial militar da Marinha que ocupa posto acima de tenente e abaixo de capitão de corveta. No Exército e na Aeronáutica é o mesmo que capitão. [Pl.: *capitães-tenentes*.]

capítulo (ca-pí-tu-lo) *subst.masc.* Divisão de um livro, contrato, lei etc. *Só faltam três **capítulos** para estudar.*

capivara ► (ca-pi-va-ra) *subst.fem.* Mamífero de corpo grande, pernas curtas, pés da frente com quatro dedos e de trás com três. A **capivara** é o maior dos roedores e vive em ambientes onde existe água.

capoeira (ca-po-ei-ra) *subst.fem.* Luta em que se usam os pés e as mãos, trazida para o Brasil pelos escravos. Hoje, a **capoeira** é um jogo e um esporte. ~ **capoeirista** *subst.masc.fem.*

capota (ca-po-ta) *subst.fem.* Cobertura que protege do sol e da chuva os veículos descobertos. A **capota** é feita de lona ou de outro material impermeável.

capotar (ca-po-tar) *verbo* Um carro **capota** quando cai com as rodas para cima ou dá voltas no ar.

caprichar (ca-pri-char) *verbo* Fazer o que tem de ser feito com cuidado, atenção e perfeição. *Alzira **caprichou** na feijoada!*

capricho (ca-pri-cho) *subst.masc.* 1 Cuidado que se tem ao realizar um trabalho, uma tarefa. *Carla prepara as festas com muito **capricho**.* 2 Desejo sem fundamento, só para atender uma vontade tola ou passageira. *Crianças mimadas são cheias de **caprichos**.*

capturar (cap-tu-rar) *verbo* Levar quem está livre a um lugar de onde não poderá sair. *A polícia **capturou** o ladrão que fugiu.* [Sinôn.: *prender*. Antôn.: *libertar*.]

capuz (ca-puz) *subst.masc.* O **capuz** cobre nossa cabeça e fica preso a uma roupa, como um casaco ou uma capa. [Pl.: *capuzes*.]

caqui (ca-qui) *subst.masc.* Fruta avermelhada, de polpa mole como a gelatina e bem doce. ~ **caquizeiro** *subst.masc.*

cara (ca-ra) *subst.fem.* 1 É o mesmo que rosto. 2 **Cara** é também o lado da moeda que tem uma figura, que pode ser o rosto de uma pessoa. É o oposto de coroa. *subst.masc.* 3 *informal* Uma pessoa qualquer. *Um **cara** perguntou por você.*

cará (ca-rá) *subst.masc.* Tubérculo comestível que tem a casca marrom e é branco por dentro. O **cará** é parecido com o aipim e com o inhame.

caracol (ca-ra-col) *subst.masc.* Molusco terrestre, com uma concha nas costas, em forma de espiral. O **caracol** rasteja bem devagar e tem os olhos na ponta das antenas, que saem da sua cabeça. [Pl.: *caracóis*.]

característica (ca-rac-te-rís-ti-ca) *subst.fem.* Traço particular, próprio ou especial de algo ou alguém. *Cada jogador tem uma **característica**, uns são mais velozes, outros têm mais habilidade.*

característico (ca-rac-te-rís-ti-co) *adj.* Se alguém fala de um modo próprio, que ninguém confunde, esse é o jeito de falar **característico** dessa pessoa. *Esta é a orelha **característica** desta raça de cães.*

carambola ► (ca-ram-bo-la) *subst.fem.* Fruta de cor amarelada, quando madura, e polpa suculenta de sabor meio ácido. A **carambola** tem cinco ângulos, por isso, quando cortada em fatias, fica com a forma de uma estrela. ~ **caramboleira** *subst.fem.*

caramelo (ca-ra-me-lo) *subst.masc.* **1** Calda de açúcar queimado. **2** Bala macia feita a partir desta calda. **3** A cor do açúcar queimado. *Acho **caramelo** mais bonito que marrom.* *adj.masc.fem.* **4** Uma bolsa de cor **caramelo** tem a cor do açúcar queimado. ☛ Neste sentido, o sing. e o pl. desta palavra são iguais: *blusa **caramelo**, blusas **caramelo**.*

caramujo (ca-ra-mu-jo) *subst.masc.* Animal de corpo mole que vive na água, doce ou salgada, dentro de uma concha em forma de espiral. Há **caramujos** terrestres, mas são poucos.

caranguejo (ca-ran-gue-jo) \ê\ *subst.masc.* Crustáceo que tem o corpo coberto por uma carapaça arredondada e possui dez pernas, das quais duas, as da frente, são garras. O **caranguejo** vive na água doce ou salgada e também é muito comum em mangues. ☛ Ver ilustração de *crustáceo*.

carapaça (ca-ra-pa-ça) *subst.fem.* Proteção bem dura sobre o corpo de animais como os tatus, jabutis e caranguejos. As tartarugas, os cágados e os jabutis usam a **carapaça** também como abrigo. [Sinôn.: *casco*.]

carapanã (ca-ra-pa-nã) *subst.masc.* Nome dado a mosquito no Norte do Brasil.

caratê (ca-ra-tê) *subst.masc.* Técnica de defesa oriental em que se usam apenas os pés e as mãos.

caráter (ca-rá-ter) *subst.masc.* **1** O **caráter** mostra o tipo de pessoa que se é. Se a gente diz que alguém tem bom **caráter**, quer dizer que ele é bom. **2** O tipo das coisas também se chama **caráter**. *Nossa conversa é de **caráter** secreto.* **3** Quando se diz que alguém tem **caráter**, isso quer dizer que é honesto, tem força de vontade e disposição para enfrentar dificuldades. **4** **Caráter** também é uma letra, um número ou um símbolo escrito ou impresso. *Esta página é toda escrita em **caracteres**.* ☛ Neste sentido, esta palavra é mais usada no plural. **a caráter** Quando você vai a uma festa vestido **a caráter**, você vai de fantasia ou com uma roupa especial, às vezes, muito arrumado. [Pl.: *caracteres*.]

caravana (ca-ra-va-na) *subst.fem.* Grupo de pessoas ou veículos que viajam juntos.

caravela (ca-ra-ve-la) *subst.fem.* Embarcação grande e leve, com três ou quatro mastros e velas, comum nos séculos XV e XVI.

→ As **caravelas** foram inventadas pelos portugueses e usadas por eles e pelos espanhóis para os chamados Grandes Descobrimentos (do Brasil, da América e de diversos caminhos pelo mar).

carboidrato (car-bo-i-dra-to) *subst.masc.* Substância formada por carbono, hidrogênio e oxigênio e que dá energia para o corpo funcionar. ☛ Também se escreve *carbo-hidrato*.

→ Pão, macarrão, arroz, frutas e doces são alimentos ricos em **carboidratos**. Eles garantem as atividades dos músculos, da mente e dos órgãos. Mas não podemos abusar dos **carboidratos**, porque, se eles são ingeridos em excesso, são transformados em gordura e guardados em alguma parte do nosso corpo.

carbono (car-bo-no) *subst.masc.* Elemento que faz parte da composição de todos os organismos. O **carbono** pode se apresentar das mais diferentes formas, da mais dura e valiosa como o diamante à mais frágil e barata como a grafita. ~ **carbônico** *adj.*

cardápio (car-dá-pio) *subst.masc.* **1** Lista de pratos de um restaurante ou lanchonete, com seus preços e, às vezes, sua composição. *Não havia preço para o macarrão no **cardápio**.* **2** Conjunto de pratos de uma refeição ou uma lista que informe esse conjunto. *O **cardápio** do almoço estava bem variado.* [Sinôn. geral: *menu*.]

cardeal (car-de-al) *adj.masc.fem.* **1** Mais importante. *Norte, sul, leste e oeste são pontos* ***cardeais****.* *subst.masc.* **2** REL Bispo que pode eleger o papa e participar da equipe que o aconselha. **3 Cardeal** também é o nome que se dá a várias aves de cabeça vermelha. [Pl.: *cardeais.*]

cardinal (car-di-nal) *adj.masc.fem.* Numeral **cardinal** é aquele que indica uma quantidade inteira. *Um, cinco, oito e dez são numerais* ***cardinais****.* [Pl.: *cardinais.*] ☛ Ver tabela na p. 509.

cardume (car-du-me) *subst.masc.* Uma porção de peixes juntos é um **cardume**.

careca (ca-re-ca) *adj.masc.fem.* **1** *informal* Uma pessoa **careca** tem pouco ou nenhum cabelo na cabeça. [Sinôn.: *calvo.*] **2** *informal* Pneu **careca** é um pneu já muito usado.

carente (ca-ren-te) *adj.masc.fem.* **1** Uma pessoa **carente** precisa de algo. *A criança está* ***carente*** *de vitamina C.* **2** Quem se sente **carente** precisa de carinho, de ajuda. *Isa está* ***carente*** *de atenção.* **3** Também chamamos de **carentes** as pessoas muito pobres ou que passam por necessidades. ~ **carência** *subst.fem.*

careta (ca-re-ta) \ê\ *subst.fem.* **1** Quando você faz o seu rosto ficar feio, torcido, você está fazendo uma **careta**. Nós fazemos **caretas** quando estamos com dor, infelizes, aborrecidos e até por brincadeira. *subst.masc.fem.* **2** *informal* Pessoa que tem ideias fora de moda. ☛ Neste sentido, esta palavra pode ser usada como adj.: *música* ***careta****.*

carga (car-ga) *subst.fem.* **1** A **carga** de um caminhão, navio, lugar etc. é feita quando se coloca objetos dentro dele. *É proibido estacionar em locais de* ***carga*** *e descarga de veículos.* [Antôn.: *descarga.*] **2 Carga** também é o que está dentro de um caminhão, de um navio ou de outros veículos de transporte de coisas. *No acidente, a* ***carga*** *do caminhão tombou.* **3** Quantidade de eletricidade acumulada num objeto, como a bateria de certos aparelhos. *A* ***carga*** *do celular acabou logo.*

cargo (car-go) *subst.masc.* Função de uma pessoa no trabalho. *Roberto ocupa o* ***cargo*** *de diretor nesta empresa.* **a cargo de** Se uma tarefa fica **a cargo de** uma pessoa, essa pessoa fica responsável por realizá-la. *Fica* ***a cargo de*** *Inês organizar a festa das crianças.*

caricatura (ca-ri-ca-tu-ra) *subst.fem.* Desenho em que as características de uma pessoa, espaço ou acontecimento são exageradas com a intenção de fazer os outros rirem. *Numa* ***caricatura****, uma pessoa de nariz grande fica com um nariz enorme.*

carícia (ca-rí-cia) *subst.fem.* Quando você toca alguém, por exemplo, com a mão, de modo carinhoso, agradável, está fazendo uma **carícia**.

caridade (ca-ri-da-de) *subst.fem.* **1** Sentimento de amor ao próximo que nos faz auxiliar quem precisa. *Só as pessoas insensíveis não têm* ***caridade****.* **2** Tudo o que damos ou fazemos para ajudar quem precisa. *Algumas pessoas vivem da* ***caridade*** *dos outros.* ~ **caridoso** *adj.*

cárie (cá-rie) *subst.fem.* Buraquinho no dente, causado por bactérias.

carimbo (ca-rim-bo) *subst.masc.* **1** Um **carimbo** é uma peça com um nome ou desenho embaixo dela que você passa em uma tinta e depois em um papel para deixar uma marca. *Elaine coloriu os desenhos feitos com* ***carimbos*** *de animais.* **2** A marca feita com essa peça também é **carimbo**. *Faltou o* ***carimbo*** *do gerente neste documento.* ☛ Não confundir com *carimbó.* ~ **carimbar** *verbo*

carimbó (ca-rim-bó) *subst.masc.* **1** Dança típica do Pará, em que homens e mulheres dançam sozinhos, geralmente em roda. **2** MÚS **Carimbó** também é o nome do tambor que acompanha essa dança. ☛ Não confundir com *carimbo.*

→ O **carimbó** tem influência africana, indígena e portuguesa, e seu nome vem de uma palavra indígena que quer dizer pau que produz som.

carinho (ca-ri-nho) *subst.masc.* **1** Sentimento de afeto ou amor por alguém ou por algo. *Tenho um grande* ***carinho*** *pelos meus avós.* **2** Capricho, cuidado com que se faz ou se trata uma coisa. *A Zoé cuida com* ***carinho*** *dos livros dela.* **3 Carinho** também é o mesmo que carícia. *Mamãe fez um* ***carinho*** *na minha cabeça.* ~ **carinhoso** *adj.*

carnaval (car-na-val) *subst.masc.* Festa popular que acontece no início do ano (fevereiro ou março) e dura quatro dias: de sábado a terça-feira. Durante o **carnaval**, as pessoas se fantasiam e brincam nas ruas e em clubes. **fazer carnaval** *informal* Demonstrar uma alegria muito grande ou provocar uma grande confusão. *O cachorro de Sara* ***fazia*** *um* ***carnaval*** *quando ela chegava. Eduardo saiu do time tranquilo, sem* ***fazer carnaval***. [Pl.: *carnavais*.]

carne (car-ne) *subst.fem.* **1** Tecido que forma os músculos do corpo humano e animal. **2** Se você se alimenta de peixes, de aves ou de bovinos, você inclui **carne** na sua alimentação. *O peito do frango é uma* ***carne*** *macia.*

carneiro ▼ (car-nei-ro) *subst.masc.* Mamífero ruminante de pelo grosso e macio, geralmente domesticado porque fornece carne, lã e couro. A fêmea do **carneiro** também fornece leite. [Fem.: *ovelha*.]

carniça (car-ni-ça) *subst.fem.* **1** Carne podre de animal morto. Alguns animais, como os urubus, se alimentam de **carniça**. **2** Brincadeira em que várias crianças ficam em fila e cada uma pula, na sua vez, sobre as costas da criança que está à frente, e depois fica abaixada para que a de trás possa pular também.

carnívoro (car-ní-vo-ro) *adj.* **1** Um animal **carnívoro** alimenta-se da carne de outros animais. **2** As plantas **carnívoras** capturam e digerem insetos. ☛ Esta palavra pode ser usada como subst.: *Os* ***carnívoros*** *têm dentes afiados.*

caro (ca-ro) *adj.* **1** O que é **caro** custa muito dinheiro. *Marco não compra blusas* ***caras***. [Antôn.: *barato*.] **2 Caro** também quer dizer querido. *Meu* ***caro*** *amigo, quando virá nos visitar?* *advérbio* **3** Se compramos **caro** um produto, pagamos muito por ele. *Laís pagou* ***caro*** *pelo lápis.* [Antôn.: *barato*.]

carochinha (ca-ro-chi-nha) *subst.fem.* Mulher velha ou bruxa. Muitas histórias infantis são conhecidas como histórias da **carochinha**.

caroço (ca-ro-ço) \ô\ *subst.masc.* Parte dura que envolve a semente de certos frutos, como a manga, o abacate e a azeitona.

carona (ca-ro-na) *subst.masc.fem.* Quem viaja sem pagar no veículo de outra pessoa. **dar carona** Dar **carona** é transportar uma pessoa em um veículo, como favor. **pegar carona** **Pegar carona** é ser transportado como favor no veículo de alguém.

carpete (car-pe-te) *subst.masc.* Tapete que fica preso ao chão e que cobre todo um ambiente.

carpinteiro (car-pin-tei-ro) *subst.masc.* Pessoa que trabalha com madeira, fazendo obras como telhados, portões, móveis rústicos etc. ~ **carpintaria** *subst.fem.*

carrapato (car-ra-pa-to) *subst.masc.* Pequeno parasita que fica grudado na pele de animais terrestres e seres humanos e suga o sangue deles para se alimentar.

carrapicho (car-ra-pi-cho) *subst.masc.* Planta com frutos menores que um grão de feijão, com espinhos e pelos pequenos que grudam no pelo dos animais e na nossa roupa. *Fernando voltou do quintal com a calça cheia de* ***carrapichos***.

carregar (car-re-gar) *verbo* **1** Se você **carrega** um objeto, ele está junto de você e vai aonde você for. *Certas pessoas só saem de casa* ***carregando*** *todos os documentos.* **2 Carregar** um caminhão, um navio

carneiro

etc. é colocar carga dentro dele. **3 Carregar** uma bateria ou um aparelho é deixá-los cheio de eletricidade. [Antôn. para 2 e 3: *descarregar*.]

carreira (car-rei-ra) *subst.fem.* **1** O que a pessoa faz como trabalho. *Sérgio seguiu a **carreira** de ator.* [Sinôn.: *profissão*.] **2** Corrida muito rápida. *Luzia deu uma **carreira** para chegar em casa antes de chover.* **3** Sequência de pessoas ou coisas dispostas em fila. *Uma **carreira** de árvores dividia os dois terrenos.*

carretel (car-re-tel) *subst.masc.* Tubo em que se enrola linha, arame ou fio. [Pl.: *carretéis*.]

carro (car-ro) *subst.masc.* **1** Veículo com rodas, com ou sem motor, usado para transportar pessoas ou carga. *Ponha tudo no **carro** e vamos embora.* ☛ Ver ilustração na p. 484. **2** Um vagão de trem e de metrô também é chamado de **carro**. *O restaurante do trem fica no quarto **carro**.*

carroça (car-ro-ça) *subst.fem.* Veículo pequeno, geralmente feito de madeira, com duas rodas, puxado por animais e utilizado para o transporte de pessoas e cargas.

carrossel ► (car-ros-sel) *subst.masc.* Brinquedo formado por um conjunto de cavalos de madeira fixados a uma plataforma circular que gira em torno de um eixo. [Pl.: *carrosséis*.]

carruagem (car-ru-a-gem) *subst.fem.* Veículo antigo, de quatro rodas, puxado por um cavalo e guiado por um cocheiro. A **carruagem** era usada para transportar pessoas. *A princesa foi para o palácio numa bela **carruagem**.* [Pl.: *carruagens*.]

carta (car-ta) *subst.fem.* **1** Mensagem escrita em papel e enviada para um destinatário, geralmente dentro de um envelope. *Luísa escreveu uma **carta** para sua avó que mora em Portugal.* **2** Cada uma das peças que formam o baralho. *As **cartas** do baralho do meu pai são brancas.* **cartas** *subst.fem.pl.* **3** É o mesmo que baralho. *Vamos jogar **cartas**?*

cartão (car-tão) *subst.masc.* **1** Pedaço de papel espesso, geralmente retangular, com ilustrações ou não, usado para escrever uma mensagem. Há também **cartões** usados como convite, como identificação de pessoa ou empresa etc. *Leve um **cartão** da loja.* **2 Cartão** feito de plástico e fornecido por um banco ou empresa comercial, que autoriza compras, pagamento, retiradas de dinheiro etc. *Viviane tem dois **cartões** de crédito.* [Pl.: *cartões*.]

cartão-postal (car-tão - pos-tal) *subst.masc.* Cartão que tem um dos lados ilustrado e o outro com espaço para se escrever uma mensagem. Também se diz apenas postal. [Pl.: *cartões-postais*.]

cartaz (car-taz) *subst.masc.* **1** Anúncio feito em papel grande, às vezes com fotos ou figuras, próprio para ser colocado em lugares públicos. *No **cartaz** do posto de saúde estava escrito que a vacinação terminará semana que vem.* **2** *informal* Quem tem **cartaz** é famoso ou respeitado. *Os meus primos têm muito **cartaz** na escola porque são inteligentes.* **em cartaz** A peça, o filme ou o *show* **em cartaz** são aqueles que estão em exibição. *Esse filme entrou **em cartaz** na semana passada.* [Pl.: *cartazes*.]

carteira (car-tei-ra) *subst.fem.* **1** Espécie de bolsa pequena, achatada, com divisões para guardar documentos, dinheiro etc. **2** Mesa pequena, usada em escolas. **3** Documento que identifica alguém ou informa algo especial, como, por exemplo, se a pessoa pode dirigir ou entrar num clube.

carteiro (car-tei-ro) *subst.masc.* Pessoa que trabalha no correio, entregando cartas e outras correspondências.

cartilagem (car-ti-la-gem) *subst.fem.* ANAT Tecido resistente e flexível que dá origem aos ossos e que envolve as articulações. O nariz e a orelha são feitos de **cartilagem**. [Pl.: *cartilagens*.]

cartilha (car-ti-lha) *subst.fem.* **1** Livro em que se aprende a ler. **2** Livro com informações básicas sobre um assunto qualquer. *Os moradores receberam uma **cartilha** sobre reciclagem.*

cartolina (car-to-li-na) *subst.fem.* Folha grossa, mais fina que o papelão, usada para fazer cartazes. *Érica colou várias figuras coloridas na **cartolina**.*

cartório (car-tó-rio) *subst.masc.* Local oficial onde são registrados ou reconhecidos como verdadeiros documentos, certidões etc. *As testemunhas do casamento foram ao **cartório** com os noivos.*

cartum (car-tum) *subst.masc.* Desenho engraçado, com ou sem texto. Os **cartuns** costumam criticar fatos sociais ou políticos e ser publicados em revistas e jornais. [Pl.: *cartuns.*] ~ **cartunista** *adj.masc.fem.*

carvão (car-vão) *subst.masc.* **1** Material sólido e preto, usado como combustível, pois pega fogo facilmente e se transforma em brasa. *Esse **carvão** é suficiente para prepararmos o churrasco.* **2** Lápis feito desse material, usado para desenhos. [Pl.: *carvões.*]

casa (ca-sa) *subst.fem.* **1** Construção feita para as pessoas morarem. *O governo construiu mil **casas**.* ☛ Ver ilustração na p. 486. **2** Local onde se mora. *Já está na hora de voltar para minha **casa**.* [Sinôn.: *lar.*] **3** Estabelecimento comercial. *Este produto está à venda nas melhores **casas** do ramo.* [Sinôn.: *loja.*] **4** Abertura por onde passa o botão da roupa. *A **casa** está larga, por isso a camisa fica aberta.* **5** Cada uma das divisões de um tabuleiro de jogo, como xadrez ou damas. *Jogue o dado e veja quantas **casas** vai andar.* **6** Posição de cada algarismo em um número. *Se colocamos o algarismo 3 na **casa** das dezenas, quanto ele valerá?* [Dimin.: *casinhola.*]

casaco (ca-sa-co) *subst.masc.* Roupa de mangas longas que usamos por cima de outras roupas para proteger nosso tronco e nossos braços do frio.

casal (ca-sal) *subst.masc.* **1** Par de macho e fêmea. *Um **casal** de cães guarda a casa.* **2** Um **casal** são duas pessoas que se casaram ou que têm um relacionamento amoroso. [Pl.: *casais.*]

casamento (ca-sa-men-to) *subst.masc.* **1** União de duas pessoas que se casaram. *O **casamento** de seus pais já dura dez anos.* **2** Festa ou cerimônia em que acontece essa união. *Gabriela sempre chora em **casamentos**.* [Sinôn. gerais: *matrimônio, núpcias.*]

→ Para saber "Por que a aliança de **casamento** é usada na mão esquerda?", leia esse texto no *site* Revistinhas Inteligentes, na parte de curiosidades.

---

casar (ca-sar) *verbo* Quando as pessoas se **casam**, elas se unem perante a lei em uma cerimônia, religiosa ou não. O casal passa a formar uma nova família e os dois vão morar na mesma casa.

casca (cas-ca) *subst.fem.* **1** Espécie de pele, às vezes bem fina, às vezes mais grossa, que envolve algumas frutas e legumes. A maçã, o abacaxi, o chuchu e a batata têm **casca**. **2** Também é **casca** qualquer camada que cobre algo, como se fosse uma proteção. O ovo, um machucado ou um pão têm **casca**.

cascavel (cas-ca-vel) *subst.masc.fem.* Nome dado a várias cobras venenosas que têm um chocalho na ponta da cauda. [Pl.: *cascavéis.*]

casco ◢ (cas-co) *subst.masc.* **1** Parte dura e larga da pata do cavalo, do boi e de alguns outros animais, como se fosse uma unha. **2** Proteção dura que envolve o corpo de animais como tatus, jabutis e caranguejos. [Sinôn.: *carapaça.*] **3** Parte do barco que fica virada para baixo, em contato com a água, e funciona para proteger a embarcação por dentro e por fora. *Moluscos e algas costumam grudar no **casco** dos navios.*

Casco de embarcação.

caseiro (ca-sei-ro) *adj.* **1** Feito em casa e não em uma loja ou fábrica. *A sobremesa era doces **caseiros**.* **2** Um vestido **caseiro** é para ser usado em casa. **3** Uma pessoa **caseira** gosta de ficar em casa, prefere não sair. *Ricardo e Gabriela são muito **caseiros**.* *subst.masc.* **4** Empregado que cuida da casa de uma outra pessoa, em geral de uma casa de campo ou de praia. *Guilherme sempre trabalhou como **caseiro**.*

caso (ca-so) *subst.masc.* **1** Um fato, um acontecimento é um **caso**. *Os detetives investigam mais um **caso** misterioso.* **2** História que é contada. *Tio José adora contar **casos** da sua época de jornalista.* **3** Circunstância em que um fato ocorre. *Neste **caso**, teremos que devolver o dinheiro.* *conjunção* **4** Usamos **caso** numa frase para juntar dois fatos de um jeito que o segundo só acontece quando o primeiro acontece também. ***Caso** ele chegue, passe todos os recados.* [Sinôn.: *se.*]

caspa (cas-pa) *subst.fem.* Conjunto de pequenas casquinhas brancas que se soltam do couro cabeludo.

castanha (cas-ta-nha) *subst.fem.* Semente comestível, dura e de pele marrom. As **castanhas** são alimentos que dão muita energia e são consumidas em geral assadas ou torradas. ~ **castanheira** *subst.fem.* **castanheiro** *subst.masc.*

castanha-de-caju (cas-ta-nha - de - ca-ju) *subst. fem.* Fruto do cajueiro. A **castanha-de-caju** é curva e fica presa na ponta do caju. Ela é muito consumida salgada e torrada. [Pl.: *castanhas-de-caju*.]

castanha-do-brasil (cas-ta-nha - do - bra-sil) *subst.fem.* Semente que fica dentro de uma casca bem dura, com três lados, muito consumida crua ou torrada. [Pl.: *castanhas-do-brasil*.] ~ **castanheira-do-brasil** *subst.fem.*

castanha-do-pará (cas-ta-nha - do - pa-rá) *subst. fem.* É o mesmo que castanha-do-brasil. [Pl.: *castanhas-do-pará*.] ~ **castanheira-do-pará** *subst.fem.*

castanho (cas-ta-nho) *subst.masc.* Cor marrom como a casca da castanha. ☛ Esta palavra pode ser usada como adj.: *cabelos **castanhos***.

castelo (cas-te-lo) *subst.masc.* Grande residência, geralmente com torres, ocupada por reis e rainhas ou por pessoas muito ricas. *Nas histórias de princesas e príncipes, sempre há **castelos**.*

castigar (cas-ti-gar) *verbo* **1** Pôr de castigo ou repreender por ter feito alguma coisa errada. *A mãe do Flávio **castigou**-o pelas travessuras.* [Sinôn.: *punir*.] **2** Fazer o corpo de alguém sofrer. *Muitos fazendeiros antigos **castigavam** seus escravos.* **3** Estragar uma coisa por mau uso. *Gritar demais **castiga** a voz.* **4** Um fenômeno natural também pode **castigar** uma região. *A chuva forte **castigou** o nosso bairro.*

castigo (cas-ti-go) *subst.masc.* **1** Quando fazemos alguém sofrer de algum modo por ter agido de uma forma que achamos errada, isso é um **castigo**. *O Rui põe o irmão dele de **castigo** quando ele faz bobagem.* **2** **Castigo** também pode ser qualquer coisa que achamos ruim. *Quebrei um braço e ficar sem brincar vai ser um **castigo** para mim.* [Sinôn. geral: *punição*.]

casulo (ca-su-lo) *subst.masc.* **1** Cobertura fina, justa e flexível que a larva de alguns insetos fabrica e que a envolve até que chegue à fase adulta. ☛ Ver ilustração de *borboleta*. **2** Tipo de pele que envolve certas sementes, como as do algodão.

catálogo (ca-tá-lo-go) *subst.masc.* Lista com itens geralmente organizados em ordem alfabética. *Está completo o **catálogo** de endereço dos funcionários.*

catapora (ca-ta-po-ra) *subst.fem.* MED Doença que deixa a pele com bolhas pequenas, que coçam muito, e provoca febre. A **catapora** é uma doença comum na infância.

Catapora vem de uma palavra tupi formada de *tatá*, que quer dizer "fogo", e *pora*, "que brota, aparece".

---

catar (ca-tar) *verbo* **1** Pegar, recolher o que está espalhado ou misturado a outras coisas. *Depois da bronca, as crianças **cataram** os brinquedos.* **2** Procurar e tirar piolhos, carrapatos etc. *De noite, Doralice **catava** as pulgas do filhotinho.* **3** Escolher ou selecionar o que está mais limpo ou melhor. *Joelma ficava mais de uma hora **catando** o feijão.*

catarro (ca-tar-ro) *subst.masc.* Líquido grosso que é expelido pelo nariz ou pela garganta de quem está com gripe, bronquite etc.

catedral (ca-te-dral) *subst.fem.* Principal templo religioso católico de uma região. [Pl.: *catedrais*.]

categoria (ca-te-go-ri-a) *subst.fem.* **1** Grupo de seres ou coisas que apresentam características comuns ou são da mesma natureza. *Nosso vídeo vai concorrer na **categoria** infantil.* **2** Posição ocupada em uma classificação organizada por critérios de valor, importância etc. *Se passar no teste, subo de **categoria**, vou para o time dos mais velhos.* **3** Ter **categoria** é mostrar alta qualidade, boa educação, elegância etc. *A recepção oferecida mostra que a empresa tem **categoria**. Por seu modo de falar, notamos a sua **categoria**.* **categoria gramatical** É o mesmo que classe de palavras.

cateretê (ca-te-re-tê) *subst.masc.* Dança em que homens e mulheres formam duas filas separadas e, ao som de violas, sapateiam e batem palmas. [Sinôn.: *catira*.]

cateto (ca-te-to) \ê\ *subst.masc.* É o mesmo que caititu.

catinga (ca-tin-ga) *subst.fem.* Cheiro ruim. *Que **catinga** de chulé!* ☛ Não confundir com *caatinga*.

catira (ca-ti-ra) *subst.masc.fem.* É o mesmo que cateretê.

católico (ca-tó-li-co) *subst.masc.* REL Aquele que segue as crenças da religião **católica**, que acredita em um único Deus e em Jesus Cristo como o salvador. ☛ Esta palavra pode ser usada como adj.: *religião **católica***. ~ **catolicismo** *subst.masc.*

catucar *verbo* → cutucar

cauda (cau-da) *subst.fem.* **1** Parte alongada, geralmente fina e comprida, que fica na parte traseira do corpo do animal. [Sinôn.: *rabo*.] **2** Tudo aquilo que parece ter a forma de uma **cauda**, especialmente porque fica na parte de trás ou é longo e fino. Os aviões e os cometas, por exemplo, têm **cauda**. ☛ Não confundir com *calda*.

caule (cau-le) *subst.masc.* Parte da planta, geralmente vertical, que começa junto da raiz e sustenta as folhas e os galhos.

causa (cau-sa) *subst.fem.* **1** A **causa** de um fato é o que faz esse fato acontecer. *A **causa** da enchente foi o excesso de chuva. O tombo foi a **causa** do choro de Andreia.* **2** Uma **causa** também é uma questão que está sendo resolvida na justiça. *O governo ganhou a **causa**.*

causar (cau-sar) *verbo* Ser a causa para uma coisa acontecer. *A chuva forte **causou** a cheia do rio.* [Sinôn.: *determinar*.] ~ **causador** *adj. subst.masc.*

cavaleiro (ca-va-lei-ro) *subst.masc.* Homem que anda a cavalo. ☛ Não confundir com *cavalheiro*.

cavalheiro (ca-va-lhei-ro) *subst.masc.* **1** Homem muito educado e gentil. *Fred sempre ajuda as senhoras do prédio, é um **cavalheiro**.* **2** Homem que faz par com a mulher, em uma dança. *Na quadrilha, a professora vai dizer: **cavalheiro** em frente à dama.* [Fem.: *dama*.] ☛ Não confundir com *cavaleiro*.

cavalo (ca-va-lo) *subst.masc.* Mamífero quadrúpede que tem crina, cauda longa e o corpo coberto de pelo curto, de cores variadas. Os **cavalos** são usados para montar e para puxar carroças. [Fem.: *égua*.] ☛ Ver ilustração na p. 486.

cavalo-marinho ► (ca-va-lo-ma-ri-nho) *subst. masc.* Peixe marinho que nada com o corpo na vertical. A sua cabeça e a sua postura lembram as de um cavalo. [Pl.: *cavalos-marinhos*.]

cavaquinho (ca-va-qui-nho) *subst.masc.* MÚS Instrumento musical com a forma do violão, mas bem menor e com apenas quatro cordas. O **cavaquinho** é muito usado em grupos de samba e de chorinho. ☛ Ver ilustração na p. 494.

cavar (ca-var) *verbo* Fazer buracos, valas, túneis etc. na terra usando as mãos ou ferramentas.

caveira (ca-vei-ra) *subst.fem.* **1** Conjunto dos ossos da cabeça. **2** **Caveira** também é o mesmo que esqueleto.

caverna (ca-ver-na) *subst.fem.* Buraco grande e profundo, em rocha ou montanha. As **cavernas** podem ser subterrâneas ou estar ao nível do solo. *Encontramos dezenas de morcegos dormindo dentro da **caverna**.* ☛ Ver ilustração na p. 490.

caxumba (ca-xum-ba) *subst.fem.* MED Doença que deixa a região da garganta inchada e dolorida.

CD *subst.masc.* Sigla de *compact disc*, locução inglesa que significa "disco pequeno". Em um ***CD*** são gravadas principalmente músicas e também textos e imagens, que podem ser lidos ou reproduzidos em aparelho próprio ou em computador.

CD-ROM *subst.masc.* INF Palavra inglesa que dá nome ao *CD* usado principalmente em computadores. Um ***CD-ROM*** armazena uma grande quantidade de dados que não podem ser alterados.

→ *CD-ROM* vem de uma palavra inglesa que quer dizer "*CD* de memória somente para leitura".

cebola (ce-bo-la) \ô\ *subst.fem.* Planta que cresce a partir de um bulbo, tem cascas finas e muitas camadas brancas ou roxas por dentro. A **cebola**

tem sabor e cheiro fortes e é muito usada como tempero, crua ou cozida.

cebolinha (ce-bo-li-nha) *subst.fem.* Erva de folhas compridas e ocas como um canudinho, muito usada como tempero.

ceder (ce-der) *verbo* **1** Dar, passar, entregar algo a alguém por vontade própria. *A Júlia **cedeu** sua entrada do cinema para a Carla.* **2** Deixar de oferecer resistência a uma coisa ou a alguém. *A Andreza me pediu tanto para vir que eu **cedi**.* **3** Quando uma febre **cede**, ela diminui ou desaparece. **4 Ceder** também é perder a forma, a resistência que tinha. *A prateleira **cedeu** ao peso dos livros e caiu.*

cedilha (ce-di-lha) *subst.fem.* GRAM Sinal, na forma de um pequeno "s", colocado embaixo da letra "c" antes de "a", "o" e "u" para indicar o som "ss", como na palavra "açúcar".

cedo (ce-do) \ê\ *advérbio* **1** Antes do tempo esperado. *Benedita vai chegar mais **cedo** para pegar um bom lugar.* **2** No início do dia. *Paulo César gosta de acordar **cedo**.* [Antôn. geral: *tarde*.]

cédula (cé-du-la) *subst.fem.* Nota que vale dinheiro. [Sinôn.: *nota*.]

cego (ce-go) *subst.masc.* **1** Quem não pode ver. *Os **cegos** leem usando uma escrita chamada braille.* ☛ Neste sentido, esta palavra pode ser usada como adj.: *gato **cego***. *adj.* **2** Quando dizemos que uma faca ou uma tesoura estão **cegas**, elas não estão cortando mais. **3** Um sentimento é **cego** quando não deixa a pessoa perceber a realidade. Também dizemos que uma pessoa fica **cega** quando ela perde a razão, o controle dos seus atos. *Murilo tinha uma paixão **cega** pela namorada. O ódio deixa as pessoas **cegas**.* ~ **cegueira** *subst.fem.*

cegonha (ce-go-nha) *subst.fem.* Ave de bico comprido e fino, pernas bem longas e penas geralmente brancas, encontrada na Europa, na Ásia e na África.

→ As **cegonhas** costumam botar os ovos e chocá-los em ninhos construídos ao lado das chaminés das casas, lá na Europa. Talvez por isso, tenha sido criada a lenda que diz que as **cegonhas** trazem os bebês recém-nascidos para as suas mães.

ceia (cei-a) *subst.fem.* Última refeição do dia. *O médico sugeriu um chá com torradas para a **ceia**.*

cela (ce-la) *subst.fem.* Espécie de sala bem pequena onde ficam as pessoas que estão na prisão. ☛ Não confundir com *sela*.

celebrar (ce-le-brar) *verbo* **1** Quando as pessoas **celebram** algo, elas fazem alguma coisa especial porque estão felizes com o que aconteceu com elas. *Ana saiu com os amigos para **celebrar** a aprovação no concurso. Vamos **celebrar** os 80 anos da vovó.* [Sinôn.: *comemorar*.] **2 Celebrar** também é realizar um contrato ou um acordo, assinando um documento. *Os dois países **celebraram** um acordo de combate às drogas.* ~ **celebração** *subst.fem.*

celebridade (ce-le-bri-da-de) *subst.fem.* Uma pessoa muito famosa é uma **celebridade**. Em geral, artistas, escritores ou atletas são chamados de **celebridade**.

celeste (ce-les-te) *adj.masc.fem.* O que é **celeste** está relacionado ao céu. *Planetas são corpos **celestes**.*

célula (cé-lu-la) *subst.fem.* BIO A menor parte de um organismo que pode funcionar de forma independente. Há organismos, como bactérias, que têm apenas uma **célula** e outros, como o homem, que têm milhões de **células**.

[1]**celular** (ce-lu-lar) *adj.masc.fem.* **Celular** quer dizer relacionado a célula. Alteração **celular** é uma alteração que ocorre na célula. [Pl.: *celulares*.]

✏ **Celular** vem da palavra *célula* mais o sufixo *-ar*.

[2]**celular** (ce-lu-lar) *subst.masc.* É o mesmo que telefone celular. [Pl.: *celulares*.]

cemitério (ce-mi-té-rio) *subst.masc.* Local onde são enterrados os mortos.

cena (ce-na) *subst.fem.* **1** Cada uma das situações de uma peça, um filme ou uma novela. *Rute não gosta de **cenas** de violência.* **2 Cena**, em teatro, também é o mesmo que palco. *Os atores demoraram a entrar em **cena**.* **3** Quando uma pessoa faz uma **cena**, ela faz um escândalo. *Recebeu a notícia da reprovação e fez logo uma **cena**.* **4** Uma atitude fingida também é uma **cena**. *O choro de Gisele não era real, era **cena**.*

cenário ▼ (ce-ná-rio) *subst.masc.* **1** Decoração do local onde se passa um filme, uma peça, um programa de televisão etc. *O **cenário** da peça foi feito por um artista famoso.* **2** Lugar onde algo acontece. *Essa rua já foi **cenário** de muitas brigas.*

Cenário teatral.

cenoura (ce-nou-ra) *subst.fem.* Raiz comestível, comprida e de cor laranja, muito consumida crua ou cozida.

censo (cen-so) *subst.masc.* Conjunto de dados sobre a população de um país, estado, cidade etc., como número de pessoas, nível escolar, profissão, sexo, local de moradia etc. *As informações do **censo** contribuem para os projetos do governo.* ☛ Não confundir com *senso*.

censura (cen-su-ra) *subst.fem.* **1** Controle moral ou político sobre o conteúdo de obras artísticas. *De acordo com a **censura**, este filme não é próprio para menores de 14 anos.* **2** Advertência. *O seu olhar de **censura** já disse tudo.* ~ **censurar** *verbo*

centavo (cen-ta-vo) *subst.masc.* Parte 100 vezes menor que a unidade da moeda de alguns países. O valor R$ 1,50 é lido um real e cinquenta **centavos**.

centena (cen-te-na) *subst.fem.* Grupo de 100 unidades de qualquer elemento. *Mariana comprou uma **centena** de figurinhas.* [Sinôn.: *cento*.]

centésimo (cen-té-si-mo) *numeral* **1** Cada uma das 100 partes iguais em que algo pode ser dividido. **2** O que ocupa a posição número 100 em uma sequência.

centímetro (cen-tí-me-tro) *subst.masc.* Medida de comprimento que equivale à centésima parte do metro (símbolo: *cm*). *Este estojo mede 20 **centímetros**.*

cento (cen-to) *subst.masc.* **1** É o mesmo que centena. *numeral* **2** É o mesmo que cem.

centopeia (cen-to-pei-a) \éi\ *subst.fem.* É o mesmo que lacraia.

central (cen-tral) *adj.masc.fem.* **1** O que está no centro é **central**. *Na parte **central** da folha vamos colar uma figura.* **2** Um problema **central** é um problema importante, fundamental. *Vamos decidir quais são os pontos **centrais** do trabalho.* *subst.fem.* **3** Local ou organização que concentra atividades. *As reclamações são recebidas na **central** de atendimento.* [Pl.: *centrais*.]

centro (cen-tro) *subst.masc.* **1** Ponto ou posição que está no meio. *No **centro** da mesa colocamos um vaso de flores.* **2** Área na cidade em que ficam concentrados os estabelecimentos comerciais, bancos, escritórios etc. *Nas lojas do **centro** você encontra material de carnaval.* **3** Local principal para certas atividades. *Esta biblioteca é um **centro** de cultura e de lazer.*

centro-americano (cen-tro - a-me-ri-ca-no) *subst.masc.* **1** Quem nasceu ou quem mora na América Central. *adj.* **2** **Centro-americano** quer dizer relacionado à América Central. Um produto **centro-americano** é um produto da América Central. Um país **centro-americano** é um país que fica na América Central. [Pl.: *centro-americanos*. Fem.: *centro-americana*.] ☛ Ver ilustração na p. 482.

centroavante (cen-tro-a-van-te) *subst.masc.fem.* ESP Jogador de futebol que joga no ataque.

centro-oeste (cen-tro - o-es-te) *subst.masc.* GEOG Região brasileira onde estão localizados o Distrito Federal e os seguintes estados: Goiás, Mato Grosso e Mato Grosso do Sul. [Pl.: *centro-oestes*.] ☛ Esta palavra pode ser usada como adj.: *região **Centro-Oeste***. Primeira letra maiúscula nas duas palavras. Abreviatura: *C.-O.*

cêntuplo (cên-tu-plo) *numeral* **1** Se um número é o **cêntuplo** de outro, ele é 100 vezes maior. *subst.masc.* **2** Resultado de uma multiplicação por 100.

cera (ce-ra) \ê\ *subst.fem.* **1** Pasta amarela produzida pelas abelhas. **2** Qualquer substância em pasta usada para dar brilho em móveis, assoalhos etc. **fazer cera** *informal* Demorar mais que o necessário para fazer o que tem que ser feito. *O time ficou **fazendo cera** até o juiz dar a partida como encerrada.*

cerâmica (ce-râ-mi-ca) *subst.fem.* **1** Técnica de fazer objetos de argila. Depois de moldados e pintados, os objetos são deixados para secar e, depois, colocados em fornos. *Meu primo fez cursos de **cerâmica**.* **2** O objeto feito com esse material também é chamado de **cerâmica**. *Marisa faz lindas **cerâmicas** coloridas.*

[1]**cerca** ▼ (cer-ca) \ê\ *subst.fem.* Proteção de madeira, arame etc. em volta de um terreno. *Estão consertando a **cerca** do estábulo.* ☛ Ver ilustração na p. 486. **cerca viva** Cerca feita de plantas.

A origem desta palavra, para muitos estudiosos, é o verbo *cercar*.

Cerca viva

[2]**cerca** (cer-ca) \ê\ *advérbio* A palavra cerca é usada apenas junto da preposição "de". **cerca de** **Cerca de** quer dizer quase. *A festa durou **cerca de** quatro horas. A camiseta custou **cerca de** dez reais.*

Esta palavra veio do advérbio latino *circa*, que quer dizer "em volta, ao redor".

cercar (cer-car) *verbo* **1** Colocar cerca em volta de algo. *A prefeitura mandou **cercar** algumas praças públicas.* **2** Impedir a passagem de alguém, de um animal etc. *Os vaqueiros tentavam **cercar** o bezerro.* **3** **Cercar**-se de pessoas ou coisas é buscar a proximidade com elas. *Para garantir a saúde, **cercou**-se de cuidados.*

cereal (ce-re-al) *subst.masc.* **1** Planta que produz grãos comestíveis como a soja, o milho, o arroz, o trigo etc. **2** O grão dessa planta também é chamado de **cereal**. *A produção de **cereais** chegou a 10 toneladas.* **3** Alimento feito pela indústria a partir desses grãos. *De manhã, como **cereais** com leite.* [Pl.: *cereais*.]

cérebro (cé-re-bro) *subst.masc.* ANAT Órgão que fica dentro da cabeça e que permite pensar, sentir e controlar movimentos. ☛ Ver ilustração na p. 478.

cereja (ce-re-ja) \ê\ *subst.fem.* Fruta de sabor doce, redonda, pequena e vermelha, com um caroço no meio. ~ **cerejeira** *subst.fem.*

cerimônia (ce-ri-mô-nia) *subst.fem.* **1** Reunião que acontece de acordo com algumas regras. Casamento e formatura são **cerimônias**. **2** Jeito formal de tratar quem não é íntimo. *Rute tratou a vizinha com **cerimônia**.* **3** **Cerimônia** também significa timidez, vergonha para fazer algo. *Anabela recusou o convite por **cerimônia**.*

cerrado (cer-ra-do) *subst.masc.* GEOG Vegetação típica da região central do Brasil, bem adaptada aos longos períodos de seca, com árvores baixas, de casca grossa e raízes profundas. ☛ Ver ilustração na p. 480.

→ O **cerrado** é o segundo maior conjunto de espécies animais e vegetais que vivem em uma mesma área no Brasil, só perdendo para a Amazônia.

certeza (cer-te-za) \ê\ *subst.fem.* Se você tem certeza de uma coisa, você sabe que ela vai acontecer de um certo jeito e ninguém faz você pensar diferente. [Antôn.: *dúvida*.]

certidão (cer-ti-dão) *subst.fem.* Documento feito em cartório dizendo que algo aconteceu ou existe. Por exemplo, a **certidão** de nascimento comprova que alguém nasceu; a de óbito, que alguém morreu. [Pl.: *certidões*.]

→ A **certidão** de nascimento é um documento muito importante. Visite a seção de Diversões do *site* Unicef Kids e veja um vídeo que mostra como é fácil tirá-la.

certo (cer-to) *adj.* **1** Quando algo é **certo**, tudo nele é como deveria ser mesmo, não há nada errado. *Vanessa fez o trabalho do jeito **certo**. Reinaldo não se perdeu, pegou a rua **certa** para chegar à escola.*

[Sinôn.: *correto*. Antôn.: *errado*.] **2** Quando alguém está **certo** de algo, sabe que isso irá acontecer, geralmente do jeito como ele imagina. *Rodolfo estava **certo** de que chegaria cedo, mas o ônibus atrasou.* *pron.indef.* **3 Certo** também é um ou algum entre muitos outros. ***Certo** dia, Glória resolveu cortar o cabelo. **Certas** pessoas não dormem bem.*

cerveja (cer-ve-ja) \ê\ *subst.fem.* Bebida, geralmente alcoólica e de sabor amargo, preparada a partir de cereais.

cesta (ces-ta) \ê\ *subst.fem.* **1** É o mesmo que cesto. **2** ESP Rede sem fundo presa a um aro por onde deve passar a bola de basquete para marcar pontos. **3** ESP O ponto do basquete também se chama **cesta**. *Oscar fez 13 **cestas** no jogo de sábado.*

→ O jogador de basquete que faz muitos pontos numa partida é chamado de **cestinha**.

cesto (ces-to) \ê\ *subst.masc.* Objeto feito geralmente de palha, usado para carregar ou guardar coisas. [Sinôn.: *cesta*.]

cetáceo (ce-tá-ceo) *subst.masc.* Mamífero aquático que tem o corpo semelhante ao de peixes e que respira por orifícios no alto da cabeça. A baleia, o boto e o golfinho são **cetáceos**.

céu *subst.masc.* **1** Espaço acima da Terra onde estão os astros e por onde eles se movimentam. *Vista do **céu**, a Terra parece uma bola azul.* **2** Parte desse espaço que é visível da Terra. *Hoje o **céu** está nublado.* **3** REL Para algumas religiões, o **céu** é o lugar para onde vão as almas das pessoas que foram boas e justas durante a vida. **céu da boca** Parte de cima da boca. O **céu da boca** tem a forma de um arco.

chá *subst.masc.* Bebida feita das folhas de certas ervas, como a hortelã, o boldo etc., mergulhadas em água muito quente.

chácara (chá-ca-ra) *subst.fem.* Pequena propriedade rural, geralmente perto da cidade.

chafariz (cha-fa-riz) *subst.masc.* Fonte artificial, geralmente instalada em praças públicas, que lança água de uma ou mais bicas e que pode ser luminosa ou não. [Pl.: *chafarizes*.] ☛ Ver ilustração na p. 484.

chalana (cha-la-na) *subst.fem.* Pequena embarcação fluvial de fundo chato, lados retos e proa e popa arredondadas.

chaleira (cha-lei-ra) *subst.fem.* Vasilha de metal com bico e tampa, usada para ferver água.

chama (cha-ma) *subst.fem.* Luz e calor que saem do fogo, como se fossem uma língua. *As **chamas** do incêndio estavam bem altas.*

chamada (cha-ma-da) *subst.fem.* **1** Quando alguém faz a **chamada**, quer saber quem está presente e quem faltou. **2 Chamada** também é o mesmo que telefonema. *Alexandre fez uma **chamada** a cobrar para casa.* **3** Resumo, em jornal, revista, rádio, televisão etc., que chama atenção para certa matéria ou programa. *A **chamada** do telejornal era sobre o roubo de joias.*

chamar (cha-mar) *verbo* **1** Ter por nome. *Eu me chamo Oto.* **2** Dar nome ou apelido. *Pode me **chamar** de Juca.* **3** Falar em voz alta um nome, esperando que alguém atenda por ele. ***Chamei** você duas vezes e você nem olhou para mim!* **4** Convidar para algum programa, festa, reunião, encontro etc. *Quantas pessoas podemos **chamar**?* ~ **chamado** *subst.masc.*

chaminé (cha-mi-né) *subst.fem.* Tubo por onde sai a fumaça produzida pelas lareiras, fornos, fogões etc. *A **chaminé** da fábrica é muito alta.*

chance (chan-ce) *subst.fem.* **1** Oportunidade ou possibilidade de algo acontecer. *Há poucas **chances** de Alberto ganhar o prêmio sozinho.* **2** Condição favorável para algo acontecer. *Não desperdice essa **chance** de se divertir!*

chão *subst.masc.* **1** Lugar por onde se anda em toda a superfície da Terra. [Sinôn.: *solo*.] **2** Lugar onde se pisa. *O **chão** da sala está sujo.* [Pl.: *chãos*.]

chapa (cha-pa) *subst.fem.* **1** Peça plana feita de metal, vidro, plástico etc. usada para cobrir ou proteger algo. *A **chapa** de vidro vai ser colocada sobre o tampo da mesa.* **2** Peça plana de metal usada para fritar, assar ou aquecer alimentos. *Quem quer esquentar o pão na **chapa**?* **3** Peça plana de metal usada para identificar veículos. *Você anotou a **chapa** daquele carro?* [Sinôn.: *placa*.] **4** Conjunto de candidatos que disputam como grupo uma eleição. *A **chapa** 1 venceu as eleições para a direção do grêmio.*

chapéu ► (cha-péu) *subst. masc.* **1** Peça que usamos na cabeça, feita de vários materiais, como palha, couro e pano. O **chapéu** pode apenas enfeitar, mas também pode proteger do sol, do frio e da chuva. **2** Também chamamos o guarda-chuva de **chapéu**.

charada (cha-ra-da) *subst.fem.* **1** Enigma em que a solução é uma palavra, expressão ou frase. ☛ Ver *adivinha.* **2** Algo muito difícil de entender, solucionar ou descobrir. *Puxa, essas instruções parecem uma **charada**.*

→ Há **charadas** antigas e **charadas** criadas a toda hora, com fatos ou situações do presente. "O que a chave disse para a fechadura?"; "O que a zebra disse para a mosca?"; "O que é que anda com os pés na cabeça?" são exemplos de **charadas**. (Respostas: "Vamos dar uma voltinha?"; "Você está na minha lista negra"; "Piolho.")

---

charme (char-me) *subst.masc.* Graça que encanta as pessoas. *O sorriso é o **charme** dela. Este abajur é um **charme** a mais na sala.* ~ **charmoso** *adj.*

charrete (char-re-te) *subst.fem.* Veículo de duas rodas, puxado por cavalo, usado para transporte de pessoas.

charuto (cha-ru-to) *subst.masc.* Rolo de folhas secas de tabaco, para ser fumado.

chat *subst.masc.* INF Palavra inglesa que dá nome a um tipo de conversa pela internet. Em um ***chat***, as pessoas escrevem suas mensagens e todos os outros participantes podem ver o que ela escreveu e responder na mesma hora. ☛ Pronuncia-se *tchét.*

chatear (cha-te-ar) *verbo* **1** Irritar alguém. *Para de me **chatear** com esse assobio!* **2** As coisas que não nos interessam também nos **chateiam**. *Os livros sem ilustrações **chateiam** o meu irmãozinho.* |Sinôn. geral: *amolar.*| ~ **chateação** *subst.fem.*

chato (cha-to) *adj.* **1** Um objeto **chato** tem a superfície plana ou com pouca altura. Um *CD*, por exemplo, é redondo e **chato**. **2** *informal* Se você acha algo sem graça, pouco interessante, você o acha **chato**. *O **jogo** foi chato, ninguém marcou gol.* **3** *informal* Uma pessoa **chata** tem atitudes que aborrecem os outros. *Meu irmão é um **chato**; ele fica imitando tudo que eu faço.* ~ **chatice** *subst.fem.*

chave (cha-ve) *subst.fem.* **1** Peça de metal usada para abrir e fechar uma fechadura. *Preciso fazer uma cópia da **chave** do portão.* **2** Peça móvel que interrompe ou desvia um trajeto, uma corrente elétrica etc. *Abaixe esta **chave** para desligar a máquina.* **3** Ferramenta usada para apertar ou soltar parafusos, roscas, peças etc. *Você tem **chave** para pedal de bicicleta?* ☛ Ver ilustração de *ferramenta.* **4** Sinal ({) usado para relacionar itens, assuntos comuns etc. Também usamos este sinal para marcar o início de um determinado grupo de operações ou um conjunto, e esta outra **chave** (}) para indicar o seu fim. *Façam uma **chave** grande e dentro dela vamos escrever as tarefas. Coloque entre **chaves** o conjunto dos animais mamíferos.* **5** Solução ou resposta de um enigma. *Descobrir a **chave** do mistério é o desafio do jogo.* **6** ESP Cada um dos grupos formados para disputar entre si campeonatos. *O Brasil está na **chave** B e jogará contra o Uruguai, time da **chave** C.* **chave de ouro** Conclusão ou encerramento executado de forma excelente, surpreendente. *Encerrou o ano com **chave de ouro**.*

chefe (che-fe) *subst.masc.fem.* Pessoa que comanda um grupo e que dá ordens. *Meu tio é **chefe** do escritório onde trabalha.*

chegada (che-ga-da) *subst.fem.* **1** Momento em que algo ou alguém chega a um lugar. *A **chegada** do ônibus deveria ser às 11 horas.* **2** Momento em que algo começa. *Todos torciam pela **chegada** do verão.* **3** ESP Marca que indica o final de uma corrida. Também se diz linha de **chegada**.

chegar (che-gar) *verbo* **1** Atingir o final de um caminho de ida ou de volta. ***Chegamos** a tempo de pegar o avião.* **2** Ser suficiente. *Já **chega** de tanta reclamação!* **3** Alcançar uma quantia, um valor. *O prejuízo **chegará** a cinco mil reais.* **4** Aproximar-se, ficar mais perto. *A criança foi se **chegando** no colo da avó e dormiu.*

A B C D E F G H I J K L M N O P Q R S T U V W X Y Z

cheia (chei-a) *subst.fem.* Período em que as águas dos rios sobem. *Na **cheia**, o barco atravessa o rio de um lado a outro.* [Antôn.: *vazante*.]

cheio (chei-o) *adj.* **1** Totalmente preenchido. *Minha barriga está **cheia**, não consigo comer mais nada.* **2** O que está **cheio** está com muitas coisas ou tem muitos elementos de um mesmo tipo. *Ganhei uma caixa **cheia** de bombons.* **3** Um dia **cheio** é uma dia com muitos compromissos, tarefas, obrigações etc. *Minha agenda está **cheia**, estou sem tempo para nada.* **4** *informal* Quando você está **cheio**, você não está aguentando mais, sua paciência está acabando ou já acabou. *Já estou **cheio** destes desenhos repetidos. Fiquei **cheia** de esperar por vocês.* [Antôn. para 1 e 2: *vazio*.]

cheirar (chei-rar) *verbo* **1** Sentir o cheiro de algo, puxando o ar com o nariz. *Flávio **cheirou** a flor e quis comprá-la.* **2** Também dizemos que uma coisa **cheira** porque dela sai um certo cheiro. *Sérgio chegou do futebol **cheirando** a suor.*

cheiro (chei-ro) *subst.masc.* Característica agradável ou não de uma pessoa, planta, lugar etc. que se percebe pelo nariz. *Da porta da casa sentimos o **cheiro** da comida de tia Penha.* [Sinôn.: *odor*.]

cheiroso (chei-ro-so) \ô\ *adj.* O que é **cheiroso** tem um cheiro que você acha agradável. *As rosas são flores **cheirosas**. Mateus saiu do banho muito **cheiroso**.*

cheque (che-que) *subst.masc.* Documento impresso por um banco e que, preenchido com um valor e assinado pelo dono da conta-corrente, vale como dinheiro.

chiar (chi-ar) *verbo* Soltar um som constante, às vezes agudo, parecido com o da letra "x" em "xícara". A chaleira com água no fogo pode **chiar**.

chicória (chi-có-ria) *subst.fem.* Verdura de folhas onduladas e de gosto amargo, consumida em saladas ou cozida.

chicote (chi-co-te) *subst.masc.* Instrumento feito com longas tiras de couro presas a um cabo. O **chicote** é geralmente usado para bater em animais. ~ **chicotear** *verbo*

chifre◥ (chi-fre) *subst.masc.* Ponta de osso que cresce na cabeça de alguns animais, como os touros, os veados e as cabras. Esses bichos usam os **chifres** para se defender ou para atacar outros animais.

chimarrão (chi-mar-rão) *subst.masc.* Mate amargo que se toma bem quente, em uma vasilha própria, sugando-o por uma espécie de canudo que filtra as folhas da erva. O **chimarrão** é uma bebida típica dos estados do Sul do Brasil. [Pl.: *chimarrões*.]

chimpanzé ou **chipanzé** (chim-pan-zé; chi-pan--zé) *subst.masc.* Macaco de orelhas e lábios grandes, pelo preto, que pode se deslocar pela copa das árvores ou pelo chão. Alguns **chimpanzés** podem medir quase dois metros, se estiverem em pé, e pesar até 70 quilos. ☛ Ver ilustração de *macaco*.

chinelo (chi-ne-lo) *subst.masc.* Calçado confortável, geralmente de sola fina e com tiras. ☛ Ver ilustração de *calçado*.

chip *subst.masc.* Palavra inglesa que dá nome a uma placa pequena com ligações eletrônicas, usada, por exemplo, em telefones e computadores. Os ***chips*** têm várias funções, como estabelecer ligações entre partes, armazenar, receber e enviar dados. ☛ Pronuncia-se *xip*.

chipanzé *subst.masc.* → chimpanzé

chocalho (cho-ca-lho) *subst.masc.* **1** MÚS Instrumento musical formado por uma pequena cesta fechada, com sementes ou pedras dentro. O som é produzido quando balançamos a cesta. **2** Objeto de plástico ou metal que imita esse instrumento e é usado para distrair bebês. **3** Ponta da cauda da cascavel que, ao se mexer, faz um barulho igual ao desse instrumento. O **chocalho** da cascavel parece uma série de anéis.

[1]**chocar** (cho-car) *verbo* **1** Quando duas coisas ou pessoas se **chocam**, elas batem uma contra a outra. *O carro **chocou**-se com o muro.* **2** Provocar emoção forte e inesperada, normalmente ruim. *O crime **chocou** o país.*

Chocar vem da palavra francesa *choquer*, que quer dizer "bater, esbarrar".

[2]**chocar** (cho-car) *verbo* **Chocar** é deixar os ovos quentinhos para os filhotes nascerem.

→ Este verbo **chocar**, de origem latina, é quase o contrário de **chocar** (bater com força), pois as aves, como galinhas e passarinhos, geralmente constroem ninhos, e as fêmeas deitam com cuidado em cima dos ovos para **chocá**-los. Em algumas espécies, como os pinguins e as emas, são os machos que **chocam** os ovos. Já os répteis enterram os ovos para serem **chocados** pelo calor do ambiente. É o calor da areia que **choca** os ovos da tartaruga.

chocolate (cho-co-la-te) *subst.masc.* **1** Substância que tem como base o cacau e é usada para fazer bolos, bombons, sorvetes. O **chocolate** geralmente é marrom e pode estar em forma de tablete, de pasta ou em pó. **2** Bebida preparada com essa substância, geralmente em pó, misturada ao leite frio ou quente. *Vamos tomar um **chocolate**?*

chope (cho-pe) \ô\ *subst.masc.* Cerveja armazenada em barris e servida com pressão.

choque (cho-que) *subst.masc.* **1** Levamos um **choque**, quando recebemos uma descarga elétrica. *O chuveiro elétrico está dando **choque**.* **2** Batida forte entre objetos ou pessoas. *O **choque** do carro no muro entortou o portão.* **3** Uma emoção muito forte e geralmente ruim também é chamada de **choque**. *Soraia levou um **choque** ao saber que o pai estava no hospital.*

chorar (cho-rar) *verbo* **1** Quando você **chora**, lágrimas saem de seus olhos por alegria, tristeza ou dor. **2** *informal* Discutir o preço, para comprar mais barato. *Não adianta **chorar**, essa loja não dá desconto.*

chorinho (cho-ri-nho) *subst.masc.* MÚS Gênero de música popular brasileira. Os instrumentos mais comuns no **chorinho** são bandolim, violão, cavaquinho e pandeiro.

choro (cho-ro) \ô\ *subst.masc.* **1 Choro** é o que acontece quando saem lágrimas dos olhos por tristeza ou dor. O **choro** pode ser silencioso ou com soluços. **2** MÚS **Choro** também é o mesmo que chorinho.

chover (cho-ver) *verbo* **1** Cair chuva. ***Choveu** muito durante a noite.* **2** *informal* Cair como se fosse chuva. *Durante o programa **choveram** perguntas para o artista.*

chuchu (chu-chu) *subst.masc.* Fruto de uma trepadeira, parecido com uma pera grande, com casca verde, às vezes com espinhos pequenos, e miolo verde bem claro. O **chuchu** é consumido cozido.

chulé (chu-lé) *subst.masc.* *informal* Mau cheiro do suor dos pés.

chumbo (chum-bo) *subst.masc.* **1** Metal de cor cinza, usado em soldas, canos e proteções contra radiação. *Os pedacinhos de **chumbo** presos a alguns pontos da rede evitam que ela boie.* **2** *informal* Qualquer coisa muito pesada. *Sua mochila está um **chumbo**, o que você está carregando nela?*

chupar (chu-par) *verbo* Fazer movimentos com os lábios e a língua puxando para dentro o que está encostando nos lábios, às vezes engolindo um líquido. *Inês **chupou** o fim do suco com o canudo. Criança gosta de **chupar** bala.*

chupeta (chu-pe-ta) \ê\ *subst.fem.* Objeto de borracha com um bico macio para os bebês chuparem. *Eliane só usa **chupeta** na hora de dormir.*

churrasco (chur-ras-co) *subst.masc.* **1** Carne assada na brasa, em geral colocada em espetos. *O prato do dia hoje é **churrasco**.* **2** Ocasião em que amigos e familiares se reúnem para comemorar algo comendo **churrasco**, bebendo etc. *Quem vamos chamar para o nosso **churrasco**?*

chute (chu-te) *subst.masc.* **1** Pancada com a ponta do pé dada de propósito. [Sinôn.: *pontapé.*] **2** *informal* Tentativa de acertar uma resposta sobre o que não se sabe. *Marcar a letra "a" foi **chute**.* ~ **chutar** *verbo*

chuteira ► (chu-tei-ra) *subst. fem.* Calçado fechado e com partes pontudas e duras, como pequenos saltos, na sola. A **chuteira** é própria para jogar futebol.

chuva (chu-va) *subst.fem.* Queda das gotas de água formadas nas nuvens por condensação do vapor de água contido na atmosfera. [Dimin.: *chuvisco.*]

chuveiro (chu-vei-ro) *subst.masc.* **1** Peça, geralmente arredondada e perfurada, por onde sai água. *Trocamos o **chuveiro** elétrico por um comum.* **2** Conjunto dos canos ligados a essa peça, essa peça e a torneira que controla a quantidade da água, usado para tomar banho, geralmente, em pé. *A torneira do **chuveiro** está pingando.*

cicatriz (ci-ca-triz) *subst.fem.* Marca que fica no corpo depois que um machucado sara. [Pl.: *cicatrizes.*]

ciclista (ci-clis-ta) *subst.masc.fem.* Pessoa que anda de bicicleta. ~ **ciclismo** *subst.masc.*

ciclo (ci-clo) *subst.masc.* **1** Série de fatos ou fenômenos que ocorrem sempre em uma certa ordem e período. *O cartaz mostrava em desenhos os **ciclos** da Lua.* **2** Fase da história em que predominam determinadas características ou práticas políticas, sociais ou econômicas. *Durante o **ciclo** do ouro no Brasil, um quinto desta riqueza era enviada a Portugal.*

ciclone (ci-clo-ne) *subst.masc.* Tempestade de ventos violentos que giram formando rodamoinhos.

cidadania (ci-da-da-ni-a) *subst.fem.* Conjunto de direitos e deveres que deve ser praticado pelos cidadãos. *Colaborar com a conservação da cidade é um gesto de **cidadania**. O povo bem esclarecido exerce melhor a sua **cidadania**.*

cidadão (ci-da-dão) *subst.masc.* **1** Pessoa que habita a cidade. *Luís é um **cidadão** que vive no interior de Goiás.* **2** Indivíduo que tem direitos e cumpre deveres na sociedade em que vive. *Todo **cidadão** tem o direito de votar.* **3** *informal* Qualquer pessoa. *Quem foi o **cidadão** que deixou a porta aberta?* | Pl.: *cidadãos*. Fem.: *cidadã*. |

cidade (ci-da-de) *subst.fem.* **1** Área que abriga um certo número de habitantes, onde há ruas, praças, igrejas, residências, comércio, escolas, serviços públicos em geral e que é administrada por um prefeito. *Na minha **cidade** há menos de 500.000 habitantes.* ☛ Ver ilustração na p. 484. **2** A região onde há o maior número de lojas, bancos, escritórios e consultórios geralmente é chamada de centro da **cidade** ou só de **cidade**. *Papai trabalha na **cidade**.* **3** Se você diz que vive na **cidade** significa que você não mora no campo. *Vivo na **cidade**, mas minha família ainda está no sítio.*

ciência (ci-ên-cia) *subst.fem.* **1** Cada **ciência** é parte de tudo o que as pessoas sabem sobre o mundo, as coisas, as pessoas. A matemática, a história, os estudos sobre a natureza são **ciências**. **2** Se alguém pede para você tomar **ciência** de algo, essa pessoa quer que você fique sabendo disso. *Por meio de um bilhete, seus pais terão **ciência** da reunião na escola.* **ciências** *subst.fem.pl.* **3** Matéria escolar que estuda questões ligadas à natureza, ao corpo humano, às experiências químicas etc. *Hoje, teremos aula de **ciências** e de geografia.*

científico (ci-en-tí-fi-co) *adj.* **Científico** é relacionado à ciência. Conhecimento **científico** vem da ciência; trabalho **científico** tem como base esses conhecimentos.

cientista (ci-en-tis-ta) *subst.masc.fem.* Pessoa que se dedica a estudar, pesquisar de forma profunda uma ciência. *O laboratório espacial trabalha com excelentes **cientistas**.*

cifrão (ci-frão) *subst.masc.* Sinal ($) que indica um valor em dinheiro na moeda de muitos países. [Pl.: *cifrões.*]

cigano (ci-ga-no) *subst.masc.* Povo nômade que, há alguns séculos, emigrou da Índia para vários países.

cigarra (ci-gar-ra) *subst.fem.* Inseto que suga o líquido do interior das árvores. A **cigarra** é muito conhecida pelo zumbido alto que o macho emite quando o tempo está quente.

cigarro (ci-gar-ro) *subst.masc.* Rolo bem fino, feito de papel ou palha e cheio de tabaco, que serve para ser fumado.

cilada (ci-la-da) *subst.fem.* **1** Numa **cilada**, atacamos de surpresa o inimigo, a caça. **2** O que se faz para enganar os outros também é uma **cilada**. *A brincadeira era uma **cilada** para atrair crianças distraídas.*

cilindro (ci-lin-dro) *subst.masc.* MAT Sólido alongado e roliço, com a forma de um cano. ☛ Ver ilustração na p. 498. ~ **cilíndrico** *adj.*

cílio (cí-lio) *subst.masc.* Cada um dos pelos fininhos que nascem nas pálpebras. [Sinôn.: *pestana.*]

cima (ci-ma) *subst.fem.* A palavra **cima** é usada apenas acompanhada das preposições e, junto delas, ganha diferentes significados. **de cima** A parte **de cima** é a mais alta ou a que está num lugar mais alto que nós. *Brincavam de esconder e se assustaram com o barulho que veio **de cima**.* **em cima de** Se um objeto está **em cima de** outro, é porque está junto dele, encostado na sua parte superior. *Mamãe briga quando deixo a toalha molhada **em cima da** cama.* **por cima** Se algo está **por cima**, é porque há algo embaixo dele. *Marcos usava uma blusa azul e um casaco **por cima**.*

cimento (ci-men-to) *subst.masc.* Pó que se mistura à água e à areia para formar uma massa que, ao secar, fica bastante dura. O **cimento** é muito usado em construções.

cinema (ci-ne-ma) *subst.masc.* **1** **Cinema** é como se chama a arte de fazer filmes. *Andreia dá aulas no curso de **cinema**.* **2** Sala ou prédio onde há salas em que são passados filmes.

→ Em 1911, o italiano Ricciotto Canudo escreveu o Manifesto das Sete Artes. A lista feita por ele inclui: música; dança; pintura; escultura; teatro; literatura e **cinema**. A partir de então, o **cinema** ficou conhecido como a sétima arte.

cínico (cí-ni-co) *subst.masc.* Pessoa egoísta, interesseira, que só pensa em si mesma. O **cínico** não tem bom caráter e não é sincero. ☛ Esta palavra pode ser usada como adj.: *pessoas **cínicas**.* ~ **cinismo** *subst.masc.*

cinto ▼ (cin-to) *subst.masc.* Tira usada em volta da cintura, geralmente com fivela. O **cinto** costuma ser de couro ou de tecido. **cinto de segurança** Tira que deixa as pessoas firmes e seguras em bancos de aviões, carros e outros meios de transporte.

Cinto de segurança

cintura (cin-tu-ra) *subst.fem.* Parte do tronco humano que fica um pouco mais estreita, entre os quadris e o tórax. ☛ Ver ilustração na p. 478.

cinza (cin-za) *subst.fem.* **1** Pó que surge quando se queimam certas substâncias, como madeira e folhas. *subst.masc.* **2** **Cinza** também é o mesmo que cinzento. ☛ Neste sentido, o sing. e o pl. desta palavra são iguais, e ela pode ser usada como adj.: *blusa **cinza**, objetos **cinza**.*

cinzento (cin-zen-to) *subst.masc.* A cor das cinzas. [Sinôn.: *cinza.*] ☛ Esta palavra pode ser usada como adj.: *céu **cinzento**.* Ver ilustração na p. 498.

cipó (ci-pó) *subst.masc.* Nome dado a trepadeiras que se enrolam e se penduram nas árvores como se fossem cordas.

ciranda (ci-ran-da) *subst.fem.* Dança de roda acompanhada de versos cantados.

circo (cir-co) *subst.masc.* **1** Espaço coberto por uma lona, onde se apresentam mágicos, palhaços, equilibristas, animais etc. Há um círculo no centro, que é o picadeiro, e, em volta, há assentos para o público. **2** Espetáculo apresentado nesse espaço.

circulação (cir-cu-la-ção) *subst.fem.* **1** Movimento contínuo de um corpo em um trajeto circular. *A **circulação** da água faz o motor girar.* **2** Movimentação contínua de pessoas, veículos etc. *As obras impediram a **circulação** de ônibus naquela área.* **3** Movimentação contínua de líquidos no organismo. *O laboratório estuda a **circulação** do sangue nos ratos.* **4** Quantidade de jornal, revista etc. que é impressa de cada vez. *O anúncio foi publicado no jornal de maior **circulação** na cidade.* [Pl.: *circulações.*]

[1]**circular** (cir-cu-lar) *adj.masc.fem.* **1** Parecido com um círculo. *O anel tem forma **circular**.* **2** Quando algo termina exatamente onde começou, dizemos que ele é **circular**. *O trajeto desse ônibus é **circular**.* [Pl.: *circulares.*]

Circular veio do adjetivo latino *circularis*, que quer dizer "parecido com um círculo".

---

[2]**circular** (cir-cu-lar) *verbo* **1** Fazer círculos em torno de algo. ***Circule**, em seu caderno, os animais da África.* **2** Movimentar-se em diversas direções. *Vou **circular** pela cidade enquanto você faz compras.* **3** Mover-se dentro de um determinado trajeto que sempre volta ao ponto de origem. *O exercício fará o sangue **circular** com mais facilidade.*

Este verbo veio do verbo latino *circulare*, que significa "andar ou fazer um círculo em volta de algo".

---

circulatório (cir-cu-la-tó-rio) *adj.* **Circulatório** quer dizer relativo à circulação, especialmente a circulação do sangue no organismo.

círculo ◢ (cír-cu-lo) *subst.masc.* **1** Parte de dentro de uma circunferência. *Uma moeda é um **círculo**.* ☛ Ver ilustração na p. 498. **2** Qualquer coisa que tenha a forma de um **círculo** ou circunferência. *Os pedestres fizeram um **círculo** em torno do camelô.*

circunferência ► (cir-cun-fe-rên-cia) *subst.fem.* Linha fechada e em forma de curva que limita um círculo. *A roda da bicicleta tem a forma de uma **circunferência**.*

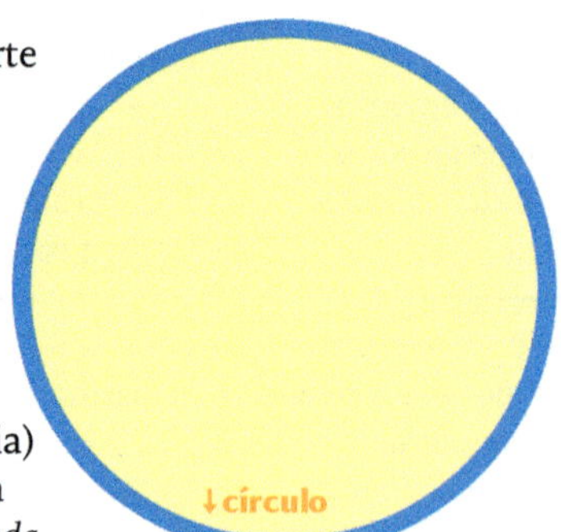

↑circunferência

circunflexo (cir-cun-fle-xo) \cs\ *adj.* GRAM O acento **circunflexo** parece um v de cabeça para baixo (^) e mostra a sílaba tônica e a vogal fechada, como "ô", em "avô."

circunstância (cir-cuns-tân-cia) *subst.fem.* **1** Qualquer condição para algo acontecer ou em que algo aconteceu. *Filipe não pode faltar sob nenhuma **circunstância**. Estudar é **circunstância** indispensável para aprender.* **2** As **circunstâncias** são tudo o que acontece num determinado momento. *As **circunstâncias** não permitiram que viéssemos ontem.*

círio (cí-rio) *subst.masc.* **1** Um **círio** é uma grande vela de cera. **2** A procissão em que se leva essa vela também é chamada de **círio**.

→ O **Círio** de Nazaré, que homenageia Nossa Senhora de Nazaré, é uma das maiores e mais tradicionais festas religiosas do Brasil e acontece na cidade de Belém, no Pará.

---

cirurgia (ci-rur-gi-a) *subst.fem.* Tratamento em que o cirurgião abre o corpo de uma pessoa ou animal para cuidar de uma doença. [Sinôn.: *operação.*] **cirurgia plástica** MED Cirurgia para melhorar a aparência de uma parte do corpo. A **cirurgia plástica** pode ser feita por causa de uma doença, de um acidente ou para deixar as pessoas mais bonitas. ~ **cirúrgico** *adj.*

cirurgião (ci-rur-gi-ão) *subst.masc.* Médico, dentista ou veterinário que faz cirurgias. [Pl.: *cirurgiões.*]

cisco (cis-co) *subst.masc.* Grão, poeira ou outra partícula. *Caiu um **cisco** no meu olho.*

cismar (cis-mar) *verbo* **1** Se você **cisma**, você fica pensando muito em alguma coisa. **2** Teimar, insistir em fazer algo. *Beto **cismou** de brincar na chuva.* **3** Ao **cismar** com uma pessoa, você está sendo implicante com ela. *O pai **cismou** com o namorado da filha.* ~ **cisma** *subst.fem.*

cisne (cis-ne) *subst.masc.* Ave parecida com os patos, só que maior e com pescoço muito longo. O **cisne** vive perto de rios e lagoas e normalmente é branco.

citar (ci-tar) *verbo* **1** Dizer ou usar o nome, as ideias de um autor, compositor etc. *No discurso de final de ano, **citamos** vários professores.* **2** Dar exemplos que esclareçam alguma ideia ou informação. *Quem pode **citar** duas características dos insetos?* ~ **citação** *subst.fem.*

ciúme (ci-ú-me) *subst.masc.* **1** Reação de raiva ou mágoa que sentimos por imaginar que outra pessoa possa tentar nos roubar um amor, um amigo ou algo que nos pertence. *O Pedro tem **ciúme** da sua bicicleta.* **2** Sentimento semelhante, mas provocado por se desejar ter as qualidades e posses de outra pessoa. *A beleza da Gisele causa **ciúme** a algumas outras modelos.* ~ **ciumento** *adj. subst.masc.*

civilização (ci-vi-li-za-ção) *subst.fem.* Sociedade organizada com alto nível de desenvolvimento cultural e político. *A antiga **civilização** grega influenciou muito as **civilizações** modernas.* [Pl.: *civilizações*.]

civilizado (ci-vi-li-za-do) *adj.* Uma nação, uma pessoa ou uma ação **civilizada** mostra boa educação, cultura, respeito pelo outro. *O casal teve uma conversa **civilizada**.* ~ **civilizar** *verbo*

clara (cla-ra) *subst.fem.* Parte transparente de dentro do ovo, que fica branca quando ele está cozido ou frito. *Gosto da gema mole e da **clara** torrada.*

clarear (cla-re-ar) *verbo* **1** Deixar claro, com luz. *Precisamos de uma lanterna para **clarear** o caminho.* **2** O céu **clareia** quando a manhã chega e o Sol aparece. *Maria se levantava antes de **clarear**.* **3** **Clarear** também é deixar mais claro. *Este sabão é próprio para **clarear** roupa.* [Antôn. geral: *escurecer*.]

claridade (cla-ri-da-de) *subst.fem.* **1** O que é claro, luminoso tem **claridade**. *O fotógrafo queria aproveitar a **claridade** do dia.* **2** Luz forte. *Meus olhos não suportam **claridade**.*

claro (cla-ro) *adj.* **1** Um ambiente **claro** é um local que recebe luz. *A mesa de estudo deve ficar em um lugar **claro**.* [Antôn.: *escuro*.] **2** A água **clara** é transparente. *A água do mar é tão **clara** que vejo o fundo.* **3** Uma cor não muito forte é uma cor **clara**. *Prefiro usar roupas **claras** no verão.* [Antôn.: *escuro*.] **4** Uma explicação **clara** é fácil de entender. *Então pessoal, fui **claro**?* [Antôn.: *confuso*.] **5** Sem nenhuma dúvida, notado por todos. *É **claro** que Rita não está mentindo.* [Sinôn.: *evidente*.]

classe (clas-se) *subst.fem.* **1** Conjunto de seres ou objetos que têm características semelhantes. *Baleias e morcegos são animais que pertencem à **classe** dos mamíferos.* **2** **Classe** também é o conjunto de pessoas que possuem a mesma profissão ou a mesma situação econômica. *A **classe** dos médicos e a dos professores uniram-se para combater a dengue. As **classes** econômicas no Brasil são dividas por letras: A, B, C, D e E.* **3** *informal* Você diz que uma pessoa tem **classe** quando ela é elegante e educada. **4** Grupo de alunos que assiste a uma aula. *Há poucos meninos na **classe** de Glória.* [Sinôn.: *turma*.] **5** Também é **classe** o lugar onde são dadas as aulas. *Quando o professor entra em **classe**, todos o cumprimentam.* **6** Alguns meios de transporte são divididos em **classes**, de acordo com o preço que cobram e com o atendimento. *A passagem da primeira **classe** é bem mais cara que a da **classe** econômica.* **classe de palavras** GRAM Conjunto de palavras agrupadas por características parecidas, na forma e no significado. As **classes de palavras** são substantivo, adjetivo, artigo, pronome, numeral, verbo, advérbio, preposição, conjunção e interjeição. [Sinôn.: *categoria gramatical*.]

clássico (clás-si-co) *adj.* **1** O que é **clássico** obedece a um padrão formal e de tradição. *O filme teve um final **clássico**: o galã casou com a mocinha.* *subst.masc.* **2** Obra ou autor muito respeitado e visto como exemplo. *Os **clássicos** da literatura devem ser lidos.* **3** Jogo entre times importantes que são rivais há muito tempo. *Hoje, será o fim de semana dos **clássicos** no Brasil.*

classificar (clas-si-fi-car) *verbo* **1** Arrumar ou organizar, separando em diferentes grupos. *A secretária **classificou** os textos pela ordem alfabética dos títulos.* **2** **Classificar** também é colocar algo numa classe porque tem certas características. *A professora **classificou** a baleia como mamífero.* **3** Quem se **classifica** num concurso pode participar dele. Quem se **classifica** em primeiro lugar ocupa a primeira posição numa competição. ~ **classificação** *subst.fem.*

clicar (cli-car) *verbo* Apertar um botão, como o do *mouse* do computador ou o de uma máquina fotográfica.

cliente (cli-en-te) *subst.masc.fem.* Quem paga para usar serviços de um profissional ou de uma empresa. *O bom advogado tem muitos **clientes**. Os **clientes** deste banco são bem tratados.*

clima (cli-ma) *subst.masc.* **1** O conjunto das condições do tempo, como a temperatura, a umidade do ar, o vento, a pressão atmosférica, determina o **clima** de uma região. *O **clima** da montanha faz bem para a saúde.* **2** *informal* Conjunto de atitudes e situações que tornam o convívio entre as pessoas agradável ou não. *Depois da discussão entre os pais, o **clima** da reunião ficou tenso.* ~ **climático** *adj.*

clonar (clo-nar) *verbo* **1** BIO Gerar uma célula, planta ou animal igual a outro. *Os agricultores **clonaram** mudas de cacau.* **2** *informal* Fazer cópia ou imitação ilegal. *A quadrilha **clonava** cartões de banco e telefones celulares.* ~ **clonagem** *subst.fem.*

clone (clo-ne) *subst.masc.* BIO Animal ou planta idêntico a outro animal ou planta. O **clone** é produzido em laboratório a partir das células de um organismo.

clorofila (clo-ro-fi-la) *subst.fem.* BIO Substância de cor verde dos vegetais, essencial para a fotossíntese.

clube (clu-be) *subst.masc.* **1** Grupo de pessoas que se reúne para lazer, prática de esportes ou para conversas sobre assuntos de interesse comum. *No bairro de Cecília foi criado um **clube** de leitura.* **2** Lugar em que essas pessoas se reúnem. **3** Estabelecimento que oferece atividades de lazer, esporte ou cultura. As pessoas podem se tornar sócias dos **clubes**. *Marta ia ao **clube** da sua cidade todos os dias.* **4** Um time que participa de competições esportivas também é chamado de **clube**.

coagular (co-a-gu-lar) *verbo* Deixar de estar líquido e passar a ser algo mais sólido ou formar uma massa. *Para fazermos o iogurte, o leite precisa **coagular**. Este medicamento ajudará o sangue a **coagular**.*

coalhada (co-a-lha-da) *subst.fem.* Leite coalhado.

coalhar (co-a-lhar) *verbo* Quando o leite **coalha**, ele fica espesso, quase sólido.

coaxar (co-a-xar) *verbo* Quando a rã ou o sapo **coaxam**, eles produzem um som que é comum a eles.

cobaia (co-bai-a) *subst.fem.* **1** Qualquer animal ou pessoa usado em uma experiência científica. *As vacinas sempre são testadas em **cobaias**.* **2** **Cobaia** também é outro nome para porquinho-da-índia.

→ Para entender melhor por que os cientistas usam bichos em suas pesquisas e como esse trabalho é feito, leia o texto "Animais em laboratório" na revista *Ciência Hoje das Crianças on-line*.

---

coberta (co-ber-ta) *subst.fem.* O que usamos para forrar a cama ou para nos cobrir enquanto dormimos ou descansamos. Cobertores, edredons e colchas são **cobertas**.

cobertor (co-ber-tor) \ô\ *subst.masc.* Coberta grossa, de lã ou outro material, que usamos em dias mais frios. [Pl.: *cobertores*.]

cobertura (co-ber-tu-ra) *subst.fem.* **1** Tudo o que serve para cobrir ou proteger como tampa, toldo, telhado etc. *Coloquei uma **cobertura** sobre as gaiolas.* **2** Creme ou calda colocado por cima de doces, bolos, sorvetes etc. *Quero o meu sorvete com **cobertura** de chocolate e de caramelo.* **3** Apartamento construído sobre a laje do último andar de um edifício. *A família mudou-se para uma **cobertura** em frente à praia.* **4** Registro de um evento feito pela imprensa. *A eleição do presidente teve **cobertura** completa de todos os jornais.* **5** Proteção dada a parceiros de um mesmo time ou equipe. *Os irmãos deram **cobertura** para o amigo entrar escondido na casa.*

cobra ▼ (co-bra) *subst.fem.* **1** Réptil que tem o corpo comprido, coberto de escamas e sem pernas. As **cobras** podem ser venenosas ou não. Elas rastejam e algumas nadam. *adj.masc.fem.* **2** Alguém é **cobra** quando é muito bom no que faz. *Ele é **cobra** em matemática.* ☛ Neste sentido, esta palavra pode ser usada como subst.: *Na gincana só havia **cobras**.*

Há **cobras** de diversos tamanhos e cores.

cobrança (co-bran-ça) *subst.fem.* **1** Quando cobramos um pagamento, uma dívida ou mesmo uma atitude de alguém, o que estamos fazendo é uma **cobrança**. *Chegou a **cobrança** do pagamento da escola.* **2** Quando um jogador cobra uma falta, ele está fazendo a **cobrança** dessa falta.

cobrar (co-brar) *verbo* **1** Pedir para receber de alguém o dinheiro que lhe emprestou. *O síndico **cobrou** do vizinho os dez reais pelo conserto.* **2** Pedir que alguém faça o que tinha prometido ou o que deveria fazer e não fez. *Rita **cobrou** do irmão o passeio ao museu.* **3** ESP Em futebol, basquetebol etc., chutar ou arremessar a bola, porque o adversário fez uma falta ou para cumprir uma regra do jogo. ~ **cobrador** *subst.masc.*

cobre (co-bre) *subst.masc.* **1** Metal avermelhado, muito usado em fios de eletricidade e canos. *Os canos de água quente foram feitos de **cobre**.* **2** *informal* É o mesmo que dinheiro. *Preciso arranjar um jeito de ganhar uns **cobres**.*

cobrir (co-brir) *verbo* **1** Colocar algo para tapar ou proteger. ***Cobriram** o buraco com terra. Raissa **cobriu** o irmão com o lençol.* [Antôn.: *descobrir*.] **2** Encher, colocar sobre toda a superfície. ***Cobrimos** a piscina com bolas brancas.* **3** Fazer uma reportagem, um programa, uma notícia etc. sobre algum acontecimento. *Os jornais irão **cobrir** o casamento da princesa.*

coça (co-ça) *subst.fem.* *informal* Quem dá uma **coça** bate muito em alguém. *Alberto ficou de castigo por dar uma **coça** no irmão.* [Sinôn.: *surra*.]

cocar (co-car) *subst.masc.* Enfeite de cabeça feito de penas e usado pelos índios. [Pl.: *cocares*.]

coçar (co-çar) *verbo* **1** Quando o seu corpo **coça**, você sente vontade de esfregar as unhas contra a pele. *Minha perna está **coçando**, o que será?* **2** Esfregar a pele com as unhas ou algum objeto para diminuir a coceira. *O cavalo **coçava** as costas na parede.*

cócega (có-ce-ga) *subst.fem.* Sensação causada por toques em certos pontos do corpo. A **cócega**, normalmente, dá vontade de rir. [Sinôn.: *cosca*.] ☛ Esta palavra é mais usada no plural.

coceira (co-cei-ra) *subst.fem.* Grande vontade de se coçar. *Essa blusa dá uma **coceira**!*

cocheiro (co-chei-ro) *subst.masc.* Pessoa que conduz um veículo puxado por cavalos. *As carruagens são guiadas por um **cocheiro**.*

cochichar (co-chi-char) *verbo* Falar bem baixinho, geralmente um segredo. [Sinôn.: *sussurrar*.] ~ **cochicho** *subst.masc.*

cochilar (co-chi-lar) *verbo* **1** Dormir sono bem leve, por pouco tempo. **2** *informal* **Cochilar** também é errar alguma coisa por descuido. ~ **cochilo** *subst.masc.*

cocho (co-cho) \ô\ *subst.masc.* Tronco oco ou algo com essa forma, usado especialmente para colocar alimento para o gado. ☛ Não confundir com *coxo*.

coco (co-co) \ô\ *subst.masc.* **1** Fruto grande, arredondado e de casca muito dura. Quando o **coco** está verde, ele tem muita água e pouca polpa. Quando está maduro, tem mais polpa do que líquido. **2** Fruto de algumas palmeiras, também de casca dura e arredondado. ~ **coqueiro** *subst.masc.*

cocô (co-cô) *subst.masc.* *informal* É o mesmo que fezes.

código ◢ (có-di-go) *subst.masc.* **1** Conjunto de sinais, letras, números secretos que transmitem uma mensagem ou guardam um segredo. *Os espiões usavam um **código** entre eles.* **2** Conjunto de leis, normas ou regulamentos. *Para tirar carteira de motorista é preciso conhecer o **código** de trânsito.* **código de barras** Conjunto de barras paralelas que representam números e letras. Para ler um **código de barras** é preciso uma máquina especial. *O **código de barras** deste sabão indica um preço diferente do que está na prateleira.*

Código de barras.

codorna (co-dor-na) *subst.fem.* Ave de corpo arredondado e bico pequeno. Uma espécie de **codorna** é usada como presa de caça, a outra fornece carne e ovos, usados na alimentação humana.

coelho (co-e-lho) \ê\ *subst.masc.* Mamífero roedor, herbívoro, de orelhas compridas, cauda curta e pelo macio. Os **coelhos** costumam viver em tocas, mas podem ser criados como animais de estimação.

cofre (co-fre) *subst.masc.* Lugar onde se guarda dinheiro ou objeto de valor, geralmente resistente e com segredo ou chave. Uma caixa, um móvel e até uma sala podem ser um **cofre**.

cogumelo ▼ (co-gu-me-lo) *subst.masc.* Parte de um fungo, geralmente formado de um pé curto e um topo arredondado. Alguns **cogumelos** são comestíveis e outros são venenosos.

coice (coi-ce) *subst.masc.* Golpe forte que alguns animais, como o cavalo e o burro, dão com as patas de trás.

coincidência (co-in-ci-dên-cia) *subst.fem.* **1** Quando acontecimentos ocorrem ao mesmo tempo, houve uma **coincidência**. *Mas que **coincidência** encontrar você aqui!* **2** Quando ideias, opiniões, objetivos etc. são iguais ou parecidos, há entre eles **coincidência**. *Estamos trabalhando juntas por haver **coincidência** nos nossos interesses.*

coisa (coi-sa) *subst.fem.* **1** Qualquer objeto ou ser inanimado. *Minha gaveta está cheia de **coisas**.* **2** Algo que não sabemos ou não queremos nomear. *Que **coisa** é essa no seu cabelo? Estou sentindo uma **coisa** na minha barriga.* **3** Um acontecimento, um fato. *Vou te contar uma **coisa**, mas não espalha.*

coitado (coi-ta-do) *subst.masc.* **1** Pessoa infeliz. *Tenho pena daquele pobre **coitado**.* *interjeição* **2** **Coitado** expressa dó, pena etc. ***Coitado**! Foi expulso a pontapés.*

cola (co-la) *subst.fem.* **1** Substância pegajosa, usada para grudar uma coisa na outra. **2** *informal* Cópia da resposta ou anotação que uma pessoa usa escondida durante uma prova. *O professor viu a **cola** do aluno debaixo do estojo.*

colaborar (co-la-bo-rar) *verbo* **1** Trabalhar junto com outras pessoas para alcançar um objetivo, cumprir uma tarefa etc. *Todos **colaboraram** com a campanha do quilo.* **2** Ter influência em algo. *O desmatamento **colabora** para o aquecimento global.*

[1]**colar** (co-lar) *subst.masc.* Enfeite que se usa no pescoço. [Pl.: *colares*.]

Colar veio do latim *collare*, que também quer dizer "enfeite para o pescoço".

[2]**colar** (co-lar) *verbo* **1** Grudar uma coisa na outra com cola. **2** **Colar** também é ficar bem perto de alguma coisa ou de alguém. *Se você **colar** no para-choque do carro da frente, pode causar um acidente.* **3** *informal* **Copiar** escondido as respostas de uma prova, um teste ou um exercício de outra pessoa ou de um papel. *Quem **colar** na prova será retirado da sala.* [Sinôn. para 1 e 2: *grudar*. Antôn. para 1 e 2: *descolar, desgrudar*.]

O verbo **colar** veio da palavra *cola*.

colcha (col-cha) \ô\ *subst.fem.* Peça de tecido mais grosso que colocamos na cama para cobri-la e deixá-la arrumada. ☛ Não confundir com *coxa*.

colchão (col-chão) *subst.masc.* Peça forrada de material macio, colocada na horizontal sobre a cama. Sobre o **colchão** é colocado o lençol. [Pl.: *colchões*.]

colchonete (col-cho-ne-te) *subst.masc.* Colchão fininho e flexível que pode ser transportado para qualquer lugar.

coleção (co-le-ção) *subst.fem.* **1** Conjunto de objetos que têm alguma característica em comum. *Laura tem uma **coleção** de porquinhos de brinquedo.* **2** Conjunto de vários modelos de roupas que será usado em uma mesma estação do ano. *A loja lançou a **coleção** de primavera.* **3** Conjunto de livros publicados por uma editora com o mesmo nome. *Iara leu toda a **coleção** "Animais Marinhos".* [Pl.: *coleções*.]

colecionar (co-le-cio-nar) *verbo* Fazer a coleção de alguma coisa. *Vítor **coleciona** moedas antigas.* ~ **colecionador** *subst.masc.*

colega (co-le-ga) *subst.masc.fem.* **Colegas** são pessoas que estudam ou trabalham no mesmo lugar ou têm a mesma profissão. *Pedro é meu **colega**, também é escritor.*

colégio (co-lé-gio) *subst.masc.* É o mesmo que escola. **colégio eleitoral** Conjunto dos eleitores de certa região, local, município, estado etc. *O **colégio eleitoral** do Pará elegeu seu governador.*

coleira (co-lei-ra) *subst.fem.* Faixa em volta do pescoço de cães e de outros animais, usada especialmente para prendê-los e evitar que fujam.

coleta (co-le-ta) *subst.fem.* Se você recolhe algo como informações, dinheiro, lixo ou material para exame, você está fazendo uma **coleta.** *As turmas farão a **coleta** dos alimentos e os professores ajudarão a distribuí-los.* ~ **coletar** *verbo*

colete (co-le-te) \ê\ *subst.masc.* Peça de roupa curta, sem gola e sem mangas, que cobre o tronco e é usada por cima da camisa.

coletivo (co-le-ti-vo) *adj.* **1** O que é **coletivo** envolve muitas pessoas, pertence a muitos ou pode ser usado por muitos. *No acampamento, usamos o banheiro **coletivo**. O lanche hoje será **coletivo**.* *subst.masc.* **2** Meio de transporte, principalmente o ônibus, em que cabem muitas pessoas. **3** GRAM Palavra que, no singular, expressa um conjunto. *A palavra "bando" é um **coletivo**.* ☛ Neste sentido, esta palavra pode ser usada como adj.: *substantivo **coletivo**.*

colheita (co-lhei-ta) *subst.fem.* **1** Quando você pega os produtos das plantações, você está fazendo a **colheita.** *A **colheita** da soja acontece no início do outono.* ☛ Ver ilustração na p. 486. **2 Colheita** é também o conjunto dos produtos colhidos. *Dizem que a **colheita** do arroz será boa este ano.*

colher (co-lher) *subst.fem.* **1** Talher com uma ponta arredondada e funda, usado para misturar, servir e para levar alimentos líquidos à boca. **2** Também chamamos de **colher** o que esse talher é capaz de conter. *A receita dizia para colocarmos três **colheres** de açúcar.* **dar uma colher de chá** *informal* Se alguém lhe **dá uma colher de chá**, deixa as coisas mais fáceis para você. [Pl.: *colheres.* Dimin.: *colherinha, colherzinha.*]

colher (co-lher) \ê\ *verbo* **1** Fazer a colheita. *Já está na época de **colher** os caquis.* **2** Tirar flores de seus ramos, da terra etc. *As crianças **colheram** rosas pelo caminho.* **3** Conseguir informações, dados etc. *A turma saiu para **colher** informações sobre o bairro com os moradores.*

colibri (co-li-bri) *subst.masc.* É o mesmo que beija-flor.

cólica (có-li-ca) *subst.fem.* MED Dor em algum órgão da região abdominal.

colina (co-li-na) *subst.fem.* Pequena elevação de terreno, semelhante a um monte. *Do alto da **colina** avistamos toda a cidade.*

colmeia ◣(col-mei-a) \éi\ *subst.fem.* Lugar onde mora uma comunidade de abelhas.

colo (co-lo) *subst.masc.* **1** Quando uma pessoa está sentada, **colo** é o espaço entre a cintura e os joelhos. *Carol dormia com a cabeça no **colo** da avó.* **2** O pescoço e a parte superior do peito formam o **colo.** **3** Quando você carrega algo na parte da frente do peito, segurando com os braços, você está carregando isso no **colo.**

colocar (co-lo-car) *verbo* **1** Quando você **coloca** alguma coisa ou alguém em um lugar, é lá que ele fica. ***Coloquei** os livros na estante.* **2** Fixar ou colar em alguma superfície. *O pintor vai **colocar** os quadros na parede.* **3** Vestir. ***Colocou** a roupa na boneca.* [Sinôn. para 1 e 3: *pôr.* Antôn. geral: *tirar.*]

colônia (co-lô-nia) *subst.fem.* **1** Região que é comandada por um país e fica fora do território desse país. *O Brasil já foi **colônia** de Portugal.* **2** Conjunto de pessoas que habitam o mesmo país ou a mesma cidade, mas nasceram todas em um outro lugar. *A **colônia** italiana de São Paulo é bem grande.* **3** BIO Conjunto de seres que são de uma mesma espécie e vivem juntos. As formigas e as bactérias vivem em **colônias.**

colonial (co-lo-ni-al) *adj.masc.fem.* **Colonial** quer dizer relacionado a colônia. *O período **colonial** do Brasil acabou em 1822, com a independência. O biólogo estuda a vida **colonial** das abelhas.* [Pl.: *coloniais.*]

colorido (co-lo-ri-do) *adj.* **1** O que é **colorido** tem várias cores. *Luisa pintou um quadro bem **colorido**.* ☛ Neste sentido, esta palavra pode ser usada como subst.: *O **colorido** do desenho é lindo.* **2** O que tem alguma cor é **colorido** também. *Preferimos usar um papel **colorido**.* [Antôn.: *incolor*.]

colorir (co-lo-rir) *verbo* Colocar uma ou mais cores em algo. *Sebastião gosta de **colorir** os desenhos do livro.* [Sinôn.: *pintar*.]

coluna ▼ (co-lu-na) *subst.fem.* **1** Estrutura alta e em forma de cilindro que sustenta ou enfeita construções. *A igreja tinha **colunas** de mármore.* **2** Cada uma das divisões verticais de uma página. *O texto deste dicionário está em duas **colunas**.* **3** Seção de um jornal ou revista que costuma ter textos de um mesmo autor ou sobre um mesmo assunto. *Muitos queriam aparecer na **coluna** social da revista.* **coluna vertebral** ANAT Estrutura formada pelas vértebras, postas umas sobre as outras, nas costas dos seres humanos e de outros animais. [Sinôn.: *espinha*.] ☛ Ver ilustração na p. 478.

Colunas de sustentação.

com *preposição* **1** Se uma pessoa ou uma coisa está **com** outra, as duas estão juntas. *Samuel foi **com** Rute ao cinema. Marcelo gosta de café **com** leite.* **2** Se você faz algo **com** alegria ou **com** raiva, por exemplo, isso mostra um modo de ser ou de agir. *Susana cozinha **com** prazer.* **3** Se você corta o pão **com** a faca, isso é o meio ou o instrumento que você usa para cortar. *Iara pegou a sujeira **com** a mão.*

comadre (co-ma-dre) *subst.fem.* A madrinha de uma criança é **comadre** dos pais da criança. E a mãe da criança é **comadre** da madrinha e do padrinho. [Masc.: *compadre*.]

comandante (co-man-dan-te) *subst.masc.* **1** Oficial que comanda as operações militares. *O **comandante** cumprimentou a tropa.* *subst.masc.fem.* **2** Qualquer pessoa que exerça o comando. *Na cozinha, a **comandante** sou eu.*

comandar (co-man-dar) *verbo* Quem **comanda** um grupo dá ordens e orientações a esse grupo e tem autoridade sobre ele.

comando (co-man-do) *subst.masc.* **1** Função do comandante. *Agora estou no **comando** do restaurante.* [Sinôn.: *controle*.] **2** Responder a um **comando** é obedecer a uma instrução, ordem. *Sigam o meu **comando** e apaguem a lanterna.*

combate (com-ba-te) *subst.masc.* **1** Luta entre tropas inimigas, com menos pessoas, mais rápida e menos intensa que uma batalha. *O **combate** foi violento e rápido.* **2** Uma disputa também é chamada de **combate**. *Já foi marcado o **combate** entre os dois maiores jogadores de xadrez da escola.*

combater (com-ba-ter) *verbo* **1** Participar de uma batalha, uma guerra. *Meu bisavô **combateu** na Itália contra os alemães.* **2** Lutar contra alguma coisa, como uma situação, um mal, uma doença etc. *Os remédios vão **combater** a febre alta.*

combinação (com-bi-na-ção) *subst.fem.* **1** Organização de coisas que ficarão juntas, como, por exemplo, os números de uma senha. **2** Acordo entre duas pessoas que combinam fazer uma coisa. [Pl.: *combinações*.]

combinar (com-bi-nar) *verbo* **1** Juntar coisas parecidas ou diferentes, colocando as duas em harmonia. Se duas coisas **combinam**, ficam bem juntas. *Na sala, a cortina **combinava** com a cor da parede.* **2** Se você **combina** algo com alguém, vocês dois se comprometem a fazer uma coisa juntos ou do mesmo jeito. *Rute e Samuel **combinaram** que iriam embora juntos.*

combustível (com-bus-tí-vel) *subst.masc.* Substância, como madeira, petróleo etc., que é queimada para produzir energia. Um **combustível** pode ser usado para aquecer, cozinhar ou para fazer os veículos andarem. *Gasolina, álcool e gás natural são **combustíveis** usados no Brasil.* [Pl.: *combustíveis*.] ☛ Esta palavra pode ser usada como adj.: *gás **combustível**.*

começar (co-me-çar) *verbo* Dar ou ter início. *O vereador **começou** o discurso agradecendo. As aulas **começam** em fevereiro.* [Antôn.: *terminar*.]

começo (co-me-ço) \ê\ *subst.masc.* Primeira parte ou primeiro momento de algo. *O **começo** do dia é a manhã. Perdemos o **começo** do filme porque chegamos atrasados.* [Sinôn.: *início, princípio.* Antôn.: *fim.*]

comédia (co-mé-dia) *subst.fem.* **1** Uma peça de teatro, um filme ou um programa de TV ou rádio que faça rir é uma **comédia**. *Ontem assistimos a uma **comédia** excelente.* **2** Qualquer fato ou pessoa engraçada também é chamado de **comédia**.

comemorar (co-me-mo-rar) *verbo* **Comemoramos** quando acontece algo que é muito bom e nos deixa felizes. Às vezes, **comemoramos** fazendo uma festa. *Filipe **comemorou** o gol pulando muito.* ~ **comemoração** *subst.fem.*

comentar (co-men-tar) *verbo* **1** Conversar fazendo observações, dando opiniões sobre um fato. *Todos **comentaram** o resultado do jogo.* **2** Fazer uma análise sobre um livro, um filme, um quadro etc. *Depois da sessão, os atores e o público **comentaram** o trabalho.*

comentário (co-men-tá-rio) *subst.masc.* Observação sobre alguém, algum fato, um livro etc. *Todos queriam saber os **comentários** sobre a prova.*

comer (co-mer) *verbo* **1** Colocar alimentos na boca, mastigá-los e engoli-los a fim de se alimentar. *Devemos **comer** legumes e verduras todos os dias.* **2** Em jogos de damas e xadrez, eliminar peças do adversário. *Se fizer esta jogada, vou **comer** duas peças suas.*

comercial (co-mer-ci-al) *subst.masc.* **1** Propaganda transmitida por rádio ou televisão, geralmente no intervalo dos programas. *Você já viu o **comercial** daquele carrinho que se transforma em um robô?* *adj.masc.fem.* **2** **Comercial** quer dizer relacionado ao comércio. Uma atividade **comercial** é uma atividade ligada ao comércio; um produto **comercial** é um produto para ser vendido. **3** Um prédio **comercial** é um prédio com lojas, escritórios, consultórios etc. [Pl.: *comerciais.*]

comércio (co-mér-cio) *subst.masc.* **1** Troca ou venda de coisas para gerar lucro. *O **comércio** de alguns animais silvestres é proibido no Brasil.* **2** Conjunto de lojas de um bairro ou de uma cidade. *O **comércio** fechou ontem porque era feriado.*

comestível (co-mes-tí-vel) *adj.masc.fem.* Tudo que é **comestível** está bom para ser comido ou é próprio para ser comido. *A fruta é a parte **comestível** de certos vegetais.* [Pl.: *comestíveis.*]

cometa (co-me-ta) \ê\ *subst.masc.* Astro que gira em torno do Sol deixando atrás de si um rastro luminoso.

cometer (co-me-ter) *verbo* Fazer algo, geralmente não muito positivo. *Todos **cometem** erros. O rapaz **cometeu** um crime.*

comício (co-mí-cio) *subst.masc.* Manifestação em espaços abertos em que políticos e figuras públicas fazem discursos para muitas pessoas.

comida (co-mi-da) *subst.fem.* **1** Tudo aquilo que nos alimenta é **comida**. *Ainda há muita **comida** na geladeira.* **2** *informal* **Comida** também é a refeição que fazemos. *Ninguém vai ver televisão na hora da **comida**.* **3** Conjunto de pratos de uma região ou o modo de alguém cozinhar. *A **comida** do Nordeste costuma ter muita pimenta.*

comigo (co-mi-go) *pron.pessoal* **Comigo** é a palavra que usamos no lugar de "com mim". *Peguei a caderneta do José, ela está **comigo**.*

como (co-mo) *conjunção* **1** Usamos **como** para dizer que uma coisa se parece com outra. *Hoje Márcia está cantando **como** um passarinho.* **2** Usamos **como** para explicar algo ou para dizer por que algo aconteceu. ***Como** estava atrasado, Samuel não conseguiu ver o filme.* *advérbio* **3** Também usamos **como** para perguntar de que jeito é uma coisa ou de que jeito ela aconteceu. *Papai, **como** você sabia que eu não tinha feito o dever?*

cômodo (cô-mo-do) *subst.masc.* **1** Cada uma das partes de uma casa. *O apartamento que está à venda tem cinco **cômodos** no total.* *adj.* **2** Confortável. *Vovô precisa de uma almofada **cômoda** para as costas.*

compadre (com-pa-dre) *subst.masc.* O padrinho de uma criança é **compadre** dos pais da criança. E o pai da criança é **compadre** da madrinha e do padrinho. [Fem.: *comadre.*]

companheiro (com-pa-nhei-ro) *subst.masc.* **1** Quem ajuda as pessoas, apoiando quando elas precisam, é um **companheiro**. **2** Homem que vive com uma mulher como se fosse marido, mesmo não sendo casado com ela.

companhia (com-pa-nhi-a) *subst.fem.* **1** Quem está junto de alguém, acompanhando. *Gisele ficou sem **companhia** para o baile.* **2** Presença de animais ou de pessoas por perto. *Os idosos gostam de **companhia**.* **3** União de pessoas para uma atividade comum. *Liliane entrou para uma **companhia** de dança.* **4** Estabelecimento comercial ou industrial. *A **companhia** de petróleo gera lucro para o país.*

comparar (com-pa-rar) *verbo* Observar dois ou mais objetos, seres, ideias etc. para encontrar suas semelhanças e diferenças. *Flávia **comparou** os dois pedaços de bolo antes de escolher o seu.* ~ **comparação** *subst.fem.*

comparecer (com-pa-re-cer) *verbo* Ir ou estar em algum local onde se é esperado. *Que bom! Todos os convidados **compareceram**.* [Antôn.: *faltar*.] ~ **comparecimento** *subst.masc.*

compartilhar (com-par-ti-lhar) *verbo* **1** Dividir em partes para dar a pessoas diferentes. *Esta empresa **compartilha** os lucros com os empregados.* [Sinôn.: *repartir*.] **2** Usar em conjunto. *Os dois irmãos **compartilham** o mesmo quarto e os mesmos brinquedos.* **3** Fazer parte de uma mesma situação que outra pessoa, ter os mesmos sentimentos que ela. *Todos **compartilharam** da vitória de Rodrigo.* **4** **Compartilhar** um segredo ou uma experiência é contar isso para outra pessoa.

compartimento (com-par-ti-men-to) *subst.masc.* Cada uma das partes em que é dividida uma casa, um móvel etc.

compasso (com-pas-so) *subst.masc.* **1** Instrumento de desenho com duas hastes móveis presas em uma extremidade. Uma ponta do **compasso** fica apoiada no papel e com a outra se desenha uma circunferência ou se marca uma medida. **2** MÚS Divisão da pauta musical em partes iguais. O início e o fim de cada **compasso** é marcado por uma linha vertical. ☛ Ver ilustração de *partitura*.

Compasso para desenho.

compensar (com-pen-sar) *verbo* **1** Estabelecer o equilíbrio entre as coisas. *Coloque um pedaço de madeira para **compensar** os pés da mesa.* **2** Fazer algo, positivo ou não, para que haja equilíbrio com o que foi feito em sentido oposto. *O pedido de desculpas **compensou** a ofensa.* ~ **compensação** *subst.fem.*

competência (com-pe-tên-cia) *subst.fem.* **1** Capacidade de fazer bem determinada coisa. *A **competência** do Carlos como professor é enorme.* [Antôn.: *incompetência*.] **2** Responsabilidade que cabe a alguém ou a algo. *Falar com os pais de alunos é da **competência** da diretora.* ~ **competente** *adj.masc.fem.*

competição (com-pe-ti-ção) *subst.fem.* **1** Prova esportiva em que concorrem pessoas ou equipes. *Nadava bem, mas não participava de **competições**.* **2** Situação em que uma pessoa ou um grupo tenta conseguir um resultado melhor que outra pessoa ou grupo. *Qual dos jornais ganhará a **competição** por mais leitores?* [Sinôn. geral: *disputa*. Pl.: *competições*.]

competir (com-pe-tir) *verbo* **1** Entrar em competição com uma pessoa ou um grupo. *Márcia **competia** com Joana na corrida.* **2** **Competir** também significa ser de obrigação de alguém. *A educação das crianças **compete** à escola e à família.*

complemento (com-ple-men-to) *subst.masc.* **1** O que se acrescenta a algo para deixá-lo completo ou melhor. *A sobremesa é o **complemento** da refeição.* **2** GRAM Na frase "Bebi água", "água" é o **complemento** do verbo "beber", porque, junto com o verbo, deixa o sentido completo. ~ **complementar** *verbo adj.masc.fem.*

completamente (com-ple-ta-men-te) *advérbio* **1** Por completo. Por exemplo, um balde **completamente** vazio não tem mais nada dentro. **2** Muito, ao máximo, demais. *Depois da faxina, Aline ficou **completamente** suja.* [Sinôn. geral: *totalmente*.]

completar (com-ple-tar) *verbo* **1** Acrescentar a uma coisa o que falta para torná-la completa ou perfeita. *Patrícia **completou** o álbum de figurinhas.* **2** Fazer algo até o final. *Adriana foi a última, mas **completou** a corrida.* **3** **Completar** também é chegar a um número ou valor. *Mateus **completou** dez anos de vida.*

completo (com-ple-to) *adj.* **1** Uma coisa **completa** tem tudo de que precisa ou tudo o que deveria mesmo ter. *O time já está **completo**, o jogo pode começar. Com Nélida, a festa está **completa**.* **2** Com todos os espaços ou vagas ocupados. *O ônibus está **completo**, todos os passageiros já entraram.* [Sinôn.: *cheio*.] **3** Atividade ou trabalho **completo** também é aquele que foi concluído. *O trabalho da escola está **completo**. Deu uma volta **completa** no quarteirão.* [Antôn. geral: *incompleto*.]

complicar (com-pli-car) *verbo* **1** Tornar mais difícil que o necessário. *Por que você **complicou** tanto a explicação do caminho?* **2** Deixar ou ficar mais grave, pior. *O estado do paciente se **complicou**.* ~ **complicação** *subst.fem.*

compor (com-por) *verbo* **1** Formar um time, grupo etc. ou fazer parte dele. *Vamos **compor** uma chapa para a próxima eleição do grêmio. Onze meninas **compõem** nosso time de futebol.* **2** Criar uma música, um poema, uma canção etc. ***Compus** estes versos em homenagem à natureza.*

comportamento (com-por-ta-men-to) *subst.masc.* **1** O modo como uma pessoa ou um animal age ou reage normalmente é o seu **comportamento**. Há pessoas de **comportamento** tranquilo; há animais de **comportamento** feroz. *Um **comportamento** impróprio nos cinemas é falar alto.* **2** Reação de uma coisa em determinadas circunstâncias. *Não sei qual será o **comportamento** dessa canoa no mar.*

comportar (com-por-tar) *verbo* **1** Se uma sala **comporta** 20 pessoas, 20 pessoas cabem nela. *Esta garrafa **comporta** um litro.* **2** O jeito como você se **comporta** é o jeito como você faz as coisas e fala com as pessoas. Você se **comporta** bem quando é educado e faz direito o que esperam que você faça.

composição (com-po-si-ção) *subst.fem.* **1** Para conhecer a **composição** de um produto ou de um grupo, você precisa saber o que faz parte dele e como ele está organizado. *A água entra na **composição** da maioria dos alimentos. Não se conhecia a **composição** da nova chapa.* **2** Tudo o que foi criado por alguém, especialmente uma obra de arte. *Adriana gosta das **composições** de Gilberto Gil.* **3** Uma redação escolar também é uma **composição**. *Fizemos uma **composição** sobre o carnaval.* [Pl.: *composições*.]

compositor (com-po-si-tor) \ô\ *subst.masc.* Pessoa que compõe música. [Pl.: *compositores*.]

composto (com-pos-to) \ô\ *adj.* Formado por mais de um elemento. Um substantivo **composto**, por exemplo, é formado de duas ou mais palavras. *Girassol e guarda-chuva são substantivos **compostos**.*

compota (com-po-ta) *subst.fem.* CUL Doce de fruta cozida e conservada em calda de açúcar.

compra (com-pra) *subst.fem.* **1** Você realiza uma **compra** quando paga para receber algo em troca. *Aquela agência faz **compra** e venda de automóveis usados.* [Antôn.: *venda*.] **2** **Compra** é também a mercadoria que foi comprada. *Entrei no supermercado e fiz umas **compras** para o lanche.*

comprar (com-prar) *verbo* **1** Quando você **compra** uma coisa, você paga um preço por ela e ela passa a ser sua. *Sebastiana **comprou** um anel.* [Antôn.: *vender*.] **2** **Comprar** também é tirar ou pedir uma ou mais cartas de baralho no monte, geralmente deixado sobre a mesa. ~ **comprador** *subst.masc.*

compreender (com-pre-en-der) *verbo* **1** Você **compreende** algo quando consegue saber do que os outros estão falando ou o que está acontecendo, sem ter dúvidas. *Sandra **compreendeu** o que seu irmão sentia.* **2** Ter algo em si, ter algo como sua parte. *A coleção **compreende** três livros.*

compreensão (com-pre-en-são) *subst.fem.* **1** Quem tem **compreensão** de algo sabe o que as pessoas estão falando ou o que está acontecendo, sem ter dúvidas. **2** Ter **compreensão** com alguém é tratar com carinho e paciência, mesmo quando essa pessoa faz uma besteira. [Pl.: *compreensões*.] ~ **compreensível** *adj.masc.fem.*

comprido (com-pri-do) *adj.* Grande em extensão ou em altura. *Esta mesa é tão **comprida** que cabem nela umas 12 pessoas. A castanheira-do-brasil tem um caule muito **comprido**.* [Antôn.: *curto*.]

comprimento (com-pri-men-to) *subst.masc.* Tamanho de algo, medido de uma ponta a outra.

O **comprimento** de uma rua é a distância entre o seu início e o seu fim. ☛ Não confundir com *cumprimento*.

comprimido (com-pri-mi-do) *subst.masc.* Remédio pequeno e duro que as pessoas engolem inteiro, quase sempre junto com um líquido.

comprometer (com-pro-me-ter) *verbo* **1** Sentir-se obrigado porque assumiu um compromisso. *Todos se **comprometeram** a chegar às sete da manhã.* **2** Causar algum dano ou prejuízo. *O mau uso **compromete** o bom funcionamento do aparelho.*

compromisso (com-pro-mis-so) *subst.masc.* O que temos que fazer porque somos obrigados ou porque prometemos a alguém. *A escola tem **compromisso** com o aprendizado dos alunos. Não cancele seus **compromissos** de hoje.*

comprovar (com-pro-var) *verbo* Mostrar prova de que algo aconteceu, está correto, existe mesmo. O que **comprova** algo serve de prova para isso. *Sandro **comprovou** que era estudante com sua carteira da escola. Os ossos encontrados **comprovam** que havia um cemitério aqui.* ~ **comprovação** *subst.fem.*

computador (com-pu-ta-dor) \ô\ *subst.masc.* INF Equipamento eletrônico capaz de armazenar e trabalhar com uma grande quantidade de dados. As pessoas usam o **computador** para escrever, calcular, desenhar, conectar-se à internet etc. [Pl.: *computadores.*]

comum (co-mum) *adj.masc.fem.* **1** O que é **comum** não é de um só, é de dois ou mais. *Cristina e Henrique têm um amigo **comum**.* [Antôn.: *exclusivo.*] **2** O que é **comum** também é de todos. *Este livro é de uso **comum**, não podemos levar para casa.* [Sinôn.: *coletivo*. Antôn.: *individual.*] **3** Um fato **comum** acontece muito ou sempre. *É **comum** alguém gritar quando sente dor.* [Sinôn.: *normal*. Antôn.: *incomum, raro.*] **4** O que é **comum** não tem nada de especial ou de diferente. *Helena vestia uma roupa **comum**.* [Antôn.: *incomum.*] **5** GRAM O substantivo **comum** dá nome a seres, coisas, sentimentos etc. e, por isso, é escrito com letra minúscula. Por exemplo, "cão" e "gato" são substantivos **comuns**. [Pl.: *comuns.*]

comunicação (co-mu-ni-ca-ção) *subst.fem.* **1** Quando a gente se relaciona com outras pessoas, entra em **comunicação** com elas. **2** Quando transmitimos uma mensagem ou fazemos um anúncio, estamos fazendo uma **comunicação**. *Recebemos a **comunicação** do casamento da Jane.* **3** Um corredor faz **comunicação** entre dois ou mais quartos. **4** Meios de **comunicação** se chamam o rádio, a imprensa, a televisão, a internet, porque põem as pessoas em contato umas com as outras. [Pl.: *comunicações.*]

comunicar (co-mu-ni-car) *verbo* **1** Quando você conversa com uma amiga, você está se **comunicando** com ela. **2** Se você avisa alguém de alguma coisa, você **comunica** essa coisa à pessoa. **3** Quando você **comunica** uma ideia que teve, você a está transmitindo aos outros. **4** Pôr em contato. *Esta porta **comunica** esta sala com aquele quarto.* **5** Os fios de metal **comunicam** a eletricidade, porque a conduzem de um ponto a outro.

comunidade (co-mu-ni-da-de) *subst.fem.* **1** Conjunto de habitantes de um mesmo local. *Os alunos da escola são das **comunidades** próximas.* **2** Um grupo que tenha interesses, características, crenças comuns pode formar uma **comunidade**. *O bairro da Liberdade em São Paulo abriga uma grande **comunidade** japonesa.* **3** BIO Conjunto de seres que vivem em grupos ou que habitam a mesma área num mesmo período de tempo. *Os pandas vivem em **comunidades** de 10 a 30 membros.*

conceito (con-cei-to) *subst.masc.* **1** Representação que fazemos na mente sobre um objeto, uma situação, uma pessoa, um assunto etc. *O **conceito** de beleza é diferente de uma cultura para outra.* [Sinôn.: *ideia, noção.*] **2** Opinião dos outros sobre uma pessoa. *Pelo bom trabalho, Juraci subiu no **conceito** do chefe.* **3** Modo de avaliar o aluno sem usar números. *Todos tiraram **conceito** A.*

concentração (con-cen-tra-ção) *subst.fem.* **1** Quando alguns elementos estão muito juntos ou estão agrupados num mesmo ponto, dizemos que há uma **concentração**. *Havia uma **concentração** de fãs no aeroporto.* **2** Capacidade de voltar o pensamento e a atenção para uma tarefa ou para um objetivo. [Pl.: *concentrações.*] ~ **concentrar** *verbo*

concerto (con-cer-to) \ê\ *subst.masc.* Apresentação pública ou privada de obras musicais executadas por orquestra. *Compramos ingresso para o **concerto** de amanhã.* ☛ Não confundir com *conserto*.

concha (con-cha) *subst.fem.* **1** Casca curva e dura que envolve alguns moluscos, como o caracol e a ostra. **2** Colher grande, funda e de cabo comprido, usada para pegar feijão ou sopa.

concluir (con-clu-ir) *verbo* **1** Ter uma ideia, pensar algo, depois de observar ou analisar fatos ou informações. *O médico **concluiu** que Eneida tinha gripe.* **2** Terminar, acabar. *A empresa **concluiu** a obra.* [Antôn.: *iniciar*.]

conclusão (con-clu-são) *subst.fem.* **1** Fim de um processo. *A **conclusão** da obra está muito atrasada.* **2 Conclusão** também é o resultado de um raciocínio. *Lia viu o chão molhado e sua **conclusão** foi que tinha chovido.* [Pl.: *conclusões*.]

concordar (con-cor-dar) *verbo* **1** Duas pessoas **concordam** quando pensam a mesma coisa sobre um assunto. **2 Concordar** com uma pergunta ou com uma resposta é o mesmo que dizer sim. *Sebastiana quis sair mais cedo e Rui **concordou**.* [Antôn. geral: *discordar*.] ~ **concordância** *subst.fem.*

concorrer (con-cor-rer) *verbo* Querer o mesmo que outra pessoa quer e disputar isso com ela. *Os atletas **concorreram** à medalha de ouro.* ~ **concorrência** *subst.fem.* **concorrente** *adj.masc.fem. subst.masc.fem.*

concreto (con-cre-to) *subst.masc.* **1** Massa de cimento, água e areia usada em construções. *O **concreto** já está pronto e já pode ser usado para fazer o piso.* *adj.* **2** Algo que é **concreto** existe de verdade, não é imaginação. *Agora sim temos um problema **concreto**: quem vai pagar a conta?* [Antôn.: *abstrato*.] **3** Algo **concreto** é algo que podemos pegar, sentir ou ver a sua existência. *Agora temos um plano **concreto** para começar a trabalhar.*

concurso (con-cur-so) *subst.masc.* Prova que várias pessoas fazem para conseguir um emprego, uma vaga numa escola, um prêmio etc. *Renata venceu o **concurso** de dança. O vestibular é um **concurso** para entrar na faculdade.*

condenar (con-de-nar) *verbo* **1** Considerar que alguém ou algo é culpado de um erro, problema, crime etc. *Os moradores **condenaram** a prefeitura pelo desabamento.* **2** Decidir uma punição que alguém deve ter porque errou, cometeu um crime etc. *O juiz **condenou** o criminoso à prisão.* [Antôn.: *absolver*.] **3** Pensar que é errada uma atitude, uma situação etc. *Não podemos **condenar** ninguém sem saber o que houve.* ~ **condenação** *subst.fem.* **condenável** *adj.masc.fem.*

condensação (con-den-sa-ção) *subst.fem.* Passagem do estado líquido para o gasoso. *A **condensação** das nuvens forma a chuva.* [Pl.: *condensações*.]

condensado (con-den-sa-do) *adj.* Algo **condensado** é algo que ficou mais grosso, mais espesso. ~ **condensar** *verbo*

condição (con-di-ção) *subst.fem.* **1** A **condição** de algo mostra como ele é ou como estava em um certo momento. *O livro era usado, mas estava em boas **condições**.* **2 Condição** é o que exigimos para um fato acontecer. *Gabriel virá à festa, com a **condição** de ter carona para voltar.* **3 Condição** também é a situação econômica de alguém. *A família de Olívia tem boa **condição** e ajuda famílias de **condição** humilde.* [Pl.: *condições*.]

condomínio (con-do-mí-nio) *subst.masc.* **1** Edifício de residências ou conjunto de casas que dividem áreas e equipamentos de uso comum. *O jogo vai ser na quadra do meu **condomínio**.* ☛ Ver ilustração na p. 484. **2** Conjunto de todos os proprietários dessas residências. *O **condomínio** fará uma reunião na sexta-feira.* **3** Taxa paga pelos serviços de administração e conservação desse conjunto de residências. *Esse mês o **condomínio** foi muito alto.*

condução (con-du-ção) *subst.fem.* **1** Quando levamos alguma coisa de um lugar para outro estamos fazendo uma **condução**. *A **condução** dos animais foi feita por peões.* **2 Condução** também pode ser um meio de transporte, como, por exemplo, o ônibus, o trem, o metrô etc. *Todos os dias Beto pega a mesma **condução** para trabalhar.* [Pl.: *conduções*.]

conduzir (con-du-zir) *verbo* **1** Levar de um lugar a outro, dando as direções ou os comandos. *A enfermeira **conduziu** o paciente ao refeitório.* **2** Ser responsável pela administração de algo. *Quando crescer, vai **conduzir** os negócios do pai. Cada um **conduz** sua vida como acha melhor.* **3** Dirigir, guiar um veículo. *É proibido **conduzir** veículo sem levar os documentos.* ~ **condutor** *adj. subst.masc.*

cone (co-ne) *subst.masc.* MAT Figura geométrica de três dimensões, com base circular e o cume formado pelo encontro de duas retas. *Os policiais fizeram a sinalização da estrada com **cones** coloridos.* ☛ Ver ilustração na p. 498.

conectar (co-nec-tar) *verbo* Estabelecer ligação ou comunicação entre duas ou mais coisas. *O técnico **conectou** os fios do aparelho. Alfredo **conectou**-se à internet.*

conexão (co-ne-xão) \cs\ *subst.fem.* **1** Quando duas coisas ficam ligadas uma à outra, há uma **conexão.** **2** O que liga coisas é uma **conexão.** *Minha **conexão** com a internet é de banda larga.* [Pl.: *conexões.*]

conferir (con-fe-rir) *verbo* Verificar se uma coisa está correta. *Antes de pagar a conta, você tem de **conferir** se o valor está certo.* ~ **conferência** *subst.fem.*

confete↓ serpentina ↓

confete ▲ (con-fe-te) *subst.masc.* Pequenas rodelas de papel colorido. No carnaval, é comum as pessoas jogarem **confete** umas nas outras.

confiança (con-fi-an-ça) *subst.fem.* **1** Segurança que uma pessoa tem em si mesma ou em outra pessoa ou mesmo numa coisa. *Acredito no que a Janete diz, porque tenho **confiança** nela.* **2** *informal* Comportamento que não se aceita. *Que **confiança** é essa de me pedir a chave de casa?* **de confiança** Você sempre pode confiar naquilo que é **de confiança.** *Um relógio **de confiança** sempre marca a hora certa. Seu Carlos é uma pessoa **de confiança**.*

confiar (con-fi-ar) *verbo* **1** Acreditar numa pessoa e pensar que ela é sincera e honesta e não vai fazer nada contra você. **2 Confiamos** numa coisa quando achamos que ela é perfeita ou funciona bem. *O motorista **confia** no motor do seu carro.* **3** Entregar uma pessoa ou coisa a alguém para cuidar. *Os pais **confiaram** o filho à babá.* **4 Confiar** também é contar um segredo para outra pessoa. *Ísis me **confiou** o nome do seu novo namorado.* [Antôn. para 1 e 2: *desconfiar.*] ~ **confiável** *adj.masc.fem.*

confirmar (con-fir-mar) *verbo* **1** Dizer que é verdadeiro. *Precisamos de alguém para **confirmar** esta história.* [Antôn.: *negar.*] **2** Manter o que já havia afirmado antes, para não haver dúvidas. *Telefonamos para **confirmar** o dia da chegada de Raul. Nas urnas eletrônicas, os eleitores apertam a tecla verde para **confirmar** seu voto.* ~ **confirmação** *subst.fem.*

conflito (con-fli-to) *subst.masc.* **1** Séria falta de acordo entre pessoas, ideias ou países. *Na família de Rodolfo nunca houve **conflito** de gerações.* **2 Conflito** também é o mesmo que briga ou luta. *Houve um **conflito** entre a polícia e os camelôs.*

conforme (con-for-me) *conjunção* **1** Usamos **conforme** para falar das coisas que acontecem junto com outra. ***Conforme** as pessoas iam chegando, a comida ia sendo servida.* [Sinôn.: *à medida que.*] **2** Também usamos **conforme** para falar do que acontece de acordo com o que alguém disse, mandou, fez etc. *Foi tudo um engano, **conforme** se vê.* [Sinôn.: *segundo.*] ☛ Neste sentido, esta palavra pode ser usada como preposição: *Gustavo fez tudo **conforme** o combinado.*

confortável (con-for-tá-vel) *adj.masc.fem.* Algo **confortável** traz conforto físico ou segurança. *Dona Isaura merece uma casa mais **confortável**.* [Pl.: *confortáveis.* Superl.absol.: *confortabilíssimo.*]

conforto (con-for-to) \ô\ *subst.masc.* **1** Viver com **conforto** é ter as necessidades básicas (como alimentação, moradia, educação, saúde, lazer etc.) atendidas com qualidade. *Não gosto de acampamentos, prefiro o **conforto** da minha casa.* **2 Conforto** também é algo que nos faz sentir menos tristes. *Nosso **conforto** é que, depois da cirurgia, ele vai ficar bom.*

confundir (con-fun-dir) *verbo* **1** Duas coisas se **confundem** quando não sabemos mais separar as duas ou ver as diferenças entre elas. *A roupa dos soldados se **confundia** com a mata.* **2** Pensar que uma coisa é outra, que uma pessoa é quem não é de verdade. *A vizinha **confundiu** Sueli com a irmã.* **3** Ficar com os pensamentos atrapalhados. Quem se **confunde** não sabe o que está fazendo, pelo menos por um tempo. *Susana se **confundiu** e entrou no prédio errado.*

confusão (con-fu-são) *subst.fem.* **1** União de elementos, mas sem organização. *A sala era uma **confusão** de mesas e cadeiras.* **2** O que é uma **confusão** não é claro, organizado, certo etc. *Fizeram uma **confusão** no horário das sessões. Esse barulho faz uma **confusão** na minha cabeça!* **3** Tumulto, briga. *Não houve **confusão** na festa.* [Pl.: *confusões*.]

confuso (con-fu-so) *adj.* **1** Quem está **confuso** não sabe direito o que está acontecendo ou o que está fazendo. **2** Uma coisa **confusa** não é organizada, clara, exata. *Tiago escreveu um texto **confuso**. Fica difícil entender informações **confusas**.* [Antôn.: *claro*.]

congada (con-ga-da) *subst.fem.* FOLCL Tipo de dança em que se representa, como numa peça, a coroação dos reis do Congo.

→ A **congada** foi criada por escravos no Brasil, mas pode ter sua origem ligada a disputas antigas entre tribos do Congo e de Angola, dois países da África.

congelador (con-ge-la-dor) \ô\ *subst.masc.* Aparelho que produz gelo e que mantém os produtos em temperatura bem baixa. O **congelador** também pode ser um compartimento da geladeira. [Pl.: *congeladores*.]

congelar (con-ge-lar) *verbo* **1** Transformar em gelo ou em algo tão frio e duro quanto o gelo. *Sofia já **congelou** os pratos que serão servidos no Natal.* **2** Provocar muito frio. *O vento **congelou** o pessoal que estava na praça.*

congresso (con-gres-so) *subst.masc.* Reunião de profissionais ou estudantes para discussão ou apresentação de estudos, descobertas etc. *Fabíola já foi a dois **congressos** de cirurgiões.* **Congresso Nacional** Órgão que representa o Poder Legislativo Federal, formado pela Câmara dos Deputados e pelo Senado. ☛ Primeiras letras maiúsculas.

conhecer (co-nhe-cer) *verbo* **1** Tentar saber mais sobre uma coisa. *Tadeu quis **conhecer** uma fábrica de canetas.* **2** Saber exatamente como é uma coisa, por tem consciência disso. *Valéria não **conhece** seu dom musical.* **3** Ver ou ter contato com algo ou alguém pela primeira vez. *Zuleica não **conhecia** essa música.* **4** Saber muito sobre um assunto. *Vânia **conhece** carros.* [Antôn. para 1 e 2: *ignorar*.]

conhecido (co-nhe-ci-do) *adj.* **1** O que é **conhecido** você conhece. *Carolina sempre volta para casa por um caminho **conhecido**.* **2** Um ator, um escritor ou um filme **conhecido** é aquele que muitas pessoas conhecem ou sabem. [Sinôn.: *famoso*.] **3** Uma mulher **conhecida** como Joana é chamada de Joana. *subst.masc.* **4** Pessoa que você conhece um pouco, sem muita profundidade. *Rogério tem muitos **conhecidos**, mas amigos, de verdade, são poucos.*

conhecimento (co-nhe-ci-men-to) *subst.masc.* **1** Informação sobre um fato, uma notícia. *Mamãe tomou **conhecimento** da reunião na escola.* **2** Quem sabe muito bem uma língua, uma tarefa, uma profissão etc. tem **conhecimento** sobre isso. **conhecimentos** *subst.masc.pl.* **3** Tudo o que sabemos fazer, as informações que recebemos e as opiniões que temos são parte dos nossos **conhecimentos**. [Sinôn.: *instrução*.]

conjugação (con-ju-ga-ção) *subst.fem.* **1** GRAM Conjunto composto pelas formas conjugadas de um verbo. *Marília estudou a **conjugação** do verbo "ser" no presente do indicativo.* **2** GRAM Maneira de agrupar os verbos de acordo com o modo de conjugá-los. Na língua portuguesa, os verbos são divididos em três **conjugações**, com as terminações "-ar", "-er" e "-ir". [Pl.: *conjugações*.]

conjugar (con-ju-gar) *verbo* **1** Quando duas coisas se **conjugam**, estão juntas, unidas. *O livro é muito bom, pois **conjuga** aventura e romance.* **2** GRAM **Conjugar** um verbo é mudá-lo para expressar diferentes tempos, como passado ou presente, ou diferentes pessoas em uma conversa, eu, tu, você etc. *Diego **conjugou** o verbo "ir" e acertou tudo.*

conjunção (con-jun-ção) *subst.fem.* **1** Quando há uma **conjunção**, dois ou mais elementos se unem. *Fica ali na frente a **conjunção** dos dois rios.* **2** GRAM Palavra que liga duas orações ou duas outras palavras. No exemplo "Ana correu muito, mas não ficou cansada", a **conjunção** "mas" liga as duas orações com uma ideia de oposição. No exemplo "vestido azul e branco", a **conjunção** "e" liga os dois adjetivos. A **conjunção** é uma das classes de palavras. [Pl.: *conjunções*.]

conjunto ► (con-jun-to) *subst.masc.* **1** Reunião de coisas vistas como um todo. *Os alunos tiveram que trabalhar em* ***conjunto*** **2** Soma total dos elementos que compõem um grupo. *Leila conhece o* ***conjunto*** *de palavras deste dicionário.* **3** Grupo de músicos. *Tadeu toca guitarra num* ***conjunto*** *de* rock. *adj.* **4** O que é **conjunto** acontece ao mesmo tempo. *Ações* ***conjuntas*** *da polícia e dos bombeiros salvaram as vítimas.*

conosco (co-nos-co) \ô\ *pron.pessoal* **Conosco** é a palavra que usamos no lugar de "com nós". *Mamãe, Raul não vai à festa* ***conosco****.*

conquistar (con-quis-tar) *verbo* **1** Passar a possuir algo, usando a força, competindo, lutando etc. *Portugal* ***conquistou*** *várias terras.* **2** Passar a ter algo, por esforço ou merecimento. *Essa equipe* ***conquistará*** *muitas medalhas. O livro* ***conquistou*** *muitos prêmios.* **3** Atrair a atenção ou a simpatia dos outros. *A menina* ***conquistou*** *os vizinhos com sua simpatia.* ~ **conquista** *subst.fem.*

consciência (cons-ci-ên-cia) *subst.fem.* **1** Parte da sua mente que diz a você o que é certo ou errado. *As pessoas devem ter a* ***consciência*** *limpa.* **2** Ter **consciência** de algo é saber em detalhes como uma coisa é. *Alexandre não tinha* ***consciência*** *do perigo. Alfredo tinha* ***consciência*** *de que tinha se esforçado.* [Antôn.: *ignorância.*] **3** Atitude de cuidado, atenção e responsabilidade na hora de fazer uma tarefa. *O bom professor trabalha com* ***consciência****.*

consciente (cons-ci-en-te) *adj.masc.fem.* **1** Um ser **consciente**, como o homem, pode pensar, desejar, perceber etc. **2** Quem está **consciente** da realidade tem uma ideia clara e perfeita de como ela é. *O fazendeiro estava* ***consciente*** *dos perigos da queimada.* **3** Um gesto ou uma reação **consciente** é o que se faz pensando, de propósito. *A resposta malcriada foi um ato* ***consciente****.* [Antôn.: *inconsciente.*] **4** Uma pessoa **consciente** está acordada, pode falar e ouvir, sabe o que está acontecendo à sua volta. *Depois do tombo, Amir custou a ficar* ***consciente****.* [Antôn.: *inconsciente.*] **5** Quem é **consciente** toma cuidado com suas atitudes, age com responsabilidade. *O presidente tem de ser* ***consciente****.* *subst.masc.* **6** Parte da mente com sentimentos e ideias que conhecemos ou controlamos.

conseguir (con-se-guir) *verbo* **1** Ter bom resultado ao buscar um objetivo, realizar uma tarefa etc. *O time* ***conseguiu*** *a vitória. Adriana* ***conseguiu*** *chegar na hora.* **2** Ter como resultado um número, quantia, nota etc. *O atleta* ***conseguiu*** *nota dez dos jurados.*

Conjunto de *rock*.

conselho (con-se-lho) \ê\ *subst.masc.* **1** Ajuda para saber como é melhor agir numa situação. *Ivo pediu* ***conselhos*** *ao pai antes da prova.* **2** Grupo de pessoas que se organizam para decidir ou apenas dar suas opiniões sobre certos assuntos em empresas, escolas, órgãos do governo, condomínios etc. *O* ***conselho*** *de classe é a reunião dos professores de uma turma ou ano.*

consentimento (con-sen-ti-men-to) *subst.masc.* Permissão para se fazer algo. *Sandro saiu sem o* ***consentimento*** *de ninguém.* ~ **consentir** *verbo*

consequência (con-se-quên-cia) \qüe\ *subst.fem.* A **consequência** de um fato é o que acontece por causa dele. *A gripe foi uma* ***consequência*** *da chuva que pegou.* [Sinôn.: *efeito, resultado.*]

consertar (con-ser-tar) *verbo* Deixar em condições de uso algo que estava quebrado, sem funcionar ou com defeito. *Ainda não* ***consertaram*** *o buraco na calçada.*

conserto (con-ser-to) \ê\ *subst.masc.* Quando algo quebra ou deixa de funcionar, está precisando de **conserto**. *Paguei o* ***conserto*** *da bicicleta, mas não fiquei satisfeito.* ☛ Não confundir com *concerto*.

conserva (con-ser-va) *subst.fem.* Alimento preparado e embalado em condições especiais, para se manter conservado por bastante tempo, sem estragar. *O atum e a sardinha em lata ficam na seção de* ***conservas****.*

conservar (con-ser-var) *verbo* **1** Manter em boas condições. *As frutas na geladeira vão se* ***conservar*** *por* *mais tempo.* **2** Continuar do jeito que está, ficar onde está. *O juiz se **conservou** quieto até o fim.* **3** Manter sem alterar nada, deixar com as características originais. ***Conservaram** a capela da antiga fazenda.* **4** Resistir com juventude e beleza à passagem dos anos de vida. *Dona Marieta faz de tudo para se **conservar** jovem e saudável.* ~ **conservação** *subst.fem.*

consideração (con-si-de-ra-ção) *subst.fem.* **1** Respeito ou estima que se demonstra por algo ou alguém. *Que falta de **consideração** você não atender o meu telefonema!* **2** Opinião, observação sobre algo. *Meu pai apresentou estas **considerações** à escola.* **3** Exame, avaliação sobre algo ou alguém. *Depois de breve **consideração**, o treinador me chamou para o jogo.* [Pl.: *considerações*.]

considerar (con-si-de-rar) *verbo* **1** Ter em mente ideias, pensamentos ou opiniões sobre algo. ***Considero** você um grande jogador.* [Sinôn.: *pensar*.] **2** Tomar uma decisão depois de pensar. *A professora **considerou** melhor fazer a prova depois.* [Sinôn.: *julgar*.] **3** Pensar em uma coisa ou uma pessoa de um certo jeito. *Ana **considera** Cacau como sua irmã.* **4** Levar em conta, prestar atenção em algo. *Ao fazer as contas, não **considerei** o que gastamos ontem.* **5** Gostar de alguém e ter respeito por ele. *Titio nos **considera** muito.*

consigo (con-si-go) *pron.pessoal* **Consigo** é a palavra que usamos no lugar de "com si".

→ Se uma pessoa traz **consigo** o relógio, é porque o relógio está com essa pessoa, mas não podemos usar **consigo** no lugar de "com você".

consoante (con-so-an-te) *subst.fem.* **1** GRAM Parte da palavra que só pode ser falada junto com uma vogal, porque não conseguimos dizê-la sozinha. **2** GRAM Letra que representa esse som. B, d, m, k são **consoantes**.

consolar (con-so-lar) *verbo* Quando **consolamos** alguém, procuramos dizer algo que dê alívio ao seu sofrimento, tristeza, decepção etc. *Depois da derrota, fomos **consolar** o time.*

constante (cons-tan-te) *adj.masc.fem.* O que é **constante** não muda ou não para. *O barulho **constante** prejudica a concentração.*

constelação ▼ (cons-te-la-ção) *subst.fem.* Grupo de estrelas mais ou menos próximas umas das outras, vistas da Terra. [Pl.: *constelações*.]

Constelação de Órion.

constituição (cons-ti-tu-i-ção) *subst.fem.* **1** Conjunto das leis de uma nação. ☛ Primeira letra maiúscula. **2** Conjunto das características externas do corpo. *Rodolfo tinha uma **constituição** forte.* [Pl.: *constituições*.]

→ A atual **Constituição** brasileira é de 1988. Conhecida como **"Constituição** cidadã", estabelece deveres do governo e permite que a população cobre do governo essas obrigações. Leia mais no texto "É hora de assoprar 20 velinhas" na revista *Ciência Hoje das Crianças on-line*.

constituir (cons-ti-tu-ir) *verbo* Fazer parte da formação de alguma coisa ou ser a sua parte principal. *As células **constituem** os tecidos dos seres vivos.* [Sinôn.: *formar*.]

construção (cons-tru-ção) *subst.fem.* **1** Enquanto você cria ou monta uma coisa, você está trabalhando na **construção** dela. *A **construção** do barco deve terminar em dezembro. A professora fará avaliações durante a **construção** do projeto de matemática.* **2** Um prédio, uma escola, um hospital são **construções**. *Essa ponte é uma **construção** do século passado.* [Pl.: *construções*.]

construir (cons-tru-ir) *verbo* **1** Juntar diferentes partes para formar uma coisa nova, como um carro, uma máquina. *Vão **construir** um parque de diversões aqui.* **2** **Construir** também é fazer uma casa, um edifício.

A B C D E F G H I J K L M N O P Q R S T U V W X Y Z

consulta (con-sul-ta) *subst.fem.* **1** Quando você busca uma informação com alguém ou em algum livro, está fazendo uma **consulta**. *Uma **consulta** ao dicionário esclareceu a dúvida.* **2** Quando você vai ao médico ou ao dentista para saber da sua saúde, também está fazendo uma **consulta**. *Naiara marcou uma **consulta** às 16h com o dentista.*

consultar (con-sul-tar) *verbo* **1** Pedir opinião ou conselho a alguém, geralmente a quem sabe mais do que nós sobre um assunto. ***Consulte** um advogado antes de decidir o que fazer.* **2** Quando você **consulta** um livro, dicionário, catálogo, internet etc., você busca uma informação. ***Consulte** a enciclopédia para saber sobre a migração japonesa.*

consultório (con-sul-tó-rio) *subst.masc.* Sala onde médicos, dentistas, psicólogos etc. atendem os pacientes.

consumidor (con-su-mi-dor) \ô\ *subst.masc.* Pessoa que consome, que compra ou usa os produtos ou serviços oferecidos. *As empresas devem respeitar os seus **consumidores**.* [Pl.: *consumidores*.]

consumir (con-su-mir) *verbo* **1** Gastar dinheiro com produtos e serviços. *Vamos **consumir**, mas com inteligência!* **2** Ingerir alimentos, bebidas etc. *É importante **consumir** verduras nas refeições.* **3** Usar ou gastar alguma coisa. *Estamos **consumindo** muita energia elétrica.*

consumo (con-su-mo) *subst.masc.* **1** Compra e venda de produtos. *O **consumo** movimenta a economia no país.* **2** Também há **consumo** quando usamos ou gastamos algo. *O **consumo** de remédios aumenta na velhice. O **consumo** de luz foi maior este mês.*

conta (con-ta) *subst.fem.* **1** Quando você faz uma **conta**, você está somando, dividindo, subtraindo ou multiplicando. **2** Lista e valor total do que se gastou num restaurante, hotel etc. **3** Cobrança por um serviço, como o fornecimento de luz e água. *As **contas** da casa chegaram atrasadas.* **4** Pequena peça com um furo no meio por onde passa um fio para formar colares, fazer bordados etc. **5** **Conta** também é o mesmo que conta-corrente. **fazer de conta** **1** Fingir, mentir. *Isabela **fez de conta** que estava doente.* **2** Imaginar como sonho, fantasia ou história. *No teatro, os atores **fazem de conta** que são outras pessoas.* **levar em conta** Dar importância, não esquecer. ***Leve em conta** os conselhos de sua mãe.* [Sinôn.: *considerar*.] **tomar conta** Cuidar. *Adelaide **toma conta** da casa e das crianças.*

Colares de **contas**.

conta-corrente (con-ta - cor-ren-te) *subst.fem.* Quem tem uma **conta-corrente** num banco tem direito a usar o banco para guardar dinheiro, passar cheques, receber salários etc. [Sinôn.: *conta*.]

contagiar (con-ta-gi-ar) *verbo* **1** Transmitir doença. *Um aluno com catapora **contagiou** a turma toda.* [Sinôn.: *contaminar*.] **2** Quando você passa uma emoção, um hábito, um ofício, um gosto para outra pessoa, você a **contagia** com ele. *O palhaço nos **contagiou** com o seu bom humor.* ~ **contagiante** *adj.masc.fem.* **contágio** *subst.masc.*

contagioso (con-ta-gi-o-so) \ô\ *adj.* **1** Uma doença **contagiosa** passa de uma pessoa para outra pelo ar ou pelo toque. **2** Um sentimento ou uma atitude é **contagioso** quando se espalha facilmente entre as pessoas. *Eliane é de uma alegria **contagiosa**!*

contaminar (con-ta-mi-nar) *verbo* **1** Transmitir micróbios, sujeiras ou outras substâncias nocivas. *Para não **contaminar** o ferimento, lave as mãos ao trocar o curativo. Produtos químicos **contaminaram** o solo.* **2** Você se **contamina** quando pega alguma doença ou micróbio. [Sinôn.: *contagiar*.] ~ **contaminação** *subst.fem.*

contar (con-tar) *verbo* **1** Dizer ou escrever como aconteceu uma história ou um fato. *Hoje a Cássia vai **contar** como se tornou bailarina.* **2** Falar os números em uma determinada ordem. *Você tem de **contar** até dez antes de abrir os olhos.* **3** **Contar** também é calcular. *César vai **contar** quantos carros estão estacionados.* **4** **Contar** com alguma coisa é possuir essa coisa. *O Brasil **conta** com bons atletas.* **5** **Contar** também é ter como certa uma ajuda. *Lana já não **conta** com a irmã para fazer seus deveres.*

contato (con-ta-to) *subst.masc.* **1** Ter **contato** é encostar, tocar alguém ou alguma coisa. *Rui teve **contato** com material contaminado.* **2** Fazer **contato**

ou entrar em **contato** com alguém é se comunicar com essa pessoa. *Deixarei meu telefone para vocês entrarem em **contato** comigo.* **3** Estar sempre em **contato** com alguém é ter convívio com ela. *As primas não têm muito **contato** entre si.*

contentamento (con-ten-ta-men-to) *subst.masc.* Alegria, satisfação. *Foi um **contentamento** para nós irmos à praia.* [Antôn.: *tristeza.*]

contente (con-ten-te) *adj.masc.fem.* As pessoas **contentes** sentem prazer porque algo de bom lhes aconteceu ou porque estão satisfeitas com a vida que têm. *O novo chefe está sempre **contente**, sorrindo.* [Sinôn.: *feliz.* Antôn.: *triste.*] ~ **contentar** *verbo*

conter (con-ter) *verbo* **1** Ter capacidade para abrigar algo. *Esta garrafa **contém** dois litros.* **2** **Conter** é ter dentro de si. *Este filme **contém** cenas violentas.* **3** Ter capacidade de controlar algo ou a si mesmo. *Depois do discurso ninguém **conteve** as lágrimas.*

conteúdo (con-te-ú-do) *subst.masc.* **1** Tudo o que ocupa espaço em algo. *O **conteúdo** deste frasco é venenoso.* **2** Ao dizermos que um filme, um texto, uma redação não têm **conteúdo**, queremos dizer que falta um significado mais profundo, uma mensagem etc. **3** Conjunto dos temas de uma disciplina ou matéria. *Já sabemos qual o **conteúdo** da prova.*

contigo (con-ti-go) *pron.pessoal* **Contigo** é a palavra que usamos no lugar de "com ti". *Patrícia, tua mãe quer falar **contigo**.*

continente (con-ti-nen-te) *subst.masc.* GEOG Grande extensão de terra, geralmente cercada por oceanos, que representa cada uma das divisões geográficas e políticas da Terra. ~ **continental** *adj.masc.fem.*

→ A Terra é dividida em seis **continentes**: Europa, Ásia, África, América, Oceania e Antártida.

continuar (con-ti-nu-ar) *verbo* **1** Seguir o que se estava fazendo, sem interromper. *Mesmo com o barulho, **continuamos** a conversar normalmente.* **2** Manter-se do mesmo modo, sem sofrer mudança. *Este menino **continua** o mesmo. **Continuei** com frio, mesmo colocando as meias.* ~ **continuação** *subst.fem.*

contínuo (con-tí-nuo) *adj.* **1** O que não para nunca ou o que para por pouco tempo e começa de novo é algo **contínuo**. *O barulho **contínuo** de um barco a motor perturbava o silêncio.* *subst.masc.* **2** Em um escritório, pessoa que faz serviços como entregas, pagamentos em bancos etc.

conto (con-to) *subst.masc.* Um **conto** é uma história curta, geralmente com poucos personagens. *Eneida deu uma aula sobre os **contos** de Rubem Braga.*

contornar (con-tor-nar) *verbo* **1** Traçar uma linha em volta de algo. ***Contorne**, no mapa, com lápis azul, as fronteiras do estado de Goiás.* **2** Mover-se em torno de algo. *De acordo com as instruções, temos que **contornar** a praça.* **3** **Contornar** um problema, uma situação difícil é dar uma solução a eles que não é definitiva. *Talvez uma conversa sincera consiga **contornar** o mal-entendido.* ~ **contorno** *subst.masc.*

contra (con-tra) *preposição* Estar **contra** algo é não estar do mesmo lado, é ficar no lado oposto ou estar no sentido contrário. *Vera é **contra** a caça de baleias. Nosso time vai jogar **contra** o das meninas. É difícil nadar **contra** a corrente no mar.*

contra-ataque (con-tra - a-ta-que) *subst.masc.* **1** Em lutas e guerras, o **contra-ataque** é um ataque para destruir o adversário que iniciou a luta ou guerra. **2** ESP Jogada rápida e imprevista em que se leva a bola até o campo do adversário. *O gol nasceu de um **contra-ataque**.* [Pl.: *contra-ataques.*]

contrabaixo (con-tra-bai-xo) *subst.masc.* **1** MÚS Instrumento musical elétrico, parecido com a guitarra, só que com o som mais grave. Esse **contrabaixo** pode ter de quatro a seis cordas. ☛ Ver ilustração na p. 494. **2** MÚS Instrumento musical parecido com o violoncelo, mas muito maior e de som mais grave, que se apoia no chão para tocar. ☛ Também se diz apenas *baixo*.

contrabando (con-tra-ban-do) *subst.masc.* Quando alguém importa ou exporta mercadorias de modo ilegal, está fazendo **contrabando**. *O **contrabando** de animais silvestres é punido com prisão.* ~ **contrabandear** *verbo* **contrabandista** *subst.masc.fem.*

contração (con-tra-ção) *subst.fem.* **1** Diminuição do volume ou da forma de algo, como, por exemplo, um músculo ou órgão do corpo. *As grávidas podem ter **contrações** antes do parto.* **2** GRAM Combinação de preposições com outras palavras. Na **contração**, a preposição geralmente se modifica. Por exemplo, se juntarmos "de" e "a", teremos "da" e, se juntarmos "em" e "aquele", teremos "naquele". [Pl.: *contrações.*]

contrair (con-tra-ir) *verbo* **1** Diminuir o volume ou a forma de algo. Quando você **contrai** a mão, você a fecha e a aperta. Quando você se **contrai**, você se encolhe. *Rute **contraiu** os lábios para não rir durante a aula.* **2** Pegar uma doença. *Os turistas **contraíram** dengue durante as férias.* **3 Contrair** também é assumir uma responsabilidade, como um casamento, um contrato, uma dívida.

contramão (con-tra-mão) *subst.fem.* **1** Sentido de rua, estrada etc. proibido a veículos. *Papai, dirigindo, dobrou uma esquina e entrou na **contramão** dos carros.* [Pl.: *contramãos.*] ☛ Ver ilustração na p. 484. *adj.masc.fem.* **2** Um lugar difícil de se chegar é um lugar **contramão**. *Quase ninguém me visita porque moro num bairro **contramão**.* ☛ Neste sentido, o sing. e o pl. desta palavra são iguais: *local **contramão**, locais **contramão**.*

contrariar (con-tra-ri-ar) *verbo* **1** Quando você pensa diferente sobre uma coisa e vai contra ela, você a **contraria**. *A ideia do vereador **contraria** a Câmara.* [Sinôn.: *opor-se.*] **2** A gente também **contraria** uma pessoa quando a aborrece. *Não **contrarie** o seu avô com brincadeiras bobas.* [Sinôn.: *incomodar.*]

contrário (con-trá-rio) *adj.* **1** Em direção ou sentido oposto. *O automóvel veio em sentido **contrário** ao da bicicleta.* **2** Colocado do lado avesso. *Saiu com a camisa ao **contrário**.* **3** Ser **contrário** a um comportamento, uma opinião etc. é não concordar com o que foi proposto. *Somos **contrários** à pena de morte.* [Antôn.: *favorável.*] *subst.masc.* **4** Fazer o **contrário** é fazer o oposto do que se pediu. *Fez o **contrário** do que prometeu.*

contrato (con-tra-to) *subst.masc.* **1** Acordo entre pessoas segundo a lei. No **contrato**, estão definidos os direitos e os deveres das pessoas envolvidas num negócio, num trabalho etc. *Fechamos o **contrato** de aluguel hoje.* **2** Documento em que está escrito esse acordo. *O **contrato** só vale depois de assinado.* ~ **contratar** *verbo*

contribuir (con-tri-bu-ir) *verbo* **1** Participar de uma ação, de um evento, dando dinheiro, trabalhando, ajudando. *Todos **contribuíram** para arrumar o salão da festa. As pessoas **contribuíram** com alimentos para os pobres.* **2** Ser um dos responsáveis por um fato ou acontecimento. *O lixo nos rios **contribuiu** para a enchente.*

controlar (con-tro-lar) *verbo* **1** Ter domínio, controle sobre as coisas ou sobre si mesmo. *Pelo celular a mãe **controla** os horários do filho. Eu me **controlo** para não brigar com meu irmão.* **2** Impor limites para poder manter o controle de uma situação. *Quem vai **controlar** as despesas com a festa?*

controle (con-tro-le) \ô\ *subst.masc.* **1** Fiscalização ou acompanhamento de alguma coisa. *A equipe azul fará o **controle** dos alimentos doados.* **2** Botão, chave, tecla etc. usados para controlar ou regular máquinas, aparelhos etc. *Onde está o **controle** da televisão?* **3** Poder ou domínio que se tem sobre alguém. *Os pais querem ter **controle** sobre os filhos.* **4** Domínio das próprias emoções. *A família estava muito aflita, mas procurou manter o **controle**.*

convenção (con-ven-ção) *subst.fem.* **1 Convenção** é um modo de agir considerado correto ou educado pela maioria das pessoas numa sociedade. *É uma **convenção** dar bom-dia a quem a gente vê pela manhã.* **2** O encontro de muitas pessoas de uma firma ou de um partido político também se chama **convenção**. [Pl.: *convenções.*] ~ **convencional** *adj.masc.fem.*

convencer (con-ven-cer) *verbo* **1** Conseguir mudar a opinião de alguém usando argumentos fortes ou lógicos. *Célia me **convenceu** a cortar o cabelo.* **2** Quando você tem certeza absoluta de algo, você se **convenceu** de que isso é importante, verdadeiro, necessário etc. *Só agora me **convenci** de que preciso praticar um esporte.*

convencido (con-ven-ci-do) *adj.* Uma pessoa **convencida** exagera no orgulho que tem de suas qualidades. *Gisele é uma menina muito **convencida**, não acho isso legal.*

conveniente (con-ve-ni-en-te) *adj.masc.fem.* **1** Uma resposta **conveniente** é uma resposta adequada ou que favorece alguém ou algo. *As desculpas foram dadas de maneira muito **conveniente**. No discurso só destacou os fatos **convenientes** a ele.* [Antôn.: *inconveniente.*] **2** Algo **conveniente** não exige esforço ou sacrifício. *Estudar perto de casa é uma situação bem **conveniente**.*

convento (con-ven-to) *subst.masc.* Grande casa onde vivem pessoas religiosas, como as freiras. No **convento** as regras são muito rigorosas.

conversa (con-ver-sa) *subst.fem.* **1** Troca de palavras ou ideias entre duas ou mais pessoas. *Durante o almoço, tivemos uma rápida* ***conversa****.* **2** O assunto que é discutido nessa troca. *Os irmãos mudaram de* ***conversa*** *ao ver o vizinho.* **conversa fiada** **1** *informal* Conversa à toa, sem importância. **2** *informal* Proposta ou promessa que não se pretende cumprir. **jogar conversa fora** *informal* Conversar sobre coisas sem importância.

conversar (con-ver-sar) *verbo* Trocar ideias, palavras, opiniões, informações com uma ou mais pessoas. *Durante o jantar é a hora que conseguimos* ***conversar****.*

convidar (con-vi-dar) *verbo* **1** Chamar pessoas para participar de uma festa, reunião, viagem etc. ***Convidei*** *minhas amigas para ir até a cantina.* **2** **Convidar** é também atrair, estimular. *Este frio* ***convida*** *a gente a ficar em casa.*

convite (con-vi-te) *subst.masc.* **1** Pedido para que alguém participe de um evento, festa, reunião etc. *Você aceita meu* ***convite*** *para viajar?* **2** O bilhete ou a mensagem escrita com esse pedido. *Recebemos os* ***convites*** *pelo correio.*

convivência (con-vi-vên-cia) *subst.fem.* É o mesmo que convívio. ~ **conviver** *verbo*

convívio (con-ví-vio) *subst.masc.* Quando estamos sempre com as mesmas pessoas, dividindo as nossas experiências e a vida diária, temos um **convívio** com essas pessoas. *O* ***convívio*** *com a Rita é muito agradável.* [Sinôn.: *convivência.*]

convosco (con-vos-co) \ô\ *pron.pessoal* **Convosco** é a palavra que usamos no lugar de "com vós". *A paz esteja* ***convosco****, diz o padre ao final da missa.*

cooperar (co-o-pe-rar) *verbo* **1** Quando você **coopera** com alguém, trabalha com ele ou o ajuda, visando um fim determinado. *Marcos e Paula* ***cooperaram*** *na pesquisa sobre as folhas das plantas.* **2** Quando você faz o que outra pessoa queria ou lhe pediu para fazer, você também **coopera**. *Queríamos brincar na casa do João e ele* ***cooperou****, pedindo ao pai.* ~ **cooperação** *subst.fem.*

coordenar (co-or-de-nar) *verbo* **1** Organizar e administrar atividades que devem acontecer ao mesmo tempo ou em sequência e em harmonia. *Mamãe está tentando* ***coordenar*** *os horários das aulas de balé com as aulas de piano de Jaqueline.* **2** Ser responsável por uma equipe, um grupo, um setor. *Meu trabalho é* ***coordenar*** *os professores de história e geografia.* ~ **coordenação** *subst.fem.*

copa (co-pa) *subst.fem.* **1** Parte de cima da árvore, formada pelos galhos, com ou sem folhas. **2** Parte da casa que fica perto da cozinha. Algumas pessoas fazem as refeições na **copa**. **3** Campeonato ou torneio esportivo em que se disputa uma taça. *Duas brasileiras foram classificadas para a* ***copa*** *de atletismo do Japão.* **copas** *subst.fem.pl.* **4** **Copas** é o nome da figura vermelha em forma de coração desenhada nas cartas do baralho. ☛ Ver ilustração de *baralho*.

cópia (có-pia) *subst.fem.* **1** Se um texto, um desenho ou qualquer trabalho que alguém faz é igualzinho a outro que já existia, ele é uma **cópia**. *Fiz uma* ***cópia*** *no meu caderno do texto que estava no livro. Essa escultura é a* ***cópia*** *de outra que ficava lá na praça.* **2** Podemos tirar **cópia** de um texto ou de uma figura usando uma máquina própria para copiar. *Luciene tirou cinco* ***cópias*** *da sua foto e deu de presente aos amigos.*

copiar (co-pi-ar) *verbo* **1** Imitar uma pessoa, suas atitudes, seus gestos, seu comportamento etc. *A criança aprende a falar* ***copiando*** *os adultos.* **2** Fazer uma cópia de outra coisa. *Os alunos* ***copiaram*** *as figuras geométricas.*

copo (co-po) *subst.masc.* **1** Utensílio, geralmente com a forma de um cilindro, sem tampa e sem asa, usado para beber líquidos. **2** Também chamamos de **copo** o que está contido nele. *Tomei dois* ***copos*** *de suco.* [Aument.: *copázio.*]

cor \ó\ *subst.masc.* A palavra **cor** é usada apenas na locução de cor. **de cor** Saber uma coisa **de cor** é saber decorado, de memória. *Os alunos sabiam o Hino Nacional* ***de cor****.*

✏ Ver *decorar* (gravar na memória).

cor \ô\ *subst.fem.* **1** A **cor** é o que nós vemos como resultado da luz que as coisas absorvem ou refletem. Quanto mais luz um objeto reflete, mais clara é a sua **cor**. Vermelho, azul e verde são **cores**. **2** Dizemos que as coisas têm **cor** quando não são nem brancas nem pretas. *O uniforme do time precisa de mais **cor**.* **3** A **cor** da pele de alguém é a aparência que a pele possui. [Pl.: *cores*.]

→ Se você quer entender melhor a relação entre **cores** e a luz, procure o vídeo "De onde vem o arco-íris?" pesquisando no portal Domínio Público.

coração (co-ra-ção) *subst.masc.* **1** ANAT Músculo que fica no tórax se movimentando sem parar, para fazer o sangue circular por todo o corpo. O **coração** recebe o sangue das veias e o impulsiona para as artérias. ☛ Ver ilustração na p. 478. **2** Também se diz que **coração** é onde ficam os sentimentos, as emoções. *Vovó diz para não guardarmos raiva no **coração**.* [Pl.: *corações*.]

coragem (co-ra-gem) *subst.fem.* **1** Sentimento de quem não tem medo de fazer coisas perigosas ou difíceis. *É preciso **coragem** para ser do Corpo de Bombeiros.* **2** Quando se diz que uma pessoa teve a **coragem** de fazer algo, isso pode significar que lhe faltou juízo no que fez. *Depois de brigar, ela teve **coragem** de voltar à festa para dançar.* [Pl.: *coragens*.]

corajoso (co-ra-jo-so) \ô\ *adj.* As pessoas **corajosas** não se importam de enfrentar perigos e não demonstram medo em situações difíceis ou perigosas. [Sinôn.: *valente*. Antôn.: *covarde, medroso*.]

[1]**coral** (co-ral) *subst.masc.* **1** Animal que se parece com planta e que vive em grandes grupos nos lugares onde a água do mar é quente. Os **corais** soltam uma substância que se acumula e forma os recifes. **2 Coral** também é essa substância, que tem uma cor avermelhada e é usada para fabricar joias. [Pl.: *corais*.]

Coral vem da palavra latina *coralum*, que também quer dizer "coral".

[2]**coral** (co-ral) *adj.masc.fem.* **1 Coral** quer dizer relacionado a coro. Canto **coral** é uma música para ser cantada em coro. *subst.masc.* **2** Um **coral** é um grupo de pessoas que cantam juntas. *Flávia adora fazer parte do **coral**.* [Sinôn.: *coro*.] [Pl.: *corais*.]

Coral vem da palavra latina *choralis*, que quer dizer "relativo a coro".

corar (co-rar) *verbo* **1** Ficar com a pele do rosto rosada. Uma pessoa pode **corar** por ação do frio, calor ou de um sentimento, como vergonha ou raiva. **2** Tostar pela ação do fogo ou do calor. *Só falta **corar** as batatas para o almoço ficar pronto.*

corcova ►(cor-co-va) *subst.fem.* Curva nas costas de alguns animais, como o camelo e o dromedário.

corcunda (cor-cun-da) *subst.fem.* Parte alta e arredondada nas costas de uma pessoa ou animal. ☛ Esta palavra pode ser usada como adj.: *mulher **corcunda**, homem **corcunda**.*

corda (cor-da) *subst.fem.* **1** Feixe de fios, de fibra ou de plástico, trançados entre si. As **cordas** são usadas para pendurar roupas, brincar de pular, para subir ou descer montanhas e para amarrar coisas. **2** MÚS Fio que vibra e produz som em certos instrumentos de música, como violão e piano. **3** Se um relógio ou brinquedo é de **corda**, ele tem um fio ou tira de metal dentro dele que vai se desenrolando para fazer o objeto funcionar. **corda bamba** Em espetáculos de circo, cabo estendido no ar por onde os equilibristas andam. **corda vocal** ANAT É o mesmo que prega vocal.

cordão (cor-dão) *subst.masc.* **1** Corda fina e flexível. **2** Corrente de ouro ou prata, usada em volta do pescoço como enfeite. [Pl.: *cordões*.]

cordel (cor-del) *subst.masc.* Corda fina e flexível. [Pl.: *cordéis*.]

→ O **cordel** é usado, principalmente no Nordeste, para expor livros de artistas populares e, por isso, esses livros são exemplos de literatura de **cordel**.

cor-de-rosa (cor - de - ro-sa) *subst.masc.* Cor parecida com o vermelho, porém mais clara. *Pintaram o quarto de **cor-de-rosa**.* [Sinôn.: *rosa*.] ☛ O sing. e o pl. desta palavra são iguais, e ela pode ser usada como adj.: *blusa **cor-de-rosa**, papéis **cor-de-rosa**.*

cordilheira (cor-di-lhei-ra) *subst.fem.* Conjunto de montanhas altas e alinhadas. *O rio Amazonas nasce na **cordilheira** dos Andes.*

corneta (cor-ne-ta) \ê\ *subst.fem.* MÚS Instrumento musical de metal, em forma de tubo. A **corneta** tem uma ponta estreita, onde se sopra, e outra mais larga, em forma de cone. ☛ Ver ilustração na p. 494.

coro (co-ro) \ô\ *subst.masc.* **1** Grupo de pessoas que cantam juntas. *O **coro** da escola sempre se apresenta nas festas.* [Sinôn.: *coral.*] **2** Grupo de pessoas que falam a mesma coisa ao mesmo tempo. *Os alunos responderam em **coro** à professora.*

coroa ▼ (co-ro-a) \ô\ *subst.fem.* **1** Enfeite circular que encaixa na cabeça, geralmente feito de ouro e pedras preciosas. Reis e imperadores usam **coroa.** **2** Qualquer enfeite circular parecido com a **coroa** dos reis. *As bailarinas usavam uma **coroa** de flores.* **3** **Coroa** é também o lado da moeda que indica o seu valor. É o oposto de cara. *subst.masc.fem.* **4** *informal* Pessoa mais velha. *Minha mãe já é uma **coroa**.*

coroar (co-ro-ar) *verbo* **1** Colocar coroa em alguém. *A noiva **coroou**-se com flores.* **2** Proclamar como rei ou papa por meio de uma cerimônia. *Com a morte da rainha, **coroaram** o filho mais velho.* ~ **coroação** *subst.fem.*

coronel (co-ro-nel) *subst.masc.* **1** Oficial militar que ocupa posto abaixo de general e acima de major. **2** Pessoa com muito poder e influência em uma região, geralmente dono de muitas terras. [Pl.: *coronéis.*]

corpo (cor-po) \ô\ *subst.masc.* **1** Estrutura física dos animais e dos seres humanos. O **corpo** de uma pessoa vai da cabeça até os pés. **2** Cadáver de pessoa ou animal. **3** Grupo de pessoas geralmente com a mesma atividade profissional. *A diretora recebeu uma homenagem do **corpo** de professores.* **4** Parte principal de algo, como uma casa, um carro, um livro, uma ideia. *O **corpo** da casa está pronto, agora falta a varanda.* **corpo celeste** Objeto natural no espaço, como planeta, estrela ou lua. **tirar o corpo fora** *informal* Não assumir algo que tenha feito ou que queiram que você faça. *Quando começaram a distribuir as tarefas, disse que estava ocupado e **tirei o corpo fora**.* [Aument.: *corpaço, corpanzil.*]

corpo a corpo (cor.po a cor.po) *subst.masc.* **1** Uma luta física entre duas ou mais pessoas se chama **corpo a corpo** **2** Contato direto entre um político e a população. ☛ O sing. e o pl. desse subst. são iguais: um ***corpo a corpo** entre colegas, os **corpo a corpo** dos políticos.*

correção (cor-re-ção) *subst.fem.* **1** Indicação de erros e acertos em provas, testes etc. *Amanhã começo a **correção** das provas.* **2** Quando consertamos algo que está errado ou não funciona bem, fazemos sua **correção.** *O uso de aparelho nos dentes fará a **correção** necessária.* **3** Age com **correção** a pessoa que é séria, honesta, correta. [Pl.: *correções.*]

corredor (cor-re-dor) \ô\ *subst.masc.* **1** Passagem geralmente comprida e estreita no interior de construções, casas, apartamentos etc. *Acenda a luz do **corredor**, por favor.* **2** Atleta que pratica algum tipo de corrida. [Pl.: *corredores.*]

córrego (cór-re-go) *subst.masc.* É o mesmo que riacho.

correio (cor-rei-o) *subst.masc.* Empresa que envia e recebe correspondências. ☛ Ver ilustração na p. 484. **correio eletrônico** **1** INF Forma de enviar mensagens usando equipamentos digitais como computador, celulares etc., geralmente pela internet. *As fotos serão enviadas por **correio eletrônico**.* [Sinôn.: *e-mail.*] **2** INF Mensagem enviada dessa maneira. *O gerente da loja recebe vários **correios eletrônicos** por dia.* [Sinôn.: *e-mail.*]

corrente (cor-ren-te) *subst.fem.* **1** Uma **corrente** é feita de várias argolas unidas umas às outras. *Francisco perdeu sua **corrente** de ouro.* **2** É o mesmo que correnteza. *A **corrente** do rio quase derrubou nossa canoa.* **3** Movimento do ar em certa direção. *Passou agora uma **corrente** de ar frio.* *adj.masc.fem.* **4** O que é **corrente** está em movimento, passa ou corre rápido. *Lavei o machucado em água **corrente**.*

5 Também é **corrente** o que está acontecendo ou valendo agora. O mês **corrente** é o mês em que estamos agora, a moeda **corrente** é o dinheiro que estamos usando agora.

correnteza (cor-ren-te-za) \ê\ *subst.fem.* Força das águas em movimento constante. *A **correnteza** do rio carregou o barco para a outra margem.* [Sinôn.: *corrente.*]

correr (cor-rer) *verbo* **1** Mover-se rápido, pelo contato alternado dos pés ou patas com o chão. *Nos dias de sol, Tânia e seu gato **correm** no quintal.* **2** Ir com pressa para um lugar também é **correr**. *Gabriela **correu** para casa para ver a novela.* **3** Participar de uma competição de velocidade, em carros ou a pé. *O piloto **correu** bem hoje.* **4** Quando um líquido desce rápido, ele **corre**. *Lágrimas **corriam** pelo rosto da menina.* **5** O tempo **corre** quando passa depressa. **6** Uma porta de **correr** se move deslizando. **7** Quem **corre** risco ou perigo pode passar por uma situação ruim.

correspondência (cor-res-pon-dên-cia) *subst.fem.* **1** Troca de mensagens escritas. *A **correspondência** eletrônica está substituindo a **correspondência** pelo correio.* **2** Conjunto de cartas, telegramas, *e-mails* etc. *A caixa de **correspondência** estava aberta.* **3** Quando duas ou mais pessoas ou coisas são parecidas ou se completam, dizemos que há **correspondência** entre elas. *A professora pediu que marcássemos a **correspondência** entre as frutas e as regiões do Brasil.*

correspondente (cor-res-pon-den-te) *adj.masc.fem.* **1** Parecido ou com o mesmo valor. *Ligue os conjuntos **correspondentes**.* *subst.masc.fem.* **2** Jornalista que envia notícias de outra cidade ou país. *O **correspondente** do jornal viajou para os Estados Unidos.* **3** **Correspondente** também é a pessoa que escreve e recebe cartas, mensagens e *e-mails*. *Juliana tem um **correspondente** virtual.*

corresponder (cor-res-pon-der) *verbo* **1** Quando trocamos cartas, *e-mails* ou mensagens com alguém, nos **correspondemos** com essa pessoa. **2** Uma coisa **corresponde** a outra quando elas têm o mesmo valor ou são muito parecidas. *Um metro **corresponde** a 100 centímetros.* **3** Quando uma pessoa age diferente do que é esperado, ela não **corresponde** às expectativas. *O namorado não **correspondia** mais aos carinhos da moça.* [Sinôn.: *retribuir.*]

correto (cor-re-to) *adj.* **1** Sem erros ou defeitos. *A resposta está **correta**.* [Sinôn.: *certo*. Antôn.: *errado.*] **2** A pessoa que é honesta, digna e honrada é **correta**. *Precisamos de um parceiro **correto** para abrir uma firma.*

corrida (cor-ri-da) *subst.fem.* **1** Quando você corre, está dando uma **corrida**. *Quando começou a chover, Clara deu uma **corrida** até a banca de jornais.* **2** ESP Disputa de velocidade entre pessoas, cavalos, automóveis etc.

corrigir (cor-ri-gir) *verbo* **1** Colocar de um jeito certo ou melhor. *Silvia **corrigiu** a postura e a dor das costas passou.* [Sinôn.: *acertar, endireitar.*] **2** Dar uma punição por causa de um erro. *Papai nos **corrigiu** com um castigo.* **3** Marcar os acertos e os erros em uma avaliação. *A professora **corrigiu** nossos testes.*

corrimão (cor-ri-mão) *subst.masc.* Barra de apoio para as mãos em escadas, rampas etc. *As crianças gostavam de escorregar pelo **corrimão** da escada.* [Pl.: *corrimãos, corrimões.*]

corrosivo (cor-ro-si-vo) *adj.* Uma substância **corrosiva** é capaz de destruir um material sólido por meio de reações químicas. A ferrugem, por exemplo, é **corrosiva**: ela vai gastando o metal até acabar com ele.

corrupção (cor-rup-ção) *subst.fem.* Ato ilegal de oferecer dinheiro ou outra coisa para receber uma vantagem ou ter informações secretas, geralmente do governo. *Os políticos deveriam combater a **corrupção**.* [Pl.: *corrupções.*] ~ **corrupto** *adj. subst.masc.*

cortante (cor-tan-te) *adj.masc.fem.* **1** Um objeto **cortante** é aquele que é capaz de cortar. **2** Um vento **cortante** é um vento muito, muito frio.

cortar (cor-tar) *verbo* **1** Dividir em partes ou retirar partes, usando um instrumento afiado, como faca ou tesoura, ou as próprias mãos. *A aniversariante **cortou** o bolo. É preciso **cortar** as unhas com frequência.* **2** Deixar de usar. *Para emagrecer, **corte** o açúcar.* **3** Diminuir. *O governo **cortou** gastos. Por aqui, você **corta** caminho.* **4** Interromper algo, como a fala de alguém ou a transmissão de um serviço. *Armando **cortou** o colega várias vezes durante a conversa. Por falta de pagamento, **cortaram** a luz da casa.*

corte (cor-te) *subst.masc.* **1** Machucado feito com um objeto pontudo, como uma faca. *Um **corte** no dedo sangra muito.* **2** Lâmina de um instrumento que corta. *Esta faca está sem **corte**.* **3** Quando tiramos um pedaço ou parte de alguma coisa, fazemos um **corte**. *A grama está precisando de **corte**. A loja teve um **corte** de funcionários.* **4** O resultado da diminuição de algo. *Esse **corte** de cabelo ficou ótimo!* **5** Um **corte** de energia, luz ou gás é uma interrupção desses serviços.

corte (cor-te) \ô\ *subst.fem.* **1** Residência ou cidade onde mora um rei. *O Rio de Janeiro já foi a **corte** de d. João VI, d. Pedro I e d. Pedro II.* **2** Grupo de pessoas, como os nobres, que são próximas ao rei. *A **corte** portuguesa viajou de navio para o Brasil em 1808.*

cortesia (cor-te-si-a) *subst.fem.* **1** Educação e respeito ao tratar os outros. *Se lhe dizem "olá", deve responder, por **cortesia**.* **2** O que ganhamos de presente, por gentileza. *Leila pagou o almoço e a sobremesa foi **cortesia**.*

cortiça (cor-ti-ça) *subst.fem.* Casca macia de alguns troncos de árvore, usada para fabricar rolhas e boias.

cortina (cor-ti-na) *subst.fem.* Peça de pano ou de outro material colocada especialmente em janelas, para bloquear a entrada da luz ou para impedir a visão de quem está do outro lado.

coruja ▼ (co-ru-ja) *subst.fem.* Ave com face circular, olhos redondos e bico pequeno e afiado. Em seu voo silencioso, geralmente noturno, a **coruja** caça pequenos mamíferos, insetos e aranhas para se alimentar.

corveta (cor-ve-ta) \ê\ *subst.fem.* Navio de guerra, veloz e não muito grande.

cós *subst.masc.* Faixa mais grossa, de pano, que marca a cintura de calças, saias, bermudas etc. ☛ O sing. e o pl. desta palavra são iguais: *um **cós**, dois **cós**.*

cosca (cos-ca) *subst.fem. informal* É o mesmo que cócega. ☛ Esta palavra é mais usada no plural e no diminutivo: *coscas, cosquinhas.*

costa (cos-ta) *subst.fem.* **1** GEOG É o mesmo que litoral. *A **costa** brasileira é muito extensa.* **costas** *subst.fem.pl.* **2** ANAT As **costas** do ser humano são a parte de trás do corpo, entre o pescoço e as nádegas. **3** Nos animais, as **costas** são a parte de cima, oposta à barriga. **4** Parte de trás de algum objeto. *Pedro esqueceu o casaco nas **costas** da cadeira.*

costela (cos-te-la) *subst.fem.* ANAT Cada um dos 12 pares de ossos curvos que saem da coluna vertebral em direção ao tórax. ☛ Ver ilustração na p. 478.

costumar (cos-tu-mar) *verbo* **1** Ter hábito de agir de um jeito ou de fazer algo. *O gato **costuma** ficar uns dias fora.* **2** Ser comum de acontecer. *No final da tarde, **costuma** chover um pouco.*

costume (cos-tu-me) *subst.masc.* **1** Hábito diário ou muito frequente em nossas vidas. *Lá em casa temos o **costume** de acordar cedo.* **2** Comportamento, crença, modo de um povo ou pessoa se vestir, se alimentar etc. *Os **costumes** dos povos indígenas devem ser respeitados por todos.* ☛ Neste sentido, esta palavra é mais usada no plural.

costurar (cos-tu-rar) *verbo* **1** Juntar panos ou partes de roupa fazendo pontos com agulha e linha. As pessoas podem **costurar** à mão ou à máquina. *Mamãe **costurou** o bolso na minha calça.* **2** **Costurar** também é fazer roupas, geralmente como profissão. *Vovó ganhava dinheiro **costurando**.* ~ **costura** *subst.fem.* **costureiro** *subst.masc.*

cotovelo (co-to-ve-lo) \ê\ *subst.masc.* Articulação no meio do braço, onde ele se dobra. ☛ Ver ilustração na p. 478. **falar pelos cotovelos** *informal* Quando uma pessoa fala demais, dizemos que ela **fala pelos cotovelos**.

couro (cou-ro) *subst.masc.* **1** Pele grossa de alguns animais, como o boi e o jacaré. **2** **Couro** também é o material resistente feito dessa pele e usado para fabricar vários produtos, como sapatos, bolsas e roupas. **couro cabeludo** Pele que cobre nosso crânio e onde nascem os cabelos.

couve (cou-ve) *subst.fem.* Verdura de folhas onduladas e grandes, que nascem em um caule reto.

couve-flor (cou-ve - flor) *subst.fem.* Vegetal arredondado, com muitas flores brancas comestíveis no centro, como se fosse um buquê, envolvidas por folhas verdes, parecidas com as da couve. [Pl.: *couves-flores* e *couves-flor*.]

cova (co-va) *subst.fem.* **1** Buraco feito na terra para colocar as sementes. **2 Cova** também é o mesmo que sepultura.

covarde (co-var-de) *adj.masc.fem.* **1** Uma pessoa **covarde** tem medo de tudo. [Sinôn.: *medroso*. Antôn.: *corajoso, valente*.] **2** Também é **covarde** quem toma uma atitude má ou injusta, geralmente contra alguém mais fraco. ☛ Esta palavra pode ser usada como subst.: *Os **covardes** merecem uma lição.* ~ **covardia** *subst.fem.*

coxa (co-xa) \ô\ *subst.fem.* Parte da perna entre o quadril e o joelho. ☛ Não confundir com *colcha*. Ver ilustração na p. 478.

coxinha (co-xi-nha) *subst.fem.* CUL Salgado frito à milanesa, feito de massa recheada com pedaços de frango cozido. A **coxinha** tem a forma de uma coxa de galinha.

coxo (co-xo) \ô\ *adj.* É o mesmo que manco. ☛ Não confundir com *cocho*.

cozido (co-zi-do) *subst.masc.* **1** CUL Prato feito com grande variedade de carnes e legumes ensopados. *adj.* **2** Um alimento **cozido** passou um tempo no fogo até ficar no ponto de ser comido. [Antôn.: *cru*.]

cozinha (co-zi-nha) *subst.fem.* **1** Local onde os alimentos são preparados. *Gostamos de ficar na **cozinha** conversando.* **2** Conjunto de pratos típicos de uma região, país, cultura etc. *O tempero da **cozinha** indiana é muito forte para o meu paladar.* [Sinôn.: *culinária*.]

cozinhar (co-zi-nhar) *verbo* Preparar alimentos para serem comidos, geralmente utilizando a ação do fogo. ~ **cozinheiro** *subst.masc.*

crachá ► (cra-chá) *subst.masc.* Cartão de identificação que deve ser usado preso à roupa. *Os funcionários têm um **crachá** com nome e foto.*

crânio (crâ-nio) *subst.masc.* **1** ANAT Osso da cabeça que envolve o cérebro. O **crânio** é uma espécie de capacete natural. ☛ Ver ilustração na p. 478. **2** *informal* Uma pessoa muito inteligente também é chamada de **crânio**. ~ **craniano** *adj.*

craque (cra-que) *subst.masc.fem.* Um **craque** é alguém muito bom em alguma coisa. *Sueli é a **craque** do time de vôlei. Rosa é **craque** em história.*

crase (cra-se) *subst.fem.* GRAM A **crase** acontece quando duas vogais iguais são faladas como se fossem uma só.

→ No português, usamos o acento grave [`] para mostrar que um "a", que sempre é preposição, deve ser falado junto com outro "a", que é artigo, pronome ou a primeira letra de um pronome, como acontece no exemplo: "Cheguei à casa da minha avó."

cratera (cra-te-ra) *subst.fem.* **1** Buraco grande e profundo. *A obra do metrô abriu uma **cratera** na rua principal.* **2** Buraco imenso por onde as lavas do vulcão são expelidas. *Os cientistas mediram a **cratera** do vulcão e recolheram material para exame.* ☛ Ver ilustração na p. 490.

cravo (cra-vo) *subst.masc.* **1** Flor com pequenas pétalas onduladas na borda. O **cravo** geralmente é vermelho, amarelo ou branco e é muito usado como enfeite ou em perfumes. **2** Tempero de cheiro e gosto bem fortes, muito usado para fazer doces. O **cravo** é o botão da flor de uma árvore. **3 Cravo** também é um ponto preto que aparece na pele, porque o poro está entupido com gordura, restos de pele e poeira.

creche (cre-che) *subst.fem.* Lugar onde ficam as crianças pequenas, enquanto seus pais trabalham. Na **creche**, as crianças se alimentam, tomam banho, brincam e fazem outras atividades, como desenho e pintura.

crediário (cre-di-á-rio) *subst.masc.* Venda de produtos para pagamento posterior, em duas ou mais parcelas. *Fez um **crediário** para comprar a geladeira.*

crédito (cré-di-to) *subst.masc.* **1** Dar **crédito** a alguém é demonstrar que tem confiança, que acredita nessa pessoa. *Avisei à família, mas ninguém me deu **crédito**.*

2 Um depósito feito em bancos também é chamado de **crédito**. *O gerente confirmou o valor do* ***crédito*** *na conta.* [Antôn.: *débito*.] **3** Se você tem **crédito** em um banco, em uma loja etc., esses estabelecimentos acreditam que você terá condições de pagar o que deve ou vai dever. **4** Indicação da autoria ou participação em livros, filmes, peças etc. *Os* ***créditos*** *do filme aparecem ao final.* ~ **creditar** *verbo*

creme (cre-me) *subst.masc.* **1** Substância pastosa que se pode aplicar no corpo. *Este* ***creme*** *é para evitar espinhas. Uso* ***creme*** *dental com flúor.* **2** Substância branca e pastosa que se acumula na superfície do leite. [Sinôn.: *nata*.] **3** Mingau espesso, doce ou salgado, cozido com farinha, leite, ovos etc. **4** O tom claro da cor amarela. *O* ***creme*** *é uma cor suave* *adj.masc.fem.* **5** Amarelo bem claro. ☛ Neste sentido, o sing. e o pl. desta palavra são iguais: *saia* ***creme****, saias* ***creme****.* ~ **cremoso** *adj.*

crença (cren-ça) *subst.fem.* **1** Aquilo em que você acredita é a sua **crença**. *Alexandre tinha* ***crença*** *num futuro melhor.* **2** **Crença** também é o mesmo que religião. *Todas as* ***crenças*** *devem ser respeitadas.*

crente (cren-te) *adj.masc.fem.* **1** Uma pessoa **crente** é aquela que tem uma crença religiosa. ☛ Neste sentido, esta palavra pode ser usada como subst.: *Os* ***crentes*** *merecem respeito.* **2** Quando alguém tem certeza de alguma coisa, dizemos que está **crente** disso. *Lúcia estava* ***crente*** *que ia chover.*

crer *verbo* **1** É o mesmo que acreditar. *Ele* ***crê*** *que sabe tudo.* **2** **Crer** também é ter uma crença religiosa.

crescer (cres-cer) *verbo* **1** É o mesmo que aumentar. **2** **Crescer** também é ficar mais velho, mais maduro, mais experiente. *O que você quer ser quando* ***crescer****?* ~ **crescente** *adj.masc.fem.*

crescimento (cres-ci-men-to) *subst.masc.* **1** O que teve **crescimento** ficou maior, mais intenso, com mais quantidade. **2** Evolução de um ser, do seu organismo e das suas habilidades. *O bebê está em fase de* ***crescimento****.*

cria (cri-a) *subst.fem.* Animal recém-nascido ou que ainda mama. **dar cria** Quando um filhote de animal nasce, dizemos que a fêmea **deu cria**.

criação (cri-a-ção) *subst.fem.* **1** O que você inventa, cria ou usa de um jeito diferente é uma **criação** sua. *Este projeto foi* ***criação*** *dos próprios alunos.* **2** Educação que se recebeu em casa. *Todos elogiam a* ***criação*** *destes meninos.* **3** Conjunto de animais criados para uso e consumo próprio ou para venda. *Essa granja faz* ***criação*** *de galinhas e de patos.* [Pl.: *criações*.]

criança (cri-an-ça) *subst.fem.* Ser humano que está na infância. ☛ Ver *A Declaração dos Direitos da Criança* na p. 500.

→ De acordo com a Lei federal 8.069, de 1990, que criou o Estatuto da **Criança** e do Adolescente, uma pessoa é **criança** até completar 12 anos.

criar (cri-ar) *verbo* **1** Dar origem a algo totalmente novo. *Cientistas* ***criaram*** *uma nova fonte de energia.* **2** Imaginar ou inventar coisas. *Patrícia* ***cria*** *histórias com a maior facilidade.* **3** Alimentar, cuidar de animais para que cresçam e se reproduzam. *Jonas* ***cria*** *avestruz na sua fazenda.* **4** Acompanhar o crescimento de alguém, dando educação, alimentação, amor etc. *Marieta* ***criou*** *os sobrinhos como se fossem filhos.* **5** Adquirir ou fazer surgir. *Não sei como* ***criei*** *coragem para falar em voz alta. Mal chegou na festa, Lia quis* ***criar*** *confusão.* **6** Aumentar o que já existe ou fazer surgir outros. *Os moradores pedem que se* ***criem*** *novas áreas de lazer. O hospital* ***criou*** *um curso para as mães.* ~ **criador** *adj. subst.masc.*

criatividade (cri-a-ti-vi-da-de) *subst.fem.* Habilidade para inventar histórias, canções, obras de arte, objetos etc.

criativo (cri-a-ti-vo) *adj.* **1** Uma pessoa **criativa** tem imaginação, é capaz de criar ou imaginar coisas. **2** Feito com criatividade. *O cenário feito com tampinhas era muito* ***criativo****.*

criatura (cri-a-tu-ra) *subst.fem.* **1** Ser vivo que não é planta, especialmente se é desconhecido. **2** Seres e animais imaginários também são **criaturas**.

crime (cri-me) *subst.masc.* Tudo o que é feito contra a lei é chamado de **crime**. *Roubar e matar são* ***crimes****.*

criminoso (cri-mi-no-so) \ô\ *subst.masc.* Pessoa que comete crimes. *O* ***criminoso*** *está preso desde a semana passada.* ☛ Esta palavra pode ser usada como adj.: *atitude* ***criminosa****.*

A B C D E F G H I J K L M N O P Q R S T U V W X Y Z

crina (cri-na) *subst.fem.* Pelo do alto da cabeça, do pescoço e da cauda de cavalo, zebra, leão etc.

crise (cri-se) *subst.fem.* **1** Quando algo ou alguém está vivendo um ou vários problemas, ele está vivendo uma **crise**. *A indústria de calçados sofre com a **crise** econômica. Alberto teve uma **crise** de ciúmes.* **2** MED Período em que uma doença fica pior de repente. *Adriana teve uma **crise** de asma.*

crista (cris-ta) *subst.fem.* Parte mais ou menos dura do topo da cabeça de certas aves, como o galo.

cristal (cris-tal) *subst.masc.* **1** Pedra clara e transparente. *Minha irmã coleciona **cristais** de várias cores.* **2** Vidro muito fino e transparente, usado para fazer taças, copos, lustres etc. *Cuidado com esse jarro porque ele é de **cristal**.* **3** Também chamamos de **cristal** cada peça feita desse material. *Os **cristais** da vovó ficavam naquele armário.* [Pl.: *cristais.*]

cristão (cris-tão) *subst.masc.* REL Pessoa que acredita em Jesus Cristo e segue os seus ensinamentos. [Pl.: *cristãos*. Fem.: *cristã.*] ☛ Esta palavra pode ser usada como adj.: *religião **cristã**.*

critério (cri-té-rio) *subst.masc.* **1** O que é usado como norma ou regra quando vamos fazer uma escolha, uma seleção etc. *Um dos **critérios** para frequentar a escola de futebol é o bom desempenho na escola.* **2** Cuidado e atenção na hora de decidir ou capacidade de diferenciar o certo do errado. *Juiz tem que agir com **critério**.*

criticar (cri-ti-car) *verbo* **1** Analisar fazendo observações sobre alguém ou sobre alguma coisa. *Os moradores **criticaram** o resultado das obras, indicando seus pontos positivos e negativos.* **2** Analisar mostrando apenas os pontos negativos de alguém ou de alguma coisa. *Os vizinhos **criticavam** o comportamento do adolescente.* ~ **crítica** *subst.fem.* **crítico** *adj. subst.masc.*

crochê ou **croché** (cro-chê; cro-ché) *subst.masc.* Trabalho feito à mão, cruzando a linha de diferentes modos para formar roupas, colchas, enfeites etc. A agulha de **crochê** é curvada em uma das pontas.

crocodilo (cro-co-di-lo) *subst.masc.* Réptil parecido com o jacaré, só que maior e encontrado na África, Ásia, Austrália e Américas. Quando os **crocodilos** fecham a boca, dois dentes laterais ficam aparecendo. Os **crocodilos** são os maiores répteis do mundo.

crosta (cros-ta) \ô\ *subst.fem.* Camada, geralmente dura, que se forma sobre uma superfície. *A ferrugem formou uma **crosta** no cano.* **crosta terrestre** Camada mais externa e dura da Terra.

cru *adj.* **1** Um alimento **cru** é um alimento que não foi cozido ou que está mal cozido. *Juliana gosta de salada **crua**, com alface, tomate e pepino. A carne ainda está **crua**, deixe mais tempo no fogo.* [Antôn.: *cozido*.] **2** Um material **cru** é um material mais próximo do seu estado natural, sem ter passado por preparos especiais. *Filipe usa sempre sandálias de couro **cru**.* [Fem.: *crua.*]

cruel (cru-el) *adj.masc.fem.* **1** Alguém **cruel** tem prazer em maltratar os outros. *O reino sofria com seu rei **cruel**.* **2** Cheio de sofrimento ou infeliz. *A princesa reclamava de seu destino **cruel**.* [Pl.: *cruéis*. Superl.absol.: *cruelíssimo, crudelíssimo*.] ~ **crueldade** *subst.fem.*

crustáceo ▼ (crus-tá-ceo) *subst.masc.* Animal aquático que tem muitas patas e o corpo coberto por uma casca ou protegido por uma carapaça. ☛ Esta palavra pode ser usada como adj.: *animais **crustáceos**.*

cruz *subst.fem.* **1** Marca com a forma de um sinal de adição (+) ou de uma letra X. **2** REL Símbolo das religiões cristãs. [Pl.: *cruzes.*]

cruzamento (cru-za-men-to) *subst.masc.* Local onde dois caminhos, estradas ou ruas se cruzam. *Cuidado, há ali na frente um **cruzamento** perigoso.* [Sinôn.: *encruzilhada*.] ☛ Ver ilustração na p. 484.

cruzar (cru-zar) *verbo* **1** Colocar uma coisa sobre a outra formando uma cruz. *Vânia **cruzou** a fita no alto do embrulho.* **2** Se duas coisas se encontram num ponto, elas se **cruzam**. *Esta ponte **cruza** o rio. Guilherme **cruzou** com o carteiro na rua.*

cubo (cu-bo) *subst.masc.* MAT Sólido com seis lados iguais. Cada lado do **cubo** possui a forma de um quadrado. ☛ Ver ilustração na p. 498.

[1]**cuca** (cu-ca) *subst.fem.* **1** Criatura que mete medo nas crianças. **2** *informal* A cabeça também é chamada de **cuca**.

A palavra *coco*, muito antigamente, significava "bicho-papão", depois "fruto do coqueiro" e, por causa do seu aspecto, "objeto em forma de esfera, cabeça"; dessa palavra coco veio a palavra cuca com esses significados.

---

[2]**cuca** (cu-ca) *subst.fem.* CUL Tipo de bolo simples que pode levar frutas como banana ou maçã.

Cuca vem da palavra alemã *Kuchen*, que significa "bolo".

---

cueca (cu-e-ca) *subst.fem.* É o mesmo que cuecas.

cuecas (cu-e-cas) *subst.fem.pl.* Peça de roupa masculina usada debaixo de calças e bermudas.

cuíca (cu-í-ca) *subst.fem.* **1** MÚS Instrumento musical parecido com um tambor e com uma vareta fina presa à pele, por dentro. Para tirar som da **cuíca** é preciso esfregar essa vareta com a mão ou com um pano úmido. ☛ Ver ilustração na p. 494. **2** Animal parecido com o gambá, só que menor.

→ O animal e o instrumento têm o mesmo nome porque o som do instrumento parece com a voz do animal.

---

cuidado (cui-da-do) *subst.masc.* **1** Quando você faz uma coisa com **cuidado**, põe atenção e capricho no que está fazendo. *Por favor, limpe esse chão com **cuidado**.* *adj.* **2** Um jardim **cuidado** é um jardim que foi bem tratado, está bonito. *interjeição* **3** A gente grita **cuidado** quando alguma coisa perigosa pode acontecer ou há possibilidade de alguém cometer um erro. ***Cuidado!** Esse copo vai cair.*

cuidadoso (cui-da-do-so) \ô\ *adj.* **1** Uma pessoa **cuidadosa** presta atenção no que faz, capricha. *Nossa cozinheira é muito **cuidadosa** e arrumada.* **2** Quem trata das coisas com cuidado é **cuidadoso**. *Esse aluno é **cuidadoso** com seus livros e cadernos.* **3** Um trabalho **cuidadoso** é perfeito nos seus detalhes. *Esse é um bom mecânico; seu serviço é **cuidadoso**.* [Antôn. geral: *descuidado.*]

cuidar (cui-dar) *verbo* **1** Quando você toma conta de alguém ou de algo, se dedica a ele, você **cuida** dele. *As babás **cuidam** dos bebês.* **2** Quando você se encarrega de uma coisa, você também **cuida** dela. *Deixe que eu **cuido** da arrumação da casa.* **3** As pessoas que se **cuidam** se preocupam com sua saúde e aparência e gostam de viver bem.

culinária (cu-li-ná-ria) *subst.fem.* **1** A arte e a técnica de cozinhar. *Rafael gosta de **culinária** e de música.* **2** Conjunto dos pratos típicos de um país, uma região, uma cultura. *A **culinária** brasileira é famosa no mundo todo.* [Sinôn.: *cozinha.*]

culpa (cul-pa) *subst.fem.* **1** Sentimento incômodo por se ter feito algo errado ou por se pensar que fez algo errado. *A Luana agora sente **culpa** por não ter querido sair com a gente.* **2** **Culpa** é também o que alguém fez de errado ou de modo ilegal. *O gerente não estava convencido da **culpa** do caixa.*

culpar (cul-par) *verbo* Declarar que alguém ou algo é responsável por uma coisa ruim ou errada. *Eles não podem **culpar** a Sara de nada.* [Antôn.: *desculpar.*]

cultivar (cul-ti-var) *verbo* **1** **Cultivar** um terreno é deixá-lo preparado para a plantação e o crescimento de alguma planta. **Cultivar** uma planta é cuidar para que ela se desenvolva bem. **2** **Cultivar** também é cuidar de um sentimento ou de um hábito para que ele fique mais forte ou melhor. *É preciso **cultivar** as amizades. Desde criança, Januário **cultiva** o gosto pela música.* ~ **cultivo** *subst.masc.*

culto (cul-to) *subst.masc.* **1** Grande respeito a uma divindade, a uma pessoa ou a um fato. *O **culto** a são Sebastião é comum no Rio de Janeiro.* **2** Cerimônia religiosa. *O horário dos **cultos** estão no mural da secretaria.* **3** Pessoa que tem cultura. ☛ Nesta acepção, esta palavra pode ser usada como adj.: *homem **culto**.* ~ **cultuar** *verbo*

cultura (cul-tu-ra) *subst.fem.* **1** Conjunto dos costumes, crenças, atividades etc. de um país, de uma região ou de um grupo. *O frevo faz parte da **cultura** de Pernambuco.* **2** O conjunto dos conhecimentos, estudos etc. de uma pessoa é a sua **cultura**. **3 Cultura** também é o resultado do cultivo de uma terra ou de uma planta. *Algumas regiões são próprias para a **cultura** do arroz.*

cultural (cul-tu-ral) *adj.masc.fem.* **Cultural** quer dizer relacionado à cultura, ao conjunto de conhecimentos, valores e bens ligados à cultura. *A cidade de Ouro Preto faz parte do patrimônio **cultural** do país. As diferenças **culturais** devem ser respeitadas.* [Pl.: *culturais*.]

cúmplice (cúm-pli-ce) *subst.masc.fem.* **1** Quem ajuda uma pessoa a praticar um crime. *A polícia quer descobrir quem eram os **cúmplices** no roubo.* **2** *informal* Quem é parceiro, sócio de alguém. *Somos mais do que amigos, somos **cúmplices**.*

cumprimentar (cum-pri-men-tar) *verbo* **1** Falar com alguém ao chegar em algum lugar, dizendo "bom-dia", "olá", "como vai" etc. *Não vai **cumprimentar** sua tia?* **2** Desejar felicidades, saúde ou dar os parabéns a alguém em alguma ocasião como casamentos, aniversários etc. *Todos **cumprimentaram** Jairo por ter passado nos exames.* [Sinôn. geral: *saudar*.]

cumprimento (cum-pri-men-to) *subst.masc.* **1** Gesto ou palavra usado para cumprimentar alguém. *O vendedor fez um **cumprimento** balançando a mão. Os **cumprimentos** serão no salão da igreja.* **2** O **cumprimento** de uma tarefa é a realização total dessa tarefa. *Todos esperam o **cumprimento** das promessas feitas.* ☛ Não confundir com *comprimento*.

cumprir (cum-prir) *verbo* Fazer o que estava previsto em acordo, promessa, lei etc. *Roberto **cumpriu** sua palavra e visitou a avó. Quem é condenado tem que **cumprir** uma pena.*

cunhado (cu-nha-do) *subst.masc.* O irmão da esposa ou do esposo de uma pessoa é **cunhado** dessa pessoa.

cupido (cu-pi-do) *subst.masc.* **1** O deus do amor, representado por um menino com asas que usa arco e flechas para acertar os corações. **2** Uma pessoa que ajuda um casal a se conhecer. *Lídia foi o **cupido** do namoro de Beto e Cláudia.*

cupim ▼ (cu-pim) *subst.masc.* Inseto que se alimenta de madeira e outras partes de plantas. Os **cupins** vivem em comunidades organizadas e são encontrados em países tropicais. [Pl.: *cupins*.] ~ **cupinzeiro** *subst.masc.*

cupinzeiro

cupom (cu-pom) *subst.masc.* Cartão ou papel que dá direito a brindes, descontos, participação em promoções etc. [Pl.: *cupons*.]

cupuaçu (cu-pu-a-çu) *subst.masc.* Fruta de casca dura e polpa com cheiro forte. O **cupuaçu** é encontrado na Amazônia e é muito usado para fazer suco, doces e sorvete.

curar (cu-rar) *verbo* **1** Recuperar a saúde, acabando com uma doença. *Os médicos tentam **curar** as pessoas.* [Sinôn.: *sarar*.] **2 Curar** também é secar um queijo, um peixe etc. ao calor do fogo ou do sol. ~ **cura** *subst.fem.*

curativo (cu-ra-ti-vo) *subst.masc.* **1** Limpeza e tratamento de uma ferida. *A enfermeira fez o **curativo** com muito cuidado.* **2** Material ou medicamento usado para cuidar de um ferimento ou para protegê-lo. Esparadrapo, algodão e gaze são **curativos**.

curau (cu-rau) *subst.masc.* CUL Mingau doce feito de milho verde.

curió (cu-ri-ó) *subst.masc.* Pássaro cantor encontrado na América do Sul e na América Central tropical. Por ser muito usado como pássaro de gaiola, o **curió** está desaparecendo de várias regiões do Brasil.

curiosidade (cu-ri-o-si-da-de) *subst.fem.* **1** Desejo de conhecer ou experimentar uma coisa nova, pouco conhecida. *Rodrigo tem **curiosidade** de saber como é feito o sabão.* **2** Interesse em aprender, saber mais, pesquisar, aumentar os conhecimentos etc. *Todo estudante deve ter **curiosidade**.* **3** Informação que não é comum e, por isso, merece atenção, interessa e é surpreendente. *O livro era cheio de **curiosidades**.*

curioso (cu-ri-o-so) \ô\ *adj.* **1** Quem é **curioso** quer saber o que não sabe, quer aumentar seus conhecimentos, aprender etc. *Estou **curioso** para ver a fantasia de Juçara. O estudante deve ser **curioso**.* **2** Uma pessoa **curiosa** também quer saber detalhes da vida dos outros. **3** Um fato **curioso** chama a atenção, é surpreendente, por ser novo ou estranho. ☛ Em 1 e 2, esta palavra pode ser usada como subst.: *Os **curiosos** aprendem mais.*

curral (cur-ral) *subst.masc.* Local onde o gado é recolhido. *De manhã cedo, fomos pegar leite no **curral**.* [Sinôn.: *estábulo*. Pl.: *currais*.] ☛ Ver ilustração na p. 486.

curso (cur-so) *subst.masc.* **1** Conjunto organizado de matérias que devem ser estudadas para se formar ou para aprender algo. *Aos sábados, Marcela faz **curso** de inglês e **curso** de fotografia.* **2** Movimento contínuo em certa direção. *As obras não prejudicarão o **curso** dos carros. O **curso** do rio foi modificado pelos moradores.* **curso de água** Qualquer rio, riacho, ribeirão etc.

cursor (cur-sor) \ô\ *subst.masc.* **1** INF Sinal que se move na tela do computador acompanhando os movimentos feitos com o *mouse* ou com o teclado. **2** INF O **cursor** também é um pequeno sinal vertical que fica piscando na tela do computador para mostrar onde aparecerá o que vai ser digitado. [Pl.: *cursores*.]

curtir (cur-tir) *verbo* **1** Deixar um alimento de molho em temperos por bastante tempo até que ele fique quase que cozido nesse molho. *A cozinheira **curtiu** a carne no alho e sal durante dois dias.* **2** *informal* Aproveitar um bom momento, uma sensação gostosa, divertir-se é **curtir**. ***Curti** ficar em casa jogando com os meus amigos.* **3** *informal* Fazer brincadeiras com alguém a fim de provocá-lo também é uma forma de **curtir**. *Meu tio sempre **curte** comigo, nunca sei quando ele está falando a sério.*

curto (cur-to) *adj.* **1** Algo **curto** tem pouco comprimento. *Joana sempre usa cabelo **curto**. Esta toalha ficou **curta** na mesa.* **2** Um filme **curto** dura pouco tempo. [Sinôn.: *breve*.] **3** *informal* Se alguém diz que o dinheiro está **curto**, quer dizer que não é o bastante. [Antôn. para 1 e 2: *comprido*, *longo*.]

curupira (cu-ru-pi-ra) *subst.masc.* FOLCL Criatura do folclore indígena, do tamanho de uma criança pequena, que tem o calcanhar para frente e os pés para trás, para confundir os caçadores.

cururu (cu-ru-ru) *subst.masc.* **1** Sapo de pele áspera e seca, com muitas verrugas. O **cururu** tem glândulas de veneno atrás dos olhos. **2** FOLCL Tipo de dança e de música do Centro-Oeste e de São Paulo.

curva ► (cur-va) *subst.fem.* Linha, superfície ou espaço em forma de arco. *É uma estrada perigosa, pois tem muitas **curvas**. A bola fez uma **curva** no ar.*

curvar (cur-var) *verbo* **1** Fazer algo sair da posição reta. Por exemplo, se você **curva** o seu corpo, você o inclina para frente, para trás ou para os lados. *Fábio **curvou** o arame para fazer um gancho.* **2** Não resistir à vontade do outro. ***Curvou**-se aos caprichos da filha única.*

curvo (cur-vo) *adj.* Algo **curvo** é algo que tem a forma de um arco ou está inclinado. *O desenho terá linhas **curvas**, círculos e quadrados. Sente-se direito, você está com as costas **curvas**.* [Antôn.: *reto*.]

cuscuz (cus-cuz) *subst.masc.* **1** CUL Bolo feito de farinha de milho ou de arroz, cozido no vapor. **2** CUL Massa doce, feita de tapioca, leite de coco e coco ralado. ☛ O sing. e o pl. desta palavra são iguais: *um **cuscuz**, dois **cuscuz**.*

cuspe ou **cuspo** (cus-pe; cus-po) *subst.masc.* É o mesmo que saliva.

cuspir (cus-pir) *verbo* Jogar líquido, especialmente a saliva, para fora da boca. *Não devemos **cuspir** no chão.*

custar (cus-tar) *verbo* **1** Um produto que **custa** dez reais é vendido ou comprado por esse valor. [Sinôn.: *valer*.] **2** Causar algum tipo de prejuízo ou perda. *O erro do atleta **custou** sua medalha.* **3** O que **custa** também é muito difícil, dá trabalho ou causa sofrimento. ***Custou** ao menino pular na água fria.* **4** O que **custa** a acontecer é lento, demora muito. *O time **custou** a acreditar na vitória.*

custo (cus-to) *subst.masc.* **1** É o mesmo que preço. *Qual será o **custo** da viagem?* **2** Tudo o que se faz para atingir um objetivo, realizar uma tarefa etc. *Com muito **custo**, a mãe acordou o filho.* [Sinôn.: *trabalho*.]

cutia (cu-ti-a) *subst.fem.* Roedor do tamanho de um gato, que tem pelo curto e áspero e cauda bem pequena.

cutucar ou **catucar** (cu-tu-car; ca-tu-car) *verbo* **1** *informal* Tocar alguém com os dedos, o cotovelo etc. para chamar a atenção. **2** *informal* Enfiar o dedo ou objeto fino e pontudo em um buraco. *Não devemos **cutucar** o ouvido.*

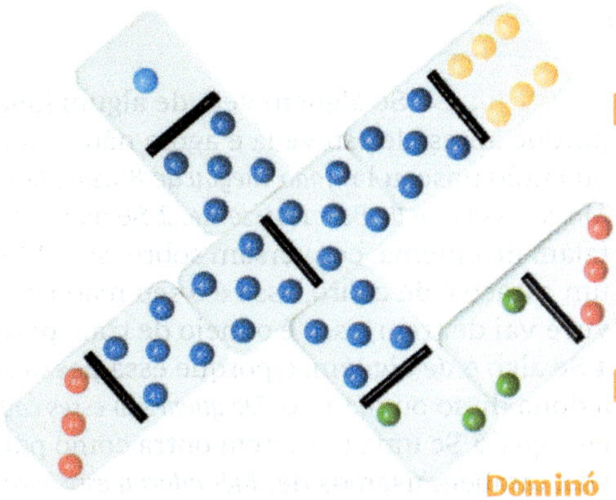

Dd

Dominó

d *subst.masc.* Quarta letra do nosso alfabeto. O **d** é uma consoante e, na língua portuguesa, o seu som antes de "i" pode ser mais chiado. Essa pronúncia chiada também acontece diante das outras vogais, em algumas regiões do Brasil.

[1]dado (da-do) *subst.masc.* Resultado de análise, cálculo ou pesquisa. *Os **dados** de uma pesquisa eleitoral devem ser publicados nos jornais.*

Esta palavra veio do latim *datus*, que quer dizer "dado, entregue".

[2]dado (da-do) *subst.masc.* Objeto em forma de cubo, usado em jogos ou brincadeiras. Em cada face do **dado** há um número ou figura.

Há várias possibilidades de origem para esta palavra, uma delas é a palavra árabe *dad*, que quer dizer "dado de jogo".

dália ▼ (dá-lia) *subst.fem.* Flor de cores fortes e muitas pétalas, parecida com a margarida. As **dálias** são muito cultivadas em jardins.

dama (da-ma) *subst.fem.* **1** Mulher muito educada. *Julieta agiu como uma **dama**.* [Masc.: *cavalheiro*.] **2** Mulher que faz par com o homem, em uma dança. [Masc.: *cavalheiro*.] **3** Carta de baralho com o desenho de uma mulher. Dependendo do jogo, a **dama** vale 12 pontos ou só meio. ☛ Ver ilustração de *baralho*. **4** No jogo de damas, cada peça que chega à última linha de quadrados. **damas** *subst.fem.pl.* **5** Jogo com 24 peças, 12 para cada jogador, colocadas em um tabuleiro com quadrados de cores alternadas. Os jogadores devem movimentar suas peças procurando levá-las até o outro lado do tabuleiro. [Sinôn.: *jogo de damas*.] **dama de honra** Moça ou menina que, na cerimônia de casamento, vem à frente da noiva.

damasco (da-mas-co) *subst.masc.* Fruta parecida com o pêssego, consumida principalmente seca, como passa, ou em doces, como geleia e cremes.

danado (da-na-do) *adj.* **1** Muito zangado. *O dono do bar ficou **danado** com o prejuízo que teve.* **2** Se algo é **danado** de se fazer, é porque é difícil, dá muito trabalho ou é muito grande. *As crianças fizeram uma bagunça **danada** no quarto.* **3** Um animal **danado** contraiu raiva. **4** Uma criança **danada** é muito inteligente ou muito levada.

dança (dan-ça) *subst.fem.* **1** Série de movimentos de corpo, geralmente seguindo uma música. **2** Técnicas que ensinam a dançar. *Mônica dá aulas de **dança** em um clube.*

dançar (dan-çar) *verbo* **1** Movimentar o corpo com ritmo, geralmente seguindo uma música. *Emília não sabe **dançar** frevo. No final da festa, todos **dançavam** sem parar.* **2** *informal* Quando alguém perde uma oportunidade de fazer ou conseguir algo, diz-se que essa pessoa **dançou**. *Quem chegar atrasado, vai **dançar**.* **3** *informal* Também se usa **dançar** para dizer que algo planejado deixou de acontecer. *Com a chuva, o passeio **dançou**.*

dançarino (dan-ça-ri-no) *subst.masc.* Pessoa que dança.

daninho (da-ni-nho) *adj.* Algo é **daninho** quando prejudica alguém ou alguma coisa. *As ervas*

A B C **D** E F G H I J K L M N O P Q R S T U V W X Y Z

daninhas *prejudicam as plantações. Fumar é um comportamento* ***daninho*** *à nossa saúde.* [Antôn.: *benéfico*.]

dano (da-no) *subst.masc.* **1** Se você causa um **dano** a alguém, você prejudica essa pessoa de alguma forma. *A falta de alimentação causou* ***danos*** *no desenvolvimento do bebê.* **2** Se um automóvel teve **danos** numa batida, ele sofreu alguns estragos. *A chuva causou* ***danos*** *na cidade.* [Sinôn. geral: *prejuízo*.]

dar *verbo* **1** Quando você **dá** alguma coisa, ela passa a ser de quem recebe. ***Demos*** *alguns jogos para os novos vizinhos.* [Sinôn.: *doar*.] **2** Oferecer como presente. *Os padrinhos não sabem o que* ***dar*** *a ele de aniversário.* **3** Ser a causa de alguma coisa. *Comer chocolate* ***dá*** *espinha?* **4** Produzir. *Este ano as mangueiras não* ***deram*** *quase nada.* **5** Passar às mãos de alguém. ***Dê****, por favor, as chaves ao vigia.* [Sinôn.: *entregar*.] **6** Ser suficiente. *Será que este dinheiro vai* ***dar*** *para comprar tudo?* **7** Transmitir ou passar informações. *Os jornais já* ***deram*** *o resultado das eleições.* **8** Organizar festas, recepções etc. *Os parentes da noiva* ***darão*** *um jantar para a família do noivo.* **9** Quando uma roupa ainda **dá** em você, você cabe nela. Quando não **dá** mais nada em uma mala, é porque não cabe mais nada nela. [Antôn. para 1 e 2: *receber*.]

dardo (dar-do) *subst.masc.* **1** Peça formada por uma pequena haste com uma ponta de ferro em um dos lados e penas em outro, usada como arma ou em jogos. *Maurício tinha em casa um alvo de* ***dardos***. **2** ESP Haste longa, terminada em ponta, usada em competições. *O arremesso de* ***dardos*** *é um esporte olímpico.*

data (da-ta) *subst.fem.* **Data** é o dia, mês e ano de algum acontecimento. *Você sabe a* ***data*** *do meu nascimento?*

d.C. Abreviatura de depois de Cristo e quer dizer que se está falando do tempo após o nascimento de Jesus Cristo. *Augusto, o primeiro imperador romano, governou de 27 a.C. a 14* ***d.C.***
☛ Sempre se escreve **d** minúsculo e **C** maiúsculo. Ver *a.C.*

→ Os anos depois de Cristo são contados a partir da data aproximada do nascimento de Cristo, estabelecida como ano 0.

---

de *preposição* **1** Se alguém vem **de** algum lugar, é porque antes ele esteve lá e agora não está mais ou então nasceu lá. *João chegou* ***de*** *Brasília hoje. Maria é mineira* ***de*** *Belo Horizonte.* **2** Se as pessoas falam **de** cinema, conversam sobre isso. **3** Se um casaco é **de** couro, esse é o seu material. Se você vai de trem, esse é o meio **de** transporte. **4** Se algo é **de** alguém, é porque essa pessoa é a dona disso ou fez isso. ***De*** *quem são estes cadernos aqui?* **5** Se uma coisa tem outra como parte sua, também usamos **de**. *Inês adorou este livro* ***de*** *poemas.* ☛ A preposição **de** pode se juntar com várias palavras e formar outras, como *disso* (**de** + isso), *daquele* (**de** + aquele), *da* (**de** + a), *daqui* (**de** + aqui).

debaixo (de-bai-xo) *advérbio* É o mesmo que embaixo. *Os faxineiros afastaram a mesa sem reparar que havia livros* ***debaixo***. **debaixo de** É o mesmo que embaixo de. *Como fazia calor, Rita ficou* ***debaixo do*** *ventilador; se estivesse fazendo frio, ficaria* ***debaixo das*** *cobertas.*

debate (de-ba-te) *subst.masc.* Exposição de argumentos a favor ou contra algum assunto que está sendo discutido por duas ou mais pessoas. *Os candidatos à prefeitura participarão de um* ***debate*** *ao vivo na televisão.*

débito (dé-bi-to) *subst.masc.* **1** Quando você tem um **débito**, saiu dinheiro da sua conta. *No fim do mês somou todos seus* ***débitos*** *e viu quanto sobrou do dinheiro.* **2** Se você tem um **débito** com uma pessoa, você tem uma dívida, material ou não, com ela. *Por mais que eu agradeça, estarei sempre em* ***débito*** *com você.* [Antôn. geral: *crédito*.] ~ **debitar** *verbo*

debruçar (de-bru-çar) *verbo* **1** Inclinar o corpo tombando a cabeça para frente. *Tenho medo de que esta criança* ***debruce*** *na janela.* **2** Ficar deitado de barriga para baixo. *As meninas se* ***debruçaram*** *na areia para tomar sol.*

década (dé-ca-da) *subst.fem.* Período de dez anos. *O estado de Tocantins foi criado na* ***década*** *de 1980.*

decepção (de-cep-ção) *subst.fem.* Sentimento de quem está triste por alguma coisa não ter acontecido ou não ter saído como se esperava. *Foi uma* ***decepção*** *para Júlia o pai não ter vindo para a peça de teatro.* [Pl.: *decepções*.] ~ **decepcionar** *verbo*

decidir (de-ci-dir) *verbo* Se você **decide** fazer alguma coisa, você escolhe fazer isso, geralmente depois de pensar com cuidado. *Mário **decidiu** mudar de emprego.*

decifrar (de-ci-frar) *verbo* **Decifrar** é conseguir entender o que estava escrito em código ou estava mal escrito. As pessoas **decifram** também problemas, enigmas e charadas. *Os meninos do grupo verde conseguiram **decifrar** o enigma do jogo.*

decisão (de-ci-são) *subst.fem.* **1** Quando você não tem mais dúvidas sobre o que vai fazer, você tomou uma **decisão**. **2** Aquilo que você resolveu fazer é a sua **decisão**. *A **decisão** do grupo foi repartir o prêmio.* [Pl.: *decisões*.]

declamar (de-cla-mar) *verbo* Dizer em voz alta um poema, um texto etc., usando recursos de interpretação como gestos, olhares, expressões. [Sinôn.: *recitar*.] ~ **declamação** *subst.fem.*

declarar (de-cla-rar) *verbo* **1** Tornar pública alguma informação. *Os advogados **declararam** que seus clientes são inocentes.* **2** Tornar público de forma oficial. *O padre os **declarou** marido e mulher.* **3** Contar a uma pessoa que está apaixonado por ela é **declarar**-se a ela. *Finalmente, Alvinho se **declarou** a Mirtes.* ~ **declaração** *subst.fem.*

decolar ▼ (de-co-lar) *verbo* Quando uma aeronave levanta voo, ela **decola**. ~ **decolagem** *subst.fem.*

decompor (de-com-por) *verbo* **1** Separar um todo em partes. *Vamos **decompor** estes números em centenas, dezenas e unidades.* **2** Quando uma fruta se **decompõe**, ela apodrece. ~ **decomposição** *subst.fem.*

decoração (de-co-ra-ção) *subst.fem.* Modo como estão dispostos os móveis, abajures, quadros, almofadas etc. de um determinado ambiente. *Nossa casa precisa de uma **decoração** mais moderna.* [Pl.: *decorações*.]

¹decorar (de-co-rar) *verbo* Gravar na memória e não esquecer. *Custei a **decorar** a tabuada do sete.*

Decorar vem do latim *cor*, que quer dizer "coração, lugar onde estariam o afeto, a inteligência e a memória", origem também da locução **de cor**.

---

²decorar (de-co-rar) *verbo* **1** Fazer a decoração de um ambiente. *Solange **decorou** o quarto do bebê com cortinas brancas.* **2** Fazer parte da decoração de um ambiente. *Almofadas coloridas **decoram** a cama.* ~ **decorador** *subst.masc.* **decorativo** *adj.*

Decorar vem do verbo latino *decorare*, que também significa "enfeitar".

---

dedicação (de-di-ca-ção) *subst.fem.* **1** Cuidado, carinho e atenção que são colocados no que fazemos. *Alzira faz a nossa comida com muita **dedicação**.* **2** Sentimento de amizade, carinho e respeito por alguém. *Todos admiram a sua **dedicação** aos avós.* [Pl.: *dedicações*.]

dedicar (de-di-car) *verbo* **1** Oferecer amizade, cuidados, afeto a alguém. *Julieta sempre se **dedicou** à família.* **2** Dirigir uma homenagem a alguém. *A estudante **dedicou** o seu diploma aos pais.* **3** Utilizar seu tempo, esforço etc. em alguma atividade. ***Dedica**-se apenas aos estudos.*

dedo (de-do) \ê\ *subst.masc.* Cada uma das partes alongadas e com movimento das extremidades das mãos e dos pés das pessoas e dos membros de animais vertebrados. ☛ Ver ilustração na p. 478.

→ Os seres humanos possuem cinco **dedos** em cada membro, as galinhas, três, e os papagaios dois para a frente e dois para trás. Cada **dedo** do ser humano tem um nome diferente.

---

defecar (de-fe-car) *verbo* Expelir as fezes.

defeito (de-fei-to) *subst.masc.* **1** Quando uma coisa não funciona como deveria, está com **defeito**. *O liquidificador está com **defeito**.* **2** Quem é desonesto, mentiroso ou tem maus hábitos possui **defeitos** morais. *O seu maior **defeito** é a preguiça.* **3** Quem possui um **defeito** físico tem alguma parte do corpo que não é perfeita. *Aquele papagaio tem um **defeito** na asa esquerda.* ~ **defeituoso** *adj.*

defender (de-fen-der) *verbo* **1** Proteger de ataque, de perigo, mal etc. *A leoa **defendeu** seus filhotes.* **2** Lutar a favor de uma causa, uma crença, um amor etc. *O jovem foi para guerra **defender** sua pátria.* **3** Lutar pelas suas ideias, opiniões, pensamentos etc. usando argumentos que convençam as pessoas. *Devemos **defender** os nossos direitos de consumidor.* **4** Impedir que o gol aconteça ou que um ataque tenha sucesso. *O goleiro **defendeu** todas as bolas.*

defesa (de-fe-sa) \ê\ *subst.fem.* **1** Ação que protege contra o ataque ou evita que ele aconteça. [Antôn.: *ataque.*] **2** ESP Jogada que afasta a bola do gol ou impede que a equipe adversária marque o ponto. *A **defesa** de Leandro evitou que a bola saísse da quadra.* **3** ESP Grupo de jogadores responsável por essas jogadas.

deficiência (de-fi-ci-ên-cia) *subst.fem.* **1** Perda de qualidade ou de quantidade. *A **deficiência** dos transportes preocupa o prefeito.* **2** Condição física ou mental que torna algumas pessoas diferentes e costuma interferir no jeito de elas usarem o corpo ou a mente. ~ **deficiente** *adj.masc.fem. subst.masc.fem.*

definição (de-fi-ni-ção) *subst.fem.* **1** Usamos a **definição** para explicar o que uma palavra significa. *Veja no dicionário a **definição** da palavra "dedicar".* **2** Uma imagem com **definição** tem uma boa qualidade para a gente ver. [Pl.: *definições.*]

definido (de-fi-ni-do) *adj.* **1** Estabelecido, determinado. *O time já está **definido**.* **2** Possível de se identificar. *A imagem da foto está bem **definida**.* [Antôn. geral: *indefinido.*]

definir (de-fi-nir) *verbo* **1** Explicar o sentido de alguma coisa. *Não sei como **definir** o que estou sentindo.* **2** Determinar os limites, as regras etc. de algo. *O técnico já **definiu** como será o treino.* **3** Quando nos **definimos**, dizemos como nós somos ou fazemos uma escolha. *Não sei como me **definir**, pois eu vivo mudando. Você não se **define**, cada hora quer uma coisa.*

definitivo (de-fi-ni-ti-vo) *adj.* O que é **definitivo** está decidido e não muda mais. *O resultado **definitivo** das eleições será divulgado hoje.*

defronte (de-fron-te) *advérbio* Uma coisa que está **defronte** de você está em sua frente, diante de você. *Minha casa fica bem **defronte** da escola.*

defunto (de-fun-to) *subst.masc.* Pessoa que faleceu.

degelar (de-ge-lar) *verbo* Tirar ou derreter o gelo de alguma coisa. *Já está na hora de **degelar** o* freezer.

degradação (de-gra-da-ção) *subst.fem.* **1** Estrago causado em alguma coisa. *A umidade causou a **degradação** das obras de arte. A **degradação** do meio ambiente é uma preocupação de todos.* **2** Destruição moral ou física de alguém. *A tristeza e a doença levaram o rapaz à **degradação**.* **3** Condenação a viver longe de sua terra natal para sempre. *Os soldados rebeldes foram condenados à **degradação**.* [Pl.: *degradações.*] ~ **degradar** *verbo*

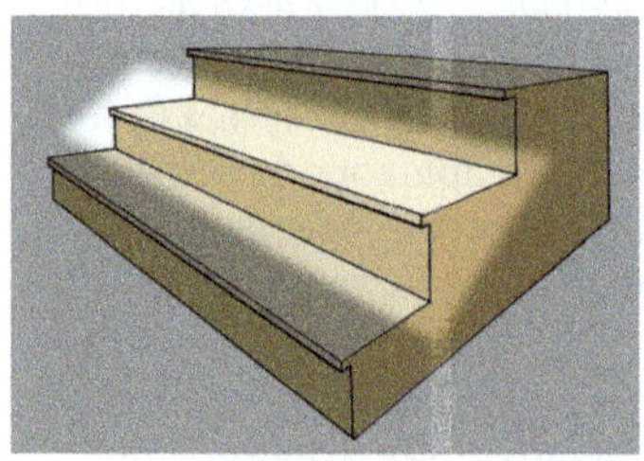

degrau ◄ (de-grau) *subst.masc.* Em uma escada, cada um dos pontos onde apoiamos o pé, na subida ou na descida.

deitar (dei-tar) *verbo* **1** Colocar na posição horizontal. O que **deita** fica nessa posição. *Rafael **deitou** as garrafas na geladeira. Leandro **deitou** na maca para o exame.* **2** Quem se **deita** vai para a cama, para dormir ou descansar. [Antôn.: *levantar.*]

deixar (dei-xar) *verbo* **1** Quando uma pessoa **deixa** uma coisa ou alguém, ela se afasta dessa coisa ou alguém. *A professora **deixou** a sala, mas os alunos continuaram sentados. Meu pai **deixou** de fumar.* [Antôn.: *voltar.*] **2** Pôr algo num lugar. ***Deixei** o livro em cima da mesa.* [Antôn.: *tirar.*] **3** Esquecer algo num lugar. *Mara **deixou** a carteira no carro.* **4** Quando sua mãe **deixa** seu irmão na escola, ela o leva até lá. **5** Permitir. *Seu pai **deixou** você ir ao cinema. O Sol apareceu e **deixou** a gente ir à praia.* **6** Confiar ou encomendar algo a alguém. *Sérgio **deixou** o Ivan à frente do negócio.* **7** Fazer uma atividade parar por certo tempo. *Os funcionários **deixam** o trabalho* *na hora do almoço.* [Sinôn.: *interromper.*] **8** Dar uma coisa a alguém, a uma instituição etc. *O tio do Igor **deixou** dinheiro para ele.* **9 Deixar** alguma coisa com alguém é emprestá-la a alguém. ***Deixe** comigo a sua bicicleta.* **10** Provocar um sentimento. *Sua ida **deixou** saudades.* **11** Fazer ficar em certo estado. *A gripe **deixou** o Jair fraco.* **12** Produzir ganhos. *As vendas **deixaram** um bom dinheiro na firma.* **deixar a desejar** Decepcionar. *A festa **deixou a desejar**.* **deixar para depois** Adiar a realização de uma coisa. *Vamos **deixar** esta tarefa **para depois**.*

delegacia (de-le-ga-ci-a) *subst.fem.* Lugar onde as pessoas podem denunciar algum crime e onde os bandidos ficam presos. **Delegacia** é o local de trabalho do delegado.

delegado (de-le-ga-do) *subst.masc.* Autoridade policial que é chefe de uma delegacia e trabalha prendendo criminosos.

deletar (de-le-tar) *verbo* INF **Deletar** quer dizer apagar ou excluir. *Fernanda **deletou** as fotos do computador.*

Deletar começou a ser usado em informática por influência do inglês *to delete*, que também quer dizer "apagar". No latim, porém, já existia o verbo *delere*, que significa "destruir, apagar".

---

delgado (del-ga-do) *adj.* **1** Fino, pouco espesso. **2** Algo **delgado** também é algo com uma circunferência pequena. *Depois do intestino **delgado** vem o intestino grosso.*

delicadeza (de-li-ca-de-za) \ê\ *subst.fem.* **1** Gentileza que se faz ou que se recebe. *Mandar flores à Elvira foi uma **delicadeza** do pai do Édson.* **2** A **delicadeza** de uma coisa é consequência da perfeição com que foi feita ou que ela apresenta. *A **delicadeza** desse enfeite é fantástica. Que **delicadeza** têm as asas das borboletas!* **3** A **delicadeza** de uma situação mostra como ela é complicada ou embaraçosa.

delicado (de-li-ca-do) *adj.* **1** Chamamos de **delicada** uma pessoa educada, amável com os outros. *O doutor Pedro é um médico muito **delicado** com seus pacientes.* [Antôn.: *grosseiro.*] **2** Uma pessoa ou uma coisa **delicada** tem de ser tratada com atenção especial, com cuidado. *Essas flores são **delicadas**, só toque nelas com as pontas dos dedos. Falar da saúde da Clara é um assunto **delicado**.*

delícia (de-lí-cia) *subst.fem.* **1** Enorme sensação de prazer. *Tomar banho de cachoeira é uma **delícia**.* **2** Sabor agradável, gostoso. *Que **delícia** de pudim!* **3** Coisa deliciosa. *Quero que prove as **delícias** desta lojinha. Venha conhecer as **delícias** do Ceará.*

delicioso (de-li-ci-o-so) \ô\ *adj.* **1** Muito bom. Algo **delicioso** nos deixa satisfeitos e felizes. *O mar está **delicioso**, você não vai entrar?* **2** Um alimento **delicioso** tem o gosto muito bom. *As empadas dessa padaria são **deliciosas**.*

delírio (de-lí-rio) *subst.masc.* **1** Um **delírio** é uma confusão mental que pode ocorrer em pessoas que estão doentes ou sob o efeito de droga. *A febre alta fez o Raul ter **delírios**.* **2** Grande felicidade ou muita animação. *O gol do Brasil levou o público ao **delírio**.* ~ **delirar** *verbo*

demais (de-mais) *advérbio* **1** O que é **demais** está além do que precisamos. *Mamãe diz que conhecimento nunca é **demais**.* **2 Demais** também é usado para falar do que é muito forte, muito intenso. *Damião ama **demais** a Sara.* [Antôn.: *pouco.*] *pron. indef.* **3** Os **demais** são os outros. *Um aluno lia a história e os **demais** alunos ouviam.*

demitir (de-mi-tir) *verbo* Dispensar de emprego, de cargo. *O gerente **demitiu** três funcionários.* ~ **demissão** *subst.fem.*

democracia (de-mo-cra-ci-a) *subst.fem.* Sistema de governo em que os líderes são escolhidos pelo voto do povo. ~ **democrático** *adj.*

demolir ▼ (de-mo-lir) *verbo* Derrubar o que estava construído. *Os bombeiros precisaram **demolir** o armazém.*

A B C **D** E F G H I J K L M N O P Q R S T U V W X Y Z

demônio (de-mô-nio) *subst.masc.* **1** REL Ser maléfico e sobrenatural. [Sinôn.: *diabo*.] **2** Uma pessoa muito má também é chamada de **demônio**. [Antôn.: *anjo*.] **3** *informal* **Demônio** também é uma criança muito agitada.

demonstrar (de-mons-trar) *verbo* **1** Mostrar a existência de algo apresentando provas. *O resultado do exame **demonstrou** que o médico estava certo.* **2** Exibir algo mostrando como funciona, para que serve, quais são as qualidades ou vantagens. *O vendedor **demonstrou** como utilizar a faca elétrica.* **3** Revelar o que estava escondido, guardado ou que não era percebido. *Susana tem dificuldade para **demonstrar** carinho.* ~ **demonstração** *subst.fem.* **demonstrativo** *adj.*

demorar (de-mo-rar) *verbo* **1** Custar a realizar o que tem de ser feito. *Gláucia, você ainda vai **demorar** muito para sair?* **2** Levar mais tempo do que se esperava. *A consulta **demorou** mais de uma hora.* ~ **demora** *subst.fem.*

dendê (den-dê) *subst.masc.* **1** Fruto de uma palmeira comum na Bahia. **2** Óleo que é extraído da polpa desse fruto e tem cor avermelhada e sabor doce. O **dendê** é muito usado na culinária e também para fabricar outros produtos, como sabão e vela.

dengue (den-gue) *subst.fem.* MED Doença que provoca febre alta e muita dor no corpo. A **dengue** é transmitida por um mosquito.

dentada (den-ta-da) *subst.fem.* Quando alguém morde algo, dá uma **dentada**.

dentadura (den-ta-du-ra) *subst.fem.* **1** Conjunto de dentes de uma pessoa ou de um animal. *A **dentadura** humana em geral é formada por 32 dentes.* ☛ Ver ilustração na p. 478. **2** **Dentadura** também é um conjunto de dentes postiços que as pessoas usam quando não têm mais os seus próprios dentes. *A **dentadura** do meu tio caiu da boca quando ele espirrou.*

dente (den-te) *subst.masc.* **1** ANAT Cada uma das partes duras e brancas que ficam dentro da boca e que servem para morder e mastigar. ☛ Ver ilustração na p. 478. **2** Parte recortada ou ponta de determinados objetos, como pente ou garfo. **dente de leite** Cada um dos primeiros dentes que as crianças têm e que, por volta dos seis anos, caem e são substituídos por dentes permanentes. ~ **dental** *adj.masc.fem.* **dentário** *adj.*

→ Os **dentes** possuem muitas funções: eles cortam e amassam os alimentos, deixando a digestão mais fácil. Para alguns animais, eles servem como defesa de ataques. E para os seres humanos, também auxiliam na articulação das palavras. Você já viu uma pessoa banguela falar "farofa"?

dentista (den-tis-ta) *subst.masc.fem.* Pessoa que trabalha cuidando dos dentes das pessoas.

dentro (den-tro) *advérbio* Algo ou alguém está **dentro** de um lugar, recipiente ou objeto, se esse lugar, recipiente ou objeto está em volta dele. *Isabel colocou os cadernos **dentro** da mochila. Edite saiu de casa e deixou a chave lá **dentro**.* [Antôn.: *fora*.]

denunciar (de-nun-ci-ar) *verbo* Tornar conhecido algo que era feito sem permissão, que nunca foi revelado. *Um telefonema **denunciou** o esconderijo dos bandidos.*

dependência (de-pen-dên-cia) *subst.fem.* **1** Se você depende de alguma coisa para realizar algo, você está na **dependência** disso. *Ficar na **dependência** da boa vontade dos outros é a pior coisa.* **2** Se você depende dos pais para sobreviver, você mantém uma relação de **dependência** com eles. [Antôn.: *independência*.] **3** **Dependência** também é um dos cômodos de uma casa. *Este apartamento tem **dependências** de empregada?* ☛ Neste sentido, esta palavra é mais usada no plural.

depender (de-pen-der) *verbo* **1** Precisar da ajuda, da proteção de algo ou alguém para sobreviver, realizar coisas etc. *Terminar a tarefa não **depende** de mim. Todos nós **dependemos** de alguma coisa para ser feliz.* **2** Só acontecer sob determinadas condições. *Sua aprovação vai **depender** das notas finais.* **3** Surgir em consequência de alguma coisa. *O sucesso nos estudos **depende** da sua dedicação.* ~ **dependente** *adj.masc.fem. subst.masc.fem.*

depois (de-pois) *advérbio* **1** Quando algo acontece **depois** de uma data, um fato ou uma hora, é porque essa data, esse fato ou essa hora aconteceu primeiro. *A turma só saiu **depois** que o sinal tocou.* [Sinôn.: *após*.] **2** Quando uma pessoa está **depois** de você numa fila, essa pessoa está atrás de você. [Antôn. geral: *antes*.]

depositar (de-po-si-tar) *verbo* **1** Colocar algo sobre uma superfície ou dentro de algum recipiente. *O casal **depositou** as taças na mesa e foi dançar. Por favor, **depositem** os cupons na urna.* **2** Fazer um depósito em banco. *Todo mês eles **depositam** um dinheirinho na poupança.* **3** Ficar acumulado no fundo. *A sujeira foi se **depositando** no fundo do copo.*

depósito (de-pó-si-to) *subst.masc.* **1** Local onde se guarda alguma coisa ou se deposita algo. *A garagem está virando um **depósito** de lixo.* **2** Quantidade de dinheiro colocada em uma conta de banco. *O banco avisou que o **depósito** já foi feito.* **3** Armazém que abriga grandes quantidades de mercadorias. *Os móveis vão ficar num **depósito**. A carga de arroz estragou no **depósito**.*

depressa (de-pres-sa) *advérbio* Se você faz algo **depressa**, está fazendo o mais rápido que pode. Se algo acontece **depressa**, acontece mais cedo do que você esperava. *Maria acabou a prova **depressa**. Ande **depressa** ou vamos nos atrasar.* [Antôn.: *devagar*.]

deputado (de-pu-ta-do) *subst.masc.* **1** Quem recebeu poder para representar outras pessoas em reuniões. **2** Os **deputados** são eleitos para representar o povo de um estado por quatro anos, no próprio estado ou junto ao governo federal.

→ Visite o *site* Plenarinho, da Câmara dos **Deputados**, e saiba quem são e o que fazem os **deputados**.

derivar (de-ri-var) *verbo* Ter como origem, ser formado a partir de outra coisa. *O plástico **deriva** do petróleo. A palavra* lapiseira ***deriva** de* lápis. ~ **derivação** *subst.fem.*

derramar ◢ (der-ra-mar) *verbo* **1** Quando o leite ferve no fogo, ele sobe pela panela e pode **derramar** para fora dela. **2** A gente também **derrama**, querendo ou sem querer, um pó, grãos, líquidos, fazendo-os cair ou sair do recipiente em que estavam. *Paulo **derrama** a água da garrafa nas plantas.* **3** **Derramar**-se é expressar de modo forte, por exemplo, um sentimento. *Marilda **derramou**-se em lágrimas.* [Sinôn. para 1 e 2: *entornar*.]

derrapar (der-ra-par) *verbo* Deslizar ou escorregar perdendo a direção. *O carro **derrapou** na curva.*

derreter (der-re-ter) *verbo* **1** O que **derrete** volta ao estado líquido. O calor e o fogo podem **derreter** as coisas. **2** Demonstrar muito afeto por alguém ou algo. *A avó se **derretia** com o netinho.*

derrota (der-ro-ta) *subst.fem.* Perda de uma batalha, competição, guerra, jogo etc. [Antôn.: *vitória*.]

derrotar (der-ro-tar) *verbo* Conseguir a vitória em uma batalha, competição, guerra etc. *O exército azul **derrotou** os inimigos sem esforço. A seleção americana de vôlei não conseguiu **derrotar** a seleção brasileira.* [Antôn.: *perder*.]

derrubar (der-ru-bar) *verbo* **1** Deixar cair ou fazer cair. *Quem **derrubou** tinta no meu desenho? O cachorro me **derrubou** no chão.* **2** *informal* Deixar fraco, sem ânimo. *A gripe me **derrubou**. A má notícia nos **derrubou**.*

desabar (de-sa-bar) *verbo* **1** Cair de uma vez só. *A barraca **desabou** com todo mundo dentro.* **2** Quando acontece uma chuva forte e repentina, dizemos que **desabou** um temporal. *Daqui a pouco vai **desabar** a maior chuva!* ~ **desabamento** *subst.masc.*

desabrigado (de-sa-bri-ga-do) *subst.masc.* Pessoa que não tem onde morar, não tem um abrigo. *As escolas receberam os **desabrigados**, vítimas do furacão.* ☛ Esta palavra pode ser usada como adj.: *pessoas **desabrigadas**.*

desacompanhado (de-sa-com-pa-nha-do) *adj.* Alguém **desacompanhado** está sozinho. *Neste cinema, crianças **desacompanhadas** não podem entrar.*

desafio (de-sa-fi-o) *subst.masc.* **1** Chamada para um jogo, uma disputa ou uma competição, geralmente como provocação. *Júlio aceitou o **desafio** de Gustavo para uma partida de pingue-pongue.* **2** Esse jogo, disputa ou competição. *O estádio do Pacaembu*

Derramaram café na toalha.

A B C D E F G H I J K L M N O P Q R S T U V W X Y Z

foi palco de grandes ***desafios****.* **3** Uma tarefa muito difícil de ser realizada também é chamada de **desafio.** *Precisamos nos unir para enfrentar o* ***desafio*** *da poluição ambiental.* **4** Diálogo cantado, com versos compostos na hora. Aquele que se atrapalhar numa rima ou ficar sem resposta perde o **desafio.** ~ **desafiar** verbo

desaforo (de-sa-fo-ro) \ô\ subst.masc. **1** Atitude indelicada que demonstra desrespeito pelo outro. *Não agradecer minha ajuda foi um* ***desaforo****!* **2** O que é dito ou feito para ofender. *Vou dizer uns* ***desaforos*** *para aquele preguiçoso!*

desagradar (de-sa-gra-dar) verbo Quando algo nos **desagrada**, não ficamos satisfeitos. *O jantar* ***desagradou*** *todo mundo.* [Antôn.: *agradar.*] ~ **desagrado** subst.masc.

desagradável (de-sa-gra-dá-vel) adj.masc.fem. **1** Algo **desagradável** faz você se sentir mal, incomoda ou aborrece. *Alguns animais têm um cheiro* ***desagradável****. Foi* ***desagradável*** *ouvir que estou gordo.* **2** Uma pessoa **desagradável** é pouco simpática, é grosseira ou se comporta mal. [Antôn. geral: *agradável.* Pl.: *desagradáveis.*]

desaguar (de-sa-guar) verbo **1** Os rios terminam o seu curso, ou seja, **deságuam** em outros rios, em mares ou em lagoas. *O rio São Francisco* ***deságua*** *no mar.* [Sinôn.: *desembocar.*] **2 Desaguar** é fazer a água escoar de um lugar para outro. *Depois de* ***desaguar*** *o tanque, aproveite a água para lavar o quintal.*

desajeitado (de-sa-jei-ta-do) adj. **1** Sem jeito, sem habilidades. *Anabela é muito* ***desajeitada*** *para dançar.* **2** Uma pessoa **desajeitada** se atrapalha com as coisas, tem pouca agilidade. *Fábio cresceu tanto que virou um meninão* ***desajeitado****.* **3** Algo **desajeitado** não está em ordem ou arrumado. *Você vai sair com este cabelo todo* ***desajeitado****?*

desamarrar (de-sa-mar-rar) verbo **1** Desfazer o nó ou o laço. *Quem vai me ajudar a* ***desamarrar*** *este nó?* [Sinôn.: *desatar.*] **2** Soltar o que estava amarrado. *Vamos* ***desamarrar*** *o cachorro.* **3** *informal* Desfazer a expressão de zangado. *Anda logo,* ***desamarra*** *essa cara!* [Antôn. para 1 e 2: *amarrar.*]

desanimar (de-sa-ni-mar) verbo Perder o ânimo, a vontade de fazer as coisas. *A turma toda* ***desanimou*** *quando viu a chuva desabando.* [Antôn.: *animar.*]

desânimo (de-sâ-ni-mo) subst.masc. Falta de ânimo.

desaparecer (de-sa-pa-re-cer) verbo **1** Se uma coisa **desaparece**, você deixa de ver essa coisa. Muitas vezes, a gente tem de procurar o que **desapareceu.** *Meu livro estava aqui e agora* ***desapareceu****. O Sol* ***desapareceu*** *entre as nuvens.* [Antôn.: *aparecer.*] **2** Deixar de existir. *O medo que as crianças tinham de escuro* ***desapareceu****.* [Sinôn. geral: *sumir.*] ~ **desaparecimento** subst.masc.

desapontar (de-sa-pon-tar) verbo Quando uma coisa **desaponta** você é porque não foi tão boa quanto você esperava ou não aconteceu do jeito que você queria. Há pessoas também que nos **desapontam.** *Ester achava que a Paula era sua amiga, mas acabou se* ***desapontando*** *com ela.* [Sinôn.: *decepcionar.*] ~ **desapontamento** subst.masc.

desarmar (de-sar-mar) verbo **1** Tirar a arma de alguém. *Num golpe rápido, o policial* ***desarmou*** *o bandido.* **2** Reduzir ou acabar com o uso de armas. *A população da cidade deve* ***desarmar****-se.* **3** Desmontar ou desligar um mecanismo. *A equipe de socorro* ***desarmou*** *a bomba.* **4** Desmontar o que estava armado. *Chegou a hora de* ***desarmar*** *as barracas.* **5** Deixar alguém surpreso ou sem ação. *A resposta do guri* ***desarmou*** *o jornalista.* [Antôn. para 1, 3 e 4: *armar.*]

desastre (de-sas-tre) subst.masc. **1** Fato que causa sofrimento e grande prejuízo. *O terremoto foi um* ***desastre*** *para a cidade.* [Sinôn.: *desgraça.*] **2** Acidente de avião, carro, trem etc. que deixa muitos feridos ou mortos. **3** O que não acontece como deveria. *A apresentação da cantora foi um* ***desastre****.* [Sinôn.: *fracasso.* Antôn.: *sucesso.*] ~ **desastroso** adj.

desatar (de-sa-tar) verbo **1** Desfazer um nó. **2** Soltar-se de algo a que estava amarrado. *Guilherme* ***desatou*** *a corda que o prendia.* **3** Começar a fazer algo de repente e sem controle. *De uma hora para outra* ***desatou*** *a rir.* [Sinôn. para 1 e 2: *desamarrar.*]

desatento (de-sa-ten-to) adj. Quem é **desatento** não presta atenção ou não tem cuidado para fazer as coisas. [Antôn.: *atento.*] ~ **desatenção** subst.fem.

desativar (de-sa-ti-var) verbo **1** Tirar de atividade. *A empresa* ***desativou*** *os escritórios do centro da cidade.* **2** Desmontar um mecanismo, tirando o seu poder de ação. *Os técnicos* ***desativaram*** *a bomba.*

desbotar ►(des-bo-tar) *verbo* **1** Perder ou fazer perder a cor. **2** Ficar pálido. *O susto foi tão grande que o rosto dela **desbotou**.*

O sol **desbotou** o forro do sofá.

descalço (des-cal-ço) *adj.* Quem está **descalço** não tem calçado nos pés. Pés **descalços** estão sem calçados.

descansar (des-can-sar) *verbo* **1** Deixar que o cansaço vá embora. *Depois da partida de tênis, **descansou** o braço.* [Antôn.: *cansar.*] **2** Ficar em repouso, dormindo ou não. *O médico mandou **descansar**.* **3** Deixar uma coisa sobre um apoio. *Para tirar a foto, **descansou** a mão na almofada.* [Sinôn.: *pousar.*]

descanso (des-can-so) *subst.masc.* **1** Parada em trabalho, em movimento etc. *Lia correu por duas horas, sem **descanso**.* **2** Repouso do corpo, durante o sono ou não. *O médico recomendou **descanso**.* **3** Relaxamento de quem repousou o corpo ou a mente após esforço. **4** Período em que não se faz nada. *Como vai aproveitar seu **descanso**?* **5** Utensílio que serve de apoio para objetos como travessas de comida e copos.

descarga (des-car-ga) *subst.fem.* **1** Quando alguém tira a carga de um caminhão, faz a **descarga** desse caminhão. *O estacionamento é apenas para carga e **descarga**.* [Antôn.: *carga.*] **2** Mecanismo que controla a saída de água para dentro do vaso sanitário. **3** Há **descarga** quando a eletricidade ou alguma substância é liberada de uma vez e de repente. *Os raios são **descargas** elétricas.*

descarregar (des-car-re-gar) *verbo* **1** Tirar a carga de um navio, avião, caminhão etc. ***Descarregar** um navio é demorado.* **2** Quando uma bateria ou um aparelho **descarrega**, fica sem eletricidade. **3** Se você **descarrega** sua raiva, você fica livre dela, às vezes de um jeito ruim. *O patrão não pode **descarregar** sua raiva no funcionário.* [Antôn. para 1 e 2: *carregar.*]

descartável (des-car-tá-vel) *adj.masc.fem.* Material **descartável** é aquele que depois de usado é jogado fora, não é aproveitado novamente. *Os garfos de plástico são **descartáveis**.* [Pl.: *descartáveis.*]

descascar (des-cas-car) *verbo* Tirar a casca de algo. *A faca pequena é ótima para **descascar** laranjas.*

descendente (des-cen-den-te) *subst.masc.* **1** Os **descendentes** são as gerações que vêm depois, como os filhos e netos. *adj.masc.fem.* **2** Uma pessoa **descendente** de portugueses tem parentes portugueses em gerações anteriores. ~ **descendência** *subst.fem.* **descender** *verbo*

descer (des-cer) *verbo* **1** Movimentar-se de um lugar mais alto para um mais baixo. ***Desci** a ladeira correndo.* **2** Diminuir de volume, intensidade ou valor. *Vamos esperar a maré **descer**. O frio fez a temperatura **descer**.* **3** Colocar numa posição, num nível ou lugar mais baixo. ***Desça** todos os livros da prateleira mais alta. A costureira **desceu** a bainha da saia.* [Antôn.: *levantar.*] **4** Desembarcar de algum transporte. *Vou **descer** no próximo ponto.* [Antôn. geral: *subir.*]

descida (des-ci-da) *subst.fem.* **1** Deslocamento para baixo. *A **descida** cansou menos que a subida.* **2** Ladeira no sentido do alto para baixo. *Na estrada, depois da **descida** da serra, você entra à esquerda.*

descoberta (des-co-ber-ta) *subst.fem.* **1** Algo que nunca tinha sido visto, inventado ou achado. *As crianças ficaram felizes com as **descobertas** que fizeram. A anestesia foi uma ótima **descoberta**.* **2** HIST A chegada em terras desconhecidas ou pouco exploradas. *Comemoramos os 500 anos da **descoberta** do Brasil.* [Sinôn.: *descobrimento.*]

descobrimento (des-co-bri-men-to) *subst.masc.* **1** O **descobrimento** de algo é a sua criação ou invenção. **2** HIST A chegada a um território desconhecido também é chamada de **descobrimento**. *O **descobrimento** da América aconteceu em 1492.* [Sinôn.: *descoberta.*]

descobrir (des-co-brir) *verbo* **1** **Descobrir** é tirar o que cobre ou protege alguma coisa. *Rita **descobriu** o sofá para lavar a capa.* [Antôn.: *cobrir.*] **2** **Descobrir** também é inventar alguma coisa ou mostrar para as pessoas o que ninguém conhecia ou o que estava escondido. *Os chineses **descobriram** a pólvora. Pedro Álvares Cabral **descobriu** o Brasil. A polícia **descobriu** o esconderijo dos ladrões.*

descolar (des-co-lar) *verbo* **1** Tirar algo de onde estava colado *Não consigo **descolar** a etiqueta da capa*

A B C D E F G H I J K L M N O P Q R S T U V W X Y Z

do livro. **2** Soltar porque perdeu a cola. *As figurinhas **descolaram** do álbum.* **3** Ficar distante do que antes estava bem junto. *O menino não **descolou** da professora durante o passeio.* **4** *informal* Conseguir qualquer coisa, dinheiro, trabalho, convite etc. *Meu tio **descolou** um lugar legal para passar o carnaval.* [Antôn. para 1, 2 e 3: *colar.*]

desconfiar (des-con-fi-ar) *verbo* **1** Não ter confiança em algo ou em alguém. ***Desconfio** das pessoas egoístas.* [Antôn.: *confiar.*] **2 Desconfiar** também é achar possível ou provável. ***Desconfio** que amanhã vai chover.* [Sinôn.: *suspeitar.*] ~ **desconfiança** *subst.fem.*

desconhecido (des-co-nhe-ci-do) *adj.* **1** Não conhecido ou pouco conhecido. *Muitas são as fantasias sobre ilhas **desconhecidas**. Este cantor ainda é **desconhecido**.* *subst.masc.* **2** Pessoa que você nunca viu antes ou não sabe quem é. *Um **desconhecido** está chamando lá no portão.* ~ **desconhecer** *verbo*

descontar (des-con-tar) *verbo* **1** Reduzir valor, preço, quantidade etc. de um total. *O professor **descontou** quantos pontos pelos erros de ortografia?* **2** Receber, em banco, o valor de um cheque. *Você já **descontou** o cheque do pagamento?* **3** Fazer com os outros o que fizeram com você. *Eles brigam e **descontam** a raiva no pobre do cachorro.*

desconto (des-con-to) *subst.masc.* Diminuição no valor total de um salário, produto, serviço etc. *Quem pagar à vista ganha 10% de **desconto**. Paulo teve muitos **descontos** no salário este mês.*

descontrolado ▼(des-con-tro-la-do) *adj.* **1** Sem controle. *Um ônibus **descontrolado** veio em nossa direção.* **2** Uma pessoa **descontrolada** não consegue manter a calma, é agitada e nervosa. ~ **descontrolar** *verbo*

descrever (des-cre-ver) *verbo* Contar em detalhes, escrevendo ou falando, algo que se tenha visto, lido, sentido etc. *O livro **descrevia** as aventuras dos piratas.*

descrição (des-cri-ção) *subst.fem.* Relatório, oral ou por escrito, contando em detalhes tudo o que foi visto, lido, sentido, vivido etc. *O autor fez uma excelente **descrição** da casa antiga.* [Pl.: *descrições.*]

descuidado (des-cui-da-do) *adj.* **1** Alguém **descuidado** não dá a atenção necessária ao que faz ou não tem cuidado. *As meninas estão muito **descuidadas** com as roupas.* **2** Pessoa **descuidada** também é aquela que não recebeu atenção ou cuidados. *Sabemos que ele sempre foi uma criança **descuidada**.*

descuido (des-cui-do) *subst.masc.* **1** Uma rápida falta de atenção, uma distração. *Num **descuido** o leite ferveu e derramou.* **2** Falta de cuidado, de zelo. *O mato alto mostrava o **descuido** dos donos da casa.*

desculpa (des-cul-pa) *subst.fem.* **1** Quem pede **desculpa** quer ser perdoado por algum erro. *Carla pediu **desculpas** por falar alto.* **2** Razão ou motivo que se apresenta para justificar um erro, engano etc. *É melhor você ter uma boa **desculpa** para sua mentira.* **3** Razão ou motivo que alguém apresenta para não fazer algo. *A **desculpa** dele para sair cedo foi o aniversário da mãe.* [Sinôn.: *pretexto.*]

desculpar (des-cul-par) *verbo* **1** Perdoar algo que alguém deixou de fazer quando devia ou algo de mau que alguém fez. *Edna **desculpou** a empregada por ter faltado ao trabalho.* **2** Quando nos **desculpamos**, deixamos claro que não nos sentimos bem por ter errado ou agido mal. *Joel **desculpou**-se por não ter sido gentil conosco.*

desde (des-de) \ê\ *preposição* Usamos **desde** para indicar o início de um período ou de um caminho. *A minha rua vai **desde** a ladeira até a padaria. Laura conhece Gilberto **desde** a infância.* **desde que** **1** Usamos **desde que** para informar o que aconteceu depois de um momento ou de um fato. *Carla não ligou **desde que** viajou.* **2 Desde que** também é usado para dizer que uma coisa depende de outra para acontecer. É o mesmo que se. *Luciana poderá ir à festa, **desde que** arrume seu quarto.*

desdentado (des-den-ta-do) *adj.* A pessoa ou o animal **desdentado** não possui alguns ou todos os dentes.

desejar (de-se-jar) *verbo* Sentir vontade, querer muito. ***Desejo** que você se sinta bem aqui. Marcos sempre **desejou** estudar medicina.* ~ **desejável** *adj.masc.fem.*

desejo (de-se-jo) \ê\ *subst.masc.* **1** Vontade intensa de ter ou de fazer algo. *Lea sentiu **desejo** de comer jabuticabas.* **2** Interesse de que algo aconteça ou ocorra de um certo jeito. *Meu **desejo** era que amanhã fizesse sol.*

desembaraçar (de-sem-ba-ra-çar) *verbo* Tirar os nós de fios, franjas etc. *Lídia **desembaraça** os cabelos com pente.* [Antôn.: *embaraçar.*]

desembarcar (de-sem-bar-car) *verbo* Tirar alguma coisa ou sair de uma embarcação ou de um meio de transporte. *Anabela ajudou a **desembarcar** as malas da sua amiga. Os passageiros vão **desembarcar** de manhã.* [Antôn.: *embarcar.*]

desembarque (de-sem-bar-que) *subst.masc.* **1** Retirada de pessoas ou objetos de algum meio de transporte. *O **desembarque** dos animais será feito pelos veterinários.* [Antôn.: *embarque.*] **2** Local onde as pessoas saem do navio, ônibus, avião etc. *Ana Maria aguarda o marido na porta de **desembarque**.*

desembocar (de-sem-bo-car) *verbo* **1** Quando um rio **desemboca** no mar, em outro rio ou em lagos, ele está terminando o seu curso. *O rio Tietê **desemboca** no rio Paraná.* [Sinôn.: *desaguar.*] **2** Usamos **desembocar** quando queremos dizer que algo termina ou chega em um certo ponto. *Esta avenida **desemboca** numa grande praça. Onde será que vai **desembocar** tanta discussão?*

desempenho (de-sem-pe-nho) *subst.masc.* **1** Realização de um trabalho ou uma tarefa. *O motor do carro teve um mau **desempenho** na ladeira. O **desempenho** da China na competição foi uma surpresa.* **2** Maneira como um ator representa. *Fábio teve um ótimo **desempenho** na peça.* ~ **desempenhar** *verbo*

desempregado (de-sem-pre-ga-do) *subst.masc.* Pessoa que perdeu o emprego ou que não está trabalhando. *O número de **desempregados** preocupa os governadores.* ☛ Esta palavra pode ser usada como adj.: *pessoas **desempregadas**.*

desemprego (de-sem-pre-go) \ê\ *subst.masc.* Falta de emprego. *Nos últimos anos, o **desemprego** reduziu no país.*

desenhar (de-se-nhar) *verbo* **Desenhar** é fazer desenhos. *Quando era pequena, Lílian **desenhava** nas paredes.*

desenho (de-se-nho) *subst.masc.* Um conjunto de linhas que forma uma figura real ou inventada é um **desenho**. *Débora deu para sua amiga o **desenho** de um peixe.* **desenho animado** Filme feito de uma série de desenhos, cada um um pouquinho diferente do outro. Quando a série filmada é passada numa tela, parece que os desenhos se movimentam.

→ Você pode enviar **desenhos** seus para a Galeria do *site* Pequeno Artista, onde você também pode ver **desenhos** de outras crianças.

desenrolar (de-sen-ro-lar) *verbo* **1** Tirar a forma de rolo ou de espiral de uma coisa. *Para usar a lã, é preciso **desenrolar** o novelo.* **2** Dar uma solução para uma coisa difícil ou atrapalhada. *Vamos **desenrolar** essa confusão.* [Antôn. geral: *enrolar.*]

desentendimento (de-sen-ten-di-men-to) *subst.masc.* **1** Quando você tem um **desentendimento** com alguém, briga e discute com essa pessoa. *Os **desentendimentos** entre amigos ocorrem.* **2** Quando falta entendimento ou compreensão de uma coisa, acontece um **desentendimento**. *Jacir fez mal a pesquisa por **desentendimento** do que tinha sido pedido.* ~ **desentender** *verbo*

desenterrar ▼ (de-sen-ter-rar) *verbo* **1** Retirar de debaixo da terra. [Antôn.: *enterrar.*] **2** Lembrar de algo que há muito tempo foi esquecido. *De onde você **desenterrou** esta história?*

O cão cavou para **desenterrar** o osso.

desenvolver (de-sen-vol-ver) *verbo* **1** O que se **desenvolve** passa por diferentes etapas, cresce ou se modifica, geralmente para ficar melhor. *Crianças se **desenvolvem** rápido.* **2** **Desenvolver** qualquer coisa nova é fazê-la existir. *O Brasil **desenvolveu** uma nova tecnologia de aviação.*

desenvolvido (de-sen-vol-vi-do) *adj.* **1** O que está **desenvolvido** já se desenvolveu bastante, está diferente, melhor, maior, mais forte, mais eficiente. *Ana Paula canta melhor, agora que tem suas habilidades **desenvolvidas**.* **2** Um país **desenvolvido** tem uma economia forte, o povo vive bem e não há muitos problemas sociais, como pobreza e educação de baixa qualidade. **3** Um produto **desenvolvido** por alguém só passou a existir depois que essa pessoa o fez.

desenvolvimento (de-sen-vol-vi-men-to) *subst.masc.* **1** O que passa por etapas para ficar maior, melhor, mais maduro teve um **desenvolvimento**. *O **desenvolvimento** das plantas é lento.* **2** Situação em que uma sociedade, um país passa a ter mais tecnologia, mais negócios, a dar uma vida melhor ao povo. **desenvolvimento sustentável** Desenvolvimento econômico planejado para que os recursos naturais sejam bem utilizados e aproveitados.

deserto (de-ser-to) *subst.masc.* **1** Região de pouca chuva, muito calor, quase nenhuma vegetação e pouco habitada. *O **deserto** do Saara fica no norte da África.* *adj.* **2** Um lugar **deserto** é um lugar sem pessoas, sem movimento. *De madrugada, as ruas costumam ficar **desertas**.*

desespero (de-ses-pe-ro) \ê\ *subst.masc.* Sensação de desânimo que uma pessoa tem quando está numa situação muito ruim, sem acreditar que vai haver melhora. *O **desespero** das pessoas atingidas pela enchente dava tristeza.* [Antôn.: *esperança*.] ~ **desesperar** *verbo*

desfazer (des-fa-zer) *verbo* **1** Alterar ou desmanchar o que está pronto ou algo que já tinha sido combinado. *Lílian vai **desfazer** o vestido que sua tia costurou. Alberto precisou **desfazer** a sociedade com Ricardo.* **2** Separar um conjunto de pessoas, animais, plantas etc. *Liana achou melhor **desfazer** o grupo de teatro.* **3** **Desfazer**-se é livrar-se de alguma coisa que não se quer mais. *Catarina **desfez**-se dos móveis antigos.*

desfilar (des-fi-lar) *verbo* **1** Andar ou marchar em fila ou em outra formação, geralmente como parte de uma apresentação. *A banda do Exército **desfilou** na abertura do evento. As escolas de samba **desfilam** na avenida.* **2** Apresentar-se, em geral numa passarela, para exibir roupas, fantasias, joias etc. *As modelos **desfilam** mostrando a última moda.* ~ **desfile** *subst.masc.*

desgosto (des-gos-to) \ô\ *subst.masc.* **1** Sentimento de tristeza, mágoa ou decepção causado por um aborrecimento. *Marta teve um **desgosto** quando perdeu o namorado.* **2** Aquilo que produz esse sentimento. *O **desgosto** da Carla são as más companhias do filho.* ~ **desgostoso** *adj.*

desgraça (des-gra-ça) *subst.fem.* **1** Acontecimento infeliz ou experiência muito ruim. *Perder tudo que tinha foi uma **desgraça** para ele.* [Sinôn.: *desastre*.] **2** Se uma pessoa cai em **desgraça**, ela perde o prestígio e os favores que tinha. *O espião caiu em **desgraça** por ter traído seu país.* **3** *informal* Pessoa que se comporta mal, que comete muitos erros ou coisa que funciona mal. *Esse motorista é uma **desgraça** para a empresa. Esse carro é uma **desgraça**; vive enguiçando!* ~ **desgraçar** *verbo*

desgrudar (des-gru-dar) *verbo* **1** Separar duas coisas que estão coladas. O que **desgruda** solta de onde estava colado. *O papel não **desgrudou** da parede.* **2** **Desgrudar** de uma pessoa ou de uma coisa é ficar mais distante dela. *A menina não **desgrudou** da mãe durante a festa.* [Sinôn. geral: *descolar*. Antôn. gerais: *colar*, *grudar*.]

desinfetante (de-sin-fe-tan-te) *subst.masc.* Produto capaz de acabar com germes. O **desinfetante** é muito usado em pias, vasos sanitários etc. ☛ Esta palavra pode ser usada como adj.: *substância **desinfetante**, produto **desinfetante**.* ~ **desinfetar** *verbo*

desinteresse (de-sin-te-res-se) \ê\ *subst.masc.* Falta de curiosidade ou de atenção por uma pessoa, situação, fato etc. [Antôn.: *interesse*.]

desistir (de-sis-tir) *verbo* **1** Abandonar o que se queria fazer ou o que já se estava fazendo. *Antônio **desistiu** de jogar com o João.* **2** Deixar de querer, abrir mão de determinada coisa. *Rejane **desistiu** de comprar o maiô. Jorge **desistiu** de ter o Paulo como motorista.* ~ **desistência** *subst.fem.*

desligar (des-li-gar) *verbo* **1** Fazer luzes ou máquinas ficarem paradas, sem funcionar. ***Desliga** a televisão e vai brincar lá fora!* **2** Tirar a ligação entre as coisas. *Antes de viajar, vovó **desliga** os aparelhos da tomada.* [Sinôn.: *separar.*] **3 Desligar**-se é afastar-se de algo ou de um grupo de pessoas. *Marco **desligou**-se do clube no final do ano. Depois que mudou de bairro, Érica **desligou**-se dos amigos.* [Antôn. para 1 e 2: *ligar.*] ~ **desligamento** *subst.masc.*

deslizamento (des-li-za-men-to) *subst.masc.* Deslocamento de terra que escorrega pela encosta. *A chuva forte causou **deslizamentos**.*

deslizar (des-li-zar) *verbo* **1** Deslocar-se em uma superfície lisa, sem perder o contato com ela. *Foi lindo vê-los com os esquis **deslizando** na água.* **2** Passar as mãos pelos cabelos, pelo rosto etc. *Ao dormir, gostava de **deslizar** os dedos no lençol.*

deslocar (des-lo-car) *verbo* **1** Quando uma articulação, como joelho ou ombro, **desloca**, ela sai do lugar. **2** Passar algo de um lugar para outro. ***Deslocaremos** as mesas para o canto. Altair **deslocou**-se até a cidade para votar.* **3** Transferir pessoas, funcionários etc. para uma outra função. *O patrão **deslocou** as secretárias para atender o público no balcão.* ~ **deslocamento** *subst.masc.*

desmaio (des-mai-o) *subst.masc.* MED Uma pessoa tem um **desmaio** quando passa mal ou bate com a cabeça e, por alguns momentos, perde os sentidos como se estivesse dormindo. ~ **desmaiar** *verbo*

desmanchar (des-man-char) *verbo* Mudar ou desfazer aparência, arrumação, organização etc. de alguma coisa. O que se **desmancha** muda de forma, quebra, fica em pedaços etc. *O vento **desmanchou** o penteado. O açúcar se **desmancha** na água.*

desmascarar (des-mas-ca-rar) *verbo* Mostrar ou ser mostrado como é realmente, sem disfarces ou ilusões. *No final do filme, **desmascararam** os vilões.*

desmatamento (des-ma-ta-men-to) *subst.masc.* Retirada ou destruição da vegetação de uma área. *O **desmatamento** das encostas provoca a queda de barreiras.*

desmontar (des-mon-tar) *verbo* **1** Separar os elementos que compõem um conjunto. *Foi preciso **desmontar** o telefone para o conserto.* **2** Descer de cavalo, burro etc. [Antôn. geral: *montar.*] ~ **desmontável** *adj.masc.fem.*

desnecessário (des-ne-ces-sá-rio) *adj.* **1** O que é **desnecessário** não faz falta, porque tudo pode ser feito sem ele. *Seu dinheiro é **desnecessário** aqui.* **2** Um fato ou um problema **desnecessários** poderiam ter sido evitados. [Antôn. geral: *necessário.*]

desnutrido (des-nu-tri-do) *adj.* Alguém **desnutrido** está fraco, não tem se alimentado bem.

desobedecer (de-so-be-de-cer) *verbo* Não seguir regras, ordens, conselhos, leis etc. *Crianças não devem **desobedecer** aos pais.* [Antôn.: *obedecer.*]

desobediente (de-so-be-di-en-te) *adj.masc.fem.* Alguém **desobediente** não segue as regras, leis, ordens que foram estabelecidas para ele. *Crianças **desobedientes** costumam ficar de castigo.* [Sinôn.: *teimoso.* Antôn.: *obediente.*] ~ **desobediência** *subst.fem.*

desocupado (de-so-cu-pa-do) *adj.* **1** O que está vazio ou não está sendo usado em determinado momento está **desocupado.** *O apartamento está **desocupado.*** **2** Quem não está fazendo nada ou está sem emprego também pode ser chamado de **desocupado**, pois não tem nenhuma ocupação. *Quando estiver **desocupado**, vamos ao supermercado?* [Antôn. geral: *ocupado.*]

desodorante (de-so-do-ran-te) *subst.masc.* Produto usado para evitar ou diminuir odores desagradáveis de partes do corpo, como axilas e pés.

desonesto (de-so-nes-to) *adj.* Se uma pessoa é **desonesta**, ela não tem honestidade, sinceridade, correção. Um ato também pode ser **desonesto**. *Não se pode confiar em pessoas **desonestas**. Furtar é um comportamento **desonesto**.* [Antôn.: *honesto.*]

desordem (de-sor-dem) *subst.fem.* **1** Falta de organização ou arrumação. *Nesta **desordem** de papéis ninguém encontrará nada.* **2** Confusão provocada por um grupo de pessoas. *A passeata causou muita **desordem** no trânsito.* [Pl.: *desordens.*]

despedaçar (des-pe-da-çar) *verbo* **1** Quebrar em muitos pedaços. *O vaso caiu e **despedaçou** em mil* *pedaços.* **2** *informal* Quem se **despedaça** por dentro está sofrendo muito. *A partida dos amigos **despedaçou** seu coração.*

despedida (des-pe-di-da) *subst.fem.* **1** Quando uma pessoa dá adeus para ir embora, está fazendo sua **despedida**. *A **despedida** foi demorada, havia muita gente.* **2** Encerramento de uma atividade. *E finalmente chegou a hora da **despedida** das férias.* ~ **despedir** *verbo*

despejar ► (des-pe-jar) *verbo* **1** Jogar para fora tudo o que está em um recipiente, passando para outro lugar ou derramando. **2** Obrigar alguém a sair de um imóvel. *Como eles não pagaram o aluguel, o dono vai **despejá**-los.*

A menina **despeja** a água no tanque.

despensa (des-pen-sa) *subst.fem.* Local onde se armazenam alimentos. *No fim do mês a **despensa** lá de casa já está vazia.*

desperdício (des-per-dí-cio) *subst.masc.* **1** Sobra que não pode ser aproveitada. *Deixar toda esta comida no prato é um **desperdício**!* **2** Dinheiro mal gasto ou gasto de forma exagerada. *Pagar um preço tão alto por um brinquedo é um **desperdício**.* **3** Mau uso ou emprego de alguma coisa. Se você usou muito mais tempo do que era necessário para realizar algo, houve um **desperdício** do seu tempo. *Só escrever em um dos lados da folha é **desperdício** de papel.* ~ **desperdiçar** *verbo*

despertador (des-per-ta-dor) \ô\ *subst.masc.* Relógio que soa um alarme na hora que foi marcada. *Lembre-se de acertar o **despertador** para oito e meia.* [Pl.: *despertadores*.]

despertar (des-per-tar) *verbo* **1** Quem **desperta** deixa de dormir. [Sinôn.: *acordar, levantar*. Antôn.: *dormir*.] **2** Deixar ativo, mais forte ou agitado. *Os amigos nos **despertam** do desânimo.* **3** Ser a origem de uma coisa. *O cheiro da comida **despertou** sua fome.*

despesa (des-pe-sa) \ê\ *subst.fem.* Gasto de dinheiro em compras, contas etc. *A família teve poucas **despesas** na viagem.*

despir (des-pir) *verbo* Tirar toda a roupa, ficar nu. *A mãe **despiu** o bebê para o banho.* [Antôn.: *vestir*.]

despistar (des-pis-tar) *verbo* **1** Apagar ou esconder pistas, para que um segredo, um mistério etc. não seja descoberto. *O garoto tirou a escada para **despistar** o guarda.* **2** Agir de modo que ninguém desconfie de nada. *Susi aumentou o som para **despistar** o vizinho curioso.*

desprevenido (des-pre-ve-ni-do) *adj.* Uma pessoa **desprevenida** não está preparada para enfrentar algum acontecimento ou situação. ***Desprevenido**, João nem pôde se esconder da chuva.*

desprezar (des-pre-zar) *verbo* **1** Se você **despreza** alguma coisa ou alguma pessoa, você não gosta dela, tem opinião ruim sobre ela. *Todo o mundo **despreza** as pessoas falsas.* **2** Não dar importância ou valor. *Edimar **desprezou** os conselhos da mãe e se machucou.* ~ **desprezível** *adj.masc.fem.* **desprezo** *subst.masc.*

desrespeito (des-res-pei-to) *subst.masc.* Falta de respeito por uma pessoa ou coisa. *Há câmaras que registram **desrespeito** às regras de trânsito.* ~ **desrespeitar** *verbo* **desrespeitoso** *adj.*

destacar (des-ta-car) *verbo* **1** Uma parte que podemos **destacar** foi feita para sair de onde estava presa. *Um bloco sempre tem folhas para **destacar**.* **2** O que se **destaca** está mais visível, mais alto, mais à frente, fora da coisa a que está ligado. *A montanha se **destaca** na planície.* **3** Quem se **destaca** chama mais a atenção, é mais importante. *Artur sempre se **destacou** em matemática.*

destampar (des-tam-par) *verbo* Tirar a tampa de um objeto. [Antôn.: *tampar*.]

destaque (des-ta-que) *subst.masc.* **1** O que chama a atenção ou pode ser percebido com facilidade. *Um dos **destaques** do passeio é o mergulho.* **2** Figura ou assunto importante. *O jornalista anunciou os **destaques** do dia na política.*

destinar (des-ti-nar) *verbo* Reservar alguma coisa para um fim, uso, objetivo etc. *O prefeito vai **destinar** uma parte do dinheiro para os hospitais.*

destinatário (des-ti-na-tá-rio) *subst.masc.* Quando enviamos algo, como uma carta, para alguém, esse alguém é o **destinatário** da nossa carta.

destino (des-ti-no) *subst.masc.* **1** Sequência de fatos que ocorrem nas nossas vidas e que não podemos controlar ou impedir. *Mamãe diz que conhecer o meu pai foi coisa do **destino**.* [Sinôn.: *sorte.*] **2** O que há de acontecer no futuro. *Ninguém sabe qual será o nosso **destino**.* **3** Local de chegada. *Os passageiros com **destino** a Manaus devem permanecer na aeronave.*

destro (des-tro) *adj.* Uma pessoa **destra** prefere usar a mão ou o pé direito para fazer coisas como escrever, pegar objetos, chutar. [Antôn.: *canhoto.*]

destroncar (des-tron-car) *verbo* Se uma parte do seu corpo **destronca**, ela sai do lugar normal, geralmente por causa de um acidente. *Tadeu caiu e **destroncou** o tornozelo.*

destruição (des-tru-i-ção) *subst.fem.* **1** Quando uma coisa construída fica em pedaços, completamente sem uso, dizemos que ocorreu a sua **destruição**. *A **destruição** do prédio foi vista de longe.* **2** Grande estrago. *O incêndio provocou uma **destruição** na floresta.* [Pl.: *destruições.*]

destruir (des-tru-ir) *verbo* **1** Quando se **destrói** uma coisa, são causados tantos danos que ela fica completamente quebrada, em pedaços, inútil ou mesmo deixa de existir. *O fogo **destruiu** a plantação. As bombas **destruíram** o prédio.* **2** Acabar com alguma coisa que existe. *O marido **destruiu** seu casamento com seu ciúme.* ~ **destrutivo** *adj.*

desumano (de-su-ma-no) *adj.* Alguém **desumano** é muito cruel, não sente pena nem tem bondade em seu coração. *Os escravos sofreram castigos **desumanos**.* [Antôn.: *piedoso.*]

desvantagem (des-van-ta-gem) *subst.fem.* **1** Posição ou situação inferior. *O atleta não quis ficar em **desvantagem**.* **2** Condição ruim para alguém ou alguma coisa. *O calor é uma das **desvantagens** de trabalhar ao ar livre.* [Antôn. geral: *vantagem.* Pl.: *desvantagens.*]

desvendar (des-ven-dar) *verbo* **1** Tirar a venda dos olhos. *Bruno **desvendou** os olhos antes do tempo.* **2** Descobrir a resposta para alguma coisa, como um enigma ou um mistério. *O detetive vai **desvendar** o caso amanhã.*

desviar (des-vi-ar) *verbo* **1** Mudar a direção ou a posição de alguma coisa. *Para fugir do trânsito, você tem de **desviar** por aquela rua. Se o prefeito **desviar** o curso do rio, não faltará água.* **2** Alterar o destino de algo, como dinheiro, geralmente de forma ilegal. *O político **desviou** verbas da educação e foi preso.*

desvio ▲ (des-vi-o) *subst.masc.* Mudança de caminho ou de direção. *Com o deslizamento, fizeram um **desvio** na pista.*

detalhe (de-ta-lhe) *subst.masc.* Todo e qualquer elemento, por menor ou menos importante que seja, mas que faça parte de algo. *Ele conta o filme nos mínimos **detalhes**.* ~ **detalhado** *adj.* **detalhar** *verbo*

detergente (de-ter-gen-te) *subst.masc.* Produto, geralmente líquido, próprio para lavar e tirar a gordura de utensílios de cozinha.

determinado (de-ter-mi-na-do) *adj.* **1** Uma pessoa **determinada** faz as coisas com muito empenho e não desiste quando há problemas. **2** Definido antes. *O voo saiu no horário **determinado**.* *pron.indef.* **3** Um ou algum entre muitos outros. ***Determinadas** pessoas falam muito alto.* [Sinôn.: *certo.*]

determinar (de-ter-mi-nar) *verbo* **1** Informar de um jeito certo e definitivo, por exemplo, a partir de uma análise. *A análise da água **determinou** que ela estava limpa.* **2** Tomar uma decisão ou fazer uma regra. *A professora **determinou** que Dora não seria punida. A lei **determina** que é proibido roubar.* **3** Ser a causa ou a origem. *A segunda falta **determinou** a expulsão do jogador.* [Sinôn.: *causar.*] ~ **determinação** *subst.fem.*

detestar (de-tes-tar) *verbo* Quando você **detesta** uma pessoa ou uma coisa, você não gosta nem um pouco dela. ***Detesto** gente mentirosa! Inês **detesta** banho frio.* [Sinôn.: *odiar.* Antôn.: *adorar.*] ~ **detestável** *adj.masc.fem.*

detetive (de-te-ti-ve) *subst.masc.* Quem trabalha investigando crimes ou a vida de outras pessoas. O **detetive** pode ser particular ou um policial. *O **detetive** seguiu os rastros do suspeito.*

deus *subst.masc.* **1** Nas religiões que acreditam em um **deus** único, ser que está acima de tudo, o criador do Universo. ☛ Primeira letra maiúscula. **2** Nas religiões que acreditam em vários **deuses**, ser com poderes muito superiores aos dos homens e por isso adorado.

devagar (de-va-gar) *advérbio* Se você faz algo **devagar**, você leva muito tempo fazendo isso. O que acontece **devagar** demora muito tempo. *Mamãe levantou-se da cama **devagar** porque ainda está doente. Hoje, a tarde passou **devagar**.* [Antôn.: *depressa*.]

dever (de-ver) *verbo* **1** Quem **deve** precisa pagar dívidas, contas, parcelas. *Estela **deve** cinco reais ao vizinho.* **2** Ter certa obrigação com os outros ou gratidão porque recebeu coisas boas. *Todo filho **deve** explicações aos pais. Dadinha **deve** a vida ao bombeiro que a salvou.* **3 Dever** também expressa o que é provável. *Diva avisou que **deve** viajar hoje. **Deve** chover esta semana.* *subst.masc.* **4** Toda regra que temos obrigação de seguir. *Todo cidadão tem direitos e **deveres**.* **5** Tarefa escolar. *Cristiano fez o **dever** de casa.*

devolução (de-vo-lu-ção) *subst.fem.* Quando você compra ou recebe algo e depois o entrega de volta, você faz uma **devolução**. *A loja não aceita **devolução** de mercadorias em promoção.* [Pl.: *devoluções*.]

devolver (de-vol-ver) *verbo* **1** Mandar de volta o que foi recebido, emprestado, enviado etc. *O cliente usa o carrinho e depois o **devolve**.* **2** Dar algo a alguém, retribuindo alguma coisa que se tinha ganhado. *Não se preocupe, daqui a pouco ele **devolve** o desaforo.*

devorar (de-vo-rar) *verbo* **1** Comer ou engolir muito rápido, sem apreciar o sabor. *Gabi filmou uma cobra **devorando** um sapo.* **2** Destruir, acabar com tudo, geralmente por causa do fogo. *O incêndio **devorou** a floresta.*

dezembro (de-zem-bro) *subst.masc.* Décimo segundo mês do ano, entre novembro e janeiro. **Dezembro** é o último mês do ano e tem 31 dias.

dezena (de-ze-na) *subst.fem.* Grupo de dez unidades de qualquer elemento. *Cada caixa contém uma **dezena** de copos.*

dia (di-a) *subst.masc.* **1** Tempo entre o nascer e o pôr do Sol. Durante o **dia**, há claridade. *No verão, os **dias** são longos.* **2** Período de 24 horas que corresponde ao tempo que a Terra leva para girar sobre seu eixo. *Mônica está viajando há dois **dias**.* **3 Dia** também é um momento, uma ocasião, que pode ser vivida agora no presente ou no futuro. *A vitória da seleção é o assunto do **dia**. Se um **dia** precisar de mim, é só me chamar.* **dia útil** Qualquer dia da semana, exceto domingos e feriados. *Os móveis serão entregues em sete **dias úteis**.* **em dia** Estar **em dia** é estar sem atraso. *Zuleica sempre paga as contas **em dia**.*

diabete (di-a-be-te) *subst.masc.fem.* MED É o mesmo que diabetes.

diabetes (di-a-be-tes) *subst.masc.fem.* MED Doença em que a pessoa tem muito açúcar no sangue. Também se diz diabete. ☛ O sing. e o pl. desta palavra são iguais: *a **diabetes**, os **diabetes**.* ~ **diabético** *adj.*

diabo (di-a-bo) *subst.masc.* **1** REL Criatura má que inspira atitudes e pensamentos ruins nas pessoas. [Sinôn.: *demônio*.] **2** Pessoa muito má. **3** Uma pessoa muito esperta também é chamada de **diabo**. *O menino é o **diabo**, entende tudo o que se diz.*

diadema (di-a-de-ma) *subst.masc.* Joia ou enfeite em forma de meia coroa que as mulheres usam na cabeça. [Sinôn.: *tiara*.]

diagonal ▼ (di-a-go-nal) *adj.masc.fem.* **1** O que é **diagonal** está inclinado, não cruza nem é paralelo a uma linha. *No jogo de damas, as peças se movimentam no sentido **diagonal**.* *subst.fem.* **2** MAT Linha reta que une dois ângulos que não ficam do mesmo lado da figura. *Dentro de um retângulo podemos desenhar duas **diagonais**.* [Pl.: *diagonais*.]

Linha **diagonal**.

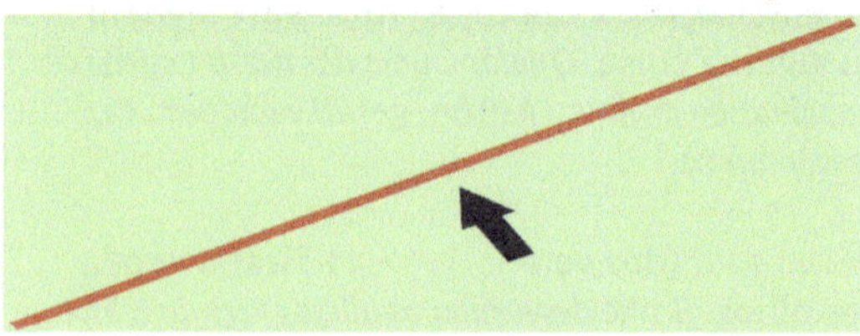

diálogo (di-á-lo-go) *subst.masc.* **1** Conversa entre duas ou mais pessoas. *É importante o **diálogo** entre* *pais e filhos.* **2** Fala ou texto que reproduz uma conversa entre personagens de livros, peças teatrais etc. *Os alunos vão criar novos **diálogos** para os heróis da história.*

diamante (di-a-man-te) *subst.masc.* Pedra preciosa muito dura e brilhante, de grande valor comercial.

diante (di-an-te) *advérbio* A palavra **diante** é usada apenas junto com preposições. **diante de** O que está **diante de** algo está na frente disso ou de frente para isso. *Gilda colocou a tigela de comida **diante do** gato.* **em diante** **1** O que vai acontecer daqui **em diante** vai acontecer no futuro, a partir deste momento. *De hoje **em diante** os atrasos serão punidos.* **2** O que está daqui **em diante** vai deste lugar para frente. *A calçada só está boa da sua casa **em diante**.* ☛ Também se diz ***para diante*** ou ***por diante***.

dianteiro (di-an-tei-ro) *adj.* O que é **dianteiro** vai ou está na frente. *O envelope ficou no banco **dianteiro** do carro.* [Antôn.: *traseiro*.]

diária (di-á-ria) *subst.fem.* **1** Pagamento feito por um dia de trabalho. **2** Preço pago por um dia de hospedagem em hotel, pousada etc.

diário (di-á-rio) *adj.* **1** O que é **diário** acontece todos os dias. *Gabriela tem treinos **diários** de balé.* *subst.masc.* **2** Se alguém escreve todos os dias o que fez ou o que pensa e sente, ele está escrevendo um **diário**.

diarreia (di-ar-rei-a) \éi\ *subst.fem.* MED Se uma pessoa está com **diarreia**, ela está eliminando as fezes líquidas e várias vezes por dia.

dica (di-ca) *subst.fem.* *informal* Quando você dá uma **dica**, você passa uma boa informação. *Preciso de umas **dicas** para chegar no centro da cidade.*

dicionário (di-cio-ná-rio) *subst.masc.* Livro que traz uma lista de palavras, geralmente em ordem alfabética, e o que elas querem dizer.

→ Há **dicionários** com nomes comuns, como este que você está lendo. Também existem **dicionários** que traduzem palavras de uma língua para outra ou só têm palavras de um determinado assunto, como medicina ou arquitetura. Alguns **dicionários** não são livros, estão em *CD*, em *DVD* ou na internet.

---

didático (di-dá-ti-co) *adj.* **1** Recursos ou materiais **didáticos** têm a função de ensinar ou instruir alguém. *Usaremos o livro **didático** durante o ano todo.* **2** Quando alguma coisa deixa mais fácil o aprendizado, dizemos que ela é **didática**. *Na sala de aula temos muitos recursos **didáticos** como livro, dicionário, jogos etc.*

diet *adj.masc.fem.* Palavra inglesa usada para dizer que uma bebida ou alimento contém muito pouco ou nada de um dos seus ingredientes. Um produto ***diet*** pode ser sem açúcar ou sem gordura. ☛ Pronuncia-se *dáiet*. Ver *light*.

dieta (di-e-ta) *subst.fem.* **1** Comida que uma pessoa ou animal come com frequência. *É preciso ter uma **dieta** saudável, com legumes, frutas, cereais e proteínas. A **dieta** de uma cobra inclui muitos animais roedores.* **2** Se uma pessoa está de **dieta**, ela está comendo certos alimentos e evitando outros. As pessoas fazem **dieta** para ganhar ou perder peso ou para tratar de uma doença. [Sinôn. geral: *regime*.]

dietético (di-e-té-ti-co) *adj.* O que é **dietético** é próprio para dietas. *Esta loja vende produtos **dietéticos**.*

diferença (di-fe-ren-ça) *subst.fem.* **1** Se há **diferença** entre duas coisas ou entre duas pessoas, elas não são iguais. *Entre as gêmeas há muita **diferença**.* **2** MAT Resultado de uma subtração. *A **diferença** entre cinco e três é dois.* ~ **diferenciar** *verbo*

diferente (di-fe-ren-te) *adj.masc.fem.* **1** Algo **diferente** não é igual nem semelhante a outra coisa. *Resolvi o problema de uma maneira **diferente**.* **2** Um jeito **diferente** é um jeito que não é comum. *Amanda usa a blusa de um modo **diferente** dos outros. A gatinha está com um comportamento **diferente**.* [Antôn. geral: *igual*.]

difícil (di-fí-cil) *adj.masc.fem.* **1** Uma tarefa **difícil** dá trabalho para ser feita, exige esforço de quem a está realizando. *A parte mais **difícil** é montar o móvel.* **2** Um problema **difícil** é um problema complicado de ser compreendido. *Ela avisou que ia preparar um prova **difícil**.* **3** Uma pessoa **difícil** tem dificuldade em se relacionar com as outras. *Rubens sempre foi uma criança **difícil**.* **4** Se você acha **difícil** que algo aconteça, você duvida disso. *Imagino que vai ser **difícil** ele chegar a tempo.* **5** Quem passa por uma situação **difícil**, está vivendo um momento triste ou está com muitos problemas. *Sueli passou por momentos muito **difíceis** em sua vida.* [Antôn. geral: *fácil*. Pl.: *difíceis*. Superl. absol.: *dificílimo*.]

dificilmente (di-fi-cil-men-te) *advérbio* Se você diz que um fato **dificilmente** acontecerá, você duvida muito que ele aconteça. *Saindo a essa hora, **dificilmente** chegaremos cedo.*

dificuldade (di-fi-cul-da-de) *subst.fem.* **1** Característica do que é difícil ou complicado. *Este jogo oferece vários níveis de **dificuldade**.* **2** Quando temos **dificuldade** para realizar alguma coisa, ou estamos achando que é difícil ou não somos capazes de fazê-la. *Tenho **dificuldade** para decorar textos longos.* **3** Momento ou condição difícil, de aflição, de falta de dinheiro etc. *A família sobrevivia com grande **dificuldade**.* [Antôn. geral: *facilidade*.]

digerir (di-ge-rir) *verbo* Fazer a digestão.

digestão (di-ges-tão) *subst.fem.* Transformação dos alimentos em substâncias que serão aproveitadas pelo organismo. [Pl.: *digestões*.] ~ **digestivo** *adj.* **digestório** *adj.*

digital (di-gi-tal) *adj.masc.fem.* **1** **Digital** quer dizer relacionado aos dedos. Uma impressão **digital** é a marca que temos no dedo. **2** Um relógio **digital** indica as horas com algarismos, e não com ponteiros. **3** INF Um sistema ou equipamento **digital** grava ou transmite informações por meio de um grande número de pequenos sinais. *Depois dos celulares e câmeras fotográficas **digitais**, agora temos a televisão **digital**.* [Pl.: *digitais*.]

Impressões **digitais**.

digitalizar (di-gi-ta-li-zar) *verbo* INF Passar documentos, arquivos, imagens etc. para registros eletrônicos, para que possam ser reconhecidos e armazenados em um computador. *A empresa **digitaliza** as fotos e monta um álbum virtual.*

digitar (di-gi-tar) *verbo* INF Dar instruções a uma máquina ou escrever usando um teclado. *Cláudio **digitou** a sua redação no computador. Ana **digitou** a senha para sacar dinheiro.*

Digitar vem do verbo latino *digitare*, que quer dizer "usar os dedos, mostrar, indicar".

dígito (dí-gi-to) *subst.masc.* MAT Qualquer um dos algarismos de 0 a 9. *O número 2.235 possui quatro **dígitos**.*

digno (dig-no) *adj.* **1** Se uma pessoa é **digna** de receber um prêmio, um elogio etc., é porque ela merece. **2** Uma pessoa **digna** merece respeito, tem bom caráter, é honesta e tem orgulho dessas qualidades. *Perderam o título, mas foi uma derrota **digna**.* ~ **dignidade** *subst.fem.*

dilúvio (di-lú-vio) *subst.masc.* Chuva muito forte e demorada. [Sinôn.: *temporal*.]

dimensão (di-men-são) *subst.fem.* **1** Espaço ocupado por um corpo considerando a sua altura, largura e profundidade. *Medimos as **dimensões** do armário e concluímos que ele não vai caber na sala.* **2** Tamanho ou importância de algo. *Precisamos saber a **dimensão** dos prejuízos.* [Pl.: *dimensões*.]

diminuição (di-mi-nu-i-ção) *subst.fem.* **1** Quando alguma coisa é reduzida, ocorre uma **diminuição**. *Houve uma **diminuição** no número de funcionários na empresa.* **2** MAT É o mesmo que subtração. [Pl.: *diminuições*.]

diminuir (di-mi-nu-ir) *verbo* **1** É o mesmo que reduzir. *A escola **diminuiu** o tempo do recreio.* [Antôn.: *aumentar*.] **2** Também **diminuímos** quando tiramos número, parcela, valor etc. de um total. ***Diminuí** três de dez para saber qual seria meu troco.* [Sinôn.: *subtrair*.]

diminutivo (di-mi-nu-ti-vo) *subst.masc.* GRAM Palavra que expressa tamanho menor, como "casinha", que é "uma casa pequena". É muito comum criarmos **diminutivo** com final "-inho". [Antôn.: *aumentativo*.]

→ O **diminutivo** também pode expressar outras ideias. Por exemplo, se temos um probleminha, ele não é tão difícil de resolver; se tivemos uma briguinha, não brigamos de um jeito sério.

dinâmico (di-nâ-mi-co) *adj.* Ágil e ativo. *Os alunos preferem aulas mais **dinâmicas**.*

dinamite (di-na-mi-te) *subst.fem.* Material explosivo com alto poder de destruição.

dinheiro (di-nhei-ro) *subst.masc.* **1** Meio que usamos para comprar coisas, pagar serviços, receber por um trabalho etc. *Nem todo papel vale como **dinheiro**.* [Sinôn.: *moeda*.] **2** Moeda ou nota fabricada pelo governo para ser usada assim. *O banco trocou o cheque por **dinheiro**.*

→ "Você sabia que o dinheiro colonial mal cabia na carteira?" Leia esta matéria na revista *Ciência Hoje das Crianças on-line* e descubra um pouco sobre a história do **dinheiro** no Brasil.

dinossauro (di-nos-sau-ro) *subst.masc.* Nome dado a diversos répteis que viveram na Terra durante a pré-história, há milhões de anos. Alguns **dinossauros** foram os maiores animais que já existiram. ☛ Ver ilustração na p. 496.

Dinossauro – o lagarto que mete medo. A palavra **dinossauro** foi criada por um cientista inglês, Richard Owen, no século XIX, a partir de outras palavras da língua grega que querem dizer lagarto (sauro) e assustador (dino). Essa maneira de criar palavras continua até hoje. Uma nova espécie de **dinossauro** encontrada por pesquisadores brasileiros na Amazônia, perto de um rio do Maranhão, recebeu o nome de *Amazonsaurus maranhensis*.

diploma (di-plo-ma) *subst.masc.* Documento que comprova que uma pessoa concluiu um curso. *Todos os alunos receberam o **diploma** no final da formatura.*

direção (di-re-ção) *subst.fem.* **1** Posição em que uma coisa está ou lado para onde devemos seguir. Quando seguimos por uma **direção**, escolhemos um caminho. *Para chegar à cachoeira, siga em **direção** ao povoado.* **2** O comando de uma empresa, de uma escola, de um hospital ou de um clube é responsabilidade da sua **direção**. *A **direção** do colégio convidou as famílias para a festa junina.* **3** Orientação do trabalho das pessoas, especialmente dos artistas, em filme, peça teatral, *shows* etc. *A **direção** do espetáculo foi muito elogiada.* [Pl.: *direções*.] ~ **direcionar** *verbo*

direita (di-rei-ta) *subst.fem.* **1** A mão do lado direito. *Escrevo com a **direita**.* **2** O lado direito. *Vocês vêm pela **direita** e dão a volta no palco.* [Antôn. geral: *esquerda*.]

direito (di-rei-to) *subst.masc.* **1** O que é permitido a um cidadão por lei ou por costume. *Temos o **direito** de saber a verdade. Um cidadão tem **direitos** e deveres.* **2** Faculdade que prepara os alunos para se tornarem advogados. *Ronaldo faz o curso de **direito** numa universidade pública.* *adj.* **3** Lado **direito** é o lado do corpo humano que fica oposto ao lado do coração. *Mário quebrou o braço **direito**.* **4** O lado **direito** de um tecido é o que fica exposto, o que é para ser visto. *O lado **direito** do vestido é brilhante.* [Antôn.: *avesso*.] **5** Uma pessoa **direita** é honesta e justa. *Educamos as crianças para se tornarem pessoas **direitas**.* **6** Certo, sem erro. *O marceneiro fez o trabalho **direito**.* *advérbio* **7** Com educação. *Responda **direito** ao seu avô.* **8** Com perfeição, com cuidado. *Faça a lição de casa **direito**, sem letra feia!* **9** Com boa postura. *Fique em pé **direito** para eu medir a sua altura.*

direto (di-re-to) *adj.* **1** Em linha reta, sem curvas ou desvios. *O trajeto entre o banco e a rodoviária é uma rua **direta**.* [Sinôn.: *reto*.] **2** Um voo **direto** vai da partida à chegada sem parar. **3** Sem nada ou ninguém no meio. *O contato **direto** com o proprietário era impossível.* **4** Uma pessoa **direta** é uma pessoa sincera, que diz o que tem a dizer sem rodeios. *O melhor será uma conversa **direta** entre pai e filho.* *advérbio* **5** Sem parada ou sem desvio. *Depois da escola, vá **direto** para casa.* *subst.masc.* **6** ESP Em lutas de boxe, soco violento que é dado esticando-se o braço para frente. [Antôn. para 1, 3 e 4: *indireto*.]

diretor (di-re-tor) \ô\ *subst.masc.* **1** Pessoa responsável por dirigir, orientar, administrar uma empresa, um banco, uma escola etc. *A reunião será apenas com os **diretores** dos hospitais.* **2** Quem comanda filmagens, programas, peças teatrais é o **diretor** desses trabalhos. [Pl.: *diretores*.]

dirigir (di-ri-gir) *verbo* **1** Administrar, governar, comandar os negócios de uma empresa, país etc. *A família **dirige** a loja há muitas gerações.* **2** **Dirigir** um veículo é comandar como ele vai se mover e para onde ele vai. *Ronaldo **dirige** muito bem.* **3** Comandar uma filmagem, um espetáculo, um programa de televisão etc. *Jonas foi convidado para **dirigir** mais um filme sobre a ilha.*

4 Enviar uma reclamação, uma sugestão etc. a alguém. *Por favor, **dirija** suas dúvidas ao setor adequado.* **5** Ir para algum lugar. *Senhores passageiros, **dirijam**-se ao portão B.*

discar (dis-car) *verbo* Quando você quer telefonar, precisa **discar** o número no aparelho telefônico.

→ Anos atrás, a maioria dos telefones possuía um disco com os algarismos. Para fazer uma ligação, era preciso girar cada algarismo do número telefônico. Hoje em dia, é mais comum os aparelhos telefônicos possuírem um teclado onde pressionamos os algarismos.

disciplina (dis-ci-pli-na) *subst.fem.* **1** Quem obedece às regras e às outras pessoas tem **disciplina**. *É preciso ter **disciplina** para trabalhar em grupo.* [Antôn.: *indisciplina*.] **2 Disciplina** também é uma matéria escolar. *Matemática, geografia e biologia são exemplos de **disciplinas**.*

discípulo (dis-cí-pu-lo) *subst.masc.* **1** É o mesmo que aluno. **2** Aluno que vai continuar o trabalho do mestre. *Estes são os **discípulos** do professor Raul.*

disco (dis-co) *subst.masc.* **1** Qualquer objeto redondo e achatado. **2** Objeto com essa forma, onde são gravados sons. O *CD* é um tipo de **disco**. **3** ESP Peça circular que os atletas arremessam em competições esportivas.

discordar (dis-cor-dar) *verbo* Ter opinião contrária à de alguém. *Sinto muito, mas **discordo** totalmente de você.* [Antôn.: *concordar*.] ~ **discordância** *subst.fem.*

discreto (dis-cre-to) *adj.* **1** Quem é **discreto** é modesto, não gosta de ser notado entre as outras pessoas. *Ivã é **discreto**, está sempre quieto no seu lugar.* **2** O que é **discreto** não chama a atenção. *Marília foi ao cinema com uma roupa **discreta**.* **3** Uma pessoa **discreta** não conta os segredos de outra.

discriminação (dis-cri-mi-na-ção) *subst.fem.* **1** Capacidade que o ser humano tem de perceber diferenças. *Marta já sabe fazer a **discriminação** das cores.* **2** Modo de pensar ou agir que não aceita as diferenças religiosas, culturais, físicas etc. entre as pessoas. *Nenhuma pessoa deve sofrer **discriminação**.* [Pl.: *discriminações*.] ~ **discriminar** *verbo*

discurso (dis-cur-so) *subst.masc.* Quem fala para várias pessoas ouvirem, geralmente numa situação formal, está fazendo um **discurso**. ~ **discursar** *verbo*

discussão (dis-cus-são) *subst.fem.* **1** Debate em que os participantes defendem pontos de vista contrários. *Hoje faremos uma **discussão** sobre arte e educação.* **2** Conversa que acaba em desentendimento, em agressões com palavras etc. *A **discussão** sobre futebol começou de manhã.* [Pl.: *discussões*.]

discutir (dis-cu-tir) *verbo* **1** Analisar um assunto avaliando seus pontos bons e ruins, trocando ideias e opiniões com outras pessoas. *Hoje vamos **discutir** o projeto final com a turma.* **2** Defender seu ponto de vista, geralmente falando alto e de modo agressivo. *Vocês querem parar de **discutir** por bobagens!*

disfarçar ► (dis-far-çar) *verbo* **1** Encobrir ou tornar algo menos visível para que ninguém perceba. *A maquiagem **disfarçou** a espinha no rosto. Ele não estava dormindo, mas tentou **disfarçar**.* **2** Vestir ou fantasiar alguém ou a si próprio para não ser reconhecido. *O casal usou máscaras para se **disfarçar**.* ~ **disfarce** *subst.masc.*

disparar (dis-pa-rar) *verbo* **1** Lançar para longe ou fazer algo ir bem longe. *Os inimigos **disparavam** flechas sem parar.* **2** Lançar bala com arma de fogo. *O coronel mandou **disparar** para o alto.* **3** Sair correndo muito rápido. *No fim da corrida, as meninas **dispararam**.* ~ **disparo** *subst.masc.*

dispensar (dis-pen-sar) *verbo* **1** Se você **dispensa** alguma coisa, você não precisa dessa coisa ou abre mão dela. *Ele é um ator tão famoso que **dispensa** apresentações.* [Antôn.: *precisar*.] **2** Liberar de uma obrigação. *O médico **dispensou** o doente de trabalhar hoje.* **3** Mandar embora de um emprego. *A loja **dispensou** dois vendedores.* [Sinôn.: *demitir*.] **4 Dispensar** tempo ou atenção é dar, dedicar tempo ou atenção a uma pessoa ou atividade. *Para ser um bom músico, Julião **dispensa** muitas horas ao estudo.*

disposição (dis-po-si-ção) *subst.fem.* **1** Jeito de organizar os elementos de um conjunto. *Fernando mudou a* ***disposição*** *dos móveis da sala.* **2** Quem tem **disposição** tem energia, vontade, entusiasmo para fazer as coisas. *As crianças estavam cheias de* ***disposição***. [Antôn.: *preguiça*.] **à disposição** O que está **à disposição** pode nos servir ou ser usado a qualquer momento. *Luísa se colocou* ***à disposição*** *do colega.* [Pl.: *disposições*.]

dispositivo (dis-po-si-ti-vo) *subst.masc.* Em máquinas, peça ou mecanismo que desempenha uma função. *Esse telefone tem um* ***dispositivo*** *para gravar a voz. O* ***dispositivo*** *para fechar o portão está com defeito.*

disposto (dis-pos-to) \ô\ *adj.* **1** Colocado de um certo jeito. *Os livros estão* ***dispostos*** *em ordem alfabética.* **2** Quem está **disposto** a fazer uma coisa está querendo fazer isso. *O time jogou* ***disposto*** *a ganhar.* **3** Quem está **disposto** está bem de saúde e feliz. *É bom acordar* ***disposto***.

disputa (dis-pu-ta) *subst.fem.* É o mesmo que competição.

disputar (dis-pu-tar) *verbo* Entrar em alguma competição ou concorrer a uma eleição. *Os fãs* ***disputavam*** *a atenção do cantor. É a terceira vez que ele* ***disputa*** *a eleição para prefeitura.*

dissílabo (dis-sí-la-bo) *subst.masc.* GRAM Palavra que tem duas sílabas. "Mamão", por exemplo, é um **dissílabo**. ☛ Esta palavra pode ser usada como adj.: *palavra* ***dissílaba***.

dissolver (dis-sol-ver) *verbo* Desmanchar algo sólido, pastoso ou em pó em alguma substância líquida. *Olga* ***dissolveu*** *o mel no leite quente.*

distância (dis-tân-cia) *subst.fem.* **1** Espaço, às vezes grande, que separa duas coisas ou duas pessoas. *Há 20 cm de* ***distância*** *entre o móvel e a parede. A* ***distância*** *entre nossas casas é de uma quadra.* ☛ Ver tabela na p. 508. **2** Separação entre duas ou mais pessoas, por estarem em lugares diferentes ou por causa de diferenças de ideias, de classe social etc. *Os irmãos sofrem com a* ***distância*** *da família. Há uma* ***distância*** *entre os hábitos dos idosos e dos jovens.* ~ **distanciar** *verbo*

distante (dis-tan-te) *adj.masc.fem.* **1** O que está **distante** está a uma certa distância. *A casa fica* ***distante*** *da escola apenas dez metros.* **2** Duas coisas que estão **distantes** estão muito afastadas. ☛ Neste sentido, esta palavra pode ser usada como advérbio: *Carlos mora* ***distante***. [Antôn. geral: *próximo*.]

distração (dis-tra-ção) *subst.fem.* **1** Falta de concentração, de atenção. *A* ***distração*** *do motorista causou um acidente.* **2** Pequeno erro cometido por falta de atenção. *Sua redação está ótima, só tem uma ou outra* ***distração*** *na ortografia.* **3** Algo que você faz para relaxar, brincar, se distrair. *Para Vânia, cuidar do neto é uma* ***distração***. [Pl.: *distrações*.]

distrair (dis-tra-ir) *verbo* **1** Fazer coisas agradáveis para passar o tempo. *Ilma foi à praia para se* ***distrair*** *um pouco.* [Sinôn.: *divertir*.] **2** Quando nos **distraímos**, perdemos a concentração e muitas vezes cometemos erros. *Paulo não se* ***distrai*** *durante as explicações.* **3** Desviar a atenção de alguém, com novos assuntos, brincadeiras etc. *A babá conseguiu* ***distrair*** *a criança que chorava.*

distribuir (dis-tri-bu-ir) *verbo* **1** Repartir alguma coisa entre várias pessoas. *Os jovens* ***distribuíram*** *livros para as crianças.* **2** Dar ou entregar a cada pessoa de um grupo funções ligadas à realização de uma tarefa. *O diretor já* ***distribuiu*** *os papéis da peça.* **3** Lançar para diversas direções ao mesmo tempo. *O helicóptero* ***distribuiu*** *pétalas de rosa sobre os fiéis.* ~ **distribuição** *subst.fem.*

distrito (dis-tri-to) *subst.masc.* **1** Divisão administrativa de um território, município ou cidade. **2** Pequeno povoado ou vila que cresce ao lado de alguma cidade e é parte dela.

ditado (di-ta-do) *subst.masc.* **1** Quando a professora lê um texto ou uma lista de palavras em voz alta para os alunos escreverem, ela está fazendo um **ditado**. **2** **Ditado** também é o mesmo que provérbio.

ditar (di-tar) *verbo* **1** Falar em voz alta para alguém escrever o que está sendo dito. *Ana Maria* ***ditou*** *o exercício para a turma.* **2** Quem **dita** regras ou normas está criando essas normas ou essas regras.

dito (di-to) *subst.masc.* É o mesmo que provérbio.

ditongo (di-ton-go) *subst.masc.* GRAM O **ditongo** acontece quando na mesma sílaba há duas vogais, e uma delas é pronunciada com pouca força, como "u" em "saudável".

diurno (di-ur-no) *adj.* **Diurno** quer dizer relacionado a dia. Um animal **diurno** fica mais ativo durante o dia. Aulas **diurnas** são aulas que acontecem de dia.

diversão (di-ver-são) *subst.fem.* Algo que se faz por gosto ou prazer. *A grande **diversão** de Lúcio é andar de patins. O cinema é uma **diversão** para todas as idades.* [Sinôn.: *recreio*. Pl.: *diversões*.]

diverso (di-ver-so) *adj.* **1** Algo **diverso** é algo que é diferente, que não é igual a outros. *Temos **diversos** tipos de tintas e de cores.* **diversos** *pron.indef.* **2** Se você leu **diversos** livros de um autor, leu alguns ou muitos livros desse autor. *Já fui **diversas** vezes a Maceió.*

divertimento (di-ver-ti-men-to) *subst.masc.* Jogo ou atividade que diverte. [Sinôn.: *brincadeira, passatempo*.]

divertir (di-ver-tir) *verbo* **1** Ocupar alguém ou você mesmo com brincadeiras ou coisas agradáveis. *A babá **divertiu** a criança para ela não chorar. Vítor e Pedro se **divertem** com qualquer coisa.* [Sinôn.: *distrair*.] **2** Rir ou fazer rir. *Marcelo se **diverte** com os pulos do cachorro. Os palhaços **divertiram** os convidados da festa.*

dívida (dí-vi-da) *subst.fem.* **1** Quem tem uma **dívida** pegou dinheiro emprestado e tem que pagar de volta. *Ivone pagou todas as suas **dívidas** no mês passado.* **2** **Dívida** também é a quantia em dinheiro que deve ser paga. *Por causa dos juros, a **dívida** vai aumentar.*

dividir (di-vi-dir) *verbo* **1** MAT Fazer uma divisão matemática. *Se **dividirmos** 60 por três, o resultado será 20.* **2** Partir uma coisa inteira em partes menores. *Cláudia vai **dividir** seus livros em dois grupos: os lidos e os não lidos.* **3** Distribuir algo para várias pessoas. *O patrão **dividiu** o lucro com os funcionários.* [Sinôn.: *repartir*.] **4** Estabelecer os limites. *O rio São Francisco **divide** os estados de Sergipe e Alagoas.*

divindade (di-vin-da-de) *subst.fem.* Ser divino.

divino (di-vi-no) *adj.* **1** Tudo que tem a ver com Deus ou com deuses é **divino**. **2** Uma pessoa, uma comida ou um texto **divino** é excelente ou perfeito. *A festa de fim de ano foi **divina**.*

divisa (di-vi-sa) *subst.fem.* **1** Limite espacial ou físico de uma área geográfica. *O rio faz a **divisa** entre os dois municípios.* [Sinôn.: *fronteira*.] **2** Emblema na farda do militar que identifica o posto do oficial.

divisão (di-vi-são) *subst.fem.* **1** MAT Operação matemática que tem por objetivo descobrir quantas vezes um número está contido em outro. *O resultado da **divisão** entre oito e quatro é dois.* **2** Separação de uma coisa inteira em partes menores. *A **divisão** das tarefas não está justa.* **3** ESP Agrupamento de clubes que disputam entre si um campeonato. *Meu time foi para a segunda **divisão**.* [Pl.: *divisões*.]

divórcio (di-vór-cio) *subst.masc.* No **divórcio**, duas pessoas que eram casadas perante a lei passam a não ser mais.

divulgar (di-vul-gar) *verbo* Tornar público. *Sofia fez questão de **divulgar** sua gravidez.* ~ **divulgação** *subst.fem.*

dizer (di-zer) *verbo* **1** Falar, expressar-se por palavras. *Ele **disse** que veio sozinho para casa.* **2** Dar a sua opinião sobre alguma coisa. *Eu lhe **disse** que ia chover.* **3** Contar uma história, descrever uma situação. *O texto **dizia** que naquela região havia muitas cobras.* **quer dizer** O que uma palavra ou coisa **quer dizer** é o que ela significa. *Lindo **quer dizer** muito bonito. O que **quer dizer** esse monte de roupa no chão?*

[1]**dó** *subst.masc.* Quando sentimos pena de uma pessoa ou uma coisa, temos **dó** dela. *Morri de **dó** ao ver o passarinho que caiu do ninho.*

Esta palavra vem do latim *dolus*, que quer dizer "dor, pena".

---

[2]**dó** *subst.masc.* MÚS Primeira nota da escala musical.

Os nomes das notas musicais (*dó* [antes *ut*], *ré, mi, fá, sol, lá, si*) foram criados no século XI pelo italiano Guido d'Arezzo, com as primeiras sílabas dos versos de um hino religioso.

---

doar (do-ar) *verbo* **1** Dar um imóvel, uma propriedade, dinheiro etc. para outra pessoa, sem ter sido obrigado e sem receber nada em troca. *O milionário **doou** suas joias para um museu.* **2** Oferecer a alguém parte do seu corpo, como sangue, órgãos ou medula. *Aos 18 anos já poderei **doar** sangue.* ~ **doação** *subst.fem.*

dobra ▼ (do-bra) *subst.fem.* **1** Parte de matéria flexível, como tecido, papel etc., que fica virada por cima de outra. *A fronha tinha duas **dobras**.* **2** Linha que se forma na pele, por exemplo, de bebês gordinhos. **3** Curva que se forma quando algo se dobra. *O cano está vazando na **dobra**.*

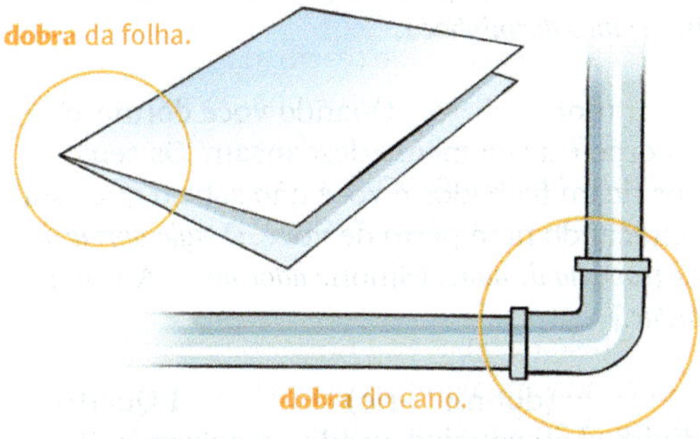

dobrar (do-brar) *verbo* **1** É o mesmo que duplicar. **2** Virar papel, pano etc. sobre ele mesmo uma vez ou várias vezes. *Vamos **dobrar** o guardanapo três vezes.* **3** **Dobrar** também é fazer algo sair da posição reta. *Aline **dobrou** o corpo até o chão.*

dobro (do-bro) \ô\ *numeral* Quantidade ou medida duas vezes maior que outra. *Isa comeu dois bombons. Ana comeu o **dobro**.*

doce (do-ce) \ô\ *adj.masc.fem.* **1** Um alimento **doce** tem o sabor do mel, do açúcar. *Que manga **doce**!* **2** Meigo, carinhoso, gentil. *Gosto do jeito **doce** com que ela fala com as crianças.* *subst.masc.* **3** Alimento preparado com açúcar ou algo que adoce. *O **doce** de abacaxi ficou uma delícia. As meninas trazem os **doces**; os meninos, os salgados.* [Superl.absol. do adj.: *docíssimo, dulcíssimo.*]

documento (do-cu-men-to) *subst.masc.* **1** Declaração escrita e oficial que serve como prova de um fato. O **documento** de identidade, por exemplo, mostra quando alguém nasceu, quem são seus pais etc. **2** INF Arquivo de dados em um computador, principalmente de texto.

doença (do-en-ça) *subst.fem.* Mau funcionamento do organismo de uma pessoa, animal ou planta. Vírus e bactérias podem causar **doenças**. *Gripe é uma **doença** comum no inverno.* **doença de Chagas** MED Doença transmitida pela picada do barbeiro.

doente (do-en-te) *adj.masc.fem.* **1** Uma pessoa, um animal ou uma planta **doente** está com alguma doença. [Sinôn.: *enfermo*. Antôn.: *sadio, saudável.*] ☛ Neste sentido, esta palavra pode ser usada como subst.: *Os **doentes** vão almoçar primeiro.* **2** *informal* Também dizemos que uma pessoa é **doente** quando ela é apaixonada por alguém ou algo. *Vítor é **doente** por futebol.*

doer (do-er) *verbo* **1** Se uma parte do seu corpo **dói**, você sente dor nela. *O machucado **doía** muito.* **2** Provocar dor ou sofrimento. *Tomar a vacina não **doeu** nada. Uma notícia triste como essa me **dói**.*

doido (doi-do) *adj.* É o mesmo que louco.

dois-pontos (dois - pon-tos) *subst.masc.pl.* Sinal de pontuação (:) que vem antes de algo que vamos citar, contar etc. *Não deixe de pôr **dois-pontos** antes de repetir o que ela disse.*

dólar (dó-lar) *subst.masc.* Moeda usada nos Estados Unidos da América. Também se chama **dólar** a moeda de vários outros países, como o Canadá e a Austrália. [Pl.: *dólares.*]

dolorido (do-lo-ri-do) *adj.* Se o seu braço está **dolorido**, você sente dor nele.

[1]**dom** *subst.masc.* O **dom** é uma boa qualidade que nasce com a pessoa. *A Luciana tem um **dom** especial para a música.* [Pl.: *dons.*]

Esta palavra vem do latim *donum*, que quer dizer "presente".

[2]**dom** *subst.masc.* Título que se dá a alguns nobres e pessoas da Igreja. ***Dom** Pedro II foi imperador do Brasil.*

Esta palavra veio do latim *dominus*, que quer dizer "senhor".

domador (do-ma-dor) \ô\ *subst.masc.* Pessoa que treina animais para que fiquem mansos e obedientes. [Pl.: *domadores.*]

A B C **D** E F G H I J K L M N O P Q R S T U V W X Y Z

domar (do-mar) *verbo* Treinar um animal para ele ficar manso e obediente. *Antônio **domava** os cavalos da fazenda.* [Sinôn.: *domesticar*.]

domesticar (do-mes-ti-car) *verbo* É o mesmo que domar.

doméstico (do-més-ti-co) *adj.* **1** Tudo que faz parte da casa e da família é chamado de **doméstico**. *Carol gosta de fazer trabalhos **domésticos**.* **2** Animal **doméstico** é aquele que vive junto às pessoas. Cachorros, gatos e galinhas são animais **domésticos**.

dominar (do-mi-nar) *verbo* **1** Ter poder ou grande influência sobre pessoas, nações etc. *O imperador **domina** seu país. O medo **domina** as pessoas.* **2** Conhecer muito bem. *Marco **domina** alguns golpes de caratê.*

domingo (do-min-go) *subst.masc.* Primeiro dia da semana, entre sábado e segunda-feira.

domínio (do-mí-nio) *subst.masc.* **1** Controle sobre alguém ou alguma coisa. *Mantinha os filhos sob seu **domínio**. Aos poucos recuperou o **domínio** da situação.* **2** Conjunto de terras, de propriedades que pertence a alguém. *Nos seus **domínios** se considerava um rei.*

dominó ▼ (do-mi-nó) *subst.masc.* **1** Conjunto de 28 peças retangulares, com pontos redondos de um a seis desenhados em cada metade, formando combinações. **2** Jogo com essas peças. *O campeonato de **dominó** foi disputado por duplas.*

dono (do-no) *subst.masc.* Pessoa que possui alguma coisa. Pode ser um objeto, um animal, uma loja etc. *O **dono** da padaria é o seu Manuel.* [Sinôn.: *proprietário*.] **dona de casa** Mulher que, todos os dias, faz os trabalhos de uma casa, como arrumar, lavar e cozinhar.

dor \ô\ *subst.fem.* **1** Sensação física desagradável, causada por um machucado, choque, doença etc. **2** Quando acontece algo que deixa você triste, magoado ou infeliz, você também sente **dor**, só que não é no corpo. *A **dor** da saudade diminui com o tempo.* [Pl.: *dores*.]

dorminhoco (dor-mi-nho-co) \ô\ *subst.masc.* Quem dorme muito. *Aquele **dorminhoco** ainda não se levantou?* ☛ Esta palavra pode ser usada como adj.: *criança **dorminhoca***.

dormir (dor-mir) *verbo* Quando você **dorme**, o seu corpo e a sua mente descansam. Os seus olhos ficam fechados e você não sabe o que está acontecendo nem perto de você. *O vigia **dorme** de dia e trabalha de noite.* [Sinôn.: *adormecer*. Antôn.: *acordar*.]

dormitório (dor-mi-tó-rio) *subst.masc.* **1** Quarto individual ou coletivo, usado para dormir. *Os meninos ficarão no **dormitório** do segundo andar.* **2** Conjunto de móveis para este quarto. *A loja vendeu todos os **dormitórios** de casal.*

dourado (dou-ra-do) *subst.masc.* Cor parecida com a do ouro. ☛ Esta palavra pode ser usada como adj.: *bolsa **dourada***.

doutor (dou-tor) \ô\ *subst.masc.* Damos aos médicos, advogados e a algumas autoridades o título de **doutor**. [Pl.: *doutores*.]

dragão (dra-gão) *subst.masc.* Animal imaginário que tem a forma de um grande lagarto, com pescoço comprido, cauda de serpente e asas. Os **dragões** lançam fogo pela boca. [Pl.: *dragões*.]

drama (dra-ma) *subst.masc.* **1** Uma peça de teatro, um filme, um romance etc. que trata de assuntos tristes é chamado de **drama**. **2 Drama** também é qualquer situação em que haja conflito ou confusão. *A separação dos pais de Elaine foi um **drama** para ela.* **3** Um fato com consequências graves provocado por acidente, crime etc. também é um **drama**. *A queda do avião foi um **drama** para muitas famílias.*

drible (dri-ble) *subst.masc.* ESP Em esportes como futebol e basquete, movimento de corpo feito pelo jogador para enganar o adversário e continuar com a bola. ~ **driblar** *verbo*

droga (dro-ga) *subst.fem.* **1** Substância usada especialmente para fabricar remédios. *Os cientistas estão testando uma nova **droga** contra o câncer.* **2** **Droga** também é o nome dado a substâncias que algumas pessoas fumam, cheiram ou bebem para terem uma sensação diferente. As **drogas** agem no cérebro, causam dependência e geralmente são proibidas. *A polícia recolheu uma grande quantidade de **drogas** naquela casa.* [Sinôn.: *tóxico*.] **3** *informal* Algo ruim também é chamado de **droga**. *A partida de basquete foi uma **droga**.*

drogaria (dro-ga-ri-a) *subst.fem.* Local que prepara e vende medicamentos. [Sinôn.: *farmácia*.]

dromedário (dro-me-dá-rio) *subst.masc.* Mamífero herbívoro, parecido com o camelo, mas com apenas uma corcova.

ducha (du-cha) *subst.fem.* **1** Chuveiro com jato de água forte. **2** Banho rápido nesse chuveiro. *Vou tomar uma **ducha** antes de sair.* **3** Jato de água jogado sobre o corpo ou sobre algo. *Abasteça o carro e ganhe uma **ducha**.*

duelo (du-e-lo) *subst.masc.* **1** Luta combinada entre duas pessoas, com armas iguais e na presença de testemunhas. **2** Disputa de ideias, sentimentos, forças etc. entre duas pessoas. *Os advogados começaram um fantástico **duelo** de palavras.* ~ **duelar** *verbo*

→ Comum no passado, o objetivo do **duelo** era defender a honra de quem tinha se sentido ofendido. O **duelo** geralmente terminava com a morte de um dos dois participantes.

duende (du-en-de) *subst.masc.* Nas lendas europeias, homem pequeno, de orelhas pontudas, que usa seus poderes em travessuras.

duna (du-na) *subst.fem.* GEOG Monte de areia que se modifica de acordo com o vento. Há **dunas** em desertos, no litoral e nas margens de rios e lagos. ☛ Ver ilustração na p. 488.

dupla (du-pla) *subst.fem.* Conjunto de dois elementos, pessoas etc. *Formem as **duplas** e deem nomes a elas.*

duplicar (du-pli-car) *verbo* **1** Tornar algo duas vezes maior em quantidade ou tamanho. *A prefeitura decidiu **duplicar** a avenida.* **2** Multiplicar alguma coisa por dois. *A quantidade de bolo foi **duplicada**.* **3** Quando uma coisa aumenta muito ou cresce demais, ela foi **duplicada**. *O cozinheiro espera a massa **duplicar** de tamanho.* [Sinôn. geral: *dobrar*.]

duplo (du-plo) *numeral* **1** Duas vezes uma quantidade. *Teremos de preparar uma receita **dupla**.* *adj.* **2** Algo **duplo** está em pares. *Este trecho da estrada terá pista **dupla**.*

duração (du-ra-ção) *subst.fem.* Tempo em que algo acontece, existe ou funciona. *O filme tem **duração** de duas horas. Essa pilha tem longa **duração**.* [Pl.: *durações*.]

durante (du-ran-te) *preposição* **1** O que ocorre **durante** um período ou um acontecimento não para do início até o fim ou acontece várias vezes. *Não podemos conversar **durante** o filme. Alguns ursos hibernam **durante** o inverno.* **2** Também usamos **durante** para o que acontece apenas uma vez em um período de tempo. *Os bebês costumam dormir **durante** o dia.*

durar (du-rar) *verbo* **1** O tempo que alguma coisa **dura** é o tempo que ela demora acontecendo. *O primeiro tempo do jogo **durou** 47 minutos.* **2** Continuar vivo ou existindo. *O cachorro adoeceu, mas **durou** muitos anos. Alguns plásticos **duram** 200 anos.* **3** Se alimentos ou roupas **duram**, eles ficam do mesmo jeito que eram durante um tempo. *O leite pode **durar** alguns dias na geladeira.* [Antôn.: *estragar*.] ~ **durável** *adj.masc.fem.*

dureza (du-re-za) \ê\ *subst.fem.* **1** Quando uma matéria é resistente e firme, ela tem **dureza**. *São impressionantes a **dureza** e a leveza do bico dos tucanos.* **2** Tratar alguém com **dureza** é tratar sem carinho, com muita severidade. *Não gosto da **dureza** com que se dirige às crianças.* **3** *informal* Grande dificuldade. *Mudar de escola é uma **dureza**.* **4** *informal* **Dureza** também é falta de dinheiro. *Papai fica na maior **dureza** depois que compra o material escolar.* [Sinôn.: *pobreza*. Antôn.: *riqueza*.]

duro (du-ro) *adj.* **1** Um material **duro** tem resistência, é sólido. *Não vou conseguir furar uma parede tão **dura** como essa.* [Antôn.: *mole*.] **2** Um material **duro** não é flexível. *Este colchão é muito **duro**!* [Antôn.: *macio*.] **3** Um dia **duro** de trabalho é um dia de muito trabalho. **4** Uma pessoa **dura** trata os outros de um jeito severo e com pouco carinho. *O patrão era muito **duro** com os empregados.* **5** *informal* Sem dinheiro. *Minha irmã está namorando um cara **duro**.* ☛ Neste sentido, esta palavra pode ser usada como subst.: *Ele é um **duro**.*

dúvida (dú-vi-da) *subst.fem.* **1** Se você tem **dúvida** com relação a alguma coisa, você não sabe se ela vai acontecer ou de que jeito ela vai acontecer. [Sinôn.: *incerteza*. Antôn.: *certeza*.] **2** O que você não entendeu sobre um assunto. *A professora tirou todas as **dúvidas** dos alunos.*

duvidar (du-vi-dar) *verbo* **1** Quando você **duvida** de alguma coisa, você ainda não está convencido disso. *Ainda **duvido** de que ela vai me devolver a caneta.* **2** Não ter confiança em alguém ou alguma coisa. ***Duvidaram** da honestidade dele. **Duvidei** que o relógio era do pai dele.* [Antôn.: *confiar*.] **3** Achar impossível. ***Duvido** que este carro velho vá funcionar!*

dúzia (dú-zia) *subst.fem.* Conjunto de 12 elementos. *Compramos uma **dúzia** de laranjas.*

DVD *subst.masc.* Sigla de locução inglesa *digital video disc*, que significa "disco de vídeo digital". O ***DVD*** é parecido com um *CD*, porém com maior capacidade para armazenar dados, e é geralmente usado para gravar vídeos.

Envelope

Ee

[1]e *subst.masc.* Quinta letra do nosso alfabeto. O **e** é uma vogal e, na língua portuguesa, pode ter som aberto, como em "pé", ou fechado, como em "medo". No fim de palavras e em outros casos, pode ser falada igual ao "i", como em "tarde" ou "menino".

Nome da quinta letra do alfabeto latino.

[2]e *conjunção* A palavra **e** funciona como se estivesse somando palavras **e** frases. *João **e** Maria são dois personagens de uma história infantil. O cachorro latia **e** o gato miava.*

A conjunção **e** vem do latim *et*, que quer dizer "e", "além disso" etc.

ebulição (e-bu-li-ção) *subst.fem.* Passagem de um líquido ao estado gasoso através do seu aquecimento. *A água entrou em **ebulição** e a chaleira apitou.* [Pl.: *ebulições*.]

eclipse (e-clip-se) *subst.masc.* Fenômeno que ocorre quando um corpo celeste é encoberto por outro. *Os **eclipses** do Sol e da Lua encantam os astrônomos.*

→ Visite o *site* Canal Kids e aprenda mais sobre esses "efeitos especiais" e outros mistérios do Universo, na seção Cultura e Astronomia.

eco (e-co) *subst.masc.* Você ouve um **eco** quando um som que você faz volta igualzinho em sua direção. Isso acontece quando o som bate em alguma coisa dura, como uma rocha ou parede.

ecologia (e-co-lo-gi-a) *subst.fem.* Ciência que estuda as relações entre os organismos e o meio ambiente. A **ecologia** é importante para nos ensinar a preservar o planeta.

ecológico (e-co-ló-gi-co) *adj.* Tudo que for relacionado à ecologia é **ecológico**. *Evitar a poluição, o desperdício de água ou de alimentos são atitudes **ecológicas**.*

economia (e-co-no-mi-a) *subst.fem.* **1** Uso do mínimo possível de dinheiro, tempo e outros recursos. *Fechar a torneira gera **economia** de água.* [Sinôn.: *poupança*. Antôn.: *desperdício*.] **2** Modo como um país organiza sua produção, seu consumo, o uso dos recursos naturais e a distribuição do dinheiro. *A **economia** de um país deve favorecer seu povo.* **economias** *subst.fem.pl.* **3** Dinheiro de quem economizou. *Serafina gastou suas **economias** com presentes de Natal.*

econômico (e-co-nô-mi-co) *adj.* **1** O que é **econômico** é relativo à economia. Um plano **econômico** do governo faz alterações na economia do país. **2** Quem é **econômico** gasta pouco dinheiro; um objeto **econômico** é barato ou não dá muita despesa. *O carro novo é bem **econômico**.* **3** Alguém com boa situação **econômica** tem bastante dinheiro.

economizar (e-co-no-mi-zar) *verbo* **1** Usar apenas o necessário para uma atividade, tarefa etc. *É preciso **economizar** água.* [Antôn.: *desperdiçar*.] **2** Juntar dinheiro. *Glória **economizou** para comprar a boneca.* **3** Deixar de gastar. *Miguel levou sanduíche e **economizou** o dinheiro do lanche.* [Sinôn. geral: *poupar*.]

ecossistema (e-cos-sis-te-ma) *subst.masc.* Sistema formado pelos organismos (plantas, animais, fungos etc.), pelo ambiente (solo, água, ar etc.) em que esses organismos vivem e pelas relações entre eles. Um **ecossistema** pode existir no fundo de um lago ou em um trecho inteiro de uma floresta. *A agressão ao meio ambiente altera o equilíbrio dos **ecossistemas**.*

→ O mundo natural, para se manter em equilíbrio, se organiza em grupos nos quais cada elemento tem um papel em sua comunidade, ou de predador ou de alimento para outra espécie. Cada um desses grupos forma um **ecossistema**.

edifício (e-di-fí-cio) *subst.masc.* É o mesmo que prédio. *No seu **edifício** há algum apartamento para alugar?*

editora (e-di-to-ra) \ô\ *subst.fem.* Empresa que se dedica a publicar livros, revistas etc. *A **editora** vai lançar livros de Monteiro Lobato.*

edredom (e-dre-dom) *subst.masc.* Colcha bem macia, com uma espuma fina por dentro. O **edredom** também é usado como coberta. [Pl.: *edredons*.]

educação (e-du-ca-ção) *subst.fem.* **1** A **educação** de uma pessoa é tudo o que é feito para seu desenvolvimento físico, intelectual e moral. *A família e a escola são muito importantes na **educação** da criança.* **2** Quem tem **educação** sabe se comportar bem, sem agir de um jeito que incomode os outros. *Manuel tem **educação**, sabe esperar sua vez de falar na sala.* **educação infantil** Parte do ensino básico que cuida da **educação** de crianças de 0 a 6 anos. [Pl.: *educações*.]

educar (e-du-car) *verbo* Transmitir conhecimentos ou dar educação a alguém.

efeito (e-fei-to) *subst.masc.* **1** Aquilo que acontece por causa de outro acontecimento. *A violência é um dos **efeitos** da miséria. Gritos não têm **efeito** para educar.* [Sinôn.: *resultado, consequência*.] **2** Recurso artístico ou técnico que atrai a atenção. *O filme tinha muitos **efeitos** especiais.* **efeito estufa** Aquecimento das camadas inferiores da atmosfera porque certos gases se acumularam no ar.

eficiente (e-fi-ci-en-te) *adj.masc.fem.* Uma pessoa **eficiente** atinge os objetivos da forma desejada ou melhor do que o esperado. *Esse trabalhador é muito **eficiente**, cumpriu o prazo.* ~ **eficiência** *subst.fem.*

egoísta (e-go-ís-ta) *subst.masc.fem.* Pessoa que põe seus próprios interesses à frente dos interesses dos outros, mesmo que isso cause prejuízos aos outros. ☛ Esta palavra pode ser usada como adj.: *atitudes **egoístas**, homem **egoísta**.* ~ **egoísmo** *subst.masc.*

égua (é-gua) *subst.fem.* Fêmea adulta do cavalo.

ei *interjeição* Usamos **ei** para chamar ou para cumprimentar alguém. ***Ei**, você pode me ajudar?*

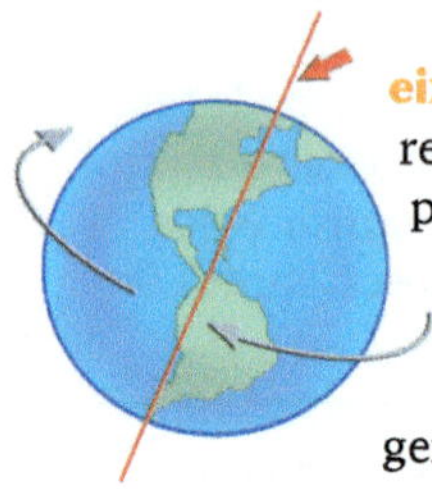

A Terra gira em torno do seu **eixo**.

eixo ◣ (ei-xo) *subst.masc.* **1** Linha reta, real ou imaginária, que passa pelo centro de alguma coisa e em torno da qual essa coisa gira ou pode girar. **2** Peça que gira em torno dela mesma, geralmente para fazer uma máquina funcionar. *O **eixo** do carro quebrou na hora da batida.*

elástico (e-lás-ti-co) *adj.* **1** O que é **elástico** pode ser esticado e depois voltar ao tamanho e forma normais. *A mola é **elástica**.* *subst.masc.* **2** Tira que encolhe e estica usada para prender algo. *Sílvia prendeu o cabelo com um **elástico**.* **3** Tipo de tecido usado para deixar a roupa certinha no corpo. *Esta calça tem **elástico** na cintura.*

ele (e-le) \ê\ *pron.pessoal* Indica a pessoa ou coisa de que falamos. *Eu e você vamos sair com papai, **ele** já está chegando. Maria comprou um gato e dá muito carinho para **ele**.* [Fem.: *ela*.]

elefante (e-le-fan-te) *subst.masc.* Mamífero enorme da Ásia e da África, de nariz comprido e em forma de tromba. O **elefante** tem pele grossa e enrugada e possui duas grandes presas de marfim. [Fem.: *aliá, elefanta*. Col.: *manada*.] ☛ Ver ilustração de *mamífero*.

elegante (e-le-gan-te) *adj.masc.fem.* A gente chama de **elegante** as pessoas ou coisas em que há harmonia, equilíbrio, bom gosto. Um móvel ou um vestido podem ser **elegantes**. Uma pessoa **elegante** veste-se bem ou é bem educada, tem bons modos. ~ **elegância** *subst.fem.*

eleger (e-le-ger) *verbo* **1** Escolher ou ser escolhido por meio de voto. *Os moradores **elegeram** o síndico. Todos acreditam que Almir se **elegerá** vereador.* **2**

Preferir entre dois ou mais. *Gabriel **elegeu** Sergipe para as próximas férias.* [Sinôn.: *escolher*.]

eleição (e-lei-ção) *subst.fem.* Escolha, por meio de voto, de alguém que vai ocupar um cargo, geralmente um cargo político. *No Brasil, as **eleições** municipais acontecem de quatro em quatro anos.* [Pl.: *eleições*.]

eleitor (e-lei-tor) \ô\ *subst.masc.* Quem vota para eleger os políticos dos municípios, dos estados e do país é um **eleitor**. [Pl.: *eleitores*.] ~ **eleitoral** *adj.masc.fem.*

elemento (e-le-men-to) *subst.masc.* **1** Parte que compõe um todo, um conjunto. *O ponteiro é um dos **elementos** que formam um relógio.* **2** **Elemento** também é uma informação ou um meio que se usa para resolver alguma coisa. *O prefeito precisa de mais **elementos** para tomar uma decisão.* **3** Substância simples formada somente por átomos da mesma espécie. *O ouro é um **elemento** químico.*

eletricidade (e-le-tri-ci-da-de) *subst.fem.* Tipo de energia que pode produzir luz, calor e fazer vários aparelhos, como televisão, computador etc., funcionarem. *Ontem ninguém viu televisão porque faltou **eletricidade**.*

elétrico (e-lé-tri-co) *adj.* O que é **elétrico** é gerado ou funciona por eletricidade. Um aparelho **elétrico** funciona quando ligamos seu fio na tomada. *A iluminação das ruas é **elétrica**.*

eletrodoméstico (e-le-tro-do-més-ti-co) *subst.masc.* Utensílio elétrico usado para lazer, para auxiliar nas tarefas domésticas etc. Liquidificador, televisão e geladeira são **eletrodomésticos**. ☛ Esta palavra pode ser usada como adj.: *aparelho **eletrodoméstico**.*

eletrônica (e-le-trô-ni-ca) *subst.fem.* Estudo de como usar mecanismos elétricos na fabricação de aparelhos, como rádio, televisão e computador. *Nesta escola, há um curso de **eletrônica**.*

eletrônico (e-le-trô-ni-co) *adj.* **1** Aparelhos **eletrônicos** são aqueles que têm peças especiais que controlam e alteram a eletricidade que passa por eles para que funcionem. *Esta loja só vende produtos **eletrônicos**: televisões e computadores.* **2** O que envolve o uso desses equipamentos, especialmente o do computador, também é chamado de **eletrônico**. *Hoje em dia muita gente usa correio **eletrônico**. Na festa, só tocava música **eletrônica**.*

elevação (e-le-va-ção) *subst.fem.* **1** Aquilo que você faz para tornar algo maior, mais intenso, mais caro etc. *O governo não permitirá a **elevação** do preço das passagens. A **elevação** da temperatura da Terra tem muitas causas.* **2** Parte ou área mais alta do que outras que estão próximas e no mesmo plano. *O terreno possui muitas **elevações**.* [Pl.: *elevações*.]

elevador (e-le-va-dor) \ô\ *subst.masc.* Máquina que movimenta uma cabine para cima e para baixo, geralmente dentro de prédios, transportando pessoas e cargas. [Pl.: *elevadores*.]

elevar (e-le-var) *verbo* **1** Colocar ou ficar numa posição ou num lugar mais alto. *A chuva **elevou** o nível dos rios. **Eleve** a voz, e todos a ouvirão.* [Sinôn.: *erguer*.] **2** Colocar em direção ao alto. *A moça que lia **elevou** o olhar.* **3** Deixar maior preço, valor, quantidade etc. *A crise **elevou** o preço da banana.* [Sinôn.: *aumentar*.] [Sinôn. para 1 e 2: *erguer*. Antôn. geral: *abaixar*.]

eliminar (e-li-mi-nar) *verbo* **1** Retirar uma parte ou algo de um conjunto, especialmente o que está sobrando. *A prova **eliminou** vários candidatos. O chefe **eliminou** o último parágrafo do relatório.* [Sinôn.: *excluir*.] **2** Fazer sair. *Nas fezes, **eliminamos** o que nosso organismo rejeita.* **3** Fazer desaparecer. *A chuva **eliminou** a sujeira da calçada.* ~ **eliminação** *subst.fem.*

elite (e-li-te) *subst.fem.* **1** Grupo de grande prestígio social e econômico formado por uma minoria. *Este clube é frequentado pela **elite** da cidade.* **2** Grupo que se destaca por ser o melhor ou mais valorizado num grupo social maior. *Estes policiais fazem parte da **elite** do quartel.*

elo (e-lo) *subst.masc.* **1** Cada argola de uma corrente. **2** Relação entre pessoas ou coisas. *Os amigos têm um **elo** muito forte.*

elogiar (e-lo-gi-ar) *verbo* Destacar os pontos positivos fazendo elogios. *Todos **elogiaram** a prova da Luciana.* [Sinôn.: *louvar*. Antôn.: *criticar*.]

elogio (e-lo-gi-o) *subst.masc.* Destaque das qualidades positivas de alguém, de um trabalho, de um gesto etc. *Ninguém esperava tantos **elogios** à família.* [Antôn.: *crítica*.]

em *preposição* **1** **Em** indica tempo. *Chegaremos **em** dois dias.* **2** Indica lugar. *O caderno ficou **em** casa.* **3** Indica modo. *Cinderela ficou **em** trapos depois da meia-noite.* **4** Indica finalidade. *O menino se calou **em** respeito ao pai.* ☛ A preposição **em** pode se juntar com várias palavras e formar outras, como *nisso* (**em** + isso), *naquele* (**em** + aquele), *na* (**em** + a), nele (**em** + ele). Observe que o **em** se transformou em *n*.

ema ► (e-ma) *subst. fem.* Ave parecida com o avestruz, de pernas compridas e pés com três dedos. A **ema** vive nos campos da América do Sul e é a maior ave brasileira.

emagrecer (e-ma--gre-cer) *verbo* Uma pessoa ou animal **emagrece** quando o seu corpo perde gordura e fica com menos peso. *Correr ajuda a **emagrecer**. Tadeu **emagreceu** dois quilos.* [Antôn.: *engordar*.]

e-mail *subst.masc.* INF Palavra inglesa que significa correio eletrônico. ☛ Pronuncia-se *i mêil*.

embaçar (em-ba-çar) *verbo* Perder ou tirar o brilho. *O calor **embaçou** as lentes dos meus óculos.*

embaixada (em-bai-xa-da) *subst.fem.* **1** Residência e local de trabalho do embaixador. *A **embaixada** do Brasil na Argentina está sendo reformada.* **2** Conjunto dos funcionários desse local. *A **embaixada** encerrou seu trabalho duas horas mais cedo.*

embaixador (em-bai-xa-dor) \ô\ *subst.masc.* Pessoa que representa o governo de um país em um país estrangeiro. [Pl.: *embaixadores*. Fem.: *embaixadora*.]

embaixatriz (em-bai-xa-triz) *subst.fem.* Esposa de embaixador. [Pl.: *embaixatrizes*.]

embaixo (em-bai-xo) *advérbio* O que está **embaixo** está numa posição mais baixa e é coberto ou escondido pelo que está em cima. *Lara pisou aqui sem saber que havia um formigueiro **embaixo**.* [Sinôn.: *debaixo*.]

embaixo de Se algo está **embaixo de** outra coisa, é porque essa outra coisa está em cima dele. *Joana colocou a folha **embaixo do** caderno para o trabalho não voar. O bandido trazia uma faca **embaixo da** camisa.* [Sinôn.: *sob*.]

embalagem (em-ba-la-gem) *subst.fem.* Proteção externa que guarda e conserva produtos, objetos etc. *A **embalagem** do leite mudou, está mais colorida.* [Pl.: *embalagens*.]

[1]**embalar** (em-ba-lar) *verbo* **1** Balançar a criança para que ela durma. **2** Mover de um lado para outro. *O viajante **embalou**-se na rede até adormecer.* [Sinôn.: *balançar*.]

Embalar talvez venha da palavra portuguesa "abalar".

[2]**embalar** (em-ba-lar) *verbo* É o mesmo que embrulhar.

Embalar vem da palavra portuguesa "bala".

embaraçar (em-ba-ra-çar) *verbo* **1** Dar nó em algo que tem fio. *O vento **embaraça** o cabelo.* [Antôn.: *desembaraçar*.] **2** Deixar confuso ou sem graça. *A pergunta do repórter **embaraçou** o empresário.* ~ **embaraçoso** *adj.*

embaralhar (em-ba-ra-lhar) *verbo* Misturar sem organização cartas de um jogo, papéis, ideias etc. *Cláudia **embaralhou** as cartas. Carlos **embaralhou**--se com o endereço e chegou atrasado.*

embarcação ◢ (em-bar-ca-ção) *subst.fem.* Qualquer meio de transporte marítimo ou fluvial. Barco, navio e traineira são exemplos de **embarcação**. [Pl.: *embarcações*.]

embarcar (em-bar-car) *verbo* Entrar ou colocar alguma coisa em uma embarcação ou em qualquer meio de transporte. *Você tem de **embarcar** no horário correto. Para **embarcar** as mercadorias no navio, é preciso autorização.* [Antôn.: *desembarcar.*]

embarque (em-bar-que) *subst.masc.* **1** Quando colocamos algo ou entramos em uma embarcação, fazemos o **embarque**. *O **embarque** para Macapá será em 30 minutos.* [Antôn.: *desembarque.*] **2** Local onde as pessoas ficam antes de entrar em alguma embarcação. *O **embarque** estava lotado de estudantes.*

embeber (em-be-ber) *verbo* Quando tecidos, esponjas, alimentos etc. se **embebem** de um líquido, eles sugam esse líquido. *É preciso **embeber** o pão no leite para fazer as rabanadas.*

emblema (em-ble-ma) *subst.masc.* Símbolo que representa uma associação, uma escola etc. *Colei no caderno o **emblema** do meu time.*

embolada (em-bo-la-da) *subst.fem.* Tipo de poesia cantada em que se fala muito rápido, com uma melodia de poucas notas que se repetem. A **embolada** é típica do Nordeste do Brasil.

embolar (em-bo-lar) *verbo* Misturar-se de modo confuso, enrolar-se. *A linha da pipa **embolou**.*

embora (em-bo-ra) *advérbio* **1** Quando alguém vai **embora**, sai do lugar onde estava até aquele momento ou vai para outro lugar para nunca mais voltar. *Quando o paciente chegou, o médico já tinha ido **embora**. Filipe foi **embora** hoje de manhã.* *conjunção* **2** Usamos **embora** quando queremos dizer que algo é ou aconteceu diferente do que esperávamos. ***Embora** quisesse sorvete, Diva só comeu pudim.*

emboscada (em-bos-ca-da) *subst.fem.* Quando alguém fica escondido, esperando para atacar o inimigo, está fazendo uma **emboscada**.

embranquecer (em-bran-que-cer) *verbo* Fazer uma coisa ficar branca. *A cal **embranqueceu** a parede.*

embriagar (em-bri-a-gar) *verbo* Deixar ou ficar bêbado. *Bebidas como vinho e cerveja **embriagam**. Os convidados **embriagaram**-se na festa de casamento.*

embrião (em-bri-ão) *subst.masc.* BIO Organismo que está começando a se desenvolver, mas ainda não chega a ser um feto. Alguns **embriões** se desenvolvem dentro de ovos, outros no ventre da mãe. [Pl.: *embriões.*]

embrulhar (em-bru-lhar) *verbo* Passar papel ou pano em volta de um produto, presente, objeto etc. para fazer um pacote. [Sinôn.: *embalar, empacotar.*]

embrulho (em-bru-lho) *subst.masc.* Qualquer coisa envolvida em papel, pano etc. ou dentro de uma caixa. *O **embrulho** continha um objeto frágil.* [Sinôn.: *pacote.*]

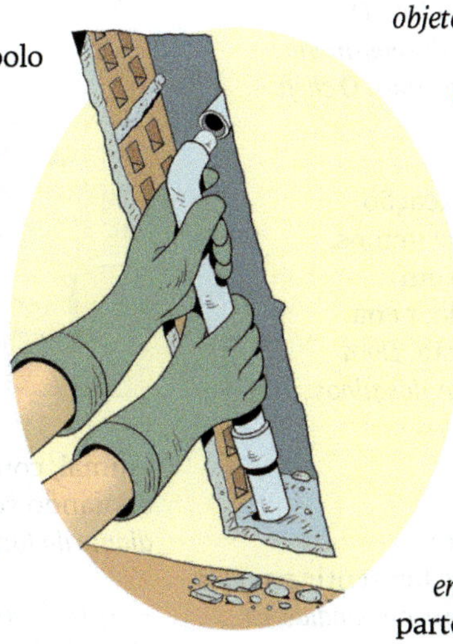

É preciso **embutir** o cano na parede.

embutir ◄ (em-bu-tir) *verbo* **1** Fazer uma abertura e colocar uma coisa nessa abertura. **2** Encaixar, por exemplo, um armário ou fogão num espaço próprio para eles.

emendar (e-men-dar) *verbo* **1** Tirar tudo o que está errado ou com defeito. *Solange **emendou** o texto várias vezes antes de entregá-lo.* **2** Juntar várias partes para formar um conjunto maior. *Se **emendar** os retalhos, você pode fazer uma colcha.* **3** Arrepender-se de algo que fez ou corrigir uma atitude má. *Mara não consegue **emendar** seus modos.*

emergência (e-mer-gên-cia) *subst.fem.* Situação perigosa e inesperada, como, por exemplo, um acidente, que exige que as pessoas tomem atitudes rapidamente. [Sinôn.: *urgência.*]

emergir (e-mer-gir) *verbo* Aparecer na superfície de algo líquido. *Botos, baleias e focas **emergem** para respirar.* [Antôn.: *submergir.*]

emigrante (e-mi-gran-te) *subst.masc.fem.* Aquele que sai de seu país ou do lugar em que vive

A B C D E F G H I J K L M N O P Q R S T U V W X Y Z

e se muda para outro. *A família de Tito é toda de **emigrantes** da Grécia.* ☛ Não confundir com *imigrante*.

emigrar (e-mi-grar) *verbo* Sair de seu país ou do lugar em que se vive e se mudar para outro. *Muitos italianos **emigraram** para o Brasil para trabalhar nas lavouras de café.* ☛ Não confundir com *imigrar*. ~ **emigração** *subst.fem.*

emissora (e-mis-so-ra) \ô\ *subst.fem.* **1** Estação que transmite sinais de televisão e de rádio. *A chuva impediu que a **emissora** funcionasse direito.* **2** Empresa que produz e transmite programas de rádio e televisão. *Gosto daquela **emissora** de rádio que só toca samba.*

emitir (e-mi-tir) *verbo* **1** Produzir ou fazer sair de si, por exemplo, som ou luz. *O animal **emitia** um uivo de dor. O rádio **emitiu** um sinal de perigo.* **2** Mostrar sua opinião. *O chefe **emitiu** sua opinião de um jeito rude.*

emoção (e-mo-ção) *subst.fem.* Reação que sentimos causada pelo que vemos, ouvimos, lemos, pela situação em que estamos etc. Alegria, medo, pena, entusiasmo são tipos de **emoção**. *Dora sentiu grande **emoção** ao se lembrar dos filhos.* [Pl.: *emoções*.] ~ **emocional** *adj.masc.fem.* **emocionar** *verbo* **emotivo** *adj.*

emocionante (e-mo-cio-nan-te) *adj.masc.fem.* Tudo que nos anima e que nos faz sentir emoção é **emocionante**. *Foi **emocionante** ver o bandido ser vencido no final.*

empacotar (em-pa-co-tar) *verbo* É o mesmo que embrulhar.

empada (em-pa-da) *subst.fem.* CUL Salgadinho feito de massa com recheios variados, como frango, palmito ou queijo, e assado em pequenas formas.

empalidecer (em-pa-li-de-cer) *verbo* Se você **empalidece**, você fica pálido. *Luísa **empalideceu** ao ouvir a má notícia.*

empatar (em-pa-tar) *verbo* **1** Conseguir a mesma quantidade de pontos, votos, gols etc. *Sandra e Milton **empataram** na eleição para diretor.* **2** Tornar difícil um acontecimento ou a continuação de um processo. *A falta de luz vai **empatar** o show.*

empate (em-pa-te) *subst.masc.* Igualdade no número de pontos, votos, gols etc. *O jogo terminou em **empate**.*

empenar (em-pe-nar) *verbo* Quando a madeira fica torta por causa de umidade ou calor, dizemos que ela **empenou**. *A chuva vai **empenar** a madeira. A porta **empenou**, ninguém consegue abri-la.* ☛ Não confundir com *empinar*.

empenho (em-pe-nho) *subst.masc.* Forte disposição ou interesse. *Anabela mostrava muito **empenho** em acabar cedo suas tarefas.* ~ **empenhar-se** *verbo*

empilhar ◄ (em-pi-lhar) *verbo* Colocar uma coisa em cima da outra, fazendo uma pilha.

empinar (em-pi-nar) *verbo* **1** Se você **empina** algo, você o levanta. **Empinar** uma pipa é fazê-la subir e voar. **Empinar** o nariz é levantá-lo. **2** Se um animal, como o cavalo, **empina**, ele fica em pé apoiando-se nas patas traseiras. *O cavalo **empinou** diante do fogo.* ☛ Não confundir com *empenar*.

emplacar (em-pla-car) *verbo* **1** Colocar placa ou chapa em alguma coisa. *Letícia **emplacou** o carro ontem.* **2** *informal* O que **emplaca** faz sucesso, dá certo ou funciona. *A nova música do cantor não **emplacou**.*

empobrecer (em-po-bre-cer) *verbo* **1** Passar a ter menos dinheiro, bens ou coisas de valor. **2** Deixar pior ou perder a qualidade. *As queimadas **empobrecem** o solo.* [Antôn. geral: *enriquecer*.]

empolgar (em-pol-gar) *verbo* Provocar grande entusiasmo, interesse ou admiração. *A música **empolgou** a galera.* [Antôn.: *desanimar*.] ~ **empolgação** *subst.fem.* **empolgante** *adj.masc.fem.*

empregado (em-pre-ga-do) *subst.masc.* Pessoa que presta serviços a alguém ou a uma empresa.

*A padaria tem oito **empregados**.* ☛ Esta palavra pode ser usada como adj.: *Meus filhos estão **empregados**.*

empregar (em-pre-gar) *verbo* **1** Dar emprego a alguém. *Antônio vai **empregar** duas pessoas na sua loja.* **2** Fazer uso de alguma coisa. *Ana conseguiu **empregar** os verbos corretamente nas frases.* [Sinôn.: *utilizar.*]

emprego (em-pre-go) \ê\ *subst.masc.* **1** Fazer **emprego** de uma coisa é usá-la. *O **emprego** de madeira é comum na construção.* **2** Trabalho que se faz num lugar e para o qual se recebe um salário. *A fábrica oferece **empregos** para jovens.*

empresa (em-pre-sa) \ê\ *subst.fem.* Organização comercial, industrial ou de prestação de serviços ao público. Existem **empresas** privadas e **empresas** públicas. *A Petrobras é uma das maiores **empresas** de petróleo do mundo.*

empresário (em-pre-sá-rio) *subst.masc.* **1** Dono ou chefe de uma empresa. **2** Quem cuida da carreira de pessoas famosas, como artistas e atletas.

emprestar (em-pres-tar) *verbo* Dar dinheiro, objeto etc. a alguém que vai usá-lo e depois devolvê-lo. *O vizinho **emprestou** sua casa para a festa.*

empréstimo (em-prés-ti-mo) *subst.masc.* **1** Uso, por um tempo, de algo que foi emprestado pelo dono. Todo **empréstimo** deve ser devolvido. *Está autorizado o **empréstimo** de livros na biblioteca.* **2** Quantia de dinheiro emprestada para ser devolvida a quem emprestou, com ou sem juros.

empurrar (em-pur-rar) *verbo* **1** Fazer força contra algo para tirá-lo do lugar, introduzi-lo em alguma coisa ou algum lugar, movimentá-lo etc. *Foi preciso **empurrar** o armário para a cadeira passar. Luísa **empurrou** o balanço para a colega.* [Antôn.: *puxar.*] **2** Obrigar alguém a aceitar o que não quer. *A mãe **empurrou** sopa aos filhos.*

encabulado (en-ca-bu-la-do) *adj.* Alguém **encabulado** está com vergonha, não se sente bem em uma situação.

encadernar (en-ca-der-nar) *verbo* Formar um caderno com várias páginas de um mesmo assunto e geralmente colocar uma capa. *Lia vai **encadernar** as folhas que recebeu na aula de geografia.*

encaixar ► (en-cai-xar) *verbo* Colocar um objeto, uma peça etc. num espaço preparado para recebê-lo.

encalhar (en-ca-lhar) *verbo* **1** Quando um barco **encalha**, ele para de flutuar porque encontra um obstáculo. **2** Uma mercadoria que **encalhou** não foi vendida porque as pessoas não quiseram comprar.

encaminhar (en-ca-mi-nhar) *verbo* **1** Quem se **encaminha** para algum lugar toma o caminho que leva a esse lugar. **Encaminhar** um documento é mandá-lo para uma pessoa ou lugar. **2** Orientar ou aconselhar a seguir o caminho do bem. *Todo pai deve **encaminhar** seus filhos.*

encanador (en-ca-na-dor) \ô\ *subst.masc.* Pessoa que conserta encanamentos. [Sinôn.: *bombeiro.* Pl.: *encanadores.*]

encanamento (en-ca-na-men-to) *subst.masc.* Conjunto de canos por onde passam a água, o gás ou o esgoto de uma casa, prédio ou cidade. *O **encanamento** estourou e a rua ficou cheia de água.*

encantamento (en-can-ta-men-to) *subst.masc.* **1** Sensação que nos causa uma pessoa ou coisa que nos encanta. *Foi um **encantamento** ver os seus filhos representarem uma peça.* [Sinôn.: *prazer.*] **2** Nas histórias de fadas, fórmula mágica usada para enfeitiçar. [Sinôn.: *encanto.*]

encantar (en-can-tar) *verbo* **1** Se uma pessoa ou coisa o **encanta** é porque estimula em você sentimentos de simpatia, interesse, contentamento etc. *Lena **encantou**-se com o novo telefone celular.* **2** Quando você **encanta** uma pessoa, ela passa a admirar você por seu encanto pessoal. *Maria **encantou** mamãe com sua simpatia.* **3** Nas histórias de fadas, **encantar** é enfeitiçar com uma mágica. ~ **encantador** *adj. subst.masc.*

encanto (en-can-to) *subst.masc.* **1** Aquilo que é agradável ou atraente tem **encanto**. *Os **encantos** da Meire logo foram percebidos pelo Diogo.* **2** As pessoas que têm **encanto** são adoráveis. *Zuleica é um **encanto** de menina.* **3** Nas histórias de fadas, é o mesmo que encantamento. *A bruxa jogou um **encanto** em Branca de Neve.*

encapar (en-ca-par) *verbo* **1** Colocar um material resistente para proteger ou cobrir algo. *É preciso **encapar** as almofadas.* **2** Colocar capa extra ou proteção em capa de livro, caderno, agenda etc.

encarar (en-ca-rar) *verbo* **1** Olhar para a cara, direto nos olhos. *Mara sabia do perigo, mas **encarou** o leão.* **2** **Encarar** um problema, um desafio, um adversário etc. é não fugir nem evitar o contato. [Sinôn.: *enfrentar*.]

encarregar (en-car-re-gar) *verbo* Deixar alguém responsável por tarefa, emprego, atividade etc. *A turma **encarregou** Nanda de falar. Carol **encarregou**-se da limpeza do quarto.*

encarte (en-car-te) *subst.masc.* Conjunto de folhas ou somente uma folha impressa com propaganda de lojas, algum anúncio ou sobre um assunto especial. O **encarte** geralmente vem dentro de jornais e revistas. *O **encarte** do supermercado sempre vem no jornal de domingo.*

encerar (en-ce-rar) *verbo* Passar cera em uma superfície, geralmente para deixá-la com brilho e protegida.

encerrar (en-cer-rar) *verbo* É o mesmo que acabar. ~ **encerramento** *subst.masc.*

encharcar (en-char-car) *verbo* Deixar ou ficar cheio de líquido. *A chuva **encharcou** minha roupa. Sandra **encharcou**-se de perfume antes de sair.*

enchente (en-chen-te) *subst.fem.* Grande quantidade de águas que se acumulam por causa de chuva forte, cheias de rio e de maré.

→ Nem sempre as **enchentes** são um desastre, com cidades inundadas. As **enchentes** são fenômenos naturais que acontecem em todos os rios, na época das chuvas. Nessa época, os rios enchem e alagam as terras em redor, deixando-as mais férteis.

encher (en-cher) *verbo* **1** Deixar cheio ou faltando pouco para estar completo. *O garçom **encheu** meu copo de água. O pai **encheu** o dia do filho com atividades.* [Antôn.: *esvaziar*.] **2** Ir além dos limites. *A mãe **encheu** os filhos de comida. As crianças **encheram** o visitante de perguntas.* **3** *informal* Deixar ou ficar sem paciência. *Muito barulho às vezes **enche**. Fernando **encheu**-se do vizinho e o xingou.*

enciclopédia (en-ci-clo-pé-dia) *subst.fem.* Livro ou conjunto de livros com informações de várias áreas de conhecimento ou de alguma em especial, como literatura, por exemplo.

→ As **enciclopédias** podem ter tanto palavras comuns da língua quanto nomes de pessoas importantes, como presidentes e cientistas. Algumas **enciclopédias** não são livros, estão em *CD*, em *DVD* e na internet.

encobrir (en-co-brir) *verbo* **1** Não deixar visível. *Nuvens **encobriam** o sol.* [Sinôn.: *esconder*, *ocultar*.] **2** **Encobrir** uma atitude, um problema etc. é não deixar que ele seja percebido. *Marcelo **encobriu** a besteira do irmão caçula.* [Sinôn.: *disfarçar*.]

encolher (en-co-lher) *verbo* **1** Diminuir de tamanho. *A camisa **encolheu** depois de lavada.* **2** Contrair o corpo por medo, frio ou para ocupar menos espaço. *O cachorro **encolheu**-se perto do fogão. Francisco sentou-se no chão e **encolheu** as pernas.* [Antôn. geral: *esticar*.]

encomenda (en-co-men-da) *subst.fem.* **1** Pedido de compra ou de um serviço. *Mamãe fez a **encomenda** do bolo por telefone.* **2** Também é **encomenda** a coisa que se pediu. *Trouxeram a **encomenda** antes do almoço.* ~ **encomendar** *verbo*

encontrar (en-con-trar) *verbo* **1** Quando você vê alguma coisa que estava procurando, você **encontra** essa coisa. *Valéria **encontrou** a foto que tinha caído do álbum.* [Sinôn.: *achar*.] **2** Se você **encontra** uma pessoa, você está no mesmo lugar que ela e conversa com ela. *Vovó **encontrou** uma amiga no ponto de ônibus. Fábio saiu para **encontrar** com a namorada.* **3** **Encontrar**-se é estar em determinado local ou situação. *O parque aquático **encontra**-se na entrada da cidade. Vários membros da família **encontram**-se doentes.* [Sinôn.: *achar-se*.]

encontro (en-con-tro) *subst.masc.* **1** Reunião de duas ou mais pessoas, que foi combinada ou aconteceu por acaso. *Adriana marcou um **encontro***

com Fábio. **2** União de duas ou mais coisas. *O **encontro** de duas retas forma um ângulo.*

encosta (en-cos-ta) *subst.fem.* Parte lateral e inclinada dos morros e das montanhas. *O desmatamento das **encostas** pode provocar desabamentos.* ☛ Ver ilustração na p. 490.

encostar (en-cos-tar) *verbo* **1** Usar algo como apoio. *O pintor **encostou** a escada na parede.* **2** Ficar tão perto de algo, que está colado, em contato direto. *Não **encoste** no muro com tinta fresca!* **3** Deixar porta ou janela quase fechadas ou fechadas sem trancá-las. **4** Deixar de lado, sem dar atenção. *Lia **encostou** a boneca velha e brincou com a nova.*

encosto (en-cos-to) \ô\ *subst.masc.* Parte de sofá, poltrona, cadeira em que encostamos as costas.

encrenca (en-cren-ca) *subst.fem. informal* Situação difícil, confusa ou perigosa. *Guga sempre mete o irmão em **encrenca**.*

encruzilhada ▼ (en-cru-zi-lha-da) *subst.fem.* Ponto em que dois caminhos ou ruas se cruzam. [Sinôn.: *cruzamento*.]

encurtar (en-cur-tar) *verbo* Deixar curto ou menor do que era. *Foi preciso **encurtar** o texto.* [Antôn.: *alongar*.]

endereço (en-de-re-ço) \ê\ *subst.masc.* Conjunto de informações para você localizar um lugar. Um **endereço** completo deve indicar o número da casa ou do edifício e os nomes da rua, do bairro e da cidade. *A carta não chegou porque o **endereço** estava errado.* **endereço eletrônico** INF Para você enviar e receber mensagens por correio eletrônico, é necessário que você tenha um **endereço eletrônico**.

endireitar (en-di-rei-tar) *verbo* **1** Deixar direito o que não está, porque está torto, do lado errado, fora da linha reta etc. *Marcelo **endireitou** a camisa antes de entrar na sala. **Endireitaram** a janela que o vento entortou.* **2** Deixar correto. *A professora **endireitou** a frase da aluna.* [Sinôn.: *acertar, corrigir*.] **3** Agir com correção. *Gabriela **endireitou**-se e pediu desculpas.*

endurecer (en-du-re-cer) *verbo* **1** Deixar duro ou mais duro, forte, resistente. *Subir escada **endurece** os músculos. A calda quente **endureceu** ao cobrir o sorvete.* **2** Deixar cruel, sem sentimentos. *As tristezas **endureceram** o coração da moça.*

energia (e-ner-gi-a) *subst.fem.* **1** Tudo aquilo que faz as coisas funcionarem ou se movimentarem, como, por exemplo, a **energia** elétrica. **2** Quem tem **energia** faz as coisas com entusiasmo, sem ter preguiça ou cansaço, mesmo quando há muito a fazer. *Rosa tem muita **energia** para trabalhar até tarde.* **3** Propriedade que os corpos têm de produzir calor ou movimento. *A **energia** solar produz calor.* **energia atômica** É o mesmo que energia nuclear. **energia nuclear** É aquela que trata do uso controlado das reações nucleares dos átomos para obter energia.

enfeitar (en-fei-tar) *verbo* Quando **enfeitamos** algo ou alguém, nós o deixamos mais bonito, geralmente usando enfeites. *As flores são para **enfeitar** a sala. Camila se **enfeitou** para ir à festa.*

enfeite (en-fei-te) *subst.masc.* Tudo o que colocamos em algo para que fique mais bonito. *Mamãe colocou **enfeites** de Natal na varanda. O caderno de Heloísa é cheio de **enfeites**.*

enfeitiçar (en-fei-ti-çar) *verbo* **1** Fazer um feitiço. *O bruxo **enfeitiçou** o rei.* **2** Deixar encantado. *A beleza da nova funcionária **enfeitiçou** Marco.*

enfermeiro (en-fer-mei-ro) *subst.masc.* Indivíduo que cuida de pessoas doentes, por exemplo, aplicando injeções ou dando medicamentos. O **enfermeiro** pode trabalhar nos hospitais ou atender as pessoas em suas casas.

enfermo (en-fer-mo) \ê\ *adj.* Uma pessoa **enferma** está com alguma doença. [Sinôn.: *doente*. Antôn.: *sadio, saudável*.] ☛ Esta palavra pode ser usada como subst.: *O médico visitou os **enfermos**.*

enferrujar (en-fer-ru-jar) *verbo* Criar ferrugem ou provocar ferrugem em objeto, metal etc. *A maresia **enferrujou** o portão de ferro. A chave **enferrujou**.* [Sinôn.: *oxidar*.]

enfiar (en-fi-ar) *verbo* **1** Passar um fio por um orifício. *A costureira **enfia** a linha na agulha com muita facilidade.* **2** Colocar uma roupa ou calçar um sapato. *Filipe **enfiou** a camisa pela cabeça e correu para brincar.* **3** Empurrar alguma coisa para dentro de outra. *Luísa **enfiou** a chave na fechadura.*

enfim (en-fim) *advérbio* O que **enfim** aconteceu demorou muito para acontecer. *Os convites **enfim** chegaram. Até que **enfim** você trouxe os livros.*

enfraquecer (en-fra-que-cer) *verbo* Se algo ou alguém **enfraquece**, perde a força. *O fogo **enfraqueceu** aos poucos. A doença **enfraqueceu** o atleta.* [Antôn.: *fortalecer*.]

enfrentar (en-fren-tar) *verbo* **1** Quando você **enfrenta** um problema, um inimigo, você resolve o que precisa, sem fugir, adiar ou evitar o contato. [Sinôn.: *encarar*.] **2** Competir com um time ou atleta. *O Brasil **enfrentou** a Espanha hoje.*

enfurecer (en-fu-re-cer) *verbo* Deixar alguém muito furioso, zangado. *Sua atitude infantil vai **enfurecer** o chefe.* [Sinôn.: *irritar*. Antôn.: *acalmar*.]

enganar (en-ga-nar) *verbo* **1** Fazer alguém acreditar numa coisa que não é verdade. *O mágico nos **enganou** com seus truques.* **2** **Enganar**-se também é não querer aceitar a verdade. *Jorge se **engana** pensando que vai se livrar do castigo.* **3** **Enganar**-se é cometer um erro. *O Mauro **enganou**-se nessa conta.* [Sinôn. para 1 e 2: *iludir*.]

engano (en-ga-no) *subst.masc.* **1** Erro cometido por alguém ou por nós mesmos. *O resultado dessa soma tem um **engano**.* [Antôn.: *acerto*.] **2** Fato de nos enganarmos. *Pensar que a Leda vinha aqui foi um **engano**.*

engarrafamento ► (en-gar-ra-fa-men-to) *subst. masc.* **1** Situação em que, por haver veículos em excesso nas pistas, avenidas etc., o trânsito para ou fica muito lento. *O **engarrafamento** começou na saída do túnel.* ☛ Ver ilustração na p. 484. **2** **Engarrafamento** também é o que se faz quando se coloca algo dentro de uma garrafa. ~ **engarrafar** *verbo*

engasgar (en-gas-gar) *verbo* **1** Quando você se **engasga**, a comida ou a saliva fica presa na sua garganta e você não consegue respirar bem. **2** Uma máquina **engasga** quando não funciona bem ou algo fica preso nela. *O motor do carro está **engasgando**. O papel **engasgou** na impressora.*

engatar (en-ga-tar) *verbo* Ligar duas coisas, prendendo por um gancho, por uma peça para encaixar etc. *O funcionário **engatou** os vagões do trem.*

engatinhar (en-ga-ti-nhar) *verbo* Quando o bebê **engatinha**, ele se move apoiado nas mãos e nos joelhos.

engenharia (en-ge-nha-ri-a) *subst.fem.* Conjunto de conhecimentos usado para planejar e construir prédios, máquinas, estradas etc. e para explorar os recursos da natureza. ~ **engenheiro** *subst.masc.*

engenho (en-ge-nho) *subst.masc.* **1** Local onde se fabrica, a partir da cana-de-açúcar, álcool, melado, açúcar etc. **2** Qualquer aparelho ou máquina criados para tornar a vida do homem mais fácil ou confortável. *Este estranho **engenho** serve para limpar vidraças.*

engolir (en-go-lir) *verbo* **1** Quando você **engole**, o que está na sua boca vai para o estômago. *Mastigue bem a comida antes de **engolir**.* **2** Uma pessoa **engole** o choro quando não deixa ele acontecer. **3** **Engolir** também quer dizer aceitar um fato. *Vanessa não **engoliu** a desculpa do namorado.*

engordar (en-gor-dar) *verbo* Uma pessoa ou animal **engorda** quando a gordura do seu corpo aumenta. *Doces e frituras **engordam** muito. Zizi **engordou** dois quilos.* [Antôn.: *emagrecer*.]

O **engarrafamento** tomava todas as pistas.

A B C D E F G H I J K L M N O P Q R S T U V W X Y Z

engordurar (en-gor-du-rar) *verbo* Untar ou sujar de gordura. *O óleo que espirrou da panela **engordurou** o fogão.*

engraçado (en-gra-ça-do) *adj.* O que é **engraçado** nos faz rir. Pessoas também são **engraçadas**. [Antôn.: *sério.*]

engravidar (en-gra-vi-dar) *verbo* Se uma fêmea **engravida**, ela fica grávida.

engraxar (en-gra-xar) *verbo* Passar graxa em algo, para funcionar melhor ou para brilhar. *O mecânico **engraxou** algumas peças do carro. Sérgio **engraxou** o sapato da escola.*

engrenagem ▼ (en-gre-na-gem) *subst.fem.* Conjunto de peças com dentes que ficam encaixadas e fazem um motor ou uma máquina funcionar. [Pl.: *engrenagens.*]

engrenar (en-gre-nar) *verbo* **1** Encaixar os dentes de uma peça nos de outra, para que, quando uma rodar, a outra também gire. **2** Deixar o carro em uma certa marcha. *Quando **engrenamos** a ré, o carro anda para trás.*

enguiçar (en-gui-çar) *verbo* Quando máquinas ou aparelhos quebram, deixam de funcionar ou funcionam mal, eles **enguiçaram**. *Que péssimo lugar para o carro **enguiçar**!*

enigma (e-nig-ma) *subst.masc.* **1** Problema difícil de solucionar. *Na prova de matemática havia dois **enigmas** para resolvermos.* **2** **Enigma** também é um mistério. *A vida daquele rapaz era um **enigma** para todos.* ~ **enigmático** *adj.*

enjoo (en-jo-o) \ôo\ *subst.masc.* Sensação desagradável provocada pela vontade de vomitar. ~ **enjoar** *verbo*

enorme (e-nor-me) *adj.masc.fem.* O que é **enorme** é muito, mas muito grande. *O Brasil é um país **enorme**. A saudade que vovó sentiu foi **enorme**.* [Sinôn.: *imenso*. Antôn.: *mínimo, minúsculo.*]

enquanto (en-quan-to) *conjunção* **1** Se um fato ocorre **enquanto** outro acontece também, os dois acontecem ao mesmo tempo. ***Enquanto** Joana cantava, Bernardo tocava piano.* **2** Também usamos **enquanto** para marcar o tempo de duração de um fato. ***Enquanto** era pequeno, Paulo César não ia à escola sozinho.* **por enquanto** Se uma pessoa não precisa fazer algo **por enquanto**, é porque ela não deve fazer agora, mas pode ser que depois ela precise. *Deixe o carro aberto **por enquanto**. **Por enquanto** não vamos nos preocupar com a volta.*

enrascada (en-ras-ca-da) *subst.fem.* Situação difícil, que traz problemas. *Ao mentir, a criança se meteu numa **enrascada**.*

enredo (en-re-do) \ê\ *subst.masc.* O **enredo** é tudo o que acontece com os personagens ou tudo o que eles fazem em uma história.

enriquecer (en-ri-que-cer) *verbo* **1** Passar a ter muitos bens, dinheiro ou coisas de valor. **2** Ficar melhor, ter mais qualidade. *Ler **enriquece** o vocabulário.* [Antôn. geral: *empobrecer.*]

enrolar (en-ro-lar) *verbo* **1** Ficar com a forma de um rolo ou de uma espiral. *Paulo César **enrolou** o barbante que sobrou. Lílian **enrolou** os cabelos.* [Antôn.: *desenrolar.*] **2** Passar um pano, papel etc. em volta. *O vendedor **enrolou** o pão com papel.* [Sinôn.: *embrulhar.*] **3** *informal* **Enrolar**-se é ficar atrapalhado com alguma coisa. *Sílvia se **enrolou** para cozinhar feijão.* **4** *informal* Agir para enganar os outros. *Não **enrole** seu irmão, conte a verdade!*

enrugar (en-ru-gar) *verbo* **1** Formar rugas. *O rosto do vovô não **enrugou** muito. A mão **enruga** quando ficamos muito tempo na água.* **2** Quando algo **enruga**, fica amassado. *A roupa **enrugou** porque ficou dentro da mala.*

ensaiar (en-sai-ar) *verbo* **1** Repetir muitas vezes um mesmo movimento para melhorá-lo. *O* *time de futebol* ***ensaiou*** *chutes a gol.* **2** Treinar para apresentar uma peça de teatro, um espetáculo etc. *Miguel não pôde* ***ensaiar*** *o discurso de formatura.* **3 Ensaiar** também é experimentar algo para ver se funciona. *Nélson* ***ensaiou*** *uma nova receita.*

ensaio (en-sai-o) *subst.masc.* **Ensaio** é um tipo de teste para melhorar o desempenho de uma pessoa, uma máquina etc. ou para ver como algo funciona. *Fizeram três* ***ensaios*** *antes do* show. *O foguete está em fase de* ***ensaio****.*

enseada (en-se-a-da) *subst.fem.* GEOG Baía pequena, em mares e em rios, que serve de porto a embarcações. ☛ Ver ilustração na p. 488.

ensinar (en-si-nar) *verbo* **1** Passar conhecimentos para alguém que não sabe um assunto, não consegue fazer alguma coisa ou não tem alguma habilidade. *Papai me* ***ensinou*** *a andar de bicicleta. A professora* ***ensinou*** *soma com dois algarismos.* **2** Podemos **ensinar** um animal a fazer algo, treinando muitas vezes isso com ele. *Bianca* ***ensinou*** *o cavalo a saltar.* **3** Dar uma informação a quem não sabe. *O jornaleiro* ***ensinou*** *que rua pegar para chegar ao cinema.* ~ **ensinamento** *subst.masc.*

ensino (en-si-no) *subst.masc.* **1** Troca de conhecimentos entre pessoas para a melhora de sua educação e cultura. *A escola é um estabelecimento de* ***ensino****.* **2** O que é necessário (escola, professores, alunos etc.) para essa troca de experiências. *O* ***ensino*** *público é dever do Estado.* **ensino básico** Conjunto formado pela educação infantil, o ensino fundamental e o ensino médio. **ensino fundamental** Parte do ensino básico que vem depois da educação infantil e dura nove anos, começando com a alfabetização das crianças. O **ensino fundamental** era chamado de "primeiro grau". **ensino médio** Parte do ensino básico que vem depois do ensino fundamental e, em três ou quatro anos de duração, pode dar uma profissão ao jovem ou permitir que ele entre na faculdade. O **ensino médio** era chamado de "segundo grau". **ensino superior** Curso com duração de quatro a seis anos no qual as pessoas que terminaram o ensino médio estudam uma ciência e adquirem uma profissão.

ensopado (en-so-pa-do) *subst.masc.* **1** CUL Prato preparado com legumes e carne picada cozidos dentro de muito molho. *O* ***ensopado*** *de galinha estava uma delícia.* *adj.* **2** Muito molhado. *As crianças estão* ***ensopadas*** *de suor.*

entanto (en-tan-to) *subst.masc.* A palavra **entanto** é mais usada acompanhada de "no". **no entanto** É o mesmo que mas. *Sorvete não é nutritivo,* ***no entanto*** *é gostoso.*

então (en-tão) *advérbio* **1** Usamos **então** para mostrar uma ideia que é consequência natural do que foi dito. *Bárbara não passou filtro solar,* ***então*** *ficará ardendo.* **2 Então** também significa nesse ou naquele momento. *O navio chegou, os tripulantes desceram,* ***então*** *o pirata atacou.* [Sinôn.: *aí*.]

entardecer (en-tar-de-cer) *verbo* **1** Ir a tarde chegando ao fim. ***Entardeceu*** *e esfriou rápido hoje.* *subst.masc.* **2** O fim da tarde. *A artista pintou um lindo* ***entardecer****.*

enteado (en-te-a-do) *subst.masc.* Quando uma pessoa se casa com alguém que já tinha um filho, esse filho é **enteado** dessa pessoa.

entender (en-ten-der) *verbo* **1** Saber com certeza o que está acontecendo ou o que alguém diz. *O bebê ainda não* ***entende*** *nossa fala. Eduardo* ***entendeu*** *a explicação do professor.* **2** Ter um pensamento depois de observar ou analisar. *Como todos saíram,* ***entendeu*** *que era hora de ir embora.* **3** Ter muita habilidade ou experiência em uma tarefa ou atividade. *De futebol papai* ***entende****.* ~ **entendimento** *subst.masc.*

enterrar (en-ter-rar) *verbo* **1** Colocar debaixo da terra. *Os piratas* ***enterraram*** *o tesouro na beira da praia.* [Antôn.: *desenterrar*.] **2** É o mesmo que sepultar. *Ele* ***enterrou*** *o passarinho ao lado da roseira.* **3** Enfiar uma faca, um pedaço de pau etc. bem no fundo de alguma coisa. ***Enterrou*** *o punhal no tronco da árvore.*

enterro (en-ter-ro) \ê\ *subst.masc.* Cerimônia durante a qual um corpo é enterrado. *Muitos amigos compareceram ao* ***enterro****.*

entornar (en-tor-nar) *verbo* **1** Escorrer para fora, por estar cheio demais. *O leite ferveu e* ***entornou****.* **2** Despejar, por querer ou não, um líquido, um pó, grãos etc. ***Entorne*** *aqui nas plantas a água desse balde.* **3** Virar um recipiente, despejando seu conteúdo.

Não vire a lata, senão vai ***entornar*** *o pó de café.* [Sinôn. para 1 e 2: *derramar.*]

entortar (en-tor-tar) *verbo* **1** **Entortar** é ficar torto. *No sol, a tábua* ***entortou.*** **2** Fazer algo sair da posição reta. ***Entortei*** *o galho e fiz um arco. Ao se abaixar,* ***entortou*** *as costas.* [Sinôn.: *curvar.*] **3** Quando você **entorta** os olhos, fica vesgo.

O exercício mandava **entortar** a cabeça.

entrada (en-tra-da) *subst.fem.* **1** Lugar por onde se entra. *As placas indicavam onde era a* ***entrada.*** **2** Bilhete que permite o acesso a determinados locais. *Os idosos pagam meia* ***entrada*** *nos espetáculos.* [Sinôn.: *ingresso.*] **3** Se todos aguardam você passar para dentro de um local, estão aguardando a sua **entrada** nesse local. *Os repórteres fotografaram a* ***entrada*** *dos prisioneiros no tribunal.* **4** Começo, início de alguma coisa ou de uma nova situação. *A temperatura mudou com a* ***entrada*** *da primavera.* **5** Em uma compra à prestação, nome dado à primeira parcela do pagamento. *Dê uma* ***entrada*** *de R$300,00 e pague o resto em três prestações de R$200,00.* **6** Cada uma das palavras, locuções ou nomes listados num dicionário ou enciclopédia. *Este dicionário que você está lendo tem mais de seis mil* ***entradas.*** ☛ Ver *verbete.* **7** HIST No período colonial, no Brasil, nome dado aos grupos autorizados pelo governo português a conquistar e explorar o interior do país. *As expedições das* ***entradas*** *muitas vezes duravam anos.* ☛ Neste sentido, esta palavra é mais usada no plural. [Antôn. para 1 e 3: *saída.*]

entrar (en-trar) *verbo* **1** Ir ou vir para dentro de algum lugar. *O cachorro de Ana Clara não* ***entra*** *em casa.* **2** Se você **entra** para uma escola, um clube ou um grupo, você começa a fazer parte dele. [Antôn. geral: *sair.*]

entre (en-tre) *preposição* O que está **entre** duas ou mais coisas, está no meio delas. *O ônibus chegará* ***entre*** *sete e oito horas. O controle remoto está* ***entre*** *as almofadas.*

entrega (en-tre-ga) *subst.fem.* **1** Quando se deixa uma encomenda ou um objeto com alguém ou em algum lugar, faz-se uma **entrega.** *A* ***entrega*** *da correspondência é feita pelo carteiro.* **2** A coisa que se entrega. *A* ***entrega*** *era bem grande.* **3** Dedicação intensa ou total a uma atividade, tarefa, profissão. *A enfermeira agia com total* ***entrega,*** *nunca deixava o paciente sozinho.*

entregar (en-tre-gar) *verbo* **1** Deixar uma encomenda, ou outro objeto, com alguém ou em algum lugar. *O correio* ***entregou*** *a carta ontem.* **2** Fazer alguém responsável por uma tarefa. *O gerente* ***entregou*** *a tarefa aos auxiliares.* **3** Quem se **entrega** reconhece que perdeu ou que está em desvantagem. *O bandido se* ***entregou.*** **4** **Entregar**-se também é dedicar-se. *A mulher* ***entregou****-se ao trabalho, para esquecer o sofrimento.*

entretanto (en-tre-tan-to) *conjunção* É o mesmo que mas. *A reunião era às nove,* ***entretanto,*** *começou às dez.*

entrevista (en-tre-vis-ta) *subst.fem.* **1** Comentário ou opinião dada a um jornalista para ser apresentada em algum meio de comunicação. *Meu tio deu uma* ***entrevista*** *para o jornal do bairro.* **2** Encontro formal para resolver um assunto. *Meus pais compareceram à escola para uma* ***entrevista*** *com a diretora.* ~ **entrevistar** *verbo*

entrosar (en-tro-sar) *verbo* **1** Acomodar-se aos poucos a um novo ambiente ou situação. *As brincadeiras vão ajudar os novatos a se* ***entrosarem*** *com o grupo.* **2** Fazer com que pessoas se conheçam e se sintam bem umas com as outras. *Amauri é ótimo para* ***entrosar*** *as pessoas nas festas.* ~ **entrosamento** *subst.masc.*

entulho (en-tu-lho) *subst.masc.* **1** Conjunto formado pelo material que resta de uma obra, como pedaços de madeira, de tijolos, pedras etc. **2** Conjunto de coisas que não têm mais utilidade ou valor. *A garagem estava cheia de* ***entulho*** *do antigo proprietário.*

entupir (en-tu-pir) *verbo* Impedir a passagem de algo por um túnel, cano etc. *O vaso sanitário* ***entupiu.***

entusiasmo (en-tu-si-as-mo) *subst.masc.* **1** Grande alegria, felicidade intensa. *Com a vitória, o* ***entusiasmo*** *tomou conta do time.* **2** Animação nas atitudes. *O instrutor lidera seus alunos com* ***entusiasmo***. **3** Grande admiração por algo ou alguém. *Dava gosto de ver o* ***entusiasmo*** *dele pela namorada.* ~ **entusiasmar** *verbo*

enunciado (e-nun-ci-a-do) *subst.masc.* **1** GRAM Palavra ou conjunto de palavras que permite uma comunicação falada ou escrita. **2** Texto da questão de uma avaliação ou trabalho escolar. *O* ***enunciado*** *da questão 1 dizia para marcar as palavras no plural.*

envelhecer (en-ve--lhe-cer) *verbo* Ficar velho ou mais velho, de verdade ou só na aparência. *Minha avó* ***envelheceu*** *muito bonita. O terno* ***envelheceu*** *o menino.* ~ **envelhecimento** *subst.masc.*

envelope ◥ (en-ve-lo-pe) *subst.masc.* Pedaço de papel dobrado, formando um saquinho, que usamos para colocar cartas, documentos e papéis.

envenenar (en-ve-ne-nar) *verbo* **1** Tentar matar dando veneno. *No filme, o rei* ***envenena*** *a rainha.* **2** Colocar veneno em algo. ***Envenenaram*** *a comida do cachorro.* **3** Contaminar com substâncias que fazem mal à saúde. *Produtos químicos* ***envenenaram*** *a água do rio.* ~ **envenenamento** *subst.masc.*

envergonhar (en-ver-go-nhar) *verbo* **1** Você **envergonha** uma pessoa quando a faz sentir vergonha. *Suas atitudes estão* ***envergonhando*** *a escola.* **2** Se alguém ou alguma coisa **envergonha** você, é você quem sente vergonha. *Não me* ***envergonho*** *de usar roupas que foram do meu irmão.*

enviar (en-vi-ar) *verbo* Quem **envia** uma carta, um presente ou qualquer outra coisa faz isso chegar até alguém. *Tiago* ***enviou*** *um cartão de aniversário para a sua prima.* ~ **envio** *subst.masc.*

envolver ► (en-vol-ver) *verbo* **1** Colocar papel, tecido etc. em volta de algo, para cobrir ou proteger. **2** Ficar totalmente à volta de algo. *Gosta de* ***envolver*** *a namorada num abraço.* **3** Ter como parte ou como consequência. *Festa* ***envolve*** *animação.* **4** Ganhar a atenção, afeto, admiração etc. *A beleza da jovem* ***envolveu*** *o rapaz.* **5** Expor alguém a uma situação, geralmente ruim, ou participar dessa situação. *Foi um erro* ***envolver*** *o amigo na fofoca. Não gosto de me* ***envolver*** *em brigas.* ~ **envolvimento** *subst.masc.*

enxada (en-xa-da) *subst.fem.* Ferramenta com uma lâmina presa a um cabo, muito usada para arrancar o capim da terra e para fazer buracos.

enxame (en-xa-me) *subst.masc.* Uma porção de abelhas juntas é um **enxame**.

enxergar (en-xer-gar) *verbo* Perceber pela visão. *Daqui* ***enxergamos*** *toda a floresta.* [Sinôn.: *ver*.]

enxoval (en-xo-val) *subst.masc.* Conjunto de roupas e objetos úteis para recém-nascidos, noivos etc. *Jéssica está com o* ***enxoval*** *de casamento quase todo pronto.* [Pl.: *enxovais*.]

enxugar (en-xu-gar) *verbo* Secar absorvendo a água ou a umidade. *Esta toalha não* ***enxuga*** *bem. A menina* ***enxugou*** *as lágrimas com o lenço.*

enxurrada (en-xur-ra-da) *subst.fem.* **1** Grande volume de águas de chuva. *A força da* ***enxurrada*** *arrastou vários carros.* **2** *informal* Grande quantidade de coisas ou pessoas. *Ganhou uma* ***enxurrada*** *de presentes.*

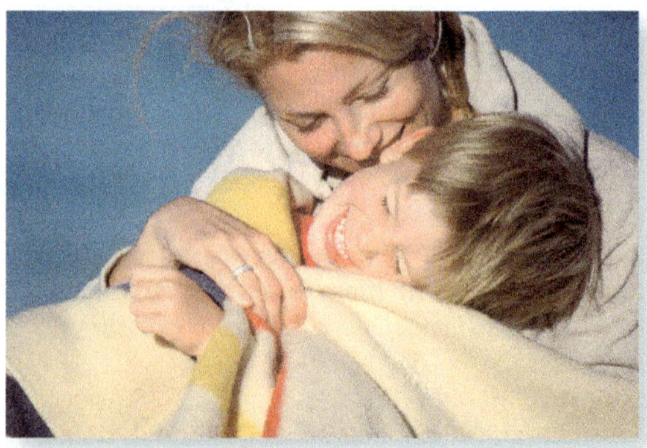

A mãe **envolveu** o filho com o cobertor.

enxuto (en-xu-to) *adj.* **1** Um chão **enxuto** é um chão seco. *Guarde a louça **enxuta** no armário.* **2** *informal* Uma pessoa **enxuta** não é magra nem gorda ou parece mais jovem do que é. *No parque, havia senhores **enxutos** fazendo ginástica.*

eólico (e-ó-li-co) *adj.* O que é **eólico** é movido ou produzido pela ação ou força do vento. *A energia **eólica** move os moinhos da fazenda.*

Mas o que **eólico** tem a ver com vento? A palavra **eólico** vem de Éolo, o deus do vento para os gregos.

---

epa (e-pa) \ê\ *interjeição* Usamos **epa** para mostrar que estamos surpresos ou aborrecidos. ***Epa!** Por que você me xingou?*

epidemia (e-pi-de-mi-a) *subst.fem.* **1** Doença que ataca um grande número de indivíduos de um mesmo lugar e ao mesmo tempo. A **epidemia** se espalha rapidamente. *A aids é uma **epidemia** em vários países.* **2** Quando o número de pessoas com uma doença aumenta muito, dizemos que há uma **epidemia**. *O país viveu uma **epidemia** de dengue.*

episódio (e-pi-só-dio) *subst.masc.* **1** Capítulo de um seriado, uma novela etc. *A emissora vai exibir os três últimos **episódios** num dia só.* **2** Um fato importante, uma aventura, uma situação diferente é um **episódio**. *A viagem foi boa, mas o melhor foi o **episódio** da cobra comendo o rato.*

época (é-po-ca) *subst.fem.* Determinado período de tempo, que se está vivendo agora, que já passou ou que virá. *Na **época** dos meus bisavós, não existia geladeira. Ilma sempre compra as frutas da **época**.*

equação (e-qua-ção) *subst.fem.* MAT Igualdade entre duas expressões matemáticas. [Pl.: *equações*.]

equador (e-qua-dor) \ô\ *subst.masc.* GEOG Círculo imaginário em torno da Terra que a divide em dois hemisférios, o Sul e o Norte. ☛ Não confundir com **Equador**, país da América do Sul. Ver ilustração na p. 482.

equilíbrio (e-qui-lí-brio) *subst.masc.* **1** Quando os dois lados de uma balança estão no mesmo nível, há **equilíbrio**. **2** Qualquer coisa está em **equilíbrio** quando fica firme e estável em cima de outra coisa que se mexe. *É preciso ter **equilíbrio** para andar de bicicleta.* **3** Quando coisas diferentes ficam juntas e estão em harmonia, há **equilíbrio** entre elas. *As cores da parede e das cortinas estão em perfeito **equilíbrio**.* **4** Têm **equilíbrio** as pessoas capazes de dar opiniões acertadas, de julgar e agir de modo correto e racional. ~ **equilibrar** *verbo*

equilibrista ► (e-qui-li-bris-ta) *subst. masc.fem.* Artista que faz apresentações se equilibrando em corda, bicicleta, arame etc. ☛ Esta palavra pode ser usada como adj.: *menina **equilibrista**, rapaz **equilibrista**.*

equino (e-qui-no) \qüi\ *adj.* **Equino** quer dizer relativo a cavalo e também a zebra e jumento. ☛ Esta palavra pode ser usada como subst.: *Alguns **equinos** são usados para montar.*

equipamento (e-qui-pa-men-to) *subst.masc.* Conjunto de peças ou materiais necessários para realizar um trabalho ou para exercer uma profissão, como, por exemplo, **equipamento** de mergulho, **equipamento** médico etc.

equipe (e-qui-pe) *subst.fem.* É o mesmo que time.

equivalente (e-qui-va-len-te) *adj.masc.fem.* Uma coisa é **equivalente** a outra quando elas têm valores ou qualidades iguais. *Uma moeda de um real é **equivalente** a duas moedas de cinquenta centavos.* ~ **equivalência** *subst.fem.* **equivaler** *verbo*

equívoco (e-quí-vo-co) *subst.masc.* Situação em que houve um erro ou engano. *A briga foi um **equívoco**.*

era (e-ra) *subst.fem.* Período de tempo marcado por um fato ou uma característica considerada importante. *Os dinossauros desapareceram na **era** do gelo. O Brasil entrou na **era** do celular.* ☛ Não confundir com *hera*.

erguer (er-guer) *verbo* **1** Mover de baixo para cima, colocar num lugar alto. *Quem quer falar* *precisa **erguer** o braço. **Ergui** os olhos para ver melhor.* **2** Colocar na posição vertical. ***Erga** a cabeça e vá em frente.* [Sinôn.: *levantar*.] **3** Construir prédio, casa etc. **4** **Erguer** a voz é falar mais alto, mais forte. **5** Aparecer, surgir. *O Sol se **erguia** por trás da montanha.* [Sinôn. geral: *elevar*. Antôn. geral: *abaixar*.]

erosão ▼ (e-ro-são) *subst.fem.* Modificação do solo pela ação do vento, da chuva, dos movimentos dos mares ou das geleiras. Na **erosão**, a camada superficial do solo vai sendo removida, deixando-o mais duro e pobre. *A vegetação protege o solo contra a **erosão**.* [Pl.: *erosões*.] ☛ Ver ilustração na p. 490.

errado (er-ra-do) *adj.* O que é **errado** não está ou não é como deveria ser realmente. Também é **errado** o que não está do jeito que você queria. *Viviane pegou o ônibus **errado**. Amir usou a ferramenta **errada** para consertar a máquina. Papai nunca me dá o presente **errado**.* [Antôn.: *certo, correto*.]

errar (er-rar) *verbo* Quem **erra** não age como se espera ou como é correto agir. *Sebastião **errou** na quantidade de feijão para cozinhar. Paulo César **errou** ao discutir com Nanda.* [Antôn.: *acertar*.]

erro (er-ro) \ê\ *subst.masc.* A gente chama de **erro** o que não é certo. Há muitos tipos de **erro**. Se você fizer mal uma conta, o resultado será um **erro**. Se você pensa que é verdade uma coisa que não é, também é um **erro**. *Brigar com os amigos por bobagem é um **erro**. Houve um **erro** na soma dos votos.*

erupção (e-rup-ção) *subst.fem.* **1** Aparecimento repentino de bolhas ou espinhas na pele. *Uma alimentação com pouca gordura evita a **erupção** de espinhas.* **2** Jato de lavas expelidas por um vulcão. *A **erupção** do vulcão destruiu parte da cidade.* [Pl.: *erupções*.]

erva (er-va) *subst.fem.* Planta sem caule que se reproduz através de sementes. Há **ervas** medicinais e **ervas** que são usadas para dar sabor e aroma aos alimentos. **erva daninha** Erva que nasce sem ter sido semeada e se espalha pela plantação, prejudicando o desenvolvimento das outras plantas.

erva-doce (er-va - do-ce) *subst.fem.* Erva muito cheirosa, formada por ramos finos e pequenas flores amarelas. Podemos usar a **erva-doce** para fazer chá e também em bolos e pães. [Sinôn.: *funcho*. Pl.: *ervas-doces*.]

erva-mate (er-va - ma-te) *subst.fem.* Árvore de onde são tiradas as folhas que vão ser torradas para se preparar chá e chimarrão. Também se diz apenas mate. [Pl.: *ervas-mates, ervas-mate*.]

ervilha (er-vi-lha) *subst.fem.* Vegetal em forma de vagem, muito usado na alimentação. Dentro de cada vagem há sementes redondas e verdes que também são chamadas de **ervilhas**.

esbanjar (es-ban-jar) *verbo* Gastar mal e sem controle. *O dono **esbanjou** dinheiro e a empresa foi à falência.* [Sinôn.: *desperdiçar*. Antôn.: *economizar*.]

esbarrar (es-bar-rar) *verbo* Encostar ou bater, geralmente sem querer. *Ana tropeçou e **esbarrou** no jarro.*

esbelto (es-bel-to) *adj.* Uma pessoa **esbelta** é alta e magra. *O vestido longo deixou a moça mais **esbelta**.*

esboço ▼ (es-bo-ço) \ô\ *subst.masc.* **1** Conjunto dos traços iniciais de um desenho, uma pintura, uma escultura etc. **2** Estado inicial de qualquer trabalho. *Elaine só apresentou o **esboço** do projeto.* **3** Quando uma ação se interrompe logo no início, acontece apenas um **esboço** dessa ação. *Percebemos um **esboço** de sorriso em Lúcia.* ~ **esboçar** *verbo*

Esboço de uma pintura.

escada (es-*ca*-da) *subst.fem.* Série de degraus por onde se pode subir ou descer. **escada rolante** Escada em que os degraus sobem e descem em movimento contínuo, controlada por um mecanismo elétrico.

escala (es-*ca*-la) *subst.fem.* **1** Série de divisões usada, num instrumento ou num sistema, especialmente para medir ou comparar coisas. *A força de um terremoto é medida numa **escala** chamada Richter. As réguas têm uma **escala** numerada.* **2** MÚS Uma **escala** musical é uma sequência de notas musicais. Essa sequência pode se iniciar a partir de qualquer uma das notas. **3** A **escala** de um mapa ou modelo é a relação entre o tamanho de algo nesse mapa ou modelo e o seu tamanho de verdade no mundo. **4** A **escala** de uma coisa é o seu tamanho ou proporção. *Não se pode deixar de considerar a **escala** desse problema.* **5** Local de parada de avião, navio etc. para embarque ou desembarque de passageiros ou carga. *Foram para Fortaleza num voo sem **escalas**.*

escalar (es-ca-*lar*) *verbo* **1** Subir uma montanha ou um monte alto. *Os amigos de Iara já **escalaram** várias vezes a Pedra da Gávea.* **2** Indicar alguém para uma tarefa ou uma atividade. *Alexandre foi **escalado** para trabalhar na cantina.* **3** Escolher pessoas ou grupos para formar uma equipe. *O diretor já **escalou** os atores da próxima novela.* ~ **escalação** *subst.fem.* **escalada** *subst.fem.*

escama (es-*ca*-ma) *subst.fem.* BIO Cada uma das placas duras e pequenas que cobre o corpo de alguns peixes e répteis.

escândalo (es-*cân*-da-lo) *subst.masc.* **1** Tudo o que é contra as regras morais, sociais ou religiosas ou ofende os sentimentos das pessoas. *A mentira do presidente é um grande **escândalo**. A miséria do povo é um **escândalo**.* **2** Comportamento agressivo e barulhento, geralmente para reclamar. *A atriz fez um **escândalo** porque não a deixaram entrar.* **3** Tudo que chama uma atenção exagerada. *As roupas da modelo eram um **escândalo**.*

escanear (es-ca-ne-*ar*) *verbo* INF Transformar um texto, foto etc. em um documento digital. Para **escanear** se usa o escâner.

escâner (es-*câ*-ner) *subst.masc.* INF Aparelho que transforma imagens impressas em imagens digitalizadas, ou seja, copia do papel para o computador. [Pl.: *escâneres*.]

escanteio (es-can-*tei*-o) *subst.masc.* **1** No futebol, falta em que um jogador lança a bola para fora do campo pela linha de fundo defendida por sua equipe. *O jogador tentou disfarçar, mas o juiz marcou **escanteio**.* **2** **Escanteio** também é o nome que se dá à cobrança dessa falta. *Lúcio fez um lindo gol de **escanteio**.*

escapar (es-ca-*par*) *verbo* **1** Ficar livre de uma situação perigosa, desagradável etc. *Luísa **escapou** da festa surpresa. Os insetos não **escapam** da teia da aranha.* **2** Não ser percebido, ficar de fora. *Algumas pistas **escaparam** à investigação policial.* **3** Sair ou soltar-se por acidente. *O prato **escapou** da mão e caiu no chão. O gás **escapava** pelo furo no cano.*

escarola (es-ca-*ro*-la) *subst.fem.* Verdura de sabor meio amargo, com folhas alongadas e de bordas onduladas.

escavar (es-ca-*var*) *verbo* Fazer cova ou buraco em terra, madeira etc. *Os trabalhadores **escavaram** o quintal da casa para construir uma piscina.*

esclarecer (es-cla-re-*cer*) *verbo* **1** Tornar claro, sem dúvidas. *Agora que **esclarecemos** o problema, vamos resolvê-lo.* **2** Obter informações, instruções sobre algo. *O senhor poderia me **esclarecer** como chego na estação do metrô?* ~ **esclarecimento** *subst.masc.*

escoar (es-co-*ar*) *verbo* **1** Quando um líquido **escoa**, ele escorre aos poucos. *O esgoto **escoava** para a calçada.* **2** **Escoar** mercadorias é permitir que elas sejam vendidas ou levadas para outro lugar. *O porto de Tubarão é usado para **escoar** minérios.* ~ **escoamento** *subst.masc.*

escola (es-*co*-la) *subst.fem.* **1** Local onde pessoas estudam, no ensino fundamental ou médio. Na **escola**, aprendemos a ler e a escrever e também aprendemos várias matérias, como matemática, história, ciências. [Sinôn.: *colégio*.] **2** Existem também **escolas** que ensinam técnicas, artes, atividades especiais. *Lara matriculou-se na **escola** de dança e João na **escola** de desenho.* **escola de samba** Conjunto de pessoas que promove um desfile durante o carnaval, ao som de um samba e de bateria.

escolar (es-co-lar) *adj.masc.fem.* **Escolar** quer dizer relacionado à escola, pode ser o material, a merenda, a matéria, o horário etc. *O ônibus* ***escolar*** *passa às dez horas.* [Pl.: *escolares.*]

escolha (es-co-lha) \ô\ *subst.fem.* Quando preferimos alguma coisa que está entre outras, fazemos uma **escolha**. *A* ***escolha*** *do material para a obra depende do que se quer fazer.*

escolher (es-co-lher) *verbo* Mostrar que prefere uma pessoa, uma situação, um objeto etc. e, por isso, dispensa todos os outros. *Vovô* ***escolheu*** *viver no campo.*

escolta (es-col-ta) *subst.fem.* Grupo de pessoas ou de veículos responsável por acompanhar e proteger uma pessoa ou alguma coisa muito valiosa. *Vários carros faziam a* ***escolta*** *do presidente.*

esconder (es-con-der) *verbo* **1** **Esconder** é colocar algo ou alguém em um lugar onde as pessoas não conseguem ver ou têm dificuldade para achar. *Alexandre* ***escondeu*** *o dinheiro dentro de um livro. Joaquim* ***escondeu****-se atrás da cortina.* **2** Se você **esconde** o que você sente ou pensa, você faz disso um segredo. *Alberto* ***escondeu*** *seu amor por Fabíola durante meses.* [Sinôn. geral: *ocultar.*]

esconderijo (es-con-de-ri-jo) *subst.masc.* Lugar secreto onde se pode esconder pessoas ou coisas. *Quando saio para a escola deixo a chave num* ***esconderijo****.*

escorar (es-co-rar) *verbo* **1** Colocar tábuas, hastes etc. para apoiar o que não se sustenta sozinho. *O pedreiro* ***escorou*** *o muro rachado.* **2** Apoiar quem vai cair para lhe dar equilíbrio. *O menino* ***escorou*** *a senhora que ficou tonta. Nena precisou* ***escorar****-se na parede para continuar de pé.*

escorpião (es-cor-pi-ão) *subst.masc.* Pequeno animal que tem uma cauda comprida e curvada, com um ferrão venenoso na ponta, e duas patas dianteiras que se parecem com pinças. O **escorpião** é invertebrado e vive em lugares secos. [Pl.: *escorpiões.*]

escorregador (es-cor-re-ga-dor) \ô\ *subst.masc.* Brinquedo feito por uma escada que leva a uma superfície lisa e inclinada, por onde as pessoas deslizam até o chão. [Pl.: *escorregadores.*]

escorregar (es-cor-re-gar) *verbo* **1** Mover-se sobre uma superfície, sem perder o contato com ela. Podemos **escorregar** sem querer ou de propósito. *Solange não viu a poça e* ***escorregou****, felizmente não caiu.* **2** Provocar esse movimento. *Esse piso* ***escorrega*** *muito.*

escorrer (es-cor-rer) *verbo* **1** Retirar o líquido de algo, deixando-o correr para fora aos poucos. *A cozinheira* ***escorreu*** *o macarrão.* **2** O líquido **escorre** quando sai de um lugar aos poucos ou corre por uma superfície. *O suor* ***escorria*** *pelo rosto do atleta.*

escoteiro (es-co-tei-ro) *subst.masc.* Pessoa que integra uma organização que realiza atividades, geralmente ao ar livre e em excursões, para desenvolver a responsabilidade, a solidariedade, o respeito ao próximo etc. em jovens e crianças. *Um grupo de* ***escoteiros*** *ajudou na coleta de alimentos.*

escotilha ▼ (es-co-ti-lha) *subst.fem.* Abertura em uma embarcação que serve para a entrada de luz, água, pessoas ou carga.

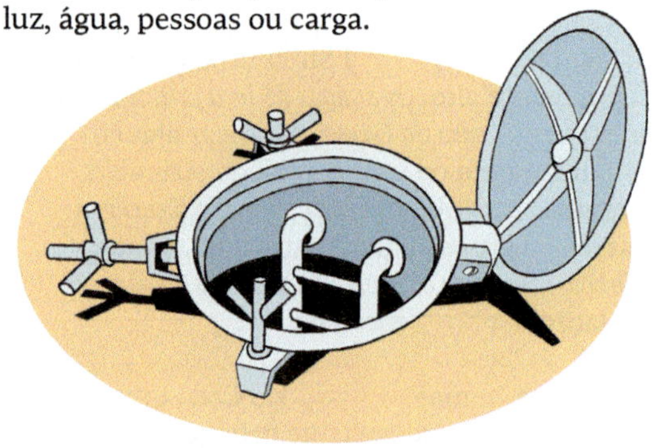

escova (es-co-va) \ô\ *subst.fem.* Utensílio com cabo e pelos ou fios flexíveis, usado para pentear, limpar, alisar etc. *Esqueci a minha* ***escova*** *de cabelo na mochila.*

escovar (es-co-var) *verbo* Passar a escova várias vezes, para limpar, alisar, dar brilho etc. *É importante* ***escovar*** *os dentes após as refeições. Depois de passar a graxa,* ***escove*** *o sapato.*

escravidão (es-cra-vi-dão) *subst.fem.* **Escravidão** é o nome que se dá à situação em que o escravo vive. [Pl.: *escravidões.*]

escravo (es-cra-vo) *subst.masc.* Pessoa que trabalha sem receber um salário. O **escravo** não tem liberdade para fazer as coisas e possui um dono para quem ele trabalha. ☛ Esta palavra pode ser usada como adj.: *trabalho **escravo***.

escrever (es-cre-ver) *verbo* **1** Representar um pensamento, uma ideia etc. por sinais gráficos, como letras e números. *Regina já sabe **escrever** o nome.* **2** Criar uma obra escrita, um livro, um trabalho, um artigo etc. *José sempre teve jeito para **escrever**. Em dois anos, **escreveu** dois romances.* [Sinôn.: *redigir*.] **3** Enviar um bilhete, uma carta, um cartão-postal etc. *Toda semana Carolina **escreve** aos pais.*

escrita (es-cri-ta) *subst.fem.* **1** Representação do pensamento e de palavras por meio de sinais gráficos, como letras e números. *A **escrita** é uma capacidade humana.* **2** Conjunto de símbolos ou sinais gráficos que constituem uma forma de comunicação. *Os primos criaram uma **escrita** especial para se comunicar.* **3** Técnica de escrever. *Todos os dias fazemos atividades de leitura e de **escrita**.*

escritor (es-cri-tor) \ô\ *subst.masc.* Pessoa que escreve livro, peça de teatro, poesia, artigo etc. *Ziraldo é um famoso **escritor** brasileiro.* [Pl.: *escritores*.]

escritório (es-cri-tó-rio) *subst.masc.* **1** Local de uma casa usado para atividades como leitura, estudo etc. *Mamãe transformou um dos quartos da casa em **escritório**.* [Sinôn.: *gabinete*.] **2** Sala ou conjunto de salas comerciais onde clientes são atendidos, negócios são fechados etc. *O **escritório** do advogado é no centro da cidade.*

escudo ▶ (es-cu-do) *subst.masc.* Arma de defesa composta por uma peça larga, geralmente de metal, presa à mão ou ao braço, que protege o corpo contra golpes, lanças, flechas etc.

esculpir (es-cul-pir) *verbo* **1** Gravar figura, desenho, enfeite etc. em um material sólido, como pedra ou madeira. *O artista **esculpiu** um rosto no mármore.* **2** Fazer obras de arte desse tipo como profissão.

escultura (es-cul-tu-ra) *subst.fem.* Obra de arte trabalhada em madeira, pedra, mármore etc. que representa figuras em três dimensões. *Muitas **esculturas** de Aleijadinho se encontram em Congonhas do Campo, em Minas Gerais.* ~ **escultor** *subst.masc.*

escurecer (es-cu-re-cer) *verbo* **1** Deixar escuro, com pouca ou nenhuma luz. *Beto **escureceu** o quarto para as crianças dormirem.* **2** O céu **escurece** quando a noite chega ou, às vezes, quando vai chover. ***Escureceu** cedo hoje. A tarde **escureceu** e o temporal desabou.* **3** **Escurecer** também é deixar mais escuro. *Iara **escureceu** os cabelos.* [Antôn. geral: *clarear*.]

escuridão (es-cu-ri-dão) *subst.fem.* Total falta de luz. *A estrada à noite fica na maior **escuridão**.* [Pl.: *escuridões*.]

escuro (es-cu-ro) *subst.masc.* **1** Lugar com pouca ou nenhuma luz. *Até hoje tenho medo de **escuro**.* *adj.* **2** Um lugar **escuro** é um lugar com pouca ou nenhuma luz. *Passei por uma rua **escura** e com buracos.* **3** Uma cor **escura** é uma cor que se aproxima da cor negra. *Eles só usam ternos **escuros**.* [Antôn. para 2 e 3: *claro*.]

escutar (es-cu-tar) *verbo* **1** Perceber sons pelos ouvidos. *O detetive **escutou** alguém se aproximar.* **2** Ficar atento, concentrado no que ouve. *Mesmo cercada de barulhos, Amanda só **escutava** o mar.* **3** Dar atenção a pedidos, queixas, conselhos etc. [Sinôn. para 1 e 3: *ouvir*.]

esfera (es-fe-ra) *subst.fem.* MAT Sólido de forma completamente redonda, como a de uma bola, em que todos os pontos da superfície têm a mesma distância do centro. ☛ Ver ilustração na p. 498.

esfirra (es-fir-ra) *subst.fem.* CUL Massa assada, de forma triangular ou redonda, e recheada ou coberta com carne moída, queijo, frango etc.

esfolar (es-fo-lar) *verbo* **1** Machucar apenas a superfície da pele. *Quando Damião caiu, **esfolou** as mãos e os joelhos.* **2** Tirar a pele ou o couro de um animal. ***Esfolaram** o boi e deixaram o couro secando.*

esfomeado (es-fo-me-a-do) *adj.* Uma pessoa **esfomeada** é uma pessoa que sente muita fome. [Sinôn.: *faminto*.]

esforçar (es-for-çar) *verbo* Quem se **esforça** faz o máximo que pode para cumprir uma tarefa, realizar uma atividade etc.

esforço (es-for-ço) \ô\ *subst.masc.* Aumento da força ou do empenho para realizar uma tarefa, uma atividade, geralmente difícil. *O menino ergueu a mala com muito **esforço**. Leila passou de ano por seu **esforço**.*

esfregar (es-fre-gar) *verbo* Passar um objeto sobre outro várias vezes, estando os dois ou só um deles em movimento. Podemos **esfregar** algo para limpar, para produzir calor etc. *Nélson **esfregou** o chão com vassoura. Como estava frio, Murilo **esfregava** as mãos.*

esfriar (es-fri-ar) *verbo* Ficar frio. *A babá sopra a colher para **esfriar** a sopa do neném. O tempo **esfriou**.*

esganar (es-ga-nar) *verbo* **1** Apertar o pescoço de uma pessoa até ela parar de respirar. **2** *informal* Quando estamos muito chateados com quem fez besteira, dizemos de brincadeira que vamos **esganar** essa pessoa.

esgoto (es-go-to) \ô\ *subst.masc.* **1** Cano ou abertura por onde líquidos são escoados. **2** Sistema subterrâneo de canos e tubos que recebe as águas das chuvas e as águas sujas vindas dos banheiros e cozinhas dos edifícios, casas etc. e as envia para locais de tratamento.

esguicho ► (es-gui-cho) *subst. masc.* Jato de água ou de um líquido qualquer. *O palhaço soltava **esguichos** de água sobre a plateia.*

esmagar (es-ma-gar) *verbo* **1** Apertar, espremer ou bater em uma coisa até ela ficar achatada, perder a forma ou arrebentar. *É preciso **esmagar** a uva para fazer vinho.* **2** *informal* Conseguir grande vitória ou vantagem sobre o inimigo ou o adversário. *Nosso time **esmagou** o da outra escola.*

esmalte (es-mal-te) *subst.masc.* **1** Substância líquida, transparente ou colorida, que, depois de ser aplicada e estar seca, deixa um aspecto brilhante. Costuma-se passar **esmalte** em peças de porcelana, nas unhas etc. **2** Também é **esmalte** a camada que cobre os dentes.

esmeralda (es-me-ral-da) *subst.fem.* Pedra preciosa de cor verde e de grande valor comercial.

esmola (es-mo-la) *subst.fem.* Tudo o que damos aos pobres para ajudá-los. *Ninguém deveria precisar de **esmola** para viver.* [Sinôn.: *caridade*.]

esôfago (e-sô-fa-go) *subst.masc.* ANAT Canal que conduz a comida da faringe até o estômago.

esotérico (e-so-té-ri-co) *adj.* **1** Um acontecimento **esotérico** é resultado de fatos sobrenaturais. **2** Dizemos que uma pessoa é **esotérica** quando ela acredita em fatos sobrenaturais. ~ **esoterismo** *subst.masc.*

espacial (es-pa-ci-al) *adj.masc.fem.* **1** **Espacial** está relacionado ao espaço. Uma nave **espacial** viaja pelo espaço. Uma viagem **espacial** é uma viagem pelo espaço. **2** Se você tem boa noção **espacial**, você sabe se localizar bem no espaço, ou sabe distribuir e organizar um espaço. [Pl.: *espaciais*.]

espaço (es-pa-ço) *subst.masc.* **1** Área vazia que pode ser ocupada por algo. *Há **espaço** suficiente para colocar a estante.* **2** Área em volta da atmosfera terrestre, onde estão o sistema solar, as galáxias, as estrelas e todos os corpos celestes. *Gosto de ler gibis de aventuras no **espaço**.* [Sinôn.: *universo*.] **3** Intervalo de tempo. *As equipes terão um **espaço** de duas horas para fazer as tarefas.*

espada (es-pa-da) *subst.fem.* **1** Arma com uma lâmina comprida e pontuda que pode estar afiada de um ou dos dois lados. **espadas** *subst. fem.pl.* **2** **Espadas** é o nome da figura preta que lembra a ponta de uma lança, desenhada nas cartas do baralho. ☛ Ver ilustração de *baralho*.

espalhar (es-pa-lhar) *verbo* **1** Se uma multidão se **espalha**, as pessoas caminham em direções diferentes, distanciando-se. Podemos também **espalhar** coisas. *Neusa **espalhou** os brinquedos pelo chão.* **2** Quando uma notícia, um medo ou uma doença se **espalham**, eles se tornam públicos ou atingem várias pessoas.

espancar (es-pan-car) *verbo* Dar pancadas para machucar. *Não devemos **espancar** ninguém.*

espanhol (es-pa-nhol) *subst.masc.* **1** Pessoa que nasceu na Espanha. **2** Língua falada na Espanha, no México, na Argentina, em Cuba e outros países nas Américas Central e do Sul. *adj.* **3 Espanhol** quer dizer relacionado à Espanha. A dança **espanhola** tem origem na Espanha. [Pl.: *espanhóis.*]

espantalho ▼ (es-pan-ta-lho) *subst.masc.* Objeto, geralmente um boneco, feito de palha, pano e madeira, que serve para espantar aves que atacam plantações.

espantar (es-pan-tar) *verbo* **1** Assustar alguém, fazer alguém sentir medo. *O homem vestido de sapo **espantou** as crianças.* **2** Impressionar ou despertar admiração, assombro. *A aula sobre viagens espaciais **espantou** a classe.* **3** Fazer com que fuja. *Laura **espantou** as galinhas com a vassoura.*

espanto (es-pan-to) *subst.masc.* **1** Reação a alguma coisa que causa medo, susto. *Vocês viram a cara de **espanto** da Ilma quando a árvore caiu?* **2** Reação a alguma coisa inesperada. *O sucesso de Jane causou **espanto**.* **3** Sentimento de admiração, surpresa, encantamento. *Foi um **espanto** ver o tamanho da baleia.* ~ **espantoso** *adj.*

esparadrapo (es-pa-ra-dra-po) *subst.masc.* Tira adesiva usada em curativos.

especial (es-pe-ci-al) *adj.masc.fem.* **1** Um tratamento **especial** é um tratamento específico para um determinado caso. *O hospital tem um cuidado **especial** com os idosos. Algumas pessoas têm necessidades **especiais**.* **2** Exclusivo para alguém ou para um grupo. *Os sócios do clube têm lugares **especiais** no estádio.* **3** Algo **especial** é algo único ou de excelente qualidade. *Comprei um presente **especial** para minha mãe.* **em especial** É o mesmo que principalmente. [Pl.: *especiais.*]

especialidade (es-pe-ci-a-li-da-de) *subst.fem.* **1** Característica do que é especial, do que é feito com capricho. *Fazer bagunça é a sua **especialidade**.* **2** Ramo da profissão. *Sou dentista e minha **especialidade** é cirurgia.* **3** Produto típico ou característico de um local, de uma região. *O doce de leite é **especialidade** da cidade.*

especialista (es-pe-ci-a-lis-ta) *subst.masc.fem.* **1** Pessoa que é muito boa no que faz. *Minha vizinha é **especialista** em reuniões de condomínio.* **2** Profissional que se dedica a uma especialidade. *Procuramos um bom **especialista** em eletricidade.*

especialmente (es-pe-ci-al-men-te) *advérbio* **1** De um jeito especial, diferente. *A caçula é **especialmente** bonita.* **2** É o mesmo que principalmente. *A máquina faz várias coisas, **especialmente** cortar alimentos.*

especiaria (es-pe-ci-a-ri-a) *subst.fem.* Erva, semente ou planta usada como tempero. A canela, a pimenta-do-reino e o cravo são **especiarias** muito apreciadas, tanto pelos seus sabores, quanto pelos seus perfumes.

espécie (es-pé-cie) *subst.fem.* **1** O que apresenta as características comuns dos elementos de um grupo. *Os telefones dessa **espécie** são de ótima qualidade.* [Sinôn.: *tipo.*] **2** Grupo formado por elementos que têm uma ou mais características em comum. *Cientistas descobriram uma nova **espécie** animal. Punhal e espada são armas da mesma **espécie**.*

específico (es-pe-cí-fi-co) *adj.* **1** Exclusivo de uma espécie. *Latir é uma característica **específica** dos cães.* **2** O que é **específico** também tem um uso exclusivo ou pertence apenas a uma pessoa, uma situação. *Esse modelo de bolsa é **específico** para quem carrega muitos livros.*

espectador (es-pec-ta-dor) \ô\ *subst.masc.* **1** Pessoa que assiste a um espetáculo, filme, peça etc. *Os **espectadores** aplaudiram o espetáculo de pé.* **2** Quem está presente na hora em que algo acontece. *Os **espectadores** do acidente ficaram muito nervosos.* [Pl.: *espectadores.*]

A B C D **E** F G H I J K L M N O P Q R S T U V W X Y Z

espelho (es-pe-lho) \ê\ *subst.masc.* **1** Superfície lisa e brilhante, que reflete a luz e a imagem das pessoas e dos objetos. *As paredes da portaria foram cobertas por **espelhos**.* **2** Quando seguimos o exemplo de alguém que admiramos, usamos essa pessoa como um **espelho**. *Os bons professores que minha filha teve foram **espelhos** para ela.*

espera (es-pe-ra) *subst.fem.* **1** Ação de esperar. *Não aguento mais essa **espera**! Fique na sala de **espera**, o médico já vem.* **2** Tempo em que se espera por algo. *A **espera** pelo avião foi curta.*

esperança (es-pe-ran-ça) *subst.fem.* **1** Sentimento de quem espera conseguir determinada coisa. *Ilze tem **esperança** de ficar com aquele vestido.* **2** Sentimento de quem espera que se realize algo que deseja. *Minha **esperança** é que o meu time vença.* **3** Inseto com longas antenas e verde. *Encontramos uma **esperança** na varanda.*

esperar (es-pe-rar) *verbo* **1** Deixar de fazer algo até que aconteça o que deveria acontecer ou apareça alguém que deveria aparecer. *Joana **esperou** o namorado no portão. Sandro **esperou** o ônibus parar e desceu.* [Sinôn.: *aguardar*.] **2** Querer muito ou achar possível que algo aconteça de uma certa maneira. ***Espero** que sua viagem seja boa. Ninguém **esperava** que o time vencesse.* **3** Se algo **espera** por você, ele é seu ou está pronto para você usar. *Uma cama confortável o **espera**.* **4** A mulher que **espera** um filho está grávida.

espermatozoide ◣ (es-per-ma-to-zoi-de) \ói\ *subst.masc.* BIO Célula masculina de reprodução. O **espermatozoide** fecunda o óvulo e dá origem a um novo organismo.

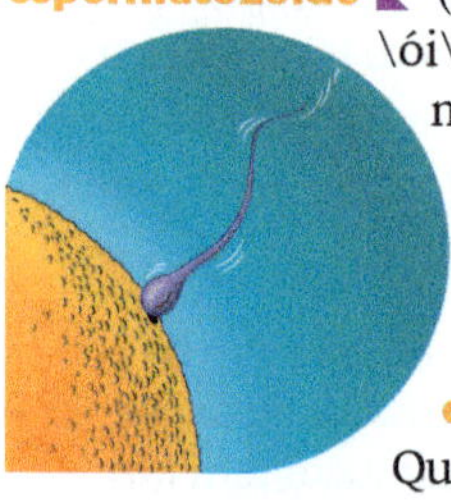

esperto (es-per-to) *adj.* **1** Quem é **esperto** percebe tudo o que acontece à sua volta. *O bebê cresceu, já está mais **esperto**.* **2** Quem é **esperto** também sabe muitas coisas, resolve facilmente um problema, pensa rápido, faz tudo de um jeito certo. *O novo funcionário é bem mais **esperto**.* [Sinôn.: *inteligente*.] ~ **esperteza** *subst.fem.*

espesso (es-pes-so) \ê\ *adj.* **1** Algo **espesso** é algo grosso. *As lentes dos meus óculos são mais **espessas** que as suas.* [Antôn.: *fino*.] **2** **Espesso** também pode significar cremoso ou pastoso. *O molho deveria ter ficado mais **espesso**.* [Antôn.: *ralo*.] ~ **espessura** *subst.fem.*

espetáculo (es-pe-tá-cu-lo) *subst.masc.* **1** Qualquer apresentação pública de teatro, dança, música, circo etc. **2** *informal* Algo que chama a atenção pela beleza ou pelo exagero. *A decisão do campeonato foi um **espetáculo**. O casal falava tão alto que a conversa virou um **espetáculo**.* ~ **espetacular** *adj.masc.fem.*

espetar (es-pe-tar) *verbo* **1** Enfiar ou tocar algo de ponta afiada em alguma coisa. ***Espetei** meu dedo na agulha.* **2** Prender ou pendurar usando alfinete, palito etc. *A secretária **espetou** os avisos no quadro.* **3** Quando um tecido, uma etiqueta etc. ficam incomodando a nossa pele, dizemos que eles **espetam**.

espeto (es-pe-to) \ê\ *subst.masc.* **1** Objeto de ferro ou madeira, comprido e pontudo, usado para assar carnes. *Os **espetos** estão dentro do armário.* **2** Qualquer pau ou ferro reto, longo e de ponta fina. *Use estes **espetos** para prender a toalha na areia.*

espião (es-pi-ão) *subst.masc.* Indivíduo que vigia secretamente alguém ou alguma coisa. *Um **espião** descobriu o plano da outra equipe.* [Pl.: *espiões*. Fem.: *espiã*.] ☛ Esta palavra pode ser usada como adj.: *aluno **espião**.*

espiar (es-pi-ar) *verbo* **1** Observar escondido, em segredo. *Reinaldo **espiava** o irmão para depois dar-lhe um susto.* **2** Olhar, principalmente se for rápido e escondido. *Raul **espiou** o corredor antes de sair do esconderijo.*

espiga (es-pi-ga) *subst.fem.* Parte de certas plantas, como o milho, onde ficam presos os grãos.

espinafre (es-pi-na-fre) *subst.masc.* Hortaliça de folhas largas, muito importante na alimentação por conter bastante nutriente.

espingarda (es-pin-gar-da) *subst.fem.* Arma de fogo de cano longo, usada, por exemplo, para caçar.

espinha (es-pi-nha) *subst.fem.* **1** ANAT É o mesmo que coluna vertebral. **2** Chamamos de **espinha**

principalmente a coluna vertebral e os demais ossos dos peixes. *Esse peixe quase não tem **espinhas**.* **3 Espinhas** também são umas feridinhas que crescem no rosto de algumas pessoas, principalmente em adolescentes. ~ **espinhal** *adj.masc.fem.*

espinho (es-pi-nho) *subst.masc.* **1** Ponta dura e fina que nasce no caule, nos galhos ou até mesmo nas folhas de algumas plantas. **2** Cada um dos pelos duros e pontudos de certos animais, como os ouriços e os porcos-espinhos.

espiral ◄ (es-pi-ral) *subst.fem.* **Espiral** é uma linha curva que se enrola sobre si mesma. A concha de alguns animais tem forma de **espiral**. [Pl.: *espirais*.]

espírita (es-pí-ri-ta) *subst.masc.fem.* REL Quem segue uma religião cristã que acredita que as pessoas nascem muitas vezes, em corpos diferentes, e que os mortos podem se comunicar com os vivos. ☛ Esta palavra pode ser usada como adj.: *religião **espírita**, homem **espírita**.* ~ **espiritismo** *subst.masc.*

espírito (es-pí-ri-to) *subst.masc.* **1** Parte da personalidade de uma pessoa que torna possível ela pensar, criar e entender as coisas. **2** REL Parte imortal do homem. [Sinôn.: *alma*.] **3** Uma característica forte de alguém também é chamada de **espírito**. *Érica tem **espírito** de aventura.* **espírito de porco** Pessoa que atrapalha ou piora uma situação, às vezes de propósito.

espiritual (es-pi-ri-tu-al) *adj.masc.fem.* O que é **espiritual** é relacionado a espírito, religião, crenças etc. e não ao corpo ou à vida na Terra. *Fábio acredita que laços **espirituais** unem as pessoas.* [Pl.: *espirituais*.]

espirrar (es-pir-rar) *verbo* **1** Dar espirros. *Jorge está gripado e **espirrando** muito.* **2** Expelir ou sair com força de um tubo, abertura, vasilha etc. *O cano furado **espirrava** água no quintal. O refrigerante **espirrou** por todos os lados.*

espirro (es-pir-ro) *subst.masc.* **1** Expulsão do ar pelo nariz e pela boca, com força e fazendo ruído. O **espirro** acontece porque algo irrita o organismo. **2 Espirro** também é um jato de líquido. *Um **espirro** de tinta sujou minha blusa.* [Sinôn.: *esguicho*.]

→ O **espirro** é o jeito de o corpo se livrar de sujeiras que irritam o nariz ou pulmões, e pode atingir 150 km/h.

esponja ▼ (es-pon-ja) *subst.fem.* **1** Animal marinho que tem o corpo cheios de poros, por onde circula a água e os alimentos são filtrados. **2** Utensílio de limpeza feito de material flexível, capaz de absorver líquidos e, ao ser espremido, liberá-los. *Coloque menos detergente na **esponja**.*

espontâneo (es-pon-tâ-neo) *adj.* **1** Sem ter sido ensaiado ou planejado. Uma explosão **espontânea** acontece sem ninguém provocá-la. *O discurso do professor foi **espontâneo**.* **2** Se você diz que uma pessoa é **espontânea**, ela fala e age de modo natural, sem planejar tudo antes. ~ **espontaneidade** *subst.fem.*

espora (es-po-ra) *subst.fem.* **1** Espécie de unha muito afiada que fica nas patas de alguns animais. A **espora** do galo, por exemplo, fica na parte de trás dos pés. **2** Peça de metal com uma ou mais pontas, que o cavaleiro prende no calçado e encosta na barriga do cavalo para que ele ande mais rápido.

esporte (es-por-te) *subst.masc.* **1** Atividade física frequente, com treinamento e respeito a regras. *Praticar **esportes** faz bem à saúde.* **2** Um jogo com regras específicas é chamado de **esporte**. *O golfe não é um **esporte** comum no Brasil.* **3** Ocupação que diverte, realizada por prazer. *Clarice cuida de gatos por **esporte**.*

esportivo (es-por-ti-vo) *adj.* **1** O que é **esportivo** está relacionado a esporte. *Dora não pratica atividades **esportivas**.* **2** Dizemos que alguém é **esportivo** ou possui espírito **esportivo** quando tem bom humor e boa disposição.

esposo (es-po-so) \ô\ *subst.masc.* O homem que se casou é o **esposo** da mulher com quem se casou. A mulher que se casou é a **esposa** do homem com quem se casou.

espremer (es-pre-mer) *verbo* **1** Apertar algo para tirar o que está dentro, geralmente suco ou líquido. *Mamãe **espremeu** duas laranjas.* **2** Diminuir os espaços vazios entre as coisas, deixando-as muito juntas. *Sara **espremeu** a letra para caber na linha. Os passageiros se **espremiam** no ônibus.* [Sinôn.: *apertar*.]

espuma (es-pu-ma) *subst.fem.* Conjunto de bolhas formado na superfície de um líquido, quando ele é agitado, fervido ou recebe fermento.

esquadra (es-qua-dra) *subst.fem.* Conjunto de navios de guerra.

esquadrilha (es-qua-dri-lha) *subst.fem.* Grupo de duas ou mais aeronaves, reunidas para realizar uma operação.

esquecer (es-que-cer) *verbo* **1** Não conseguir pensar em algo que já esteve na sua mente ou que você já soube. As pessoas **esquecem** sem querer ou de propósito. *Juliana **esqueceu** onde ficava a rua. Ao se mudar, Ana **esqueceu** os amigos.* [Antôn.: *lembrar*.] **2** Deixar algo ou não levar consigo por distração, pressa etc. *Marcelo **esqueceu** a carteira no táxi.* ~ **esquecimento** *subst.masc.*

esqueleto (es-que-le-to) \ê\ *subst.masc.* ANAT Conjunto de ossos que sustenta o corpo das pessoas e dos outros animais vertebrados. ☛ Ver ilustração na p. 478.

esquema (es-que-ma) *subst.masc.* **1** Quando fazemos um desenho de um objeto ou de um projeto produzimos um **esquema**. *Ilma fez um **esquema** da matéria de geografia para estudar.* **2** **Esquema** também é um plano. *Qual o **esquema** para sairmos daqui?*

esquentar (es-quen-tar) *verbo* **1** Ficar quente. *A temperatura vai **esquentar** no fim de semana.* **2** Deixar quente. *Heloísa dorme de meia para **esquentar** os pés.* [Sinôn.: *aquecer*.] **3** *informal* Ficar ou deixar nervoso. *Patrícia se **esquentou** com a má-criação do irmão.* [Sinôn.: *aborrecer, irritar*.] **4** *informal* Você também pode dizer que uma festa **esquenta** quando ela fica mais animada.

esquerda (es-quer-da) *subst.fem.* **1** A mão esquerda. *Jogue a bola com a **esquerda** e pegue com a direita.* **2** O lado esquerdo. *Vire à **esquerda** depois do semáforo.* [Antôn. geral: *direita*.]

esquerdo (es-quer-do) *adj.* Lado **esquerdo** é o lado do corpo onde fica o coração. *Tomei injeção no braço **esquerdo**.*

esqui (es-qui) *subst.masc.* **1** Prancha estreita que se prende aos pés para deslizar sobre a neve ou a água. **2** ESP Esporte praticado com essas pranchas. *O campeonato de **esqui** aconteceu no Chile.* ☛ Ver ilustração na p. 492.

esquilo (es-qui-lo) *subst.masc.* Pequeno roedor, muito ágil, de olhos grandes e de cauda longa e com muito pelo. O **esquilo** vive nas árvores e se alimenta de sementes e castanhas.

esquimó (es-qui-mó) *subst.masc.fem.* **1** Pessoa que nasceu ou que mora em regiões geladas próximas ao polo Norte. *subst.masc.* **2** Cada uma das línguas faladas pelos **esquimós**. ☛ Esta palavra pode ser usada como adj.: *língua **esquimó**, costumes **esquimós**.*

esquina (es-qui-na) *subst.fem.* **1** Ângulo formado pelo encontro de duas ruas, avenidas etc. *A rua da prefeitura faz **esquina** com a rua do colégio.* **2** Local em torno desse ângulo. *Os motoristas marcaram o encontro na **esquina** do bar.* ☛ Ver ilustração na p. 484.

esquisito (es-qui-si-to) *adj.* As pessoas ou coisas **esquisitas** são fora do comum e podem nos incomodar, nos deixar nervosos ou com medo. *Não sei que bicho era aquele, mas era muito **esquisito**.*

esse (es-se) \ê\ *pron.demonst.* Usamos **esse** junto de um substantivo para falar de algo ou alguém que está perto da pessoa com quem estamos conversando. ***Esse** livro que está aí com você é meu.* [Fem.: *essa*.]

essência (es-sên-cia) *subst.fem.* **1** O que é a base, a parte mais importante e que dá identidade a algo. *A solidariedade é a **essência** da caridade.* **2**

Substância com aroma que se extrai de certos vegetais. *Ponha **essência** de baunilha no bolo. Lídia usa **essência** de eucalipto para perfumar a casa.*

essencial (es-sen-ci-al) *adj.masc.fem.* Se algo é **essencial**, é tão importante ou necessário que não podemos ficar sem ele. *A água é **essencial** à vida.* [Sinôn.: *indispensável*. Pl.: *essenciais*.] ☛ Esta palavra pode ser usada como subst.: *Só levem o **essencial**.*

estabelecer (es-ta-be-le-cer) *verbo* **1** Quando você determina uma regra, você está **estabelecendo** essa regra. *A turma vai **estabelecer** como serão escolhidos os auxiliares do dia. A biblioteca **estabeleceu** um prazo de 15 dias para devolvermos os livros.* **2** Se você decide morar ou montar um negócio em um determinado lugar, você decidiu se **estabelecer** nesse local. *Minha família se **estabeleceu** no bairro e nunca mais quis se mudar.* **3** Espalhar-se e manter-se por algum tempo. *O pânico se **estabeleceu** entre a população.*

estabelecimento (es-ta-be-le-ci-men-to) *subst.masc.* Uma loja, uma farmácia e um supermercado são **estabelecimentos** comerciais. Uma escola e uma faculdade são **estabelecimentos** de ensino. *A placa diz que este **estabelecimento** existe há 30 anos.*

estábulo (es-tá-bu-lo) *subst.masc.* Local onde ficam abrigados os cavalos, as vacas, as ovelhas etc. ☛ Ver ilustração na p. 486.

estação (es-ta-ção) *subst.fem.* **1** Local de parada de trens, metrôs, ônibus etc. *Vou descer na próxima **estação**.* **2** Cada um dos quatro períodos de três meses em que o ano é dividido, de acordo com as características de clima que apresentam. As **estações** são primavera, verão, outono e inverno. **3** Centro que transmite sinais de rádio ou de televisão. *Vou trocar de **estação**, essa só toca música lenta.* [Sinôn.: *emissora*.] **4** Cidade, região ou hotel que oferece tranquilidade, descanso, tratamentos de saúde, práticas esportivas etc. aos visitantes. *O campeonato será numa **estação** de esqui no Chile.* [Pl.: *estações*.]

estacionamento (es-ta-cio-na-men-to) *subst.masc.* Local para estacionar veículos. ☛ Ver ilustração na p. 484.

estacionar (es-ta-cio-nar) *verbo* **1** Parar um veículo por um certo tempo em algum lugar. *O motorista **estacionou** o carro em local proibido.* **2** Parar de crescer, interromper uma evolução. *Ainda bem que a doença **estacionou**.*

estada (es-ta-da) *subst.fem.* Fato de ficar por um tempo em um lugar. *A **estada** dos hóspedes foi boa.*

estádio (es-tá-dio) *subst.masc.* Campo para provas ou competições esportivas, com local destinado ao público. *O Maracanã é um dos maiores **estádios** de futebol do mundo.*

estado (es-ta-do) *subst.masc.* **1** Cada uma das divisões territoriais e administrativas de um país. *Piauí e Maranhão são **estados** vizinhos.* ☛ Ver tabela na p. 502. **2** Um país inteiro, independente quanto à sua administração política e econômica. *As escolas foram visitadas pelo ministro do **Estado**.* ☛ Neste sentido, também com primeira letra maiúscula. **3** Condição em que algo ou alguém se encontra. *Por favor, devolva o livro em bom **estado**. Como vai o **estado** de saúde dos bebês?*

estadual (es-ta-du-al) *adj.masc.fem.* **Estadual** quer dizer relacionado a estado. Uma escola **estadual** é uma escola que pertence ao governo do estado. Deputado **estadual** é o deputado que representa um estado. [Pl.: *estaduais*.]

estágio (es-tá-gio) *subst.masc.* Treinamento que uma pessoa faz antes de começar a trabalhar em uma profissão. *Luís está fazendo **estágio** no banco e será contratado no próximo mês.* ~ **estagiário** *subst.masc.*

estalar (es-ta-lar) *verbo* **1** Produzir um som breve e forte, semelhante ao do que racha ou se quebra. *A lenha **estalava** no fogo.* **2** **Estalar** um ovo é fritar a clara e a gema juntas e inteiras. **3** Rachar. *O vidro da janela **estalou** mas não quebrou.*

estampa (es-tam-pa) *subst.fem.* **1** Figura em papel, tecido, couro etc., que não se apaga. *A mãe de Alfredo não gostava de saias com **estampas**.* **2** Uma gravura ou uma ilustração em um livro também é chamada de **estampa**. ~ **estampar** *verbo*

estância (es-tân-cia) *subst.fem.* **1** Nome dado a grande propriedade rural no Sul do Brasil. **2** Cidade, geralmente pequena e tranquila, muito procurada por pessoas que querem descansar ou fazer algum tratamento de saúde. *Em Minas Gerais, são famosas as **estâncias** de água mineral.*

estande ▼ (es-tan-de) *subst.masc.* **1** Balcão montado para promoção ou venda de produtos, em feiras, exposições, *shoppings*, postos de gasolina etc. *Os ingressos serão vendidos nos **estandes** espalhados pelo bairro.* **2** Local onde se pratica o tiro ao alvo. *Os soldados escolheram um **estande** para treinar.*

Estandes de frutas.

estante (es-tan-te) *subst.fem.* Móvel com prateleiras onde são colocados livros, papéis, objetos etc.

estar (es-tar) *verbo* **1** Ter ou apresentar, por um certo tempo, sentimento, condição física, posição etc. que pode mudar depois. *Maíra **está** com dor de cabeça. Juliana **estava** sentada quando dormiu. O time **está** em segundo lugar.* **2** Ir, comparecer. ***Estive** na festa de Heloísa, mas saí cedo.* **3** Ser localizado em certo lugar. *São Paulo **está** a 400 km do Rio de Janeiro.* **4** Fazer parte de algo, pertencer. *O atraso não **estava** nos nossos planos.* **5** Ter disposição para fazer algo. *Papai não **está** para brincadeiras.* **6** Encontrar-se a ponto de fazer algo. *Quando cheguei, Laura **estava** de saída.* **7** Ter a companhia de alguém. *A criança **está** com a avó.* **8** Ter um relacionamento amoroso com alguém. *Olga não **está** mais com Tadeu.* **9** Usar, vestir. *Sebastiana **estava** de vestido.*

estátua (es-tá-tua) *subst.fem.* Escultura que representa, em três dimensões, figuras humanas ou de animais ou de seres imaginários, como deuses e anjos. *Na praça há uma **estátua** de Tiradentes.* [Dimin.: *estatueta*.]

estatura (es-ta-tu-ra) *subst.fem.* Altura de uma pessoa. *Várias jogadoras da seleção de vôlei têm **estatura** alta.*

estatuto (es-ta-tu-to) *subst.masc.* **1** Conjunto de regras que dizem como funcionam uma empresa, uma instituição etc. **2** Lei ou conjunto de leis que trata dos direitos e deveres de um grupo de pessoas ou de certas coisas. *O **Estatuto** da Criança e do Adolescente é de 1990.*

estável (es-tá-vel) *adj.masc.fem.* **1** Uma mesa **estável** não balança. *Coloque os livros sobre um móvel **estável**.* **2** Algo **estável** não tem variações nem alterações. *O estado do paciente continua **estável**.* [Sinôn. geral: *firme*. Pl.: *estáveis*.] ~ **estabilidade** *subst.fem.*

este (es-te) \ê\ *pron.demonst.* Usamos **este** junto de um substantivo para falar de algo ou alguém que está perto de nós e não da pessoa com quem conversamos. ***Este** livro aqui é o meu, o seu está aí com você.* [Fem.: *esta*.]

esteira (es-tei-ra) *subst.fem.* **1** Tapete de palha ou de material semelhante, usado como cama ou para forrar o chão. **2** Tapete que rola de forma contínua transportando bagagens, pacotes etc. **3** Aparelho de ginástica que contém um tapete que rola de forma contínua, usado para exercícios de caminhada ou corrida.

estender (es-ten-der) *verbo* **1** Deixar ou ficar maior, principalmente na duração ou no tamanho. *A escola **estendeu** o prazo de matrícula. A construção se **estende** por metade da avenida.* **2** Abrir totalmente o que estava enrolado ou dobrado. *Tiago **estendeu** a toalha na mesa.* **3** Esticar o corpo ou parte dele. *O atleta **estendeu** os braços para ver seu equilíbrio.* **4** **Estender** a roupa é pendurá-la no varal para secar. **5** Fazer uma lei, uma regra etc. valer para mais pessoas ou mais casos. *O patrão **estendeu** o aumento a todos os funcionários.*

esterco (es-ter-co) \ê\ *subst.masc.* **1** É o nome dado às fezes de animais. **2** Adubo formado pelas fezes dos animais misturadas à terra. [Sinôn. geral: *estrume*.]

estiagem (es-ti-a-gem) *subst.fem.* Época de pouca ou nenhuma chuva. *O gado sofre durante a **estiagem**.* [Pl.: *estiagens*.]

esticar (es-ti-car) *verbo* **1** Puxar com força até ficar duro ou reto, sem dobras ou ondas. *O operário **esticou** o fio para passá-lo pelo tubo.* **2** Colocar reto. *A modelo **esticou** o corpo para desfilar.* [Sinôn.: *endireitar*.] **3** Deixar sem dobras, rugas, pregas etc. ***Esticamos***

o lençol na cama. **4** Alongar o corpo ou parte dele. *O menino* ***esticou*** *o braço para alcançar a estante.* **5** Ficar mais longo ou mais largo. *Malha é um tecido que* ***estica.*** [Antôn. para 4 e 5: *encolher.*]

estilo (es-ti-lo) *subst.masc.* **1** Conjunto das características próprias de um artista, uma obra etc. *Pelo* ***estilo*** *do texto, descobrimos quem é o autor.* **2** Maneira particular de se vestir, se expressar etc. *Esta blusa não combina com meu* ***estilo*** *de roupa. Não concordo com seu* ***estilo*** *de vida.*

estimar (es-ti-mar) *verbo* **1** Quando você gosta de uma pessoa, tem prazer em estar com ela, você a **estima**. *O Júnior* ***estima*** *muito seus primos.* **2** Quando você faz um cálculo não muito exato, você está **estimando**. *Quem organizou a festa* ***estimou*** *que ela vai durar umas quatro horas.* **3** **Estimar** é também fazer votos sobre alguma coisa. ***Estimo*** *que a sua saúde melhore.* ~ **estima** *subst.fem.* **estimação** *subst.fem.* **estimável** *adj.masc.fem.*

estimular (es-ti-mu-lar) *verbo* **1** Dar ânimo, coragem. *Foi Anísio quem* ***estimulou*** *Elisabete a jogar capoeira.* **2** Provocar ou reforçar uma coisa para que se torne mais ativa ou eficiente. *O presidente deve* ***estimular*** *o progresso do país.* ~ **estimulação** *subst.fem.*

estímulo (es-tí-mu-lo) *subst.masc.* **1** Algo que provoca ou reforça determinada atividade ou reação numa pessoa. *Os alunos precisam de* ***estímulos*** *certos em seu aprendizado.* **2** Agente interno ou externo que provoca uma reação no corpo ou no comportamento de um organismo.

estipular (es-ti-pu-lar) *verbo* Determinar exatamente. *O chefe* ***estipulou*** *um prazo curto para a entrega do relatório. O juiz* ***estipulou*** *as regras do jogo.*

estofado (es-to-fa-do) *subst.masc.* **1** Conjunto de poltrona e sofá forrado com tecido. *O casal já comprou o* ***estofado*** *da sala.* **2** Tecido grosso próprio para revestir sofás, poltronas, cadeiras. *As almofadas de flores não combinam com o* ***estofado*** *xadrez.* *adj.* **3** Algo **estofado** é algo que recebeu bastante recheio e foi coberto de tecido.

estojo (es-to-jo) \ô\ *subst.masc.* Local onde são guardados vários tipos de objeto, para ficarem protegidos. *O policial guarda as medalhas em um* ***estojo*** *de couro. Esqueci meu* ***estojo*** *de lápis na escola.*

estômago (es-tô-ma-go) *subst.masc.* ANAT Órgão para onde vai o alimento que é engolido. No **estômago**, ocorre parte da digestão da comida antes de ela seguir para o intestino. ☛ Ver ilustração na p. 478.

estoque (es-to-que) *subst.masc.* **1** Toda mercadoria de um comércio ou indústria que fica armazenada. *O* ***estoque*** *de chinelos está no fim.* **2** Lugar onde essa mercadoria fica armazenada. *Jaqueline trabalha no* ***estoque.***

estourar (es-tou-rar) *verbo* **1** Arrebentar ou explodir, geralmente fazendo barulho. *O pneu da bicicleta* ***estourou.*** *Sueli* ***estourou*** *a bola com as mãos.* **2** Fazer sucesso. *A nova banda vai* ***estourar*** *este ano.* **3** Gastar além do que deveria. *A obra de urgência* ***estourou*** *o orçamento do mês.* **4** Surgir ou espalhar-se de repente. *A notícia* ***estourou*** *antes do campeonato.*

estouro (es-tou-ro) *subst.masc.* **1** Barulho muito forte vindo de algo que arrebentou ou explodiu. *Vocês ouviram aquele* ***estouro****? Foram os foguetes da festa.* **2** *informal* Animais em bando, correndo sem direção e assustados é um **estouro**.

estrábico ► (es-trá-bi-co) *adj.* MED Se uma pessoa é **estrábica**, os olhos dela não se direcionam juntos para o mesmo ponto. [Sinôn.: *caolho, vesgo.*]

estrada (es-tra-da) *subst.fem.* Caminho fora da cidade, que liga lugares mais ou menos distantes e por onde passam veículos, pessoas ou animais. *Esta* ***estrada*** *liga o sítio à cidade.* ☛ Ver ilustração na p. 486. **estrada de ferro** É o mesmo que ferrovia.

estragar (es-tra-gar) *verbo* **1** Algo **estraga** quando não está em bom estado para ser usado, comido etc. *Depois de dois dias fora da geladeira, a comida* ***estragou.*** **2** Um aparelho **estraga** quando não funciona mais ou não é mais útil. *O ferro de passar* ***estragou*** *de novo.* **3** Causar problemas. *Eles chegaram e* ***estragaram*** *a nossa brincadeira.*

estrago (es-tra-go) *subst.masc.* Se algo causou um **estrago**, houve dano ou prejuízo. *Depois da festa, foram ver os* ***estragos.*** *A queda de uma barreira causou* ***estragos*** *na pista.* [Sinôn.: *prejuízo.*]

estrangeiro (es-tran-gei-ro) *adj.* O que é **estrangeiro** veio de outro país para o nosso. *Ana gosta de assistir a filmes* ***estrangeiros****. Os alunos* ***estrangeiros*** *terão aulas em inglês e português.* ☛ Esta palavra pode ser usada como subst.: *Viajei para o* ***estrangeiro****.*

estranho (es-tra-nho) *adj.* **1** Algo **estranho** é algo que não é familiar ou comum para nós. *Aquela moça fala de um jeito* ***estranho****.* **2** Um aluno **estranho** à nossa escola é um aluno que não pertence à nossa escola. *subst.masc.* **3** Um **estranho** é uma pessoa que não conhecemos, alguém que vem de outro lugar. **4** **Estranho** pode ser também uma situação que nos parece diferente, esquisita. *O* ***estranho*** *foi que a Nair nem quis comer naquele dia.* ~ **estranhar** *verbo*

estratégia (es-tra-té-gia) *subst.fem.* **1** Planejamento para uma batalha ou operação militar. *A* ***estratégia*** *de segurança do político era segredo.* **2** Plano ou técnica para atingir um objetivo. *O treinador usou novas* ***estratégias*** *para vencer.*

estratosfera (es-tra-tos-fe-ra) *subst.fem.* Camada da atmosfera distante de 10 a 50 quilômetros da superfície terrestre.

estreito (es-trei-to) *adj.* **1** Algo é **estreito** quando a distância entre os lados dele é pequena. *O corredor da casa era* ***estreito****, passava uma pessoa de cada vez.* [Antôn.: *largo*.] *subst.masc.* **2** GEOG Canal natural de pouca largura que divide dois mares ou duas partes de um mar. *Vocês já viram alguma foto do estreito de Gibraltar?* ~ **estreitar** *verbo*

estrela (es-tre-la) \ê\ *subst.fem.* **1** Astro que possui luz própria, capaz de produzir e emitir energia. À noite, podemos identificar algumas **estrelas** brilhando no céu e, de dia, vemos e sentimos o Sol, que também é uma **estrela**. **2** Artista famoso de cinema, teatro ou televisão. **3** *informal* Ter **estrela** significa ter sorte. *Este jogador nasceu com boa* ***estrela****.* **estrela cadente** Meteoro que deixa um rastro ao se movimentar pelo espaço.

estrela-do-mar ► (es-tre-la - do - mar) *subst.fem.* Animal marinho em forma de estrela. [Pl.: *estrelas-do-mar*.]

estremecer (es-tre-me-cer) *verbo* **1** Tremer rápido e pouco. *O prédio* ***estremeceu*** *com o terremoto.* **2** Ter problemas por causa de uma situação ruim. *A fofoca maldosa* ***estremeceu*** *nossa amizade. A crise* ***estremeceu*** *a economia.*

estrofe (es-tro-fe) *subst.fem.* Uma **estrofe** é um grupo determinado de versos de um poema ou de uma letra de música.

estrondo (es-tron-do) *subst.masc.* Barulho alto e forte.

estrume (es-tru-me) *subst.masc.* É o mesmo que esterco.

estrutura (es-tru-tu-ra) *subst.fem.* **1** Conjunto de armações ou peças que sustenta algo. *A* ***estrutura*** *do prédio é bastante segura.* **2** Organização de diferentes partes ou elementos de modo que formem um conjunto. *Agora que montamos a* ***estrutura*** *do trabalho, vamos começar as pesquisas.* **3** Conjunto básico de elementos para dar suporte a alguma atividade. *A cidade tem* ***estrutura*** *para receber milhares de turistas.*

estudante (es-tu-dan-te) *subst.masc.fem.* Pessoa que vai a escola, curso ou universidade para estudar. *Os* ***estudantes*** *das universidades fizeram uma passeata.* [Sinôn.: *aluno*.]

estudar (es-tu-dar) *verbo* **1** Usar a inteligência e a memória para aprender assunto, técnica etc. *Lúcio* ***estuda*** *piano.* **2** Observar os detalhes de um assunto ou de um caso. *O juiz* ***estudou*** *o problema*

para resolvê-lo. **3** Quem **estuda** frequenta escola, curso etc.

estúdio (es-tú-dio) *subst.masc.* **1** Local para gravações de música, de novelas e programas de televisão, filmes etc. **2** Local de trabalho de artistas, fotógrafos, escritores etc.

estudioso (es-tu-di-o-so) \ô\ *adj.* Alguém **estudioso** se dedica muito ao estudo.

estudo (es-tu-do) *subst.masc.* **1** Uso da inteligência e da memória para aprender. **2** Pesquisa feita por quem entende de um assunto. *Há **estudos** para descobrir vacinas eficientes.* **3** Avaliação em detalhes e com atenção. *O **estudo** da proposta foi rápido.*

estufa ▼ (es-tu-fa) *subst.fem.* **1** Local aquecido, em geral pelo calor do sol, usado para o cultivo de certos tipos de plantas. **2** Parte do fogão, perto do forno, que mantém o alimento aquecido. *O jantar do meu pai estava guardado na **estufa**.* **3** Aparelho que alcança altas temperaturas, usado, por exemplo, para matar germes em instrumentos médicos.

Estufa de plantas.

estufar (es-tu-far) *verbo* Aumentar o volume de algo enchendo, em geral, de ar. ***Estufei** o peito e mergulhei. A umidade **estufou** a tinta da parede.*

estúpido (es-tú-pi-do) *adj.* **1** Uma pessoa **estúpida** tem muita dificuldade de entender as coisas, não é inteligente. **2** Também é **estúpida** a pessoa bruta ou grosseira. **3** Uma atitude **estúpida** tanto pode ser pouco inteligente como grosseira. *Gritar com os empregados é uma coisa **estúpida**.* ~ **estupidez** *subst.fem.*

esvaziar (es-va-zi-ar) *verbo* Deixar sem nada dentro ou sem ninguém. ***Esvazie** os bolsos e passe na roleta. **Esvaziaram** a sala para a limpeza.* [Antôn.: *encher.*]

esverdeado (es-ver-de-a-do) *subst.masc.* Cor que tem o verde na sua composição. ☛ Esta palavra pode ser usada como adj.: *casaco **esverdeado**.*

etapa (e-ta-pa) *subst.fem.* Cada parte de um processo. *O processo para desinfetar o material tem várias **etapas**. A gincana teve duas **etapas**.*

etc. Abreviação da locução latina *et cetera*, que quer dizer "e outras coisas" ou "e assim por diante".

eterno (e-ter-no) *adj.* **1** O que é **eterno** não teve início nem terá fim. *Será que o universo é **eterno**?* **2** Algo **eterno** é algo que nunca vai acabar ou nunca será esquecido ou modificado. *Os noivos juraram amor **eterno**. A infância não é **eterna**, um dia seremos adultos.* [Antôn.: *passageiro.*]

etiqueta (e-ti-que-ta) \ê\ *subst.fem.* **1** Pedaço de papel usado para identificar objetos, informar a quem pertence, o seu preço etc. *Colem nas malas uma **etiqueta** com seus nomes e endereços.* **2** Conjunto de regras de boa educação. *A família dela faz questão de seguir a **etiqueta** durante as refeições.*

etnia (et-ni-a) *subst.fem.* População ou grupo social com língua, crenças, origens e modos de agir comuns. ~ **étnico** *adj.*

eu *pron.pessoal* Indica a pessoa que está falando. *"**Eu** comi tudo!", disse Juliana.*

→ Quando você está falando, você pode se chamar de **eu**, mas apenas quando é o sujeito de uma oração.

eucalipto (eu-ca-lip-to) *subst.masc.* Árvore de tronco alto e reto, muito usada em reflorestamentos e na extração de madeira para lenha, na produção de óleo e como matéria-prima para fazer papel.

A B C D **E** F G H I J K L M N O P Q R S T U V W X Y Z

euro (eu-ro) *subst.masc.* Moeda usada em vários países europeus.

→ Vários países da Europa se uniram formando a União Europeia. Desses países, a maioria usa a mesma moeda: o **euro**.

europeu (eu-ro-peu) *subst.masc.* **1** Pessoa que nasceu ou que mora na Europa. *adj.* **2 Europeu** quer dizer relacionado à Europa. Um produto **europeu** é um produto da Europa. Um país da Europa é um país **europeu**. [Fem.: *europeia.*] ☛ Ver ilustração na p. 482.

evangelho (e-van-ge-lho) *subst.masc.* **1** REL Conjunto de ensinamentos religiosos com base na vida de Jesus Cristo. **2** REL Parte do Novo Testamento que conta a vida e os ensinamentos de Jesus Cristo. ☛ Neste sentido, primeira letra maiúscula. ~ **evangélico** *adj.*

evaporação (e-va-po-ra-ção) *subst.fem.* Passagem de um estado líquido para um estado de vapor. *Ficamos observando a **evaporação** da água.* [Pl.: *evaporações.*] ☛ Ver ilustração na p. 488.

evaporar (e-va-po-rar) *verbo* **1** Passar de líquido a vapor. *O álcool **evaporou** rapidamente.* **2** *informal* Sumir ou não estar mais visível. *Os bilhetes do metrô **evaporaram** da minha bolsa.*

evento (e-ven-to) *subst.masc.* **1** Acontecimento. *O namoro de Henrique foi o **evento** mais comentado no almoço.* **2** Acontecimento organizado, como uma festa, *show*, espetáculo etc.

evidente (e-vi-den-te) *adj.masc.fem.* O que é **evidente** é percebido por todos, sem deixar dúvida. *É **evidente** que a sala está cheia, não cabe mais ninguém.* [Sinôn.: *claro.*] ~ **evidência** *subst.fem.* **evidenciar** *verbo*

evitar (e-vi-tar) *verbo* **1** Se você evita fazer alguma coisa, você se esforça para não fazê-la. ***Evite** comer alimentos gordurosos.* **2** Tentar ficar longe de uma pessoa ou lugar. ***Evite** as más companhias.* **3** Você também **evita** uma coisa quando não deixa essa coisa acontecer. *Escovar os dentes **evita** cáries.*

evolução (e-vo-lu-ção) *subst.fem* Desenvolvimento em etapas, com crescimento ou mudanças, nem sempre para melhor. *A **evolução** do aluno foi surpreendente. A **evolução** da doença foi rápida e o rapaz morreu.* [Pl.: *evoluções.*] ~ **evoluir** *verbo*

exagerar (e-xa-ge-rar) \z\ *verbo* **1** Fazer algo em excesso. *Lindalva **exagerou** na quantidade de salgadinhos.* **2** Quando uma pessoa conta uma história aumentando o que de verdade aconteceu, ela está **exagerando**. *Gil **exagerou** quando disse que quase quebrou o pé.*

exagero (e-xa-ge-ro) \z...ê\ *subst.masc.* Qualquer coisa que ultrapassa o limite do que é considerado normal. *Encher o prato deste jeito é um **exagero**! Tirando os **exageros**, até que a história é boa.*

exame (e-xa-me) \z\ *subst.masc.* **1** Análise ou pesquisa detalhada, feita com bastante atenção. *O médico fez um **exame** em Gustavo e depois pediu-lhe um **exame** de sangue.* **2** Avaliação escrita para observar se um aluno aprendeu uma matéria. *O **exame** de português estava fácil.*

examinar ▼ (e-xa-mi-nar) \z\ *verbo* **1** Quem **examina** observa com muita atenção. *O juiz **examinará** as provas.* **2** Aplicar uma avaliação para observar se alguém sabe ou aprendeu algo. *O professor **examinou** os alunos e viu que as dificuldades diminuíram.*

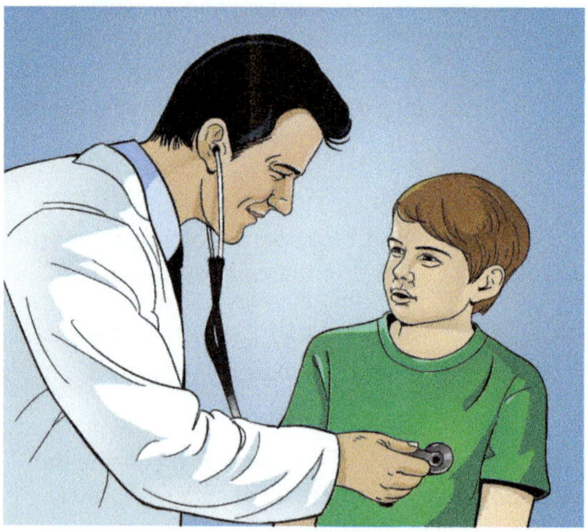
O médico **examina** a criança.

exatamente (e-xa-ta-men-te) \z\ *advérbio* **1** De um jeito exato, em que não há dúvidas, pois tudo é claro e correto. *Onde **exatamente** fica esta* *rua? O tiro foi **exatamente** no alvo.* [Sinôn.: *bem.*] **2** Usamos **exatamente** para confirmar o que já foi dito. *– Viajaremos amanhã? – **Exatamente!***

exato (e-xa-to) \z\ *adj.* **1** Algo **exato** não tem erro, está correto. *O resultado do problema está **exato**.* **2** O que é **exato**, acontece na hora certa ou como devia acontecer. *Chegou no momento **exato**.* [Sinôn.: *preciso.*] ~ **exatidão** *subst.fem.*

exceção (ex-ce-ção) *subst.fem.* **1** Tudo que não segue a regra geral é uma **exceção**. *Na língua portuguesa muitas regras têm **exceções**.* **2** **Exceção** também significa exclusão. *Com **exceção** da filha, todos foram passear.* [Pl.: *exceções.*]

excelência (ex-ce-lên-cia) *subst.fem.* **1** O que tem uma qualidade muito boa, melhor do que a dos outros, tem **excelência**. *Leila recebeu um prêmio pela **excelência** do trabalho dela.* **2** **Excelência** também é uma palavra usada na forma de tratamento para pessoas com cargos importantes, como vereadores, deputados, senadores etc.

excelente (ex-ce-len-te) *adj.masc.fem.* É o mesmo que ótimo.

excesso (ex-ces-so) *subst.masc.* Tudo que sobra ou passa da medida é um **excesso**. *Passe um paninho para tirar o **excesso** de tinta. O **excesso** de sol prejudica a pele.* [Sinôn.: *exagero.*]

exceto (ex-ce-to) *preposição* Se todos vão a um lugar, **exceto** eu, só eu não vou. [Sinôn.: *fora, menos.*]

exclamação (ex-cla-ma-ção) *subst.fem.* **1** Grito que expressa alegria, surpresa, raiva, dor etc. *Ao ver a bicicleta, Viviane soltou uma **exclamação** de alegria.* **2** GRAM Sinal de pontuação (!) usado em frases que expressam alegria, surpresa, raiva, dor etc. [Pl.: *exclamações.*]

exclamar (ex-cla-mar) *verbo* Falar com surpresa, alegria, espanto etc., usando uma exclamação. *Quando a tia ofereceu sorvete, Ana Beatriz **exclamou**: "Sim!".*

excluir (ex-clu-ir) *verbo* **1** Retirar ou afastar algo de um conjunto. *Temos que **excluir** alguns itens do cardápio.* **2** Quando você se **exclui** ou o **excluem**, você fica afastado, não participa do que está acontecendo. *Por que Marcos se **exclui** tanto do grupo?* [Antôn. geral: *incluir.*] ~ **exclusão** *subst.fem.*

exclusivo (ex-clu-si-vo) *adj.* O que é **exclusivo** é de uma pessoa só ou de um grupo só e nenhum outro pode usar ou ter. *O banheiro verde é **exclusivo** dos meninos. O vestido da modelo era **exclusivo**.* [Antôn.: *comum.*]

excremento (ex-cre-men-to) *subst.masc.* **1** Tudo o que sai do corpo humano ou animal de modo natural, como o suor, as fezes e a urina. **2** **Excremento** também é o mesmo que fezes.

excursão (ex-cur-são) *subst.fem.* Viagem ou passeio para lazer ou estudo. As **excursões** são geralmente em grupo e com um guia. [Pl.: *excursões.*]

executar (e-xe-cu-tar) \z\ *verbo* **1** **Executar** um plano, uma ordem é dar um jeito para que isso aconteça de verdade. **2** INF Um computador **executa** um programa quando faz algo com ele, como ler arquivos. ~ **execução** *subst.masc.*

executivo (e-xe-cu-ti-vo) \z\ *adj.* **1** O Poder **Executivo** executa ou faz executar as leis do país. ☛ Esta palavra pode ser usada como subst.: *O Presidente da República faz parte do **Executivo**.* Primeira letra maiúscula. *subst.masc.* **2** Pessoa que ocupa cargo de direção ou de muita responsabilidade em uma empresa.

exemplo (e-xem-plo) \z\ *subst.masc.* **1** Tudo que devemos imitar, porque é bom. *O pai é um **exemplo** de sabedoria.* [Sinôn.: *modelo.*] **2** O que usamos para confirmar ou explicar melhor o que dizemos também é um **exemplo**. *Durante a aula, a professora deu vários **exemplos**.* **por exemplo** Usamos **por exemplo** antes de uma frase que explica uma ideia anterior.

exercer (e-xer-cer) \z\ *verbo* **1** Realizar uma tarefa, cumprir um papel. *Adriana e Rogério **exercem** bem o trabalho de pais.* **2** Se uma pessoa **exerce** influência ou autoridade sobre alguém, ela tem essa influência ou autoridade.

exercício (e-xer-cí-cio) \z\ *subst.masc.* Atividade praticada com o objetivo de desenvolver ou melhorar uma habilidade ou uma qualidade. *Maurício só fazia **exercícios** físicos depois de terminar os **exercícios** de matemática.*

exército ▲ (e-xér-ci-to) \z\ *subst.masc.* **1** Conjunto de pessoas que são preparadas para lutar numa guerra. **2** Força militar responsável por defender o espaço terrestre de um país.

exibição (e-xi-bi-ção) \z\ *subst.fem.* **1** Apresentação de um espetáculo, filme, programa de televisão etc. *Todos aguardavam a **exibição** do novo filme da série.* **2** Quando uma obra de arte, uma joia, um objeto raro está exposto a um determinado público, eles estão em **exibição**. **3** Demonstração exagerada da riqueza. *Seu maior defeito é a **exibição**.* [Pl.: *exibições.*]

exibir (e-xi-bir) \z\ *verbo* **1** Mostrar ou tornar visível. *O museu **exibirá** as coleções de moedas imperiais.* **2** Fazer questão de mostrar as suas riquezas. *Usa roupas caras para se **exibir** para as amigas.*

exigência (e-xi-gên-cia) \z\ *subst.fem.* **1** Coisa essencial ou que não se pode evitar. *A demissão do advogado foi uma **exigência** da situação.* **2** Reclamação ou pedido feito com empenho. *As **exigências** dos pais de alunos foram atendidas.* **3** Pedido exagerado. *O Jaime veio cheio de **exigências** falar conosco.*

exigente (e-xi-gen-te) \z\ *adj.masc.fem.* Uma pessoa **exigente** cobra muito dos outros ou de si mesma. *Um ator **exigente** procura a perfeição ao representar.*

exigir (e-xi-gir) \z\ *verbo* **1** Cobrar o cumprimento de um direito, uma ordem, uma promessa. *O Moacir **exigiu** que seus tênis, que alguém tinha escondido, fossem devolvidos.* **2** Se um trabalho **exige** muito tempo para ser feito, há necessidade de horas para que fique pronto. [Sinôn.: *necessitar.*]

existência (e-xis-tên-cia) \z\ *subst.fem.* **1** O que tem **existência** está presente no mundo real. *Sabemos da **existência** de outros planetas além do nosso.* **2** **Existência** também é a própria vida ou a forma como as pessoas vivem. *O desmatamento ameaça a **existência** de várias espécies animais. O rei teve uma **existência** de trabalho.*

existir (e-xis-tir) \z\ *verbo* O que **existe** é real, está presente no mundo. ***Existem** muitas crianças que passam fome. Muitas pessoas dizem que fantasmas não **existem**. Certos esportes **existem** há mais de 100 anos.* [Sinôn.: *haver.*] ~ **existente** *adj.masc.fem.*

êxito (ê-xi-to) \z\ *subst.masc.* **1** Resultado feliz, muito bom. *Foi um **êxito** a apresentação da cantora.* [Sinôn.: *sucesso*. Antôn.: *fracasso.*] **2** Quando o resultado não é bom, tem de haver um adjetivo dizendo isso. *Ele se dedicou muito, mas teve mau **êxito** na prova.*

êxodo (ê-xo-do) \z\ *subst.masc.* Saída de uma grande quantidade de pessoas de um lugar para outro ao mesmo tempo. *O **êxodo** rural no Nordeste já foi maior.*

exótico (e-xó-ti-co) \z\ *adj.* **1** O que é **exótico** chama atenção porque não é comum. *Para se fantasiar, Gisele fez um penteado **exótico**.* [Sinôn.: *extravagante.*] **2** Um produto **exótico** não pertence ao nosso país, região etc. *A loja vende artigos **exóticos** e nacionais.*

expectativa (ex-pec-ta-ti-va) *subst.fem.* **1** Modo de agir de quem espera por alguma coisa. *A nossa **expectativa** é que a Ana chegue logo.* **2** Possibilidade de algo acontecer. *A **expectativa** do tempo para domingo é de muito sol.*

expedição (ex-pe-di-ção) *subst.fem.* **1** Grupo de pessoas que viaja para estudar ou pesquisar uma região. *Orlando participou de várias **expedições** ao interior do Brasil.* **2** **Expedição** também é a ação de enviar algo a um lugar. *O correio faz a **expedição** da correspondência.* [Pl.: *expedições.*]

expelir (ex-pe-lir) *verbo* **1** Lançar para fora com força. *O vulcão **expeliu** suas lavas pela última vez há 20 anos.* **2** Botar para fora do corpo. *O dragão **expelia** fogo pela boca.*

experiência (ex-pe-ri-ên-cia) *subst.fem.* **1** Saber ou habilidade em certa atividade ou trabalho. As pessoas adquirem **experiência** porque fazem essa atividade ou esse trabalho durante muito tempo. *Leila é uma atleta de muita **experiência**.* **2** Quando você faz algo novo, para ver se funciona ou saber como é, você faz uma **experiência**. *Cientistas às vezes usam animais nas **experiências**. Os pais de Dudu fizeram uma **experiência**: ele viajou sozinho para a casa dos avós.* ~ **experiente** *adj.masc.fem.*

experimentar (ex-pe-ri-men-tar) *verbo* **1** Usar para ver se é bom ou se é como deveria mesmo ser. *Os médicos **experimentaram** o novo medicamento. Antes de comprar uma roupa, devemos **experimentá**-la.* **2** Fazer uma coisa diferente do que se fazia antes. *A turma **experimentou** outra técnica de redação.* **3** Sentir, sofrer, viver. *Ana **experimentou** a alegria de encontrar a família.* ~ **experimentação** *subst.fem.*

expiração (ex-pi-ra-ção) *subst.fem.* Quando você solta o ar dos pulmões, faz uma **expiração**. [Antôn.: *inspiração*. Pl.: *expirações*.]

expirar (ex-pi-rar) *verbo* **1** Soltar o ar dos pulmões, quando se respira. [Antôn.: *inspirar, aspirar*.] **2** Morrer. *Pouco antes de **expirar**, vovô deu seus últimos conselhos.* **3** **Expirar** também é chegar ao fim ou deixar de valer. *O prazo da promoção **expira** em maio. Esse bilhete do metrô **expirou**.*

explicação (ex-pli-ca-ção) *subst.fem.* **1** Damos uma **explicação** para esclarecer algo que não foi compreendido ou o que alguém não sabia. *As novas **explicações** do professor ajudaram a turma. Perguntei ao guarda onde era a praça e ele me deu a **explicação**.* **2** Esclarecimento sobre o motivo ou razão de algo. *Os motoristas queriam alguma **explicação** para o engarrafamento.* [Pl.: *explicações*.]

explicar (ex-pli-car) *verbo* **1** Tornar claro, sem dúvidas, algo que não se compreende ou não se conhece. ***Explicamos** aos pais como é importante acompanhar os estudos dos filhos. Robson vai **explicar** as novas regras do jogo.* **2** Quando você tem que se **explicar**, você deve dizer por que razão fez, pensou, falou algo. *Agora que a confusão acabou, o rapaz vai ter que se **explicar**.*

explodir (ex-plo-dir) *verbo* **1** Quando uma coisa **explode**, ela se arrebenta ou se parte em muitos pedaços fazendo barulho. *A bomba **explodiu**.* **2** *informal* Se uma pessoa **explode**, ela perde a paciência. **3** Quando um sentimento, como raiva, impaciência ou alegria, **explode**, ele se mostra de repente e com muita força.

explorar (ex-plo-rar) *verbo* **1** Quando você **explora** um lugar, quer ver tudo o que ele tem. *Assim que chegaram à fazenda, as crianças foram **explorar** o terreno.* **2** Se uma pessoa **explora** uma matéria-prima, um negócio ou uma indústria, tenta tirar lucro disso. *José **explora** o mercado de couro há vários anos.* **3** Quem **explora** uma outra pessoa tira vantagem dela, enganando, forçando a trabalhar demais ou roubando. ~ **exploração** *subst.fem.*

explosão ◄ (ex-plo-são) *subst.fem.* Quando algo explode, acontece uma **explosão**. [Pl.: *explosões*.]

explosivo (ex-plo-si-vo) *adj.* **1** Capaz de provocar uma explosão. *A pólvora é **explosiva**.* **2** Uma pessoa **explosiva** fica irritada facilmente.

expor (ex-por) *verbo* **1** Deixar de um jeito que todos possam ver. *É comum **expor** produtos na vitrine.* **2** **Expor**-se é fazer algo que precisa de coragem para ser feito. *Não sei como os pilotos têm coragem de se **expor** tanto.* **3** Dar informações sobre alguma coisa. *O dentista **expôs** o problema e disse como tratá-lo.* **4** **Expor**-se a algo é sofrer os efeitos gerados por isso. *O rapaz do gibi virou um monstro porque se **expôs** à radiação. Se vai **expor**-se ao sol, passe um protetor forte.*

exportar (ex-por-tar) *verbo* Vender um produto para fora de país, estado etc. que o produziu. *O Pará **exporta** açaí para quase todo o Brasil.* [Antôn.: *importar*.] ~ **exportação** *subst.fem.*

exposição (ex-po-si-ção) *subst.fem.* **1** Conjunto de obras de arte, objetos, animais etc. organizados para serem visitados. *Doutor Cristiano comprou duas vacas na **exposição** de gado. Luís não pôde ir à **exposição** de gravuras.* **2** Local onde a **exposição** acontece. *Janice trabalhará na entrada da **exposição**.* **3** Uma **exposição** também é uma apresentação

A B C D E F G H I J K L M N O P Q R S T U V W X Y Z

organizada de um assunto. *Ivone fez uma excelente* ***exposição*** *sobre os anfíbios.* [Pl.: *exposições.*]

expressão (ex-pres-são) *subst.fem.* **1** Manifestação de um pensamento, ideia, sentimento por meio de gestos, palavras, arte etc. *Dar flores é uma* ***expressão*** *de afeto.* **2** Grupo de palavras com significado especial. *"Dar um gelo" é uma* ***expressão*** *informal.* **3** Aquilo que nosso rosto, corpo, gesto revelam sobre o que sentimos, pensamos etc. *A atriz fez uma* ***expressão*** *de tristeza.* **4** MAT Cálculo matemático que envolve várias operações em sequência. *Resolvam a* ***expressão*** *que está no quadro.* [Pl.: *expressões.*]

expressar (ex-pres-sar) *verbo* **1** Deixar aparecer ou mostrar, geralmente com palavras, gestos ou atitudes. *Com um sorriso Juliana* ***expressou*** *sua felicidade.* **2** Significar ou representar. *A interjeição "ai", por exemplo,* ***expressa*** *dor.* [Sinôn. geral: *exprimir.*]

exprimir (ex-pri-mir) *verbo* É o mesmo que expressar.

expulsar (ex-pul-sar) *verbo* Pôr para fora de um lugar ou de um grupo. *O objetivo do jogo é* ***expulsar*** *os invasores da ilha. O juiz* ***expulsou*** *um jogador de cada time.* ~ **expulsão** *subst.fem.* **expulso** *adj.*

extensão (ex-ten-são) *subst.fem.* **1** Tamanho, dimensão. *O rio Amazonas tem quase sete mil quilômetros de* ***extensão***. ☛ Ver tabela na p. 508. **2** Duração. *A vida do jabuti tem maior* ***extensão*** *que a do cachorro.* **3** Uma **extensão** de terra é um pedaço de terra, como um terreno ou uma fazenda. **4** Importância ou tamanho de algo. *Ninguém sabia a* ***extensão*** *do problema.* **5** Aparelho telefônico ligado à mesma linha de outro. *Aline atendeu o telefone na* ***extensão*** *do quarto.* [Pl.: *extensões.*]

extenso (ex-ten-so) *adj.* **1** Um período de tempo **extenso** tem longa duração. *Temos um prazo* ***extenso*** *para terminar a obra.* [Antôn.: *breve.*] **2** Uma lista **extensa** é uma lista muito longa. *Passamos por trilhas* ***extensas*** *e escuras.* **3** O que é **extenso** ocupa muito espaço. *Uma* ***extensa*** *área foi atingida pelo incêndio.* [Sinôn.: *vasto.*]

Plataforma de **extração** de petróleo.

exterior (ex-te-ri-or) \ô\ *subst.masc.* **1** A parte de fora de algo é o seu **exterior**. *A decoração de Natal enfeitará o* ***exterior*** *da loja.* [Antôn.: *interior.*] ☛ Ver ilustração de *interior*. **2** Uma viagem para fora de seu país é uma viagem ao **exterior**. Alguém que vem do **exterior**, vem de um país estrangeiro. *Os filhos de Susana estudaram no* ***exterior***. [Pl.: *exteriores.*] ☛ Esta palavra pode ser usada como adj.: *parede* ***exterior***.

exterminar (ex-ter-mi-nar) *verbo* Acabar com a existência ou destruir de forma cruel. *Deve existir um veneno para* ***exterminar*** *esta praga.*

externo (ex-ter-no) *adj.* **1** Uma área **externa** está do lado de fora. *A piscina fica numa área* ***externa*** *da casa.* **2** Comércio **externo** é o comércio que se faz com países estrangeiros. *O país adotou uma nova política* ***externa***. [Sinôn. geral: *interno.*]

extinção (ex-tin-ção) *subst.fem.* **1** Quando alguma coisa deixa de existir ou acaba, acontece a sua **extinção**. *A* ***extinção*** *do trabalho escravo deve ser comemorada.* **2** BIO Desaparecimento de uma espécie. *Como aconteceu a* ***extinção*** *dos dinossauros?* [Pl.: *extinções.*]

extinguir (ex-tin-guir) *verbo* **1** Acabar com o fogo. *A chuva* ***extinguiu*** *as chamas das árvores.* **2** Fazer acabar ou desaparecer por completo. *A ordem é* ***extinguir*** *todos os focos de mosquitos.*

extinto (ex-tin-to) *adj.* O que está **extinto** já não existe mais. *No site há fotos de animais* ***extintos***. *O livro trata de civilizações* ***extintas*** *da América do Sul.*

extra (ex-tra) *adj.masc.fem.* O que é **extra** é mais do que o comum ou o previsto. Hora **extra** é o tempo que se trabalha a mais do que o combinado. Jornais ou revistas **extras** são publicados além do que normalmente se publica. *Sérgio recebeu um pagamento* ***extra*** *pelo trabalho no feriado.*

extração ◄ (ex-tra-ção) *subst.fem.* **1** Retirada do que estava dentro de algo. *É comum a* ***extração*** *do látex* *da seringueira.* **2** Retirada de material de uma fonte natural. *A **extração** de petróleo rende muito dinheiro.* **3** Retirada do que está preso a algo, usando a força. *A **extração** do dente foi rápida.* [Pl.: *extrações.*]

extrair (ex-tra-ir) *verbo* **1** Tirar de dentro de onde estava. *A máquina **extraiu** o caldo da cana. A empresa **extraiu** prata da montanha.* **2** Puxar para fora usando a força. *Foi necessário **extrair** o dente.* [Sinôn.: *arrancar.*]

extraordinário (ex-tra-or-di-ná-rio) *adj.* O que é **extraordinário** não acontece sempre, é especial, diferente. *O talento de Fabiane para cantar é **extraordinário**.* [Sinôn.: *incomum, fantástico.* Antôn.: *comum.*]

extraterrestre (ex-tra-ter-res-tre) *subst.masc.fem.* Algo ou alguém que não pertence à Terra. *Você acredita que existam **extraterrestres**?* ☛ Esta palavra pode ser usada como adj.: *ser **extraterrestre**, vida **extraterrestre**.*

extrativismo (ex-tra-ti-vis-mo) *subst.masc.* Atividade com base na extração de produtos naturais para fins comerciais ou industriais. ~ **extrativista** *adj.masc.fem.*

extravagante (ex-tra-va-gan-te) *adj.masc.fem.* Algo **extravagante** chama atenção por ser muito diferente, fora do comum. *A cantora usava roupas e cabelos **extravagantes**.* [Sinôn.: *exótico.*] ~ **extravagância** *subst.fem.*

extravio (ex-tra-vi-o) *subst.masc.* Quando há o **extravio** de uma correspondência, ela foi para o lugar errado ou desapareceu.

extremidade (ex-tre-mi-da-de) *subst.fem.* **1** Parte final ou inicial de algo. *Amarre a fita em cada **extremidade** do bastão.* **2** O ponto mais distante, a ponta de algo. *Carlos nadou de uma **extremidade** à outra da piscina.* [Sinôn. geral: *extremo.*]

extremo (ex-tre-mo) *subst.masc.* **1** Ponto mais distante. *Correu de um **extremo** da rua a outro.* [Sinôn.: *extremidade.*] **2** Ponto máximo que se pode alcançar. *Cheguei ao meu **extremo**, não aguento mais.* ☛ Neste sentido, esta palavra pode ser usada como adj.: *esforço **extremo**.*

Ff

Folha

f *subst.masc.* Sexta letra do nosso alfabeto. O **f** é uma consoante.

fã *subst.masc.fem.* Quem admira muito um artista, um escritor, um atleta ou alguém geralmente famoso. *As **fãs** esperaram duas horas para ganhar um autógrafo do cantor.*

fá *subst.masc.* MÚS Quarta nota da escala musical.

Para a origem do nome da nota **fá**, veja *dó* (primeira nota).

---

fábrica (fá-bri-ca) *subst.fem.* **1** Prédio com máquinas e operários onde são fabricados produtos. *Durante a greve, ninguém podia entrar na **fábrica**.* **2** É o mesmo que indústria. *As **fábricas** de tecido melhoraram as suas técnicas de produção.*

fabricar (fa-bri-car) *verbo* Produzir alguma coisa com o auxílio de máquinas ou instrumentos próprios, utilizando-se de matéria-prima. *Minha vizinha **fabrica** sabão em casa.* ~ **fabricação** *subst.fem.* **fabricante** *subst.masc.fem.*

fábula (fá-bu-la) *subst.fem.* **1** História imaginária em que os personagens são animais com defeitos, manias e qualidades dos seres humanos. Na maioria das vezes, há uma lição de moral na **fábula**. *"A cigarra e a formiga" é uma **fábula** muito conhecida.* **2** Fato ou história inventados. *Não acredite no que João diz, é tudo **fábula**.* [Antôn.: *realidade.*] **3** *informal* **Fábula** também quer dizer muito dinheiro. *Os empresários ganharam uma **fábula** com o novo negócio.*

Fábula vem de uma palavra latina, relacionada ao verbo *fabulare*, que significa "conversar, narrar". É de *fabulare* que vem o verbo português "falar". O portal Site de Dicas apresenta, na seção Sala de Leitura Infantil, algumas fábulas e contos. Conheça-os.

---

fabuloso (fa-bu-lo-so) \ô\ *adj.* **1** Algo **fabuloso** existe só na imaginação. *O unicórnio é um ser **fabuloso**.* **2** Dizemos que uma coisa é **fabulosa** quando é muito melhor ou maior do que se pode imaginar. *A casa de Lídia é **fabulosa**, tem sete quartos, piscina e jardins.*

faca (fa-ca) *subst.fem.* Lâmina cortante presa a um cabo. Há **facas** usadas como talheres, como armas, como ferramenta na cozinha etc.

facão ◄ (fa-cão) *subst.masc.* Instrumento de corte parecido com a faca, porém maior. O **facão** é usado, por exemplo, para abrir caminho na mata, cortar cana-de-açúcar etc. [Pl.: *facões.*]

face (fa-ce) *subst.fem.* **1** É o mesmo que rosto. **2** **Face** também é o lado de fora de um objeto. *Um dado tem seis **faces**.*

fácil (fá-cil) *adj.masc.fem.* **1** Feito ou compreendido sem esforço ou dificuldade. *A última questão do teste estava muito **fácil**.* **2** Sem complicação. *Vamos resolver da maneira mais **fácil**.* [Antôn. geral: *difícil.* Pl.: *fáceis.* Superl.absol.: *facílimo.*]

facilidade (fa-ci-li-da-de) *subst.fem.* **1** Quando fazemos algo com **facilidade**, fazemos sem esforço. *Joaquim faz cálculos de cabeça com muita **facilidade**.* **2** O que não traz dificuldade, que é cômodo, confortável. *Receber as compras em casa é uma **facilidade***

*que a loja oferece. Vamos aproveitar as **facilidades** do mundo moderno.* [Antôn. geral: *dificuldade.*]

facilmente (fa-cil-men-te) *advérbio* **1** Sem esforço, dificuldade ou problema. *Os alunos fazem contas **facilmente**. Fósforo pega fogo **facilmente**.* **2** Sem um bom motivo, à toa. *Papai não se aborrece **facilmente**.*

faculdade (fa-cul-da-de) *subst.fem.* **1** Capacidade para fazer algo, que já nasce com a pessoa ou ela conquista depois de um tempo ou com esforço. *Os recém-nascidos ainda não têm a **faculdade** da fala.* **2** **Faculdade** também é o curso no qual as pessoas que terminaram o ensino médio estudam uma ciência e adquirem uma profissão. Há **faculdades** de medicina, de arquitetura, de matemática etc. **3** Também é **faculdade** o lugar onde há esse curso. *Raul vai de ônibus para a **faculdade**.*

fada (fa-da) *subst.fem.* Nas histórias, mulher, geralmente boa, que tem poderes mágicos e pode mudar o destino das pessoas.

fagulha (fa-gu-lha) *subst.fem.* É o mesmo que faísca.

faísca ► (fa-ís-ca) *subst.fem.* Pedacinho de fogo que se solta de algo que está queimando ou do atrito entre dois objetos. *Não fique muito perto da fogueira por causa das **faíscas**.* [Sinôn.: *fagulha.*]

→ Antigamente, para se fazer fogo era preciso esfregar muito dois pedaços de madeira ou de pedra até eles soltarem **faísca**.

faixa (fai-xa) *subst.fem.* **1** Pedaço de qualquer material, mais comprido do que largo, que tem muitas utilidades. *O vestido de Ilma tinha uma linda **faixa** rosa na cintura. Na porta da escola uma **faixa** informava o período de matrículas.* **2** Pedaço de terra comprido e estreito. *A praia era só uma **faixa** de areia.* **3** Cada uma das músicas de um *CD* também é uma **faixa**. **faixa de pedestres** Parte da rua em que os pedestres devem atravessar. A **faixa de pedestres** é um grupo de linhas pintadas no chão e geralmente fica perto de um sinal. ☛ Ver ilustração na p. 484.

fala (fa-la) *subst.fem.* **1** Capacidade humana de emitir sons e se expressar por palavras. *O acidente prejudicou sua **fala**.* **2** Discurso em público. *O programa foi interrompido para transmitir a **fala** do presidente.* **3** Cada trecho de um texto dito por um ator. *Gilda esqueceu a sua **fala** e teve de improvisar.*

falar (fa-lar) *verbo* **1** Expressar-se por palavras, comunicando-se em sua própria língua ou em outra. *Meu sobrinho já está começando a **falar**. Em casa eles **falam** francês; nos outros lugares, português.* **2** Expor os pensamentos, manter uma conversa, um diálogo. *Achamos melhor **falar** com os donos da casa.* ~ **falante** *adj.masc.fem. subst.masc.fem.*

falatório (fa-la-tó-rio) *subst.masc.* **1** Barulho de muitas vozes. *Não conseguimos dormir com este **falatório**.* **2** Conversa longa e sem importância. *Depois de todo este **falatório**, foi embora e não resolveu nada.* **3** Comentário maldoso repetido por um grupo de pessoas. *A festa nem acabou e o **falatório** já começou.*

falecer (fa-le-cer) *verbo* Deixar de viver. [Sinôn.: *morrer.*] ~ **falecimento** *subst.masc.*

falência (fa-lên-cia) *subst.fem.* Um comércio vai à **falência** quando o dono não consegue pagar suas dívidas.

falha (fa-lha) *subst.fem.* **1** Defeito que pode ocorrer em máquinas, aparelhos etc. *Houve uma **falha** no motor do avião.* **2** Quando há uma **falha**, há erro ou alguma coisa deixou de ser feita. *Não ter ninguém para esperar o Caio foi uma **falha** nossa. O advogado descobriu uma **falha** no contrato da casa.* **3** Grande rachadura ou fenda que se abre num rochedo.

falhar (fa-lhar) *verbo* **1** Você **falha** quando tenta fazer uma coisa e não consegue. *Nossa ideia de fazer uma surpresa **falhou**.* **2** Funcionar mal ou não funcionar. *O telefone está **falhando**.*

falsificar (fal-si-fi-car) *verbo* Modificar ou imitar o que é original para fazer parecer verdadeiro. *O bandido **falsificou** notas de 50 reais.* ~ **falsificação** *subst.fem.*

falso (fal-so) *adj.* **1** Algo **falso** não corresponde à verdade ou não é verdadeiro. *Ninguém acreditará numa história tão **falsa** como esta. Usava um bigode **falso** e uma peruca como disfarce.* **2** Um produto **falso**

tenta imitar o original. *O bandido usou um documento **falso**.* 3 Uma pessoa **falsa** não demonstra seus verdadeiros sentimentos ou pensamentos. *Por que você considera minha amiga **falsa**?* [Antôn. geral: *verdadeiro*.]

falta (fal-ta) *subst.fem.* **1** Quando há pouca ou nenhuma existência de algo, dizemos que há **falta** disso. *Levei um susto e fiquei com **falta** de ar. A **falta** de vitaminas enfraquece o organismo.* **2** Sentimos **falta** de alguém ou de algo quando ele não está onde deveria ou onde procuramos. *Está havendo muitas **faltas** nesta turma. Senti **falta** da tesoura, você sabe onde ela está?* **3** ESP Desobediência a alguma regra do jogo. *O jogador cometeu uma **falta** e o juiz viu.*

faltar (fal-tar) *verbo* **1** Não estar presente onde e quando deveria estar. *Os alunos que **faltaram** entregarão o trabalho na próxima aula.* [Antôn.: *comparecer*.] **2** Não existir ou haver menos do que deveria. *Hoje **faltou** água no prédio.* [Antôn.: *sobrar*.] **3** Deixar de cumprir um compromisso, promessa etc. *Rodolfo **faltou** com o juramento que fez ao irmão.* **4** Ainda sobrar ou restar tempo. *Calma, **faltam** duas horas para terminar o prazo. **Faltam** dez dias para o carnaval.*

fama (fa-ma) *subst.fem.* **1** Ter **fama** é ser muito conhecido e admirado. *O cantor queria alcançar a **fama**.* **2** Reconhecimento que uma pessoa recebe pelas suas atitudes, boas ou ruins. *Joaquim tem **fama** de ser um bom menino. Soraia tem **fama** de ser muito fofoqueira.*

família (fa-mí-lia) *subst.fem.* **1** Conjunto de pessoas que vivem na mesma casa e estão ligadas umas às outras, geralmente, por laços de sangue, como os que unem pais e filhos. **2** Grupo de pessoas que são parentes mas nem sempre moram na mesma casa. Seus tios, primos e avós são parte da sua **família**.

familiar (fa-mi-li-ar) *adj.masc.fem.* **1** O que é **familiar** é da família. O relacionamento **familiar**, por exemplo, é aquele que acontece entre as pessoas da família. **2** Também é **familiar** o que nós já conhecemos ou sabemos como é. *A voz de Daniela parecia **familiar**.* [Antôn.: *estranho*.] *subst.masc.* **3** É o mesmo que parente. [Pl.: *familiares*.]

faminto (fa-min-to) *adj.* É o mesmo que esfomeado.

famoso (fa-mo-so) \ô\ *adj.* **1** Quem tem fama é **famoso**. *Esse quadro é daquele **famoso** pintor.* **2** Algo **famoso** é fora do comum, é muito diferente. *Tatiana vai servir seu **famoso** bolo de chocolate.*

fantasia (fan-ta-si-a) *subst.fem.* **1** Capacidade de criar coisas que não existem usando a imaginação. *A **fantasia** das crianças não tem limites.* **2** Tudo o que se criou pela imaginação. *As fadas e os duendes são **fantasias**.* **3** Roupa que faz você parecer uma coisa que não é de verdade. *No carnaval, Jaime usou uma **fantasia** de pirata.* ~ **fantasiar** *verbo*

fantasma (fan-tas-ma) *subst.masc.* **1** É o mesmo que assombração. *Há muitos **fantasmas** em filmes de terror.* **2** Uma situação que preocupa muito também é chamada de **fantasma**. *Perdeu o sono pensando no **fantasma** do desemprego.*

fantástico (fan-tás-ti-co) *adj.* **1** O que é **fantástico** só existe na imaginação. *Fadas e duendes são seres **fantásticos**.* [Antôn.: *real*.] **2** É o mesmo que extraordinário. *Eduardo teve uma ideia **fantástica**.*

fantoche ◄ (fan-to-che) *subst.masc.* Boneco com cabeça de material leve e corpo feito por um tecido que serve de roupa. Para fazer o **fantoche** se mexer coloca-se a mão por dentro desse tecido.

faqueiro (fa-quei-ro) *subst.masc.* **1** Conjunto completo de talheres. *Só usamos o **faqueiro** de prata em dias de festa.* **2** Estojo para guardar talheres. *Não cabe nem mais uma colherzinha neste **faqueiro**.*

faraó (fa-ra-ó) *subst.masc.* Os reis do antigo Egito eram chamados de **faraós**.

farda (far-da) *subst.fem.* Uniforme usado por militares.

farejar (fa-re-jar) *verbo* **1** Seguir algo deixando-se levar pelo faro ou pelo cheiro. *Meu cachorro gosta de **farejar** o caminho do prédio até a praça.* **2** Procurar seguindo pistas, vestígios. *O detetive solucionou o crime ao **farejar** os rastros do assassino.*

farelo (fa-re-lo) *subst.masc.* Resíduo de pão, biscoito, cereais etc. *Por favor, limpe o **farelo** que caiu na mesa.*

faringe (fa-rin-ge) *subst.fem.* ANAT Canal que vai do fundo da boca até a laringe e o esôfago.

farinha (fa-ri-nha) *subst.fem.* Pó que é obtido quando se moem alimentos como trigo, mandioca, milho etc. *Para seu bolo ficar gostoso, use uma boa **farinha** de trigo.*

farmácia (far-má-cia) *subst.fem.* **1** Parte da medicina que estuda o preparo de medicamentos. **2** Lugar onde são vendidos remédios e produtos de higiene. Algumas **farmácias** também preparam medicamentos. [Sinôn.: *drogaria.*]

faro (fa-ro) *subst.masc.* **1** Animais percebem o cheiro pelo **faro**. **2** **Faro** também é o mesmo que intuição. *Percebi pelo **faro** que aquilo ali ia acabar em confusão.*

farofa (fa-ro-fa) *subst.fem.* CUL Farinha de mandioca torrada em gordura, manteiga etc., geralmente enriquecida com ovos, linguiça, banana etc.

farol (fa-rol) *subst.masc.* **1** Torre com foco de luz capaz de alcançar longas distâncias, geralmente localizada à beira-mar. Os **faróis** orientam a navegação marítima e aérea. *Durante a tempestade, o piloto do avião se orientou pela luz do **farol**.* ☛ Ver ilustração na p. 488. **2** Cada uma das lanternas dianteiras de um automóvel. *Na placa estava o aviso aos motoristas: na neblina, acenda os **faróis**.* **3** **Farol** também é o nome dado ao semáforo em São Paulo. [Pl.: *faróis.*]

farpa (far-pa) *subst.fem.* Pequena lasca, geralmente de madeira, que entra na pele por acidente. *Ai! Entrou uma **farpa** no meu dedo.*

farra (far-ra) *subst.fem.* **1** Festa com muita dança, comida, bebida e diversão. *As crianças fizeram uma **farra** no aniversário do Miguel.* [Sinôn.: *folia.*] **2** *informal* Algo que não é dito ou feito a sério, é de brincadeira. *Ela falava mal da irmã só por **farra**.*

fase (fa-se) *subst.fem.* **1** Numa coisa que tem princípio, meio e fim, **fase** é cada parte desse desenvolvimento. *A gripe da Joana já passou da pior **fase**.* **2** Chamamos de **fases** da Lua cada uma das formas que ela toma no céu, iluminada pelo Sol e escondida pela sombra da Terra.

fatal (fa-tal) *adj.masc.fem.* **1** O que é **fatal** causa a morte de alguém. *Acidentes **fatais** ocorrem todo dia.* [Sinôn.: *mortal.*] **2** O que tem consequências muito ruins também é **fatal**. *O tornado foi **fatal** para o turismo na ilha.* [Pl.: *fatais.*]

fatia (fa-ti-a) *subst.fem.* Pedaço, geralmente fino, cortado de qualquer alimento, como por exemplo um bolo, uma fruta, um sanduíche etc.

fato (fa-to) *subst.masc.* **1** O que acontece, aconteceu ou está para acontecer é um **fato**. *Os **fatos** provam a sua inocência.* **2** O que existe realmente. *A dedicação da professora é um **fato** inegável.* **de fato** Realmente. ***De fato**, ninguém sabe direito o que aconteceu.*

fator (fa-tor) \ô\ *subst.masc.* **1** MAT Número que vai ser multiplicado em uma operação matemática. *A ordem dos **fatores** não altera o produto.* **2** O que contribui para se chegar a um resultado. *Quais são os **fatores** responsáveis pelo surto de dengue?* [Pl.: *fatores.*]

fauna (fau-na) *subst.fem.* Conjunto de animais próprios de uma região, de uma época ou de um meio ambiente específico. *O peixe-boi, o jacaré e o pirarucu fazem parte da **fauna** amazônica.*

favela (fa-ve-la) *subst.fem.* Conjunto de habitações pobres, geralmente construídas sem planejamento, em áreas sem saneamento básico.

favo (fa-vo) *subst.masc.* **1** Conjunto de pequenos compartimentos onde as abelhas depositam o mel. **2** Também é chamado de **favo** cada um desses compartimentos.

favor (fa-vor) \ô\ *subst.masc.* **1** O que fazemos a alguém sem ter obrigação ou sem pedir nada em troca. *Manuela fez o **favor** de levar seu irmão para o futebol.* **2** Quem age a **favor** de alguém está do lado dessa pessoa, ajudando-a. Uma decisão a **favor** é boa para quem a recebe. *Na reunião, o chefe falou em **favor** do funcionário.* **por favor** Expressão de gentileza, usada para pedir alguma coisa, por exemplo, uma informação. ***Por favor**, você sabe onde fica a rua Cinco de Maio?* [Pl.: *favores.*]

favorável (fa-vo-rá-vel) *adj.masc.fem.* **1** O que é **favorável** traz vantagem, benefício, ajuda. *A prova foi **favorável** aos alunos em recuperação.* **2** Uma atitude, decisão, postura etc. **favorável** a algo está de acordo com isso ou a favor disso. *O chefe é*

***favorável** à nossa proposta. A decisão do juiz foi **favorável** ao réu.* [Antôn.: *contrário*.] [Pl.: *favoráveis*.]

favorecer (fa-vo-re-cer) *verbo* **1** Mostrar o que alguma coisa tem de melhor. *A sombra azul vai **favorecer** a cor dos seus olhos.* **2** Ser mais atencioso ou dar mais proteção a uma pessoa que a outra. *O treinador **favoreceu** o atleta mais novo.* **3** Contribuir para alguma coisa ou torná-la mais fácil de fazer. *Ter uma boa alimentação **favorece** o crescimento.*

favorito (fa-vo-ri-to) *subst.masc.* **1** Quem tem a proteção de alguém muito poderoso. *Ele era o **favorito** do rei.* **2** Concorrente que tem mais chance de vencer uma competição esportiva. *Júlio César era o **favorito** para ganhar a corrida.* *adj.* **3** Aquele que é **favorito** é preferido, agrada mais que os outros. *Qual é o seu carro **favorito**?*

fax \cs\ *subst.masc.* **1** Aparelho, parecido com um telefone, usado para enviar ou receber cópia de um documento. **2** Documento transmitido por esse aparelho. [Pl.: *faxes*.]

faxina (fa-xi-na) *subst.fem.* Limpeza geral. *A casa precisa de uma **faxina**, está imunda.* ~ **faxineiro** *subst. masc.*

fazenda (fa-zen-da) *subst.fem.* **1** Grande propriedade rural onde há uma lavoura e uma criação de animais, geralmente de gados. *Muitos bichos vivem nesta **fazenda**.* [Dimin.: *fazendola*.] **2** Pano, tecido. *Sandra comprou uma **fazenda** para fazer um vestido.*

fazendeiro (fa-zen-dei-ro) *subst.masc.* Pessoa que cuida de uma fazenda ou é o seu dono.

fazer (fa-zer) *verbo* **1** Agir, comportar-se. ***Faça** como ele, estude.* **2** Pôr em ordem, arrumar. *Ada **fez** a cama.* [Antôn.: *desfazer*.] **3** Completar, atingir. *Fred **fez** 12 anos em dezembro.* **4** Fabricar, produzir, preparar. *A mãe do Bob **faz** roupas. Ela também **faz** bolos.* **5** Construir, erguer. *Vamos **fazer** uma casa aqui.* [Antôn.: *demolir*.] **6** Dar origem, criar. *Deus **fez** todos os seres.* [Antôn.: *extinguir*.] **7** Estudar algo ou ter uma atividade. *Meu irmão **faz** medicina.* **8** Completar um tempo. *Já **faz** uma hora que ele sumiu.* **9** Cumprir, executar. *Já **fiz** os deveres de casa.* **10** Fingir, enganar. *Clara **faz** que não escuta.* **11** Constituir, compor. *Os móveis desta sala **fazem** um conjunto harmônico.* **12** Obrigar, forçar a alguma coisa. *O frio **fez** os meus dentes baterem.* **13** Causar, produzir um efeito. *Suas atitudes **fizeram** mal ao país.* [Antôn.: *evitar*.] **14** Pôr em prática, praticar. ***Fazer** o bem é coisa de gente boa.* **15** Constituir, ser. *As praias **fazem** a alegria do nosso país.* **16** Transformar, tornar. *Ele **fez** do filho um herói.* **17** Vender algo a um preço razoável a alguém. ***Faço** este colar a 20 reais para você.*

fé *subst.fem.* **1** Crença religiosa. **2** Ter fé em alguém ou em alguma coisa é acreditar e confiar nessa pessoa ou coisa. *Todos tinham muita **fé** na nova direção.*

febre (fe-bre) *subst.fem.* **1** Se você tem **febre**, a sua temperatura está mais alta que o comum porque você está doente. **2** **Febre** também é uma vontade forte de possuir algo. *O coronel tinha **febre** de dinheiro e poder.* **3** Algo que vira moda ou mania entre as pessoas também é chamado de **febre**. *Esses carrinhos viraram uma **febre** na escola.* **febre amarela** MED Doença que provoca febre, mal-estar e deixa a pessoa amarelada. A **febre amarela** é transmitida por um mosquito.

→ A temperatura comum dos seres humanos é entre 36°C e 37°C. Quando o nosso corpo está com mais de 37,5°C, estamos com **febre**. Como sabemos a nossa temperatura? Normalmente, medimos com um termômetro.

fechado (fe-cha-do) *adj.* **1** Algo **fechado** impede a passagem de luz, ar etc. *Mantenha os olhos **fechados** e respire fundo.* **2** Um local **fechado** é um local em que não se pode entrar ou de onde não se pode sair. *Com as portas **fechadas** ficamos mais protegidos.* **3** O que está **fechado** não está funcionando. *Era domingo, Márcia encontrou as lojas **fechadas**.* **4** GRAM Um som é **fechado** quando nossa língua fica mais levantada na pronúncia, como o segundo "o" de "vovô". **5** Alguém **fechado** é tímido, não tem facilidade para se comunicar. *É um menino **fechado**, ainda não o conhecemos bem.* [Antôn. de 1 a 3: *aberto*.]

fechadura (fe-cha-du-ra) *subst.fem.* Peça de metal que, com o auxílio de uma chave, abre e fecha portas, gavetas, malas, cadeados etc.

fechar (fe-char) *verbo* **1** Cobrir uma abertura, buraco, passagem etc. *Vamos **fechar** a entrada do poço.* **2** **Fechar** o trânsito é impedir a passagem de veículos por determinadas ruas, avenidas etc.

A B C D E F G H I J K L M N O P Q R S T U V W X Y Z

O bloco de carnaval ***fechou*** *a avenida enquanto desfilava.* **3** Unir duas ou mais extremidades de modo que não passe luz, ar etc. ***Feche*** *os olhos e tente dormir.* ***Fechem*** *as cortinas da sala para o sol não entrar.* **4** Interromper a corrente de energia, a água, o gás etc. ***Feche*** *a torneira de água fria.* **5** Deixar de funcionar por um tempo ou para sempre. *Aos sábados esta farmácia* ***fecha*** *mais cedo. Várias lojas do bairro* ***fecharam***. **6** Quando o semáforo **fecha**, os pedestres ou os veículos não podem passar. *Espere o sinal* ***fechar*** *para atravessar.* **7** Concluir ou terminar algo. *Vou* ***fechar*** *a redação com um poema.* [Antôn. geral: *abrir.*]

fecho ► (fe-cho) \ê\ *subst.masc.* O que é usado para fechar é um **fecho**. *O* ***fecho*** *da janela quebrou.* **fecho ecler** Fecho com duas filas de dentes que se juntam ou se separam quando são puxados por uma pecinha. [Sinôn.: *zíper.*]

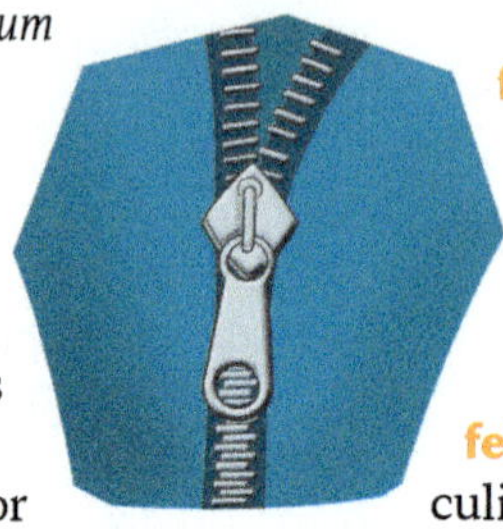
Fecho ecler

→ A palavra ecler (usada na locução **fecho ecler**) é uma adaptação da palavra francesa *éclair*, que quer dizer "claridade, luz; relâmpago". Os **fechos ecleres** ganharam esse nome porque são fechados e abertos rapidamente, como um relâmpago riscando o céu.

fecundação ►(fe-cun-da-ção) *subst.fem.* BIO União entre uma célula de reprodução feminina e outra masculina, formando um novo organismo. [Pl.: *fecundações.*]

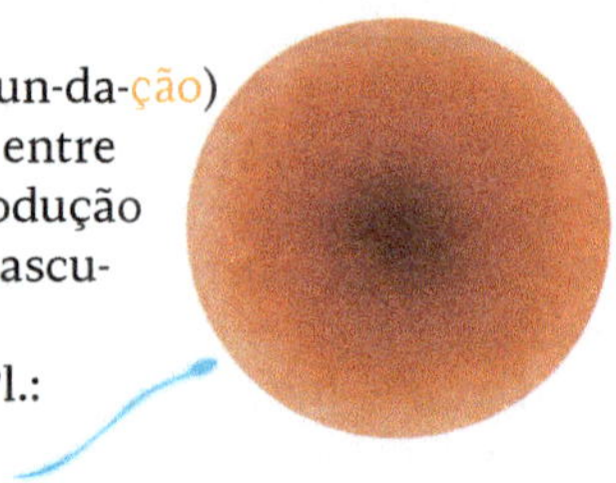

→ A **fecundação** pode ocorrer dentro do corpo das fêmeas, como no caso das mulheres, ou no meio ambiente, como no caso da maioria dos peixes, em que o encontro do óvulo com o espermatozoide se dá na água.

fecundar (fe-cun-dar) *verbo* **1** Realizar a fecundação das células de reprodução. *O galo* ***fecundou*** *poucas galinhas.* **2** **Fecundar** também é tornar capaz de produzir. *A chuva é necessária para* ***fecundar*** *a terra.*

feder (fe-der) *verbo* Ter cheiro ruim.

federal (fe-de-ral) *adj.masc.fem.* **Federal** está relacionado a todos os estados de um país. O governo **federal** administra o país inteiro. *Um deputado* ***federal*** *representa os cidadãos de um país. Uma estrada* ***federal*** *atravessa vários estados do país.* [Pl.: *federais.*]

fedor (fe-dor) \ô\ *subst.masc.* Mau cheiro. [Antôn.: *aroma, perfume.* Pl.: *fedores.*]

fedorento (fe-do-ren-to) *adj.* O que é **fedorento** tem um cheiro ruim, desagradável. *Lave esse tênis porque ele está* ***fedorento***.

feijão (fei-jão) *subst.masc.* **1** Vagem cheia de sementes comestíveis. **2** Essas sementes, cozidas e temperadas, usadas como alimento. *Adoro* ***feijão*** *com arroz.* [Pl.: *feijões.*] ~ **feijoeiro** *subst.masc.*

feijoada (fei-jo-a-da) *subst.fem.* CUL Prato da culinária brasileira, preparado com feijão, carne de porco, linguiça etc.

feio (fei-o) *adj.* **1** O que é **feio** não agrada determinados padrões de beleza. *Achei o vestido* ***feio***, *mas ficou lindo nela.* **2** Um dia **feio** é um dia sem sol, cheio de nuvens, parecendo que vai chover. *Há três dias está este tempo* ***feio***. **3** Sem educação, com modo grosseiro. *Teve um comportamento muito* ***feio*** *na festa.* **4** Difícil de suportar ou muito grave. *O animal estava com uma ferida* ***feia*** *na perna.* **fazer feio** *informal* Ter mau desempenho ou agir mal. *Se não estudar, vai* ***fazer feio*** *na prova.* [Antôn. para 1, 2 e 3: *bonito.*]

feira (fei-ra) *subst.fem.* **1** Local com muitas barracas com diferentes produtos, por exemplo, frutas, hortaliças, peixes. A **feira** é geralmente montada nas ruas, ao ar livre. **2** Exposição que reúne muitos vendedores de produtos ou serviços. Uma **feira** pode ser de gado, de livro, de moda etc.

Feira vem da palavra latina *feriae*, que quer dizer "dias de festa", a mesma que deu origem ao português "férias". Ainda no latim, ela passou a significar "mercado, feira" porque, nos dias de festas religiosas, havia um pequeno comércio no local da festa. Assim, junto com as festas nasceram as feiras.

feitiço (fei-ti-ço) *subst.masc.* É o mesmo que bruxaria.

feitio (fei-ti-o) *subst.masc.* **1** Aparência de algo. *O chapéu tem o **feitio** de um barco.* [Sinôn.: *forma.*] **2** Modo de agir e pensar. *Mentir não é do **feitio** de Eliete.*

feito (fei-to) *adj.* **1** Formado de algo. *Os móveis **feitos** de madeira duram muito.* **2** Pronto para ser utilizado ou consumido. *O prato **feito** custa dez reais.* *conjunção* **3** Do mesmo modo que. *O motorista corria **feito** louco e quase atropelou um ciclista.* **bem feito** Dizemos **bem feito** quando achamos justo um castigo ou um mal sofrido por uma pessoa. ***Bem feito!*** *Quem mandou reclamar?* ☛ Não confundir com *bem-feito.*

feixe (fei-xe) *subst.masc.* Feixe é um grupo de coisas juntas, geralmente amarradas. Podemos fazer, por exemplo, **feixes** de lenha ou de fios trançados, como os de uma corda.

fel *subst.masc.* **1** Líquido de cor entre o amarelo e o verde que sai do fígado. O **fel** ajuda na digestão. **2** Sabor amargo. *O remédio era puro **fel**.* [Pl.: *féis, feles.*]

felicidade (fe-li-ci-da-de) *subst.fem.* **1** Sentimento de quem está contente, alegre, feliz. *Quando a **felicidade** vai embora, vem a tristeza.* **2** Coisa que causa esse sentimento. *Para a Laura é uma **felicidade** voltar à cidade em que nasceu.* **3** Quando alguém faz anos, desejamos-lhe **felicidades** como um cumprimento gentil. [Antôn. para 1 e 2: *infelicidade.*]

felino ▼ (fe-li-no) *subst.masc.* Nome dado aos mamíferos carnívoros, ágeis para saltar, como o gato, a onça-pintada e o leão. Os **felinos** têm cabeça arredondada, focinho curto, dentes caninos grandes, unhas afiadas e cauda comprida. ☛ Esta palavra pode ser usada como adj.: *animal **felino**.*

feliz (fe-liz) *adj.masc.fem.* **1** Quem está **feliz** está contente, alegre, sorrindo muito. *A Nora vive **feliz**, brincando e rindo.* **2** Uma coisa **feliz** nos traz contentamento e satisfação. *Passamos ontem uma tarde **feliz** no parque.* **3** Uma ideia **feliz** é correta, boa, adequada. *Sara teve a **feliz** ideia de trazer o guarda-chuva.* [Antôn. geral: *infeliz.* Pl.: *felizes.* Superl. absol.: *felicíssimo.*]

felizmente (fe-liz-men-te) *advérbio* Usamos **felizmente** quando achamos que um fato aconteceu para a felicidade, a sorte ou o bem de alguém. *Nós faltamos, **felizmente** ele também.* [Antôn.: *infelizmente.*]

feltro (fel-tro) \ê\ *subst.masc.* Tecido feito de lã ou pelo, geralmente usado para fabricar roupas e acessórios para o tempo frio, como casacos e chapéus.

fêmea (fê-mea) *subst.fem.* **1** Animal do sexo feminino. *A **fêmea** do cão é a cadela.* [Masc.: *macho.*] **2** Ser humano do sexo feminino. [Sinôn.: *mulher.* Masc.: *homem.*]

fêmeo (fê-meo) *adj.* Um animal **fêmeo** é um animal do sexo feminino. *O zoológico tem duas cegonhas **fêmeas**.* [Masc.: *macho.*]

feminino (fe-mi-ni-no) *adj.* **1** **Feminino** quer dizer relacionado à mulher. Banheiro **feminino** é o banheiro próprio para as mulheres usarem. Time **feminino** é um time composto só de mulheres. *subst.masc.* **2** GRAM Algumas palavras da nossa língua têm **feminino**. O **feminino** da palavra "ator" é "atriz", e o de "menino" é "menina".

→ O que faz um ser vivo ser do sexo **feminino** é o fato de ele ter ovário. Por isso, além das pessoas e dos animais, flores também podem ser **femininas**. A aboboreira, por exemplo, tem flores **femininas** e masculinas. Quando ocorre a fecundação, a flor **feminina** murcha e dá origem ao fruto, a abóbora.

fêmur (fê-mur) *subst.masc.* ANAT Osso comprido da perna, acima do joelho. [Pl.: *fêmures.*]

fenda (fen-da) *subst.fem.* Qualquer abertura estreita e longa. *Havia uma **fenda** na parede de onde podíamos observar tudo. O vestido da atriz tinha uma **fenda** lateral.*

fenômeno (fe-nô-me-no) *subst.masc.* **1** Qualquer fato, da natureza ou não, que pode ser observado. *A chuva, o eclipse e os furacões são exemplos de **fenômenos** naturais.* **2** Um fato muito especial, que não acontece sempre, também é um **fenômeno**. *O livro foi um **fenômeno** de vendas.* **3** Indivíduo que possui qualidades raras. *Há jogadores que são **fenômenos** do futebol.*

fera (fe-ra) *subst.fem.* **1** Animal muito feroz. **2** Uma pessoa muito brava também é uma **fera**. *O novo diretor é uma **fera**, vamos tomar cuidado.* **3** *informal* Quem é muito bom no que faz é chamado de **fera**. *Isabel é uma das **feras** da nossa classe.*

feriado (fe-ri-a-do) *subst.masc.* Dia especial em que a gente lembra algum fato ou alguma pessoa importante. Nos **feriados**, não há aula e muita gente não trabalha. *Sete de setembro e 21 de abril são **feriados** nacionais.*

férias (fé-rias) *subst.fem.pl.* Período de descanso em que não se precisa ir à escola ou ao trabalho. *Rafael e Cacau se divertiram muito nas **férias**.*

ferida (fe-ri-da) *subst.fem.* **1** É o mesmo que ferimento. **2** Aquilo que causa tristeza ou mágoa. *A briga dos irmãos é a **ferida** daquela família.*

ferimento (fe-ri-men-to) *subst.masc.* Machucado provocado por arranhão, corte ou pancada. [Sinôn.: *ferida*.]

ferir (fe-rir) *verbo* **1** Provocar ferimento em alguém. *Um pedaço de vidro **feriu** o pé de Lúcio. Sandra **feriu**-se no acidente.* **2** Causar tristeza, sofrimento. *As palavras duras do amigo **feriram** Isabela.* [Sinôn.: *magoar, ofender*.] **3** Se algo **fere** sua crença, seus princípios ou sua consciência, vai contra eles. *Mentir **fere** as regras da nossa família.* [Sinôn. para 1 e 2: *machucar*.]

fermento (fer-men-to) *subst.masc.* Substância que se coloca na massa de pães, bolos, biscoitos etc. para que ela aumente de volume.

feroz (fe-roz) *adj.masc.fem.* **1** Um animal **feroz** pode atacar e ferir. *O leão é um animal **feroz**.* **2** **Feroz** também é o que dá medo, porque é cruel ou porque é muito bravo. *O adversário tinha um olhar **feroz**.* [Pl.: *ferozes*. Superl.absol.: *ferocíssimo*.]

ferradura (fer-ra-du-ra) *subst.fem.* Peça de ferro com a forma da letra U que é presa sob o casco de cavalos, jumentos e burros.

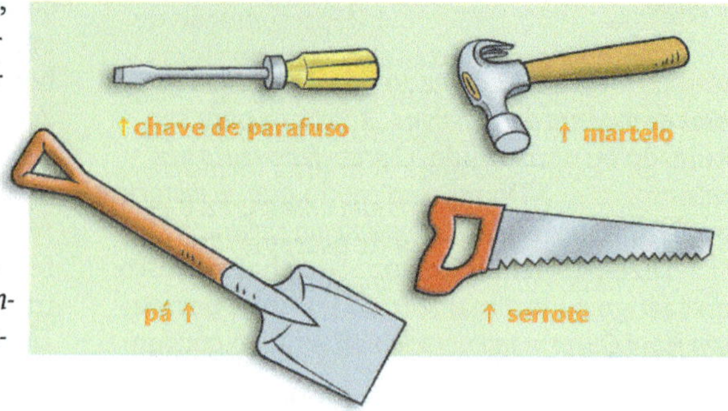

ferramenta ▲ (fer-ra-men-ta) *subst.fem.* Objeto que você usa para fazer um trabalho, geralmente com as mãos.

ferrão (fer-rão) *subst.masc.* Parte bem pontuda do corpo de certos animais, como marimbondos, abelhas e escorpiões, usada para atacar ou para se defender. [Pl.: *ferrões*.]

ferreiro (fer-rei-ro) *subst.masc.* Pessoa que trabalha transformando pedaços de ferro em objetos como janela, grade ou ferramentas.

ferro (fer-ro) *subst.masc.* **1** Metal cinzento, duro e resistente, bom condutor de calor e flexível quando aquecido em altas temperaturas. O **ferro** é um dos metais mais encontrados na natureza e é muito usado na construção de pontes, máquinas, ferramentas etc. *Aluguei um filme sobre o trabalho em minas de **ferro**.* **2** Utensílio usado para passar roupa. *Usei o **ferro** para alisar a gola da camisa.* **de ferro** *informal* Dizemos que algo ou alguém é **de ferro** quando é muito resistente ou tem muita energia. *Pedro tem uma saúde **de ferro**, nunca fica doente.*

ferro-velho (fer-ro - ve-lho) *subst.masc.* **1** Depósito de materiais que não têm mais utilidade, mas que podem ser desmanchados e vendidos. Os objetos que vão para o **ferro-velho** geralmente são de metal ou ferro, como fogões, bicicletas ou peças de carro. **2** Qualquer coisa que não tenha mais uso ou que esteja em más condições de uso. *Nossa televisão já virou um **ferro-velho**.* [Pl.: *ferros-velhos*.]

ferrovia (fer-ro-vi-a) *subst.fem.* **1** Caminho de trilhos sobre os quais os trens circulam. *Algumas*

***ferrovias** são utilizadas para transporte de minérios.* [Sinôn.: *estrada de ferro.*] **2** Empresa que administra esse sistema de transporte. *Meu avô trabalhou 30 anos numa **ferrovia**.*

ferrugem (fer-ru-gem) *subst.fem.* Camada marrom que aparece em cima dos objetos de ferro e gasta o ferro aos poucos. A **ferrugem** aparece quando os objetos ficam expostos à umidade. [Pl.: *ferrugens.*]

fértil (fér-til) *adj.masc.fem.* **1** Um solo **fértil** é bom para plantar porque ele faz as plantas crescerem mais e bem fortes. **2** Um animal **fértil** pode gerar filhotes. [Pl.: *férteis.*] ~ **fertilizante** *subst.masc.* **fertilizar** *verbo*

ferver (fer-ver) *verbo* **1** Aquecer um líquido até que ele comece a formar bolhas e a evaporar. *Quando o leite começar a **ferver**, apague o fogo.* **2** Cozinhar utensílios até que estejam livres de germes e bactérias. *Você já **ferveu** as mamadeiras e as chupetas?* **3** *informal* Agitar-se ou ficar tão nervoso como se estivesse muito quente por dentro. *Quando vejo uma injustiça, parece que meu sangue **ferve**.*

festa (fes-ta) *subst.fem.* **1** Reunião de um grupo de pessoas que, juntas, comemoram algo, como aniversário, formatura, vitória etc. Nas **festas** geralmente temos comida, bebida e música animada. *A **festa** de aniversário da Fernanda será no próximo sábado.* **2** Uma cerimônia religiosa também é uma festa. *Na **festa** de Santo Antônio houve uma procissão.*

festejar (fes-te-jar) *verbo* Quando comemoramos algo com uma festa, estamos **festejando**. *Todos queriam **festejar** o Natal.*

festival (fes-ti-val) *subst.masc.* **1** Uma grande festa é um **festival**. **2** Evento artístico que geralmente envolve competições entre artistas, músicos, filmes etc. *Estela participou do último **festival** da canção no seu clube.* [Pl.: *festivais.*]

feto (fe-to) *subst.masc.* BIO Ser humano ou animal antes de nascer. O **feto** é um indivíduo em desenvolvimento, dentro ou fora do corpo de sua mãe, que já tem as formas da sua espécie.

fevereiro (fe-ve-rei-ro) *subst.masc.* Segundo mês do ano, entre janeiro e março. **Fevereiro** tem 28 dias, a não ser nos anos bissextos, quando tem 29 dias.

fezes (fe-zes) *subst.fem.pl.* Matérias sólidas eliminadas pelos intestinos dos humanos ou dos animais. [Sinôn.: *cocô, excremento.*]

fiado (fi-a-do) *advérbio* Quem vende **fiado** deixa o comprador pagar depois. ☛ Esta palavra pode ser usada como adj.: *compra **fiada**.*

fibra (fi-bra) *subst.fem.* **1** Cada um dos fios que formam os tecidos vegetais e animais. A casca do coco e os músculos são formados por **fibras**. *Este lençol é feito de **fibras** de algodão.* **2** **Fibra** também quer dizer a força de vontade ou a coragem. *Era um atleta de **fibra**, pois, mesmo com dor, continuou jogando.*

ficar (fi-car) *verbo* **1** Assumir o compromisso de fazer algo. *O chefe **ficou** de passar seu endereço por e-mail.* **2** Adotar certa posição ou estado ou manter-se assim. *Não adianta **ficar** de braços cruzados e esperar tudo se resolver. Todos **ficaram** de pé quando o autor chegou. João **ficou** muito feliz ao encontrar sua namorada.* **3** Estar situado em algum lugar. *Sua casa **fica** na rua das flores?* [Sinôn.: *localizar-se.*] **4** Manter alguma coisa, apesar de as circunstâncias não colaborarem. *O curso terminou mas a amizade entre elas **ficou** para sempre. Choveu muito mas, felizmente, o muro **ficou** em pé.* **5** Adiar ou transferir alguma coisa. *A prova **ficou** para a próxima semana.* **6** Passar a um estado ou situação determinados. *Rute **ficou** gripada de ontem para hoje. O fazendeiro **ficou** na miséria.* **7** *informal* Ter um envolvimento amoroso por pouco tempo e sem compromisso. *Édson **ficou** com uma menina na festa.*

ficção (fic-ção) *subst.fem.* **Ficção** é uma história inventada. Os textos de livros, filmes, novelas e peças de teatro geralmente são **ficções**. **ficção científica** História que fala de progressos científicos imaginários. [Pl.: *ficções.*] ~ **fictício** *adj.*

ficha (fi-cha) *subst.fem.* **1** Folha onde são anotadas informações sobre algo ou alguém. *O médico escreveu na **ficha** a data da próxima consulta. Preencha a **ficha** colocando seu telefone e endereço.* **2** Conjunto das informações contidas nessa folha. *Pela sua **ficha**, soubemos que você é mineiro.* **3** Peça que tem valor de dinheiro, usada em jogos de aposta. *Na última jogada perdi todas as minhas **fichas**.*

fichário (fi-chá-rio) *subst.masc.* **1** Espécie de caderno com argolas que abrem e fecham. Nessas argolas são encaixadas folhas, que podem ser removidas ou acrescentadas. *A capa do meu **fichário** é uma paisagem da mata Atlântica.* **2** Caixa, gaveta etc. usada para guardar fichas com anotações.

fidelidade (fi-de-li-da-de) *subst.fem.* **1** Respeito por aquilo em que se acredita, cumprimento dos compromissos assumidos, dedicação às amizades. *A **fidelidade** é uma qualidade das pessoas sérias.* **2** Exatidão em algo que se faz. *A **fidelidade** desse retrato pintado é impressionante.*

fiel (fi-el) *adj.masc.fem.* **1** A pessoa **fiel** não abandona nem trai os amigos ou os compromissos. [Sinôn.: *confiável.* Superl.absol.: *fidelíssimo.*] *subst.masc.* **2** Pessoa que segue uma religião. *Os **fiéis** se ajoelharam quando o papa entrou.* [Pl.: *fiéis.*]

figa ◢ (fi-ga) *subst.fem.* Objeto que representa um punho com a mão fechada, em que o polegar está colocado entre os dedos indicador e médio. **fazer figa** Afastar a má sorte fazendo com as próprias mãos um sinal em forma desse objeto. *Vamos torcer para ela **fazendo figa**.*

fígado (fí-ga-do) *subst.masc.* ANAT Órgão que fica dentro do abdome, responsável por limpar o sangue e produzir um líquido que auxilia na digestão. ☛ Ver ilustração na p. 478.

figo (fi-go) *subst.masc.* Fruto de polpa comestível, doce e vermelha e de casca em tons de roxo e verde. ~ **figueira** *subst.fem.*

figura (fi-gu-ra) *subst.fem.* **1** Forma exterior de um corpo. *Vimos de longe a **figura** do general.* **2** Uma forma geométrica também é chamada de **figura**. *Devemos colorir de azul as **figuras** com seis lados.* **3** Desenho, ilustração e gravura que representa algo. *Rose adora se distrair com as **figuras** do livrinho.* **4** Pessoa importante na sociedade ou na história de um lugar. *Todas as **figuras** da cidade foram convidadas para o baile.*

figurinha (fi-gu-ri-nha) *subst.fem.* Pequena figura que é vendida em pacotes e geralmente faz parte de um álbum. *Filipe trocou suas **figurinhas** repetidas com Isabela.*

figurino (fi-gu-ri-no) *subst.masc.* **1** Desenho ou modelo de roupa, geralmente feito por profissionais. **2** Conjunto dos modelos de roupa da moda, especiais para uma época ou região. *Está na revista o **figurino** de inverno.* **3** Roupa, traje. *Este **figurino** é perfeito para uma criança.*

fila (fi-la) *subst.fem.* Grupo de pessoas ou coisas dispostas uma do lado da outra, ou uma atrás da outra. *A **fila** para a compra de ingressos para o jogo cruzava o quarteirão. Ninguém gosta de sentar na primeira **fila** do cinema.* **fila indiana** Fila de pessoas organizadas uma atrás da outra. **furar fila** *informal* Em uma fila, passar na frente de outra pessoa, desrespeitando a ordem de chegada.

filé (fi-lé) *subst.masc.* Fatia de carne, sem osso e sem espinha. *Moço, quero um **filé** com batata frita.*

fileira (fi-lei-ra) *subst.fem.* Grupo de pessoas ou coisas arrumadas uma ao lado da outra.

filho (fi-lho) *subst.masc.* Quando um homem e uma mulher têm um bebê, ele é o **filho** deles e eles são os pais desse bebê. Quando crescem, as pessoas não deixam de ser **filhos**.

filhote (fi-lho-te) *subst.masc.* **Filhote** é o nome dado aos animais quando eles ainda têm pouco tempo de vida.

filmar (fil-mar) *verbo* **1** Gravar imagens em um filme. *Vera contratou uma equipe para **filmar** a festa.* **2** Transformar um livro ou uma história em filme também é **filmar**. *O diretor resolveu **filmar** histórias da Bíblia.* ~ **filmagem** *subst.fem.*

filme (fil-me) *subst.masc.* **1** Tira fina coberta por uma substância que se modifica com a luz e que permite a gravação de imagens. Há **filmes** próprios para fotografia e para cinema. **2** O conjunto de imagens gravadas nessa tira e reproduzidas numa tela de cinema ou de tevê também se chama **filme**. *Jorge só assiste a **filmes** engraçados.*

filosofia (fi-lo-so-fi-a) *subst.fem.* Conjunto de estudos que procura explicar valores e conceitos criados pelo homem, como a beleza, a justiça e até mesmo a política, a economia e as religiões. ~ **filosófico** *adj.* **filósofo** *subst.masc.*

A palavra **filosofia** vem do grego *philosophía*, que quer dizer "amor ao conhecimento".

filtrar (fil-trar) *verbo* Passar por um filtro. Quando se **filtra** alguma coisa, ela pode ficar mais limpa ou mais fraca. *É importante **filtrar** a água para beber. As nuvens **filtraram** a luz do Sol.*

filtro (fil-tro) *subst.masc.* **1** **Filtro** é aquilo que você usa para separar o que é sólido do que é líquido ou gasoso. Há **filtros** de papel e de pano para preparar café, **filtros** de pedra para purificar a água de beber, **filtros** para tirar a poeira do ar etc. **2** Recipiente onde fica guardada a água filtrada. *Só bebemos água do **filtro**.* **3** Um **filtro** solar é um produto que diminui a quantidade dos raios do Sol que bate na nossa pele.

fim *subst.masc.* **1** Momento ou lugar em que algo acaba. *O time se esforçou até o **fim** do jogo. Cristiano mora no **fim** da rua.* **2** Última parte de alguma coisa. *O **fim** da piada era muito divertido.* **3** Aquilo que se quer conseguir. *O atleta tem como **fim** ganhar a próxima competição.* [Sinôn.: *objetivo.*] **fim de semana** **Fim de semana** é o sábado e o domingo. [Sinôn. para 1 e 2: *final.* Antôn. para 1 e 2: *começo.* Pl.: *fins.*]

final (fi-nal) *subst.masc.* **1** Parte onde alguma coisa acaba. *O segredo será revelado no **final** do filme.* [Sinôn.: *fim.*] *subst.fem.* **2** Último jogo de um campeonato, em que se conhece o vencedor. *Na **final** do basquete, o estádio estava lotado.* *adj.masc.fem.* **3** O que é **final** está no fim ou pertence à última parte de algo. *Os capítulos **finais** deste livro são emocionantes.* [Pl.: *finais.*]

finalidade (fi-na-li-da-de) *subst.fem.* É o mesmo que objetivo. *Qual é a **finalidade** deste trabalho?*

finalmente (fi-nal-men-te) *advérbio* **1** Por último. *Entraram no carro os três irmãos e, **finalmente**, a mãe.* **2** Depois de muito esforço, muito tempo, muita espera etc. ***Finalmente** as aulas acabaram.*

fingir (fin-gir) *verbo* **Fingir** é enganar alguém imitando uma emoção, uma sensação, uma reação que você na verdade não está tendo. *Celina **fingiu** ter ficado enjoada no carro.* ~ **fingimento** *subst.masc.*

fino (fi-no) *adj.* **1** Um fio **fino** não tem muita espessura, não é grosso. *Só uma linha bem **fina** passa pelo buraco desta agulha.* **2** Leve e com poucas camadas. *Uma cortina **fina** vai deixar a luz entrar.* **3** Uma voz **fina** é uma voz aguda. **4** Uma pessoa **fina** tem boa educação e elegância. **5** Um restaurante **fino** é um restaurante elegante, com serviço de excelente qualidade. *A noiva recebeu muitos presentes **finos**.* [Antôn. de 1 a 4: *grosso.*]

fio (fi-o) *subst.masc.* **1** Pedaço roliço, comprido, fino e flexível feito de vários materiais, naturais ou produzidos pelo homem. Os cabelos têm **fios**, o telefone tem **fio**. **2** Tipo de corda de metal que transporta eletricidade. **3** Uma linha contínua de algo sólido ou líquido também se chama **fio**. *Da torneira saía um **fio** de água.* [Dimin.: *filete.*] **4** Uma faca tem **fio** se estiver cortando bem. **a fio** O que acontece horas **a fio** não para ou quase não é interrompido por horas. *Valentim estudou semanas **a fio** para a prova.* **fio dental** Fio bem resistente que usamos para limpar os dentes.

firma (fir-ma) *subst.fem.* Estabelecimento que se dedica a uma atividade comercial ou industrial e busca ter lucro. [Sinôn.: *empresa.*]

firme (fir-me) *adj.masc.fem.* **1** Algo **firme** não balança ou não se mexe. *Esta prateleira está bem **firme**.* **2** Algo **firme** não muda ou não se altera. *Os candidatos têm opiniões **firmes** sobre a educação. O pescador previu tempo **firme** até amanhã.* [Sinôn. geral: *estável.*] ~ **firmar** *verbo*

firmeza (fir-me-za) \ê\ *subst.fem.* **1** Tem **firmeza** o que é sólido. **2** Quando algo é estável, não balança ou se move com segurança, ele tem **firmeza**. *Segure o livro com **firmeza**. A mesa está sem **firmeza**, precisa de um calço.* **3** Capacidade de decidir com segurança, com coragem. *Senti **firmeza** na disposição do Júlio de nos ajudar.*

fiscal (fis-cal) *subst.masc.fem.* Quem trabalha tomando conta das pessoas ou verificando se as normas e as ordens estão sendo cumpridas. [Pl.: *fiscais.*]

fiscalizar (fis-ca-li-zar) *verbo* **1** Verificar se algo está sendo feito como deveria. *O engenheiro vai* *fiscalizar* a obra amanhã. **2** Observar com muita atenção, controlar ou vigiar. *Luisa quer **fiscalizar** todas as contas da casa.* **3** Trabalhar como fiscal. *Eles vão **fiscalizar** as provas do vestibular.* ~ **fiscalização** *subst.fem.*

física (fí-si-ca) *subst.fem.* Ciência que estuda as leis e características da matéria e da energia que controlam os fenômenos da natureza.

físico (fí-si-co) *adj.* **1** Um fenômeno **físico** diz respeito à física. **2** Quando fazemos um exercício com o corpo, fazemos um exercício **físico**. *Por dois dias, nada de esforço **físico**.* *subst.masc.* **3** Aquele que se formou em física. *Meu filho mais velho é **físico** nuclear.* **4** Conjunto das características externas do corpo. *Para manter este **físico** é preciso muito exercício!*

fisionomia (fi-si-o-no-mi-a) *subst.fem.* **1** Expressão do rosto. *Ilma está com uma **fisionomia** triste desde ontem.* **2** Conjunto de características de um objeto ou de uma situação. *A **fisionomia** da secretária mudou depois que a prefeita assumiu o cargo.*

[1]**fita** (fi-ta) *subst.fem.* **1** Tira fina, geralmente de tecido, que usamos para enfeitar ou amarrar. *Luana prendeu o cabelo com uma **fita**.* **2** Tira fina de qualquer outro material, usada para várias outras coisas. Há, por exemplo, um tipo de **fita** em que se gravam sons e imagens.

Fita vem provavelmente da palavra latina *vitta*, que também quer dizer "faixa, tira".

[2]**fita** (fi-ta) *subst.fem.* O que fazemos para enganar alguém. *O choro de Edite era pura **fita**.*

Fita vem da palavra latina *ficta*, que quer dizer "fingimento".

fivela ► (fi-ve-la) *subst.fem.* Peça, geralmente de metal, presa numa das pontas de um cinto. A **fivela** tem uma haste que entra nos furos da outra ponta.

fixar (fi-xar) \cs\ *verbo* **1** Deixar preso, colado em alguma superfície. *É proibido **fixar** cartazes fora do mural. **Fixei** a cadeira no chão.* **2** Guardar na memória e não se esquecer. *Estudamos a lista até **fixar** todos os nomes.* **3** **Fixar** também significa manter o olhar sobre algo por algum tempo. *Assim que **fixou** os olhos na moça se apaixonou.* **4** Determinar um prazo, uma data. *Hoje, vamos **fixar** as datas das provas.*

fixo (fi-xo) \cs\ *adj.* **1** Algo **fixo** fica preso no lugar em que está. *Alberto usa aparelho **fixo**.* **2** Algo **fixo** permanece o mesmo, não se altera. *Vamos pagar a festa em três prestações **fixas**.* **3** O que é **fixo** fica concentrado só em um ponto. *Vencer era a sua ideia **fixa**. O pescador mantinha o olhar **fixo** no horizonte.* **4** Quem tem um emprego **fixo**, não fica mudando toda hora de atividade.

flagrante (fla-gran-te) *subst.masc.* **1** Registro ou comprovação de uma ação que está sendo feita naquele exato momento. *Depois do **flagrante**, não havia como negar o roubo das joias.* *adj.masc.fem.* **2** Algo **flagrante** é algo que não pode ser negado, pois é muito evidente. *Foi uma injustiça **flagrante** o que fizeram com os trabalhadores.*

flamingo (fla-min-go) *subst.masc.* Ave grande, de pernas e pescoço longos e penas com tons de vermelho e rosa. O **flamingo** vive perto de lagos e lagoas.

flanela (fla-ne-la) *subst.fem.* **1** Tecido macio, leve e com pelo. **2** Pedaço desse tecido, usado para tirar pó ou dar brilho.

flash *subst.masc.* **1** Palavra inglesa que significa estouro de luz usado para fotografar ambientes pouco iluminados. *O **flash** assustou o bebê.* **2** ***Flash*** também é o aparelho que produz esse estouro de luz. *O **flash** estava sem pilha.* Pronuncia-se *fléch*.

flauta (flau-ta) *subst.fem.* MÚS Instrumento musical feito de um tubo oco com furos. Para tocar **flauta**, deve-se soprar pela ponta do tubo, tapando os furos com os dedos, de acordo com as

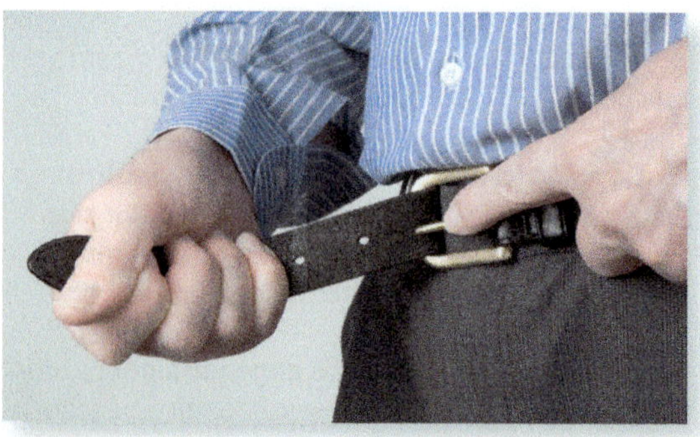

notas que se queira. ☛ Ver ilustração na p. 494. ~ **flautista** *subst.masc.fem.*

flecha (fle-cha) *subst.fem.* Haste de ponta afiada, lançada de um arco. *As crianças indígenas aprendem a caçar com arco e **flecha**.*

flexão (fle-xão) \cs\ *subst.fem.* **1** Movimento de dobrar uma parte de um membro, como a perna ou o braço, sobre outra. **2** GRAM A **flexão** de uma palavra é quando ela está, por exemplo, no plural ou no feminino. A **flexão** de um verbo indica o tempo, o modo e a pessoa. [Pl.: *flexões.*] ~ **flexionar** *verbo*

flexível (fle-xí-vel) \cs\ *adj.masc.fem.* **1** O que é **flexível** é fácil de dobrar ou curvar. A borracha é um material **flexível.** **2** Uma pessoa **flexível** ou regras **flexíveis** podem mudar de acordo com as circunstâncias. [Pl.: *flexíveis.*] ~ **flexibilidade** *subst.fem.*

fliperama (fli-pe-ra-ma) *subst.masc.* **1** Jogo eletrônico em máquina que funciona com fichas. **2** **Fliperama** também é a máquina para esse jogo eletrônico.

floco (flo-co) *subst.masc.* **1** Partícula de neve que cai como gotas de chuva. **2** Pedaço pequeno de alimentos como aveia e arroz ou de materiais como espuma. *Gosto de aveia em **flocos**. Enchemos as almofadas com **flocos** de espuma.*

flor \ô\ *subst.fem.* Parte da planta responsável pela reprodução, pois nela estão contidas as sementes e os frutos que irão se desenvolver. Em geral as **flores** soltam perfumes agradáveis e têm pétalas. [Pl.: *flores.*] ☛ Ver ilustração de *árvore*.

flora (flo-ra) *subst.fem.* BIO Conjunto de plantas próprias de uma região, de uma época ou de um meio ambiente específico. *Há ainda muitas plantas desconhecidas na **flora** brasileira.*

florescer (flo-res-cer) *verbo* **1** Uma planta **floresce** quando está dando flor. [Sinôn.: *florir.*] **2** **Florescer** também é desenvolver-se. *Com toda a turma ajudando, o projeto **floresceu** rapidamente.*

floresta (flo-res-ta) *subst.fem.* Grande área onde muitas árvores crescem juntas. [Sinôn.: *mata, selva.*] ~ **florestal** *adj.masc.fem.*

florir (flo-rir) *verbo* **1** **Florir** é cobrir-se de flores. *A roseira **floriu**.* [Sinôn.: *florescer.*] **2** **Florir** também é enfeitar com flores. *A noiva pediu que **florissem** a igreja com rosas brancas.*

flúor (flú-or) *subst.masc.* Substância química muito usada em tratamentos dentários.

flutuar (flu-tu-ar) *verbo* **1** É o mesmo que boiar. **2** **Flutuar** é também se mover bem devagar no ar. *Havia balões **flutuando** pelo céu.*

fluvial (flu-vi-al) *adj.masc.fem.* **Fluvial** está relacionado a rio. Transporte **fluvial** é transporte feito pelo rio. Peixes **fluviais** são peixes de rio. [Pl.: *fluviais.*]

foca (fo-ca) *subst.fem.* Mamífero aquático encontrado em regiões geladas. A **foca** possui nadadeiras, pelo curto e macio, um focinho pontudo, mas não tem orelhas. Sob a pele das **focas** há uma camada grossa de gordura que as protege do frio.

focinheira (fo-ci-nhei-ra) *subst.fem.* Proteção que se coloca em torno da cabeça e do focinho do animal. *É obrigatório o uso da **focinheira** em cães bravos.*

focinho (fo-ci-nho) *subst.masc.* Parte da cabeça de alguns animais onde estão a boca e o nariz.

foco (fo-co) *subst.masc.* **1** Ponto para onde todos os olhares se voltam. *O bebê era **foco** das atenções.* **2** Ponto central de onde surge e se espalha alguma coisa. *Encontraram muitos **focos** de mosquitos da dengue.* **3** Em fotografia, ponto em que a imagem está mais precisa. *A câmera já está no **foco**, é só apertar o botão. A foto saiu fora de **foco**.*

fofo (fo-fo) \ô\ *adj.* **1** O que é **fofo** é macio e afunda quando a gente aperta. *Gosto de travesseiro bem **fofo**.* **2** Algo **fofo** também pode ser algo bonito, delicado. *Aquela boneca é muito **fofa**.*

fofoca (fo-fo-ca) *subst.fem.* **1** Comentário maldoso sobre a vida dos outros. *Essa revista é cheia de **fofocas** sobre os artistas.* **2** Quem passa adiante uma informação sem estar autorizado ou sem confirmar se é verdade está fazendo **fofoca**. *O vigia sempre fica sabendo das **fofocas** da empresa.* ~ **fofocar** *verbo* **fofoqueiro** *adj. subst.masc.*

fogão (fo-gão) *subst.masc.* Aparelho doméstico ou industrial usado para cozinhar, assar, esquentar alimentos. Os **fogões** podem ser elétricos, a gás ou à lenha. [Pl.: *fogões.*]

fogo (fo-go) \ô\ *subst.masc.* **1** Chama quente e brilhante, produzida por algo que está queimando. *O **fogo** é o jeito mais antigo de as pessoas conseguirem luz e calor.* **2** Incêndio. *Os bombeiros apagaram o **fogo** do cinema.* **3** *informal* Se uma pessoa está de **fogo**, está bêbada. **fogos** *subst.masc.pl.* **4** É o mesmo que fogo de artifício. **fogo de artifício** Foguete usado em festas, que se lança para o ar e explode, fazendo barulho. Alguns **fogos de artifício** também fazem desenhos coloridos no céu.

fogueira (fo-guei-ra) *subst.fem.* Quando você junta lenha, galhos ou outros objetos e põe fogo neles, você faz uma **fogueira**. As **fogueiras** são usadas para iluminar, aquecer um ambiente ou preparar comida.

foguete (fo-gue-te) \ê\ *subst.masc.* **1** Tubo de papelão carregado com pólvora, que se acende para subir ao ar e depois estoura fazendo barulho. **2** Veículo espacial.

foice (foi-ce) *subst.fem.* Ferramenta com uma lâmina curva presa a um cabo, usada para cortar cereais e mato. ☛ Ver ilustração na p. 486.

folclore (fol-clo-re) *subst.masc.* **1** Conjunto de costumes e manifestações artísticas tradicionais de uma região, um país ou um povo. *É importante conhecermos o **folclore** nacional.* **2** Também chamamos de **folclore** o que não tem relação com a realidade. *A conversa entre os irmãos nunca aconteceu; era **folclore**.* **3** O que faz parte do **folclore** de um lugar ou de uma época é original desse lugar ou época ou muito conhecido nesse lugar ou época. *O armazém de Tiago já é parte do **folclore** do bairro.* ~ **folclórico** *adj.*

fôlego (fô-le-go) *subst.masc.* **1** É o mesmo que respiração. **2** Capacidade de prender o ar nos pulmões, sem expirar. *Os bons nadadores têm muito **fôlego**.* **3** **Fôlego** também é a disposição para fazer algo que precisa de esforço ou energia. *Depois de um dia de trabalho, a vendedora não tinha **fôlego** para ir ao baile.*

folga (fol-ga) *subst.fem.* **1** Intervalo de tempo que serve para descansar. *Ana tirou uma semana de **folga** no trabalho.* **2** *informal* Falta de respeito, abuso. *Foi uma **folga** ele ter falado com a mãe daquele jeito.*

folha ▼ (fo-lha) \ô\ *subst.fem.* **1** Parte de uma planta que nasce presa aos galhos ou ramos. Muitas **folhas** são verdes, mas nem todas. ☛ Ver ilustração de *árvore.* **2** Pedaço de papel retangular que pode ter vários tamanhos e tipos. **3** Cada um dos elementos que formam um bloco, caderno, livro, jornal etc. é chamado de **folha.** **folha de rosto** Folha que fica no início de um livro. Na **folha de rosto** aparecem os nomes do livro, do seu autor, da editora e o ano em que o livro foi publicado.

As plantas têm **folhas** muito diferentes.

folhagem (fo-lha-gem) *subst.fem.* **1** Conjunto das folhas ou dos ramos de uma planta. *Muitas árvores perdem sua **folhagem** no outono.* **2** Planta que não dá flores, mas é usada como decoração. A samambaia é um tipo de **folhagem**. [Pl.: *folhagens.*]

folhear (fo-lhe-ar) *verbo* **1** Passar de modo rápido as folhas de um jornal, livro, caderno etc., lendo-as ou não. *Enquanto esperava, **folheei** uma revista de fofocas.* **2** Dar banho de ouro ou prata em joias, objetos etc. *Mandaram **folhear** a ouro a moldura da obra de arte.*

folheto (fo-lhe-to) \ê\ *subst.masc.* **1** Livro ou caderno de poucas páginas. *O posto de saúde distribuiu **folhetos** com informações sobre a dengue.* **2** Impresso distribuído para fazer propaganda ou anunciar produtos. *As mercadorias em promoção estão neste **folheto**.*

folhinha (fo-lhi-nha) *subst.fem.* **1** Folha pequena. **2** Calendário impresso, com uma ou mais folhas e, às vezes, com uma folha para cada dia do ano.

folia (fo-li-a) *subst.fem.* Festa animada. [Sinôn.: *farra.*]

folião (fo-li-ão) *subst.masc.* Pessoa que gosta de cair na farra, especialmente no carnaval. [Pl.: *foliões*. Fem.: *foliona*.]

fome (fo-me) *subst.fem.* **1** Necessidade ou vontade de comer. *Vou almoçar, estou com uma **fome**!* **2** Falta de comida. *A **fome** ainda é um problema sério em muitos países.* **3** Você pode dizer que uma pessoa tem **fome** de alguma coisa quando ela a deseja muito. *O jogador tinha **fome** de gol.*

fone (fo-ne) *subst.masc.* **1** Parte do telefone que se coloca no ouvido. *Chegue o **fone** para perto do ouvido, para escutar melhor.* **2** Pequeno aparelho que se coloca no ouvido para ouvir sons. *O **fone** do meu rádio estragou.*

fonte (fon-te) *subst.fem.* **1** Nascente de água. *Fomos na **fonte** buscar água.* [Sinôn.: *mina*.] **2** Local por onde sai água corrente. *Construíram uma **fonte** na praça.* [Sinôn.: *bica*.] **3** Aquilo que serve para inspirar ou dar origem. *O passeio na floresta foi a **fonte** de inspiração para o trabalho.* **4** **Fonte** também quer dizer de onde veio uma notícia. *O jornalista não informou as suas **fontes**.*

fora (fo-ra) *advérbio* **1** A parte de **fora** é aquela que está em torno de uma coisa e tem essa coisa dentro dela. *O jardim fica lá **fora**. Maria ficou presa **fora** de casa.* [Antôn.: *dentro*.] **2** Quem está **fora** está em outro país, quem come **fora** não come em casa. *preposição* **3** **Fora** quer dizer com exceção de. ***Fora** Elsa, todos estão animados.* [Sinôn.: *exceto, menos*.]

forca (for-ca) \ô\ *subst.fem.* **1** Instrumento criado para condenados à morte, composto de uma corda presa a uma madeira. A corda é passada em volta do pescoço do condenado e apertada até ele morrer. *Tiradentes morreu em uma **forca**.* **2** Brincadeira de adivinhação de palavras, letra por letra.

força (for-ça) \ô\ *subst.fem.* **1** Capacidade do nosso corpo de fazer certas tarefas, como, por exemplo, carregar peso. *Nélson não tem **força** para mudar o sofá de lugar.* **2** Também há a **força** que não é do corpo, vem da nossa vontade, da nossa mente e se mostra geralmente nas situações difíceis. *Não chore, tenha **força**.* **3** Violência. *A polícia usou a **força** para diminuir o tumulto.* **4** Energia elétrica. *Não brinque perto do cabo de **força**.* **5** Conjunto de tropas, navios ou aeronaves de uma das **forças** armadas. *FAB é a sigla de **Força** Aérea Brasileira.* **6** Quando uma coisa é muito intensa, dizemos que ela tem **força**. *A **força** da chuva assustou a cidade. A **força** do amor é surpreendente.* **Forças Armadas** As **Forças Armadas** são o conjunto de Exército, Marinha e Aeronáutica. ☛ Primeiras letras maiúsculas. **à força** Com violência, ameaças etc. *Reinaldo só tomou o remédio **à força**.*

forçar (for-çar) *verbo* **1** Usar a força para fazer algo. *Os bombeiros **forçaram** a porta da casa em chamas. Raul **forçou** passagem na multidão.* **2** Insistir para que alguém faça o que não queria fazer. *Renata **forçou** o irmão a comer.* [Sinôn.: *obrigar*.] **3** Deixar fazer um esforço maior do que podia. *Subir a ladeira **forçou** o motor do carro.*

forma (for-ma) *subst.fem.* **1** Aparência física dos objetos ou dos seres. *O bolo tinha a **forma** de violão.* **2** Modo de falar, de se dirigir às pessoas. *Falaram a mesma coisa de **formas** diferentes.* **3** Condição física. *O jogador estava em ótima **forma**.* **4** Tipo, variedade de alguma coisa. *Há muitas **formas** de vida na natureza.* **5** Quando fazemos uma fila, estamos em **forma**. *Os alunos ficarão em **forma** durante o discurso do diretor.*

forma (for-ma) \ô\ *subst.fem.* **1** Molde usado para reproduzir uma forma. *Vamos deixar o gesso secar dentro da **forma**.* **2** Vasilha usada para assar alimentos, bolos etc. *Coloque a massa na **forma** de pudim.* ☛ Também se escreve **fôrma**.

formação (for-ma-ção) *subst.fem.* **1** Processo por que uma coisa passa para começar a existir. *A **formação** do Universo é estudada pelos cientistas.* **2** Conjunto dos cursos e dos conhecimentos que uma pessoa possui. **Formação** também é o jeito como alguém é criado. *Os pais devem dar boa **formação** aos filhos.* [Pl.: *formações*.]

formal (for-mal) *adj.masc.fem.* O que é **formal** tem muitas regras e, por isso, as pessoas agem de um jeito mais cuidadoso e, às vezes, artificial. Pessoas, situações, linguagem, roupas podem ser **formais**. [Antôn.: *informal*. Pl.: *formais*.]

formar (for-mar) *verbo* **1** O que se **forma** passa a ter uma certa aparência, uma forma. *As crianças **formaram** uma roda.* **2** Dar educação ou passar conhecimentos. *A escola deve **formar** pessoas conscientes de seus direitos e deveres.* **3** O que se **forma** passa por etapas até existir. O que **forma** outras coisas faz essas coisas existirem ou junta coisas para fazer uma outra. *O frio **formou** gelo no lago. Vários elos **formam** uma corrente.*

formatura (for-ma-tu-ra) *subst.fem.* Cerimônia que marca e comemora a conclusão de um curso. *Sílvia fez um discurso emocionante na sua **formatura**.*

formidável (for-mi-dá-vel) *adj.masc.fem.* **1** Algo **formidável** é algo que a gente admira, que é muito bom. *O passeio foi **formidável**.* **2** Muito grande, enorme. *Fez um esforço **formidável** para comparecer à festa.* [Pl.: *formidáveis*.]

formiga (for-mi-ga) *subst.fem.* Inseto pequeno que vive em grupo, em formigueiros. A picada da **formiga** pode doer muito. ☛ Ver ilustração de *inseto*.

formigueiro (for-mi-guei-ro) *subst.masc.* Toca das formigas, geralmente embaixo da terra ou em troncos de árvores.

formoso (for-mo-so) \ô\ *adj.* De aparência agradável, bonita, suave. *A menina ficou muito **formosa** naquele vestido rosa.*

fórmula (fór-mu-la) *subst.fem.* **1** Descrição de como usar certas substâncias ou fazer certos cálculos matemáticos. *O laboratório preparou o remédio conforme a **fórmula**. Use esta **fórmula** para resolver o problema.* **2** Modo determinado para agir, comportar-se etc. *Não há **fórmula** que ensine como educar os filhos.*

formulário (for-mu-lá-rio) *subst.masc.* Modelo para fazer pedidos, declarações etc. com texto ou perguntas e espaços para escrever as informações. *Todo aluno novo preenche um **formulário** de inscrição.*

fornecer (for-ne-cer) *verbo* **1** Dar produtos, mercadorias, matérias-primas etc. ou prestar serviços recebendo pagamento por isso. *A fazenda **fornece** leite para a fábrica. A companhia de luz **fornece** energia elétrica.* **2** Gerar, produzir. *A cana **fornece** açúcar.* ~ **fornecimento** *subst.masc.*

forno (for-no) \ô\ *subst.masc.* **1** Parte do fogão onde os alimentos são assados. *Já posso tirar o peixe do **forno**?* **2** Local aquecido por dentro, construído para assar ou secar diversos materiais, como tijolos, cerâmicas etc. *As peças de argila vão ficar no **forno** durante duas horas.* **forno de micro-ondas** Forno que aquece e prepara alimentos rapidamente usando radiações como energia.

forro (for-ro) \ô\ *subst.masc.* **1** Aquilo que usamos para encher ou proteger a parte de dentro de alguma coisa. *O **forro** da fantasia de Ana era bem grande.* **2** Também é **forro** o que cobre por fora as poltronas, as paredes etc. **3** Espaço entre o teto e o telhado de uma construção. *Os pombos fizeram ninho no **forro** da nossa casa.* ~ **forrar** *verbo*

forró (for-ró) *subst.masc.* **1** Baile em que se dança aos pares, geralmente ao som de músicas do Nordeste do Brasil ou de músicas sertanejas. [Sinôn.: *arrasta-pé*.] **2** Tipo de música nordestina, muito tocada nesses bailes.

fortalecer (for-ta-le-cer) *verbo* Tornar algo ou alguém mais forte. *Exercícios físicos **fortalecem** os músculos. O doente se **fortalecia** a cada dia.* [Antôn.: *enfraquecer*.]

forte (for-te) *adj.masc.fem.* **1** O que é **forte** tem muita força física ou resistência. *A ginástica deixou Jair bem **forte**. Precisamos de uma corda **forte**.* **2** Intenso. *Caiu uma chuva **forte** hoje à tarde. A formatura nos despertou **forte** emoção.* **3** Quem é **forte** em algum assunto conhece bastante esse assunto. *O aluno mais **forte** em ciências é o Eduardo.* **4** Uma pessoa **forte** não desiste facilmente das coisas, é firme. *O herói mostrou-se **forte** até o fim.* *subst.masc.* **5** Lugar protegido montado para defender algo. *Soldados vigiavam a entrada do **forte**.* **6** Parte mais importante ou que mais se destaca. *Não gosta de cantar, seu **forte** é dançar.* [Antôn. para o adj.: *fraco*.]

fortuna (for-tu-na) *subst.fem.* Grande quantidade de dinheiro. *A casa do vizinho vale uma **fortuna**.*

fósforo ► (fós-fo-ro) *subst.masc.* Palito com uma ponta coberta por um material próprio, usado para fazer fogo. Com um **fósforo**, acendemos uma vela, fogão etc.

fóssil (fós-sil) *subst.masc.* Resto petrificado de seres que habitaram o planeta Terra há muito, muito tempo. *Pesquisadores encontraram **fósseis** de peixes no Piauí.* [Pl.: *fósseis*.]

foto (fo-to) *subst.fem.* É o mesmo que fotografia. *Vamos tirar uma **foto**?*

fotografar (fo-to-gra-far) *verbo* Reproduzir por fotografia. *Gosto de **fotografar** pessoas e não paisagem.*

fotografia (fo-to-gra-fi-a) *subst.fem.* **1** Registro de imagens sobre material sensível à luz. *Vamos ver se as **fotografias** saíram boas.* Também se diz apenas foto. **2** Conjunto de técnicas para fotografar. *Jerônimo estuda **fotografia** na faculdade.* ~ **fotográfico** *adj.* **fotógrafo** *subst.masc.*

fotossíntese (fo-tos-sín-te-se) *subst.fem.* BIO Processo pelo qual as plantas produzem seu próprio alimento, usando a luz como energia e misturando gás carbônico com água.

foz *subst.fem.* Local onde um rio desemboca, que pode ser o mar, uma lagoa ou outros rios. ☛ Ver ilustração na p. 488.

fração (fra-ção) *subst.fem.* **1** MAT Número que representa uma ou mais partes de um número inteiro, uma grandeza etc. que foi dividido em partes iguais. **2** Parte de um conjunto ou de uma unidade. *Apenas uma **fração** dos estudantes votou na chapa 1.* [Sinôn.: *parcela*.] [Pl.: *frações*.]

→ Representamos a **fração** assim: 3/4 (três quartos). Quando dividimos uma fruta em quatro pedaços e comemos três, comemos 3/4 dessa fruta.

fracasso (fra-cas-so) *subst.masc.* Quando tentamos fazer algo e não conseguimos, dizemos que houve um **fracasso**. Também é **fracasso** o que não acontece como deveria acontecer. *O carro quebrou, a corrida foi um **fracasso**.* [Antôn.: *êxito, sucesso*.] ~ **fracassar** *verbo*

fracionário (fra-cio-ná-rio) *adj.* MAT O que é **fracionário** representa uma fração. *Terço, meio e um décimo são números **fracionários**.* ☛ Ver tabela na p. 509.

fraco (fra-co) *adj.* **1** Com pouca ou nenhuma força. *Este menino está muito **fraco**.* **2** Sem resistência, sem força. *Este tecido é muito **fraco**, rasga à toa.* **3** Pouco intenso. *A luz do abajur está **fraca**. O sol hoje está **fraco**.* **4** Uma pessoa **fraca** não é determinada, decidida. *Um chefe **fraco** não é respeitado.* **5** Ser **fraco** em um assunto é não saber muito sobre ele. *Os alunos **fracos** em matemática vão se recuperar.* *subst. masc.* **6** Um **fraco** não tem coragem ou não é capaz de se impor. *Jorge sempre defende os mais **fracos**.* **7** Ter um **fraco** por alguma coisa é não conseguir resistir a ela. *Meu **fraco** são os gibis, não consigo deixar de ler.* [Antôn. para o adj.: *forte*.]

frade (fra-de) *subst.masc.* Homem que fez votos religiosos e dedica a sua vida à religião. [Fem.: *freira*.]

fragata (fra-ga-ta) *subst.fem.* Navio de guerra usado especialmente no combate a submarinos.

frágil (frá-gil) *adj.masc.fem.* **1** Se uma coisa quebra com facilidade, ela é **frágil**. *Cuidado com esse copo porque ele é **frágil**.* **2** Se uma pessoa tem pouco vigor físico, ela também é **frágil**. *Há crianças fortes e crianças **frágeis**, que exigem mais cuidados.* [Sinôn. geral: *delicado*. Antôn. geral: *resistente*. Pl.: *frágeis*. Superl. absol.: *fragilíssimo, fragílimo*.] ~ **fragilidade** *subst.fem.*

fralda (fral-da) *subst.fem.* Peça de pano ou descartável que envolve o bumbum dos bebês e não deixa vazar as fezes e a urina. A **fralda** também serve para doentes que não podem usar o banheiro.

framboesa (fram-bo-e-sa) \ê\ *subst.fem.* Fruto silvestre, vermelho e cheiroso, muito usado em geleias. ~ **framboeseira** *subst.fem.*

francês (fran-cês) *subst.masc.* **1** Pessoa que nasceu na França. **2** Língua falada na França, Bélgica, Canadá, Suíça, Mônaco, Madagascar e outros países da África e América Central. *adj.* **3** **Francês** quer dizer relacionado à França. Um chocolate **francês** é fabricado na França. [Pl.: *franceses*. Fem.: *francesa*.]

frango (fran-go) *subst.masc.* **1** **Frango** é o nome dado aos galos e às galinhas crescidos, mas não adultos ainda. [Dimin.: *frangote*.] **2** ESP *informal* Bola que é fácil defender, mas que o goleiro deixa entrar no gol.

franja (fran-ja) *subst.fem.* **1** Conjunto de fios colocados uns do lado dos outros e presos por uma das pontas. Tapetes e xales costumam ter

franjas. **2** Conjunto de fios de cabelo que caem sobre a testa.

franzir ► (fran-zir) *verbo* **1** Ao **franzir** um tecido, estamos formando pregas nele. **2 Franzir** também é apertar os lábios, a testa, o nariz, as sobrancelhas.

A senhora **franziu** o rosto.

fraqueza (fra-que-za) \ê\ *subst.fem.* **1** Falta de energia, de força. *O susto me deu uma **fraqueza** nas pernas.* **2** Hábito difícil de evitar. *Minha **fraqueza** são os chocolates.*

frasco (fras-co) *subst.masc.* Pequena garrafa ou recipiente próprio para guardar líquidos, medicamentos etc. *Quase deixei cair o **frasco** de perfume.*

frase (fra-se) *subst.fem.* GRAM Conjunto de palavras que se organizam para expressar sentido completo, como no exemplo "O céu está azul". A **frase** também pode ter apenas uma palavra, como "Silêncio!".

fraterno (fra-ter-no) *adj.* **1** O que é **fraterno** é relacionado aos irmãos. O amor **fraterno** é o amor que temos pelos irmãos. **2** Um ato **fraterno** é um ato de caridade, que mostra preocupação ou afeto pelos outros. *Doar alimentos é um gesto **fraterno**.* ~ **fraternidade** *subst.fem.*

fraturar (fra-tu-rar) *verbo* Se alguém **fratura** um osso, esse osso se partiu. Dente e cartilagem também podem **fraturar**.

freezer *subst.masc.* Palavra inglesa que significa congelador. ☛ Pronuncia-se *frízer*.

freguês (fre-guês) *subst.masc.* Quem paga e usa, sempre ou não, os serviços de profissional ou empresa. *A padaria não perdeu os antigos **fregueses**.* [Sinôn.: *cliente*.]

frei *subst.masc.* Membro de organização religiosa.

freio (frei-o) *subst.masc.* **1** Mecanismo que serve para regular o movimento de um veículo ou de uma máquina, fazendo-o parar de se movimentar ou de funcionar. *Eurico não pisou no **freio** a tempo e bateu no carro da frente.* **2** Peça de metal que se coloca na boca dos cavalos para controlar sua direção e sua velocidade.

freira (frei-ra) *subst.fem.* Mulher que fez votos religiosos e dedica sua vida à religião. As **freiras** vivem em um convento. [Masc.: *frade*.]

frente (fren-te) *subst.fem.* A **frente** de uma coisa é a sua parte anterior, ou a parte dela que está diante de você ou que está virada na sua direção. *A **frente** da igreja é muito bonita. Assine esse documento na parte da **frente**. À **frente** da nossa cabeça fica a face.* [Antôn.: *costas*.] **de frente** **1** Com a face virada para frente. *Saímos **de frente** na foto.* **2** Sem medo ou sem vergonha. *O policial encarou o bandido **de frente**.* **na frente** O que está **na frente** em uma ordem ou fila é o que está antes. *Combinamos que Gérson iria **na frente**.* [Antôn.: *atrás*.]

frequência (fre-quên-cia) \qüe\ *subst.fem.* **1** Comparecimento frequente. *A **frequência** dos alunos foi baixa em fevereiro.* **2** Repetição em quantidade. *Rita viaja com **frequência**.*

frequentar (fre-quen-tar) \qüe\ *verbo* **1** Ir sempre a um mesmo lugar. *Os vizinhos **frequentam** nossa casa.* **2** Ser aluno de curso, colégio, aula etc. *Todas as crianças da cidade **frequentam** a escola.*

frequente (fre-quen-te) \qüe\ *adj.masc.fem.* O que é **frequente** se repete várias vezes. *O bebê sofre com crises **frequentes** de asma.* [Antôn.: *raro*.]

frequentemente (fre-quen-te-men-te) \qüe\ *advérbio* Muitas vezes, quase sempre. *Visito vovó **frequentemente**.*

fresco (fres-co) \ê\ *adj.* **1** Em uma noite **fresca** a temperatura está agradável, nem fria nem quente. **2** Um ambiente em que entra bastante ar é um ambiente **fresco**. **3** Alimento **fresco** é o que acabou de ser preparado. *Fiz um café **fresco**.* **4** Um legume ou outro alimento **fresco** tem boa aparência, foi colhido há pouco tempo ou está em bom estado para ser consumido. *Trouxe do sítio ovos e leite **frescos**.* **5** Uma roupa ou um tecido **fresco** não esquenta, é agradável de se usar em dias quentes. *Vista uma camisa mais **fresca**, está muito calor!*

frevo (fre-vo) *subst.masc.* **1** Dança de origem pernambucana, de ritmo rápido, em que as pessoas dançam segurando sombrinhas pequenas e coloridas. **2** A música que acompanha essa dança também se chama **frevo**.

A palavra **frevo** é uma alteração de *fervo*, do verbo *ferver*.

frigideira (fri-gi-dei-ra) *subst.fem.* Panela rasa, redonda e com cabo longo, usada para fazer frituras.

frigorífico (fri-go-rí-fi-co) *subst.masc.* Local próprio para armazenar alimentos a temperaturas muito baixas. *A carne do açougue é guardada no **frigorífico**.* ☛ Esta palavra pode ser usada como adj.: *caminhão **frigorífico**.*

frio (fri-o) *subst.masc.* **1** Temperatura baixa. *Vai fazer **frio** esta noite.* [Antôn.: *calor.*] **2** Se você sente **frio**, você tem uma sensação desagradável de que o seu corpo está com uma temperatura baixa. *Nanda vestiu um casaco porque sentia **frio**.* [Antôn.: *calor.*] *adj.* **3** O que está **frio** tem a temperatura baixa. *Antônio não gosta de comida **fria**.* [Antôn.: *quente.*] **4** *informal* Se você diz que alguém tem a cabeça **fria**, quer dizer que a pessoa é calma e controlada. *Na hora da briga, é melhor ter a cabeça **fria**.* [Antôn.: *quente.*] **5** Um olhar, cumprimento ou resposta **fria** é insensível, sem afeto. *Nélson foi **frio** ao falar com a namorada.* **frios** *subst.masc.pl.* **6** Nome que damos a alimentos como queijo, presunto, salame etc.

fritar (fri-tar) *verbo* Cozinhar alimentos como bife, batata, ovo e pastel em gordura, óleo, manteiga etc. quente.

frito (fri-to) *adj.* **1** Alimento que foi cozido em algum tipo de gordura quente. *Você quer ovo **frito** ou cozido?* **2** *informal* Quando alguém está **frito**, está em uma situação difícil. *Se Valéria descobrir meu plano, estou **frito**!*

fritura (fri-tu-ra) *subst.fem.* **1** O alimento que foi frito é chamado de **fritura**. *Os médicos recomendam comer menos **frituras**.* **2** Quando você frita um alimento, você faz a **fritura** desse alimento.

frondoso ► (fron-do-so) \ô\ *adj.* Uma árvore **frondosa** dá boa sombra, pois tem muitos galhos com muitas folhas.

fronha (fro-nha) *subst.fem.* Capa que cobre o travesseiro.

fronteira (fron-tei-ra) *subst.fem.* **1** Limite, natural ou não, entre duas ou mais áreas, países, estados, regiões. *O Chile não faz **fronteira** com o Brasil.* **2** Quando se estabelece uma **fronteira**, um limite está sendo imposto e dali não se deve ultrapassar. *Você não está respeitando as **fronteiras** da boa educação.*

frota (fro-ta) *subst.fem.* **1** Conjunto de navios usados para um fim, como a guerra ou a pesca. **2** Conjunto de veículos. *A **frota** de táxis de São Paulo é maior que a de Salvador.*

frouxo (frou-xo) *adj.* **1** Uma roupa **frouxa** está mais larga do que deveria. *A costureira mudou a medida para deixar a cintura **frouxa**. Um laço **frouxo** se desmancha logo.* **2** O que está **frouxo**, balança à toa, está bambo. *As pernas **frouxas** desta cadeira ainda vão derrubar alguém.* **3** *informal* Alguém **frouxo** não tem coragem, é medroso. *Mas que homem **frouxo** é esse, meu Deus?*

fruta (fru-ta) *subst.fem.* Fruto que se pode comer, como a maçã, a banana, o melão.

fruta-de-conde (fru-ta - de - con-de) *subst.fem.* Fruta de polpa branca, macia e doce, cheia de sementes pretas. [Sinôn.: *pinha.* Pl.: *frutas-de-conde.*]

fruta-pão (fru-ta - pão) *subst.fem.* Fruto que possui uma polpa que lembra a massa e o sabor do pão fresco. Come-se a **fruta-pão** cozida ou assada. [Pl.: *frutas-pão, frutas-pães.*]

fruteira (fru-tei-ra) *subst.fem.* Objeto usado para guardar frutas e também para decorar o ambiente.

frutífero (fru-tí-fe-ro) *adj.* **1** Uma árvore **frutífera** produz frutos, especialmente os comestíveis. **2** Algo que produz bons resultados também é algo **frutífero**. *As pesquisas foram bastante **frutíferas**, pois todos continuam interessados no assunto.*

fruto (fru-to) *subst.masc.* **1** Parte da planta que se desenvolve depois da flor e que contém as sementes. Nem todo **fruto** é comestível. *O tomate é o **fruto** do tomateiro, e o coco é o **fruto** do coqueiro.* ☛ Ver ilustração de *árvore*. Ver *fruta*. **2** Resultado de alguma coisa. *O dinheiro que temos é **fruto** do nosso trabalho.* **frutos do mar** Produtos comestíveis extraídos do mar (crustáceos, moluscos e outros pequenos animais), com a exceção dos peixes.

fubá (fu-bá) *subst.masc.* Farinha feita de milho, usada para fazer bolos, biscoitos e angu. Há também **fubá** feito de arroz.

fuga (fu-ga) *subst.fem.* **1** Quando fugimos de algum lugar, realizamos uma **fuga**. *Para impedir a **fuga** dos bois, os peões trancaram a porteira.* **2** Recurso para escapar de uma obrigação ou dificuldade. *Para alguns, a bebida é uma **fuga** da realidade.*

fugir (fu-gir) *verbo* **1** Sair de um local para ficar livre de alguém, de uma situação, de uma ameaça ou de algo desagradável. *Renata **foge** de qualquer confusão. O pássaro **fugiu** da gaiola.* **2** Ir embora de algum lugar com muita pressa. *Os atores **fugiram** do teatro logo depois da apresentação.*

fulano (fu-la-no) *subst.masc.* Usamos **fulano** para falar de uma pessoa qualquer sem falar seu nome, porque não sabemos ou não queremos dizer. *Teresa, veio um **fulano** aí procurar você.*

fumaça (fu-ma-ça) *subst.fem.* Espécie de nuvem branca ou cinzenta que sai de algo muito quente ou que está pegando fogo.

fumar (fu-mar) *verbo* Se uma pessoa **fuma**, ela puxa a fumaça do cigarro, charuto ou cachimbo pela boca e depois sopra a fumaça para fora. ~ **fumante** *adj.masc.fem. subst.masc.fem.*

fumo (fu-mo) *subst.masc.* **1** É o mesmo que tabaco. **2** Hábito de fumar. *As escolas estão em campanha contra o **fumo**.*

função (fun-ção) *subst.fem.* **1** Cargo que alguém ocupa em uma empresa, fábrica etc. *Roberto exerce a **função** de gerente no supermercado.* **2** Atividade que se tem de cumprir ou desempenhar. *Sua **função** é trazer os doces. Esse celular também tem a **função** de rádio.* [Pl.: *funções*.]

funcho (fun-cho) *subst.masc.* É o mesmo que erva-doce.

funcionar (fun-cio-nar) *verbo* **1** Estar em atividade, executando a tarefa ou o trabalho que tem a fazer. *O clube não **funciona** às segundas-feiras.* **2** Ter um bom desempenho, realizando bem tarefas e funções para as quais foi desenvolvido. *Se o carro não **funcionar**, iremos de ônibus.* ~ **funcionamento** *subst.masc.*

funcionário (fun-cio-ná-rio) *subst.masc.* Pessoa que trabalha para uma empresa ou para outra pessoa em troca de salário.

fundação (fun-da-ção) *subst.fem.* **1** Instituição pública ou privada que oferece serviços à comunidade. *A **Fundação** Oswaldo Cruz cuida da produção de vacinas.* **2** Ponto de partida para o funcionamento de instituição, clube etc. *A festa é para comemorar a **fundação** da sociedade de leitores.* **3** Base subterrânea de um edifício. *O engenheiro cuidava para que as **fundações** fossem bem feitas.* [Pl.: *fundações*.]

fundamental (fun-da-men-tal) *adj.masc.fem.* **1** O que é **fundamental** dá início a tudo, é a base. *André tem muitas dúvidas, mas a dúvida **fundamental** é sobre equação.* **2** Uma coisa **fundamental** não pode faltar de jeito nenhum, pois outra coisa depende dela. *Sua presença é **fundamental** para a animação da festa.* [Sinôn.: *necessário*. Antôn.: *desnecessário*.] [Pl.: *fundamentais*.]

fundamento (fun-da-men-to) *subst.masc.* **1** Conjunto de regras para a organização e o funcionamento de alguma coisa. *Os **fundamentos** do vôlei são simples.* **2** O que serve de base e, por isso, explica, ajuda a entender outras coisas, faz outras coisas existirem. *O vizinho fez acusações sem **fundamento**. O respeito é o **fundamento** da paz.*

fundar (fun-dar) *verbo* Iniciar ou criar alguma coisa, geralmente uma instituição. *As freiras vão **fundar** um orfanato.* ~ **fundador** *adj. subst.masc.*

fundo (fun-do) *adj.* **1** Abaixo da superfície, com alguma profundidade. *Não fiquem na parte **funda** da piscina.* [Antôn.: *raso.*] *subst.masc.* **2** O **fundo** do mar, do rio é o chão por onde eles passam. *As pedras ficam no **fundo** do rio.* **3** Lado oposto ao de uma entrada. *Prenderam os quadros no **fundo** da sala. O **fundo** da garrafa está sujo.* **4** A parte mais afastada de uma imagem, cenário etc. *No quadro havia umas crianças ao **fundo**.* **5** Parte onde ficam os sentimentos mais íntimos, mais profundos. *No **fundo** eles sabem a verdade. Agradeço do **fundo** do meu coração.*

fungo (fun-go) *subst.masc.* BIO Organismo sem clorofila, sem folhas ou flores, que depende de outros organismos ou dos restos desses organismos para se desenvolver.

funil ► (fu-nil) *subst.masc.* Utensílio em forma de um cone aberto, que vai se estreitando até se tornar um tubo, usado para despejar líquidos em recipientes de boca estreita. [Pl.: *funis.*]

funk *subst.masc.* MÚS Palavra inglesa que dá nome a um estilo de música de ritmo muito marcado. ☛ Pronuncia-se *fank*.

→ James Brown foi o artista responsável por tornar o ***funk*** popular nos Estados Unidos nos anos de 1960, quando podia ser reconhecido pelas melodias vocais e pelo ritmo próprio para dançar. O tema principal das músicas era o relacionamento amoroso; no Rio de Janeiro, nos anos de 1980, as letras dos ***funks*** começaram a tratar de temas sociais.

furacão (fu-ra-cão) *subst.masc.* Fenômeno da natureza que provoca tempestades violentas, com ventos muito fortes que formam espirais capazes de destruir tudo por onde passam. [Pl.: *furacões.*]

furar (fu-rar) *verbo* **1** Abrir um furo em alguma coisa. *Gabriela vai **furar** a orelha do seu bebê amanhã.* **2** Passar na frente de outras pessoas em uma fila, por exemplo.

fúria (fú-ria) *subst.fem.* **1** Raiva muito forte. *Os acessos de **fúria** nos tornam violentos.* [Antôn.: *calma.*] **2** Pessoa muito irritada. *Mamãe ficou uma **fúria** com a bagunça que fizemos.* **3** Força intensa. *A **fúria** do mar destruiu o muro da praia.* [Sinôn.: *violência.*]

furioso (fu-ri-o-so) \ô\ *adj.* Muito zangado. *Andreia ficou **furiosa** quando o irmão rasgou seu vestido.*

furo (fu-ro) *subst.masc.* Pequena abertura feita por um objeto que tem a ponta fina. *Gisele fez um **furo** no papel com a sua caneta.*

furtar (fur-tar) *verbo* Pegar o que é de outra pessoa, sem que ela veja. *O ladrão que **furtava** carros no bairro foi preso.* ~ **furto** *subst.masc.*

furúnculo (fu-rún-cu-lo) *subst.masc.* MED Ferimento na pele, parecido com uma espinha grande. O **furúnculo** é uma infecção causada por bactérias e dói muito.

futebol (fu-te-bol) *subst.masc.* ESP Jogo em que dois times de 11 jogadores disputam uma bola usando apenas os pés e a cabeça, com exceção do goleiro, que pode pegar a bola com as mãos. Ganha o jogo o time que fizer mais gols. ☛ Ver ilustração na p. 492. **futebol de botão** Jogo com as mesmas regras do futebol, disputado sobre uma mesa, usando 20 botões como jogadores e duas caixas como goleiros. [Pl.: *futebóis.*]

A palavra **futebol** veio do inglês *football*, de *foot* "pé" e *ball* "bola", um jogo de bola com os pés.

futuro (fu-tu-ro) *subst.masc.* **1** O **futuro** é o período de tempo que virá depois do presente e tudo o que acontecerá ou existirá daqui para frente. *Jorge pensa muito no **futuro**.* **2** Se dizemos que algo tem **futuro**, acreditamos que terá sucesso ou sobreviverá. *Esse namoro não tem **futuro**.* **3** GRAM Tempo verbal usado para falar de coisas que ainda não aconteceram ou que vão acontecer ou existir depois da nossa fala. "Comerei", "vamos sair", "viajariam" são verbos que estão no futuro. *adj.* **4** O que é **futuro** ainda pode ou vai acontecer. *A **futura** diretora visitou a escola hoje.*

Graviola

Gg

g *subst.masc.* Sétima letra do nosso alfabeto. O **g** é uma consoante e, na língua portuguesa, pode indicar dois sons, dependendo das vogais que estão na sílaba. Junto de "e" e "i", tem som de "j", como em "geral" e "girar". Junto de "a", "o" e "u", soa como em "gato", "gosto", "água" e "linguiça". Às vezes, a letra "u" depois do **g** não é pronunciada, como em "guerra" e "guia".

gabinete (ga-bi-ne-te) \ê\ *subst.masc.* **1** Sala onde se trabalha. *A reunião foi no **gabinete** da diretora.* [Sinôn.: *escritório*.] **2** Conjunto de ministros do governo. *O presidente apresentou seu novo **gabinete** aos jornalistas.*

gado (ga-do) *subst.masc.* Conjunto de animais quadrúpedes domesticados, como bois, cabras e carneiros, criados para serem negociados ou para uso do dono. [Sinôn.: *rebanho*.]

gafanhoto ▼ (ga-fa-nho-to) \ô\ *subst.masc.* Inseto com asas e longas pernas traseiras, que são usadas para saltar. Os **gafanhotos** vivem em bandos e, por terem muito apetite, chegam a devorar plantações inteiras. [Col.: *nuvem*.]

gago (ga-go) *subst.masc.* Pessoa que gagueja. ☛ Esta palavra pode ser usada como adj.: *rapaz **gago***.

gaguejar (ga-gue-jar) *verbo* Falar com dificuldade, geralmente repetindo o primeiro som das palavras.

gaiola (gai-o-la) *subst.fem.* **1** Tipo de armação ou caixa, em geral com grades, que serve para manter presos ou transportar pequenos animais, como pássaros, porquinhos-da-índia, gatos e cachorros. **2 Gaiola** também é o nome dado a uma embarcação que navega pelos rios do Brasil.

gaita (gai-ta) *subst.fem.* MÚS Instrumento musical com a forma de uma pequena caixa retangular, bem mais larga do que alta, aberta nas laterais e dividida por várias lâminas finas de metal que, ao serem sopradas, reproduzem as notas. ☛ Ver ilustração na p. 494.

gaivota (gai-vo-ta) *subst.fem.* Ave que tem longas asas e corpo coberto por penas cinzas e pretas e que vive próximo às praias e se alimenta de peixes. Os dedos dos pés das **gaivotas** são unidos por membranas, como os dos patos.

galã (ga-lã) *subst.masc.* **1** Homem muito bonito, elegante. *Ele se veste muito bem, parece um **galã**.* **2** Personagem ou ator que representa heróis românticos em filmes, novelas etc. *Todas as atrizes queriam fazer uma cena com o **galã**.*

galáxia (ga-lá-xia) \cs\ *subst.fem.* Cada um dos imensos conjuntos de estrelas, planetas etc. *A Via Láctea é a nossa **galáxia**.*

galera (ga-le-ra) *subst.fem. informal* Turma ou grupo de amigos. *Os meninos da **galera** foram à festa de boné azul.*

galeria (ga-le-ri-a) *subst.fem.* **1** Passagem larga, comprida e geralmente bem iluminada. *Há mais três lojas na **galeria** da praça. Estávamos com pressa e cortamos caminho pela **galeria**.* **2** O local para exposição e venda de obras de arte é chamado de **galeria** de arte ou apenas de **galeria**. **3** Caminho subterrâneo. *É proibido andar pelas **galerias** do metrô.* [Sinôn.: *túnel*.] **4** Cano subterrâneo e muito largo, para passagem de esgoto e águas da chuva. *As **galerias** de esgoto da cidade precisam de obras.*

galeto (ga-le-to) \ê\ *subst.masc.* **1** Frango bem novo, assado no espeto. **2** O restaurante que serve esse tipo de frango também é chamado de **galeto**. *Fomos almoçar naquele **galeto** da esquina.*

galho (ga-lho) *subst.masc.* Cada um dos ramos do tronco de uma árvore ou de um arbusto. ☛ Ver ilustração de *árvore*. **dar galho** *informal* Dar problema ou confusão. *Não contar para a professora vai **dar galho**.* **quebrar um galho** *informal* Ajudar alguém a resolver uma dificuldade ou um problema. *Alguém pode **quebrar um galho** para mim? Pode segurar os livros enquanto dou um telefonema?*

galinha (ga-li-nha) *subst.fem.* Ave doméstica, fêmea do galo. A **galinha** põe ovos e ela mesma os choca. Sua carne e seus ovos são bastante consumidos na alimentação humana. ☛ Ver ilustração na p. 486.

galinha-d'angola (ga-li-nha - d'an-go-la) *subst.fem.* Galinha de origem africana, de plumagem cinzenta com pintinhas brancas, que parece estar sempre gritando tô-fraco, tô-fraco. [Pl.: *galinhas-d'angola*.] ☛ Ver ilustração na p. 486.

galo (ga-lo) *subst.masc.* **1** Ave doméstica, de bico pequeno, crista vermelha, asas curtas e largas e rabo com longas penas coloridas. [Fem.: *galinha*.] **2** *informal* Calombo causado por pancada forte na cabeça ou na testa.

galope (ga-lo-pe) *subst.masc.* Passo mais rápido de quadrúpedes como cavalos e zebras. ~ **galopar** *verbo*

gambá (gam-bá) *subst.masc.fem.* Mamífero pequeno e de hábitos noturnos. As fêmeas dos **gambás** têm uma bolsa no abdome, onde carregam e alimentam seus filhotes.

gancho ► (gan-cho) *subst.masc.* **1** Peça curva usada para pendurar objetos ou suspender pesos. **2** Local onde se coloca o fone do telefone, quando não está em uso. *Quem deixou o telefone fora do **gancho**?*

A carne está pendurada no **gancho**.

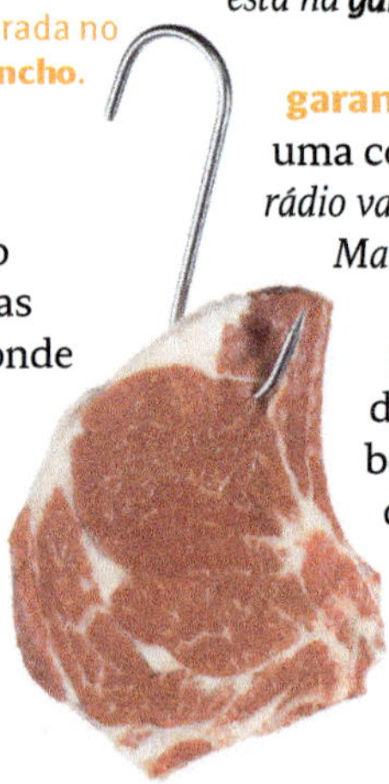

gangorra (gan-gor-ra) \ô\ *subst.fem.* Prancha longa apoiada no chão apenas pelo meio, que duas crianças, sentadas uma em cada ponta, fazem subir e descer dando impulso com os pés.

gangue (gan-gue) *subst.fem.* Grupo organizado de bandidos.

ganhar (ga-nhar) *verbo* **1** Receber algo em troca de trabalho, por merecimento ou apenas por sorte. *Lia **ganhou** muitos presentes de aniversário. O pai de Jonas trabalha muito, mas **ganha** pouco.* **2** Conseguir a vitória em uma competição, disputa, guerra etc. *Nem sempre o melhor time **ganha** o jogo. É possível **ganhar** batalhas e perder a guerra.* **3** Passar a ter uma situação ou um sentimento que não tinha. *Aos poucos, Sueli **ganhou** a amizade do sogro. Alguns artistas demoram a **ganhar** fama.* [Antôn. geral: *perder*.] ~ **ganhador** *subst.masc.* **ganho** *subst.masc.*

ganso (gan-so) *subst.masc.* Ave de plumagem branca ou cinza, bico largo, pescoço comprido e pés com dedos unidos por membranas. Os **gansos** grasnam, como os patos, e também se parecem com eles, mas são maiores.

garagem (ga-ra-gem) *subst.fem.* Local para abrigar veículos. *Meu prédio não tem **garagem** para visitantes.* [Pl.: *garagens*.]

garantia (ga-ran-ti-a) *subst.fem.* **1** Uma **garantia** dá a certeza de que será cumprida uma obrigação, promessa, compromisso etc. *A palavra do professor é nossa **garantia** de que a prova será adiada.* **2** Documento que comprova a qualidade de um produto ou serviço. *O liquidificador vem com **garantia**.* **3** Prazo de validade desse documento. *O telefone ainda está na **garantia**.*

garantir (ga-ran-tir) *verbo* Dar certeza de que uma coisa vai acontecer. *A loja **garantiu** que o rádio vai funcionar. A chuva **garante** boa colheita. Marcela **garantiu** que virá à festa.*

garapa (ga-ra-pa) *subst.fem.* **1** Caldo da cana-de-açúcar. **2** *informal* Qualquer bebida muito doce também é chamada de **garapa**.

garça (gar-ça) *subst.fem.* Ave de pernas e dedos compridos, pescoço fino, bico longo e pontudo, que vive perto de pântanos e lagoas. As **garças** se alimentam principalmente de peixes.

garçom (gar-çom) *subst.masc.* Homem que serve as pessoas em restaurantes, bares e festas. [Pl.: *garçons*. Fem.: *garçonete*.]

garçonete (gar-ço-ne-te) *subst.fem.* Mulher que trabalha servindo as pessoas em restaurantes, bares e festas. [Masc.: *garçom*.]

garfo (gar-fo) *subst.masc.* Talher com dois ou mais dentes que serve para espetar e levar o alimento à boca.

gargalhada (gar-ga-lha-da) *subst.fem.* Risada forte, barulhenta e longa.

gargalo (gar-ga-lo) *subst.masc.* **1** Parte estreita perto da abertura de uma garrafa. Algumas garrafas têm um **gargalo** alongado. **2** Uma passagem muito estreita também forma um **gargalo**. *As pistas se juntam formando um* ***gargalo****.*

Gargalos de garrafa.

garganta (gar-gan-ta) *subst.fem.* ANAT Região do fundo da boca e de dentro do pescoço onde estão os órgãos que levam ar para os pulmões e comida para o estômago.

gari (ga-ri) *subst.masc.fem.* Pessoa que trabalha na limpeza de ruas, praças e outros lugares públicos.

garimpo (ga-rim-po) *subst.masc.* Lugar onde são explorados metais e pedras preciosas, geralmente ouro e diamantes. ~ **garimpeiro** *subst.masc.*

garoa (ga-ro-a) \ô\ *subst.fem.* Chuva fina e fraca que cai sem parar. *Até que essa* ***garoa*** *serviu para refrescar o dia.*

garoto (ga-ro-to) \ô\ *subst.masc.* É o mesmo que menino.

garra (gar-ra) *subst.fem.* **1** Unha comprida, afiada e curvada das patas de alguns animais, como o leão e a águia. **2** Quando agimos com **garra**, fazemos algo com muito ânimo e disposição. *O time perdeu a partida, mas jogou com muita* ***garra****.*

garrafa (gar-ra-fa) *subst.fem.* **1** Recipiente de gargalo estreito, usado para guardar líquidos. **2** Quantidade de líquido contida numa **garrafa**. *Carlos bebeu toda a* ***garrafa*** *de suco.*

garupa (ga-ru-pa) *subst.fem.* **1** Assento que fica na parte de trás de uma bicicleta ou moto. **2** Parte de trás do lombo de alguns animais, como o cavalo, a zebra etc. *A mula levava dois sacos na* ***garupa****.*

gás *subst.masc.* **1** Substância como o ar que não é nem líquida nem sólida. Há **gases** que queimam fácil e são usados para aquecer, cozinhar ou para fazer os veículos andarem. *Hidrogênio e oxigênio são* ***gases****.* **2** *informal* Fôlego, ânimo, entusiasmo. *O atleta terminou a corrida sem* ***gás****. As crianças voltaram da festa cheias de* ***gás****.* **gases** *subst.masc.pl.* **3** Ar que pode ficar dentro do estômago e dos intestinos, como resultado da digestão, e pode ser expelido. *Alguns alimentos, como feijoada e batata-doce, dão muitos* ***gases****.* **gás carbônico** Gás, sem cor e sem cheiro, produzido pela respiração e pela queima de substâncias que contêm carbono. *O* ***gás carbônico*** *é um dos gases que causam o aquecimento global.* **gás natural** Gás encontrado debaixo da terra ou no fundo do oceano, usado como combustível.

gasolina (ga-so-li-na) *subst.fem.* Líquido feito de petróleo, usado como combustível. *O motor deste carro é movido a* ***gasolina****.*

gasoso (ga-so-so) \ô\ *adj.* Com gás. *A água mineral* ***gasosa*** *é mais cara?*

gastar (gas-tar) *verbo* **1** Usar dinheiro com serviços, produtos, pessoas etc. *A empresa* ***gasta*** *pouco em limpeza.* **2** Ficar menor porque fica em atrito com outras coisas. *A sola do sapato* ***gastou*** *nas caminhadas diárias.* **3** Usar qualquer coisa para uma tarefa, atividade etc. ***Gastamos*** *duas horas da praia à nossa rua. A cozinheira só* ***gastou*** *um quilo de farinha.* [Sinôn.: *usar, consumir*.]

gasto (gas-to) *subst.masc.* **1** Quantia usada para pagar compras, contas etc. *adj.* **2** O que está **gasto** já foi muito usado e não está mais novo. *A sola* ***gasta*** *dos sapatos me fez cair.*

gato (ga-to) *subst.masc.* Mamífero de quatro patas, que mia e tem o corpo coberto de pelos. Os **gatos** são felinos domésticos e são bons para caçar ratos.

gaveta (ga-ve-ta) \ê\ *subst.fem.* Parte do móvel que desliza para dentro e para fora, usada para guardar objetos, roupas, papéis etc.

gavião ▼ (ga-vi-ão) *subst.masc.* Ave de bico curvado e garras afiadas, que se alimenta de pequenas presas, como galinhas, roedores e passarinhos. [Pl.: *gaviões*.]

gaze (ga-ze) *subst.fem.* Tecido bem fino, de algodão, muito usado em curativos.

geada (ge-a-da) *subst.fem.* Camada branca de gelo fininho formada pelo orvalho que se congelou.

gel *subst.masc.* Substância mole e pegajosa, parecida com uma gelatina, usada em produtos para cabelos, pele, pastas de dente etc. *Depois de fazer a barba, Alex usa um **gel**.* [Pl.: *géis, geles*.]

geladeira (ge-la-dei-ra) *subst.fem.* Eletrodoméstico usado para guardar e conservar frios alimentos e outros produtos, evitando que eles estraguem rápido. [Sinôn.: *refrigerador*.]

gelado (ge-la-do) *adj.* Muito frio. *Não costumo tomar água **gelada**.*

gelar (ge-lar) *verbo* **1** Fazer baixar a temperatura ou deixar gelado. *Ponha os refrigerantes para **gelar**.* **2** Ficar com muito medo. *Quando ele viu de que altura ia saltar, **gelou**!*

gelatina (ge-la-ti-na) *subst.fem.* **1** Substância transparente, mole, elástica e sem sabor, obtida depois de ferver por muito tempo ossos, peles etc. A **gelatina** é um tipo de proteína. **2** Doce feito a partir dessa substância misturada a outras que lhe dão cor e sabor. As **gelatinas** se apresentam em pó ou em folhas.

geleia (ge-lei-a) \éi\ *subst.fem.* CUL Doce pastoso, feito de fruta cozida. A **geleia** é muito consumida em pães, torradas etc. ou como recheio de biscoitos, bolos etc.

geleira (ge-lei-ra) *subst.fem.* Grande acúmulo de gelo que desce das montanhas e cobre vales e encostas ou grande parte de terra.

gelo (ge-lo) \ê\ *subst.masc.* **1** Água ou outro líquido em sua forma sólida. **2** Quando um lugar está muito frio, dizemos que está um **gelo**. **dar um gelo** *informal* Se você **dá um gelo** em alguém, você fica sem falar ou brincar com essa pessoa. **quebrar o gelo** *informal* Quando você começa uma conversa, evitando um silêncio desagradável entre pessoas que não se conhecem ou estão sem assunto, você está **quebrando o gelo**.

gema (ge-ma) *subst.fem.* **1** Parte amarela e redonda do ovo das aves e dos répteis. **2** Pedra preciosa.

gêmeo (gê-meo) *subst.masc.* Cada uma das crianças que têm os mesmos pais, nasceram no mesmo dia e são resultado da mesma gestação. ☛ Esta palavra pode ser usada como adj.: *irmãos **gêmeos***.

gemer (ge-mer) *verbo* Emitir sons lentos e baixos, quase como um choro. *O cão não latia, apenas **gemia** de dor.* ~ **gemido** *subst.masc.*

gene (ge-ne) *subst.masc.* BIO Parte da célula que determina as características físicas e de crescimento de um indivíduo. Os **genes** são transmitidos dos pais para os filhos.

general (ge-ne-ral) *subst.masc.* Oficial militar que ocupa posto abaixo de marechal e acima de coronel. [Pl.: *generais*.]

genérico (ge-né-ri-co) *adj.* **1** Um comentário **genérico** é um comentário geral, que não fala de situações específicas. *Vamos organizar um painel **genérico**, com vários temas.* **2** Um medicamento **genérico** é um remédio identificado pela substância que ele contém e não por um nome comercial.

gênero (gê-ne-ro) *subst.masc.* **1** Conjunto de seres ou coisas que têm a mesma origem ou têm características comuns. *Arroz e feijão são **gêneros** alimentícios. Lia tem uma loja de roupas do **gênero** esportivo.* **2** GRAM O **gênero** permite dizer se uma palavra está no masculino ou no feminino.

generoso (ge-ne-ro-so) \ô\ *adj.* **1** Uma pessoa **generosa** gosta de dar aos outros o que lhe pertence. *A Dona Julieta é **generosa** com os mais pobres.* **2** Uma pessoa e uma atitude **generosas** são nobres, caridosas, simpáticas. *Foi um gesto **generoso** você nos ceder as suas entradas de teatro.* ~ **generosidade** *subst.fem.*

genético (ge-né-ti-co) *adj.* BIO **Genético** quer dizer relacionado a genes. Uma característica **genética** está presente nas células que um organismo recebeu dos seus pais. *A cor dos nossos olhos é **genética**.*

gengiva (gen-gi-va) *subst.fem.* ANAT Parte da boca que cobre a raiz dos dentes. A **gengiva** é avermelhada e firme.

gênio (gê-nio) *subst.masc.* **1** Ser sobrenatural que, com seus poderes mágicos, pode controlar o destino das pessoas ou de um lugar. **2** Pessoa muito inteligente e criativa, capaz de inventar coisas novas e solucionar problemas difíceis. **3** Jeito de ser, de se comportar. *Carla é mimada, tem um **gênio** difícil.*

genital (ge-ni-tal) *adj.masc.fem.* **Genital** quer dizer relacionado à reprodução. *Os órgãos **genitais** do homem e da mulher são diferentes.* [Pl.: *genitais.*]

genro (gen-ro) *subst.masc.* O esposo da filha de uma pessoa é **genro** dessa pessoa. [Fem.: *nora.*]

gente (gen-te) *subst.fem.* **1** Pessoa, ser humano. ***Gente** e bicho dormiram naquela caverna.* **2** Muitas pessoas reunidas, uma multidão. *Toda aquela **gente** vai pegar o mesmo ônibus.* **3** Os habitantes de uma determinada região. *A **gente** do Sul do Brasil.* **gente boa** *informal* Pessoa confiável, amiga. **gente fina** *informal* É o mesmo que gente boa. **a gente** Nós. *O que **a gente** vai fazer hoje?*

gentil (gen-til) *adj.masc.fem.* Uma pessoa ou uma coisa **gentil** é amável, educada. *A loja mandou uma carta **gentil** à Alexandra.* [Antôn.: *grosseiro.* Pl.: *gentis.*]

gentileza (gen-ti-le-za) \ê\ *subst.fem.* Qualquer ação ou comportamento que demonstre delicadeza, agrado, interesse. *Raul fez a **gentileza** de me emprestar seu boné.*

geografia (ge-o-gra-fi-a) *subst.fem.* Ciência que estuda a Terra, principalmente suas características físicas, como solo, vegetação, mares e clima. A **geografia** também estuda como é a política, a economia e a população dos países. ~ **geográfico** *adj.*

geometria (ge-o-me-tri-a) *subst.fem.* MAT Parte da matemática que estuda as formas que ocupam o espaço, as linhas, os ângulos e as superfícies. ~ **geométrico** *adj.*

geração (ge-ra-ção) *subst.fem.* **1** Uma **geração** é um grupo de pessoas mais ou menos da mesma idade. *Nesta casa, moram pessoas de três **gerações** diferentes: a avó, a mãe e a filha.* **2** **Geração** também é a produção, a criação de algo. *É preciso aumentar a **geração** de eletricidade.* **de última geração** Quando um produto é o mais novo e o melhor no mercado, dizemos que ele é **de última geração**. *Adriana comprou um computador **de última geração**.* [Pl.: *gerações.*]

geral (ge-ral) *adj.masc.fem.* **1** Tudo que é **geral** envolve a maioria ou o total de um conjunto. *Vamos fazer uma limpeza **geral** no escritório.* **2** Sem entrar em detalhes. *Só quero ter uma visão **geral** do bairro.* *subst.fem.* **3** ESP Em estádios, local próximo ao gramado no qual o preço dos ingressos é mais barato. **em geral** Na maioria das vezes ou das ocasiões. *Nos feriados, **em geral**, viajamos.* [Pl.: *gerais.* Superl.absol. do adj.: *generalíssimo.*]

geralmente (ge-ral-men-te) *advérbio* De modo geral, na maioria das vezes, sem ser com relação a uma pessoa só, um caso só, uma vez só etc. *Os sabonetes **geralmente** são cheirosos. **Geralmente** viajamos nas férias.* [Sinôn.: *normalmente.*]

gerar (ge-rar) *verbo* **1** Dar vida a um outro ser. Uma mulher pode **gerar** um filho. Uma semente pode **gerar** uma árvore. **2** **Gerar** também é produzir. *As usinas hidrelétricas **geram** energia para o Brasil. As fábricas **geram** muitos empregos na região.*

gerente (ge-ren-te) *subst.masc.fem.* Pessoa que administra uma loja, um hotel, um banco ou qualquer outro tipo de empresa. O **gerente** é responsável pela orientação de seus funcionários.

germe ou **gérmen** (ger-me; gér-men) *subst.masc.* **1** BIO Estágio inicial do desenvolvimento de um organismo. ***Germe** de trigo é o broto do trigo.* **2** BIO Micróbio que causa doença. ☛ O pl. de **gérmen** é *germens*.

germinar (ger-mi-nar) *verbo* Uma planta **germina** quando a sua semente ou o seu tubérculo começam a se desenvolver. [Sinôn.: *brotar*.] ~ **germinação** *subst.fem.*

gerúndio (ge-rún-dio) *subst.masc.* GRAM Toda vez que um verbo terminar com "-ndo" ele está no **gerúndio**, como na frase "O que você está fazendo?". Usamos o **gerúndio** para falar de ações que ainda estão acontecendo.

gesso (ges-so) \ê\ *subst.masc.* Mineral branco, muito usado em forma de massa para imobilizar um osso quebrado, fabricar estátuas, partes de casas etc.

gestação (ges-ta-ção) *subst.fem.* Período de tempo em que um bebê ou filhote se desenvolve no útero da mãe até a hora de nascer. *A **gestação** de um elefante dura 22 meses.* [Pl.: *gestações*.]

gestante ◥ (ges-tan-te) *subst.fem.* Mulher que está grávida. ☛ Esta palavra pode ser usada como adj.: *mulher **gestante***.

gesticular (ges-ti-cu-lar) *verbo* Fazer gestos para exprimir uma ideia ou como reforço da fala. *É difícil falar sem **gesticular**.*

gesto (ges-to) *subst.masc.* **1** Movimento de mãos, braços e cabeça que mostra intenção, emoção ou ideia. *O guarda fez um **gesto** para irmos em frente.* **2** Atitude ou ação de uma pessoa. *Fazer doações para os desabrigados é um **gesto** de nobreza.*

gibi (gi-bi) *subst.masc.* Revista em quadrinhos.

gigante (gi-gan-te) *subst.masc.* **1** Ser imaginário de tamanho imenso, muito alto, muito forte e às vezes muito feio. *Nas histórias infantis há **gigantes**, fadas e bruxas.* **2** Homem muito alto e forte, além do normal. *Se crescer mais, você vai ficar um **gigante**!* *adj.masc.fem.* **3** Imenso, grande demais. *Haverá uma reforma **gigante** no prédio.* [Antôn.: *minúsculo*.]

ginásio (gi-ná-sio) *subst.masc.* **1** Espaço fechado com quadras de esporte, aparelhos de ginástica etc. *Quando chovia, os alunos passavam a hora do recreio no **ginásio**.* **2** Antigo nome dado ao que hoje corresponde à segunda etapa do ensino fundamental.

ginasta (gi-nas-ta) *subst.masc.fem.* É a pessoa que se dedica à ginástica. *Diego é um ótimo **ginasta**.*

ginástica (gi-nás-ti-ca) *subst.fem.* **1** Exercício físico para deixar o corpo mais forte e mais flexível. *Mariana faz **ginástica** todos os dias.* **2** A aula em que você faz esses exercícios também se chama **ginástica**. *Este mês, André já faltou três vezes a **ginástica**.* **3** **Ginástica** também é um esforço grande para conseguir um objetivo. *Foi uma **ginástica** para Lídia chegar no dentista na hora certa.*

gincana (gin-ca-na) *subst.fem.* Competição entre equipes que devem responder a perguntas e cumprir tarefas. *A última tarefa da **gincana** era trazer a maior bandeira da cidade.*

girafa (gi-ra-fa) *subst.fem.* Mamífero africano de pescoço muito comprido, pernas longas e fortes e de pelo claro coberto com manchas marrons. A **girafa** é o mais alto dos animais terrestres.

girar (gi-rar) *verbo* **1** Movimentar-se em volta de um eixo, de um centro. *A Terra **gira** em torno do Sol.* **2** Andar de um lado para o outro sem saber para onde vai ou sem rumo certo. *Ele se perdeu no centro da cidade e **girou** por várias ruas.*

girassol (gi-ras-sol) *subst.masc.* Nome de uma planta que pode ficar bem alta e de sua flor grande e amarela, que está sempre virada para a direção da luz do Sol. Das suas sementes é feito o óleo de **girassol**. [Pl.: *girassóis.*]

gíria (gí-ria) *subst.fem.* **1** Linguagem informal e própria de um grupo de pessoas que têm um gosto comum, moram no mesmo lugar etc. *Vovó não entende a **gíria** dos jovens.* **2** Palavra dessa linguagem. *Carolina usa muita **gíria**.*

girino (gi-ri-no) *subst.masc.* Larva de certos anfíbios, como o sapo, a rã e a perereca. Os **girinos** vivem na água.

giro (gi-ro) *subst.masc.* Movimento que se faz em torno de alguma coisa. *A roda-gigante demora cinco minutos para dar um **giro** completo.* [Sinôn.: *volta.*]

giz *subst.masc.* Pequeno bastão próprio para escrever em quadros-negros. [Pl.: *gizes.*]

glândula (glân-du-la) *subst.fem.* ANAT Parte do corpo que produz uma substância para ser usada por outro órgão ou para ser eliminada. Saliva, suor e lágrima são produzidos por **glândulas**.

glicose (gli-co-se) *subst.fem.* Açúcar natural que dá energia para o organismo. A **glicose** está presente no sangue e nas plantas.

global (glo-bal) *adj.masc.fem.* **1** O que é **global** está relacionado a todo o globo terrestre. *O aquecimento **global** é assunto em todos os jornais.* [Sinôn.: *mundial.*] **2** Considerado em seu todo, por inteiro. *O conceito **global** do aluno é um só para todas as disciplinas.* [Sinôn.: *total.*] [Pl.: *globais.*]

globalização (glo-ba-li-za-ção) *subst.fem.* **Globalização** é o fato de fazer uma coisa conhecida ou torná-la comum por todo o mundo. Quando a televisão, por exemplo, envia imagens de uma inundação para todos os países da Terra no momento em que ela acontece, isso é a **globalização** dessa informação. [Pl.: *globalizações.*]

globo ► (glo-bo) \ô\ *subst.masc.* **1** Qualquer objeto que tenha a forma de esfera ou seja redondo. *Os olhos têm forma de **globo**.* [Dimin.: *glóbulo.*] **2** A Terra, por ter a forma arredondada, é chamada de **globo**. **3** Objeto que tem forma de esfera e que representa a Terra. *A professora mostrou no **globo** as áreas atingidas pelo terremoto.*

glória (gló-ria) *subst.fem.* **1** Fama, admiração conseguida por um fato, uma aventura que impressiona os outros. *Os heróis alcançam **glória** merecida.* **2** Pessoa ou coisa famosa, que gera orgulho. *Esse nadador é uma **glória** nacional.* **3** REL O céu ou a felicidade de quem está no céu.

gnomo (gno-mo) *subst.masc.* Anão imaginário e feio que guarda tesouros no interior da Terra.

goiaba (goi-a-ba) *subst.fem.* Fruta de polpa branca ou vermelha e cheia de pequenas sementes. A **goiaba** é muito usada para fazer doces, geleias, compotas. ~ **goiabeira** *subst.fem.*

gol *subst.masc.* **1** Espaço limitado por três barras, duas verticais e uma horizontal, que seguram uma rede. A rede vai da barra horizontal até o chão. [Sinôn.: *meta.*] **2** ESP **Gol** também é a forma como se marcam os pontos do futebol e do handebol, feitos quando a bola passa pelas barras, em direção à rede. [Pl.: *gols, goles e gois.*]

gola ► (go-la) *subst.fem.* Parte da camisa, do vestido ou do casaco que fica perto do pescoço ou que passa em volta dele. *Como estava frio, Antônia vestia uma camisa de **gola** alta.*

A Terra está representada neste **globo**.

gole (go-le) *subst.masc.* Quantidade de líquido que conseguimos engolir de uma só vez. *Bebeu o copo de água de um **gole** só.*

goleiro (go-lei-ro) *subst.masc.* ESP No time de futebol, o jogador que defende o gol.

golfe (gol-fe) \ô\ *subst.masc.* ESP Jogo em que se usa um taco especial para lançar uma pequena bola, fazendo-a entrar em 18 buracos espalhados por um campo gramado. Ganha a partida quem colocar a bola em todos os buracos com menos tacadas.

golfinho (gol-fi-nho) *subst.masc.* **1** Mamífero do mar que tem focinho longo e é capaz de nadar muito rápido, mergulhar e dar saltos no ar. Os **golfinhos** costumam nadar em bandos. **2** ESP Nome de um dos estilos da natação que lembra o movimento dos **golfinhos** ao nadar.

golpe (gol-pe) *subst.masc.* **1** Movimento rápido, forte e inesperado. *Um **golpe** de ar fez a porta bater.* **2** Pancada ou modo de bater com as mãos ou com os pés. *O rapaz levou dois **golpes** no pescoço.* **3** Modo de agir com intenção de enganar. *Minha vizinha caiu no **golpe** do dinheiro fácil.*

goma (go-ma) *subst.fem.* **1** Mistura de farinha de trigo e água, usada como cola. **2** Farinha fina da mandioca, usada na preparação de tapioca, mingaus, bolos etc. **3** Bala macia que gruda um pouco nos dentes. Há **gomas** de diferentes formas e sabores. **goma de mascar** Pastilha doce e de vários sabores, que se mastiga por muito tempo.

→ Você sabia que, antes de ser uma pastilha, a **goma de mascar** quase foi pneu de carro? Descubra essa história e várias outras curiosidades alimentares pesquisando no *site* Canal Kids, em Alimentação.

gomo ► (go-mo) \ô\ *subst.masc.* Cada uma das divisões naturais de frutos como a laranja, a mexerica e o limão.

gordo (gor-do) \ô\ *adj.* **1** Uma carne **gorda** contém gordura na sua composição. *O médico pediu para evitar alimentos **gordos** como frituras, toicinho etc.* **2** Alguém **gordo** está com excesso de peso. ☛ Neste sentido, esta palavra pode ser usada como subst.: *Esta loja vende roupa para **gordos**.* **3** Grande, maior. *O garçom recebeu uma gorjeta **gorda**.* [Sinôn. geral: *magro*.]

gordura (gor-du-ra) *subst.fem.* ANAT Substância amarelada ou branca que fica depositada no tecido dos animais, inclusive no dos homens. A gordura animal pode ser utilizada em culinária, mas é pouco saudável. *Usaram **gordura** de porco para fritar o ovo.* [Sinôn.: *banha*.] ~ **gorduroso** *adj.*

gorila (go-ri-la) *subst.masc.* Macaco africano muito grande e forte, que não possui cauda e tem os braços bem mais compridos que as pernas. Os **gorilas** formam famílias e vivem com elas no chão das matas e não nas árvores, como outros macacos. ☛ Ver ilustração de *macaco*.

gorjeta (gor-je-ta) \ê\ *subst.fem.* Pequena quantia em dinheiro que damos a quem prestou um serviço. *O rapaz deu um real de **gorjeta** ao garçom.*

gorro (gor-ro) \ô\ *subst.masc.* Peça de tecido mole que cobre só o cabelo ou toda a cabeça, com buracos para olhos, nariz e boca. O **gorro** fica bem justo e não tem abas.

gosma (gos-ma) *subst.fem.* Substância pegajosa, parecida com uma baba. *A lesma foi andando e deixando uma **gosma** no chão.*

gostar (gos-tar) *verbo* **1** Achar que tem um gosto bom. *Bia **gosta** de feijão.* **2** Achar agradável, ou ficar alegre com algo ou alguém. *Dudu **gosta** da mãe e de brincar de balanço.* **3** Aprovar, achar bom. *Carol **gostou** da mochila nova.* **4** Ter mania ou o hábito de agir de certo modo. *A Ida **gosta** de falar alto.* **5** Necessitar, precisar de algo para seu proveito. *As hortaliças **gostam** de sol.* **6** Duas pessoas que se

gostam sentem amizade ou amor uma pela outra. [Antôn. gerais: *detestar, odiar.*]

gosto (gos-to) \ô\ *subst.masc.* **1** Sabor que as coisas têm. *Este sorvete está com **gosto** de sabão.* **2** O que sentimos com o nosso paladar. Quando você coloca uma coisa na boca, você sente o **gosto** dela, se é azedo, amargo, doce, salgado etc. **3** Demonstração de preferência pessoal. *Tentamos deixar tudo conforme o seu **gosto**.* **bom gosto** Uma pessoa de **bom gosto** sabe ser elegante, apreciar a beleza etc. *Jurema organizou a festa com muito **bom gosto**.* **mau gosto** **1** Uma brincadeira de **mau gosto** não tem graça, é grosseira ou falta com o respeito. *Todos acharam o seu comentário de muito **mau gosto**.* **2** Quem tem **mau gosto** revela falta de elegância. *Compraram roupas caras, mas de **mau gosto**.*

gostoso (gos-to-so) \ô\ *adj.* **1** Uma comida **gostosa** tem sabor agradável. **2** Se fazemos ou sentimos uma coisa **gostosa**, fazemos ou sentimos algo agradável, que nos deixa feliz, satisfeito. *Um vento **gostoso** refrescava a sala.*

gota (go-ta) \ô\ *subst.fem.* **1** Porção muito pequena de líquido. A **gota** parece uma pera pequenininha. **2** Pequena quantidade de qualquer coisa. *Ainda resta uma **gota** de esperança de ganharmos o torneio.* [Sinôn. geral: *pingo*. Dimin.: *gotícula.*]

governador (go-ver-na-dor) \ô\ *subst.masc.* Pessoa que governa, que exerce poder político num estado. *O **governador** de Rondônia vai inaugurar uma obra amanhã.* [Pl.: *governadores.*]

governar (go-ver-nar) *verbo* **1** Cuidar da administração política de um país, um estado ou um município. **2** Controlar uma empresa ou uma casa também é **governar**.

governo (go-ver-no) \ê\ *subst.masc.* Poder que governa um país, um estado ou um município. *O **governo** federal e o **governo** estadual se uniram para administrar alguns hospitais.*

gozado (go-za-do) *adj. informal* Uma pessoa ou uma coisa **gozada** nos faz rir, nos diverte. *Foi **gozado** quando o Pedro escorregou.* [Sinôn.: *engraçado.*]

gozar (go-zar) *verbo* **1** *informal* Brincar com uma pessoa ou expô-la ao ridículo. *Cilene me **goza** porque não sei nadar.* **2** Ter ou aproveitar algo útil, que traga alguma vantagem ou seja agradável. *Papai já **gozou** suas férias. Mamãe **goza** de boa saúde.* ~ **gozação** *subst.fem.*

graça (gra-ça) *subst.fem.* **1** Tudo o que recebemos como favor, doação ou presente. *A menina doente recebeu a **graça** da cura.* **2** Atitude ou aparência delicada. *Lívia dançou com muita **graça**.* **3** Ação engraçada ou divertida. *Olga riu com as **graças** dos netos.* **de graça** Tudo que recebemos **de graça** não precisa ser pago. *O aluno entrou **de graça** no teatro. A entrada do cinema é **de graça** hoje.* **sem graça** Uma pessoa, uma história, um comentário etc. **sem graça** não nos faz rir e não nos agrada.

grade (gra-de) *subst.fem.* Proteção feita de barras paralelas ou cruzadas. As **grades** podem servir para impedir a passagem. *As janelas lá de casa têm **grades**. Uma **grade** separava as duas torcidas.* **atrás das grades** *informal* Na prisão. *O lugar destes desonestos é **atrás das grades**.*

grafia (gra-fi-a) *subst.fem.* Forma escrita de uma palavra. *Algumas palavras, como concerto e conserto, têm **grafias** semelhantes.*

gráfica (grá-fi-ca) *subst.fem.* Local onde livros, revistas, cartazes, calendários, gibis etc. são impressos.

gráfico ▼ (grá-fi-co) *subst.masc.* **1** Figura, de diferentes formas, que apresenta informações sobre vários assuntos, a partir de linhas ou desenhos. **2** Pessoa que trabalha em uma gráfica. *adj.* **3** **Gráfico** quer dizer relacionado à gráfica. Um trabalho **gráfico** é um trabalho que utiliza a impressão de textos e desenhos. *Marcelo é formado em artes **gráficas**.* **4** Representado por figuras, sinais, linhas etc.

A linha azul do **gráfico** indica que as vendas melhoraram.

grafita (gra-fi-ta) *subst.fem.* Tipo de carbono usado para fabricar lápis.

[1]**grafite** (gra-fi-te) *subst.fem.* Parte escura e macia que existe dentro do lápis, usada para escrever ou desenhar. **Grafite** também é o bastãozinho que colocamos na lapiseira.

Grafite vem da palavra alemã *Graphit*, inventada por A. G. Werner, um estudioso dos minerais, no século XVIII. Para nomear esse mineral, ele se inspirou na palavra grega *grápho*, que quer dizer "escrever".

[2]**grafite** (gra-fi-te) *subst.masc.* Palavra ou desenho artístico sobre rochas, paredes, monumentos etc. ☛ Ver *pichação*.

Esta palavra vem do italiano *graffitto*, que quer dizer "desenho em pedra".

gralha (gra-lha) *subst.fem.* Ave grande, preta, de asas largas, cauda longa e bico comprido e forte. As **gralhas** vivem em bandos e são barulhentas.

[1]**grama** (gra-ma) *subst.fem.* Planta verde, cultivada para cobrir jardins e terrenos.

Grama vem da palavra latina *gramma*, que também quer dizer "relva, erva".

[2]**grama** (gra-ma) *subst.masc.* Unidade de medida de peso que equivale a um quilo dividido por mil (símbolo: *g*).

Grama vem da palavra grega *grámma*, que quer dizer "letra, algarismo, unidade de medida".

gramado (gra-ma-do) *subst.masc.* Terreno todo coberto de grama. *As crianças estão brincando no **gramado** em frente à casa.* ☛ Esta palavra pode ser usada como adj.: *terreno **gramado**.*

gramática (gra-má-ti-ca) *subst.fem.* **1** Estudo e descrição de como uma língua funciona e das regras que a fazem funcionar. *Algumas pessoas acham a **gramática** do inglês difícil.* **2** Conjunto de regras que definem o uso considerado correto de uma língua. *A **gramática** não recomenda dizer "nós vai".* **3** Livro que contém essas regras. *Patrícia consulta a **gramática** quando tem dúvida.* ~ **gramatical** *adj.masc.fem.*

grampeador (gram-pe-a-dor) \ô\ *subst.masc.* Objeto usado para colocar grampos em folhas, prendendo-as. [Pl.: *grampeadores*.]

grampo (gram-po) *subst.masc.* **1** Peça fina de metal que, com a ajuda de um grampeador, prende folhas de papel. **2** Peça feita de arame dobrado, usada para prender cabelo.

grande (gran-de) *adj.masc.fem.* **1** O que é **grande** tem altura, largura, comprimento, volume etc. maior do que outros semelhantes. *O planeta Terra é **grande**, mas o Universo é bem maior. Aquele bebê é **grande** para a idade que tem.* **2** Também dizemos que é **grande** quem está mais crescido ou quem não é mais criança. *Carla tem 35 anos e suas filhas já são **grandes**. João, como você está **grande**!* **3** **Grande** também serve para o que é muito forte ou intenso. *Leila sentiu uma **grande** alegria quando soube da festa.* [Antôn. geral: *pequeno*. Superl.absol.: *grandíssimo, máximo*.]

grandeza (gran-de-za) \ê\ *subst.fem.* **1** Característica do que é grande, amplo, extenso. *Todos reconhecem a **grandeza** das terras brasileiras.* **2** Qualidade de quem tem sentimentos bons, nobres. *Todos admiravam a **grandeza** de seu coração.* **3** MAT Unidade de medida ou peso. *Não se podem somar **grandezas** diferentes.* ☛ Ver tabela na p. 508. **4** Grau de intensidade de um astro. *O Sol é uma estrela de quinta **grandeza**.*

granito (gra-ni-to) *subst.masc.* Tipo de rocha muito usada em construções, pisos, paredes.

granizo (gra-ni-zo) *subst.masc.* Pedaço de gelo que cai em forma de chuva.

granja (gran-ja) *subst.fem.* Propriedade rural pequena que desenvolve apenas um tipo de atividade. *Tio Hélio tem duas **granjas**, uma produz legumes e na outra ele cria frangos.*

granulado (gra-nu-la-do) *adj.* Substância que foi transformada em pequenos grãos ou em pedaços bem miúdos. *Alguns brigadeiros não tinham chocolate **granulado** por cima.*

grão *subst.masc.* **1** Fruto ou semente de certas plantas e cereais, como o milho, o feijão e o trigo. **2** Grão também é uma parte minúscula de alguma coisa. *Um* ***grão*** *de areia entrou no meu olho.* [Pl.: *grãos.*]

grasnar (gras-nar) *verbo* Quando os gansos e os patos **grasnam**, eles produzem um som meio rouco. Outras aves, como o abutre, também **grasnam**.

gratidão (gra-ti-dão) *subst.fem.* Se reconhecemos algo que alguém fez por nós ou nos deu, sentimos **gratidão**. *Clarissa sente* ***gratidão*** *pela ajuda que teve do Mauro no passeio.* [Pl.: *gratidões.*]

grátis (grá-tis) *adj.masc.fem.* O que é **grátis** nós recebemos e não precisamos dar nada em troca. *Comprando a saia, o cinto é* ***grátis***. [Sinôn.: *gratuito.*] ☛ O sing. e o pl. desta palavra são iguais: *doce* ***grátis***, *doces* ***grátis***.

gratuito (gra-tui-to) *adj.* **1** É o mesmo que grátis. *A entrada neste museu é* ***gratuita***. **2** Uma ofensa **gratuita** é feita sem motivo ou não tem explicação. [Antôn.: *justo.*]

grau *subst.masc.* **1** Unidade de medida de temperatura. *Adelaide teve 39* ***graus*** *de febre.* **2** Unidade de medida de um ângulo. *Esta linha forma um ângulo de 45* ***graus*** *em relação a esta outra.* **3** Unidade de medida de capacidade visual. *O* ***grau*** *dos meus óculos não aumentou.* **4** Distância entre gerações de parentes. *Um neto é parente do avô em segundo* ***grau***. **5** Nota dada em uma avaliação. *Ela tirou* ***grau*** *dez.* **6** Uma das antigas formas de chamar as etapas da educação escolar. *Mamãe terminou o primeiro* ***grau***, *nós terminaremos o ensino fundamental.* **7** Cada fase ou ponto em que está uma evolução. *As queimaduras foram de segundo* ***grau***. **8** GRAM O **grau** é um jeito de marcar uma intensidade maior ou menor do significado expresso por um adjetivo ou um advérbio.

graúna (gra-ú-na) *subst.fem.* Ave preta, grande, de bico e cauda compridos, com penas alongadas no pescoço, lembrando uma gola. A **graúna** se aproveita do ninho de outros pássaros.

gravador (gra-va-dor) \ô\ *subst.masc.* Aparelho que serve para gravar sons ou outro tipo de informação e depois reproduzir o que gravou. Há **gravadores** de fitas, de *CDs*, de *DVDs*. [Pl.: *gravadores.*]

gravar (gra-var) *verbo* **1** Marcar figuras ou palavras em madeira, metal, pedra etc, com objetos pontudos ou com instrumentos cortantes como faca ou canivete. *Sandra* ***gravou*** *seu nome na caneta.* **2** Registrar som ou imagem em fita ou disco. *O conjunto* ***gravou*** *sete músicas conhecidas.* **3** Conservar alguma coisa na memória. *Sandra não consegue* ***gravar*** *o telefone de casa.* [Sinôn.: *decorar.*] ~ **gravação** *subst.fem.*

gravata (gra-va-ta) *subst.fem.* Tira de pano que passa por baixo da gola da camisa, envolvendo o pescoço, e se prende na frente com um nó especial. *Joaquim sabia dar o nó correto na* ***gravata***.

grave (gra-ve) *adj.masc.fem.* **1** Um problema **grave** é muito sério e deixa as pessoas muito preocupadas. **2** O som **grave** é um som como o do mugido do boi. *Os cachorros grandes têm latidos* ***graves***. [Sinôn.: *grosso*. Antôn.: *agudo.*] ☛ Neste sentido, esta palavra pode ser usada como subst.: *O cantor usou bem os* ***graves***. **3** GRAM O acento **grave** é um traço virado para a esquerda (`) e indica que houve crase entre duas letras "a", como em "Maria foi à praia".

grávida (grá-vi-da) *subst.fem.* Mulher em período de gestação. ☛ Esta palavra pode ser usada como adj.: *mulheres* ***grávidas***.

gravidade (gra-vi-da-de) *subst.fem.* **1** Força que faz as coisas caírem no chão. *Uma pedra atirada para o alto só cai por causa da* ***gravidade***. **2** Fala-se da **gravidade** de uma situação quando ela é muito séria ou importante. *Qual é a* ***gravidade*** *do estado de saúde da Marta?* **3** A **gravidade** de uma pessoa na maneira como se comporta é o modo muito sério como ela age ou fala.

→ **Gravidade** é a força que atrai todos os objetos do Universo e afeta todas as formas de matéria e energia. Para nós, ela vem da forma como a Terra e os corpos situados ao redor, como o Sol, a Lua e os planetas, se atraem. Aprenda mais sobre o assunto no *site* Canal Kids, em Tecnologia.

gravidez (gra-vi-dez) \ê\ *subst.fem.* Estado de uma fêmea quando um bebê está se desenvolvendo dentro do corpo dela. [Pl.: *gravidezes.*]

graviola ◢ (gra-vi-o-la) *subst.fem.* Fruta de casca verde, grossa e áspera, de polpa branca e com muitas sementes. A árvore desta fruta também é chamada de **graviola**.

gravura (gra-vu-ra) *subst.fem.* **1** Técnica em que se pinta um desenho em madeira, metal ou pedra especial, para depois imprimi-lo em papel, tecido etc. *Márcio entrou para um curso de **gravura**.* **2** Estampa feita com essa técnica. *Fausto pendurou uma bela **gravura** na parede da sala.*

graxa (gra-xa) *subst.fem.* Substância oleosa que faz o couro brilhar e as peças de uma máquina deslizarem ou ficarem sem atrito.

grego (gre-go) \ê\ *subst.masc.* **1** Pessoa que nasceu na Grécia. **2** Língua falada na Grécia e em Chipre. *adj.* **3 Grego** quer dizer relacionado à Grécia. As azeitonas **gregas** são plantadas na Grécia.

grelha (gre-lha) \é\ *subst.fem.* Grade ou chapa de ferro que se põe sobre o fogo para assar carnes, peixes etc.

grêmio (grê-mio) *subst.masc.* Grupo de pessoas que têm um mesmo objetivo e se reúnem para conversar sobre esse assunto comum, realizar atividades e reuniões. O **grêmio** pode ser político, cultural, religioso etc.

greta (gre-ta) \ê\ *subst.fem.* **1** Fenda ou rachadura estreita que surge na terra ou na rocha. **2** Qualquer abertura estreita. *Ficamos espiando pela **greta** da porta.*

greve (gre-ve) *subst.fem.* Quando alguém faz **greve**, para de trabalhar ou de realizar uma atividade com o objetivo de chamar a atenção para uma situação ou protestar contra algo. *A **greve** dos trabalhadores durou até eles conseguirem o aumento.* ~ **grevista** *adj.masc.fem. subst.masc.fem.*

grifar (gri-far) *verbo* Marcar letras, palavras, frases etc., geralmente sublinhando, para chamar atenção para elas. *Que sinônimos desta palavra podemos **grifar** no texto?*

grilo (gri-lo) *subst.masc.* Pequeno inseto que se movimenta aos saltos e vive nos jardins. Os machos produzem um som bem alto e agudo.

gripe (gri-pe) *subst.fem.* MED Doença que faz as pessoas ficarem com febre, tosse e sem ânimo. ~ **gripar** *verbo*

grisalho (gri-sa-lho) *adj.* **1** Um cabelo **grisalho** tem fios brancos misturados com os da cor natural. **2** Alguém **grisalho** tem esse tipo de cabelo.

gritar (gri-tar) *verbo* **1** Falar muito alto ou soltar pela boca um som bem alto. *A torcida **gritou** o nome do jogador. O doente **gritava** de dor.* **2** Certos animais também **gritam**, quando soltam um som forte pela boca.

grito (gri-to) *subst.masc.* **1** Som alto emitido com força pela voz humana. As pessoas dão **grito** sem querer ou de propósito, por medo, alegria, dor etc. **2** Som alto emitido por alguns animais, como hienas, araras etc.

groselha (gro-se-lha) *subst.fem.* Fruta redonda e avermelhada, usada no preparo de xaropes, geleias, refrescos etc. A **groselha** tem mais ou menos o tamanho da uva. ~ **groselheira** *subst.fem.*

grosseiro (gros-sei-ro) *adj.* **1** Uma coisa **grosseira** é de qualidade inferior ou foi feita sem delicadeza ou elegância. *Cecília comprou uns tamancos baratos e **grosseiros**.* [Antôn.: *refinado*.] **2** Mal-educado ou violento. *Não seja **grosseiro** com as pessoas; fale com educação.* [Sinôn.: *rude*. Antôn.: *amável, gentil*.]

grosso (gros-so) \ô\ *adj.* **1** Um tronco **grosso** é largo, ocupa um grande volume. *Estou lendo um livro **grosso**.* **2** Uma voz **grossa** é uma voz grave. **3** Sem muita educação, indelicado. *Tenho um vizinho **grosso**.* [Antôn.: *delicado*.] **4** Um tecido **grosso** é áspero, não é agradável ao tato. **5** Um caldo **grosso** é quase pastoso, não é ralo. [Sinôn.: *espesso*.] [Antôn. de 1 a 4: *fino*.]

grudar (gru-dar) *verbo* **1** Fazer duas coisas ficarem bem juntas, geralmente usando cola. *Não **grude** os cartazes na parede.* **2** O que **gruda** pode colar em qualquer lugar. *Essa malha **gruda** no corpo.* **3 Grudar** também é ficar bem perto de alguém ou de algo. *O menino **grudou** em Alice e não quer mais sair de perto.* [Sinôn. geral: *colar*. Antôn. gerais: *desgrudar, descolar*.]

grude (gru-de) *subst.masc.* **1** Cola muito forte. **2** *informal* Comida mal feita, de aparência ruim. *No acampamento comíamos qualquer **grude** que fizessem.*

grupo (gru-po) *subst.masc.* **1** Pessoas ou coisas que estão juntas formam um **grupo**. *Ela mora perto daquele **grupo** de casas coloridas. Lídia viu um **grupo** de cachorros na praça.* **2** Conjunto de pessoas que têm um mesmo tipo de interesse. *Juliana participa de um **grupo** de capoeira.*

gruta (gru-ta) *subst.fem.* Buraco por dentro de rochas. Há **grutas** naturais e artificiais. [Sinôn.: *caverna*.] ☛ Ver ilustração na p. 490.

[1]**guará** (gua-rá) *subst.masc.fem.* Ave de plumagem vermelha muito forte, encontrada em mangues e na foz de rios do norte da América do Sul. Os **guarás** vivem em bandos.

O **guará** ave e o **guará** lobo vêm de palavras do tupi muito parecidas: *gwa'ra* para a ave e *agua'ra* para o mamífero.

[2]**guará** ▼ (gua-rá) *subst.masc.* Lobo da América do Sul, de pernas compridas e pelo em tons de laranja e vermelho. A ponta do focinho e as extremidades das patas do **guará** são negras e a cauda é branca.

guaraná (gua-ra-ná) *subst.masc.* **1** Semente pequena e escura de um arbusto da Amazônia. Dessa semente se extrai um xarope usado para fazer bebidas, inclusive refrigerante. **2** Bebida feita do pó dessa semente moída. **3** O arbusto que dá essa semente também se chama **guaraná**.

guarani (gua-ra-ni) *subst.masc.fem.* **1** Grupo indígena que vive na Bolívia, no Paraguai e no sul do Brasil. **2** Indígena que pertence a esse grupo. *subst.masc.* **3** Língua falada por esse grupo. **4** Moeda usada no Paraguai. *adj.masc.fem.* **5 Guarani** também quer dizer relacionado a esse grupo, a esse indígena e a essa língua.

guarda (guar-da) *subst.fem.* **1** Quem faz a **guarda** de uma coisa toma conta dela. *A **guarda** do museu é feita por uma firma de vigilantes.* **2** Quem tem a **guarda** de uma criança tem, de acordo com a lei, o dever de cuidar dela. *Tia Leni tem a **guarda** dos netos.* *subst.masc.fem.* **3** Pessoa que trabalha vigiando um local ou agindo para que uma atividade ocorra bem. *O **guarda** de trânsito usa um apito para orientar os motoristas.*

guarda-chuva (guar-da - chu-va) *subst.masc.* Objeto que usamos para nos proteger da chuva ou do sol. O **guarda-chuva** tem um cabo com uma armação de varetas coberta por um tecido ou plástico para não deixar a água passar. [Pl.: *guarda-chuvas*.]

guarda-costas (guar-da - cos-tas) *subst.masc.* Pessoa que acompanha outra para protegê-la do perigo. *Os **guarda-costas** acompanharam o presidente até a sala de reuniões.* ☛ O sing. e o pl. desta palavra são iguais: *um **guarda-costas**, dois **guarda-costas***.

guardanapo (guar-da-na-po) *subst.masc.* Pequena toalha de pano ou de papel usada para limpar os lábios e proteger a roupa durante as refeições.

guardar (guar-dar) *verbo* **1** Vigiar para defender ou proteger. *Os cães **guardam** a casa quando os donos viajam.* **2** Deixar algo à parte, separar, reservar. ***Guarde** metade do creme para fazer o recheio.* **3** Pôr um objeto em um lugar adequado. *As meias estão **guardadas** na gaveta.* **4** Tomar conta de algo para alguém, que o usará depois. ***Guarde** meu lugar pois preciso ir ao banheiro.* **5** Manter alguma coisa na memória, como uma informação, um dado etc. *Amaro **guardou** os nomes de todos os presidentes do Brasil.*

guarda-roupa (guar-da - rou-pa) *subst.masc.* **1** Armário para guardar roupas. **2** Conjunto de todas as roupas de uma pessoa. *Preciso renovar meu **guarda-roupa** de inverno.* [Pl.: *guarda-roupas.*]

guarda-sol (guar-da - sol) *subst.masc.* Tipo de guarda-chuva que é fixado na areia da praia ou em mesas, para proteger do sol. [Sinôn.: *barraca.* Pl.: *guarda-sóis.*]

guaxinim (gua-xi-nim) *subst.masc.* Mamífero pequeno e carnívoro, de hábitos noturnos e cauda longa com listras negras. Porque tem pelos escuros em volta dos olhos, o **guaxinim** parece estar de máscara. [Pl.: *guaxinins.*]

gude (gu-de) *subst.masc.* É o mesmo que bola de gude.

guelra (guel-ra) *subst.fem.* BIO Parte do corpo por onde peixes e outros animais aquáticos respiram. [Sinôn.: *brânquia.*]

guerra (guer-ra) *subst.fem.* Luta armada entre povos, países, nações etc. *O povo da África sofre com as desgraças trazidas pelas **guerras**.*

guerreiro (guer-rei-ro) *subst.masc.* **1** Alguém que participa de combates, batalhas ou guerras. *A tribo fez uma festa para os **guerreiros** vitoriosos.* **2** Pessoa que luta para conquistar seus sonhos, que não desiste facilmente. ☛ Esta palavra pode ser usada como adj.: *espírito **guerreiro**.*

guia (gui-a) *subst.fem.* **1** Documento que autoriza alguém a transportar ou receber uma mercadoria, encomenda etc. *O funcionário assinou a **guia** azul e entregou a **guia** verde junto com a caixa.* **2** Formulário que preenchemos para pagar impostos ou para fazer uma solicitação. *Júlio solicitou a **guia** na prefeitura para pagar o imposto da sua casa.* *subst.masc.fem.* **3** Pessoa que conduz outra ou que acompanha turistas em viagens contando fatos históricos, mostrando pontos interessantes etc. *subst.masc.* **4** Livro que traz informações sobre determinada cidade. *Antes de viajar, compramos o **guia** de Fortaleza.*

guiar (gui-ar) *verbo* **1** Acompanhar alguém mostrando o caminho que deve seguir. *Não se preocupe, ele vai me **guiar** até o ponto de táxi.* **2** Dar conselhos ou instruções ou ajudar alguém numa escolha. *Os mais velhos costumam **guiar** os mais novos na escolha da profissão.* **3** Dirigir um veículo.

guichê (gui-chê) *subst.masc.* Pequena abertura em parede, porta etc. para atender o público. *Os idosos e as grávidas estão sendo atendidos no segundo **guichê**.*

guidom (gui-dom) *subst.masc.* Barra horizontal que fica na frente de bicicletas, motocicletas, patinetes e velocípedes e serve para guiá-los. O **guidom** é preso a uma barra vertical que o liga à roda da frente do veículo. [Pl.: *guidons.*] ☛ Ver ilustração de *bicicleta.*

guindaste (guin-das-te) *subst.masc.* Máquina usada para levantar e mover coisas muito pesadas. O **guindaste** é muito usado na construção de edifícios e no transporte de cargas nos portos.

guitarra (gui-tar-ra) *subst.fem.* Instrumento musical parecido com o violão, mas com a caixa maciça. A **guitarra** funciona ligada a um tipo de alto-falante. ☛ Ver ilustração na p. 494. ~ **guitarrista** *subst.masc.fem.*

guizo ▼ (gui-zo) *subst.masc.* Esfera oca de metal com bolinhas de ferro dentro. Quando se agita o **guizo**, as bolinhas batem na esfera e umas nas outras, fazendo barulho.

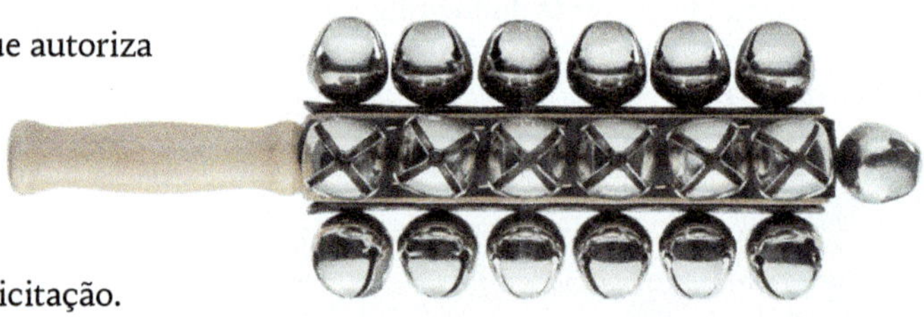

gula (gu-la) *subst.fem.* **1** Vício de comer e também beber demais. **2** Preferência por doces e pratos gostosos.

guloso (gu-lo-so) \ô\ *adj.* Quem é **guloso** tem o vício da gula ou gosta muito de comer doces e outras comidas gostosas.

guri (gu-ri) *subst.masc.* Criança. [Fem.: *guria.*]

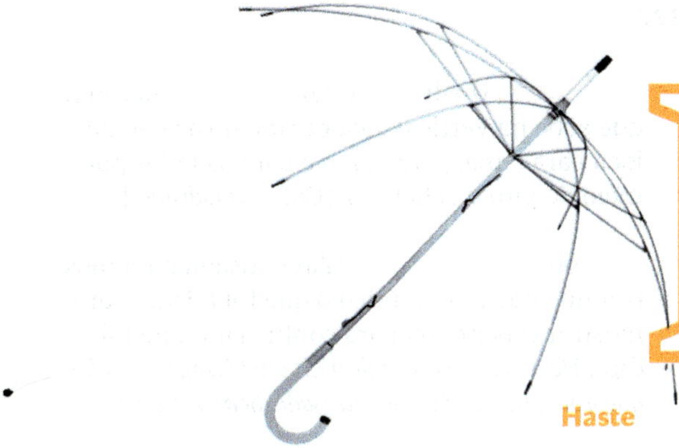

Hh

h *subst.masc.* Oitava letra do nosso alfabeto. Na língua portuguesa, o **h** só existe na escrita, no início de palavras, como "hospital", ou junto de outras, para mudar seu som, como é o caso de "ch", "nh" e "lh", por exemplo, em "chuchu", "ninho" e "velho".

hábil (há-bil) *adj.masc.fem.* **1** Uma pessoa **hábil** faz uma coisa muito bem. *Vovó é **hábil** costureira.* **2** Alguém **hábil** age bem em diferentes situações, resolve problemas etc. *Carlos é um homem **hábil** e foi chamado para conversar com os grevistas.* [Pl.: *hábeis.*]

habilidade (ha-bi-li-da-de) *subst.fem.* Capacidade de fazer algo muito bem. *Tiago desenvolveu na escola a **habilidade** de desenhar.*

habitação (ha-bi-ta-ção) *subst.fem.* O lugar onde se mora. *Neste terreno serão construídas 200 novas **habitações** populares.* [Pl.: *habitações.*]

habitante (ha-bi-tan-te) *subst.masc.fem.* Pessoa que vive em determinado lugar. *Minha cidade tem 20 mil **habitantes**.*

habitar (ha-bi-tar) *verbo* **1** Viver em uma residência. *Esta é a casa em que vamos **habitar**.* **2** Viver em algum lugar. *Os cariris **habitam** o Ceará.*

hábitat (há-bi-tat) *subst.masc.* BIO Ambiente natural em que vive ou se desenvolve uma planta ou um animal. *O **hábitat** do peixe-boi são os rios da Amazônia.* [Pl.: *hábitats.*]

hábito (há-bi-to) *subst.masc.* **1** Jeito de ser, de se comportar e de sentir que é comum a uma ou mais pessoas. *Outros povos têm **hábitos** que consideramos estranhos.* [Sinôn.: *costume.*] **2** Ação repetida com frequência. *Sebastiana tem o **hábito** de escrever.* **3** Roupa especial de uma pessoa religiosa como as freiras. ~ **habitual** *adj.masc.fem.*

hacker *subst.masc.* Palavra inglesa para nomear a pessoa que tem um profundo conhecimento de informática e se conecta aos computadores de outras pessoas, geralmente, de forma ilegal, para copiar ou alterar uma informação. ☛ Pronuncia-se *ráquer.*

hálito (há-li-to) *subst.masc.* **1** Ar que sai da boca durante a expiração. **2** Cheiro da boca.

hambúrguer (ham-búr-guer) *subst.masc.* **1** Bife feito de carne moída temperada, achatado e redondo, que geralmente se come frito. **2** Sanduíche feito com esse bife. [Pl.: *hambúrgueres.*]

hamster *subst.masc.* Palavra inglesa que dá nome a um roedor parecido com um rato, de pelo macio e cauda curta. *Os **hamsters** são criados como animal de estimação ou como cobaia.* ☛ Pronuncia-se *râmster.*

handebol (han-de-bol) *subst.masc.* ESP Jogo em que duas equipes de sete jogadores cada uma tentam colocar a bola no gol do adversário, usando apenas as mãos. O goleiro é o único jogador que pode usar também os pés. [Pl.: *handebóis.*] ☛ Ver ilustração na p. 492.

✏ A palavra **handebol** veio do inglês *handball*, de *hand* "mão" e *ball* "bola", um jogo de bola com as mãos.

---

hardware *subst.masc.* INF Palavra inglesa que dá nome à parte física de um computador, como teclado, monitor, placas internas etc. ☛ Pronuncia-se *rárduer.*

harmonia (har-mo-ni-a) *subst.fem.* **1** Combinação perfeita ou agradável entre objetos, cores, sons, pessoas etc. *Os móveis estavam em **harmonia** com os* *quadros. O casal vivia em **harmonia**, sempre conversando.* **2** MÚS Combinação de sons que acompanham uma melodia. ~ **harmônico** *adj.* **harmonioso** *adj.*

harpa (har-pa) *subst.fem.* MÚS Instrumento musical feito de cordas esticadas e presas a uma moldura triangular de madeira. Hoje em dia, as **harpas** têm pedais que alteram o som. ☛ Ver ilustração na p. 494. ~ **harpista** *subst.masc.fem.*

haste (has-te) *subst.fem.* **1** Pedaço de pau ou ferro fino, reto e longo no qual se enfia alguma coisa ou se apoia algo. *Luísa quebrou duas **hastes** do guarda-chuva.* **2** **Haste** também é o mesmo que talo.

Hastes do guarda-chuva.

Haste de bambu.

hastear (has-te-ar) *verbo* Prender algo numa haste ou mastro, levantando-o. *Todos os dias o soldado tem de **hastear** a bandeira nacional.*

haver (ha-ver) *verbo* **1** Existir. *O funcionário do teatro disse que **há** lugares vazios.* **2** Acontecer, ocorrer. ***Houve** uma festa animada na rua ontem.* **3** Usamos também o verbo **haver** para falar do tempo que já passou. *As aulas começaram **há** cinco dias.*

hebraico (he-brai-co) *subst.masc.* Língua falada pelos antigos hebreus. O **hebraico** é a língua oficial do Estado de Israel. [Sinôn.: *hebreu*.] ☛ Esta palavra pode ser usada como adj.: *texto **hebraico***.

hebreu (he-breu) *subst.masc.* **1** Indivíduo do antigo povo **hebreu**. A história dos **hebreus** é contada na Bíblia, no Antigo Testamento. [Fem.: *hebreia*.] ☛ Neste sentido, esta palavra pode ser usada como adj.: *crença **hebreia***. **2** Língua falada por esse povo. [Sinôn.: *hebraico*.]

hein *interjeição* → hem

hélice (hé-li-ce) *subst.fem.* A **hélice** tem duas ou mais pás que giram para fazer vento ou para fazer um veículo se mover. Ventilador, avião e motores de barco têm **hélices**.

helicóptero (he-li-cóp-te-ro) *subst.masc.* Aeronave que sobe na vertical, fica parada no ar e se desloca para cima, para baixo e para os lados por meio do giro das hélices. [Col.: *esquadrilha*.]

hem ou **hein** *interjeição* Palavra usada para mostrar que não se entendeu o que foi falado, para mostrar espanto ou para confirmar o que foi dito. ***Hem**, não escutei, fale mais alto! **Hem**, o Ronaldo quebrou a perna? Sempre atrasada, **hem**, Tatiana!*

hemisfério (he-mis-fé-rio) *subst.masc.* GEOG Cada uma das metades da Terra que foi dividida pela linha do equador: o **hemisfério** sul e o **hemisfério** norte. *O Brasil situa-se no **hemisfério** sul.*

hemorragia (he-mor-ra-gi-a) *subst.fem.* MED Uma pessoa tem uma **hemorragia** quando seu corpo sangra muito e de forma descontrolada.

hepatite (he-pa-ti-te) *subst.fem.* MED Doença que ataca o fígado.

hera (he-ra) *subst.fem.* Nome dado a vários tipos de plantas que crescem se espalhando em paredes e muros. ☛ Não confundir com *era*.

herança (he-ran-ça) *subst.fem.* **1** Conjunto de bens, dinheiro e até dívidas que alguém deixa para os herdeiros ao morrer. **2** Características, hábitos, valores etc. que recebemos de nossos pais, de nossos antepassados ou pela tradição. *O cabelo liso é **herança** da mãe. O samba é uma **herança** cultural dos africanos.*

herbívoro (her-bí-vo-ro) *adj.* Um animal **herbívoro** se alimenta só de vegetais. ☛ Esta palavra pode ser usada como subst.: *Os **herbívoros** alimentam-se de plantas.*

herdar (her-dar) *verbo* **1** Receber dinheiro ou qualquer outra coisa de alguém que morreu. **2** Receber dos pais características físicas, como a cor dos olhos e do cabelo, e de outro tipo, como o jeito de ser. *Júlia **herdou** a alegria do pai.*

herdeiro (her-dei-ro) *subst.masc.* **1** Quem recebe herança é um **herdeiro**. **2** Também chamamos de **herdeiros** os filhos de alguém.

hermafrodita (her-ma-fro-di-ta) *subst.masc.fem.* BIO Organismo que possui órgãos de reprodução masculinos e femininos. ☛ Esta palavra pode ser usada como adj.: *animal **hermafrodita**, plantas **hermafroditas**.*

herói (he-rói) *subst.masc.* **1** Um **herói** é quem faz alguma coisa corajosa ou muito boa e é admirado por isso. *José foi o **herói** que salvou o Pedro do acidente.* **2** Personagem mais importante de um livro, filme, peça, jogo etc. [Fem.: *heroína.*] ~ **heroico** *adj.*

heterogêneo (he-te-ro-gê-neo) *adj.* Formado por elementos diferentes. *Toda turma de alunos é **heterogênea**.* [Antôn.: *homogêneo.*]

heterossexual (he-te-ros-se-xu-al) \cs\ *subst.masc. fem.* Pessoa que se interessa em namorar alguém do outro sexo. [Pl.: *heterossexuais.*] ☛ Esta palavra pode ser usada como adj.: *amigos **heterossexuais**, relação **heterossexual**.*

hexágono (he-xá-go-no) \z\ *subst.masc.* MAT Figura geométrica de seis lados.

hiato (hi-a-to) *subst.masc.* **1** GRAM Um **hiato** acontece quando duas vogais vizinhas ficam em sílabas diferentes, como em "a-í, fri-o, sa-ú-de". **2** Falta, lacuna, interrupção. *Faltou luz e houve um **hiato** na transmissão do programa.*

hibernar (hi-ber-nar) *verbo* Os animais que **hibernam** ficam abrigados e quase imóveis durante o inverno, economizando energia. *Os ursos polares e algumas cobras **hibernam**.*

hibisco ▼ (hi-bis-co) *subst.masc.* Nome comum a várias plantas que dão flores de colorido forte. As folhas do **hibisco** são usadas para fazer chá.

hidratante (hi-dra-tan-te) *subst.masc.* Produto usado para hidratar a pele. ☛ Esta palavra pode ser usada como adj.: *creme **hidratante**, loção **hidratante**.*

hidratar (hi-dra-tar) *verbo* Dar água para manter alguém saudável ou algo em bom estado. Você pode **hidratar** o corpo bebendo líquidos e a pele usando produtos especiais. *No verão, precisamos nos **hidratar** mais.* ~ **hidratação** *subst.fem.*

hidrelétrico ou **hidroelétrico** (hi-dre-lé-tri-co; hi-dro-e-lé-tri-co) *adj.* O que é **hidrelétrico** está relacionado à energia elétrica gerada pelo movimento da água. *Quase toda energia produzida no Brasil vem das usinas **hidrelétricas**.*

hidrogênio (hi-dro-gê-nio) *subst.masc.* Gás usado como combustível e na fabricação de produtos industriais. O **hidrogênio** é o elemento químico que existe em maior quantidade no Universo.

hiena (hi-e-na) *subst.fem.* Mamífero que vive em bandos e se alimenta de presas mortas por outros animais. As **hienas** se parecem com cães selvagens e são encontradas na África e na Ásia.

hífen (hí-fen) *subst.masc.* GRAM Sinal (-) usado para unir duas ou mais palavras que formam uma outra. Também usamos **hífen** para juntar pronomes e verbos, como em "usá-lo", e separar as sílabas das palavras, como fazemos neste dicionário. [Pl.: *hifens e hífenes.*]

higiene (hi-gi-e-ne) *subst.fem.* Cuidado em manter o nosso corpo e o ambiente à nossa volta sempre limpos. Tomar banho, escovar os dentes e lavar as mãos são parte de nossa **higiene** diária. [Sinôn.: *asseio.*] ~ **higiênico** *adj.*

hino (hi-no) *subst.masc.* Canto que faz homenagem à pátria, a um santo, a um time etc. *Antes de começar o jogo, os atletas cantaram o **Hino** Nacional. Poucos conhecem o **hino** do colégio.*

→ Você conhece os quatro **hinos** brasileiros? Faça uma pesquisa em **hinos**, no *site* Plenarinho, e confira todos eles.

hipismo (hi-pis-mo) *subst.masc.* ESP Conjunto de esportes que se pratica com cavalo. ☛ Ver ilustração na p. 492.

hipnotizar (hip-no-ti-zar) *verbo* **1** Deixar uma pessoa como se estivesse dormindo, mas ainda capaz de seguir as ordens de alguém. *O mágico **hipnotizou** a moça e pediu que ela desse um pulo.* **2** Fazer uma pessoa prestar muita atenção como se estivesse encantada. *O desenho animado **hipnotizou** as crianças.*

hipopótamo (hi-po-pó-ta-mo) *subst.masc.* Mamífero africano que pode pesar até quatro toneladas, com focinho largo, boca grande, pernas curtas e corpo em forma de barril. Os **hipopótamos** são herbívoros e costumam ficar dentro da água.

hipótese (hi-pó-te-se) *subst.fem.* **1** Fato ou ação que não sabemos se vai ou não se realizar. *Levarei o guarda-chuva para a **hipótese** de chover.* **2** Opinião ou ideia não comprovada. *Otávio tinha várias **hipóteses** para explicar o aquecimento global.*

história (his-tó-ria) *subst.fem.* **1** Conjunto de coisas que aconteceram no passado. *Sônia conhece a **história** do país, mas não conhece a **história** de sua família.* **2** Quando alguém conta alguma coisa que aconteceu, de verdade ou de mentira, está contando uma **história**. *Tadeu gosta de **histórias** de piratas.* ~ **histórico** *adj.*

hoje (ho-je) *advérbio* **1** O dia em que estamos vivendo. *Como você está passando **hoje**? – o médico perguntou.* **2** Nos dias atuais. ***Hoje** quase ninguém usa mais máquina de escrever.* *subst.masc.* **3** A época presente. *A juventude de **hoje** continua lendo: nos livros, nos gibis, nos computadores.*

holofote (ho-lo-fo-te) *subst.masc.* Foco de luz bastante forte usado para iluminar objetos a distância. *As luzes dos **holofotes** pareciam desenhar no céu.*

homem (ho-mem) *subst.masc.* **1** Ser humano. *Todo **homem** é mortal.* **2** Ser humano adulto do sexo masculino. [Fem.: *mulher*. Aument.: *homenzarrão*.] [Pl.: *homens*.]

homenagem (ho-me-na-gem) *subst.fem.* Uma **homenagem** é algo que você fala ou faz para mostrar em público seu respeito e admiração por uma pessoa. *Em **homenagem** à avó, todos cantaram a música preferida dela.* [Pl.: *homenagens*.] ~ **homenagear** *verbo*

home page *subst.fem.* Locução inglesa que significa página principal de um *site*. ☛ Pronuncia-se *rom pêij*.

homogêneo (ho-mo-gê-neo) *adj.* Formado por elementos iguais ou por elementos diferentes tão bem misturados que parecem um só. *Para pintar a parede, a mistura de tinta e água precisa ser **homogênea**.* [Antôn.: *heterogêneo*.]

homossexual (ho-mos-se-xu-al) \cs\ *subst.masc.fem.* Pessoa que se interessa em namorar alguém do mesmo sexo. [Pl.: *homossexuais*.] ☛ Esta palavra pode ser usada como adj.: *amigos **homossexuais**, relação **homossexual**.*

honestidade (ho-nes-ti-da-de) *subst.fem.* Quem é sério, confiável, não desobedece a lei e fala a verdade tem **honestidade**. *Foi com **honestidade** que Lauro confessou a sua falta.*

honesto (ho-nes-to) *adj.* **1** Uma pessoa **honesta** diz a verdade, é sincera, não engana os outros nem desobedece a lei. [Sinôn.: *digno*.] **2** Um lugar **honesto** cumpre com as leis e oferece serviços corretos. *Papai acha a comida desse restaurante **honesta**.* [Antôn. geral: *desonesto*.]

honra (hon-ra) *subst.fem.* **1** Uma pessoa que age de acordo com o que acha certo tem **honra**. **2** Bom conceito que alcança quem se comporta assim. *As pessoas dignas preferem sua **honra** ao dinheiro. A **honra** de uma família pode estar na sua história.* **3** Dignidade que se defende por orgulho. *Nos duelos, as pessoas procuravam vingar a **honra** ofendida.* **4** Motivo de satisfação, de orgulho. *Jairo acha ser presidente do clube uma **honra**.* **fazer as honras** Receber hóspedes com atenções especiais. *Mamãe **fez as honras** da casa quando nossa turma me visitou.* ~ **honradez** *subst.fem.* **honrar** *verbo*

hora (ho-ra) *subst.fem.* **1** Uma **hora** equivale a 60 minutos, e 24 **horas** formam um dia (abreviação: *h*). *O ensaio dura três **horas**.* **2** Momento exato do dia. *Agora são duas **horas** e dez minutos.* **3** **Hora** também é o tempo marcado em que algo aconteceu ou vai acontecer. *O ônibus passou na **hora** certa.* **4** Qualquer momento ou ocasião, sem que exista um horário marcado. *Espere, Ana Paula, agora não é **hora** de brincar.* **hora extra** Hora que uma pessoa trabalha além do horário da saída. **hora H** O momento exato de um acontecimento. *O time* *ia marcar o ponto, mas, na **hora H**, o juiz apitou o fim da partida.* **fazer hora** Ocupar o tempo enquanto esperamos algo acontecer. *Ficamos **fazendo hora** na casa de Violeta até sairmos para a festa.* **fazer hora com** *informal* Zombar. *Para **fazer hora com** Helena, Juca disse que ela era nervosinha.* ☛ Não confundir com *ora*.

horário (ho-rá-rio) *subst.masc.* **1** Conjunto das horas ou dias em que funcionam alguns serviços ou atividades. *O **horário** de funcionamento dos bancos é das 10h às 16h.* **2** **Horário** também é a hora marcada para algo acontecer. *Qual é o **horário** do próximo trem?* **horário de verão** **Horário** adiantado em uma hora durante o verão.

horizontal (ho-ri-zon-tal) *adj.masc.fem.* Algo na posição **horizontal** está paralelo à linha do horizonte, como se estivesse deitado. [Antôn.: *vertical*. Pl.: *horizontais*.] ☛ Esta palavra pode ser usada como subst.: *Para dormirmos, deitamos na **horizontal**.*

A linha amarela está na **horizontal**, a vermelha, na vertical.

horizonte (ho-ri-zon-te) *subst.masc.* **1** Linha distante e imaginária, que deixa a impressão de que o céu e a terra se uniram. *A lua vinha surgindo no **horizonte**.* **2** Aquilo que se imagina ou se sonha para o futuro. *O estudo alarga nossos **horizontes**.* ☛ Neste sentido, esta palavra é mais usada no plural.

hormônio (hor-mô-nio) *subst.masc.* BIO Substância química produzida pelo próprio corpo, importante para várias funções. Há **hormônios** responsáveis pelo crescimento, outros que auxiliam na digestão, que permitem a reprodução etc.

horóscopo (ho-rós-co-po) *subst.masc.* Previsão sobre a vida das pessoas, fatos etc. com base na posição dos astros.

horrível (hor-rí-vel) *adj.masc.fem.* **1** Uma coisa **horrível** é uma coisa muito feia ou muito ruim. *Esta blusa fica **horrível** com esta saia. Houve um acidente **horrível** na estrada.* **2** Uma pessoa **horrível** é uma pessoa desagradável ou muito má. [Pl.: *horríveis*.]

horror (hor-ror) \ô\ *subst.masc.* **1** Sentimento forte de nojo, medo ou choque causado por algo muito desagradável. *Vera tem **horror** à lesma.* **2** Aquilo que é horrível. *Este filme é um **horror**.* [Pl.: *horrores*.]

horroroso (hor-ro-ro-so) \ô\ *adj.* Muito ruim, feio ou desagradável. *Um cheiro **horroroso** de esgoto vinha dos fundos da casa.*

horta (hor-ta) *subst.fem.* Terreno onde verduras e legumes são plantados. ☛ Ver ilustração na p. 486.

hortaliça (hor-ta-li-ça) *subst.fem.* Nome dado às plantas comestíveis vindas da horta, como os legumes e as verduras.

hortelã (hor-te-lã) *subst.fem.* Erva de sabor refrescante, bastante usada na alimentação. Muitos xaropes, pastilhas, balas são preparados com a essência da **hortelã**.

hospedar (hos-pe-dar) *verbo* Receber como hóspede. *Marcus **hospedou** várias pessoas para o casamento da filha.* ~ **hospedagem** *subst.fem.*

hóspede (hós-pe-de) *subst.masc.fem.* Quem fica na casa de alguém, em hotel, em pousada etc. por algum tempo. *Os **hóspedes** desse hotel ganham um chinelo.*

hospício (hos-pí-cio) *subst.masc.* Hospital para tratamento de pessoas que sofrem de doenças mentais.

hospital (hos-pi-tal) *subst.masc.* Local para onde pessoas doentes ou feridas se dirigem ou se internam para serem atendidas por médicos e enfermeiros. [Pl.: *hospitais*.] ☛ Ver ilustração na p. 484.

hotel (ho-tel) *subst.masc.* Estabelecimento que recebe pessoas que pagam pelos dias que lá ficarem. Os **hotéis** oferecem refeições e, às vezes, atividades de lazer como piscina, salão de jogos, bar etc. [Pl.: *hotéis*.]

humanidade (hu-ma-ni-da-de) *subst.fem.* **1** Todas as pessoas do mundo. **2** Atitude de bondade e compreensão com os outros. *O vilão da história não tinha **humanidade**.*

humano (hu-ma-no) *adj.* **1** O que é **humano** é relacionado às pessoas. O corpo **humano** é o corpo de uma pessoa. Uma invenção **humana** foi feita pelas pessoas. *Praticar esportes e estudar são atividades **humanas**.* **2** Quando você diz que uma pessoa é **humana**, quer dizer que ela é bondosa e trata os outros com atenção. Uma atitude também pode ser **humana**. *O atendimento nos hospitais precisa ser mais **humano**.* *subst.masc.* **3** Pessoa, o ser humano. *Os **humanos** vivem no planeta Terra.* ☛ Neste sentido, esta palavra é mais usada no plural.

humildade (hu-mil-da-de) *subst.fem.* Quem não é orgulhoso nem acha que é melhor do que os outros tem **humildade**. [Antôn.: *orgulho*.]

humilde (hu-mil-de) *adj.masc.fem.* **1** Age de forma **humilde** quem tem consciência de seus próprios defeitos e limites. *O mestre deve ser **humilde**.* **2** Alguém **humilde** não se acha melhor do que os outros. *Leila virou artista famosa e continua **humilde**.* [Sinôn.: *modesto*. Antôn.: *orgulhoso*.] **3** Uma pessoa **humilde** está acostumada a obedecer ordens sem reclamar. **4** Sem luxo, simples, pobre. *Esse grande escritor nasceu numa casa **humilde**.* [Antôn.: *rico*.] [Superl.absol.: *humildíssimo, humilíssimo, humílimo*.] ☛ Esta palavra pode ser usada como subst.: *Respeite os **humildes**.*

humilhar (hu-mi-lhar) *verbo* A gente **humilha** uma pessoa quando a faz sentir-se envergonhada ou quando fere o seu orgulho ou a sua dignidade. *É muito feio **humilhar** o time que não se classificou.* [Sinôn.: *desrespeitar*.]

humo (hu-mo) *subst.masc.* BIO É o mesmo que húmus.

humor (hu-mor) \ô\ *subst.masc.* **1** As pessoas divertidas têm **humor**. **2** As coisas que têm **humor** nos fazem rir. *Sônia se divertiu ao ver filme cheio de **humor**.* **3** **Humor** também é o modo de agir. Quem está de bom **humor** se sente feliz e é simpático com todo o mundo. Quem está de mau **humor** se sente aborrecido e age mal com os outros. [Pl.: *humores*.]

húmus (hú-mus) *subst.masc.* BIO Conjunto de substâncias de cor preta ou escura que torna a parte de cima do solo mais fértil e úmida. [Sinôn.: *humo*.] ☛ O sing. e o pl. desta palavra são iguais: *o **húmus**, os **húmus**.*

→ Os micróbios e os animais invertebrados, como as minhocas, transformam restos de vegetais, como folhas e frutos caídos, e restos de animais e estercos em **húmus**. As plantas crescem mais e ficam mais bonitas em solos ricos em **húmus**.

Inseto

i *subst.masc.* Nona letra do nosso alfabeto. O **i** é uma vogal.

iceberg ► *subst.masc.* Palavra inglesa que significa grande bloco de gelo que se separou de alguma geleira. *O navio* Titanic *bateu num* iceberg *e afundou.* ☛ Pronuncia-se *áisberg*.

ícone (í-co-ne) *subst.masc.* **1** Pessoa ou coisa muito famosa que simboliza um grupo, uma época, um modo de pensar etc. *Zico é um **ícone** do esporte no Brasil.* **2** INF Figura exibida na tela de um computador para mostrar uma função ou arquivo. *Para imprimir, clique no **ícone** da impressora.*

ida (i-da) *subst.fem.* A **ida** de alguém é a sua partida para algum lugar ou o caminho feito até esse lugar. *A **ida** ao museu foi uma diversão para as crianças. A volta de bicicleta cansou mais do que a **ida**.* [Antôn.: *volta*.]

idade (i-da-de) *subst.fem.* **1** A sua **idade** é o tempo de vida entre seu nascimento e uma data qualquer, geralmente a do seu aniversário. Nós contamos nossa **idade** em anos. Animais e objetos também podem ter **idade**. *Este prédio tem a **idade** da minha avó. Paulo César tem nove anos de **idade**.* **2** **Idade** também é uma época da sua vida. *As crianças em **idade** escolar devem frequentar a escola.*

ideal (i-de-al) *subst.masc.* **1** Perfeição que nossa mente imagina, mas que, muitas vezes, não se pode alcançar. *O **ideal** de Cláudia é ser bailarina. As pessoas têm **ideais** de paz e igualdade para todos os povos.* *adj.masc.fem.* **2** Uma pessoa **ideal** ou uma coisa **ideal** é a que você acha melhor entre outras do mesmo gênero. *Luzia é a pessoa **ideal** para trabalhar com você. Encontramos o presente **ideal** para Ivone.* [Pl.: *ideais*.]

ideia (i-dei-a) \éi\ *subst.fem.* **1** Representação de algo na nossa mente. *A **ideia** de beleza é diferente entre as culturas.* [Sinôn.: *noção*.] **2** Se você tem **ideia** de algo, não sabe como isso é em detalhes, mas imagina como deve ser. *Ilma não tem **ideia** da nossa alegria.* [Sinôn.: *noção*.] **3** Intenção de fazer algo. *Susana ia ao teatro, mas mudou de **ideia**.* **4** Pensamento novo que ajuda a resolver um problema, executar uma tarefa, atingir um objetivo etc. *O time aceitou a **ideia** de Joana para vencer a partida. Os alunos deram **ideias** para passeios da escola.* [Sinôn.: *sugestão*.] **ideias** *subst.fem.pl.* **5** Conjunto de opiniões de uma ou mais pessoas sobre um assunto.

idêntico (i-dên-ti-co) *adj.* Duas coisas **idênticas** são exatamente iguais ou muito parecidas. *Os irmãos ganharam presentes **idênticos**.* [Antôn.: *diferente*.]

identidade (i-den-ti-da-de) *subst.fem.* **1** Conjunto das características que fazem uns diferentes dos outros. *A voz de Bianca é uma parte importante de sua **identidade**.* **2** Documento que mostra quem é uma pessoa e a diferencia de todas as outras. *Maurício mostrou a **identidade** ao policial.*

identificar (i-den-ti-fi-car) *verbo* **1** Determinar quem é uma pessoa. Quem se **identifica** mostra sua identidade. *A polícia **identificou** a criança perdida.* **2** Quem se **identifica** com alguém compartilha das mesmas ideias, sentimentos, opiniões. *Renata se **identifica** com os avós.* ~ **identificação** *subst.fem.*

ideologia (i-deo-lo-gi-a) *subst.fem.* Conjunto de ideias, crenças e valores de uma ou mais pessoas, de uma época ou de uma sociedade.

idioma (i-di-o-ma) *subst.masc.* **Idioma** é a língua que um grupo de pessoas fala. *Inglês, hebraico e árabe são **idiomas**.*

idiota (i-di-o-ta) *adj.masc.fem.* **1** Alguém **idiota** não tem muita inteligência ou juízo. Atitudes e ideias também podem ser **idiotas**. [Sinôn.: *imbecil*. Antôn.: *esperto, inteligente*.] **2** Quem se considera superior aos outros também é chamado de **idiota**. **3** Uma coisa **idiota** não é útil, não faz sentido, não merece atenção. *Ninguém deve achar sua vida **idiota**.* ☛ Em 1 e 2, esta palavra pode ser usada como subst.: *Não se importe com os **idiotas**.*

ídolo (í-do-lo) *subst.masc.* **1** Imagem adorada como se fosse a própria divindade. **2** Pessoa, geralmente famosa, muito admirada pelos outros. *Depois da final, André se tornou o **ídolo** da torcida.*

idoso (i-do-so) \ô\ *subst.masc.* Pessoa que está na velhice. ☛ Esta palavra pode ser usada como adj.: *pessoas **idosas**.*

→ De acordo com a Lei federal 10.741, de 2003, que criou o Estatuto do **Idoso**, uma pessoa **idosa** tem 60 anos ou mais.

igapó (i-ga-pó) *subst.masc.* GEOG Região da floresta Amazônica que permanece alagada mesmo na época da seca.

igarapé (i-ga-ra-pé) *subst.masc.* **1** GEOG Na região Norte, riacho que nasce nas matas e desemboca em um rio. **2** GEOG Na região Norte, trecho de rio estreito, geralmente situado entre duas ilhas ou entre uma ilha e a terra firme, em que é possível navegar.

iglu ▲ (i-glu) *subst.masc.* Habitação construída pelos esquimós com blocos de gelo e neve.

ignorante (ig-no-ran-te) *subst.masc.fem.* **1** Quem não tem conhecimentos, porque não estudou ou não tem experiência. *Os **ignorantes** podem aprender.* **2** Quem não trata bem os outros. *Os **ignorantes** não merecem nossa atenção.* ☛ Esta palavra pode ser usada como adj.: *homem **ignorante**, atitudes **ignorantes**.* ~ **ignorância** *subst.fem.*

ignorar (ig-no-rar) *verbo* **1** Não saber que um fato aconteceu ou que uma coisa existe. *Vitor **ignorava** que não podia soltar pipa.* **2** **Ignorar** também é não saber uma coisa nova por falta de estudo ou prática. *Alberto **ignorava** o jeito de usar a máquina nova.* **3** Quem **ignora** uma coisa que sabe ou uma pessoa que conhece prefere fingir que ela não existe. *Fábio deu opinião, mas Lúcia a **ignorou**. Alfredo faz questão de **ignorar** os vizinhos.* [Antôn. para 1 e 2: *saber*.]

igreja (i-gre-ja) *subst.fem.* **1** Conjunto de todos os católicos. *O Papa é o maior representante da **Igreja**.* ☛ Neste sentido, primeira letra maiúscula. **2** Templo onde os cristãos praticam suas crenças. *O casal já marcou a data do casamento na **igreja**. Frequento a **igreja** do bairro.*

igual (i-gual) *adj.masc.fem.* **1** Do mesmo tamanho, quantidade, cor etc. *A cor dos seus olhos é **igual** à cor do céu.* [Sinôn.: *idêntico*. Antôn.: *diferente*.] **2** Se você diz que todas as pessoas são **iguais**, quer dizer que elas devem ter os mesmos direitos e deveres. **3** O que não muda continua **igual**. *A sala da minha casa é **igual** desde que eu nasci.* *subst.masc.* **4** **Igual** também é o nome do sinal de matemática que usamos para indicar uma igualdade (=). *advérbio* **5** Da mesma forma. *A mãe educou os filhos **igual**.* [Pl. de 1 a 4: *iguais*.]

igualdade (i-gual-da-de) *subst.fem.* Tudo o que é igual tem **igualdade**. *Todas as pessoas têm **igualdade** de direitos.*

iguana (i-gua-na) *subst.fem.* É o mesmo que camaleão.

iguaria (i-gua-ri-a) *subst.fem.* Comida muito especial, deliciosa ou rara.

ih *interjeição* Palavra usada para expressar espanto, medo, admiração etc. ***Ih**, a prova é hoje.*

ilegal (i-le-gal) *adj.masc.fem.* Um ato **ilegal** é contrário ao que a lei manda. [Antôn.: *legal.* Pl.: *ilegais.*]

ilegível (i-le-gí-vel) *adj.masc.fem.* Impossível ou muito difícil de ler. *O bilhete estava escrito com uma letra **ilegível**.* [Pl.: *ilegíveis.*]

ilha (i-lha) *subst.fem.* Porção de terra cercada de água por todos os lados. Há **ilhas** em mares, em grandes lagos ou em rios. *A **ilha** de Marajó pertence ao estado do Pará.* [Dimin.: *ilhéu, ilhota.*] ☛ Ver ilustração na p. 488.

ilhéu (i-lhéu) *subst.masc.fem.* **1** Ilha pequena. *subst.masc.* **2** Quem nasceu ou quem mora em uma ilha é chamado de **ilhéu**. [Fem.: *ilhoa.*]

iludir (i-lu-dir) *verbo* Se você **ilude** alguém, você faz essa pessoa pensar que uma coisa falsa é verdadeira. *O vendedor **iludiu** a moça dizendo que o produto era novo.* [Sinôn.: *enganar.*]

iluminação (i-lu-mi-na-ção) *subst.fem.* **1** Luz que torna algo claro ou visível. *O quarto tinha uma boa **iluminação**.* **2** Abastecimento de luz em uma casa, rua etc. *A **iluminação** da estrada está com defeito.* [Pl.: *iluminações.*]

iluminar (i-lu-mi-nar) *verbo* Encher de luz, tornar claro. *O Sol **ilumina** o dia. Um abajur **iluminava** o quarto.*

ilusão (i-lu-são) *subst.fem.* **1** O que só acontece na imaginação, às vezes porque entendemos errado o que aconteceu de verdade. *Elaine pensou que a chamaram, mas foi **ilusão**.* **2** Efeito artístico que parece realidade. *O que o mágico faz é pura **ilusão**.* **3** Tudo o que faz alguém pensar que uma coisa falsa é verdadeira. *As promessas do político eram **ilusão**.* [Sinôn.: *mentira.* Antôn.: *verdade.*] [Pl.: *ilusões.*]

ilustração (i-lus-tra-ção) *subst.fem.* Desenho, gravura etc. que acompanha um texto de um livro, de uma história etc., para torná-lo mais claro e agradável. *As **ilustrações** deste dicionário são compostas de desenhos e de imagens.* [Pl.: *ilustrações.*]

ilustrar (i-lus-trar) *verbo* **1** Fazer desenhos, ilustrações em livros, textos etc. *Leia a história e escolha um trecho para **ilustrar**.* **2** Servir como exemplo de alguma explicação. *Anastácia contou uma história para **ilustrar** o que estava dizendo.*

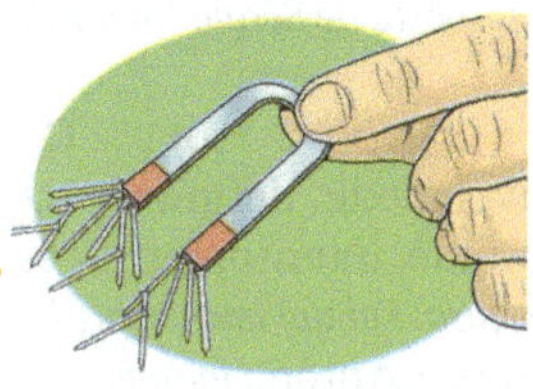

ímã ► (í-mã) *subst.masc.* Metal capaz de atrair outros, como o ferro.

imagem (i-ma-gem) *subst.fem.* **1** Representação visual como a pintura, a fotografia, a escultura. O que vemos como reflexo no espelho também é uma **imagem**. **2** A **imagem** de uma pessoa é o que os outros pensam dela. *O artista tem que manter sua boa **imagem**.* [Pl.: *imagens.*]

imaginação (i-ma-gi-na-ção) *subst.fem.* Capacidade humana de formar imagens e ideias de algo que ainda não vimos ou que não existe na vida real. *Ígor usou a **imaginação** para desenhar os personagens.* [Pl.: *imaginações.*]

imaginar (i-ma-gi-nar) *verbo* **1** Quando você **imagina** uma pessoa, um acontecimento ou um objeto, você pensa em como ele é, sem nunca ter visto. *Nair ficava **imaginando** a sua festa de aniversário.* **2 Imaginar** também é o mesmo que achar. *Eu **imagino** que o Fábio tenha gostado do passeio.* [Sinôn.: *julgar, supor.*]

imaginário (i-ma-gi-ná-rio) *adj.* Dizemos que algo é **imaginário** quando existe apenas na imaginação, quando não é verdade. *Vovó contava histórias com países **imaginários**.* [Antôn.: *verdadeiro.*] ☛ Esta palavra pode ser usada como subst.: *O saci faz parte do **imaginário** brasileiro.*

imbecil (im-be-cil) *adj.masc.fem.* Alguém **imbecil** não é muito inteligente ou faz coisas que não deveria. Atitudes e palavras também podem ser **imbecis**. [Sinôn.: *idiota.* Antôn.: *esperto, inteligente.* Pl.: *imbecis.*] ☛ Esta palavra pode ser usada como subst.: *Os **imbecis** não merecem atenção.*

imbu ou **umbu** (im-bu; um-bu) *subst.masc.* Fruta de forma arredondada, casca em tons de amarelo e verde, com apenas um caroço. Sua polpa é mole e azedinha. O **imbu** é um fruto comum na caatinga. [Sinôn.: *seriguela, taperebá.*] ~ **imbuzeiro** *subst.masc.* **umbuzeiro** *subst.masc.*

imediato (i-me-di-a-to) *adj.* Uma coisa é **imediata** quando acontece logo depois de uma outra, sem demorar. *Quando Cristina perguntou se íamos ao jogo, a resposta de Sérgio foi* ***imediata****.*

imenso (i-men-so) *adj.* O que é **imenso** é impossível medir, definir ou contar, por ser muito grande, intenso, forte, importante etc. *O oceano é* ***imenso****. Foi um* ***imenso*** *prazer conhecer Gisele.* [Sinôn.: *enorme.* Antôn.: *mínimo, minúsculo.*]

imergir (i-mer-gir) *verbo* É o mesmo que mergulhar.

imigrante (i-mi-gran-te) *subst.masc.fem.* Aquele que chega em um país estrangeiro ou em outro lugar que não seja o de sua origem, para viver. *A Europa recebe muitos* ***imigrantes*** *da Ásia.* ☛ Não confundir com *emigrante.*

imigrar (i-mi-grar) *verbo* Chegar em um país estrangeiro ou em outro lugar que não seja o de sua origem, para viver. *Muitos povos* ***imigram*** *para fugir das guerras.* ☛ Não confundir com *emigrar.* ~ **imigração** *subst.fem.*

imitar (i-mi-tar) *verbo* Para **imitar** uma pessoa, você tenta fazer as coisas do modo como ela faz. ~ **imitação** *subst.fem.*

imobiliária (i-mo-bi-li-á-ria) *subst.fem.* Empresa que negocia a construção, a venda ou o aluguel de casas, prédios, imóveis em geral.

imobilizar (i-mo-bi-li-zar) *verbo* Deixar imóvel ou com poucos movimentos. *A polícia* ***imobilizou*** *o ladrão. A médica mandou* ***imobilizar*** *o dedo quebrado.*

imortal (i-mor-tal) *adj.masc.fem.* **1** Um ser **imortal** não morre, vive para sempre. *Os super-heróis enfrentam vilões* ***imortais****.* [Antôn.: *mortal.*] **2** Uma canção ou uma pessoa **imortal** é aquela que sempre estará presente na lembrança das pessoas. [Pl.: *imortais.*]

imóvel (i-mó-vel) *adj.masc.fem.* **1** Algo **imóvel** está sem movimento, não se mexe. *Quando a professora entrou, os alunos ficaram* ***imóveis****.* [Antôn.: *móvel.*] *subst.masc.* **2** Um terreno, um apartamento, uma casa etc. são **imóveis**. *Todos esses* ***imóveis*** *foram herdados do padrinho.* [Pl.: *imóveis.*]

impaciente (im-pa-ci-en-te) *adj.masc.fem.* **1** As pessoas **impacientes** não têm paciência de esperar. *Já vou servir o almoço; não seja* ***impaciente!*** **2** Quem é **impaciente** quer muito que algo aconteça ou quer muito saber de algo e, às vezes, fica preocupado enquanto espera. *Lia está* ***impaciente*** *para saber o resultado do sorteio. Se Pedro demora, seus pais ficam* ***impacientes****.* [Antôn. geral: *paciente.*] ~ **impaciência** *subst.fem.*

impacto (im-pac-to) *subst.masc.* **1** Choque de um objeto contra outro ou a força desse choque. *O* ***impacto*** *da porta do carro sobre o passageiro o deixou machucado.* **2** Influência ou efeito de um fato sobre alguém ou algo. *A morte do vovô teve forte* ***impacto*** *na família. A queda do valor do dólar teve* ***impacto*** *na economia.*

ímpar (ím-par) *adj.masc.fem.* **1** Quando você divide um número **ímpar** por dois, o resultado nunca é um número inteiro. Por exemplo, sete dividido por dois é igual a três e meio. [Antôn.: *par.*] **2** Sem igual, único. *O talento deste pintor é* ***ímpar****.* [Pl.: *ímpares.*]

impedimento (im-pe-di-men-to) *subst.masc.* **1** Algo que evita ou atrapalha um acontecimento ou um movimento. *A chuva foi um* ***impedimento*** *para a festa.* **2** ESP No futebol, diz-se que um jogador está em **impedimento** quando está à frente da bola e, no momento em que ele a recebe, só há o goleiro adversário diante dele.

impedir (im-pe-dir) *verbo* **1** Tornar algo impossível de acontecer. *O calor* ***impedia*** *Rosana de dormir. A árvore tombada* ***impedia*** *o caminho.* [Antôn.: *permitir.*] **2** Se você **impede** alguém de fazer algo, você é contra isso e não quer que isso aconteça. *Vera me* ***impediu*** *de contar sobre o noivado.* [Sinôn.: *proibir.* Antôn.: *autorizar.*]

imperador (im-pe-ra-dor) \ô\ *subst.masc.* A maior autoridade em um império. *Dom Pedro I foi o primeiro* ***imperador*** *do Brasil.* [Pl.: *imperadores.* Fem.: *imperatriz.*]

imperativo (im-pe-ra-ti-vo) *subst.masc.* GRAM Modo verbal usado para dar ordens ou fazer pedidos. Na frase "Feche a porta, por favor", "feche" está no **imperativo** e expressa um pedido. ☛ Esta palavra pode ser usada como adj.: *modo **imperativo**.*

imperdível (im-per-dí-vel) *adj.masc.fem.* Se você diz que algo é **imperdível**, você acha tão bom que ninguém deve deixar de ver ou de participar. *A festa de hoje vai ser **imperdível**.* [Pl.: *imperdíveis*.]

imperdoável (im-per-do-á-vel) *adj.masc.fem.* Chamamos de **imperdoável** qualquer erro que não pode ser perdoado. *Jogar lixo na rua é **imperdoável**.* [Pl.: *imperdoáveis*.]

imperfeito (im-per-fei-to) *adj.* **1** O que está **imperfeito** tem defeitos ou problemas, precisa melhorar para ficar bom. *O trabalho dele era sempre **imperfeito**.* [Antôn.: *perfeito*.] *subst.masc.* **2** GRAM Tempo verbal usado para falar de ações que se iniciaram no passado e que ainda não foram concluídas. Na frase "Ivone já sabia da festa", "saber" está no **imperfeito**. ☛ Neste sentido, esta palavra pode ser usada como adj.: *pretérito **imperfeito**.*

império (im-pé-rio) *subst.masc.* **1** Forma de governo monárquico em que a maior autoridade é um imperador ou imperatriz. **2** Nação muito poderosa. *O **império** norte-americano tem influência em todo o mundo.* ~ **imperial** *adj.masc.fem.*

→ O **Império** no Brasil teve início após a declaração da Independência em relação a Portugal (7 de setembro de 1822) e teve seu fim após a proclamação da República (15 de novembro de 1889). O **Império** foi dividido em dois períodos em que tivemos dois imperadores: D. Pedro I e D. Pedro II.

impermeável (im-per-me-á-vel) *adj.masc.fem.* O que é **impermeável** não deixa nenhum líquido passar. A borracha, por exemplo, é **impermeável**. [Antôn.: *permeável*. Pl.: *impermeáveis*.]

impessoal (im-pes-so-al) *adj.masc.fem.* **1** O que é **impessoal** não tem características que o façam diferente ou particular. *Rafael prefere estar em casa porque o hotel é **impessoal**.* **2** GRAM Uma frase ou oração como "Fez frio ontem" é **impessoal** porque não tem sujeito. [Pl.: *impessoais*.]

implicante (im-pli-can-te) *adj.masc.fem.* Quem é **implicante** adora provocar os outros, discutir ou reclamar demais. *Meu primo Sérgio é muito **implicante** com as irmãs.* ~ **implicância** *subst.fem.* **implicar** *verbo*

implorar (im-plo-rar) *verbo* Pedir muito, sem parar, mas com humildade. *O filho **implorou** para sair do castigo. Em sua prece, **implorou** a Deus que o ajudasse.*

implosão ▼ (im-plo-são) *subst.fem.* Explosão controlada que provoca o desabamento de algo, geralmente grandes construções. Numa **implosão**, o entulho não se espalha, cai no centro do terreno. [Pl.: *implosões*.]

impor (im-por) *verbo* **1** Obrigar alguém a aceitar alguma coisa. *Ele **impôs** novas regras sem consultar ninguém. Antigamente, os pais **impunham** aos filhos a profissão que iam seguir.* **2** Quando alguém se **impõe**, mostra que é respeitado, que sua autoridade é reconhecida. *Logo no primeiro dia, a professora se **impôs** diante da classe.* **3** **Impor**-se é também tornar algo obrigatório para si. *Um sacrifício é uma obrigação difícil que alguém se **impõe**.*

importação (im-por-ta-ção) *subst.fem.* Compra de mercadorias produzidas em outro lugar (país, estado etc.) [Antôn.: *exportação*. Pl.: *importações*.]

importância (im-por-tân-cia) *subst.fem.* **1** A **importância** de uma atitude, de uma pessoa, de uma coisa etc. é a utilidade ou valor que ela tem ou que damos a ela numa determinada situação. *O presidente reconheceu a **importância** da educação para o país.* **2** Valor ou quantia em dinheiro. *Cobraram uma pequena **importância** pelo conserto do carro.*

A B C D E F G H I J K L M N O P Q R S T U V W X Y Z

importante (im-por-tan-te) *adj.masc.fem.* **1** Uma pessoa **importante** tem poder, riqueza, autoridade. **2** O que é **importante** não pode faltar de jeito nenhum. *A higiene é **importante** para prevenir doenças.* [Sinôn.: *essencial, necessário.*] **3** O que é **importante** merece nossa atenção ou merece destaque. *A aula foi interrompida para um aviso **importante**.*

importar (im-por-tar) *verbo* **1** Quem se **importa** com uma pessoa, uma regra ou um assunto pensa que isso é muito importante. *Os pais se **importam** com a educação dos filhos.* [Sinôn.: *interessar, ligar.*] **2** Ter importância, fazer diferença. *Não **importa** de quem é a ideia, ela é boa.* **3** Trazer produto ou mercadoria produzida em outro país, estado etc. *O Japão **importa** frangos do Brasil.* [Antôn.: *exportar.*]

I

impossível (im-pos-sí-vel) *adj.masc.fem.* **1** Algo **impossível** é algo que não pode ser feito nem pode acontecer. *Botar fogo na água é **impossível**.* [Antôn.: *possível.*] ☛ Neste sentido, esta palavra pode ser usada como subst.: *Soraia pede o **impossível**.* **2** *informal* Uma criança **impossível** é uma criança muito travessa, que não obedece a ninguém. [Pl.: *impossíveis.*] ~ **impossibilidade** *subst. fem.*

imposto (im-pos-to) \ô\ *subst.masc.* Valor que pessoas e empresas pagam ao governo e é aplicado em serviços para a população, como educação e saúde. [Sinôn.: *tributo.*]

→ Sabia que leão é um nome popular da Receita Federal, órgão responsável por controlar o pagamento de alguns **impostos**? Por isso, o *site* dedicado a crianças, criado por esse órgão, se chama Leãozinho. Visite-o e aprenda um pouco sobre a administração pública.

---

imprensa (im-pren-sa) *subst.fem.* **1** Os meios de comunicação, como o jornal, a revista e a TV, juntos formam a **imprensa**. **2** Conjunto de jornalistas que trabalham num mesmo evento. *Os estádios têm um lugar reservado para a **imprensa**.*

impressão (im-pres-são) *subst.fem.* **1** Quando você imprime um material, uma folha etc., está fazendo a **impressão** desse material. *O aluno fez a **impressão** do trabalho na biblioteca.* **2** Folha, material, página etc. que foi reproduzido por uma impressora. *As últimas **impressões** saíram borradas.* **3** Marca deixada pela pressão de um corpo sobre o outro. *As **impressões** digitais no copo resolveram o mistério.* **4** Opinião que formamos sobre os outros ou que eles formam sobre nós. *Tive boa **impressão** do novo servente.* [Pl.: *impressões.*]

impressionar (im-pres-sio-nar) *verbo* **1** Deixar as pessoas surpresas ou assustadas. *A intensidade do temporal **impressionou** a cidade.* **2** Chamar a atenção de um jeito positivo. *A apresentação de Sueli **impressionou** a plateia.* ~ **impressionante** *adj.masc.fem.* **impressionável** *adj.masc.fem.*

impresso (im-pres-so) *adj.* **1** Um formulário **impresso** foi reproduzido por uma impressora. *É obrigatória a troca do vale por um convite **impresso**.* *subst.masc.* **2** Qualquer material escrito, como folha, livro, cartaz, que foi feito por uma impressora, por uma gráfica. *Leia as informações contidas no **impresso** que foi distribuído.*

impressora (im-pres-so-ra) \ô\ *subst.fem.* Aparelho usado para imprimir. Algumas **impressoras** ficam conectadas a um computador e imprimem textos e imagens gerados por ele.

imprestável (im-pres-tá-vel) *adj.masc.fem.* **1** Sem poder mais ser usado. *Este pneu está **imprestável**, é preciso trocá-lo.* **2** *informal* Se uma pessoa é chamada de **imprestável** quer dizer que ela não ajuda em nada. [Antôn.: *prestativo.*] [Pl.: *imprestáveis.*]

imprevisto (im-pre-vis-to) *adj.* Algo **imprevisto** acontece sem ninguém prever ou estar esperando. *Uma chuva **imprevista** adiou a festa na praça.* ☛ Esta palavra pode ser usada como subst.: *Um **imprevisto** atrasou a chegada do ator.*

imprimir (im-pri-mir) *verbo* **1** Marcar por meio de pressão. *Usou um carimbo para **imprimir** seu nome nos convites.* **2** Reproduzir texto, desenho, imagens etc. sobre algum material em impressoras ou em gráficas. *Vamos **imprimir** de novo as páginas coloridas. As editoras mandaram **imprimir** novos dicionários.*

impróprio (im-pró-prio) *adj.* **1** Sem uso em determinada situação. *A água do mar é **imprópria** para beber.* **2** Se um filme é **impróprio** para crianças, ele não é considerado bom para elas assistirem. [Antôn. geral: *próprio.*]

improvisar (im-pro-vi-sar) *verbo* Fazer ou organizar algo de repente, com pressa, sem tempo para pensar nos detalhes ou com poucos recursos. *No repente, o artista **improvisa** os versos. Janete **improvisou** um brinquedo com palitos de fósforos.* ~ **improviso** *subst.masc.*

impulso (im-pul-so) *subst.masc.* **1** Dar um **impulso** é fazer ir para a frente ou se movimentar, empurrando. *Só com um **impulso**, o balanço funcionou.* **2** Vontade repentina que nos leva a agir sem pensar muito. *Joana viajou por um **impulso**.* ~ **impulsionar** *verbo*

imundo (i-mun-do) *adj.* Muito sujo.

imunizar (i-mu-ni-zar) *verbo* Tornar protegido contra doenças. *As vacinas e o leite materno **imunizam** as crianças contra várias doenças.*

inanimado (i-na-ni-ma-do) *adj.* Sem vida, sem movimento. *Os personagens da história são seres **inanimados**: uma agulha e uma linha.* [Antôn.: *animado.*]

inaugurar (i-nau-gu-rar) *verbo* **1** Entregar para uso do público uma obra nova ou reformada há pouco tempo. *Ontem o prefeito **inaugurou** mais uma praça.* **2** **Inaugurar** também é usar pela primeira vez. *Ivone vai **inaugurar** o carro no domingo.* ~ **inauguração** *subst.fem.*

incapaz (in-ca-paz) *adj.masc.fem.* Sem capacidade para fazer algo. *Renata é **incapaz** de matar uma mosca.* [Pl.: *incapazes.*] ~ **incapacidade** *subst.fem.*

incêndio (in-cên-dio) *subst.masc.* Fogo intenso que se espalha queimando e destruindo o que estiver próximo. *Os bombeiros apagaram o **incêndio** no supermercado.* ~ **incendiar** *verbo*

incerteza (in-cer-te-za) \ê\ *subst.fem.* Falta de certeza. É o mesmo que dúvida e indecisão. *O resultado da pesquisa provocou muitas **incertezas**.* [Antôn.: *certeza.*]

incerto (in-cer-to) *adj.* Quando a gente não sabe o que pode acontecer, a situação é **incerta**. *O resultado da prova da Paula é **incerto**. O tempo está **incerto**, pode chover ou fazer sol.* [Sinôn.: *indefinido.*]

inchaço (in-cha-ço) *subst.masc.* Quando alguma parte do seu corpo incha, você fica com **inchaço**. *Por causa do tombo, Adriana teve um **inchaço** no tornozelo.*

inchar (in-char) *verbo* Aumentar de volume. *Os pés **incham** por causa do calor.*

[1]**incisivo** (in-ci-si-vo) *adj.* O que é **incisivo** é bem marcado e forte. Uma ordem, um olhar ou uma pergunta **incisiva** demonstra firmeza, energia. *O advogado teve uma atuação **incisiva** na defesa dos direitos humanos.*

Incisivo vem da palavra latina *incisivus*, que quer dizer "cortante".

[2]**incisivo** (in-ci-si-vo) *subst.masc.* ANAT Cada um dos dentes que ficam na frente da boca, entre os caninos, e que servem para morder e cortar os alimentos. ☛ Esta palavra pode ser usada como adj.: *dentes **incisivos**.* Ver ilustração na p. 478.

Forma simplificada de dizer "dente incisivo".

inclinação (in-cli-na-ção) *subst.fem.* **1** Quando fazemos que "sim" com a cabeça, fazemos uma **inclinação** para baixo e para cima com ela. **2** Curva em relação a uma linha reta. *A **inclinação** do terreno torna difícil a construção de casas.* **3** **Inclinação** também é um interesse especial por algo. *Desde criança Eduardo tinha **inclinação** para desenhos.* [Sinôn.: *queda.*] [Pl.: *inclinações.*]

inclinar ◄ (in-cli-nar) *verbo* Curvar um pouco, saindo da horizontal ou da vertical. *Paulo **inclinou** a poltrona do ônibus.*

incluir (in-clu-ir) *verbo* **1** Colocar como parte de um grupo. *O treinador **incluiu** o atleta no time.* [Antôn.: *excluir.*] **2** **Incluir** também é ter em si. *O preço do almoço **inclui** a sobremesa.* ~ **inclusão** *subst.fem.*

inclusive (in-clu-si-ve) *advérbio* Usamos **inclusive** para incluir um elemento num grupo. *Todos irão ao passeio, **inclusive** os pais dos alunos.*

A B C D E F G H I J K L M N O P Q R S T U V W X Y Z

incolor (in-co-lor) \ô\ *adj.masc.fem.* O que é **incolor** não tem cor, como a água quando está limpa. [Pl.: *incolores.*]

incomodar (in-co-mo-dar) *verbo* Causar uma sensação ruim. Quem se **incomoda** com algo tem essa sensação. *Sapatos apertados **incomodam**. A menina se **incomodava** quando tratavam mal sua avó.* ~ **incômodo** *adj. subst.masc.*

incompetência (in-com-pe-tên-cia) *subst.fem.* Grande dificuldade ou incapacidade de fazer algo. *Perderam o jogo por **incompetência** do técnico.* [Antôn.: *competência.*] ~ **incompetente** *adj.masc.fem.*

incompleto (in-com-ple-to) *adj.* Algo **incompleto** tem alguma parte faltando. *O baralho está **incompleto**.* [Antôn.: *completo.*]

incomum (in-co-mum) *adj.masc.fem.* Algo **incomum** é algo que não acontece sempre, é algo especial, diferente. *As roupas de Magali eram **incomuns**.* [Sinôn.: *raro.* Antôn.: *comum.* Pl.: *incomuns.*]

inconsciente (in-cons-ci-en-te) *adj.masc.fem.* **1** Se uma pessoa está **inconsciente**, ela não pode ver, falar ou ouvir nada porque ela desmaiou ou está doente. **2** Um gesto, uma reação ou um pensamento **inconsciente** é o que se tem sem perceber ou controlar, de forma automática. *subst.masc.* **3** Parte da mente com sentimentos e ideias que nem sempre conhecemos ou controlamos. O **inconsciente** se mostra muito nos nossos sonhos. [Antôn. para o adj.: *consciente.*]

inconveniente (in-con-ve-ni-en-te) *subst.masc.* **1** Tudo o que é desagradável, não era esperado ou dá problema. *O **inconveniente** de morar aqui é o barulho da rua.* *adj.masc.fem.* **2** O que é **inconveniente** não está adequado a uma situação, ao que se esperava. *Um som **inconveniente** atrapalhou a apresentação.* [Antôn.: *conveniente.*] **3** Uma pessoa **inconveniente** não age como deveria, atrapalha os outros.

incriminar (in-cri-mi-nar) *verbo* Determinar que alguém é culpado por um crime. *As provas **incriminaram** o rapaz.*

incrível (in-crí-vel) *adj.masc.fem.* **1 Incrível** é o que é fora do comum. *Pedro é **incrível**, não erra nem uma cesta no basquete!* **2** Você pode usar **incrível** para mostrar que está surpreso com alguma coisa, boa ou ruim, ou que algo é difícil de acreditar. *É **incrível** que você não tenha escutado eu falar com você nenhuma vez!* [Pl.: *incríveis.*]

indagar (in-da-gar) *verbo* Fazer perguntas. *Não sabíamos a quem **indagar** o caminho de volta.* [Sinôn.: *perguntar.*]

indeciso (in-de-ci-so) *adj.* Uma pessoa **indecisa** tem dificuldade para fazer escolhas e tomar decisões. ~ **indecisão** *subst.fem.*

indefeso (in-de-fe-so) \ê\ *adj.* Uma pessoa ou uma coisa **indefesa** não tem como se defender.

indefinido (in-de-fi-ni-do) *adj.* **1** Sem ser exato ou identificado. *Sem óculos, Murilo só via imagens **indefinidas**.* **2** Se algo está **indefinido**, ainda não se sabe o que vai acontecer. *O resultado do campeonato está **indefinido**.* [Sinôn.: *incerto.*] [Antôn. geral: *definido.*]

indelicado (in-de-li-ca-do) *adj.* Alguém **indelicado** não age com gentileza, delicadeza. Atitudes também podem ser **indelicadas**. *Não responder à Isa foi **indelicado** de sua parte.* [Sinôn.: *grosseiro.* Antôn.: *gentil.*]

independência (in-de-pen-dên-cia) *subst.fem.* **1** Liberdade política de um país, uma nação, um Estado etc. que não está sob o governo de nenhum outro país, nação, reino etc. *Parte da população não queria a **independência** do Brasil.* **2** Capacidade de resolver os seus problemas ou necessidades por conta própria. *Os pais devem estimular a **independência** dos filhos.* [Antôn. geral: *dependência.*]

independente (in-de-pen-den-te) *adj.masc.fem.* **1** Uma pessoa **independente** é capaz de dar conta sozinha das suas necessidades, é responsável por si mesma. *Jorge é um adulto **independente**, já sabe o que faz.* **2** Um país, uma nação etc. **independente** tem governo próprio, não deve obediência a nenhuma outra nação, país etc.

indicação (in-di-ca-ção) *subst.fem.* **1** Quando algo está sendo mostrado, temos uma **indicação**. *O motorista seguiu as **indicações** das placas de trânsito.* **2** Um sinal ou uma sugestão também é uma **indicação**. *As pegadas eram a **indicação** da presença* *de animais. As **indicações** dos pais são valiosas para os filhos.* [Pl.: *indicações.*]

[1]**indicador** (in-di-ca-dor) \ô\ *subst.masc.* **Indicador** é o que revela uma coisa sobre outra que está acontecendo ou pode acontecer. Por exemplo, nuvens escuras no céu são um **indicador** de chuva, aumento dos preços é **indicador** de inflação. [Pl.: *indicadores.*] ☛ Esta palavra pode ser usada como adj.: *ponteiro **indicador** das horas.*

Indicador é formado da palavra *indicado* (particípio do verbo *indicar*) mais o sufixo -or.

[2]**indicador** (in-di-ca-dor) \ô\ *subst.masc.* Dedo da mão, ao lado do polegar, que a gente usa para apontar alguma coisa. [Pl.: *indicadores.*] ☛ Esta palavra pode ser usada como adj.: *dedo **indicador**.* Ver ilustração na p. 478.

Forma simplificada de dizer "dedo indicador".

A jovem **indica** o caminho para o irmão.

indicar ▲ (in-di-car) *verbo* **1** Fazer alguém perceber algo por meio de sinais, gestos ou palavras. *A cor do céu **indicava** chuva.* [Sinôn.: *mostrar.*] **2 Indicar** também é dar uma sugestão. *Minha vizinha me **indicou** um ótimo restaurante.* [Sinôn.: *recomendar.*]

indicativo (in-di-ca-ti-vo) *subst.masc.* **1** Aquilo que mostra como algo pode ser ou pode acontecer. *As boas notas são um **indicativo** de que a turma sabe a matéria.* **2** GRAM Modo verbal usado para indicar ações e estados considerados reais. Quando alguém diz "Ela canta bem", tem certeza do que está afirmando. ☛ Esta palavra pode ser usada como adj.: *dados **indicativos**, modo **indicativo**.*

índice (ín-di-ce) *subst.masc.* Lista dos temas, nomes ou palavras citadas em um livro, organizados em ordem alfabética e com a indicação da página onde estão. ☛ Ver *sumário.*

indígena (in-dí-ge-na) *subst.masc.fem.* **1** É o mesmo que índio. *adj.masc.fem.* **2 Indígena** quer dizer relacionado a índio. *A flecha é uma arma **indígena**.* ☛ Ver tabela na p. 501.

indigestão (in-di-ges-tão) *subst.fem.* Mal-estar provocado por dificuldade na digestão. *Se comer muito, vai ficar com **indigestão**.* [Pl.: *indigestões.*]

índio (ín-dio) *subst.masc.* **1** Habitante das Américas do Norte, Central e do Sul antes da chegada dos europeus. [Sinôn.: *indígena.*] **2** Descendente desses habitantes. ☛ Ver tabela na p. 501.

indireto (in-di-re-to) *adj.* **1** Quando a iluminação é **indireta**, nós só vemos o seu reflexo. **2** Feito sem sinceridade, com rodeios. *Rosa fazia perguntas **indiretas**, para saber se eu estou namorando.* **3** Um efeito ou resultado **indireto** não é causado diretamente por uma pessoa ou coisa, mas ocorre por causa de algo mais que ela tenha feito. [Antôn. geral: *direto.*]

indisciplina (in-dis-ci-pli-na) *subst.fem.* Quem se comporta com **indisciplina** é desobediente. *A **indisciplina** de alguns fez a reunião terminar mais cedo.* [Antôn.: *disciplina.*]

indispensável (in-dis-pen-sá-vel) *adj.masc.fem.* **1** Se uma coisa é **indispensável**, é impossível viver ou fazer as coisas sem ela. *Gás carbônico e luz são **indispensáveis** para a realização da fotossíntese. A certidão de nascimento é um documento **indispensável** para a matrícula.* [Sinôn.: *essencial.*] **2** Muito necessário. *O ventilador é **indispensável** neste verão.* [Pl.: *indispensáveis.*]

individual (in-di-vi-du-al) *adj.masc.fem.* O que é **individual** está relacionado a um indivíduo. Um quarto **individual** é para uma pessoa só. Características **individuais** são as características que uma pessoa tem. [Antôn.: *coletivo.* Pl.: *individuais.*]

indivíduo (in-di-ví-duo) *subst.masc.* **1** Pessoa. **2** Todo ser em relação à sua espécie ou a um grupo. *Cada **indivíduo** tem uma função em uma colmeia.*

indústria ◥ (in-dús-tria) *subst.fem.* **1** Conjunto de atividades que transforma matéria-prima em outros produtos, em grande quantidade. *A **indústria** brasileira começou a crescer no final do século XIX.* **2** Empresa que se dedica à produção ou à fabricação de bens. *A **indústria** de calçados vai parar durante o carnaval.* [Sinôn.: *fábrica.*] **3** Conjunto de pessoas e processos envolvidos na criação de algo. *A **indústria** de cinema americana é fantástica.*

Grande **indústria**.

industrial (in-dus-tri-al) *adj.masc.fem.* **1** Um produto **industrial** foi produzido em grande quantidade por uma indústria. *A produção **industrial** de alimentos cresceu bastante.* *subst.masc.fem.* **2** Dono de uma indústria. *O prefeito se reuniu com os **industriais** da cidade.* [Pl.: *industriais.*]

inédito (i-né-di-to) *adj.* **1** Uma obra artística, como livro, filme, peça etc. é **inédita** quando ainda não foi impressa, publicada ou divulgada para as pessoas. Um artista também pode ser **inédito**. **2** Um fato **inédito** nunca aconteceu antes.

inegável (i-ne-gá-vel) *adj.masc.fem.* Impossível de ser negado. [Sinôn.: *óbvio*. Pl.: *inegáveis.*]

inesperado (i-nes-pe-ra-do) *adj.* Algo **inesperado** é algo que acontece sem você estar esperando. Uma viagem **inesperada** é uma viagem decidida de repente, sem planejar muito.

inesquecível (i-nes-que-cí-vel) *adj.masc.fem.* O que é **inesquecível** você não consegue esquecer mais, porque foi muito bom ou muito ruim. [Pl.: *inesquecíveis.*]

inevitável (i-ne-vi-tá-vel) *adj.masc.fem.* Algo **inevitável** vai mesmo acontecer e não pode ser impedido. *O envelhecimento é **inevitável**.* [Pl.: *inevitáveis.*]

inexplicável (i-nex-pli-cá-vel) *adj.masc.fem.* Difícil ou impossível de ser explicado. *A derrota da seleção era **inexplicável**.* [Pl.: *inexplicáveis.*]

infalível (in-fa-lí-vel) *adj.masc.fem.* Algo **infalível** nunca falha, alguém **infalível** nunca erra. *O garoto tinha um plano **infalível** para ir ao circo.* [Pl.: *infalíveis.*]

infância (in-fân-cia) *subst.fem.* Fase da vida humana que vai do nascimento ao início da adolescência. ☛ Ver *criança.*

infantil (in-fan-til) *adj.masc.fem.* **1** O que é **infantil** está relacionado às crianças. Uma brincadeira **infantil** é típica de crianças. **2** Feito para crianças. *Monteiro Lobato é autor de literatura **infantil**.* [Pl.: *infantis.*]

infecção (in-fec-ção) *subst.fem.* MED Doença causada pela presença de vírus, bactérias ou outros micróbios no organismo. ***Infecções** de garganta são comuns no inverno.* [Pl.: *infecções.*] ~ **infeccionar** *verbo*

infelicidade (in-fe-li-ci-da-de) *subst.fem.* **1** Sentimento de quem está triste, aborrecido. *A filha fazia de tudo para diminuir a **infelicidade** do pai.* **2** Coisa que causa esse sentimento. *Foi uma **infelicidade** nos mudarmos do sítio para a cidade.* [Antôn. geral: *felicidade.*]

infeliz (in-fe-liz) *adj.masc.fem.* **1** Quem está **infeliz** se sente triste, desanimado. **2** Se alguma coisa fez você **infeliz** é porque você não ficou satisfeito com ela. *Todo mundo se sentiu **infeliz** quando choveu no dia da festa.* **3** Uma situação ou escolha **infeliz** não é desejável nem aceitável. *Julieta teve a **infeliz** ideia de vir à escola descalça.* [Antôn. geral: *feliz*. Pl.: *infelizes.*]

infelizmente (in-fe-liz-men-te) *advérbio* Usamos **infelizmente** quando achamos que um fato não é bom ou vai fazer mal a alguém. ***Infelizmente** o produto não chegou na data.* [Antôn.: *felizmente.*]

inferior (in-fe-ri-or) \ô\ *adj.masc.fem.* **1** O que é **inferior** está mais baixo que outra coisa ou na parte de baixo. *Clarice mora no andar **inferior** a este.* **2** De menor valor ou qualidade. *A revista deste mês é **inferior** à última que compramos.* [Antôn. geral: *superior*. Pl.: *inferiores.*]

inferno (in-fer-no) *subst.masc.* **1** REL Para algumas religiões, lugar em que ficam as almas das pessoas que foram más e injustas quando vivas. **2**

informal Qualquer lugar ou situação muito desagradável. *A viagem foi um **inferno**.*

infinitivo (in-fi-ni-ti-vo) *subst.masc.* GRAM Quando termina com "r", o verbo está no **infinitivo**, como em "viajar" e "correr".

→ Em um dicionário, os verbos aparecem no **infinitivo**.

infinito (in-fi-ni-to) *adj.* Tão grande que não tem limite ou fim. *O céu é **infinito**. Amor de mãe é **infinito**.*

inflação (in-fla-ção) *subst.fem.* Falta de equilíbrio na economia, com aumento de preços e perda do valor do dinheiro. [Pl.: *inflações*.]

inflamação (in-fla-ma-ção) *subst.fem.* MED Reação do organismo a um micróbio ou pancada. A **inflamação** deixa a parte do corpo dolorida, vermelha e inchada. *O espinho entrou no dedo e provocou uma **inflamação**.* [Pl.: *inflamações*.]

inflamar (in-fla-mar) *verbo* **1** Pegar fogo. *A lenha seca **inflamou** rapidamente.* [Sinôn.: *incendiar, queimar*.] **2** MED Ter uma inflamação. *O machucado na perna **inflamou**.* **3** **Inflamar** também é estimular um sentimento ou uma pessoa. *A atitude injusta **inflamou** ainda mais a revolta dos jovens. A torcida **inflamou** os jogadores.*

inflamável (in-fla-má-vel) *adj.masc.fem.* O que é **inflamável** pega fogo facilmente. *Álcool, gasolina e papel são materiais **inflamáveis**.* [Pl.: *inflamáveis*.]

influência (in-flu-ên-cia) *subst.fem.* **1** Poder de causar efeitos, inspirar comportamentos, mudanças, sentimentos etc. em coisas ou pessoas. *É grande a **influência** da cultura negra na música brasileira.* **2** Autoridade ou prestígio de uma pessoa ou grupo. *A diretora não conhece pessoas de **influência**.* ~ **influenciar** *verbo* **influente** *adj.masc.fem.*

informação (in-for-ma-ção) *subst.fem.* Tudo o que se sabe sobre algo, por exemplo um assunto ou um fato. *A polícia deu **informações** sobre o menino perdido. Como estava perdida, Laís parou e pediu **informações**.* [Pl.: *informações*.]

informal (in-for-mal) *adj.masc.fem.* O que é **informal** não tem muitas regras e, por isso, faz as pessoas agirem com mais naturalidade. Pessoas, situações, linguagem, roupas podem ser **informais**. *Ralar é um jeito **informal** de dizer esforçar-se.* [Antôn.: *formal*. Pl.: *informais*.]

informar (in-for-mar) *verbo* Fazer alguém saber sobre um fato, uma pessoa, um assunto etc. Quem se **informa** tenta saber alguma coisa. *Os bombeiros **informaram** que o bebê estava salvo. Os pais têm de **informar** os filhos sobre direitos e deveres.*

informática (in-for-má-ti-ca) *subst.fem.* Estudo de como reunir, armazenar e usar informações, utilizando computadores e outros aparelhos. *Ter noções de **informática** é útil para várias profissões.*

ingá (in-gá) *subst.masc.* Fruto que tem forma de vagem e polpa doce. ~ **ingazeiro** *subst.masc.*

ingênuo (in-gê-nuo) *adj.* Quem é **ingênuo** não vê maldade em nada, acredita nos outros, sem desconfiar deles. Um olhar ou um gesto também podem ser **ingênuos**. *Crianças são **ingênuas**.* [Sinôn.: *inocente*. Antôn.: *esperto*.] ~ **ingenuidade** *subst.fem.*

ingerir (in-ge-rir) *verbo* Beber ou comer. *No verão, é preciso **ingerir** muito líquido.*

inglês (in-glês) *subst.masc.* **1** Pessoa que nasce na Inglaterra. **2** Língua falada na Inglaterra, nos Estados Unidos, no Canadá e em vários países da Europa, América Central e África. *adj.* **3** **Inglês** quer dizer relacionado à Inglaterra. Um campeonato **inglês** de futebol é realizado na Inglaterra. [Pl.: *ingleses*. Fem.: *inglesa*.]

ingrediente (in-gre-di-en-te) *subst.masc.* Cada uma das substâncias que é incluída em uma receita ou mistura. *Encontrei todos os **ingredientes** para fazer a torta.*

ingresso (in-gres-so) *subst.masc.* Bilhete que dá direito a entrar em um jogo, em um concerto etc. [Sinôn.: *entrada*.]

inhame (i-nha-me) *subst.masc.* Raiz comestível de uma planta que tem esse mesmo nome. O **inhame** tem a casca grossa, o miolo branco e é muito nutritivo.

inibido (i-ni-bi-do) *adj.* Quem é **inibido** tem dificuldade de agir com naturalidade e de mostrar seus sentimentos. [Sinôn.: *tímido*.] ~ **inibição** *subst.fem.* **inibir** *verbo*

inicial (i-ni-ci-al) *adj.masc.fem.* **1** A fase **inicial** de um processo é a primeira, indica que ele está apenas começando. *Chegamos atrasados e perdemos as cenas **iniciais** do filme.* *subst.fem.* **2** A primeira letra de uma palavra. *Vocês já sabem que nestas palavras as **iniciais** são maiúsculas.* **3** A primeira letra do nome ou do sobrenome de uma pessoa. *As toalhas de banho foram bordadas com as **iniciais** do casal.* [Pl.: *iniciais*.]

iniciar (i-ni-ci-ar) *verbo* **1** É o mesmo que começar. *Os pedreiros **iniciaram** a obra hoje.* [Antôn.: *concluir*.] **2** Aprender as primeiras coisas sobre um assunto. *César **iniciou**-se na música ainda criança.*

iniciativa (i-ni-ci-a-ti-va) *subst.fem.* Disposição, ânimo para dar início a algo ou colocar em prática uma ideia, um plano etc. *Mesmo sendo criança, teve a **iniciativa** de organizar um mutirão.*

início (i-ní-cio) *subst.masc.* Parte ou momento em que algo começa. *O **início** da rua é nesta praça. Rita recebe o pagamento no **início** do mês.* [Sinôn.: *começo*. Antôn.: *fim*.]

inimigo (i-ni-mi-go) *subst.masc.* **1** Alguém que não gosta de você ou faz coisas para prejudicá-lo. *Crianças não têm **inimigos**.* **2** Países e povos são **inimigos** quando não se relacionam bem ou quando criam problemas uns para os outros. [Antôn.: *aliado*.] **3** O que é oposto a uma coisa. *A pressa é **inimiga** da perfeição.* [Antôn. geral: *amigo*.] ☞ Esta palavra pode ser usada como adj.: *ataque **inimigo***.

injeção ◢ (in-je-ção) *subst.fem.* Aplicação de remédio líquido dentro do corpo, usando seringa e agulha. [Pl.: *injeções*.]

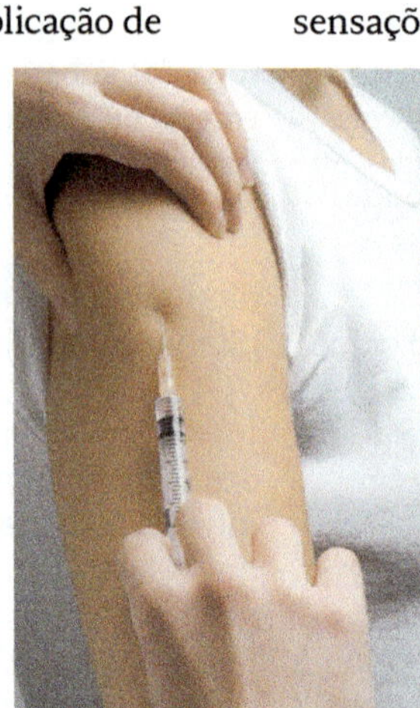

injustiça (in-jus-ti-ça) *subst.fem.* Falta de justiça. *É uma **injustiça** nem todos terem onde morar.*

injusto (in-jus-to) *adj.* Quem é **injusto** não age com justiça. Atos e decisões também podem ser **injustos**. [Antôn.: *justo*.]

inocente (i-no-cen-te) *adj.masc.fem.* **1** O que é **inocente** não faz mal. *Não se zangue, foi uma brincadeira **inocente**.* **2** É o mesmo que ingênuo. **3** Uma pessoa **inocente** não cometeu o crime de que foi acusada. ~ **inocência** *subst.fem.*

inoxidável (i-no-xi-dá-vel) \cs\ *adj.masc.fem.* Um produto **inoxidável** não enferruja. [Antôn.: *oxidável*. Pl.: *inoxidáveis*.]

inquieto (in-qui-e-to) *adj.* Uma pessoa **inquieta** não consegue ficar parada, porque é agitada ou está preocupada. [Antôn.: *quieto, tranquilo*.] ~ **inquietar** *verbo*

insalubre (in-sa-lu-bre) *adj.masc.fem.* O que é **insalubre** faz mal à saúde. *A fumaça do cigarro deixa o ambiente **insalubre**.*

inscrição (ins-cri-ção) *subst.fem.* **1** Registro feito para se candidatar a uma vaga em concurso, curso, emprego etc. *A fila para **inscrição** no vestibular estava enorme!* **2** Texto gravado em medalhas, estátuas etc. *A medalha tinha uma **inscrição** em latim.* **3** Desenho ou imagem gravada em pedras e rochas por povos primitivos. *As **inscrições** descreviam as estações do ano.* [Pl.: *inscrições*.]

inseguro (in-se-gu-ro) *adj.* **1** Se uma pessoa fica pensando que não consegue fazer certa coisa ou sente vergonha, ela está se sentindo **insegura**. **2** Algo **inseguro** não oferece segurança ou proteção. *Andar de moto sem capacete é **inseguro**.* [Antôn. geral: *seguro*.]

insensível (in-sen-sí-vel) *adj.masc.fem.* **1** Se uma parte do corpo fica **insensível**, não tem certas sensações, como frio, calor, dor. *O frio muito forte deixou sua mão **insensível**.* **2** Incapaz de se emocionar. *Não é bom ser **insensível** às desgraças dos outros.* [Antôn. geral: *sensível*. Pl.: *insensíveis*.]

inseticida (in-se-ti-ci-da) *subst.masc.* Veneno usado para matar insetos.

insetívoro (in-se-tí-vo-ro) *adj.* Animal **insetívoro** e planta **insetívora** são aqueles que se alimentam de insetos.

inseto ◥ (in-se-to) *subst.masc.* BIO Nome dado a um grupo de pequenos animais invertebrados que possuem três pares de pernas, duas antenas, asas e o corpo dividido em partes. Formigas, baratas, mosquitos e besouros são **insetos**.

insistir (in-sis-tir) *verbo* Tentar de novo, ou muitas vezes, até conseguir o que não conseguimos da primeira vez. *Pamela **insistiu** tanto que acabou ganhando o sorvete.* ~ **insistente** *adj.masc.fem.*

inspiração (ins-pi-ra-ção) *subst.fem.* **1** Quando você puxa o ar para dentro dos pulmões, faz uma **inspiração**. [Antôn.: *expiração*.] **2** **Inspiração** também é uma pessoa, som, imagem etc. que faz você ter boas ideias ou entusiasmo. *A natureza é a sua **inspiração** para desenhar.* [Pl.: *inspirações*.]

inspirar (ins-pi-rar) *verbo* **1** Puxar o ar para dentro dos pulmões, quando se respira. [Sinôn.: *aspirar*. Antôn.: *expirar*.] **2** Se algo ou alguém **inspira** você, faz você ficar animado ou ter novas ideias. *Os ingredientes **inspiram** os cozinheiros. O pintor **inspirou**-se no mar para criar esse quadro.*

instalação (ins-ta-la-ção) *subst.fem.* Organização de peças ou mecanismos para fazer um aparelho ou rede funcionar. *O técnico fez a **instalação** da máquina de lavar. A **instalação** elétrica deste prédio é antiga.* [Pl.: *instalações*.]

instalar (ins-ta-lar) *verbo* **1** Pôr em determinado lugar e fazer funcionar, por exemplo, um chuveiro, telefone, televisão, programa de computador etc. **2** Se você **instala** uma pessoa, você arruma um lugar para ela ficar confortável. *A dona da casa **instalou** as visitas no quarto dos fundos.* [Sinôn.: *acomodar*.] **3** Espalhar-se e manter-se por algum tempo. *O medo **instalou**-se entre nós na sala.*

instantâneo (ins-tan-tâ-neo) *adj.* **1** O que é **instantâneo** acontece muito rápido. *A explosão do avião foi **instantânea**.* **2** Um alimento **instantâneo** é preparado bem rápido. *No armário, só havia café **instantâneo**.*

instante (ins-tan-te) *subst.masc.* **1** Período muito curto de tempo. *Espere uns **instantes** antes de telefonar de novo.* **2** Ocasião em que algo acontece. *No **instante** do sonho em que ia gritar, acordei.* [Sinôn. geral: *momento*.]

instinto (ins-tin-to) *subst.masc.* Modo natural de agir que os humanos e os animais possuem. *As fêmeas dos pinguins encontram seus filhotes por **instinto**.*

instituição (ins-ti-tu-i-ção) *subst.fem.* **1** Criação, estabelecimento de algo. *A partir de hoje, haverá a **instituição** de uma nova lei para o trânsito.* **2** Uma organização, como uma empresa, banco, hospital, escola etc., é uma **instituição**. [Pl.: *instituições*.] ~ **institucional** *adj.masc.fem.*

instrução (ins-tru-ção) *subst.fem.* **1** Explicação sobre como agir ou como usar, fazer, montar algo. *O manual de **instruções** era bem claro. O técnico deu **instruções** aos atletas.* **2** Conjunto do que sabemos fazer, das informações que recebemos e das opiniões que temos. *Eurico é uma pessoa de muita **instrução**.* [Sinôn.: *conhecimentos, saber*.] **3** Informação ou ordem sobre como agir. *Helena seguiu as **instruções** e chegou à igreja na hora combinada.* [Pl.: *instruções*.] ~ **instrutor** *adj.subst.masc.*

instruir (ins-tru-ir) *verbo* **1** Passar conhecimentos, cultura, saber. Quem se **instrui** busca tudo isso. **2** Ensinar a fazer uma tarefa ou atividade. *Um senhor **instruía** os jovens na pesca.* **3** Dar instruções ou ordens. *Os pais **instruem** os filhos a não mentir.*

instrumento (ins-tru-men-to) *subst.masc.* **1** Objeto que as pessoas usam para fazer trabalhos específicos ou medir algo. A caneta é um **instrumento** para escrever. Binóculo e telescópio são **instrumentos** para ver. A régua é um **instrumento** para medir comprimentos. **2** Objeto ou aparelho usado para fazer música. Flauta, violão e pandeiro são **instrumentos** musicais.

→ Como será que os **instrumentos** musicais funcionam? Como o som produzido por eles chega aos nossos ouvidos? Aprenda um pouco mais e escute o som de alguns **instrumentos** consultando o texto "Desfile de instrumentos" no *site* Canal Kids.

insultar (in-sul-tar) *verbo* Ofender com palavras, desaforos ou se comportar de um jeito que contraria os costumes, a honra etc. de alguém. *Não aceitar os presentes **insultou** muito o hóspede.* ~ **insulto** *subst.masc.*

integral (in-te-gral) *adj.masc.fem.* **1** Inteiro, completo. *Ilma recebe o salário **integral** no dia cinco de cada mês.* **2** Um alimento **integral** mantém suas propriedades sem sofrer muitas alterações. Por exemplo, o leite **integral** não teve a gordura retirada. [Pl.: *integrais.*]

integrar (in-te-grar) *verbo* **1** Fazer parte de um grupo. *Luísa **integra** o time de handebol.* **2** Unir pessoas, países etc. *A escola na fronteira vai **integrar** as nações.* ~ **integração** *subst.fem.*

inteiro (in-tei-ro) *adj.* **1** O que não está quebrado está **inteiro**. *Diva escolhe somente os biscoitos **inteiros** para comer.* **2** Aquilo que está **inteiro** não está separado em vários pedaços, é feito somente de uma parte. *Elsa comeu um bolo **inteiro** sozinha.* **3** MAT Número que não tem fração ou vírgulas, é formado por unidades. ~ **inteirar** *verbo*

intelectual (in-te-lec-tu-al) *adj.masc.fem.* **1** **Intelectual** quer dizer relacionado a nossa capacidade de pensar e de compreender ideias e informações. Um trabalho **intelectual** nos faz pensar muito. **2** Alguém **intelectual** gosta de atividades que usem a mente, como ler, e tem muita cultura. ☛ Neste sentido, esta palavra pode ser usada como subst.: *Os **intelectuais** leem muito.* [Pl.: *intelectuais.*]

inteligência (in-te-li-gên-cia) *subst.fem.* **1** Capacidade de usar a mente para pensar, aprender e compreender ou agir sem ser por instinto. **2** Habilidade de saber o que fazer nas mais diferentes situações, por exemplo, resolvendo problemas.

inteligente (in-te-li-gen-te) *adj.masc.fem.* Alguém **inteligente** sabe muitas coisas, aprende com rapidez e sabe como agir em diferentes situações. Atitudes e palavras também podem ser **inteligentes**.

intenção (in-ten-ção) *subst.fem.* Ideia ou plano de fazer algo ou conseguir um objetivo. *Duda tinha **intenção** de estudar à noite.* [Sinôn.: *propósito*. Pl.: *intenções.*]

intenso (in-ten-so) *adj.* Muito forte. *O frio neste inverno será **intenso**. O treino de basquete foi **intenso** hoje.* ~ **intensidade** *subst.fem.*

interativo (in-te-ra-ti-vo) *adj.* **1** Uma pessoa **interativa** se comunica bem com as outras. **2** Uma atividade, vídeo ou programa **interativo** funciona através de troca de informações. Por exemplo, em um programa de televisão **interativo** você pode dar opinião, fazer perguntas etc.

intercalar (in-ter-ca-lar) *verbo* Colocar uma coisa no meio de outra. *O autor **intercalou** fotos e poemas no livro.*

interessante (in-te-res-san-te) *adj.masc.fem.* **1** O que é **interessante** merece a nossa atenção, porque desperta nosso interesse. *A professora deu uma aula muito **interessante**.* **2** O que é **interessante** é considerado bom, porque é útil ou traz vantagens. *O técnico fez uma proposta **interessante** para os atletas.*

interessar (in-te-res-sar) *verbo* **1** Ter importância ou utilidade para alguém. *A campanha **interessa** muito às vítimas da enchente.* [Sinôn.: *importar.*] **2** Provocar o interesse ou a curiosidade de alguém. Quem se **interessa** por algo volta a sua atenção para isso. *Este livro **interessa** a adultos e crianças. O rapaz **interessou**-se pela nova vizinha.*

interesse (in-te-res-se) \ê\ *subst.masc.* **1** Atitude de alguém para o que merece atenção, é importante ou desperta a curiosidade. *Os jogadores ouviram o técnico com **interesse**.* [Antôn.: *desinteresse.*] **2** Quem age por **interesse** só dá atenção a si mesmo, não se importa com os outros. ~ **interesseiro** *adj. subst.masc.*

interferir (in-ter-fe-rir) *verbo* **1** Agir em uma situação, como problema ou briga, para mudar seu desenvolvimento ou encontrar uma solução. *Célia **interferiu** na briga dos filhos.* **2** Se uma coisa

interfere em outra, as duas se misturam ou uma atrapalha o funcionamento da outra. *Ser mãe não **interferiu** na carreira de Ana. Raios **interferiram** no sinal da televisão.* ~ **interferência** *subst.fem.*

interior ▶ (in-te-ri-or) \ô\ *subst.masc.* **1** Interior é a parte de dentro de algo. *No **interior** da casa havia uma sala de jogos.* [Antôn.: *exterior.*] ☛ Neste sentido, esta palavra pode ser usada como adj.: *espaço **interior**, pintura **interior**.* **2** Região do estado ou do país que não inclui a capital. *Meus pais moram no **interior** de Minas Gerais. Nasci no **interior** e depois fui morar na capital.* **3** A parte interna de um país, distante do litoral ou das fronteiras. *Brasília fica no **interior** do Brasil.* [Pl.: *interiores.*]

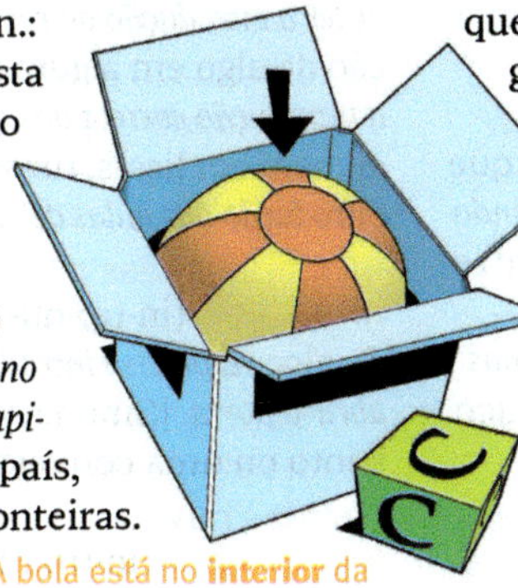

A bola está no **interior** da caixa e o cubo, no exterior.

interjeição (in-ter-jei-ção) *subst.fem.* GRAM Palavra ou conjunto de palavras usado para expressar emoção. Por exemplo, quando falamos "ai", expressamos nossa dor e, quando falamos "puxa", expressamos nossa surpresa. A **interjeição** é uma das classes de palavras. [Pl.: *interjeições.*]

internacional (in-ter-na-cio-nal) *adj.masc.fem.* **1** O que é **internacional** envolve duas ou mais nações. *Os voos **internacionais** estão caros!* **2** **Internacional** também é o que acontece em vários países do mundo. *É um cantor de sucesso **internacional**.* [Pl.: *internacionais.*]

internar (in-ter-nar) *verbo* Pôr para viver em um hospital, asilo ou colégio durante um período. As pessoas são **internadas** para receber cuidados de saúde, para estudar etc. ~ **internação** *subst.fem.*

internet (in-ter-net) *subst.fem.* INF Sistema mundial de comunicação por computadores que permite que os usuários troquem informações, enviem mensagens, arquivos, dados etc. Um computador pode estar conectado à **internet** por telefone, cabo ou satélite. [Sinôn.: *rede mundial de computadores.*]

interno (in-ter-no) *adj.* **1** O que é **interno** fica do lado de dentro. *O coração é um órgão **interno** do nosso corpo. As crianças brincavam no pátio **interno** da creche.* **2** Comércio **interno** é o comércio feito dentro de um país. *O governo adotou uma nova política **interna**.* *subst.masc.* **3** Pessoa que vive dentro de uma instituição, como uma escola, hospital ou prisão. *Os **internos** recebem visitas nos fins de semana.* [Antôn. para 1 e 2: *externo.*]

interpretação (in-ter-pre-ta-ção) *subst.fem.* **1** O que é entendido, concluído, sentido ou imaginado quando se faz uma leitura é uma **interpretação**. *As perguntas serão sobre a **interpretação** do poema.* **2** Quando um ator representa, está fazendo uma **interpretação** do personagem. *A **interpretação** dos atores foi muito elogiada.* **3** Quando um músico ou um cantor toca ou canta, faz uma **interpretação** da música, da canção etc. *A cantora criou uma nova **interpretação** para aquele samba.* [Pl.: *interpretações.*]

interpretar (in-ter-pre-tar) *verbo* **1** Dar sentido ao que está sendo lido, contado, sonhado etc. *O psicólogo observa e **interpreta** o que os clientes dizem e fazem.* **2** Representar um papel no teatro, cinema, televisão etc. *Os jovens atores vão **interpretar** um grande autor inglês.*

interrogação (in-ter-ro-ga-ção) *subst.fem.* **1** É o mesmo que pergunta. **2** GRAM Sinal de pontuação (?) usado para fazer perguntas. [Pl.: *interrogações.*]

interrogar (in-ter-ro-gar) *verbo* Fazer perguntas a alguém. *O juiz irá **interrogar** o réu.* [Sinôn.: *indagar.*] ~ **interrogativo** *adj.*

interromper (in-ter-rom-per) *verbo* **1** Pôr fim, acabar com algo para sempre. *O governo **interrompeu** a distribuição de cargos.* **2** Fazer uma atividade parar por certo tempo. ***Interromperam** a novela por causa da propaganda eleitoral gratuita.* **3** Quem não deixa alguém terminar o que está falando **interrompe** essa pessoa. *Será que poderei falar sem que me **interrompam**?*

interrupção (in-ter-rup-ção) *subst.fem.* **1** Encerramento de uma atividade porque chegou seu fim. *A **interrupção** da greve e a volta às aulas é o desejo de todos.* **2** Pausa de uma atividade. *Houve três **interrupções** durante o espetáculo.* [Pl.: *interrupções.*]

interruptor (in-ter-rup-tor) \ô\ *subst.masc.* Mecanismo que interrompe ou dá passagem à corrente elétrica. *O **interruptor** do abajur está com defeito.* [Pl.: *interruptores.*]

interseção (in-ter-se-ção) *subst.fem.* **1** MAT Ponto de encontro de duas linhas que se cruzam. *Desenhe um círculo na **interseção** das duas retas.* **2** Quando temos dois conjuntos e em cada um deles há elementos que se repetem, dizemos que há uma **interseção**. [Pl.: *interseções.*]

intervalo (in-ter-va-lo) *subst.masc.* **1** Espaço que separa duas coisas. *Nadir copiou o texto deixando um **intervalo** entre as linhas.* **2** Um **intervalo** entre dois acontecimentos é o período de tempo entre eles. *Mercedes deu um **intervalo** de dois anos para engravidar de novo.* **3** Interrupção por pouco tempo de uma aula, programa de televisão, *show*, peça etc. *O **intervalo** entre as aulas é de 15 minutos.*

intestino (in-tes-ti-no) *subst.masc.* ANAT Órgão do corpo que fica dentro do abdome e participa da fase final da digestão. ☛ Ver ilustração na p. 478. ~ **intestinal** *adj.masc.fem.*

→ O **intestino** é um longo tubo que fica dobrado dentro do abdome. Ele começa no estômago e vai até o ânus. Sua parte inicial é chamada de **intestino** delgado e a final de **intestino** grosso. O **intestino** de uma pessoa adulta, em média, tem quatro vezes o comprimento da pessoa.

íntimo (ín-ti-mo) *adj.* **1** A gente conhece bem os nossos amigos **íntimos**, confia neles e gosta muito deles. **2** Os lugares que têm um ambiente **íntimo** são tranquilos e agradáveis. **3** Encontros, conversas **íntimas** são acontecimentos particulares, privados. *Os dois namorados tiveram um jantar **íntimo** num restaurante.* **4** A gente diz que há uma relação **íntima** entre duas coisas, quando há uma forte ligação entre elas. *Há uma relação **íntima** entre o frio e o resfriado.* *subst.masc.* **5** O **íntimo** de uma pessoa é o que ela tem de mais profundo em seu espírito. *No **íntimo**, o que a Cássia quer é que todos a achem bonita.* ~ **intimidade** *subst.fem.*

intoxicação (in-to-xi-ca-ção) \cs\ *subst.fem.* Se uma pessoa comeu ou bebeu algo tóxico, ela terá uma **intoxicação**. Remédios, plantas e produtos de limpeza também podem causar **intoxicação**. [Pl.: *intoxicações.*] ~ **intoxicar** *verbo*

intriga (in-tri-ga) *subst.fem.* Comentário feito para prejudicar alguém ou para criar desconfiança entre pessoas próximas, como amigos ou sócios. *Não preste atenção nas **intrigas** que ela faz.*

introdução (in-tro-du-ção) *subst.fem.* **1** Parte inicial de um texto, um livro, uma música etc. *Não deixem de ler a **introdução** do romance.* **2** Entrada ou penetração de algo em algum lugar. *A porta só abrirá com a **introdução** correta do cartão.* **3** Inclusão de algo ou alguém em listas, turmas etc. *Este ano a novidade é a **introdução** das aulas de capoeira.* [Pl.: *introduções.*]

introduzir (in-tro-du-zir) *verbo* **1** Colocar dentro de algo. *É preciso **introduzir** a chave no cadeado para abrir a porta.* [Sinôn.: *enfiar.*] **2** **Introduzir** um assunto ou uma conversa é dar início a ele.

intrometido (in-tro-me-ti-do) *adj.* Uma pessoa **intrometida** quer participar de tudo, saber da vida dos outros e dar opinião no que não lhe diz respeito. [Sinôn.: *metido.*]

intuição (in-tu-i-ção) *subst.fem.* Capacidade de saber ou perceber as coisas com facilidade, sem pensar muito sobre elas ou sem ter provas delas. *Einstein foi um cientista que deu valor à **intuição**. Minha **intuição** diz que Jorge não virá hoje.* [Pl.: *intuições.*] ~ **intuitivo** *adj.*

inundação ▼ (i-nun-da-ção) *subst.fem.* Grande volume de água acumulado, geralmente provocado por chuvas. [Pl.: *inundações.*]

inundar (i-nun-dar) *verbo* **1** Encher de água a ponto de transbordar. *O rio **inundou** após duas horas de chuva.* **2** Espalhar-se por todo canto, estar presente em toda parte. *Os turistas **inundaram** a cidade durante o carnaval.*

inútil (i-nú-til) *adj.masc.fem.* Quando uma coisa é **inútil**, ela não serve para nada. *Esse carrinho ficou **inútil** depois que a roda caiu.* [Antôn.: *útil.* Pl.: *inúteis.*]

invadir (in-va-dir) *verbo* **1** Entrar em um lugar à força, sem ser convidado ou desejado. *Soldados **invadiram** o país inimigo.* **2** Espalhar-se por um lugar. *O mato **invadiu** a horta. A música brasileira **invadiu** Portugal.*

invasão (in-va-são) *subst.fem.* **1** Quando um exército entra numa região de outro país para tentar conquistar ou dominar este país, isso é uma **invasão**. **2** Se alguém ou alguma coisa entra em algum lugar sem ser convidado ou sem ser desejado, também é uma **invasão**. [Pl.: *invasões.*] ~ **invasor** *adj. subst.masc.*

inveja (in-ve-ja) *subst.fem.* **1** Desejo intenso de ter, fazer ou conseguir coisas que outra pessoa tem, faz ou consegue. *Esse rapaz tem **inveja** do sucesso do Carlos.* **2** O motivo da **inveja**. *Aquela mochila era a **inveja** da turma.* ~ **invejar** *verbo* **invejoso** *adj.*

invenção (in-ven-ção) *subst.fem.* **1** O que é novo e ninguém tinha criado antes. *As **invenções** de Santos Dumont nos acompanham até hoje.* [Sinôn.: *invento.*] **2** O que foi criado na mente e só lá existe. *Eu não estou chateada, isso é **invenção** sua.* **3** Mentira. *Ao saber das **invenções** do filho, deu-lhe uma bronca.* [Pl.: *invenções.*]

→ Você quer conhecer algumas das grandes **invenções** do homem? Acesse o *site* do Canal Kids, em Tecnologia, e divirta-se lendo o texto "Grandes invenções".

invencível (in-ven-cí-vel) *adj.masc.fem.* Quando alguém ou algo não pode ser vencido, ele é **invencível**. [Pl.: *invencíveis.*]

inventar (in-ven-tar) *verbo* **1** Ser o primeiro a ter uma ideia nova ou criar algo novo. *Santos Dumont **inventou** o avião.* **2** Criar na mente. *Sônia custou a **inventar** o título da redação. Luisa fica triste porque **inventa** problemas onde não há.* [Sinôn.: *imaginar.*] **3** Imaginar algo que não é verdade e mostrar como se fosse. *Quem faz boato **inventa** histórias.* [Sinôn.: *mentir.*]

invento (in-ven-to) *subst.masc.* Algo novo, que foi criado pela primeira vez por alguém. *A roda foi um dos grandes **inventos** da humanidade.* [Sinôn.: *invenção.*]

inverno (in-ver-no) *subst.masc.* Estação do ano considerada a mais fria, entre o outono e a primavera. Em alguns lugares do Brasil, o **inverno** é o tempo em que chove mais.

→ Nos países do hemisfério sul, como o Brasil, o **inverno** vai de junho a setembro.

invertebrado (in-ver-te-bra-do) *subst.masc.* Animal que não possui coluna vertebral nem qualquer outro osso. Insetos, águas-vivas e polvos são **invertebrados**. [Antôn.: *vertebrado.*] ☛ Esta palavra pode ser usada como adj.: *animal **invertebrado**.*

investigar (in-ves-ti-gar) *verbo* **1** Seguir ou buscar as pistas de um crime para determinar o que aconteceu. *A polícia está **investigando** o roubo.* **2** Tentar descobrir algo, com exame e observação em detalhes. *Os médicos **investigam** a causa da doença.* [Sinôn.: *pesquisar.*] ~ **investigação** *subst.fem.*

investir (in-ves-tir) *verbo* **1** Atirar-se sobre alguém ou algo com força e de repente. *O cachorro **investiu** no carteiro.* [Sinôn.: *atacar.*] **2** Se você **investe** dinheiro em alguma coisa, você tenta fazer esse dinheiro aumentar. Por exemplo, se você abre uma empresa para ganhar mais dinheiro, você está **investindo**. **3** **Investir** também é gastar tempo, dinheiro, mão de obra etc. em algo que você quer que dê certo. *Os professores **investem** no aprendizado dos alunos.* ~ **investimento** *subst.masc.*

→ **Invista** seu tempo no texto "Investimentos" em Bandkids, no *site* Canal Kids, e saiba como as pessoas investem dinheiro.

invisível (in-vi-sí-vel) *adj.masc.fem.* O que é **invisível** nós não podemos ver, pelo menos a olho nu. *O ar é **invisível**, mas sabemos que ele existe. Há muitos organismos **invisíveis**, como as bactérias, que só enxergamos com microscópio.* [Antôn.: *visível.* Pl.: *invisíveis.*]

ioga (i-o-ga) \ó ou ô\ *subst.fem.* Atividade que envolve exercício físico e respiratório para deixar o corpo mais saudável e a mente mais relaxada.

→ A **ioga** é praticada de acordo com ensinamentos filosóficos indianos. Por meio da respiração, equilíbrio e meditação se procura viver em harmonia.

iogurte (i-o-gur-te) *subst.masc.* Leite coalhado e cremoso, natural ou com sabor de frutas, de mel etc.

ioiô (io-iô) *subst.masc.* Brinquedo de mão formado por dois discos redondos unidos pelo centro, em torno do qual se enrola um barbante.

ipê ▼ (i-pê) *subst.masc.* Nome comum a várias árvores que produzem flores amarelas, roxas e rosas. O **ipê** é considerado um símbolo do Brasil.

ir *verbo* **1** Sair de um lugar para outro. *A família toda **foi** ao parque domingo.* **2** Ir embora é deixar um lugar, sair. *O dentista veio, mas já **foi** embora.* **3** Se você **vai** fazer uma coisa, é porque ainda não começou a fazer essa coisa. ***Vou** telefonar para Joana depois do almoço.* **4** Quando se diz que as notas na escola **vão** até dez, quer dizer que chegam até dez. **5 Ir** bem é estar se sentindo bem, estar com saúde. *Como **vai** você? Eu **vou** bem. Vovô **vai** bem de saúde.*

irmão (ir-mão) *subst.masc.* Filhos do mesmo pai e da mesma mãe são **irmãos**. Também é **irmão** quem é filho só do mesmo pai ou só da mesma mãe. [Pl.: *irmãos*. Fem.: *irmã*.]

irracional (ir-ra-cio-nal) *adj.masc.fem.* **1** Uma pessoa é **irracional** quando não age de acordo com a razão e com prudência. *Célio foi **irracional** ao falar com a namorada daquele jeito.* **2** Atitudes ou sentimentos **irracionais** são sem razão ou sentido. *Denise tem um medo **irracional** de formiga.* **3** Os animais **irracionais** são aqueles que não podem pensar nem falar. *Tirando os seres humanos, todos os outros animais são **irracionais**.* |Antôn. geral: *racional*. Pl.: *irracionais*.|

irregular (ir-re-gu-lar) *adj.masc.fem.* **1** O que é **irregular** tem partes diferentes do resto, sem formar um padrão. *Vovó tropeçou porque o piso era **irregular**.* **2** Contrário às leis ou regras. *A polícia concluiu que o segurança agiu de forma **irregular**.* [Sinôn.: *ilegal*. Antôn.: *legal*.] |Antôn. geral: *regular*. Pl.: *irregulares*.|

irresistível (ir-re-sis-tí-vel) *adj.masc.fem.* Uma coisa **irresistível** é tão poderosa que obriga você a agir de determinado modo e não há o que fazer para evitá-la. *Ouvi uma música **irresistível** e saí dançando.* [Pl.: *irresistíveis*.]

irresponsável (ir-res-pon-sá-vel) *adj.masc.fem.* Uma pessoa **irresponsável** faz coisas erradas sem levar em conta as suas consequências. [Antôn.: *responsável*. Pl.: *irresponsáveis*.]

irritante (ir-ri-tan-te) *adj.masc.fem.* Uma pessoa ou uma coisa **irritante** aborrece todo mundo. *É **irritante** ouvir gente falando no celular dentro do cinema.*

irritar (ir-ri-tar) *verbo* **1 Irritar** uma pessoa é aborrecê-la ou deixá-la com raiva. *Não **irrite** o seu pai tocando aqui esse tambor.* [Sinôn.: *enfurecer*. Antôn.: *acalmar*.] **2** Causar uma leve inflamação. *A poluição do ar **irrita** os olhos.* ~ **irritação** *subst.fem.*

isca (is-ca) *subst.fem.* **Isca** é o que se põe na ponta do anzol para atrair o peixe e conseguir pescá-lo.

islamismo (is-la-mis-mo) *subst.masc.* REL Religião que foi fundada pelo Profeta Maomé e que acredita em um único deus, Alá. ~ **islâmico** *adj.*

isolar (i-so-lar) *verbo* **1** Colocar uma pessoa, animal ou coisa separada dos outros membros do seu grupo. *O veterinário **isolou** o cachorro doente. Robson preferiu **isolar**-se durante o feriado.* **2** **Isolar** um lugar é impedir o acesso até ele. *Os bombeiros **isolaram** a casa.* **3** **Isolar** um fio é usar um material, como uma fita, para não deixar que ele encoste em outros fios. ~ **isolamento** *subst.masc.*

isqueiro (is-quei-ro) *subst.masc.* Objeto pequeno que produz uma chama, muito usado para acender cigarros.

isso (is-so) *pron.demonst.* **Isso** é o que está perto da pessoa com quem falamos e não queremos ou não sabemos dizer o que é. *Limpe **isso** aí no seu queixo.*

isto (is-to) *pron.demonst.* **Isto** é o que está perto de nós e não queremos ou não sabemos dizer o que é. *Você consegue ver o que é **isto** nas minhas costas?*

italiano (i-ta-li-a-no) *subst.masc.* **1** Pessoa que nasceu na Itália. **2** Língua falada na Itália, Mônaco, San Marino, Suíça e Vaticano. *adj.* **3** **Italiano** quer dizer relacionado à Itália. Um vinho **italiano** é fabricado na Itália.

itálico (i-tá-li-co) *subst.masc.* Forma de colocar a letra inclinada, geralmente para a direita. Os exemplos deste dicionário estão em **itálico**.

item (i-tem) *subst.masc.* Cada uma das unidades de uma lista, documento, contrato, coleção etc. *Os alunos pularam o **item** três do questionário. Falta apenas um **item** para Luís completar sua coleção.* [Pl.: *itens.*]

itororó (i-to-ro-ró) *subst.masc.* Pequena cachoeira.

A palavra **itororó** é formada de duas palavras tupis: *i*, que quer dizer "água, rio", e *tororó*, que quer dizer "barulhento". Daí o significado cachoeira, que é uma água que faz barulho.

Jabuti

Jj

j *subst.masc.* Décima letra do nosso alfabeto. O **j** é uma consoante.

já *advérbio* **1 Já** quer dizer neste momento, agora mesmo. *Mamãe mandou desligar a TV **já**!* **2** Usamos **já** para falar do que é surpresa, porque aconteceu antes do que esperávamos. *Gabriel **já** acabou a prova?* **3 Já** também é bem rápido, em pouco tempo. *O doutor saiu dizendo que voltava **já**.* [Sinôn.: *logo*.]

jabá (ja-bá) *subst.masc.* Carne de boi salgada e seca ao sol.

jaburu ▲ (ja-bu-ru) *subst.masc.* Ave grande, de bico negro, pescoço e pernas compridas, encontrada no Pantanal mato-grossense. [Sinôn.: *tuiuiú*.]

jabuti ▲ (ja-bu-ti) *subst.masc.* Réptil que tem as pernas curtinhas e um casco duro nas costas, onde pode esconder as pernas e a cabeça. O **jabuti** se movimenta devagar e se parece bastante com a tartaruga, mas não vive na água. [Fem.: *jabota*.]

jabuticaba (ja-bu-ti-ca-ba) *subst.fem.* Fruta redonda, de casca preta, miolo branco e doce, com um caroço no meio. A **jabuticaba** tem mais ou menos o tamanho de uma uva. ~ **jabuticabeira** *subst.fem.*

jaca (ja-ca) *subst.fem.* Fruta muito grande, de casca áspera, com sementes envolvidas por uma polpa doce e meio amarela. O cheiro da **jaca** é muito forte. ~ **jaqueira** *subst.fem.*

jacarandá (ja-ca-ran-dá) *subst.masc.* Nome dado a diferentes árvores brasileiras, que fornecem madeira de boa qualidade, geralmente dura e escura.

jacaré (ja-ca-ré) *subst.masc.* Réptil de até seis metros, com rabo comprido, pernas curtas, couro grosso, focinho largo e chato, e enorme boca com muitos dentes. O **jacaré** vive em lagoas, rios e pântanos da América do Norte e do Sul e se parece com o crocodilo.

jaguar (ja-guar) *subst.masc.* É o mesmo que onça-pintada. [Pl.: *jaguares*.]

jaguatirica (ja-gua-ti-ri-ca) *subst.fem.* Gato selvagem de pelo parecido com o da onça-pintada. A **jaguatirica** é comum nas florestas das Américas e alimenta-se de pequenos animais.

jagunço (ja-gun-ço) *subst.masc.* No Nordeste, pessoa que trabalha como guarda-costas de alguém importante e o protege em caso de perigo.

jamais (ja-mais) *advérbio* É o mesmo que nunca.

jambo (jam-bo) *subst.masc.* Fruta arredondada, de casca amarela, rosa ou vermelha e polpa clara. ~ **jambeiro** *subst.masc.*

jamelão (ja-me-lão) *subst.masc.* Fruta pequena e roxa, em forma de azeitona. [Pl.: *jamelões*.]

janeiro (ja-nei-ro) *subst.masc.* Primeiro mês do ano, entre dezembro e fevereiro. **Janeiro** tem 31 dias.

janela (ja-ne-la) *subst.fem.* **1** Abertura, em paredes ou em portas de veículos, para que a luz e o ar possam entrar. As **janelas** podem ser protegidas por uma vidraça. **2** Peça plana, de madeira ou de metal, que protege essa abertura. **3** INF Cada um dos quadros ou áreas em que se pode dividir a tela do computador.

jangada ► (jan-ga-da) *subst.fem.* Embarcação feita de pedaços de pau amarrados uns aos outros. A **jangada** tem um mastro e uma vela triangular e é muito utilizada por pescadores do Nordeste e Norte do Brasil.

jantar (jan-tar) *subst.masc.* **1** Refeição que se faz ao final do dia. *Ele sempre se atrasa para o **jantar**.* **2** A comida servida durante essa refeição. *O **jantar** será sopa de legumes.* *verbo* **3** Comer essa refeição. *Sempre **jantamos** às oito horas.* [Pl. para o subst.: *jantares*.]

japonês (ja-po-nês) *subst.masc.* **1** Pessoa que nasceu no Japão. **2** Língua falada no Japão. *adj.* **3** **Japonês** quer dizer relacionado ao Japão. Um restaurante **japonês** serve pratos da culinária do Japão. [Pl.: *japoneses*. Fem.: *japonesa*.]

jaqueta (ja-que-ta) \ê\ *subst.fem.* Casaco curto que é aberto na frente e vai até a cintura ou um pouco abaixo. A **jaqueta** geralmente é de um material mais grosso, como *jeans* ou couro.

jararaca (ja-ra-ra-ca) *subst.fem.* Cobra venenosa que tem a cabeça triangular e a cauda bem fina. As **jararacas** têm hábitos noturnos e são comuns no território brasileiro.

jardim (jar-dim) *subst.masc.* Terreno onde são plantadas flores, folhagens etc. *As flores do **jardim** estão colorindo a praça.* ☛ Ver ilustração na p. 486. **jardim botânico** Grande jardim aberto a visitas, onde se cultivam plantas para estudo e preservação de várias espécies. **jardim zoológico** Grande parque com animais das mais diferentes espécies, aberto à visitação do público. [Pl.: *jardins*.]

jardim de infância (jar-dim de in-fân-cia) *subst.masc.* Atendimento escolar para crianças que têm menos de seis anos de idade. O **jardim de infância**, hoje em dia, é chamado de educação infantil. *Fiz o **jardim de infância** numa escola muito legal.* [Pl.: *jardins de infância*.]

jarra (jar-ra) *subst.fem.* **1** Recipiente com asa e bico, usado para colocar água, sucos etc. **2** Também chamamos de **jarra** o conteúdo desse recipiente. *Vamos preparar duas **jarras** de mate.* [Sinôn. geral: *jarro*.]

jarro (jar-ro) *subst.masc.* **1** É o mesmo que jarra. **2** Recipiente onde são colocadas flores para decorar um ambiente. *Este **jarro** ficou muito bem em cima da mesa da sala.* [Sinôn.: *vaso*.]

jasmim (jas-mim) *subst.masc.* Flor muito cheirosa, branca, amarela ou rosa, usada para fazer chá e perfume. [Pl.: *jasmins*.] ~ **jasmineiro** *subst.masc.*

jato (ja-to) *subst.masc.* **1** Água ou gás saindo rápido e com força de algum lugar fazem um **jato**. *Bastou o **jato** de uma mangueira para apagar o fogo.* **2** **Jato** também é um avião muito veloz.

jaula (jau-la) *subst.fem.* Espécie de caixa ou cela com grades que serve para manter presos animais, como leão, onça e gorila.

javali (ja-va-li) *subst.masc.* Porco selvagem de pelo escuro e áspero, com grandes dentes caninos no maxilar inferior. O **javali** possui um focinho comprido para procurar plantas e animais debaixo da terra.

jazida (ja-zi-da) *subst.fem.* Depósito natural, no solo ou subsolo, de qualquer produto mineral com valor comercial. *Os bandeirantes procuravam **jazidas** de diamante e de ouro.* [Sinôn.: *mina.*]

jeans *subst.masc.* **1** Palavra inglesa que significa tecido grosso de algodão, em geral num tom de azul. *O uniforme do colégio é camiseta e calça de* **jeans.** **2** ***Jeans*** também é qualquer peça de roupa feita desse tecido. *Juliana tem vários* **jeans** *no seu armário.* ☛ Pronuncia-se *djins.*

jegue (je-gue) *subst.masc.* **Jegue** é o nome dado ao burro em algumas regiões do Brasil.

jeito (jei-to) *subst.masc.* **1** O **jeito** como você fala é a maneira como você fala. [Sinôn.: *modo.*] **2** Aparência, aspecto. *O rosto da bruxa tinha um **jeito** estranho.* **3** Ter **jeito** para uma coisa é ter uma habilidade, um interesse especial para ela. *Juraci tem muito **jeito** para música.* **dar um jeito** Procurar uma solução, resolver um problema. *Acabou o leite, mas a cozinheira **deu um jeito** para terminar o bolo.* **sem jeito** Envergonhado.

jejum (je-jum) *subst.masc.* Quando estamos sem comer durante algum tempo, ficamos em **jejum** todo esse tempo. *Para fazer o exame de sangue, é preciso **jejum** de 12 horas.* [Pl.: *jejuns.*]

jenipapo (je-ni-pa-po) *subst.masc.* Fruta arredondada, de casca marrom, muito usada na fabricação de doces e licor. Do **jenipapo** também se extrai uma tinta preta utilizada pelos indígenas para pintarem o corpo. ~ **jenipapeiro** *subst.masc.*

jequitibá (je-qui-ti-bá) *subst.masc.* Árvore muito grande que fornece madeira usada na fabricação de casas e objetos.

jerico (je-ri-co) *subst.masc.* É o mesmo que burro.

jerimum (je-ri-mum) *subst.masc.* **Jerimum** é o nome dado à abóbora no Norte e no Nordeste do Brasil. [Pl.: *jerimuns.*]

jesuíta (je-su-í-ta) *subst.masc.* Religioso ligado à Companhia de Jesus, grupo da Igreja católica que se dedicava à educação. ☛ Esta palavra pode ser usada como adj.: *escola **jesuíta**, padre **jesuíta**.*

→ Padres **jesuítas** vieram para o Brasil no século XVI para ensinar aos índios a religião católica. Eles fundaram escolas aqui, e muitos lutaram contra a escravidão indígena.

jiboia (ji-boi-a) \ói\ *subst.fem.* Cobra muito grande, não venenosa, que mata suas presas enrolando-se no corpo delas e apertando-as.

joaninha (jo-a-ni-nha) *subst.fem.* Inseto pequeno, de corpo arredondado, geralmente vermelho com pintinhas, muito comum em jardins. A **joaninha** se alimenta de outros pequenos insetos existentes nas plantas.

joão-de-barro (jo-ão - de - bar-ro) *subst.masc.* Ave pequena que constrói seu ninho com barro. [Pl.: *joões-de-barro.*]

joelho (jo-e-lho) \ê\ *subst.masc.* ANAT Parte onde a perna se dobra. O **joelho** é uma articulação que fica entre a coxa e a batata da perna. ☛ Ver ilustração na p. 478.

jogada (jo-ga-da) *subst.fem.* **1** ESP Cada lance de um jogo. *O gol saiu de uma ótima **jogada** do centroavante.* **2** Uma ação arriscada que, se der certo, traz lucro ou vantagem para alguém. *Lançar o livro nas férias foi uma **jogada** da editora.*

jogador (jo-ga-dor) \ô\ *subst.masc.* Pessoa que participa de um jogo ou de um time. *Damas é um jogo para dois **jogadores**. Os **jogadores** de basquete são quase sempre muito altos.* [Pl.: *jogadores.*]

jogar (jo-gar) *verbo* **1** Divertir-se com um jogo ou uma brincadeira. *Beto gosta de **jogar** cartas, mas Estela prefere **jogar** damas.* **2** Praticar um esporte, geralmente de equipe. *No clube, **jogavam** futebol e tênis.* **3** Atirar algo, fazendo mover-se no espaço. *Dora **jogou** as chaves para Lídia.*

jogo (jo-go) \ô\ *subst.masc.* **1** **Jogo** é qualquer atividade que diverte e distrai. *Édson gosta muito dos **jogos** que ele tem no computador.* **2** Disputa entre pessoas ou grupos que segue regras determinadas. *Reinaldo participa de todos os **jogos** de futebol do condomínio.* **3** Conjunto de coisas que têm uma mesma finalidade. *O carro precisa de um novo **jogo** de pneus.* **jogo de cintura** *informal* Diz-se que alguém tem **jogo de cintura** quando consegue resolver com facilidade situações complicadas. *O vendedor tinha muito **jogo de cintura** com os fregueses.* **jogo de damas** É o mesmo que damas. **jogos olímpicos** É outra forma de chamar a olimpíada.

jogo da velha ▸ (jo-go da ve-lha) *subst.masc.* Jogo feito de nove casas desenhadas, alinhadas de três em três. Dois jogadores devem preencher essas casas, de uma em uma, tentando formar uma linha reta e impedindo o adversário de fazer o mesmo. [Pl.: *jogos da velha.*]

jogral (jo-gral) *subst.masc.* **1** Grupo de pessoas que diz em voz alta poemas ou textos de literatura. **2** **Jogral** é também o texto dito dessa forma. [Pl.: *jograis.*]

joia (joi-a) \ói\ *subst.fem.* **1** Objeto valioso, feito com metais preciosos, como ouro e prata, e às vezes com pedras preciosas, como diamantes e rubis. Anéis, brincos, coroas e colares podem ser **joias**. **2** Também chamamos de **joia** alguém ou algo de que gostamos muito ou é muito bom. *A amizade verdadeira é uma **joia** preciosa.*

jóquei (jó-quei) *subst.masc.* Pessoa que monta cavalos de corrida. [Fem.: *joqueta.*]

jornal (jor-nal) *subst.masc.* **1** Publicação, geralmente diária, que dá notícias variadas, traz reportagens, imagens, entrevistas, anúncios etc. *Meu pai lê o **jornal** todos os dias.* **2** Noticiário em televisão, rádio ou internet. *Os diretores almoçam assistindo ao **jornal** da tarde.* [Pl.: *jornais.*]

jornaleiro (jor-na-lei-ro) *subst.masc.* Pessoa que vende ou entrega jornais e revistas.

jornalista (jor-na-lis-ta) *subst.masc.fem.* Pessoa que recolhe as notícias e escreve sobre elas em jornais e revistas, ou as transmite pelo rádio ou pela televisão. ~ **jornalismo** *subst.masc.*

jovem (jo-vem) *subst.masc.fem.* **1** Pessoa que está na juventude. [Sinôn.: *moço.*] *adj.masc.fem.* **2** O que é **jovem** tem pouca idade, existe há pouco tempo. *Essa ainda é uma empresa **jovem**.* **3** Feito para a juventude. *A seção de moda **jovem** fica à esquerda.* [Pl.: *jovens.*]

juazeiro (ju-a-zei-ro) *subst.masc.* Árvore de até dez metros de altura, com copa grande, comum em regiões secas do Nordeste. O **juazeiro** dá um fruto pequeno e amarelo.

juba (ju-ba) *subst.fem.* Espécie de colar de pelos compridos que o leão tem em volta do pescoço e da cabeça. As leoas não têm **juba**.

judaico (ju-dai-co) *adj.* **Judaico** quer dizer relacionado a judeu e a judaísmo.

judaísmo (ju-da-ís-mo) *subst.masc.* REL Religião que crê na existência de um único deus e nas leis escritas no Antigo Testamento.

judeu (ju-deu) *subst.masc.* **1** Indivíduo dos antigos povos de Judá e da Judeia. **2** Povo ou pessoa descendente desses indivíduos. **3** Pessoa que pratica o judaísmo. [Fem.: *judia.*] ☛ Esta palavra pode ser usada como adj.: *povo **judeu**, comida **judia**.*

judiciário (ju-di-ci-á-rio) *adj.* O Poder **Judiciário** julga o cumprimento das leis do país. ☛ Esta palavra pode ser usada como subst.: *Juízes fazem parte do **Judiciário**.* Primeira letra maiúscula.

judô (ju-dô) *subst.masc.* Técnica japonesa de defesa pessoal que usa mais agilidade e habilidade do que força física.

juiz (ju-iz) *subst.masc.* **1** Aquele que tem o poder de julgar outras pessoas e que faz cumprir as leis. *O **juiz** condenou o réu a cinco anos de prisão.* **2** **Juiz** também é a pessoa que aplica as regras de uma competição esportiva. *O **juiz** marcou um pênalti no primeiro tempo do jogo.* [Pl.: *juízes*. Fem.: *juíza.*]

juízo (ju-í-zo) *subst.masc.* **1** Capacidade de diferenciar o certo e o errado, pensar antes de tomar decisões, ser responsável. *Esse menino não tem **juízo** nenhum!* **2** Opinião sobre algo. *Raquel fez mau **juízo** do amigo ao vê-lo brigar.* **3** Lugar em que a Justiça julga as questões que lhe são apresentadas.

jujuba (ju-ju-ba) *subst.fem.* Bala de goma, geralmente coberta de açúcar, que pode ter vários sabores e formas.

julgamento (jul-ga-men-to) *subst.masc.* **1** Num **julgamento**, o juiz analisa os fatos e decide uma solução para um conflito ou se alguém é inocente ou não. Em alguns **julgamentos** é o júri quem decide se uma pessoa é culpada. **2** Opinião, pensamento sobre algo. *Fernando não faz **julgamentos** das pessoas.*

julgar (jul-gar) *verbo* **1** Quando um juiz **julga**, decide uma situação, determina uma punição, avalia se uma pessoa é culpada ou inocente. **2** Tomar decisão depois de pensar na questão. *Flávio **julgou** melhor ficarmos para não pegar chuva.* [Sinôn.: *considerar*.] **3** Ter opinião, ideia, pensamento sobre algo. *Marta **julgou** que ganharia a medalha.* [Sinôn.: *imaginar*.]

julho (ju-lho) *subst.masc.* Sétimo mês do ano, entre junho e agosto. **Julho** tem 31 dias.

jumento (ju-men-to) *subst.masc.* Animal parecido com o cavalo, porém menor e com orelhas mais compridas, muito usado para transporte de cargas e de pessoas. [Sinôn.: *burro, jegue*.]

junho (ju-nho) *subst.masc.* Sexto mês do ano, entre maio e julho. **Junho** tem 30 dias.

junino (ju-ni-no) *adj.* **Junino** quer dizer relacionado ao mês de junho. Festas **juninas** são festas que acontecem no mês de junho.

juntar (jun-tar) *verbo* **1** Pôr junto, unir. ***Junte** seus brinquedos antes de dormir.* **2** Acrescentar, adicionar. *Para fazer o bolo crescer, **junte** o fermento à massa.* **3** Guardar uma quantidade de alguma coisa. *Célio **junta** selos para sua coleção. Meus avós estão **juntando** dinheiro para viajar.* **4** Quando um casal se **junta**, passa a viver como marido e mulher mesmo não tendo se casado perante a lei. [Antôn. para 1, 2 e 4: *separar*.]

junto (jun-to) *adj.* **1** Se os seus pés estão **juntos**, eles estão se tocando ou estão muito perto um do outro. [Sinôn.: *próximo*.] *advérbio* **2** Se você e a sua irmã saem **junto** com a sua mãe, vocês saem do mesmo lugar ao mesmo tempo. **3** Quando você vai para **junto** do seu pai, você fica ao lado dele, bem perto.

jurado (ju-ra-do) *subst.masc.* Pessoa que faz parte de um júri.

jurar (ju-rar) *verbo* Garantir que aquilo que se diz ou promete é verdadeiro. *No filme, a testemunha **jurou** com a mão sobre uma Bíblia. Lucinda **jurou** que nunca mais voltaria lá.* ~ **juramento** *subst.masc.*

júri (jú-ri) *subst.masc.* Grupo de pessoas que julga outra pessoa, uma atividade, uma obra de arte etc.

jurídico (ju-rí-di-co) *adj.* Algo **jurídico** está relacionado às leis, ao tribunal. *O estagiário de direito lê revistas **jurídicas**.*

juro (ju-ro) *subst.masc.* Quantia a mais que se paga a uma pessoa ou banco por haver pedido dinheiro emprestado a ela ou a ele. ☛ Esta palavra é mais usada no plural.

justiça (jus-ti-ça) *subst.fem.* **1** Se você age com **justiça**, você age de maneira correta, com respeito aos direitos e às obrigações de cada pessoa. *As tarefas de casa foram divididas para todos da família com **justiça**.* [Antôn.: *injustiça*.] **2** Aplicação do direito e das leis para resolver brigas, decidir punições etc. *A **justiça** em alguns países é muito lenta.* **3** Conjunto de órgãos onde trabalham juízes, advogados e outras pessoas responsáveis pelo cumprimento da lei. *O trabalhador entrou na **Justiça** para ter o seu direito reconhecido.* ☛ Neste sentido, geralmente com primeira letra maiúscula.

justificar (jus-ti-fi-car) *verbo* **1** Demonstrar que algo é justo ou necessário. *A prefeitura precisa **justificar** todos os gastos.* **2** Dar explicações sobre o seu próprio comportamento. *Agora, que o pior já passou, terá que se **justificar** aos pais.*

justo (jus-to) *adj.* **1** Uma decisão ou uma sociedade **justa** respeita os direitos e as obrigações de cada pessoa e está de acordo com a lei. **2** O que é **justo** faz sentido porque tem motivos válidos, aceitos pela maioria das pessoas. *Se você trabalhou, é **justo** receber seu salário. Marisa recebeu uma punição **justa**.* **3** Uma roupa **justa** marca bem o contorno do corpo. *advérbio* **4** Nesse exato momento. ***Justo** quando íamos sair, ele chegou.* [Antôn. para 1 e 2: *injusto*.]

juta (ju-ta) *subst.fem.* Árvore de onde são tiradas fibras para a fabricação de tecidos e cordas.

juvenil (ju-ve-nil) *adj.masc.fem.* O que é **juvenil** está relacionado à juventude. O comportamento **juvenil** é típico dos jovens. A literatura **juvenil** é feita para eles. [Pl.: *juvenis.*]

juventude (ju-ven-tu-de) *subst.fem.* **1** Fase da vida em que a pessoa não é considerada um adulto ainda, porque tem pouca idade ou não tem todas as responsabilidades que se espera que um adulto tenha. **2** Grupo de jovens. *A **juventude** brasileira sabe quais são seus direitos.*

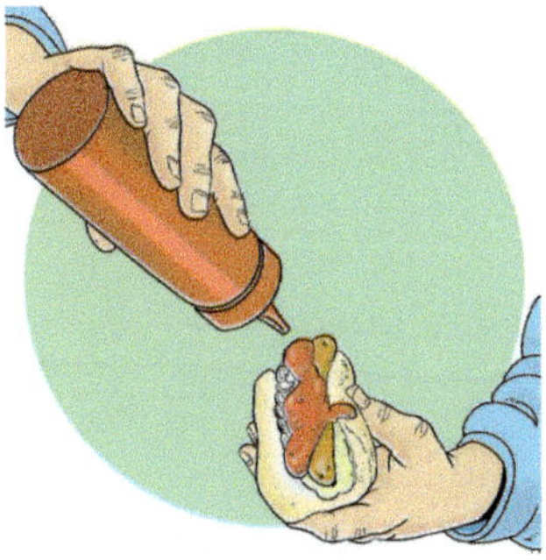

Kk

Ketchup

k *subst.masc.* Décima primeira letra do nosso alfabeto. O **k** é uma consoante e, na língua portuguesa, tem o som do "c" como em "casa" e é muito usado em nomes de pessoas e lugares, em palavras de origem estrangeira e em alguns símbolos, como "kg" (quilograma) e "km" (quilômetro).

ketchup ◤ *subst.masc.* Palavra inglesa que significa molho de tomate temperado e um pouco doce. ☛ Pronuncia-se: *quétxâp*.

kit *subst.masc.* Palavra inglesa que dá nome a um conjunto de peças, equipamentos etc., reunidos em uma embalagem, para servir a um determinado fim. *Ganhamos de brinde um* **kit** *de pintura.* ☛ Pronuncia-se *quit*.

L l

Lixa

l *subst.masc.* Décima segunda letra do nosso alfabeto. O l é uma consoante e, na língua portuguesa, pode marcar dois sons. Antes de uma vogal, soa como em "lá" e "luva". No fim de sílaba, tem um som parecido com o da letra "u", por exemplo em "futebol" e "relva". Quando o l está junto do "h", o som fica diferente, como em "coelho".

lã *subst.fem.* **1** Pelo ondulado e macio que cobre o corpo de animais como o carneiro. **2** Tecido ou fio feito desse pelo, usado para fazer casacos, luvas, cobertores etc.

¹lá *advérbio* **1** Usamos **lá** para falar de um lugar bem longe de nós e da pessoa com quem falamos. *Joaquim, você quer ir **lá** na lanchonete ou prefere ficar aqui em casa?* **2** Lá também é uma época que já passou há bastante tempo. *Vovó morou nesta rua há 30 anos e disse que muita coisa mudou de **lá** para cá.*

Este advérbio veio do latim *ad illac*, que significa "naquele lugar".

²lá *subst.masc.* MÚS Sexta nota da escala musical.

Para a origem do nome da nota **lá**, veja dó (primeira nota).

lábio (lá-bio) *subst.masc.* Cada uma das duas partes de pele macia e móvel do lado de fora da boca. [Sinôn.: *beiço*.] ☛ Ver ilustração na p. 478.

labirinto ▶ (la-bi-rin-to) *subst.masc.* Um lugar com muitos caminhos e passagens onde você pode se perder facilmente.

laboratório (la-bo-ra-tó-rio) *subst.masc.* Lugar que possui material próprio para realizar análises, pesquisas, experiências etc. *Grandes descobertas científicas foram feitas em **laboratórios**.*

laçar (la-çar) *verbo* Prender com laço, especialmente um animal que está se movimentando. *O peão **laçou** o bezerro.*

↓ Laço para prender animais.

↑ Laço de fita.

laço ◢ (la-ço) *subst.masc.* **1** Nó com uma ou mais alças, fácil de desamarrar. Podemos mover as pontas ou as alças para regular o tamanho do **laço**. **2** Corda comprida, forte e com um nó largo numa das pontas. Esse nó desliza pela corda quando o peão joga o **laço** no animal e puxa a corda. **3** **Laço** também é uma combinação ou acordo sério entre pessoas ou países. *As duas nações tinham **laços** de amizade.*

lacraia (la-crai-a) *subst.fem.* Animal alongado, com 15 ou mais pares de patas, duas antenas e ferrão venenoso debaixo da cabeça. As **lacraias** vivem em lugares úmidos e, às vezes, são encontradas dentro de casa. [Sinôn.: *centopeia*.]

lacuna (la-cu-na) *subst.fem.* **1** Espaço vazio para ser preenchido com algum tipo de informação. *Complete as **lacunas** com sinônimos adequados.* **2** Falha ou falta de algum elemento. *Na história, há **lacunas** que atrapalham o entendimento dos fatos.*

ladeira ► (la-dei-ra) *subst.fem.* Rua ou caminho com inclinação. *Minha casa fica no alto da **ladeira**.*

lado (la-do) *subst.masc.* **1** **Lado** é a parte direita ou esquerda de alguma coisa. *No acidente, machucou-se só do **lado** direito.* **2** Cada uma das partes que formam um objeto. *Use os dois **lados** da folha de prova.* **3** MAT Cada linha de uma figura ou cada face de um sólido. *O quadrado tem quatro **lados** iguais. O cubo tem seis **lados** quadrados.* **4** O espaço que fica junto a alguém ou alguma coisa. *Norma, senta aqui do meu **lado**.* **5** Posição ou aspecto de uma coisa em relação a outra. *Juliana mora do outro **lado** da rua. O juiz quis ouvir os dois **lados** da história. Esqueceu a chave e ficou presa do **lado** de fora.* **6** Sentido, direção, rumo. *Os jovens seguiram para o **lado** do rio.*

ladrão (la-drão) *subst.masc.* Homem que rouba ou furta as coisas de outra pessoa. [Pl.: *ladrões*. Fem.: *ladra, ladrona, ladroa*. Col.: *bando*.]

ladrar (la-drar) *verbo* É o mesmo que latir.

lagarta (la-gar-ta) *subst.fem.* Larva das borboletas e das mariposas. As **lagartas** alimentam-se de plantas, têm corpo comprido, mole e, às vezes, com pelos.

lagartixa (la-gar-ti-xa) *subst.fem.* Réptil parecido com um lagarto, mas bem menor que ele, capaz de andar pelas paredes. A **lagartixa** alimenta-se de pequenos insetos.

lagarto (la-gar-to) *subst.masc.* Réptil de corpo alongado, cauda comprida e quatro pernas curtas. Os **lagartos** possuem os dedos bem afastados uns dos outros e a língua dividida em duas partes. Eles vivem em ambientes secos e cheios de pedra.

lago (la-go) *subst.masc.* Grande volume de água cercado de terra por todos os lados. Existem **lagos** naturais e artificiais. ☛ Ver ilustração na p. 490.

lagoa (la-go-a) \ô\ *subst.fem.* Volume de água cercado de terra por todos os lados. A **lagoa** é um lago menor. ☛ Ver ilustração na p. 488.

lagosta (la-gos-ta) \ô\ *subst.fem.* Animal marinho com carapaça dura, corpo alongado, antenas compridas e cinco pares de patas, duas delas em forma de pinça. A carne da **lagosta** é apreciada na alimentação humana. ☛ Ver ilustração de *crustáceo*.

lágrima (lá-gri-ma) *subst.fem.* Líquido que sai dos nossos olhos quando choramos. As **lágrimas** mantêm os olhos úmidos e limpos.

laje (la-je) *subst.fem.* **1** Armação de ferro e concreto que é colocada entre dois pavimentos. A **laje** é a base do piso de um pavimento e a base do teto de outro. *Os pedreiros terminaram a **laje** do terceiro andar. As roupas estão secando na **laje**.* **2** Placa de material duro e resistente, usada para cobrir superfícies como paredes ou pisos.

lama (la-ma) *subst.fem.* Terra molhada e pastosa. *A chuva deixou a rua cheia de **lama**.* [Sinôn.: *barro*.]

lambada (lam-ba-da) *subst.fem.* **1** Uma **lambada** é um golpe dado com um chicote ou uma vara. *Josué nunca dava **lambadas** no cavalo, mesmo quando ele não andava.* **2** Tipo de música e dança de ritmo rápido e alegre, dançada aos pares.

lambari (lam-ba-ri) *subst.masc.* Nome dado a peixes pequenos, bem comuns em água doce. O **lambari** é muito pescado nos córregos e rios do Brasil.

lamber (lam-ber) *verbo* **1** Passar a língua sobre algo. *O gato se **lambia** o tempo todo.* **2** Tocar de leve. *A brisa **lambia** as árvores.* **3** Se o fogo **lambe** alguma coisa, ele a destrói. ~ **lambida** *subst.fem.*

lambiscar (lam-bis-car) *verbo* Comer pouco ou um pouquinho de cada vez. *Não almoçou, mas **lambiscou** doces o dia inteiro.*

lambuzar (lam-bu-zar) *verbo* Sujar, especialmente com comida. *O bebê **lambuzou**-se todo de mingau.*

lamentar (la-men-tar) *verbo* **1** Fazer queixa para mostrar que está aborrecido com o que aconteceu. *Nadir **lamenta** até hoje o enxoval perdido no incêndio.* **2 Lamentar**-se é mostrar por sons, gemidos que não está satisfeito. *Coitada, vive se **lamentando** pelos cantos da casa.* ~ **lamentável** *adj.masc.fem.* **lamento** *subst.masc.*

lâmina (lâ-mi-na) *subst.fem.* **1** Pedaço de metal afiado que serve para cortar, furar ou raspar. Facas, enxadas e machados têm lâmina. *Os homens fazem barba com a **lâmina** de barbear.* **2 Lâmina** também é um pedaço longo e achatado de vidro, madeira etc.

lâmpada (lâm-pa-da) *subst.fem.* Utensílio para produzir luz artificial. Há **lâmpadas** elétricas, a gás, a álcool etc.

lampião (lam-pi-ão) *subst.masc.* Lanterna elétrica ou de combustível. [Pl.: *lampiões.*]

lança (lan-ça) *subst.fem.* Haste longa que termina em uma ponta bem fina. As **lanças** podem ser de madeira ou metal, ou ainda com haste de madeira e ponta de metal. *A **lança** é uma arma antiga, usada na guerra e na caça.*

lançamento (lan-ça-men-to) *subst.masc.* Quando você lança algo, faz um **lançamento**. *O **lançamento** do foguete passou na televisão. Foi ótimo o* show *de **lançamento** do disco.*

lançar (lan-çar) *verbo* **1** Atirar pelo espaço, geralmente na direção de um alvo. **2** Mostrar algo, como um disco ou um livro, pela primeira vez é **lançar** esse disco ou livro. *Uma inglesa **lançou** a moda da saia bem curta.* **3** Se você se **lança** em algum projeto ou ideia, você participa dele com coragem e ousadia. *Denise **lançou**-se na aventura da viagem assim que ouviu falar dela.*

lance ► (lan-ce) *subst.masc.* **1** *informal* Algo que aconteceu ou pode acontecer. *O fim da festa foi um **lance** que ninguém entendeu.* **2** ESP Qualquer movimento com a bola, o corpo ou uma peça é um **lance**. *Nos primeiros **lances**, todos perceberam que ele iria dar um xeque-mate. O **lance** do gol foi repetido várias vezes.* **3 Lance** também é o conjunto de degraus de uma escada. *Júlia tem de subir dois **lances** de escada para chegar em casa.*

Lances de escada.

lancha (lan-cha) *subst.fem.* Pequena embarcação, movida a motor e bem veloz. A **lancha** geralmente é usada para percorrer pequenos trechos.

lanche (lan-che) *subst.masc.* Refeição rápida, geralmente entre o almoço e o jantar. *Depois do ensaio, foi servido um **lanche**.* ~ **lanchar** *verbo*

lanchonete (lan-cho-ne-te) *subst.fem.* Estabelecimento comercial que serve lanches, como sanduíches, sucos, sorvetes etc.

lanterna (lan-ter-na) *subst.fem.* **1** Aparelho portátil que contém uma lâmpada, geralmente acesa por pilha. **2** Luz dianteira e traseira de veículos. **3** Num farol, local onde está a luz.

lapela ► (la-pe-la) *subst.fem.* Parte de um casaco que, partindo da abertura da frente, fica dobrada para fora. *Margarida colocou um broche na **lapela**.*

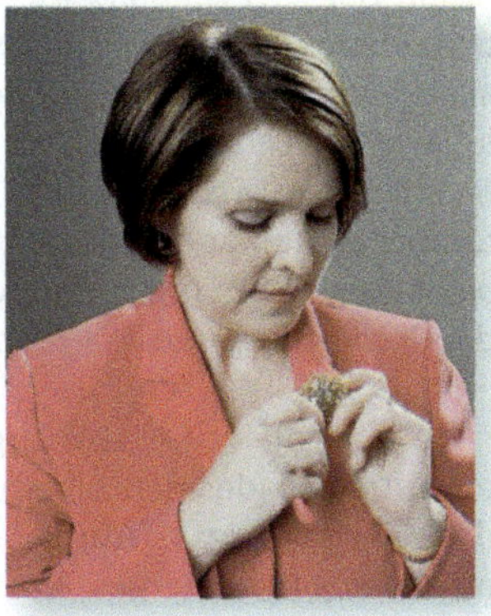

lápis (lá-pis) *subst.masc.* Objeto de madeira com um bastão de grafite dentro, usado para escrever ou para desenhar. **lápis de cor** Lápis que tem argila colorida no lugar da grafite. ☞ O sing. e o pl. desta palavra são iguais: *o **lápis**, os **lápis**.*

lapiseira (la-pi-sei-ra) *subst.fem.* Instrumento usado para escrever. A **lapiseira** é parecida com uma caneta, mas tem grafite dentro como o lápis.

lar *subst.masc.* **1** O nosso **lar** é o local onde moramos com nossa família. *Depois de muitos anos, voltou ao **lar**.* [Sinôn.: *casa.*] **2** A pátria ou o lugar onde nascemos também é chamado de **lar**. *Mesmo morando no exterior por muitos anos, meu **lar** é o Brasil.* [Pl.: *lares.*]

A B C D E F G H I J K L M N O P Q R S T U V W X Y Z

laranja (la-ran-ja) *subst.fem.* **1** Fruta arredondada, com casca áspera, alaranjada ou avermelhada quando madura. A **laranja** é formada por gomos, é muito usada em sucos e tem o gosto meio doce ou ácido. *subst.masc.* **2** Cor entre o amarelo e o vermelho, como a da casca da **laranja**. ☛ Neste sentido, o sing. e o pl. desta esta palavra são iguais, e ela pode ser usada como adj.: *vestido **laranja**, almofadas **laranja**.* Ver ilustração na p. 498. ~ **laranjeira** *subst.fem.*

lareira (la-rei-ra) *subst.fem.* Em uma casa, vão em uma parede, onde se acende fogo. As **lareiras** são ligadas a chaminés que conduzem a fumaça para fora do ambiente.

largada (lar-ga-da) *subst.fem.* ESP Lugar marcado para o início de uma corrida.

largar (lar-gar) *verbo* **1** Soltar das mãos ou segurar com menos força. *Vilma **largou** o copo porque estava muito quente.* **2** Esquecer ou deixar em algum lugar. *Maurício **largou** mais um guarda-chuva no táxi. Bianca sempre **larga** suas roupas pela casa.* **3 Largar** também é deixar de estar junto. *Selma não **larga** do pai.* **4** Sair de um lugar, dando início a uma corrida. *Os carros **largaram** às sete horas.*

largo (lar-go) *adj.* **1** Algo é **largo** quando a distância entre os lados dele é bem grande. As avenidas são ruas **largas**. [Antôn.: *estreito*.] **2** Se roupas ou sapatos ficam **largos**, eles são maiores que o seu corpo. [Sinôn.: *frouxo*.] **3** Grande. *A médica tinha uma **larga** experiência com crianças.* *subst.masc.* **4** Área pública parecida com uma praça. *A apresentação será no **largo** em frente à prefeitura.*

largura (lar-gu-ra) *subst.fem.* Tamanho de algo medido de um lado a outro. A **largura** de uma rua é a distância dessa rua de uma calçada a outra.

laringe (la-rin-ge) *subst.fem.* ANAT Parte da garganta onde estão as pregas vocais.

larva (lar-va) *subst.fem.* **Larva** é uma das fases do desenvolvimento de certos insetos, anfíbios, peixes e muitos invertebrados, antes de se tornarem adultos. *A lagarta é a **larva** da borboleta.*

lasanha (la-sa-nha) *subst.fem.* **1** Massa de farinha e ovos, cortada em tiras largas e cozida em água, como o macarrão. **2** CUL Prato feito com camadas dessas tiras, intercaladas com recheios variados, geralmente regadas com molho de tomate.

lasca (las-ca) *subst.fem.* **1** Pedaço pequeno de madeira, pedra ou metal. A **lasca** se solta de um material, após uma batida forte ou explosão. **2** Fatia pequena de algum alimento. *Carol pegou uma **lasca** de queijo.*

laser *subst.masc.* Palavra inglesa que dá nome a aparelho que produz um feixe de luz especial, usado em alguns tipos de cirurgia, para cortar materiais duros etc. ☛ Pronuncia-se *lêizer*.

lata (la-ta) *subst.fem.* **1** Chapa de ferro flexível. *Esta escultura é de **lata**.* **2** Objeto ou recipiente feito com essa chapa. *As **latas** de refrigerante serão jogadas na lixeira amarela.* **3** O conteúdo desse recipiente também é chamado de **lata**. *Esta semana gastamos duas **latas** de leite em pó.*

lateral (la-te-ral) *adj.masc.fem.* **1 Lateral** quer dizer relacionado a lado. *A parede **lateral** da fábrica desabou; a da frente continuou inteira.* *subst.fem.* **2** ESP Linha que define o limite no lado esquerdo e no direito de um campo ou quadra. *A bola saiu pela **lateral**.* [Pl.: *laterais*.]

látex (lá-tex) \cs\ *subst.masc.* Substância espessa e branca, extraída de algumas plantas e árvores, como a seringueira. ☛ O sing. e o pl. desta palavra são iguais: *o **látex**, os **látex**.*

laticínio (la-ti-cí-nio) *subst.masc.* Todo produto derivado do leite. *O iogurte e o queijo estão na seção de **laticínios**.*

latim (la-tim) *subst.masc.* Língua falada pelos antigos romanos e, durante o Império Romano, em outras regiões da Europa. O **latim** deu origem ao português, ao italiano, ao francês, ao espanhol etc. [Pl.: *latins*.]

latino (la-ti-no) *adj.* **1 Latino** quer dizer relacionado ao latim. **2** Também se usa **latino** para pessoas nascidas em países que falam línguas derivadas do latim, como o português e o espanhol. *Há uma grande população **latina** nos Estados Unidos.* ☛ Neste sentido, esta palavra pode ser usada como subst.: *Morava num bairro de **latinos**.*

latino-americano (la-ti-no - a-me-ri-ca-no) *subst.masc.* 1 Pessoa que nasceu ou que mora nos países da América Latina. *adj.* 2 Latino-americano quer dizer relacionado à América Latina. [Pl.: *latino-americanos.* Fem.: *latino-americana.*]

→ A América Latina é a parte da América que fala espanhol, português ou francês, línguas que se originaram do latim.

latir (la-tir) *verbo* Quando um cachorro **late**, ele produz um som alto e curto. [Sinôn.: *ladrar.*] ~ **latido** *subst.masc.*

Cachorro **latindo.**

lava (la-va) *subst.fem.* 1 Matéria pastosa e em brasa, formada de pedaços de rocha derretida, que os vulcões lançam quando entram em erupção. 2 Essa matéria pastosa quando se torna dura também é chamada de **lava**.

lavadeira (la-va-dei-ra) *subst.fem.* 1 Mulher que trabalha lavando roupas. 2 **Lavadeira** também é o mesmo que libélula.

lavagem (la-va-gem) *subst.fem.* 1 Quando lavamos algo, fazemos sua **lavagem.** 2 Também é chamada de **lavagem** a comida que se dá aos porcos. [Pl.: *lavagens.*]

lavar (la-var) *verbo* Limpar algo com algum líquido. ***Lavou** a toalha com água quente. É importante **lavar** as mãos antes de comer.*

lavoura (la-vou-ra) *subst.fem.* Cultivo de vegetais utilizados pelo ser humano como alimento, como ração para animais, como matéria-prima para indústria etc. *As **lavouras** de feijão e de café foram destruídas pela geada.* ☛ Ver ilustração na p. 486.

lavrador (la-vra-dor) \ô\ *subst.masc.* Pessoa que trabalha na lavoura. [Pl.: *lavradores.*]

lazer (la-zer) \ê\ *subst.masc.* 1 Tempo que se usa para descanso ou divertimento. *Sérgio teve poucas horas de **lazer** este mês.* 2 A atividade feita nesse tempo também se chama **lazer**. [Pl.: *lazeres.*]

leal (le-al) *adj.masc.fem.* 1 Quem é **leal** é sincero e honesto e, por isso, confiável. *Paulo é um amigo **leal**.* 2 Responsável com os compromissos que assume. [Pl.: *leais.*]

leão (le-ão) *subst.masc.* Felino que possui uma grande juba em volta da cabeça e do pescoço. Os **leões** são grandes predadores da África. [Pl.: *leões.* Fem.: *leoa.*]

lebre (le-bre) *subst.fem.* Mamífero parecido com o coelho, porém maior e com patas de trás mais longas, mais ágeis para o salto e para a corrida.

legal (le-gal) *adj.masc.fem.* 1 De acordo com a lei ou estabelecido pela lei. *Dirigir sem carteira não é um ato **legal**.* [Antôn.: *ilegal.*] 2 *informal* O que é **legal** nós consideramos bom, interessante, agradável etc. *O livro tem uma história **legal**.* [Sinôn.: *bacana.*] [Pl.: *legais.*]

legenda (le-gen-da) *subst.fem.* 1 Texto que acompanha fotografias, gravuras, mapas etc., explicando o que há nessas imagens. *As **legendas** das fotos saíram trocadas.* 2 Letreiro que traduz ou reproduz o que está sendo falado nos filmes. *Este filme tem **legendas** em português e em inglês.*

legislativo (le-gis-la-ti-vo) *adj.* O Poder **Legislativo** faz as leis de um país e fiscaliza o seu cumprimento. ☛ Esta palavra pode ser usada como subst.: *Deputados e senadores fazem parte do **Legislativo**.* Primeira letra maiúscula.

legítimo (le-gí-ti-mo) *adj.* 1 Verdadeiro, autêntico. *Na exposição, havia quadros **legítimos** de Almeida Júnior.* 2 Reconhecido pela lei. *Os pais têm autoridade **legítima** sobre os filhos.* ~ **legitimidade** *subst.fem.*

legume (le-gu-me) *subst.masc.* Nome dado aos frutos e às raízes, como a cenoura, a abóbora, o chuchu e o pepino, usados na alimentação humana.

lei *subst.fem.* 1 Regra feita por uma autoridade, como um rei, a Câmara dos Deputados, o presidente. As **leis** definem direitos e deveres dos cidadãos e as punições para quem não os respeitar. 2 Conjunto de regras com base em costumes e tradições de uma cultura. *As **leis** da moda são passageiras.*

leilão (lei-lão) *subst.masc.* Venda de imóveis, terrenos, obras de arte, objetos etc. a quem oferecer mais dinheiro por eles. [Pl.: *leilões*.]

leitão (lei-tão) *subst.masc.* Porco que ainda não é adulto. [Pl.: *leitões*. Fem.: *leitoa*.]

leite (lei-te) *subst.masc.* **1** Líquido produzido pelas mulheres e fêmeas dos mamíferos. **2** Líquido de alguns mamíferos, como a vaca e a cabra, usado na alimentação humana. *O bolo leva três xícaras de **leite**.* **3** Seiva branca extraída de algumas plantas e frutas. *Lá em casa só tomamos **leite** de soja.*

leito (lei-to) *subst.masc.* **1** É o mesmo que cama. *O hospital precisa de mais **leitos** para o pronto-socorro.* **2** Solo por onde correm rios e riachos. *O **leito** deste rio é de pedras.*

leitor (lei-tor) \ô\ *subst.masc.* Pessoa que pratica o hábito da leitura. *Os **leitores** de jornal estão sempre bem informados.* [Pl.: *leitores*.] ☛ Esta palavra pode ser usada como adj.: *público **leitor***.

leitura (lei-tu-ra) *subst.fem.* **1** Quando lemos um livro, estamos fazendo a sua **leitura**. *Vamos fazer uma **leitura** deste poema em voz alta.* **2** O livro que estamos lendo é a nossa **leitura**. *A **leitura** do mês é uma aventura espacial.*

lembrança (lem-bran-ça) *subst.fem.* **1** **Lembrança** é algo que você lembra. *O susto não saía da **lembrança** de Carol.* [Sinôn.: *recordação*.] **2** Um presente também é chamado de **lembrança**. **3** **Lembrança** é o mesmo que memória. *Tenho **lembrança** de quando eu era criança.*

lembrar (lem-brar) *verbo* **1** **Lembrar**-se de alguém ou de alguma coisa é pensar nesse alguém ou nisso novamente. *Joaquim se **lembrava** das férias todos os dias.* **2** Se você se **lembra** de fazer alguma coisa, você faz essa coisa como e quando deve. *Só Bruno se **lembra** dos horários dos remédios da avó.* [Sinôn. geral: *recordar*. Antôn. geral: *esquecer*.]

leme ► (le-me) *subst.masc.* Peça móvel, que fica na parte de trás de barcos e aviões e que serve para dar direção a eles. ☛ Ver *timão*.

lenço (len-ço) *subst.masc.* Pedaço de tecido fino que usamos, por exemplo, para assoar o nariz ou limpar o suor do rosto, e também para enfeitar ou proteger a cabeça e o pescoço. **lenço de papel** Lenço retangular, descartável e limpo, feito de papel fino e macio.

lençol (len-çol) *subst.masc.* **1** Peça de tecido, geralmente retangular, que usamos para cobrir o colchão e que também serve de coberta. **2** Grande extensão natural de água, petróleo etc. que fica debaixo da terra. *É preciso cavar um poço até atingir um **lençol** de água.* [Pl.: *lençóis*.]

lenda (len-da) *subst.fem.* **1** História sobre um fato ou uma pessoa conhecida que se transforma com a imaginação popular e se afasta da realidade. *Diz a **lenda** que os músicos cantaram durante cinco dias seguidos.* **2** A pessoa ou o fato que inspira essa história também se chama **lenda**. *Pelé é uma **lenda** do futebol brasileiro.* **3** Uma história com personagens encantados ou fabulosos é uma **lenda**. *Sônia conheceu hoje a **lenda** do caipora.* ~ **lendário** *adj.*

lêndea (lên-dea) *subst.fem.* A **lêndea** é o ovo do piolho. Ela é transparente e fica grudada nos fios dos cabelos.

lenha (le-nha) *subst.fem.* Madeira usada para manter o fogo aceso.

lente (len-te) *subst.fem.* Objeto geralmente de vidro, transparente e curvo, usado em óculos, câmeras e outros instrumentos. Usamos as **lentes** para ver os objetos em tamanho menor, em tamanho maior ou com melhor imagem. **lente de contato** Lente própria para se colocar sobre os olhos e fazer as pessoas enxergarem melhor. *Sílvia trocou os óculos pelas **lentes de contato**.*

lentidão (len-ti-dão) *subst.fem.* Ausência de rapidez. *A **lentidão** do ônibus incomodou a todos.* [Pl.: *lentidões*.]

lentilha (len-ti-lha) *subst.fem.* Vegetal parecido com a ervilha, mas que tem o grão marrom e achatado.

lento (len-to) *adj.* O que é **lento** leva mais tempo do que o normal para fazer uma atividade, executar uma tarefa etc.

Pessoas, movimentos, máquinas e outras coisas podem ser **lentos**. [Sinôn.: *vagaroso*. Antôn.: *rápido, veloz*.]

leopardo (le-o-par-do) *subst.masc.* Felino grande e forte, da África e da Ásia, de pelo amarelado com manchas pretas e cauda longa, parecido com a onça-pintada. Os **leopardos** estão ameaçados de extinção.

leque (le-que) *subst.masc.* Objeto de material leve que abanamos para nos refrescar. O **leque** geralmente abre e fecha e tem a forma da metade de um círculo.

ler *verbo* Percorrer com os olhos as palavras, frases, textos decifrando e compreendendo os seus significados. Você pode **ler** em voz alta ou fazer uma leitura silenciosa. *Sílvio **lê** tudo que aparece na sua frente.*

lesma (les-ma) \ê\ *subst.fem.* Animal pequeno, de corpo mole e alongado, que se arrasta soltando uma gosma. A **lesma** se alimenta de vegetais.

leste (les-te) *subst.masc.* O **leste** é a direção onde o Sol nasce. O **leste** é um dos quatro pontos cardeais, e o seu símbolo é E. [Sinôn.: *oriente*.] ☛ Esta palavra pode ser usada como adj.: *direção **leste**, vento **leste***. Ver ilustração em *ponto*.

letivo (le-ti-vo) *adj.* O que é **letivo** está relacionado às atividades escolares. *Em 2008, o ano **letivo** começou depois do carnaval.*

letra (le-tra) \ê\ *subst.fem.* **1** Cada um dos sinais escritos que representam os sons da fala. *A palavra "calma" tem cinco **letras**.* **2** A forma como cada pessoa representa esses sinais. *Ivan tem a **letra** muito pequena.* [Sinôn.: *caligrafia*.] **3** Texto, geralmente em versos, de uma canção, hino etc. *Carlos decorou a **letra** do Hino à Bandeira.*

letreiro (le-trei-ro) *subst.masc.* **1** Texto escrito em letras bem grandes, para chamar atenção. *O **letreiro** do parque de diversões piscava sem parar.* **letreiros** *subst.masc.pl.* **2** Texto que apresenta a ficha técnica de um filme. *Saímos da sala de cinema enquanto passavam os **letreiros**.*

levado (le-va-do) *adj.* Uma criança **levada** costuma ser agitada e fazer muita bagunça.

levantar (le-van-tar) *verbo* **1** Deixar em pé, na vertical, ou ficar nessa posição. *O fazendeiro **levantou** a cerca em volta do pasto. O vento **levantou** as telhas.* [Antôn.: *deitar*.] **2** Mover de baixo para cima. ***Levante** o braço quem quer sorvete!* [Antôn.: *abaixar*.] **3 Levantar**-se é parar de dormir, acordar. [Antôn.: *deitar*.] **4** Deixar mais alto, mais intenso etc. *Na discussão, Mara **levantou** a voz.* [Sinôn.: *aumentar*. Antôn.: *abaixar*.]

levar (le-var) *verbo* **1 Levar** é tirar algo do lugar em que está. *Marina **levou** a sobrinha no colo. Este ônibus nos **levará** à cidade.* [Antôn.: *trazer*.] **2** Algo que **leva** tempo precisa de tempo para ser feito. **3** Se você **leva** uma coisa a sério, você presta atenção nela. **4** Um caminho que **leva** à praça pode ser seguido por quem quer ir à praça. **5 Levar** também é sofrer as consequências de uma ação. *O menino **levou** um tapa por acidente.* [Sinôn.: *receber*.] **6** Uma receita que **leva** leite tem leite entre seus ingredientes.

leve (le-ve) *adj.masc.fem.* **1** Algo **leve** tem pouco peso. O que é **leve** pode ser carregado sem fazer força. *A mala estava bem **leve**.* **2** Se uma pessoa tem sono **leve**, ela acorda fácil, com qualquer barulho. **3** Sem exigir muito esforço. *A aula de ginástica hoje foi **leve**.* **4** Uma comida **leve** tem uma digestão fácil. *No verão, devemos comer alimentos **leves** como frutas e saladas.* **5** Uma roupa **leve** tem o tecido fino. **6** Pouco profundo ou sem gravidade. *Os passageiros do carro só tiveram ferimentos **leves**. O filme conta uma história **leve** e divertida.* [Sinôn.: *superficial*.] **de leve** Quando você encosta **de leve** em algo ou alguém, você encosta sem fazer muita pressão. [Antôn. de 1 a 5: *pesado*.] ~ **leveza** *subst.fem.*

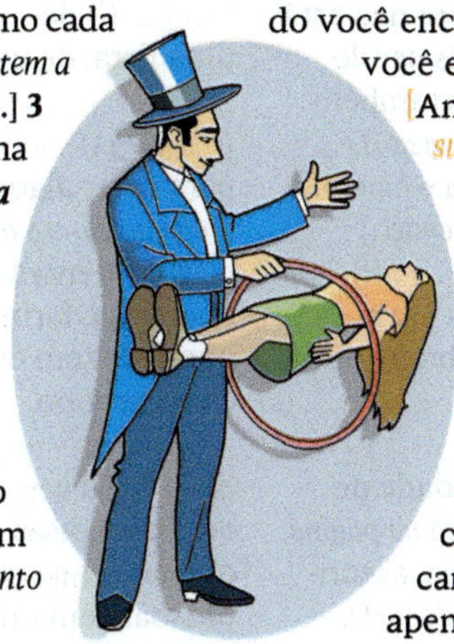

levitar ◄ (le-vi-tar) *verbo* Sair do chão e ficar no ar sem apoio. *No espetáculo de mágica, a moça parecia **levitar**.*

lhama (lha-ma) *subst.masc.fem.* Mamífero de quatro patas, pescoço comprido, cabeça pequena e corpo com muito pelo. A **lhama** parece um camelo pequeno sem corcova e existe apenas na América do Sul.

lhe *pron.pessoal* Usamos **lhe** no lugar de "ele", quando é para completar o significado de um verbo que deve vir acompanhado de preposição.

→ Dizemos "Bruno **lhe** pediu um beijo" ou "Bruno pediu a ela um beijo."

libélula (li-bé-lu-la) *subst.fem.* Inseto de corpo longo e estreito, com quatro asas transparentes e brilhantes, encontrado perto das águas. A **libélula** é muito sensível à poluição, por isso muitas espécies estão em extinção. [Sinôn.: *lavadeira*.]

liberar (li-be-rar) *verbo* **1** Ficar dispensado de uma obrigação, compromisso etc. e estar livre para fazer o que quiser. *A professora **liberou** a turma mais cedo. Lucas já se **liberou** dos compromissos e pode ir ao cinema.* **2** Estar à disposição para ser usado. *A sala já está **liberada**, podem começar a reunião.* **3** Fazer sair de si som, luz, líquido etc. *A descarga elétrica **liberou** muita energia.*

liberdade (li-ber-da-de) *subst.fem.* **1** Possibilidade que tem uma pessoa de se expressar de acordo com sua vontade, sua consciência. **2** Direito de viver do modo que se quer, mas sem interferir na vida das outras pessoas. [Antôn.: *dependência*.] **3** Direito de ir e vir quando se queira. *Quem é preso perde a **liberdade**.* **4** Ganhar a **liberdade** é tornar-se livre. *Os escravos ganharam **liberdade** no Brasil no século XIX.* **5** Tomar a **liberdade** de fazer uma coisa é fazê-la sem pedir licença. *Desculpe, mas tomei a **liberdade** de entrar sem bater.* **6** Tomar **liberdade** é agir de um modo livre demais, desrespeitoso, que mostra atrevimento.

libertar (li-ber-tar) *verbo* Quem se **liberta** não está mais preso num lugar ou não está mais sendo dominado. Países, governos e animais também podem ser **libertados**. *Ana se **libertou** do vício. O Brasil se **libertou** de Portugal. O juiz **libertou** o homem inocente.* [Sinôn.: *livrar, soltar*. Antôn.: *prender*.]

libra (li-bra) *subst.fem.* Moeda utilizada em alguns países como Inglaterra, Egito, Líbano, Síria e Sudão.

lição (li-ção) *subst.fem.* **1** Tema ou atividade de uma sessão de estudo. *A **lição** de hoje está na página 27.* **2** Sessão em que se aprende matéria, assunto, atividade etc. *Elaine está tendo **lições** de surfe.* [Sinôn.: *aula*.] **3** Tudo o que aprendemos a partir de uma experiência, nossa ou de outra pessoa. *Que o tombo lhe sirva de **lição**. O comportamento de Lúcio é uma **lição** de vida.* **4** Castigo, punição. *Este menino está levado, merece uma **lição**!* [Pl.: *lições*.]

licença (li-cen-ça) *subst.fem.* **1** A **licença** informa que não há problema para algo acontecer. Geralmente pedimos **licença** aos outros para entrar num lugar, sentar, sair etc. **2** Documento que mostra que podemos fazer alguma coisa, sem problemas. *Ian pegou hoje sua **licença** para dirigir.* **3** Autorização dada a um empregado ou aluno para poder faltar por um período a escola, curso, trabalho etc. *O motorista tirou **licença** para tratar da saúde.*

licor (li-cor) \ô\ *subst.masc.* Bebida alcoólica e doce, preparada com frutas ou essências. [Pl.: *licores*.]

líder (lí-der) *subst.masc.fem.* **1** Pessoa que comanda ou organiza outras pessoas, grupos, empresas etc. *Raul é o **líder** da turma desde o segundo ano. O time perdeu porque não tinha um **líder** forte.* **2** Pessoa ou equipe que está em primeiro lugar em uma competição. **3** Um produto, um programa ou uma empresa que conquista um número maior de compradores ou de espectadores é chamado de **líder**. *Este sabonete é **líder** de vendas.* [Pl.: *líderes*.]

liderança (li-de-ran-ça) *subst.fem.* **1** Quem está na **liderança** está no comando. *A iniciativa de Joel o levou à **liderança** do grupo.* **2** Quem está na **liderança** está na frente, na primeira posição. *O piloto manteve-se na **liderança** por toda a corrida.*

liderar (li-de-rar) *verbo* Ser líder de um grupo, de uma lista, de uma competição etc.

liga (li-ga) *subst.fem.* **1** União de pessoas ou países para fazer algo juntos. *Os super-heróis formavam uma **liga** contra o mal.* **2** Uma mistura de substâncias diferentes em alguns casos forma uma **liga**. Manteiga, farinha e ovos formam uma **liga** de que se fazem os bolos. O aço é uma **liga** de ferro com carbono.

ligação (li-ga-ção) *subst.fem.* **1** União entre duas ou mais coisas ou pessoas. *Uma ponte fazia a **ligação** entre os bairros.* **2** Se duas ou mais coisas ou pessoas têm uma **ligação**, elas estão relacionadas umas com as outras. *Roberto logo percebeu a **ligação** entre os novos vizinhos e o barulho.* **3** É o mesmo que telefonema. *Augusta recebeu hoje mais de dez **ligações**.* **4** Uma relação afetiva também é chamada de **ligação**. *Dulce e Rosana se conhecem há muitos anos e têm uma forte **ligação**.* [Pl.: *ligações.*]

ligar (li-gar) *verbo* **1 Ligar** um aparelho é colocá-lo em funcionamento. *Estela **liga** o rádio assim que chega em casa.* [Antôn.: *desligar.*] **2 Ligar** duas ou mais coisas é colocar essas coisas unidas. *Márcia **ligou** os pontos para fazer um desenho.* [Antôn.: *desligar.*] **3 Ligar** também é tentar falar com uma pessoa pelo telefone. *É aniversário da Susana hoje, você já **ligou** para ela?* [Sinôn.: *telefonar.*] **4** Se você **liga** para uma coisa, um assunto ou uma pessoa, ele é importante para você. *Eurico nem vai **ligar** se chover amanhã. Tadeu **liga** muito para a educação dos filhos.* [Sinôn.: *importar-se.*]

ligeiro (li-gei-ro) *adj.* Muito rápido. ~ **ligeireza** *subst.fem.*

light *adj.masc.fem.* **1** Palavra inglesa usada para dizer que um alimento ou bebida tem uma quantidade menor de um dos seus ingredientes. Um iogurte ***light*** tem menos gordura do que um iogurte comum. **2** Um produto com menos calorias também é ***light***. ☛ Pronuncia-se *láit*. Ver *diet*.

lilás (li-lás) *subst.masc.* **1** Planta europeia que dá flores arroxeadas, usada para fazer perfumes. **2** Cor parecida com o roxo, mas bem mais clara. ☛ Neste sentido, esta palavra pode ser usada como adj.: *saia **lilás**, sapato **lilás**.* [Pl.: *lilases.*]

lima (li-ma) *subst.fem.* Fruta parecida com a laranja, de casca mais fina e mais clara, e polpa um pouco amarga. ~ **limeira** *subst.fem.*

limão (li-mão) *subst.masc.* Fruta parecida com a laranja, de casca e polpa geralmente verdes e gosto muito azedo. Os **limões** são muito usados para fazer sucos e temperos. [Pl.: *limões.*] ~ **limoeiro** *subst.masc.*

limitar (li-mi-tar) *verbo* **1** Determinar os limites. *A coordenação **limitou** a área para o jogo de futebol.* **2** Determinar a quantidade de algo para que não seja ultrapassada. *Vamos **limitar** a 20 o número de alunos em sala.* **3** Considerar-se satisfeito. ***Limitou**-se à compra de apenas duas revistas.* **4** Fazer fronteira com um estado, um país, uma cidade etc. *O rio **limita** as duas cidades.* ~ **limitação** *subst.fem.*

limite (li-mi-te) *subst.masc.* **1** Linha que marca o fim de um espaço ou separa um lugar do outro. *O **limite** do sítio era a estrada. Um muro marcava os **limites** dos terrenos.* **2** Ponto máximo a que pode chegar algo abstrato ou concreto. *A paciência de João já estava no **limite**. Sem haver um **limite** nos gastos, o dinheiro vai acabar.* **3** O tempo também pode ter **limite**. *Carlos entregou o trabalho no **limite** do prazo.*

limo ▼ (li-mo) *subst.masc.* Conjunto de algas que vivem em lugares úmidos e cobrem pedras e outras superfícies. É comum a gente escorregar no **limo**.

limpar (lim-par) *verbo* **1** Tirar sujeira, mancha etc. *Use detergente para **limpar** a louça.* [Antôn.: *sujar.*] **2** Esvaziar alguma coisa ou lugar. *Estava com tanta fome que **limpei** o prato. **Limpe** a gaveta desses papéis velhos.* **3** Ficar sem nuvens. *O céu **limpou**, podemos ir à praia.*

limpeza (lim-pe-za) \ê\ *subst.fem.* **1** Aquilo que você faz para deixar algo limpo. *Quem fará a **limpeza** do quintal?* **2** Ausência de sujeira. *Todos elogiaram a **limpeza** da sala.* [Antôn.: *sujeira.*]

limpo (lim-po) *adj.* **1** Sem sujeira ou manchas. *O cozinheiro deixou a cozinha **limpa**.* [Antôn.: *sujo.*] **2** Sem nuvens. *Choveu de manhã, mas agora o céu está **limpo**.* **3** Nossa consciência está **limpa** quando acreditamos que não temos culpa de alguma coisa.

lindo (lin-do) *adj.* O que é **lindo** é muito bonito de se ver, ouvir ou agradável de viver. *José tem* *uma voz **linda**. As crianças fizeram uma viagem **linda**.* [Antôn.: *feio*.]

língua (lín-gua) *subst.fem.* **1** ANAT Órgão avermelhado e comprido que fica dentro da boca. A **língua** é um músculo que auxilia a mastigar e engolir os alimentos e também a produzir os sons que falamos. Ela ainda é responsável pelo paladar. **2** Uma **língua** é constituída por palavras e pelo modo de combinar as palavras nas frases. A **língua** pode ser falada ou escrita e é usada por um grupo de pessoas para se comunicarem. Português, espanhol, francês e guarani são **línguas**. [Sinôn.: *idioma*.] **língua materna** Primeira língua que uma pessoa aprende quando é criança. Esta língua é chamada de **língua materna** porque geralmente é aprendida em casa com a mãe. *No Sul do Brasil, muitas crianças têm o alemão como **língua materna**.* **língua nativa** É o mesmo que língua materna.

língua de sogra (lín-gua de so-gra) *subst.fem.* Apito com um tubo de papel enrolado que, ao ser soprado, se desenrola e produz um som. [Pl.: *línguas de sogra*.]

linguagem (lin-gua-gem) *subst.fem.* Quando nos comunicamos, podemos usar palavras, escritas ou faladas, gestos, imagens, sons etc. Cada uma dessas coisas é uma **linguagem**. [Pl.: *linguagens*.]

linguiça (lin-gui-ça) \güi\ *subst.fem.* Alimento feito da tripa recheada com carne crua e temperada.

linha (li-nha) *subst.fem.* **1** Fio usado para costurar, amarrar as coisas etc. *A **linha** da pipa arrebentou.* **2** Risco comprido que se marca em uma superfície ou se imagina em um espaço. A **linha** pode ser reta ou curva. *A folha tinha poucas **linhas**. A fila crescia em **linha** reta.* **3** Conjunto de palavras que vão de um lado a outro de uma página ou de uma coluna. *A redação tinha 20 **linhas**.* **4** Marca desenhada em um campo ou quadra de esporte, que divide o espaço entre os adversários e define limites. *A bola bateu na **linha** e não fora do campo.* **5** Fio ou cabo para transmissão de energia elétrica ou sinal telefônico. **6** **Linha** também é o trilho por onde trens e bondes andam. **7** Serviço de transporte público ou o caminho feito por ele. *O bairro ganhou uma nova **linha** de ônibus.* **8** Conjunto de regras a serem seguidas. *Elisabete saiu da **linha**, abandonou o tratamento médico de novo.* **linha do tempo** Desenho que representa a passagem do tempo, com alguns fatos destacados em uma **linha**. **sair de linha** Um produto **sai de linha** quando deixa de ser fabricado. *Este modelo de tênis **saiu de linha**.*

link *subst.masc.* INF Palavra inglesa que dá nome à ligação entre páginas da internet. Quando você clica em um ***link***, aparece outra página da internet. ☛ Pronuncia-se *link*.

→ Um ***link*** pode ser um texto ou uma imagem. Quando é um texto, geralmente vem sublinhado.

liquidação (li-qui-da-ção) \qui ou qüi\ *subst.fem.* Venda de mercadorias a preços mais baixos que o normal. [Pl.: *liquidações*.]

liquidificador (li-qui-di-fi-ca-dor) \qui ou qüi... ô\ *subst.masc.* Eletrodoméstico que possui um recipiente com lâminas cortantes na base. Essas lâminas moem, misturam e batem alimentos. [Pl.: *liquidificadores*.]

líquido (lí-qui-do) \qui ou qüi\ *subst.masc.* **1** Matéria que não é nem sólida nem gasosa, sem forma própria e que escorre como a água. *No verão é importante beber bastante **líquido**. O médico misturou o remédio num **líquido** verde.* *adj.* **2** Uma substância em estado **líquido** não é sólida nem gasosa. *O sabonete **líquido** faz mais espuma.* **3** Peso **líquido** é aquele em que já foi descontado o peso da embalagem.

lírio (lí-rio) *subst.masc.* Flor de pétalas bem abertas e cheirosas. Há **lírios** de várias cores.

liso (li-so) *adj.* **1** Uma coisa **lisa** não tem nenhuma parte alta ou áspera. *O chão **liso** me fez escorregar. A pele do bebê é **lisinha**.* **2** Cabelos ou pelos **lisos** não têm ondas ou cachos. **3** Sem enfeite ou estampa. *O uniforme é uma blusa azul **lisa**.* **4** *informal* Sem dinheiro algum. *Muita gente chega no fim do mês **lisa**.*

lista (lis-ta) *subst.fem.* **1** Série de nomes de pessoas ou de coisas relacionados por escrito, de acordo com um assunto, função etc. *A **lista** de compras já está quase pronta.* **2** É o mesmo que listra. *Havia uma **lista** amarela na capa do livro.* **lista negra** Lista com nomes de coisas, pessoas ou empresas consideradas ruins ou com quem não se quer mais contato.

listar (lis-tar) *verbo* Fazer uma lista. *O gerente pediu para **listar** os produtos que estão em falta na loja.*

listra (lis-tra) *subst.fem.* Traço horizontal ou vertical sobre uma superfície lisa. *O vestido era azul com **listras** brancas.* [Sinôn.: *lista*.]

literatura (li-te-ra-tu-ra) *subst.fem.* **1** Arte que usa a palavra escrita, por exemplo, em poemas e romances. *Benedito adora **literatura** infantil.* **2** Conjunto de obras literárias de uma região, época etc. *Marlene só gosta de **literatura** brasileira.* **literatura de cordel** Literatura feita por artistas do povo, que compõem principalmente poemas e novelas. Os livros têm impressão simples e são vendidos pendurados em cordéis, especialmente no Nordeste do Brasil. ~ **literário** *adj.*

litoral (li-to-ral) *subst.masc.* GEOG Faixa de terra que fica perto do mar. *Fernando passou as férias no **litoral** do Ceará.* [Sinôn.: *costa*. Pl.: *litorais*.] ☛ Ver ilustração na p. 488.

litro (li-tro) *subst.masc.* Unidade de medida de capacidade, usada especialmente para líquidos (símbolo: *l*). *Compramos dois **litros** de leite na padaria. Esta lata de sorvete tem capacidade para um **litro**.*

livrar (li-vrar) *verbo* **1** É o mesmo que libertar. **2** Se você se **livra** de algum problema ou perigo, você consegue ficar sem ele. *Mamãe se **livrou** da gripe. O pintor não se **livrou** de trabalhar no feriado.*

livraria (li-vra-ri-a) *subst.fem.* Loja onde se vendem livros.

livre (li-vre) *adj.masc.fem.* **1** Uma pessoa **livre** pode escolher aonde vai e o que vai fazer. **2** Um animal **livre** não está preso. *Os passarinhos devem viver **livres**.* **3** Um país **livre** tem independência política. **4** Um lugar ou um tempo **livre** está desocupado, vago. *Havia apenas duas cadeiras **livres** no teatro. Marina está com a tarde **livre** para fazer o que quiser.* [Antôn.: *ocupado*.] **5** Sem controle ou sem ser proibido. *A entrada na festa é **livre**, todos podem ir. Este filme é **livre** para todas as idades.* [Superl.absol.: *livríssimo*, *libérrimo*.]

livro (li-vro) *subst.masc.* Várias folhas juntas, presas por um lado e cobertas por uma capa formam um **livro**. As páginas do **livro** mostram palavras ou figuras e, às vezes, os dois juntos. [Col.: *biblioteca*.] **livro didático** Livro usado como material básico nas escolas. Há **livros didáticos** de várias matérias.

→ Já ouviu falar em *e-book*? Pois então pesquise no *site* Canal Kids, e fique informado sobre esses modernos livros eletrônicos.

lixa ◄ (li-xa) *subst.fem.* Objeto com uma camada áspera, usado para deixar uma superfície lisa. Há **lixas** para unha, madeira, metal. ~ **lixar** *verbo*

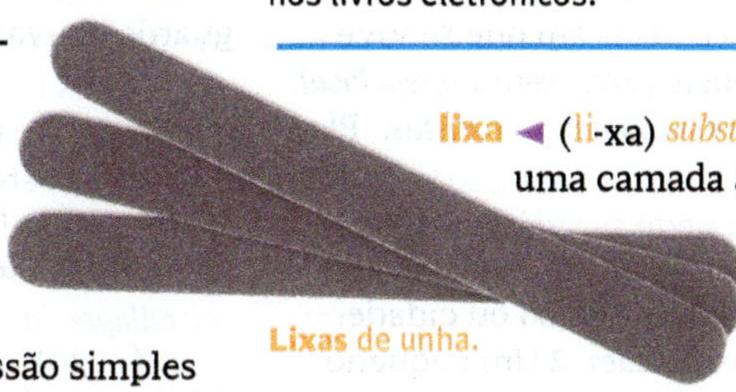

Lixas de unha.

lixão (li-xão) *subst.masc.* Local onde o lixo de uma cidade é depositado, geralmente sem nenhum cuidado para proteger o meio ambiente e a saúde das pessoas que vivem perto desse lugar. [Pl.: *lixões*.] ☛ Ver *aterro sanitário*.

lixeira (li-xei-ra) *subst.fem.* Recipiente de vários tamanhos e formas onde é depositado o lixo das casas, dos escritórios, das ruas etc. ☛ Ver ilustração na p. 484.

lixo (li-xo) *subst.masc.* **1** Tudo que é jogado fora porque não tem mais uso, não serve mais ou é o resto de alguma coisa. *Este pedaço de papel é **lixo**?* **2** A poeira, a sujeira de um ambiente também é **lixo**. *O **lixo** da sala foi varrido para o terreiro.* **3** Também chamamos de **lixo** o local onde se deposita o que foi jogado fora. *Pegue esses restos e jogue no **lixo**, por favor.* **4** *informal* Coisa malfeita, sem utilidade ou importância, ou pessoa sem valor. *O fiscal de saúde chamou de **lixo** o que encontrou nas panelas. O pobre coitado é tratado como um **lixo**.*

lobisomem (lo-bi-so-mem) *subst.masc.* FOLCL Personagem que, como castigo, vira lobo em noites de Lua cheia. [Pl.: *lobisomens*.]

lobo (lo-bo) \ô\ *subst.masc.* Mamífero carnívoro que parece um cachorro, porém maior e de pelo mais comprido, geralmente cinzento nas costas e mais ou menos branco na parte inferior. O **lobo** vive em grupos nas matas e está ameaçado de extinção. [Col.: *alcateia*.]

locadora (lo-ca-do-ra) \ô\ *subst.fem.* Estabelecimento que aluga os seus produtos para os consumidores. Há, por exemplo, **locadora** de vídeos, de carros.

local (lo-cal) *subst.masc.* **1** Lugar que está ligado a um fato, a uma finalidade, à existência de algo em especial. *A polícia foi até o **local** do crime. Vamos nos encontrar no **local** combinado.* *adj.masc.fem.* **2** **Local** se relaciona com o lugar em que se vive ou com determinado lugar. *Frequento a igreja **local**. A culinária **local** é muito apreciada pelos turistas.* [Pl.: *locais.*]

localidade (lo-ca-li-da-de) *subst.fem.* **1** Área, geralmente pequena, de um país, região ou cidade. *A dengue atingiu várias **localidades**.* **2** Um pequeno povoado. *Morei numa **localidade** em que não havia luz elétrica.*

localizar (lo-ca-li-zar) *verbo* **1** Se você **localiza** uma pessoa ou uma coisa, você encontra o lugar onde ela está. *Os bombeiros tentam **localizar** as vítimas do deslizamento.* **2** **Localizar**-se é estar em determinado lugar. *A escola **localiza**-se na avenida principal da cidade.* [Sinôn.: *situar.*] ~ **localização** *subst.fem.*

loção (lo-ção) *subst.fem.* Líquido usado para tratar ou limpar a pele ou o couro cabeludo. [Pl.: *loções.*]

locomotiva (lo-co-mo-ti-va) *subst.fem.* Veículo que anda sobre trilhos e serve para puxar os vagões dos trens.

locomover-se (lo-co-mo-ver - se) *verbo* Quando você vai de um lugar para outro, você se **locomove**. *Daniel se **locomove** de ônibus entre o trabalho e a faculdade.* ~ **locomoção** *subst.fem.*

locução (lo-cu-ção) *subst.fem.* GRAM Algumas palavras, com significados próprios, se juntam para formar outros significados. Esse grupo de palavras, como "algodão doce", é uma **locução**. [Pl.: *locuções.*]

locutor (lo-cu-tor) \ô\ *subst.masc.* Pessoa que trabalha narrando os fatos, fazendo comentários ou entrevistas em programas de rádio ou televisão. *O gol foi narrado pelo melhor **locutor** da TV.* [Pl.: *locutores.*]

lodo (lo-do) \ô\ *subst.masc.* Terra e matéria orgânica misturadas que ficam no fundo das águas do mar, rios, lagoas etc.

lógico (ló-gi-co) *adj.* O que é **lógico** faz sentido. Se está chovendo, é **lógico** você sair com um guarda-chuva.

log in *locução* INF Expressão em inglês que indica o nome ou a senha que você digita em um computador para ter acesso aos programas que estão nele. ☛ Pronuncia-se *loguin.*

logo (lo-go) *advérbio* **1** O que acontece **logo** não demora muito tempo para acontecer. *Rafael chegou **logo** à casa da avó. Mamãe pediu para levantarmos **logo**.* [Sinôn.: *já.*] *conjunção* **2** **Logo** também quer dizer por isso, ou por causa disso, desse modo. *Hoje é feriado, **logo** os bancos estão fechados.* **logo que** **Logo que** indica o que aconteceu depois de um fato, sem demorar muito para isso. ***Logo que** Gabriel chegou, seu cachorro pulou em seu colo.*

loiro *subst.masc. adj.* → [1] louro.

loja (lo-ja) *subst.fem.* Estabelecimento onde as mercadorias estão em exposição para serem vendidas ao público. *A esta hora as **lojas** já fecharam.* ☛ Ver ilustração na p. 484.

lombo (lom-bo) *subst.masc.* **Lombo** é outro nome para as costas dos animais.

Caminhão coberto com **lona**.

lombriga (lom-bri-ga) *subst.fem.* Verme comprido e meio amarelo que fica no intestino das pessoas e de alguns animais. A **lombriga** pode causar vários problemas de saúde.

lona ◄ (lo-na) *subst.fem.* **1** Tecido muito resistente, usado para fazer toldos, coberturas de barracas, velas de embarcações etc. **2** Cobertura de um circo. *Todos os artistas ajudaram a levantar a **lona** do circo.*

longe (lon-ge) *advérbio* O que está **longe** está a uma distância muito grande ou vai demorar muito para acontecer. *Diva se atrasou porque mora **longe**. As férias estão **longe**.* [Antôn.: *perto*.] **de longe** Ver **de longe** é ver o que está a uma grande distância. **longe de** Quem está **longe de** você está num lugar afastado daquele em que você está. Um fato **longe de** acontecer vai demorar para acontecer.

longo (lon-go) *adj.* 1 De grande comprimento. *A fila estava muito **longa**.* [Sinôn.: *comprido*.] 2 Uma conversa **longa** dura muito tempo. [Sinôn.: *extenso*.] [Antôn. geral: *curto*.]

losango (lo-san-go) *subst.masc.* MAT Figura geométrica com quatro lados iguais e com ângulos diferentes. ☛ Ver ilustração na p. 498.

[1]lotação (lo-ta-ção) *subst.fem.* Total de pessoas que um lugar pode conter. *A **lotação** do teatro é de 200 pessoas.* [Pl.: *lotações*.]

✏ **Lotação** vem do verbo *lotar*.

---

[2]lotação (lo-ta-ção) *subst.masc.* Veículo pequeno usado para transporte coletivo. *O **lotação** já passou por aqui?* [Pl.: *lotações*.] ☛ Esta palavra pode ser usada no feminino: *Que horas passa a **lotação**?*

✏ **Lotação** vem da palavra *autolotação*, que quer dizer "pequeno ônibus".

---

lotar (lo-tar) *verbo* Encher completamente os lugares de uma sala, um ônibus etc.

lote (lo-te) *subst.masc.* 1 Cada uma das divisões de um terreno. *Cada filho teve direito a um **lote** das terras da fazenda.* 2 Uma certa quantidade de coisas da mesma espécie ou tipo. *Aquele **lote** com quatro mangas está barato.*

loteria (lo-te-ri-a) *subst.fem.* 1 Jogo em que se deve comprar um bilhete e esperar pelo sorteio de números que, se forem os mesmos que estão no bilhete, dão direito a prêmios. 2 Quando o resultado ou a conclusão de um acontecimento não pode ser previsto e depende apenas da sorte, dizemos que é uma **loteria**. **loteria esportiva** Concurso em que ganha quem acertar o resultado dos jogos de futebol da semana.

louça (lou-ça) *subst.fem.* 1 Material usado na fabricação de objetos como pratos, vasos, travessas etc. *O rosto e as mãos das bonecas de antigamente eram de **louça**.* 2 Conjunto de pratos, travessas, xícaras etc. *A pia está cheia de **louça** para lavar.*

louco (lou-co) *adj.* 1 A mente de uma pessoa **louca** funciona diferente da mente de outras pessoas e a faz ter atitudes estranhas. Quem é **louco** pode confundir realidade com imaginação, não pensar direito etc. ☛ Neste sentido, esta palavra pode ser usada como subst.: *asilo para **loucos**.* 2 Se você chama algo ou alguém de **louco**, você acha que ele é fora do comum ou não é lógico. *Meu pai fez um caminho **louco** até a escola.* 3 Uma pessoa **louca** também é uma pessoa sem juízo, sem responsabilidade. *Só um motorista **louco** para correr tanto nesta estrada.* 4 Se você é **louco** por algo ou alguém, você gosta muito dele. *Pedro é **louco** por música.* [Sinôn. gerais: *doido*, *maluco*.]

[1]louro ou **loiro** (lou-ro; loi-ro) *subst.masc.* 1 Árvore de onde são tiradas folhas que são usadas como tempero, por exemplo, no feijão. 2 Pessoa que tem o cabelo bem claro, mais ou menos amarelo. *adj.* 3 Da cor de ouro, mais ou menos amarelo ou castanho claro. *A menina de cabelos **louros** se levantou.*

✏ **Louro** vem da palavra latina *laurus*, que também quer dizer "planta, cor dourada". Os antigos gregos e romanos usavam as folhas de **louro** para fazer coroas para os vencedores de competição. Então, essa palavra começou a significar também "vitória" e a "cor de ouro". Por isso, as pessoas que têm a cor do cabelo parecida com o dourado são chamadas de **louras**.

---

[2]louro (lou-ro) *subst.masc.* *informal* Louro é outro nome dado à ave chamada papagaio.

✏ Não se tem certeza de onde vem a palavra **louro**, talvez seja do maori (língua falada na Nova Zelândia).

---

louva-a-deus (lou-va - a - deus) *subst.masc.* Inseto verde, de cabeça triangular e corpo comprido. O **louva-a-deus** costuma ficar com as patas da frente levantadas e juntas para pegar os alimentos. ☛ O sing. e o pl. desta palavra são iguais: *um **louva-a-deus**, dois **louva-a-deus**.*

✏ O **louva-a-deus** ganhou esse nome porque a posição das suas patas lembra mãos postas, como se estivesse rezando.

louvar (lou-var) *verbo* **1** Adorar Deus ou uma divindade. **2** Falar muito bem de alguém ou alguma coisa. *Ricardo **louvou** a salada de batatas de dona Ivone.* [Sinôn.: *elogiar.*] ~ **louvação** *subst.fem.*

louvor (lou-vor) \ô\ *subst.masc.* Homenagem ou elogio que se faz a alguém ou a alguma coisa. *Fizeram uma estátua em **louvor** aos mortos.* [Pl.: *louvores.*]

lua (lu-a) *subst.fem.* Satélite natural da Terra. A **Lua** brilha porque é iluminada pelo Sol e leva 27 dias e oito horas para dar uma volta completa em torno da Terra. ☛ Primeira letra maiúscula. **Lua cheia** Fase da Lua em que, da Terra, podemos vê-la completamente iluminada. **Lua crescente** A Lua entre as fases nova e cheia, quando sua face visível está aumentando. **lua de mel** Primeiros dias que um casal vive junto, depois do casamento. *O casal passará a **lua de mel** em Florianópolis.* **Lua minguante** A Lua entre as fases cheia e nova, quando sua face visível está diminuindo. **Lua nova** Fase da Lua em que seu lado visível, em relação à Terra, não recebe a luz do Sol. **de lua** *informal* Alguém é **de lua** quando muda de humor sem mais nem menos. *Meu pai é **de lua**, a gente nunca sabe como ele vai reagir.* **na lua** *informal* Quem vive **na lua**, vive distraído ou sonhando. *Zélia não sabe onde deixa suas coisas, vive **na lua**.* **nascer virado para a lua** *informal* Ter muita sorte. *Esse aí **nasceu virado para a lua**, ganhou três vezes na loteria.*

luar (lu-ar) *subst.masc.* Reflexo da luz da Lua sobre a Terra. *O **luar** era tão forte, que víamos nossa sombra no chão.*

lubrificar (lu-bri-fi-car) *verbo* Colocar óleo ou graxa em máquina, aparelho etc. para diminuir o atrito entre as peças. *Gérson **lubrifica** a corrente da bicicleta todo mês.* ~ **lubrificante** *adj.masc.fem. subst.masc.*

lucro (lu-cro) *subst.masc.* **1** Qualquer benefício que se pode tirar de alguma coisa. *O grande **lucro** de estudar é aprender.* [Sinôn.: *proveito.*] **2** Dinheiro que se ganha numa atividade econômica. *A empresa teve **lucro** neste mês.* [Antôn. geral: *prejuízo.*]

lugar (lu-gar) *subst.masc.* **1** Um certo ponto ou área determinada no espaço. *Gosto de conhecer **lugares** diferentes.* [Dimin.: *lugarejo.*] **2** Certo ponto no espaço que pode ser ocupado por alguém ou por alguma coisa. *Os atores sabiam seus **lugares** no palco. O **lugar** da tesoura é dentro da caixa.* **3** Um local determinado. *Em que **lugar** vamos nos encontrar?* **4** A posição em que se está numa classificação. *Meu time ficou em terceiro **lugar**.* **5** Assento em teatros, cinemas, casa de *shows*, transportes etc. *Com licença, acho que este é o meu **lugar**.* [Pl.: *lugares.*]

lula (lu-la) *subst.fem.* Animal do mar, de corpo mole e alongado, com dez tentáculos. A **lula** é muito apreciada na alimentação humana. Às vezes é confundida com o polvo, mas é menor que ele.

lume (lu-me) *subst.masc.* **1** Fogo usado para aquecer ou iluminar. **2** Luz, brilho. *Os escoteiros ficaram até tarde observando o **lume** das estrelas.*

luminária (lu-mi-ná-ria) *subst.fem.* Aparelho usado para iluminar. As **luminárias** podem estar sobre a mesa, penduradas no teto ou apoiadas no chão.

luminoso (lu-mi-no-so) \ô\ *adj.* O que é **luminoso** tem luz, brilho. *O Sol é um astro **luminoso**.* ~ **luminosidade** *subst.fem.*

lunar (lu-nar) *adj.masc.fem.* **Lunar** quer dizer relacionado à Lua. Superfície **lunar** é a superfície da Lua. [Pl.: *lunares.*]

luneta→

↑ lupa

luneta ◄ (lu-ne-ta) \ê\ *subst.fem.* Instrumento com lente de aumento para ver o que está distante. A **luneta** geralmente tem a forma de um tubo e permite enxergar com um olho de cada vez.

lupa ◄ (lu-pa) *subst.fem.* Lente de aumento.

lusitano (lu-si-ta-no) *subst.masc.* Pessoa que nasceu ou que mora em Portugal. [Sinôn.: *português*.]
☛ Esta palavra pode ser usada como adj.: *arte **lusitana***.

→ A Lusitânia é uma antiga região que corresponde hoje a Portugal e uma parte da Espanha. Os antigos **lusitanos** deram origem ao povo português.

lustre (lus-tre) *subst.masc.* Luminária que tem uma ou mais lâmpadas e que se prende ao teto.

luta (lu-ta) *subst.fem.* **1** Combate esportivo em que dois adversários se enfrentam corpo a corpo. *As **lutas** de boxe foram emocionantes.* **2** **Luta** também é o mesmo que conflito ou guerra. **3** Todo esforço para vencer obstáculos ou dificuldades é uma **luta**. *A vacina é uma grande aliada na **luta** contra algumas doenças.*

lutar (lu-tar) *verbo* **1** Enfrentar corpo a corpo uma ou mais pessoas. *Dois alunos **lutaram** hoje na porta da escola.* [Sinôn.: *brigar*.] **2** Enfrentar corpo a corpo um adversário numa competição esportiva. *O brasileiro **lutou** bem com o cubano, mas não venceu.* **3** Esforçar-se para conquistar algo. *Todos **lutaram** pela troca das cadeiras quebradas.*

luva (lu-va) *subst.fem.* Peça do vestuário que cobre as mãos, geralmente com um espaço para cada um dos cinco dedos.

luxo (lu-xo) *subst.masc.* **1** Uma pessoa que vive com **luxo** gosta de ter e exibir coisas caras e supérfluas. **2** Uma coisa muito cara e pouco necessária é um **luxo**. *Para Maria, uma casa com três televisões é um **luxo**.*

luz *subst.fem.* **1** Tudo o que deixa um lugar iluminado e permite as pessoas enxergarem é uma **luz**. Pode ser a **luz** do Sol, de uma fogueira ou de uma lâmpada. *Abra a janela para entrar **luz**.* **2** Qualquer objeto, como lâmpada ou vela, usado para iluminar. *Glória só dorme com a **luz** acesa.* **3** Energia elétrica. *Na hora da chuva, faltou **luz** na minha rua.* **4** Uma explicação ou algo que esclarece também é uma **luz**. *Todos pediram uma **luz** para o professor naquela questão da prova.* **dar à luz** Se você diz que uma mulher **deu à luz** uma criança, uma criança nasceu. [Pl.: *luzes*.]

Mm

Morcego

m *subst.masc.* Décima terceira letra do nosso alfabeto. O **m** é uma consoante e, na língua portuguesa, pode estar antes de uma vogal, como em “maçã” e “amor”, ou no final de uma sílaba. No fim das sílabas o **m** não é falado, mas deixa a vogal antes dele com o som nasal, como em “sombra” e “ontem”.

maca (ma-ca) *subst.fem.* **1** Cama portátil, feita de lona e usada para o transporte rápido de pessoas feridas ou doentes. *O jogador teve que sair do campo de **maca**.* **2** Cama com rodinhas usada para o transporte de pacientes em ambulâncias e hospitais.

maçã (ma-çã) *subst.fem.* Fruta arredondada, de casca fina, vermelha ou verde, polpa quase branca e caroços pequenos. **maçã do rosto** Parte mais alta que fica em cima da nossa bochecha. ~ **macieira** *subst.fem.*

macacão (ma-ca-cão) *subst.masc.* Peça de roupa que cobre tronco e pernas, é geralmente larga e de tecido grosso. O **macacão** pode ter mangas ou não. *Os mecânicos usavam uma camiseta debaixo do **macacão**. Isabel vestiu o bebê com um **macacão**.* [Pl.: *macacões*.]

macaco ▼ (ma-ca-co) *subst.masc.* **1** Nome dado aos mamíferos primatas, como os chimpanzés, os gorilas e os orangotangos. Os **macacos** usam as mãos como as pessoas. **2 Macaco** também é um aparelho usado para levantar cargas pesadas, como, por exemplo, um carro, na hora de trocar o pneu.

maçaneta (ma-ça-ne-ta) \ê\ *subst.fem.* Peça que giramos ou movemos de modo que portas e janelas possam ser abertas. *A **maçaneta** da porta do meu quarto está com defeito.*

macarrão (ma-car-rão) *subst.masc.* Massa de farinha de trigo, cortada em forma de barbante, que se come depois de cozida em água quente. Também se chama de **macarrão** essa massa com outras formas. [Pl.: *macarrões*.]

macaxeira (ma-ca-xei-ra) *subst.fem.* **Macaxeira** é o nome dado ao aipim no Norte e Nordeste do Brasil.

machado (ma-cha-do) *subst.masc.* Ferramenta com uma lâmina afiada presa num cabo, muito usada para rachar lenha.

orangotango ↑

↑ chimpanzé

↓ gorila

macho (ma-cho) *subst.masc.* **1** Animal do sexo masculino. *Os **machos** das aves geralmente são mais bonitos.* [Fem.: *fêmea.*] **2** Ser humano do sexo masculino. [Sinôn.: *homem.* Fem.: *mulher.*] *adj.* **3** Um animal **macho** é um animal do sexo masculino. *Os pinguins **machos** chocam os ovos enquanto as fêmeas buscam comida.* [Fem.: *fêmeo.*] **4** *informal* Se você diz que alguém é muito **macho**, é porque você acha que ele é muito corajoso.

machucado (ma-chu-ca-do) *subst.masc.* **1** Ferimento não muito grave no corpo, como um arranhão ou um corte. *adj.* **2** O que está **machucado** sofreu um corte, um arranhão etc. *O dedo **machucado** não pode ser molhado.*

machucar (ma-chu-car) *verbo* **1** Se você se corta ou bate com força em alguma coisa, você se **machuca**. *Taís **machucou** o dedo com a tesoura.* **2** Fazer alguém sofrer, ficar triste, magoado. *Palavras grosseiras **machucam**.* [Sinôn. geral: *ferir.*]

maciço (ma-ci-ço) *adj.* **1** Algo **maciço** é algo sólido, sem partes ocas. *O anel era de ouro **maciço**.* **2** Feito em grande quantidade. *Planejaram um ataque **maciço**.* *subst.masc.* **3** GEOG Grupo de montanhas que formam um bloco contínuo. *No **maciço** da Tijuca há variadas espécies de fauna e flora.* ☛ Ver ilustração na p. 490.

macio (ma-ci-o) *adj.* **1** O que é **macio** é agradável de tocar, porque não é duro nem áspero. *O pelo do gato é **macio**. Que pele **macia**!* **2** Fofo, mole. *Este colchão é **macio**.* [Antôn. geral: *duro.*] ~ **maciez** *subst.fem.*

maço (ma-ço) *subst.masc.* Porção de coisas amarradas ou em um pacote. *Achei um **maço** de notas de 50.*

má-criação (má - cri-a-ção) *subst.fem.* Quando alguém é grosseiro ou diz uma coisa indelicada para outra pessoa, está fazendo uma **má-criação**. *Foi uma **má-criação** feia responder mal à sua madrinha.* [Pl.: *má-criações.*]

macumba (ma-cum-ba) *subst.fem.* **1** Nome às vezes dado a alguns cultos afro-brasileiros, mas que é impróprio. **2** *informal* É o mesmo que feitiço. *Fizeram **macumba** para ele não casar.*

madeira (ma-dei-ra) *subst.fem.* **1** Matéria sólida de que são feitos o tronco e os galhos das árvores. **2** Esta matéria seca e cortada, usada como material de construção, matéria-prima para móveis, portas etc. *A porta é de **madeira** maciça.*

madrasta (ma-dras-ta) *subst.fem.* Se o seu pai se casa com outra mulher que não é a sua mãe, essa mulher é sua **madrasta**. [Masc.: *padrasto.*]

madrinha (ma-dri-nha) *subst.fem.* **1** Mulher que, no batismo cristão, assume com relação à criança papel parecido com o da mãe. **2** Mulher que serve de testemunha num casamento. [Masc.: *padrinho.*]

madrugada (ma-dru-ga-da) *subst.fem.* Parte da noite que vai da meia-noite até o amanhecer. *A festa acabou de **madrugada**.*

maduro (ma-du-ro) *adj.* **1** Um fruto **maduro** já está completamente desenvolvido e, por isso, está pronto para ser colhido ou consumido. [Antôn.: *verde.*] **2** Uma pessoa **madura** ou não é mais jovem ou age com sabedoria e responsabilidade. *A ginasta disse que, depois de ter ido às olimpíadas, se sentia mais **madura**.*

mãe *subst.fem.* Mulher que tem um ou mais filhos. [Masc.: *pai.*]

mãe de santo (mãe de san-to) *subst.fem.* Chefe espiritual de algumas religiões afro-brasileiras, como umbanda e candomblé. [Pl.: *mães de santo.* Masc.: *pai de santo.*]

maestro (ma-es-tro) *subst.masc.* Pessoa que rege os músicos de uma orquestra, coro, banda etc. *Um novo **maestro** foi contratado esta semana.* [Fem.: *maestrina.*]

magia (ma-gi-a) *subst.fem.* **1** Capacidade de realizar fenômenos que não têm explicação. *A **magia** da bruxa assustou muitas crianças.* **2** O fenômeno realizado também é chamado de **magia**. [Sinôn.: *truque.*] **3** Capacidade de realizar muito bem alguma coisa. *Cátia faz **magias** na costura.* [Sinôn. geral: *mágica.*]

mágica (má-gi-ca) *subst.fem.* É o mesmo que magia. *Marco aprendeu algumas **mágicas** para fazer na reunião.*

mágico (má-gi-co) *adj.* **1** **Mágico** diz respeito à magia. *Disse algumas palavras **mágicas** e desapareceu.* *subst.masc.* **2** Pessoa que faz mágicas. *Contrataram um **mágico** para animar a festa.*

mago (ma-go) *subst.masc.* Pessoa que faz magias. *A* ***maga*** *Patalógica é uma famosa personagem de quadrinhos. Nosso cabeleireiro é um* ***mago*** *com a tesoura.*

mágoa (má-goa) *subst.fem.* Quando você fica triste e desapontado por uma coisa que aconteceu ou que fizeram com você, você sente **mágoa**. *Paulo sentiu* ***mágoa*** *por não ter sido chamado para jogar futebol.* [Sinôn.: *desgosto*. Antôn.: *satisfação*.]

magoar (ma-go-ar) *verbo* **1** Causar mágoa. *A má atitude do filho* ***magoou*** *a mãe.* **2** Machucar o corpo. *Na queda, o goleiro* ***magoou*** *o braço.*

magro (ma-gro) *adj.* **1** Um alimento **magro** tem pouca ou nenhuma gordura em sua composição. *Frango e peixe são carnes* ***magras***. **2** Alguém **magro** pesa pouco ou está com o peso ideal. [Sinôn.: *esbelto*.] ☛ Neste sentido, esta palavra pode ser usada como subst.: *Esta loja só vende roupa para* ***magros***. **3 Magro** também é pequeno, baixo, menor. *No fim do mês, vinha um salário* ***magro***. *A colheita foi* ***magra*** *este ano.* [Antôn. geral: *gordo*. Superl.absol.: *magríssimo, macérrimo*.] ~ **magreza** *subst.fem.*

maio (mai-o) *subst.masc.* Quinto mês do ano, entre abril e junho. **Maio** tem 31 dias.

maiô ▼ (mai-ô) *subst.masc.* Traje de alças que cobre o tronco com apenas uma peça, usado por mulheres, por exemplo, para tomar banho de piscina ou ir à praia.

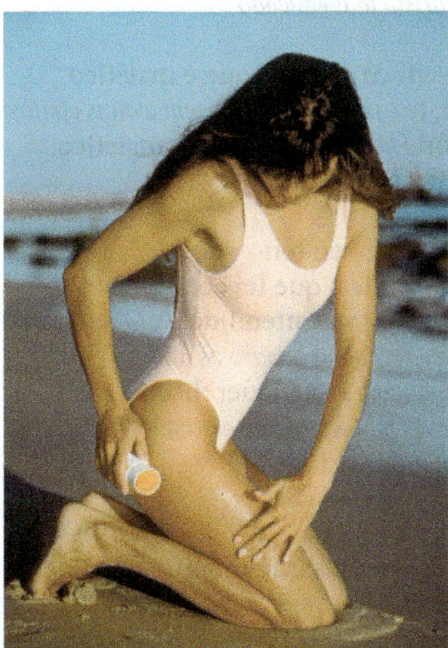

maionese (mai-o-ne-se) *subst.fem.* **1** Creme frio, feito de gemas batidas com azeite ou óleo e temperos. **2** CUL Salada fria de batata cozida e outros ingredientes como tomate, vagem, azeitona etc. misturados a esse creme.

maior (mai-or) *adj.masc.fem.* **1** Usamos **maior** em vez de "mais grande". O que é **maior** tem quantidade ou tamanho grande, comparando com outro, ou é mais importante, mais intenso, mais longo ou melhor que outro. *A minha turma tem 35 alunos, é* ***maior*** *que a sua. A dor que estou sentido é* ***maior*** *do que a dor do tombo.* [Antôn.: *menor*.] ☛ Ver ilustração de *menor*. **2** Também usamos **maior** para falar de quem já passou de uma certa idade. *O filme é para crianças* ***maiores*** *de 12 anos.* *subst.masc.fem.* **3** Pessoa que tem mais de 18 anos. [Pl.: *maiores*.]

maioria (mai-o-ri-a) *subst.fem.* A **maioria** de um grupo é a maior parte dele. *A* ***maioria*** *das maçãs estava podre.* [Antôn.: *minoria*.]

mais *pron.indef.* **1** Usamos **mais** para falar do que é maior em quantidade. *Passe* ***mais*** *tinta deste lado.* [Antôn.: *menos*.] *advérbio* **2** O que acontece **mais** tem uma intensidade maior ou ocorre em um número maior de vezes. *Hélio precisa estudar* ***mais***. [Antôn.: *menos*.] **3** Quando a palavra **mais** está perto de uma negação, quer dizer que algo acabou ou foi interrompido. *Marcela não quis* ***mais*** *estudar.* *subst.masc.* **4 Mais** também é o nome do sinal de matemática que usamos para marcar uma adição (+). *conjunção* **5** É um jeito de usar o "e". *Antes de sair, Fernanda pegou a carteira* ***mais*** *as chaves.*

mais-que-perfeito (mais - que - per-fei-to) *subst.masc.* GRAM Tempo verbal usado para falar de coisas que aconteceram ou existiram antes de outras. É o passado do passado. Na frase "Quando eu nasci, minha irmã já nascera", "nascera" está no **mais-que-perfeito**. Se usarmos "tinha nascido", estaremos dizendo a mesma coisa. [Pl.: *mais-que-perfeitos*.] ☛ Esta palavra pode ser usada como adj.: *pretérito* ***mais-que-perfeito***.

maitaca *subst.fem.* → maritaca

maiúsculo (mai-ús-cu-lo) *adj.* A letra **maiúscula** é maior que as outras. Ela é usada no início de frases e de nomes de pessoas e lugares. *Alemanha, Cuba, Angola são nomes de países, por isso devem ser escritos com letra* ***maiúscula***.

majestade (ma-jes-ta-de) *subst.fem.* **1** Palavra que se usa para falar com o rei ou a rainha ou sobre eles. *Sua **Majestade**, a rainha da Inglaterra, acaba de chegar.* ☛ Nesta acepção, primeira letra maiúscula. **2** Também se usa **majestade** para coisas dignas de respeito ou admiração. *Todos reconheciam a **majestade** do andar de Penélope.*

major (ma-jor) *subst.masc.* Oficial militar que ocupa posto abaixo de tenente-coronel e acima de capitão. [Pl.: *majores.*]

mal *advérbio* **1** De modo ruim. *As reformas no pátio caminham **mal**. Não trate **mal** os animais.* **2** Dificilmente. *Alceu fala baixo, **mal** dá para ouvi-lo.* **3** Pouco. *Eduardo **mal** tocou no assunto.* **4** De modo indelicado. *Ficou de castigo porque respondeu **mal** ao pai.* **5** Em estado de saúde ruim. *Meu avô caiu e está **mal**.* *subst.masc.* **6** Força que alguns pensam existir e que causaria tudo de prejudicial, nocivo e infeliz por que passamos. É o contrário do bem, da ordem, da virtude, da honra. *No filme acontece uma luta entre o bem e o **mal**.* **7** **Mal** pode ser uma doença, uma aflição ou uma desgraça. *Ele sofre de um **mal** que não tem cura. Muitos **males** caíram sobre o império derrotado.* **8** Defeito, problema. *Seu **mal** é ser guloso.* *conjunção* **9** Assim que, logo que. ***Mal** chegou da viagem, a Júlia teve de trabalhar.* [Antôn. de 1 a 6: *bem*. Pl. para o subst.: *males.*] ☛ Não confundir com *mau*.

mala (ma-la) *subst.fem.* Quando você viaja, leva suas roupas e outros objetos na **mala**. Há **malas** de diferentes materiais, e elas geralmente têm alça e fecho e se parecem com uma caixa. [Dimin.: *maleta.*]

malabarista (ma-la-ba-ris-ta) *subst.masc.fem.* Pessoa que consegue equilibrar ou jogar vários objetos para o alto sem deixar cair no chão. O **malabarista** geralmente se apresenta em circos. ~ **malabarismo** *subst.masc.*

malagueta (ma-la-gue-ta) \ê\ *subst.fem.* É o mesmo que pimenta-malagueta.

malandro (ma-lan-dro) *subst.masc.* **1** Pessoa preguiçosa, que não trabalha. **2** Alguém esperto, que quer enganar os outros. *Valério pensa que é **malandro** e que seus pais não vão notar sua mentira.* ☛ Esta palavra pode ser usada como adj.: *funcionário **malandro***. ~ **malandragem** *subst.fem.*

malária (ma-lá-ria) *subst.fem.* MED Doença que ataca as células do sangue, transmitida por um mosquito. Uma pessoa com **malária** tem febre de tempos em tempos, por exemplo, de dois em dois dias.

malcriado (mal-cri-a-do) *subst.masc.* Pessoa grosseira e sem educação. [Sinôn.: *mal-educado.*] ☛ Esta palavra pode ser usada como adj.: *menina **malcriada***.

maldade (mal-da-de) *subst.fem.* **1** Caráter ou comportamento de quem é mau. Prazer em fazer o mal. *O bandido cheio de **maldade** acabou preso.* **2** A coisa má que é dita ou feita. *Não se devem fazer **maldades** com os animais.* [Antôn. geral: *bondade.*]

maldição (mal-di-ção) *subst.fem.* **1** Quando a gente expressa, por palavras, desagrado, horror, ódio ou um desejo de que algo ruim aconteça a alguém ou a algo, isso é uma **maldição**. *Na história, a bruxa lança uma **maldição** sobre a princesa.* [Sinôn.: *praga.*] **2** Palavra ou frase com que se faz isso. [Pl.: *maldições.*]

maldoso (mal-do-so) \ô\ *adj.* **1** Chama-se de **maldoso** quem faz o mal ou procura fazê-lo. **2** É **maldoso** quem altera o que a gente diz, dando-lhe um sentido pior.

mal-educado (mal - e-du-ca-do) *subst.masc.* É o mesmo que malcriado. [Pl.: *mal-educados*. Fem.: *mal-educada.*] ☛ Esta palavra pode ser usada como adj.: *motorista **mal-educado***.

maléfico (ma-lé-fi-co) *adj.* **1** O que é **maléfico** causa prejuízo, faz mal. *O remédio tem alguns efeitos **maléficos**.* [Antôn.: *benéfico.*] **2** Um ser **maléfico**, como o demônio, faz o mal.

mal-entendido (mal - en-ten-di-do) *subst.masc.* **1** Se cada um entende o que foi comunicado de um jeito, houve um **mal-entendido**. *Para não haver **mal-entendidos**, escrevam no quadro os números sorteados.* [Sinôn.: *engano.*] **2** Qualquer discussão ou briga. *Que pena um **mal-entendido** estragar a amizade.* [Pl.: *mal-entendidos.*]

mal-estar (mal - es-tar) *subst.masc.* **1** Sensação física desagradável e passageira que não chega a ser uma doença. *A secretária chegou atrasada porque teve um **mal-estar** pela manhã.* **2** Situação que deixa as pessoas envergonhadas ou incomodadas. *A briga causou um **mal-estar** entre os jogadores.* [Pl.: *mal-estares.*]

malfeito (mal-fei-to) *adj.* Quando algo foi feito sem cuidado ou competência, foi **malfeito**. *Vejam que muro **malfeito**, está todo torto!* [Antôn.: *bem-feito.*]

malha (ma-lha) *subst.fem.* **1** Tecido macio, flexível e elástico, muito usado para fabricar camisetas e roupas leves. **2** Peça de roupa feita desse tecido. *Juçara vestiu a **malha** para ir à ginástica.*

malhar (ma-lhar) *verbo* Fazer musculação ou ginástica. *Nilce **malha** os braços e depois as pernas.*

maloca (ma-lo-ca) *subst.fem.* **1** Grande cabana de índios onde moram várias famílias. **2** Casa muito pobre, rústica e sem conforto.

maltratar (mal-tra-tar) *verbo* **1** Tratar com falta de educação ou violência. Fazer alguém sofrer. *Só gente muito ruim **maltrataria** os passarinhos.* **2** Estragar uma coisa por mau uso ou excesso de uso. ***Maltrataram** tanto o apartamento que ele teve de ser pintado de novo.*

maluco (ma-lu-co) *adj.* É o mesmo que louco.

malvado (mal-va-do) *adj.* Uma pessoa **malvada** tem um mau caráter, é desumana e sem piedade. [Antôn.: *bondoso.*] ☛ Esta palavra pode ser usada como subst.: *O **malvado** pulou o muro e fugiu.*

mama (ma-ma) *subst.fem.* Parte do corpo dos mamíferos que, nas fêmeas, é capaz de produzir leite para alimentar os filhotes.

mamadeira (ma-ma-dei-ra) *subst.fem.* **1** Espécie de copo estreito com um bico de material flexível na ponta, usado para amamentar bebês. **2** O conteúdo colocado nesse recipiente. *Vanda toma três **mamadeiras** por dia.*

mamãe (ma-mãe) *subst.fem.* Jeito carinhoso de chamar a mãe.

mamão (ma-mão) *subst.masc.* Fruta de casca e polpa cor de laranja, quando madura, com muitas sementes pequenas e pretas. [Pl.: *mamões.*] ~ **mamoeiro** *subst.masc.*

mamar (ma-mar) *verbo* Quando **mamam**, os bebês puxam o líquido para dentro da boca, através do bico da mamadeira ou do peito da mãe.

mamífero ▼ (ma-mí-fe-ro) *subst.masc.* BIO Animal que nasce do corpo de sua mãe e, quando é pequeno, mama o leite que ela produz. Os **mamíferos** são vertebrados e geralmente têm pelos ou cabelos. Os gatos, os seres humanos e os elefantes são **mamíferos.** ☛ Esta palavra pode ser usada como adj.: *animal **mamífero**.*

mamona (ma-mo-na) *subst.fem.* Fruto verde e arredondado, do tamanho de uma uva, com pontinhas parecidas com espinhos. As se-

← elefante

canguru ↓

↓ cachorro

↓ urso

mentes da **mamona** são usadas na fabricação de óleos, que servem como remédio ou como combustível.

manada (ma-na-da) *subst.fem.* Uma porção de animais grandes juntos, como bois ou elefantes, chama-se **manada**.

mancada (man-ca-da) *subst.fem.* *informal* Atitude ou comportamento espontâneo que tem consequências ruins ou inconvenientes. *Não convidar Sandra foi a maior **mancada**.*

mancar (man-car) *verbo* **1** A pessoa ou animal que **manca** se apoia mais em uma perna do que na outra para andar. *Nélson torceu o pé e voltou **mancando** para casa. O cavalo **mancava** da perna direita.* **2** *informal* Quando você **se manca**, percebe que está tendo alguma atitude imprópria para o momento. *Quando Glória **se mancou**, já tinha contado o segredo da amiga para o namorado.*

mancha (man-cha) *subst.fem.* **1** A **mancha** é uma parte de outra cor na pele das pessoas. Os pelos ou as penas dos animais também podem ter **manchas**. *O cachorro era preto com uma **mancha** marrom nas orelhas.* **2** Se você deixa cair uma comida ou uma sujeira na sua roupa, aparece uma **mancha** nela. [Sinôn.: *nódoa*.]

manchar (man-char) *verbo* **Manchar** é deixar uma sujeira ou uma marca em algum lugar. *Café **mancha** a roupa.*

manchete (man-che-te) *subst.fem.* **1** Notícia mais importante da capa de um jornal ou revista, escrita com letras grandes. **2** ESP No vôlei, lance em que o jogador passa a bola ou defende um saque ou ataque com os braços esticados e as mãos juntas.

manco (man-co) *adj.* Pessoa ou animal que manca quando se locomove. [Sinôn.: *coxo*.]

mandacaru (man-da-ca-ru) *subst.masc.* Cacto da caatinga, coberto por pelinhos brancos.

mandar (man-dar) *verbo* **1** Quando alguém **manda**, diz o que as outras pessoas devem fazer. *Carlos **mandava** na rua. O chefe **mandou** limpar as gavetas da mesa.* [Antôn.: *obedecer*.] **2** Se você **manda** alguma coisa para algum lugar, você faz essa coisa chegar a esse lugar. ***Mandamos** muitos abraços e beijos para o pessoal. O banco **mandou** os cartões pelo correio.* **3** *informal* Ir embora é se **mandar**. *O pessoal se **mandou** e nem deu tchau.*

mandarim (man-da-rim) *subst.masc.* **1** Funcionário importante nos antigos impérios da China e da Coreia. **2** Língua oficial da China, falada também em Taiwan e Cingapura. [Pl.: *mandarins*. Fem.: *mandarina*.] ~ **mandarínico** *adj.*

→ O **mandarim**, apesar de ser falado em apenas três países, é a língua com maior número de falantes no mundo, pois a China é o país que tem a maior população.

mandíbula (man-dí-bu-la) *subst.fem.* ANAT Osso da parte de baixo da boca, onde ficam presos os dentes inferiores. A **mandíbula** é o maxilar inferior.

mandioca (man-di-o-ca) *subst.fem.* Raiz comestível, de casca marrom e miolo branco. A **mandioca** é muito usada como alimento e para a fabricação de farinha.

mandioquinha (man-dio-qui-nha) *subst.fem.* É o mesmo que batata-baroa.

maneira (ma-nei-ra) *subst.fem.* **1** Forma própria de ser ou de agir. *Cada pessoa tem sua **maneira** de pensar.* **2** Método de fazer algo. *Há várias **maneiras** de aprender a tocar violão.* **boas maneiras** Quem tem **boas maneiras** é educado. [Sinôn.: *modos*.] [Sinôn. para 1 e 2: *jeito, modo*.]

manequim (ma-ne-quim) *subst.masc.* **1** Boneco que tem as formas e o tamanho de seres humanos e serve para exibir modelos de roupas. *O **manequim** da vitrine não tem braços.* **2** Número usado para medir o tamanho das roupas. *Mônica usa **manequim** 38.* *subst.masc.fem.* **3** Pessoa que usa roupas feitas por costureiros para exibi-las em desfiles de moda ou para posar para revistas. *A **manequim** desfilou com roupas bem coloridas.* [Sinôn.: *modelo*.] [Pl.: *manequins*.]

[1]**manga** (man-ga) *subst.fem.* Fruta de polpa amarela, macia e doce, com um grande caroço no meio.

Manga vem da palavra malaiala (língua falada na Índia) *manga*, que também quer dizer "fruto da mangueira".

[2]**manga** (man-ga) *subst.fem.* Parte da roupa que cobre o nosso braço.

Manga vem da palavra latina *manica*, que também quer dizer "parte da roupa que cobre o braço".

mangá (man-gá) *subst.masc.* História em quadrinhos criada no estilo dos desenhos japoneses.

mangaba (man-ga-ba) *subst.fem.* Fruta do tamanho de um limão, com polpa branca e doce, comum no Nordeste do Brasil. A **mangaba** é muito usada na preparação de bebidas e sorvetes. ~ **mangabeira** *subst.fem.*

mangue ▼ (man-gue) *subst.masc.* Tipo de vegetação que se desenvolve em locais próximos a litoral, lagoa ou foz de rio, em solos formados por lama escura e ricos em material orgânico.

[1]**mangueira** (man-guei-ra) *subst.fem.* Árvore frondosa que produz manga.

Mangueira vem da palavra portuguesa *manga* (fruta) mais o sufixo *-eira*.

[2]**mangueira** (man-guei-ra) *subst.fem.* Tubo flexível, geralmente de borracha, para conduzir líquidos ou gases.

Mangueira vem da palavra portuguesa *manga* (parte da roupa) mais o sufixo *-eira*.

manha (ma-nha) *subst.fem.* **1** Se o bebê chora sem motivo, só para conseguir o que quer, está fazendo **manha**. **2** Jeito próprio de fazer ou resolver alguma coisa. *Roberto não pegou a **manha** do exercício.* **3** As manias ou o temperamento de uma pessoa ou animal também são chamados de **manha**. *Francisco conhece bem as **manhas** desse cavalo.* **4** Habilidade de iludir, enganar. *Era um político cheio de **manha**, ainda bem que não foi eleito.* ~ **manhoso** *adj.*

manhã (ma-nhã) *subst.fem.* **1** Parte do dia que vai do nascer do Sol ao meio-dia. *Amir aproveita bem as **manhãs** brincando com o cachorro.* **2** Também podemos chamar de **manhã** o período de tempo entre meia-noite e meio-dia, quando contamos as horas. *Fernando chegou em casa às quatro da **manhã**.*

mangue

A B C D E F G H I J K L **M** N O P Q R S T U V W X Y Z

mania (ma-ni-a) *subst.fem.* **1** Costume estranho ou que se repete sempre. *Helena tem **mania** de se deitar sobre o lado direito.* **2** Gosto exagerado por algo. *Nicolau tem **mania** de futebol.*

maniçoba (ma-ni-ço-ba) *subst.fem.* **1** Planta brasileira que produz um látex que, ao entrar em contato com o ar, fica duro como pedra e solta um cheiro muito ruim. **2** CUL Prato da culinária paraense, feito com folhas de um tipo de mandioca, moídas e cozidas por muito tempo, com carnes e temperos variados.

manicure (ma-ni-cu-re) *subst.masc.fem.* Pessoa que pinta e trata das unhas e das mãos das pessoas.

manifestação (ma-ni-fes-ta-ção) *subst.fem.* **1** Revelação de ideias, sentimentos etc. *A ideia de fazer um jantar foi uma **manifestação** de carinho dos filhos.* **2** Expressão pública dos ideais, opiniões ou sentimentos comuns de um grupo de pessoas. *O trânsito parou por causa da **manifestação** de trabalhadores.* [Pl.: *manifestações.*]

manifestar (ma-ni-fes-tar) *verbo* **1** Fazer as pessoas saberem de uma declaração, uma opinião, um sentimento etc. *Todos os funcionários **manifestaram** apoio ao diretor.* **2** Aparecer sintomas, sinais etc. que estavam escondidos. *A doença começou a se **manifestar** em maio.* **3** Dar opinião. *Durante a reunião ninguém se **manifestou**.* ~ **manifesto** *subst.masc.*

manjericão (man-je-ri-cão) *subst.masc.* Erva de cheiro forte e folhas pequenas, muito usada como tempero em saladas e molhos. [Pl.: *manjericões.*]

mano (ma-no) *subst.masc.* **1** *informal* Jeito carinhoso de chamar o irmão. **2** *informal* Em alguns lugares do Brasil, **mano** também é um jeito de falar com um amigo. *Quanto tempo não te vejo, **mano**!*

manobra (ma-no-bra) *subst.fem.* **1** Movimentação de um veículo para colocá-lo em uma garagem ou para tirá-lo do lugar onde está. **2** Série de atitudes ou ações, honestas ou não, feitas para se conseguir algo. *Gabi fez **manobras** com o dinheiro para conseguir comprar o carro. Daniel só chegou a diretor por causa de suas **manobras**.* ~ **manobrar** *verbo*

mansão (man-são) *subst.fem.* Casa grande e de luxo, geralmente com jardins, piscina etc. [Pl.: *mansões.*]

manso (man-so) *adj.* **1** Um animal **manso** não morde nem agride as pessoas ou outros animais. [Antôn.: *bravo, feroz.*] **2** Quando o mar está **manso**, ele está com ondas pequenas ou sem ondas. [Sinôn.: *calmo*. Antôn.: *agitado.*] **3** Uma pessoa **mansa** é calma e gentil. Um jeito ou uma voz também podem ser **mansos**. *Ana tinha um jeito **manso** que acalmava as crianças.* [Antôn.: *nervoso.*] ~ **mansidão** *subst.fem.*

manta (man-ta) *subst.fem.* Peça semelhante a um cobertor, usada como agasalho ou para cobrir sofás, camas etc. *O sofá estava forrado com uma **manta** de retalhos.*

manteiga (man-tei-ga) *subst.fem.* Pasta gordurosa, obtida da nata do leite batida.

manter (man-ter) *verbo* **1** Ficar no estado, posição, situação etc. em que estava. *Enquanto Geraldo falava, Flávia **manteve**-se quieta.* **2** Se você **mantém** sua palavra, você faz o que prometeu. *Orlando disse que viria e **manteve** a promessa.* **3** **Manter** uma opinião, uma ideia etc. é não mudá-la. *Apesar de nossos apelos, Laís **manteve** sua ideia de viajar à noite.* **4** **Manter** uma casa ou uma família é garantir que nada lhe falte. *Mercedes tem dois empregos para **manter** sua família.*

manto (man-to) *subst.masc.* **1** Peça de roupa que, presa ao pescoço, cai sobre as costas. Os reis e cavaleiros antigos usavam **manto**. [Sinôn.: *capa.*] **2** Roupa larga, comprida e sem mangas, usada por cima do vestido e presa na cintura. Os **mantos** podem ou não cobrir a cabeça. *Algumas freiras vestem **mantos**.*

Manto do rei.

[1]**manual** (ma-nu-al) *adj.masc.fem.* **Manual** quer dizer relacionado às mãos. Um trabalho **manual** é feito com as mãos. Um equipamento **manual** funciona por ação das mãos e não por eletricidade. [Pl.: *manuais.*]

→ **Manual** vem do latim *manualis*, que quer dizer "de mão, movido à mão".

[2]**manual** (ma-nu-al) *subst.masc.* Livro que ensina coisas básicas sobre um assunto ou que ensina como usar um aparelho. *Na estante, havia* ***manuais*** *de geografia e biologia.* [Pl.: *manuais.*]

→ **Manual** vem do substantivo latino *manuale*, que quer dizer "livro pequeno, para se carregar".

manuscrito (ma-nus-cri-to) *subst.masc.* Texto escrito à mão. ☛ Esta palavra pode ser usada como adj.: *documento* ***manuscrito****.*

mão *subst.fem.* **1** Parte do braço entre o pulso e a ponta dos dedos. Usamos as **mãos** para sentir, pegar e segurar coisas. ☛ Ver ilustração na p. 478. **2** Sentido em que os veículos devem circular. *Esta rua não dá* ***mão*** *para a esquerda.* **mão dupla** Uma via de **mão dupla** tem trânsito nos dois sentidos. **mão única** Em uma via de **mão única**, os veículos só podem andar em um sentido. **abrir mão** Desistir de uma vontade, intenção ou direito. *Julieta* ***abriu mão*** *da festa por causa da doença da avó.* **à mão** **1** Quando alguma coisa está **à mão**, ela está bem fácil de pegar e usar. *É bom ter uma caneta* ***à mão****, ao lado do telefone.* **2** Um trabalho feito **à mão** foi feito sem máquinas, com as mãos. *As camisas da feira eram bordadas* ***à mão****.* **dar uma mão** *informal* Ajudar. *Pode me* ***dar uma mão*** *para levar as compras?* **de segunda mão** Um produto **de segunda mão** já foi usado por outra pessoa antes de alguém comprá-lo. *Esta loja vende geladeiras* ***de segunda mão****.* [Pl.: *mãos.*]

mão de obra (mão de o-bra) **1** Conjunto de trabalhadores. *Grande parte da* ***mão de obra*** *desta cidade é de costureiras.* **2** Serviço manual. *A* ***mão de obra*** *do mecânico foi mais cara que a nova peça do carro.* [Pl.: *mãos de obra.*]

mapa (ma-pa) *subst.masc.* **1** Representação gráfica, plana e em tamanho menor da superfície terrestre ou de parte dela. Os **mapas** podem mostrar países, regiões, estados, continentes, oceanos, relevos, rios, estradas, ruas etc. **2** Conjunto de indicações desenhadas para se chegar a determinado lugar. *Fizemos um* ***mapa*** *para as crianças encontrarem o tesouro.*

maquiagem (ma-qui-a-gem) *subst.fem.* **1** Quando alguém está com **maquiagem**, tem o rosto enfeitado com produtos de beleza, como o batom e a sombra. Há **maquiagens** coloridas ou não. [Sinôn.: *pintura.*] **2** Conjunto de produtos de beleza usados para enfeitar o rosto. [Pl.: *maquiagens.*] ~ **maquiar** *verbo*

máquina (má-qui-na) *subst.fem.* **Máquina** é um aparelho que usa energia elétrica ou de outro tipo para fazer uma tarefa. Calculadora, elevador, avião etc. são **máquinas**. *Diva fez belas fotos com sua* ***máquina*** *fotográfica.*

mar *subst.masc.* **1** GEOG Grande extensão de água salgada que ocupa a maior parte da superfície terrestre. *Gosto de ouvir o som que vem do* ***mar****.* [Sinôn.: *oceano.*] **2** GEOG Parte dessa extensão de água, geralmente um pouco isolada dos oceanos. *O* ***mar*** *Mediterrâneo fica entre a Europa, a África e a Ásia.* **3** Região próxima ao litoral. *O pintor preferia o* ***mar*** *à montanha.* **mar de rosas** Felicidade total. *Nem tudo na vida é um* ***mar de rosas****.* [Pl.: *mares.*] ☛ Ver ilustração na p. 488.

maracatu (ma-ra-ca-tu) *subst.masc.* **1** Dança típica de Pernambuco. **2** **Maracatu** também é o nome da música que acompanha essa dança.

→ No **maracatu** nação, um grupo, ao som de tambores, segue em procissão um rei e uma rainha. No **maracatu** rural, uma adaptação de uma brincadeira de homens vestidos de mulher, desfila-se sem reis ou rainhas. No *site* da Fundação Joaquim Nabuco (www.fundaj.gov.br) você encontra mais informações sobre o **maracatu** e outras festas pernambucanas.

maracujá (ma-ra-cu-já) *subst.masc.* Fruta arredondada, de casca amarela quando madura, com polpa cor de laranja e muitas sementes pretas. O **maracujá** tem sabor ácido e é muito usado para fazer sucos e calmantes.

maravilhoso (ma-ra-vi-lho-so) \ô\ *adj.* **1** Muito bom. *Este poema é* ***maravilhoso!*** **2** Algo **maravilhoso**

foge do comum, é sobrenatural. *Os mágicos têm poderes **maravilhosos**.*

marca (mar-ca) *subst.fem.* **1** Sinal na pele de uma pessoa ou no pelo de um animal. *Muita gente tem uma **marca** de vacina no braço.* **2** Sinal qualquer, como um desenho, um símbolo, uma dobra que você faz num papel, num livro. *Gabriela fez uma **marca** no livro que queria.* **3** A **marca** de um produto é o desenho e o nome de quem fabricou aquele produto. *Qual é a **marca** deste sabão?* **4** **Marca** também é a característica de algo ou alguém. *A educação é uma **marca** dos moradores desta rua.* **5** Uma roupa de **marca** tem qualidade e geralmente é de uma loja muito conhecida e cara. **6** Se uma pessoa ou um acontecimento deixam **marcas**, eles são lembrados por alguém. *Uma infância feliz deixa **marcas** nas pessoas.*

marcar (mar-car) *verbo* **1** Colocar cor, número, etiqueta, sinal etc. em algo, para que possa ser identificado depois. *Júlio **marcou** suas roupas para não confundir com as do irmão. Papai **marcou** o caminho no mapa. Érica **marcou** a letra A na questão 1 da prova.* **2** **Marcar** também é fixar horário, data, tempo ou prazo para a realização de algo. ***Marquei** com meu avô na porta da escola. Gisele **marcou** horário no médico.* **3** Se o relógio **marca** duas horas, ele registra essa hora. **4** ESP Se o atleta **marcou** um gol, ele fez esse gol. Se o juiz **marcou** uma falta, ele considerou que o atleta fez uma falta. **5** ESP Se um jogador **marca** outro, fica perto dele para atrapalhar suas jogadas. ~ **marcação** *subst.fem.*

marceneiro (mar-ce-nei-ro) *subst.masc.* Pessoa que trabalha com madeira, fazendo trabalhos como móveis e objetos de decoração. ~ **marcenaria** *subst.fem.*

marcha (mar-cha) *subst.fem.* **1** Quando um grupo de pessoas realiza uma caminhada junto, seguindo uma mesma direção, ele faz uma **marcha**. **2** Dispositivo que serve para regular a velocidade dos veículos. *Reduza a **marcha** para passar pelo buraco.* **marcha a ré** Tipo de **marcha** que faz o veículo se movimentar para trás.

marchar (mar-char) *verbo* Você **marcha** quando dá passos num ritmo determinado. *Os soldados têm de **marchar** ao mesmo tempo.*

março (mar-ço) *subst.masc.* Terceiro mês do ano, entre fevereiro e abril. **Março** tem 31 dias.

maré (ma-ré) *subst.fem.* **1** Movimento de subida e descida das águas do mar. *Só mais tarde a **maré** começará a baixar.* **2** Momento, fase ou oportunidade, positivos ou negativos. *O time está numa **maré** de azar de dar pena!* **maré alta** Momento em que as águas do mar alcançam o seu maior nível. **maré baixa** Momento em que as águas do mar estão em seu menor nível.

marechal (ma-re-chal) *subst.masc.* Oficial que ocupa o posto mais alto do Exército. [Pl.: *marechais.*]

maremoto (ma-re-mo-to) *subst.masc.* Fenômeno natural provocado por tremores de terra, que causam uma forte agitação no mar. Os **maremotos** trazem muita destruição.

maresia (ma-re-si-a) *subst.fem.* **1** Cheiro forte que vem do mar. **2** Ação do ar e da umidade marinhos que favorece o desenvolvimento da ferrugem. *A **maresia** estragou o aparelho de televisão.*

Pote africano feito de **marfim**.

marfim ► (mar-fim) *subst.masc.* Substância branca e resistente, encontrada nas presas dos elefantes. O **marfim** é muito usado na fabricação de joias e esculturas. [Pl.: *marfins.*]

margarida (mar-ga-ri-da) *subst.fem.* Flor com várias pétalas compridas e finas e de miolo grande e bem amarelo.

margarina (mar-ga-ri-na) *subst.fem.* Produto semelhante à manteiga, mas que é feito de óleos vegetais.

margem (mar-gem) *subst.fem.* **1** Faixa de terra lateral que segue o curso dos rios, que contorna lagoas, lagos etc. *São três metros de distância entre uma **margem** e outra.* [Sinôn.: *orla.*] **2** Espaço em branco em torno de uma página impressa. *Faça as correções na **margem** da folha.* [Pl.: *margens.*]

marginal (mar-gi-nal) *adj.masc.fem.* Quem vive fora do meio social e ignora seus costumes e regras. Bandidos são chamados de **marginais**. [Pl.: *marginais.*]

maria-mole (ma-ri-a - mo-le) *subst.fem.* CUL Doce que parece uma esponja, feito de claras de ovos batidas, gelatina e açúcar. [Pl.: *marias-moles.*]

marido (ma-ri-do) *subst.masc.* Quando um homem se casa, ele se torna o **marido** da mulher com quem se casou. [Sinôn.: *esposo*. Fem.: *mulher.*]

marimbondo (ma-rim-bon-do) *subst.masc.* Nome dado a alguns insetos que voam e têm ferrão. A vespa é um tipo de **marimbondo**.

→ Os **marimbondos** constroem seu ninho, arredondado ou em forma de dedo, usando barro ou plantas misturadas com saliva. A picada de **marimbondo** pode doer muito.

marinha (ma-ri-nha) *subst.fem.* Força Armada que faz a defesa marítima de um país. ☛ Primeira letra maiúscula.

marinheiro (ma-ri-nhei-ro) *subst.masc.* **1** Indivíduo que serve à Marinha. **2** Pessoa que trabalha em navio.

marinho (ma-ri-nho) *adj.* **Marinho** quer dizer relacionado ao mar. Um animal **marinho** vive no mar; o ar **marinho** é o ar que vem do mar.

mariola (ma-ri-o-la) *subst.fem.* CUL Doce de banana ou de goiaba em tablete, embrulhado em papel transparente.

marionete ▼ (ma-ri-o-ne-te) *subst.fem.* Boneco movimentado por cordas ou fios.

mariposa (ma-ri-po-sa) \ô\ *subst.fem.* Inseto que se parece com uma borboleta e que só voa de noite. As **mariposas** são atraídas pela luz.

marisco (ma-ris-co) *subst.masc.* **1** Qualquer animal invertebrado marinho, como o camarão e a ostra, usado na alimentação humana. **2** Chamamos de **marisco** especialmente o mexilhão.

maritaca ou **maitaca** (ma-ri-ta-ca; mai-ta-ca) *subst.fem.* Ave de cor verde, bem barulhenta e parecida com o papagaio.

marítimo (ma-rí-ti-mo) *adj.* **Marítimo** quer dizer relacionado ao mar. Um transporte **marítimo** é feito pelo mar.

marmanjo (mar-man-jo) *subst.masc. informal* Homem adulto. *Você já é um **marmanjo**, mas age como criança!*

marmelo (mar-me-lo) *subst.masc.* Fruta amarela usada em doces e compotas. ~ **marmeleiro** *subst.masc.*

marmita (mar-mi-ta) *subst.fem.* **1** Recipiente que transporta uma refeição. *As **marmitas** ficam na geladeira até a hora do almoço.* **2** O conteúdo desse recipiente também é chamado de **marmita**. *Mamãe prepara nossas **marmitas** de manhã cedo.*

mármore (már-mo-re) *subst.masc.* Pedra dura muito usada para fazer pias, tampos de mesa, esculturas etc.

marquise ► (mar-qui-se) *subst.fem.* Parte da laje que ultrapassa a parte exterior de um edifício e que serve de abrigo para os pedestres.

marreco (mar-re-co) *subst.masc.* Ave parecida com o pato, porém menor, sem verrugas vermelhas na face e com cauda empinada.

marrom (mar-rom) *subst.masc.* O marrom é a cor da terra e de algumas madeiras. *Olga pintou a parede de **marrom*** [Pl.: *marrons.*] ☛ Esta palavra pode ser usada como adj.: *blusa **marrom**, armário **marrom**.* Ver ilustração na p. 498.

martelo (mar-te-lo) *subst.masc.* **1** Ferramenta com um cabo e uma cabeça de material duro e resistente. O **martelo** é muito usado para bater, quebrar e também enfiar e tirar pregos. ☛ Ver ilustração de *ferramenta*. **2** ESP Bola de metal que pesa cerca de sete quilos e é presa a um arame ou cabo, usada em competições de atletismo.

marujo (ma-ru-jo) *subst.masc.* Pessoa que trabalha em um navio. [Sinôn.: *marinheiro*.]

mas *conjunção* Usamos **mas** quando queremos falar do que não aconteceu ou não é como esperávamos. *Diva queria tomar refrigerante, **mas** só bebeu suco. Paulo é inteligente, **mas** não quer estudar.* [Sinôn.: *entretanto, no entanto, porém*.]

mascar (mas-car) *verbo* Mastigar sem engolir. *Criança adora goma de **mascar**.*

máscara (más-ca-ra) *subst.fem.* Peça que cobre o rosto ou parte dele. A **máscara** geralmente imita um rosto ou cara de animal e é usada como disfarce ou fantasia.

mascote (mas-co-te) *subst.fem.* **1** Animal ou pessoa que alguns acreditam trazer boa sorte. *Os clubes de futebol costumam ter **mascotes**.* **2** Animal de estimação. *A **mascote** da família era uma gata preta.* ☛ Esta palavra pode ser usada no masc.: *Ivo tem um **mascote**.*

masculino (mas-cu-li-no) *adj.* **1** **Masculino** quer dizer relacionado a homem ou a macho. Vestuário **masculino** é vestuário para homens. Time **masculino** é um time composto só de homens. *subst.masc.* **2** GRAM Algumas palavras da nossa língua têm masculino. O **masculino** de "madrinha" é "padrinho".

massa (mas-sa) *subst.fem.* **1** Porção, geralmente sem forma, de substância sólida ou pastosa. *O pedreiro fez uma **massa** com cimento, areia e água. A **massa** do bolo ficou mole demais.* **2** Grande quantidade de algo que forma um conjunto. *Uma **massa** de ar quente se aproxima do litoral.* **3** Grande quantidade de pessoas. *A prefeitura está melhorando o transporte de **massa**.* **4** Mistura comestível de farinha, água, leite, ovos etc., comida geralmente assada, com ou sem recheio. *A **massa** da empada é diferente da **massa** da torta.* **5** Também chamamos de **massa** qualquer tipo de macarrão. *Aos domingos sempre comemos **massa**.* **6** Medida que indica a quantidade de matéria que um corpo tem.

massagem (mas-sa-gem) *subst.fem.* Pressão feita geralmente com as mãos no corpo de uma pessoa para ajudá-la a relaxar, diminuir uma dor etc. *O técnico fez uma **massagem** na coxa do jogador.* [Pl.: *massagens*.] ~ **massagear** *verbo*

mastigar (mas-ti-gar) *verbo* Usar os dentes para cortar os alimentos em pedacinhos pequenos, prontos para serem engolidos.

mastro (mas-tro) *subst.masc.* **1** Peça longa e circular que serve para sustentar velas ou antenas em embarcações. *O marinheiro prendeu a vela ao **mastro**.* ☛ Ver ilustração de *jangada*. **2** **Mastro** também é a peça usada para prender bandeiras e erguê-las. *A bandeira brasileira está no topo do **mastro**.*

mata (ma-ta) *subst.fem.* **1** Terreno coberto por árvores e plantas nativas. *A **Mata** Atlântica ocupava grande parte do litoral brasileiro.* **2** **Mata** também é o mesmo que floresta. ☛ Ver ilustração na p. 490.

matar (ma-tar) *verbo* **1** Tirar a vida de uma pessoa, um animal ou uma planta. **2** Se você se **mata** de estudar ou trabalhar, você se cansa muito com essas atividades. **3** *informal* Deixar de cumprir compromisso. *Olga **matou** aula.* **4** Para **matar** a fome, você deve se alimentar. *Só água **mataria** sua sede.*

mate (ma-te) *subst.masc.* **1** É o mesmo que erva-mate. **2** Chá feito com as folhas secas e torradas da erva-mate. *Tomamos **mate** gelado na praia.*

matemática (ma-te-má-ti-ca) *subst.fem.* Ciência que estuda os números, as figuras geométricas, as formas, as medidas etc. ~ **matemático** *adj. subst.masc.*

matéria (ma-té-ria) *subst.fem.* **1** Substância sólida, líquida ou gasosa que forma tudo o que ocupa um lugar no espaço. *A borracha é uma **matéria** resistente.* **2** Cada assunto que estudamos na escola, como geografia, português, matemática e desenho. [Sinôn.: *disciplina*.] **3** Assunto ou conjunto de assuntos de uma avaliação, de um período. *João estudou toda a **matéria** do ano para fazer a prova.* **4** Também é **matéria** o texto de jornal ou revista sobre algum assunto ou algum fato. *Liliane recortou a **matéria** sobre a preservação da Mata Atlântica.*

material (ma-te-ri-al) *subst.masc.* **1** Tudo que existe é feito de algum **material**. Madeira, pedra, vidro, metal e plástico são **materiais**. *De que **material** essa bola é feita?* **2** Conjunto do que usamos para um serviço ou uma atividade qualquer. No **material** que você usa na escola há caderno, lápis, caneta, livro, régua e apontador. [Pl.: *materiais.*]

matéria-prima (ma-té-ria - pri-ma) *subst.fem.* Substância ou material utilizado na fabricação ou produção de algo. O petróleo é a **matéria-prima** do plástico, da gasolina e de vários outros produtos. O milho é **matéria-prima** para produção de fubá, óleo, ração etc. [Pl.: *matérias-primas.*]

maternal (ma-ter-nal) *adj.masc.fem.* **1** **Maternal** quer dizer relacionado à mãe. *Ida não teve filhos, mas tinha um carinho **maternal** pelos sobrinhos.* *subst.masc.* **2** Nome antigo dado à escola que recebia crianças de dois a três anos de idade. Atualmente, as crianças de zero a três anos vão à creche. [Pl.: *maternais.*]

maternidade (ma-ter-ni-da-de) *subst.fem.* Hospital ou parte do hospital que cuida da saúde de mulheres grávidas.

materno (ma-ter-no) *adj.* O que é **materno** é relacionado à mãe. O leite **materno** vem da mãe. Os seus avós **maternos** são pais da sua mãe.

matilha (ma-ti-lha) *subst.fem.* Uma porção de cachorros juntos chama-se **matilha**.

mato (ma-to) *subst.masc.* **1** Vegetação que nasce de forma espontânea, sem ter sido plantada. *Temos que tirar o **mato** que nasceu na horta.* **2** Terreno coberto por essa vegetação. *Cuidado que neste **mato** há cobra.* **3** *informal* Quem mora em sítios, roças etc., vive no **mato**.

matrícula (ma-trí-cu-la) *subst.fem.* Quem faz **matrícula** num curso, numa turma, numa escola, numa academia etc. pode participar das atividades ou usar os serviços desses lugares. ~ **matricular** *verbo*

matrimônio (ma-tri-mô-nio) *subst.masc.* É o mesmo que casamento.

mau *adj.* **1** Uma pessoa **má** age com maldade. *O garoto era **mau**, batia nos animais, gritava com os irmãos.* ☛ Neste sentido, esta palavra pode ser usada como subst.: *Os **maus** nunca vencem.* **2** Dizemos que é **mau** algo a que faltam as qualidades que deveria ter. *Algumas pessoas, quando envelhecem, têm **má** memória. Josias é um **mau** ator.* [Sinôn.: *imperfeito.*] **3** É **mau** o que vai contra os bons modos, as convenções, a lei. *Queremos evitar aqui os **maus** costumes. Detesto **mau** humor e **má** vontade.* **4** Dizemos que é **mau** algo que é desagradável, que não é favorável ou que causa algum mal. *Que **mau** cheiro! Luana passou por um **mau** período de saúde. Chega de **más** notícias.* [Sinôn.: *ruim*. Antôn.: *bom*. Fem.: *má*. Superl.absol.: *malíssimo, péssimo.*] ☛ Não confundir com *mal*. Ver *pior*.

maxilar (ma-xi-lar) \cs\ *subst.masc.* Cada um dos dois ossos, um em cima do outro, que faz a boca abrir e fechar. O **maxilar** inferior dos mamíferos é chamado de mandíbula. [Pl.: *maxilares.*] ☛ Esta palavra pode ser usada como adj.: *nervo **maxilar**.* Ver ilustração na p. 478.

máximo (má-xi-mo) \ss\ *adj.* **1** **Máximo** quer dizer maior de todos. *O ginasta conseguiu a pontuação **máxima** no salto.* *subst.masc.* **2** A maior quantidade possível. *O motorista esperou o passageiro atrasado o **máximo** que pôde e partiu.* **no máximo** Se você vai demorar **no máximo** meia hora para voltar, não vai demorar mais que isso. *Nesta sala cabem, **no máximo**, 15 pessoas.* **ser o máximo** Se você diz que algo ou alguém **é o máximo**, quer dizer que é muito bom. *O filme de ontem **foi o máximo**; quero ver de novo. Ivan **é o máximo** em desenho.*

maxixe (ma-xi-xe) *subst.masc.* Fruto de uma planta que cresce pelo chão, verde e cheio de pontinhas parecidas com espinhos. O **maxixe** pode ser comido cru ou cozido. ~ **maxixeiro** *subst.masc.*

me *pron.pessoal* Usamos **me** no lugar de "eu", quando é para completar o significado de um verbo.

→ Devemos dizer "Ana **me** viu" e não "Ana viu eu".

mecânico (me-câ-ni-co) *adj.* **1** Algo **mecânico** funciona por meio de um mecanismo, como por exemplo uma bicicleta. *subst.masc.* **2** Pessoa que monta e conserta máquinas. *O **mecânico** consertará o carro em dois dias.*

mecanismo (me-ca-nis-mo) *subst.masc.* **1** Conjunto de elementos combinados para pôr uma máquina em movimento ou fazer alguma coisa funcionar. Motores de carro, bicicletas, liquidificadores, relógios etc. têm **mecanismo**. **2** Maneira de algo funcionar. *Nilo entendeu o **mecanismo** do jogo e venceu a partida.*

Mecha de cabelo.

mecha ► (me-cha) *subst.fem.* **1** Conjunto de fios grudados e torcidos, como num pavio de vela. **2** Porção de cabelo que tem cor, forma ou tamanho diferente do resto. *Minha mãe tem uma **mecha** de cabelo branco.*

medalha (me-da-lha) *subst.fem.* **1** Peça pequena de metal que traz uma figura ou algumas palavras. As **medalhas** são feitas para comemorar ou lembrar um fato ou uma pessoa importante. *João andava com uma **medalha** de santo Antônio.* **2** **Medalhas** também são dadas como prêmio. *O time de futebol não ganhou nenhuma **medalha** na olimpíada.*

média (mé-dia) *subst.fem.* **1** Valor que está bem no meio entre um máximo e um mínimo. *A **média** de espera é de dois minutos.* **2** Nota final de uma matéria, um concurso, um período, um curso etc. *A **média** do bimestre em geografia foi sete.*

medicamento (me-di-ca-men-to) *subst.masc.* Substância usada para tratar uma doença. [Sinôn.: *remédio*.]

medicina (me-di-ci-na) *subst.fem.* Conjunto de conhecimentos usados para prevenir e curar doenças. ~ **medicinal** *adj.masc.fem.*

médico (mé-di-co) *subst.masc.* **1** Pessoa que estudou medicina. *O **médico** recomendou repouso.* *adj.* **2** **Médico** quer dizer relacionado a doença, prevenção ou tratamento dela. *Vovô fará novos exames **médicos**.* **3** **Médico** também está relacionado ao profissional que exerce a medicina. Orientações **médicas** são orientações dadas por um médico.

medida (me-di-da) *subst.fem.* **1** O tamanho de algo. *Qual é a **medida** da fita que você vai comprar?* ☛ Ver tabela na p. 508. **2** Meio que se utiliza para realizar alguma coisa. *Fernanda tomou **medidas** urgentes para resolver o problema.*

¹médio (mé-dio) *adj.* Uma coisa é **média** quando está no meio de duas outras medidas. Uma camiseta **média** não é grande, nem pequena.

Médio vem da palavra latina *medius*, que quer dizer "que está no meio".

---

²médio (mé-dio) *subst.masc.* Dedo mais comprido da nossa mão, localizado no meio dos outros quatro. ☛ Esta palavra pode ser usada como adj.: *dedo **médio***. Ver ilustração na p. 478.

Forma simplificada de dizer "dedo médio".

---

medir (me-dir) *verbo* **1** Verificar a altura, a largura ou o comprimento de alguma coisa ou de alguém. *Ao **medir** o bebê, o pediatra viu que ele tinha crescido.* **2** Ter certa extensão, comprimento, altura etc. *A sumaúma pode **medir** até 70 metros de altura.* **3** Pensar nas consequências do que vai fazer ou dizer. *Elsa **mediu** as palavras para falar com o chefe.*

meditar (me-di-tar) *verbo* Ficar em silêncio e se concentrando durante um tempo, para relaxar a mente ou para pensar melhor sobre problemas, sobre a vida etc. ~ **meditação** *subst.fem.*

medo (me-do) \ê\ *subst.masc.* **1** Quando a gente acha que está em perigo, sente **medo**. *Liana ouviu um rugido e ficou tremendo de **medo**.* **2** Sentimento incômodo de que algo que a gente não quer possa acontecer ou pudesse ter acontecido. *O **medo** do fracasso paralisou o time.* [Antôn. geral: *coragem*.]

medroso (me-dro-so) \ô\ *adj.* Pessoa **medrosa** é aquela que sente muito medo. [Sinôn.: *covarde*. Antôn.: *corajoso*.]

medula (me-du-la) *subst.fem.* Parte interior ou profunda de uma estrutura animal ou vegetal. **medula espinhal** ANAT Parte que fica dentro da coluna vertebral, composta de células nervosas. **medula óssea** ANAT Substância mole que fica dentro dos ossos e produz células novas para o sangue.

¹meia (mei-a) *subst.fem.* Peça de tecido ou lã que calça o pé e parte da perna.

A palavra **meia** veio de *meia-calça*, assim como a **meia** que usamos no pé é uma parte da *meia-calça*.

[2]**meia** (mei-a) *numeral* Metade de uma dúzia, ou seja, o número seis.

Este **meia** é uma redução de ***meia** dúzia*.

meia-calça (mei-a - cal-ça) *subst.fem.* Meia que veste os pés e as pernas inteiras, chegando até a cintura. [Pl.: *meias-calças.*]

meia-noite (mei-a - noi-te) *subst.fem.* Hora no meio da noite em que um dia acaba e outro começa. [Pl.: *meias-noites.*]

→ Nos relógios de ponteiro, você sabe que é **meia-noite** quando o relógio marca 12 horas e é noite. Em outros relógios, a **meia-noite** aparece como zero hora.

meigo (mei-go) *adj.* As pessoas **meigas** são carinhosas, gentis e têm um jeito simples de tratar a gente. ~ **meiguice** *subst.fem.*

meio (mei-o) *subst.masc.* **1** Grupo que as pessoas frequentam ou com o qual elas vivem. *João sempre gostou de estar no **meio** familiar.* **2** Maneira de fazer alguma coisa. *Não há um **meio** de você chegar sem pegar ônibus?* **3** O centro de um espaço. *Ela ficou bem no **meio** da roda na quadrilha.* *advérbio* **4** Quando alguma coisa acontece, mas não completamente. *Marina chegou **meio** cansada do trabalho.* *numeral* **5** Metade de alguma coisa. *Ele bebeu **meio** litro de chá.* **meio ambiente** Conjunto de condições naturais que cercam os organismos. O **meio ambiente** influencia e é influenciado pelos organismos que nele vivem.

meio-dia (mei-o - di-a) *subst.masc.* Quando o relógio marca 12 horas e é dia, é **meio-dia**. Nessa hora, a manhã termina e a tarde começa. *Marcamos de almoçar ao **meio-dia**.* [Pl.: *meios-dias.*]

→ 12h e 30min: **meio-dia** e trinta ou meio-dia e...? Se você fala "meia maçã", "meia garrafa" e "meia hora", então você também vai falar **meio-dia** e meia, porque o adjetivo "meia" concorda com o substantivo "hora".

meio-fio (mei-o - fi-o) *subst.masc.* Fileira de paralelepípedos que ficam nas laterais externas das calçadas. [Pl.: *meios-fios.*] ☛ Ver ilustração na p. 484.

mel *subst.masc.* Líquido doce e espesso, produzido pelas abelhas e usado na alimentação. [Pl.: *méis e meles.*]

[1]**melado** (me-la-do) *subst.masc.* Calda espessa e escura obtida do caldo da cana-de-açúcar. Do **melado** se faz a rapadura.

O substantivo **melado** veio da palavra *mel*.

[2]**melado** (me-la-do) *adj.* **1** Com muito açúcar. *O café está **melado**.* **2** Sujo de substância pegajosa ou doce. *Sentei-me numa cadeira **melada** de sorvete.*

O adjetivo **melado** veio do verbo *melar*.

melancia (me-lan-ci-a) *subst.fem.* Fruta bem grande e arredondada, de casca verde e dura, polpa vermelha e muitas sementes pretas.

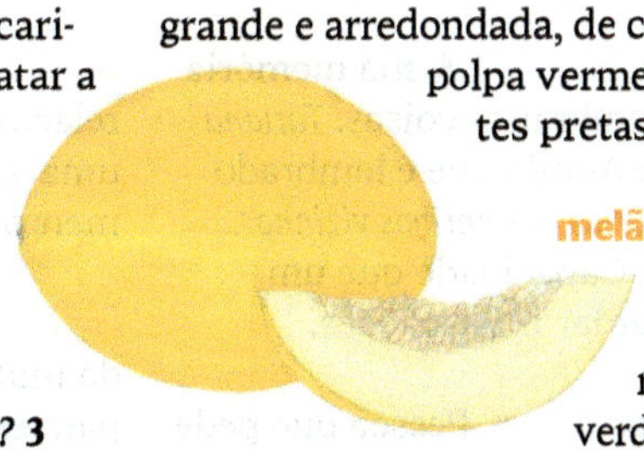

melão ◄ (me-lão) *subst.masc.* Fruta parecida com a melancia, porém menor, de casca verde ou amarela, e polpa e semente clarinhas. O **melão** tem um sabor meio doce. [Pl.: *melões.*] ~ **meloeiro** *subst.masc.*

melar (me-lar) *verbo* **1** Adoçar com muito mel ou açúcar. **2** Sujar-se com mel ou com substância doce. *Jairo **melou**-se com o sorvete.* **3** *informal* Não dar certo ou atrapalhar. *Os planos de viajar **melaram**. A chuva **melou** o nosso passeio.*

meleca (me-le-ca) *subst.fem. informal* Secreção que sai pelo nariz.

melhor (me-lhor) *adj.masc.fem.* **1** O que é **melhor** é muito bom e os outros não conseguem ser tão bons quanto ele. *Daniel é o **melhor** aluno da sala, mas Juliana escreve os **melhores** textos.* [Pl.: *melhores.*] *advérbio* **2** De um jeito muito bom, porque tem mais qualidade, conforto, satisfação, saúde etc. *Nélson está curado, por isso come **melhor**. O pai de*

Rodrigo mudou de emprego, agora a família vive ***melhor***. [Antôn. geral: *pior*.]

melhorar (me-lho-rar) *verbo* Mudar para melhor. *O estado de saúde do paciente* ***melhorou***. [Antôn.: *piorar*.] ~ **melhora** *subst.fem.*

melodia (me-lo-di-a) *subst.fem.* MÚS Combinação de sons musicais cantados ou tocados por um instrumento. *A* ***melodia*** *do Hino Nacional não saía da cabeça de Fabiane.*

membrana (mem-bra-na) *subst.fem.* ANAT Pele fina que une ou cobre partes do corpo. A pálpebra é a **membrana** que cobre os nossos olhos.

membro (mem-bro) *subst.masc.* **1** Cada uma das quatro partes que saem do tronco dos seres humanos e de outros animais. Os **membros** são usados para andar, segurar coisas ou pegar objetos. Os braços são nossos **membros** superiores, e as pernas são os inferiores. **2 Membro** é também o participante de um grupo, organização, clube etc. *Os* ***membros*** *da equipe estão de crachá.*

memória (me-mó-ria) *subst.fem.* **1** A sua **memória** é a sua capacidade de lembrar as coisas. *Tatiana tem uma ótima* ***memória***. **2** Aquilo que é lembrado. *Cristina guarda boas* ***memórias*** *dos antigos vizinhos.* [Sinôn.: *lembrança*.] **3** INF Capacidade que um computador tem de guardar informações.

mendigo (men-di-go) *subst.masc.* Pessoa que pede esmolas e vive da caridade dos outros.

menino (me-ni-no) *subst.masc.* Criança do sexo masculino. [Sinôn.: *garoto*.]

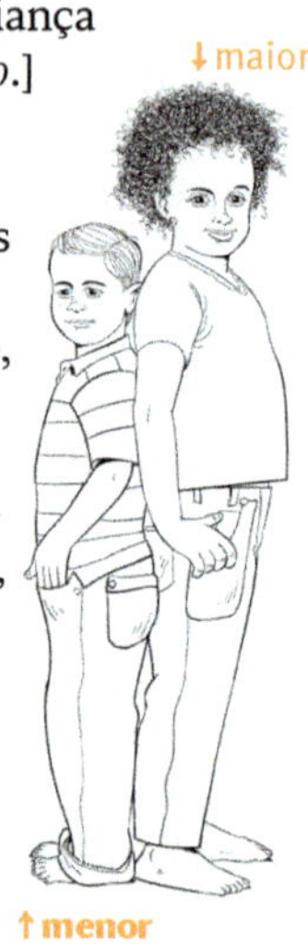

menor ► (me-nor) *adj.masc.fem.* **1** Usamos **menor** em vez de "mais pequeno". O que é **menor** tem quantidade ou tamanho pequeno, comparando com outro, ou é menos importante, menos intenso, mais curto ou pior que outro. *Matias tem 11 anos, é* ***menor*** *do que Jorge, que tem 10. A dor do tombo foi* ***menor*** *do que a dor que sinto agora.* [Antôn.: *maior*.] **2** Também usamos **menor** para falar da pessoa que ainda não chegou a uma certa idade. *O filme não pode ser visto por crianças* ***menores*** *de 12 anos.* *subst.masc.fem.* **3** Pessoa que tem menos de 18 anos. [Pl.: *menores*.]

menos (me-nos) *pron.indef.* **1** Usamos **menos** para falar do que é menor em quantidade. *Hoje havia* ***menos*** *carros na rua.* [Antôn.: *mais*.] *advérbio* **2** O que acontece **menos** acontece de um jeito mais fraco ou em número de vezes menor. *Como estava doente, Elisa comeu* ***menos***. *Danilo tem vindo* ***menos*** *à nossa casa.* [Antôn.: *mais*.] *preposição* **3** Se todos vão a um lugar, **menos** eu, só eu não vou. [Sinôn.: *exceto, fora*.] *subst.masc.* **4 Menos** é o nome do sinal de matemática que usamos para indicar uma subtração (–).

mensageiro (men-sa-gei-ro) *subst.masc.* Pessoa que leva e traz mensagens, encomendas etc.

mensagem (men-sa-gem) *subst.fem.* **1** Comunicação rápida que transmite uma informação, um recado etc. *Recebi uma* ***mensagem*** *no meu celular.* **2** Pensamento, valores, ideais que são transmitidos em leituras, discursos, obras de arte etc. *Que* ***mensagens*** *o filme transmite?* [Pl.: *mensagens*.]

mensal (men-sal) *adj.masc.fem.* **Mensal** quer dizer relacionado a mês. Revista **mensal** é publicada uma vez por mês. Pagamento **mensal** é o pagamento por um mês. [Pl.: *mensais*.]

menstruação (mens-tru-a-ção) *subst.fem.* O corpo da mulher, a partir da adolescência, se prepara para engravidar todo mês. Quando isso não acontece, seu organismo expele a proteção que se tinha formado no útero para o óvulo se desenvolver. Isso é a **menstruação**. [Pl.: *menstruações*.] ~ **menstruar** *verbo*

mental (men-tal) *adj.masc.fem.* O que é **mental** acontece na mente ou é próprio da mente. Um cálculo ou uma leitura **mental** é o que se faz na mente, sem escrever ou falar. Poder **mental** é o poder da mente. [Pl.: *mentais*.]

mente (men-te) *subst.fem.* **1** Parte da personalidade que possibilita que cada um de nós pense, aprenda, lembre-se, crie, tenha sonhos etc. **2** Capacidade de pensar, de ter ideias, de ter imaginação. *Glória tem uma* ***mente*** *brilhante.* **3 Mente** também é o pensamento, a memória. *Uma ideia lhe veio à* ***mente***. *O circo vai ficar na* ***mente*** *das crianças.*

mentir (men-*tir*) *verbo* Afirmar que algo é verdadeiro, mesmo sabendo que não é. *Por que você **mentiu** para mim?*

mentira (men-*ti*-ra) *subst.fem.* Afirmação de que algo é verdadeiro, mesmo sabendo que não é, feita para enganar alguém. *Quem contou essa **mentira** tão grande?* [Antôn.: *verdade.*]

mentiroso (men-ti-*ro*-so) \ô\ *adj.* **1** Uma pessoa **mentirosa** costuma contar mentiras. *Ninguém confia em crianças **mentirosas**.* **2** Falso, que dá impressão de ser real, verdadeiro. *Não acredite nestas notícias **mentirosas** que estão no jornal.* ☛ Esta palavra pode ser usada como subst.: *Este pescador é o maior **mentiroso**.*

menu (me-*nu*) *subst.masc.* **1** É o mesmo que cardápio. **2** INF **Menu** também é a lista de opções à disposição do usuário de um computador. *Clique em "abrir" no **menu** principal.*

mercado ▼ (mer-*ca*-do) *subst.masc.* **1** Local, às vezes ao ar livre, onde são vendidas diversas mercadorias, especialmente alimentos. *Fui ao **mercado** comprar verduras e legumes. Os pescadores deixam os peixes no **mercado** ainda de madrugada.* **2** Conjunto dos consumidores de um certo produto. *Os artesãos vendem seus trabalhos para o **mercado** estrangeiro.* **3** **Mercado** também é a relação entre a oferta e a procura de um produto. Quanto mais um produto é procurado, mais ele tem valor no **mercado**. *Três novidades estão movimentando o **mercado** de video games.* **mercado de trabalho** Quantidade de oferta e de procura de trabalho numa determinada região. *Com as novas construções, o **mercado de trabalho** para engenheiros começou a melhorar este ano.*

mercadoria (mer-ca-do-*ri*-a) *subst.fem.* Qualquer coisa que pode ser vendida ou comprada. *O caminhão foi roubado e levaram a **mercadoria**. Toda semana, a loja trocava as **mercadorias** da vitrine.*

mercearia (mer-ce-a-*ri*-a) *subst.fem.* Estabelecimento comercial onde são vendidos alimentos, bebidas, produtos de limpeza etc. [Sinôn.: *armazém.*]

merecer (me-re-*cer*) *verbo* Se você **merece** algo, é porque o conquistou ou tem direito a ele. *A peça **mereceu** todos os elogios que recebeu. Dessa vez, Julinho **mereceu** o castigo.* ~ **merecedor** *adj. subst.masc.* **merecimento** *subst.masc.*

merenda (me-*ren*-da) *subst.fem.* **1** Lanche leve feito entre o almoço e o jantar. *Às quatro horas é a hora da **merenda**, e às oito servimos o jantar.* **2** Lanche feito na escola. *A **merenda** hoje será salada de frutas.*

A atleta **mergulhou** na piscina.

mergulhar ▲ (mer-gu-*lhar*) *verbo* **1** Pular em um lugar cheio de água ou colocar algo dentro de um líquido. *Rodrigo **mergulhou** na piscina. Inês **mergulhou** a blusa na água com sabão.* [Sinôn.: *imergir*. Antôn.:

Mercado de alimentos.

emergir.] **2** Dedicar-se completamente a uma atividade. *Para passar no concurso, Elisa **mergulhou** nos estudos.* ~ **mergulho** subst.masc.

meridiano (me-ri-di-a-no) subst.masc. GEOG Cada uma das linhas imaginárias que é traçada na vertical do globo e que passa pelos dois polos. ☛ Ver ilustração na p. 482. ~ **meridional** adj.masc.fem.

mês subst.masc. **1** Cada uma das 12 divisões do ano. Cada **mês** tem cerca de 30 dias. *Fevereiro é o **mês** mais curto do ano.* **2** Qualquer período de 30 dias. *A obra durou um **mês**.* [Pl.: *meses.*]

mesa (me-sa) subst.fem. **1** Móvel de superfície plana apoiada em um ou mais pés, usada para estudar, jogar, comer, escrever etc. **2** Conjunto dos pratos, copos, talheres, guardanapos etc. utilizados em uma refeição. *Julieta, ajuda seu irmão a pôr a **mesa** do jantar, por favor.*

mesada (me-sa-da) subst.fem. Quantia que se paga ou se recebe todo mês ou toda semana. *Só vou ganhar **mesada** quando fizer 12 anos.*

mesmo (mes-mo) \ê\ adj. **1** Se uma coisa é a **mesma** que outra, ela é igual a essa outra. *Reinaldo e seu irmão tiveram a **mesma** ideia para a festa.* ☛ Neste sentido, esta palavra pode ser usada como subst.: *Cão é o **mesmo** que cachorro.* **2** Se alguém **mesmo** fez ou disse algo, essa pessoa, sozinha, fez ou disse isso. *Juliana disse que ela **mesma** fez o bolo.* [Sinôn.: *próprio.*] advérbio **3** A gente também diz **mesmo** quando quer confirmar uma coisa. *Sabrina foi **mesmo** embora da cidade.*

mesquita (mes-qui-ta) subst.fem. REL Templo onde se reúnem os muçulmanos.

mestiço (mes-ti-ço) subst.masc. Filho de pais de raças diferentes. *O mulato é **mestiço** de negro com branco.* ☛ Esta palavra pode ser usada como adj.: *gado **mestiço**.*

mestre (mes-tre) subst.masc. **1** É o mesmo que professor. **2** Pessoa que sabe ou que faz alguma coisa muito bem. *O malvado capitão era um **mestre** para os piratas. O ofício de carpinteiro foi passado aos filhos pelo **mestre**.* [Fem.: *mestra.*]

mestre-cuca (mes-tre - cu-ca) subst.masc. *informal* Pessoa que cozinha muito bem, que inventa pratos. [Pl.: *mestres-cucas.*]

mestre de obras (mes-tre de o-bras) subst.masc. Pessoa encarregada de orientar e fiscalizar os operários de uma obra. [Pl.: *mestres de obras.*]

mestre-sala ▼(mes-tre - sa-la) subst.masc. Nos blocos de carnaval e nas escolas de samba, o **mestre-sala** é quem dança com a porta-bandeira. [Pl.: *mestres-salas.*]

↑ porta-bandeira ↑ **mestre-sala**

meta (me-ta) subst.fem. **1** Resultado que se deseja atingir. *A **meta** dos agricultores era colher uma tonelada de tomates.* [Sinôn.: *objetivo.*] **2** ESP No futebol, espaço limitado por traves por onde a bola deve passar. [Sinôn.: *gol.*]

metade (me-ta-de) subst.fem. Cada uma das duas partes iguais em que alguma coisa é dividida. *Vou comer a **metade** da maçã. A **metade** de oito é quatro.*

metal (me-tal) subst.masc. Substância opaca e em geral dura e brilhante. Os **metais** conduzem bem o calor e a eletricidade. O ouro, o aço e o ferro são exemplos de **metais**. [Pl.: *metais.*] ~ **metálico** adj.

metalurgia (me-ta-lur-gi-a) subst.fem. Técnica de trabalhar com metais. Os metais são retirados da natureza e transformados em vários objetos, como parafusos, fios, latas etc.

metamorfose (me-ta-mor-fo-se) subst.fem. **1** BIO Grande transformação que ocorre durante o desenvolvimento de alguns animais, como sapos e borboletas. **2** Mudança muito grande de uma pessoa ou lugar. *A cantina sofreu uma **metamorfose** com as obras de reforma.*

→ Quando um animal passa por uma **metamorfose**, tudo pode mudar: sua forma, onde ele vive e o que ele come. Antes de ter patas e pular no solo, os sapos foram girinos que viviam só na água e tinham cauda. As borboletas foram lagartas que se arrastavam pelo chão e devoravam folhas. Besouros, moscas, abelhas, gafanhotos e vários outros animais sofrem **metamorfose**, em graus variados.

meteoro (me-te-o-ro) *subst.masc.* Rastro de luz que surge no céu, quando um corpo celeste em movimento entra em contato com a atmosfera terrestre. *Estrelas cadentes na verdade são **meteoros**.*

meteorologia (me-te-o-ro-lo-gi-a) *subst.fem.* Ciência que estuda o clima e pode prever se vai chover, se vai fazer frio ou calor etc. ~ **meteorológico** *adj.*

meter (me-ter) *verbo* **1** Guardar ou introduzir alguma coisa em algum lugar. *Estava com pressa e **meteu** tudo na mala de qualquer jeito.* **2** Esconder-se de alguém ou ocultar alguma coisa. *O bebê foi engatinhando até se **meter** embaixo da mesa.* **3** Participar de algo. *Ele não quis **meter** seu nome na confusão.* **4** Juntar-se ou associar-se a alguém. *Falamos para ela não se **meter** com aqueles rapazes estranhos.* **5** Causar ou provocar alguma sensação. *Filmes de terror **metem** medo em muita gente.* **6** Intrometer-se onde não deve. *Joana adora **meter-se** na conversa dos adultos.*

metido (me-ti-do) *adj.* **1** Quem tenta passar pelo que não é ou finge que sabe o que não sabe é **metido**. *Só gosto das pessoas sinceras; aquele cara é muito **metido**.* **2** **Metido** também é o mesmo que intrometido. *Ela é tão **metida**; vive se metendo na vida alheia.*

método (mé-to-do) *subst.masc.* Jeito particular de fazer qualquer coisa que segue certas regras ou etapas. *Há diferentes **métodos** de alfabetização. Cada um encontra seus **métodos** para relaxar.*

metro (me-tro) *subst.masc.* **1** Unidade de medida de comprimento. Um **metro** equivale a 100 centímetros (símbolo: *m*). *Aos três anos, Gabriel já media um **metro**.* **2** Fita ou vara usada para medir o comprimento de alguma coisa. *O vendedor mediu o tecido com um **metro**.*

metrô (me-trô) *subst.masc.* Trem movido a eletricidade que, na maioria das vezes, é subterrâneo e transporta passageiros de um local para outro rapidamente. ☛ Ver ilustração na p. 484.

metrópole (me-tró-po-le) *subst.fem.* **1** Cidade grande, de importância econômica, bastante movimentada e com muitos habitantes. *A cidade de São Paulo é uma grande **metrópole**.* **2** **Metrópole** é uma nação em relação às suas colônias. *Toda a riqueza extraída das colônias era enviada à **metrópole**.*

meu *pron.poss.* **Meu** é a palavra que usamos para dizer "de mim". Tudo o que é **meu** é da pessoa que está falando. *Eu sempre gostei do **meu** cabelo.* [Fem.: *minha*.]

mexer (me-xer) *verbo* **1** Misturar ou agitar o conteúdo de alguma coisa com a ajuda de colher, varinha etc., para unir os ingredientes, evitar que queime etc. *Para o creme ficar no ponto **mexa** sem parar até ferver.* **2** Mover-se de um lugar saindo da posição original. *Alguém **mexeu** na minha mesa e deixou as pastas fora da ordem.* **3** Você **mexe** em alguma coisa quando a modifica. *O chefe **mexeu** no texto da secretária. O técnico vai **mexer** no time para o próximo jogo.* [Sinôn.: *alterar*.] **4** *informal* Chatear uma pessoa com brincadeiras. *Olavo passou a festa toda **mexendo** com a prima.*

mexerica (me-xe-ri-ca) *subst.fem.* É o mesmo que tangerina.

mexilhão ▶ (me-xi-lhão) *subst.masc.* Molusco marinho e comestível, com concha formada por duas peças ovais e escuras. O **mexilhão** vive agarrado nas rochas e nos cascos de navios. [Pl.: *mexilhões*.]

mi *subst.masc.* MÚS Terceira nota da escala musical.

Para a origem do nome da nota **mi**, veja *dó* (primeira nota).

miar (mi-ar) *verbo* Quando um gato **mia**, ele produz um som curto e agudo. Os gatos **miam**, por exemplo, quando querem alguma coisa. ~ **miado** *subst.masc.*

mico (mi-co) *subst.masc.* Macaco pequeno que vive em bandos e tem a cauda comprida, quase do tamanho do resto do corpo.

micróbio (mi-cró-bio) *subst.masc.* Organismo muito pequeno que só pode ser visto no microscópio. Os **micróbios** vivem em toda parte e alguns causam doença. Bactérias, vírus e alguns fungos são **micróbios**.

micro-ondas (mi-cro - on-das) *subst.masc.* É o mesmo que forno de **micro-ondas**. *Vou colocar o feijão dois minutos no **micro-ondas**.* ☛ O sing. e o pl. desta palavra são iguais: *o **micro-ondas**, os **micro-ondas**.*

microscópico (mi-cros-có-pi-co) *adj.* Objetos e seres **microscópicos** são muito pequenos e só podem ser vistos pelo microscópio. *As bactérias são seres **microscópicos**.*

microscópio (mi-cros-có-pio) *subst.masc.* Instrumento científico com uma lente que aumenta seres e objetos bem pequenos. No **microscópio**, vemos detalhes que não conseguimos ver apenas com nossos olhos.

mídia (mí-dia) *subst.fem.* Conjunto dos meios de informação e comunicação que se destinam ao público em geral. Jornal, televisão e internet são exemplos de **mídia**.

migalha (mi-ga-lha) *subst.fem.* **1** O menor pedaço de um alimento. *O gatinho lambeu as **migalhas** de pão.* **migalhas** *subst.fem.pl.* **2** Restos, sobras. *Aceitar de herança estas **migalhas** seria uma ofensa para ele.*

migrante (mi-gran-te) *subst.masc.fem.* Pessoa ou animal que migra.

migrar (mi-grar) *verbo* Mudar de uma região para outra, de um país para outro etc. *No inverno, muitas aves **migram**. Muitos brasileiros **migraram** para o Japão.* ~ **migração** *subst.fem.*

migratório (mi-gra-tó-rio) *adj.* **1** **Migratório** quer dizer relacionado à migração. *O movimento **migratório** aumentou muito no século XX.* **2** Aves **migratórias** são aquelas que migram.

mil *numeral* **1** Quantidade que corresponde a dez centenas. **2** Número que representa essa quantidade. *Plantamos 1.000 mudas de árvores frutíferas.*

milagre (mi-la-gre) *subst.masc.* **1** REL Acontecimento fora do comum, que não pode ser explicado pelas leis da natureza. *O povo acreditava que era mais um **milagre** da santa.* **2** Um acontecimento que causa espanto, surpresa ou admiração também é chamado de **milagre**. *Foi um **milagre** Fabiano ter passado no concurso. A cura de Marcos é mais um **milagre** da medicina.*

milanesa (mi-la-ne-sa) \ê\ *subst.fem.* Esta palavra só é usada na locução *à **milanesa***. **à milanesa** CUL Modo de preparar um alimento para fritar, passando-o no ovo batido e em seguida em farinha grossa. *Bife **à milanesa** com salada, este foi o almoço.*

milênio (mi-lê-nio) *subst.masc.* **Milênio** é um período de mil anos. *Estamos vivendo o segundo **milênio**.*

milésimo (mi-lé-si-mo) *numeral* **1** Cada uma das mil partes iguais em que algo pode ser dividido. **2** O que ocupa a posição número mil em uma sequência.

milhão (mi-lhão) *numeral* Mil vezes o número mil. [Pl.: *milhões*.]

milhar (mi-lhar) *subst.masc.* Mil unidades de alguma coisa. [Pl.: *milhares*.]

milho (mi-lho) *subst.masc.* Grão amarelo de uma planta, muito usado na alimentação humana, por exemplo, para fazer pipoca e fubá. O **milho** cresce grudado em uma espiga e serve também de alimento para os animais.

Milho vem da palavra latina *milium*. Essa palavra pode ter se misturado com a palavra "mil", por causa da grande quantidade de grãos que cada espiga contém. O **milho** é uma planta da América do Sul que foi levada para a Europa pelos espanhóis e de lá se espalhou pelo mundo com a ajuda dos portugueses. Ele é hoje muito consumido, tanto cozido como assado, e é usado na fabricação de farinha, óleo, álcool e xaropes.

---

miligrama (mi-li-gra-ma) *subst.masc.* Medida de massa que equivale à milésima parte do grama (símbolo: *mg*). *Uma laranja tem em média 70 **miligramas** de vitamina C.*

mililitro (mi-li-li-tro) *subst.masc.* Medida de capacidade que equivale à milésima parte do litro (símbolo: *ml*). *O médico recomendou 15* ***mililitros*** *de xarope.*

milímetro (mi-lí-me-tro) *subst.masc.* Medida de comprimento que equivale à milésima parte do metro (símbolo: *mm*). *O espinho retirado do dedo tinha oito* ***milímetros***.

milionário (mi-li-o-ná-rio) *subst.masc.* **1** Pessoa muito rica. *adj.* **2** Muito rico ou de valor muito alto. *A moça ganhou na loteria e ficou* ***milionária***. *A dona do terreno recebeu uma proposta* ***milionária*** *para vendê-lo.*

militar (mi-li-tar) *subst.masc.* **1** Pessoa que segue carreira no Exército, na Marinha ou na Aeronáutica. *adj.masc.fem.* **2** **Militar** quer dizer relacionado a guerra, a soldados e a Exército. [Pl.: *militares.*]

milk-shake *subst.masc.* Palavra inglesa que significa bebida feita de sorvete batido com leite. ☛ Pronuncia-se *milk-xêik.*

mim *pron.pessoal* Usamos **mim** no lugar de “me”, quando há uma preposição antes.

→ Devemos dizer "Lúcio trouxe um doce para **mim**" e não “Lúcio trouxe um doce para me”.

mimar (mi-mar) *verbo* **1** Tratar com carinho e delicadeza. *A avó* ***mimou*** *a neta doente.* **2** **Mimar** também é fazer todas as vontades de alguém. *Tome cuidado para não* ***mimar*** *seu irmão menor.*

mímica (mí-mi-ca) *subst.fem.* Manifestação de pensamentos ou sentimentos apenas por meio de gestos.

mina ◢ (mi-na) *subst.fem.* **1** Depósito subterrâneo de minerais, como carvão, ouro, prata etc. *A Bolívia possui valiosas* ***minas*** *de prata.* [Sinôn.: *jazida.*] **2** Nascente natural de água doce. *Vamos encher as garrafas na* ***mina****?* [Sinôn.: *fonte.*] **3** Tipo de bomba que fica escondida sob a terra e explode quando algo com um certo peso passa sobre ela. *Os soldados tentavam localizar as* ***minas***.

mineral (mi-ne-ral) *subst.masc.* Matéria sólida natural, sem ser vegetal nem animal, que forma as rochas e a terra. Os alimentos também têm pequenas quantidades de **minerais**. ☛ Esta palavra pode ser usada como adj.: *reino* ***mineral***, *substância* ***mineral***. [Pl.: *minerais.*]

minério (mi-né-rio) *subst.masc.* Material extraído de minas, que possui valor econômico ou tem utilidade para o homem. *O Brasil é rico em* ***minério*** *de ferro. O ouro é um dos* ***minérios*** *mais valiosos do planeta.*

mingau (min-gau) *subst.masc.* **1** Creme de farinha, aveia, milho etc. cozido com leite. O **mingau** pode ser doce ou salgado. **2** *informal* Qualquer substância que tenha a aparência desse creme. *Esta massa está parecendo um* ***mingau***. [Sinôn. geral: *papa.*]

minguar (min-guar) *verbo* **1** Ficar menor, mais leve ou com menos quantidade. *As folhas de espinafre* ***minguaram*** *quando foram cozidas.* **2** A Lua **mingua** quando passa de cheia a nova. ~ **minguante** *adj.masc.fem.*

minhoca (mi-nho-ca) *subst.fem.* Animal sem patas, mole e comprido, que vive embaixo da terra. A **minhoca** ajuda a fertilizar o solo.

miniatura (mi-ni-a-tu-ra) *subst.fem.* Cópia pequena de algo maior. *Marcelo gosta de brincar com* ***miniaturas*** *de avião.*

[1]**mínimo** (mí-ni-mo) *adj.* **Mínimo** quer dizer muito pequeno, menor que todos os outros. *Há uma mancha* ***mínima*** *na sua roupa.* [Sinôn.: *minúsculo*. Antôn.: *enorme, imenso.*] **no mínimo** Quando dizemos que **no mínimo** três pessoas virão, estamos dizendo que não menos que três pessoas virão. *Para doar sangue é preciso pesar,* ***no mínimo***, *50 quilos. Carlos come,* ***no mínimo***, *dois pratos de comida no almoço.*

Mínimo vem da palavra latina *minimus*, que também quer dizer “menor, pequeno”.

Exploração de **mina** subterrânea.

A B C D E F G H I J K L M N O P Q R S T U V W X Y Z

²mínimo (mí-ni-mo) *subst.masc.* Menor dedo do pé ou da mão. ☛ Esta palavra pode ser usada como adj.: *dedo **mínimo**.* Ver ilustração na p. 478.

→ Forma simplificada de dizer "dedo mínimo".

ministério (mi-nis-té-rio) *subst.masc.* **1** Instituição do governo formada pelo ministro, seus ajudantes e os funcionários que atendem o público. *O **Ministério** da Saúde promove campanhas contra o fumo.* ☛ Neste sentido, primeira letra maiúscula. **2** Prédio onde trabalham os ministros e seus auxiliares. *Os documentos foram enviados para o **ministério**.* **3** Conjunto de todos os ministros de Estado. *O presidente se reuniu com o seu **ministério**.*

Miragem no deserto.

ministro (mi-nis-tro) *subst.masc.* **1** Chefe de um ministério. *O **ministro** da Saúde inaugurou mais um posto de saúde.* **2** Pastor protestante.

minoria (mi-no-ri-a) *subst.fem.* A **minoria** de um grupo é uma parte muito pequena dele. *Apenas a **minoria** dos alunos tirou nota baixa na prova.* [Antôn.: *maioria.*]

minúsculo (mi-nús-cu-lo) *adj.* **1** Bem pequeno. *A toalha de mesa tinha desenhos **minúsculos**.* [Sinôn.: *mínimo*. Antôn.: *enorme, imenso.*] **2** A letra **minúscula** é aquela que usamos na maioria das palavras da língua, menos no começo de frases e de nomes de pessoas e lugares. *A palavra "águia", nesta frase, se escreve com a primeira letra **minúscula**.*

minuto (mi-nu-to) *subst.masc.* Um **minuto** equivale a 60 segundos, e 60 **minutos** formam uma hora (abreviação: min). *Cada parte do jogo tem 45 **minutos**.*

miolo (mi-o-lo) \ô\ *subst.masc.* **1** A parte mole de dentro do pão e de alguns frutos. **2** *informal* Também chamamos de **miolo** o cérebro. *No almoço o prato era **miolos** de boi à milanesa.* **3** O recheio ou a parte central de algo. *O **miolo** do boneco é de flocos de espuma. O **miolo** da margarida é amarelinho.* **miolo mole** *informal* Falta de juízo ou de inteligência. *Esqueceu-se de novo de dar o recado, só pode estar com **miolo mole**.*

míope (mí-o-pe) *subst.masc.fem.* Pessoa que não enxerga bem de longe e por isso precisa usar óculos. ☛ Esta palavra pode ser usada como adj.: *olho **míope**, pessoa **míope**.* ~ **miopia** *subst.fem.*

mira (mi-ra) *subst.fem.* **1** É o mesmo que pontaria. *Rui tem excelente **mira**.* **2** **Mira** também é o nome que se dá a uma pequena peça que fica no cano das armas de fogo e ajuda a fazer pontaria. ~ **mirar** *verbo*

miragem ◄ (mi-ra-gem) *subst.fem.* **1** Visão que se tem de algo que não é real, em lugares muito quentes, especialmente os desertos, porque o sol forte reflete na areia e faz com que os olhos se enganem. **2** Realidade falsa. *A mesa com o lanche parecia uma **miragem** de tão bonita.* [Sinôn.: *ilusão.*] [Pl.: *miragens.*]

mirim (mi-rim) *adj.masc.fem.* **1** **Mirim** é o mesmo que pequeno. *No terreno só coube uma lagoa **mirim**. Guto ganhou uma bateria **mirim**.* **2** Um cantor **mirim** é um cantor que ainda é criança. [Pl.: *mirins.*]

miséria (mi-sé-ria) *subst.fem.* **1** Situação das pessoas a quem falta o mínimo para sobreviver. *No Brasil há muitas pessoas que vivem na **miséria**.* **2** Quantia de dinheiro muito pequena, que não é suficiente. *A fábrica paga uma **miséria** aos operários.*

missa (mis-sa) *subst.fem.* REL Importante ritual católico que lembra o sacrifício de Cristo.

missão (mis-são) *subst.fem.* **1** Tarefa importante para a qual certas pessoas são escolhidas ou que alguém deve fazer porque é sua obrigação. *A **missão** do prefeito é administrar bem a cidade.* **2** Conjunto de pessoas que cumprem essa tarefa, geralmente em outro lugar. *O embaixador fazia parte da **missão** de paz no país em guerra.* [Pl.: *missões.*]

mistério (mis-té-rio) *subst.masc.* **1** Tudo o que não conseguimos entender ou explicar totalmente. *Como surgiu o mundo ainda é um **mistério**.* **2** O que não contamos aos outros ou não sabemos. *O **mistério** do livro só foi revelado no fim.* ~ **misterioso** *adj.*

misto (mis-to) *adj.* **1** Formado por elementos diferentes. *A vitamina **mista** era feita de banana, maçã* *e mamão.* **2** Uma escola **mista** tem alunos dos dois sexos. *subst.masc.* **3** Conjunto de elementos diferentes. *Durante as férias, João sentiu um **misto** de alegria e tristeza.* **4** CUL Sanduíche de queijo e presunto.

mistura (mis-tu-ra) *subst.fem.* Reunião de coisas diferentes. *O cachorro vira-lata é uma **mistura** de raças.*

misturar (mis-tu-rar) *verbo* **1** Juntar coisas, formando algo novo. *Mamãe **mistura** farinha de milho com leite para fazer mingau.* **2** Colocar coisas juntas, mas fora de ordem. *O professor **misturou** os papéis para o sorteio.* **3** Se alguém **mistura** uma coisa com outra, às vezes troca e confunde essas coisas. *Paula ainda **mistura** as letras; está aprendendo a escrever.* [Antôn. para 1 e 2: *separar.*]

mito (mi-to) *subst.masc.* História, geralmente popular e muito antiga, que explica acontecimentos e crenças. *Há vários **mitos** para a criação do mundo.*

mitologia (mi-to-lo-gi-a) *subst.fem.* Conjunto dos mitos de um povo. *A **mitologia** grega é muito rica.* ~ **mitológico** *adj.*

miúdo (mi-ú-do) *adj.* **1** Muito pequeno. *A letra era tão **miúda** que ninguém conseguia ler.* **miúdos** *subst.masc.pl.* **2** Órgãos internos de animais, usados como alimento. Fígado, rins, moela etc. são **miúdos**. *André adora farofa com **miúdos** de galinha.*

mobília (mo-bí-lia) *subst.fem.* Conjunto de móveis de um quarto, de uma casa etc.

mochila ◢ (mo-chi-la) *subst.fem.* Tipo de bolsa para ser carregada nas costas.

moço (mo-ço) \ô\ *subst.masc.* Quem é **moço** tem pouca idade. [Sinôn.: *jovem.*] ☛ Esta palavra pode ser usada como adj.: *homem **moço**.*

moda (mo-da) *subst.fem.* **1** Estilo de vestir, viver, falar etc. que a maioria das pessoas acha bonito ou certo. *Agora é **moda** usar saia comprida.* **2** Quem trabalha com **moda** desenha ou faz modelos de roupa. **3** Cantiga, canção, música. *Almir tocou uma **moda** de viola.*

modelo (mo-de-lo) \ê\ *subst.masc.* **1** Antes de fabricar uma coisa, as pessoas costumam fazer o **modelo** dela. O **modelo** serve para mostrar como a coisa será e como ela vai funcionar. *Édson construiu o **modelo** de um avião.* **2** Pessoa ou coisa que deve ser imitada. *Mônica é um **modelo** para todos nós.* [Sinôn.: *exemplo.*] **3** Um novo **modelo** de carro tem o mesmo nome, mas tem novas características. *subst.masc.fem.* **4** Pessoa que desfila com roupas de uma loja ou costureiro, para exibi-las. [Sinôn.: *manequim.*]

modem *subst.masc.* INF Palavra inglesa que dá nome ao aparelho que liga um computador a um sistema telefônico, para que as informações possam ser enviadas de um computador para outro. Para ter acesso à internet é preciso usar um *modem.* ☛ Pronuncia-se *môdem.*

moderno (mo-der-no) *adj.* **1** **Moderno** está relacionado ao tempo atual, em que estamos vivendo. *Este livro mostra a arte antiga e a **moderna**. Rodrigo tem um corte de cabelo **moderno**.* **2** O que é **moderno** é o que existe de mais novo, feito com as técnicas e as ideias mais recentes sobre um assunto. *Os telefones celulares **modernos** são bem leves.* [Antôn. geral: *antigo.*] ~ **modernidade** *subst.fem.*

modesto (mo-des-to) *adj.* **1** Uma pessoa **modesta** não é convencida. *Mesmo sendo um sucesso, permaneceu um rapaz **modesto**.* **2** Uma casa **modesta** é uma casa simples, sem luxo, pequena. *Deu de presente uma **modesta** lembrança.* [Sinôn. geral: *humilde.*] ~ **modéstia** *subst.fem.*

modificar (mo-di-fi-car) *verbo* Quando você **modifica** uma pessoa ou uma coisa, ela fica diferente. *Você pode **modificar** o final da história.* [Sinôn.: *alterar, mudar.*] ~ **modificação** *subst.fem.*

modo (mo-do) *subst.masc.* **1** É o mesmo que maneira. **2** GRAM Característica que os verbos apresentam quando são flexionados, indicando certeza, dúvida, ordem etc. Em português há os **modos** indicativo, subjuntivo e imperativo. **modos** *subst.masc.pl.* **3** Se uma pessoa tem **modos**, ela é educada, sabe se comportar bem, sentar direito etc.

moeda (mo-e-da) *subst.fem.* **1** Meio que usamos para comprar coisas, pagar serviços, receber por um trabalho etc. *A* ***moeda*** *do Brasil é o real.* [Sinôn.: *dinheiro.*] **2** Círculo de metal feito pelo governo com um valor impresso que usamos em negócios e comércios. *Meu cofre só tem* ***moedas*** *de um real.*

moela (mo-e-la) *subst.fem.* BIO Parte do estômago de certos animais, como as aves, onde o alimento é transformado em pedaços. Como as aves não têm dentes, é a **moela** que esmaga os alimentos.

moer (mo-er) *verbo* **1** Esmagar até virar pó. *A moça* ***moeu*** *o café na hora de servir.* **2** Picar em pedaços minúsculos. *Comprei carne para* ***moer*** *em casa.* **3** Espremer em máquina própria para extrair o suco. *A máquina de* ***moer*** *cana-de-açúcar quebrou.*

mofo (mo-fo) \ô\ *subst.masc.* Nome dado aos fungos que aparecem em alimentos e provocam a sua decomposição.

moinho (mo-i-nho) *subst.masc.* **1** Máquina para moer grãos de cereais. O **moinho** pode ser movido a vento, água ou motor. **2** A construção que abriga essa máquina também é chamada de **moinho**.

moita (moi-ta) *subst.fem.* Conjunto de plantas e arbustos não muito altos que crescem bem próximos. *O coelho se escondeu naquela* ***moita***. **na moita** **1** *informal* Saber de alguma coisa e não comentar é ficar **na moita**. **2** *informal* Agir **na moita** é fazer algo sem ninguém saber. *A festa foi preparada* ***na moita***.

mola ► (mo-la) *subst.fem.* Peça elástica, geralmente de arame, em forma de espiral. *As* ***molas*** *do sofá estão fazendo barulho.*

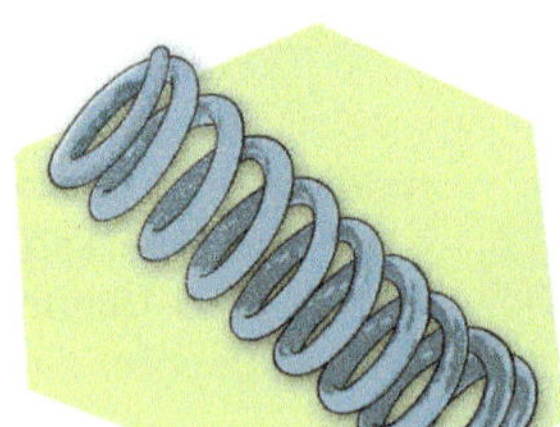

molar (mo-lar) *subst.masc.* ANAT Cada um dos dentes largos na parte de trás da boca, usados para esmagar os alimentos. [Pl.: *molares.*] ☛ Esta palavra pode ser usada como adj.: *dente* ***molar***. Ver ilustração na p. 478.

moldar (mol-dar) *verbo* **1** Fazer moldes. **2** Criar escultura dando formas e contornos a ela. ***Moldem*** *o barro com as mãos ou com este palitinho.*

molde (mol-de) *subst.masc.* Modelo, oco ou não, usado para reproduzir uma forma. *Coloque o* ***molde*** *sobre a folha e contorne-o com o lápis de cor. Faça a vela usando o copo como* ***molde***.

moldura (mol-du-ra) *subst.fem.* Peça que se encaixa em volta dos quadros, fotografias, gravuras etc.

mole (mo-le) *adj.masc.fem.* **1** Quando você toca uma coisa **mole**, ela afunda ou balança, porque não aguenta muita pressão. *O pudim ficou* ***mole*** *demais.* [Sinôn.: *macio*. Antôn.: *duro*.] **2** Uma pessoa **mole** faz as coisas devagar ou com preguiça. *Mário chegou atrasado porque é muito* ***mole*** *para se arrumar.* **3** Uma pessoa de coração **mole** é sensível. **4** Se você sente o seu corpo **mole**, você está sem força, sem ânimo. *A gripe deixa o corpo da gente* ***mole***. **5** *informal* Uma coisa fácil também é **mole**. *O jogo de hoje vai ser* ***mole***. *A prova foi* ***mole***. ~ **moleza** *subst.fem.*

molécula (mo-lé-cu-la) *subst.fem.* A menor parte de uma substância química que pode existir mantendo as suas propriedades. Uma **molécula** tem no mínimo dois átomos. *A* ***molécula*** *da água é formada por dois átomos de hidrogênio e um de oxigênio.* ~ **molecular** *adj.masc.fem.*

moleque (mo-le-que) *subst.masc.* **1** Garoto bem novo. *Bernardo conhece Caio desde que eram* ***moleques***. **2** Garoto que faz brincadeiras desagradáveis ou maldosas. *O* ***moleque*** *se machucou ao puxar o rabo do cachorro.*

moletom (mo-le-tom) *subst.masc.* **1** Tecido macio e quente, geralmente feito de algodão. *A calça de* ***moletom*** *está manchada.* **2** Roupa, geralmente casacos e calças, feita desse tecido. *Rafael, vista seu* ***moletom***, *pois está fazendo frio.* [Pl.: *moletons.*]

molhar (mo-lhar) *verbo* Cobrir algo com líquido ou espalhar líquido sobre alguma coisa. *Com a chuva, as roupas de Olga ficaram muito* ***molhadas***. *Josué* ***molhou*** *o pano com álcool.*

molho (mo-lho) \ó\ *subst.masc.* Uma porção de coisas juntas, como chaves, ervas ou flores, é um **molho**.

molho (mo-lho) \ô\ *subst.masc.* Caldo grosso, usado para temperar um prato ou servido junto com ele. Macarrão e salada geralmente têm **molho**.

de molho 1 Quando algo fica mergulhado em um líquido qualquer, dizemos que está **de molho**. *Para lavar roupas é comum deixá-las **de molho** na água com sabão.* 2 *informal* Também dizemos que uma pessoa está **de molho** quando ela está doente e não pode sair de casa. *Por causa da catapora, Josias ficou **de molho** uma semana.*

molusco (mo-lus-co) *subst.masc.* Animal invertebrado, de corpo mole, geralmente envolvido por uma concha. Há **moluscos** que vivem na água salgada, como a lula e a ostra, na água doce, como o caramujo, e na terra, como a lesma e o caracol.

momento (mo-men-to) *subst.masc.* 1 Um **momento** é um período muito curto de tempo, como alguns segundos. 2 Ocasião em que algo acontece. *Naquele **momento**, a campainha tocou.* [Sinôn.: *oportunidade.*] 3 Tempo presente. *No **momento**, Raul não pensa em mudar de emprego.* 4 Um **momento** também é uma situação, uma circunstância. *Carlos tem passado por **momentos** difíceis.* [Sinôn. para 1 e 2: *instante.*]

monarquia (mo-nar-qui-a) *subst.fem.* Forma de governo em que a maior autoridade é um rei ou uma rainha. ~ **monárquico** *adj.*

monitor (mo-ni-tor) \ô\ *subst.masc.* 1 Aluno que ajuda o professor nas aulas, organizando a turma, distribuindo material etc. *Mateus é **monitor** da aula de geografia.* 2 Aparelho eletrônico usado para exibir dados gerados pelo computador ou por uma câmera. *No meu prédio há um **monitor** na portaria.* 3 Aparelho que mostra informações sobre algo, como, por exemplo, quanto bate o coração de uma pessoa que está internada. [Pl.: *monitores.*]

monossílabo (mo-nos-sí-la-bo) *subst.masc.* GRAM Palavra que só tem uma sílaba. "Pé", por exemplo, é um **monossílabo**. ☛ Esta palavra pode ser usada como adj.: *palavra **monossílaba**.*

monstro (mons-tro) *subst.masc.* 1 Criatura muito grande que causa pavor nas pessoas. 2 Uma pessoa muito má também é chamada de **monstro**.

montanha (mon-ta-nha) *subst.fem.* 1 GEOG Alta elevação natural da superfície da Terra. As **montanhas** têm a base bastante larga. ☛ Ver ilustração na p. 490. 2 Região em que há **montanhas**. *O clima da **montanha** é muito saudável.* [Sinôn.: *serra.*] 3 Quantidade grande de coisas, de tarefas, de compromissos. *No tanque, há uma **montanha** de roupas para lavar!*

montar (mon-tar) *verbo* 1 **Montar** um móvel, um brinquedo etc. é juntar suas peças seguindo as instruções para deixá-lo inteiro e funcionando. 2 Subir em cavalo, ou outros animais, para ser por ele transportado. [Antôn. geral: *desmontar.*]

monte (mon-te) *subst.masc.* 1 Elevação de terreno não tão alta quanto uma montanha. *Atrás daquele **monte** começa a ferrovia.* [Sinôn.: *morro.*] ☛ Ver ilustração na p. 490. 2 Grande quantidade de gente ou de coisas. *Conheci um **monte** de gente nessas férias.*

monumento ▼ (mo-nu-men-to) *subst.masc.* 1 Obra construída em homenagem a alguém ou a algum fato. *O **Monumento** do Ipiranga foi construído para comemorar a independência do Brasil.* ☛ Neste sentido, pode-se escrever com primeira letra maiúscula. 2 Construção que chama a atenção pelo tamanho ou pela beleza. ☛ Ver ilustração na p. 484.

A catedral de Brasília é um **monumento** da arquitetura brasileira.

moqueca (mo-que-ca) *subst.fem.* CUL Prato típico da culinária baiana, feito de peixes ou frutos do mar cozidos em dendê, leite de coco e vários temperos.

moradia (mo-ra-di-a) *subst.fem.* Lugar onde se mora. *As chuvas deixaram muitas pessoas sem **moradia**.* [Sinôn.: *habitação*.]

morador (mo-ra-dor) \ô\ *subst.masc.* Aquele que mora em algum lugar é um **morador** daquele local. *A associação de **moradores** do bairro se reunirá amanhã.* [Pl.: *moradores*.]

moral (mo-ral) *subst.fem.* **1** Conjunto de regras de comportamento, valores e hábitos, como a bondade, a honestidade, a justiça etc., que uma sociedade adota como certo para o convívio em harmonia. *Nossa família se orienta pela **moral** cristã.* **2** Em fábulas e outras histórias, a conclusão que contém um conselho, um ensinamento. *Então, crianças, qual a **moral** da história?* **3** Capacidade de se impor diante de uma situação. *A professora chegou e controlou a turma na **moral**.* *subst.masc.* **4** Estado de espírito, ânimo. *O acidente na estrada deixou todo mundo com o **moral** baixo.* *adj.masc.fem.* **5** O que é **moral** segue regras de comportamento, valores, costumes etc. aceitos por um grupo social. Uma questão **moral** envolve opiniões sobre o que é certo e o que é errado fazer, aceitar etc. *Mentir é um defeito **moral**. O prefeito tem o compromisso **moral** de terminar as obras na cidade.* [Pl.: *morais*.]

moranga (mo-ran-ga) *subst.fem.* A **moranga** é um tipo de abóbora.

morango (mo-ran-go) *subst.masc.* Fruta vermelha quando madura, pequena e macia, com várias sementinhas pretas na sua casca. ~ **morangueiro** *subst.masc.*

morar (mo-rar) *verbo* **1** Quando estabelecemos residência em algum lugar, **moramos** nesse lugar. ***Moro** neste bairro há quatro anos.* **2** Viver com alguém na mesma residência. ***Moro** com a família do meu tio.*

morcego (mor-ce-go) \ê\ *subst.masc.* Mamífero que voa à noite. O **morcego** lembra um rato, possui asas com membranas e se pendura de cabeça para baixo, preso pelos pés.

morder (mor-der) *verbo* Quando você **morde** uma coisa, você a aperta com os dentes, geralmente para cortá-la ou tirar um pedaço dela. *Nanda tem mania de **morder** os lábios. Vera **mordeu** a maçã com vontade.*

mordida (mor-di-da) *subst.fem.* **1** Ferimento causado por uma dentada. *A **mordida** do cachorro inflamou.* **2** Pedaço de alimento obtido com uma dentada. *Quer uma **mordida** do meu sanduíche?*

moreno (mo-re-no) *adj.* A pele ou a pessoa **morena** é aquela que tem a cor entre o branco e o pardo, por ser mesmo assim ou por ter apanhado sol. ☛ Esta palavra pode ser usada como subst.: *Os **morenos** ficam bem de roupa clara.*

moringa (mo-rin-ga) *subst.fem.* Vasilha de barro usada para deixar a água fresca.

morno (mor-no) *adj.* Pouco quente. *Meu irmão gosta de tomar leite **morno**.*

morrer (mor-rer) *verbo* **1** Um organismo **morre** quando deixa de viver. [Sinôn.: *falecer*.] **2** Se algo para de funcionar, dizemos que **morreu**. *O carro **morreu** ao descer a ladeira.* **3** Quando temos sentimentos ou sensações muito intensos, dizemos que estamos **morrendo** daquilo. *Ricardo bebeu muita água porque estava **morrendo** de sede.*

morro (mor-ro) \ô\ *subst.masc.* **1** Monte não muito alto. *Vamos tentar subir aquele **morro**?* ☛ Ver ilustração na p. 490. **2** *informal* Conjunto de casas construídas nas encostas dos **morros**, geralmente ocupadas por pessoas pobres. *Eu nasci e cresci no **morro** da Coroa, no Rio de Janeiro.*

mortadela (mor-ta-de-la) *subst.fem.* Alimento feito de carne de porco ou de boi bem moída e envolvida por uma pele fininha. A **mortadela** tem a forma de um grande cilindro e é comida em fatias bem finas.

mortal (mor-tal) *adj.masc.fem.* **1** O que é **mortal** pode morrer um dia. *Os animais e os seres humanos são **mortais**.* [Antôn.: *imortal*.] **2** O que é **mortal** pode matar. *Certas cobras têm um veneno **mortal**.* [Sinôn.: *fatal*.] [Pl.: *mortais*.]

morte (mor-te) *subst.fem.* Fim da vida animal ou vegetal. *Muito sol pode causar a **morte** de certas plantas. A queda causou a **morte** do cão.*

morto (mor-to) \ô\ *adj.* O que está **morto** não tem mais vida. *Plantas **mortas** ficam murchas.* [Antôn.: *vivo.*] ☛ Esta palavra pode ser usada como subst.: *O **morto** deixará saudade.*

mosca (mos-ca) \ô\ *subst.fem.* Inseto pequeno e de duas asas. As **moscas** pousam no lixo, na comida, e podem transmitir doenças. **às moscas** *informal* Um local fica **às moscas** quando fica sem receber muitas pessoas. *Esta loja vai acabar fechando, pois está entregue **às moscas**.* **comer mosca** *informal* Dizemos que alguém **come mosca** quando perde as oportunidades ou então quando não entende as coisas. *Quem não faz aula de judô está **comendo mosca**, porque o professor é ótimo.*

mosquiteiro ▼ (mos-qui-tei-ro) *subst.masc.* Espécie de cortina de tecido bem fino que protege contra mosquitos.

mosquito (mos-qui-to) *subst.masc.* Inseto pequeno com duas asas e pernas compridas, que pica as pessoas e os animais para se alimentar do sangue deles. Alguns **mosquitos** podem transmitir doenças, como malária e dengue. [Sinôn.: *carapanã, muriçoca, pernilongo.*] ☛ Ver ilustração de *inseto.*

mostarda (mos-tar-da) *subst.fem.* **1** Verdura de folhas grandes e sabor meio picante. As sementes da **mostarda** são usadas para fazer tempero. **2** Molho amarelo ou marrom, de gosto forte, usado para temperar, por exemplo, o cachorro-quente e a *pizza.*

mostrador (mos-tra-dor) \ô\ *subst.masc.* Local, em uma máquina, onde aparecem informações sobre o seu funcionamento. No **mostrador** de uma calculadora, aparece a conta que você está fazendo. No **mostrador** do relógio, você vê as horas. [Pl.: *mostradores.*]

mostrar (mos-trar) *verbo* **1** Se você **mostra** alguma coisa para alguém, você faz essa pessoa ver isso. *Paulo **mostrou** para o amigo onde estava a bola.* **2** Se você **mostra** a alguém como fazer alguma coisa, essa pessoa vai ver como aquilo se faz. *A cozinheira **mostrou** como fazer a cobertura do bolo.* [Sinôn.: *demonstrar.*] **3** **Mostrar** também é dar sinais de alguma coisa. *As nuvens escuras **mostravam** que a chuva seria forte.* [Sinôn.: *indicar.*] ~ **mostra** *subst.fem.*

motivo (mo-ti-vo) *subst.masc.* **Motivo** é o que faz algo acontecer. *O tombo foi o **motivo** do choro de Rute.* [Sinôn.: *porquê, razão.*]

moto (mo-to) *subst.fem.* É o mesmo que motocicleta.

motocicleta (mo-to-ci-cle-ta) *subst.fem.* Veículo de duas rodas, movido a motor. Também se diz apenas moto.

motor (mo-tor) \ô\ *subst.masc.* Parte de uma máquina que usa eletricidade ou combustível para fazê-la funcionar. Carros, trens, geladeiras etc. têm **motores**. [Pl.: *motores.*]

motorista (mo-to-ris-ta) *subst.masc.fem.* Pessoa que dirige um veículo com motor, como carro, ônibus ou caminhão.

mouse *subst.masc.* INF Palavra inglesa que dá nome à parte do computador que você opera com uma das mãos. Quando você move o ***mouse*** sobre uma superfície, o cursor também se move na tela. Quando você clica no ***mouse***, você dá uma ordem para o computador. ☛ Pronuncia-se *máuze.*

→ ***Mouse*** em inglês é a mesma palavra usada para rato. Isso porque se achou que a peça do computador parecia com o animal: alongado e com um rabo comprido, o fio.

A B C D E F G H I J K L **M** N O P Q R S T U V W X Y Z

móvel (mó-vel) *adj.masc.fem.* **1** Uma coisa **móvel** se movimenta ou pode ser mudada de lugar. *A sala de exposições tinha paredes **móveis**.* [Antôn.: *imóvel*.] *subst.masc.* **2** Objeto que se põe numa casa, escritório etc. para as pessoas que moram ou trabalham ali usarem. Cadeiras, camas e armários são **móveis**. [Col.: *mobília*.] [Pl.: *móveis*.]

mover (mo-ver) *verbo* **1** Ir de um lugar para outro. *Tente se **mover** até o quarto.* **2** Mudar alguma coisa de lugar. *Ela teve de **mover** a mesa de uma sala para outra.* **3** Fazer alguma coisa se movimentar. *Os pedais **movem** a bicicleta.*

movimentar (mo-vi-men-tar) *verbo* **1** Fazer alguma coisa funcionar, entrar em movimento. *Se não **movimentar** os pedais da bicicleta, você não sairá do lugar.* **2** Dar ânimo, estímulo. *A chegada do circo **movimentou** a cidade.* **3** Se você se mexe, você se **movimenta**. *Vamos **movimentar** os braços para a direita e para a esquerda.* ~ **movimentação** *subst.fem.*

movimento (mo-vi-men-to) *subst.masc.* **1** O que se move faz um **movimento**. *Ficou na beira da praia olhando o **movimento** do mar.* **2** Um lugar agitado, com muitos carros e pessoas passando é um lugar com muito **movimento**. *Esta rua à noite não tem **movimento**.* **3** Maneira ou modo de se mover. *O balé exige **movimentos** suaves.* **4** Atividade artística, política etc. organizada por um grupo de pessoas. *Queremos participar do **movimento** contra a fome.*

muçulmano (mu-çul-ma-no) *subst.masc.* Pessoa que segue o islamismo. ☛ Esta palavra pode ser usada como adj.: *religião **muçulmana***.

muda (mu-da) *subst.fem.* **1** Planta jovem que é retirada de onde foi criada e plantada novamente em um lugar definitivo. *Trouxe do sítio duas **mudas** de violetas.* **2** Época em que alguns animais renovam a pele, o pelo ou a penugem. **3** Essa renovação também se chama **muda**. **4** Uma **muda** de roupa é um conjunto de roupas para se usar em um dia. *Coloquei na mala duas **mudas** de roupas.*

mudança (mu-dan-ça) *subst.fem.* **1** Quando alguma coisa fica diferente é porque houve uma **mudança**. *Você fez alguma **mudança** na arrumação das mesas?* [Sinôn.: *modificação*.] **2** Troca de um endereço para outro. Em uma **mudança**, levamos todos os objetos de um lugar para outro. *O caminhão que fez a **mudança** era grande.*

mudar (mu-dar) *verbo* **1** Tornar ou ficar diferente. *Gisele **mudou** o corte de cabelo.* [Sinôn.: *modificar, transformar*.] **2** **Mudar** de roupas, de ideias, opiniões etc. é trocá-las por outras. **3** Se você se **muda**, você vai morar numa outra casa.

mudo (mu-do) *subst.masc.* **1** Quem não pode falar. *Os **mudos** se comunicam por gestos ou por escrito.* ☛ Neste sentido, esta palavra pode ser usada como adj.: *pessoa **muda***. *adj.* **2** Se você está **mudo**, está calado, em silêncio. *Heloísa ficou **muda** durante toda a festa.*

mugir (mu-gir) *verbo* Quando a vaca e o boi **mugem**, eles produzem um som longo e grave. ~ **mugido** *subst.masc.*

muito (mui-to) *pron.indef.* **1** Usamos **muito** para falar do que temos em grande quantidade, mas sem dizer exatamente que quantidade é essa. *Cássia tem **muitos** amigos.* *advérbio* **2** **Muito** também é com um jeito intenso, forte ou frequente. *Andreia vem **muito** aqui, porque eu gosto **muito** dela.* [Sinôn. geral: *bastante*. Antôn. geral: *pouco*.]

mula (mu-la) *subst.fem.* Fêmea do burro.

mula sem cabeça (mu-la sem ca-be-ça) *subst.fem.* Assombração que toma a forma de uma mula sem a cabeça e galopa fazendo barulho em noites de sexta-feira. [Pl.: *mulas sem cabeça*.]

mulato (mu-la-to) *subst.masc.* Pessoa que é filha ou descendente de branco e negro. ☛ Esta palavra pode ser usada como adj.: *população **mulata***.

muleta ► (mu-le-ta) \ê\ *subst.fem.* Tipo de bengala comprida com um apoio para os braços, usada por quem tem dificuldade de andar. *Por causa do acidente, Jair usou **muletas** durante um mês.*

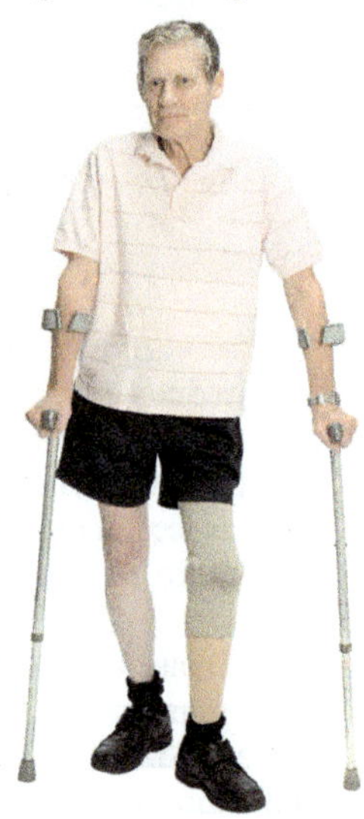

mulher (mu-lher) *subst.fem.* **1** Ser humano adulto do sexo feminino. [Masc.: *homem*.] **2** Aquela que se casa é **mulher** do homem com quem se casou. [Sinôn.: *esposa*. Masc.: *marido*.] [Pl.: *mulheres*.]

multa (mul-ta) *subst.fem.* Quantia que se paga por ato ilegal ou por não cumprimento de uma regra. *Quem estaciona o carro na calçada recebe* ***multa****. Quem devolve o livro atrasado paga* ***multa*** *de R$1,00.* ~ **multar** *verbo*

multidão (mul-ti-dão) *subst.fem.* Grande quantidade de pessoas. *Havia uma* ***multidão*** *querendo entrar no estádio.* [Pl.: *multidões*.]

multimídia (mul-ti-mí-dia) *subst.fem.* Forma de exibir informações que mistura textos, sons e imagens. *Na minha escola temos uma sala com equipamentos de* ***multimídia****.*

multiplicação (mul-ti-pli-ca-ção) *subst.fem.* **1** MAT Operação matemática que soma um número por ele mesmo tantas vezes quanto o valor de outro número até chegar ao resultado. Assim a **multiplicação** de dois vezes três é igual a seis, porque é igual a dois, mais dois, mais dois. **2** Quando uma coisa aumenta muito de quantidade, dizemos que aconteceu uma **multiplicação**. *Na experiência, observamos a* ***multiplicação*** *das bactérias.* [Pl.: *multiplicações*.]

multiplicar (mul-ti-pli-car) *verbo* **1** MAT Quando você **multiplica** uma coisa, por exemplo, por quatro, você torna essa coisa quatro vezes maior. *Se* ***multiplicarmos*** *dois por três, teremos seis.* **2** Quando aumentamos muito a quantidade de alguma coisa estamos **multiplicando**. *As doações da Fernanda* ***multiplicaram*** *o número de sapatos.*

multiplicativo (mul-ti-pli-ca-ti-vo) *adj.* MAT O numeral **multiplicativo** diz por quanto um número é multiplicado. Dobro, triplo, quádruplo são exemplos de numerais **multiplicativos**.

múltiplo (múl-ti-plo) *subst.masc.* **1** MAT Número que contém outro um número exato de vezes. *Dez é* ***múltiplo*** *de cinco. Nove é* ***múltiplo*** *de três.* *adj.* **2** O que está em grande quantidade é **múltiplo**. *Esta questão tem* ***múltiplos*** *resultados.*

múmia (mú-mia) *subst.fem.* Um corpo morto que, para não apodrecer, é coberto por óleos especiais e enrolado em panos.

→ As **múmias** mais conhecidas são as do Egito, mas também existem **múmias** na América Central e na América do Sul.

mundial (mun-di-al) *adj.masc.fem.* O que é **mundial** está relacionado ao mundo inteiro. *Todos desejam a paz* ***mundial****.* [Sinôn.: *global, universal*. Pl.: *mundiais*.]

mundo (mun-do) *subst.masc.* **1** Todo o Universo. **2** O planeta Terra. *Em nosso* ***mundo*** *não se vive sem ar.* **3** Qualquer outro corpo celeste em condições semelhantes às da Terra. *Será que há vida em outros* ***mundos****?* **4** Conjunto formado pelas pessoas que vivem na Terra. *As notícias da guerra chocaram o* ***mundo****.* **5** O seu **mundo** também pode ser a sua casa, o seu trabalho, os seus amigos. **6** *informal* Grande quantidade de pessoas, coisas etc. *Quem vai lavar esse* ***mundo*** *de pratos?* **no mundo da lua** Quem vive **no mundo da lua** vive muito distraído.

municipal (mu-ni-ci-pal) *adj.masc.fem.* O que é **municipal** pertence ao município ou é de responsabilidade do município. *As escolas* ***municipais*** *são gratuitas.* [Pl.: *municipais*.]

município (mu-ni-cí-pio) *subst.masc.* Divisão administrativa dos estados, governada por um prefeito e pelos vereadores. Os **municípios** são formados pela cidade e pela área rural em torno dela.

mural ▼ (mu-ral) *subst.masc.* **1** Quadro que serve para colocar avisos, fotos, figuras etc.

Sala com um **mural** pintado, na antiga Roma.

A B C D E F G H I J K L **M** N O P Q R S T U V W X Y Z

*Andreia tem um **mural** no seu quarto com várias fotos de amigos.* **2** Imagem decorativa, desenhada ou pintada, sobre muro ou parede. *Vão reformar o **mural** que fica na avenida central.* [Pl.: *murais.*]

muralha (mu-ra-lha) *subst.fem.* Muro de proteção muito alto e resistente. *Os exércitos não ultrapassaram as **muralhas** da cidade.*

murchar (mur-char) *verbo* **1** A flor ou planta que **murchou** perdeu a cor, secou, está quase sem vida. *O sol forte **murchou** as flores.* **2** Quando pneus ou bolas **murcham**, eles perdem o ar que estava dentro deles. [Sinôn.: *esvaziar.*] **3** *informal* Perder o ânimo, a energia. *Depois da notícia ruim a turma toda **murchou**.* [Sinôn.: *desanimar.*]

murcho (mur-cho) *adj.* **1** Uma flor **murcha** é uma flor seca, sem cor, quase sem vida. **2** Uma boia ou um pneu **murchos** estão sem ar.

muriçoca (mu-ri-ço-ca) *subst.fem.* **Muriçoca** é o nome dado ao mosquito no Nordeste do Brasil e em Minas Gerais.

murmúrio (mur-mú-rio) *subst.masc.* **1** Voz de pessoa falando baixinho. *Na plateia ouvíamos um **murmúrio** que atrapalhava a cena.* **2** Ruído das ondas do mar, das águas dos rios correndo sem parar. *Adoramos ficar na beira da praia ouvindo o **murmúrio** do mar.* ~ **murmurar** *verbo*

muro (mu-ro) *subst.masc.* Parede que serve para cercar uma área para protegê-la ou separá-la de outra. *O **muro** do campo tem três quilômetros.*

musculação (mus-cu-la-ção) *subst.fem.* Ginástica para deixar os músculos mais fortes. [Pl.: *musculações.*]

músculo (mús-cu-lo) *subst.masc.* ANAT Parte do corpo constituída de fibras que se contraem e se alongam, permitindo o movimento. ~ **muscular** *adj.masc.fem.*

Músculo vem da palavra latina *musculus*, que quer dizer "ratinho". Isso porque se achava que alguns **músculos**, quando encolhidos, pareciam pequenos ratos correndo sob a pele.

---

museu (mu-seu) *subst.masc.* Local onde são guardados e preservados objetos, documentos, obras de arte que tenham valor cultural, histórico e artístico. *O **museu** abrirá a partir das dez horas da manhã.*

música (mú-si-ca) *subst.fem.* **1** **Música** é o resultado da combinação de três elementos: melodia (sons tocados ou cantados), ritmo (batidas fortes e fracas) e harmonia (sons que acompanham a melodia). **2** Uma composição musical também é uma **música**. *Tom Jobim é autor de várias **músicas**.* **3** Alguns sons da natureza são chamados de **música**. *Escute a **música** da chuva na janela.*

musical (mu-si-cal) *adj.masc.fem.* **1** Algo **musical** é algo que diz respeito à música. *O violão é um instrumento **musical**.* *subst.masc.* **2** Espetáculo com música e dança. *Fred Astaire é um famoso ator americano de **musicais**.* [Pl.: *musicais.*]

músico (mú-si-co) *subst.masc.* Pessoa que compõe músicas ou toca algum instrumento como profissão. *Um dos **músicos** da banda não veio.*

musse (mus-se) *subst.fem.* CUL Alimento cremoso, gelado e leve, doce ou salgado, preparado com claras batidas misturadas a chocolate, suco de frutas, tomate etc.

mutirão (mu-ti-rão) *subst.masc.* Trabalho voluntário e gratuito que um grupo de pessoas faz para o bem comum. *Os amigos organizaram um **mutirão** e consertaram o telhado da escola.* [Pl.: *mutirões.*]

mútuo (mú-tuo) *adj.* Você diz que algo, como um sentimento, é **mútuo** quando a pessoa dá e recebe essa mesma coisa em troca. *O respeito tem que ser **mútuo** entre as pessoas.* [Sinôn.: *recíproco.*]

Nn

Ninho de vespa

n *subst.masc.* Décima quarta letra do nosso alfabeto. O **n** é uma consoante e, na língua portuguesa, pode estar antes de uma vogal, como em "nó", ou no final de uma sílaba. No fim das sílabas o **n** não é falado, mas deixa a vogal antes dele com o som nasal, como em "manso" e "pólen", por exemplo. Quando o **n** está junto de "h", o seu som fica diferente, como em "ninho".

nabo (na-bo) *subst.masc.* Raiz comestível, parecida com a beterraba, mas de cor clara. O **nabo** é consumido cru, em saladas, ou cozido, geralmente em sopas.

nação (na-ção) *subst.fem.* **1** Conjunto formado pelo país, pelo povo que nele mora e pelo seu governo. *O Brasil assinou contratos comerciais com diversas* ***nações*** *europeias.* **2** Território onde vive esse povo. *A* ***nação*** *brasileira é protegida pelas Forças Armadas.* [Sinôn.: *país.*] **3** Povo que habita esse território. *O presidente apresentou à* ***nação*** *os novos planos econômicos.* [Pl.: *nações.*]

nacional (na-cio-nal) *adj.masc.fem.* **1 Nacional** quer dizer relacionado a uma nação. *Os filmes* ***nacionais*** *fizeram muito sucesso.* **2** O que é **nacional** também representa a pátria. *Cantamos o Hino* ***Nacional****. Hasteamos a Bandeira* ***Nacional****.* **3 Nacional** também quer dizer relacionado ao território de uma nação. Uma campanha **nacional** atinge todos os lugares de uma nação. [Pl.: *nacionais.*]

nacionalidade (na-cio-na-li-da-de) *subst.fem.* País de origem. *Qual é a* ***nacionalidade*** *deste produto? André tem* ***nacionalidade*** *brasileira, mas mora na Espanha.* ☛ Ver tabela na p. 503.

naco (na-co) *subst.masc.* Pedaço de algo. *Túlio só comeu um* ***naco*** *de pão.*

nada (na-da) *pron.indef.* **1 Nada** é coisa nenhuma. Se você não tem **nada**, você está sem aquilo que é necessário ou sem aquilo que você quer. *Renata não gosta dessa comida, por isso não comeu* ***nada****. Passa o dia à toa, sem fazer* ***nada****.* [Antôn.: *tudo.*] *advérbio* **2** De modo nenhum, nem um pouco. *Henrique não é* ***nada*** *bobo.* **de nada** Não há o que agradecer. Se alguém nos diz "obrigado", nós devemos dizer **de nada**.

nadadeira ▼ (na-da-dei-ra) *subst.fem.* BIO Dobra da pele de animais aquáticos, como peixes, baleias e focas, em forma de lâmina ou de remo.

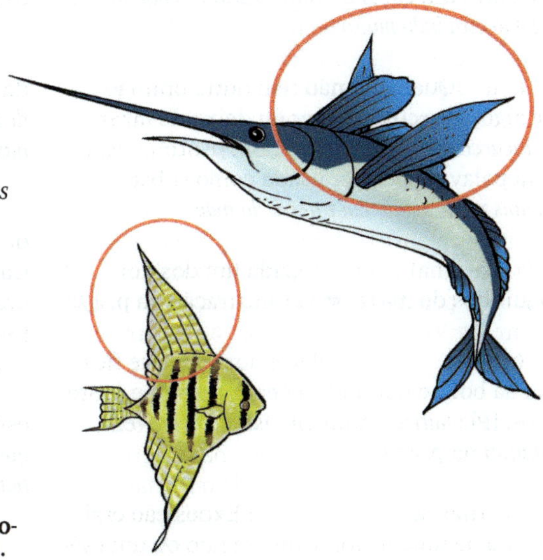

nadar (na-dar) *verbo* **1** Mover-se e flutuar na água, usando os braços e as pernas. *Os atletas* ***nadaram*** *de uma margem à outra do lago. Carlos* ***nada*** *muito bem.* **2** *informal* **Nadar** em alguma coisa é ter muito dessa coisa. *Os ganhadores da loteria ficaram* ***nadando*** *em dinheiro.* ~ **nadador** *subst.masc.*

nádega (ná-de-ga) *subst.fem.* ANAT Cada uma das duas partes arredondadas e altas entre as costas e as coxas. *A enfermeira aplicou a injeção na **nádega** direita.* ☛ Ver ilustração na p. 478.

naipe (nai-pe) *subst.masc.* **1** Desenho que diferencia cada um dos quatro grupos do baralho (ouros, copas, paus e espadas). *Cida separou todo o **naipe** de espadas.* **2** MÚS Num conjunto ou orquestra, os músicos que tocam o mesmo tipo de instrumento ou que têm a mesma classificação vocal.

namorado (na-mo-ra-do) *subst.masc.* **1** Pessoa de quem gostamos e com quem mantemos uma relação de amor e amizade. *Há um monte de **namorados** e **namoradas** no cinema.* **2** **Namorado** também é o nome de um peixe.

namorar (na-mo-rar) *verbo* **1** Manter uma relação romântica e de amor com uma pessoa, sem estar casado com ela. *Gilda **namora** Gilmar há dois anos.* **2** Quando a gente fica olhando para uma coisa com vontade de tê-la, a gente **namora** essa coisa. *Não tenho bicicleta, mas estou **namorando** uma.*

namoro (na-mo-ro) \ô\ *subst.masc.* A relação que existe entre um casal de namorados. *O **namoro** de Janice não está indo muito bem.*

não *advérbio* Quem diz **não** tem outra opinião sobre algo, se recusa a fazer ou deixa de fazer algo. *Ricardo **não** queria sair de casa.* [Antôn.: *sim.*] ☛ Esta palavra pode ser usada como subst.: *Vera ouviu dois **nãos**, um do pai e outro da mãe.*

narina (na-ri-na) *subst.fem.* Cada um dos dois buraquinhos do nariz. ☛ Ver ilustração na p. 478.

nariz (na-riz) *subst.masc.* Parte do rosto que fica acima da boca e por onde a gente respira e sente cheiros. [Pl.: *narizes.* Aument.: *narigão.*] ☛ Ver ilustração na p. 478.

narração (nar-ra-ção) *subst.fem.* **1** Exposição oral ou escrita de uma história, de um fato ou uma série deles. *A plateia estava atenta à **narração** da aventura espacial.* **2** Em filmes, peças teatrais, exposições etc., fala que acompanha, comenta ou explica uma sequência de imagens. *A **narração** do episódio foi gravada por um ator famoso.* [Pl.: *narrações.*]

narrador (nar-ra-dor) \ô\ *subst.masc.* Quem conta uma história, podendo ou não ser personagem dela. [Pl.: *narradores.*]

narrar (nar-rar) *verbo* Dizer ou escrever como aconteceu um fato, uma história etc. *Fomos orientados a **narrar** com detalhes o que aconteceu.* [Sinôn.: *relatar.*]

nasal (na-sal) *adj.masc.fem.* **1** **Nasal** quer dizer relacionado ao nariz ou às suas funções. Sangramento **nasal** é um sangramento que vem do nariz. **2** GRAM Um som é **nasal** quando parte dele sai pelo nariz, como o "m" de "mãe". [Pl.: *nasais.*]

nascente (nas-cen-te) *subst.fem.* **1** Ponto onde nasce um rio. ☛ Ver ilustração na p. 490. *adj.masc.fem.* **2** Quando o Sol aparece no horizonte, dizemos que é o Sol **nascente**. *subst.masc.* **3** Direção em que o Sol nasce. [Sinôn.: *leste.*]

nascer (nas-cer) *verbo* **1** Quando um bebê **nasce**, sai da barriga da mãe para viver entre as pessoas. **2** Se uma planta **nasce**, ela começa a criar raízes, dar brotos, sair da terra. **3** Quando o Sol **nasce**, ele aparece no horizonte. **4** Se alguém **nasceu** para fazer algo, essa pessoa faz isso muito bem. *Marli **nasceu** para cantar.*

nascimento (nas-ci-men-to) *subst.masc.* Início da vida fora do útero da mãe. *Qual é sua data de **nascimento**? O gato está com Anabela desde o **nascimento**.*

nata (na-ta) *subst.fem.* **1** A gordura do leite usada para fazer manteiga, doces, cremes etc. **2** Camada mais rica ou de maior prestígio de um grupo. *Só convidaram a **nata** da sociedade para a festa.* [Sinôn.: *elite.*]

natação (na-ta-ção) *subst.fem.* O exercício ou o esporte de nadar. *Renata pratica **natação** desde pequena. A equipe de **natação** ganhou duas medalhas.* [Pl.: *natações.*]

natal (na-tal) *adj.masc.fem.* **1** A cidade em que você nasceu é sua cidade **natal**. *O país **natal** de Valentina é a Itália.* *subst.masc.* **2** REL Festa que comemora o nascimento de Jesus Cristo, em 25 de dezembro. ☛ Neste sentido, primeira letra maiúscula. [Pl.: *natais.*]

nativo (na-ti-vo) *adj.* **1** Uma planta ou animal **nativo** é próprio de um local ou tem origem em um determinado lugar. *Cajueiro e pitangueira são* *árvores **nativas** do Brasil.* subst.masc. **2 Nativos** são as primeiras pessoas que habitaram um lugar ou que nasceram nele. *Os indígenas brasileiros são os **nativos** do Brasil.*

natural (na-tu-ral) *adj.masc.fem.* **1** Uma coisa **natural** é comum e provável de acontecer. *Se o bebê está com fome, é **natural** ele chorar.* **2** O que vem da natureza, sem ter sido feito por pessoas ou máquinas, é **natural**. *A cidade tem uma bela paisagem **natural**.* **3** Se você é **natural** de uma cidade, você nasceu nela. **4** Uma pessoa tem uma habilidade **natural** quando já nasceu com ela, sem ter sido ensinada. *Abigail tem um talento **natural** para pintura.* [Pl.: *naturais*.]

naturalidade (na-tu-ra-li-da-de) *subst.fem.* **1** Cidade ou estado onde uma pessoa nasceu. ☛ Ver tabela na p. 502. **2** O que é feito com **naturalidade** acontece de um jeito comum e espontâneo, sem parecer artificial. *As crianças perguntam sobre tudo com **naturalidade**.*

naturalmente (na-tu-ral-men-te) *advérbio* **1** O que acontece **naturalmente** acontece como deveria mesmo ser. *A vitória veio **naturalmente**.* **2** Por meios naturais, sem o ser humano agir. *A planta cresce **naturalmente** neste campo. A voz da moça é **naturalmente** bela.* **3** De um jeito espontâneo, que não é artificial. *A modelo sorriu **naturalmente**.* **4** Sem dúvida ou com muita chance de acontecer. *Quem estuda **naturalmente** sabe a matéria.*

natureza (na-tu-re-za) \ê\ *subst.fem.* **1** Conjunto de tudo que existe ou já existiu no Universo sem considerar o que foi criado ou construído pelo homem. *O céu, a terra, os planetas, os organismos, os minerais, tudo isso faz parte da **natureza**.* **2** Tudo que pertence ao mundo natural é chamado de **natureza**. *Não jogue lixo nos rios, a **natureza** agradece. Gosto de viver perto da **natureza**.* **3** **Natureza** também pode significar a personalidade, o caráter de alguém. *Joaquim sempre teve uma **natureza** tranquila. Pegar emprestado e não devolver não é de minha **natureza**.*

natureza-morta ► (na-tu-re-za - mor-ta) *subst.fem.* Uma pintura de um grupo de objetos ou seres sem vida, como frutas, flores, potes etc. é uma **natureza-morta**. [Pl.: *naturezas-mortas*.]

naufragar (nau-fra-gar) *verbo* Quando uma embarcação **naufraga**, ela vai para o fundo da água em que navega, por causa de um acidente. ~ **náufrago** *subst.masc.*

náusea (náu-sea) *subst.fem.* MED Sensação de tontura e enjoo. Uma pessoa tem **náusea**, por exemplo, quando está doente ou durante uma viagem de ônibus ou de barco.

A palavra **náusea** vem da palavra grega *naus*, que quer dizer "navio, embarcação". Isso porque é comum as pessoas enjoarem em viagens marítimas.

naval (na-val) *adj.masc.fem.* **Naval** quer dizer relacionado à Marinha ou à navegação. [Pl.: *navais*.]

nave (na-ve) *subst.fem.* Espaço comprido e estreito que vai da porta da igreja até o altar. **nave espacial** Veículo usado para viajar no espaço.

navegação (na-ve-ga-ção) *subst.fem.* Viagem em transporte marítimo ou aéreo. *Com os navios de hoje, a **navegação** está mais rápida e segura.* [Pl.: *navegações*.]

navegar (na-ve-gar) *verbo* **1** Mover-se no mar, no ar etc., num meio de transporte, como barco ou avião. *Para **navegar** no espaço aéreo de um país é preciso autorização.* **2** INF Consultar a internet indo de um *link* para outro. ~ **navegante** *subst.masc.fem.*

navio (na-vi-o) *subst.masc.* Embarcação bem grande que transporta pessoas ou cargas. [Col.: *frota*.] ☛ Ver ilustração de *embarcação* e também na p. 488.

neblina (ne-bli-na) *subst.fem.* Névoa intensa bem próxima ao solo. *Quando há **neblina** os carros devem circular com os faróis acesos.* [Sinôn.: *nevoeiro*.]

necessário (ne-ces-sá-rio) *adj.* **1** O que é **necessário** não pode faltar de jeito nenhum, porque outras coisas dependem dele. *A concentração é **necessária** para o estudo.* [Sinôn.: *fundamental, preciso*.] **2** O que não podemos evitar também é **necessário**. *A enchente destruiu a casa, é **necessário** você sair.* [Antôn.: *desnecessário*.]

necessidade (ne-ces-si-da-de) *subst.fem.* **1** Se temos **necessidade** de algo, não podemos ficar sem isso, porque isso é importante. *A **necessidade** de água é natural dos seres vivos. Ao se machucar, sentiu **necessidade** de gritar.* **2** Tudo o que é tão importante que não pode faltar de jeito nenhum. *Cada um sabe as suas **necessidades**.* **passar necessidade** Não ter as condições mínimas para viver bem. *Nenhuma criança deveria **passar necessidade**.*

necessitar (ne-ces-si-tar) *verbo* Ter necessidade de algo. *O corpo **necessita** de água.* [Sinôn.: *precisar*.]

néctar (néc-tar) *subst.masc.* BIO Líquido mais ou menos doce que alguns vegetais produzem. É do **néctar** que as abelhas fazem o mel.

negação (ne-ga-ção) *subst.fem.* **1** Uma **negação** diz não a uma pergunta, proposta ou ideia. *Marli ouviu a segunda **negação** ao seu pedido de aumento.* [Antôn.: *afirmação*.] **2** Se você diz que uma pessoa é uma **negação** para alguma coisa, você acha que ela não tem jeito para isso. *Adriano era uma **negação** para futebol.* [Pl.: *negações*.]

negar (ne-gar) *verbo* **1** Dizer que não é verdade. *Danilo **negou** que tivesse quebrado o copo.* [Antôn.: *confirmar*.] **2** Recusar ou deixar de dar. *Papai **negou** o aumento da mesada.*

negativo (ne-ga-ti-vo) *adj.* **1** Quando queremos dizer que não, usamos uma frase, uma palavra, um gesto, um olhar **negativo** ou qualquer outro jeito de expressar isso. [Antôn.: *afirmativo*.] **2** Um número ou uma temperatura **negativa** é menor que zero. **3** Uma pessoa **negativa** pensa no lado ruim das coisas e acredita que tudo vai dar errado. Uma atitude **negativa** mostra esse comportamento. [Antôn. geral: *positivo*.]

negociar (ne-go-ci-ar) *verbo* **1** Fazer negócio com uma empresa, uma pessoa, um país etc. Nesse negócio compra-se ou vende-se um produto ou um serviço. *Amir **negociou** o carro com o vizinho.* **2** Tentar fazer um acordo sobre uma questão em que as pessoas discordam. *Raul **negociou** com o irmão para ver quem jogava primeiro.* ~ **negociação** *subst.fem.*

negócio (ne-gó-cio) *subst.masc.* **1** Atividade de produção, compra e venda de mercadorias ou prestação de serviços. *Renata tem jeito para **negócio**.* **2** Ação que envolve comércio. *Cristiano fez **negócio** com o vizinho.* **3** *informal* Se você não lembra ou não quer dizer o nome de uma coisa, você chama de **negócio**. *Que **negócio** é esse aí na sua mão?* [Sinôn.: *coisa, treco*.]

negrito (ne-gri-to) *subst.masc.* Forma de destacar as letras que as deixa mais grossas do que as outras. Neste dicionário, a palavra citada no próprio verbete aparece em **negrito**.

negro (ne-gro) \ê\ *subst.masc.* **1** É o mesmo que preto. **2** Os **negros** são pessoas que têm a pele bem escura. ☛ Esta palavra pode ser usada como adj.: *pássaro **negro**, pessoas **negras**.*

nem *conjunção* **1** Usamos **nem** para juntar duas ideias negativas, em vez de usar o "e". *Ilma não canta **nem** dança bem, mas é ótima com patins.* *advérbio* **2** **Nem** é o mesmo que não, mas expressa com mais força que de jeito nenhum algo pode acontecer ou aconteceu. *Marco, **nem** pense em brigar com seu irmão! Zoé estava tão cansada que **nem** pensou em sair.*

neném (ne-ném) *subst.masc.fem.* É o mesmo que bebê. [Pl.: *nenéns*.]

nenhum (ne-nhum) *pron.indef.* **1** Usamos **nenhum** para mostrar que, num grupo, não existem elementos que sejam diferentes. *A turma não deixou **nenhuma** cadeira fora do lugar. **Nenhuma** criança merece ser maltratada.* **2** **Nenhum** também torna mais forte uma negação. *Não há problema **nenhum** em chorar quando se machuca.* [Sinôn.: *algum*.] [Pl.: *nenhuns*. Fem.: *nenhuma*.]

nervo (ner-vo) \ê\ *subst.masc.* ANAT Estrutura parecida com um fio, que liga o cérebro ao resto do corpo e transmite as sensações de dor, frio, calor, pressão etc.

nervoso (ner-vo-so) \ô\ *adj.* **1** Se você está **nervoso**, você está agitado, preocupado ou com medo. *João fica **nervoso** toda vez que seu time joga.* [Antôn.: *calmo, tranquilo.*] **2 Nervoso** também quer dizer relacionado a nervo. Célula **nervosa** é a célula que transmite mensagens de um órgão para o cérebro e vice-versa.

neto (ne-to) *subst.masc.* O **neto** é o filho do filho ou da filha de alguém.

neutro (neu-tro) *adj.* **1** Se uma pessoa fica **neutra** durante uma disputa, ela não fica a favor de nenhum dos lados. *É muito difícil ficar **neutro** quando dois amigos brigam.* **2** Uma cor **neutra** chama pouco a atenção porque não é muito forte nem brilhante. *Cinza e bege são cores **neutras**.*
~ **neutralidade** *subst.fem.*

nevar (ne-var) *verbo* Quando **neva**, cristais de gelo caem sobre a terra. *Agora já é comum **nevar** em algumas regiões do Sul do Brasil.*

neve (ne-ve) *subst.fem.* **1** Chuva de cristais de gelo que cai sobre a terra quando a temperatura está muito baixa. *Olhe, a **neve** começou a cair.* **2** Camada de cristais de gelo que se forma na superfície quando neva. *Vamos fazer um boneco de **neve**?*

névoa ▼ (né-voa) *subst.fem.* Vapor de água condensado que não chega a virar nuvem porque se mantém próximo ao solo.

nevoeiro (ne-vo-ei-ro) *subst.masc.* É o mesmo que neblina. *Com este **nevoeiro** é melhor não sair de carro.*

nhoque (nho-que) *subst.masc.* **1** Massa de batata e farinha de trigo cortada em pedacinhos arredondados. **2** CUL Prato feito com essa massa.

ninar (ni-nar) *verbo* Fazer uma criança dormir, geralmente cantando para ela.

ninguém (nin-guém) *pron.indef.* Nenhuma pessoa. ***Ninguém** merece ser desrespeitado. **Ninguém** faltou à festa de Flávio.*

ninhada (ni-nha-da) *subst.fem.* **1** Total de filhotes nascidos da mesma fêmea de uma só vez. **2** Conjunto dos filhotes de uma ave em um ninho.

ninho ◣ (ni-nho) *subst.masc.* Local escolhido pelos animais para pôr seus ovos ou criar seus filhotes. Alguns animais fazem seus próprios **ninhos** e moram neles enquanto cuidam da cria. *No **ninho** do pássaro havia três ovinhos. Encontramos um **ninho** de vespa no quintal.*

↑ **ninho** de vespa.
↓ **ninho** de pássaro.

nitrogênio (ni-tro-gê-nio) *subst.masc.* Gás sem cor e sem cheiro encontrado na atmosfera.

nível (ní-vel) *subst.masc.* **1** Posição, altura ou quantidade de algo. Se você diz que o **nível** do rio subiu, quer dizer que o rio está mais cheio e a água está mais perto das margens. *O **nível** de desemprego caiu nos últimos anos.* **2** O **nível** é como o degrau de uma escada, é cada uma das fases por que você vai ter de passar. *Este jogo de computador tem três **níveis**.* **3** Divisão do ensino escolar. Há, por exemplo, os **níveis** básico, médio e superior. **4** Qualidade, padrão. *O nosso time tem um **nível** excelente.* [Pl.: *níveis.*]

nó *subst.masc.* Dar um **nó** é cruzar duas pontas de um fio por dentro de um círculo feito com o próprio fio e puxar as pontas para lados opostos.

nobre (no-bre) *adj.masc.fem.* **1** Uma pessoa, um sentimento ou uma ação **nobre** merece respeito e admiração porque é boa e honesta. *Cuidar dos doentes é uma tarefa **nobre**.* **2** De origem importante, como a família dos reis e rainhas ou famílias de classe social alta. *Na história, uma moça pobre casa com um rapaz de família **nobre**.* ☛ Neste sentido, esta palavra pode ser usada como subst.: *Muitos **nobres** vieram para o Brasil em 1808.* [Superl.absol.: *nobríssimo, nobilíssimo.*]

nobreza (no-bre-za) \ê\ *subst.fem.* **1** Conjunto dos nobres, como reis e rainhas, que têm privilégios que as outras pessoas não têm. **2** Um gesto que tem **nobreza** é generoso, corajoso e admirado pelas pessoas. *Ademilde tem muita **nobreza**, sempre ajuda quem a procura.*

noção (no-ção) *subst.fem.* **1** Representação de algo na nossa mente. *A **noção** de felicidade varia de pessoa para pessoa.* [Sinôn.: *ideia.*] **2** Se você tem **noção** de algo, não sabe como isso é em detalhes, mas imagina como deve ser. *Algumas pessoas não têm **noção** do valor do dinheiro.* [Sinôn.: *ideia.*] **noções** *subst.fem. pl.* **3** Conhecimentos iniciais ou básicos de um assunto, atividade, tarefa etc. *Antes das aulas práticas, Márcia recebeu **noções** de surfe.* [Pl.: *noções.*]

nocivo (no-ci-vo) *adj.* O que é **nocivo** causa algum mal. Cigarro e álcool são **nocivos** à saúde porque provocam doenças. [Sinôn.: *prejudicial.*]

nódoa (nó-doa) *subst.fem.* Marca deixada por substância que tinge ou suja. *Samira não conseguiu tirar a **nódoa** de café do tapete.* [Sinôn.: *mancha.*]

noite (noi-te) *subst.fem.* Período de tempo entre o desaparecimento do Sol no horizonte e o nascer do Sol. *A **noite** estava bonita: céu com Lua e cheio de estrelas.*

noivado (noi-va-do) *subst.masc.* **1** Compromisso para se casar com alguém. **2** **Noivado** também é o tempo que dura esse compromisso ou a festa em que o comemoram.

noivo (noi-vo) *subst.masc.* Quem vai se casar. Os **noivos** usam aliança na mão direita.

nojo (no-jo) \ô\ *subst.masc.* **1** Mal-estar provocado por algumas coisas, às vezes causando enjoo. *Elaine tinha **nojo** de barata.* **2** Sensação de desagrado, antipatia por algo, que nos leva a detestar essa coisa, a evitá-la, a não querer contato com ela. *Tenho **nojo** de gente que maltrata animais.* **3** Algo que provoca essa sensação ou mal-estar. *Este barco está um **nojo** de tanta sujeira.*

nômade (nô-ma-de) *subst.masc.fem.* Pessoa ou povo que não tem moradia fixa, que vive mudando de lugar. [Antôn.: *sedentário.*] ☛ Esta palavra pode ser usada como adj.: *tribos **nômades**, povo **nômade**.*

nome (no-me) *subst.masc.* O **nome** de um lugar, um animal, uma pessoa ou uma coisa é a palavra ou o grupo de palavras que usamos para identificá-los. O **nome** serve para diferenciar um ser de outro.

nomear (no-me-ar) *verbo* **1** Dar um nome. *A atividade é pensar como **nomear** as fases da experiência que fizemos em aula.* **2** Indicar alguém para ocupar um cargo. *Os deputados **nomearam** os seus auxiliares.*

nora (no-ra) *subst.fem.* A esposa do filho de uma pessoa é **nora** dessa pessoa. [Masc.: *genro.*]

nordeste (nor-des-te) *subst.masc.* **1** GEOG Região brasileira onde estão localizados os seguintes estados: Alagoas, Bahia, Ceará, Maranhão, Paraíba, Pernambuco, Piauí, Rio Grande do Norte e Sergipe. ☛ Neste sentido, primeira letra maiúscula. Abreviatura *N.E.* **2** Direção que, na rosa dos ventos, fica entre o norte e o leste. O símbolo de **nordeste** é NE. ☛ Esta palavra pode ser usada como adj.: *região **Nordeste**, sentido **nordeste**.*

nordestino (nor-des-ti-no) *adj.* **1** **Nordestino** quer dizer relacionado à região Nordeste do Brasil. Um produto **nordestino** é um produto da região Nordeste. *subst.masc.* **2** Pessoa que nasceu ou que mora na região Nordeste do Brasil.

norma (nor-ma) *subst.fem.* Padrão obrigatório a seguir. *As **normas** de limpeza do escritório são bem detalhadas.* [Sinôn.: *regra.*]

normal (nor-mal) *adj.masc.fem.* **1** O que é **normal** é feito de acordo com as normas. *A aprovação do projeto dos alunos passou pelas etapas **normais**.* **2**

O que é **normal** acontece sempre. *É* ***normal*** *uma criança com sono chorar.* [Sinôn.: *comum*. Antôn.: *incomum*.] [Pl.: *normais*.]

normalmente (nor-mal-men-te) *advérbio* **1** Como deveria mesmo acontecer. *Depois da briga, a partida continuou* ***normalmente***. [Sinôn.: *naturalmente*.] **2** Na maioria das vezes. *Lúcia* ***normalmente*** *não chora.* [Sinôn.: *geralmente*.]

noroeste (no-ro-es-te) *subst.masc.* Direção que, na rosa dos ventos, fica entre o norte e o oeste. O símbolo de **noroeste** é NW. ☛ Esta palavra pode ser usada como adj.: *região* ***noroeste***, *sentido* ***noroeste***.

norte (nor-te) *subst.masc.* **1** GEOG Região brasileira onde estão localizados os seguintes estados: Acre, Amapá, Amazonas, Pará, Roraima, Rondônia e Tocantins. ☛ Neste sentido, primeira letra maiúscula. Abreviatura: *N.* **2** O **norte** é a direção que fica à sua frente quando você aponta o braço direito para a direção onde o Sol nasce. O **norte** é um dos quatro pontos cardeais, e o seu símbolo é N. ☛ Ver ilustração em *ponto*. ☛ Esta palavra pode ser usada como adj.: *região* ***Norte***, *rumo* ***norte***.

norte-americano (nor-te - a-me-ri-ca-no) *subst.masc.* **1** Quem nasceu ou quem mora na América do Norte. **2** Pessoa que nasceu ou que mora nos Estados Unidos da América. *adj.* **3 Norte-americano** quer dizer relacionado à América do Norte. *O Canadá é um país* ***norte-americano***. **4** Relacionado aos Estados Unidos da América. [Pl.: *norte-americanos*. Fem.: *norte-americana*.] ☛ Ver ilustração na p. 482.

nortista (nor-tis-ta) *adj.masc.fem.* **1 Nortista** quer dizer relacionado à região Norte do Brasil. Um produto **nortista** é um produto da região Norte. *subst.masc.fem.* **2** Pessoa que nasceu ou que mora na região Norte do Brasil.

nos *pron.pessoal* Usamos **nos** quando "nós" completa o significado de um verbo que não é acompanhado de preposição.

→ Devemos dizer "Ana **nos** viu" e não "Ana viu nós".

nós *pron.pessoal* Pessoa que fala por si mesma e por outras pessoas. É como se fosse "eu e você" ou "eu e ele". *Minha mãe disse que* ***nós*** *viajaremos nas férias. Tadeu viajou e trouxe presentes para* ***nós***.

→ Usamos **nós** como sujeito de uma oração ou para completar o significado do verbo quando ele é seguido de preposição.

nosso (nos-so) *pron.poss.* **Nosso** é a palavra que usamos para dizer "de nós". Tudo o que é **nosso** é da pessoa que fala e também de outra pessoa. *Cecília, mamãe disse que o presente não é só seu, é* ***nosso***.

nota (no-ta) *subst.fem.* **1** Número de pontos obtidos em uma avaliação ou competição. *Todos gostam de tirar a* ***nota*** *máxima.* **2** Papel feito pelo governo de um país, com um valor impresso, usado para compra e venda. *Não há* ***notas*** *de 80 reais.* [Sinôn.: *cédula*.] **3** Anotação pequena, geralmente um bilhete. *O livro do professor estava cheio de* ***notas***. **4** MÚS Cada sinal que representa um som da escala musical. As **notas** musicais são dó, ré, mi, fá, sol, lá e si. **5** MÚS Som que corresponde a cada um desses sinais. **6** Papel que informa o que se gastou com um serviço, uma compra etc. *É importante pedir a* ***nota*** *fiscal na loja.*

notar (no-tar) *verbo* Perceber ou tomar conhecimento de algo ou alguém. *Todos* ***notaram*** *como ela estava feliz.*

notável (no-tá-vel) *adj.masc.fem.* Uma pessoa, um fato, uma obra **notáveis** merecem ser vistos e admirados. [Pl.: *notáveis*. Superl.absol.: *notabilíssimo*.]

notebook ◣ *subst.masc.* Palavra inglesa que dá nome a um computador portátil. O ***notebook*** é pequeno e leve, para que possa ser usado no colo de uma pessoa. ☛ Pronuncia-se *noutbuk*.

notícia (no-tí-cia) *subst.fem.* **1** Informação sobre algo que aconteceu. *Francisco ouviu a* ***notícia*** *de que seu time ganhou o campeonato.* **2 Notícia** também pode ser uma novidade. *Minha mãe me deu uma* ***notícia****: vou ganhar um irmãozinho.*

noticiário (no-ti-ci-á-rio) *subst.masc.* **1** Conjunto de notícias divulgadas por jornal, televisão etc. *Este jornal não tem **noticiário** esportivo.* **2** Programa de rádio ou de televisão em que são apresentadas notícias. *Ana ouviu no **noticiário** que amanhã fará muito calor.*

noturno (no-tur-no) *adj.* **Noturno** quer dizer relacionado à noite. Um animal **noturno** fica mais ativo durante a noite. Aulas **noturnas** são aulas que acontecem à noite.

novamente (no-va-men-te) *advérbio* De novo, mais uma vez. *Choveu **novamente** hoje.*

novato (no-va-to) *adj.* Você chama de **novato** quem tem pouca experiência em um assunto ou acaba de chegar em um grupo. ☛ Esta palavra pode ser usada como subst.: *Chegaram os **novatos** da classe.*

novela (no-ve-la) *subst.fem.* História contada em capítulos. As pessoas assistem à **novela** pela televisão, antigamente ouviam-na pelo rádio. Também há **novelas** contadas em livros.

novelo (no-ve-lo) \ê\ *subst.masc.* Bola feita de fios enrolados.

novembro (no-vem-bro) *subst.masc.* Décimo primeiro mês do ano, entre outubro e dezembro. **Novembro** tem 30 dias.

novena (no-ve-na) *subst.fem.* REL Série de orações feita durante nove dias seguidos.

novidade (no-vi-da-de) *subst.fem.* **1** Tudo que é novo traz em si uma **novidade**. *Dudu sempre descobre umas **novidades** no mercado.* **2** Notícia recente. *Compramos o jornal para ver as **novidades** do dia. Quais são as **novidades**, pessoal?*

novo (no-vo) \ô\ *adj.* **1** Um objeto **novo** nunca foi usado ou teve pouco uso. *Cristina usou a blusa **nova** na festa.* **2** Uma pessoa **nova** tem pouca idade. [Sinôn.: *jovem*.] **3** Algo **novo**, como uma notícia, um fato, um livro etc., acabou de acontecer ou surgir. *Os médicos descobriram um **novo** tratamento.* [Antôn.: *antigo*.] **de novo** Se uma coisa acontece **de novo**, ela acontece mais de uma vez. *Luísa gostou tanto da música que quis ouvi-la **de novo**.* [Antôn. para 1 e 2: *velho*.]

noz *subst.fem.* Fruto comestível que fica dentro de uma casca muito dura, pequena e arredondada. A **noz** é um fruto seco e oleoso, de onde não sai suco. [Pl.: *nozes*.] ~ **nogueira** *subst.fem.*

nu *adj.* Se uma pessoa está **nua**, ela está sem roupa.

nublado (nu-bla-do) *adj.* Um dia **nublado** é um dia em que o Sol não aparece totalmente porque o céu está com muitas nuvens. ~ **nublar** *verbo*

nuclear (nu-cle-ar) *adj.masc.fem.* **Nuclear** quer dizer relacionado a núcleo. Por exemplo, a energia **nuclear** é obtida com alterações no núcleo do átomo. [Pl.: *nucleares*.]

núcleo (nú-cleo) *subst.masc.* **1** Parte central de qualquer coisa constituída por matéria. *O núcleo do planeta Terra é muito quente.* **2** Coisa ao redor da qual se organiza algo. *Nesta sala, funciona o **núcleo** da empresa.* [Sinôn.: *centro*.] **3** Parte principal de alguma coisa. *Vamos descobrir o **núcleo** dessa questão.* **4** Grupo de pessoas reunido em torno de algo. *Precisamos criar aqui um **núcleo** de pesquisa.*

nudez (nu-dez) \ê\ *subst.fem.* Ausência de roupa. *A **nudez** era comum entre os indígenas quando os portugueses chegaram ao Brasil.* ☛ Plural pouco usado: *nudezes*.

nulo (nu-lo) *adj.* Quando uma coisa não tem utilidade ou valor, dizemos que ela é **nula**. *A eleição teve muitos votos **nulos**.*

numeral (nu-me-ral) *subst.masc.* **1** GRAM Palavra que expressa uma quantidade exata de pessoas ou coisas ou lugares (como “dois”), o lugar que elas ocupam numa sequência (como “segundo”), uma fração (como “terço” ou “meio”) ou a multiplicação de uma unidade (como “dobro”). O **numeral** é uma das classes de palavras. ☛ Ver *cardinal*, *ordinal*, *fracionário* e *multiplicativo*. **2** Sinal que usamos para representar uma quantidade. *O 12 é um **numeral** cardinal.* [Sinôn.: *número*.] ☛ Ver tabela na p. 509. [Pl.: *numerais*.]

numerar (nu-me-rar) *verbo* Ordenar algo por meio de números. *Temos de **numerar** todas as páginas do trabalho.* ~ **numeração** *subst.fem.*

número (nú-me-ro) *subst.masc.* **1** Cada um dos sinais que usamos para representar uma quantidade. *Cristiano é o **número** cinco da fila.* [Sinôn.: *numeral.*] ☛ Ver tabela na p. 509. **2** Quantidade de elementos. *O **número** de idosos aumentou no Brasil.* **3** Parte de um espetáculo. *O músico apresentou seu **número** tocando guitarra.* **4** Publicação de uma revista que pode ser por mês, por semana ou por semestre. *Comprei o último **número** do meu gibi preferido.*

numeroso (nu-me-ro-so) \ô\ *adj.* O que é **numeroso** existe em uma quantidade muito grande. *Um grupo **numeroso** de crianças assistiu ao espetáculo.*

nunca (nun-ca) *advérbio* O que **nunca** aconteceu não aconteceu até agora ou não vai acontecer daqui para frente. *Gisele **nunca** está irritada. **Nunca** diga que não vai conseguir.* [Sinôn.: *jamais.* Antôn.: *sempre.*]

núpcias (núp-cias) *subst.fem.pl.* É o mesmo que casamento.

nutrição (nu-tri-ção) *subst.fem.* **1** É o mesmo que alimentação. **2** Estudo dos alimentos e da sua importância para a saúde das pessoas. [Pl.: *nutrições.*] ~ **nutricionista** *adj.masc.fem. subst.masc.fem.*

nutriente (nu-tri-en-te) *subst.masc.* Substância importante para fazer plantas, animais e pessoas viverem e crescerem. Os alimentos contêm **nutrientes**.

nutritivo (nu-tri-ti-vo) *adj.* Um alimento **nutritivo** oferece energia para um organismo funcionar bem. *Verduras, frutas, legumes, feijão, ovos e leite são alimentos **nutritivos**.*

nuvem (nu-vem) *subst.fem.* **1** A **nuvem** é formada pela condensação do vapor d'água contido na atmosfera. Se estiver muito carregada, ela se desfaz em forma de chuva. *Hoje o céu está sem nenhuma **nuvem**.* **2** Muito pó, fumaça ou poeira também formam **nuvem**. *O caminhão passou e levantou uma **nuvem** de poeira.* **3** Uma **nuvem** de insetos é uma enorme quantidade de insetos voando juntos. *Uma **nuvem** de gafanhotos atacou a plantação de milho.* [Pl.: *nuvens.*]

Oo

Ornitorrinco

[1]**o** *subst.masc.* Décima quinta letra do nosso alfabeto. A letra **o** é uma vogal e, na língua portuguesa, pode ter som aberto, como em "pó", ou fechado, como em "dor". No fim de palavras e em outros casos, pode ser falada igual ao "u", como em "medo" ou "bonito".

Nome da décima quarta letra do alfabeto latino.

[2]**o** *art.def.* **1** Usamos **o** junto de substantivos para mostrar que a palavra é masculina e falamos de algo em especial, não de qualquer coisa. Se dizemos "**O** menino é bonito", estamos falando de um menino em especial, que as pessoas que conversam sabem quem é. *pron.demonst.* **2** Também usamos **o** para substituir outra palavra que já citamos e que não queremos repetir na frase. É o mesmo que aquele. *O livro que Júlia pediu não é este,* ***o*** *que ela quer tem capa verde.* *pron.pessoal* **3 O** também é usado no lugar de "ele", para completar alguns verbos. ☛ Na frase, "Não sei de Fausto, não **o** vejo desde ontem.", **o** foi usado no lugar de "ele". Se a última letra do verbo é "r" e **o** vem depois dele, transforma-se em "lo", como em "Marco pegou o remédio para passá-**lo** no machucado."

O, artigo e pronome, vem do latim *ille*, que quer dizer "aquele".

oásis ▼ (o-á-sis) *subst.masc.* **1** Região fértil, com água e vegetação, no meio do deserto. **2** Lugar ou coisa agradável, no meio de outras ruins. *O quintal da tia, tão cheio de árvores com frutas, era um* ***oásis*** *naquela cidade grande.* ☛ O sing. e o pl. desta palavra são iguais: *o* ***oásis***, *os* ***oásis***.

oba (o-ba) \ô\ *interjeição* Palavra que expressa alegria, surpresa etc. *As férias chegaram!* ***Oba!***

obedecer (o-be-de-cer) *verbo* **1** Se você **obedece** a uma pessoa, a uma ordem, a uma instrução, você cumpre o que lhe disseram para fazer. *Alice dirige* ***obedecendo*** *às regras de trânsito.* **2** Atender a um estímulo, força, sentimento etc. *Os animais* ***obedecem*** *aos instintos.* **3** Funcionar como deve. *O freio do carro não está mais* ***obedecendo***. [Antôn. geral: *desobedecer*.]

obediência (o-be-di-ên-cia) *subst.fem.* Aceitação da vontade de outra pessoa ou cumprimento de

oásis

uma ordem ou instrução recebida. *Não houve aula em **obediência** ao feriado.* [Sinôn.: *respeito.*]

obediente (o-be-di-en-te) *adj.masc.fem.* Uma pessoa ou um animal **obediente** faz o que lhe mandam fazer. [Antôn.: *desobediente, teimoso.*]

obeso (o-be-so) \ê\ *adj.* Muito, muito gordo. Uma pessoa **obesa** pode ter vários problemas de saúde. ~ **obesidade** *subst.fem.*

óbito (ó-bi-to) *subst.masc.* Morte de uma pessoa.

objetivo (ob-je-ti-vo) *subst.masc.* **1** Resultado que buscamos atingir. [Sinôn.: *finalidade, meta.*] *adj.* **2** Livre de interesses ou opiniões pessoais. *A avaliação feita pelo juiz deve ser **objetiva**.* [Antôn.: *subjetivo.*] **3** Sem desvios desnecessários. *A notícia de jornal deve ser **objetiva**.*

objeto (ob-je-to) *subst.masc.* Qualquer coisa com aparência e forma definidas, que você pode tocar ou ver. Os **objetos** não têm vida e são feitos pelo homem ou por uma máquina. *A sala de aula tem vários **objetos**: quadro, mesas, cadeiras.*

obra (o-bra) *subst.fem.* **1** Tudo que é feito pelo homem. Um trabalho científico, uma criação artística, um livro escrito por uma pessoa são **obras** realizadas por ela. **2** Conjunto de trabalhos feito por um escritor, um arquiteto, um pintor etc. *O museu só possui uma parte da **obra** do pintor mexicano.* **3** Edifício em construção. *Muitos moradores daqui trabalham na **obra** ali da esquina.*

obra-prima (o-bra - pri-ma) *subst.fem.* **1** A melhor ou a mais importante obra de um artista, de um estilo ou época. *A cidade de Brasília é considerada uma **obra-prima** da arquitetura.* **2** O que é excelente, sem defeitos também é uma **obra-prima**. *Lindalva diz que os filhos são suas **obras-primas**. Os Lençóis Maranhenses são uma **obra-prima** da natureza.* [Pl.: *obras-primas.*]

obrigação (o-bri-ga-ção) *subst.fem.* Quem tem uma **obrigação** precisa fazer algo, sem poder recusar, porque alguém mandou, porque prometeu etc. *Pagar impostos é **obrigação** de todo cidadão.* [Pl.: *obrigações.*]

obrigado (o-bri-ga-do) *adj.* **1** Forçado a fazer alguma coisa. *Os motoristas foram **obrigados** a seguir pela outra rua por causa das obras.* **2** Quando um homem vai agradecer um favor, um presente que recebeu, diz **obrigado**. Se for mulher, diz **obrigada**.

obrigar (o-bri-gar) *verbo* Insistir com uma pessoa para que faça o que ela não quer fazer. *Roberto **obrigou** o irmão a sair.* [Sinôn.: *forçar.*]

obrigatório (o-bri-ga-tó-rio) *adj.* O que é **obrigatório** tem de ser feito pelas pessoas porque há uma lei, regra ou compromisso que determina isso. *Usar cinto de segurança nas estradas é **obrigatório**.*

observação (ob-ser-va-ção) *subst.fem.* **1** Quando uma pessoa olha com atenção para algo, querendo entender mais ou descobrir alguma coisa sobre isso, faz uma **observação**. *Os astrônomos fazem **observação** do céu. A equipe médica deixou o paciente em **observação**.* **2** Aquilo que se diz ou escreve sobre um assunto como acréscimo, correção ou explicação. *Inês fez uma **observação** ótima sobre a redação do colega.* [Pl.: *observações.*]

observar (ob-ser-var) *verbo* **1** Olhar com atenção. *Todo dia, Rodrigo **observava** o crescimento das plantas.* **2** **Observar** também é seguir as ordens de uma lei, religião ou tratamento de saúde. *O médico mandou **observar** os horários das refeições.* [Sinôn.: *obedecer.*]

obstáculo (obs-tá-cu-lo) *subst.masc.* **1** Qualquer coisa que impeça ou atrapalhe o movimento ou a realização de algo. *A falta de dinheiro não será um **obstáculo**, se usarmos a criatividade.* **2** ESP Em pistas de corrida, barreiras naturais ou construídas.

obter (ob-ter) *verbo* **1** Quando você **obtém** uma coisa, você passa a ter essa coisa, geralmente porque comprou. **2** Ganhar por ter merecido. *O grupo **obteve** mais 25 pontos.*

obturação (ob-tu-ra-ção) *subst.fem.* Curativo feito por um dentista para fechar uma cárie. [Pl.: *obturações.*] ~ **obturar** *verbo*

óbvio (ób-vio) *adj.* Fácil de descobrir, de entender ou de ver. O que é **óbvio** não deixa dúvidas. *É **óbvio** que estaremos de férias em janeiro.*
☛ Esta palavra pode ser usada como subst.: *Juju só pergunta o **óbvio**.*

oca ▼ (o-ca) *subst.fem.* Construção feita de troncos e fibras vegetais, geralmente de forma circular, usada, por indígenas do Brasil, como habitação para uma ou mais famílias.

ocasião (o-ca-si-ão) *subst.fem.* **1** Momento favorável para a realização de algo. *Renata ainda não encontrou **ocasião** de pedir aos pais para ir à festa.* [Sinôn.: *oportunidade.*] **2** Também chamamos de **ocasião** qualquer momento, época ou circunstância. *Em certas **ocasiões**, é melhor ficar calado.* [Pl.: *ocasiões.*]

oceânico (o-ce-â-ni-co) *subst.masc.* **1** Pessoa que nasceu ou que mora na Oceania. *adj.* **2 Oceânico** quer dizer relacionado a oceano. Um peixe **oceânico** é um peixe que vive em um oceano. **3 Oceânico** também quer dizer relacionado à Oceania. Um produto **oceânico** é um produto da Oceania. Um país da Oceania é um país **oceânico**. ☛ Ver ilustração na p. 482.

oceano (o-ce-a-no) *subst.masc.* **1** Grande extensão de água salgada que cobre boa parte do planeta Terra. [Sinôn.: *mar.*] **2** Cada uma das regiões do planeta cobertas por essa grande extensão de água salgada.

→ A Terra é composta de cinco **oceanos**: Atlântico, Pacífico, Glacial Ártico, Glacial Antártico e Índico.

ocidental (o-ci-den-tal) *adj.masc.fem.* **1 Ocidental** quer dizer relacionado ao Ocidente. Um povo, uma tradição ou um produto **ocidental** é ou vem do Ocidente. *subst.masc.fem.* **2** Pessoa que nasceu ou que vive no Ocidente. [Pl.: *ocidentais.*]

ocidente (o-ci-den-te) *subst.masc.* **1** Posição no horizonte onde o Sol desaparece. [Sinôn.: *oeste.*] **2** GEOG Parte do planeta que está a oeste, do lado esquerdo de um mapa. *A Europa e as Américas pertencem ao **Ocidente**.* ☛ Neste sentido, primeira letra maiúscula.

ócio (ó-cio) *subst.masc.* Tempo livre de obrigações e das ocupações habituais. *Durante as férias, ele se dividia entre o **ócio** e a preguiça total.* ~ **ocioso** *adj.*

oco (o-co) \ô\ *adj.* Algo **oco** é vazio por dentro. *Os troncos **ocos** são usados como abrigo pelos animais.* [Antôn.: *cheio.*]

ocorrer (o-cor-rer) *verbo* **1** É o mesmo que acontecer. *O que **ocorreu** durante o jogo?* **2** Ter uma ideia, uma lembrança de repente. *Não me **ocorreu** que você viria hoje.*

oculista (o-cu-lis-ta) *subst.masc.fem.* Médico que cuida dos olhos. [Sinôn.: *oftalmologista.*] ☛ Esta palavra pode ser usada como adj.: *médico **oculista**.*

óculos (ó-cu-los) *subst.masc.pl.* Os **óculos** são as duas lentes, presas a uma armação, que colocamos diante dos olhos para nos ajudar a enxergar melhor. Existem **óculos** que protegem os olhos da luz e da água.

oca

ocultar (o-cul-tar) *verbo* É o mesmo que esconder.

oculto (o-cul-to) *adj.* Se algo está **oculto**, ninguém pode ver ou sabe onde está. *O tesouro estava **oculto** na ilha.*

ocupação (o-cu-pa-ção) *subst.fem.* **1** **Ocupação** é o trabalho ou a profissão de uma pessoa. **2** Quando uma pessoa invade um terreno, uma casa ou algum imóvel que não tem dono ou está abandonado, ela faz uma **ocupação**. [Pl.: *ocupações*.]

ocupado (o-cu-pa-do) *adj.* **1** O que está cheio ou está sendo usado em determinado momento está **ocupado**. *Esse banheiro vive **ocupado**!* **2** Quem está fazendo alguma coisa também está **ocupado**. *Raquel vive **ocupada**, nunca tem tempo para conversar.* [Antôn. geral: *desocupado*.]

ocupar (o-cu-par) *verbo* **1** Preencher todos os espaços de alguma coisa deixando tudo cheio, sem sobrar nada. *Nossa turma vai **ocupar** todos os lugares da arquibancada.* **2** Quando usamos alguma coisa dizemos que estamos **ocupando** essa coisa. *Ele precisa **ocupar** o tempo com atividades interessantes.* **3** Quando uma pessoa tem um cargo ou uma determinada função dentro de uma empresa, dizemos que ela **ocupa** esse cargo. *Eduardo sempre quis **ocupar** a direção da loja.*

odiar (o-di-ar) *verbo* Se você **odeia** uma pessoa ou uma coisa, você tem raiva ou horror dela. ***Odeio** ficar com febre!* [Sinôn.: *detestar*. Antôn.: *adorar*.]

ódio (ó-dio) *subst.masc.* Sentimento forte de raiva em relação a algo ou alguém. *Meu pai tem **ódio** à corrupção.*

odontologia (o-don-to-lo-gi-a) *subst.fem.* Parte da medicina que estuda os dentes e os tratamentos para as doenças dentárias.

odor ► (o-dor) \ô\ *subst.masc.* É o mesmo que cheiro. [Pl.: *odores*.]

oeste (o-es-te) *subst.masc.* O **oeste** é a direção onde o Sol se põe. O **oeste** é um dos quatro pontos cardeais, e o seu símbolo é W. ☛ Esta palavra pode ser usada como adj.: *direção **oeste**, vento **oeste***. Ver ilustração em *ponto*.

ofegante (o-fe-gan-te) *adj.masc.fem.* Quem está **ofegante** está sem ar e respira com dificuldade. *Pedro chegou **ofegante** em casa porque subiu a escada correndo.*

ofender (o-fen-der) *verbo* Provocar desgosto, raiva ou mágoa em alguém por causa do que se falou ou fez. *Célio **ofendeu** o vizinho com acusações falsas.*

ofensa (o-fen-sa) *subst.fem.* **1** Palavra ou atitude que fere os sentimentos ou a honra de outra pessoa. *Gabriel ficou muito triste com as **ofensas** que ouviu.* **2** Falta de respeito a uma regra, a uma tradição etc. *Para aquela tribo, não aceitar um alimento é uma **ofensa** grave.*

ofensivo (o-fen-si-vo) *adj.* **1** Um gesto ou palavra **ofensiva** ofende a alguém. *Hilda pediu desculpas por suas palavras **ofensivas**.* **2** Um time **ofensivo** ataca bastante o adversário.

oferecer (o-fe-re-cer) *verbo* **1** Apresentar algo para que seja aceito ou não. *Já **ofereci** café para as visitas.* **2** Dar de presente. *O sogro **ofereceu** a festa de casamento.* **3** Colocar algo ou a si próprio à disposição de alguém. *Meus amigos nos **ofereceram** a casa de praia.*

oferta (o-fer-ta) *subst.fem.* **1** Algo que você recebe como um presente é uma **oferta**. *Receba esta pequena **oferta** como prova de nosso carinho.* **2** Quando uma mercadoria está mais barata, está em **oferta**. *No supermercado, aproveitamos as **ofertas** do dia.* **3** Ao propor um valor para compra ou venda de um produto, fazemos uma **oferta**. *O dono do imóvel não aceitou a nossa **oferta**.*

ofertar (o-fer-tar) *verbo* Oferecer como presente. *Os filhos **ofertaram** flores às mães.*

oficial (o-fi-ci-al) *subst.masc.* **1** Militar das Forças Armadas que ocupa postos de comando, como os brigadeiros, coronéis, tenentes etc. *Os novos **oficiais** assumiram seus postos.* *adj.masc.fem.* **2** Feito por alguém do governo ou por alguma autoridade. *A resposta **oficial** virá depois que os médicos examinarem o paciente. O prefeito fez uma visita **oficial** à escola.* [Pl.: *oficiais.*]

oficina (o-fi-ci-na) *subst.fem.* **1** Lugar onde se conserta ou se cria algo. *Clóvis tem uma **oficina** de brinquedos.* **2** Local onde se consertam automóveis. *O motor está falhando, vamos ter que levar o carro à **oficina**.* **3** Curso em que se aprende muitas coisas em pouco tempo. *A **oficina** de criação de textos será no sábado.*

ofício (o-fí-cio) *subst.masc.* **1** Qualquer atividade de trabalho ou profissão. *Aprendi o **ofício** da costura com minha madrinha.* **2** Documento usado para fins de comunicação entre os setores de uma empresa. *A secretária enviou um **ofício** ao diretor informando o seu período de férias.*

oftalmologista (of-tal-mo-lo-gis-ta) *subst.masc.fem.* É o mesmo que oculista.

oh *interjeição* Palavra usada para expressar surpresa, tristeza, decepção ou para repreender. ***Oh**, o passarinho morreu! **Oh**, pare com isso ou vai levar um tapa.*

oi *interjeição* Usamos **oi** para cumprimentar alguém. ***Oi**, tudo bem?*

olá (o-lá) *interjeição* Usamos **olá** para cumprimentar ou chamar alguém. ***Olá**, Ilma. Você chegou há muito tempo?*

óleo (ó-leo) *subst.masc.* Tipo de gordura líquida, de origem vegetal, animal ou mineral.

oleoso (o-le-o-so) \ô\ *adj.* O que é **oleoso** está cheio ou coberto de óleo. *O mecânico deixou as ferramentas **oleosas**. Certos frutos são **oleosos**.*

olfato (ol-fa-to) *subst.masc.* Capacidade física de sentir cheiros. O nariz é o nosso órgão do **olfato**.

olhar (o-lhar) *verbo* **1** Dirigir os olhos para algum ponto qualquer ou fixá-los em alguém, algo ou em si mesmo. ***Olhe** para os lados antes de atravessar a rua.* [Sinôn.: *ver.*] **2** Buscar uma informação em algum livro, *site* etc. ***Olhe** no dicionário os significados que esta palavra pode ter.* [Sinôn.: *consultar.*] **3** Tomar conta de alguém. *Você pode **olhar** o Gustavo enquanto eu vou na vizinha?* *subst.masc.* **4** Maneira de se expressar com os olhos. *Fabrício tinha um brilho no **olhar**.* [Pl.: *olhares.*]

olho (o-lho) \ô\ *subst.masc.* Cada um dos dois órgãos do corpo que permitem enxergar. ☛ Ver ilustração na p. 478. **olho grande** *informal* Desejo forte de possuir aquilo que é de outra pessoa. *Não ponha **olho grande** na minha merenda.* [Sinôn.: *inveja.*] **a olho nu** Uma coisa é visível a **olho nu** quando conseguimos vê-la sem precisar de algum aparelho especial, como microscópio, luneta ou lupa. *Vírus e bactérias não são visíveis **a olho nu**.*

olho de sogra (o-lho de so-gra) *subst.masc.* Docinho feito com ameixa seca recheada com uma massa de ovos e coco. [Pl.: *olhos de sogra.*]

olimpíada (o-lim-pí-a-da) *subst.fem.* Competição esportiva internacional, realizada de quatro em quatro anos, cada vez numa cidade diferente do mundo. [Sinôn.: *jogos olímpicos.*] ☛ Esta palavra é muito usada no plural.

→ As **olimpíadas** foram criadas na Grécia antiga, onde, na cidade de Olímpia, por volta de 2500 a.C., os gregos realizavam festivais esportivos dedicados ao deus Zeus. Era um evento tão importante que até as guerras eram interrompidas para a sua realização.

olímpico (o-lím-pi-co) *adj.* **Olímpico** quer dizer relacionado às olimpíadas. *Natação e atletismo são esportes **olímpicos**.*

oliva (o-li-va) *subst.fem.* Fruto pequeno e arredondado, com um caroço no meio. É da **oliva** que se produz o azeite, muito usado na culinária. [Sinôn.: *azeitona.*] ~ **oliveira** *subst.fem.*

ombro (om-bro) *subst.masc.* ANAT Região do corpo entre o pescoço e a parte de cima do braço. ☛ Ver ilustração na p. 478.

omelete (o-me-le-te) *subst.masc.fem.* CUL Prato feito com ovo batido e misturado a algum outro ingrediente como queijo, presunto etc.

omitir (o-mi-tir) *verbo* **1** Deixar de falar, escrever ou mostrar alguma coisa, geralmente de propósito.

Janaína ***omitiu*** *vários detalhes do acidente para não assustar as crianças.* **2** Se você se **omite**, você deixa de agir em uma situação que as pessoas esperam que você faça alguma coisa. *Uma pessoa correta não se* ***omite*** *diante de uma injustiça.* ~ **omissão** *subst.fem.*

onça (on-ça) *subst.fem.* Felino muito grande e forte, com pelo amarelado nas partes superiores e branco nas inferiores. A **onça** é um animal selvagem e carnívoro encontrado nas Américas.

onça-pintada (on-ça - pin-ta-da) *subst.fem.* Onça com manchas pretas no pelo, que pode pesar até 150 kg e medir quase dois metros de comprimento. A **onça-pintada** é o maior felino brasileiro. [Sinôn.: *jaguar*. Pl.: *onças-pintadas*.]

onda (on-da) *subst.fem.* **1** Elevação formada na superfície das águas, provocada pelos ventos ou pelo movimento das marés. *Hoje as* ***ondas*** *estão boas para o surfe.* ☛ Ver ilustração na p. 488. **2** Movimento de uma energia através do espaço. *O ar leva o som através das* ***ondas*** *sonoras. Uma* ***onda*** *de calor vai chegar ao Sudeste.* **3** *informal* Uma moda passageira também é chamada de **onda**. *A* ***onda*** *agora é colecionar adesivos.* **4** *informal* Algo que surge de repente e desaparece rapidamente. *Houve uma* ***onda*** *de catapora no colégio.* [Sinôn.: *surto*.] **ir na onda** *informal* Ser levado pelo que os outros fazem e por alguma situação. ***Fui na onda*** *e também vou participar da peça de teatro.* **tirar onda** **1** *informal* Fingir ser o que na verdade não é. *O rapaz* ***tirou onda*** *de cobrador de ônibus.* **2** *informal* Levar tudo na brincadeira. *Ele está* ***tirando onda*** *com a nossa cara.*

onde (on-de) *advérbio* **Onde** quer dizer em que lugar. *Você sabe* ***onde*** *fica Plutão? Amir não sabe* ***onde*** *deixou seu brinquedo.*

ondulado ◢ (on-du-la-do) *adj.* Com ondas ou curvas. O mar, os cabelos, as folhas de plantas, os papéis etc. podem ser **ondulados**.

Cabelos **ondulados**.

ônibus (ô-ni-bus) *subst.masc.* Veículo grande, com muitos assentos, usado para transportar vários passageiros ao mesmo tempo. [Col.: *frota*.] ☛ O sing. e o pl. desta palavra são iguais: *o* ***ônibus***, *os* ***ônibus***. Ver ilustração na p. 484.

on-line *adj.masc.fem.* Palavra inglesa que quer dizer conectado a uma rede de computadores e disponível para uso ou acesso imediato. *Todos os computadores da empresa estão* **on-line**. *Os jogos* **on-line** *são cada vez mais comuns.* ☛ Esta palavra pode ser usada como advérbio: *ficar* **on-line**. Pronuncia-se *on láine*.

ontem (on-tem) *advérbio* **1** No dia anterior ao que estamos vivendo. ***Ontem*** *dormi muito tarde, por isso acordei atrasado.* *subst.masc.* **2** O dia anterior ao atual. *O* ***ontem*** *já passou, é preciso cuidar do dia de hoje.* **3** **Ontem** também é o passado recente. *Os trabalhadores de hoje têm conhecimentos diferentes dos trabalhadores de* ***ontem***. **de ontem para hoje** Se você diz que uma pessoa decidiu algo **de ontem para hoje**, ela tomou uma decisão de repente.

opa (o-pa) \ô\ *interjeição* Palavra que expressa surpresa, admiração etc. ***Opa!*** *Que barulho é esse?*

opaco (o-pa-co) *adj.* Um vidro **opaco** não deixa a luz passar nem deixa ver o que está atrás dele. [Antôn.: *transparente*.]

opção (op-ção) *subst.fem.* **1** Quem faz uma **opção** escolhe algo. *Dadinha não viajou por* ***opção***. **2** Aquilo que se escolheu. *Todos marcaram a* ***opção*** *correta na questão 1.* [Pl.: *opções*.]

ópera (ó-pe-ra) *subst.fem.* **1** Espetáculo em que se conta uma história e se conversa cantando, com acompanhamento de orquestra e, por vezes, partes de balé. *"A flauta mágica" é uma famosa* ***ópera*** *de Mozart.* **2** O teatro em que se apresenta esse espetáculo. *A* ***Ópera*** *de Paris é conhecida no mundo inteiro.*

operação (o-pe-ra-ção) *subst.fem.* **1** **Operação** é o mesmo que cirurgia. **2** MAT Quando você soma, divide, diminui e multiplica, você usa as quatro **operações** matemáticas. **3** Atividade planejada para se conseguir um objetivo, especialmente quando é realizada por bombeiros, militares e policiais. *O salva-vidas realizou uma* ***operação*** *de salvamento. A* ***operação*** *de venda da empresa foi concluída.* [Pl.: *operações*.]

operar (o-pe-rar) *verbo* **1** **Operar** uma máquina é fazê-la funcionar. *O empregado* ***opera*** *o guindaste.* **2** **Operar** também é fazer uma cirurgia. *O jogador* ***operou*** *o joelho de novo.*

operária (o-pe-rá-ria) *subst.fem.* **1** Mulher que integra a mão de obra de uma indústria. **2** Numa colônia de insetos, como a das abelhas, fêmea que não se reproduz e é responsável pela maioria dos trabalhos.

operário (o-pe-rá-rio) *subst.masc.* Cada trabalhador que compõe a mão de obra das construções, indústrias etc.

opinião (o-pi-ni-ão) *subst.fem.* Sua **opinião** é o que você pensa sobre algum assunto. *Na **opinião** de Cristina, esta foi sua melhor festa de aniversário.* [Pl.: *opiniões.*] ~ **opinar** *verbo*

opor (o-por) *verbo* **1** Se você se **opõe** a alguma coisa, você é contra ela. **2** Colocar uma coisa diante de outra. Quando você **opõe** duas coisas, você pode compará-las. ***Oponha** os dois desenhos e escolha o melhor. O juiz quer **opor** as duas testemunhas.* **3** Colocar pessoas como adversárias. *Na gincana, decidiu-se **opor** as meninas aos meninos.*

oportunidade (o-por-tu-ni-da-de) *subst.fem.* **1** Momento favorável para a realização de algo. *Cláudia esperou muito por essa **oportunidade**.* [Sinôn.: *ocasião.*] **2 Oportunidade** também é qualquer momento ou situação. *Em outra **oportunidade** convidaremos os vizinhos.*

oposição (o-po-si-ção) *subst.fem.* **1** Atitude ou condição do que está contra uma ideia, pessoa, opinião etc. *Os atletas não fizeram **oposição** às ideias do técnico. Certas palavras exprimem **oposição**.* **2** Conjunto das pessoas que estão contra alguém, um grupo etc. *O governo conversou com a **oposição**.* **3** Grande diferença que aparece entre duas coisas. *A **oposição** entre países ricos e pobres preocupa todos nós.* [Pl.: *oposições.*]

oposto (o-pos-to) \ô\ *adj.* **1** Se uma coisa está **oposta** à outra, ela está do outro lado em um determinado espaço ou direção. *A mesa ficava **oposta** à janela. Os amigos seguiram em direções **opostas**: um para a direita e outro para a esquerda.* **2** Bem diferente, sem concordar um com outro. *Os dois irmãos são **opostos**: um é tímido e o outro, tagarela. É natural as pessoas terem opiniões **opostas**.* [Sinôn. geral: *contrário.*] ☛ Esta palavra pode ser usada como subst.: *Alto é o **oposto** de baixo.*

ora (o-ra) *conjunção* **1** Usamos **ora** para mostrar ações diferentes, geralmente opostas. *O tempo está maluco, **ora** chove, **ora** faz sol.* [Sinôn.: *ou.*] **2** Também usamos **ora** como a consequência normal do que dissemos antes. *Hoje é feriado e o dia está quente, **ora**, é claro que as praias estão cheias.* [Sinôn.: *então, logo.*] ☛ Não confundir com *hora.*

oração (o-ra-ção) *subst.fem.* **1** É o mesmo que prece. **2** GRAM Uma **oração** também é um conjunto de palavras que se organiza em torno de um verbo. Por exemplo, em "Ana se atrasou porque choveu", há duas **orações**: "Ana se atrasou" e "porque choveu", pois há dois verbos: "atrasou" e "choveu". [Pl.: *orações.*]

→ As pessoas de diferentes religiões fazem **orações** de jeitos diferentes. Para saber mais, leia a reportagem especial **"Oração**: expressão de fé**"**, publicada no *site* Plenarinho, da Câmara dos Deputados.

oral (o-ral) *adj.masc.fem.* **1 Oral** quer dizer relacionado à boca. Higiene **oral** é a higiene que se faz na boca. Remédio **oral** é o que se toma pela boca. **2 Oral** também quer dizer que se faz por meio da fala, sem escrever, como uma prova **oral** ou uma comunicação **oral**. [Pl.: *orais.*]

orangotango (o-ran-go-tan-go) *subst.masc.* Macaco grande, de braços maiores que as pernas e pelo ruivo. ☛ Ver ilustração de *macaco.*

órbita (ór-bi-ta) *subst.fem.* **1** Trajetória de um astro em torno de outro. **2** ANAT Cada um dos locais na face onde se encaixam os olhos.

orca (or-ca) *subst.fem.* Mamífero marinho do tamanho de uma baleia, de peito branco e costas pretas.

→ "Você sabia que a **orca** é um golfinho?". Aprenda muitas coisas sobre ela neste texto de *Ciência Hoje das Crianças on-line.*

orçamento (or-ça-men-to) *subst.masc.* **1** Avaliação ou cálculo de quanto custará obra, serviço etc. *O arquiteto fez **orçamento** com dois pintores.* **2** Quando o governo faz o **orçamento** para um ano, calcula quanto terá de dinheiro, quanto gastará e em quê.

ordem (or-dem) *subst.fem.* **1** A **ordem** das coisas é como elas estão arrumadas. *As palavras neste* *livro seguem a* ***ordem*** *das letras do alfabeto.* **2** Se você diz que algo, como um lugar, uma tarefa, está em **ordem**, quer dizer que está bem arrumado, organizado ou sem atraso. *Depois da festa, deixamos a cozinha em* ***ordem****.* **3** Quando você dá uma **ordem**, você quer que alguém faça o que você está mandando. *Eduardo ficou de castigo porque não obedeceu às* ***ordens*** *do tio.*

ordenar (or-de-nar) *verbo* **1** Colocar em certa ordem. *As crianças* ***ordenaram*** *os livros por tamanho.* [Sinôn.: *arrumar, organizar.*] **2** Dizer o que os outros têm que fazer. *O juiz* ***ordenou*** *que as crianças ficassem com os avós.* [Sinôn.: *mandar.*]

ordenhar ◢ (or-de-nhar) *verbo* Tirar leite de animais, como a vaca, a cabra e a ovelha, espremendo as suas tetas com as mãos ou com máquina.

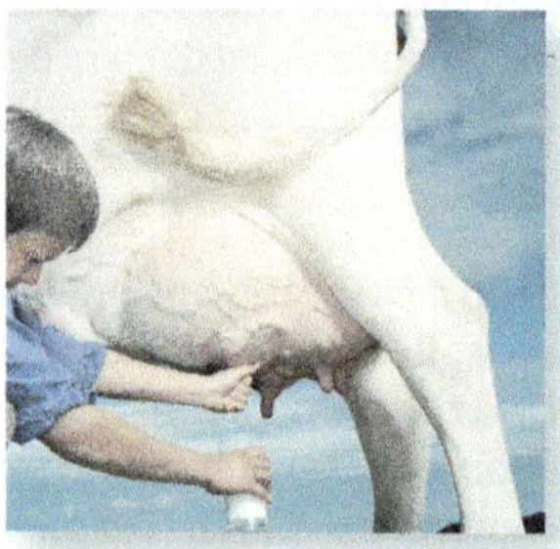

ordinal (or-di-nal) *adj.masc.fem.* O que é **ordinal** pertence a uma ordem ou a uma sequência. *Primeiro, segundo e terceiro são números* ***ordinais****.* [Pl.: *ordinais.*] ☛ Ver tabela na p. 509.

ordinário (or-di-ná-rio) *adj.* **1** Uma pessoa **ordinária** prejudica outras com seus atos maldosos e sua falta de caráter. **2** Algo ordinário é bastante comum ou acontece com frequência. *O médico fazia visitas* ***ordinárias*** *ao paciente.*

orégano (o-ré-ga-no) *subst.masc.* Erva com aroma forte usada como tempero. *Coloque um pouco de* ***orégano*** *sobre a* pizza.

orelha (o-re-lha) \ê\ *subst.fem.* **1** ANAT Na cabeça dos seres humanos e da maioria dos animais, cada uma das duas partes usadas para ouvir. *Íris furou a* ***orelha*** *para colocar um brinco.* ☛ Ver ilustração na p. 478. **2** ANAT Órgão da audição dos seres humanos, antes chamado de ouvido. **3** Também é **orelha** a parte da capa dos livros que fica dobrada para dentro, geralmente com um texto sobre o livro ou seu autor.

orelhão (o-re-lhão) *subst.masc.* **1** Orelha grande. **2** *informal* Cabine de telefone público que tem a forma de concha e lembra uma orelha grande. [Pl.: *orelhões.*] ☛ Ver ilustração na p. 484.

orfanato (or-fa-na-to) *subst.masc.* Estabelecimento que abriga e cuida de crianças órfãs.

órfão (ór-fão) *subst.masc.* Quem não tem pai ou mãe porque um deles ou os dois morreram. [Pl.: *órfãos*. Fem.: *órfã.*] ☛ Esta palavra pode ser usada como adj.: *criança* ***órfã****.*

orgânico (or-gâ-ni-co) *adj.* **1** Um material **orgânico** é produzido por organismos. Restos de folhas, de frutos, estrume, terra etc. produzem adubo **orgânico**. **2** Um problema **orgânico** é um problema que tem origem dentro de um organismo. **3** Cultivado sem agrotóxicos.

organismo (or-ga-nis-mo) *subst.masc.* **1** BIO Qualquer ser vivo, como um animal, uma planta, um fungo ou uma bactéria. **2** Conjunto de órgãos que formam o corpo de um ser. *Meu* ***organismo*** *reage mal à comida gordurosa.* **3** **Organismo** também é uma instituição com interesses sociais, econômicos etc. *O* Greenpeace *é um* ***organismo*** *internacional de defesa do meio ambiente.*

organização (or-ga-ni-za-ção) *subst.fem.* **1** Planejamento ou arrumação dos elementos de um conjunto. *A* ***organização*** *dos discos é com você, a* ***organização*** *da festa é comigo.* **2** Jeito como algumas coisas estão arrumadas. *Ficou ótima a* ***organização*** *das revistas velhas.* **3** Associação criada com um determinado objetivo. Há **organizações** que se dedicam ao comércio, à caridade, à saúde etc. [Pl.: *organizações.*]

organizar (or-ga-ni-zar) *verbo* **1** Arrumar os elementos de um conjunto de acordo com algum critério ou criar uma estrutura para algo funcionar. *Cecília* ***organizou*** *os livros pelo sobrenome do autor.* [Sinôn.: *ordenar.*] **2** Planejar e conseguir tudo o que é necessário para algo acontecer. *Henrique* ***organizou*** *uma festa para o amigo.*

órgão (ór-gão) *subst.masc.* **1** Parte do corpo dos organismos que tem uma função específica. O coração é o **órgão** que manda o sangue para todas as partes do corpo. A flor é o **órgão** das plantas responsável pela reprodução. **2** MÚS Instrumento musical grande, parecido com um piano. As teclas e os pedais do **órgão** fazem o ar passar por dentro de tubos, produzindo som. ☛ Ver ilustração na p. 494. **3** Parte de uma organização que tem um trabalho específico. O **órgão** da prefeitura responsável pela saúde é a Secretaria de Saúde. [Pl.: *órgãos*.]

orgulho (or-gu-lho) *subst.masc.* **1** Sentimento de satisfação com o seu próprio valor, ou por uma coisa de que você gosta, ou por gente próxima a você. *Jane tem **orgulho** de suas notas na escola. Pedro tem **orgulho** do seu time e eu, da minha família.* **2** Sentimento que têm algumas pessoas de serem melhores ou mais importantes que os outros. **3** Aquilo ou aquele de que se tem **orgulho**. *Esse jardim é o **orgulho** da nossa escola.* ~ **orgulhar-se** *verbo*

orgulhoso (or-gu-lho-so) \ô\ *adj.* **1** Quem sente orgulho de alguma coisa boa é **orgulhoso**. *Dona Irene é **orgulhosa** de seus filhos.* **2** As pessoas que se sentem superiores às outras e que não têm humildade também são **orgulhosas**. [Antôn.: *humilde*.]

oriental (o-ri-en-tal) *adj.masc.fem.* **1 Oriental** quer dizer relacionado ao Oriente. Hábitos **orientais** são hábitos do Oriente. *subst.masc.fem.* **2** Pessoa que nasceu ou que vive no Oriente. [Pl.: *orientais*.]

orientar (o-ri-en-tar) *verbo* **1** Colocar em uma determinada posição ou indicar uma direção. *Gilda sempre **orienta** as plantas para a luz. O moço **orientou** o turista na rua.* **2** Quando você **orienta** alguém, você lhe dá conselhos ou instruções. *Deise **orientou** a amiga a ter mais paciência com os outros.* ~ **orientação** *subst.fem.*

oriente (o-ri-en-te) *subst.masc.* **1** Posição no horizonte onde o Sol nasce. [Sinôn.: *leste*.] **2** GEOG Parte do planeta que está a leste, do lado direito de um mapa. *Japão e China são países do **Oriente**.* ☛ Neste sentido, primeira letra maiúscula.

orifício (o-ri-fí-cio) *subst.masc.* Passagem, abertura ou buraco bem pequenos. *As baleias respiram por **orifícios** no alto da cabeça.*

origem (o-ri-gem) *subst.fem.* **1 Origem** é o ponto de partida, o início ou a causa de algo. *Os bombeiros investigam a **origem** do incêndio. A **origem** do problema foi o ciúme.* **2** O lugar de onde uma coisa ou uma pessoa vem. *Minha família é de **origem** portuguesa.* [Pl.: *origens*.] ~ **originar** *verbo*

original (o-ri-gi-nal) *adj.masc.fem.* **1** O que é **original** é o primeiro a existir. É de um documento, obra de arte ou disco **original** que as cópias são feitas. *O quadro **original** está no museu, este é uma cópia. A cor **original** do seu cabelo é preta, agora está marrom.* **2** Algo novo, que nunca foi feito, gravado ou publicado antes é **original**. *Este disco contém só músicas **originais**. Ricardo quer um tema **original** para seu próximo filme.* [Pl.: *originais*.]

orixá (o-ri-xá) *subst.masc.* REL Ser divino para as religiões de origem africana, como candomblé e umbanda. Há muitos **orixás** diferentes nessas religiões.

orla (or-la) *subst.fem.* Faixa de terra que acompanha um rio, que envolve lagos, lagoas etc. [Sinôn.: *margem*.] **orla marítima** Faixa do litoral que se estende à beira-mar. ☛ Ver ilustração na p. 488.

ornitorrinco (or-ni-tor-rin-co) *subst.masc.* Animal aquático que tem cauda em forma de remo, bico como o dos patos e esporas venenosas nas patas traseiras. Os **ornitorrincos** têm pelos e amamentam seus filhotes, como os mamíferos, mas botam ovos, como as aves e os répteis.

orquestra (or-ques-tra) *subst.fem.* MÚS Conjunto de músicos e seus instrumentos. As **orquestras** podem ter vários instrumentos, como violino, viola, trombone etc., ou apenas um, como uma **orquestra** de violões.

orquídea (or-quí-dea) *subst.fem.* Flor com três pétalas, de cores e formas bem variadas. As **orquídeas** são muito cultivadas por sua beleza e é de um tipo delas que vem a baunilha.

ortografia (or-to-gra-fi-a) *subst.fem.* Escrita correta das palavras. Pela **ortografia** do português, por exemplo, escreve-se "exame" com "x" e não com "z".

orvalho (or-va-lho) *subst.masc.* **1** Umidade do ar que ao amanhecer ou ao anoitecer se condensa em gotinhas ao tocar em superfícies frias. **2** Chuva bem fininha. [Sinôn. geral: *sereno*.]

ósseo (ós-seo) *adj.* É **ósseo** o que é da natureza dos ossos ou é formado por eles. *A boa alimentação é importante para fortalecer a nossa estrutura **óssea**.*

osso (os-so) \ô\ *subst.masc.* **1** ANAT Cada uma das partes duras que formam o esqueleto do homem e da maioria dos animais vertebrados. **ossos** *subst.masc.pl.* **2** É o mesmo que restos mortais.

ostra (os-tra) \ô\ *subst.fem.* Molusco marinho, que vive dentro de uma concha dura formada por duas peças. As **ostras** vivem em colônias, agarradas em rochas ou em colunas construídas pelo ser humano. Muitas espécies são comestíveis, e algumas produzem pérola.

ótimo (ó-ti-mo) *adj.* O que é **ótimo** é tão bom, mas tão bom que podemos pensar que não existe nada melhor. *Jogar bola é uma **ótima** diversão.* [Sinôn.: *excelente*. Antôn.: *péssimo*.]

ou *conjunção* Usamos **ou** para marcar opções diferentes. Geralmente, quando se escolhe uma delas, a outra é excluída. *O professor permite fazer a prova a lápis **ou** a caneta. Mauro tem de tomar os remédios **ou** não vai se curar.*

ouriço ▼ (ou-ri-ço) *subst.masc.* Mamífero pequeno que tem o corpo coberto de espinhos.

ouro (ou-ro) *subst.masc.* **1** Metal valioso, de cor amarela, extraído de minas. O **ouro** pode ser derretido e transformado em barras, fios, pó, joias, medalhas, moedas etc. **2** A cor amarela desse metal. *A fantasia terá duas cores: **ouro** e azul.* **3** **Ouro** também pode significar riqueza, dinheiro. *Guardava todo seu **ouro** num baú.* **ouros** *subst.masc.pl.* **4** **Ouros** é o nome da figura vermelha em forma de losango desenhada nas cartas do baralho. ☛ Ver ilustração de *baralho*. **de ouro** *informal* Quando se diz que alguém ou algo é **de ouro**, é porque tem qualidades muito positivas. *Verônica tem um coração **de ouro**. José é um filho **de ouro**.*

ousadia (ou-sa-di-a) *subst.fem.* **1** Sentimento de coragem, de desafio ao perigo. *A maior qualidade do caçador era a **ousadia**.* **2** Atitude que não demonstra respeito pelos outros. *Vocês notaram a **ousadia** daquele rapaz no ônibus?*

outono (ou-to-no) *subst.masc.* Estação do ano entre o verão e o inverno. No **outono**, a temperatura costuma ser mais fresca e as folhas de algumas árvores caem.

→ Nos países do hemisfério sul, como o Brasil, o **outono** vai de março a junho.

outro (ou-tro) *pron.indef.* Usamos **outro** para falar de algo sem muitos detalhes, sempre em oposição a algo que dizemos o que é. Também usamos **outro** para falar de pessoas. *Bernardo gosta de damas e não brinca de **outro** jogo. Ana Maria chegou à escola com **outra** menina.*

outubro (ou-tu-bro) *subst.masc.* Décimo mês do ano, entre setembro e novembro. **Outubro** tem 31 dias.

ouvido (ou-vi-do) *subst.masc.* ANAT Órgão da audição dos seres humanos e dos animais. Em anatomia humana esse órgão hoje se chama orelha.

ouvir (ou-vir) *verbo* **1** Perceber sons pelo ouvido. *O animal não **ouviu** o caçador se aproximar.* **2** Dar atenção a queixas, conselhos, pedidos etc. *O presidente deve **ouvir** o povo.* [Sinôn. geral: *escutar*.]

ova (o-va) *subst.fem.* Conjunto dos ovos de um peixe, encontrado dentro do seu corpo e envolvido por uma membrana. A **ova** pode ser consumida como alimento.

oval (o-val) *adj.masc.fem.* Uma coisa **oval** tem a forma parecida com a de um ovo. [Pl.: *ovais*.]

ovário (o-vá-rio) *subst.masc.* BIO Órgão do corpo feminino que produz os óvulos e hormônios relacionados à reprodução.

→ As plantas que se reproduzem por meio das flores também têm **ovário**, e ele está dentro da flor.

ovelha (o-ve-lha) \ê\ *subst.fem.* Fêmea do carneiro.

ovo (o-vo) \ô\ *subst.masc.* **1** BIO Estrutura arredondada, expelida pelas fêmeas de certos animais, como aves, répteis, peixes e insetos, para a reprodução. O **ovo** é o óvulo fecundado de onde nascerá um filhote. **2** Chamamos de **ovo** especialmente o óvulo da galinha, muito consumido como alimento.

→ Como os filhotes se alimentam, sem a sua mãe, dentro dos **ovos**? Os **ovos** dos animais têm uma camada protetora, alguns uma casca dura, e dentro deles há alimento para o filhote crescer até ficar pronto para sair do **ovo**.

óvulo (ó-vu-lo) *subst.masc.* BIO Célula feminina de reprodução. O **óvulo**, quando é fecundado pelo espermatozoide, forma um ovo e dá origem a um novo organismo.

oxidar (o-xi-dar) \cs\ *verbo* É o mesmo que enferrujar. ~ **oxidável** *adj.masc.fem.*

oxigênio (o-xi-gê-nio) \cs\ *subst.masc.* Gás que existe no ar, necessário para todas as plantas, pessoas e outros animais viverem.

oxítono (o-xí-to-no) \cs\ *adj.* GRAM Uma palavra **oxítona** tem duas ou mais sílabas e a última é a tônica. "Caju", por exemplo, é uma palavra **oxítona**. ☛ Esta palavra pode ser usada como subst.: *Nos **oxítonos**, a última sílaba é a tônica.*

ozônio (o-zô-nio) *subst.masc.* O **ozônio** é um gás, uma forma de oxigênio. A camada de **ozônio** presente na atmosfera terrestre filtra certos raios solares nocivos à nossa saúde.

Poltrona

Pp

p *subst.masc.* Décima sexta letra do nosso alfabeto. O **p** é uma consoante.

pá *subst.fem.* **1** Ferramenta com uma lâmina larga, parecida com uma colher, às vezes presa na ponta de um cabo. Nós usamos a **pá** para fazer buracos na terra, remover lixo etc. ☛ Ver ilustração de *ferramenta*. **2** Pá também é cada uma das peças largas e chatas que giram no ventilador e nas hélices.

paca (pa-ca) *subst.fem.* Roedor de até 70 centímetros, pelo marrom com listras brancas e rabo curto. As **pacas** são animais noturnos e vivem perto de rios.

paciência (pa-ci-ên-cia) *subst.fem.* **1** Capacidade de suportar aborrecimentos, infelicidades, sem se alterar. *Que **paciência** para aguentar aquele filme!* **2** Dom de saber esperar, de conseguir controlar-se. *Pescar exige certa **paciência**.* **3** Habilidade para realizar trabalhos detalhados. *Uma boa caligrafia é resultado de muita **paciência**.* **4** **Paciência** é também um jogo de cartas.

paciente (pa-ci-en-te) *adj.masc.fem.* **1** Quem é **paciente** fica calmo e não se aborrece, por exemplo, quando tem de esperar muito tempo ou fazer um trabalho detalhado. [Antôn.: *impaciente*.] *subst.masc.fem.* **2** Pessoa que está fazendo um tratamento médico.

pacífico (pa-cí-fi-co) *adj.* **1** Um país que prefere a paz à guerra é **pacífico**. **2** Qualquer pessoa, animal ou coisa que não é agressiva, violenta, é **pacífica**. [Sinôn.: *tranquilo*.] **3** É **pacífica** a coisa que acontece sem violência ou não sofre oposição. *A greve dos empregados foi **pacífica**.*

paçoca (pa-ço-ca) *subst.fem.* **1** CUL Doce feito de amendoim torrado e moído com açúcar. **2** CUL Prato feito de pedacinhos de carne socados com farinha.

pacote (pa-co-te) *subst.masc.* **1** Qualquer coisa envolvida em papel, pano etc. ou dentro de uma caixa. *Gisele abriu o **pacote** de biscoitos.* [Sinôn.: *embrulho*.] **2** Conjunto de medidas para combater um problema. *O governo lançou um **pacote** econômico.*

pacto (pac-to) *subst.masc.* Acordo feito entre pessoas, instituições ou governos. *Meu amigo e eu fizemos um **pacto**: juramos nunca mais brigar.*

pacu (pa-cu) *subst.masc.* Nome dado a peixes de corpo oval e achatado e dentes fortes, como as piranhas, comuns nos rios da América do Sul.

padaria (pa-da-ri-a) *subst.fem.* Local onde são feitos e vendidos pães, bolos, doces, biscoitos etc. [Sinôn.: *panificadora*.]

padrão (pa-drão) *subst.masc.* **1** Um **padrão** é um conjunto de formas ou cores que se repetem formando um desenho, por exemplo, em um tecido. *O estofado do sofá tinha um **padrão** azul.* **2** Jeito repetido de fazer as coisas. *Os assaltos seguiam o mesmo **padrão**.* **3** Modelo a ser seguido. *O **padrão** de fabricação desta loja é mesa com gavetas.* **4** Base para comparação de uma medida, peso ou valor. *A numeração dos calçados segue o **padrão** brasileiro.* **5** Grau de qualidade. *Este ano a produção de vinho caiu de **padrão**.* [Sinôn.: *nível*.] [Pl.: *padrões*.]

padrasto (pa-dras-to) *subst.masc.* Se a sua mãe se casa com outro homem que não é o seu pai, esse homem é seu **padrasto**. [Fem.: *madrasta*.]

padre (pa-dre) *subst.masc.* REL Líder religioso e guia espiritual dos católicos.

padrinho (pa-dri-nho) *subst.masc.* **1** Homem que, no batismo cristão, assume com relação à criança papel parecido com o do pai. **2** Homem que serve de testemunha num casamento. [Fem.: *madrinha.*]

pagamento (pa-ga-men-to) *subst.masc.* **1** Fazer um **pagamento** é dar dinheiro em troca de serviço ou produto. Também fazemos o **pagamento** de dívidas e contas. **2** Dinheiro recebido pelo trabalho feito. *O **pagamento** atrasou este mês.*

pagar (pa-gar) *verbo* **1** Dar dinheiro em troca de serviço, produto, mercadoria. Também **pagamos** dívidas e contas. *Todo cidadão **paga** impostos.* **2** Retribuir uma gentileza, um favor etc. com uma atitude que seja parecida. *Há quem **pague** uma visita com flores.* **3** Sofrer castigo por um erro cometido. *O criminoso deve **pagar** por seus atos.*

página (pá-gi-na) *subst.fem.* **1** Cada lado de uma folha de papel. *Coloque a data no alto da **página**.* **2** O texto que cabe em cada um desses lados. *Só nesta **página** descobri três palavras novas.* **3** INF Conjunto de informações reunidas em um documento virtual que oferece alguns serviços e acesso a *links* de temas relacionados. *Coloquei esta **página** no arquivo dos meus* links *favoritos.*

pagode (pa-go-de) *subst.masc.* **1** Tipo de samba. *Ele é cantor e compositor de **pagode**.* **2** Reunião ou festa em que se toca esse tipo de samba. *Fomos a um **pagode** na casa do Ari.*

pai *subst.masc.* **1** Homem que tem um ou mais filhos. [Fem.: *mãe.*] **2** REL Em algumas religiões, Deus é chamado de **Pai**. ☛ Neste sentido, primeira letra maiúscula. **3** **Pai** é quem faz uma descoberta ou cria uma invenção. Santos Dummont, por exemplo, é o **pai** da aviação. **pais** *subst.masc.pl.* **4** O pai e a mãe de alguém. *As crianças devem respeitar os **pais**.*

pai de santo (pai de san-to) *subst.masc.* Chefe espiritual de algumas religiões afro-brasileiras, como umbanda e candomblé. [Pl.: *pais de santo*. Fem.: *mãe de santo.*]

painel (pai-nel) *subst.masc.* **1** Quadro utilizado para expor trabalhos artísticos, textos, fotografias etc. *Montamos um **painel** com as fotos da formatura.* **2** Parede móvel que divide ambientes em galerias, museus etc. geralmente com textos sobre a exposição. **3** Local onde se encontram os controles de uma máquina. *Acendeu uma luz no **painel** que indica falta de gasolina.* **4** Trabalho artístico que ocupa grandes paredes, muros ou tetos. *Na entrada do prédio há um **painel** de uma artista mexicana.* [Pl.: *painéis.*]

país (pa-ís) *subst.masc.* **1** Território de uma nação. *Uma ponte liga os dois **países**: Brasil e Paraguai.* **2** **País** também é a pátria. *Os soldados juraram amor e respeito ao **país**.* [Pl.: *países.*] ☛ Ver tabela na p. 503.

paisagem (pai-sa-gem) *subst.fem.* **1** Vista do espaço que está a sua volta e que pode ser alcançado apenas com um olhar. *Ficamos horas apreciando a **paisagem**.* **2** Uma foto, uma gravura ou um desenho que represente essa vista também é chamado de **paisagem**. *Na parede, havia uma **paisagem** de Belém.* [Pl.: *paisagens.*]

paixão (pai-xão) *subst.fem.* **1** Emoção forte que domina nossa capacidade de pensar e comanda nosso comportamento. *Mais que amor, o que ela sentia era **paixão** pelo Carlos.* **2** A coisa que causa essa emoção. *A **paixão** da minha irmã é o surfe.* [Pl.: *paixões.*]

pajé (pa-jé) *subst.masc.* Entre os índios, pessoa com poderes para curar e adivinhar o futuro.

palácio (pa-lá-cio) *subst.masc.* Mansão com muito luxo, onde moram pessoas muito ricas ou importantes como reis, rainhas, governadores, chefes de Estado. *O dono daquela empresa mora num verdadeiro **palácio**.*

paladar (pa-la-dar) *subst.masc.* Capacidade física de sentir gosto. A língua é o nosso órgão do **paladar**. [Pl.: *paladares.*]

palafita ▼ (pa-la-fi-ta) *subst.fem.* Habitação construída sobre uma estrutura de paus que fica sobre rios ou terrenos que alagam.

palanque (pa-lan-que) *subst.masc.* Palco montado para eventos ao ar livre. *O **palanque** para o comício foi montado na praça.*

palavra (pa-la-vra) *subst.fem.* **1** Conjunto de sons ou letras de uma língua que, juntos, têm um significado. Quando escrevemos as **palavras**, colocamos um espaço entre elas. *"Caixa", "até" e "ter" são **palavras**.* **2** Discurso falado ou escrito. *Todos prestaram atenção às **palavras** do pastor.* **3 Palavra** também é a possibilidade de falar. *Durante o brinde, Raul pediu a **palavra**.* **palavras cruzadas** Jogo de palavras que se cruzam na horizontal e na vertical e que devem ser adivinhadas pelo jogador com base em dicas. **tomar a palavra** Começar a falar.

palavrão (pa-la-vrão) *subst.masc.* Palavra grosseira, de mau gosto, que se usa para ofender. *Pessoas educadas não falam **palavrão**.* [Pl.: *palavrões*.]

palco (pal-co) *subst.masc.* **1** Estrutura geralmente de madeira e mais alta que o chão, onde ficam os atores, dançarinos, músicos etc. de um espetáculo. **2** O local de um acontecimento importante também é chamado de **palco**. *A Europa foi **palco** de muitas guerras.*

palestra (pa-les-tra) *subst.fem.* Apresentação oral sobre um assunto para uma plateia. Professores, cientistas etc. costumam dar **palestras**. ~ **palestrante** *adj.masc.fem. subst.masc.fem.*

paletó (pa-le-tó) *subst.masc.* Casaco com bolsos externos e lapela, que vai até a altura dos quadris. O **paletó** é usado por cima de outras roupas e é uma das partes do terno.

palha (pa-lha) *subst.fem.* Caule ou folhas secas de algumas plantas, usados para fazer objetos, como chapéus e cadeiras, e também para alimentar os animais.

palhaço (pa-lha-ço) *subst.masc.* **1** Artista que usa maquiagem exagerada, roupas muito coloridas e às vezes grandes demais e que faz caretas e brincadeiras engraçadas. *Juçara só vai ao circo para ver os **palhaços**.* **2** Uma pessoa que fala ou faz coisas engraçadas é chamada de **palhaço**. *César era o **palhaço** da família.*

pálido (pá-li-do) *adj.* Uma pessoa **pálida** está com a pele sem cor, especialmente a do rosto. As pessoas ficam **pálidas** quando passam mal, levam um susto ou estão doentes.

palito (pa-li-to) *subst.masc.* **1** Pequeno pedaço de pau reto e pontudo, usado para limpar os dentes. **2** Pedaço pequeno de madeira. *Meu sorvete veio com um **palito** azul.*

palma (pal-ma) *subst.fem.* **1** ANAT Parte mais macia da mão, entre o pulso e os dedos, que fica para dentro quando a mão está fechada. ☛ Ver ilustração na p. 478. **2** Batida com uma mão na outra que produz um som. Batemos **palma** em sinal de elogio ou para marcar o ritmo de uma música. *Ao final do discurso, ouvimos muitas **palmas**. O artista cantou acompanhado das **palmas** do público.* [Sinôn.: *aplauso*.] ☛ Neste sentido, esta palavra é mais usada no plural. **3 Palma** também é uma palmeira ou a sua folha.

palmada (pal-ma-da) *subst.fem.* Tapa dado com a palma da mão.

palmeira (pal-mei-ra) *subst.fem.* Nome dado às plantas de regiões tropicais com um único tronco, bem alto e com folhas grandes na sua ponta. *Coqueiro, buriti e babaçu são **palmeiras** comuns no Brasil.*

palmilha (pal-mi-lha) *subst.fem.* Peça que forra a sola do sapato por dentro, onde colocamos o pé.

palmito (pal-mi-to) *subst.masc.* Miolo comestível do caule de certas palmeiras.

palmo (pal-mo) *subst.masc.* Medida que vai da ponta do dedo mínimo até a ponta do polegar quando a nossa mão está bem aberta. *A costureira fez bainha de um **palmo** na calça.*

pálpebra (pál-pe-bra) *subst.fem.* ANAT Cada uma das duas peles, a de cima e a de baixo, que cobrem os olhos quando eles estão fechados.

palpite (pal-pi-te) *subst.masc.* **1** Opinião sobre um assunto que é dada por uma pessoa intrometida ou que não conhece bem esse assunto. *Paula não gosta que deem **palpite** no trabalho dela.* **2** Quando você tem um **palpite**, você acha que sabe o que vai acontecer. *Qual o seu **palpite** para o jogo de amanhã?*

pamonha (pa-mo-nha) *subst.fem.* CUL Massa doce ou salgada, feita de milho verde moído e cozido, geralmente embrulhada em palha.

pampa (pam-pa) *subst.masc.* GEOG Extensa planície de vegetação baixa, típica dos campos do Rio Grande do Sul, da Argentina e do Uruguai. ☛ Esta palavra é mais usada no plural. Ver ilustração na p. 480.

panapaná (pa-na-pa-ná) *subst.fem.* Uma porção de borboletas juntas é uma **panapaná**.

pancada (pan-ca-da) *subst.fem.* **1** Choque forte entre duas coisas. *Félix deu uma **pancada** com a cabeça no poste.* **2** Ao bater em alguém, uma pessoa dá **pancadas**. *A **pancada** que recebeu do rapaz dói até agora.* *adj.masc.fem.* **3** *informal* Alguém **pancada** parece um pouco maluco. *Só tenho vizinho **pancada**.*

panda (pan-da) *subst.masc.* Mamífero de pelo branco e preto, com manchas pretas em torno dos olhos. O **panda** é parecido com o urso e come brotos e raízes de bambu. Ele está ameaçado de extinção.

pandeiro (pan-dei-ro) *subst.masc.* MÚS Instrumento musical formado por um aro de madeira, geralmente com rodelas duplas de metal presas a ele, e uma pele bem esticada presa nas bordas desse aro. ☛ Ver ilustração na p. 494. ~ **pandeirista** *subst.masc.fem.*

panela (pa-ne-la) *subst.fem.* Utensílio, geralmente redondo, com cabo ou alças, usado para cozinhar alimentos. As **panelas** devem ser de material resistente ao fogo, como o ferro, o barro, o alumínio etc.

pânico (pâ-ni-co) *subst.masc.* **1** Grande preocupação, aflição ou forte medo que faz você agir sem pensar direito. *A enchente causou **pânico** à população.* **2** Situação em que as pessoas se inquietam com essa sensação. *O **pânico** se instalou entre os moradores da vila.* [Antôn. geral: *tranquilidade.*]

Pânico vem da palavra grega *Panikós*, relacionada a Pã, divindade protetora dos rebanhos e dos pastores. As pessoas acreditavam que os ruídos que se ouviam nas montanhas eram provocados por Pã, e muitas sentiam um "terror pânico", daí **pânico** passou a significar "medo".

panificadora (pa-ni-fi-ca-do-ra) \ô\ *subst.fem.* É o mesmo que padaria.

pano (pa-no) *subst.masc.* **1** Material macio feito com fios cruzados de algodão, seda, lã etc. [Sinôn.: *tecido.*] **2** Pedaço desse material, usado para diversas tarefas, como secar pratos e secar chão. *Matilde fez crochê na borda de seus **panos** de pratos.*

panqueca (pan-que-ca) *subst.fem.* CUL Massa fina e em forma de disco, assada dos dois lados. As **panquecas** geralmente recebem recheio, doce ou salgado.

pantanal (pan-ta-nal) *subst.masc.* **1** Região cheia de pântanos. [Pl.: *pantanais.*] **2** GEOG Grande planície que fica alagada na maior parte do ano. O **Pantanal** é uma região localizada no Centro-Oeste e é um dos biomas brasileiros. ☛ Neste sentido, primeira letra maiúscula. Ver ilustração na p. 480.

pântano (pân-ta-no) *subst.masc.* Área plana e alagada, às vezes com muita lama. *Sapos vivem em **pântanos** e lagoas.* [Sinôn.: *brejo.*] ☛ Ver ilustração na p. 490.

pantera (pan-te-ra) *subst.fem.* Nome dado a felinos de tamanho grande, como a onça, o leão, o tigre e o leopardo. As **panteras** rugem muito alto.

pantufa (pan-tu-fa) *subst.fem.* Chinelo macio e quentinho.

panturrilha (pan-tur-ri-lha) *subst.fem.* Músculo da parte de trás da perna, abaixo do joelho. [Sinôn.: *batata da perna.*]

pão *subst.masc.* **1** Massa comestível assada no forno, feita com algum tipo de farinha, água e fermento. **2** **Pão** também quer dizer o que sustenta uma família. *Trabalha para conseguir o **pão** de cada dia.* [Pl.: *pães.*]

[1]**papa** (pa-pa) *subst.fem.* **1** É o mesmo que mingau. **2** Qualquer alimento preparado com ingredientes, como frutas e legumes, bem cozidos ou amassados. *Isadora mama e come **papa** de frutas.*

Papa vem do latim *papa*, palavra usada pelas crianças para pedir comida.

[2]**papa** (pa-pa) *subst.masc.* REL Líder político e religioso da Igreja católica. *O **papa** vive no Vaticano.*

A palavra latina que deu origem a esta se escrevia *papa* ou *pappa* e queria dizer "pai, padre"; também era como chamavam quem ocupava um cargo alto na Igreja.

papagaio (pa-pa-gai-o) *subst.masc.* **1** Ave de penas verdes, bico curvado para baixo, que imita o que as pessoas falam. O **papagaio** é muito parecido com a arara. **2** **Papagaio** também é o mesmo que pipa.

→ O **papagaio** é uma ave dos trópicos. Na época em que os portugueses chegaram ao Brasil, havia tantos deles que o lugar ficou conhecido como "Terra dos Papagaios" e era representado nos mapas por essas aves.

papai (pa-pai) *subst.masc.* Jeito carinhoso de chamar o pai.

papão (pa-pão) *subst.masc.* É o mesmo que bicho-papão. [Pl.: *papões*.]

papel (pa-pel) *subst.masc.* **1** Material de fibra vegetal, usado para escrever, desenhar, embrulhar coisas. **2** Folha com algo escrito, documento. *Você viu o **papel** da matrícula?* **3** Personagem que cada ator ou atriz representa num drama. *Juraci tem um ótimo **papel** na novela.* **4** Dever, função, obrigação. *Cada um faz seu **papel** para a casa ficar limpa.* **papel higiênico** Papel fino usado para as pessoas se limparem após usarem o banheiro. [Pl.: *papéis*.]

papelão (pa-pe-lão) *subst.masc.* **1** Papel grosso e resistente que é usado para fazer embalagens, caixas, pastas etc. *A TV veio embalada em uma caixa de **papelão**.* **2** *informal* Quando temos uma atitude ridícula ou vergonhosa fazemos um **papelão**. *O maestro fez um **papelão** ao chegar atrasado ao concerto.* [Pl.: *papelões*.]

papelaria (pa-pe-la-ri-a) *subst.fem.* Loja onde se vendem cadernos, lápis, agendas etc.

papo ► (pa-po) *subst.masc.* **1** *informal* Conversa informal, geralmente entre amigos. *O **papo** durante o almoço foi muito engraçado.* **2** Espécie de bolsa no pescoço de algumas aves onde o alimento fica guardado. **3** *informal* Pele mole debaixo do queixo das pessoas.

paquera (pa-que-ra) *subst.fem.* **1** *informal* Tentativa de namoro. *O César está de **paquera** com a Graça.* *subst.masc.fem.* **2** *informal* Pessoa com quem se tenta namorar. *Rosane teve muitos **paqueras** na faculdade.* ~ **paquerar** *verbo*

par *subst.masc.* **1** Duas coisas iguais formam um **par**. Temos muitas partes do nosso corpo, como os olhos, os pés e as orelhas, aos **pares**. **2** Casal. *Luísa e Augusto formam um belo **par**.* **3** Parceiro de dança. *adj.masc.fem.* **4** Um número **par** pode ser dividido por dois sem sobrar nada. [Antôn.: *ímpar*.] [Pl.: *pares*.]

para (pa-ra) *preposição* **1** Usamos **para** quando indicamos o lugar ou a direção a seguir. *Maurício foi do cinema direto **para** casa. Alfredo partiu **para** Minas Gerais.* **2** **Para** também expressa uma intenção ou um objetivo. *Beatriz viajou **para** visitar os tios.* **3** Usamos **para** como uma forma de mostrar o que é próprio ou específico. *Este lápis é **para** desenhar, não **para** pintar.*

parabéns (pa-ra-béns) *subst.masc.pl.* Damos **parabéns** a quem está fazendo aniversário, a quem recebeu uma boa notícia, passou numa prova etc.

para-brisa (pa-ra - bri-sa) *subst.masc.* Vidro que fica na parte dianteira dos veículos. O **para-brisa** protege contra chuva, vento e poeira e ainda dá uma boa visão para o motorista. [Pl.: *para-brisas*.]

para-choque ► (pa-ra - - cho-que) *subst.masc.* Peça muito resistente colocada na parte dianteira e traseira de veículos, para tornar os choques mais leves. [Pl.: *para-choques*.]

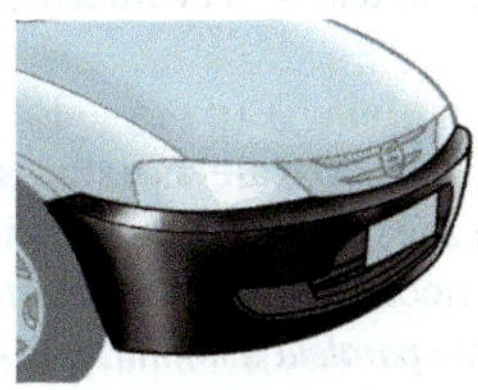

parada (pa-ra-da) *subst.fem.* **1** Quando você para, faz uma **parada**. *São muitos degraus; vamos dar uma **parada**?* **2** Local onde se para, especialmente ônibus. *Vamos descer na próxima **parada** de ônibus.* [Sinôn.: *ponto*.] **3** Marcha, desfile militar. *No Dia da Independência, há **paradas** em muitas cidades do Brasil.*

parado (pa-ra-do) *adj.* **1** Sem movimento. *Para brincar de estátua, você tem que ficar* ***parado.*** **2** *informal* Se você diz que uma pessoa é **parada**, quer dizer que ela tem pouca iniciativa e pouco ânimo para tomar decisões.

parafuso ◢ (pa-ra-fu-so) *subst.masc.* Peça de metal parecida com um prego, mas de haste em espiral. A gente gira o **parafuso** com uma chave especial para prender um objeto no outro.

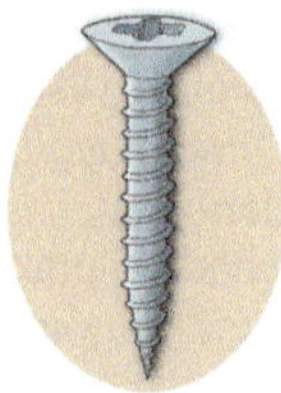

parágrafo (pa-rá-gra-fo) *subst.masc.* Parte de um texto escrito com uma ou mais frases. O **parágrafo** sempre começa em uma nova linha, que geralmente está mais afastada da margem esquerda.

paraíso (pa-ra-í-so) *subst.masc.* **1** O **paraíso**, segundo algumas religiões, é um lugar perfeito para onde as pessoas boas vão quando morrem. **2** Um lugar muito bonito e agradável é chamado de **paraíso**. *O sítio de Elaine é um* ***paraíso.***

para-lama (pa-ra - la-ma) *subst.masc.* Peça que fica sobre as rodas dos veículos para protegê-las da lama. [Pl.: *para-lamas.*]

paralelepípedo (pa-ra-le-le-pí-pe-do) *subst.masc.* Pedra com seis lados que se parece com um tijolo grande. Os **paralelepípedos** são usados para calçar as ruas. *A minha rua é aquela ladeira de* ***paralelepípedos.*** ☛ Ver ilustração na p. 484.

paralelo ◢ (pa-ra-le-lo) *adj.* **1** Linhas **paralelas** estão sempre à mesma distância e não se encontram. *Sandra mora em uma rua* ***paralela*** *à minha.* **2** O que é **paralelo** se desenvolve na mesma direção ou ao mesmo tempo. *O emprego de garçom era* ***paralelo*** *ao de jornaleiro.* *subst.masc.* **3** GEOG Cada um dos círculos imaginários que envolve o globo e é **paralelo** ao equador. ☛ Ver ilustração na p. 482.

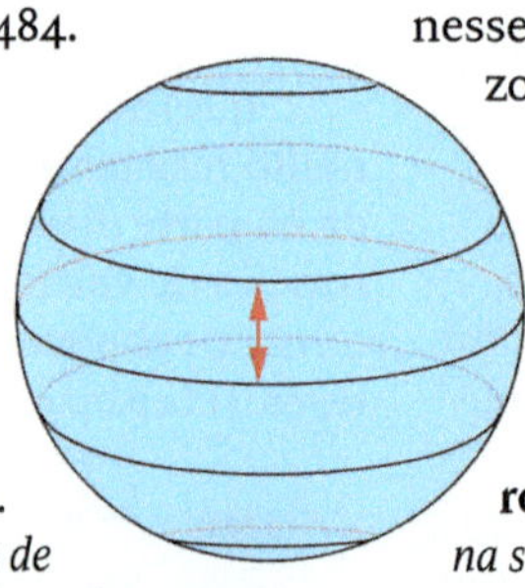

paralisar (pa-ra-li-sar) *verbo* **1** Ter parados os movimentos de partes do corpo ou do corpo todo. *Eva levou uma picada e ficou com o braço* ***paralisado.*** *O medo* ***paralisou*** *o pobre rapaz.* **2** Interromper uma atividade por certo tempo. *O juiz* ***paralisou*** *o jogo.* ~ **paralisação** *subst.fem.*

paralisia (pa-ra-li-si-a) *subst.fem.* Perda do movimento de partes do corpo. *O acidente causou* ***paralisia*** *nas pernas do rapaz.* **paralisia infantil** MED Doença que ataca especialmente as crianças e causa paralisia de certos músculos. [Sinôn.: *poliomielite.*]

paralítico (pa-ra-lí-ti-co) *adj.* Uma pessoa **paralítica** não pode andar.

paraquedas (pa-ra-que-das) *subst.masc.* Equipamento feito de tecido resistente, que tem a forma de guarda-chuva, com cordas que sustentam pessoas ou carga, usado para reduzir a velocidade da queda dos corpos. ☛ O sing. e o pl. desta palavra são iguais: *o* ***paraquedas,*** *os* ***paraquedas.***

parar (pa-rar) *verbo* **1** Se você **para** de fazer uma coisa, você não faz mais essa coisa. *Eduardo ficou cansado e* ***parou*** *de correr.* **2** Chegar ao fim. *A chuva* ***parou.*** **3** Interromper o movimento de algo ou a realização de alguma atividade. *O ônibus* ***parou.*** ***Parem*** *de conversar!*

para-raios (pa-ra - rai-os) *subst.masc.* Aparelho que atrai os raios, feito de uma haste de metal que fica ligada à terra. O **para-raios** costuma ficar em lugares altos. ☛ O sing. e o pl. desta palavra são iguais: *o* ***para-raios,*** *os* ***para-raios.***

parasita (pa-ra-si-ta) *subst.masc.* Animal ou vegetal pequeno que vive junto de outro maior, ou dentro dele. O **parasita** se alimenta do que há nesse outro ser e geralmente causa algum prejuízo a ele. *As solitárias são* ***parasitas*** *que ficam nos intestinos das pessoas.* ☛ Esta palavra pode ser usada como adj.: *verme* ***parasita.***

parceiro (par-cei-ro) *subst.masc.* **1** Um dos participantes de uma dupla de pessoas. *André é o* ***parceiro*** *de dança da Laura.* **2** **Parceiro** também é sócio. *Bruno tem vários* ***parceiros*** *na sua empresa.*

parcela (par-ce-la) *subst.fem.* **1** Parte em que se divide algo. *A dívida foi paga em cinco* ***parcelas.*** *Uma* ***parcela*** *do povo quer menos impostos.* **2** MAT Cada um dos números de uma soma.

parcial (par-ci-al) *adj.masc.fem.* **1** **Parcial** quer dizer relacionado à parte. Por exemplo, um resultado **parcial** é o de uma parte da competição. **2** Se uma pessoa é **parcial**, ela fica do lado de uma das partes em uma briga ou disputa, sem julgar com igualdade. *Um jurado não pode ser **parcial**.* [Pl.: *parciais*.] ~ **parcialidade** *subst.fem.*

pardal (par-dal) *subst.masc.* Pássaro meio marrom, com cerca de 15 centímetros, que vive perto dos seres humanos, inclusive nas cidades. [Pl.: *pardais*. Fem.: *pardaloca, pardoca*.]

pardo (par-do) *subst.masc.* Cor entre o bege e o marrom, ou entre o branco e o preto. ☛ Esta palavra pode ser usada como adj.: *papel **pardo***.

parecer (pa-re-cer) *verbo* **1** Ter a aparência, o aspecto. *As nuvens **parecem** algodão.* **2** Se você se **parece** com uma pessoa, você tem muitas coisas em comum com ela. *Você se **parece** com seu pai, é alegre como ele.* **3** Dar a impressão. *Tatiana **parece** uma menina simpática. Pelo cheiro, esta manga **parece** madura.* **4** Se **parece** que vai chover, é provável que chova. *subst.masc.* **5** Opinião, julgamento. *De acordo com o **parecer** do engenheiro, a casa deve ser derrubada.*

parede (pa-re-de) \ê\ *subst.fem.* **1** Cada uma das divisões dos espaços internos de uma casa, geralmente construída com tijolos. *As **paredes** da sala precisam de nova pintura.* **2** Cada uma das faces externas de uma casa, um edifício etc. *Colaram cartazes nas **paredes** em torno do edifício.*

parente (pa-ren-te) *subst.masc.fem.* Seus **parentes** são as pessoas da sua família: os seus tios, avós, pais, primos e irmãos. [Sinôn.: *familiar*.]

parêntese (pa-rên-te-se) *subst.masc.* Sinal meio curvo ( ), colocado antes e depois de uma informação que foi acrescentada à frase.

paroxítono (pa-ro-xí-to-no) \cs\ *adj.* GRAM Uma palavra **paroxítona** tem duas ou mais sílabas e a tônica é a segunda, da direita para a esquerda. "Casaco", por exemplo, é uma palavra **paroxítona**. ☛ Esta palavra pode ser usada como subst.: *Nos **paroxítonos**, a última sílaba não é tônica.*

parque (par-que) *subst.masc.* **1** Grande área de vegetação natural e selvagem, protegida por lei para que sua flora e fauna sejam preservadas. *O **Parque** Nacional do Iguaçu é um dos mais visitados do Brasil.* **2** Grande jardim aberto ao público, geralmente com áreas de lazer para adultos e crianças. *Domingo iremos ao **parque** fazer um piquenique.* ☛ Ver ilustração na p. 484. **parque de diversão** Local ao ar livre onde são instalados brinquedos, como a roda-gigante e o carrossel, e barracas com jogos e lanches.

parreira (par-rei-ra) *subst.fem.* É o mesmo que videira.

parte (par-te) *subst.fem.* **1** Uma **parte** é um pedaço ou elemento que forma algo maior. *Olhos, nariz e boca são **partes** do rosto. Os amigos são **parte** importante da vida. O fogo pegou a **parte** de trás da fábrica.* **2** Quem faz **parte** de um grupo pertence a esse grupo.

participar (par-ti-ci-par) *verbo* **1** Fazer parte em um evento ou ser membro de um grupo. *João **participará** da competição. Miguel **participa** do coral.* **2** **Participar** também é fazer as pessoas saberem de algo. *Os noivos **participaram** o novo endereço.* [Sinôn.: *comunicar, informar*.] ~ **participação** *subst.fem.* **participante** *adj.masc.fem. subst.masc.fem.*

particípio (par-ti-cí-pio) *subst.masc.* GRAM Toda vez que um verbo terminar com "-ado" ou "-ido" ele está no **particípio**, como na frase "João já tinha viajado quando eu cheguei".

partícula (par-tí-cu-la) *subst.fem.* Parte muito pequena de algo. *Havia **partículas** de terra misturadas na água.*

particular (par-ti-cu-lar) *adj.masc.fem.* **1** De uso exclusivo de uma pessoa. *O excesso de carros **particulares** causa engarrafamento. Aline tem aulas **particulares**.* **2** Uma loja, escola ou consultório **particular** é de propriedade de uma pessoa ou de um grupo, e não do governo. **3** Um assunto, uma conversa ou um problema **particular** diz respeito a uma ou a poucas pessoas, não a todo mundo. *Os noivos tiveram uma conversa **particular**.* [Sinôn. geral: *privado*. Antôn. geral: *público*. Pl.: *particulares*.]

partida (par-ti-da) *subst.fem.* **1** Uma **partida** é um jogo de qualquer coisa: vôlei, basquete, futebol, baralho etc. *O campeonato teve apenas seis **partidas**.* **2** Quando alguém vai embora, isso é também uma **partida**. *A **partida** da Sandra para o Chile foi ontem.*

partido (par-ti-do) *subst.masc.* **1** Grupo político com ideais comuns organizado para chegar ao poder. *O deputado envolvido em corrupção foi expulso* *do* ***partido***. **2** Pessoa que quer se casar e que é avaliada pela sua condição econômica e social. *Quem é hoje em dia um bom* ***partido*** *para se casar?* adj. **3** Algo **partido** se quebrou. *O que vou fazer com esta moldura* ***partida?***

partir (par-tir) *verbo* **1** Dividir em pedaços ou partes. *Madalena* ***partiu*** *o bolo em seis fatias.* **2** Quando alguma coisa de louça, vidro etc. quebra, dizemos que se **partiu**. *A xícara caiu no chão e* ***partiu****-se.* **3** Deixar um local. *Celina* ***partirá*** *cedo de São Paulo.* [Antôn.: *voltar, retornar.*] **a partir de** Desse momento, ponto, lugar etc. em diante. ***A partir de*** *agora, ninguém mais pode falar.* ***A partir daqui****, a estrada é de barro.*

partitura ► (par-ti-tu-ra) *subst.fem.* MÚS Conjunto de pautas musicais, cada uma correspondendo a um grupo de instrumentos ou de vozes.

Detalhe da **partitura**.

parto (par-to) *subst.masc.* No **parto**, um filhote nasce, saindo do útero da mãe.

páscoa (pás-coa) *subst.fem.* REL Festa cristã que comemora a ressurreição de Jesus Cristo. ☛ Primeira letra maiúscula.

→ Os ovos de **Páscoa** são costume de uma antiga festa não cristã, feita na primavera para uma deusa que trazia um ovo na mão e olhava para um coelho, símbolo da época fértil que começava. A ideia dos ovos de chocolate nasceu na França; antes disso, e até hoje, em alguns lugares, trocavam-se ovos de galinha pintados.

passa (pas-sa) *subst.fem.* Passa é uma fruta seca ao sol ou em estufa. *A receita leva* ***passa*** *de banana e de uva.*

passado (pas-sa-do) *subst.masc.* **1** Período de tempo antes de agora. Tudo que já aconteceu também é **passado**. *Um minuto atrás, dez anos atrás e mil anos atrás estão no* ***passado****. No* ***passado****, as pessoas viajavam muito de navio.* adj. **2** O que é **passado** já aconteceu ou já passou. *Na semana* ***passada****, Roberto viajou com a família.* **3** Uma roupa **passada** foi alisada com o ferro de passar. **4** Uma fruta **passada** está muito madura, quase estragando.

passageiro (pas-sa-gei-ro) *subst.masc.* **1** Pessoa que utiliza qualquer meio de transporte. *Havia poucos* ***passageiros*** *no ônibus.* adj. **2** Algo **passageiro** é algo que dura pouco. *Letícia foi um amor* ***passageiro*** *na vida de André.*

passagem (pas-sa-gem) *subst.fem.* **1** Quando alguma coisa passa, está fazendo uma **passagem**. *A* ***passagem*** *do desfile encantou a plateia. Bruno não mudou com a* ***passagem*** *do tempo.* **2** Local por onde se passa. *Há uma* ***passagem*** *para o pomar pela lateral da casa.* [Sinôn.: *caminho.*] **3** Bilhete de viagem. **4** Um trecho de livro, peça etc. também é uma **passagem**. *A escritora leu sua* ***passagem*** *preferida do romance.* [Pl.: *passagens.*]

passaporte (pas-sa-por-te) *subst.masc.* Documento usado para identificação e entrada de pessoas em países estrangeiros.

passar (pas-sar) *verbo* **1** **Passar** uma coisa para alguém é dar essa coisa a essa pessoa. *Mário* ***passou*** *o sal para Estela. Já* ***passamos*** *o recado para Tatiana.* [Sinôn.: *entregar, transmitir.*] **2** Espalhar ou fazer correr sobre uma superfície. *Zulmira* ***passou*** *requeijão no pão. Vovó* ***passou*** *a mão nos cabelos.* **3** **Passar** por um lugar é andar por ele ou chegar perto dele, mas sem parar ali. *Para chegar ao refeitório,* ***passamos*** *pelo pátio. O rio* ***passa*** *pelo centro da cidade.* **4** Preparar um alimento. Você pode dizer, por exemplo, **passar** um bife, **passar** um café. **5** **Passar** uma roupa é deixá-la lisinha, sem nenhum amassado. **6** **Passar** uma doença é transmiti-la. *Meu afilhado* ***passou*** *resfriado para mim.* **7** Se alguém pergunta como você está **passando**, quer saber se você está se sentindo bem. **8** Se o tempo, uma parte dele ou alguma coisa **passa**, ele acontece ou chega ao fim. *A manhã* ***passou*** *rápido. O temporal* ***passou****. A raiva custou a* ***passar****.* **9** Usar o tempo para fazer alguma coisa. *Davi* ***passou*** *a tarde lendo.* **10** Ser aprovado ou aceito. *Regina* ***passou*** *do primeiro para o segundo ano.* **11** Exibir, mostrar. A televisão e o cinema **passam** *shows*, filmes etc. *Que filme vai* ***passar*** *hoje?*

passarela (pas-sa-re-la) *subst.fem.* **1** Ponte só para pedestres, construída sobre ruas, estradas ou avenidas. **2** Superfície plana e longa, usada em desfiles de moda e concursos. *As modelos desfilaram suas roupas na **passarela**.*

passarinho (pas-sa-ri-nho) *subst.masc.* Pássaro pequeno, como o sabiá, o curió e o bem-te-vi. Muitos **passarinhos** são capazes de cantar.

pássaro (pás-sa-ro) *subst.masc.* Ave que voa, de tamanho pequeno ou médio.

passatempo (pas-sa-tem-po) *subst.masc.* Jogo ou atividade que diverte, que ajuda a passar o tempo. [Sinôn.: *brincadeira, divertimento.*]

passe (pas-se) *subst.masc.* **1** Licença para passar de um lugar a outro. *Poucos jornalistas tinham **passes** para ir à festa do artista.* **2** ESP **Passe** é a jogada em que um atleta passa a bola para um companheiro de equipe. **3** ESP Contrato entre um atleta profissional e o clube que ele representa. Os **passes** podem ser comprados e vendidos pelos clubes, por empresas ou pelos próprios jogadores. *Miguel teve seu **passe** comprado pelo Bahia.*

passear (pas-se-ar) *verbo* Ir a um lugar por lazer, para divertir-se ou fazer exercícios. *Francisco gosta de **passear** no zoológico.*

passeata (pas-se-a-ta) *subst.fem.* Manifestação pública em que os participantes se deslocam a pé pelas ruas.

passeio (pas-sei-o) *subst.masc.* **1** Caminhada ou saída para se divertir. *Fizemos um **passeio** pela praia hoje de manhã.* **2** É o mesmo que calçada. *É proibido estacionar carros no **passeio**.*

passo (pas-so) *subst.masc.* **1** Quando você anda, você dá **passos**. *Alice é muito pequena, mas já dá uns **passos**.* **2** Movimento de dança. *Cíntia aprendeu um novo **passo** hoje no baile.*

pasta (pas-ta) *subst.fem.* **1** Substância mole, formada pela mistura de coisas sólidas e líquidas. *Misturei ovos com açúcar e fiz uma **pasta**.* **2** Objeto, geralmente retangular, que serve para guardar papéis ou carregar coisas. *Os documentos estão na **pasta** verde.*

pastar (pas-tar) *verbo* **Pastar** é o que os animais, como boi, cavalo e carneiro, fazem quando comem a vegetação de um terreno. *Durante alguns meses, o gado **pasta** na várzea. Os cavalos **pastaram** toda a grama.*

pastel (pas-tel) *subst.masc.* CUL Massa de farinha esticada e dobrada que recebe recheio doce ou salgado. Os **pastéis** podem ser fritos ou assados. [Pl.: *pastéis.*] ~ **pastelaria** *subst.fem.*

pastilha (pas-ti-lha) *subst.fem.* **1** Tipo de bala, geralmente para ser mastigada. **2** Remédio para se mastigar ou dissolver na boca. **3** Pequena peça de cerâmica ou vidro, usada para revestir pisos e paredes. *Estela mora no prédio de **pastilhas** verdes.*

pasto (pas-to) *subst.masc.* **1** Terreno com vegetação que serve de alimento para o gado. *Ao entardecer, soltou os bois no **pasto**.* **2** A vegetação deste terreno também é chamada de **pasto**. *Depois da chuva o **pasto** cresceu.*

pastor (pas-tor) \ô\ *subst.masc.* **1** Pessoa que cuida do gado no pasto. **2** REL Líder religioso e guia espiritual dos protestantes. [Pl.: *pastores.*]

pastoso (pas-to-so) \ô\ *adj.* Uma coisa **pastosa** é um pouco cremosa, às vezes meio pegajosa também. *A cola estava meio **pastosa**.*

¹pata (pa-ta) *subst.fem.* Fêmea do pato.

A palavra **pata** é formada de *pato* mais *-a*, que indica o feminino.

²pata ▼ (pa-ta) *subst.fem.* Parte do corpo que os animais usam para se mover ou se segurar, por exemplo, em galhos.

Os animais têm **patas** diferentes.

↑ **pato** ↑ **papagaio** ↑ **cavalo** ↑ **urso**

Não se sabe de onde vem a palavra **pata**, mas imagina-se que seja do barulho feito pelas **patas** dos animais no chão quando se movem.

paternal (pa-ter-nal) *adj.masc.fem.* **Paternal** quer dizer relacionado ao pai. *Tio Cosme tinha gestos **paternais** conosco.* [Pl.: *paternais.*]

paterno (pa-ter-no) *adj.* O que é **paterno** é relacionado ao pai. O amor **paterno** vem do pai. Os seus avós **paternos** são seus avós por parte de pai.

patim (pa-tim) *subst.masc.* Tipo de calçado com rodas ou lâmina, usado para deslizar no chão ou no gelo. *Andreia, quando criança, caiu de **patins**.* [Pl.: *patins*.] ☛ Esta palavra é mais usada no plural.

patinete (pa-ti-ne-te) *subst.masc.* Brinquedo feito de uma tábua estreita sobre duas rodas e de um guidom. Para andar de **patinete**, apoia-se um dos pés nessa tábua e dá-se impulso com o outro.

pátio (pá-tio) *subst.masc.* Área externa a um prédio, escola ou casa, geralmente ao ar livre e cercada, utilizada para várias atividades, desde brincadeiras até reuniões. *As crianças adoraram desenhar nos muros do **pátio**. O almoço de formatura será no **pátio** da escola.*

pato (pa-to) *subst.masc.* Ave que pode voar e nadar. Os **patos** têm bico largo, pescoço e pernas curtas, dedos dos pés unidos por uma membrana e podem ter verrugas vermelhas sobre o bico ou em volta dos olhos. **pagar o pato** Ser punido por algo que não fez. *O ônibus enguiçou e quem **pagou o pato** foram os passageiros, que se atrasaram para o espetáculo.*

patrão (pa-trão) *subst.masc.* Dono ou chefe de um estabelecimento comercial ou de um escritório. É a pessoa que dá ordens aos funcionários. *O **patrão** não gosta de atrasos.* [Pl.: *patrões*.]

pátria (pá-tria) *subst.fem.* País ou terra em que se nasce ou se vive. ~ **pátrio** *adj.*

patrimônio (pa-tri-mô-nio) *subst.masc.* **1** Conjunto das riquezas de alguém, de uma empresa, de uma família. *Os apartamentos e as casas comerciais fazem parte do **patrimônio** da família.* **2** Conjunto das riquezas naturais ou culturais de um país, região etc. *A cidade de Paraty é um **patrimônio** histórico.* ~ **patrimonial** *adj.masc.fem.*

patriota (pa-tri-o-ta) *subst.masc.fem.* Indivíduo que ama a sua pátria ou presta serviços a ela. *Os voluntários mostraram que são bons **patriotas**.* ☛ Esta palavra pode ser usada como adj.: *atitude **patriota**, gesto **patriota**.*

patrocinar (pa-tro-ci-nar) *verbo* Pagar as despesas de alguma coisa, em geral, relacionada ao esporte ou a uma atividade cultural. *A mesma indústria **patrocinou** o festival de cinema e o campeonato de tênis.* ~ **patrocinador** *subst.masc.* **patrocínio** *subst.masc.*

patrulha (pa-tru-lha) *subst.fem.* Grupo encarregado de vigiar as ruas para garantir a segurança. *As **patrulhas** circulam em carros e motos.*

pau *subst.masc.* **1** Pedaço de madeira. **2** Qualquer substância sólida semelhante a um **pau**. *A cozinheira pôs canela em **pau** na canjica.* **3** *informal* Reprovação em exame. *Se não estudar, Jaqueline vai levar **pau** no vestibular.* **paus** *subst.masc.pl.* **4** **Paus** é o nome da figura preta em forma de trevo de três folhas nas cartas do baralho. ☛ Ver ilustração de *baralho*.

pau a pique (pau a pi-que) *subst.masc.* Parede construída com varas e preenchida com barro. [Sinôn.: *taipa*. Pl.: *paus a pique*.]

pau-brasil (pau - bra-sil) *subst.masc.* Árvore de madeira dura e avermelhada, com espinhos no tronco. [Pl.: *paus-brasil, paus-brasis*.]

→ O **pau-brasil** leva esse nome por conta da cor avermelhada de seu tronco, que lembra a cor da brasa. Na época do descobrimento, o **pau-brasil** era muito comum nas matas que vão do Rio Grande do Norte ao Rio de Janeiro, tanto que deu origem ao nome do nosso país: Brasil. Essa árvore foi tão explorada que, hoje em dia, chega a ser rara. Sua madeira é considerada a melhor para fazer arcos de violino.

Folha de bloco com **pautas**.

pausa (pau-sa) *subst.fem.* Período de tempo em que alguém para de fazer o que estava fazendo e depois continua. *No meio da frase, Gabriel fez uma **pausa**. Todos fizeram uma **pausa** para almoçar.* ~ **pausar** *verbo*

pauta ◄ (pau-ta) *subst.fem.* **1** Série de linhas horizontais em uma folha de papel. A **pauta** ajuda a pessoa a escrever em linha reta. **2** MÚS Grupo de cinco linhas horizontais usado para a escrita musical. As notas são desenhadas sobre essas linhas ou nos espaços entre elas. **3** A lista de assuntos para serem discutidos em uma reunião. *Qual é a **pauta** para a reunião do condomínio?*

pavão (pa-vão) *subst.masc.* Ave grande, semelhante à galinha, de cor verde e azul. Os **pavões** machos têm uma cauda com penas compridas e manchas redondas, que se abre em forma de leque. [Pl.: *pavões*. Fem.: *pavoa*.]

pavê (pa-vê) *subst.masc.* CUL Sobremesa gelada, preparada com camadas de biscoitos molhados em leite, licor, leite de coco etc., intercaladas com algum tipo de creme.

pavimento (pa-vi-men-to) *subst.masc.* **1** Cada andar de um edifício. *As lojas de brinquedo ficam no segundo **pavimento**.* **2** Revestimento usado para cobrir o solo, como o asfalto nas estradas.

pavio (pa-vi-o) *subst.masc.* Pedaço de barbante que fica dentro das velas ou dos lampiões. **ter pavio curto** *informal* Irritar-se com muita facilidade.

pavor (pa-vor) \ô\ *subst.masc.* **1** Medo terrível de alguém ou de alguma coisa. *Maria tem **pavor** de cobras.* [Sinôn.: *pânico*.] **2** Quando você detesta alguém ou alguma coisa, você tem **pavor** dela. *A Bia tem **pavor** que gritem com ela.* [Pl.: *pavores*.]

paz *subst.fem.* **1** É o mesmo que calma, tranquilidade. *Há muita **paz** nos campos verdes.* **2** A **paz** acontece sempre que tudo está bem, em harmonia, sem violência nem guerras. *Nosso país vive em **paz** com as nações vizinhas. Marta tem a consciência em **paz**.* **3** Fazer as **pazes** é voltar à **paz** depois de ter brigado ou ter-se desentendido com alguém ou algo. [Pl.: *pazes*.]

pé *subst.masc.* **1** Parte final da perna do ser humano, que fica apoiada no chão e serve para andar. ☛ Ver ilustração na p. 478. **2** Pata dos animais. **3** Parte que sustenta um objeto, como uma mesa ou um sofá. **4** **Pé** também é um jeito diferente de chamar a árvore ou cada unidade de uma planta. *As jabuticabas foram colhidas do **pé** agora.* **a pé** Quando vamos **a pé** a algum lugar, nós vamos andando. **em pé** Na posição vertical. *Não sentamos, esperamos **em pé**. O vendaval não deixou um varal **em pé**.*

peão (pe-ão) *subst.masc.* **1** Trabalhador rural que cuida dos animais, principalmente de bois e cavalos. **2** Pessoa que doma animais, especialmente cavalos. *A festa do **peão** de Barretos foi muito comentada.* **3** **Peão** também é a pessoa que trabalha na construção de prédios, estradas etc. [Pl.: *peões*. Fem.: *peã, peoa, peona*.] ☛ Não confundir com *pião*.

peça (pe-ça) *subst.fem.* **1** Parte de um todo. As **peças** de um brinquedo são os vários pedaços desse brinquedo. As **peças** de um aparelho, máquina etc. são as partes que fazem esse aparelho funcionar. *Geraldo montou um quebra-cabeça de 100 **peças**. Para consertar o carro, foi preciso trocar uma **peça**.* **2** Blusa, saia, calça são **peças** de roupa. **3** Uma obra de teatro ou de música também é uma **peça**. *Cecília representou uma princesa na **peça**. O músico apresentou uma **peça** nova no concerto.* **4** *informal* Se você diz que uma pessoa é uma **peça**, ela tem alguma coisa diferente das outras, é especial. *Renato é uma **peça**, é sempre muito engraçado.* **5** *informal* Mentira de brincadeira. *Talita adora pregar **peças** no dia primeiro de abril.*

pecado (pe-ca-do) *subst.masc.* **1** REL Desrespeito a uma norma religiosa. **2** Desobediência a uma regra. *Acordar tarde no sábado não é **pecado**.*

pecuária (pe-cu-á-ria) *subst.fem.* Atividade relacionada à criação de gado.

pedaço (pe-da-ço) *subst.masc.* Parte pequena de uma coisa maior. *Diana comeu um **pedaço** de bolo. Teresa perdeu um **pedaço** do filme.*

pedágio (pe-dá-gio) *subst.masc.* **1** Valor cobrado aos motoristas para poder andar com seus veículos nas estradas. *O **pedágio** dessa estrada é muito caro.* **2** **Pedágio** também é o local onde a taxa é cobrada. *Vamos passar pelo **pedágio** daqui a cinco minutos.*

pedal (pe-dal) *subst.masc.* Peça que faz parte de uma máquina ou de uma bicicleta e que é movimentada com o pé. [Pl.: *pedais*.] ☛ Ver ilustração de *bicicleta*.

pedalar (pe-da-lar) *verbo* **1** Quando movemos o pedal de uma máquina ou de uma bicicleta estamos **pedalando**. *A costureira **pedala** sua máquina* *rapidamente.* **2 Pedalar** também é andar de bicicleta. ***Pedalar** no parque é muito bom.*

pé de moleque (pé de mo-le-que) *subst.masc.* CUL Doce duro feito com amendoim torrado e açúcar. [Pl.: *pés de moleque.*]

pé de pato (pé de pa-to) *subst.masc.* Calçado de borracha com a ponta achatada, larga e flexível, usado por quem nada ou mergulha para ter mais velocidade. [Pl.: *pés de pato.*]

pedestre (pe-des-tre) *subst.masc.fem.* Pessoa que anda a pé ou que não está se locomovendo num veículo. *Os motoristas devem respeitar os **pedestres**.* ☛ Ver ilustração na p. 484.

pediatra (pe-di-a-tra) *subst.masc.fem.* Médico que cuida de crianças. ~ **pediatria** *subst.fem.* **pediátrico** *adj.*

pedido (pe-di-do) *subst.masc.* **1** Quando você pede, faz um **pedido**. **2** Aquilo que se pede. *Sônia sempre atende aos **pedidos** dos amigos. A loja entregará todos os **pedidos** no prazo.*

pedir (pe-dir) *verbo* **1** Quando você **pede** uma coisa a alguém, você fala com essa pessoa para ela fazer o que você quer. *Renata **pediu** uma caneta emprestada.* **2** Reclamar por um direito. *Todos na cidade **pediam** justiça.* [Sinôn.: *exigir.*] **3** Ter como necessidade. *A saúde do vovô **pede** cuidados. O verão **pede** roupas mais frescas.*

pedra (pe-dra) *subst.fem.* **1** Matéria mineral sólida e dura que se encontra dentro do solo. Há pedras muito valiosas, como esmeralda, rubi e diamante. **2** Pedaço desse material usado em construções. *Os operários construíram um muro de **pedras**.* **3 Pedra** é o mesmo que rocha. *Vamos escalar aquela **pedra**.* **4** Qualquer substância dura e sólida. *Quero duas **pedras** de gelo no refrigerante.*

pedreiro (pe-drei-ro) *subst.masc.* Pessoa que trabalha construindo casas, prédios, muros etc. Os **pedreiros** utilizam areia, cimento, pedra, tijolo e outros materiais para fazer as construções.

pegada (pe-ga-da) *subst.fem.* Marca dos pés das pessoas ou das patas dos animais em uma superfície. *Foram encontradas **pegadas** de dinossauro na Paraíba.*

pegajoso (pe-ga-jo-so) \ô\ *adj.* Uma substância **pegajosa** gruda um pouco naquilo que encosta. *A massa do pão ficou **pegajosa**.*

pegar (pe-gar) *verbo* **1** Segurar alguma coisa com as mãos. *Daniel **pega** o lápis com a mão direita. Elaine **pegou** o cachorro que estava fugindo.* **2** Ficar grudado, colar. *O feijão **pegou** na panela. Essa calça **pega** na perna.* **3 Pegar** ônibus, trem, táxi etc. é entrar nele para viajar. **4** Buscar uma pessoa em algum lugar. *Minha madrinha me **pega** na aula de natação.* [Sinôn.: *apanhar.*] **5 Pegar** um caminho é seguir por ele. *De acordo com o mapa, temos que **pegar** a segunda rua à direita.* **6** *informal* Ir a algum lugar, como praia, cinema etc. por prazer. **7 Pegar** uma doença é ficar doente. Se a doença **pega**, ela é transmitida para outras pessoas. *Fred **pegou** catapora. Gripe **pega** fácil.* **8** Ser atingido por frio, chuva ou sol. [Sinôn.: *apanhar.*] **9** Funcionar. *O celular não **pega** lá no sítio.* **10** Se uma planta **pega**, ela cria raízes e se desenvolve. **11** Se uma moda ou uma mentira **pegam**, elas são aceitas pelas pessoas. **12** Se você **pega** alguém fazendo alguma coisa, você encontra essa pessoa fazendo isso. *A polícia **pegou** o garoto roubando.*

peito (pei-to) *subst.masc.* **1** ANAT Parte da frente do corpo, entre o pescoço e o abdome. [Sinôn.: *tórax.*] **2 Peito** também é o mesmo que seio. **3** Uma pessoa de **peito** é uma pessoa que tem coragem. *Guilherme teve **peito** para enfrentar a doença.* **do peito** Um amigo **do peito** é um amigo muito querido.

peixada (pei-xa-da) *subst.fem.* CUL Prato feito de peixe cozido ou ensopado.

peixe ▼ (pei-xe) *subst.masc.* Animal vertebrado e aquático que respira por brânquias, usa nadadeiras e cauda para se mover e se reproduz por milhares de ovos. Há muitas espécies de **peixe**, a maioria com o corpo coberto de escamas. [Col.: *cardume.*]

Há **peixes** de formas e tamanhos muito diferentes.

peixe-boi (pei-xe - boi) *subst.masc.* Grande mamífero aquático, de corpo roliço, cabeça pequena e cauda em forma de remo. [Pl.: *peixes-bois, peixes-boi.*]

pelada (pe-la-da) *subst.fem.* **1** Jogo de futebol em um campo improvisado, sem uniforme ou número certo de jogadores. **2** Um jogo de futebol muito ruim também é chamado de **pelada**. *A final do campeonato, apesar dos gols, foi uma verdadeira* ***pelada***.

pele (pe-le) *subst.fem.* **1** Camada natural que cobre o corpo do homem e de certos animais. *A* ***pele*** *é o maior órgão do corpo humano. O filtro solar protege a* ***pele***. **2** Material resistente feito dessa **pele** e usado para fabricar vários produtos, como sapatos, bolsas e roupas. *Casacos de* ***pele*** *servem para lugares muito frios.* **3** Pele natural ou artificial usada em instrumentos musicais como tambor, cuíca e pandeiro. **4** Casca de alguns frutos e legumes. *Para o molho, use tomates sem* ***pele***.

pelicano (pe-li-ca-no) *subst.masc.* Ave aquática, de bico grande, largo e com uma bolsa para guardar os peixes que pesca.

[1]**pelo** (pe-lo) \ê\ *preposição* **1** Se passamos **pelo** túnel, passamos através do túnel. **2** Se alguém torce **pelo** Brasil, torce a favor do Brasil. **3** Se alguém fica feliz **pelo** seu sucesso, fica feliz por causa do seu sucesso.

✏ **Pelo** é formado pela preposição *per* (forma antiga de "por") mais o artigo definido *lo* (forma antiga de "o").

---

[2]**pelo** (pe-lo) \ê\ *subst.masc.* **1** Fio que cresce sobre a pele em quase todo o corpo do homem e de alguns animais. **2** Conjunto desses fios. *Os gatos têm* ***pelo*** *bem macio.* **3** Também chamamos de **pelo** qualquer fio bem fino, geralmente curtinho. Algumas roupas e certas frutas, como o pêssego, têm **pelo**.

✏ **Pelo** vem de *pĭllu*, palavra latina que quer dizer "pelo, cabelo".

---

pelve (pel-ve) *subst.fem.* ANAT Parte oca do corpo formada pelos ossos do quadril. [Sinôn.: *bacia*.] ☛ Ver ilustração na p. 478.

[1]**pena** (pe-na) *subst.fem.* Conjunto de pelos finos e macios, presos a cada lado de uma haste. O corpo das aves é coberto de **penas**.

✏ **Pena** vem da palavra latina *penna*, que também quer dizer "pelo das aves".

---

[2]**pena** (pe-na) *subst.fem.* **1** Castigo dado de acordo com a lei. *O juiz é quem decide qual vai ser a* ***pena*** *do ladrão.* **2** Se você sente **pena** de alguém, você fica triste por uma coisa que aconteceu com essa pessoa. *Fiquei com* ***pena*** *do meu irmão porque ele caiu.* [Sinôn.: *dó, piedade*.]

✏ **Pena** vem da palavra grega *poiné*, que quer dizer "castigo, sofrimento".

---

pênalti (pê-nal-ti) *subst.masc.* **1** ESP No futebol, falta cometida pelo jogador na área perto do gol do seu time. **2** ESP O chute que se dá para cobrar essa falta.

penca (pen-ca) *subst.fem.* Uma porção de flores ou de frutas juntas é uma **penca**. ☛ Ver ilustração de *cacho*.

pendurar (pen-du-rar) *verbo* **1** Prender por uma das partes um objeto a certa altura do chão. *Você* ***pendurou*** *as toalhas no varal?* **2** **Pendurar**-se é segurar-se em algum lugar alto. *Fabíola* ***pendurou****-se no pescoço do pai.*

peneira ▼ (pe-nei-ra) *subst.fem.* Utensílio formado por fios trançados, mais ou menos apertados, presos a uma armação, geralmente circular. As **peneiras** são usadas para separar uma matéria maior de uma outra menor. ~ **peneirar** *verbo*

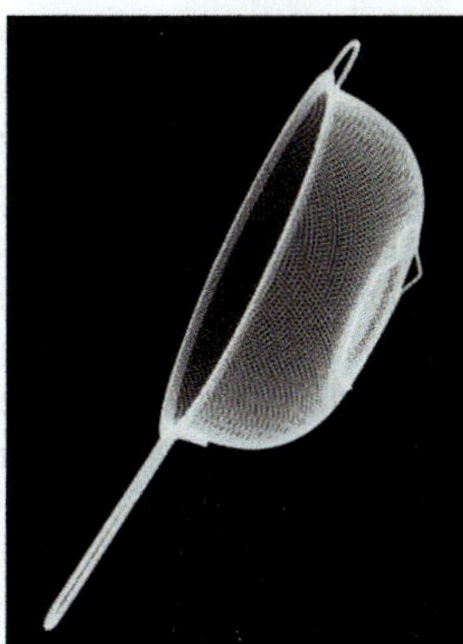

penetra (pe-ne-tra) *subst.masc.fem. informal* Pessoa que entra em festas, reuniões, espetáculos etc. sem convite ou ingresso. ☛ Esta palavra pode ser usada como adj.: *mulheres* ***penetras****, homem* ***penetra***.

penetrar (pe-ne-trar) *verbo* Passar para dentro de algo ou através de alguma coisa. *O espinho* ***penetrou*** *no dedo. A luz* ***penetrava*** *pela janela.* [Sinôn.: *entrar*.] ~ **penetração** *subst.fem.*

península (pe-nín-su-la) *subst.fem.* GEOG Extensão de terra cercada pelo mar por todos os lados, menos por um, que se liga a uma porção maior de terra. *A **península** Ibérica é a região da Europa formada por Portugal e Espanha.* ☛ Ver ilustração na p. 488.

pênis (pê-nis) *subst.masc.* ANAT Parte externa do órgão genital masculino. Dentro do **pênis**, fica um canal por onde passam, em momentos diferentes, a urina e os espermatozoides. ☛ O sing. e o pl. desta palavra são iguais: *o **pênis**, os **pênis**.*

pensamento (pen-sa-men-to) *subst.masc.* **1** Capacidade de pensar. *O **pensamento** é uma habilidade do homem.* **2** Ideia, assunto, fato em que pensamos. *Um **pensamento** não sai da minha cabeça: "vou ganhar?".* **3** Opinião sobre um assunto. *Nada muda seu **pensamento** sobre a violência.*

pensar (pen-sar) *verbo* **1** Usar a mente para compreender, ter ideias ou opiniões, tomar atitudes etc. *A criança **pensa** diferente do adulto.* [Sinôn.: *raciocinar*.] **2** Determinar após usar a razão, ter certa opinião. ***Penso** que devemos pedir informação. O que você **pensa** sobre a violência?* **3** Ter uma intenção ou ver que algo é possível. *O atleta **pensa** em chegar à final.* **4** Ter uma lembrança na mente. *O rapaz **pensou** na moça durante todo o dia.* [Sinôn.: *lembrar*. Antôn.: *esquecer*.]

pentágono (pen-tá-go-no) *subst.masc.* MAT Figura geométrica de cinco lados. ☛ Ver ilustração na p. 498.

pente (pen-te) *subst.masc.* Objeto feito de dentes presos em uma haste, usado para desembaraçar e arrumar os cabelos.

penteado (pen-te-a-do) *subst.masc.* Jeito de arrumar o cabelo, geralmente usando presilhas, elásticos, grampos etc. *O **penteado** da noiva estava muito bonito. A trança é um **penteado** muito comum.*

pentear (pen-te-ar) *verbo* Arrumar o cabelo, geralmente usando pente.

penugem (pe-nu-gem) *subst.fem.* **1** **Penugem** são as primeiras penas, finas e macias, de uma ave, aquelas que ficam debaixo das penas grandes. **2** Também chamamos de **penugem** os pelos ou cabelos fininhos que nascem primeiro. *O rapaz era muito jovem, no lugar do bigode tinha uma **penugem**.* [Pl.: *penugens*.]

penúltimo (pe-núl-ti-mo) *adj.* O que é **penúltimo** vem imediatamente antes do último. *Sexta-feira é o **penúltimo** dia da semana.*

pepino (pe-pi-no) *subst.masc.* Legume comprido, de casca verde escura e miolo verde claro. O **pepino** é muito consumido cru em saladas.

pequeno (pe-que-no) *adj.* **1** O que é **pequeno** tem altura, largura, comprimento, volume etc. menor do que outros semelhantes. *O camundongo é um animal **pequeno**, mas a formiga é menor.* **2** Também dizemos que é **pequeno** quem ainda é criança. *Tenho dois irmãos **pequenos**.* **3** Também dizemos que é **pequeno** o que não é muito importante, forte ou intenso. *A professora adorou nosso trabalho, só fez **pequenas** observações.* [Antôn.: *grande*. Superl. absol.: *pequeníssimo, mínimo*.]

pequi (pe-qui) *subst.masc.* Fruta arredondada, com casca verde e polpa amarela, de uma árvore do cerrado brasileiro. O **pequi** tem caroço com espinhos e é muito usado na alimentação e na fabricação de licor e óleo. ~ **pequizeiro** *subst. masc.*

pera (pe-ra) \ê\ *subst.fem.* Fruta em forma de gota, de casca amarela ou verde e polpa quase branca, suculenta e doce. ~ **pereira** *subst.fem.*

perante (pe-ran-te) *preposição* **1** O que está **perante** uma coisa está na frente dela. *O pai esperava a noiva **perante** a igreja.* **2** O que vale **perante** a lei tem valor legal, é oficial.

perceber (per-ce-ber) *verbo* **1** Ter consciência de algo usando os cinco sentidos. *Pelo barulho o índio **percebeu** o animal se aproximando.* [Sinôn.: *sentir*.] **2** Ter consciência de algo usando a mente e a inteligência. Podemos **perceber** um fato futuro, pelo que vemos agora, ou podemos descobrir uma coisa que não sabíamos que tinha acontecido. *Ao chutar a bola, Cássia **percebeu** que ia fazer o gol. João só **percebeu** seu ferimento ao ver sangue no chão.*

percentagem ou **porcentagem** (per-cen-ta-gem; por-cen-ta-gem) *subst.fem.* **1** Quando você diz que uma grande **percentagem** de alunos compareceu, está dizendo que um grande número deles veio, tomando como base de comparação um grupo de 100 alunos. **2** Parte de uma quantia em dinheiro, calculada em fração de uma centena, a que alguém tem direito como pagamento, lucro, prêmio etc. [Pl.: *percentagens, porcentagens.*] ☛ Usamos o símbolo % para indicar uma **percentagem**: 10%, 30%. ~ **percentual** *adj.masc.fem.* **porcentual** *adj.masc.fem.*

percevejo (per-ce-ve-jo) \ê\ *subst.masc.* Inseto pequeno e verde, capaz de soltar um cheiro ruim.

percorrer (per-cor-rer) *verbo* **1** Passar por um lugar. *O caminhão de lixo **percorre** toda a cidade.* **2** Andar ou correr certa distância. *O corredor **percorreu** 20 quilômetros.* **3** Olhar rapidamente, examinar. *Nei **percorre** as manchetes dos jornais antes de sair de casa.*

perda (per-da) \ê\ *subst.fem.* Quando você perde algo, você tem uma **perda**. *A **perda** da colheita trouxe prejuízos aos lavradores.*

perdão (per-dão) *subst.masc.* **1** Quando você perdoa uma pessoa, você lhe dá o seu **perdão**. *Seu **perdão** é muito importante para mim.* [Antôn.: *condenação.*] *interjeição* **2** Quando a gente pede desculpas, às vezes também diz **perdão**. ***Perdão**, esbarrei no seu braço sem querer.* [Pl.: *perdões.*]

perder (per-der) *verbo* **1** Se você **perde** uma coisa, você não sabe onde ela está e tem de procurar para encontrá-la. *Ricardo **perdeu** a chave de casa.* [Antôn.: *achar.*] **2** Se você **perde** o ônibus, você não chega a tempo de entrar nele. **3 Perder** uma coisa é também deixar de ter essa coisa. *Algumas árvores **perdem** as folhas no outono. O bisavô de Flávio **perdeu** a audição.* [Antôn.: *ganhar.*] **4** Se você **perde** uma pessoa, você não convive mais com ela porque ela morreu ou se afastou de você. *Aquela senhora **perdeu** os netos em um acidente.* **5** Se você se **perde**, fica sem saber para onde ir ou o que fazer. *Os escoteiros usavam a bússola para não se **perder**.* **6** Se você **perde** um jogo, quem jogava com você ganhou esse jogo. *A seleção **perdeu** de dois a zero.* [Antôn.: *ganhar, vencer.*] **7 Perder** tempo, uma chance ou oportunidade é deixar de aproveitá-la. *Não **perca** seu tempo com reclamações.* ~ **perdedor** *subst.masc.*

perdido (per-di-do) *adj.* **1** Uma pessoa **perdida** não sabe voltar para o lugar de onde saiu. *Se estiver **perdido**, pergunte o caminho a alguém.* **2** Um objeto **perdido** é um objeto que ninguém encontra nem sabe onde está. **3** Um dia ou uma oportunidade **perdida** foi mal aproveitada. *Mais um dia de praia **perdido** porque acordamos tarde.*

perdoar (per-do-ar) *verbo* **1** Não se importar com uma ofensa recebida e não ficar com sentimento de mágoa. *Cláudia **perdoou** todo o mal que lhe haviam feito.* **2** Abrir mão de punir quem cometeu um erro, comportou-se mal ou desobedeceu a uma regra ou lei. *Gabriel foi grosseiro, mas a tia o **perdoou**.* **3** Liberar alguém de uma obrigação. *A Laura me devia, mas **perdoei**-lhe a dívida.* **4** Esse verbo também se usa quando a gente quer se desculpar ou pedir algo com gentileza. ***Perdoe**, mas pode repetir o que disse?* ~ **perdoável** *adj.masc.fem.*

perereca (pe-re-re-ca) *subst.fem.* Anfíbio sem cauda, parecido com a rã e o sapo. As pernas traseiras das **pererecas** são longas e as suas patas grudam nas superfícies.

perfeição (per-fei-ção) *subst.fem.* Qualidade do que não tem defeitos e, por isso, é melhor que os outros. *O pintor trabalhou com **perfeição**. O atleta treina para alcançar a **perfeição** de movimentos.* [Pl.: *perfeições.*]

perfeito (per-fei-to) *adj.* **1** O que está **perfeito** está sem nenhum problema ou defeito. *O livro veio pelo correio e chegou **perfeito**.* [Antôn.: *imperfeito.*] **2** O que é **perfeito** serve muito bem, é ideal. *Conversar é a solução **perfeita** para resolver problemas.* *subst.masc.* **3** GRAM Tempo verbal usado para falar de coisas que já aconteceram ou existiram. Na frase "Ele viajou ontem", "viajou" está no **perfeito**. ☛ Neste sentido, esta palavra pode ser usada como adj.: *pretérito **perfeito**.*

perfil ► (per-fil) *subst.masc.* **1** Contorno de um rosto, de uma figura ou de um objeto visto de lado. *O artista desenhou o **perfil** da criança.* **2** Descrição resumida das características de uma pessoa. *O **perfil** dos heróis de quadrinhos era o mesmo: corajoso.* [Pl.: *perfis.*]

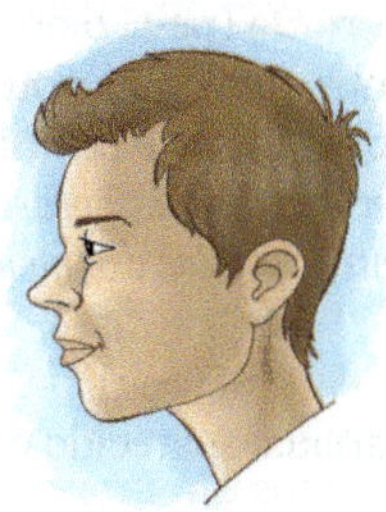

Rosto de **perfil**.

perfume (per-fu-me) *subst.masc.* **1** Produto, geralmente líquido, que as pessoas passam na pele para cheirar bem. **2** Qualquer cheiro bom. *Diva gosta de sentir o **perfume** das rosas.* [Sinôn.: *aroma.* Antôn.: *fedor.*] ~ **perfumar** *verbo*

A B C D E F G H I J K L M N O P Q R S T U V W X Y Z

perfurar (per-fu-rar) *verbo* **1** Fazer furo em alguma coisa. *O espinho **perfurou** sua mão?* **2** Abrir um ou mais buracos no solo ou na rocha. *A empresa pretende **perfurar** novos poços de petróleo.*

pergunta (per-gun-ta) *subst.fem.* Palavra ou frase que você usa para perguntar. *Os fãs fizeram várias **perguntas** ao escritor. As **perguntas** da prova estavam fáceis.* [Sinôn.: *interrogação.*]

perguntar (per-gun-tar) *verbo* Se você **pergunta** uma coisa a alguém, você quer saber algo que você não sabe. Você também pode **perguntar** para ver se essa pessoa sabe a resposta. *"Quando é a festa?", **perguntou** Helena.*

periferia (pe-ri-fe-ri-a) *subst.fem.* **1** Região afastada do centro de uma cidade. *Alguns bairros da **periferia** terão novas linhas de ônibus.* **2** Linha imaginária que contorna um espaço. *Na **periferia** das lagoas, há muitas garças.*

perigo (pe-ri-go) *subst.masc.* **1** Situação em que é possível acontecer algo muito ruim, que ameaça a vida, a existência, a saúde etc. *À noite, na floresta, sua vida corria **perigo**.* [Sinôn.: *risco*. Antôn.: *segurança.*] **2 Perigo** é também o que provoca essa situação. *É um **perigo** beber álcool e sair dirigindo.* **3** Consequência lamentável, inconveniente. *Todo mundo sabe dos **perigos** de comer demais.*

perigoso (pe-ri-go-so) \ô\ *adj.* O que é **perigoso** faz mal, pode machucar, prejudicar, matar etc. Pessoas também podem ser **perigosas**. *Não pegue nessa faca, é **perigoso**.* [Antôn.: *seguro.*]

período (pe-rí-o-do) *subst.masc.* Tempo que passa entre duas datas ou outra marcação de tempo, como horas e minutos. *Ana ficou no hospital por um **período** de duas horas. Encontrei minha avó no **período** entre as férias e o início do ano letivo.*

periquito (pe-ri-qui-to) *subst.masc.* Pássaro de cores variadas, parecido com o papagaio, porém menor.

permanecer (per-ma-ne-cer) *verbo* **1** Ficar do mesmo modo em que está. *Rubens **permaneceu** quieto.* **2** Ficar em determinado lugar, por um certo tempo ou por mais tempo. *Resolveram **permanecer** no hotel por mais alguns dias.* **3** Durar por muito tempo. *As consequências **permanecerão** durante muitas gerações.* ~ **permanência** *subst.fem.*

permanente (per-ma-nen-te) *adj.masc.fem.* **1** O que é **permanente** dura muito tempo ou acontece com frequência. *É preciso pensar bem antes de fazer uma tatuagem **permanente**. Jurema sente uma dor **permanente** nas pernas.* [Antôn.: *passageiro, provisório.*] *subst.masc.* **2** Penteado que deixa os cabelos ondulados.

permeável (per-me-á-vel) *adj.masc.fem.* O que é **permeável** deixa passar líquido. O tecido do guarda-chuva não pode ser **permeável**, porque, se for, as pessoas vão se molhar. [Antôn.: *impermeável*. Pl.: *permeáveis.*]

permissão (per-mis-são) *subst.fem.* Fala, documento etc. que informa que está tudo bem e não há problemas para algo acontecer. *Miguel pegou hoje sua **permissão** para dirigir. O médico deu **permissão** para caminhar.* [Pl.: *permissões.*]

permitir (per-mi-tir) *verbo* **1** Se você **permite** uma coisa é porque você considera que ela é boa e pode ser feita sem problemas. *A lei não **permite** o roubo. A professora **permitiu** que saíssemos da sala.* [Sinôn.: *autorizar*. Antôn.: *proibir.*] **2** Dar condições boas para algo acontecer. *O empenho do time **permitiu** a vitória.*

perna (per-na) *subst.fem.* **1** Parte do corpo do ser humano que une o tronco aos pés e nos permite ficar em pé. Os animais também têm **pernas**. ☛ Ver ilustração na p. 478. **2** Parte que sustenta um objeto, como uma cadeira ou uma mesa. *A **perna** da cadeira entortou e Joana caiu.*

pernil (per-nil) *subst.masc.* Coxa de animais quadrúpedes usados na alimentação humana, especialmente a coxa do porco. [Pl.: *pernis.*]

pernilongo (per-ni-lon-go) *subst.masc.* É o mesmo que mosquito.

pérola (pé-ro-la) *subst.fem.* **1** Pequena bolinha maciça, branca e brilhante que se desenvolve dentro de certas conchas, como as ostras. **2** Essa bolinha usada para fazer joias. *O vestido da princesa foi bordado com **pérolas** verdadeiras.*

perplexo (per-ple-xo) \cs\ *adj.* **1** Ficar **perplexo** é ficar confuso e aflito por não entender determinada coisa ou não saber como escolher entre as opções possíveis. *Jane ficou ali **perplexa**, sem saber* *que caminho tomar.* **2** Quando você sente espanto ou admiração, também pode ficar **perplexo**. *Os turistas ficam **perplexos** diante da beleza da cachoeira.*

perseguir (per-se-guir) *verbo* **1** Se você **persegue** uma pessoa, você vai atrás dela aonde ela for. *O cachorro **perseguiu** o gato da vizinha.* **2** Se você **persegue** uma coisa que você quer muito, você está se esforçando para consegui-la. *O nadador **perseguia** um recorde mundial.* ~ **perseguição** *subst.fem.*

persistente (per-sis-ten-te) *adj.masc.fem.* **1** O que é **persistente** continua a existir ou a acontecer por muito tempo. *Jairo tem uma tosse **persistente** há meses.* **2** Uma pessoa **persistente** insiste em tentar fazer algo, mesmo que seja difícil ou que haja gente se opondo a essa coisa. *Arnaldo é muito **persistente** e não vai desistir de falar com você.*

personagem (per-so-na-gem) *subst.masc.fem.* Quem faz alguma coisa numa história é um **personagem**. Pode ser uma pessoa, um bicho, uma planta, um objeto. Há **personagens** em filmes, livros, jogos, desenhos etc. [Pl.: *personagens.*]

personalidade (per-so-na-li-da-de) *subst.fem.* **1** A **personalidade** de uma pessoa é a forma de ser, de pensar, de se comportar dessa pessoa. *Marcos tem uma **personalidade** agradável. Esse menino aos dez anos já tem forte **personalidade**.* **2** Pessoa que se destaca numa atividade, no meio social etc. *Assistiram à formatura várias **personalidades** da política.* [Sinôn.: *celebridade.*]

perspectiva ▼ (pers-pec-ti-va) *subst.fem.* **1** Jeito de pensar sobre alguma coisa, ponto de vista. *Na **perspectiva** do torcedor, o jogo foi emocionante.* **2** Sentimento de esperança, expectativa. *Flávio tem a **perspectiva** de mudar de emprego.* **3** Em desenho e pintura, técnica que faz parecer que algumas figuras estão mais longe que outras.

Perspectiva de um desenho.

pertencer (per-ten-cer) *verbo* **1** Se uma coisa **pertence** a você, você é o dono dela. *Esta bicicleta **pertence** ao Danilo.* **2** Fazer parte de um grupo, coleção etc. *Esses artistas **pertencem** ao circo.* ~ **pertencente** *adj.masc.fem.*

perto (per-to) *advérbio* O que está **perto** está a uma distância muito pequena ou não vai demorar muito para acontecer. *Não andei muito, o cinema fica **perto**. O dia da viagem estava **perto**.* [Antôn.: *longe.*] **de perto** **1** Ver **de perto** é ver o que está a uma pequena distância. **2** Conhecer alguém **de perto** é conhecer bem a pessoa. **perto de** **1** Quem está **perto de** você está a uma distância bem pequena. Um fato **perto de** acontecer não vai demorar. **2** Se comparamos duas coisas, usamos **perto de**. *Esta casa é pequena **perto da** outra.* **3** Mais ou menos. *O trem demorou **perto de** duas horas para chegar lá.*

perturbar (per-tur-bar) *verbo* **1** Deixar mal, nervoso, sem controle, triste, com vergonha etc. *As vaias **perturbaram** o cantor. As ofensas do filho **perturbaram** o pai.* **2** Impedir o funcionamento normal. *O imprevisto **perturbou** a apresentação.* [Sinôn.: *atrapalhar.*] ~ **perturbação** *subst.fem.*

peru (pe-ru) *subst.masc.* Ave doméstica grande, geralmente de penas escuras, com uma pele vermelha pendurada no pescoço e verrugas vermelhas na cabeça.

peruca (pe-ru-ca) *subst.fem.* Conjunto de fios de cabelo presos em uma espécie de touca, que as pessoas podem tirar e colocar na cabeça quando querem. *Os palhaços usam **perucas** coloridas.*

pesadelo (pe-sa-de-lo) \ê\ *subst.masc.* Sonho ruim que deixa a pessoa com medo e com o sono agitado.

pesado (pe-sa-do) *adj.* **1** Algo **pesado** é difícil de carregar ou de levantar. *A minha mochila está **pesada**.* **2** Se a pessoa tem sono **pesado**, o sono dela é profundo. **3** Uma tarefa **pesada** exige muito esforço. *O serviço na loja está muito **pesado** esta semana.* **4** *informal* Uma comida **pesada** tem uma digestão difícil e demorada. *Feijoada e frituras são comidas **pesadas**.* [Antôn. geral: *leve.*]

pesar (pe-sar) *verbo* **1** Se você **pesa** 30 quilos, esse é o seu peso. **2** Se você **pesa** alguém ou algo, você mede o peso deles. *É preciso **pesar** a carne antes de* *pagar.* **3** Examinar os fatos com atenção, pensar sobre eles. *Beatriz* ***pesava*** *as vantagens de mudar de escola.* **4** Ter influência. *Ser filha de músicos* ***pesou*** *na escolha de Iara em ser cantora.*

pesca (pes-ca) *subst.fem.* **1** As pessoas participam de uma **pesca** quando pegam peixes. **2 Pesca** também é aquilo que foi pescado. *A* ***pesca*** *foi boa, enchemos duas redes de sardinha.* ~ **pescador** *subst.masc.* **pescar** *verbo* **pescaria** *subst.fem.*

pescoço (pes-co-ço) \ô\ *subst.masc.* ANAT Parte do corpo entre a cabeça e o tronco. ☛ Ver ilustração na p. 478.

peso (pe-so) \ê\ *subst.masc.* **1** O **peso** de algo é a sua medida em quilogramas, gramas etc. Aquilo que tem muito **peso** é difícil de carregar ou de levantar. *O* ***peso*** *deste pacote de arroz é cinco quilos.* ☛ Ver tabela na p. 508. **2** Pedaço de metal usado como medida em balanças. *O* ***peso*** *de dois quilos caiu no pé do vendedor.* **3** ESP Bola de metal usada para lançamentos em competições esportivas. **4** Conjunto de coisas que são carregadas, como uma carga. *Dá para levar mais* ***peso*** *no carrinho de feira do que na mão.* **5** Influência ou importância que algo tem. *O vereador é um nome de* ***peso*** *na cidade.* **6** Sensação de mal-estar em alguma parte do corpo ou de sofrimento por causa de um problema. *Aquela comida deixou um* ***peso*** *no estômago. A ajuda dos amigos tirou um* ***peso*** *das costas de Flávia.*

pesquisa (pes-qui-sa) *subst.fem.* **1** Conjunto de atividades que buscam novos conhecimentos. *As* ***pesquisas*** *para a vacina estão paradas.* **2** Busca em detalhes e cuidadosa de informações sobre algo. *A professora pediu uma* ***pesquisa*** *sobre mamíferos.*

pesquisar (pes-qui-sar) *verbo* Procurar com empenho e cuidado informações detalhadas sobre algo. *Os médicos* ***pesquisam*** *a cura para várias doenças.* ~ **pesquisador** *subst.masc.*

pêssego (pês-se-go) *subst.masc.* Fruta arredondada, de casca amarela ou avermelhada com pelinhos macios, polpa amarela e doce com um caroço grande no meio. ~ **pessegueiro** *subst.masc.*

péssimo (pés-si-mo) *adj.* O que é **péssimo** é tão ruim, mas tão ruim que podemos pensar que não existe nada pior. *Paulo César acha* ***péssimo*** *jogar futebol, Ian acha ótimo.* [Antôn.: *ótimo.*]

pessoa (pes-so-a) \ô\ *subst.fem.* **1** Cada ser humano. Homens, mulheres e crianças são **pessoas. 2** GRAM Os pronomes são divididos em primeira, segunda e terceira **pessoa:** quem fala (eu), com quem se fala (tu ou você) e de quem ou do que se fala (ele).

pessoal (pes-so-al) *adj.masc.fem.* **1 Pessoal** quer dizer relacionado a pessoa. Aparência **pessoal** é a aparência de uma pessoa. Atendimento **pessoal** é feito por uma pessoa. **2** Uma coisa **pessoal** é de uma pessoa e de mais ninguém. *Escova de dente é um objeto de uso* ***pessoal****. Gilberto deu a opinião* ***pessoal*** *dele sobre o filme.* **3** Um assunto ou problema **pessoal** é particular, íntimo. *Gabriela faltou ao trabalho por razões* ***pessoais****.* *subst.masc.* **4** Grupo de pessoas. *Heloísa saiu com o* ***pessoal*** *do trabalho.* [Pl.: *pessoais.*]

pestana (pes-ta-na) *subst.fem.* É o mesmo que cílio. **tirar uma pestana** *informal* Dormir um pouco. *Depois do almoço, Cléber deitava na rede e* ***tirava uma pestana****.*

peste (pes-te) *subst.fem.* **1** Doença contagiosa transmitida pela pulga do rato. **2** Epidemia que causa grande número de mortos. *Uma* ***peste*** *atacou 80% dos bezerros da fazenda.* **3** *informal* Pessoa muito levada ou que aborrece muito os outros. *O garoto era uma* ***peste****, não obedecia a ninguém.*

→ A **peste** transmitida pela pulga do rato, também chamada de **peste** negra, matou mais de 25 milhões de pessoas na Europa, no século XIV.

pétala (pé-ta-la) *subst.fem.* Parte da flor que está presa ao seu miolo. As **pétalas** são geralmente coloridas e cheirosas, para atraírem os animais que vão colher o pólen.

peteca ► (pe-te-ca) *subst.fem.* Brinquedo feito de uma pequena base redonda e chata, com penas espetadas na parte de cima. A **peteca** é lançada para o ar por golpes dados com a palma da mão.

petisco (pe-tis-co) *subst.masc.* Comida como batata frita, linguiça, azeitonas etc., servida em porções, geralmente acompanhada de bebidas.

petrificar (pe-tri-fi-car) *verbo* **1** Transformar em algo tão duro como uma pedra. *A sopa **petrificou** no congelador.* **2** Deixar alguém imóvel, por causa de um susto, por medo etc. *Os gritos **petrificaram** as pessoas do acampamento.*

petróleo (pe-tró-leo) *subst.masc.* Óleo natural e escuro, de grande valor econômico, extraído de jazidas que se encontram no subsolo ou no fundo do mar e usado como combustível, depois de refinado.

pia (pi-a) *subst.fem.* Tipo de bacia presa a uma parede e ligada a um encanamento que fornece água à sua torneira. Usamos a **pia** para lavar as mãos, a louça da cozinha etc.

piá (pi-á) *subst.masc.* Na região Sul, criança do sexo masculino.

piada (pi-a-da) *subst.fem.* História curta que se conta para fazer alguém rir. [Sinôn.: *anedota*.]

piano (pi-a-no) *subst.masc.* MÚS Instrumento musical com 88 teclas, cada uma correspondente a uma nota. Dentro do **piano**, há pequenos martelos cobertos de feltro que batem nas cordas conforme tocamos nas teclas. ☛ Ver ilustração na p. 494. ~ **pianista** *subst.masc.fem.*

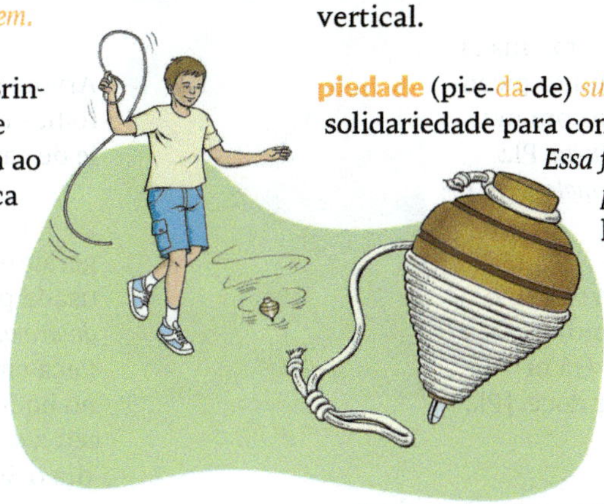

pião ► (pi-ão) *subst.masc.* Brinquedo em forma de gota de cabeça para baixo, que gira ao se puxar uma corda que fica enrolada em sua ponta. Os **piões** são geralmente de madeira, com ponta de metal. [Pl.: *piões*.] ☛ Não confundir com *peão*.

piar (pi-ar) *verbo* Quando algumas aves **piam**, elas produzem um som alto, parecido com um assobio curto. *Os pintinhos **piaram** o dia todo.* ~ **pio** *subst.masc.*

picada (pi-ca-da) *subst.fem.* **1** Machucado causado por inseto, cobra ou objeto pontudo. **2** Caminho aberto no meio do mato com facão ou foice.

picadeiro (pi-ca-dei-ro) *subst.masc.* Área central de um circo, onde os artistas se apresentam.

picante (pi-can-te) *adj.masc.fem.* O que é **picante** tem um gosto forte que parece queimar a boca. *A carne tinha um molho **picante** feito com pimenta.*

pica-pau (pi-ca - pau) *subst.masc.* Ave de bico forte e reto, capaz de furar o tronco das árvores para caçar insetos e fazer seu ninho. [Pl.: *pica-paus*.]

picar (pi-car) *verbo* **1** Quando um animal **pica** você, ele machuca a sua pele fazendo um ou mais furos nela. Mosquito, escorpião e cobra **picam**. **2** Cortar em pedaços pequenos. *Os cozinheiros **picaram** cebola, tomate e pimentão para o tempero.* **3** Causar sensação de ardência ou coceira. *Esta pimenta **pica** muito! O casaco **picava** o pescoço de Lia.*

pichação (pi-cha-ção) *subst.fem.* Assinatura desenhada ou rabisco feito em parede, muro, estátua etc. [Pl.: *pichações*.] ☛ Ver *grafite*.

pico (pi-co) *subst.masc.* Topo mais alto e pontudo de um monte ou uma montanha. *O **pico** da Bandeira se localiza na divisa de Minas Gerais com o Espírito Santo.* ☛ Ver ilustração na p. 490.

picolé (pi-co-lé) *subst.masc.* Sorvete bem durinho e preso a um pauzinho que o atravessa na vertical.

piedade (pi-e-da-de) *subst.fem.* **1** Sentimento de solidariedade para com as pessoas que sofrem. *Essa freira sempre sentiu **piedade** pelos pobres.* **2** Atitude delicada e de consideração por outras pessoas e pelos animais. *O rei teve **piedade** dos estrangeiros e perdoou-lhes as dívidas.* **3** REL Dedicação religiosa. ~ **piedoso** *adj.*

piercing *subst.masc.* Palavra inglesa que dá nome a um enfeite de metal usado em furos feitos em várias partes do corpo, como o umbigo. ☛ Pronuncia-se *pirsing*.

pijama (pi-ja-ma) *subst.masc.* Conjunto de calça e camisa, usado para dormir.

pilha (pi-lha) *subst.fem.* **1** Objeto pequeno que fornece energia para rádios, relógios, brinquedos etc. funcionarem. *O controle remoto da televisão é a **pilha**.* **2** Monte de coisas juntas colocadas umas em cima das outras. *Havia uma **pilha** de papel em cima da mesa.* **3** *informal* Se você diz que uma pessoa está uma **pilha**, quer dizer que ela está muito nervosa ou agitada.

piloto (pi-lo-to) \ô\ *subst.masc.* **1** Pessoa que guia avião ou qualquer outro veículo que tenha motor, como carro, navio etc. *O **piloto** anunciou que o avião pousaria em uma hora.* **2** O motorista de carros de corrida também é chamado de **piloto**. *O **piloto** brasileiro ganhou a corrida.* ~ **pilotar** *verbo*

pílula (pí-lu-la) *subst.fem.* Remédio, geralmente de forma arredondada, para ser engolido sem mastigar.

pimenta (pi-men-ta) *subst.fem.* Fruto pequeno e de gosto forte, que arde a língua e é muito usado como tempero. Há **pimentas** verdes, vermelhas ou amarelas, com muitas sementes ou apenas com uma. ~ **pimenteira** *subst.fem.*

pimenta-do-reino (pi-men-ta - do - rei-no) *subst.fem.* Pimenta em forma de grão escuro ou claro, usada em pó ou inteira no mundo todo. [Pl.: *pimentas-do-reino*.]

pimenta-malagueta (pi-men-ta - ma-la-gue-ta) *subst.fem.* Pimenta muito picante, compridinha, vermelha e com muitas sementes. [Sinôn.: *malagueta*. Pl.: *pimentas-malaguetas, pimentas-malagueta*.]

pimentão (pi-men-tão) *subst.masc.* Fruto geralmente verde ou vermelho, comprido e meio oco, com muitas sementes pequenas dentro. Há **pimentões** com gosto ardido e doce. [Pl.: *pimentões*.]

pinça (pin-ça) *subst.fem.* Instrumento com duas hastes de metal unidas em uma ponta. Com a **pinça** podemos pegar ou arrancar coisas que com os dedos não conseguimos. *Mamãe usou uma **pinça** para tirar um pelo do queixo.*

pincel (pin-cel) *subst.masc.* Utensílio com cabo e um monte de pelos juntos em uma das pontas, usado para pintar, aplicar cola etc. *O barbeiro usa um **pincel** de barbear.* [Pl.: *pincéis*.]

pinga (pin-ga) *subst.fem.* É o mesmo que cachaça.

pingar (pin-gar) *verbo* Derramar ou cair em gotas. *Este remédio é para **pingar** no olho. A água **pingava** da torneira.*

pingo (pin-go) *subst.masc.* É o mesmo que gota.

pingue-pongue (pin-gue - pon-gue) *subst.masc.* Jogo realizado sobre uma mesa dividida ao meio por uma rede baixa. Os participantes, usando raquetes, devem fazer uma bolinha de plástico passar, sobre a rede, para o outro lado. [Sinôn.: *tênis de mesa*. Pl.: *pingue-pongues*.]

pinguim (pin-guim) \güi\ *subst.masc.* Ave marinha, de cabeça e costas pretas e barriga branca, que vive especialmente no polo Sul. Os **pinguins** têm pernas curtas e asas pequenas que não servem para voar, mas para nadar. [Pl.: *pinguins*.]

pinha (pi-nha) *subst.fem.* É o mesmo que fruta-de-conde.

pinhão ▼ (pi-nhão) *subst.masc.* Semente comestível dos pinheiros, de casca marrom e miolo claro. Podemos comer o miolo do **pinhão** assado ou cozido. [Pl.: *pinhões*.]

Os **pinhões** ainda estão verdes.

pinheiro (pi-nhei-ro) *subst.masc.* Árvore geralmente bem alta, com folhas em forma de agulha e caule de casca grossa.

pino (pi-no) *subst.masc.* **1** Haste, geralmente cilíndrica e metálica, usada para unir peças. *A porta do armário é presa com três **pinos**.* **2** Peça em forma de garrafa usada no boliche. **3** Ponto mais alto do céu a que chega o Sol. Ao meio-dia o Sol está a **pino**.

pinta (pin-ta) *subst.fem.* **1** Mancha pequena na pele, no pelo ou na roupa. *Celina tem uma **pinta** no nariz.* **2** *informal* Sinal que indica alguma coisa não comprovada ou que ainda não aconteceu. *Jadir tem **pinta** de advogado. Está com **pinta** de que vai chover mais tarde.*

pintar (pin-tar) *verbo* **1** Fazer desenhos com tinta. **2** Cobrir uma superfície com tinta. *Carlos **pintou** a* *casa de verde.* **3 Pintar** também é o mesmo que colorir. *Ivone **pinta** os cabelos uma vez por mês.* **4** *informal* Ir a algum lugar. *Jorge e Luísa **pintaram** na festa bem tarde.* **5** *informal* Quando se diz que alguma coisa **pintou**, quer dizer que essa coisa aconteceu. **6 Pintar**-se é passar maquiagem em você mesmo.

pinto (pin-to) *subst.masc.* Filhote da galinha.

pintor (pin-tor) \ô\ *subst.masc.* Pessoa que faz pinturas. Tanto quem pinta as paredes da sua casa como quem pinta os quadros que a enfeitam são **pintores**. [Pl.: *pintores*.]

pintura (pin-tu-ra) *subst.fem.* **1** Cobertura de uma superfície com tinta. *A **pintura** da casa estava descascando.* **2** Desenho com tinta em um quadro. *Poucas pessoas conhecem as **pinturas** de Cássia.* **3** Aplicação de maquiagem no rosto. *Marina nunca usa **pintura**.*

piolho (pi-o-lho) \ô\ *subst.masc.* Inseto pequeno que fica na cabeça das pessoas, bem perto dos cabelos, para se alimentar de sangue. A picada do **piolho** causa muita coceira.

pior (pi-or) *adj.masc.fem.* **1** O que é **pior** é muito ruim e os outros não conseguem ser tão ruins quanto ele, são sempre melhores. *O inverno é a **pior** estação para ir à praia.* [Pl.: *piores*.] *advérbio* **2** De um jeito que não é tão bom, porque tem menos qualidade, conforto, alegria etc. *Heloísa vive **pior** agora, pois mora longe da escola.* [Antôn. geral: *melhor*.]

piorar (pi-o-rar) *verbo* Ficar mais grave do que estava, mudar para pior. *A chuva **piorou**.* [Antôn.: *melhorar*.] ~ **piora** *subst.fem.*

pipa (pi-pa) *subst.fem.* Brinquedo feito de uma armação de varetas, coberta de um lado por um papel bem fino e presa por uma linha. Essa linha é usada para controlar a **pipa** quando ela é empinada. [Sinôn.: *arraia, papagaio*.]

pipoca (pi-po-ca) *subst.fem.* **1** Cada um dos grãos de milho que estourou ao ser bastante aquecido. **2** O conjunto desses grãos. *Vou comprar **pipoca** para nós.* **3** *informal* Cada uma das bolhas, espinhas etc. que aparecem na pele. *Quando tive catapora, fiquei cheio de **pipocas** pelo corpo.*

¹pique (pi-que) *subst.masc.* **1** Brincadeira em que uma criança tem que encostar em uma das outras que estão correndo, menos em um lugar combinado, onde não podem mais ser pegas. **2** O lugar, nessa brincadeira, onde as crianças não podem ser pegas também é chamado de **pique**.

Não se sabe com certeza a origem deste **pique**; ele pode ter vindo do verbo *picar* ou de uma antiga palavra francesa *pic*, que é uma ferramenta para escavar a terra.

²pique (pi-que) *subst.masc.* **1** Ponto mais alto de algum lugar ou coisa. **2 Pique** também quer dizer ânimo, disposição. *Valentim já acorda no maior **pique**.*

Este **pique** vem da palavra inglesa *peak*, que quer dizer "ponto alto, algo parecido com o pico de uma montanha".

piquenique ▼ (pi-que-ni-que) *subst.masc.* Passeio com refeição ao ar livre, geralmente em parque ou praia. Em um **piquenique** cada pessoa leva comida ou bebida para ser consumida por todos.

piracema (pi-ra-ce-ma) *subst.fem.* Viagem que os peixes fazem na direção da nascente do rio, onde vão pôr seus ovos.

pirâmide (pi-râ-mi-de) *subst.fem.* **1** MAT Sólido geométrico que tem os lados em forma de triângulo. ☛ Ver ilustração na p. 498. **2** Construção muito antiga, parecida com esse sólido geométrico e feita de pedra ou tijolo. *As **pirâmides** do Egito serviam de túmulo aos faraós.*

→ Acesse o *site* Canal Kids, seção Viagem, e visite o texto "Pirâmides" para descobrir quem tinha o poder de mandar construir as **pirâmides** no Egito.

piranha (pi-ra-nha) *subst.fem.* Peixe pequeno de água doce, com muitos dentes, fortes e cortantes. As **piranhas** são carnívoras e capazes de comer um boi.

pirão (pi-rão) *subst.masc.* CUL Papa bem grossa de farinha cozida em caldo de peixe, de legumes etc. [Pl.: *pirões*.]

pirarucu (pi-ra-ru-cu) *subst.masc.* Peixe da bacia amazônica, que pode medir mais de dois metros e pesar 160 quilos. O **pirarucu** é o maior peixe de escama dos rios.

pirata (pi-ra-ta) *subst.masc.fem.* **1** Ladrão que vive em navio e rouba outros navios. ☛ Neste sentido, esta palavra pode ser usada como adj.: *navio **pirata***. *adj.masc.fem.* **2** Uma cópia ilegal de um *CD* ou de um *DVD* é uma cópia **pirata**.

pirataria (pi-ra-ta-ri-a) *subst.fem.* **1** Roubo feito por piratas. **2** Falsificação de produtos e venda de produtos falsificados. *A polícia federal combate a **pirataria** de* CDs, DVDs *e vários outros produtos.*

pires (pi-res) *subst.masc.* Pequeno prato, usado para apoiar a xícara. ☛ O sing. e o pl. desta palavra são iguais: *o **pires**, os **pires***.

pirilampo (pi-ri-lam-po) *subst.masc.* É o mesmo que vaga-lume.

pirraça (pir-ra-ça) *subst.fem.* Atitude tomada de propósito para aborrecer alguém. *Elaine chorou de **pirraça***.

pirralho (pir-ra-lho) *subst.masc.* Qualquer criança. Chamar alguém de **pirralho** geralmente é uma ofensa.

pirueta (pi-ru-e-ta) \ê\ *subst.fem.* **1** Giro em torno de si mesmo, apoiado em um pé só. **2** Cambalhota no ar.

pirulito (pi-ru-li-to) *subst.masc.* Bala, normalmente dura, presa à ponta de um palito.

pisar (pi-sar) *verbo* **1** Colocar os pés em cima de alguma coisa. *Sem querer, **pisou** na lama.* **2** Andar por cima de alguma coisa. *Na casa de Lídia não se podia **pisar** nos tapetes.*

pisca-pisca (pis-ca - pis-ca) *subst.masc.* **1** Sinal luminoso na parte dianteira e traseira dos automóveis. Esse sinal indica se o motorista mudou a marcha ou se o carro vai virar para a esquerda ou para a direita. **2** Qualquer luz que acende e apaga várias vezes e rapidamente. [Pl.: *pisca-piscas e piscas-piscas*.]

piscar (pis-car) *verbo* **1** Fechar e abrir os olhos bem rápido. **2** Quando uma luz acende e apaga várias vezes, dizemos que ela está **piscando**.

piscina (pis-ci-na) *subst.fem.* Tanque cheio de água, próprio para se praticar esportes aquáticos ou só para brincar. As **piscinas** podem ser fundas ou rasas, grandes ou pequenas.

piso (pi-so) *subst.masc.* **1** Superfície por onde andamos. *Cuidado, o **piso** está molhado!* **2** O revestimento dessa superfície. *Vamos trocar o **piso** da cozinha.* **3** Cada andar de um edifício. *A seção de brinquedos é no terceiro **piso***.

pista (pis-ta) *subst.fem.* **1** Sinal que indica um caminho ou um raciocínio a seguir para encontrar a solução de um problema, de um mistério etc. *O desafio é descobrir as **pistas** que levam ao tesouro.* **2** Caminho preparado para competições ou atividades esportivas. *Os atletas estão na **pista** prontos para começar o treino.* **3** Estradas, avenidas etc. onde circulam veículos. *O motorista bateu no caminhão e saiu da **pista***. **4** Local onde as aeronaves aterrissam e decolam. **5** Local reservado para dançar. *Todo mundo foi para a **pista** quando tocou música de carnaval.*

pitanga ▼ (pi-tan-ga) *subst.fem.* Fruta pequena e arredondada, com um caroço grande no meio e de casca e polpa vermelhas. A **pitanga** tem um gosto azedinho e é muito usada em doces e geleias. ~ **pitangueira** *subst.fem.*

pitomba (pi-tom-ba) *subst.fem.* Fruta redonda, que dá em cachos, de casca dura e fina, polpa clara, sabor ácido e caroço grande. ~ **pitombeira** *subst.fem.*

pitu (pi-tu) *subst.masc.* Maior camarão de água doce do Brasil. O **pitu** pode chegar a 48 centímetros.

pizza *subst.fem.* CUL Palavra italiana que dá nome a uma massa fina, coberta com molhos variados, queijo, tomate etc. e depois assada. ☛ Pronuncia-se *pítsa*.

placa (pla-ca) *subst.fem.* **1** Chapa de material resistente. *O corpo do tatu é coberto de **placas**. As **placas** de aço estão arranhadas.* **2** Chapa de material resistente com informações por escrito ou desenhadas. *O que está escrito naquela **placa**?* ☛ Ver ilustração na p. 484. **3** Pequena chapa de metal com letras e números, colocada na parte dianteira e na traseira dos veículos. *O guarda anotou a **placa** do carro que avançou o sinal.* [Sinôn.: *chapa*.]

placar (pla-car) *subst.masc.* **1** Quadro em que se registram os pontos em uma competição esportiva. *Tadeu não tira os olhos do **placar**.* **2** Resultado da competição. *O **placar** do jogo de domingo foi zero a zero.* [Pl.: *placares*.]

planalto (pla-nal-to) *subst.masc.* GEOG Grande superfície elevada, a mais de 300 metros do nível do mar, e quase toda plana. Em geral, os **planaltos** foram formados, ao longo dos milhares de anos, pela erosão. *Brasília, capital do Brasil, se localiza no **planalto** Central.* ☛ Ver ilustração na p. 490.

planejar (pla-ne-jar) *verbo* **1** Organizar o plano ou o roteiro de uma atividade. *Camila **planejou** bem suas férias. Joel não **planejava** falar, mas foi obrigado.* **2** Ter a intenção de fazer algo. *Vitória **planeja** chegar em casa antes do irmão.* [Sinôn.: *querer*.] ~ **planejamento** *subst.masc.*

planeta (pla-ne-ta) \ê\ *subst.masc.* Astro sem luz própria que faz sua órbita em torno de uma estrela. A Terra é um **planeta**, e a sua órbita é em torno do Sol. *Mercúrio, Vênus e Terra são **planetas** do sistema solar.*

planície (pla-ní-cie) *subst.fem.* GEOG Grande superfície quase toda plana. As **planícies** são bastante utilizadas como pasto para o gado. *A região Sul tem muitas **planícies**.* ☛ Ver ilustração na p. 490.

plano (pla-no) *subst.masc.* **1** Conjunto de ideias para realizar uma ação. *Meu **plano** tem que dar certo.* **2** Intenção de realizar algo. *Tinha **planos** de ir à praia, mas choveu.* [Sinôn.: *projeto*.] **3** Superfície sem diferenças de nível. *Ponha a cadeira no **plano**.* *adj.* **4** Uma superfície **plana** não apresenta elevações nem diferença de níveis. *Nosso campinho fica em um terreno **plano**.*

planta ▼ (plan-ta) *subst.fem.* **1** Organismo com raiz, caule e folhas, que precisa de luz solar e água para produzir seu próprio alimento. [Sinôn.: *vegetal*.] **2** Desenho que representa uma construção ou um objeto no plano horizontal. *O arquiteto entregou a **planta** da biblioteca para o engenheiro.* **planta do pé** É o mesmo que sola do pé.

As **plantas** têm formas e cores muito diferentes.

plantação (plan-ta-ção) *subst.fem.* **1** Terreno que foi plantado e cultivado. *Os técnicos percorreram a **plantação** a pé.* **2** Aquilo que foi plantado. *As lagartas estão atacando a **plantação**.* [Pl.: *plantações*.]

plantão (plan-tão) *subst.masc.* **1** Horário de trabalho de certos profissionais, como médicos, militares, jornalistas etc., em uma instituição. *O **plantão** de Gisele no hospital é sempre aos domingos.* **2** Serviço que funciona em horários em que a maioria das pessoas não trabalha para atender a alguma necessidade da população. *Este hospital não tem **plantão** noturno. Os jornalistas do **plantão** deram as tristes notícias durante a madrugada.* [Pl.: *plantões*.]

plantar (plan-tar) *verbo* **1** Colocar sementes ou muda na terra, para que criem raízes e se desenvolvam. *O proprietário **plantou** árvores em torno da casa.* **2** Cultivar plantas para servir de alimento. *Eles estão tentando **plantar** quiabo no quintal.* **3** *informal* Ficar parado, esperando por muito tempo é ficar **plantado**. *A secretária me deixou **plantado** no telefone.*

plástico (plás-ti-co) *subst.masc.* **1** Material leve e resistente, usado para fazer garrafas, pratos, brinquedos, sacolas e muitos outros objetos. *adj.* **2** Feito de plástico. *As compras couberam em duas sacolas **plásticas**.* **3** Uma substância **plástica** é mole e pode ser dobrada, esticada e ficar com a forma que você der a esse objeto. *A argila é **plástica**.* **4** Capaz de alterar a forma de algo. *Milena estuda artes **plásticas**.*

plataforma (pla-ta-for-ma) *subst.fem.* **1** Superfície plana e horizontal, que se encontra em um nível mais alto do que a área ao seu redor. *A mesa do professor ficava sobre uma **plataforma** de madeira.* **2** Nas estações de trem e de metrô, local onde os passageiros desembarcam e aguardam para embarque. **3** Rampa de lançamento de foguetes espaciais. **4** Conjunto das ideias, metas e modos de administrar de um governo. *Os eleitores devem procurar conhecer as **plataformas** dos candidatos.*

plateia (pla-tei-a) \éi\ *subst.fem.* **1** Conjunto de pessoas que assiste a um espetáculo. *A **plateia** não parava de aplaudir.* **2 Plateia** também é o nome que se dá à parte do teatro, cinema etc. onde essas pessoas ficam. *A **plateia** ficou lotada.*

playground *subst.masc.* Palavra inglesa que, para nós brasileiros, passou a significar área de lazer construída em prédios e condomínios, destinada especialmente às crianças. *Depois da escola vou para o* **playground** *brincar com meus amigos.* ☛ Pronuncia-se *pleigráund*.

pleno (ple-no) *adj.* O que é **pleno** é completo, cheio, inteiro. *Um ano-novo **pleno** de alegrias é o desejo de todos.*

plugar (plu-gar) *verbo* **1** Ligar um aparelho elétrico em uma tomada. **2** INF Conectar um equipamento, como o *mouse*, a um computador ou um computador a outro.

pluma (plu-ma) *subst.fem.* Pena de ave, flexível e com pelos compridos e soltos, muito usada como enfeite. [Col.: *plumagem*.]

plumagem (plu-ma-gem) *subst.fem.* Conjunto de penas ou plumas de uma ave. [Pl.: *plumagens*.]

plural (plu-ral) *subst.masc.* GRAM Quando uma palavra está no **plural**, ganha uma mudança no seu final para mostrar que se relaciona a mais de uma pessoa ou coisa. [Pl.: *plurais*.] ☛ Esta palavra pode ser usada como adj.: *substantivo **plural***. Ver *singular*.

pluvial (plu-vi-al) *adj.masc.fem.* **Pluvial** está relacionado à chuva. Águas **pluviais** são águas acumuladas das chuvas. [Pl.: *pluviais*.]

pneu *subst.masc.* Aro de borracha que serve para envolver a roda dos veículos. Os **pneus** devem ficar cheios de ar. *O **pneu** do carro furou na subida da ladeira.*

Originalmente, a palavra era *pneumático*, reduzida com o tempo para **pneu**.

---

pó *subst.masc.* **1** Conjunto de pequenas partículas muito finas que ficam no ar ou sobre as superfícies. **2** Qualquer substância sólida e seca em partículas bem pequenas. *A cadeira estava suja com **pó** de giz.*

pobre (po-bre) *subst.masc.fem.* **1** Quem não tem dinheiro ou coisas de valor. *adj.masc.fem.* **2** Sem luxo ou sem dinheiro. *Era uma casa **pobre**.* **3** Sem riqueza ou dinheiro. *Os estados mais **pobres** recebem mais recursos da União.* **4** Um solo **pobre** não produz, não é fértil. **5** Também usamos **pobre** quando sentimos pena de alguém ou de um animal. ***Pobre** cão, está com fome!* [Antôn. de 1 a 4: *rico*. Superl.absol. do adj.: *pobríssimo, paupérrimo*.]

pobreza (po-bre-za) \ê\ *subst.fem.* Pequena quantidade de bens e dinheiro ou falta do que é necessário para sobreviver. [Antôn.: *riqueza*.]

poça (po-ça) \ô ou ó\ *subst.fem.* Buraco não muito fundo que acumula água. *A rua ficou cheia de **poças** depois da chuva.*

poção (po-ção) *subst.fem.* Qualquer mistura preparada para ser bebida, como remédio ou não. *Eles acreditavam que a **poção** tinha poderes mágicos.* [Pl.: *poções*.]

Poço de água.

poço ► (po-ço) \ô\ *subst.masc.* **1** Grande buraco, em geral circular, feito para se atingir a água que existe no subsolo. **2** Buraco cavado em grandes profundidades, para extrair petróleo, gás, água etc.

poder (po-der) *verbo* **1** Ter a possibilidade ou a oportunidade de fazer algo ou de algo acontecer. *Com sol, Heitor **pôde** andar a cavalo. **Pode** chover à noite.* **2** Ter autorização para fazer algo ou ter o direito de fazer algo. *Aos 16 anos, os brasileiros **podem** votar.* **3** Ter condições ou ser capaz de fazer alguma coisa. *Com o barulho, não **puderam** ouvir o apito. Só um bom pintor **poderá** nos ajudar nesta parede.* **4** Ter controle sobre alguém. *Isa não **pode** com o filho.* *subst.masc.* **5** O governo de um país, de uma cidade etc. é chamado de **poder**. *O **poder** municipal controla os postos de saúde.* **6** Possibilidade de fazer certas coisas. *Todos temos o **poder** de fazer amigos.* **7** Domínio sobre alguém ou alguma coisa. *O diretor tem **poder** sobre o secretário.* **Poder Executivo** Poder que executa ou faz executar as leis do país. **Poder Judiciário** Poder que julga o cumprimento das leis do país. **Poder Legislativo** Poder que faz as leis de um país e fiscaliza o seu cumprimento. [Pl. para o subst.: *poderes.*]

poderoso (po-de-ro-so) \ô\ *adj.* Com poder, força, influência. *A banda tinha um nome **poderoso** no rádio.* ☛ Esta palavra pode ser usada como subst., especialmente no pl.: *Eles são os **poderosos** da turma.*

podre (po-dre) \ô\ *adj.masc.fem.* **1** Uma fruta **podre** é uma fruta que se estragou, que não se pode mais comer. Algo **podre**, geralmente, cheira mal e tem péssimo aspecto. *Ninguém aguenta esse cheiro de peixe **podre**.* *subst.masc.* **2** A parte estragada de algo. *Tirei todo o **podre** da maçã antes de comer.* **podres** *subst.masc.pl.* **3** *informal* Contar os **podres** de alguém é fazer revelações sobre os aspectos mais negativos dessa pessoa. **podre de** *informal* Quem é **podre de** rico é muito, muito rico. Se você está **podre de** cansado, você está muito cansado.

poeira (po-ei-ra) *subst.fem.* **1** Pó fino acumulado nas superfícies. *A **poeira** cobriu os móveis da casa fechada.* **2** Partícula de terra movida pelo vento, pelo movimento de um veículo etc. *O carro passou e deixou uma nuvem de **poeira** atrás dele.*

poema (po-e-ma) *subst.masc.* Texto composto em versos. Em um **poema**, o ritmo das palavras e dos sons é tão importante quanto a mensagem. [Sinôn.: *poesia.*]

poente (po-en-te) *adj.masc.fem.* **1** Quando o Sol começa a desaparecer no horizonte, dizemos que é o Sol **poente**. *subst.masc.* **2** Direção em que o Sol se põe. [Sinôn.: *oeste.*] ☛ Ver ilustração na p. 490.

poesia (po-e-si-a) *subst.fem.* **1** Arte de escrever textos em que não só a mensagem tem importância, mas também o ritmo das palavras e dos sons. **2** **Poesia** também é o texto que, por ser escrito com essa arte, tem versos e geralmente rimas. [Sinôn.: *poema.*]

→ Todos nós podemos escrever **poesias**. Você pode enviar **poesias** suas para a Galeria do *site* Pequeno Artista, onde você também pode ler **poesias** de outras crianças.

poeta (po-e-ta) *subst.masc.* Pessoa que escreve poesias. *Manuel Bandeira foi um grande **poeta** brasileiro.* [Fem.: *poetisa.*] ☛ Também se diz *a **poeta**.*

pois *conjunção* **1** Usamos **pois** para explicar algo que foi dito antes. *Joana está muito feliz, **pois** ganhou a competição.* [Sinôn.: *porque.*] **2** **Pois** também pode vir no meio de uma oração que diz qual é a consequência de uma ideia anterior. *Guilherme está doente e não pode, **pois**, ir à escola hoje.* [Sinôn.: *portanto.*]

polar (po-lar) *adj.masc.fem.* **Polar** quer dizer relacionado aos polos, às extremidades da Terra. *O urso **polar** vive no polo Norte.* [Pl.: *polares.*]

polegar (po-le-gar) *subst.masc.* Dedo mais grosso que os outros e localizado na parte lateral da mão. [Pl.: *polegares.*] ☛ Esta palavra pode ser usada como adj.: *dedo **polegar**.* Ver ilustração na p. 478.

poleiro (po-lei-ro) *subst.masc.* Galho ou vara de madeira onde as aves, como as galinhas, pousam e dormem.

pólen (pó-len) *subst.masc.* BIO Pó muito fino e geralmente amarelo produzido pelas flores. Através do **pólen** as plantas se reproduzem. [Pl.: *polens.*]

polenta (po-len-ta) *subst.fem.* CUL Pasta de fubá de milho cozido com água e sal e geralmente servida com molhos.

polícia (po-lí-cia) *subst.fem.* **1** Órgão do governo encarregado de cuidar da ordem e da segurança pública. *O governador indicou um novo chefe de **polícia**.* ☛ Neste sentido, geralmente primeira letra maiúscula. **2** Conjunto de todos os membros desse órgão. *A **polícia** foi chamada para controlar os torcedores.*

policial (po-li-ci-al) *adj.masc.fem.* **1** **Policial** quer dizer relacionado à polícia. *O bandido foi levado para a delegacia no carro **policial**.* *subst.masc.fem.* **2** Pessoa que trabalha na polícia. *O **policial** zela pela segurança das pessoas nas ruas.* [Pl.: *policiais.*]

poliomielite (po-lio-mie-li--te) *subst.fem.* MED É o mesmo que paralisia infantil.

polissílabo (po-lis-sí-la-bo) *subst.masc.* GRAM Palavra que tem quatro sílabas ou mais. "Paralelepípedo", por exemplo, é um **polissílabo**. ☛ Esta palavra pode ser usada como adj.: *palavra **polissílaba**.*

política (po-lí-ti-ca) *subst.fem.* **1** Conjunto de princípios sobre o modo de administrar, organizar e governar uma nação, um estado, um município etc. *Os jornais criticaram a **política** do governo brasileiro.* **2** Exercício profissional da aplicação desses princípios. *Os filhos entraram para a **política**: um é vereador e o outro, deputado estadual.*

político (po-lí-ti-co) *subst.masc.* **1** Pessoa que se ocupa da política como uma profissão. *Os **políticos** da cidade são sempre os mesmos.* *adj.* **2** Uma decisão **política** é uma decisão que envolve os interesses da administração pública. *O aumento para os professores é um assunto **político** e será analisado pelo secretário de educação.* **3** Uma pessoa **política** tem habilidade para negociar ou tratar as pessoas. *É um rapaz **político**, soube sair da situação sem ofender ninguém.* **4** Quem exerce influência na administração pública tem força **política**. *Exercer a cidadania é um poder **político** que todos nós temos.*

polo (po-lo) \ô\ *subst.masc.* **1** Nas extremidades do globo terrestre estão situados o **polo** Norte e o **polo** Sul. As regiões dos dois **polos** da Terra estão sempre cobertas de gelo. **2** Se você diz que duas pessoas ou coisas estão em **polos** opostos, quer dizer que elas acreditam em coisas diferentes, têm opiniões ou qualidades diferentes. **3** Centro de interesse. *São Paulo é um importante **polo** industrial.*

polpa (pol-pa) \ô\ *subst.fem.* Parte macia e geralmente comestível de vários tipos de frutos e raízes.

poltrona ◄ (pol-tro-na) *subst.fem.* Grande cadeira com braços, assento e encosto estofados, geralmente bastante confortável.

poluição (po-lu-i-ção) *subst.fem.* Resultado das ações de sujar, destruir ou prejudicar um ambiente natural. *A **poluição** dos rios está acabando com os peixes da região.* [Pl.: *poluições.*] **poluição sonora** Excesso de barulho, de muitos sons ao mesmo tempo. **poluição visual** Excesso de informações visuais, como cartazes, anúncios, letreiros, placas num mesmo ambiente. ~ **poluir** *verbo*

→ O homem é o único animal que polui, às vezes sem perceber. Todos nós podemos ajudar a diminuir a **poluição** não jogando lixo nas ruas, praias ou rios; reciclando papéis, vidros e latas; e, ainda, tirando o lixo que outras pessoas jogaram no lugar errado.

polvilho (pol-vi-lho) *subst.masc.* **1** Farinha muito fina, extraída da mandioca. *Vocês querem biscoito de **polvilho**?* **2** Qualquer pó muito fino também é chamado de **polvilho**.

polvo (pol-vo) \ô\ *subst.masc.* Animal com oito longos tentáculos, corpo mole e arredondado que parece uma cabeça grande. O **polvo** vive no fundo do mar e alimenta-se de peixes e animais invertebrados.

pólvora (pól-vo-ra) *subst.fem.* A **pólvora** é um pó escuro e explosivo, usado em fogos de artifício e em armas de fogo.

pomada (po-ma-da) *subst.fem.* Creme oleoso usado como remédio ou produto de beleza, geralmente na pele. *Nancy tratou da queimadura com uma **pomada**.*

pomar (po-mar) *subst.masc.* Terreno onde muitas árvores frutíferas estão plantadas. *Esse cheiro bom vem do **pomar** do vizinho.* [Pl.: *pomares.*] ☛ Ver ilustração na p. 486.

pombo (pom-bo) *subst.masc.* Ave de corpo gordinho e cabeça pequena. Os **pombos** vivem em bandos, especialmente nas cidades.

→ Os **pombos** foram domesticados para servirem de alimento e também de correio porque são capazes de voar grandes distâncias. Hoje, a grande quantidade de **pombos** nos centros urbanos causa muitos problemas. Eles podem transmitir doenças para os homens e outros animais por meio das fezes, que também causam muitos danos aos prédios e monumentos.

pônei (pô-nei) *subst.masc.* Cavalo pequeno, de várias raças, usado para montar.

ponta (pon-ta) *subst.fem.* **1** A **ponta** de uma coisa é a parte que fica no fim dessa coisa. *As bailarinas dançam na **ponta** dos pés.* **2** Lado fino e afiado de um objeto. *O lápis caiu e quebrou a **ponta**.* **3** Parte inicial ou final de algo comprido. *Às vezes, é difícil achar a **ponta** da fita adesiva. A fila deu uma volta e as **pontas** estão quase se encontrando.* **4** Canto, quina. *Artur bateu a cabeça na **ponta** da mesa.* **5** Primeira posição entre os competidores durante uma corrida. *Jair saiu na **ponta**.* **6** Pequena quantidade ou porção de algo. *Leandro está com uma **ponta** de febre. Falta uma **ponta** de sal no arroz.* **7** Papel de pouca importância em peça, novela, filme etc. *A jovem atriz só conseguiu **pontas** até agora.* **de ponta** De excelente qualidade. *A extração de petróleo no Brasil é feita com tecnologia **de ponta**.* [Sinôn. de 1 a 4: *extremidade*.]

pontapé (pon-ta-pé) *subst.masc.* Golpe dado com o pé. [Sinôn.: *chute*.]

pontaria (pon-ta-ri-a) *subst.fem.* Habilidade para acertar um alvo. Por exemplo, um jogador de basquete tem que ter boa **pontaria** para fazer cestas. Os policiais treinam **pontaria** na academia. [Sinôn.: *mira*.]

ponte (pon-te) *subst.fem.* Construção que liga a margem de um terreno à outra. Geralmente as **pontes** passam por cima de abismos, rios etc. ☛ Ver ilustração na p. 486.

ponteiro (pon-tei-ro) *subst.masc.* **1** Pequena haste que, nos relógios, indica as horas, os minutos ou os segundos. **2** Pequena haste que, em aparelhos, se movimenta para indicar algo. *O **ponteiro** que marca a velocidade está com defeito.*

ponto ▼ (pon-to) *subst.masc.* **1** Pequeno sinal ou marca arredondada. *Junte os **pontos** na folha e verá um desenho.* **2** Sinal (.) colocado depois de uma abreviação, como "etc.", sobre as letras "j" e "i" e no fim de uma frase, para indicar pausa antes da frase seguinte. **3** **Ponto** também é quando uma porção de linha passa entre os furos feitos por uma agulha e prende duas partes. *Matilde fechou o buraco com alguns **pontos**. Flávio se machucou e levou seis **pontos**.* **4** Cada marcação do que se ganha ou perde num jogo ou dos acertos em uma prova ou competição. *O time de Lúcia fez dez **pontos**. A questão do teste valia dois **pontos**.* **5** Lugar para embarque e desembarque de passageiros em certos meios de transporte, como o ônibus. [Sinôn.: *parada*.] ☛ Ver ilustração na p. 484. **6** Um período no tempo ou um lugar no espaço. *Andreia parou a história no **ponto** mais misterioso. Se você passar desse **ponto**, perde o jogo.* **ponto cardeal** Cada uma das quatro direções (norte, sul, leste e oeste) mais importantes da rosa dos ventos. **ponto de vista** **Ponto de vista** é o modo como a gente vê ou entende algo. É a nossa opinião sobre um fato, uma ideia etc. *Do **ponto de vista** da Marli, o melhor da festa foram os doces.*

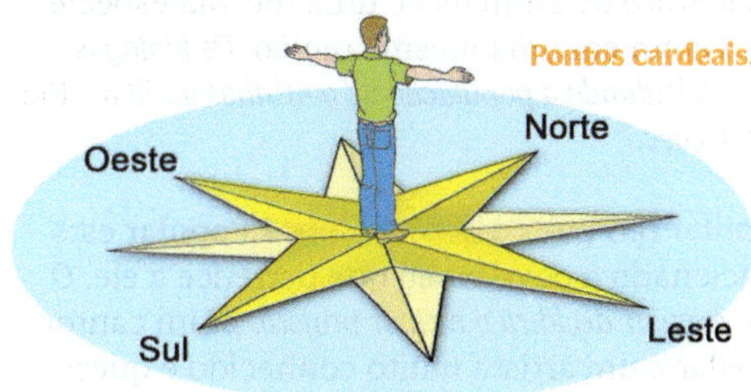

Pontos cardeais.

ponto de exclamação (pon-to de ex-cla-ma-ção) *subst.masc.* Sinal de pontuação (!) usado em frases que expressam nossa alegria, surpresa, raiva, dor etc. [Pl.: *pontos de exclamação*.]

ponto de interrogação (pon-to de in-ter-ro-ga-ção) *subst.masc.* Sinal de pontuação (?) usado em perguntas. [Pl.: *pontos de interrogação*.]

ponto e vírgula (pon-to e vír-gu-la) *subst.masc.* Sinal de pontuação (;) que indica pausa mais forte que a da vírgula e menos forte que a do ponto. [Pl.: *ponto e vírgulas, pontos e vírgulas*.]

ponto-final (pon-to - fi-nal) *subst.masc.* Sinal de pontuação (.) que indica o fim de uma frase que não é uma pergunta nem uma exclamação. [Pl.: *pontos-finais*.]

pontuação (pon-tu-a-ção) *subst.fem.* **1** Conjunto de sinais que indicam pausas, jeito de falar etc. de frases e textos escritos. Ponto, vírgula, ponto e vírgula, por exemplo, são sinais de **pontuação**. **2** Nota ou conjunto de pontos feitos em concurso, prova, jogo, competição etc. *A equipe verde teve a melhor **pontuação**.* [Pl.: *pontuações*.]

pontual (pon-tu-al) *adj.masc.fem.* Uma pessoa **pontual** sempre cumpre o horário combinado. Uma aula ou um transporte também podem ser **pontuais**. *O ônibus é **pontual**, sai daqui às 18 horas.* [Pl.: *pontuais*.] ~ **pontualidade** *subst.fem.*

pontudo (pon-tu-do) *adj.* O que é **pontudo** ou tem uma ponta fina, ou é comprido e terminado em ponta, ou é coberto de pontas.

popa (po-pa) \ô\ *subst.fem.* Parte de trás da embarcação, onde fica o leme.

população (po-pu-la-ção) *subst.fem.* **1** Conjunto ou número de habitantes de uma certa região, país, cidade etc. *A **população** urbana cresce a cada ano.* **2** Conjunto de animais de uma mesma espécie que vivem em uma mesma região. *Os biólogos estão calculando a **população** de golfinhos da ilha.* [Pl.: *populações*.]

popular (po-pu-lar) *adj.masc.fem.* **1 Popular** está relacionado a povo ou ao que pertence a ele. *O voto **popular** decidirá o melhor projeto.* **2** Um cantor **popular** é um artista muito conhecido e querido pelo povo. **3 Popular** também é o que custa pouco, é barato. *Os filmes terão ingressos **populares** à venda. O governo construirá mais casas **populares**.* *subst.masc.* **4** Pessoa do povo. *O camelô está cercado de **populares**.* [Pl.: *populares*.]

por \ô\ *preposição* **1** Usamos **por** para indicar o lugar pelo qual passamos ou o tempo que passou. *Lia passeou **por** muitas cidades. Heloísa viajou **por** duas semanas.* **2 Por** também indica a causa de um fato ou o meio que permitiu que algo acontecesse. *O cachorro latiu **por** medo. André e Benedita conversaram **por** telefone.* **por que 1** Usamos **por que** no lugar de "por que motivo". Se estiver antes de sinal de pontuação, o correto é **por quê**. *Manuela quis saber **por que** não foi chamada para brincar. Ele não veio **por quê**?* **2** Também usamos **por que** no lugar de "pelo qual" ou "por quem". *Maristela é a menina **por que** me apaixonei.*
☛ Não confundir com *porque* ou com *porquê*.

pôr *verbo* **1** Quando você **põe** alguém ou alguma coisa em um lugar, é lá que ela fica. *Juca **pôs** as frutas sobre a mesa. A mãe **pôs** o bebê no berço.* [Sinôn.: *colocar*.] **2 Pôr** a mesa é arrumá-la para uma refeição. **3** Se você **põe** uma roupa, você veste essa roupa. **4 Pôr** é também causar um sentimento numa pessoa. *Gilberto gostava de **pôr** medo no irmãozinho. Essa música me **põe** calma.* **5** Quando o Sol se **põe**, ele desaparece no horizonte. **6** Quando uma ave ou inseto **põem** ovos, os ovos saem do corpo desses animais. [Sinôn.: *botar*.]

porão (po-rão) *subst.masc.* **1** Parte de uma casa ou edifício que se encontra no subsolo. **2** Parte inferior do navio, onde a carga é armazenada. [Pl.: *porões*.]

porção (por-ção) *subst.fem.* **1** Parte de uma quantidade maior. *Vamos usar duas **porções** de vinagre no molho.* **2** Cada uma das partes que pertence a alguém. *Separe a sua **porção** de moedas e ponha na caixa.* **3** Quantidade de ração que se dá a um animal. *A **porção** de milho das galinhas terá de ser aumentada.* **4** Uma **porção** é uma grande quantidade de alguma coisa. *Uma **porção** de gente chegou atrasada.* [Pl.: *porções*.]

porcaria (por-ca-ri-a) *subst.fem.* **1** Um monte de sujeira. *Havia muita **porcaria** no terreno baldio.* **2** *informal* Algo de má qualidade, sem valor, sem utilidade. *O que é feito com pressa pode ficar uma **porcaria**.* **3** *informal* Alimento sem valor nutritivo, geralmente com muito açúcar ou gordura. *O dentista disse que comer **porcaria** engorda e dá cárie.*

porcelana (por-ce-la-na) *subst.fem.* Cerâmica frágil, geralmente branca e lisa, usada para fazer vasos, objetos de decoração, travessas etc.

porcentagem *subst.fem.* → percentagem

porco (por-co) \ô\ *subst.masc.* **1** Mamífero doméstico que tem o corpo grande, quatro patas curtas, focinho chato e rabo bem pequeno. O **porco** é engordado antes de ser consumido como alimento. [Sinôn.: *suíno*. Col.: *vara*.] *adj.* **2** *informal* Uma pessoa **porca** não liga muito para a higiene. [Antôn.: *higiênico*.]

porco-espinho (por-co - es-pi-nho) *subst.masc.* Roedor de patas curtas e pelos longos e finos nas costas. Esses pelos funcionam como espinhos e servem para sua proteção. [Pl.: *porcos-espinhos, porcos-espinho.*]

porém (po-rém) *conjunção* É o mesmo que mas. *Ele disse que viria,* ***porém****, até agora não chegou.*

poro (po-ro) *subst.masc.* Cada um dos buraquinhos na pele, por onde sai o suor.

pororoca (po-ro-ro-ca) *subst.fem.* GEOG Grande onda acompanhada de forte estrondo, que se forma no momento do encontro das águas de rios muito volumosos, especialmente o Amazonas, com o oceano.

porque (por-que) *conjunção* Usamos **porque** para mostrar a causa ou a explicação de uma ideia. *Raul se machucou* ***porque*** *caiu da escada. Iara sabia que tinha chovido,* ***porque*** *o chão estava molhado.* ☛ Não confundir com *por que* ou com *porquê*.

porquê (por-quê) *subst.masc.* Explicação para algo que aconteceu. *A professora quis saber o* ***porquê*** *da nossa bagunça.* [Sinôn.: *motivo*.] ☛ Não confundir com *por que* ou com *porque*.

porquinho-da-índia (por-qui-nho - da - ín-dia) *subst.masc.* Roedor pequeno, de orelhas curtas e sem cauda, criado como animal doméstico e usado em experiências de laboratório. [Sinôn.: *cobaia, preá*. Pl.: *porquinhos-da-índia*.]

porta (por-ta) *subst.fem.* **1** Abertura feita na parede para permitir que se possa entrar ou sair de um ambiente. *Vamos aumentar a largura da* ***porta*** *da cozinha.* **2** Peça plana de madeira ou de outro material usada para cobrir essa abertura na parede. *Quero pintar a* ***porta*** *do meu quarto de branco.* **3** Qualquer peça que feche uma abertura. *A* ***porta*** *do carro está enguiçada. Onde está a chave da* ***porta*** *do armário?*

porta-bandeira (por-ta - ban-dei-ra) *subst.masc.fem.* **1** Pessoa que carrega uma bandeira em desfiles, procissões etc. *subst.fem.* **2** Nos blocos de carnaval e escolas de samba, mulher ou menina que dança com a bandeira do bloco ou da escola. ☛ Ver ilustração de *mestre-sala*. [Pl.: *porta-bandeiras*.]

portal ► (por-tal) *subst.masc.* **1** Conjunto de peças, em geral de madeira, que cobre e protege todos os lados do vão de uma porta. **2** Entrada principal de um grande edifício, museu, igreja etc. *O* ***portal*** *da mansão dava acesso a um belo jardim.* **3** INF Endereço na internet que reúne serviços variados. [Pl.: *portais*.]

porta-malas (por-ta - ma-las) *subst.masc.* Parte do carro que serve para transportar bagagens e outros objetos. O **porta-malas** geralmente fica na parte traseira dos automóveis. ☛ O sing. e o pl. desta palavra são iguais: *o* ***porta-malas****, os* ***porta-malas***.

portanto (por-tan-to) *conjunção* **Portanto** quer dizer por isso, por causa disso, desse modo. *Todos precisamos de saúde,* ***portanto****, temos de cuidar dela.*

portão (por-tão) *subst.masc.* **1** Em casas, edifícios, colégios etc., porta, geralmente grande, que dá acesso à rua. *Os* ***portões*** *do estádio serão abertos às 16 horas.* **2** Espécie de porta que fecha uma abertura em muros, cercas etc. *O* ***portão*** *da horta ficou aberto.* [Pl.: *portões*.]

porta-retratos (por-ta - re-tra-tos) *subst.masc.* Moldura onde são colocadas fotografias. ☛ O sing. e o pl. desta palavra são iguais: *o* ***porta-retratos****, os* ***porta-retratos***.

portaria (por-ta-ri-a) *subst.fem.* Local, na entrada de edifícios, de empresas, onde fica o funcionário que controla a entrada e a saída das pessoas, distribui as correspondências etc. *Vou esperar por vocês na* ***portaria***.

portátil (por-tá-til) *adj.masc.fem.* Um objeto **portátil** é pequeno e fácil de carregar. *Meu pai tem um computador* ***portátil***. [Pl.: *portáteis*.]

porteira (por-tei-ra) *subst.fem.* Portão largo que fecha a entrada de fazendas, sítios etc. *Depois que o gado entrar, tranque a* ***porteira***. ☛ Ver ilustração na p. 486.

O **portal** da torre é marrom.

porto (por-to) \ô\ *subst.masc.* Local à beira-mar ou na beira de rios, onde navios, barcos, lanchas etc. fazem o embarque e o desembarque de passageiros e de cargas. ☛ Ver ilustração na p. 488.

português (por-tu-guês) *subst.masc.* **1** Pessoa que nasceu em Portugal. **2** Língua falada no

Brasil, em Portugal, Angola, Cabo Verde, Moçambique, Guiné-Bissau, São Tomé e Príncipe e Timor Leste. *adj.* **3 Português** quer dizer relacionado a Portugal. Um azeite **português** é fabricado em Portugal. [Pl.: *portugueses*. Fem.: *portuguesa*.]

posar (po-sar) *verbo* Ficar parado numa posição, para ser fotografado ou para que façam uma pintura, escultura etc. ☛ Não confundir com *pousar*.

pose (po-se) \ô\ *subst.fem.* Posição do corpo em foto, quadro etc. *A modelo saiu com uma **pose** estranha na foto.*

posição (po-si-ção) *subst.fem.* **1** O lugar em que uma pessoa ou coisa está é a sua **posição**. **2 Posição** também é a maneira como alguém ou alguma coisa está colocada. *O cachorro fica muito tempo sentado na mesma **posição**.* **3** Função ou situação de uma pessoa num grupo, numa firma, na sociedade etc. *Uma pessoa daquela **posição** deveria ser mais educada com os empregados. Ficar no meio de dois amigos que brigam é uma **posição** difícil.* [Pl.: *posições*.]

positivo (po-si-ti-vo) *adj.* **1** Quando queremos dizer que sim, usamos uma frase, uma palavra, um gesto, um olhar **positivo** ou qualquer outro jeito de expressar isso. *Marina deu uma resposta **positiva** à minha pergunta.* **2** Um número ou uma temperatura **positiva** é maior que zero. **3** Uma pessoa **positiva** pensa no lado bom das coisas e acredita que tudo vai dar certo. Uma atitude **positiva** mostra esse comportamento. [Antôn. geral: *negativo*.]

posse (pos-se) *subst.fem.* **1** Propriedade, domínio. *Houve conflitos no campo pela **posse** da terra.* **2** Se um documento está em sua **posse**, está com você. **3** Se uma pessoa toma **posse** num cargo, ela começa a trabalhar nele. *Hoje é a **posse** dos vereadores.* **posses** *subst.fem.pl.* **4** Conjunto de coisas que uma pessoa tem, por exemplo, casas, carros etc., assim como o dinheiro que ela pode gastar. *Vítor é um sujeito de muitas **posses**. Viajar de novo este mês está além das minhas **posses**.*

possessivo (pos-ses-si-vo) *adj.* Uma pessoa **possessiva** deseja ter o controle de tudo e de todos. *Lúcio é um namorado muito **possessivo**.*

possibilidade (pos-si-bi-li-da-de) *subst.fem.* Se algo é possível, existe a **possibilidade** de ele acontecer ou de ele ser feito. *As **possibilidades** de parar de chover são mínimas.*

possível (pos-sí-vel) *adj.masc.fem.* Se alguma coisa é **possível**, ela pode ser feita ou ela pode acontecer. *Só é **possível** enviar* e-mails *se você estiver na internet. É **possível** que chova hoje.* [Antôn.: *impossível*. Pl.: *possíveis*.] ☛ Esta palavra pode ser usada como subst.: *O médico fez o **possível** para salvar o paciente.* ~ **possibilitar** *verbo*

possuir (pos-su-ir) *verbo* **1** Ser dono de alguma coisa. *A família **possuía** casas e lojas na cidade.* **2** Manter em seu poder ou conter em si. *Os policiais **possuem** provas do crime. As frutas **possuem** várias vitaminas.* **3** Se você **possui** uma qualidade, ela é uma característica sua. *Jane **possui** a paciência necessária para ser enfermeira.* **4** Se você **possui** saúde, poder ou prestígio, usa essas coisas. [Sinôn. geral: *ter*.]

postal (pos-tal) *subst.masc.* É o mesmo que cartão-postal. [Pl.: *postais*.]

poste (pos-te) *subst.masc.* Coluna de ferro, de cimento ou de madeira que sustenta no alto fios elétricos, cabos de telefone e lâmpadas de iluminação pública. *O carro bateu no **poste**.* ☛ Ver ilustração na p. 484.

posterior (pos-te-ri-or) \ô\ *adj.masc.fem.* **1** O que é **posterior** aconteceu depois ou vem depois. *Treinamos durante agosto e competimos no mês **posterior**. O capítulo do livro termina na página **posterior**.* [Sinôn.: *seguinte*.] **2** O que é **posterior** fica atrás ou na parte de trás. *O cotovelo fica na parte **posterior** do braço.* [Antôn. geral: *anterior*. Pl.: *posteriores*.]

postiço (pos-ti-ço) *adj.* **1** Nariz, dente, cílios ou cabelos **postiços** podem ser postos e tirados do corpo. Eles são artificiais e servem para mudar a aparência de uma pessoa. *Os palhaços usam um nariz **postiço** vermelho.* **2** Um tio **postiço** é uma pessoa que você considera seu tio, mas não é do seu sangue.

posto (pos-to) \ô\ *subst.masc.* **1** Cargo ou função ocupada por alguém. *O sargento subiu de **posto**.* **2** Estabelecimento que atende ou serve o público. *O **posto** de saúde passará a funcionar aos sábados. Dirija-se ao **posto** de informações.* **3** Lugar ocupado por algo ou alguém. *O cão mesmo assustado não deixou o seu **posto**.*

postura (pos-tu-ra) *subst.fem.* Jeito de deixar o corpo ou uma parte dele. *Damião sente dor porque sua* ***postura*** *é ruim.*

potável (po-tá-vel) *adj.masc.fem.* Água **potável** é a água que se pode beber sem risco de contaminação. *Durante a trilha não encontramos água* ***potável.*** [Pl.: *potáveis.*]

pote ► (po-te) *subst.masc.* Recipiente de diferentes formas e tamanhos, geralmente de boca larga, com ou sem tampa, usado para guardar líquidos, cremes, alimentos etc.

potente (po-ten-te) *adj.masc.fem.* Muito poderoso, muito forte. *O motor do carro é* ***potente.***

pouco (pou-co) *pron.indef.* **1** Usamos **pouco** para falar daquilo que temos em pequena quantidade, sem dizer que quantidade é essa. *Reinaldo diz que tem* ***poucos*** *brinquedos. Anabela tinha* ***pouca*** *farinha para fazer o bolo.* *advérbio* **2 Pouco** também é de um jeito fraco, menos intenso ou menos frequente. *Damião visita* ***pouco*** *os avós. Rosane achou o livro* ***pouco*** *interessante.* [Superl.absol.: *pouquíssimo.*] [Antôn. gerais: *bastante, muito.*]

poupança (pou-pan-ça) *subst.fem.* **1** Economia, especialmente de dinheiro. *Se formos a pé, faremos uma* ***poupança*** *de cinco reais.* **2** Caderneta de **poupança**. *Juliana todo mês deposita dinheiro na* ***poupança.***

poupar (pou-par) *verbo* **1** É o mesmo que economizar. **2** Proteger de trabalhos, esforços ou aborrecimentos. *José não contou o acidente para* ***poupar*** *o pai.*

pousada (pou-sa-da) *subst.fem.* Tipo de hotel. Em geral, as **pousadas** são menores que os hotéis e parecem casas.

pousar (pou-sar) *verbo* **1** Deixar o que trazia na mão em um lugar. *As crianças* ***pousaram*** *as mochilas no chão.* [Sinôn.: *descansar.*] **2** Descer do céu para a terra. *O avião* ***pousou*** *no horário certo.* ☛ Não confundir com *posar.*

pouso (pou-so) *subst.masc.* **1** Lugar onde uma ave descansa de voar. **2** O **pouso** de um avião acontece quando ele desce do céu e chega à terra. [Sinôn.: *aterrissagem.*]

povo (po-vo) \ô\ *subst.masc.* **1** Grupo de pessoas que forma uma nação, um país ou vive numa mesma região. *O* ***povo*** *tem sofrido com a seca. O* ***povo*** *do Brasil é solidário.* **2** Grupo de pessoas que pertencem a uma classe social de condição econômica mais humilde. *Os atores eram pessoas do* ***povo.*** **3** Multidão de pessoas. *De onde veio este* ***povo*** *todo?*

povoado (po-vo-a-do) *subst.masc.* **1** Lugar com poucas casas e com poucos habitantes. *No século XVIII, Curitiba era apenas um* ***povoado.*** *adj.* **2** Um lugar **povoado** é um local onde há muita gente. *A região amazônica é pouco* ***povoada.***

povoar (po-vo-ar) *verbo* Quando um grupo de pessoas se dirige a um lugar que ainda não é habitado e passa a viver nele para sempre, dizemos que esse grupo **povoou** o lugar. *As nossas famílias* ***povoaram*** *este bairro.*

praça (pra-ça) *subst.fem.* Área pública na cidade, geralmente com bancos e jardins, onde crianças podem brincar e adultos relaxar. ☛ Ver ilustração na p. 484.

praga (pra-ga) *subst.fem.* **1** Chamamos de **praga** qualquer forma de vida que pode destruir aquilo que o ser humano considera seu. Por exemplo, insetos pequenos, como lagartas e formigas, podem ser **pragas** para as plantações. **2** Qualquer coisa que pode causar mal. *Ciúme é uma* ***praga.*** **3 Praga** também é aquilo que alguém diz ou pensa quando deseja que algo ruim aconteça a uma pessoa. *Tem gente que acha que o time perdeu por causa de* ***praga*** *de adversário.* [Sinôn.: *maldição.*]

praia (prai-a) *subst.fem.* **1** Faixa de terra junto ao mar ou a um rio, geralmente coberta de areia ou de pedrinhas. *Algumas* ***praias*** *somem quando a maré sobe.* ☛ Ver ilustração na p. 488. **2** Região banhada pelo mar. *Matilde sonha em viajar pelas* ***praias*** *do Ceará.* [Sinôn.: *litoral.*]

prancha (pran-cha) *subst.fem.* **1** Tábua grande e larga. **2** Tábua feita de diferentes materiais, usada para praticar esportes aquáticos como surfe e windsurfe.

A B C D E F G H I J K L M N O P Q R S T U V W X Y Z

prata (pra-ta) *subst.fem.* Metal valioso, de cor cinza, extraído de minas. A **prata** é muito usada para fabricar joias, talheres e outros objetos.

prateado (pra-te-a-do) *subst.masc.* Cor da prata, uma espécie de cinza mais claro e brilhante. ☛ Esta palavra pode ser usada como adj.: *bolsa **prateada**.*

prateleira (pra-te-lei-ra) *subst.fem.* Tábua presa na posição horizontal em paredes, estantes, armários etc. *As **prateleiras** de biscoitos do supermercado estão vazias.*

prática (prá-ti-ca) *subst.fem.* **1** Uma coisa que uma pessoa faz com frequência é uma **prática**. *Caminhar é uma **prática** saudável.* **2** Quando você repete uma atividade, adquire **prática** nela. *Dona Ivone tem muita **prática** de dar aulas.* [Sinôn.: *experiência*.] **3** Uso, costume, maneira habitual de fazer uma coisa. *A **prática** do banho diário veio dos índios.* **4** Execução do que foi planejado. *Da teoria passamos à **prática** dos exercícios.*

praticar (pra-ti-car) *verbo* **1 Praticar** uma ação é fazer essa ação. *O crime foi **praticado** às 11 horas da noite.* **2 Praticar** também é fazer uma coisa várias vezes. *Tânia **pratica** vôlei desde criança. Os soldados **praticam** tiro ao alvo.*

prático (prá-ti-co) *adj.* **1** Uma atitude ou uma experiência **prática** usa situações e fatos reais, em vez de ideias e teorias. *Ontem Manuela teve a primeira aula **prática** de culinária.* **2** Uma pessoa **prática** toma decisões acertadas e sabe se livrar de problemas de modo rápido e simples. *Ida é sincera no que diz e **prática** no que faz.* **3** Coisas **práticas**, como roupas, móveis etc., são eficientes e fáceis de usar, lavar, conservar.

prato (pra-to) *subst.masc.* **1** Vasilha arredondada, rasa ou um pouco funda, onde se serve e se come a comida. **2** Quantidade de alimento contida em um **prato**. *Jorge tomou dois **pratos** de sopa.* **3** A comida que é preparada também é chamada de **prato**. *Hoje vou testar um novo **prato**.* **4** MÚS Instrumento musical em forma de disco de metal, que é tocado aos pares, batendo-se um no outro. *Na banda da escola eu toco **pratos**.* **5** MÚS Cada um dos discos de metal de uma bateria. **pôr em pratos limpos** *informal* Esclarecer qualquer dúvida sobre um assunto ou situação. *É melhor **pôr** tudo **em pratos limpos** e acabar com essa briga.*

prazer (pra-zer) *subst.masc.* **1** Sentimento ou sensação agradável, que provoca satisfação. *Meire tem **prazer** em brincar de bonecas.* **2** Aquilo de que se gosta, que nos faz alegres, satisfeitos ou que nos diverte. *Acho que tomar sorvete é um dos **prazeres** da vida.* **3** Se você encontra uma pessoa pela primeira vez, é educado dizer foi um **prazer** conhecê-la. **4** Com **prazer** quer dizer com boa vontade. *Sempre ajudo os outros com **prazer**.* [Pl.: *prazeres*.]

prazo (pra-zo) *subst.masc.* **Prazo** é um período de tempo determinado para se fazer algo. *O marceneiro deu o **prazo** de dez dias para entregar os móveis. O **prazo** de inscrição acaba hoje.* **a prazo** Se uma pessoa compra algo **a prazo**, ela vai pagar em prestações. *Inês comprou a televisão **a prazo**, serão quatro parcelas.*

preá (pre-á) *subst.masc.fem.* É o mesmo que porquinho-da-índia.

pré-adolescência (pré - a-do-les-cên-cia) *subst.fem.* Fase da vida humana quando deixamos a infância, mas ainda não nos desenvolvemos o suficiente para entrar na adolescência. Durante este período, algumas características físicas e psicológicas da adolescência já começam a se manifestar. [Sinôn.: *puberdade*. Pl.: *pré-adolescências*.] ~ **pré-adolescente** *adj.masc.fem. subst.masc.fem.*

prece (pre-ce) *subst.fem.* Conjunto de palavras ditas para Deus, para uma divindade, para um santo etc. para agradecer ou para fazer um pedido. [Sinôn.: *oração*.]

precioso (pre-ci-o-so) \ô\ *adj.* O que é **precioso** vale muito dinheiro ou tem muita importância. *Este colar é de pedras **preciosas**. O carinho dos pais é **precioso** para os filhos.*

precipício (pre-ci-pí-cio) *subst.masc.* Se um terreno no alto de uma montanha acaba em determinado ponto e dali você não pode passar, você está diante de um **precipício**. [Sinôn.: *abismo*.]

precisar (pre-ci-sar) *verbo* **1** Se você **precisa** fazer uma coisa, você não pode deixar de fazer isso de jeito nenhum. *Você **precisa** olhar para os dois lados antes de atravessar a rua.* **2** Se você **precisa** de uma coisa, você não pode ficar sem ela. *Todas as pessoas **precisam** de água para viver.* [Sinôn. geral: *necessitar*.]

preciso (pre-ci-so) *adj.* **1** Uma coisa que faz falta, que é indispensável é **precisa.** *É **preciso** fazer silêncio em sala de aula.* [Sinôn.: *necessário.*] **2** Feito de modo exato, perfeito. *Armando fez um cálculo **preciso** do tempo que gastaríamos na viagem.* [Antôn.: *vago.*] ~ **precisão** *subst.fem.*

preço (pre-ço) \ê\ *subst.masc.* Dinheiro que se paga ou se cobra em troca de um produto, um serviço etc. *O **preço** da gasolina aumentou.* [Sinôn.: *custo, valor.*]

preconceito (pre-con-cei-to) *subst.masc.* **1** Opinião ou sentimento, a favor ou contra, formado antes de se conhecer uma pessoa ou um assunto e, por isso, sem fundamento. *Ivo não viu o filme por puro **preconceito**.* **2** Sentimento ou atitude negativa contra uma pessoa ou grupo de pessoas, sem razão lógica para isso. ***Preconceitos** por causa de religião ou cor da pele são crimes no Brasil.* ~ **preconceituoso** *adj.*

predador (pre-da-dor) \ô\ *subst.masc.* BIO Animal que mata e come outro animal. Os **predadores** formam um ecossistema que contribui para manter o mundo natural em equilíbrio. *O gavião é um **predador**.* [Pl.: *predadores.*] ☛ Esta palavra pode ser usada como adj.: *répteis **predadores**.* Ver *presa.*

predatório (pre-da-tó-rio) *adj.* Uma ação **predatória** usa as coisas, especialmente as da natureza, causando destruição porque não se preocupa em preservá-las. *A pesca **predatória** acaba com os peixes e com o emprego do pescador.*

predicado (pre-di-ca-do) *subst.masc.* **1** Qualidade positiva de uma pessoa. *Nélson é um menino de muitos **predicados**.* **2** GRAM **Predicado** é a parte da oração que contém o verbo e outras palavras que completam o sentido da oração. No exemplo "O lápis caiu no chão", "caiu no chão" é o **predicado.** ☛ Ver *sujeito.*

prédio (pré-dio) *subst.masc.* Construção com vários andares ligados por escadas ou elevadores. *Meu **prédio** tem cinco andares e o do escritório onde meu pai trabalha tem 22.* [Sinôn.: *edifício.*] ☛ Ver ilustração na p. 484.

predominar (pre-do-mi-nar) *verbo* Ser ou aparecer em maior quantidade, tamanho, altura etc. *A cor verde **predomina** nessa casa. Eram quatro cantores, mas a voz de Sarita **predominava**.*

preencher (pre-en-cher) *verbo* **1** Escrever o que se pede em espaços em branco. *Daniele **preencheu** o formulário.* **2** Tornar cheio ou completo, acrescentando coisas em um espaço vazio. ***Preenchemos** as caixas para a mudança com jornal.* **3** Ocupar o tempo ou uma vaga de emprego. *As aulas de violão **preenchem** todas as minhas manhãs. O gerente **preencheu** as vagas para balconista.* ~ **preenchimento** *subst.masc.*

pré-escola (pré - es-co-la) *subst.fem.* Fase da educação infantil que vem depois da creche. Crianças de quatro a seis anos de idade frequentam a **pré-escola** e, além de brincar e fazer várias atividades, também começam a ser alfabetizadas. [Pl.: *pré-escolas.*]

prefeito (pre-fei-to) *subst.masc.* Pessoa eleita pelo povo para administrar o município. [Fem.: *prefeita.*]

prefeitura (pre-fei-tu-ra) *subst.fem.* **1** A **Prefeitura** tem a função de executar as leis e de exercer o governo e a administração de um município. ☛ Neste sentido, primeira letra maiúscula. **2** Prédio onde fica o gabinete do prefeito. *A **prefeitura** não abre hoje.*

preferir (pre-fe-rir) *verbo* **Preferir** alguém ou alguma coisa é gostar mais desse alguém ou dessa coisa do que de outros. *João **prefere** sorvete de morango. Antônia **prefere** brincar a sair com a tia.* ~ **preferência** *subst.fem.*

prefixo (pre-fi-xo) \cs\ *subst.masc.* GRAM Parte que acrescentamos no começo das palavras para formar novas palavras. Por exemplo, o **prefixo** "re-" significa "de novo", como em "recomeçar".

prega ► (pre-ga) *subst.fem.* Parte de tecido, de papel etc. que está dobrada sobre si mesma. **prega vocal** ANAT **Pregas vocais** são as duas pregas que temos na laringe e que estão ligadas à produção da voz. Antes, elas eram chamadas de cordas vocais.

Saia de **pregas.**

[1]**pregar** (pre-gar) *verbo* **1** Prender algo com prego. *Fabiano **pregou** a tampa do caixote.* **2** Prender uma coisa a outra, usando linha e agulha, cola etc. *É preciso **pregar** o botão que caiu da camisa. **Pregamos** os*

A B C D E F G H I J K L M N O **P** Q R S T U V W X Y Z

cartazes no mural. **3** Se você **prega** uma peça num amigo, você engana esse amigo ou faz uma travessura com ele.

Esta palavra vem do verbo latino *plicare*, que quer dizer "dobrar".

[2]**pregar** (pre-gar) *verbo* Falar sobre uma religião para tentar convencer alguém a segui-la. ~ **pregação** *subst.fem.*

Esta palavra vem do verbo latino *praedicare*, que quer dizer "divulgar uma crença".

prego (pre-go) *subst.masc.* Objeto de metal, com uma ponta fina e outra com cabeça chata, usado para prender um objeto em outro. *Damião prendeu as tábuas com **pregos** e fez uma caixa de madeira.*

preguiça (pre-gui-ça) *subst.fem.* **1** Quando estamos com **preguiça**, não temos ânimo para fazer nada, ou deixamos de fazer o que era necessário ou obrigatório. *Francisco nunca tem **preguiça** de estudar.* [Antôn.: *disposição.*] **2** Mamífero desdentado que tem membros longos, com garras nas pontas. A **preguiça** vive nas árvores, e é difícil vê-la, por causa da cor do seu pelo e dos seus movimentos lentos. ~ **preguiçoso** *adj.*

pré-história (pré - his-tó-ria) *subst.fem.* Período da história do ser humano anterior à invenção da escrita e ao uso dos metais. [Pl.: *pré-histórias.*] ~ **pré-histórico** *adj.*

prejudicar (pre-ju-di-car) *verbo* **1** Ferir a moral de alguém. *Essa moça **prejudicou** o Diego mentindo sobre ele.* **2** Causar um dano, por exemplo, à saúde, aos bens de alguém, de uma empresa. *Aquele roubo **prejudicou** a nossa firma.* [Sinôn.: *ameaçar.*] **3** Atrapalhar ou tornar sem efeito um projeto, um desejo ou esforço de alguém etc. [Antôn.: *ajudar.*]

prejudicial (pre-ju-di-ci-al) *adj.masc.fem.* É o mesmo que nocivo. [Pl.: *prejudiciais.*]

prejuízo (pre-ju-í-zo) *subst.masc.* **1** O que se perde ou sofre por qualquer motivo. *A enchente trouxe muitos **prejuízos**.* [Sinôn.: *dano.*] **2** Dinheiro que se perde num negócio. *A fábrica deu **prejuízo** neste mês.* [Antôn. geral: *lucro.*]

prêmio (prê-mio) *subst.masc.* **1** Objeto de valor, quantia em dinheiro ou outra recompensa recebida por quem fez bem alguma coisa ou ganhou uma disputa. *Os vencedores da gincana ganharam um computador como **prêmio**.* **2** Dinheiro oferecido a ganhadores de loterias, rifas etc. ~ **premiação** *subst.fem.* **premiar** *verbo*

pré-molar (pré - mo-lar) *subst.masc.* ANAT Cada um dos dentes entre os caninos e os molares, usados para esmagar os alimentos. [Pl.: *pré-molares.*]
☛ Esta palavra pode ser usada como adj.: *dente **pré-molar**.* Ver ilustração na p. 478.

prenda (pren-da) *subst.fem.* **1** Objeto que se dá a alguém de presente. *Carlos deu uma **prenda** a Liane.* **2** Algo que se dá como prêmio em um jogo ou competição. *As **prendas** da gincana eram livros e CDs.* **3** Tarefa que o perdedor de um jogo ou competição tem que fazer. *Lúcia perdeu a corrida, e sua **prenda** foi lavar os tênis da vencedora.* **4** No Rio Grande do Sul, as moças jovens são chamadas de **prendas**.

prender (pren-der) *verbo* **1** Juntar uma coisa a outra de um jeito que não é possível ou é muito difícil soltar. *Prendeu a **bicicleta** no poste com corrente. Fabíola **prendeu** os cabelos com elástico.* **2** Levar uma pessoa ou um animal a um lugar de onde não poderá sair. ***Prenderam** o leão na jaula.* [Sinôn.: *capturar*. Antôn.: *libertar.*] **3** **Prender** a respiração ou o choro é não deixar que isso aconteça normalmente. **4** O que **prende** tem uma força sobre pessoas, sentimentos, ações e os domina. *O medo **prende** Luciana aos pais.* [Antôn. geral: *soltar.*]

prenhe (pre-nhe) *adj.masc.fem.* Uma fêmea **prenhe** está em período de gestação. *A gata está **prenhe**.*

preocupação (pre-o-cu-pa-ção) *subst.fem.* **1** **Preocupação** é um pensamento ruim que toma muito o tempo e a tranquilidade de uma pessoa. **2** Qualquer coisa que tire o sossego das pessoas. *Esse menino é uma **preocupação** para os pais.* **3** Dedicação, cuidado. *A **preocupação** do hotel é receber bem os hóspedes.* [Pl.: *preocupações.*]

preocupar (pre-o-cu-par) *verbo* **1** Se alguma coisa **preocupa** você, ela tira a sua calma e você pensa muito nela. *A falta de dinheiro **preocupa** algumas pessoas.* **2** Dar importância a algo, dedicar tempo e cuidado a algum assunto. *Carlos agora se **preocupa** mais com a saúde.* ~ **preocupante** *adj.masc.fem.*

preparar (pre-pa-rar) *verbo* **1** Deixar alguma coisa pronta ou ficar pronto para algo que irá acontecer. *Janete* ***preparou*** *o jardim para a festa. Marcelo* ***preparou****-se bem para a prova.* **2** Vestir-se ou arrumar-se para sair. *Ricardo ainda está se* ***preparando****?* **3** Fazer um plano. *Dois garotos* ***prepararam*** *a invasão da cantina.* ~ **preparação** *subst.fem.*

preparo (pre-pa-ro) *subst.masc.* **1** Conjunto de ações feitas para alguma coisa ficar pronta. *O* ***preparo*** *desta torta leva 30 minutos.* [Sinôn.: *preparação.*] **2** Tudo o que uma pessoa estudou, aprendeu ou treinou para ter capacidade de fazer algo. *Ricardo é um profissional de muito* ***preparo****.* [Sinôn.: *instrução.*]

preposição (pre-po-si-ção) *subst.fem.* GRAM Palavra que liga duas outras palavras e expressa vários sentidos. Por exemplo, na frase "Luísa foi para casa", a **preposição** "para" expressa "destino, lugar". A **preposição** é uma das classes de palavras. [Pl.: *preposições.*]

presa (pre-sa) \ê\ *subst.fem.* **1** Cada um dos dentes mais longos e pontudos que alguns animais, como os elefantes, possuem e usam para se defender ou atacar. **2** BIO **Presa** também é aquilo que o animal caça para se alimentar. As **presas** e os predadores formam ecossistemas que ajudam a manter o mundo natural em equilíbrio. *O tubarão ataca as pessoas quando as confunde com uma* ***presa****.* ☛ Ver *predador*.

presença (pre-sen-ça) *subst.fem.* **1** A **presença** de uma pessoa em um lugar é o fato de ela estar nesse lugar. *A* ***presença*** *dos pais na reunião é importante.* [Antôn.: *ausência.*] **2** Existência. *A* ***presença*** *de água é fundamental para a vida.*

presente (pre-sen-te) *subst.masc.* **1** **Presente** é algo que você ganha de alguém. É comum as pessoas ganharem **presentes** no aniversário. **2** O **presente** é o período de tempo que nós estamos vivendo agora e as coisas que estão acontecendo agora. *José pensa muito no passado e esquece de viver o* ***presente****.* **3** GRAM Tempo verbal usado para falar de coisas que acontecem sempre ou que estão acontecendo quando você fala. Na frase "José canta bem", "canta" está no **presente**. *adj.masc.fem.* **4** Se você estiver **presente** em algum lugar, você está nesse lugar. *Todos os netos estavam* ***presentes*** *na festa.* [Antôn.: *ausente.*] ☛ Neste sentido, esta palavra pode ser usada como subst.: *Os* ***presentes*** *vão ganhar um brinde.* **5** O que é **presente** pertence ao momento que estamos vivendo. *A situação* ***presente*** *das florestas brasileiras foi o tema do programa.* [Sinôn.: *atual.*]

preservação (pre-ser-va-ção) *subst.fem.* Um trabalho de **preservação** tem a intenção de conservar algo, mantendo-o em bom estado e presente em nossas vidas. *Meus pais fazem questão da* ***preservação*** *de certas tradições no Natal.* [Pl.: *preservações.*]

preservar (pre-ser-var) *verbo* **1** Cuidar dos livros da biblioteca, mantê-los em boas condições para a leitura é **preservar** esses livros. *A diretora vai* ***preservar*** *a pintura que os alunos fizeram no muro.* **2** Manter a natureza em suas condições originais, sem muita alteração das suas características, também é **preservar**. *Respeite e* ***preserve*** *a natureza.*

presidência (pre-si-dên-cia) *subst.fem.* **1** Cargo de presidente. *A* ***presidência*** *do clube foi eleita hoje.* **2** Período de tempo que uma pessoa ocupa esse cargo. *Na* ***presidência*** *de Juscelino Kubitschek, a capital federal mudou-se para Brasília.*

presidente (pre-si-den-te) *subst.masc.fem.* **1** Pessoa eleita pelo povo para administrar um país, em uma república. *A cada quatro anos, há eleição para* ***presidente*** *no Brasil.* **2** Pessoa que dirige os trabalhos em um clube, empresa, conselho, assembleia etc. ☛ Também se usa o feminino *presidenta*.

Presilha de cabelo.

presilha ► (pre-si-lha) *subst.fem.* **1** Peça com fecho, usada para prender os cabelos. **2** Cada uma das tiras de pano, geralmente, no cós da roupa. Os cintos passam entre a **presilha** e o cós.

preso (pre-so) \ê\ *adj.* **1** O que está **preso** está junto de outra coisa, de um jeito difícil de soltar, ligado por corda, prego, corrente etc. *No calor, Ana Beatriz usa cabelos* ***presos****.* **2** Quem está **preso** está num lugar de onde não pode sair, geralmente uma prisão. Animais também podem ficar **presos**. ☛ Neste sentido, esta palavra pode ser usada como subst.: *Os* ***presos*** *fugiram.*

pressa (pres-sa) *subst.fem.* **1** Falta de calma e paciência para fazer uma coisa. *Não faça a prova com* ***pressa****.* **2** Necessidade de rapidez. *Marcelo tinha* ***pressa*** *de chegar à escola.* **às pressas** O que é feito **às pressas** é feito com rapidez e geralmente não fica bom.

pressão (pres-são) *subst.fem.* **1** Força que se faz sobre alguma coisa. *Davi teve que fazer* ***pressão*** *sobre a mala para fechá-la.* **2** **Pressão** também é quando você tenta forçar uma pessoa a fazer uma coisa que ela não quer. *Murilo fez* ***pressão*** *para eu jogar no time dele.* **3** Força do sangue para circular dentro do nosso corpo. Quando a **pressão** está muito alta ou muita baixa a pessoa pode passar mal. *Muitos idosos têm problema de* ***pressão****.* [Pl.: *pressões.*] ~ **pressionar** *verbo*

prestação (pres-ta-ção) *subst.fem.* **1** Fornecimento do que é necessário para que algo aconteça, funcione ou possa ser usado. *A* ***prestação*** *do serviço de transporte é feita por empresas privadas.* **2** Pagamento de dívida em parcelas. *Cresceram as vendas de carro à* ***prestação****.* **3** Cada uma dessas parcelas também é uma **prestação**. [Pl.: *prestações.*]

prestar (pres-tar) *verbo* **1** Fornecer o que é necessário para uma atividade, tarefa etc. *O escritório* ***presta*** *serviços de alta qualidade. Os escoteiros* ***prestaram*** *ajuda aos idosos.* **2** O que **presta** é útil, tem valor ou é bom para uma situação. *O carro não* ***presta*** *para carregar móveis.* **3** Quem **presta** tem bom caráter, é sério e honesto. **4** Aceitar uma tarefa, uma situação. *Reinaldo* ***prestou****-se a um papel ridículo.*

prestativo (pres-ta-ti-vo) *adj.* É **prestativo** quem tem sempre boa vontade para prestar serviços, dar ajuda ou fazer favores. *O enfermeiro que atende a minha avó é muito* ***prestativo****.* [Antôn.: *imprestável.*]

prestígio (pres-tí-gio) *subst.masc.* Valor positivo que os outros dão a algo ou alguém, geralmente reconhecendo suas qualidades. *Certos artistas têm mais* ***prestígio*** *que outros.*

presunto (pre-sun-to) *subst.masc.* Pernil de porco salgado e em conserva.

pretérito (pre-té-ri-to) *adj.* **1** O que é **pretérito** é passado, já aconteceu. *As experiências* ***pretéritas*** *indicavam que não se podia confiar em Valmir.* *subst.masc.* **2** GRAM Tempo verbal usado para falar de coisas que aconteceram no passado. Na frase "José morou em Rio Branco", "morou" está no **pretérito**.

pretexto (pre-tex-to) \ê\ *subst.masc.* Motivo que você inventa para fazer ou deixar de fazer algo, escondendo a verdadeira razão. *A dor na perna era* ***pretexto*** *para não fazer ginástica.* [Sinôn.: *desculpa.*]

preto (pre-to) \ê\ *subst.masc.* Cor muito escura, como fica um lugar quando desligamos as luzes ou como a noite quando não há lua ou estrelas no céu. [Sinôn.: *negro.*] ☛ Esta palavra pode ser usada como adj.: *blusa* ***preta****.* Ver ilustração na p. 498.

prevenção (pre-ven-ção) *subst.fem.* Tudo que se faz para evitar que algo aconteça. *Bombeiros trabalham na* ***prevenção*** *de incêndios. Escovar os dentes é uma* ***prevenção*** *contra cáries.* [Pl.: *prevenções.*]

prevenir (pre-ve-nir) *verbo* **1** Tomar cuidado para evitar que algo, geralmente ruim, aconteça. *As vacinas* ***previnem*** *doenças.* **2** Avisar uma pessoa sobre algum perigo ou sobre algo que ainda vai acontecer. *A polícia* ***preveniu*** *o motorista sobre os riscos na estrada.* **3** Preparar-se para enfrentar algo. *Para* ***prevenir****-se do frio, Tadeu construiu uma lareira.*

prever (pre-ver) *verbo* Saber que alguma coisa vai acontecer antes que ela aconteça. *Os pajés* ***preveem*** *o futuro. Léo* ***previu*** *que seria afastado do cargo.* [Sinôn.: *adivinhar.*]

previsão (pre-vi-são) *subst.fem.* Cálculo ou análise que uma pessoa faz do que vai acontecer no futuro. *De acordo com a* ***previsão*** *do tempo, vai chover depois de amanhã. Pela* ***previsão*** *do pedreiro, a obra termina em cinco dias.* [Pl.: *previsões.*]

prezado (pre-za-do) *adj.* Uma pessoa **prezada** é alguém de quem você gosta muito ou por quem você mostra respeito, mesmo sem conhecer. *Meu* ***prezado*** *amigo, que bom que você chegou! Tina começou a carta para o gerente do banco assim: "****Prezado*** *senhor".*

primata (pri-ma-ta) *subst.masc.* Nome dado aos animais mamíferos, como os seres humanos e os macacos, com cérebro grande e cinco dedos. ☛ Esta palavra pode ser usada como adj.: *animal* ***primata****, espécie* ***primata****.*

primavera (pri-ma-ve-ra) *subst.fem.* **1** Estação do ano de temperatura nem muito fria nem muito quente, entre o inverno e o verão. A **primavera** é a estação das flores. **2** Se alguém diz que completa 16 **primaveras**, quer dizer que faz 16 anos.

→ Nos países do hemisfério sul, como o Brasil, a **primavera** vai de setembro a dezembro.

primitivo (pri-mi-ti-vo) *adj.* **1** O primeiro a existir, original. *No Brasil, os índios eram os povos **primitivos**.* **2** Simples, sem cultura ou instrução. *Os lavradores usam técnicas **primitivas** de colheita.*

primo (pri-mo) *subst.masc.* **1** O filho do seu tio ou da sua tia é seu **primo**. *adj.* **2** MAT Só é possível fazer a divisão do número **primo** por ele mesmo e por um. *Treze é um número **primo**.*

→ Você sabia que há uma busca por números **primos** gigantes? Essa busca acontece porque eles são usados como sistema de segurança para empresas que precisam transmitir dados. Algumas empresas chegam a fazer concursos para premiar quem encontrar números **primos** maiores do que os já conhecidos.

princesa (prin-ce-sa) \ê\ *subst.fem.* Mulher de um príncipe ou filha de um rei ou de um imperador.

principal (prin-ci-pal) *adj.masc.fem.* Mais importante. A gente dá mais valor ou dedica mais tempo ao que é **principal**. *Santos é o **principal** porto do país. O interesse **principal** de Flávio é a música.* [Pl.: *principais*.]

principalmente (prin-ci-pal-men-te) *advérbio* Usamos **principalmente** para falar de algo que é mais importante, mais frequente, mais usado etc., sem excluir os outros. *As garças se alimentam **principalmente** de peixes.* [Sinôn.: *especialmente*.]

príncipe (prín-ci-pe) *subst.masc.* Filho do rei ou da rainha. [Fem.: *princesa*.]

princípio (prin-cí-pio) *subst.masc.* **1** Primeiro momento de uma ação ou processo. *Os cientistas estudam o **princípio** da vida.* [Sinôn.: *início*, *começo*. Antôn.: *fim*.] **2** O que serve de base para um conhecimento. *O professor explicava os **princípios** da matemática.* **3** Um **princípio** é algo em que você acredita que influencia a maneira como você age. *Tratar mal as pessoas é contra os meus **princípios**.* ~ **principiar** *verbo*

prisão (pri-são) *subst.fem.* **1** Prender alguém é fazer uma **prisão**. *A **prisão** do criminoso foi muito difícil.* **2** Lugar onde ficam presas as pessoas que cometeram crime. **prisão de ventre** Quem tem **prisão de ventre** fica com fezes presas no intestino. [Pl.: *prisões*.]

prisioneiro (pri-sio-nei-ro) *subst.masc.* Pessoa que está presa. *O **prisioneiro** está na cadeia desde ontem.*

privada (pri-va-da) *subst.fem.* É o mesmo que vaso sanitário.

privado (pri-va-do) *adj.* **1** Uma empresa **privada** não pertence ao governo, tem um dono. *Para estudar numa escola **privada**, é preciso pagar.* **2** Um acontecimento **privado** é oferecido a poucas pessoas, não é aberto ao público em geral. *Não podemos entrar porque é um encontro **privado**.* **3** Algo particular, íntimo, que só diz respeito a você e mais ninguém é **privado**. *Artistas reclamam de não terem mais vida **privada**.* **4** Alguém **privado** de alguma coisa está sem ela ou nunca a teve. *Uma criança **privada** do carinho dos pais.* [Antôn. para 1, 2 e 3: *público*.]

privilégio (pri-vi-lé-gio) *subst.masc.* **1** O que apenas uns podem fazer, ter ou aproveitar e a maioria não pode. *Os políticos têm muitos **privilégios**.* **2** Ao fazer algo que queremos muito fazer, estamos tendo um **privilégio**. *Ana teve o **privilégio** de conhecer sua cantora preferida.*

proa (pro-a) \ô\ *subst.fem.* Parte da frente de uma embarcação.

problema (pro-ble-ma) *subst.masc.* **1** O que é difícil de explicar ou de ter uma solução. *O prefeito prometeu resolver o **problema** do esgoto no nosso bairro.* **2** O que incomoda, preocupa ou está fora de controle. *Essa menina é um **problema**.* **3** Questão de matemática feita para ter uma solução. *Somente cinco alunos conseguiram resolver os **problemas** da prova.*

procedimento (pro-ce-di-men-to) *subst.masc.* **1** Maneira de agir ou de se comportar. *O empregado foi punido por mau **procedimento**.* **2** Modo de fazer alguma coisa. *Há um **procedimento** correto para fritar batatas?*

processamento (pro-ces-sa-men-to) *subst.masc.* Fazer o **processamento** de informações, afirmações etc. é compreendê-las e conferir se estão corretas. **processamento de dados** INF Exame de dados, feito por computador, que, de acordo com uma programação, os ordena, classifica ou altera, para obter um resultado determinado.

processo (pro-ces-so) *subst.masc.* **1** Realização de uma atividade por muito tempo, quase sem intervalos. *O **processo** de aprender a ler pode levar alguns meses.* **2** Conjunto de documentos levados a um órgão oficial. *O **processo** de aposentadoria de Bernardo está na Secretaria de Educação.* **3 Processo** também é o modo de fazer alguma coisa. *Dado descobriu um **processo** novo para gelar sorvete. Cada escritor tem seu **processo** criativo.*

procissão ▼ (pro-cis-são) *subst.fem.* **1** REL Grupo de pessoas que anda pelas ruas rezando e seguindo uma imagem de santo. **2** Grupo grande de pessoas ou veículos que anda em bloco pelas ruas. *Uma **procissão** de carros impedia a passagem.* [Pl.: *procissões.*]

Procissão religiosa.

proclamação (pro-cla-ma-ção) *subst.fem.* Declaração pública e formal. *O ano da **proclamação** da República no Brasil é 1889.* [Pl.: *proclamações.*] ~ **proclamar** *verbo*

procurar (pro-cu-rar) *verbo* **1** Se você **procura** uma coisa, você olha os lugares e mexe neles até encontrá-la. *Pedro está **procurando** o sapato que o cachorro escondeu.* **2 Procurar** uma resposta ou a solução de um problema é pesquisar esse assunto. *A médica **procura** a causa da doença.* **3** Esforçar-se para conseguir algo. *Carolina **procura** ser sempre educada.* **4 Procurar** também é ir atrás de uma pessoa para falar com ela. *Marcelo **procura** os amigos quando está triste.* [Sinôn. geral: *buscar.*] ~ **procura** *subst.fem.*

produção (pro-du-ção) *subst.fem.* **1** Ao produzir uma coisa, estamos fazendo uma **produção.** *A **produção** agrícola é uma atividade importante para o país. A **produção** do filme levou três meses.* **2** Também é **produção** o conjunto das coisas que são produzidas. [Pl.: *produções.*]

produto (pro-du-to) *subst.masc.* **1** Tudo o que vem de um trabalho ou de uma atividade. Há **produtos** da natureza, há outros feitos apenas pelo homem e outros feitos com a ajuda de máquinas. *Café e soja são **produtos** agrícolas.* **2** MAT **Produto** também é o resultado de uma multiplicação.

produtor (pro-du-tor) \ô\ *subst.masc.* **1** Quem produz alguma coisa. *Os **produtores** de limão negociam melhores preços. O Brasil é um grande **produtor** de álcool.* **2** Pessoa responsável por arranjar o material e falar com as pessoas necessárias para se fazer um filme, peça, programa de rádio ou televisão. [Pl.: *produtores.*]

produzir (pro-du-zir) *verbo* **1** Ser a fonte ou a origem de um produto, matéria-prima, serviço, problema etc. *A cana **produz** açúcar. A fábrica **produz** muitos calçados por dia. Falta de saneamento **produz** doenças. O autor **produziu** cinco livros nos últimos anos.* [Sinôn.: *gerar.*] **2** *informal* Quem se **produz** quer ficar mais bonito, diferente do que é normalmente. [Sinôn.: *arrumar-se.*]

professor (pro-fes-sor) \ô\ *subst.masc.* Pessoa que ensina alguma coisa para os outros, dando aulas. [Sinôn.: *mestre.* Pl.: *professores.*]

profeta (pro-fe-ta) *subst.masc.* **1** REL Pessoa que anuncia as intenções de Deus. **2** REL **Profeta** foi como os muçulmanos chamaram Maomé, fundador do islamismo. ☛ Neste sentido, primeira letra maiúscula. **3** Uma pessoa que prevê o futuro também é chamada de **profeta.** [Fem.: *profetisa.*]

profissão (pro-fis-são) *subst.fem.* Aquilo que uma pessoa sabe fazer como trabalho. Para ter uma **profissão**, a pessoa precisa de estudo ou de treinamento. *Professor, arquiteto e gari são **profissões**.* [Pl.: *profissões.*]

→ Escolher a **profissão** é algo muito importante e, às vezes, difícil. Leia o texto "Profissões" no *site* Plenarinho e veja um pouco o que fazem alguns profissionais, o que eles estudam etc.

---

profissional (pro-fis-sio-nal) *adj.masc.fem.* **1 Profissional** quer dizer relacionado à profissão. Equipamento **profissional** é aquele usado para exercer a profissão. **2** Responsável e dedicado em seu trabalho. *Esse ator é muito **profissional**, nunca atrasa nem esquece o texto.* **3** Aquilo que você exerce como profissão é a sua atividade **profissional**. *Érica é dançarina **profissional**.* *subst.masc.fem.* **4** Quem tem uma profissão é um **profissional**. *Marta é uma **profissional** do atletismo.* [Pl.: *profissionais.*]

profundidade (pro-fun-di-da-de) *subst.fem.* **1** Tamanho de um objeto da superfície até o fundo ou da frente até a parte de trás. *O armário tinha um metro de altura, dois de largura e 30 centímetros de **profundidade**.* **2** Medida de um lugar, como um buraco, um abismo, da superfície até o fundo. *A piscina tem dois metros de **profundidade**.*

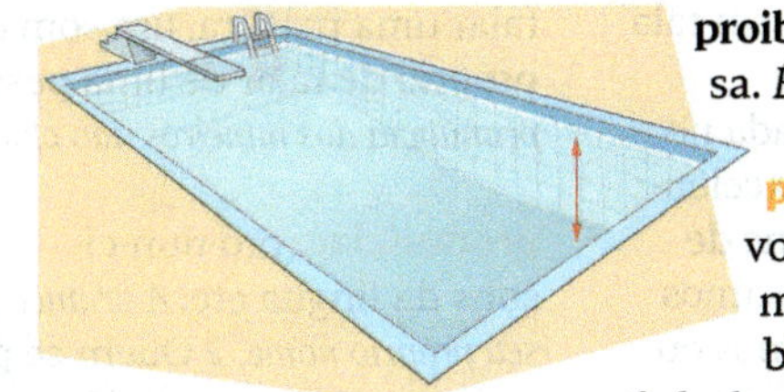

profundo (pro-fun-do) *adj.* **1** O que é **profundo** tem o fundo muito longe das bordas ou das margens. *O corte foi bastante **profundo**, vai deixar cicatriz.* [Antôn.: *raso.*] **2** Muito grande, forte ou intenso. *O padre tinha o olhar **profundo**, parecia ler nossos pensamentos. Uma **profunda** alegria encheu meu coração.* **3** Com muito estudo e cuidado. *A associação fez um estudo **profundo** das necessidades do bairro.* [Antôn. geral: *superficial.*]

programa (pro-gra-ma) *subst.masc.* **1 Programa** é aquilo que é apresentado no rádio ou na televisão. *De manhã há muitos **programas** para criança na televisão.* **2** Lista escrita com as partes de um espetáculo. *No **programa** deste concerto, há 12 músicas.* **3** Documento com os projetos e intenções de um candidato em uma eleição. **4** Atividade planejada, geralmente de lazer. *Passear é um bom **programa**.* **programa de computador** INF Conjunto de instruções que um computador executa com um objetivo. Há **programas de computador** para digitar textos, fazer contas, jogar etc. Também se diz apenas **programa**.

programação (pro-gra-ma-ção) *subst.fem.* **1** Lista dos programas de um teatro, emissora de rádio ou televisão. *O teatro tem uma **programação** especial para as férias.* **2** Planejamento das ações de uma empresa, projeto ou pessoa. *As obras da estrada estão de acordo com a **programação**.* **3** INF Desenvolvimento de programas de computador. *Paula trabalha com **programação**.* [Pl.: *programações.*]

progresso (pro-gres-so) *subst.masc.* **1** Passagem de um estado a outro. *O **progresso** da doença vai levar Mara a piorar.* **2** Uma mudança para melhor é um **progresso**. *O **progresso** nos meios de comunicação é notável.* **3** Modo como uma ação ou uma situação se desenvolve. *Edna vai me informar do **progresso** das conversas entre vocês.* ~ **progredir** *verbo* **progressão** *subst.fem.*

proibido (pro-i-bi-do) *adj.* Se uma coisa é **proibida**, a gente não pode fazer essa coisa. *É **proibido** pisar na grama.*

proibir (pro-i-bir) *verbo* Ao **proibir** algo, você não quer que isso aconteça, geralmente porque é ruim ou vai causar problemas. *O governo **proibiu** o fumo em locais fechados.* [Sinôn.: *impedir*. Antôn.: *autorizar.*]

projeto (pro-je-to) *subst.masc.* **1** Intenção de fazer algo. *Tinha **projetos** de construir uma nova casa.* [Sinôn.: *plano.*] **2** Descrição por escrito e em detalhes de uma tarefa a ser realizada. *Augusto trabalhou muito em seu **projeto** de pesquisa.* **3** O desenho de uma obra ou de uma construção também se chama **projeto**. *Colado na parede havia o **projeto** de um prédio.*

prolongar (pro-lon-gar) *verbo* Tornar maior ou mais demorado. *As obras são para **prolongar** a estrada até o próximo município. As conversas de vovó e titia se **prolongam** por horas.* [Sinôn.: *alongar*. Antôn.: *encurtar.*] ~ **prolongamento** *subst.masc.*

promessa (pro-mes-sa) *subst.fem.* **1** Compromisso ou afirmação de que irá fazer algo ou dar algo a alguém. **2 Promessa** também é a coisa prometida. *A **promessa** de Rute foi sair com o cachorro todos os dias.*

prometer (pro-me-ter) *verbo* **1 Prometer** fazer algo é dizer que realmente vai fazê-lo. *Dado **prometeu** chegar antes das nove horas.* **2** Se o tempo **promete** chuva, é quase certo que chova. **3** Uma pessoa ou uma situação **promete** quando o futuro ou o resultado parece ser muito bom. *Marco **prometia** ser bom professor desde cedo.*

promoção (pro-mo-ção) *subst.fem.* **1** O trabalhador que ganha uma **promoção** assume um cargo mais importante. **2** Venda por preços mais baixos. *As roupas de verão estão em* ***promoção***. **3** Atividade para tornar mais conhecido um produto, serviço, pessoa etc. *A* ***promoção*** *do sabonete melhorou as vendas.* [Pl.: *promoções*.] ~ **promover** *verbo*

pronome (pro-no-me) *subst.masc.* GRAM Palavra que representa um nome ou que substitui uma ou mais palavras. O **pronome** é uma das classes de palavras. **pronome demonstrativo** GRAM Usamos esse tipo de pronome para marcar a quem se ligam os seres e as coisas com relação às pessoas que se comunicam. Por exemplo, quando dizemos "Aquela bolsa é bonita", "aquela" se liga a uma bolsa que não está perto nem de quem fala nem da pessoa com quem se fala. **pronome de tratamento** GRAM Locução ou palavra usada no lugar de um pronome pessoal. "Vossa Excelência" e "senhor" são exemplos de **pronome de tratamento**. **pronome indefinido** GRAM Usamos esse tipo de pronome quando não podemos ou não queremos falar de um ser ou uma coisa de um modo específico. Por exemplo, "alguém" fala de uma pessoa que não sabemos quem é ou não queremos dizer quem é. **pronome interrogativo** GRAM É um pronome indefinido, como "quem" ou "quanto", usado em perguntas, como "Quem chegou?", "Quantos saíram?". **pronome pessoal** GRAM Pronome usado para marcar os papéis da comunicação. Por exemplo, quem fala chama-se, na comunicação, "eu". Se outros falarem dessa mesma pessoa, não usarão "eu", usarão "ele" ou "ela". **pronome possessivo** GRAM Pronome que geralmente diz de quem é algo. Se algo é da pessoa que fala, usamos "meu", como em "Eu empresto meu caderno para você". **pronome relativo** GRAM Usamos um **pronome relativo** no lugar de uma palavra ou expressão que já dissemos para não precisarmos repeti-la. Por exemplo, em "O livro que compramos agradou a Pedro", "que" substitui "livro". ~ **pronominal** *adj.masc.fem.*

→ Quando nos comunicamos, podemos ter três papéis: quem fala, com quem se fala ou de quem se fala. O **pronome** ajuda a construir a comunicação, de acordo com um desses três papéis. Por exemplo, se uma pessoa fala, ela usa o **pronome** "eu" para falar de si mesma, "tu" ou "você" quando vai falar com outra pessoa e "ele" quando vai falar de outra pessoa ou de algo. Os **pronomes** são de vários tipos, mas sempre vão estar ligados a esses papéis que todos nós temos quando nos comunicamos.

pronto (pron-to) *adj.* **1** Quando você acaba de fazer uma coisa, ela fica **pronta**. *O dever de casa está* ***pronto***. *A construção do prédio está* ***pronta***. **2** Se você está vestido e arrumado para sair, você está **pronto**. *Rogério está* ***pronto*** *para ir ao teatro.*

pronto-socorro (pron-to - so-cor-ro) *subst.masc.* Hospital que atende emergências. Às vezes o **pronto-socorro** é apenas um setor do hospital. *Onde fica o* ***pronto-socorro*** *mais próximo daqui?* [Pl.: *prontos-socorros*.]

pronúncia (pro-nún-cia) *subst.fem.* Maneira de falar uma palavra, um som da língua etc. ou jeito próprio de falar de uma pessoa ou um lugar. *A* ***pronúncia*** *dos mineiros não chia no "s".*

pronunciar (pro-nun-ci-ar) *verbo* **1** Falar palavras, sons da língua etc. *A criança não sabia* ***pronunciar*** *seu próprio nome.* **2** Quem se **pronuncia** sobre um assunto dá a sua opinião.

propaganda (pro-pa-gan-da) *subst.fem.* **1** Anúncio que se faz pelos meios de comunicação, geralmente para vender alguma coisa. *As* ***propagandas*** *de cigarro foram proibidas.* **2** Quando uma pessoa quer transmitir suas ideias ou crenças para outras pessoas ela pode fazer uma **propaganda**. *A* ***propaganda*** *política serve para conhecer melhor os candidatos.*

proparoxítono (pro-pa-ro-xí-to-no) \cs\ *adj.* GRAM Uma palavra **proparoxítona** tem três ou mais sílabas e a tônica é a terceira, contando da direita para a esquerda. "Paralelepípedo", por exemplo, é uma palavra **proparoxítona**. ☛ Esta palavra pode ser usada como subst.: *Nos* ***proparoxítonos***, *a sílaba tônica sempre tem acento.*

propor (pro-por) *verbo* **1** Apresentar oferta, sugestão, opção a alguém para ver se será aceita. *Talita* ***propôs*** *uma nova brincadeira para o grupo.* [Sinôn.: *sugerir*.] **2** Se uma pessoa se **propõe** a fazer algo, ela tem isso como objetivo. *Zilda se* ***propôs*** *a aprender francês.*

proporcionar (pro-por-cio-nar) *verbo* Dar a uma pessoa a chance ou as condições necessárias para alguma coisa. *Os pais devem* ***proporcionar*** *uma alimentação saudável aos filhos. O hotel* ***proporciona*** *aos hóspedes um passeio à cachoeira.*

propósito (pro-pó-si-to) *subst.masc.* **1 Propósito** é o mesmo que intenção. *O **propósito** da Diana é ganhar a competição.* [Sinôn.: *objetivo*.] **2** Você diz que tem o **propósito** de fazer alguma coisa quando está decidido a fazer isso. *O rapaz acordou com o **propósito** de lavar o carro.* [Sinôn.: *plano*.] **de propósito** Se você faz alguma coisa **de propósito**, você faz por querer. *Mônica não deu o recado para Alexandre **de propósito**.*

proposta (pro-pos-ta) *subst.fem.* O que sugerimos a uma pessoa para ver se ela aceita. *Ian aceitou a **proposta** de viajar com Murilo.*

propriedade (pro-pri-e-da-de) *subst.fem.* **1** Tudo que pertence a alguém. *Esta bagagem é de minha **propriedade**.* **2** Imóvel ou terra que pertence a alguém. *A família adquiriu mais uma nova **propriedade**.* **3** Característica especial de alguma coisa. *Uma das **propriedades** do chá é combater os vermes.*

proprietário (pro-pri-e-tá-rio) *subst.masc.* É o mesmo que dono.

próprio (pró-prio) *adj.* **1** O que é **próprio** de alguém é apenas dessa pessoa, de mais ninguém. *Ricardo mora em casa **própria**. Ivone tem sua **própria** opinião sobre o assunto.* **2** Também usamos **próprio** para falar do que existe ou foi feito para uma certa finalidade. *Essa bota da vitrine é **própria** para a chuva.* [Antôn.: *impróprio*.] **3** Se alguém **próprio** fez ou disse algo, é que só essa pessoa, por si mesma, fez ou disse isso. *Juliana disse que ela **própria** fez o bolo.* [Sinôn.: *mesmo*.] **4** GRAM Substantivos **próprios** são as palavras que dão nome a pessoas, lugares etc. Os substantivos **próprios** são escritos com a letra inicial maiúscula.

A caixa é uma **proteção** para os ovos.

prorrogação (pror-ro-ga-ção) *subst.fem.* Quando alguma coisa dura mais tempo do que estava combinado, isso é uma **prorrogação.** *O juiz deu três minutos de **prorrogação** no jogo. Os alunos pediram uma **prorrogação** do prazo de entrega do trabalho.* [Pl.: *prorrogações*.]

prosa (pro-sa) *subst.fem.* **1** A **prosa** é a maneira natural em que nos expressamos, sem preocupação com o ritmo e sem fazer versos como na poesia. **2 Prosa** também é conversa, geralmente informal. *adj.masc.fem.* **3** A pessoa **prosa** fala bem de si e exibe suas qualidades.

próspero (prós-pe-ro) *adj.* Um lugar, uma pessoa ou um negócio **próspero** desenvolveram-se com sucesso, riqueza, felicidade etc. *Giovane mora num bairro **próspero**.*

prosseguir (pros-se-guir) *verbo* **1** Seguir adiante. *Mesmo sendo chamado, **prosseguiu** sem olhar para trás.* [Sinôn.: *seguir*.] **2** Continuar o que se estava fazendo após ser interrompido. *Depois dos aplausos, **prosseguiu** com os agradecimentos.* [Antôn.: *interromper*.]

proteção ▼ (pro-te-ção) *subst.fem.* **1** Tudo que serve para proteger é uma **proteção.** *Os copos vieram com uma **proteção** de plástico. Vovó usa a sombrinha como **proteção** contra o sol.* **2** Se você protege algo ou alguém, faz a **proteção** dele. *O guarda-costas faz a **proteção** do presidente.* [Pl.: *proteções*.]

proteger (pro-te-ger) *verbo* **1** Evitar que alguém se machuque ou que algum dano aconteça. *O capacete **protege** a cabeça de quem anda de moto.* **2** Dar um tratamento melhor a uma pessoa, favorecendo-a. *A avó do Ivo gosta muito dele, por isso ela o **protege**.*

proteína (pro-te-í-na) *subst.fem.* Substância encontrada nos alimentos, especialmente nas carnes, leites e ovos. As **proteínas** compõem as nossas células e são importantes para a nossa saúde.

protestante (pro-tes-tan-te) *subst.masc.fem.* REL Pessoa que segue religião fundada por um grupo cristão que se separou da Igreja católica no século XVI. ☛ Esta palavra pode ser usada como adj.: *religião **protestante**, pastor **protestante**.* ~ **protestantismo** *subst.masc.*

protestar (pro-tes-tar) *verbo* Quando você **protesta**, você diz ou mostra que discorda de alguma

A B C D E F G H I J K L M N O P Q R S T U V W X Y Z

coisa. *Os moradores da rua **protestaram** contra a construção do prédio.* ~ **protesto** subst.masc.

protetor (pro-te-tor) \ô\ subst.masc. **1** Produto usado para proteger a pele do sol. **2** Pessoa que protege, que tenta defender alguém de algum perigo. *Vamos dar um susto no Juca, já que o **protetor** dele não veio.* [Pl.: *protetores.*] ☛ Esta palavra pode ser usada como adj.: *filtro **protetor**, santa **protetora**.*

prova (pro-va) subst.fem. **1** Uma **prova** confirma que algo aconteceu, existiu ou é verdade. *Ossos antigos são **provas** de que o homem habita a Terra há milhões de anos.* **2** Atividade escolar que mede os conhecimentos dos alunos. *Fernando fez uma boa **prova** de história.* **3** Uma competição esportiva também é chamada de **prova**. *Cristiano assistiu na TV à **prova** do salto em altura.*

provar (pro-var) verbo **1** Demonstrar que algo é verdade. *Ela **provou** que conhecia o caminho.* **2** Comer ou beber um pouquinho para descobrir o sabor e a qualidade de alimento ou bebida. *Quero **provar** este bolinho de carne.* **3** Vestir uma roupa para ver se está confortável, se fica bem etc. *A noiva foi à costureira **provar** o vestido pela última vez.*

provável (pro-vá-vel) adj.masc.fem. Se alguma coisa é **provável**, ela tem muita chance de ser verdade ou de acontecer. *Com essas nuvens escuras, é **provável** que chova hoje.* [Pl.: *prováveis.*]

provavelmente (pro-va-vel-men-te) advérbio Com grande chance de acontecer, de ser verdade. *Estude e **provavelmente** terá boa nota.*

provedor (pro-ve-dor) \ô\ subst.masc. INF Empresa que faz a ligação entre a internet e os usuários. Há **provedores** pagos e grátis. [Pl.: *provedores.*]

proveito (pro-vei-to) subst.masc. **1** Resultado positivo proporcionado por uma experiência, atitude etc. *Que **proveito** você tirou da viagem?* **2** Vantagem que se consegue com alguma coisa. *Há quem só se preocupe com o **proveito** pessoal.* [Sinôn.: *lucro.*] ~ **proveitoso** adj.

provérbio (pro-vér-bio) subst.masc. Frase popular que exprime uma ideia simples ou uma regra social ou moral muito conhecida. [Sinôn.: *ditado, dito.*]

→ Os **provérbios** são passados de geração para geração através da fala e nós não sabemos quem são os seus autores, por isso podem ocorrer pequenas mudanças nos **provérbios** de um lugar para outro ou de uma geração para outra. Estes são bem conhecidos: "Tamanho não é documento"; "Mais vale um pássaro na mão do que dois voando"; "De grão em grão, a galinha enche o papo"; "Os últimos serão os primeiros"; "Quem com ferro fere com ferro será ferido".

providência (pro-vi-dên-cia) subst.fem. **1** Ação feita para permitir que algo se realize. *O tio tomou todas as **providências** para hospedar Gustavo.* **2** REL Ação tomada por Deus em relação ao futuro dos acontecimentos e das pessoas. ☛ Neste sentido, primeira letra maiúscula. ~ **providenciar** verbo

provisório (pro-vi-só-rio) adj. O que é **provisório** dura ou vale por um certo tempo, mas não para sempre. *Os dentes de leite são **provisórios**.* [Antôn.: *definitivo, permanente.*]

provocar (pro-vo-car) verbo **1** Causar, produzir. *A chuva **provocou** muitos estragos na lavoura. O tombo **provocou** um machucado no joelho.* **2** Se uma pessoa faz você perder a calma, aborrece você, ela está **provocando** você. **3** Estimular alguém a fazer alguma coisa. *Foi o irmão mais velho que **provocou** o pequeno para a briga. O escritor **provocou** os leitores a adivinharem o final do livro.* [Sinôn.: *desafiar.*] ~ **provocação** subst.fem.

próximo (pró-xi-mo) \ss\ adj. **1** O que está **próximo** está a uma distância pequena ou não demora muito a acontecer. *A escola e o clube são **próximos**. As férias estão **próximas**.* [Antôn.: *distante.*] **2** O que é **próximo** vem logo depois numa sequência. *A **próxima** semana é a última do mês.* ☛ Neste sentido, esta palavra pode ser usada como subst.: *O **próximo** é o número nove.* **3** Duas pessoas que são **próximas** são muito amigas. [Sinôn.: *íntimo.*] subst.masc. **4** Qualquer ser humano. *Devemos tratar o **próximo** como gostaríamos de ser tratados.*

prudência (pru-dên-cia) subst.fem. Cuidado e calma que uma pessoa tem para agir, evitando erros, situações perigosas ou desagradáveis. *Os motoristas precisam ter **prudência** no trânsito.* ~ **prudente** adj.masc.fem.

psicologia (psi-co-lo-gi-a) *subst.fem.* Ciência que estuda a mente e o comportamento de uma pessoa ou grupo de pessoas. ~ **psicológico** *adj.* **psicólogo** *subst.masc.*

puberdade (pu-ber-da-de) *subst.fem.* É o mesmo que pré-adolescência.

publicação (pu-bli-ca-ção) *subst.fem.* Qualquer tipo de obra impressa. Livros, jornais e revistas são **publicações.** [Pl.: *publicações.*]

publicar (pu-bli-car) *verbo* **1** Criar uma obra impressa e reproduzi-la para ser divulgada ao público. *Este autor já **publicou** muitos livros e artigos.* **2** Tornar de conhecimento público. *Os jornais **publicaram** as declarações do prefeito.*

publicidade (pu-bli-ci-da-de) *subst.fem.* Informação que se dá nos meios de comunicação para chamar a atenção das pessoas. A **publicidade** geralmente tem o objetivo de vender um produto.

público (pú-bli-co) *adj.* **1** Um serviço **público** atende os interesses da população e está sob a administração de um governo. *Sempre estudei em boas escolas **públicas**.* **2** Um lugar **público** é para o uso de todos. *No parque há vários bebedouros **públicos**.* **3** Uma apresentação **pública** permite que todos possam assisti-la. *O prêmio foi entregue em uma cerimônia **pública**.* **4** Um fato **público** e uma pessoa **pública** são conhecidos por muita gente, aparecem no jornal ou na televisão etc. *Uma figura **pública** deve dar bons exemplos.* *subst.masc.* **5** Conjunto de espectadores. *O **público** estava muito animado.* **6** Conjunto de pessoas que têm interesses comuns. *Este filme é para um **público** mais jovem.* [Antôn. para o adj.: *privado.*]

pudim (pu-dim) *subst.masc.* CUL Doce macio, mas firme, feito a base de ovos e leite, cozido no forno e coberto por calda. [Pl.: *pudins.*]

A menina **pulou** o obstáculo.

pular ► (pu-lar) *verbo* **1** Sair do chão, indo para cima, com impulso dos pés e das pernas. **2** Passar por cima de um obstáculo. *Ian **pulou** o muro e pegou a pipa.* **3** Ir de um lugar mais alto para um mais baixo. *O artista **pulou** do trampolim.* **4** Esquecer ou desprezar parte de uma sequência, como palavras num texto, nomes numa lista etc. *Gisele **pulou** uma parte da história.* [Sinôn. geral: *saltar.*]

pulga (pul-ga) *subst.fem.* Inseto bem pequeno, que se move saltando e se alimenta do sangue de alguns animais vertebrados, como o cachorro e os seres humanos.

pulmão (pul-mão) *subst.masc.* ANAT Cada um dos dois principais órgãos da respiração. Os **pulmões** ficam no tórax. [Pl.: *pulmões.*] ☛ Ver ilustração na p. 478.

pulo (pu-lo) *subst.masc.* **1** Movimento para cima, feito com os músculos das pernas. *Adriana deu um **pulo** para cima do sofá.* **2** Distância ou altura alcançada com esse movimento. *O **pulo** do canguru pode chegar a quase dois metros de altura.* **dar um pulo** *informal* Ir a um lugar e voltar, sem demorar muito. Também se diz **dar um pulinho.** *Roberto **deu um pulo** na farmácia, pode aguardá-lo aqui.* [Sinôn. geral: *salto.*]

pulseira (pul-sei-ra) *subst.fem.* Enfeite circular que usamos no pulso. A **pulseira** pode ser uma joia ou pode ser feita de plástico.

pulso (pul-so) *subst.masc.* **1** MED Batida regular do coração ao enviar sangue para o corpo. O **pulso** pode ser sentido em vários lugares do corpo, como, por exemplo, no nosso punho. **2 Pulso** também é o mesmo que punho.

punhal (pu-nhal) *subst.masc.* Arma parecida com uma faca, mas com a ponta bem fina. [Pl.: *punhais.*]

punho (pu-nho) *subst.masc.* Parte onde a mão e o antebraço se juntam. [Sinôn.: *pulso.*] ☛ Ver ilustração na p. 478.

punição (pu-ni-ção) *subst.fem.* É o mesmo que castigo. *O rapaz indelicado abusou e recebeu a **punição** que merecia.* [Pl.: *punições.*]

punir (pu-nir) *verbo* **1** Castigar, mas nem sempre por se ter feito alguma coisa errada. *Jorge **puniu** o filho, proibindo-o de ir ao cinema.* [Antôn.: *premiar.*] **2** Aplicar uma punição por

A B C D E F G H I J K L M N O P Q R S T U V W X Y Z

uma regra ou uma lei desobedecida. *O juiz **puniu** o jogador pela falta cometida.*

pupila (pu-pi-la) *subst.fem.* ANAT Parte no meio do olho, redonda e preta, com um buraquinho ao centro. A **pupila** controla a quantidade de luz que entra nos olhos. ☛ Ver ilustração na p. 478.

purê (pu-rê) *subst.masc.* CUL Alimento preparado com frutas ou legumes amassados, cozidos ou não. *O livro tinha receitas de **purê** de cenoura, de batata e de maçã.*

puro (pu-ro) *adj.* **1** Uma coisa é **pura** quando não tem nada misturado com ela. *O gato gosta de beber leite **puro**.* **2** Sem sujeira ou substâncias que fazem mal à saúde. *Consuelo gosta do ar **puro** das montanhas.* **3** Uma pessoa **pura** é ingênua, sem maldade. **4** Completo, absoluto. *Essa história é **pura** mentira.* ~ **pureza** *subst.fem.* **purificar** *verbo*

pus *subst.masc.* Líquido amarelado que se forma numa parte infeccionada do corpo.

puxa (pu-xa) *interjeição* Usamos **puxa** para mostrar que estamos aborrecidos, alegres ou surpresos. ***Puxa**, como esse ônibus demora a passar! **Puxa**, que bom que vamos viajar!*

puxar (pu-xar) *verbo* **1** Se você **puxa** algo, faz isso se mover para perto de você ou quer arrancá-lo. *Devemos **puxar** a porta para entrar. Não **puxe** o cabelo da sua irmã!* [Antôn.: *empurrar*.] **2** Usar força para movimentar algo atrás de você. *Burros **puxam** carroça.* **3** Começar e liderar uma atividade. *O cantor **puxou** o samba e todos o acompanharam. O rapaz **puxou** conversa com a moça.* **4** Ter características parecidas com as de gerações anteriores. *Liana **puxou** o talento do pai.* **5** Provocar, causar. *Fábio **puxou** a briga ao xingar o amigo.*

Qq

Quadriculado

q *subst.masc.* Décima sétima letra do nosso alfabeto. O **q** é uma consoante e, na língua portuguesa, só pode ser escrita junto da vogal "u", como em "brinquedo" e "quase".

quadra (qua-dra) *subst.fem.* **1** Distância de uma esquina a outra, no mesmo lado da rua. *Moro a duas **quadras** da escola.* [Sinôn.: *quarteirão.*] **2** ESP Área retangular usada para praticar esportes como vôlei, futebol de salão, basquete etc. *O treino será na **quadra** coberta.* **3** Uma série de quatro elementos é uma **quadra**. Por isso, uma **quadra** é uma estrofe de quatro versos.

quadrado (qua-dra-do) *subst.masc.* **1** MAT Figura geométrica que possui quatro lados iguais e quatro ângulos iguais. ☛ Ver ilustração na p. 498. **2** Qualquer objeto ou espaço que tenha essa forma. *Cada criança deve colocar os pés em dois **quadrados**.* ☛ Esta palavra pode ser usada como adj.: *salão **quadrado**.*

quadrangular (qua-dran-gu-lar) *adj.masc.fem.* O que é **quadrangular** tem quatro ângulos ou quatro cantos. *O quadrado e o retângulo são figuras **quadrangulares**.* [Pl.: *quadrangulares.*]

quadriculado ▲ (qua-dri-cu-la-do) *adj.* O que é **quadriculado** está todo dividido em pequenos quadrados. *O tabuleiro de xadrez é **quadriculado**.*

quadril (qua-dril) *subst.masc.* Cada uma das partes laterais do corpo humano entre a cintura e as coxas. Os ossos do **quadril** são largos. [Pl.: *quadris.*] ☛ Ver ilustração na p. 478.

quadrilátero (qua-dri-lá-te-ro) *subst.masc.* MAT Figura geométrica com quatro lados. Losangos e quadrados são exemplos de **quadriláteros**.

quadrilha (qua-dri-lha) *subst.fem.* **1** Grupo de pessoas. **2** Um grupo de bandidos também é uma **quadrilha**. **3** Dança popular típica das festas juninas. No Brasil, as **quadrilhas** se desenvolveram no interior, por isso os casais se vestem de caipiras.

quadrinhos (qua-dri-nhos) *subst.masc.pl.* Série de pequenos quadros desenhados, com ou sem texto, que contam uma história, uma piada etc. *Batman e Homem-Aranha são personagens de **quadrinhos**.*

quadro (qua-dro) *subst.masc.* **1** Obra de arte que é produzida numa superfície plana, geralmente colocada dentro de molduras. *Os **quadros** da sala foram pintados pela minha bisavó.* **2** A descrição de uma situação ou de um fato é a apresentação de um **quadro** dessa situação ou fato. *Não houve melhora no **quadro** do paciente.* **3** Uma tabela, um mapa, um gráfico apresentados em um texto também são chamados de **quadro**. *O **quadro** abaixo indica a quantidade de alunos nos últimos cinco anos.* **4** Conjunto de atletas de um time, de funcionários de uma empresa, de políticos de um partido etc. *Jair torce para jogar no **quadro** de titulares do time.*

quadro-negro (qua-dro - ne-gro) *subst.masc.* Superfície plana, pintada de preto ou verde, usada para se escrever a giz. *O dever de casa estava escrito no **quadro-negro**.* [Pl.: *quadros-negros.*]

quadrúpede (qua-drú-pe-de) *subst.masc.* Animal que anda sobre quatro patas. Cachorros, bois e onças são **quadrúpedes**. ☛ Esta palavra pode ser usada como adj.: *animal **quadrúpede**.*

quádruplo (quá-dru-plo) *numeral* O que contém quatro vezes a mesma quantidade. *Dezesseis é o **quádruplo** de quatro.*

qual *pron.indef.* **1** Usamos **qual** para fazer uma pergunta escolhendo algum ou alguns elementos de um grupo. Por exemplo, só perguntamos "O dentista fica em **qual** andar?" porque o prédio onde o dentista fica possui mais de um andar. *pron.rel.* **2** Também usamos **qual**, com "o" ou "a" antes, no lugar de uma palavra ou expressão que já dissemos, para não precisarmos repeti-la. Por exemplo, em "Esta é a figurinha com a **qual** vamos completar o álbum", "a **qual**" substitui "figurinha". [Sinôn.: *que*.] [Pl.: *quais*.]

qualidade (qua-li-da-de) *subst.fem.* **1** O que faz alguém ou algo se diferenciar dos outros. *Uma das **qualidades** da minha casa é ter vista para o mar.* **2** Há boas e más **qualidades**, mas em geral se usa essa palavra para as boas. *Os vegetais da salada têm de ter **qualidade**, ser frescos e bonitos.* **3** É o mesmo que tipo ou espécie. *Esta **qualidade** de maçã é mais doce.* **qualidade de vida** Harmonia nas condições sociais e ambientais. *Muitos dizem que Niterói tem uma excelente **qualidade de vida**.*

qualquer (qual-quer) *pron.indef.* **1** Usamos **qualquer** para falar do elemento de um grupo, mas sem dizer qual é ele, porque o que estamos falando serve para todos os elementos. ***Qualquer** saída do salão vai levar ao jardim. **Qualquer** cidadão tem o direito de ser respeitado. Rafael não é exigente, **qualquer** presente o deixa feliz.* [Sinôn.: *todo*.] **2** Você pode usar **qualquer** para dizer que algo não é importante. *Ele não é um jogador **qualquer**.* [Pl.: *quaisquer*.]

→ Você já reparou como é feito o plural desta palavra? **Qualquer** é a única palavra da língua portuguesa que forma o plural assim, no meio da palavra e não no final.

---

quando (quan-do) *advérbio* **1** Se perguntamos **quando** algo aconteceu, queremos saber a data, a hora ou o momento em que aconteceu. ***Quando** visitaremos a vovó?* *conjunção* **2** Usamos **quando** para marcar a ligação entre dois acontecimentos. *Murilo sempre ri **quando** fazem cócegas nele.*

quantia (quan-ti-a) *subst.fem.* Quantidade determinada de dinheiro. *O clube cobrava **quantias** diferentes dos sócios.*

quantidade (quan-ti-da-de) *subst.fem.* **1 Quantidade** é o que você pode medir ou contar de alguma coisa. *O pedreiro sabia a **quantidade** exata de tijolos de que precisava.* **2** Número indefinido de coisas. *Havia só uma pequena **quantidade** de roupa para passar.* **3** Grande número de coisas. *Todos admiram a **quantidade** de pulseiras que Eva usa.*

quanto (quan-to) *pron.indef.* **1** Usamos **quanto** para saber a quantidade de algo. *Leandro não sabe **quanto** custa o pão.* *advérbio* **2** Também usamos **quanto** para falar de algo que é muito intenso ou muito forte. ***Quanto** amor João tem pela filha!*

→ **Quanto** também pode ser um pronome interrogativo, quando é usado em perguntas, como **"Quantos** dias tem um mês?".

---

quarar (qua-rar) *verbo* Colocar a roupa no sol, durante a sua lavagem, para deixá-la mais clara.

quarta-feira (quar-ta - fei-ra) *subst.fem.* Quarto dia da semana, entre terça e quinta-feira. Também se diz apenas quarta. [Pl.: *quartas-feiras*.] ☛ Ver *segunda-feira*.

quarteirão (quar-tei-rão) *subst.masc.* **1** Em uma cidade, cada um dos quadrados formados por quatro ruas. **2** Trecho de rua que vai de uma esquina a outra. *Vire à esquerda e ande três **quarteirões**.* [Sinôn.: *quadra*.] [Pl.: *quarteirões*.]

quartel (quar-tel) *subst.masc.* Local onde os soldados vivem e treinam. *A vida no **quartel** segue horários rígidos.* [Pl.: *quartéis*.]

quarto (quar-to) *subst.masc.* **1** Local da casa, de hotéis, hospitais etc. onde se dorme. *Este **quarto** precisa de uma faxina!* *numeral* **2** Numa sequência, aquilo que ocupa a posição de número quatro. *A **quarta** fila do auditório está reservada para os professores.* **3** Cada uma das partes de algo que foi divido em quatro. *Nós dois comemos sozinhos três **quartos** da* pizza.

quase (qua-se) *advérbio* **1** O que **quase** aconteceu não chegou a acontecer, mas ficou muito perto disso. *O piloto **quase** saiu da pista.* **2 Quase** também é muito perto de um lugar ou momento. *Mônica almoçou **quase** meio-dia. A escola fica **quase** na esquina da rua.*

quati (qua-ti) *subst.masc.* Mamífero de focinho alongado e cauda comprida, com listras horizontais e escuras, geralmente levantada. O **quati** se alimenta de frutos e de pequenos animais.

que *pron.rel.* **1** Usamos **que** no lugar de uma palavra ou expressão que já dissemos, para não precisarmos repeti-la. Por exemplo, em "Este é o brinquedo **que** Rafael comprou", "**que**" substitui "brinquedo". *pron.indef.* **2** Também usamos **que** para perguntar sobre coisas ou outros seres que não são pessoas. ***Que** roupa Inês vai vestir na festa? Mamãe precisa saber **que** comida você quer comer.* *conjunção* **3 Que** também pode mostrar uma explicação do que dissemos antes. *Espere um pouco, **que** a chuva já vai parar.* [Sinôn.: *pois, porque.*] *advérbio* **4** Usamos **que** para mostrar o que é muito intenso. ***Que** bela é a vida!*

quê *subst.masc.* Alguma coisa qualquer que não sabemos ou não queremos mostrar ou dizer em detalhes. *Há um **quê** estranho naquele casarão.* **não há de quê** Dizemos **não há de quê** como resposta a alguém que nos agradece. Também podemos dizer "não há por quê".

quebra-cabeça (que-bra - ca-be-ça) *subst.masc.* **1** Jogo composto por várias peças que devem ser encaixadas para formar um desenho completo. **2** Um **quebra-cabeça** também é um problema difícil de resolver. [Pl.: *quebra-cabeças.*]

quebrado (que-bra-do) *adj.* **1** Se algo está **quebrado** é porque foi partido em pedaços. *A queda deixou a moldura **quebrada**.* **2** Algo que não funciona mais está **quebrado**. *Mandei consertar o liquidificador **quebrado**.* **3** *informal* Quando uma pessoa está muito cansada, ela está **quebrada**. *Rute chegou **quebrada** do trabalho.*

quebra-molas ► (que-bra - mo-las) *subst.masc.* Mudança no nível da rua ou da estrada para que os carros sejam obrigados a diminuir a velocidade.

☛ O sing. e o pl. desta palavra são iguais: *o **quebra-molas**, os **quebra-molas**.*

quebrar (que-brar) *verbo* **1** Deixar ou ficar em pedaços. *A bola **quebrou** o vidro da janela. O copo caiu da mesa e **quebrou**.* **2** Partir o que deveria estar inteiro. *O rapaz **quebrou** o braço no acidente.* **3** Funcionar mal ou parar de funcionar. *O carro **quebrou**.* [Sinôn.: *estragar*. Antôn.: *consertar.*]

queda (que-da) *subst.fem.* **1** Movimento de algo que cai. *Todos ouviram o barulho da **queda** da parede.* **2** Perda de poder, influência etc. *O filme é sobre a **queda** do rei.* **3** Talento, jeito, vocação para alguma atividade. *Desde cedo Heitor tinha **queda** para teatro.* [Sinôn.: *inclinação.*] **4** Diminuição. *É bom que haja **queda** da inflação.*

queda-d'água (que-da - d'á-gua) *subst.fem.* É o mesmo que cachoeira. [Pl.: *quedas-d'água.*]

queijo (quei-jo) *subst.masc.* Alimento sólido e salgado, produzido a partir do leite.

queimadura (quei-ma-du-ra) *subst.fem.* Ferimento na pele causado pelo calor.

queimar (quei-mar) *verbo* **1** Destruir pelo fogo. *O incêndio **queimou** toda a casa.* **2** Machucar-se com o fogo ou calor. *Eneida **queimou** os dedos ao segurar a panela quente.* **3** Se uma lâmpada ou um aparelho elétrico **queimam**, eles param de funcionar. **4** Esquentar. *O sol está **queimando** muito.* **5** Tirar o vigor das plantas. Sol demais e geada **queimam** as plantas. **6** Se o sol **queima** a sua pele, ela fica vermelha e ardendo.

queixa (quei-xa) *subst.fem.* Se reclamamos de alguma coisa ou de alguém, estamos fazendo uma **queixa**. *Fábio é um ótimo colega, ninguém tem **queixa** dele.* [Sinôn.: *reclamação.*] ~ **queixar-se** *verbo*

queixo (quei-xo) *subst.masc.* Parte de baixo do rosto, entre a boca e o pescoço. ☛ Ver ilustração na p. 478.

quem *pron.indef.* **1** Usamos **quem** geralmente para perguntar ou indicar "qual pessoa". ***Quem** pegou meu caderno? **Quem** rasgou o livro não teve cuidado com ele.* *pron.rel.* **2** Também podemos usar **quem** para falar de novo de uma pessoa na frase, sem repetir palavra. Quando dizemos "Gosto de Raul, com **quem** jogo bola sempre", dizemos "**quem**" no lugar de "Raul", para não repetir seu nome.

quente (quen-te) *adj.masc.fem.* **1** O que está **quente** tem a temperatura alta. *Danilo só gosta de leite **quente**. Esta sala está muito **quente**, vamos ligar o ventilador.* **2** *informal* Se você diz que uma pessoa tem cabeça **quente**, quer dizer que ela se irrita muito fácil. **3** Uma notícia, um jogo ou uma festa **quente** provoca interesse. *O jogo só ficou **quente** no final do segundo tempo.* [Antôn. para **1** e **2**: *frio.*]

querer (que-rer) *verbo* **1** Sentir vontade de ter ou fazer algo. *Jaqueline **queria** uma boneca de pano.* **2** Ter intenção ou plano de fazer algo. *Cândida **quis** sair cedo, mas sua amiga pediu que ficasse com ela.* [Sinôn.: *planejar*.] **3** **Querer** também é gostar. *Nós nos **queremos** muito.* **por querer** Quando alguém faz algo **por querer**, faz por sua própria vontade. **sem querer** Algo que acontece **sem querer** foi feito por alguém que não tinha intenção de fazê-lo. *Desculpe, quebrei o vaso **sem querer**.*

querido (que-ri-do) *adj.* Dizemos que uma pessoa ou coisa é **querida** quando gostamos muito dela. *Mirtes é uma pessoa **querida** por todos.*

questão (ques-tão) \qu ou qü\ *subst.fem.* **1** Pergunta para esclarecer algo ou testar o conhecimento de alguém. **2** Dúvida, problema a ser resolvido. *Os atletas ainda tinham uma **questão** antes de escolherem o líder da equipe.* **3** Se algo está em **questão**, está sendo discutido. **4** Assunto geralmente sério e com muitas opiniões diferentes. *A **questão** da violência preocupa muita gente.* [Pl.: *questões*.]

questionário (ques-tio-ná-rio) \qu ou qü\ *subst.masc.* Conjunto de perguntas, geralmente escritas. Os **questionários** podem servir para fazer entrevistas e pesquisas. *Já respondeu ao **questionário** de geografia?*

quiabo (qui-a-bo) *subst.masc.* Legume comprido, de cor verde, com muitas sementes dentro. O **quiabo** é de origem africana e está presente em muitos pratos da cozinha brasileira.

quibe (qui-be) *subst.masc.* CUL Massa de carne moída misturada ao trigo integral, com hortelã e outros temperos. O **quibe** pode ser comido cru, frito ou assado.

quieto (qui-e-to) *adj.* **1** Alguém ou algo que não se mexe está **quieto**. **2** Um lugar **quieto** é um lugar tranquilo, sem barulho. **3** Dizemos que uma criança é **quieta** quando ela não faz bagunça. [Antôn. para 1 e 3: *inquieto*.]

quilo (qui-lo) *subst.masc.* Abreviação da palavra quilograma.

quilograma (qui-lo-gra-ma) *subst.masc.* Unidade de medida de peso que equivale a mil gramas. Também se diz apenas quilo (símbolo: *kg*).

quilombo (qui-lom-bo) *subst.masc.* Lugar onde viviam os escravos negros que fugiam de seus donos.

→ Os **quilombos** eram organizados como cidades, e o maior e mais conhecido **quilombo** brasileiro é o de Palmares, em Alagoas, liderado por Zumbi. Dia 20 de novembro, dia da morte de Zumbi dos Palmares, é, desde 1995, o Dia Nacional da Consciência Negra.

quilômetro (qui-lô-me-tro) *subst.masc.* **1** Medida de comprimento que equivale a mil metros (símbolo: *km*). *Ela corre três **quilômetros** todo dia.* **2** Ponto específico de uma estrada entre uma marcação de distância e outra. *Flávio mora próximo do **quilômetro** 32.*

química (quí-mi-ca) *subst.fem.* Estudo das substâncias, das características delas e de como elas se transformam e se combinam.

químico (quí-mi-co) *adj.* **1** O que é **químico** está relacionado à química ou à substância que forma alguma coisa. *No laboratório, fizemos experiências **químicas**. Cientistas estudam a estrutura **química** dos vegetais.* **2** O que é **químico** está relacionado à combinação de duas ou mais substâncias. *Agrotóxicos são produtos **químicos**.* *subst.masc.* **3** Pessoa que estudou química.

[1]**quina** (qui-na) *subst.fem.* Conjunto formado por cinco números ou cinco coisas.

Quina vem do numeral latino *quina*, que quer dizer "a cada cinco, de cinco em cinco".

[2]**quina** ► (qui-na) *subst.fem.* Parte externa de um ângulo. *Sempre esbarro na **quina** da mesa.* [Sinôn.: *esquina*.]

Quina vem da palavra portuguesa *esquina*.

quindim (quin-dim) *subst.masc.* CUL Doce feito de gema de ovo, coco e açúcar, cozido no forno.

O **quindim** costuma ser bem amarelinho. [Pl.: *quindins*.]

quinta-feira (quin-ta - fei-ra) *subst.fem.* Quinto dia da semana, entre quarta e sexta-feira. Também se diz apenas quinta. [Pl.: *quintas-feiras*.] ☛ Ver *segunda-feira*.

quintal (quin-tal) *subst.masc.* Terreno atrás de uma casa ou ao lado dela. [Pl.: *quintais*.]

quinzena (quin-ze-na) *subst.fem.* Período de 15 dias. A primeira **quinzena** do mês vai do dia primeiro ao dia 15 e a segunda, do dia 16 até o final. *Pedro sempre tira férias na segunda* ***quinzena*** *de janeiro.* ~ **quinzenal** *adj.masc.fem.*

quiosque (qui-os-que) *subst.masc.* Pequena construção em lugares públicos, usada como ponto de venda de alimentos, jornais etc. ☛ Ver ilustração na p. 484.

quitanda (qui-tan-da) *subst.fem.* Estabelecimento onde são vendidos legumes, verduras, frutas, ovos etc.

quitute (qui-tu-te) *subst.masc.* Comida preparada por pessoa que cozinha muito bem. *Os* ***quitutes*** *de dona Paula são famosos em Pirenópolis.* ~ **quituteiro** *subst.masc.*

quociente (quo-ci-en-te) *subst.masc.* MAT Resultado de uma divisão. *O* ***quociente*** *de seis por dois é três.*

Rr

Reciclagem

r *subst.masc.* Décima oitava letra do nosso alfabeto. O **r** é uma consoante e, na língua portuguesa, quando ele está no início de uma palavra, tem o som como em "rato". Esse mesmo som só aparece assim dentro da palavra se estiver depois de outra consoante, em "perto", por exemplo. Para ter esse som entre duas vogais, escrevemos duas letras **r**, como em "carro", mas, se só tiver um **r** entre vogais, ele fica com o som de "caro".

rã *subst.fem.* Anfíbio sem cauda, parecido com o sapo e a perereca. A **rã** tem a pele lisa e, com suas pernas compridas, pode dar grandes saltos.

rabanada (ra-ba-na-da) *subst.fem.* CUL Fatia de pão molhada no leite com açúcar, passada no ovo cru e frita.

rabanete (ra-ba-ne-te) \ê\ *subst.masc.* Planta de raiz comestível muito usada em saladas. O **rabanete** é redondo, vermelho por fora e branco por dentro.

rabeca (ra-be-ca) *subst.fem.* MÚS Instrumento musical parecido com o violino, só que mais simples e de som mais grave.

rabino (ra-bi-no) *subst.masc.* REL Líder religioso e guia espiritual dos judeus.

rabiscar (ra-bis-car) *verbo* **1** Fazer riscos, sinais, desenhos etc. *Por que você **rabiscou** o desenho que estava tão bonito?* **2** Escrever com letra malfeita, sem capricho ou de forma apressada. ***Rabiscou** o endereço num papel qualquer.*

rabisco (ra-bis-co) *subst.masc.* **1** Risco, traço, desenho malfeitos ou sem sentido. *Apague todos estes **rabiscos** feitos na parede.* **2** Letra muito difícil de ler. *Isto não é uma palavra, é um **rabisco**.*

rabo (ra-bo) *subst.masc.* É o mesmo que cauda.

raça (ra-ça) *subst.fem.* **1** Cada grupo em que se dividem certas espécies de animais. *Algumas **raças** bovinas não se adaptam ao clima brasileiro.* **2** Divisão dos grupos humanos de acordo com suas características físicas, especialmente a cor da pele. Essa divisão não é mais aceita, por se acreditar hoje que o que separa os homens em grupos são os seus costumes e cultura. ☛ Ver *etnia.* **3** Demonstração de determinação, garra. *Vamos mostrar a eles que temos muita **raça**.*

ração (ra-ção) *subst.fem.* **1** Comida para animais. *A **ração** do gato tinha sabor de peixe.* **2** Quantidade de alimento para apenas uma pessoa ou animal. *Pela manhã, os soldados recebiam a **ração** do dia.* [Pl.: *rações.*]

rachadura (ra-cha-du-ra) *subst.fem.* Abertura que se forma quando algo se racha. *As **rachaduras** da parede estão aumentando com o tempo.*

rachar (ra-char) *verbo* **1** Fazer uma fenda. *O calor **rachou** a calçada.* **2** Partir algo em dois ou mais pedaços, geralmente no sentido do comprimento. *Ao cair, o lustre **rachou** a mesa.* **3** Dividir algo entre duas ou mais pessoas. *Todos os dias, Julião **rachava** o lanche com Clóvis.* [Sinôn.: *repartir.*]

raciocinar (ra-cio-ci-nar) *verbo* Usar a razão para entender, calcular, avaliar etc. [Sinôn.: *pensar, refletir.*]

raciocínio (ra-cio-cí-nio) *subst.masc.* **1** Atividade mental que organiza coisas e fatos de forma a chegar a uma conclusão. *Com o uso do **raciocínio**, Nara entendeu a atitude de Diva.* **2** A capacidade de raciocinar também é chamada de **raciocínio**.

racional (ra-cio-nal) *adj.masc.fem.* **1** Uma pessoa **racional** é capaz de tomar uma decisão com base no pensamento e não na emoção. **2** Decisões e pensamentos **racionais** usam a razão e não a emoção. **3** Animal **racional** é aquele que pode pensar e falar. Apenas os homens são animais **racionais.** [Antôn. geral: *irracional.* Pl.: *racionais.*]

racismo (ra-cis-mo) *subst.masc.* **1** Crença de que uma raça de pessoas é melhor que as outras. **2** Desrespeito ou desprezo de uma pessoa em relação a outra por causa de sua raça. *No Brasil, **racismo** é crime.*

radar (ra-dar) *subst.masc.* Aparelho que mostra o local exato em que estão navios, aviões etc. O **radar** identifica objetos mesmo que não se possa vê-los. *O **radar** localizou o helicóptero que estava em rota errada.* [Pl.: *radares.*]

radiação (ra-di-a-ção) *subst.fem.* **1** Transmissão de energia, especialmente de luz ou de calor, por meio de ondas ou de partículas. *A **radiação** solar é fonte de vida e de energia para a Terra.* **2** A energia transmitida. *Grávidas não devem receber **radiações** de aparelhos de raio X.* [Pl.: *radiações.*]

radical (ra-di-cal) *subst.masc.* **1** GRAM Parte da palavra que não se modifica quando ela passa para o plural ou para o feminino, ou quando acrescentamos os sufixos e os prefixos, para formar outras palavras. Por exemplo, na palavra "lapiseira", "lapis-" é o **radical** e "-eira" é o sufixo. *adj.masc.fem.* **2** Uma mudança **radical** é uma mudança grande e importante em alguma coisa. *O Brasil precisa de uma reforma **radical** nos partidos políticos.* **3** Uma pessoa é chamada de **radical** quando acredita que mudanças grandes são necessárias e não aceita bem uma opinião diferente. *É difícil conversar com Juarez, ele é muito **radical**.* **4** Esportes **radicais** são os que apresentam algum risco para a pessoa e, por isso, exigem muita habilidade. *Surfe é um esporte **radical**.* [Pl.: *radicais.*]

rádio (rá-dio) *subst.masc.* **1** Aparelho que recebe e transmite sons. O **rádio** é um dos meios de comunicação. *O piloto do avião perguntou pelo **rádio** se o pouso estava autorizado.* **2** Aparelho de som que transmite programas vindos de uma emissora de **rádio.** *Meu avô ouve jogos de futebol pelo **rádio**.* *subst.fem.* **3** **Rádio** também é o local onde são feitas as transmissões de programas de música, de notícias etc. *Marina trabalha na **rádio** Nacional.*

radiografia (ra-dio-gra-fi-a) *subst.fem.* MED Imagem parecida com uma fotografia dos nossos ossos. A **radiografia** é feita durante um exame, usando os raios X.

[1]raia (rai-a) *subst.fem.* É o mesmo que arraia.

Esta palavra vem do latim *raia*, que é também o nome desse peixe.

[2]raia (rai-a) *subst.fem.* É o mesmo que linha, traço. As **raias** de uma piscina marcam o lugar em que cada pessoa deve nadar.

Esta palavra é o feminino de *raio*, "linha de luz, reta que vai do centro a qualquer ponto da borda de um círculo".

raiar (rai-ar) *verbo* Surgir no horizonte. *Quando meu pai se levanta, o sol ainda não **raiou**.*

rainha (ra-i-nha) *subst.fem.* **1** Mulher com mais autoridade em um reino ou a esposa do rei. **2** Mulher que se destaca em uma atividade ou em um grupo. *Rosana foi eleita **rainha** da festa.* **3** Numa colônia de formigas, cupins ou vespas, a **rainha** é a fêmea responsável pela reprodução.

raio (rai-o) *subst.masc.* **1** Descarga elétrica que ocorre na atmosfera, acompanhada de relâmpago e trovão. *Caiu um **raio** bem no meio do campo de futebol.* **2** Linha de luz que parte reta de um foco. *Um **raio** de sol batia na folhagem.* **3** MAT Reta que vai do centro a qualquer ponto da borda de um círculo ou esfera. *Use o compasso para medir o **raio** da circunferência.* **4** Distância ou área que se estende em todas as direções, a partir de um ponto de origem. *O barulho foi ouvido num **raio** de cinco quilômetros.* **raio X** Radiação que é capaz de atravessar corpos sólidos. Fazer ou tirar um **raio X** significa fazer ou tirar uma radiografia. *O **raio X** mostrou que está tudo em ordem com a sua coluna.*

raiva (rai-va) *subst.fem.* **1** MED Doença transmitida pela mordida de animais já com essa infecção, por exemplo, cães e gatos, que ataca o sistema nervoso e causa paralisia da respiração. **2** Sentimento agitado de antipatia e aborrecimento contra algo ou alguém. *Nair não foi convidada e morreu de **raiva** do Paulo.* [Antôn.: *simpatia.*] **3** Sensação de desagrado que nos leva a detestar uma coisa. *Tenho **raiva** de música muito lenta.* [Antôn.: *adoração.*] ~ **raivoso** *adj.*

raiz (ra-iz) *subst.fem.* **1** Parte da planta que normalmente está debaixo da terra. A **raiz** retira da terra a água e os nutrientes necessários para alimentar toda a planta. *Algumas **raízes**, como a mandioca e a cenoura, são comestíveis.* ☛ Ver ilustração de *árvore.* **2** Parte onde algumas coisas começam. Por isso se diz **raiz** da serra e **raiz** do problema. *Meu pai sempre diz: temos que cortar o mal pela **raiz**.* **3** **Raiz** é, ainda, a parte do cabelo, da unha ou do dente que fica presa ao nosso corpo. [Pl.: *raízes.*]

rajada (ra-ja-da) *subst.fem.* **1** Vento forte e repentino, mas que passa rápido. *Uma **rajada** de vento derrubou o telhado.* **2** Algo que acontece de modo rápido e sem pausa. *Os soldados deram **rajadas** de tiros para afastar os inimigos.*

ralar (ra-lar) *verbo* **1** Cortar em pedaços bem pequenos, usando um ralo. *É preciso **ralar** 100 gramas de queijo.* **2** Ferir-se de leve. ***Ralei** meu joelho na terra.* [Sinôn.: *arranhar.*] **3** *informal* Esforçar-se muito fazendo alguma coisa. *Para ganhar o concurso teremos que **ralar** desde agora.* ~ **ralador** *subst.masc.*

¹ralo (ra-lo) *adj.* **1** Algo **ralo** é pouco espesso, sem muita quantidade. *Fernando tinha os cabelos **ralos**.* [Antôn.: *cheio.*] **2** **Ralo** também é pouco cremoso. *O mingau ficou **ralo**.* [Antôn.: *grosso.*]

Ralo vem da palavra latina *rarus* que também quer dizer "pouco cheio, ralo".

---

²ralo (ra-lo) *subst.masc.* **1** Tampa com grades ou orifícios, colocada na abertura de esgotos ou de outros encanamentos para impedir a entrada de materiais que possam entupi-los. *O **ralo** da pia saiu do lugar.* **2** Instrumento com buraquinhos cortantes, usado para ralar especialmente alimentos.

Ralo vem da palavra latina *rallum* que quer dizer "objeto para retirar a terra do arado".

---

ramal (ra-mal) *subst.masc.* **1** Divisão de estradas, de fios etc. *A ferrovia do Rio de Janeiro é dividida em cinco **ramais**.* **2** Cada um dos telefones de uma rede, em empresas, prédios etc. *O **ramal** do diretor está sempre ocupado.* [Pl.: *ramais.*]

ramalhete (ra-ma-lhe-te) \ê\ *subst.masc.* É o mesmo que buquê.

ramificar (ra-mi-fi-car) *verbo* Dividir algo em vários ramos. *Aquela planta se **ramificou** pelo muro. A estrada se **ramificava** em três.*

ramo (ra-mo) *subst.masc.* **1** Parte de uma planta que cresce do caule e de onde saem folhas, frutos e flores. [Sinôn.: *galho.*] **2** Porção de flores ou de folhagens. **3** Parte de uma ciência ou de uma profissão que se dedica a determinados assuntos ou a uma área. *A zoologia é um **ramo** da biologia. Meu pai trabalha no **ramo** de venda de carros há anos.*

rampa (ram-pa) *subst.fem.* Parte inclinada de um piso. *É melhor empurrar o carrinho pela **rampa**.* ☛ Ver ilustração na p. 484.

rancho (ran-cho) *subst.masc.* **1** Refeição em prisões, quartéis etc. *O **rancho** era servido em pratos de plástico.* **2** Habitação ou abrigo bem simples e rústico. ☛ Ver ilustração na p. 486. **3** Pequena fazenda de criação de gado. *Aprendi a andar a cavalo durante as férias no **rancho**.* **4** Bloco de carnaval muito comum no passado. *Flor do Resedá é o nome de um famoso **rancho** pernambucano.*

rapadura (ra-pa-du-ra) *subst.fem.* Bloco escuro, feito de açúcar que não foi refinado.

rapar (ra-par) *verbo* **1** Reduzir um alimento a migalhas ou ralar. *So a **rapa** o coco para fazer cuscuz.* **2** Tirar algumas partes de certa coisa raspando. Você pode **rapar** uma parede, um pedaço de madeira etc. **3** Cortar o pelo da barba bem próximo da pele. *José sempre pede para o barbeiro **rapar** o seu bigode.*

rapaz (ra-paz) *subst.masc.* **1** Adolescente, jovem. **2** Homem adulto de pouca idade. [Sinôn.: *moço.*] [Pl.: *rapazes.* Aument.: *rapagão.*]

rapidez (ra-pi-dez) \ê\ *subst.fem.* Se você faz as coisas muito rápido, você tem **rapidez**. *Beto pedala com muita **rapidez**.* [Sinôn.: *velocidade.* Antôn.: *lentidão.*] ☛ Plural pouco usado: *rapidezes.*

rápido (rá-pi-do) *adj.* **1** O que é **rápido** se move com grande velocidade. *Os nadadores olímpicos são muito **rápidos**.* [Sinôn.: *veloz*. Antôn.: *lento*.] **2** O que é **rápido** também dura pouco tempo. *O filme foi **rápido**.* ☛ Esta palavra pode ser usada como advérbio: *Anita escreve **rápido**.*

rapina (ra-pi-na) *subst.fem.* **1** Roubo que é feito com violência. **2** Uma ave de **rapina** é carnívora e tem garras fortes, usadas para capturar suas presas, geralmente aves menores.

raposa (ra-po-sa) \ô\ *subst.fem.* Mamífero de cauda longa e com muito pelo, focinho comprido e orelhas grandes e pontudas. A **raposa** é carnívora e se parece com o lobo.

raquete ◢ (ra-que-te) *subst.fem.* **1** Objeto composto por uma rede de cordas encaixada em uma moldura oval de madeira com um cabo, próprio para jogar tênis. **2** Objeto parecido, só que menor e de madeira, usado no jogo de pingue-pongue.

raro (ra-ro) *adj.* O que é **raro** acontece muito pouco ou é muito difícil de encontrar ou de existir. *Gilda tem uma doença **rara**. É **raro** um bebê não chorar.* [Sinôn.: *incomum*. Antôn.: *comum, frequente*.]

rascunho (ras-cu-nho) *subst.masc.* Forma provisória de textos, trabalhos etc. *A professora quis ler o **rascunho** da minha redação.*

rasgar (ras-gar) *verbo* **1** Partir um papel, um pano etc. em vários pedaços de diferentes tamanhos. *Ilma ficou com tanta raiva que **rasgou** a carta.* **2** Abrir uma fenda, fazer um corte. *Inês **rasgou** a perna no guidom da bicicleta.*

raso (ra-so) *adj.* **1** Sem muita profundidade. *Não se preocupe, o lago é **raso**.* [Antôn.: *fundo*.] **2** Sem partes mais altas ou mais fundas. *Débora gosta de comer no prato **raso**.* *subst.masc.* **3** Local onde a água não é profunda. *Já disse às crianças para ficar no **raso**.*

raspar (ras-par) *verbo* **1** Tocar, arranhar ou ferir de leve. *Liliane **raspou** o braço no muro.* **2** Retirar tinta, sujeira, gordura etc. de uma superfície esfregando com algum instrumento. *Não use a ponta da faca para **raspar** a panela.* **3** Retirar parte da superfície de algo usando instrumento próprio para isso. ***Raspe** a lateral da porta para que feche melhor.*

rastejar (ras-te-jar) *verbo* **Rastejar** é arrastar-se pelo chão. *As cobras são animais que **rastejam**.*

rasto ou **rastro** (ras-to; ras-tro) *subst.masc.* Sinal deixado por pessoa ou animal no caminho por onde passaram. *A gambá deixou **rastos** no quintal.*

ratazana (ra-ta-za-na) *subst.fem.* **1** Rato grande. **2** Roedor parecido com o rato, mas muito maior. A **ratazana** é encontrada em esgotos e pântanos.

rato (ra-to) *subst.masc.* Roedor de tamanho variado, que tem rabo comprido e fino e corpo coberto de pelo cinza ou amarronzado. O **rato** habita buracos nas casas e nas ruas, pode transmitir diversas doenças e é encontrado no mundo todo. [Aument.: *ratazana*.]

razão (ra-zão) *subst.fem.* **1** Capacidade de avaliar, compreender, pensar. *A **razão** é uma característica do ser humano.* **2** Habilidade de avaliar uma situação de forma correta. *Meu irmão estava tão apaixonado que perdeu a **razão**.* **3** Fato que explica por que algo aconteceu. *A **razão** da chuva foi o forte calor.* [Sinôn.: *motivo*.] |Pl.: *razões*.|

razoável (ra-zo-á-vel) *adj.masc.fem.* **1** Algo **razoável** não é nem bom nem mau, pode ser aceito sem problemas. *Esta sala tem um tamanho **razoável**.* **2** Uma pessoa **razoável** é ajuizada e age com prudência. *Peça isso ao Joel, que é um homem **razoável**.* |Pl.: *razoáveis*.|

[1]**ré** *subst.fem.* Ré é o feminino de réu.

Ré vem da palavra latina *rea*, que quer dizer "acusada".

---

[2]**ré** *subst.fem.* Quando um veículo se movimenta para trás, ele está na marcha a **ré**. *O motorista deu uma **ré** no carro para estacionar.*

Ré deve ser a primeira sílaba da palavra latina *retro*, que quer dizer "para trás, trás".

[3]**ré** *subst.masc.* MÚS Segunda nota da escala musical.

Para a origem do nome da nota **ré**, veja *dó* (primeira nota).

reação (re-a-ção) *subst.fem.* **1** Reação é o que você faz, diz ou sente por causa de uma coisa que aconteceu ou que você experimentou. *Renata passou na prova e sua **reação** foi pular de alegria.* **2** Se uma coisa em que você tocou ou um remédio que tomou lhe fez mal ou deixou você doente, isso é uma **reação** do seu organismo. **3** Uma **reação** química é um processo em que duas ou mais substâncias se juntam, formando uma nova. *O gás chamado ozônio é produzido pela **reação** entre o oxigênio e a luz ultravioleta.* [Pl.: *reações*.]

reagir (re-a-gir) *verbo* **1** Realizar uma ação em resposta a outra. *Érica **reagiu** com gritos à notícia de sua reprovação.* **2** Responder a um estímulo. *Algumas plantas **reagem** ao serem tocadas.*

[1]**real** (re-al) *adj.masc.fem.* O que é **real** está de acordo com os fatos, a realidade, é verdadeiro. *Há muitos boatos, quero saber a história **real**.* [Pl.: *reais*.]

Real veio do adj. latino *realis*, que quer dizer "corpo, coisa material".

[2]**real** (re-al) *adj.masc.fem.* **Real** é relacionado ao rei. *A família **real** portuguesa chegou ao Brasil em 1808.* [Pl.: *reais*.]

A origem deste adj. é o adj. latino *regalis*, que também quer dizer "relacionado ao rei".

[3]**real** (re-al) *subst.masc.* Moeda utilizada no Brasil desde 1994. [Pl.: *reais*.]

Os estudiosos acreditam que o nome da moeda veio do adj. **real** "relacionado ao rei".

realidade (re-a-li-da-de) *subst.fem.* **1** O que existe mesmo, não é imaginação ou mentira. *Seus sonhos viraram **realidade**.* **2** O conjunto de coisas e fatos reais. *Dormindo, fugimos da **realidade**.*

realizar (re-a-li-zar) *verbo* **1** Alcançar um objetivo ou cumprir uma meta. *Finalmente ela vai **realizar** o sonho de comprar sua casa.* **2** Fazer de verdade uma coisa que antes só existia no pensamento. *Um dia vou **realizar** todos os desejos dos meus pais.* ~ **realização** *subst.fem.*

realmente (re-al-men-te) *advérbio* Usamos **realmente** para mostrar que uma coisa é verdade mesmo. *Sebastiana é **realmente** linda.*

rebaixar (re-bai-xar) *verbo* **1** Tornar mais baixo. *O pedreiro vai **rebaixar** o teto do banheiro.* **2** Colocar em função ou cargo inferior. *Por causa do erro, o chefe **rebaixou** o funcionário.* **3** Tratar uma pessoa de modo que se sinta humilhada ou sem valor. *Iuri merecia a lição, mas não precisava **rebaixá**-lo tanto.*

rebanho (re-ba-nho) *subst.masc.* Grande quantidade de animais da mesma espécie, especialmente quadrúpedes, reunidos em um grupo.

rebater (re-ba-ter) *verbo* **1** Responder, negando, uma crítica ou algo de que se foi acusado. *O presidente **rebateu** todas as críticas.* **2** ESP Mandar a bola para outra direção. *No beisebol, as bolas são **rebatidas** com um bastão.*

rebelde (re-bel-de) *adj.masc.fem.* **1** Quem se revolta ou age com indisciplina é **rebelde**. *Nos navios antigos, os marinheiros **rebeldes** eram punidos.* [Antôn.: *obediente*.] **2** Uma coisa que custa a ceder também é chamada de **rebelde**. *Uma tosse **rebelde** é um problema.*

rebentar (re-ben-tar) *verbo* É o mesmo que arrebentar. ~ **rebentação** *subst.fem.*

reboque (re-bo-que) *subst.masc.* **1** Veículo usado para puxar outro. *O **reboque** levou os carros estacionados na calçada.* **2** Cabo ou corda usado para puxar uma embarcação. *Amarraram o **reboque** no leme do barco.* ~ **rebocar** *verbo*

recado (re-ca-do) *subst.masc.* Mensagem curta que a gente diz ou escreve para alguém. *Como Danilo não encontrou a irmã, deixou um **recado** para ela.*

receber (re-ce-ber) *verbo* **1** Passar a ser o dono de algo. *Paulo **recebeu** uma herança.* **2** Passar a ter habilidades, qualidades etc. *O operário **recebeu** instrução sobre como usar a máquina.* [Sinôn.: *adquirir*.] **3** Sofrer as consequências de uma ação. *O adversário **recebeu** um tapa por acidente.* **4** Quem **recebe** ordens age de acordo com elas. **5** Pegar algo que é enviado, oferecido, entregue etc. por alguém. *Olívia **recebeu** uma carta da prima.* **6** Ter contato com quem chega, para visitar ou para se hospedar. *Tiago **recebeu** os tios na porta.* **7** Ter capacidade para armazenar algo. *Este tanque **recebe** a água da chuva.* **8** Ser alcançado ou atingido por algo. *A Terra **recebe** a luz do Sol.* [Antôn. de 1 a 4: *dar*.] ~ **recebimento** *subst.masc.*

Caixa com símbolo de **reciclagem**.

receita (re-cei-ta) *subst.fem.* **1** Indicação do que deve ser usado e em que quantidade para se preparar algo. *Esta **receita** de bolo é da tia Flora.* **2** Recomendação por escrito de remédio ou tratamento de saúde feita por médico, dentista etc. *Este remédio só é vendido se apresentarmos a **receita**.* **3** Quantidade de dinheiro que se recebeu ou recolheu em um determinado período. *Toda a **receita** da festa será doada.*

recém-nascido (re-cém - nas-ci-do) *adj.* Um animal ou uma criança **recém-nascidos** nasceram há pouco tempo. [Pl.: *recém-nascidos*. Fem.: *recém-nascida*.] ☛ Esta palavra pode ser usada como subst.: *Os **recém-nascidos** estão no berçário.*

recente (re-cen-te) *adj.masc.fem.* O que é **recente** aconteceu há pouco tempo. *A eleição para prefeitos foi **recente**.* [Antôn.: *antigo*.]

recepção (re-cep-ção) *subst.fem.* **1** Local na entrada de prédios, escritórios, consultórios etc. para receber o público e dar informações. *Pergunte ao funcionário da **recepção** se o médico já chegou.* **2** Festa, às vezes com algum luxo, oferecida após a cerimônia de casamento, formatura etc. *A **recepção** será no salão da igreja.* [Pl.: *recepções*.]

recheio (re-chei-o) *subst.masc.* **1** Aquilo que é colocado dentro de algo é o seu **recheio**. *O corpo do boneco ainda está sem **recheio**.* **2** O alimento que está dentro das empadas, entre as camadas de um bolo, de um sanduíche etc. também é **recheio**. ~ **rechear** *verbo*

recibo (re-ci-bo) *subst.masc.* Documento escrito para comprovar que se recebeu dinheiro, mercadoria etc.

reciclagem (re-ci-cla-gem) *subst.fem.* Quando damos novos usos e funções para materiais já utilizados e que seriam jogados fora, estamos fazendo a **reciclagem** desses materiais. *A **reciclagem** do lixo ajuda a preservar o meio ambiente.* [Pl.: *reciclagens*.] ~ **reciclar** *verbo*

recife (re-ci-fe) *subst.masc.* Conjunto de rochas que fica logo abaixo ou um pouco acima da superfície do mar, geralmente perto da costa. ☛ Ver ilustração na p. 488.

recipiente (re-ci-pi-en-te) *subst.masc.* Objeto como tigelas, garrafas, potes etc. próprio para conter algo. *Preciso de um **recipiente** maior para guardar a farinha.*

recíproco (re-cí-pro-co) *adj.* É o mesmo que mútuo.

recitar (re-ci-tar) *verbo* É o mesmo que declamar.

reclamar (re-cla-mar) *verbo* **1** Se você acha ruim uma coisa e resolve dizer isso a alguém, você **reclama**. *Tem gente que vive **reclamando** da vida. A cliente **reclamou** com o garçom que a comida não estava boa.* **2** Pedir ou exigir algo. *Muitas pessoas **reclamam** por uma divisão de riquezas no Brasil.* ~ **reclamação** *subst.fem.*

reclinar (re-cli-nar) *verbo* Curvar ou deitar um pouco para trás o corpo, um assento, uma cadeira etc. *Dione **reclinou** o assento do ônibus.*

recolher (re-co-lher) *verbo* **1** Juntar o que está espalhado. ***Recolha** os brinquedos da sala.* **2** Levar para um abrigo, um local seguro etc. *A equipe **recolhe** das ruas os animais abandonados.* **3** Puxar ou voltar-se para perto de si mesmo. *O menino **recolheu** as pernas e liberou a passagem.* **4** Afastar-se do convívio das pessoas. *Às sete horas **recolheu**-se para o quarto e não saiu mais.*

recomeçar (re-co-me-çar) *verbo* **1** Começar novamente o que se estava fazendo, de onde havia parado, ou o que se considerava terminado. *Erraram na conta e precisaram **recomeçar**.* **2** Criar um novo começo. *Agora que está com boa saúde, vai **recomeçar** a sua vida.* ~ **recomeço** *subst.masc.*

recomendar (re-co-men-dar) *verbo* **1** Se você **recomenda** algo para uma pessoa, você mostra aquilo que você acha bom ou útil para ela. *Paulo **recomendou** um livro ótimo. O médico **recomendou** repouso para Valéria.* [Sinôn.: *aconselhar, indicar.*] **2** Pedir atenção especial para alguém ou para alguma coisa. *O diretor **recomendou** um aluno para a nova professora. Raquel **recomendou** não deixar a janela aberta.* ~ **recomendação** *subst.fem.*

recompensa (re-com-pen-sa) *subst.fem.* **1** Ato, presente, favor etc. que mostra agradecimento por uma boa ação. *A avó ganhou um beijo como **recompensa** pelo bolo.* **2** O que alguém ganha para compensar um sofrimento, prejuízo etc. *Carlos estudou muito e sua **recompensa** foi passar de ano.*

reconhecer (re-co-nhe-cer) *verbo* **1** Saber ou lembrar quem é uma pessoa ou o que é determinada coisa. *Paulo **reconheceu** seu primo assim que o viu. Lúcia não **reconheceu** a fórmula escrita no livro.* **2** Se você **reconhece** um favor, um ato etc., você mostra que dá valor ao que foi feito ou que agradece por isso. *Luís **reconheceu** o trabalho de Rute e deu-lhe um grande abraço.* **3** **Reconhecer** alguém como filho é assumir, de acordo com a lei, os deveres em relação a ele. ~ **reconhecimento** *subst.masc.*

recordação (re-cor-da-ção) *subst.fem.* **1** Aquilo de que você se lembra. *As **recordações** que Cláudio tinha da casa dos pais eram muito fortes.* [Sinôn.: *lembrança.*] **2** Objeto que lembra algo ou alguém. *O anel era uma **recordação** do namorado.* [Pl.: *recordações.*]

recordar (re-cor-dar) *verbo* É o mesmo que lembrar. *Cláudia não se **recordava** do nome do filme que vira ontem.*

recorde (re-cor-de) *adj.masc.fem.* **1** Um acontecimento ou um desempenho **recorde** é melhor do que os anteriores. ☛ O sing. e o pl. do adj. são iguais: *tempo **recorde**, audiências **recorde**.* *subst.masc.* **2** Desempenho que supera os anteriores no mesmo gênero e nas mesmas condições. *O nadador brasileiro superou o **recorde** olímpico.* ☛ Esta palavra pode ser pronunciada como proparoxítona: **récorde**. ~ **recordista** *subst.masc.fem.*

recortar (re-cor-tar) *verbo* Cortar seguindo uma linha que contorna uma forma, uma figura etc. ***Recortei** umas flores da revista e colei no meu caderno.*

recreio (re-crei-o) *subst.masc.* **1** Intervalo entre as aulas. Os alunos usam o **recreio** para lanchar, conversar e brincar. *Na escola de Inês, o **recreio** é de 20 minutos.* **2** **Recreio** também é o que serve para divertir. *O **recreio** de Vítor é andar de bicicleta.* [Sinôn.: *diversão.*]

recuar (re-cu-ar) *verbo* **1** Andar para trás. *A regra do jogo mandava **recuar** duas casas.* [Antôn.: *avançar.*] **2** Não seguir em frente. *Um dos candidatos **recuou** e não vai mais concorrer.*

recuperação (re-cu-pe-ra-ção) *subst.fem.* Quando estamos recuperando a saúde, aulas, notas etc., estamos em **recuperação**. *Não posso sair enquanto estiver em **recuperação**.* [Pl.: *recuperações.*]

recuperar (re-cu-pe-rar) *verbo* **1** Voltar a ter o que havia perdido. *A secretária foi até a rodoviária **recuperar** os documentos.* **2** Colocar em bom estado. *O marceneiro conseguiu **recuperar** a parte estragada da estante.* [Sinôn.: *restaurar.*] **3** Voltar a ter saúde, ânimo, coragem etc. *Num instante, ele se **recuperou** da crise de alergia.* [Sinôn.: *restabelecer.*]

recurso (re-cur-so) *subst.masc.* **1** O que usamos para vencer uma dificuldade, realizar uma tarefa, conseguir algo etc. *A babá usou diferentes **recursos** para fazer o bebê dormir.* **2** Quem perde um processo na justiça, normalmente, pode, com um **recurso**, pedir que isso seja mudado. **recursos** *subst.masc.pl.* **3** Bens, dinheiro, riquezas. *O orfanato não tinha **recursos** para continuar aberto.* **4** Tudo o que podemos usar, aproveitar etc., como, por exemplo, os **recursos** naturais.

recusar (re-cu-sar) *verbo* Dizer não para alguma coisa que é oferecida a você ou que querem que você faça. *Adriana **recusou** o pedaço de bolo. Bianca se **recusou** a mentir para a amiga.* [Sinôn.: *negar, rejeitar.* Antôn.: *aceitar.*] ~ **recusa** *subst.fem.*

redação (re-da-ção) *subst.fem.* **1** Quando você escreve um texto, faz uma **redação**. *A **redação** de* *poemas é bem difícil.* **2** Texto feito como exercício escolar. *Carlito tirou dez na* ***redação****.* **3** Jeito de escrever. *Mariana tem uma boa* ***redação****.* **4** Em jornal ou revista, conjunto das pessoas que trabalham escrevendo. *A* ***redação*** *do jornal teve um aumento de salário.* [Pl.: *redações.*]

rede (re-de) \ê\ *subst.fem.* **1** Conjunto de fios trançados que forma um tecido com buracos mais ou menos abertos, usado para pescar, em alguns esportes etc. *Essa* ***rede*** *é própria para pescar camarões. A bola balançou a* ***rede****, foi um lindo gol.* **2** Tecido resistente que é pendurado pelas extremidades em ganchos, geralmente usado como leito ou para decorar um ambiente. *Adoro me balançar na* ***rede****.* **3** Conjunto que integra meios de comunicação, transportes, escolas, lojas etc. *Manteremos a promoção de leite em todas as lojas da* ***rede****. A* ***rede*** *de escolas municipais receberá novos computadores.* [Sinôn.: *cadeia.*] **4** INF Conjunto de computadores que estão ligados entre si, para troca de informações, de arquivos, dados etc. **rede mundial de computadores** INF É o mesmo que internet.

rédea (ré-dea) *subst.fem.* Tira fina de couro que fica presa ao pescoço e cabeça dos cavalos para que as pessoas possam controlá-los.

redigir (re-di-gir) *verbo* Organizar ideias, pensamentos, informações etc. por escrito. *Passou o fim de semana* ***redigindo*** *seu discurso. Como* ***redige*** *bem esse jornalista!* [Sinôn.: *escrever.*]

redondo (re-don-do) *adj.* O que é **redondo** tem forma de círculo ou de esfera. *Carol tem óculos com lentes* ***redondas****.*

redor (re-dor) *subst.masc.* Espaço que está em volta de alguma coisa. *Havia muitas pessoas em* ***redor*** *da menina ferida.* **ao redor** Alguma coisa está **ao redor** de algo quando aparece em torno ou em volta disso. *As árvores* ***ao redor*** *da praça eram muito altas.* [Pl.: *redores.*]

reduzir (re-du-zir) *verbo* Deixar menor, menos intenso ou com certos limites. *Murilo* ***reduziu*** *seu trabalho, quando o dividiu com o irmão. Mara* ***reduziu*** *o desenho para caber no espaço da folha. A professora* ***reduziu*** *o texto a dez linhas para dar tempo de escrevermos.* [Sinôn.: *diminuir.* Antôn.: *aumentar.*] ~ **redução** *subst.fem.*

reembolso (re-em-bol-so) \ô\ *subst.masc.* Devolução de uma quantia em dinheiro, geralmente para compensar um gasto. *O cliente pediu* ***reembolso*** *da consulta ao plano de saúde.*

refeição (re-fei-ção) *subst.fem.* Cada uma das porções de alimentos ingeridas em certos horários do dia. *O ideal é fazer pelo menos três* ***refeições*** *ao dia: café da manhã, almoço e jantar.* [Pl.: *refeições.*]

refeitório (re-fei-tó-rio) *subst.masc.* Local em escolas, fábricas, hospitais etc. onde várias pessoas comem juntas.

refinado (re-fi-na-do) *adj.* **1** Transformado em algo fino ou próprio para ser consumido. *Açúcar* ***refinado*** *é aquele bem branquinho.* **2** O que é **refinado** tem delicadeza, é elegante. *Rosa tem um gosto* ***refinado*** *para decoração. João é muito gentil, teve uma educação* ***refinada****.* [Antôn.: *grosseiro.*]

refletir (re-fle-tir) *verbo* **1** Reproduzir uma imagem, especialmente em um espelho. **2** Quando raios de luz batem em uma superfície e são desviados para outra direção, dizemos que esses raios foram **refletidos**. **3** **Refletir** também é pensar muito sobre um assunto. [Sinôn.: *pensar, raciocinar.*]

Espelho **refletindo** uma imagem.

reflexo (re-fle-xo) \cs\ *subst.masc.* **1** Luz ou imagem refletida. *O* ***reflexo*** *do sol no vidro atrapalhava a visão. Daniela riu de seu* ***reflexo*** *na água.* **2** Reação natural, não controlada, do organismo a algo que você sente, vê ou experimenta. *O médico testa os nossos* ***reflexos*** *batendo no nosso joelho com um martelinho de borracha.* **3** Um movimento rápido do corpo feito em resposta a um acontecimento também é um **reflexo**. *Os goleiros devem ter bom* ***reflexo****.*

reflorestar (re-flo-res-tar) *verbo* Plantar nova vegetação, novas árvores em áreas em que já houve floresta. ~ **reflorestamento** *subst.masc.*

reforço (re-for-ço) \ô\ *subst.masc.* **1** Um **reforço** deixa algo mais forte ou sólido. *O pedreiro fez um* ***reforço*** *na parede colocando mais cimento.*

2 Pessoa ou grupo de pessoas que torna uma equipe mais forte. *O time recebeu o **reforço** dos jogadores mais experientes.* **3** Contribuição extra para a realização de uma tarefa, uma atividade etc. *Fabiano precisou de aulas de **reforço** para tirar boas notas.* ~ **reforçar** *verbo*

reforma (re-for-ma) *subst.fem.* Se fazemos um conserto em algo ou melhoramos alguma coisa, estamos realizando uma **reforma**. *Franca fez uma **reforma** na sua cozinha. Com a **reforma** da praça, há mais espaço para as crianças.* ~ **reformar** *verbo*

refrão (re-frão) *subst.masc.* Parte de uma música ou poesia que se repete ao final de cada estrofe. *O **refrão** dessa música é fácil de decorar.* [Pl.: *refrões*.]

refrescar (re-fres-car) *verbo* Deixar mais fresco, menos quente. *Tome um banho para **refrescar** sua cabeça. Nem a chuva conseguiu **refrescar** a tarde de ontem.* ~ **refrescante** *adj.masc.fem.*

refresco (re-fres-co) \ê\ *subst.masc.* Bebida preparada com o suco da fruta misturado com água. Os **refrescos** podem ser naturais ou artificiais. *O **refresco** de caju está sem açúcar.*

refrigerador (re-fri-ge-ra-dor) \ô\ *subst.masc.* É o mesmo que geladeira. [Pl.: *refrigeradores*.]

refrigerante (re-fri-ge-ran-te) *subst.masc.* Bebida gasosa, doce e sem álcool.

regar (re-gar) *verbo* **1** Molhar plantas, jardins etc. lançando a água por um pequeno chuveiro. **2** Molhar um pouco. ***Regue** a salada com azeite.*

reger (re-ger) *verbo* **1** Comandar uma orquestra, uma banda etc. *O maestro **regia** com muito entusiasmo.* **2** Comandar, administrar. *Esta é a equipe responsável por **reger** os negócios da empresa.*

região (re-gi-ão) *subst.fem.* **1** GEOG Território que se diferencia dos demais pelas características do relevo, do clima, da administração, da economia etc. *O Brasil está dividido em cinco **regiões**: Norte, Sul, Centro-Oeste, Sudeste e Nordeste.* **2** Espaço que reúne certas características semelhantes que o tornam diferente dos outros. *O médico vai examinar toda a **região** do abdome. Nesta **região** é comum aparecer bando de garças.* **3** Grande extensão de terra. *Ele é dono de toda esta **região**.* [Pl.: *regiões*.]

regime (re-gi-me) *subst.masc.* **1** É o mesmo que dieta. **2** Forma como um país é governado. *O **regime** de governo do Brasil é a república.* **3** Conjunto de regras de uma instituição. *O juiz determinou a prisão do criminoso em **regime** fechado.*

regional (re-gi-o-nal) *adj.masc.fem.* O que é **regional** pertence ou está relacionado a uma região. [Pl.: *regionais*.]

registrar (re-gis-trar) *verbo* **1** Anotar, marcar alguma coisa para ser lembrada depois, geralmente em um lugar próprio, como um livro. *A secretária **registrou** todos os nomes dos presentes na reunião. O técnico **registrará** o consumo de luz.* **2** Se você **registra** um fato, você mostra como ele é por meio de documentos, como anotações, fotos etc. *Os jornais **registraram** toda a viagem do presidente.*

registro (re-gis-tro) *subst.masc.* **1** Quando você registra algo, faz um **registro**. *As fotos foram um belo **registro** do casamento.* **2** Documento, geralmente feito em cartório. *A certidão de nascimento é o **registro** do nascimento de uma pessoa.* **3** Livro onde são feitas anotações. **4** Torneira que controla a passagem de água ou de gás pelos canos de uma casa, rua etc. Um **registro** também pode marcar o quanto se gasta de água, gás, luz etc. *Tinha muita água vazando, por isso o **registro** foi fechado.*

regra (re-gra) *subst.fem.* **1** Algo estabelecido como modelo ou padrão que deve ser seguido. *Gabriel conhece todas as **regras** do basquete.* **2** Alguma coisa determinada por costume também é uma **regra**. *Mamãe nos ensinou **regras** de boa educação.*

regressar (re-gres-sar) *verbo* Voltar para o lugar de onde partiu. *Elisa **regressou** à sua cidade para visitar os pais.* ~ **regresso** *subst.masc.*

régua ▼ (ré-gua) *subst.fem.* Objeto longo e reto, usado para medir o comprimento das coisas e para fazer linhas retas.

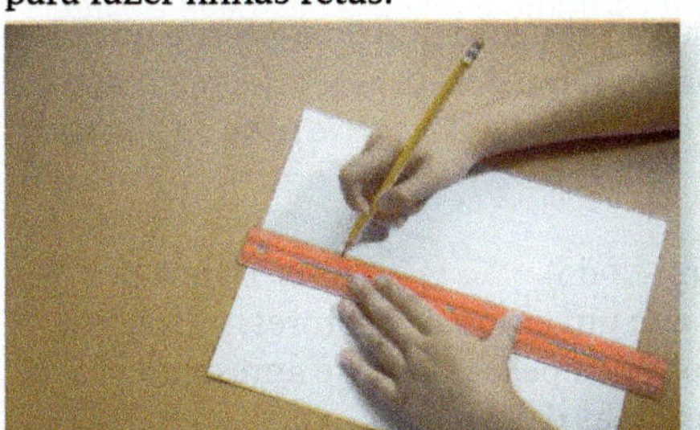

regulamento (re-gu-la-men-to) *subst.masc.* Conjunto de regras. *O **regulamento** do prédio não permite cães no elevador.*

[1]**regular** (re-gu-lar) *adj.masc.fem.* **1** De acordo com as regras. *O jogador estava em posição **regular** para chutar a gol.* [Antôn.: *irregular*.] **2** O que é **regular** fica no meio de duas medidas, por exemplo: não é bom nem mau, não é grande nem pequeno. *O aluno teve um resultado **regular** na prova.* **3** Frequente. *Os médicos recomendam atividades físicas **regulares**.*

Regular veio do adjetivo latino *regularis*, que quer dizer "relacionado a regra".

[2]**regular** (re-gu-lar) *verbo* **1** Estabelecer regras. *A biblioteca **regulou** o empréstimo de livros.* **2** Controlar. *Todos ajudam a **regular** as despesas lá em casa.* **3** Acertar o funcionamento de uma máquina ou a medida de algo. *O mecânico **regulou** o motor do carro. É preciso **regular** a alça da mochila.*

Esta palavra vem do verbo latino *regulare*, que quer dizer "dirigir, ordenar".

rei *subst.masc.* **1** A maior autoridade de um reino. O poder do **rei** passa de pai para filho. **2** Uma pessoa que se destaca em uma atividade ou em um grupo também é chamada de **rei**. *Todos dizem que Pelé é o **rei** do futebol.* **3** Carta de baralho com o desenho de um homem de cabelos brancos. Dependendo do jogo, o **rei** pode valer 13 pontos ou só meio. ☛ Ver ilustração de *baralho*. [Fem. para 1 e 2: *rainha*.]

reino (rei-no) *subst.masc.* **1** Território governado por um rei ou por uma rainha. **2** BIO Cada uma das cinco grandes categorias em que foram classificados os seres da natureza. *O **reino** animal tem mais de um milhão de espécies conhecidas.* **3** O lugar, assunto, situação que uma pessoa ou coisa domina é o **reino** dela. *A estufa de orquídeas é o **reino** do meu tio, só ele manda. No **reino** da fantasia vale tudo.*

reisado (rei-sa-do) *subst.masc.* FOLCL Dança popular em que um grupo de cantores, músicos e dançarinos anda pela cidade, se apresentando diante das casas das pessoas.

→ O **reisado** acontece entre o Natal e o dia 6 de janeiro e, originalmente, anunciava a chegada de Jesus Cristo.

rejeitar (re-jei-tar) *verbo* Não dar importância ou valor, ou não aceitar alguém ou alguma coisa. *Tem gente que **rejeita** a música sertaneja. Minha avó **rejeitava** a comida sem sal.* [Sinôn.: *recusar*. Antôn.: *aceitar*.]

relação (re-la-ção) *subst.fem.* **1** Se existe uma **relação** entre duas coisas, uma coisa tem a ver com a outra. *Essa história tem alguma **relação** com a outra que você contou?* **2** Uma **relação** também é uma lista. *Juca fez a **relação** das tintas que precisava comprar.* **3** Ligação, convívio entre as pessoas. *Bruna tem uma boa **relação** com os colegas de trabalho.* [Pl.: *relações*.]

relacionar (re-la-cio-nar) *verbo* **1** Fazer uma lista de algo. *Cláudio **relacionou** todos os itens para a compra.* **2** Estabelecer uma ligação entre duas ou mais coisas ou entre pessoas. *A médica **relacionou** a tosse à poluição. Você precisa se **relacionar** com pessoas da sua idade.* ~ **relacionamento** *subst.masc.*

relâmpago (re-lâm-pa-go) *subst.masc.* **1** Forte claridade que surge no céu, causada por descarga elétrica produzida entre as nuvens. *Sempre me assusto com **relâmpagos** e trovões.* **2** *informal* Se alguém é muito rápido, dizemos que é um **relâmpago**. *Cristiano passou de bicicleta como um **relâmpago**.* *adj.masc.fem.* **3** Uma promoção **relâmpago** é uma oportunidade que não vai durar muito tempo. *Minha mãe diz que eu tomo um banho **relâmpago**.*

relampejar (re-lam-pe-jar) *verbo* Se há relâmpagos no céu, dizemos que está **relampejando**. *Esta noite **relampejou** muito mas não choveu.*

relatar (re-la-tar) *verbo* É o mesmo que narrar. ~ **relato** *subst.masc.*

relativo (re-la-ti-vo) *adj.* **1** Uma notícia **relativa** a cinema tem a ver com cinema. **2** Se você diz que algo é **relativo**, quer dizer que não é a verdade absoluta, que pode variar ou ter outra interpretação para outra pessoa. *A beleza é **relativa**, pois o que uma pessoa acha bonito outra pode achar feio.*

relatório (re-la-tó-rio) *subst.masc.* Exposição em detalhes, geralmente escrita, de fato, estudo, atividades etc. *Cássia fez um **relatório** do passeio ao museu.*

relaxar (re-la-xar) *verbo* **1** Soltar ou diminuir a pressão ou força que se está fazendo sobre algo. *Depois da corrida, o atleta deve **relaxar** os músculos da perna.* **2** Procurar manter o corpo e a mente tranquilos com atividades de lazer ou repouso. *Depois da aula, gosto de **relaxar** lendo gibi.* **3** Ser menos rigoroso com a disciplina, a ordem etc. *Os professores sabem a hora de **relaxar** com os alunos.* ~ **relaxamento** *subst.masc.*

reler (re-ler) *verbo* **1** Ler novamente ou várias vezes. *Não canso de **reler** meus gibis.* **2** Ler novamente para verificar melhor o que foi escrito ou fazer a correção. *Antes de entregar a prova, **releia** com atenção.*

relevo (re-le-vo) \ê\ *subst.masc.* **1** GEOG Conjunto de formas que a superfície terrestre apresenta. *Planaltos, planícies e vales são formas diferentes de **relevo**.* **2** Parte que é um pouco mais alta, numa superfície plana. *A capa do livro tem figuras em **relevo**.*

religião (re-li-gi-ão) *subst.fem.* **1** Crença em um ou mais deuses. **2** Conjunto de princípios e práticas que envolve essa crença. [Pl.: *religiões*.]

religioso (re-li-gi-o-so) \ô\ *adj.* **1** **Religioso** está relacionado com religião. Uma pessoa **religiosa** tem uma religião. Um hábito **religioso** é um hábito de uma religião. *subst.masc.* **2** Pessoa que segue uma religião.

relinchar (re-lin-char) *verbo* O cavalo **relincha** quando emite um som alto, que sai através da boca e do nariz. Os burros também **relincham**. ~ **relincho** *subst.masc.*

relógio (re-ló-gio) *subst.masc.* **1** Instrumento que marca o tempo, que nos indica as horas, os minutos e os segundos. *Meu **relógio** não tem ponteiro de segundos.* **2** Qualquer aparelho que mede e registra o consumo de luz, gás, água também é chamado de **relógio**.

relva (rel-va) *subst.fem.* Camada de plantas que se espalham cobrindo o solo. [Sinôn.: *grama*.]

remar ► (re-mar) *verbo* Movimentar barcos com o uso de remo.

remédio (re-mé-dio) *subst.masc.* **1** Substância usada para combater uma dor ou uma doença. *Todo **remédio** deve ser tomado de acordo com as orientações médicas.* [Sinôn.: *medicamento*.] **2** Também chamamos de **remédio** algo que serve para consertar um objeto ou melhorar uma situação. *A televisão já foi consertada três vezes, agora não tem mais **remédio**. Quando estou triste, ouvir música é o melhor **remédio**.*

remendo (re-men-do) *subst.masc.* Pedaço de pano costurado numa roupa para esconder um buraco ou outro defeito. ~ **remendar** *verbo*

remetente (re-me-ten-te) *subst.masc.fem.* Pessoa que envia carta ou encomenda para alguém.

remeter (re-me-ter) *verbo* **1** Enviar uma encomenda, uma carta etc. para algum lugar ou para alguém. *A empresa afirmou que **remeteu** os documentos pelo correio.* **2** Fazer uma correspondência entre dois assuntos, temas etc. *O assunto **remetia** às aulas de arte que tivemos.*

remo (re-mo) *subst.masc.* **1** Haste longa, feita de madeira, achatada numa das pontas, usada para movimentar barcos sem motor. **2** ESP Esporte em que se usam esses barcos. *Renato fez a primeira aula de **remo**.*

remorso (re-mor-so) *subst.masc.* Sentimento de culpa e arrependimento por algo errado que você fez. *Ana bateu em seu cachorro e ficou com **remorso**.*

remoto (re-mo-to) *adj.* Distante no espaço ou no tempo. O controle **remoto**, por exemplo, fica separado do aparelho que vai ligar. Um acontecimento **remoto** é algo que aconteceu há muito tempo.

A B C D E F G H I J K L M N O P Q R S T U V W X Y Z

renda

remover (re-mo-ver) *verbo* **1** Transferir de um lugar para o outro. *O hospital **removeu** o paciente de ambulância.* **2** Afastar obstáculos. *Os bombeiros já **removeram** as paredes que ameaçavam desabar.* ~ **remoção** *subst.fem.* **removível** *adj.masc.fem.*

renascer (re-nas-cer) *verbo* **1** Nascer de novo. *Existe uma lenda sobre um pássaro que **renasce** das cinzas.* **2** Surgir novamente. *A moda de colecionar papel de cartas **renasceu**.* ~ **renascimento** *subst.masc.*

[1]renda (ren-da) *subst.fem.* Toda quantia que uma pessoa ou empresa recebe, por prestar um serviço, por aplicar no banco, por fazer um negócio etc. O salário de uma pessoa é a sua **renda**. Quem tem uma casa e aluga para outra pessoa tem o dinheiro do aluguel como **renda**.

Renda vem da palavra latina *rendita*, que também quer dizer "quantia recebida".

---

[2]renda ▲ (ren-da) *subst.fem.* Tecido transparente e delicado que, no cruzamento de seus fios, forma desenhos variados. A **renda** é usada como enfeite de vestidos, colchas, toalhas etc.

Renda vem da palavra espanhola *randa*, que também quer dizer "tipo de tecido que forma desenhos".

---

render (ren-der) *verbo* **1** Quem se **rende** deixa o inimigo vencer. *Os bandidos se **renderam** depois da chegada da polícia.* **2** Dar lucro, especialmente em dinheiro. *Na poupança, sua mesada vai **render**. O curso **rendeu** a Paula grandes amizades.*

renovar (re-no-var) *verbo* **1** O que se **renova** fica outra vez novo, ganha outra aparência, fica melhor. *As esperanças se **renovaram** com o novo presidente.* **2** Manter ou recuperar a validade do que já valia antes. *Roque **renovou** o contrato de aluguel.* ~ **renovação** *subst.fem.*

renunciar (re-nun-ci-ar) *verbo* **1** Desistir, abrir mão de alguma coisa. *O deputado **renunciou** o cargo hoje.* **2** Deixar de acreditar. *A personagem **renunciou** à religião.* ~ **renúncia** *subst.fem.*

reparar (re-pa-rar) *verbo* **1** Colar algo que estava partido, costurar algo que estava rasgado ou pôr para funcionar algo que estava quebrado. [Sinôn.: *consertar*.] **2** Também se pode **reparar** um erro, uma injustiça etc., diminuindo o mal que causaram. **3** Prestar atenção. *Marcela sempre **repara** nos sapatos dos outros.* ~ **reparação** *subst.fem.* **reparo** *subst.masc.*

repartição (re-par-ti-ção) *subst.fem.* **1** Divisão de um todo. *Os vencedores já fizeram a **repartição** do prêmio.* **2** Parte de uma organização ou estabelecimento que atende à comunidade. *Nélson trabalha numa **repartição** pública.* [Pl.: *repartições*.]

repartir (re-par-tir) *verbo* **1** Dividir em partes. *Gosto de **repartir** o cabelo do lado esquerdo.* **2** Dividir algo e distribuir, igualmente ou não, entre duas ou mais pessoas. *Os irmãos **repartiram** o bolo.*

repelente (re-pe-len-te) *subst.masc.* Substância ou produto para espantar insetos.

repente (re-pen-te) *subst.masc.* **1** O que se fala ou diz sem pensar. *Num **repente** de raiva, Laura chutou o companheiro.* **2** Verso ou música feita de improviso. *O Brasil tem ótimos artistas que compõem **repente**.* **de repente** O que acontece **de repente** não era esperado.

repentino (re-pen-ti-no) *adj.* Algo **repentino** acontece de repente, sem ninguém esperar. *Uma chuva **repentina** fez todos correrem.* [Sinôn.: *súbito*.]

repertório (re-per-tó-rio) *subst.masc.* **1** Conjunto de músicas, peças teatrais etc. mostrado por um cantor, grupo, artista etc. *É um bom grupo, mas não gostamos do seu **repertório**.* **2** Um conjunto de coisas com as mesmas características também é chamado de **repertório**. *Damião tem um ótimo **repertório** de piadas.*

repetir (re-pe-tir) *verbo* Dizer ou fazer alguma coisa de novo. ~ **repetição** *subst.fem.*

repolho (re-po-lho) \ô\ *subst.masc.* Hortaliça de folhas verdes ou roxas que ficam umas sobre as outras formando uma bola. O **repolho** pode ser consumido cru ou cozido.

repor (re-por) *verbo* **1** Colocar no lugar novamente algo que tinha sido retirado ou utilizado. *O rapaz **repunha** os produtos na prateleira conforme a necessidade.* **2** Recuperar o que foi perdido. *Ivete está se tratando para **repor** as energias.*

reportagem (re-por-ta-gem) *subst.fem.* Descrição que repórter ou jornalista faz de um fato ou assunto, depois que pesquisa bastante sobre eles. A **reportagem** é mostrada em jornal, revista, televisão ou rádio. [Pl.: *reportagens.*]

repórter (re-pór-ter) *subst.masc.fem.* Jornalista que faz reportagens, que recolhe as notícias para transmiti-las nos meios de comunicação. [Pl.: *repórteres.*]

repousar (re-pou-sar) *verbo* Ficar sem atividade, sem fazer esforço físico ou mental durante um certo tempo. *Antônio precisa se alimentar bem e **repousar** bastante.* [Sinôn.: *descansar.*]

repouso (re-pou-so) *subst.masc.* **1** Quando estamos muito cansados ou doentes, o nosso corpo precisa de **repouso** para se recuperar. *Três dias de **repouso** será o melhor remédio para ele.* [Sinôn.: *descanso.*] **2** Deixar algo em **repouso** é deixá-lo parado, sem mexer nele por algum tempo.

repreender (re-pre-en-der) *verbo* Criticar de forma severa, apontando o erro de uma pessoa. *A mãe **repreendeu** o filho porque ele foi muito egoísta.* ~ **repreensão** *subst.fem.* **repreensivo** *adj.*

represa (re-pre-sa) \ê\ *subst.fem.* É o mesmo que barragem.

representação (re-pre-sen-ta-ção) *subst.fem.* **1** Conjunto de pessoas que representa um país, um grupo ou um time em uma competição, cerimônia etc. *A **representação** do Brasil na posse do presidente francês era de 15 pessoas.* **2** Os atores que se apresentam em peças, filmes etc. estão fazendo **representações**. *A **representação** de Camila foi perfeita.* **3** Um espetáculo de teatro também é chamado de **representação**. **4** Tudo o que representa uma coisa que seja real é uma **representação**. *A fotografia de uma paisagem é uma **representação** dessa paisagem.* [Pl.: *representações.*]

representar (re-pre-sen-tar) *verbo* **1** Ser o símbolo ou a reprodução de alguma coisa. *O verde da bandeira do Brasil **representa** as matas.* **2** **Representar** também é tornar algo presente na imaginação ou na memória de alguém. *A vitória **representou** a força do novo time.* **3** Ir a uma reunião, cerimônia etc. no lugar de outra pessoa. *Laura não pôde ir ao casamento, mas Débora a **representou**.* **4** Nos filmes, peças, novelas, os atores **representam** outras pessoas. ~ **representante** *adj.masc.fem. subst.masc.fem.*

reprise (re-pri-se) *subst.fem.* Quando alguma novela ou filme está sendo apresentado de novo, dizemos que é uma **reprise**. *Vamos ver a **reprise** do filme* E.T.? ~ **reprisar** *verbo*

reprodução (re-pro-du-ção) *subst.fem.* **1** Capacidade de os organismos produzirem descendentes. A **reprodução** geralmente ocorre com o contato entre macho e fêmea. **2** Cópia, imitação de quadro, fotografia, gravura etc. *A **reprodução** da foto ficou muito boa.* [Pl.: *reproduções.*]

reproduzir (re-pro-du-zir) *verbo* **1** Produzir novos organismos semelhantes. *Os touros foram comprados para **reproduzir**. Esta planta se **reproduz** a partir das sementes.* **2** Fazer cópias a partir de um original. *Com este molde podemos **reproduzir** o desenho.* **3** Contar em detalhes, descrever uma situação vivida. *Ele **reproduziu** de forma exata as palavras do padre.* ~ **reprodutor** *adj. subst.masc.*

reprovar (re-pro-var) *verbo* **1** Ser contrário a uma ideia, sugestão, opinião etc. *Matilde **reprovou** nosso comportamento.* **2** Considerar que não é capaz de ir para etapa seguinte em curso ou escola ou de ocupar cargo, função etc. *O patrão **reprovou** dois motoristas.* [Antôn.: *aprovar.*] ~ **reprovação** *subst.fem.* **reprovável** *adj.masc.fem.*

réptil (**rép**-til) *subst.masc.* BIO Animal vertebrado que tem o corpo coberto de escamas ou pequenas placas e se arrasta para poder se locomover. Os **répteis** põem ovos e, quando têm pernas, elas são bem curtas. Camaleões, jacarés e jabutis são **répteis**. [Pl.: *répteis*.]

república (re-**pú**-bli-ca) *subst.fem.* **1** Forma de governo em que o povo elege as pessoas que irão governar. **2** O país com esse tipo de governo também é chamado de **república**. **3** Aqui no Brasil, uma casa onde mora um grupo de estudantes se chama **república**. *Em Ouro Preto, os turistas podem se hospedar em **repúblicas**.* ~ **republicano** *adj.*

> A palavra **república** veio do latim *res publica*, que quer dizer "coisa pública".

requeijão (re-quei-**jão**) *subst.masc.* Queijo fresco e em pasta. [Pl.: *requeijões*.]

rês *subst.fem.* Qualquer dos animais quadrúpedes, como boi, carneiro ou cabrito, que são usados na alimentação humana. [Pl.: *reses*.]

reserva (re-**ser**-va) *subst.fem.* **1** Quando você mantém alguma coisa guardada para ser utilizada no futuro, você tem uma **reserva**. *Comprei mais um pacote de biscoito para ficar de **reserva**.* **2** Se você faz uma **reserva** num restaurante ou num hotel, você está garantindo o seu lugar antes de chegar ao local. *Já fizemos as **reservas** para o jogo de domingo.* **3** Território indígena protegido por lei pelo governo. *Os fazendeiros disputam com os índios as terras da **reserva**.* *subst.masc.fem.* **4** Atleta que fica à disposição do time para substituir algum titular. *Os **reservas** do meu time são todos craques.* **reserva biológica** Área onde a natureza e a vida animal são protegidas por lei para garantir a sua preservação.

reservar (re-ser-**var**) *verbo* **1** Deixar separado, guardado, preservado etc., para usar depois. ***Reservei** este pedaço de torta para Joaquim.* **2** Garantir, antes, que algo estará à disposição depois, numa determinada hora ou ocasião. *A empresa **reservou** metade das vagas para mulheres. O casal **reservou** um quarto de hotel para as férias.*

reservatório (re-ser-va-**tó**-rio) *subst.masc.* Depósito usado para armazenar, especialmente, líquidos. *Se não chover, a água do **reservatório** vai secar. O carro tinha dois **reservatórios**, um de gasolina, outro de gás.*

resfriado (res-fri-**a**-do) *subst.masc.* MED Doença que faz as pessoas ficarem com o nariz entupido e com tosse. ~ **resfriar** *verbo*

resgate (res-**ga**-te) *subst.masc.* **1** Salvamento de pessoas ou animais que estejam em perigo. *Os náufragos esperaram pelo **resgate** durante dias.* **2** Quantia paga para libertar alguém que foi sequestrado. *A polícia levou o pacote com o **resgate** para o local combinado.* ~ **resgatar** *verbo*

residência (re-si-**dên**-cia) *subst.fem.* Local onde se vive, habita. *Qual o endereço da sua **residência**?* ~ **residencial** *adj.masc.fem.*

resíduo (re-**sí**-duo) *subst.masc.* Tudo aquilo que sobra de um material depois que a parte principal dele foi utilizada. *A roupa estava com **resíduos** de sabão em pó. As indústrias devem tratar os **resíduos** antes de despejá-los nos rios.* [Sinôn.: *resto*.]

resistente (re-sis-**ten**-te) *adj.masc.fem.* **1** Ser **resistente** a uma coisa é opor-se a ela, não a aceitar. *Há crianças **resistentes** à ideia de dormir cedo.* **2** Uma coisa **resistente** é durável, não estraga com facilidade. *Compramos umas botas **resistentes**.* [Antôn.: *frágil*.]

resistir (re-sis-tir) *verbo* **1** Quando uma barragem **resiste** a uma enchente, ela opõe à enchente uma força suficiente para não ceder à força da água. **2** **Resistir** também é não ceder a uma doença, a um ataque, a uma vontade, a uma ordem etc. *Luciana **resiste** à ideia de fazer dieta para emagrecer.*

resmungar (res-mun-gar) *verbo* Falar em voz baixa de uma forma que não se entende muito bem, geralmente com mau humor. *Está na hora de acordar, não adianta **resmungar**.*

resolver (re-sol-ver) *verbo* **1** Tomar uma decisão sobre alguma coisa. *Gorete **resolveu** que não iria mais à praia.* **2** Encontrar a solução para um problema, uma conta etc. *Ninguém conseguiu **resolver** o mistério da caneta desaparecida.* [Sinôn.: *solucionar*.] **3** Trazer vantagem ou lucro. *Chorar não **resolve**.*

respeitar (res-pei-tar) *verbo* **1** Tratar alguém ou algo com respeito. ***Respeitemos** os mortos.* **2** Quando você **respeita** uma pessoa, você tem boa opinião sobre o caráter, as ações e as ideias dela. **3** Quando você **respeita** as vontades, direitos ou hábitos de outra pessoa, você não faz coisas de que ela não gostaria ou que acharia erradas. **4** **Respeitar** uma coisa é atender às suas exigências, cumprir normas. *Jane **respeita** as horas de descanso do pai, evitando falar alto. Os motoristas devem **respeitar** as regras de trânsito.* ~ **respeitável** *adj.masc.fem.*

respeito (res-pei-to) *subst.masc.* Modo de agir em relação a uma pessoa ou coisa que mostra consideração por ela. *Robinho tem **respeito** pelos mais velhos. Precisamos ter **respeito** pela natureza.* **a respeito de** Se falamos **a respeito de** uma coisa, falamos sobre ela. *Hoje vamos falar **a respeito dos** golfinhos.* **dizer respeito a** Ter relação com. *Não se meta, que isso não **diz respeito a** você.* ~ **respeitoso** *adj.*

respiração (res-pi-ra-ção) *subst.fem.* **1** Movimento de encher e esvaziar os pulmões de ar. A inspiração e a expiração são as duas etapas da **respiração**. [Sinôn.: *fôlego*.] **2** Troca de gases entre as células de um organismo e seu ambiente. A **respiração** da minhoca é através da pele e a das plantas através das folhas. [Pl.: *respirações*.] ~ **respiratório** *adj.*

respirar (res-pi-rar) *verbo* **1** Quando a gente **respira**, puxa o ar para dentro dos pulmões e depois o solta. *Sem tosse, a criança **respirava** sem dificuldade. Vamos sair daqui, não quero **respirar** fumaça de cigarro.* **2** Plantas e animais também **respiram** quando absorvem oxigênio do ar ou da água e soltam gás carbônico. **3** **Respirar** também é sentir alívio depois de terminar uma tarefa longa e difícil. *Ciro entregou o trabalho, já pode **respirar** tranquilo.* [Sinôn.: *descansar, relaxar*.]

responder (res-pon-der) *verbo* **1** Falar ou escrever algo de volta a quem fez uma pergunta ou um contato com você. Você também pode **responder** com um gesto. *Hilda **respondeu** que sim ao convite para o almoço. Luciano ainda não **respondeu** ao e-mail.* **2** Ser responsável por algo ou alguém. *O chefe **responde** pela compra do equipamento.* **3** Dar o mesmo tratamento que você recebeu. *Mesmo que alguém nos xingue, não devemos **responder**.*

responsabilidade (res-pon-sa-bi-li-da-de) *subst.fem.* **1** Obrigação legal ou moral que alguém passa a ter quando comete uma falta. *A **responsabilidade** disso é do Ivan, e ele vai ter de se explicar.* **2** Tarefa ou dever de alguém. *A coleta do lixo é **responsabilidade** da prefeitura.* **3** Quem tem **responsabilidade** tem condições de assumir um compromisso. *Pode contratar esse pedreiro, pois ele sabe o que é **responsabilidade**.* ~ **responsabilizar** *verbo*

responsável (res-pon-sá-vel) *adj.masc.fem.* **1** Chama-se de **responsável** a pessoa ou a coisa que é a causa de algo ou tem culpa de algo. *Aquela chuva que você pegou foi **responsável** por esse resfriado. Você foi **responsável** pelo tombo de Lara.* **2** Pessoa **responsável** é aquela que assume um compromisso, ocupa um cargo, toma decisões etc. *Você fica hoje **responsável** pelo salão de festas.* **3** Uma pessoa **responsável** age corretamente, sem ser cobrada ou vigiada. *Esse trabalhador é **responsável** e de toda confiança.* [Antôn.: *irresponsável*.] [Pl.: *responsáveis*. Superl.absol.: *responsabilíssimo*.] ☛ Esta palavra pode ser usada como subst.: *Os **responsáveis** serão punidos.*

resposta (res-pos-ta) *subst.fem.* **1** Você dá uma **resposta** quando alguém pergunta alguma coisa. **2** Solução de uma questão. *Jair encontrou a **resposta** do problema.*

ressuscitar (res-sus-ci-tar) *verbo* **1** Viver de novo. *Os cristãos acreditam que Cristo **ressuscitou**.* **2** Também se usa **ressuscitar** para dizer que algo voltou a ser usado ou falado. *As saias curtas **ressuscitam** no verão.* ~ **ressurreição** subst.fem.

restabelecer (res-ta-be-le-cer) verbo **1** Dar novo vigor ou ânimo a alguém ou a si mesmo. *Este cochilo foi suficiente para me **restabelecer**.* [Sinôn.: *restaurar.*] **2** Estabelecer novamente. *O importante foi **restabelecer** o controle da situação.* ~ **restabelecimento** subst.masc.

restar (res-tar) verbo **1** Ficar ou continuar existindo após uso, gasto, destruição etc. *Com a partida do namorado, **restou** a saudade. Depois de pagar as contas, **restou** pouco do salário.* [Sinôn.: *sobrar.*] **2** Faltar ou ficar por fazer. ***Resta** responder à última questão da prova.* ~ **restante** adj.masc.fem. subst.masc.

restaurante (res-tau-ran-te) subst.masc. Estabelecimento comercial onde as refeições são preparadas e servidas à mesa, de acordo com o pedido do cliente.

restaurar (res-tau-rar) verbo **1** Colocar algo em bom estado novamente, recuperando a aparência anterior. *Contrataram alguém para **restaurar** as pinturas do teto da igreja.* **2** Recuperar o vigor, o ânimo. *Tome esta sopa para se **restaurar**.* ~ **restauração** subst.fem.

restinga ▼ (res-tin-ga) subst.fem. GEOG Faixa de areia ou de pedra que se liga ao litoral e se estende pelo mar.

resto (res-to) subst.masc. **1** O que sobra depois que usamos aquilo de que precisávamos. *Isabel pintou a parede e guardou o **resto** da tinta.* [Sinôn.: *sobra.*] **2** MAT O resultado de uma subtração. *O **resto** de sete menos cinco é dois.* **3** MAT O valor que sobra em uma divisão. *O **resto** da divisão de nove por dois é um.* **restos mortais** Os ossos ou o corpo de uma pessoa ou de um animal morto. *Os **restos mortais** do bispo foram enterrados na igreja.*

resultado (re-sul-ta-do) subst.masc. **1** Uma coisa que é causada por outra que aconteceu antes. *A janela quebrada foi **resultado** da ventania.* [Sinôn.: *consequência, efeito.*] **2** MAT Solução de uma operação matemática. *O **resultado** da soma de três e um é quatro.* ~ **resultar** verbo

resumo (re-su-mo) subst.masc. Apresentação de um acontecimento, ideia, texto, livro etc. em poucas palavras, apenas com o que é mais importante. *Rosana leu no jornal o **resumo** do filme.* ~ **resumir** verbo

reta (re-ta) subst.fem. **1** Linha que segue sempre a mesma direção. **2** Parte de uma estrada, caminho, rua etc. que não tem curvas. *O motorista deve ir mais devagar nas curvas do que nas **retas**.*

retalho (re-ta-lho) subst.masc. Qualquer pedaço pequeno ou sobra de tecido. *Joana fez uma colcha de **retalhos**.*

retangular (re-tan-gu-lar) *adj.masc.fem.* O que é **retangular** tem a forma de um retângulo. *Minha agenda é **retangular**.* [Pl.: *retangulares*.]

retângulo (re-tân-gu-lo) *subst.masc.* MAT Figura geométrica com quatro ângulos iguais e dois pares de lados iguais. *Uma régua tem a forma de um **retângulo**.* ☛ Ver ilustração na p. 498.

reticências (re-ti-cên-cias) *subst.fem.pl.* Sinal de pontuação (...) usado quando não se quer dizer algo ou se quer mostrar que algo ainda podia ser dito.

retina (re-ti-na) *subst.fem.* ANAT Membrana interna no fundo do olho. A **retina** recebe os sinais luminosos e os envia para o cerébro. ☛ Ver ilustração na p. 478.

retirante (re-ti-ran-te) *subst.masc.fem.* Pessoa que sai de onde mora, especialmente o Nordeste, e vai para outro lugar em busca de uma vida melhor.

retirar (re-ti-rar) *verbo* **1** Tirar algo de onde estava. ***Retirou** o dinheiro da carteira.* **2** Afastar-se de onde está. ***Retirou**-se cedo da festa.* **3** Eliminar, remover. *Este produto é ótimo para **retirar** manchas.* ~ **retirada** *subst.fem.*

reto (re-to) *subst.masc.* **1** Parte final do intestino por onde são eliminadas as fezes. *adj.* **2** Sem curva. *Esse caminho **reto** leva à fazenda.*

retornar (re-tor-nar) *verbo* **1** Chegar de novo ao ponto de onde havia saído. *Os atletas precisaram **retornar** aos seus países.* [Sinôn.: *regressar, voltar*. Antôn.: *partir*.] **2** Ir novamente. *Já está na hora de **retornar** ao médico.*

retrato (re-tra-to) *subst.masc.* **1** Imagem reproduzida em fotografia, desenho, pintura etc. *Na parede da sala havia um **retrato** da dona da casa.* **2** Retrato também é o mesmo que fotografia. *São necessários dois **retratos** para fazer a inscrição.*

retribuir (re-tri-bu-ir) *verbo* **1** Quando você **retribui** um gesto ou um favor, você age como agiram com você. *Fernando **retribuiu** todos os cumprimentos que recebeu.* **2** Dar algo em troca, geralmente como pagamento, prêmio etc. *Devemos **retribuir** o mal com o bem.* ~ **retribuição** *subst.fem.*

retrovisor ▲ (re-tro-vi-sor) \ô\ *subst.masc.* Espelho usado nas laterais e dentro do veículo. O **retrovisor** permite ao motorista ver o que se passa atrás dele, sem ter de se virar. [Pl.: *retrovisores*.]

réu *subst.masc.* Pessoa acusada de ter cometido um crime ou de ter desobedecido uma lei. O **réu** pode ser inocente ou culpado. [Fem.: *ré*.]

reunião (reu-ni-ão) *subst.fem.* **1** Quando juntamos uma coisa à outra, fazemos a **reunião** delas. *Esta pilha de papel é a **reunião** de todos os relatórios.* **2** Grupo de pessoas que se reúne para uma determinada atividade. *Na **reunião** de pais discutiremos o comportamento dos alunos.* [Pl.: *reuniões*.]

reunir (re-u-nir) *verbo* **1** Organizar em um conjunto, colocando junto o que estava separado. *Beto **reuniu** seus selos em um álbum. O comandante **reuniu** a tropa no pátio.* **2** Promover encontros ou organizar pessoas para um objetivo comum, como uma festa. ***Reuni** os amigos para comemorar minha volta. A equipe vai se **reunir** para buscar uma solução.* **3** **Reunir** também é juntar, unir. *A bailarina **reúne** graça e habilidade.*

réveillon *subst.masc.* Palavra francesa que dá nome à comemoração do ano-novo. ☛ Pronuncia-se *reveiôn*.

revelação (re-ve-la-ção) *subst.fem.* Tudo o que foi revelado é uma **revelação**: um segredo, uma pessoa com talento especial etc. *A testemunha fez importantes **revelações** para a polícia.* [Pl.: *revelações*.]

revelar (re-ve-lar) *verbo* **1** Se você **revela** um segredo, ele fica conhecido. **2** Dar sinal de algo, mostrar. *Os cabelos brancos **revelavam** a idade da diretora.* [Sinôn.: *indicar*.] [Antôn. gerais: *esconder, ocultar*.]

revestimento (re-ves-ti-men-to) *subst.masc.* Material com que se cobre uma superfície para protegê-la ou deixá-la mais bonita. *O **revestimento** da parede foi feito com um papel especial.* ~ **revestir** verbo

revirar (re-vi-rar) verbo **1** Virar de novo ou várias vezes. ***Revire** bem a terra para que o adubo se misture nela.* **2** Virar na direção oposta. *Taís **revirou** os olhos e desmaiou.* **3** Procurar bastante em determinado lugar, mexendo em tudo. ***Revirou** a casa toda até encontrar os óculos.*

revisar (re-vi-sar) verbo **1** Examinar com cuidado e atenção, procurando possíveis erros. *Arnaldo pediu para Isabel **revisar** os artigos da revista.* **2** Recordar pontos ou matérias já estudados. *Na próxima aula vamos **revisar** toda matéria do bimestre.* ~ **revisão** subst.fem.

[1]**revista** (re-vis-ta) subst.fem. Quando examinamos alguém ou algo com bastante atenção e cuidado, estamos fazendo uma **revista**. *O segurança fez uma **revista** no homem suspeito.*

Palavra formada a partir do prefixo *re-* e do substantivo *vista*. "Re-" indica repetição, então, faz-se **revista** quando se vê de novo, com muito cuidado.

[2]**revista** (re-vis-ta) subst.fem. Conjunto de textos sobre diversos assuntos. A **revista** é feita de papel e pode ser publicada por semana, por mês ou por semestre. Hoje em dia, há também **revistas** na internet. **revista em quadrinhos** Revista com histórias desenhadas dentro de quadradinhos. Também se diz apenas quadrinhos. *Lúcio gosta de ler **revista em quadrinhos** nas horas de lazer.*

A palavra **revista** é uma tradução do inglês *review*, que também quer dizer conjunto de textos publicados.

revolta (re-vol-ta) subst.fem. **1** Manifestação contrária a alguém ou a alguma situação. *Houve uma **revolta** no navio por causa da falta de comida.* **2** Um sentimento de raiva também é chamado de **revolta**. *Sentiu **revolta** ao ver o prédio que caiu.* ~ **revoltar** verbo

revolução (re-vo-lu-ção) subst.fem. **1** Grande revolta, com o uso de armas. **2** Uma transformação grande na política, na economia ou em qualquer parte da vida também é uma **revolução**. *Não parece, mas as saias curtas foram uma **revolução**.* [Pl.: *revoluções*.]

revólver (re-vól-ver) subst.masc. Arma de fogo manual, de cano curto. [Pl.: *revólveres*.]

rezar (re-zar) verbo **1** Dizer uma prece. **2** O padre quando faz uma missa, **reza** uma missa.

riacho (ri-a-cho) subst.masc. Rio pequeno, de águas não muito profundas e de pouca correnteza. [Sinôn.: *córrego*.] ☛ Ver ilustração na p. 490.

ribeirão (ri-bei-rão) subst.masc. Curso de água doce, menor que um rio e maior que um riacho. [Pl.: *ribeirões*.] ☛ Ver ilustração na p. 490.

ribeirinho (ri-bei-ri-nho) subst.masc. Aquele que vive na beira de rios. *Os **ribeirinhos** estão preocupados com a poluição dos rios da região.* ☛ Esta palavra pode ser usada como adj.: *população **ribeirinha**.*

rico (ri-co) subst.masc. **1** Quem possui muitos bens, dinheiro ou coisas de valor. adj. **2** Com luxo ou com objetos de valor. *Era um **rico** escritório.* **3** Com muita riqueza, com muitos bens. *José queria ficar mais **rico**.* **4** Uma fruta **rica** em vitamina C tem essa vitamina em grande quantidade. *O Brasil é **rico** em recursos naturais.* **5** Um solo **rico** produz bastante, é fértil. [Antôn. geral: *pobre*. Aument.: *ricaço*.]

ricota (ri-co-ta) subst.fem. Queijo branco e macio, preparado a partir do soro de leite sem gordura.

ridículo (ri-dí-cu-lo) adj. **1** Quando achamos uma coisa **ridícula**, temos vontade de rir ou zombar dela. Às vezes, rejeitamos alguma ideia por achá-la **ridícula**. *Moema achou **ridículo** Tiago pintar o cabelo.* **2** O que é **ridículo** chama atenção por ser fora do comum ou de mau gosto. *Ela apareceu aqui com umas roupas **ridículas**.* **3** De pouco valor ou de pouca importância. *Minha mesada era **ridícula**!* subst.masc. **4** Situação infeliz de quem é desprezado ou sofre zombaria. *Jacir passou por um **ridículo** quando suas calças caíram.*

rifa (ri-fa) subst.fem. Sorteio de algo por meio da venda de bilhetes numerados. *Alfredo comprou 20 números da **rifa** da bicicleta.* ~ **rifar** verbo

rígido (rí-gi-do) *adj.* **1** Firme, duro, difícil ou impossível de dobrar ou torcer. *Os ossos do corpo humano são bem **rígidos**.* [Antôn.: *mole.*] **2** Formal, rigoroso, às vezes até pouco simpático. Pessoas, regras e comportamentos podem ser **rígidos**. *Sofia é **rígida**; é difícil fazê-la mudar de ideia.*

rigor (ri-gor) \ô\ *subst.masc.* **1** O que é sério, severo, rígido tem **rigor**. *O juiz exige **rigor** no cumprimento da lei.* **2** O que é exato e preciso também tem **rigor**. *Este exame de laboratório foi feito com **rigor** técnico.* **3** Grau de maior intensidade da temperatura. *Papai aproveita os **rigores** do inverno no Paraná.* [Pl.: *rigores.*]

rigoroso (ri-go-ro-so) \ô\ *adj.* **1** Quem é **rigoroso** é muito severo, não admite faltas. *Há patrões que são muito **rigorosos** com os empregados.* **2** Exato ou preciso. *Quero uma pesquisa **rigorosa** sobre quem não compareceu às aulas.* [Antôn.: *vago.*] **3 Rigoroso** quer dizer muito intenso, quando se trata de temperatura. *Passamos um verão **rigoroso** este ano.* [Antôn.: *suave.*]

rim *subst.masc.* ANAT Cada um dos dois órgãos que filtram o sangue e produzem a urina. [Pl.: *rins.*] ☛ Ver ilustração na p. 478.

rima (ri-ma) *subst.fem.* Repetição de sons iguais no fim de duas ou mais palavras ou versos. Alguns poemas têm **rimas**.

rimar (ri-mar) *verbo* **1** Quando duas palavras **rimam**, elas têm o mesmo final. Por exemplo, "saudade" **rima** com "amizade". **2 Rimar** também é compor versos com rimas. *Os artistas de cordel são muito bons em **rimar**.*

rinite (ri-ni-te) *subst.fem.* MED Inflamação na parte interna do nariz. Quem tem **rinite** fica com o nariz escorrendo e espirra muito.

rinoceronte ► (ri-no-ce-ron-te) *subst.masc.* Mamífero enorme, de cabeça grande, com um ou dois chifres sobre o nariz, pele bem grossa, encontrado na África e na Ásia. Os **rinocerontes** estão ameaçados de extinção.

rio (ri-o) *subst.masc.* Curso de água doce que deságua em outro **rio**, no mar ou em lagoas. *A nascente do **rio** São Francisco é na serra da Canastra, em Minas Gerais.* ☛ Ver ilustração na p. 490.

riqueza (ri-que-za) \ê\ *subst.fem.* Grande quantidade de dinheiro, bens, coisas de valor. [Antôn.: *pobreza.*]

rir *verbo* **1** Reagir a uma situação engraçada contraindo músculos da face e, geralmente, soltando sons característicos. *Todo mundo **riu** quando o macaco apareceu.* **2** Manifestar com a face a sensação de alegria ou satisfação. *O bebê já acorda **rindo**.* [Sinôn.: *sorrir.*] **3** Zombar de alguém ou de algo. *Glória não quer se fantasiar porque acha que vão **rir** dela.*

risada (ri-sa-da) *subst.fem.* Riso bem sonoro. *Todo mundo conhece a **risada** do Marcos.*

riscar (ris-car) *verbo* **1** Fazer riscos, traços, linhas em alguma superfície com objeto pontudo, lápis, caneta etc. ***Riscaram** a porta do carro com um prego.* **2 Riscar** um fósforo é passá-lo em uma superfície áspera para acendê-lo.

[1]**risco** (ris-co) *subst.masc.* Qualquer linha sobre uma superfície. *Fizeram um **risco** na porta do carro.*

Risco talvez venha do verbo *riscar.*

[2]**risco** (ris-co) *subst.masc.* Possibilidade de passar por um perigo ou de uma coisa não dar certo. *Hospitais trazem **risco** de infecção.*

Risco vem da palavra francesa *risque*, que quer dizer "perigo".

riso (ri-so) *subst.masc.* **1 Riso** é a ação de rir, um modo de mostrar alegria, prazer ou de fazer zombaria. *Ninguém achou graça, daqui não vai sair nenhum **riso**.* **2** Som produzido quando se ri. *Lá de fora ouvíamos o **riso** da plateia.*

A B C D E F G H I J K L M N O P Q **R** S T U V W X Y Z

rissole (ris-so-le) *subst.masc.* CUL Pequeno pastel feito de massa cozida e frito à milanesa.

ritmo (rit-mo) *subst.masc.* 1 Som, movimento ou ação que se repete em intervalos regulares. *O **ritmo** das ondas do mar acalma algumas pessoas. Depois de correr, o **ritmo** do coração aumenta.* 2 MÚS O **ritmo** é resultado das batidas fortes e fracas, em intervalos regulares ou não, que definem uma dança ou uma música. *O **ritmo** do* rock *é mais rápido do que o da valsa.*

ritual (ri-tu-al) *subst.masc.* 1 REL Conjunto das regras e cerimônias de uma religião. 2 REL Uma cerimônia religiosa também é um **ritual**. 3 Conjunto de regras que se deve seguir. *De manhã, seu **ritual** inclui ginástica e um café forte.* [Pl.: *rituais.*]

rival (ri-val) *subst.masc.fem.* Se uma pessoa é sua **rival**, ela disputa algo com você. *Amélia conheceu a sua **rival** no concurso de dança.* [Sinôn.: *adversário*. Pl.: *rivais.*] ☛ Esta palavra pode ser usada como adj.: *equipes **rivais**, jogador **rival**.* ~ **rivalidade** *subst.fem.*

robô (ro-bô) *subst.masc.* Máquina criada para se mover e fazer coisas no lugar das pessoas. Os **robôs** são usados, por exemplo, em trabalhos que têm muita repetição ou são perigosos, como montar carros, desarmar bombas etc.

roça (ro-ça) *subst.fem.* 1 Terreno com plantação. *Miguel trabalha na **roça** de milho.* 2 Zona rural de uma cidade. *Meu padrinho é da **roça**, não se acostuma com a cidade grande.*

rocambole (ro-cam-bo-le) *subst.masc.* CUL Massa de bolo doce ou salgada, coberta por algum recheio e depois enrolada sobre si mesma.

roçar (ro-çar) *verbo* 1 Encostar de leve em alguém ou em alguma coisa. ***Rocei** minha mão na sua.* 2 Arranhar ou ferir de leve. ***Rocei** o joelho na pedra, mas nem sangrou.* 3 Tirar o mato ou os arbustos de um terreno, geralmente usando uma foice. *Os rapazes vão começar a **roçar** neste sábado.*

rocha (ro-cha) *subst.fem.* 1 Minério muito duro e resistente que forma a crosta terrestre. *Há diversos tipos e tamanhos de **rocha** na natureza.* 2 Parte da crosta terrestre que se ergue para fora do solo. *Vamos subir naquela **rocha** e fotografar a cidade.* [Sinôn. geral: *pedra.*]

rochedo (ro-che-do) \ê\ *subst.masc.* Conjunto de rochas grandes e altas. *As ondas do mar batiam no **rochedo** e inundavam as grutas.* ☛ Ver ilustração na p. 488.

rock *subst.masc.* MÚS Palavra inglesa que é o mesmo que *rock and roll*. ☛ Pronuncia-se *rók*.

rock and roll *locução* MÚS Expressão inglesa que dá nome ao estilo de música que usa principalmente baixo, bateria e guitarra. Também se diz apenas ***rock***. ☛ Pronuncia-se *roquenrôu*.

roda (ro-da) *subst.fem.* 1 Peça que tem a forma de círculo e que gira em torno de um eixo. *A **roda** do carro se soltou.* 2 Pessoas que se agrupam formando um círculo. *Sentamos numa **roda** para ouvir a história do Pedro.* 3 Brincadeira em que as crianças se dão as mãos formando um círculo e giram ao som de cantigas. *Vânia gosta de brincar de **roda**.*

roda-gigante (ro-da - gi-gan-te) *subst.fem.* Brinquedo comum em parque de diversões. A **roda-gigante** é formada por duas grandes rodas verticais e paralelas. As pessoas se sentam em bancos que ficam entre essas duas rodas, que giram em torno de um eixo. [Pl.: *rodas-gigantes.*]

Rodamoinho de vento.

Rodamoinho de água.

rodamoinho ▲ (ro-da-mo-i-nho) *subst.masc.* 1 Movimento rápido e em espirais que ocorre em águas, da superfície para o fundo. 2 Rajada de ventos que se movimentam em círculos. *Diz a lenda que os sacis se escondem em **rodamoinhos**.* 3 Mecha de cabelos ou pelos que crescem em espiral, no sentido contrário aos outros fios ou pelos. *Esse **rodamoinho** deixa o meu cabelo levantado.*

rodapé (ro-da-pé) *subst.masc.* Barra de madeira, mármore etc. colocada ao longo da parte de baixo da parede, bem próxima ao piso.

rodar (ro-dar) *verbo* **1** Girar em torno de algo. *O rapaz **rodava** o pandeiro no dedo.* **2** Viajar. *O piloto já **rodou** o mundo todo.* **3** Caminhar, andar sem rumo. *Vou **rodar** o bairro para ver se encontro alguém.* **4** Reproduzir figura, texto etc. a partir de um molde ou original. *O chefe mandou **rodar** três cópias do relatório.* **5** Filmar. *O diretor **rodou** cenas na França.* **6** Um programa de computador **roda** quando é executado numa máquina.

rodear (ro-de-ar) *verbo* **1** Andar em volta de alguém ou algo. *O cachorro **rodeava** a cozinha atraído pelo cheiro.* **2** Ficar em volta de alguém ou algo. *Um belo jardim **rodeia** a casa.*

rodeio (ro-dei-o) *subst.masc.* **1** Competição em que vence quem fica mais tempo montado num cavalo ou num touro bravo. **2** Numa conversa, quem faz **rodeios** foge do assunto. *Ilma fez muitos **rodeios** e não contou com quem ia sair.* ☛ Neste sentido, esta palavra é mais usada no plural.

rodela (ro-de-la) *subst.fem.* Fatia de algo redondo. *A salada estava enfeitada com **rodelas** de tomate e cebola.*

rodízio (ro-dí-zio) *subst.masc.* **1** Substituição alternada de pessoas ou objetos na realização de uma atividade. *Faremos um **rodízio** na utilização dos computadores.* **2** Em restaurantes, atendimento em que o cliente paga um preço fixo e pode se servir à vontade. *Quarta-feira é dia de **rodízio** de* pizza.

rodovia (ro-do-vi-a) *subst.fem.* Estrada destinada à circulação de veículos com rodas, como caminhões, carros, ônibus, motocicletas etc. As **rodovias** têm sinalização e asfalto.

→ Visite o *site* Canal Kids, seção Cidadania, e leia "Por dentro de uma rodovia". Lá você vai saber como se constrói uma **rodovia**. Neste *site*, você também encontrará outras informações sobre o trânsito, seus perigos e suas regras.

rodoviária (ro-do-vi-á-ria) *subst.fem.* Local próprio para embarque e desembarque de passageiros de várias linhas de ônibus, com guichês para venda de passagens, banheiros, bares etc. ☛ Ver ilustração na p. 484.

roedor (ro-e-dor) \ô\ *subst.masc.* BIO Mamífero que usa os dentes da frente, bem afiados, para roer seu alimento. Esses dentes vão se gastando com o uso, mas estão sempre crescendo. Os ratos, os esquilos e as capivaras são **roedores**. [Pl.: *roedores*.] ☛ Esta palavra pode ser usada como adj.: *mamíferos **roedores**.*

roer (ro-er) *verbo* **1** Cortar ou raspar com os dentes. *O bebê, com seus dois dentinhos, **rói** o biscoito. Sandra não **rói** unha.* **2** Destruir aos pouquinhos e sem parar. *A ferrugem **roeu** a lateral do portão.*

rola (ro-la) \ô\ *subst.fem.* Pássaro pequeno de cor mais ou menos vermelha, parecido com o pombo. [Sinôn.: *rolinha*.]

rolar (ro-lar) *verbo* **1** Avançar ou cair dando voltas sobre si mesmo. *O pneu **rolou** ladeira abaixo.* **2** *informal* Acontecer um fato, um evento etc. ***Rolou** um clima entre eles. Pessoal, a festa vai **rolar** amanhã à noite.* ~ **rolante** *adj.masc.fem.*

roleta (ro-le-ta) \ê\ *subst.fem.* **1** Para entrar em cinema, ônibus ou estádio de futebol, passamos por uma **roleta**, que gira e permite a entrada de uma pessoa de cada vez. **2** Jogo formado por uma roda com várias casas numeradas. Para jogar **roleta**, gira-se essa roda com uma bolinha dentro e vence aquele que tiver escolhido a casa onde a bola parar.

rolha (ro-lha) \ô\ *subst.fem.* Tipo de tampa para garrafas. A **rolha** é um cilindro pequeno, geralmente feito de cortiça.

roliço (ro-li-ço) *adj.* **1** Um objeto **roliço** tem a forma de um cilindro. Por exemplo, canetas e canos são **roliços**. **2** O que é **roliço** tem formas arredondadas. *Susana é um bebê de pernas **roliças**.*

rolinha (ro-li-nha) *subst.fem.* **1** É o mesmo que rola. **2** **Rolinha** também é uma rola pequena.

rolo (ro-lo) \ô\ *subst.masc.* **1** Objeto alongado e em forma de cilindro. *Este **rolo** de papel deve ir para o escritório.* **2** Cilindro maciço, usado para estender massas de pastel, torta etc. *Use o **rolo** para alisar a massinha.* **3** *informal* Situação confusa. *Foi um **rolo** conseguir trocar as passagens.*

romã ► (ro-mã) *subst.fem.* Fruto arredondado, de casca lisa e sabor ao mesmo tempo doce e ácido. A polpa da **romã** é cheia de sementinhas rosadas. ~ **romãzeira** *subst.fem.*

romance (ro-man-ce) *subst.masc.* **1** Narrativa longa, com personagens imaginários, vistos como se fossem reais, e com a descrição de suas emoções, suas aventuras, seu destino. *Durante as férias, li dois **romances**.* **2** Relacionamento amoroso de duas pessoas. *Gilda teve um **romance** com Joaquim.*

romano (ro-ma-no) *adj.* **1 Romano** quer dizer relacionado com Roma, capital da Itália. **2 Romano** também quer dizer relacionado a Roma antiga, civilização que começou na cidade de Roma, no século VIII a.C., e espalhou-se pela Europa, transformando-se no Império **romano**. ☛ Esta palavra pode ser usada como subst.: *Os **romanos** eram um povo poderoso.*

romântico (ro-mân-ti-co) *adj.* **1** Uma pessoa **romântica** vive sonhando, gosta de histórias de amor e romance. *Sueli é muito **romântica**, não vive num mundo real.* **2** Uma atitude **romântica** é um gesto de carinho, de atenção que representa o amor que se sente. *Laís preparou um jantar **romântico** para o marido.*

romper (rom-per) *verbo* **1** Separar em pedaços, usando a força. *Foi difícil **romper** o plástico da embalagem.* **2** Desfazer ou desrespeitar um contrato, um compromisso etc. *Ninguém esperava que ele **rompesse** com o nosso acordo.* **3** Terminar um namoro, um noivado ou mesmo uma relação de amizade também é **romper**. *Os amigos **romperam** por uma bobagem.* ~ **rompimento** *subst.masc.*

roncar (ron-car) *verbo* **1** Fazer barulho com a respiração durante o sono. *Miguel não acredita que **ronca** a noite toda.* **2** Fazer um barulho contínuo e abafado. *Minha barriga está **roncando** de fome. Na largada, os motores dos carros **roncavam**.* ~ **ronco** *subst.masc.*

rosa (ro-sa) *subst.fem.* **1** Flor, geralmente cheirosa, formada por pétalas delicadas, que podem ter cores suaves como as brancas ou bem fortes como as vermelhas. *subst.masc.* **2** Cor parecida com o vermelho, só que mais clara. *Pintaram a janela de **rosa**.* [Sinôn.: *cor-de-rosa*.] ☛ Neste sentido, o sing. e o pl. desta palavra são iguais, e ela pode ser usada como adj.: *blusa **rosa**, papéis **rosa**.* Ver ilustração na p. 498. ~ **roseira** *subst.fem.*

rosado (ro-sa-do) *subst.masc.* Cor-de-rosa bem claro. ☛ Esta palavra pode ser usada como adj.: *fita **rosada**.*

rosa dos ventos (ro-sa dos ven-tos) *subst.fem.* Desenho circular com as diferentes direções marcadas pelos pontos cardeais e outros pontos importantes para indicar o caminho a quem navega. [Pl.: *rosas dos ventos*.]

rosca ◢ (ros-ca) \ô\ *subst.fem.* **1** Espiral existente em parafusos, em tampas e aberturas de alguns tubos etc. **2** Pão, bolo etc. em forma de argola. *Estas **roscas** acabaram de sair do forno.*

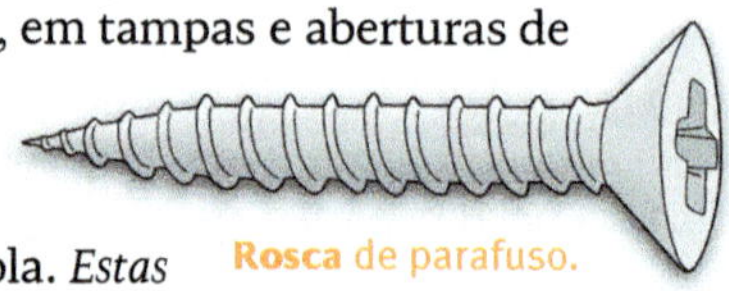

Rosca de parafuso.

rosnar (ros-nar) *verbo* Quando um cão **rosna**, ele emite um som baixo, que vem da sua garganta, e faz isso porque está com raiva ou se sente ameaçado. Outros animais, como os lobos, também podem **rosnar**. ~ **rosnado** *subst.masc.*

rosto (ros-to) \ô\ *subst.masc.* Parte da frente da cabeça onde estão a testa, os olhos, o nariz, as bochechas, a boca e o queixo. [Sinôn.: *cara*, *face*.] ☛ Ver ilustração na p. 478.

rota (ro-ta) *subst.fem.* Caminho a ser percorrido. *Os pescadores já sabem que **rota** seguir.*

rotação (ro-ta-ção) *subst.fem.* Movimento feito por algo que gira em torno de si mesmo. *A **rotação** da Terra leva quase 24 horas para se completar e dá origem aos dias e às noites.* [Pl.: *rotações*.]

roteiro (ro-tei-ro) *subst.masc.* **1** Descrição detalhada de uma viagem. *Os passeios de barco não estão incluídos no **roteiro**.* **2** Lista de pontos importantes que devem ser apresentados em uma palestra, aula, exposição oral etc. *O grupo* *preparou um **roteiro** para a apresentação do trabalho.* **3** Texto que apresenta a história de um filme, de um programa de televisão, de rádio etc., com os diálogos, as indicações de cenário, as informações técnicas. *Os atores leram o **roteiro** e gostaram muito.*

rotina (ro-ti-na) *subst.fem.* **Rotina** é o que você faz sempre, geralmente na mesma hora do dia ou no mesmo dia da semana. *Ler faz parte da **rotina** de Renata.*

roubar (rou-bar) *verbo* **1** Pegar o que é de outro, ameaçando ou enganando. **2** Tirar de uma pessoa algo que ela não queira dar, por exemplo uma ideia, um beijo, um trabalho.

roubo (rou-bo) *subst.masc.* **1** Praticar um **roubo** é tirar uma coisa de alguém, ameaçando ou usando de violência. **2** Preço muito alto, mercadoria muito cara. *O valor deste ingresso está um **roubo**!*

rouco (rou-co) *adj.* Com a voz grave. Uma pessoa pode ficar **rouca** por causa de uma doença ou do uso em excesso da voz. *Esta cantora tem uma voz **rouca** muito bonita. Fábio saiu do jogo **rouco** de tanto gritar.*

roupa (rou-pa) *subst.fem.* **1** Aquilo que as pessoas usam para cobrir o corpo. As **roupas** são geralmente de tecido e são feitas para usar em partes específicas do corpo. Calças, saias e blusas são peças de **roupa**. [Sinôn.: *traje*.] **2** Qualquer peça de tecido usada em lugares da casa. *Alberto trocou hoje a **roupa** de cama.*

rouxinol (rou-xi-nol) *subst.masc.* Passarinho conhecido por seu belo canto, emitido pelos machos geralmente à noite. [Pl.: *rouxinóis*.]

roxo (ro-xo) \ô\ *subst.masc.* Cor que vem da mistura de vermelho e azul, como a cor da casca da berinjela. ☛ Esta palavra pode ser usada como adj.: *repolho **roxo***. Ver ilustração na p. 498.

rua (ru-a) *subst.fem.* Via pública por onde passam veículos e pessoas. As **ruas** têm nomes e, em geral, têm calçadas e construções numeradas, como casas, edifícios, lojas, escolas etc. De um lado ficam os números pares e do outro, os ímpares. *No final da minha **rua** há um jornaleiro.* ☛ Ver ilustração na p. 484.

rubéola (ru-bé-o-la) *subst.fem.* MED Doença que provoca pequenas manchas rosadas na pele, dor de garganta e febre. A **rubéola** é perigosa principalmente para mulheres grávidas e seus bebês.

rubi (ru-bi) *subst.masc.* Pedra preciosa de cor vermelha. *A princesa usava brincos de **rubi**.*

rúcula (rú-cu-la) *subst.fem.* Verdura de sabor meio picante, muito usada em saladas.

rude (ru-de) *adj.masc.fem.* **1** Alguém **rude** não teve instrução ou educação escolar. *Sem estudos as pessoas se tornam **rudes**.* [Antôn.: *culto*.] **2** Sem educação, sensibilidade, delicadeza. *Aquele é um homem de modos **rudes**.* [Sinôn.: *grosseiro*. Antôn.: *gentil*.] **3** O que não tem leveza e elegância é **rude**. *Vimos ali uma série de construções **rudes**, sem graça.* **4** Um tecido **rude** tem superfície áspera, desagradável ao tato. [Antôn.: *macio*.]

ruga (ru-ga) *subst.fem.* **1** Marca que se parece com uma linha e que se forma na pele, especialmente por causa da idade. **2** Qualquer dobra ou elevação numa superfície. *A cola deixou o papel cheio de **rugas**.*

rugir (ru-gir) *verbo* Quando um leão **ruge**, produz um som forte, que vem da garganta. Outros felinos, como os tigres e as onças, também **rugem**. [Sinôn.: *urrar*.] ~ **rugido** *subst.masc.*

ruído (ru-í-do) *subst.masc.* **1** Som confuso, geralmente produzido por aparelhos eletrônicos que não funcionam bem. *O telefone fazia uns **ruídos** estranhos.* **2** **Ruído** também é um som produzido pela queda de um objeto ou por corpos que se esbarram. *Elsa ouviu o **ruído** da porta da cozinha batendo na geladeira.* [Sinôn. geral: *barulho*.]

ruim (ru-im) *adj.masc.fem.* **1** Uma coisa **ruim** não tem as qualidades que deveria ter. *Essas frutas estão **ruins**, não vou comprá-las. Esse perfume tem um cheiro **ruim**.* **2** O que é **ruim** não nos faz bem, é prejudicial. *Fumar é muito **ruim** para a saúde.* **3** É ou está **ruim** o que não funciona bem. *Um carro **ruim** só traz problemas. Meu braço está **ruim**, ainda dói muito.* **4** Uma pessoa **ruim** faz maldades com os outros. [Sinôn. geral: *mau*. Antôn. geral: *bom*. Pl.: *ruins*.]

ruína ▼ (ru-í-na) *subst.fem.* **1** Chama-se de **ruína** o que resta de uma construção quando ela desaba ou é destruída. *A bomba explodiu e a casa virou uma **ruína**.* **2** Quando uma pessoa ou uma firma perdem os seus bens, são levadas à **ruína**.

Construção em **ruínas**.

ruivo (rui-vo) *subst.masc.* **1** Pessoa que tem o cabelo claro, mais ou menos vermelho. *adj.* **2** O que é **ruivo** tem uma cor entre o amarelo e o vermelho. *O rapaz tinha cabelos **ruivos**.*

ruminante (ru-mi-nan-te) *adj.masc.fem.* O animal **ruminante** tem um estômago diferente do nosso. Por causa disso, a comida que já foi engolida pode voltar para a boca e ser mastigada de novo. O bode, a girafa e o boi são **ruminantes**. ☛ Esta palavra pode ser usada como subst.: *Os **ruminantes** mastigam a mesma comida mais de uma vez.*

rumo (ru-mo) *subst.masc.* Direção ou caminho para ir de um lugar a outro. *O barco seguiu **rumo** a Belém.*

rural (ru-ral) *adj.masc.fem.* **Rural** quer dizer relacionado ao campo ou à agricultura. A zona **rural** é aquela onde estão as plantações, fora da cidade. [Pl.: *rurais*.]

russo (rus-so) *subst.masc.* **1** Pessoa que nasceu na Rússia. **2** Língua falada na Rússia, Bielorrússia, Cazaquistão, Moldávia e Quirguistão. *adj.* **3** **Russo** quer dizer relacionado à Rússia. O clima **russo** é característico da Rússia.

rústico (rús-ti-co) *adj.* **1** Simples, sem luxo. *As cadeiras da varanda eram bem **rústicas**.* **2** Ligado à natureza e à vida no campo. *Capinar é uma atividade **rústica**.*

Siri

Ss

s *subst.masc.* Décima nona letra do nosso alfabeto. O s é uma consoante e, na língua portuguesa, quando ele está no início de palavra tem o som forte, como em "sapo". Esse mesmo som só aparece assim dentro da palavra se estiver colado em outra consoante, em "testa" e "cansado", por exemplo. Para ter esse som entre duas vogais, escrevemos duas letras s, como em "massa", mas, se só tiver um s entre vogais, ele fica com o som de "z", como em "casa".

sábado (sá-ba-do) *subst.masc.* Sétimo dia da semana, entre sexta-feira e domingo.

sabão (sa-bão) *subst.masc.* Produto em barra, em pó ou líquido, usado com água para lavar roupa, louça, pisos etc. [Pl.: *sabões*.]

sabedoria (sa-be-do-ri-a) *subst.fem.* **1** Conjunto de conhecimentos que tem uma pessoa por haver estudado muito. **2** Quem age com prudência e honestidade tem **sabedoria** de vida.

saber (sa-ber) *verbo* **1** Ter conhecimento, informação. *Alexandre **sabe** mais português do que geografia. César não **sabia** o horário do filme.* **2** Ser capaz de fazer alguma coisa. *Marco já **sabe** escrever.* *subst.masc.* **3** Conjunto de conhecimentos. *As pessoas mais velhas têm um **saber** diferente das mais novas.* [Sinôn.: *sabedoria*. Pl.: *saberes*.]

sabiá (sa-bi-á) *subst.masc.fem.* Nome dado a diferentes pássaros que têm penas de cor marrom, cinza ou preta e o abdome liso ou com manchas. O **sabiá** é muito conhecido pela beleza do seu canto.

sabido (sa-bi-do) *adj.* **1** Uma coisa **sabida** é uma coisa que todos sabem, que já é conhecida. Uma pessoa **sabida** sabe muitas coisas. **2** Também se diz que alguém é **sabido** quando tenta ser esperto e enganar as pessoas.

sábio (sá-bio) *adj.* Pessoa **sábia** é aquela que aprendeu muito e por isso sabe bem muitas coisas. [Superl.absol.: *sapientíssimo*.] ☛ Esta palavra pode ser usada como subst.: *Os **sábios** tinham privilégios no reino.*

sabonete (sa-bo-ne-te) \ê\ *subst.masc.* Sabão mais delicado e geralmente cheiroso, usado para higiene pessoal.

sabor (sa-bor) \ô\ *subst.masc.* Impressão deixada pelas substâncias que provamos e que é percebida pelo nosso paladar. *O pêssego tem um **sabor** suave e doce.* [Pl.: *sabores*.]

saborear (sa-bo-re-ar) *verbo* Comer ou beber com prazer, sentindo bem o gosto. *Cássia **saboreava** o bolo de chocolate.*

saboroso (sa-bo-ro-so) \ô\ *adj.* Se você diz que uma comida é **saborosa**, você acha que o gosto dela é bom. [Sinôn.: *delicioso, gostoso*.]

sabugo (sa-bu-go) *subst.masc.* **1** Espiga de milho já sem os grãos. **2** **Sabugo** também é a parte do dedo bem junto à unha. *Meu irmão, quando fica nervoso, rói as unhas até o **sabugo**.*

saca (sa-ca) *subst.fem.* Saco largo e comprido, muito usado no comércio. O café em grãos é vendido em **sacas**.

sacada ► (sa-ca-da) *subst.fem.* Varanda suspensa que ultrapassa os limites da parede externa de edifícios. *Os pais foram para a **sacada** dar tchau para os filhos.* [Sinôn.: *varanda*.]

sacar (sa-car) *verbo* **1** Tirar de repente da bolsa, do bolso, da gaveta etc. *Marta **sacou** uma caneta da mochila e emprestou-a ao colega.* **2** Tirar dinheiro do banco. **3** ESP Em esportes como vôlei, tênis e pingue-pongue, lançar a bola para iniciar o jogo ou uma jogada. **4** *informal* Perceber algo sem esforço, apenas por observação ou inteligência. *Manuel **sacou** logo um jeito de conseguir o telefone de Beatriz. Jonas não **saca** nada de ciências.* ~ **saque** *subst.masc.*

saca-rolhas (sa-ca - ro-lhas) *subst.masc.* Instrumento usado para retirar rolha de garrafas. ☛ O sing. e o pl. desta palavra são iguais: *o **saca-rolhas**, os **saca-rolhas**.*

saci ► (sa-ci) *subst.masc.* FOLCL Personagem folclórico, negro, de uma perna só, que fuma cachimbo e usa um gorro vermelho com poderes mágicos.

→ Segundo a crença popular, o **saci** se diverte soltando longos assobios de noite para espantar o gado e assustar quem viaja sozinho.

saco (sa-co) *subst.masc.* **1** Recipiente de pano, papel, plástico etc., com ou sem alças, aberto só de um dos lados. *O presente veio dentro de um **saco** da loja.* **2** *informal* O que é um **saco** deixa você chateado, aborrecido, sem paciência. *Ficar doente é um **saco**.*

sacola (sa-co-la) *subst.fem.* **1** Saco com alças, usado para carregar compras e objetos. **2 Sacola** também é qualquer bolsa que podemos levar a tiracolo. *A **sacola** do carteiro estava cheia.*

sacrifício (sa-cri-fí-cio) *subst.masc.* **1** Oferta de algo a uma divindade. *Antigamente, os gregos faziam **sacrifícios** de carneiros aos deuses.* **2** Deixar de fazer algo de que se gosta ou impor-se algo difícil de cumprir é um **sacrifício**. *Foi um **sacrifício** não comer doces para emagrecer.* ~ **sacrificar** *verbo*

sacudir (sa-cu-dir) *verbo* Balançar em várias direções, rápido e com força. *Damião **sacudiu** a toalha para tirar as migalhas.*

sadio (sa-di-o) *adj.* É o mesmo que saudável.

safra (sa-fra) *subst.fem.* Produção agrícola de um ano. *Em 2007 a **safra** de milho foi excelente.*

sagrado (sa-gra-do) *adj.* **1** Um objeto ou um local **sagrado** está relacionado a uma religião. *Os templos são lugares **sagrados**.* [Sinôn.: *santo*.] **2** Também é **sagrado** tudo que devemos respeitar ou admirar. *A liberdade humana é **sagrada**. Em casa, a hora do almoço é **sagrada**.*

sagu (sa-gu) *subst.masc.* Farinha extraída de uma palmeira, muito usada para preparar mingaus.

sagui (sa-gui) \güi\ *subst.masc.* Tipo de macaco que tem cauda longa e pelo macio. Os **saguis** podem medir até 37 centímetros, sem considerar a cauda, e vivem em pequenos grupos nas florestas, onde se alimentam de insetos e frutas.

saia (sai-a) *subst.fem.* Peça de roupa feminina que fica presa na cintura, ou um pouco abaixo, e cobre as pernas ou parte delas.

saída (sa-í-da) *subst.fem.* **1** Lugar por onde se passa para o exterior, para fora. *A porta da **saída** estava trancada com cadeado.* **2** Momento em que se deixa algum lugar. *Os alunos esperavam ansiosos a hora da **saída**.* **3** Solução para algum problema ou dificuldade. *A única **saída** era contar a verdade para a professora.* **4** Se uma mercadoria é muito vendida ou é muito procurada pelos consumidores, ela está tendo muita **saída**. *As empadas de frango não estão tendo muita **saída**.* [Antôn. para 1 e 2: *entrada*.]

sair (sa-ir) *verbo* **1** Ir ou passar de dentro para fora. *Valentim **saiu** de casa cedo. **Saía** fumaça do bico da chaleira. Roberto fuma, de sua boca **sai** cheiro de cigarro.* [Antôn.: *entrar*.] **2** Quando dizemos que o Sol **saiu**, queremos dizer que já podemos vê-lo. **3 Sair** também é ser publicado. *O livro **sairá** no fim do ano. A foto de Bárbara **saiu** no jornal.*

sal *subst.masc.* **1** Substância branca em forma de mínimos cristais, refinados ou não, muito usada na culinária e na conservação de alimentos. **2** *informal* Uma pessoa sem **sal** é uma pessoa sem graça, que não vibra com nada. *Os netos trouxeram **sal** para a vida dos avós.* [Pl.: *sais*.]

sala (sa-la) *subst.fem.* **1** Parte de uma casa onde a família se reúne, faz refeições ou recebe visitas. *Vou estudar na mesa da **sala**.* **2** Local nas escolas onde as aulas são realizadas. *Neste andar estão as **salas** de artes e música.* **3** O grupo de alunos que pertencem a uma turma também é chamado de **sala**. *A **sala** inteira ficou de castigo.* **4** Local para o exercício de atividades comerciais. *Este prédio aluga **salas** para consultórios médicos.* **5** Local para apresentação de peças, exposições, concertos musicais etc. *O teatro vai inaugurar uma nova **sala** de espetáculos.*

salada (sa-la-da) *subst.fem.* CUL Prato composto de verduras e legumes, crus ou cozidos, geralmente consumido frio e com temperos. **salada de frutas** CUL Sobremesa feita de frutas picadinhas. Pode-se acrescentar açúcar ou algum creme na **salada de frutas**.

salame (sa-la-me) *subst.masc.* Tipo de salsicha italiana, recheada de carne de porco, gordura e pimenta em grãos.

salão (sa-lão) *subst.masc.* **1** Sala grande, destinada à realização de festas, recepções, exposições, bailes etc. *A recepção será no **salão** de festas do clube.* **2** Local de trabalho de barbeiros e cabeleireiros. *Luciana vai ao **salão** uma vez por semana.* [Pl.: *salões*.]

salário (sa-lá-rio) *subst.masc.* Pagamento que o trabalhador recebe pelos serviços prestados. **salário mínimo** O menor salário que um trabalhador pode receber. O valor do **salário mínimo** é estabelecido por lei.

salgadinho (sal-ga-di-nho) *subst.masc.* CUL Alimento de tamanho pequeno, servido em festas, lanchonetes etc. Empadas, quibes, pastéis e rissoles são **salgadinhos**. [Sinôn.: *salgado*.]

salgado (sal-ga-do) *adj.* **1** Algo **salgado** contém sal. *A água do mar é **salgada**.* **2** Comida **salgada** é aquela que levou muito sal na sua preparação. *subst.masc.* **3** Carne de porco ou de boi conservada no sal. *Os **salgados** ficaram de molho por 24 horas.* **4** É o mesmo que salgadinho.

salina (sa-li-na) *subst.fem.* Local onde se produz sal por evaporação de água do mar ou de lagoa de água salgada.

saliva (sa-li-va) *subst.fem.* Líquido que se forma na boca. A **saliva** contém substâncias que auxiliam na digestão. [Sinôn.: *cuspe*.]

salmão (sal-mão) *subst.masc.* **1** Peixe de carne rosada, muito usado na culinária. O **salmão** vive no mar, mas nada até o rio para pôr os seus ovos. **2** Cor meio rosada, como a carne do **salmão**. ☛ Neste sentido, o sing. e o pl. desta palavra são iguais, e ela pode ser usada como adj.: *sofá **salmão**, paredes **salmão**.* [Pl.: *salmões*.]

salsa (sal-sa) *subst.fem.* Erva de cheiro e sabor fortes, usada como tempero na alimentação humana.

salsicha (sal-si-cha) *subst.fem.* Alimento em forma de pequenos tubos, feito de carne bem moída, temperada e envolvida por uma pele fininha. Há **salsichas** de porco, frango, peru etc.

saltar (sal-tar) *verbo* É o mesmo que pular.

salto (sal-to) *subst.masc.* **1** Movimento de elevação do solo feito com o uso dos músculos das pernas. [Sinôn.: *pulo*.] **2** A distância ou a altura que se atinge com esse movimento. *Murilo tem as pernas curtas, mas deu um **salto** de mais de um metro.* [Sinôn.: *pulo*.] **3** Parte da sola de calçado, na área do calcanhar. O **salto** pode ser baixo ou alto. **salto com vara** ESP Esporte em que o atleta, com o auxílio de uma vara longa e flexível, deve saltar por sobre uma barra horizontal. *O recorde olímpico feminino do **salto com vara** é de 5,05 metros.* **salto em altura** ESP Esporte em que o atleta, usando apenas o impulso das pernas, deve saltar por sobre uma barra horizontal. *Numa competição de **salto em altura**, a cada novo salto a barra é elevada dois centímetros.* **salto em distância** ESP Esporte em que o atleta deve saltar o mais longe possível do ponto em que seus pés saíram do solo. *A atleta brasileira ganhou a medalha de ouro no **salto em distância**.* ☛ Ver ilustração na p. 492.

salvar (sal-var) *verbo* **1** Tirar uma pessoa ou um animal de um perigo. *O caçador **salvou** o animal que tinha caído na armadilha.* **2** Proteger de algum estrago. *Os moradores **salvaram** os móveis da enchente.* **3** Se você **salva** algo em um computador, *CD* etc., isso fica guardado lá para você usar ou ver outras vezes. *Aldir **salvou** as fotos no* notebook. ~

salvação *subst.fem.* **salvador** *subst.masc. adj.* **salvamento** *subst.masc.*

salva-vidas (sal-va - vi-das) *subst.masc.fem.* **1** Qualquer tipo de objeto que serve para salvar uma pessoa que esteja se afogando. Pode ser uma boia, um bote ou um colete. **2** Pessoa que socorre quem está se afogando. *O* ***salva-vidas*** *conseguiu socorrer o menino.* ☛ O sing. e o pl. desta palavra são iguais, e ela pode ser usada como adj.: *boia* ***salva-vidas****, botes* ***salva-vidas****.*

samambaia (sa-mam-bai-a) *subst.fem.* Nome dado a várias plantas de folhagem comprida e apontada para o chão. As **samambaias** não dão flores nem possuem sementes.

samba (sam-ba) *subst.masc.* **1** Tipo de música e dança popular brasileira, de origem africana. **2** Um baile ou reunião em que se toca essa música também é chamado de **samba**. *Estela fez um* ***samba*** *em casa para comemorar seu aniversário.*

sambar (sam-bar) *verbo* Dançar samba.

samurai ▼ (sa-mu-rai) *subst.masc.* Antigo guerreiro do Japão que trabalhava para um nobre.

sandália (san-dá-lia) *subst.fem.* Calçado com tiras que deixam o pé um pouco ou muito descoberto. A **sandália** pode ter salto alto ou baixo. ☛ Ver ilustração de *calçado*.

sanduíche (san-du-í-che) *subst.masc.* CUL Lanche feito de fatias de pão com recheio, como queijo, presunto, alface, molho etc.

saneamento (sa-ne-a-men-to) *subst.masc.* Conjunto de medidas que deixam um ambiente em boas condições de higiene e de saúde. **saneamento básico** Conjunto de sistemas de distribuição de água por encanamento e de tratamento de esgoto. *Bairros sem* ***saneamento básico*** *sofrem com a presença de ratos e insetos.*

sanfona (san-fo-na) *subst.fem.* MÚS A **sanfona** é um tipo de acordeão. ~ **sanfoneiro** *subst.masc.*

sangrar (san-grar) *verbo* Sair sangue de pessoa ou animal. *Quando Rosana cortou o dedo,* ***sangrou*** *um pouquinho.* ~ **sangramento** *subst.masc.*

sangue (san-gue) *subst.masc.* **1** ANAT Líquido vermelho que corre por dentro do corpo. O **sangue** transporta substâncias importantes para o organismo. **2** Se uma pessoa diz que tem **sangue** português, quer dizer que ela vem de uma família portuguesa.

sanitário (sa-ni-tá-rio) *subst.masc.* **1** Local, público ou em uma casa, que contém vaso sanitário. *Por favor, onde é o* ***sanitário****?* [Sinôn.: *banheiro*.] **2** É o mesmo que vaso sanitário. *adj.* **3** Um agente **sanitário** cuida das condições de higiene e de saúde da população.

santo (san-to) *adj.* **1** O que é **santo** é considerado sagrado para a religião de um grupo de pessoas. *Para os cristãos, o Domingo de Páscoa é um dia* ***santo****.* **2** Se você diz que uma pessoa é **santa**, você quer dizer que ela tem qualidades muito boas, como a bondade, a paciência etc. *Vera é uma* ***santa*** *vizinha, está sempre me ajudando.* *subst.masc.* **3** **Santo** é uma pessoa que morreu e que recebe esse título da Igreja católica por ter sido um exemplo para as outras pessoas. *O papa reconheceu frei Galvão como o primeiro* ***santo*** *brasileiro.* ☛ Ver *são*. **4** **Santo** é um nome que pode ser dado a seres divinos nas religiões afro-brasileiras.

¹são *subst.masc.* Forma de tratamento igual a santo. *A festa de* ***são*** *João é famosa na cidade.*

São é uma redução da palavra "santo" e é usado para os nomes de santos iniciados por consoante, como, por exemplo, "**são** Pedro". Para os nomes iniciados por vogal, usa-se a palavra "santo", por exemplo, "santo Antônio".

²são *adj.* Com saúde ou curado de uma doença. *Depois da cirurgia, Alfredo ficou* ***são***. [Sinôn.: *sadio, saudável*. Pl.: *sãos*. Fem.: *sã*.]

São vem do latim *sanus*, que também quer dizer "saudável".

sapatear (sa-pa-te-ar) *verbo* Bater com os pés no chão com força e de modo repetido, geralmente dançando.

sapatilha (sa-pa-ti-lha) *subst.fem.* **1** Calçado leve e fechado, próprio dos bailarinos. ☛ Ver ilustração de *calçado*. **2** Sapato flexível, macio e de sola fina. A **sapatilha** é um calçado de enfiar o pé, sem cadarço e sem salto.

sapato (sa-pa-to) *subst.masc.* Calçado que cobre o pé ou a maior parte dele e geralmente tem sola dura. O **sapato** pode ter salto alto. ☛ Ver ilustração de *calçado*.

sapé ou **sapê** (sa-pé; sa-pê) *subst.masc.* Espécie de capim muito alto e forte. O caule do **sapé** seco é usado como telhado em casas, estábulos e outras construções mais simples.

sapinho (sa-pi-nho) *subst.masc.* **1** Sapo pequeno. **2** MED Doença em que a parte interna da boca fica cheia de manchinhas brancas. O **sapinho** é muito comum em bebês.

sapo (sa-po) *subst.masc.* Anfíbio sem cauda, parecido com a rã e a perereca. O **sapo** tem a pele áspera e se movimenta com pequenos saltos.

sapoti ► (sa-po-ti) *subst.masc.* Fruta redonda, de casca lisa, polpa muito doce e sementes pretas. Da seiva do pé de **sapoti** é feito um tipo de goma.

sarampo (sa-ram-po) *subst.masc.* MED Doença que provoca febre e manchas vermelhas na pele.

sarar (sa-rar) *verbo* **1** Recuperar a saúde. *Os remédios ajudam a* ***sarar*** *os doentes.* [Sinôn.: *curar*.] **2** Se um machucado **sara**, ele se fecha. *O corte no dedo já* ***sarou***.

sarda (sar-da) *subst.fem.* As **sardas** são pequenas manchas marrons na pele, especialmente no rosto.

sardinha (sar-di-nha) *subst.fem.* Pequeno peixe marinho que vive em cardumes. A **sardinha** serve de alimentação para seres humanos e para outros peixes.

sargento (sar-gen-to) *subst.masc.* Militar que ocupa posto abaixo de tenente e acima de cabo.

sarna (sar-na) *subst.fem.* MED Doença de pele que provoca muita coceira. A **sarna** é causada por um tipo de ácaro.

satélite (sa-té-li-te) *subst.masc.* Corpo celeste que se move em torno de um planeta ou estrela. *A Lua é o* ***satélite*** *natural da Terra.* **satélite artificial** Aparelho ou veículo enviado ao espaço para fazer pesquisas ou para enviar sinais de comunicação. Os **satélites artificiais** ficam se movendo ao redor da Terra, de outro planeta ou de uma estrela.

satisfação (sa-tis-fa-ção) *subst.fem.* **1** Alegria por realizar alguma coisa que se queria muito. *Ter passado no vestibular foi motivo de grande* ***satisfação*** *para Rui.* **2** Explicação ou desculpa que se dá ou se exige de alguém. *O funcionário teve de dar uma* ***satisfação*** *por ter faltado ao trabalho.* [Pl.: *satisfações*.]

satisfazer (sa-tis-fa-zer) *verbo* **1** Realizar algo muito desejado. *Será que ela vai* ***satisfazer*** *o desejo de viajar pelo mundo?* **2** Dar-se por satisfeito com alguma coisa. *Ele se* ***satisfaz*** *com pouca comida.* **3** Atender a alguma exigência. *Essa resposta não vai* ***satisfazer*** *ao seu pai.*

satisfeito (sa-tis-fei-to) *adj.* **1** Alegre, contente. *Todos chegaram da praia* ***satisfei-***

tos, cantando e brincando. **2** Quando algo atende à nossa vontade ou necessidade, ficamos **satisfeitos.** *Pablo ficou **satisfeito** com a explicação.* **3** Quando uma pessoa come o suficiente, ela fica **satisfeita.** *Essa sopa deixa a gente **satisfeito**.*

saudação (sau-da-ção) *subst.fem.* Gesto ou palavra que usamos para cumprimentar alguém. [Pl.: *saudações.*]

saudade (sau-da-de) *subst.fem.* Sentimento, ligado à lembrança, de que algo ou alguém que não está presente nos faz falta. *Nara me disse que sente **saudades** da sua viagem à Bahia.*

saudar (sau-dar) *verbo* É o mesmo que cumprimentar.

saudável (sau-dá-vel) *adj.masc.fem.* **1** O que é **saudável** faz bem para a saúde ou causa uma sensação agradável. *Comer frutas é muito **saudável**. É **saudável** encontrar os amigos.* **2** Uma pessoa, animal ou planta **saudável** está com boa saúde. [Sinôn. geral: *sadio.* Pl.: *saudáveis.*]

saúde (sa-ú-de) *subst.fem.* **1** Estado de um organismo em que ele está funcionando bem, livre de doenças, ou está com capacidade de combater as doenças. *Marta recuperou a **saúde** com o tratamento. Félix tem uma **saúde** frágil.* **2** Estado de uma pessoa que se sente bem, com disposição para fazer as coisas. *Meus avós têm muita **saúde**, trabalham, passeiam, têm uma vida muita ativa.* *interjeição* **3** Palavra que se diz quando alguém espirra. **4** Também podemos dizer **saúde** quando fazemos um brinde.

saúva ▼ (sa-ú-va) *subst.fem.* Formiga grande que corta pedaços de folhas das plantas e leva para o formigueiro. Um ataque de **saúvas** pode destruir uma plantação.

[1]**se** *pron.pessoal* Usamos **se** no lugar de "ele", quando completa o significado de alguns verbos, para dizer que quem fez e quem recebeu uma ação são a mesma pessoa. Dizemos "Joana **se** cortou com a faca" e não "Joana cortou ela com a faca".

Se vem do pronome latino *se*, que também quer dizer "ele".

[2]**se** *conjunção* **1** Usamos **se** para juntar dois fatos de um jeito que o segundo fato só acontece quando o primeiro acontece também. ***Se** José fizer o dever de casa, pode brincar no quintal. Só vamos à praia **se** fizer sol.* [Sinôn.: *caso.*] **2** Usamos **se** para introduzir uma pergunta ou uma dúvida. *Elvira perguntou **se** Amanda gostou do filme. Não sei **se** jogo pião ou bola de gude.*

Se vem do latim *si*, que quer dizer "no caso de, quando".

seca (se-ca) \ê\ *subst.fem.* Falta de chuvas. A **seca** é uma estiagem que dura muito tempo. *A construção de açudes diminui os prejuízos da **seca**.* [Sinôn.: *estiagem.*]

seção (se-ção) *subst.fem.* **1** Parte, divisão de alguma coisa. *Na **seção** dois do livro, você encontra fotos e mapas.* **2** Parte de uma empresa responsável por um trabalho específico. *Manoel entregou a carteira de trabalho na **seção** de pessoal.* **3** Uma divisão do espaço em uma loja também é **seção**. *O detergente fica na **seção** de limpeza no supermercado.* [Pl.: *seções.*] ☛ Não confundir com *sessão*.

secar (se-car) *verbo* **1** Se uma coisa **seca**, não está mais molhada, porque perde a água ou a umidade. *Vamos **secar** os cabelos antes de dormir.* **2** Perder a força ou murchar também é **secar**. *As plantas **secaram** porque ficaram muito tempo no sol.*

seco (se-co) \ê\ *adj.* **1** O que está **seco** não está molhado ou não tem umidade. *Por falta de chuva, a plantação ficou **seca**.* **2** Aquilo que está murcho também está **seco**. *O pimentão estava **seco** na geladeira.*

secreção (se-cre-ção) *subst.fem.* Líquido produzido por glândulas. Algumas **secreções**, como o suor e o pus, são expelidas do corpo, outras, como a saliva, ficam dentro dele. [Pl.: *secreções.*]

secretaria (se-cre-ta-ri-a) *subst.fem.* **1** Local em uma escola ou em outro estabelecimento onde são guardados documentos importantes e feitos serviços administrativos. *A matrícula deve ser feita na **secretaria** da escola.* **2** Parte de um governo que cuida de uma área específica, como saúde e educação. *É responsabilidade da **Secretaria** de Saúde vacinar as crianças.* ☛ Neste sentido, primeira letra maiúscula.

secretário (se-cre-tá-rio) *subst.masc.* **1** Pessoa que trabalha, geralmente, em escritório, redigindo e organizando documentos, atendendo telefones, marcando reuniões etc. **2** Quem ocupa uma Secretaria de governo. *A nova **secretária** de Educação deu uma entrevista.*

secreto (se-cre-to) *adj.* Quando poucas pessoas sabem de uma coisa e quem sabe não conta para os outros, essa coisa é **secreta**. *O castelo tinha passagens **secretas**.*

século (sé-cu-lo) *subst.masc.* **1** Período de 100 anos. *Meu bisavô Bernardo viveu mais de um **século**.* **2** *informal* Período de tempo considerado muito longo. *Iara demora um **século** para tomar banho.*

→ Os **séculos** são geralmente indicados por algarismos romanos e são contados de 100 em 100, com início no ano 1. Por exemplo, o **século** XX foi do ano 1901 a 2000, o XXI vai do ano 2001 a 2100.

seda (se-da) \ê\ *subst.fem.* **1** Substância com brilho que forma o casulo do bicho-da-seda. **2** **Seda** também é o fio produzido com essa substância. *A **seda** é um material muito resistente.* **3** Tecido feito com esse fio. A **seda** é um tecido leve e mole que parece brilhar. *Beatriz ganhou uma camisola de **seda**.*

sede (se-de) *subst.fem.* **1** Local escolhido para a realização de algo. *O Brasil será a **sede** da Copa do Mundo de 2014.* **2** Local onde se instalou uma empresa, fábrica, escritório ou a parte mais importante de um grupo. *A **sede** da empresa é na França. A **sede** do clube é no centro, mas o campo é fora da cidade.*

sede (se-de) \ê\ *subst.fem.* **1** Vontade ou necessidade de beber algo, especialmente água. *Estou morrendo de **sede**.* **2** Vontade muito grande de ter ou de fazer alguma coisa. *O bandido tinha **sede** de vingança.*

sedentário (se-den-tá-rio) *subst.masc.* **1** Pessoa que não faz exercícios ou que passa muito tempo parada. **2** Pessoa que tem habitação fixa. [Antôn.: *nômade*.] ☛ Esta palavra pode ser usada como adj.: *hábitos **sedentários**, vida **sedentária**.*

segredo (se-gre-do) \ê\ *subst.masc.* **1** Um **segredo** é uma coisa que você sabe e não pode contar para ninguém. *Lúcia disse que o presente para Antônio era **segredo**.* **2** O **segredo** de um cadeado, fechadura ou cofre é um dispositivo que os faz abrir, se for usado de forma correta. **3** Maneira especial de se conseguir um resultado. *O **segredo** deste bolo é usar água quente.*

seguinte (se-guin-te) *adj.masc.fem.* O que é **seguinte** vem depois ou acontece depois. *Juçara dormiu na casa do avô e foi embora no dia **seguinte**. Lídia estava sem voz, então o aluno **seguinte** leu o texto.* [Sinôn.: *posterior*. Antôn.: *anterior*.] ☛ Esta palavra pode ser usada como subst.: *O caso é o **seguinte**, o ônibus já partiu.*

seguir (se-guir) *verbo* **1** Ir atrás de alguém. *O cachorro **seguia** o dono.* **2** Ir em certa direção. *Quando chegamos à esquina, **seguimos** à esquerda.* **3** Se você **segue** por um caminho, você vai a algum lugar andando por ele. *Para ir à biblioteca, **siga** por esta calçada.* **4** Se você **segue** uma religião, uma opinião ou uma pessoa, você age de acordo com o que ela diz ou faz. *Penha **seguiu** a opinião dos amigos. Cícero **segue** o irmão mais velho em tudo.* **5** Vir depois. *Nos dias que se **seguiram**, fez muito frio.* [Sinôn.: *suceder*.] ~ **seguidor** *subst.masc.*

segunda-feira (se-gun-da - fei-ra) *subst.fem.* Segundo dia da semana, entre domingo e terça-feira. Também se diz apenas segunda. [Pl.: *segundas-feiras*.]

→ Você pode chamar os dias da semana apenas de segunda, terça, quarta, quinta e sexta. Essa forma de contar com o numeral e a palavra feira, que em latim quer dizer "dia de festa", foi estimulada pela Igreja católica em Portugal para substituir os nomes da semana que seguiam deuses latinos ou astros celestes, como o Sol e a Lua. Veja por exemplo como é até hoje em espanhol (*lunes*), francês (*lundi*), inglês (*Monday*), todos derivados do nome da Lua: *luna*, *lune*, *moon*.

[1]**segundo** (se-gun-do) *numeral* **1** Quem é o **segundo** numa fila ocupa a posição número dois, logo depois do primeiro. *subst.masc.* **2** Unidade usada para medir o tempo. Cada 60 **segundos** formam um minuto (abreviação: s).

Segundo vem do latim *secundus*, que quer dizer "que vem depois, em segundo lugar".

[2]**segundo** (se-gun-do) *preposição* Usamos **segundo** para falar do que acontece de acordo com o que alguém disse, mandou, fez etc. *Vanessa montou o brinquedo **segundo** o manual.* ☛ Esta palavra pode ser usada como conjunção: ***Segundo** informou o jornal, vai chover muito hoje.*

Segundo veio da preposição latina *secundum*, com o mesmo significado.

segurança (se-gu-ran-ça) *subst.fem.* **1** Ficar em **segurança** é ficar seguro, sem correr perigo. *O bebê estava em **segurança** no colo da mãe.* **2** Quando a pessoa confia muito em alguma coisa que está fazendo ou falando, ela tem **segurança**. *O arquiteto demonstrou **segurança** ao apresentar o projeto.* *subst.masc.fem.* **3** Pessoa que trabalha fazendo a segurança de alguém ou de algo. [Sinôn.: *vigilante*.]

segurar (se-gu-rar) *verbo* **1** Pegar alguma coisa com firmeza. *Para não deixar o vaso cair tem de **segurar** direito.* **2** Impedir que alguma coisa caia. *Quando viu que eu ia cair, minha mãe **segurou** meu braço.*

seguro (se-gu-ro) *adj.* **1** Preso com firmeza. *Pode brincar, o balanço está **seguro**.* [Antôn.: *solto*.] **2** Livre de perigo. *Todos procuraram um lugar **seguro** para fugir da ventania.* **3** Uma pessoa **segura** tem confiança em si mesma, se sente capaz de fazer as coisas, tem certeza do que diz etc. *subst.masc.* **4** Contrato feito entre uma pessoa e uma empresa, que obriga a empresa a pagar um valor em dinheiro se algo de ruim acontecer com uma propriedade ou com a própria pessoa. *Esta casa tem **seguro** contra incêndio. O empresário fez um **seguro** de vida.* [Antôn. para 2 e 3: *inseguro*.]

seio (sei-o) *subst.masc.* ANAT Cada uma das duas partes macias e arredondadas do tórax da mulher, capaz de produzir leite para amamentar um bebê. [Sinôn.: *peito*.]

seiva (sei-va) *subst.fem.* Líquido que circula no interior das plantas alimentando-as.

sela (se-la) *subst.fem.* Assento colocado nas costas de um animal quadrúpede quando ele vai ser montado por uma pessoa. *Como a **sela** do cavalo estava frouxa, o cavaleiro caiu.* ☛ Não confundir com *cela*.

seleção (se-le-ção) *subst.fem.* **1** Quando você escolhe, entre um monte de coisas, as que você prefere ou as que são melhores, você faz uma **seleção**. *A **seleção** dos melhores projetos ainda não foi feita.* **2** ESP Grupo de atletas escolhidos entre os melhores. *A **seleção** de basquete treinou em São Paulo.* [Pl.: *seleções*.]

selecionar (se-le-cio-nar) *verbo* Em um conjunto de pessoas ou coisas, escolher as que você prefere ou acha melhores. *Em pouco tempo **selecionou** os tomates.*

selim (se-lim) *subst.masc.* **1** Sela pequena, para montar animais menores. **2** Assento triangular de velocípedes e bicicletas. ☛ Ver ilustração de *bicicleta*. [Pl.: *selins*.]

Selos para envelopes.

selo ▲ (se-lo) \ê\ *subst.masc.* **1** Pequena imagem impressa que se cola nos envelopes como pagamento dos envios feitos pelo correio. *Hoje em dia, poucas pessoas fazem coleção de **selos**.* **2** Marca de fábrica de certos produtos ou empresas. *Todos os produtos desta loja têm **selo** de qualidade.* **3** Tipo de carimbo que serve para identificar alguma coisa que não pode ser aberta. *O envelope continha o **selo** da presidência.*

selva (sel-va) *subst.fem.* É o mesmo que floresta.

selvagem (sel-va-gem) *adj.masc.fem.* **1 Selvagem** é o que vive na selva ou em contato direto com a natureza. *Juca contou-nos que tinha vivido em uma tribo* ***selvagem****.* **2** Animal **selvagem** é aquele que, por sua natureza, deve habitar as selvas, por isso, parece feroz e não está acostumado a viver preso. *A onça é um animal* ***selvagem****.* **3** Aquilo que ainda não foi modificado pelo homem também é chamado de **selvagem.** *A excursão passará por três praias* ***selvagens****.* [Pl.: *selvagens.*]

sem *preposição* Se você está **sem** uma coisa, você não tem isso ou isso está faltando. *Reinaldo estava* ***sem*** *fome e a comida estava* ***sem*** *sal.* ☛ Não confundir com o número *cem.*

semáforo (se-má-fo-ro) *subst.masc.* Aparelho luminoso, com luzes vermelha, amarela e verde, que orienta o tráfego nas ruas, nas ferrovias etc. [Sinôn.: *sinal.*] ☛ Ver ilustração na p. 484.

→ A luz vermelha acesa indica que os carros devem parar, a verde, que os carros devem seguir e a amarela, quando existe, significa atenção, porque o sinal vai mudar.

semana (se-ma-na) *subst.fem.* **1** Período de tempo que começa no domingo e termina no sábado. A **semana** tem sete dias. **2 Semana** também é qualquer período de sete dias. *Vítor tem uma* ***semana*** *para ler o livro.* **3** Você também pode chamar de **semana** a parte dela sem o sábado e o domingo. *Ana Beatriz trabalha a* ***semana*** *toda e no fim de* ***semana*** *quer descansar.*

semanal (se-ma-nal) *adj.masc.fem.* **Semanal** quer dizer relacionado à semana. Revista **semanal** é publicada uma vez por semana. [Pl.: *semanais.*]

semear (se-me-ar) *verbo* Espalhar sementes no solo para que germinem.

semelhança (se-me-lhan-ça) *subst.fem.* Relação entre seres, coisas ou ideias que têm elementos iguais ou parecidos. *A* ***semelhança*** *entre os dois irmãos é muito grande.*

semelhante (se-me-lhan-te) *adj.masc.fem.* **1** O que é **semelhante** tem as mesmas características, propriedades, formas etc. do outro. *Neste livro você encontra problemas* ***semelhantes*** *aos do teste. Descobrimos que temos gostos* ***semelhantes*** *para livros.* *subst.masc.* **2** Qualquer ser humano é nosso **semelhante.** *Devemos ajudar os nossos* ***semelhantes****.*

semente (se-men-te) *subst.fem.* Parte da planta que germina, que é capaz de dar origem a uma nova planta da mesma espécie. *Papagaios gostam de* ***sementes*** *de girassol.*

semestre (se-mes-tre) *subst.masc.* Período de seis meses. *Todos lá em casa fazem aniversário no primeiro* ***semestre*** *do ano.* ~ **semestral** *adj.masc.fem.*

sempre (sem-pre) *advérbio* O que acontece **sempre** acontece sem parar, várias vezes ou durante muito tempo. *Vovó* ***sempre*** *fazia meu bolo favorito. A princesa se casou com o príncipe e foram felizes para* ***sempre****.* [Antôn.: *nunca.*]

sena (se-na) *subst.fem.* Conjunto formado por seis números ou seis coisas.

senado (se-na-do) *subst.masc.* Órgão do Congresso Nacional composto pelos senadores. ☛ Primeira letra maiúscula.

senador (se-na-dor) \ô\ *subst.masc.* Pessoa eleita pelos cidadãos para representar um estado no Senado. [Pl.: *senadores.*]

senão (se-não) *conjunção* **1** Usamos **senão** para juntar dois fatos de um jeito que o segundo fato só aconteça se o primeiro não acontecer. *Coma, Gabriela,* ***senão*** *ficará doente.* **2** A não ser. *Não há mais o que fazer,* ***senão*** *desistir.*

senha (se-nha) *subst.fem.* **1** Combinação de números ou letras que serve para proteger um arquivo, um computador, uma conta de banco etc. **2** Bilhete ou papel, geralmente com números, que marca a ordem para alguém ser atendido. *Renata pegou a* ***senha*** *25 para ser atendida no banco.*

senhor (se-nhor) \ô\ *subst.masc.* **1** Homem adulto. *Raul viu um* ***senhor*** *entrar pela porta da frente.* [Pl.: *senhores.*] *pron.trat.* **2** Usamos **senhor** ou **senhora** para falar com adultos ou para falar deles numa situação formal. A abreviação dessas palavras é Sr. e Sra.

sensação (sen-sa-ção) *subst.fem.* **1** Quando os órgãos dos sentidos recebem um estímulo, por exemplo um som, um gosto, uma dor, eles o transmitem ao cérebro, que o entende como uma **sensação**. *Passei a mão no pelo de um gato e tive a **sensação** de uma coisa macia.* **2** Admiração, surpresa, emoção etc. produzida por um acontecimento, uma notícia etc. *A sua entrada causou **sensação** na escola.* **3** Ter opinião ou impressão sobre uma coisa, mas sem ter certeza dela. *Tenho a **sensação** de que tudo vai sair bem hoje.* [Pl.: *sensações.*]

sensacional (sen-sa-cio-nal) *adj.masc.fem.* É **sensacional** aquilo que causa escândalo, animação, emoção, surpresa, admiração etc. *A inteligência do Rui é algo **sensacional**!* [Sinôn.: *extraordinário*. Antôn.: *comum*. Pl.: *sensacionais*.]

sensibilidade (sen-si-bi-li-da-de) *subst.fem.* **1** Capacidade de perceber pelos órgãos dos sentidos os estímulos internos ou externos que nos chegam. *Se alguém perder a **sensibilidade** na pele, deve procurar o médico.* **2** Delicadeza para perceber e expressar sentimentos, afetos, emoções. *Miriam é uma amiga de grande **sensibilidade**.* **3** Sentimento especial para com certas expressões, por exemplo, artísticas. *Ricardo sempre teve **sensibilidade** para a música.* **4** Capacidade de um instrumento de medida registrar mínimas variações de uma grandeza. *A **sensibilidade** da balança que compramos é extraordinária.* **5** Facilidade de sofrer com algum agente físico. *Muito branca, Mara tem **sensibilidade** à luz do sol.*

sensível (sen-sí-vel) *adj.masc.fem.* **1** Capaz de receber um estímulo e reagir a ele. *Odair é muito **sensível** ao frio. Os papéis fotográficos são **sensíveis** à luz.* **2** As pessoas **sensíveis** se emocionam com facilidade. *A Cacau é uma menina **sensível**, que se impressiona com tudo.* **3** **Sensível** é quem se sente muito tocado por elogios, ofensas, conselhos etc. *Não fale isso com o Gabriel, ele é muito **sensível**.* **4** É **sensível** quem é bondoso, sente solidariedade e respeito pelos outros, pelos animais etc. **5** É **sensível** quem gosta das artes, da cultura. **6** Fácil de perceber. *O aprendizado dessa criança teve **sensível** melhora.* **7** Um instrumento **sensível** indica a menor alteração. *Este termômetro é muito **sensível**.* [Antôn. de 1 a 5: *insensível*. Pl.: *sensíveis.*]

senso (sen-so) *subst.masc.* **1** Tem **senso** quem tem juízo, é equilibrado ao agir ou reagir. **2** **Senso** é a capacidade de julgar o que é certo ou errado. ☛ Não confundir com *censo*.

sentar ▼ (sen-tar) *verbo* Dobrar as pernas até apoiar o bumbum sobre alguma coisa.

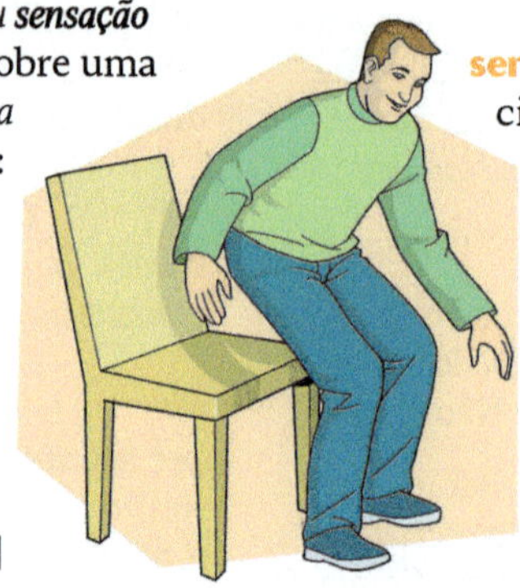

sentença (sen-ten-ça) *subst.fem.* Decisão tomada pelo juiz ou por uma autoridade. *A **sentença** declarou o réu inocente.*

sentido (sen-ti-do) *subst.masc.* **1** Cada uma das habilidades físicas dos animais, que são ver, ouvir, sentir, cheirar e perceber sabor. **2** **Sentido** também é o lugar para onde vai uma estrada, uma rua, um caminho etc. *Aconteceu um acidente na estrada, no **sentido** São Paulo. A nascente do rio é no **sentido** norte.* **3** O que faz **sentido** parece estar certo, porque pensamos que esse seria o pensamento da maioria das pessoas. *Não tem **sentido** uma pessoa pegar chuva se ela está doente.* **4** GRAM É o mesmo que significado.

sentimental (sen-ti-men-tal) *adj.masc.fem.* **1** O que é **sentimental** tem fatos ou elementos que emocionam, especialmente os ligados ao amor, à ternura, à piedade etc. *Gosto das novelas **sentimentais**.* **2** Chama-se de **sentimental** a pessoa que age levada por esses sentimentos afetivos, que se emociona à toa. *Sara é **sentimental**, chora em todos os filmes.* [Pl.: *sentimentais.*]

sentimento (sen-ti-men-to) *subst.masc.* **1** Um **sentimento** é uma emoção. A raiva, o ciúme, o medo e o amor são **sentimentos**. **2** Quem fala com **sentimento**, fala com emoção, entusiasmo, comove quem está ouvindo. **sentimentos** *subst.masc.pl.* **3** Qualidades morais de uma pessoa. *Rejane é uma pessoa com bons **sentimentos**.*

sentinela (sen-ti-ne-la) *subst.masc.fem.* **1** Pessoa que está de vigia. *Aquele prédio tem **sentinelas** dia e noite.* *subst.fem.* **2** Quem está de **sentinela**, está tomando conta de alguém ou de algo. *A enfermeira passou a noite de **sentinela**.*

sentir (sen-tir) *verbo* **1** Você **sente** uma coisa quando a percebe pelos seus sentidos. Através deles, nós **sentimos** gostos, cheiros, barulhos, formas, pesos, resistências etc. ***Sinta** a temperatura* *do mingau antes de tomá-lo.* **2** Quando você **sente** uma emoção, não a **sente** com os sentidos, mas com o espírito. ***Senti** medo de não chegar na hora. Ângela **sentiu** a morte da sua gata.* **3 Sentir** uma sensação física é experimentá-la no corpo. *Maria está se **sentindo** meio enjoada.* **4** Quem **sente** a presença de alguém ou de algo, toma consciência disso, às vezes mesmo sem ver nem ouvir nada. *De repente, **senti** que alguém me seguia.* **5 Perceber** pelas circunstâncias. *Alice **sentiu** que eu estava chateado.*

senzala (sen-za-la) *subst.fem.* Construção onde ficavam os escravos, em antigas fazendas. A **senzala** geralmente era formada apenas por teto e paredes.

separação (se-pa-ra-ção) *subst.fem.* **1** Quando você separa algo, faz uma **separação**. **2** Fim de um relacionamento amoroso, como um casamento. *Toda **separação** é difícil para a família.* **3** Tudo aquilo que separa, como um muro, parede, papel, também é chamado de **separação**. *O rio era a **separação** entre os dois terrenos.* [Pl.: *separações.*]

separar (se-pa-rar) *verbo* **1** Se você **separa** alguma coisa de outra, você as deixa afastadas, sem ligação. *O vendedor **separou** as canetas dos lápis. A professora **separou** os alunos que estavam conversando.* **2** Quando você guarda alguma coisa para depois ou para uma pessoa, você **separa** essa coisa. *Nadir **separou** um bombom para os colegas.* [Sinôn.: *reservar.*] **3** Quando duas pessoas que estavam casadas vão morar cada uma em uma casa diferente, elas se **separam**. [Antôn. para 1 e 3: *juntar.*] ~ **separável** *adj.masc.fem.*

sepultar (se-pul-tar) *verbo* Pôr um cadáver em sepultura. [Sinôn.: *enterrar.*]

sepultura (se-pul-tu-ra) *subst.fem.* Buraco que se cava para enterrar as pessoas quando morrem. [Sinôn.: *cova.*]

sequência (se-quên-cia) \qüe\ *subst.fem.* **1** Série de coisas, fatos ou atos que acontecem ou vêm logo depois de outros. *O atleta preparou uma **sequência** de saltos.* **2** Continuação de algo. *Dando **sequência** à visita ao museu, iremos conhecer a biblioteca.*

sequestrar (se-ques-trar) \qüe\ *verbo* Levar embora uma pessoa sem ela querer e pedir dinheiro ou outra coisa para libertá-la. ~ **sequestro** *subst.masc.*

ser *verbo* **1** Indica localização. *A reunião **é** aqui.* **2** Indica propriedade. *Este lápis **é** seu.* **3** Indica tempo. *A corrida **será** à noite.* **4** Indica característica. *Mara **é** inteligente.* **5** Indica existência. *Isso não **é** deste mundo.* **6** Indica finalidade. *Esses óculos **são** para sol.* **7** Indica substância. *O brinco **é** de ouro.* **8** Indica origem. *O Nei **é** do Pará.* **9** Indica ficção. *Eu **era** o rei e ela, a rainha.* **10** Indica custo. *Quanto **é** essa TV?* **11** Indica significado. *Poupar **é** o mesmo que economizar.* **12** Indica equivalência. *O roubo **é** um crime. Um mais um **são** dois.* **13** Indica profissão. *Renato **é** médico.* **14** Introduz um pedido de confirmação. *Você se chama Luís, não **é**?* *subst.masc.* **15** Tudo o que vive. *As plantas são **seres**.* **16** Tudo o que existe de verdade ou na imaginação. *Vi um filme com **seres** das trevas, eram assustadores.* [Pl. do subst.: *seres.*] ☞ O verbo **ser** também é usado quando a ação é sofrida pelo sujeito, como na frase: "Esse desenho **foi** feito pelo Paulo."

sereia ◣ (se-rei-a) *subst.fem.* Criatura com rabo de peixe e peito e cabeça de mulher que, com o canto, atrai os marinheiros para o fundo do mar.

sereno (se-re-no) *adj.* **1** Um mar **sereno** é um mar calmo, sem muitas ondas. Uma pessoa **serena** é alguém tranquilo. *subst.masc.* **2** É o mesmo que orvalho. **3** Ar frio e úmido da noite. *Cuidado com o **sereno**, você está resfriado.*

seriado (se-ri-a-do) *adj.* **1** Feito ou organizado em série. *Fizemos exames **seriados**.* *subst.masc.* **2** Programa de televisão feito em episódios, exibidos geralmente uma vez por semana.

série (sé-rie) *subst.fem.* **1** Conjunto de coisas ou fatos semelhantes que vêm uns depois dos outros. *Tenho um livro da **série** Fábulas.* [Sinôn.: *sequência.*] **2** Grande quantidade. *Tiago cometeu uma **série** de erros na prova.* **3** Cada ano em que ficamos na escola. Hoje, a **série** é chamada de ano.

seriema (se-ri-e-ma) *subst.fem.* Ave sul-americana que tem pernas longas, penas cinzentas com tons amarelados e um feixe de penas no começo do bico. A **seriema** vive nos campos e se alimenta de pequenos animais, como insetos, roedores e até cobras. Ela é muito conhecida pelo seu canto.

seriguela (se-ri-gue-la) \güe\ *subst.fem.* É o mesmo que imbu.

seringa (se-rin-ga) *subst.fem.* Instrumento de vidro ou plástico com um bico na ponta, onde se coloca uma agulha. As **seringas** são usadas, por exemplo, para tirar sangue, dar injeção etc.

seringueira (se-rin-guei-ra) *subst.fem.* Árvore da Amazônia que fornece um dos melhores látex para a produção de borracha natural.

sério (sé-rio) *adj.* **1** O que é **sério** é feito com muita atenção ou com muito cuidado. *Leandro fez um trabalho **sério** para apresentar na faculdade.* **2** Se algo é **sério** pode ter consequências graves ou ser perigoso. *Márcia teve um problema **sério** de saúde.* **3** Uma pessoa **séria** tenta fazer tudo com cuidado e do jeito certo, cumpre seus compromissos e obrigações. *Anderson é um aluno muito **sério**, nunca chega atrasado e sempre faz as tarefas.* **4** Quem não ri ou não brinca é **sério**. *Ele é muito **sério**, não dá nem um sorriso.* [Antôn.: *engraçado*.] |Superl.absol.: *seríssimo, seriíssimo*.| ~ **seriedade** *subst.fem.*

sermão (ser-mão) *subst.masc.* **1** A fala de um religioso, como um padre ou pastor, na hora da missa ou do culto. **2** Aquilo que uma pessoa fala quando repreende outra. *Álvaro ouviu um **sermão** dos pais porque nem tentou fazer a prova.* |Pl.: *sermões*.|

serpente (ser-pen-te) *subst.fem.* **Serpente** é o nome que damos às cobras, principalmente às cobras venenosas.

serpentina (ser-pen-ti-na) *subst.fem.* Fita de papel enrolada, estreita e colorida, que se desenrola quando é arremessada. A **serpentina** é usada especialmente no carnaval. ☛ Ver ilustração de *confete*.

serra (ser-ra) *subst.fem.* **1** Instrumento próprio para serrar, formado por um cabo e uma afiada lâmina dentada. *Há **serras** manuais e **serras** elétricas.* **2** Conjunto de montes e montanhas em sequência. *A **serra** do Mar acompanha boa parte do litoral brasileiro.* **3** *informal* Região em que há muitas montanhas. *Vou passar as férias na **serra**.* ☛ Para 2 e 3, ver ilustração na p. 490.

serrar (ser-rar) *verbo* Cortar um material duro, como madeira e metal, com serra ou serrote.

serrote (ser-ro-te) *subst.masc.* Ferramenta formada por uma lâmina dentada presa a um cabo, usada para serrar madeira. ☛ Ver ilustração de *ferramenta*.

sertanejo (ser-ta-ne-jo) \ê\ *subst.masc.* **1** Pessoa que nasceu ou que mora no sertão. *adj.* **2** Típico do sertão ou que veio do sertão. *Poucas pessoas da cidade conhecem os costumes **sertanejos**.* **3** Música **sertaneja** é aquela tradicional em alguns estados do Sudeste e do Centro-Oeste, geralmente cantada em duplas.

sertão (ser-tão) *subst.masc.* **1** Região pouco povoada do interior do Brasil, especialmente a de clima muito seco, com pouca ou nenhuma vegetação. **2** Região afastada dos centros urbanos ou do litoral. *Eles vieram do **sertão** para a cidade grande sem conhecer ninguém.* [Sinôn.: *interior*.] |Pl.: *sertões*.|

servente (ser-ven-te) *subst.masc.fem.* **1** Empregado que cuida da limpeza e da organização de um ambiente qualquer, de uma escola, loja etc. **2** Trabalhador que ajuda o pedreiro nas construções.

serviço (ser-vi-ço) *subst.masc.* **1** Trabalho. *Pedro fez um bom **serviço** na obra. Ana se aposentou por tempo de **serviço**.* **2** Local onde se trabalha. *Miranda saiu cedo do **serviço**.* **3** Um **serviço** é alguma coisa necessária para a população, como transporte, hospital, escola, energia etc., que é oferecida pelo governo ou por órgãos privados. **4** Conjunto de atividades que atende a população, como o turismo e o comércio, e que faz parte da economia de um lugar. *Mesmo tendo uma indústria forte, a maior renda da cidade vem dos **serviços**.* **serviço militar** Prestação de serviço à nação nas Forças Armadas. No Brasil, o **serviço militar** é obrigatório por um ano para os homens que completam 18 anos. **de serviço** Uma porta ou elevador **de serviço** é uma entrada especial em uma casa ou prédio para quem está com compras, fazendo entregas, acompanhado de animais etc.

servir (ser-vir) *verbo* **1** Trabalhar para alguém fazendo um favor, sem receber nada em troca. *Essas mulheres trabalham para **servir** à igreja todos os dias.* **2** Ter uma certa utilidade ou finalidade. *Essa* *caixa* ***serve*** *para guardar objetos quadrados.* **3** Prestar o serviço militar. *Samuel vai* ***servir*** *à Marinha no próximo ano.* **4** Dar atenção a um freguês ou cliente, dando o que foi pedido. *O garçom* ***serviu*** *muito bem o nosso almoço.* **5** Ser adequado às necessidades. *A calça* ***serviu*** *muito bem na Fernanda.*

sessão (ses-são) *subst.fem.* **1** Reunião em que as pessoas discutem algo e tomam decisões. *Os deputados vão votar o projeto na* ***sessão*** *de hoje.* **2** Cada uma das apresentações de um espetáculo num mesmo dia. *Flávio foi ao cinema, na* ***sessão*** *das 19 horas.* **3** Tempo de realização de uma atividade ou de parte dela. *Glória terá que fazer dez* ***sessões*** *de massagem.* [Pl.: *sessões.*] ☛ Não confundir com *seção*.

seta ▼ (se-ta) *subst.fem.* Sinal em forma de flecha que indica uma direção.

setembro (se-tem-bro) *subst.masc.* Nono mês do ano, entre agosto e outubro. **Setembro** tem 30 dias.

setor (se-tor) \ô\ *subst.masc.* **1** Cada divisão de um lugar, de um estabelecimento ou de um grupo de pessoas. *Osmar mora no* ***setor*** *sul. Álvaro trabalha no* ***setor*** *de compras da empresa. Os* ***setores*** *mais tradicionais da sociedade não apoiam este candidato.* **2 Setor** também é uma área, ramo de uma atividade. *O* ***setor*** *de agricultura orgânica tem crescido nos últimos anos.* [Pl.: *setores.*]

seu *pron.poss.* **Seu** é a palavra que usamos para dizer "dele" ou "de você". O que é **seu** pode ser da pessoa de quem estamos falando ou da pessoa com quem estamos falando, se chamamos essa pessoa de "você". *Paulo César saiu sem levar* ***sua*** *carteira. João, você pode me emprestar* ***seu*** *caderno?* [Fem.: *sua.*]

severo (se-ve-ro) *adj.* **1** Exigente, rígido nas opiniões, nos julgamentos, na disciplina. *No tribunal, o bandido pegou um juiz* ***severo.*** **2** Sério, grave no comportamento, nas maneiras. *O rosto* ***severo*** *do professor mostrou que ele não estava para brincadeiras.* **3** Feito ou aplicado com rigor. *Francisco recebeu uma punição* ***severa.*** **4** Aplica-se ao clima (frio, calor etc.) quando é fora do comum. *O Paraná teve um inverno* ***severo.*** [Sinôn. geral: *rigoroso*. Antôn. geral: *suave.*] ~ **severidade** *subst.fem.*

sexo (se-xo) \cs\ *subst.masc.* **1** Característica do organismo que diferencia o macho da fêmea e torna possível a reprodução dos seres. *Você já sabe o* ***sexo*** *do bebê?* **2** Cada um dos dois grupos, macho ou fêmea, em que as pessoas e os animais estão divididos quanto às funções de reprodução. *Essa blusa serve para os dois* ***sexos.*** *A escola aceita estudantes do* ***sexo*** *masculino e feminino.* **3 Sexo** é um outro jeito de chamar os órgãos genitais. **4** Tipo de contato físico entre um macho e uma fêmea que pode levar à reprodução. Em um relacionamento amoroso, também pode se fazer **sexo** sem a intenção de se reproduzir. ~ **sexual** *adj.masc.fem.*

➜ Você sabia que, para alguns animais, o **sexo** dos filhotes depende da temperatura do ninho? Leia em *Ciência Hoje das Crianças on-line*.

sexta-feira (sex-ta - fei-ra) *subst.fem.* Sexto dia da semana, entre quinta-feira e sábado. Também se diz apenas sexta. [Pl.: *sextas-feiras.*] ☛ Ver *segunda-feira*.

seta

shopping center *locução* Expressão inglesa que significa centro comercial que reúne lojas, restaurantes, cinemas, áreas de lazer etc. Também se diz apenas *shopping.* ☛ Pronuncia-se *xópin cênter.* Ver ilustração na p. 484.

shorts *subst.masc.pl.* Palavra inglesa que significa bermudas curtas, geralmente esportivas. ☛ Pronuncia-se *xórts.*

show *subst.masc.* Palavra inglesa que significa espetáculo de música, humor etc. apresentado em teatro, televisão, rádio, praia etc. ☛ Pronuncia-se *xôu.*

[1]**si** *pron.pessoal* Usamos **si** no lugar de "se" quando há uma preposição antes. Devemos dizer "Lúcio trouxe um doce para **si**" e não "Lúcio trouxe um doce para se".

O pronome **si** vem de um pronome latino que quer dizer "de si, para si, se".

[2]**si** *subst.masc.* MÚS Sétima nota da escala musical.

Para a origem do nome da nota **si**, veja *dó* (primeira nota).

sicrano (si-cra-no) *subst.masc.* Usamos **sicrano** junto de fulano e beltrano, para falar de pessoas sem dizer seu nome, porque não sabemos ou não queremos falar.

sigla (si-gla) *subst.fem.* Forma simplificada de um nome, geralmente composta por suas primeiras letras. Por exemplo, a **sigla** UNE quer dizer "União Nacional dos Estudantes".

significado (sig-ni-fi-ca-do) *subst.masc.* **1** Importância que damos a algo. *Nossa amizade tem um grande* ***significado*** *para mim.* **2** GRAM O **significado** de uma palavra é aquilo que ela quer dizer, a ideia que ela transmite ou o que entendemos quando a lemos ou a ouvimos. [Sinôn.: *sentido.*]

→ Para entendermos os **significados** das palavras, precisamos, muitas vezes, observar a frase em que elas estão. Às vezes, duas palavras juntas têm um **significado** muito diferente de quando estão separadas, como, por exemplo, "lua de mel", "mar de rosas", "miolo mole".

significar (sig-ni-fi-car) *verbo* **1** O que uma palavra **significa** é o que ela quer dizer, o que ela expressa. Os dicionários explicam o que cada palavra **significa**. **2** Quando sabemos o que **significa** determinada atitude, gesto etc., conseguimos entender a ideia que eles transmitem. *A risada* ***significa*** *que a pessoa está alegre. Se alguém levantar o polegar* ***significa*** *que está tudo bem.*

signo (sig-no) *subst.masc.* **1** Qualquer sinal, palavra ou som que faz a gente perceber alguma coisa. *Para os agricultores, a chuva era um* ***signo*** *de esperança.* **2** Cada uma das 12 divisões imaginadas para o céu, de acordo com a posição em que os astros estão.

→ Cada signo recebe o nome de uma constelação e, para algumas pessoas, ele influencia a maneira de a gente ser. Os 12 **signos** são: Áries, Touro, Gêmeos, Câncer, Leão, Virgem, Libra, Escorpião, Sagitário, Capricórnio, Aquário e Peixes.

sílaba (sí-la-ba) *subst.fem.* GRAM Grupo de sons da fala pronunciados juntos de uma só vez, como "pa" e "to", em "pato". Em português, toda **sílaba** tem uma vogal.

silêncio (si-lên-cio) *subst.masc.* Se está **silêncio**, ninguém está falando nem tem barulho. *A enfermeira pediu* ***silêncio****.*

silencioso (si-len-ci-o-so) \ô\ *adj.* **1** O que é **silencioso** não tem ou não faz barulho. *Este é o quarto mais* ***silencioso*** *da casa. A porta do armário é* ***silenciosa****.* **2** Se você fica **silencioso**, fica calado.

silvestre (sil-ves-tre) *adj.masc.fem.* **1** Animal **silvestre** é aquele que vive nas matas. *Caçar espécies* ***silvestres*** *é proibido.* **2** Tudo aquilo que nasceu sem ser cultivado pelo homem também é **silvestre**. *O enfeite era feito com flores e frutas* ***silvestres****.* [Sinôn. geral: *selvagem.*]

sim *advérbio* Quem diz **sim** confirma o que disseram ou concorda com isso. *Renata veio* ***sim*** *à festa, está perto do bolo.* [Antôn.: *não.*] ☛ Esta palavra pode ser usada como subst.: *Recebemos um* ***sim*** *como resposta.*

símbolo (sím-bo-lo) *subst.masc.* **1** Desenho, objeto, pessoa etc. que representa ou sugere outra coisa. Por exemplo, a pomba é o **símbolo** da paz. **2** Sinal gráfico para representar algo como, por exemplo, medidas. *O **símbolo** de quilômetro é km.* ~ **simbólico** adj. **simbolizar** verbo

Símbolo para o que é adaptado para pessoas com deficiência.

simpatia (sim-pa-ti-a) subst.fem. **1** Se você sente **simpatia** por uma pessoa, você gosta de estar com ela, acha que ela é agradável e educada. Também sentimos **simpatia** por coisas. [Antôn.: *antipatia.*] **2** Ação supersticiosa para se conseguir alguma coisa. *Josefa conhece uma **simpatia** para acabar com soluço.*

simpático (sim-pá-ti-co) adj. Uma pessoa **simpática** é agradável, educada e todos gostam dela. Há também coisas **simpáticas**. *Dar o lugar para os mais velhos sentarem é um gesto **simpático**.* [Antôn.: *antipático.*]

simples (sim-ples) adj.masc.fem. **1** Fácil de fazer ou de entender. *Esse bolo é bem **simples** de fazer. Resolva essa soma, ela é muito **simples**.* [Antôn.: *difícil.*] **2** Sem enfeites, sem luxo. *Flávia usou um vestido **simples** no seu aniversário.* **3** Puro, sem mistura. *Isa tomou um café com leite, Janaína preferiu um café **simples**.* **4** Simples também quer dizer algo único ou sozinho. *Uma **simples** mariposa assustou a cachorrinha.* **5** Uma pessoa que tem uma origem humilde ou não tem muitos recursos econômicos é uma pessoa **simples**. *Sua família sempre foi muito **simples**.* [Superl.absol.: *simplíssimo, simplicíssimo.*] ☛ O sing. e o pl. desta palavra são iguais: *casa **simples**, casas **simples**.*

simplesmente (sim-ples-men-te) advérbio Usamos **simplesmente** para mostrar que não há mais nada a acrescentar a uma informação, ideia, opinião. *A casa está **simplesmente** maravilhosa.*

simplificar (sim-pli-fi-car) verbo Tornar algo simples ou mais simples, claro, fácil de entender. ***Simplificando** o mapa, todos saberão chegar à sua casa. Para **simplificar**, o cliente preferiu o sanduíche frio.*

sinagoga (si-na-go-ga) subst.fem. REL Templo onde se reúnem os judeus.

sinal (si-nal) subst.masc. **1** Um **sinal** nos deixa ver antes, conhecer ou reconhecer algo. *Céu nublado é **sinal** de chuva.* **2** **Sinal** também é qualquer gesto, som, luz etc. que serve para passar uma informação. O **sinal** vermelho, no trânsito, informa que devemos parar. O **sinal** que toca na escola informa que está na hora da saída. *Clarice fez um **sinal** para o táxi parar.* **3** Qualquer mancha ou marca da pele. *Marco nasceu com um **sinal** no pé esquerdo.* **4** MAT Quando fazemos contas, usamos **sinais**, como "+", para somar. **5** O **sinal** de rádio, de telefone celular etc. são ondas que carregam informações. **6** **Sinal** também é o mesmo que semáforo. **sinal de pontuação** GRAM Qualquer marca escrita, como a vírgula, colocada num texto para indicar pausa, jeito de falar uma frase etc. [Pl.: *sinais.*]

sinalização (si-na-li-za-ção) subst.fem. Conjunto de sinais usados como meio de comunicação, especialmente nos lugares onde há circulação de pessoas e de veículos. *Respeite a **sinalização**.* [Pl.: *sinalizações.*]

sinceridade (sin-ce-ri-da-de) subst.fem. As pessoas ou as coisas que são verdadeiras, que não são falsas nem fingidas têm **sinceridade**. *Há uma grande **sinceridade** no que diz essa moça.*

sincero (sin-ce-ro) adj. Se alguém ou algo é **sincero**, revela a verdade e demonstra sentimentos sem fingir. *Patrícia foi muito **sincera** ao pedir desculpas para a amiga.* [Sinôn.: *autêntico, verdadeiro.* Antôn.: *falso.*]

síndico (sín-di-co) subst.masc. Pessoa escolhida para cuidar dos assuntos de um condomínio. O **síndico** pode, por exemplo, administrar as despesas, comandar funcionários e resolver conflitos entre os moradores.

singular (sin-gu-lar) subst.masc. GRAM Uma palavra no **singular** está relacionada a apenas um ser ou uma coisa. [Pl.: *singulares.*] ☛ Esta palavra pode ser usada como adj.: *adjetivo **singular**.* Ver *plural.*

→ Algumas palavras, mesmo no **singular**, podem dizer respeito a vários seres ou coisas. "Pessoal", que significa "grupo de pessoas", é um exemplo disso.

sino (si-no) *subst.masc.* Instrumento em forma de cone, oco, geralmente de metal e com uma haste pendurada por dentro. Quando o **sino** é balançado, a haste se move e bate nas laterais dele. *A vaca tinha um pequeno **sino** pendurado no pescoço.*

sinônimo (si-nô-ni-mo) *subst.masc.* GRAM Palavra que tem um significado igual ou quase igual ao de outra. O que é belo podemos chamar também de bonito, então "belo" e "bonito" são **sinônimos**. ☛ Esta palavra pode ser usada como adj.: *palavras **sinônimas**.* Ver *antônimo*.

sintético (sin-té-ti-co) *adj.* **1** O que é **sintético** não tem os detalhes, porque é resumido. *Alexandre fez uma apresentação **sintética** da história para a turma.* **2** Também é **sintético** o que é produzido com elementos artificiais. Por exemplo, o fio de seda **sintético** não é retirado do casulo do bicho-da-seda.

sintoma (sin-to-ma) *subst.masc.* O **sintoma** de uma doença é a sensação que a pessoa tem de que algo não está bem com o corpo dela. Os **sintomas** são sinais para o médico identificar a doença. *Dor de cabeça, cansaço e nariz entupido são **sintomas** do resfriado.*

sinuca (si-nu-ca) *subst.fem.* Jogo com sete bolas coloridas e uma branca arrumadas sobre uma mesa especial, forrada com um pano verde, e com seis pequenos buracos nos cantos e nas laterais. Os jogadores devem tocar as bolas com um taco e tentar colocá-las, numa certa ordem, nos buracos.

siri (si-ri) *subst.masc.* Crustáceo de águas salgadas, parecido com o caranguejo, mas com o último par de pernas em forma de remo, para poder nadar.

[1]siso (si-so) *subst.masc.* Uma pessoa tem **siso** quando tem juízo e é responsável. *Minha avó sempre dizia que muito riso é sinal de pouco **siso**.*

✎ **Siso** provavelmente vem da palavra latina *sensus*, que quer dizer "sentido".

[2]siso (si-so) *subst.masc.* ANAT Cada um dos últimos dentes molares que podem nascer muito depois dos outros dentes, geralmente na idade adulta.

✎ Forma simplificada de dizer "dente de **siso**". O dente recebeu esse nome porque quando ele nasce, geralmente quando a pessoa tem entre 17 e 21 anos, se espera que ela já tenha juízo e responsabilidade.

sistema (sis-te-ma) *subst.masc.* **1** Conjunto de elementos relacionados entre si, geralmente organizados para realizar uma função. *A cidade tem um bom **sistema** de transporte. A doença atacou todo o **sistema** respiratório. O **sistema** do computador deu defeito.* **2** Maneira de um país ou comunidade organizar o funcionamento, por exemplo, da política, da economia ou da sociedade. *Muitos países têm um **sistema** de democracia.* **3** Método, modo de fazer algo, seguindo certas regras. *Rodrigo instalou um novo **sistema** de informática em sua empresa.* **sistema solar** O Sol e o conjunto de corpos celestes que giram em torno dele. [Sinôn.: *universo*.]

→ Mercúrio, Vênus, Terra, Marte, Júpiter, Saturno, Urano e Netuno são os planetas do **sistema** solar.

site *subst.masc.* INF Palavra inglesa que significa página ou conjunto de páginas na internet. Nos ***sites***, você encontra informações sobre um assunto, na forma de texto, foto, vídeo, música etc. *Hoje em dia muitas empresas e escolas têm **sites**.* ☛ Pronuncia-se *sáit*.

sítio (sí-tio) *subst.masc.* **1** Terreno menor que uma fazenda, com árvores frutíferas, pequenas plantações ou criações e uma casa própria para morar. **2** **Sítio** também quer dizer local. *O Piauí tem muitos **sítios** arqueológicos.*

situação (si-tu-a-ção) *subst.fem.* **1** Você usa **situação** para falar de maneira geral do que está acontecendo com você ou em certo lugar em uma época determinada. *A **situação** lá em casa está melhor: meus tios pararam de brigar. Meu time está em ótima **situação** no campeonato.* **2** Estado de algo ou alguém. *Mesmo fora de perigo, a **situação** do paciente exige cuidado.* [Pl.: *situações*.]

situar (si-tu-ar) *verbo* Estar localizado em um lugar. *Brasília se **situa** na região Centro-Oeste.*

skate *subst.masc.* Palavra inglesa que dá nome a uma tábua de madeira não muito longa, com dois eixos e quatro rodinhas. O ***skate*** pode ser usado para lazer ou como meio de transporte. ☛ Pronuncia-se *squêit*.

só *adj.masc.fem.* **1** Uma pessoa **só** está sem ninguém por perto ou se sente como se estivesse assim. *O viajante chegou **só** e saiu **só**.* [Sinôn.: *sozinho*.] *advérbio* **2** É o mesmo que apenas.

soalho (so-a-lho) *subst.masc.* É o mesmo que assoalho.

soar (so-ar) *verbo* **1** Produzir um som. *A campainha **soou** alto.* **2** Um som de uma língua **soa** porque é falado de um certo jeito. *Sozinho entre vogais, o "s" **soa** como "z".* **3** Se uma coisa **soa** como outra, é porque se parece com ela. *Certas mentiras **soam** como verdade.*

sob \ô\ *preposição* **1** O que está **sob** algo está sendo coberto ou protegido por ele. *Marisa gosta de usar uma camisa **sob** outra. Durante a chuva, Érica ficou **sob** a marquise.* [Antôn.: *sobre*.] **2** Se você está **sob** o comando de alguém, essa pessoa lhe diz o que fazer. ***Sob** as ordens do sargento, a tropa marchou.* **3** O que acontece **sob** a influência de uma coisa, depende dela ou só acontece por causa dela. ***Sob** efeito da crise, os preços aumentaram.* **4** De acordo com. *O rei só usa roupas feitas **sob** medida.*

sobra (so-bra) *subst.fem.* O que fica depois que se tira o que é necessário ou o que é principal para ser usado em uma atividade, tarefa etc. *Vera guardou as **sobras** de tecido.* [Sinôn.: *resto*.]

sobrancelha (so-bran-ce-lha) \ê\ *subst.fem.* Conjunto de pelos em cima dos olhos, geralmente em forma de arco.

sobrar (so-brar) *verbo* **1** Quando alguma coisa **sobra**, é porque você não precisou usá-la completamente. *Ainda **sobrou** cola para o próximo cartaz. **Sobraram** dois reais de troco.* [Sinôn.: *restar*.] **2** Existir em excesso. *Está **sobrando** tempo para a próxima sessão do filme. **Sobra** orgulho em Cláudio.* [Antôn.: *faltar*.] **3** *informal* Se alguma coisa ruim **sobrou** para você, você ganhou a responsabilidade de fazer essa coisa ou foi atingido por um sentimento negativo de alguém. ***Sobrou** para o empregado fazer o trabalho do colega que está doente. Quando Sandro fica de mau humor, **sobra** para os outros.*

sobre (so-bre) \ô\ *preposição* **1** O que está **sobre** algo está em cima ou acima dele. *O travesseiro está **sobre** a cama.* [Antôn.: *sob*.] **2** Quando falamos **sobre** alguma coisa, transformamos essa coisa em assunto de nossa fala. *A prova será **sobre** a última aula.*

sobremesa (so-bre-me-sa) \ê\ *subst.fem.* Fruta, doce etc. servidos logo após o almoço ou jantar.

sobrenatural (so-bre-na-tu-ral) *adj.masc.fem.* Chamamos de **sobrenatural** um acontecimento, uma atitude, criatura etc. que é ou parece ser fora do comum. *Os super-heróis têm poderes **sobrenaturais**. Para arrastar o armário foi preciso um esforço **sobrenatural**.* [Pl.: *sobrenaturais*.]

sobrenome (so-bre-no-me) *subst.masc.* Nome que uma família tem e que a diferencia das outras. O **sobrenome** de uma pessoa vem sempre após o nome dela.

sobreviver (so-bre-vi-ver) *verbo* Quem **sobrevive** continua a viver mesmo após um fato ruim ou em condições difíceis. *Os passageiros **sobreviveram** ao acidente. Os retirantes lutam para **sobreviver**.* ~ **sobrevivente** *adj.masc.fem. subst.masc.fem.*

sobrevoar (so-bre-vo-ar) *verbo* Voar sobre um local. *O helicóptero **sobrevoava** a mata em busca dos sobreviventes.* ~ **sobrevoo** *subst.masc.*

sobrinho (so-bri-nho) *subst.masc.* O filho do seu irmão ou da sua irmã é seu **sobrinho**.

socar (so-car) *verbo* **1** Bater com a mão fechada. *Ninguém atendia, então o rapaz **socou** a porta.* **2** Bater com força, para amassar, misturar, moer etc. *A cozinheira **socou** a cebola para temperar o feijão.* **3** Guardar coisas sem cuidado num espaço pequeno. *Viviane **socou** as roupas na mala para caber tudo.*

social (so-ci-al) *adj.masc.fem.* **1** O que é **social** está relacionado à sociedade. Um problema **social** é um problema de toda a sociedade. Classes **sociais** são as classes em que a sociedade está dividida. **2** **Social** também quer dizer que inclui o contato entre as pessoas, geralmente como lazer. *A empresa promove eventos **sociais** para maior integração dos funcionários. O convívio **social** com André é muito agradável.* **3** Uma porta ou elevador **social** é uma entrada especial em uma casa ou prédio que não pode ser usada por quem está com compras, com animais, por quem não é morador do local ou sócio do clube etc. **4** Animais **sociais** são seres que vivem em grupos e fazem coisas juntas. Abelhas, formigas e cupins são animais **sociais**. *subst.masc.* **5** Tudo que diz respeito ao bem-estar de toda uma população, especialmente das pessoas mais pobres. *O candidato prometeu fazer muito pelo **social**.* [Pl.: *sociais.*]

sociedade (so-ci-e-da-de) *subst.fem.* **1** Conjunto de pessoas que vivem juntas em certo período de tempo e lugar seguindo as mesmas normas. *A **sociedade** moderna enfrenta muitos problemas.* **2** Agrupamento de seres que vivem em colaboração mútua. *As abelhas vivem em uma **sociedade** muito organizada.* **3** Quando duas ou mais pessoas abrem um negócio juntas, elas têm uma **sociedade**.

sócio (só-cio) *subst.masc.* **1** Quando uma pessoa se junta a outra para abrir uma empresa ou um estabelecimento comercial, elas se tornam **sócias**. *Sandro é **sócio** de seu irmão na padaria.* **2** Pessoa que faz parte de um clube ou de uma associação. *Somente os **sócios** poderão usar a piscina do clube.*

soco (so-co) \ô\ *subst.masc.* Pancada com a mão fechada.

socorro (so-cor-ro) \ô\ *subst.masc.* **1** Ajuda em caso de perigo, doença ou outra necessidade. **2** Veículo próprio para puxar carro, caminhão ou moto. [Sinôn.: *reboque.*] *interjeição* **3** Palavra usada para pedir ajuda em caso de perigo. ***Socorro!** Há uma aranha aqui.* **primeiros socorros** Primeira ajuda recebida por uma pessoa que passa mal ou sofre um acidente. ~ **socorrer** *verbo*

Grãos de **soja**.

→ Os **primeiros socorros** são cuidados básicos de emergência, até que a pessoa seja atendida por um médico ou enfermeiro. Dependendo do caso, os **primeiros socorros** podem incluir respiração boca a boca, lavar o local machucado, fazer um curativo e outras medidas para diminuir a dor ou preparar a pessoa para ser transportada para um hospital.

sofá (so-fá) *subst.masc.* Assento estofado com encosto e braços, para duas ou mais pessoas.

sofrer (so-frer) *verbo* **1** Sentir dores físicas. *A forte dor no pé faz Tatiana **sofrer** muito.* **2** Ter sentimentos ruins por causa de uma situação, uma pessoa, um problema etc. *Você não precisa **sofrer** por não ter viajado.* **3** Ser atingido pelos efeitos de uma ação ou de uma situação. *O país **sofreu** com a crise. O prédio **sofreu** uma reforma geral.*

sofrimento (so-fri-men-to) *subst.masc.* **1** Dor física. *Seu **sofrimento** foi aliviado pelos remédios.* **2** Sentimento ruim que aparece por causa de uma situação difícil. *A briga na família gerou muito **sofrimento**. A guerra traz muito **sofrimento**.* **3** Condição ou situação difícil, ruim. *O rei enriqueceu às custas do **sofrimento** do povo. Viajar no ônibus lotado foi um **sofrimento**.*

S

software *subst.masc.* INF Palavra inglesa que quer dizer programa de computador. ☛ Pronuncia-se *sóftuer*.

sogro (so-gro) \ô\ *subst.masc.* O pai da esposa ou do esposo de uma pessoa é **sogro** dessa pessoa.

soja ◄ (so-ja) *subst.fem.* Planta que produz grão muito nutritivo, usado para fazer óleo, farinha, molho, carne, leite, queijo etc. A **soja** é de origem asiática.

[1]**sol** *subst.masc.* **1** Estrela que aquece e ilumina a Terra. Todos os planetas do nosso sistema solar giram em torno do **Sol**, em órbitas mais ou menos próximas dele. ☛ Primeira letra maiúscula. **2** A luz e o calor que vem dessa estrela. *Hoje o **sol** está muito forte, use protetor solar e um boné.* [Pl.: *sóis*.]

O nome dessa estrela em latim, língua de onde veio a palavra em português, também é *sol*.

[2]**sol** *subst.masc.* MÚS Quinta nota da escala musical. [Pl.: *sóis*.]

Para a origem do nome da nota **sol**, veja *dó* (primeira nota).

sola (so-la) *subst.fem.* Parte do calçado que fica em contato com o chão. **sola do pé** Parte do pé que fica em contato com o chão. [Sinôn.: *planta do pé*.]

[1]**solar** (so-lar) *adj.masc.fem.* Tudo que vem do Sol ou está relacionado a ele é **solar**. *O planeta Terra integra o sistema **solar**. Este prédio usa energia **solar**.* [Pl.: *solares*.]

Este adjetivo veio do latim *solaris*.

[2]**solar** (so-lar) *verbo* Não assar de modo igual. *O bolo **solou**.*

Este verbo vem da palavra *sola*.

solda (sol-da) *subst.fem.* Substância de metal que, ao ser aquecida, se mistura com outros metais, servindo como uma cola. ~ **soldar** *verbo*

soldado (sol-da-do) *subst.masc.* Pessoa que integra as Forças Armadas, a Polícia ou o Corpo de Bombeiros. *Passou de **soldado** a cabo.* [Col.: *tropa*.]

soletrar (so-le-trar) *verbo* Dizer o nome de letra por letra de uma palavra. *Sebastião **soletrou** seu nome para a moça anotar.*

solicitar (so-li-ci-tar) *verbo* Pedir com educação. Geralmente, **solicitamos** documentos. *O empregado **solicitou** sair mais cedo do trabalho. Para **solicitar** o passaporte, você tem que ir à Polícia Federal.* ~ **solicitação** *subst.fem.* **solicitante** *adj.masc.fem. subst.masc.fem.*

solidão (so-li-dão) *subst.fem.* **1** Fato de estar sozinho ou sensação de quem está ou se sente sem companhia. *Enrico diz que sente **solidão** quando viaja.* **2** Situação ou estado do que é isolado, afastado, pouco habitado. *Meus pais curtem a **solidão** das montanhas.* [Pl.: *solidões*.]

solidariedade (so-li-da-rie-da-de) *subst.fem.* Atitude de quem tem piedade e ajuda os outros, nem sempre pessoas conhecidas. *A **solidariedade** dos colegas diminuiu a dor causada pela tragédia.* ~ **solidário** *adj.*

sólido (só-li-do) *adj.* **1** Bem duro e firme, difícil de quebrar. *A pedra é um material **sólido**.* *subst.masc.* **2** MAT Figura geométrica que tem três dimensões. *O cubo é um exemplo de **sólido** geométrico.* ~ **solidez** *subst.fem.*

solitária (so-li-tá-ria) *subst.fem.* Verme, geralmente longo e fino, que vive como parasita no intestino de animais vertebrados. [Sinôn.: *tênia*.]

solitário (so-li-tá-rio) *adj.* **1** Uma pessoa ou um animal **solitário** está ou vive só. *João é um viajante **solitário**.* **2** Você se sente **solitário** quando está sozinho, sem uma companhia. **3** É **solitário** o que está situado em lugar afastado, isolado. *No monte havia um castelo **solitário**.* *subst.masc.* **4** Anel com uma pedra preciosa. **5** Pessoa que vive ou se sente só.

[1]**solo** (so-lo) *subst.masc.* Chão em que se pisa, terra em que se planta. *A ginástica de **solo** ganhou medalha de ouro. O astronauta pisou no **solo** da Lua.*

Este **solo** veio do latim *solum*, que quer dizer "a parte inferior de algo; o fundo do mar; o chão".

²solo (so-lo) *subst.masc.* **1** MÚS Música ou trecho de música cantado apenas por uma pessoa ou tocado por um único instrumento. **2** Algo que se faz sozinho também é chamado de **solo**. ☛ Neste sentido, esta palavra pode ser usada como adj.: *voo **solo**, carreira **solo***.

✏ Esta palavra veio do italiano *solo*, que quer dizer "só".

---

soltar (sol-tar) *verbo* **1** Deixar livre pessoa ou animal que estava preso. [Sinôn.: *libertar*. Antôn.: *prender*.] **2** Retirar o que prende ou amarra. *Franca **soltou** os cabelos. Francisco **soltou** o nó do cadarço.* [Antôn.: *prender*.] **3** Deixar sair de si ou jogar para fora de si. *Iara **soltou** um grito. A flor **soltou** seu perfume pela casa. A chaminé **soltava** fumaça.* **4** Deixar de segurar ou parar de fazer força sobre algo. *Zuleica **soltou** a mão da mãe.* [Sinôn.: *largar*. Antôn.: *agarrar, pegar*.]

solteiro (sol-tei-ro) *subst.masc.* Pessoa que não se casou. ☛ Esta palavra pode ser usada como adj.: *homem **solteiro***.

solução (so-lu-ção) *subst.fem.* **1** Resultado ou conclusão de um problema, uma conta etc. *Só havia uma **solução** para o caso do aluno reprovado.* **2** Líquido em que há substâncias dissolvidas. *O soro caseiro é uma **solução** de água, sal e açúcar.* [Pl.: *soluções*.]

solucionar (so-lu-cio-nar) *verbo* Encontrar a solução para um problema, uma pergunta etc. *O detetive **solucionou** o caso.* [Sinôn.: *resolver*.]

soluço (so-lu-ço) *subst.masc.* **1** Você está com **soluço** quando um músculo da sua barriga se contrai, interrompe sua respiração e faz um barulho sair da sua boca. O **soluço** acontece independente da sua vontade. **2** **Soluço** também é o suspiro no meio do choro. *Todos ouviram os **soluços** da criança que se machucou.* ~ **soluçar** *verbo*

solúvel (so-lú-vel) *adj.masc.fem.* Uma tinta que se dissolve em água é uma tinta **solúvel** em água. [Pl.: *solúveis*.]

som *subst.masc.* **1** **Som** é tudo aquilo que a gente escuta. **2** O **som** da campainha é o ruído que ela faz. **3** *informal* Música. *Rogério gosta de relaxar ouvindo um **som**.* **4** *informal* Aparelho que permite ouvir **som**, geralmente de rádio e CD. *Alda comprou um **som** novo.* [Pl.: *sons*.]

soma (so-ma) *subst.fem.* **1** MAT **Soma** é a operação matemática chamada adição. **2** MAT Resultado dessa operação matemática. *A **soma** de dois mais dois é quatro.* [Sinôn.: *total*.] **3** Conjunto formado pela reunião de diversos elementos. *A **soma** de nossos esforços dará um ótimo resultado.*

somar (so-mar) *verbo* **1** MAT Fazer uma soma, uma adição. ***Some** o número de convidados com as pessoas da casa.* [Sinôn.: *adicionar*.] **2** Formar o total de alguma coisa. *Beatriz e Beto juntos **somaram** dez pontos.*

De frente para a luz, sua **sombra** fica atrás de você.

sombra ► (som-bra) *subst.fem.* **1** Área que escureceu pela presença de um corpo que impede a passagem da luz. *Você está fazendo **sombra** no meu desenho. As crianças ficaram na **sombra** da barraca.* **2** Sinal, pista sobre alguma coisa. *Não há nem **sombra** do lanche que fizeram.* **3** Maquiagem que se passa nas pálpebras. **sem sombra de dúvida** Com toda a certeza. ***Sem sombra de dúvida**, você é o campeão!*

sombrinha (som-bri-nha) *subst.fem.* Guarda-chuva pequeno usado por mulheres.

sombrio (som-bri-o) *adj.* **1** Um lugar onde bate pouco sol ou que tem pouca luz é um lugar **sombrio**. *O sótão da casa do César é muito **sombrio**.* **2** **Sombrio** também é o que não é alegre, não tem boas intenções ou é pouco animado. *Uma pessoa **sombria** e um dia **sombrio** não são nada simpáticos.*

somente (so-men-te) *advérbio* É o mesmo que apenas.

sonâmbulo (so-nâm-bu-lo) *subst.masc.* Pessoa que fala e anda enquanto está dormindo. ☛ Esta palavra pode ser usada como adj.: *homem **sonâmbulo***.

sonda (son-da) *subst.fem.* **1** Instrumento para medir a profundidade da água, em rio, mar, lagoa etc. **2** Instrumento para perfurar o solo em busca de algo. *Com a **sonda**, encontraram petróleo no fundo* *do mar.* **3** Em medicina, tubo fino e longo introduzido em alguma parte do corpo para realizar exames ou tratamento. *Uma **sonda** que entra pela boca permite ver dentro do estômago do paciente.*

sonhar (so-nhar) *verbo* **1** Ter sonhos enquanto dorme. ***Sonhei** com você ontem.* **2** Desejar muito uma coisa. *Sérgio **sonhava** ser piloto de avião.*

sonho (so-nho) *subst.masc.* **1** Série de acontecimentos imaginários que passam pela sua mente enquanto você dorme. *Meus **sonhos** são sempre muito coloridos.* **2** Desejo muito forte. *O **sonho** da Paula é desfilar como modelo.* **3** CUL Bolinho doce, redondo e fofo, recheado de creme.

sono (so-no) *subst.masc.* **1** Descanso do corpo e da mente que acontece enquanto dormimos. *Oito horas de **sono** fazem muito bem à saúde.* **2** Vontade ou necessidade de dormir. *Vânia estava com **sono** durante a aula.*

sonoro (so-no-ro) *adj.* **1** Tudo que é **sonoro** tem som ou produz som. *O rádio é um aparelho **sonoro**.* **2** O que é **sonoro** também produz um som agradável. *O bebê deu uma gargalhada **sonora**.*

sopa (so-pa) \ô\ *subst.fem.* **1** CUL Caldo preparado com legumes, carnes, macarrão etc. **2** *informal* Algo que é muito fácil de se conseguir também é chamado de **sopa**. *Acertar a questão número dois foi uma **sopa**.*

soprar (so-prar) *verbo* **1** Botar para fora, pela boca e com força, o ar dos pulmões. **2** Tirar do lugar com o sopro. ***Soprou** o pó, em vez de usar um pano.* **3** Quando **sopramos** uma vela, a apagamos com um sopro. **4** Mover como um sopro. *O vento **soprou** as folhas da varanda.* **5** Dizer em voz baixa, geralmente escondido. *Bento **soprou** a resposta para o colega.*

sopro (so-pro) \ô\ *subst.masc.* **1** Expulsão, pela boca e com força, do ar que foi inspirado. **2** O ar que expiramos pela boca em certa direção também se chama **sopro**. *Apagou as velas com um **sopro** forte.* **3** Um **sopro** de vento é certa quantidade de vento que passa por nós ou por algum lugar. *Um **sopro** de vento levou o guarda-chuva de Marcela.*

soro (so-ro) \ô\ *subst.masc.* **1** Líquido de cor clara que se separa do leite, quando este coalha. **2** MED Líquido usado na hidratação ou na alimentação de pessoas doentes. As pessoas podem receber **soro** pela veia, com um medicamento. *O **soro** caseiro é feito com água, açúcar e sal.* **3** MED Remédio para tratar picadas de animais venenosos. *O Instituto Butantan produz **soros** para picadas de cobras, escorpiões e aranhas.*

sorrir (sor-rir) *verbo* Rir apenas esticando os lábios, sem fazer ruído. *Bia **sorriu** para a colega apenas por educação.*

sorriso (sor-ri-so) *subst.masc.* Riso fraco, sem som.

sorte (sor-te) *subst.fem.* **1** Quando acontece uma coisa boa ou tudo começa a dar certo, estamos com **sorte**. *Que **sorte** recuperar o anel perdido!* [Antôn.: *azar*.] **2** Força invencível que controla os acontecimentos da vida. *Vamos ver o que a **sorte** nos reserva para amanhã.* [Sinôn.: *destino*.] **3** Decisão tomada pelo acaso. *Tiraram na **sorte** quem tomava banho primeiro.*

sorteio (sor-tei-o) *subst.masc.* Num **sorteio**, você ganha ou compra um bilhete que vem com um número. Depois, um número é tirado ao acaso e, se o seu bilhete tiver esse mesmo número, você recebe um prêmio ou é escolhido para fazer determinada coisa. Há também outros jeitos de fazer um **sorteio**, como, por exemplo, o amigo-oculto. *A Eli entrou num **sorteio** e ganhou uma bicicleta.* ~ **sortear** *verbo*

sorvete (sor-ve-te) \ê\ *subst.masc.* Massa doce e gelada, de frutas ou de creme de variados sabores. *Seu **sorvete** está derretendo.*

sossegar (sos-se-gar) *verbo* **1** **Sossegar** é tornar calmo alguém, um animal ou uma coisa. *O cachorro não para de latir; vá **sossegá**-lo.* [Sinôn.: *tranquilizar*.] **2** Quando você **sossega**, fica em paz, tranquilo, para de correr e de se agitar, ou não fica mais nervoso. *Bárbara correu, correu e depois **sossegou**.* [Sinôn.: *acalmar-se*.]

sossego (sos-se-go) \ê\ *subst.masc.* **1** Sensação de calma, de paz. *Célia gosta de **sossego**.* [Sinôn.: *tranquilidade*.] **2** **Sossego** é ausência de problemas, de preocupações, de trabalhos. *Nas férias, Lúcia quer **sossego**.* **3** Ausência de barulho e agitação. *Há muito **sossego** na minha rua.* **4** Aquilo que dá tranquilidade. *Seu filho era um **sossego** para sua velhice.*

sótão (só-tão) *subst.masc.* Espaço, numa casa, que fica entre o teto e o telhado. [Pl.: *sótãos*.]

sotaque (so-ta-que) *subst.masc.* Pronúncia que é própria de um país, de uma cidade, de uma pessoa etc. *O* ***sotaque*** *de Márcia é diferente do nosso.*

sovaco (so-va-co) *subst.masc.* *informal* É o mesmo que axila.

sozinho (so-zi-nho) *adj.* **1** Uma pessoa **sozinha** está ou vive sem outras pessoas por perto. *Isabel tem medo de dormir* ***sozinha***. [Sinôn.: *só*.] **2** Você está **sozinho** quando está sem uma companhia. *Leila já vai para a escola* ***sozinha***. **3** Se você quer ficar **sozinho** com alguém, quer estar acompanhado apenas dessa pessoa. **4** Quem fala **sozinho** fala consigo mesmo. **5** Se você faz uma coisa **sozinho**, você a faz sem a ajuda de ninguém. *Juju limpou toda a casa* ***sozinha***. ☛ Neste sentido, esta palavra pode ser usada como advérbio: *A jarra quebrou* ***sozinha***.

suar (su-ar) *verbo* Quando você sente muito calor ou está com febre e gotas de líquido saem da sua pele, você está **suando**. [Sinôn.: *transpirar*.]

→ Você sabia que o suor não possui odor? O "mau cheiro" que às vezes sentimos é causado pelas bactérias que vivem na pele e que aumentam quando **suamos**.

suave (su-a-ve) *adj.masc.fem.* **1** Tudo que é **suave** é delicado ou tem pouca força. *A menina sentiu uma brisa* ***suave*** *tocar em seu rosto.* **2** Um movimento **suave** não é feito de repente ou com rapidez. *O motorista deu um toque* ***suave*** *no freio.* **3** Macio, agradável ao tato. *Liana comprou um tecido* ***suave*** *para fazer um vestido.*

subconjunto (sub-con-jun-to) *subst.masc.* Um conjunto que está contido em outro. *O conjunto dos botões azuis é um* ***subconjunto*** *dos objetos de cor azul.*

subida (su-bi-da) *subst.fem.* **1** Rua inclinada. *Moramos na* ***subida*** *daquele morro.* **2** Movimento que se faz, a pé, de carro etc., para subir. *A* ***subida*** *da trilha demora uma hora a pé.* **3** Aumento do valor, da temperatura, dos preços etc. *À noite a febre deu uma* ***subida***.

subir (su-bir) *verbo* **1** Mover-se de um lugar mais baixo para um mais alto. *Para chegar à casa,* ***subimos*** *uma ladeira.* **2** Aumentar de volume, intensidade ou valor. *Quando a maré* ***subir***, *vamos pescar. A febre* ***subiu***. *Os preços* ***subiram***. **3** Colocar em lugar ou posição mais alta. ***Suba*** *o quadro um pouquinho mais. É preciso* ***subir*** *a bainha desta calça.* [Sinôn.: *levantar, erguer*.] **4** Embarcar. *Uma senhora pediu ajuda para* ***subir*** *no ônibus.* [Antôn. geral: *descer*.]

súbito (sú-bi-to) *adj.* O que é **súbito** acontece sem as pessoas esperarem. *O aparecimento* ***súbito*** *do animal atrapalhou o trânsito.* [Sinôn.: *repentino*.]

subjetivo (sub-je-ti-vo) *adj.* **1** O que é **subjetivo** varia de pessoa para pessoa, porque é particular de cada um. *A ideia de beleza é* ***subjetiva***. **2** O que é **subjetivo** se apoia na experiência ou nos interesses de uma pessoa. *A avaliação do juiz não pode ser* ***subjetiva***. [Antôn.: *objetivo*.]

subjuntivo (sub-jun-ti-vo) *subst.masc.* GRAM Modo verbal usado para indicar ações e estados que não são reais, mas que são possíveis ou desejados. Ao dizermos "É bom que André chegue logo", o verbo "chegar" está no **subjuntivo** e expressa nosso desejo de que André não demore. ☛ Esta palavra pode ser usada como adj.: *modo* ***subjuntivo***.

sublinhar (su-bli-nhar) *verbo* Traçar uma linha embaixo de palavra, frase, número etc.

submarino ◄ (sub-ma-ri-no) *subst.masc.* **1** Navio capaz de navegar completamente debaixo da água do mar. *adj.* **2** O que é **submarino** está relacionado ao fundo do mar. A pesca **submarina** acontece no fundo do mar. Vida **submarina** é a que existe no fundo do mar.

submergir (sub-mer-gir) *verbo* Ficar completamente embaixo da água. *O submarino* ***submergiu*** *perto da ilha.* [Sinôn.: *afundar*. Antôn.: *emergir*.]

subproduto (sub-pro-du-to) *subst.masc.* Produto que é obtido a partir de outro produto. *A gasolina é um **subproduto** do petróleo.*

subsistência (sub-sis-tên-cia) *subst.fem.* Preservação da vida ou da existência de si mesmo ou de outras pessoas. *Trabalham muito para garantir sua **subsistência**. A plantação era apenas para a **subsistência** da família.*

subsolo (sub-so-lo) *subst.masc.* **1** Camada que vem logo abaixo do solo. **2** Pavimento que fica abaixo do nível do solo. *A garagem é no primeiro **subsolo**.*

substância (subs-tân-cia) *subst.fem.* Chama-se **substância** a qualquer sólido, pó, líquido ou gás com propriedades próprias.

substantivo (subs-tan-ti-vo) *subst.masc.* GRAM Palavra que dá nome a um ser, coisa, ação, estado, característica. "Gato", "mesa", "subtração", "cansaço" e "beleza" são **substantivos**. O **substantivo** é uma das classes de palavras.

substituir (subs-ti-tu-ir) *verbo* **1** Pôr uma coisa no lugar de outra. *O técnico **substituiu** a peça da televisão e ela voltou a funcionar. Ana **substituiu** o leite por suco na receita de bolo.* [Sinôn.: *trocar*.] **2** Exercer as atividades de uma outra pessoa, geralmente por um certo período de tempo. *Janaína **substituiu** a professora que faltou hoje.* **3** Tomar o lugar de alguém ou algo. *Um grande prédio **substituirá** o cinema da praça. Ninguém pode **substituir** mãe ou pai.* ~ **substituição** *subst.fem.* **substituto** *adj. subst.masc.*

subterrâneo (sub-ter-râ-neo) *adj.* **1** Algo **subterrâneo** está sob a terra. Um animal **subterrâneo** vive debaixo da terra. *Vão construir garagens **subterrâneas** no centro da cidade.* *subst.masc.* **2** Passagem ou construção debaixo da terra. *Os esconderijos ficam no **subterrâneo**.*

subtração (sub-tra-ção) *subst.fem.* MAT Operação matemática que tem por objetivo subtrair, ou seja, diminuir um número do outro. *Para resolver o problema da página dois, você tem que fazer uma **subtração**.* [Sinôn.: *diminuição*. Pl.: *subtrações*.]

subtrair (sub-tra-ir) *verbo* Quando você tira um número de outro para saber o resultado, você **subtrai**. [Sinôn.: *diminuir*.]

subúrbio (su-búr-bio) *subst.masc.* Região mais afastada do centro da cidade. *Olaria é um **subúrbio** do Rio de Janeiro.*

sucata ▼ (su-ca-ta) *subst.fem.* **1** Resto de peças de metal que é jogado fora e geralmente recolhido pelos donos de ferros-velhos. *O carro pegou fogo e virou **sucata**.* **2** Qualquer material que pode ser aproveitado para outras finalidades ou pode ser reciclado. Embalagens, tampas de vidros, caixas de papelão etc. são **sucatas**. *Na oficina de artes construímos um robô com **sucatas**.*

suceder (su-ce-der) *verbo* **1** É o mesmo que acontecer. *O que **sucedeu** foi um equívoco.* **2** Acontecer ou vir depois. *O ano-novo **sucede** ao Natal.* **3** Ficar no lugar de alguém em alguma função ou cargo. *Jeremias **sucedeu** ao Mário na direção do clube.*

sucesso (su-ces-so) *subst.masc.* **1** Quando tudo acontece bem, como tinha que acontecer, dizemos que foi um **sucesso**. *A cirurgia da mamãe foi um **sucesso**.* [Antôn.: *fracasso*.] **2** Quem é muito conhecido e adorado pelas pessoas faz **sucesso**. Uma peça, um filme, um quadro etc. também podem ter **sucesso**.

suco (su-co) *subst.masc.* Líquido nutritivo extraído de alguns vegetais, geralmente das frutas. *Violeta adora **suco** de laranja com acerola.* [Sinôn.: *sumo*.]

suculento (su-cu-len-to) *adj.* O que é **suculento** tem muito suco ou caldo. *O melão e a manga são frutas **suculentas**.*

sucuri (su-cu-ri) *subst.fem.* Cobra não venenosa, que vive em rios e lagoas da América do Sul. A

sucuri é a maior cobra do mundo. Ela mata as suas presas enrolando-se no corpo delas e apertando-as.

sudeste (su-des-te) *subst.masc.* **1** GEOG Região brasileira onde estão localizados os seguintes estados: Espírito Santo, Minas Gerais, Rio de Janeiro e São Paulo. ☛ Neste sentido, primeira letra maiúscula. Abreviatura: *S.E.* **2** Direção que, na rosa dos ventos, fica entre o sul e o leste. O símbolo de **sudeste** é SE. ☛ Esta palavra pode ser usada como adj.: *região **Sudeste**, sentido **sudeste**.*

súdito (sú-di-to) *subst.masc.* Pessoa que deve obediência e respeito a outra, geralmente a reis, rainhas, imperadores etc.

sudoeste (su-do-es-te) *subst.masc.* Direção que, na rosa dos ventos, fica entre o sul e o oeste. O símbolo de **sudoeste** é SW. ☛ Esta palavra pode ser usada como adj.: *direção **sudoeste**, vento **sudoeste**.*

suficiente (su-fi-ci-en-te) *adj.masc.fem.* O que é **suficiente** está numa quantidade boa, que nos satisfaz. *Tínhamos refrigerante **suficiente** para a festa.* ☛ Esta palavra pode ser usada como subst.: *Rita correu o **suficiente** para pegar o ônibus.* ~ **suficiência** *subst.fem.*

sufixo (su-fi-xo) \cs\ *subst.masc.* GRAM Parte que acrescentamos no fim das palavras para formar novas palavras. Por exemplo, o **sufixo** "-ista" informa profissão, como em "dentista" e "motorista".

suflê (su-flê) *subst.masc.* CUL Creme de legumes, queijo, chocolate etc. misturado a claras bem batidas e assado em forno.

sufocar (su-fo-car) *verbo* **1** Deixar sem respiração ou com a respiração difícil. *O calor às vezes **sufoca**.* **2** Impedir que algo aconteça ou apareça. *Os guardas **sufocaram** a revolta. A tristeza **sufoca** outros sentimentos.*

sugar (su-gar) *verbo* **1** Fazer um líquido entrar na boca com movimentos dos lábios e da língua. *Liana usou um canudo para **sugar** o refresco.* **2** Recolher líquido de algum lugar. *A esponja **sugou** o leite derramado na mesa.* [Sinôn.: *absorver*.]

sugerir (su-ge-rir) *verbo* **1** Dar uma ideia para outra pessoa aceitar ou não. *Natália **sugeriu** irmos ao cinema.* [Sinôn.: *propor*.] **2** Fazer surgir no pensamento. *Essa música **sugere** algum país do Oriente.*

sugestão (su-ges-tão) *subst.fem.* Ideia ou proposta que apresentamos para outra pessoa. [Pl.: *sugestões*.]

suicídio (su-i-cí-dio) *subst.masc.* Se alguém comete **suicídio**, dá fim à própria vida. *Graças a Deus, na nossa família nunca houve um **suicídio**.* ~ **suicidar-se** *verbo*

suíno (su-í-no) *subst.masc.* **1** É o mesmo que porco. *adj.* **2 Suíno** quer dizer relacionado a porco. Carne **suína** é a carne do porco; ração **suína** é ração própria para alimentação de porcos.

suíte (su-í-te) *subst.fem.* Quarto com banheiro anexo.

sujar (su-jar) *verbo* Deixar sujo. *A ventania **sujou** a varanda.* [Antôn.: *limpar*.]

sujeira (su-jei-ra) *subst.fem.* **1** Tudo aquilo que suja, como poeira, lama, resto de comida etc. *Debaixo da cama, está cheio de **sujeira**.* [Antôn.: *limpeza*.] **2** *informal* Comportamento desonesto. *Não avisar os colegas sobre a prova foi **sujeira**.*

sujeito (su-jei-to) *subst.masc.* **1** Pessoa de quem não dizemos o nome, porque não sabemos ou não queremos. *Zuleica, quem era aquele **sujeito** na foto?* **2** GRAM **Sujeito** é a palavra ou o conjunto de palavras que representa a pessoa ou a coisa de que se fala. Por exemplo, na oração "O lápis caiu no chão", "o lápis" é o **sujeito**. ☛ Ver *predicado*. *adj.* **3** O que está **sujeito** a uma coisa, pode ser atingido por ela a qualquer momento. *O carro estacionado na calçada está **sujeito** a multa. Quem tem gripe está **sujeito** a febre.*

sujo (su-jo) *adj.* O que está **sujo** está com poeira, lama, tem mancha, restos de comida, tinta etc. *Celeste pôs a roupa **suja** na água com sabão.* [Antôn.: *limpo*.]

sul *subst.masc.* **1** GEOG Região brasileira onde estão localizados os seguintes estados: Paraná, Rio Grande do Sul e Santa Catarina. ☛ Neste sentido, primeira letra maiúscula. Abreviatura: *S.* **2** O **sul** é a direção que fica nas suas costas quando você aponta o braço direito para a direção onde o Sol nasce. O **sul** é um dos quatro pontos cardeais, e o seu símbolo é S. [Pl.: *suis*.] ☛ Ver ilustração em *ponto*. ☛ Esta palavra pode ser usada como adj.: *região **Sul**, sentido **sul***.

sul-americano (sul - a-me-ri-ca-no) *subst.masc.* **1** Pessoa que nasceu ou que vive na América do Sul. *adj.* **2 Sul-americano** quer dizer relacionado à América do Sul. Um produto **sul-americano** é um produto da América do Sul. Um país da América do Sul é um país **sul-americano.** [Pl.: *sul-americanos*. Fem.: *sul-americana*.] ☛ Ver ilustração na p. 482.

sulista (su-lis-ta) *adj.masc.fem.* **1 Sulista** quer dizer relacionado à região Sul do Brasil. Um produto **sulista** é um produto da região Sul. *subst.masc.fem.* **2** Pessoa que nasceu ou que mora na região Sul.

sumário (su-má-rio) *subst.masc.* Lista com as principais divisões de um livro e a página em que elas estão. No **sumário** estão os títulos dessas partes, organizados pela ordem em que aparecem no livro. ☛ Ver *índice*.

sumaúma ► (su-ma-ú-ma) *subst.fem.* Árvore que pode chegar a 70 m de altura, com troncos imensos e raízes em forma de tábuas.

sumir (su-mir) *verbo* É o mesmo que desaparecer.

sumo (su-mo) *subst.masc.* **1** É o mesmo que suco. **2 Sumo** também é uma substância existente em algumas frutas, especialmente na casca do limão, da laranja e da tangerina.

sunga (sun-ga) *subst.fem.* Peça de roupa masculina justa, curta e presa na virilha, usada, por exemplo, para ir à praia ou tomar banho de piscina.

suor (su-or) *subst.masc.* Líquido que sai da nossa pele, geralmente quando sentimos calor. O **suor** é sem cor e meio salgado, tem um cheiro próprio e ajuda a controlar a temperatura do corpo. [Pl.: *suores*.]

superar (su-pe-rar) *verbo* **1** Alcançar a vitória. *Seu time **superou** o meu.* **2** Ser superior a alguém ou a algo. *Sua beleza **supera** a das outras. O dinheiro recebido **superou** o esperado.* **3** Deixar para trás, vencer. *João teve medo, mas depois **superou** isso.* ~ **superação** *subst.fem.*

superficial (su-per-fi-ci-al) *adj.masc.fem.* **1** O que é **superficial** é pouco profundo, fica na superfície. *Ainda bem que foi um corte **superficial**.* **2** Estudado, pesquisado ou analisado com pouca profundidade. *Fiz uma pesquisa **superficial** sobre a vida marinha.* **3** Uma conversa **superficial** não trata de assuntos importantes ou interessantes. *Joseli só pensa em se divertir e gastar, está se tornando uma menina **superficial**.* [Antôn. geral: *profundo*. Pl.: *superficiais*.]

superfície (su-per-fí-cie) *subst.fem.* **1** Parte da água que fica em contato com o ar. *As baleias sobem à **superfície** para respirar.* **2** Lado de fora dos corpos. *Espalhe a tinta em toda a **superfície** do cubo.* **3** Tamanho de uma área. *Qual a extensão da **superfície** da Terra?*

supérfluo (su-pér-fluo) *adj.* Um gasto **supérfluo** é feito com coisas que não são essenciais ou necessárias. [Antôn.: *essencial*.] ☛ Esta palavra pode ser usada como subst.: *Gastou tudo com **supérfluos**.*

super-herói (su-per - he-rói) *subst.masc.* Personagem de quadrinhos e filmes, com poderes especiais, que defende as pessoas fracas e luta contra o mal. [Pl.: *super-heróis*. Fem.: *super-heroína*.]

superior (su-pe-ri-or) \ô\ *adj.masc.fem.* **1** O que é **superior** está mais alto que outra coisa ou na parte de cima. *Nesta casa, os quartos ficam no andar **superior**.* **2** De maior valor ou qualidade. *O time venceu porque foi **superior** ao adversário.* **3** Um curso **superior** é um curso de universidade. *subst.masc.* **4** Chefe. *Os empregados receberam elogios do **superior**.* [Antôn. para 1 e 2: *inferior*. Pl.: *superiores*.]

superlativo (su-per-la-ti-vo) *subst.masc.* GRAM Grau de um adjetivo ou de um advérbio que indica intensidade maior ou menor do que ele expressa normalmente. Quando dizemos "O pudim é muito doce, é docíssimo", estamos usando dois **superlativos** do adjetivo "doce": "muito doce" e "docíssimo". ☛ Esta palavra pode ser usada como adj.: *grau **superlativo***.

supermercado (su-per-mer-ca-do) *subst.masc.* Grande mercado que vende produtos de alimentação, de limpeza, utensílios para cozinha etc. No **supermercado** o cliente se serve sozinho e paga pelas mercadorias na saída.

supersticioso (su-pers-ti-ci-o-so) \ô\ *adj.* Pessoas **supersticiosas** acreditam que algumas atitudes ou comportamentos têm poderes de trazer coisas boas ou ruins. *O jogador **supersticioso** sempre dá o primeiro passo com a perna direita.* ~ **superstição** *subst.fem.*

supor (su-por) *verbo* **1** Quando você **supõe**, você imagina alguma coisa que é possível de acontecer e pensa como ela seria. ***Suponha** que você vai mudar de cidade; em que cidade você gostaria de morar?* **2** Pensar como se fosse verdade. *Vovó **supôs** que teria visitas para o lanche e fez um bolo.* ~ **suposição** *subst.fem.*

suportar (su-por-tar) *verbo* **1** Ser capaz de servir de apoio ou de transporte para algo. *A mesinha não **suportou** o peso da TV e caiu. O elevador **suporta** 420 quilos.* **2** Ter tranquilidade para passar por uma situação ruim. *Nair **suportou** a dor por vários meses após o acidente.* **3** Se você não **suporta** alguém ou alguma coisa, você não gosta dela de jeito nenhum. *Maria não **suporta** gente mentirosa.* [Sinôn.: *tolerar*.] [Sinôn. geral: *aguentar*.]

suporte (su-por-te) *subst.masc.* Aquilo que sustenta ou suporta alguma coisa dando firmeza. *Por favor, coloque o **suporte** da planta na parede.*

surdo (sur-do) *subst.masc.* Quem não pode ouvir ou ouve bem pouco. *Alguns **surdos** usam aparelho de audição.* ☛ Esta palavra pode ser usada como adj.: *animal **surdo***. ~ **surdez** *subst.fem.*

→ Você sabia que em cada país as pessoas **surdas** têm a sua própria língua? No Brasil, é a Língua Brasileira de Sinais – LIBRAS –, que é ensinada em escolas específicas. Muitas pessoas **surdas** se comunicam, portanto, pela LIBRAS e pelo português. Quer conhecer um pouco dessa língua? Consulte o Dicionário de LIBRAS no *site* Acessibilidade Brasil.

surdo-mudo (sur-do - mu-do) *subst.masc.* Quem não ouve e não fala. Muitas vezes, uma pessoa não fala porque não ouviu os outros falando para aprender também. [Pl.: *surdos-mudos*. Fem.: *surda-muda*.] ☛ Esta palavra pode ser usada como adj.: *criança **surda-muda***.

surfe (sur-fe) *subst.masc.* ESP Esporte no qual uma pessoa, de pé em uma prancha, faz manobras sobre as ondas do mar. ☛ Ver ilustração na p. 492. ~ **surfar** *verbo* **surfista** *subst.masc.fem.*

surgir (sur-gir) *verbo* **1** Se alguma coisa **surge**, ela se torna visível. *No fim da estrada, **surgiu** uma bela casa.* **2** **Surgir** também é passar a existir. *No meio da aula, **surgiram** várias dúvidas. Muitas cidades **surgiram** ao longo dos rios.* [Sinôn. geral: *aparecer*.] ~ **surgimento** *subst.masc.*

surpreendente (sur-pre-en-den-te) *adj.masc.fem.* O que é **surpreendente** causa surpresa, porque não era esperado ou porque é muito diferente do que era esperado. *Sua resposta foi **surpreendente**. Rute tem uma beleza **surpreendente**.* ~ **surpreender** *verbo*

surpresa (sur-pre-sa) \ê\ *subst.fem.* **1** Reação que se tem por algo inesperado que acontece. A **surpresa** pode ser de espanto, admiração, aborrecimento etc. *Acha que a **surpresa** da Vera foi de verdade?* **2** Coisa que causa essa reação. *Que **surpresa** boa te encontrar aqui!* **3** Uma **surpresa** pode ser um presente, por exemplo. *As crianças esperavam a **surpresa** que o pai lhes tinha prometido.*

surpreso (sur-pre-so) \ê\ *adj.* Fica **surpreso** quem tem uma surpresa. *Agradavelmente **surpresa**, Nilce agradeceu o buquê que lhe demos.*

surra (sur-ra) *subst.fem.* **1** Dar uma **surra** é bater muito em alguém. **2** *informal* Vitória ou derrota muito fácil. *Nosso time levou uma **surra**.* **3** *informal* Trabalho muito difícil ou grande esforço feito numa tarefa ou atividade. *Depois da **surra** para montar o móvel, descansaram.*

surto (sur-to) *subst.masc.* Aparecimento repentino de vários casos de uma doença em determinado lugar. *Há um **surto** de gripe pela cidade.*

suspeita (sus-pei-ta) *subst.fem.* Ideia, opinião, desconfiança não provada. *A minha **suspeita** é a de que Mariana tenha faltado à aula.*

suspeitar (sus-pei-tar) *verbo* **1** Se você **suspeita** de uma pessoa, você acha que ela fez alguma coisa, geralmente desonesta, mas não tem provas disso. *A polícia **suspeitava** de um dos parentes da vítima.* **2** Imaginar alguma coisa ou o que vai acontecer com base em alguns sinais. *Apesar de todas as perguntas, Luciano nem **suspeitava** do presente que ganharia.* [Sinôn. geral: *desconfiar.*]

suspeito (sus-pei-to) *subst.masc.* **1** Pessoa considerada pelos outros culpada de alguma coisa, mesmo sem ter sido provada sua culpa. *A polícia já tem um **suspeito** para o roubo.* *adj.* **2** Uma atitude **suspeita** ou um documento **suspeito** não inspira confiança, parece falso.

suspender (sus-pen-der) *verbo* **1** Colocar em um lugar alto ou puxar para cima. *O bambu é para **suspender** o varal. Taís **suspendeu** a calça quando passou pela lama.* **2** Tirar uma pessoa de um cargo ou função por um certo período de tempo. *O juiz **suspendeu** o jogador.* **3** Interromper por um tempo ou impedir completamente a realização de algo que estava planejado. *A prefeitura **suspendeu** o desfile na avenida.* ~ **suspensão** *subst.fem.*

suspenso (sus-pen-so) *adj.* **1** Um objeto **suspenso** está pendurado. *No teto da sala, havia um lustre **suspenso**.* **2** Uma pessoa **suspensa** recebeu o castigo de não participar das atividades normais dela. Quando um jogador é **suspenso**, ele não pode jogar. Quando um aluno é **suspenso**, ele não pode frequentar a aula. **3** Algo **suspenso** não foi terminado ou foi cancelado. *Damião deixou uma frase **suspensa** no ar. O show foi **suspenso** porque o cantor está rouco.*

Lustre suspenso.

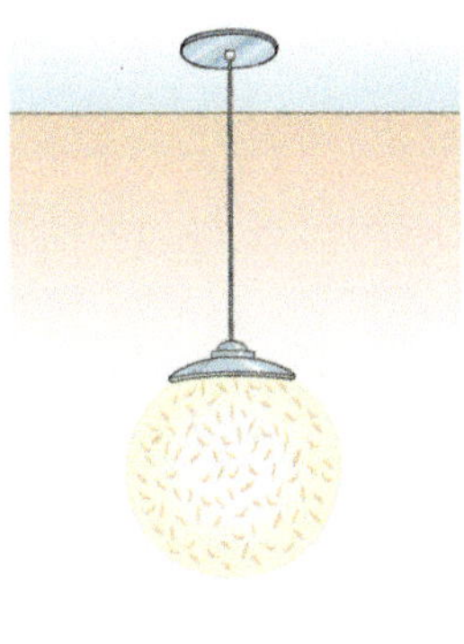

suspirar (sus-pi-rar) *verbo* Inspirar fundo e devagar e soltar o ar quase que de uma vez só. Em geral, **suspira**-se por tristeza, saudade ou cansaço.

suspiro (sus-pi-ro) *subst.masc.* **1** Inspiração longa e lenta seguida de expiração mais rápida e, geralmente, com algum som. *A avó deu um **suspiro** ao ver que o neto estava em casa.* **2** CUL Doce feito com claras de ovos batidas com açúcar, geralmente assado no forno.

sussurrar (sus-sur-rar) *verbo* **1** Falar bem baixinho. *Os pais **sussurravam** para não acordar o bebê.* [Sinôn.: *cochichar.*] **2** Fazer barulho como se estivesse falando baixo. Um riacho e a brisa **sussurram.** ~ **sussurro** *subst.masc.*

sustentar (sus-ten-tar) *verbo* **1** Segurar, apoiando o peso de algo. *Tábuas **sustentam** o teto da cabana.* **2** Ficar em uma posição sem cair. *O avião se **sustenta** no ar. De tão fraco, o doente não se **sustentava** em pé.* **3** **Sustentar** uma pessoa é alimentá-la e pagar as suas contas. *Quando somos crianças, são nossos pais quem nos **sustentam**.* **4** Se uma comida **sustenta**, ela é forte para matar a fome. *Mingau de aveia **sustenta**.* ~ **sustentação** *subst.fem.* **sustentável** *adj.masc.fem.*

susto (sus-to) *subst.masc.* **1** Medo ou choque causado por algo que não se espera que vá acontecer. *Pedro levou um **susto** quando a luz apagou.* **2** Esse fato que não se espera também é chamado de **susto.** *Lucas escondeu-se para dar um **susto** na mãe. A morte do cachorrinho foi um **susto** para a família.*

sutiã (su-ti-ã) *subst.masc.* Peça de roupa feminina que sustenta os seios, usada por baixo da blusa.

Tt

Tamanduá

t *subst.masc.* Vigésima letra do nosso alfabeto. O t é uma consoante e, na língua portuguesa, o seu som antes de "i" pode ser mais chiado. Essa pronúncia chiada também acontece diante das outras vogais, em algumas regiões do Brasil.

taba (ta-ba) *subst.fem.* Aldeia de índios.

tabaco (ta-ba-co) *subst.masc.* **1** Planta cultivada para a produção de cigarros e charutos e também para o combate de pragas e vermes. **2** A folha seca dessa planta, preparada para ser mastigada ou fumada, também é chamada de **tabaco**. *Dizem que o saci gosta de mascar* ***tabaco***. [Sinôn. geral: *fumo*.]

tabela (ta-be-la) *subst.fem.* **1** Quadro onde registramos vários tipos de informação. *Edite fez uma* ***tabela*** *com os horários das aulas.* **2** Lista com os preços de mercadorias, quantidade de algo etc. *Por favor, pegue a* ***tabela*** *para ver qual o valor dessa camisa.* **por tabela** *informal* Quando uma coisa acontece a uma pessoa de modo indireto, por acidente, ela acontece **por tabela**. *Édson estava no banco do carona e* ***por tabela*** *foi atingido pelo vidro.*

tablete (ta-ble-te) *subst.masc.* Um comprimido, um doce, um pedaço de chocolate que tenha a forma retangular e não seja muito espesso é um **tablete**.

Taco de golfe.

tábua (tá-bua) *subst.fem.* **1** Peça de madeira, plana, larga e pouco espessa. *A casinha foi feita com as* ***tábuas*** *que sobraram da obra.* **2** Qualquer superfície plana usada como mesa ou apoio. *Este pano é para forrar a* ***tábua*** *de passar. Use a* ***tábua*** *de bater carne para amassar o alho.* **tábua de salvação** Quando você está numa situação difícil e descobre que ainda pode tentar algo mais para sair dela, isto é a sua **tábua de salvação**. *A mudança de data da prova foi a minha* ***tábua de salvação***.

tabuada (ta-bu-a-da) *subst.fem.* **1** MAT Tabela que contém as operações matemáticas (soma, subtração, multiplicação e divisão) com números de um a dez e seus resultados. *Todos precisam saber bem a* ***tabuada***. **2** Pequeno livro que contém essa tabela. *Dora esqueceu sua* ***tabuada*** *em cima da mesa.*

tabuleiro (ta-bu-lei-ro) *subst.masc.* **1** Recipiente plano, com as bordas não muito altas, geralmente de metal, usado para assar alimentos no forno. **2** Superfície plana e lisa usada como base para determinados jogos. *Com este* ***tabuleiro*** *você pode jogar damas ou xadrez.* **3** Bandeja ou mesa de tábuas onde são expostas mercadorias. *O vendedor levava o* ***tabuleiro*** *de doces na cabeça.*

taça (ta-ça) *subst.fem.* **1** Copo com pé, usado para beber vinho. **2** O que está contido na taça. *Tomou uma* ***taça*** *de vinho.* **3** Taça também é o mesmo que troféu. *Quatro times disputaram a* ***taça*** *no campeonato estadual.*

tacacá (ta-ca-cá) *subst.masc.* CUL Caldo feito com goma de mandioca, camarão e tucupi, típico da culinária do Norte do Brasil.

taco ◄ (ta-co) *subst.masc.* Haste de madeira ou metal, longa, fina e em forma de rolo, usada para tocar a bola em certos jogos. ~ **tacada** *subst.fem.*

tagarela (ta-ga-re-la) *subst.masc.fem.* Pessoa que fala muito ou que não guarda segredo. ☛ Esta palavra pode ser usada como adj.: *criança* ***tagarela****, menino* ***tagarela****.* ~ **tagarelar** *verbo*

← **Talo** de flor.

taipa (tai-pa) *subst.fem.* **1** Parede de varas e bambus trançados, preenchida com barro amassado. [Sinôn.: *pau a pique.*] **2** Este barro amassado também é chamado de **taipa**.

→ Os barbeiros, que transmitem a doença de Chagas, costumam viver em casas de **taipa**, comuns no interior do Brasil. Eles ficam a maior parte do tempo escondidos em buraquinhos nas paredes das casas e, durante a noite, saem para se alimentar.

tal *pron.demonst.* **1** Usamos **tal** para mostrar qualquer coisa, sem dizer se é meu, teu ou deles. ***Tal*** *pergunta não merece resposta. subst.masc.fem.* **2** Também usamos **tal** para falar de alguém que não queremos ou não sabemos dizer o nome. *Aquele é o* ***tal*** *que joga bola muito bem.* **3** *informal* Se dizemos que alguém é o **tal**, ele é o melhor. [Pl.: *tais.*]

talão (ta-lão) *subst.masc.* Bloco de folhas com uma parte que se destaca e outra onde se anota alguma informação. *Sônia anota no* ***talão*** *de cheques o quanto gastou.* [Pl.: *talões.*]

talco (tal-co) *subst.masc.* Pó muito fino, usado como remédio ou para deixar a pele seca e cheirosa.

talento (ta-len-to) *subst.masc.* **1** Capacidade de fazer algo muito bem. *Jorge tem muito* ***talento*** *para a culinária.* **2** Pessoa que possui essa capacidade. *A Paula é um* ***talento*** *de advogada.* ~ **talentoso** *adj.*

talharim (ta-lha-rim) *subst.masc.* Macarrão em forma de tiras. [Pl.: *talharins.*]

talher (ta-lher) *subst.masc.* Instrumento, como garfo, faca, colher etc., usado para comer. *Os* ***talheres*** *de sobremesa estão na gaveta.* [Pl.: *talheres.*]

talho (ta-lho) *subst.masc.* Corte num tecido, num papel ou na pele. *Diva caiu e fez um* ***talho*** *grande no joelho.* ~ **talhar** *verbo*

talo ◄ (ta-lo) *subst.masc.* **1** Parte das plantas que sustenta as folhas, as flores e os frutos. **2** **Talo** é a parte central e mais firme de algumas folhas. *Corte um pedaço do* ***talo*** *da couve e coloque na sopa.* [Sinôn. geral: *haste.*]

talvez (tal-vez) *advérbio* Usamos **talvez** quando não sabemos algo com certeza, mas acreditamos que seja possível acontecer ou já ter acontecido. ***Talvez*** *haja paz no mundo um dia. Edite* ***talvez*** *viesse à festa, se começasse mais cedo.*

tamanco (ta-man-co) *subst.masc.* Calçado que tem a base feita de uma só peça. O **tamanco** pode ser de madeira, de plástico ou de outro material resistente.

tamanduá ▼ (ta-man-du-á) *subst.masc.* Mamífero desdentado, de focinho longo e língua comprida e pegajosa. O **tamanduá** usa suas garras para cavar abrigos de formigas e cupins, pois esses animais são seu alimento.

tamanho (ta-ma-nho) *subst.masc.* **1** O **tamanho** de uma coisa é sua largura, altura, comprimento. *A sala é do* ***tamanho*** *do quarto. Joaquim vai ficar do* ***tamanho*** *do pai.* **2** Medida de roupa ou calçado. *O tênis é* ***tamanho*** *34.*

tamarindo (ta-ma-rin-do) *subst.masc.* Fruta em forma de vagem, com polpa escura e de gosto ácido. ~ **tamarindeiro** *subst.masc.*

também (tam-bém) *advérbio* **1** Usamos **também** para juntar mais uma informação ao que estávamos dizendo. *Mateus joga futebol e **também** sabe jogar vôlei.* **2** Se o que aconteceu com uma pessoa acontece com outra **também**, aconteceu com as duas de um jeito igual. *Patrícia cantou e Nélson **também** quis cantar. Mariana gosta de chocolate e Eliete **também**.*

tambor (tam-bor) \ô\ *subst.masc.* MÚS Instrumento musical feito de um cilindro de madeira, de tamanhos variados, com uma pele bem esticada presa nas bordas. O **tambor** é tocado com as mãos. [Pl.: *tambores*.] ☛ Ver ilustração na p. 494.

tamborete (tam-bo-re-te) \ê\ *subst.masc.* Assento individual sem encosto e sem braços, geralmente circular. O **tamborete** às vezes parece um pequeno tambor.

tamborim (tam-bo-rim) *subst.masc.* MÚS Instrumento musical formado por um aro de madeira com uma pele bem esticada e presa nas bordas desse aro. Toca-se **tamborim** com uma vareta. [Pl.: *tamborins*.] ☛ Ver ilustração na p. 494.

tampa (tam-pa) *subst.fem.* Peça usada para cobrir ou fechar algo. *Não consigo tirar a **tampa** deste vidro.*

tampar (tam-par) *verbo* Quando **tampamos** um objeto, nós cobrimos ou fechamos esse objeto com uma tampa. [Sinôn.: *tapar*. Antôn.: *destampar*.]

tampo (tam-po) *subst. masc.* **1** A superfície da mesa é o **tampo** da mesa. **2** Peça que cobre o vaso sanitário. *Depois de usar o sanitário, abaixe o **tampo**, por favor.*

tanga ► (tan-ga) *subst.fem.* **1** Pedaço de pano ou de outro material que cobre da cintura até as coxas. **2** Parte de baixo do biquíni, especialmente se ela é pequena.

← Tanga indígena.

tangerina (tan-ge-ri-na) *subst.fem.* Fruta de perfume forte, suco refrescante e alaranjado, rico em vitamina C. A **tangerina** é formada por pequenos gomos e pode ser descascada com as mãos. Há varios tipos de **tangerina**. [Sinôn.: *bergamota, mexerica*.] ~ **tangerineira** *subst.fem.*

tango (tan-go) *subst.masc.* **1** Dança a dois muito comum na Argentina. **2** A música que acompanha essa dança. *Astor Piazzolla é um famoso compositor de **tangos**.*

[1]**tanque** (tan-que) *subst.masc.* **1** Pia para lavar roupas. **2** Reservatório para líquidos ou gases. *O carro está com meio **tanque** de gasolina.*

Não se sabe exatamente de onde vem a palavra **tanque**, imagina-se que de "estanque", palavra portuguesa que quer dizer "vedado".

[2]**tanque** (tan-que) *subst.masc.* Carro resistente e blindado, usado em guerras. O **tanque** tem armas presas a ele.

Tanque veio da palavra inglesa *tank*. Curioso é que essa palavra inglesa veio do português **tanque** (reservatório).

tanto (tan-to) *pron.indef.* **1** Usamos **tanto** para falar do que está em grande quantidade, geralmente mais do que o necessário. *Para que comprar **tantos** doces?* *advérbio* **2** Muito forte, muito intenso, num número muito grande de vezes ou por muito tempo. *Não é preciso correr **tanto**, ainda temos tempo. Cacau demorou **tanto** no banho que a água acabou.* [Sinôn. geral: *muito*. Antôn. geral: *pouco*.]

tão *advérbio* Usamos **tão** para fazer comparações. **Tão** mostra a parte considerada mais importante, mais intensa ou maior daquilo de que falamos. *O prédio era **tão** grande que parecia arranhar o céu.*

tapa (ta-pa) *subst.fem.* Pancada com a mão aberta.

tapar (ta-par) *verbo* **1** Fechar bem fechado um buraco ou recipiente. *Luís **tapou** o ralo para não* *entrar nenhum bicho.* [Sinôn.: *tampar.*] **2** Colocar uma coisa sobre outra, para escondê-la ou deixá-la coberta. *Marisa* ***tapou*** *os olhos, enquanto seus amigos se escondiam.*

tapera (ta-pe-ra) *subst.fem.* **1** Casa ou construção em ruínas, cheia de mato por dentro e por fora. **2** Povoação abandonada.

taperebá (ta-pe-re-bá) *subst.masc.* **1** É o mesmo que cajá, no Norte do Brasil. **2** **Taperebá** também é outro nome do imbu.

tapete (ta-pe-te) \ê\ *subst.masc.* **1** Peça de tecido que cobre o piso e algumas vezes é usada para enfeitar paredes ou assentos. Há também **tapetes** de borracha, de fibra etc. **2** Qualquer coisa que cubra uma grande superfície. *Fizemos o piquenique sobre um* ***tapete*** *de grama.*

tapioca (ta-pi-o-ca) *subst.fem.* Farinha comestível extraída da raiz da mandioca ou do aipim. A **tapioca** era o alimento básico dos índios brasileiros.

tapir (ta-pir) *subst.masc.* É o mesmo que anta. [Pl.: *tapires.*]

taquara (ta-qua-ra) *subst.fem.* Nome comum a várias plantas de caule oco, como os bambus.

tarde (tar-de) *subst.fem.* **1** Parte do dia que vai do meio-dia até o início da noite. *Matilde passou a* ***tarde*** *com os sobrinhos.* *advérbio* **2** Depois do tempo combinado ou considerado ideal para algo. *Todos chegaram* ***tarde*** *para o almoço. Vilma sempre dormiu* ***tarde***. [Antôn.: *cedo.*]

tarefa (ta-re-fa) *subst.fem.* Todo trabalho que deve ser feito é uma **tarefa**. *Lílian adora* ***tarefas*** *domésticas. Olga não terminou a* ***tarefa*** *escolar.*

tarifa (ta-ri-fa) *subst.fem.* Valor cobrado para serviços como telefone, água e esgoto, energia elétrica, transporte etc.

tartaruga (tar-ta-ru-ga) *subst.fem.* Réptil que pode viver tanto na água doce ou salgada quanto na terra. As **tartarugas** têm um casco duro nas costas, põem ovos e, na terra, os seus movimentos são lentos.

tataraneto (ta-ta-ra-ne-to) *subst.masc.* Filho do trineto ou da trineta. [Sinôn.: *tetraneto.*]

tataravô (ta-ta-ra-vô) *subst.masc.* Pai do trisavô ou da trisavó. [Sinôn.: *tetravô*. Fem.: *tataravó.*] ☛ Ver *avô.*

tato (ta-to) *subst.masc.* **1** Capacidade física de perceber a temperatura, a forma ou o tamanho dos objetos usando as mãos. **2** Tato também é o jeito, a habilidade para resolver situações que podem aborrecer as pessoas. *O vendedor teve muito* ***tato*** *ao pedir que o cachorro fosse retirado da farmácia.*

tatu ▼ (ta-tu) *subst.masc.* Animal sem dentes, de corpo coberto por placas que se juntam formando um casco. O **tatu** é um mamífero e vive em buracos cavados na terra.

tatuagem (ta-tu-a-gem) *subst.fem.* Desenho, palavra ou símbolo, colorido ou preto, gravado na pele. Geralmente a **tatuagem** é para a vida inteira. [Pl.: *tatuagens.*] ~ **tatuar** *verbo*

→ Muitos séculos antes de Cristo as pessoas já faziam **tatuagens** por motivos religiosos ou sociais. No século XVIII, a **tatuagem** virou moda entre marinheiros e, bem depois, entre soldados lutando fora de seus países, que gostavam de tatuar o nome ou a foto da família ou uma paisagem de sua terra natal.

tatu-bola (ta-tu - bo-la) *subst.masc.* Tatu capaz de se enrolar dentro do casco, formando uma bola. [Pl.: *tatus-bolas, tatus-bola.*]

tatu

tatuí (ta-tu-í) *subst.masc.* Crustáceo branco que vive enterrado na areia das praias, perto de onde as ondas se quebram.

taturana (ta-tu-ra-na) *subst.fem.* Lagarta de vários tipos de mariposa, com muitos pelos, compridos e bem finos. A **taturana** pode causar queimaduras leves, se encostar na nossa pele.

taxa (ta-xa) *subst.fem.* **1** Imposto cobrado pelo governo para prestar alguns serviços. *A **taxa** de incêndio é paga uma vez por ano.* **2** Valor cobrado por serviços ou pelo uso de algo. *A **taxa** de matrícula do curso é muito alta. José se esqueceu de pagar a **taxa** do condomínio.*

táxi (tá-xi) \cs\ *subst.masc.* Carro que tem um motorista e transporta passageiros por meio de pagamento. O preço da viagem de **táxi** é indicado por um aparelho especial.

tchau *interjeição* **1** Dizemos **tchau** quando vamos embora, mas podemos voltar ou não vamos para muito longe. *subst.masc.* **2** Gesto de despedida feito com a mão aberta. *Do ônibus, Ana deu um **tchau** para a mãe.* ☛ Ver *adeus*.

teclado de computador. ↑

↓ **teclado** de instrumento musical.

te *pron.pessoal* Usamos te no lugar de "tu" para completar o significado de um verbo que geralmente não é acompanhado de preposição.

→ Dizemos "Ana **te** viu" e não "Ana viu tu".

teatral (te-a-tral) *adj.masc.fem.* **1** **Teatral** quer dizer relacionado a teatro. Um texto **teatral** é um texto para ser representado no teatro. **2** *informal* Quando alguém fala alguma coisa ou faz um gesto que parece artificial, dizemos que foi **teatral**. [Antôn.: *espontâneo*.] [Pl.: *teatrais*.]

teatro (te-a-tro) *subst.masc.* **1** Arte de representar, de usar o corpo ou bonecos para dizer alguma coisa. **2** Sala própria para a apresentação de peças, *shows* e outros espetáculos. *Na camiseta de Sebastião estava escrito "Vá ao **teatro**".* **3** A atuação, direção e redação de peças também se chama **teatro**. *Formou-se em **teatro**, mas trabalha numa livraria.* **4** Conjunto das obras para **teatro** de uma pessoa, uma época ou um país. *Cacau gosta do **teatro** inglês.*

tecer (te-cer) *verbo* Cruzar fios, palha, linhas etc. de um jeito especial, para fazer um tecido, uma roupa, uma teia etc. *Vovó **teceu** um casaco de lã. A lagarta **tece** seu casulo.*

tecido (te-ci-do) *subst.masc.* **1** Material macio feito com fios de algodão, seda, lã etc., cruzados. O **tecido** é comprado a metro e é usado para fazer roupas, cortinas, capas etc. [Sinôn.: *pano*.] **2** BIO Grupo de células que tem a mesma forma e função. Músculos, sangue, ossos, cartilagens, nervos são **tecidos** do corpo humano.

tecla (te-cla) *subst.fem.* **1** Peça alongada, geralmente branca ou preta, que se pressiona com os dedos, para tocar instrumentos como piano ou teclado. **2** Cada pequena peça, como um botão, em teclado de computador ou em calculadora.

teclado ◄ (te-cla-do) *subst.masc.* **1** Conjunto de teclas de um instrumento musical ou de um computador. **2** MÚS Instrumento musical elétrico que tem um **teclado** igual ao do piano.

técnica (téc-ni-ca) *subst.fem.* **1** Conjunto de métodos ou maneiras de realizar algo. *Há mais de uma **técnica** para tocar piano.* **2** Maneira particular como alguém realiza algo. *Augusto desenvolveu uma **técnica** para resolver seus problemas.*

técnico (téc-ni-co) *adj.* **1** **Técnico** diz respeito a uma arte, ciência, profissão etc. Um comentário **técnico** é feito por alguém com conhecimento especial sobre o assunto. Um jogador **técnico** conhece e realiza bem as jogadas. *subst.masc.* **2** Profissional com uma especialidade em determinado assunto. *Chamaram um novo **técnico** para consertar a geladeira.* **3** A pessoa que treina uma equipe esportiva ou um atleta também é chamada de **técnico**.

tecnologia (tec-no-lo-gi-a) *subst.fem.* Teoria ou estudo sobre técnicas, processos, métodos da indústria ou da ciência que geram conhecimentos e instrumentos práticos. *Novas **tecnologias***

permitem avançar nas pesquisas para a cura de muitas doenças. Computadores mais rápidos são consequência de nova ***tecnologia****.* ~ **tecnológico** *adj.*

teia (tei-a) *subst.fem.* Rede de fios muito finos e resistentes feita pela aranha. A **teia** pode servir como abrigo ou como armadilha, para capturar insetos que servem de alimento para as aranhas.

→ Ao tocarem nas **teias** quase invisíveis das aranhas, os insetos se tornam prisioneiros. A aranha prende ou envenena suas vítimas e depois as suga.

teimar (tei-mar) *verbo* Quando você insiste muito em uma coisa, você está **teimando**. *Mesmo chovendo muito, Luís* ***teimou*** *em sair de casa.*

teimoso (tei-mo-so) \ô\ *adj.* **1** Quem é **teimoso** não desiste facilmente. *Osmar só acabou aquele trabalho porque é* ***teimoso****.* **2** Quem é **teimoso** não se deixa convencer ou não aceita opiniões, ordens, repreensões. *A mãe lhe disse para lavar as mãos, mas Gustavo é* ***teimoso****.* [Antôn.: *obediente.*] **3** Um resfriado **teimoso** custa a acabar.

tela (te-la) *subst.fem.* **1** Tecido, especialmente aquele que é usado para pintar quadros. **2** O quadro pintado sobre esse tecido. *As* ***telas*** *de Portinari estão expostas no museu.* **3** Grade de tecido, arame ou outro material trançado, usada para proteger um espaço. *A horta está cercada com uma* ***tela****. Havia uma* ***tela*** *na janela, para os mosquitos não entrarem.* **4** Painel onde filmes são passados. *A* ***tela*** *deste cinema é enorme.* **5** Parte da televisão ou do computador onde as imagens e as palavras aparecem.

telefonar (te-le-fo-nar) *verbo* Falar com alguém por telefone. *Preciso* ***telefonar*** *para minha tia amanhã bem cedo.*

telefone (te-le-fo-ne) *subst.masc.* **1** Aparelho usado para falar com alguém que está em outro lugar, às vezes muito longe. *Marta não sai do* ***telefone****. Usamos o* ***telefone*** *para matar a saudade de quem está longe.* **2** Conjunto de números usados para telefonar para alguém. *Qual o seu* ***telefone****?* **telefone celular** Telefone portátil que funciona em diferentes lugares. Também se diz apenas celular. ~ **telefônico** *adj.*

telefonema (te-le-fo-ne-ma) *subst.masc.* Quando usamos o telefone para nos comunicar com alguém, damos um **telefonema**. [Sinôn.: *ligação.*]

telégrafo (te-lé-gra-fo) *subst.masc.* Aparelho que transmite ou recebe mensagens a distância, por meio de sinais.

telegrama (te-le-gra-ma) *subst.masc.* Mensagem transmitida por telégrafo. Os textos de um **telegrama** costumam ser bem curtinhos.

telejornal (te-le-jor-nal) *subst.masc.* Noticiário que é transmitido pela televisão. [Pl.: *telejornais.*]

telenovela (te-le-no-ve-la) *subst.fem.* Novela exibida na televisão, geralmente em capítulos diários.

telescópio (te-les-có-pio) *subst.masc.* Instrumento que permite ver o que está muito longe, como o Sol e as estrelas, como se estivesse perto, em tamanho grande. O **telescópio** tem um tubo comprido, com lentes e espelhos dentro dele.

televisão (te-le-vi-são) *subst.fem.* **1** Sistema de comunicação que transmite imagens a distância. Essas imagens se transformam em sinais e se tornam visíveis numa tela. *Ainda não temos* ***televisão*** *a cabo.* **2** Aparelho que recebe essas imagens. *Pedro comprou uma* ***televisão*** *nova.* [Sinôn.: *televisor.*] **3** **Televisão** é também a estação que transmite essas imagens. *Esse canal de* ***televisão*** *é muito chato.* [Pl.: *televisões.*] ☛ Também se diz apenas tevê ou TV. ~ **televisionar** *verbo*

televisor (te-le-vi-sor) \ô\ *subst.masc.* Aparelho que recebe imagens e as apresenta numa tela. [Sinôn.: *televisão.* Pl.: *televisores.*]

telha (te-lha) \ê\ *subst.fem.* Peça de barro, cimento, plástico etc. usada para fazer a cobertura de casas e edifícios.

telhado ► (te-lha-do) *subst.masc.* **1** Conjunto de telhas que cobre uma casa, um edifício etc. *O* ***telhado*** *daquela casa é vermelho.* **2** Parte superior

e exterior de um edifício, de uma construção. *O técnico teve de subir no **telhado** para consertar a antena.*

tema (te-ma) *subst.masc.* **Tema** é tudo aquilo sobre o que se fala numa conversa ou num trabalho. Um quadro, uma pintura, uma escultura também podem ter um **tema**. *O **tema** do livro é a amizade.* [Sinôn.: *assunto.*] ~ **temático** *adj.*

temer (te-mer) *verbo* **1** Ter medo de algo ou alguém. *A cidade **teme** um temporal esta noite.* **2** Preocupar-se com algo. *Dona Nair **teme** pela saúde do filho.* **3** Ter profundo respeito. *Os fiéis **temem** as leis de Deus.* **4** Desconfiar que algo possa vir a acontecer. ***Temo** que vamos nos atrasar.*

temor (te-mor) \ô\ *subst.masc.* Sensação de medo. *Senti um certo **temor** de entrar naquele beco.* [Pl.: *temores.*]

temperamento (tem-pe-ra-men-to) *subst.masc.* O modo de ser e de agir de uma pessoa é o seu **temperamento**. Há pessoas com **temperamento** tranquilo; outras têm **temperamento** violento ou triste. *Meus irmãos têm bom **temperamento**.*

temperar (tem-pe-rar) *verbo* **1** Colocar tempero em alimento. *Quem **temperou** a salada?* **2** Fazer alguma mistura para tornar algo mais suave ou menos intenso. *Se o leite estiver quente, **tempere** com leite frio.*

temperatura (tem-pe-ra-tu-ra) *subst.fem.* Quantidade de calor que existe num corpo ou num lugar. A **temperatura** é medida em graus. *A **temperatura** em São Joaquim chegou a três graus abaixo de zero.*

tempero (tem-pe-ro) \ê\ *subst.masc.* Substância como sal, pimenta, azeite, etc. colocada no alimento para lhe dar mais sabor.

tempestade (tem-pes-ta-de) *subst.fem.* Chuva forte com muito vento, geralmente acompanhada de raios e trovões. [Sinôn.: *temporal.*]

templo (tem-plo) *subst.masc.* Local aberto ao público, construído especialmente para práticas religiosas. *A história do filme se passava em um **templo** budista.*

tempo (tem-po) *subst.masc.* **1** Período contínuo que medimos em horas, dias, meses etc. *Dudu passa muito **tempo** vendo televisão.* ☛ Ver tabela na p. 508. **2** Período definido na história ou na vida de alguém. *Os portugueses chegaram ao Brasil no **tempo** das grandes descobertas. Os agricultores sabem o **tempo** certo de plantar e colher.* **3** Quando alguém pergunta a você como está o **tempo**, quer saber se está chovendo ou fazendo sol, se está fazendo frio ou calor etc. **4** ESP Cada uma das partes de um jogo de futebol ou handebol é chamada de **tempo**. *O jogo está empatado desde o fim do primeiro **tempo**.* **5** GRAM Flexão verbal que indica o **tempo** expresso pelo verbo: presente, pretérito ou futuro. **dar um tempo** É o mesmo que parar ou fazer um intervalo.

temporal (tem-po-ral) *subst.masc.* Chuva forte acompanhada de ventos. [Sinôn.: *tempestade.* Pl.: *temporais.*]

tenda (ten-da) *subst.fem.* **1** Barraca de lona montada ao ar livre, usada como local de comércio de alimentos. *Os vizinhos estão com uma **tenda** na feira.* **2** Barraca para muitas pessoas, usada em acampamentos. *Os árabes montam enormes **tendas** no meio do deserto.*

tendão (ten-dão) *subst.masc.* ANAT Parte do corpo que une um músculo a um osso. Os **tendões** são como cordas fortes. [Pl.: *tendões.*]

tendência (ten-dên-cia) *subst.fem.* **1** Maneira como alguém ou algo se comporta ou as características que apresenta. *Jerusa tem **tendência** para o ensino. Ivete não tem **tendência** para engordar.* **2** Mudança ou desenvolvimento em direção a algo novo ou diferente. *A **tendência** hoje é de chuvas no fim do dia.* **3** Orientação tomada por uma coisa em certo momento. *Vestidos longos são a **tendência** da moda deste verão.* ~ **tender** *verbo*

tenente (te-nen-te) *subst.masc.fem.* Oficial militar que ocupa posto abaixo de capitão e acima de sargento.

tenente-coronel (te-nen-te - co-ro-nel) *subst.masc.* Oficial militar que ocupa posto superior ao de major e inferior ao de coronel. [Pl.: *tenentes-coronéis.*]

tênia (tê-nia) *subst.fem.* É o mesmo que solitária.

tênis (tê-nis) *subst.masc.* **1** Calçado leve, com sola de borracha flexível, geralmente usado para prática de esportes. ☛ Ver ilustração de *calçado.*

2 ESP Esporte praticado numa quadra dividida ao meio por uma rede. Para jogar **tênis**, duas pessoas ou duas duplas devem, com o uso de raquetes, jogar a bola para o outro lado. ☛ Ver ilustração na p. 492. **tênis de mesa** É o mesmo que pingue-pongue. ☛ O sing. e o pl. desta palavra são iguais: *o **tênis**, os **tênis***.

tensão (ten-são) *subst.fem.* **1** Um fio ou uma corda muito esticados estão em estado de **tensão**. **2** **Tensão** também é como chamamos estados de preocupação ou agitação. *Depois da notícia do desastre, podíamos sentir a **tensão** no ar.* [Antôn.: *tranquilidade*.] [Pl.: *tensões*.]

tenso ► (ten-so) *adj.* **1** Esticado com força. **2** Alguém **tenso** está preocupado ou agitado. *Diego fica **tenso** em dias de prova.*

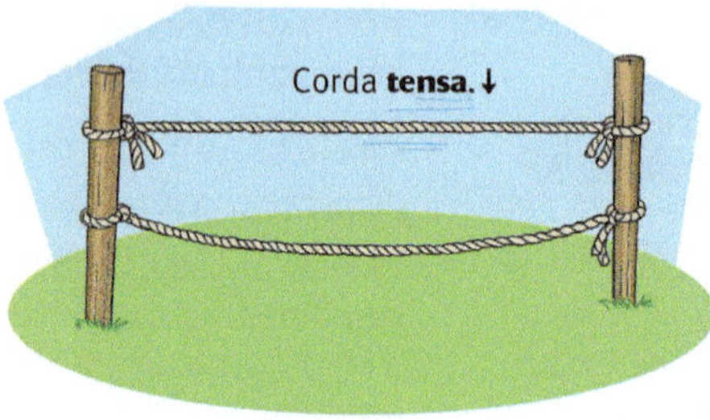

tentáculo (ten-tá-cu-lo) *subst.masc.* Parte longa e flexível de animais marinhos, que serve para capturar alimentos, prender-se em um local e mover-se no mar. O polvo e a água-viva têm **tentáculos**.

tentar (ten-tar) *verbo* Esforçar-se para conseguir ou fazer alguma coisa. *Matilde caiu quando **tentava** colher mangas.*

tentativa (ten-ta-ti-va) *subst.fem.* Esforço para conseguir ou fazer alguma coisa. *As **tentativas** de pular o muro não deram bons resultados.*

teoria (te-o-ri-a) *subst.fem.* Conjunto de ideias que formam a base de uma ciência ou que tentam explicar alguma coisa. *Mário estuda **teorias** políticas. Josefina tem uma **teoria** sobre as margaridas.* ~ **teórico** *adj.*

ter *verbo* **1** Se você **tem** um apartamento, você é dono dele e pode usá-lo. Se você **tem** filhos, eles são seus por nascimento ou adoção e você deve cuidar deles. **2** Um livro que **tem** 20 capítulos é formado por esses 20 capítulos. **3** Se uma árvore **tem** três metros de altura, ela mede três metros. **4** Se você **tem** 11 anos, esta é a sua idade. **5** **Ter** também é poder contar com alguma coisa. *Miranda **tem** ótimos amigos. Jairo saiu correndo, pois não **tinha** tempo a perder.* **6** *informal* Se alguém diz que num determinado lugar não vai mais **ter** uma festa, quer dizer que a festa não vai acontecer ali. [Sinôn.: *haver*.] **7** Você também pode usar **ter** para dizer que sente algo. *Sílvio **tem** medo do escuro. Manuel **teve** febre ontem.* **ter de** Se você diz que **tem de** fazer algo, quer dizer que você é obrigado a fazer algo ou acha que deve fazer. Também se diz **ter que** fazer algo. *Antes de sair, **temos de** apagar as luzes.*

terça-feira (ter-ça - fei-ra) *subst.fem.* Terceiro dia da semana, entre segunda e quarta-feira. Também se diz apenas terça. [Pl.: *terças-feiras*.] ☛ Ver *segunda-feira*.

terço (ter-ço) \ê\ *subst.masc.* **1** REL Cordão formado por contas grandes e pequenas, cada uma correspondendo a uma oração. *numeral* **2** Um **terço** é o resultado da divisão de um todo por três. *Marina comeu um **terço** do chocolate.*

→ O **terço** religioso tem esse nome porque é a terça parte de um conjunto de orações.

terminação (ter-mi-na-ção) *subst.fem.* GRAM Parte final de uma palavra, que pode variar quando ela é flexionada. [Pl.: *terminações*.]

terminal (ter-mi-nal) *subst.masc.* **1** Local que reúne os pontos de chegada e saída de linhas de ônibus ou de trem. *Vou pegar o ônibus no **terminal** do centro da cidade.* **2** INF Conjunto formado por teclado e monitor. O **terminal** é ligado a uma rede central de computadores. *adj.masc.fem.* **3** Algo **terminal** é algo que está para acabar. Uma doença **terminal** é uma doença que está levando à morte. *A cadelinha estava em seus momentos **terminais**.* [Pl.: *terminais*.]

terminar (ter-mi-nar) *verbo* **1** É o mesmo que acabar. *O treino **terminou**.* **2** Pôr fim a uma relação entre pessoas. *Juçara e Rodrigo **terminaram** o namoro.* [Antôn. geral: *começar*.] ~ **término** *subst.masc.*

termômetro (ter-mô-me-tro) *subst.masc.* Instrumento usado para medir a temperatura de um corpo, substância, lugar etc.

Termômetro é uma palavra formada a partir da língua grega: *termo-* quer dizer "quente" e *-metro*, "unidade de medida".

[1]**terno** (ter-no) *adj.* Quem é **terno** sente afeto ou transmite afeto aos outros. *Maurício é nosso **terno** amigo.*

Terno vem da palavra latina *tenerum*, que quer dizer "que tem afeto".

[2]**terno** (ter-no) *subst.masc.* Traje que tem paletó, calça e, às vezes, colete, todos do mesmo tecido e da mesma cor. Os homens usam **terno** geralmente com gravata e em ocasiões formais.

Terno vem da palavra latina *ternus*, que quer dizer "conjunto de três".

ternura (ter-nu-ra) *subst.fem.* **1** O que é suave, doce, delicado tem **ternura**. *Havia grande **ternura** na sua voz.* **2** Sentimento de carinho, meiguice. *Sinto **ternura** pelos animais fofinhos.*

terra (ter-ra) *subst.fem.* **1** Nome do planeta em que vivemos. *A **Terra** é o terceiro planeta do sistema solar, a partir do Sol.* ☛ Neste sentido, primeira letra maiúscula. **2** A superfície da crosta terrestre, o solo em que pisamos. *A viagem será feita por **terra**.* **3** Uma região, um país. *A família voltou para sua **terra**.* **4** Parte do solo onde se planta. *As máquinas estão arando a **terra**.* **5** Poeira, pó. *Suas botas estão sujas de **terra**.*

terraço (ter-ra-ço) *subst.masc.* Espaço plano, geralmente aberto, no alto de um edifício.

terreiro (ter-rei-ro) *subst.masc.* **1** Terreno plano e amplo, geralmente perto de uma casa. **2** REL Local para a prática de algumas religiões como o candomblé, a umbanda etc.

terremoto (ter-re-mo-to) *subst.masc.* Tremor na superfície terrestre causado pelo movimento de camadas subterrâneas muito profundas.

terreno (ter-re-no) *subst.masc.* **1** Pedaço de terra não construído. *Do lado de casa havia um **terreno** à venda.* **2** O chão e o solo também são chamados de **terreno**. *Cuidado, porque o **terreno** está muito irregular.* **3** Se você sabe muito sobre um assunto, você domina esse **terreno**. *Gosto de matemática, mas geometria não é o meu **terreno**.*

térreo (tér-reo) *subst.masc.* Em uma construção, andar que fica no nível do solo ou da rua. *Os moradores do **térreo** ficam preocupados quando a rua se enche de água.* ☛ Esta palavra pode ser usada como adj.: *andar **térreo**.*

terrestre (ter-res-tre) *adj.masc.fem.* **1** Terrestre quer dizer relacionado à Terra. *Várias criaturas habitam o globo **terrestre**.* **2** Tudo o que nasce ou vive na parte sólida da Terra é **terrestre**. *Os macacos são animais **terrestres** e os peixes são animais aquáticos.*

território (ter-ri-tó-rio) *subst.masc.* **1** Área de um país, estado, cidade, município etc. *O **território** brasileiro é o mais extenso de toda a América do Sul.* **2** Área dominada ou que pertence a alguém ou a algum animal. *Nenhum cachorro invadia o **território** do feroz Trovão. A cerca foi colocada para separar o meu **território** do seu.* ~ **territorial** *adj.masc.fem.*

terrível (ter-rí-vel) *adj.masc.fem.* **1** É **terrível** alguém ou algo que causa grande medo. *Um imperador **terrível** trazia pavor às aldeias do reino.* **2** Experiência ou situação muito séria e desagradável. *Foi **terrível** ter de atravessar a rua alagada.* **3** Muito ruim, de péssima qualidade. *Aquela sobremesa estava **terrível**!* [Antôn.: *excelente.*] **4** A gente usa **terrível** para dar destaque a alguma coisa que dizemos. *Com a doença, ela caiu numa **terrível** tristeza.* |Pl.: *terríveis.*|

terror (ter-ror) \ô\ *subst.masc.* **1** Medo ou susto muito intenso. *As invasões espalharam o **terror** na colônia.* **2** Pessoa ou coisa que provoca esse sentimento. *Esse bandido foi o **terror** do meu bairro.* **3** Grande dificuldade ou sofrimento. *Aprender chinês foi um **terror** para a Ana.* [Antôn.: *satisfação.*] |Pl.: *terrores.*|

terrorismo (ter-ro-ris-mo) *subst.masc.* Uso da violência, como sequestros e atentados, por grupos organizados para atingir objetivos políticos. *O **terrorismo** está sendo combatido no mundo inteiro.* ~ **terrorista** *adj.masc.fem. subst.masc.fem.*

tesoura (te-sou-ra) *subst.fem.* Instrumento com duas lâminas, usado para cortar.

tesouro (te-sou-ro) *subst.masc.* **1** Grande quantidade de coisas de valor, como dinheiro, joias etc. **2** Uma pessoa ou coisa de que se gosta muito também é chamada de **tesouro**. *O **tesouro** de Celina eram seus dois filhos.*

testa (tes-ta) *subst.fem.* ANAT Parte de cima do rosto, entre as sobrancelhas e os cabelos. ☛ Ver ilustração na p. 478.

testamento (tes-ta-men-to) *subst.masc.* Documento em que uma pessoa diz com quem devem ficar os seus bens após a sua morte. **Antigo Testamento** REL Parte da Bíblia que contém os livros que contam fatos anteriores ao nascimento de Jesus Cristo. ☛ Primeiras letras maiúsculas. **Novo Testamento** REL Parte da Bíblia que contém os livros que narram fatos posteriores ao nascimento de Jesus Cristo. ☛ Primeiras letras maiúsculas.

testar (tes-tar) *verbo* Fazer um teste para examinar ou comprovar alguma coisa. *Mateus **testou** a cola antes de fazer a pipa. A professora de piano **testa** os futuros alunos.*

teste (tes-te) *subst.masc.* **1** Exame para avaliar as qualidades de alguém ou de algo. *Antes de usar um perfume é bom fazer um **teste** no punho.* **2** Aplicamos um **teste** quando queremos avaliar os conhecimentos de alguém para uma tarefa, atividade etc. *Para trabalhar como caixa no mercado, Jonas fez um **teste** de matemática.*

testemunha (tes-te-mu-nha) *subst.fem.* **1** Quem está presente, observando um fato qualquer. *Sebastião é **testemunha** do esforço dos pais.* **2** Quem é chamado para colaborar num processo da justiça ou numa investigação da polícia. **3 Testemunha** também é a pessoa que está presente numa cerimônia para provar que ela aconteceu. ~ **testemunhar** *verbo*

testículo (tes-tí-cu-lo) *subst.masc.* ANAT Glândula masculina que produz o espermatozoide.

teta (te-ta) \ê\ *subst.fem.* Parte do corpo dos mamíferos por onde sai o leite.

tétano (té-ta-no) *subst.masc.* MED Doença provocada por uma bactéria que entra na pele através de um ferimento, geralmente causado por um metal enferrujado.

teto (te-to) *subst.masc.* **1** Parte superior de um ambiente, que se apoia geralmente sobre paredes. *Vamos colar umas estrelas no **teto** do quarto da Cristina.* **2** Casa, lugar em que se mora. *Temos que nos respeitar muito, porque moramos sob o mesmo **teto**.* **3** Quando não há **teto**, os aviões não podem nem decolar nem aterrissar.

tetraneto (te-tra-ne-to) *subst.masc.* É o mesmo que tataraneto.

tetravô (te-tra-vô) *subst.masc.* É o mesmo que tataravô. ☛ Ver *avô*.

teu *pron.poss.* **Teu** é a palavra que usamos para dizer "de ti". Tudo o que é **teu** é da pessoa com quem estamos falando, se chamamos essa pessoa de "tu". *Rodolfo, não te esqueças de pegar **teu** livro.* [Fem.: *tua*.]

tevê (te-vê) *subst.fem.* Abreviação da palavra televisão.

texto (tex-to) \ê\ *subst.masc.* Conjunto de palavras ou frases escritas que, juntas, passam uma mensagem.

ti *pron.pessoal* Usamos **ti** no lugar de "te" quando há uma preposição antes.

→ Devemos dizer "Lúcio trouxe um doce para **ti**, Salete" e não "Lúcio trouxe um doce para te, Salete".

tiara (ti-a-ra) *subst.fem.* É o mesmo que diadema.

tico-tico (ti-co - ti-co) *subst.masc.* Passarinho de até 15 centímetros de comprimento, de cabeça cinza e negra, com um topete. O **tico-tico** é comum em quase todo o Brasil, menos na Amazônia. [Pl.: *tico-ticos*.]

tigela (ti-ge-la) *subst.fem.* **1** Vasilha arredondada, geralmente sem alças, usada para preparar, servir ou guardar alimentos. *O arroz está na **tigela***

de plástico. **2** A quantidade contida nessa vasilha. *Depois da praia, tomei uma* ***tigela*** *de açaí.*

tigre (ti-gre) *subst.masc.* Felino asiático grande e selvagem que tem o corpo coberto de pelo amarelado com listras pretas. O **tigre** está ameaçado de extinção. [Fem.: *tigresa.*]

tijolo ▶ (ti-jo-lo) \ô\ *subst.masc.* Bloco de barro cozido usado em construções de paredes, muros, colunas etc.

til *subst.masc.* GRAM Sinal (~) sobre a vogal "a" usado para indicar que devemos pronunciá-la com o som saindo também pelo nariz. [Pl.: *tiles.*]

timão (ti-mão) *subst.masc.* Roda ou volante com que o piloto manobra o leme da embarcação. [Pl.: *timões.*]

time (ti-me) *subst.masc.* **1** ESP Grupo de atletas que defende um clube, uma escola, um bairro etc. num esporte ou numa competição. **2** Grupo de pessoas que se dedica a uma mesma atividade. *O posto de saúde tem um ótimo* ***time*** *de médicos.* [Sinôn. geral: *equipe.*]

tímido (tí-mi-do) *adj.* Quem é **tímido** fica nervoso e se sente mal na presença de outras pessoas. [Sinôn.: *inibido.* Antôn.: *corajoso.*] ☛ Esta palavra pode ser usada como subst.: *Os* ***tímidos*** *são mais medrosos.* ~ **timidez** *subst.fem.*

tímpano (tím-pa-no) *subst.masc.* ANAT Membrana que fica dentro da orelha e que vibra quando o som passa por ela.

tingir (tin-gir) *verbo* Dar uma cor nova a algo, usando tinta. *Sônia* ***tingiu*** *o vestido desbotado. Valéria* ***tingiu*** *o cabelo de preto.*

tinta (tin-ta) *subst.fem.* Substância líquida ou pastosa usada para pintar, tingir, escrever etc. *Alex misturou* ***tinta*** *branca na verde para ela ficar mais clara.*

tio (ti-o) *subst.masc.* O irmão do seu pai ou da sua mãe é seu **tio**.

típico (tí-pi-co) *adj.* Próprio de uma pessoa, coisa, lugar etc. "*Não posso*" *é uma frase* ***típica*** *dela. Tacacá é uma comida* ***típica*** *do Pará.*

tipo (ti-po) *subst.masc.* **1** Algo que apresenta as características de um grupo. *Esse* ***tipo*** *de carro é muito caro. Os mosquitos desse* ***tipo*** *só aparecem no verão.* [Sinôn.: *espécie.*] **2** Conjunto de características de uma família, uma região ou um grupo. *Mara tem o* ***tipo*** *físico de sua mãe.*

tíquete (tí-que-te) *subst.masc.* **1** Bilhete impresso que permite o ingresso em cinemas, *shows*, trens, ônibus etc. *Vou comprar os* ***tíquetes*** *e encontro com vocês na fila do cinema.* **2** Bilhete impresso que comprova o pagamento por uma compra ou serviço. *Por favor, retire o* ***tíquete*** *no caixa.*

tira (ti-ra) *subst.fem.* **1** Pedaço de tecido, papel, couro etc., achatado e mais comprido do que largo. *Célia costurou uma* ***tira*** *na cintura da saia.* **2** Parte de uma história em quadrinhos, apresentada numa linha.

tiracolo ▼ (ti-ra-co-lo) *subst.masc.* Tira que cruza o tronco de um lado do pescoço para o lado oposto do corpo, passando por baixo do braço. **a tiracolo** Usar a bolsa **a tiracolo** é usá-la do jeito como fica essa tira.

Bolsas usadas a **tiracolo.**

tirar (ti-rar) *verbo* **1** Fazer sair do lugar onde estava. *Pedro logo* ***tirou*** *a carteira do bolso.* [Antôn.: *colocar, pôr.*] **2** Excluir um elemento de um conjunto. ***Tirando*** *o creme, a torta fica ótima.* [Antôn.: *acrescentar.*] **3** Se você **tira** a camisa ou os sapatos, você se despe dessas peças. [Antôn.: *colocar.*] **4** Um produto que **tira** manchas, rugas etc. faz com que elas desapareçam. **5** Conseguir algo por merecimento. *Cândida estudou e **tirou** dez na prova.* **6** Com uma máquina fotográfica você **tira** fotografias. Com uma máquina de raio X você **tira** radiografias. **7** MAT **Tirar** também é o mesmo que subtrair. *Se **tirarmos** dois de sete, sobram cinco.* **8** Se você **tira** uma coisa da cabeça, você se esquece dessa coisa. *Hélio não conseguia **tirar** Gisele da cabeça.* **sem tirar nem pôr** Completamente igual. *A turma apresentou o mesmo trabalho, **sem tirar nem pôr**.*

tiro (ti-ro) *subst.masc.* **1** Disparo com uma arma. *Nos filmes de pirata há muitos **tiros** de canhão.* **2** Aquilo que é disparado também se chama **tiro**. *O **tiro** atingiu a roda do carro.* **3** ESP Chute muito forte na bola, especialmente no futebol. *Juninho deu um **tiro** para o gol.* **tiro ao alvo** ESP Disparo feito com arma, com o objetivo de acertar um alvo estabelecido. Quanto mais perto do centro do alvo for o **tiro**, mais pontos vale. **tiro de meta** ESP No futebol, colocar de novo a bola em jogo, chutando da linha de fundo defendida por seu time. O **tiro de meta** é dado quando um jogador adversário lança a bola para fora do campo pela linha de fundo do outro time.

titio (ti-ti-o) *subst.masc.* Jeito carinhoso de chamar o tio.

titular (ti-tu-lar) *subst.masc.* Quem exerce uma função ou ocupa um cargo de forma permanente. *Desta vez, só os **titulares** vão treinar.* [Pl.: *titulares.*] ☛ Esta palavra pode ser usada como adj.: *professora **titular**, goleiro **titular**.*

título (tí-tu-lo) *subst.masc.* **1** Nome que se dá a livro, capítulo, filme, história, quadro etc. **2** Nome dado a um cargo, a uma função, a uma posição etc. *O time não ficou feliz com o **título** de vice. Terminou o curso e recebeu o **título** de doutor.*

toa (to-a) \ô\ *subst.fem.* Cabo usado por uma embarcação para puxar outra. **à toa** Sem fazer nada. *Vivia **à toa**.* ☛ Ver o verbete à toa.

→ A expressão **à toa** deve-se ao modo como a embarcação puxada pela **toa** se move, para um lado e para o outro, como se fosse ao acaso, sem ligar muito para onde está indo.

toalete (to-a-le-te) *subst.masc.* **1** É o mesmo que banheiro. *Por favor, onde é o **toalete**?* *subst.fem.* **2** Quando nos lavamos, nos penteamos, cuidamos da nossa higiene pessoal, estamos fazendo a nossa **toalete**.

toalha (to-a-lha) *subst.fem.* **1** Peça de tecido que absorve a água e é usado para enxugar o corpo. **2** **Toalha** também é o que colocamos sobre a mesa quando fazemos as refeições. A **toalha** pode ser de pano ou de plástico.

toca (to-ca) *subst.fem.* Buraco onde certos animais, como o coelho e o rato, vivem ou se escondem.

tocar (to-car) *verbo* **1** Pôr a mão ou encostar em alguém ou alguma coisa. *Meu gato não gosta que **toquem** na sua orelha.* **2** **Tocar** em um assunto quer dizer falar sobre esse assunto. **3** Tirar som de um instrumento musical ou de um aparelho também é **tocar**. ***Tocaram** samba a noite inteira. Ricardo tem a chave, mas sempre **toca** a campainha.* **4** *informal* Entender ou perceber alguma coisa. *Nélson entendeu tudo logo, mas João nem se **tocou**.*

tocha (to-cha) *subst.fem.* **1** Fogo que é ateado na ponta de um bastão ou de outro suporte semelhante, usado como iluminação, sinalização etc. *A chuva apagou as **tochas**.* **2** Bastão que mantém e conduz esse fogo aceso. *Os atletas carregaram a **tocha** olímpica.*

todo (to-do) \ô\ *adj.* **1** Inteiro, completo. *A turma **toda** participou da gincana.* *pron.indef.* **2** Qualquer. ***Toda** criança deve tomar vacina.* **3** Cada um, sem que falte ou sobre nenhum. *Miguel viaja **todo** ano para a casa da avó. **Todos** aplaudiram a peça no final.*

toicinho ou **toucinho** (toi-ci-nho; tou-ci-nho) *subst.masc.* Gordura de porco, com ou sem o couro. O **toicinho** é usado na alimentação. [Sinôn.: *bacon.*]

toldo (tol-do) \ô\ *subst.masc.* Cobertura de material impermeável que se coloca em janelas, portas ou varandas, para protegê-las da chuva ou do sol.

tolerar (to-le-rar) *verbo* **1** Quem **tolera** uma coisa ou uma pessoa a aceita ou suporta, embora não goste dela. *Mamãe **tolera** que a gente faça bagunça no quarto.* [Antôn.: *proibir.*] **2** Conseguir fazer ou experimentar algo desagradável ou que causa dor. *Há pessoas que **toleram** mais a dor que outras.* ~ **tolerância** *subst.fem.* **tolerante** *adj.masc.fem.*

tolice (to-li-ce) *subst.fem.* Coisa que fazemos ou falamos e que não é certa ou adequada. [Sinôn.: *bobagem.*]

tolo (to-lo) \ô\ *adj.* **1** Sem inteligência ou juízo. [Antôn.: *esperto.*] **2** Falta senso às pessoas e coisas **tolas**. *Frases **tolas** não prestam para nada.* **3** Fazer alguém de **tolo** é enganá-lo. ☛ Esta palavra pode ser usada como subst.: *Os **tolos** só fazem bobagem.*

tom *subst.masc.* **1** A variação de uma cor, mais clara ou mais escura, é chamada de **tom**. *O casaco na vitrine tinha dois **tons** de verde.* **2** MÚS O **tom** musical é grave ou agudo. Uma música pode ter seu **tom** adaptado ao que uma voz ou um instrumento consegue alcançar. **3** A forma como alguém se expressa, falando ou escrevendo, é chamada **tom**. *A carta de Vânia tinha um **tom** triste. Falou em um **tom** zangado.* [Pl.: *tons.*]

Tomadas elétricas.

tomada ◄ (to-ma-da) *subst.fem.* **1** Ponto, geralmente numa parede, em que se pode ligar um aparelho à eletricidade. **2** Peça de um aparelho que pode ser encaixada nesse ponto. **3** Cada cena gravada de um filme ou vídeo. *Com a chuva, muitas **tomadas** da novela foram adiadas.*

tomar (to-mar) *verbo* **1** **Tomar** é tirar alguma coisa de alguém. *Lia **tomou** o papel da mão de Carol. Um pequeno exército **tomou** o castelo.* [Antôn.: *devolver.*] **2** **Tomar** sopa ou café é beber ou comer esses alimentos. Também **tomamos** remédio, injeção e vacina. **3** Se você não está respirando bem ou está sem fôlego, precisa **tomar** ar. **4** Quando entramos num ônibus ou táxi, **tomamos** essa condução. **5** Uma atividade que dura um dia inteiro **toma** nosso dia. Um sofá que ocupa todo o espaço da sala **toma** a sala toda. [Sinôn.: *ocupar.*] **6** Segurar com força, para proteger ou apoiar, também é **tomar**. *Cícero **tomou** o bebê nos braços.*

tomate (to-ma-te) *subst.masc.* Fruto arredondado, que fica vermelho quando está maduro, muito usado em saladas e para fazer molhos. ~ **tomateiro** *subst.masc.*

tombar (tom-bar) *verbo* **1** Cair ou derrubar no chão. *A bandeja **tombou** sozinha. Ao se levantar, Cirilo **tombou** a cadeira.* **2** Cair para o lado. *O poste **tombou** sobre o carro. Andava com a cabeça **tombada** para a esquerda.* [Sinôn.: *inclinar.*]

tombo (tom-bo) *subst.masc.* Quando uma pessoa cai no chão, ela leva um **tombo**.

tonelada (to-ne-la-da) *subst.fem.* Unidade de medida de peso que equivale a mil quilos (símbolo: *t*). *Um hipopótamo adulto chega a pesar três **toneladas**.*

tônico (tô-ni-co) *adj.* GRAM Uma vogal **tônica** ou uma sílaba **tônica** é a mais forte da palavra, como "i" em "rainha", mas nem sempre leva acento na escrita. Uma palavra **tônica** é uma palavra independente e não parece que é mais uma sílaba de outra palavra. [Antôn.: *átono.*]

tonto (ton-to) *adj.* **1** Uma pessoa **tonta** tem a sensação de que vai perder o equilíbrio e cair. *Mara levantou-se muito rápido e ficou **tonta**.* **2** Se alguém fica sem saber o que fazer, confuso ou atrapalhado, fica **tonto**. *Quando há visitas em casa, a mamãe fica um pouco **tonta**.* **3** **Tonto** também quer dizer bêbado. [Sinôn. para 1 e 2: *zonzo.*]

tontura (ton-tu-ra) *subst.fem.* MED Sensação de que tudo à sua volta está girando. [Sinôn.: *vertigem.*]

topada (to-pa-da) *subst.fem.* Você dá uma **topada** quando bate o pé, sem querer, em alguma coisa.

topar (to-par) *verbo* **1** Encontrar alguém ou alguma coisa por acaso. ***Topou** com a tia na saída do clube.* **2** Ver ou chegar a um lugar que estava procurando. *Depois de muito andar, **topamos** com o museu.* **3** *informal* Concordar com uma proposta ou uma sugestão. *Antônio **topa** qualquer brincadeira.*

topete ► (to-pe-te) *subst.masc.* Cabelo levantado no alto da testa.

topo (to-po) \ô\ *subst.masc.* **1** Parte mais alta de montanha, edifício, mastro etc. **2** O ponto mais alto que se pode atingir na profissão, nos estudos etc. *Jorge chegou ao **topo** da carreira de professor.*

toque (to-que) *subst.masc.* **1** Quando você toca em alguém ou em alguma coisa, isso é um **toque**. *Deu um leve **toque** na campainha. Ana cumprimentou Rute com um **toque** em seu ombro.* **2** Som produzido por alguns instrumentos musicais. *O **toque** da corneta acordou o quartel.* **3** *informal* Um conselho discreto também é um **toque**. *Célia deu um **toque** na amiga, para que ela falasse mais baixo.*

tora (to-ra) *subst.fem.* Grande tronco de árvore, já cortado ou não.

tórax (tó-rax) \cs\ *subst.masc.* ANAT Parte do corpo do ser humano e de outros vertebrados entre o pescoço e o abdome. No **tórax**, estão as costelas, os pulmões e o coração. [Sinôn.: *peito*.] ☛ O sing. e o pl. desta palavra são iguais: *o **tórax**, os **tórax***. Ver ilustração na p. 478.

torcer (tor-cer) *verbo* **1** Se você **torce** um pano molhado, você enrola o pano como uma espiral para tirar a água. **2** Quando você **torce** o pé, ele vira sobre ele mesmo. **3** **Torcer** por um time, uma pessoa etc. é apoiar esse time ou pessoa e querer que eles consigam o resultado que desejam. *Juarez **torce** pelo Flamengo. Rosa **torceu** para sua irmã conseguir o emprego.* ~ **torcedor** *adj. subst.masc.*

torcicolo (tor-ci-co-lo) *subst.masc.* MED Quando alguém está com dor no pescoço e não consegue virar a cabeça de um lado para o outro, está com **torcicolo**.

torcida (tor-ci-da) *subst.fem.* Conjunto de pessoas que apoia um time, um clube ou um atleta.

tornado (tor-na-do) *subst.masc.* Tempestade violenta que carrega uma nuvem em forma de cone com a abertura para cima. Esse cone gira muito rápido e toca sua ponta na terra, derrubando árvores, construções etc.

tornar (tor-nar) *verbo* **1** Voltar ao lugar de onde saiu. *Nosso gato passeia, mas sempre **torna** à casa.* **2** Usamos **tornar** para dizer que algo vai acontecer de novo. *Hoje **tornou** a chover.* **3** Mudar o estado, a forma, a aparência etc. *O vestido longo **tornou**-a mais séria.*

torneio (tor-nei-o) *subst.masc.* É o mesmo que campeonato.

torneira (tor-nei-ra) *subst.fem.* Peça que funciona como uma chave, que abre ou fecha a passagem de líquidos ou gases. *A **torneira** da pia está pingando muito.* [Sinôn.: *bica*.]

torno (tor-no) \ô\ *subst.masc.* Ferramenta formada por um suporte que gira em seu próprio eixo e usada para fabricar ou arredondar peças de madeira, ferro, aço etc. **em torno de** **1** **Em torno de** quer dizer quase. *Havia **em torno de** 15 pessoas na sala.* **2** Se você gira **em torno de** si mesmo, dá uma volta no mesmo lugar. **3** Se uma reunião é **em torno de** uma pessoa ou assunto quer dizer que a reunião foi a respeito dessa pessoa ou desse assunto.

tornozelo (tor-no-ze-lo) \ê\ *subst.masc.* ANAT Articulação onde o pé e a perna se juntam. ☛ Ver ilustração na p. 478.

torrada (tor-ra-da) *subst.fem.* Fatia de pão torrado.

torrar (tor-rar) *verbo* **1** Tornar algo seco, por exposição ao fogo ou ao calor intenso. *Os tropeiros **torravam** e depois moíam os grãos de café.* **2** Queimar um pouco pães, fatias de bolo, farinhas etc. *Celina aproveitou o forno quente para **torrar** os pães de ontem.* **3** *informal* Gastar com exagero, sem responsabilidade. *O ciclista **torrou** o prêmio em dois dias.*

torre (tor-re) \ô\ *subst.fem.* **1** Construção muito alta e em forma de cilindro. A **torre** pode ser um posto de defesa nos fortes ou um abrigo para os sinos das igrejas. *A princesa estava presa na mais alta **torre** do castelo.* **2** Edifício com muitos andares, geralmente redondo.

torresmo (tor-res-mo) \ê\ *subst.masc.* CUL Toicinho em pedaços e frito.

torta (tor-ta) *subst.fem.* **1** CUL Bolo doce com recheio em camadas e cobertura. **2** CUL Grande empada com recheio doce ou salgado. *Para o jantar teremos uma **torta** de frango.*

torto (tor-to) \ô\ *adj.* **1** Um quadro **torto** está inclinado na parede, caindo para um dos lados.

*Apague a linha que ficou **torta**.* **2** Um caminho **torto** é cheio de curvas, não está em linha reta. *Um prego **torto** desse jeito não serve.*

tosse (tos-se) *subst.fem.* MED Quando o ar sai pela boca muito rápido e fazendo barulho, a pessoa está com **tosse**.

tossir (tos-sir) *verbo* **1** MED Quando você **tosse**, o ar sai pela sua boca muito rápido e fazendo barulho. Você **tosse** quando está doente ou quando se engasga. **2** MED **Tossir** também é expelir pela boca. *O doente procurou o médico porque **tossiu** sangue.*

tostar (tos-tar) *verbo* Queimar um pouquinho. *Essa chapa é só para **tostar** pães.*

total (to-tal) *subst.masc.* **1** Resultado de uma soma ou da união de várias partes. *O **total** de arroz colhido chegou a duas toneladas. O **total** de 20 mais 20 é 40.* *adj.masc.fem.* **2** O que é **total** reúne tudo, é completo. *A festa foi um sucesso **total**.* [Pl.: *totais*.]

totalmente (to-tal-men-te) *advérbio* É o mesmo que completamente.

touca ► (tou-ca) *subst.fem.* Peça feita de tecido, lã, plástico, usada para cobrir a cabeça. As **toucas** de lã protegem do frio, as **toucas** de plástico são usadas no banho e evitam que o cabelo fique molhado.

toucinho *subst.masc.* → toicinho

toupeira (tou-pei-ra) *subst.fem.* Mamífero de corpo comprido, pelo escuro, focinho longo e olhos bem pequenos. A **toupeira** se alimenta de insetos e cava túneis, usando as patas dianteiras, que se parecem com uma pá.

touro (tou-ro) *subst.masc.* Macho bovino usado para reprodução. [Fem.: *vaca*.]

tóxico (tó-xi-co) \cs\ *adj.* **1** Uma substância **tóxica** faz mal à saúde. *Brinquedos não podem conter material **tóxico**.* *subst.masc.* **2** Substância que algumas pessoas fumam, cheiram ou bebem para terem uma sensação diferente. Os **tóxicos** agem no cérebro, causam dependência e geralmente são proibidos. [Sinôn.: *droga*.]

trabalhador (tra-ba-lha-dor) \ô\ *adj.* **1** Quem é **trabalhador** gosta de trabalhar ou trabalha muito. *Afrânio é muito **trabalhador**, sai de casa de madrugada e só volta de noite.* *subst.masc.* **2** Pessoa que tem uma ocupação, um emprego. *O **trabalhador** tem de cumprir horário no seu local de trabalho.* [Pl.: *trabalhadores*. Fem.: *trabalhadora*.]

trabalhar (tra-ba-lhar) *verbo* **1** Dedicar-se a uma atividade ou profissão. *Carina **trabalha** como babá, Brenda prefere **trabalhar** em casa.* **2** Esforçar-se para fazer ou conseguir algo. *Paula **trabalhou** muito para terminar o livro.* **3** Uma máquina que está **trabalhando** está ligada e funcionando.

trabalho (tra-ba-lho) *subst.masc.* **1** Atividade que alguém faz recebendo dinheiro para isso. *O **trabalho** do rapaz é entregar jornais.* **2** Lugar onde se faz essa atividade. *Papai chegou mais cedo do **trabalho**.* **3** Qualquer outra atividade realizada com um objetivo. *O **trabalho** doméstico cansa muito.* **4** Também é **trabalho** o que fazemos para atingir um objetivo, realizar uma tarefa etc. *Após muito **trabalho**, a casa ficou limpa.* [Sinôn.: *custo*.]

traça (tra-ça) *subst.fem.* Inseto adulto ou larva que rói papel, tecidos e outros materiais.

traçar (tra-çar) *verbo* **1** Representar com traços. *Josué **traçou** um cubo em seu caderno.* **2** **Traçar** também é planejar algo. *Gilda e Paula **traçaram** todos os detalhes da festa.*

traço (tra-ço) *subst.masc.* **1** Risco ou linha feita com lápis, giz, pincel etc. **2** Usamos **traços** quando queremos falar do feitio do rosto de uma pessoa. *Iná tem **traços** delicados.* ☛ Neste sentido, esta palavra só é usada no plural. **3** O que restou de uma civilização, de um império etc. e sua influência são chamados de **traços**. *A culinária nortista tem **traços** indígenas.* **4** Característica, qualidade de alguém ou de algo. *A simpatia era o **traço** mais forte de sua personalidade.*

tradição (tra-di-ção) *subst.fem.* Conjunto de costumes e crenças muito antigo de uma região, de

A B C D E F G H I J K L M N O P Q R S T U V W X Y Z

um povo ou mesmo de uma família que é passado de uma geração para outra. *A **tradição** indígena é pouco conhecida. O almoço de domingo é uma **tradição** na casa de Reinaldo.* [Pl.: *tradições*.] ~ **tradicional** *adj.masc.fem.*

tradução (tra-du-ção) *subst.fem.* **1** Quando alguém passa um texto, frase, palavra etc. de uma língua para outra, faz uma **tradução**. *Nicolau fez a **tradução** de um livro espanhol.* **2 Tradução** também é o texto que estava em uma língua e foi passado para outra. *Alexandre tem o texto original, mas preferiu ler a **tradução**.* [Pl.: *traduções*.]

traduzir (tra-du-zir) *verbo* **1** Passar texto, frase, palavra etc. de uma língua para outra. **2 Traduzir** também é representar muito bem. *O presente **traduz** todo nosso amor.* ~ **tradutor** *subst.masc.*

tráfego (trá-fe-go) *subst.masc.* Circulação intensa de veículos e pedestres nas ruas. *Depois das oito da noite o **tráfego** melhora.* [Sinôn.: *trânsito*.]

tráfico (trá-fi-co) *subst.masc.* Comércio ilegal, por exemplo, de drogas ou armas.

tragédia (tra-gé-dia) *subst.fem.* **1** Uma peça de teatro, um filme ou uma história que acaba em sofrimento ou desgraça. **2 Tragédia** é também qualquer acontecimento que tenha como resultado uma desgraça.

traição (trai-ção) *subst.fem.* **1** Quem trai pratica uma **traição**. *Foi uma **traição** ele ir jogar pelo time adversário.* **2** Crime que comete quem trai o país, por exemplo, pondo em perigo a sua segurança. [Pl.: *traições*.]

traineira (trai-nei-ra) *subst.fem.* Barco de pesca a motor, que tem um grande porão e é muito usado no litoral sul do Brasil.

trair (tra-ir) *verbo* **1** Não respeitar um compromisso, abandonar um ideal. *Gina **traiu** sua promessa comigo.* **2** Enganar ou abandonar uma pessoa que confiava em você. *O produtor **traiu** os artistas e fugiu com o dinheiro.* **3** Denunciar um amigo ou revelar um segredo dele. **4** Mostrar, revelar algo sem querer. *Seu olhar **traía** sua raiva.*

traíra (tra-í-ra) *subst.fem.* Peixe de água doce, com cerca de 60 cm de comprimento, abdome branco e manchas escuras espalhadas pelo corpo.

traje (tra-je) *subst.masc.* **1** É o mesmo que roupa. **2** Roupa própria para uma situação ou profissão. *Ronaldo foi jogar golfe de **traje** esportivo. O **traje** do mecânico geralmente é um macacão.*

trajeto (tra-je-to) *subst.masc.* **1** Caminho feito para ir de um ponto a outro. *Faço sempre o mesmo **trajeto** para ir ao curso de espanhol.* **2 Trajeto** também é o mesmo que trajetória.

trajetória (tra-je-tó-ria) *subst.fem.* Caminho percorrido por qualquer corpo em movimento. *O foguete mudou a **trajetória** para não se chocar com o cometa.* [Sinôn.: *trajeto*.]

tramar (tra-mar) *verbo* Planejar algo em segredo, geralmente contra alguém. *Os rebeldes **tramavam** uma revolução.* ~ **trama** *subst.fem.*

trampolim ◢ (tram-po-lim) *subst.masc.* Tábua usada para dar impulso para um salto ou um mergulho. [Pl.: *trampolins*.]

trancar (tran-car) *verbo* Fechar algo com chave, cadeado etc. *Nílton **tranca** as portas do armário antes de sair.* ~ **tranca** *subst.fem.*

trançar (tran-çar) *verbo* Para **trançar** os cabelos, você deve juntar três grupos de fios e passar uns por entre os outros. ~ **trança** *subst.fem.*

tranquilidade (tran-qui-li-da-de) \qüi\ *subst.fem.* **1** Sensação de paz, calma, conforto. *Quem não gosta de **tranquilidade** para viver?* [Antôn.: *tensão*.] **2** Também se diz ser uma **tranquilidade** o que é fácil e simples. *A prova foi uma **tranquilidade** para quem estudou.*

tranquilo (tran-qui-lo) \qüi\ *adj.* **1** Quem não tem preocupações vive **tranquilo**. **2** As pessoas **tranquilas** são calmas, têm equilíbrio. [Sinôn.: *sereno*.] **3** É **tranquilo** o que não tem agitação, nem barulho, nem violência. *Vimos no sul um **tranquilo** pasto com carneirinhos.*

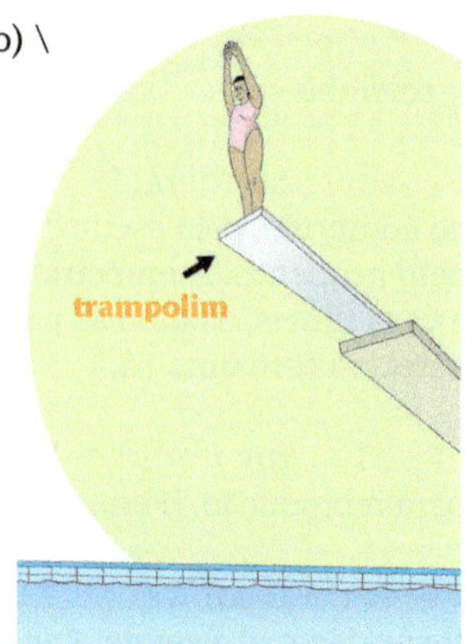

4 É **tranquilo** o que não é incerto. *Para mim, passar na prova vai ser **tranquilo**.* ~ **tranquilizar** *verbo*

transbordar (trans-bor-dar) *verbo* **1** Um copo **transborda** quando está cheio demais e o líquido que está nele escorre para fora. Quando um rio **transborda**, a água sobe mais alto que as margens. **2** Quando um lugar está muito cheio, dizemos que está **transbordando** de gente.

transferir (trans-fe-rir) *verbo* **1** Mudar de um lugar para outro. *A fábrica **transferiu**-se para o Paraná. Finalmente **transferiram** Juca de setor.* **2** Mudar a data de um acontecimento, geralmente para depois. ***Transferimos** o jogo para domingo.*

transformar (trans-for-mar) *verbo* Ficar com uma nova aparência, forma, condição etc. *O corte de cabelo **transformou** o rosto de Priscila. O emprego novo **transformou** sua vida.* [Sinôn.: *mudar*.] ~ **transformação** *subst.fem.*

transfusão (trans-fu-são) *subst.fem.* **Transfusão** de sangue é a introdução do sangue que uma pessoa saudável doou no corpo de outra pessoa que está doente ou machucada. [Pl.: *transfusões*.]

trânsito (trân-si-to) *subst.masc.* **1** Movimento e circulação intensa de pedestres e de veículos. *O **trânsito** parou depois das fortes chuvas no final da tarde.* [Sinôn.: *tráfego*.] **2** Passagem por determinado lugar. *A polícia interrompeu o **trânsito** de ônibus pelo local. Não é permitido o **trânsito** de animais na feira.*

translação (trans-la-ção) *subst.fem.* Movimento de um planeta em torno do Sol. *A Terra executa dois movimentos, o de rotação e o de **translação**.* [Pl.: *translações*.]

transmitir (trans-mi-tir) *verbo* **1** Fazer algo chegar a alguém ou a algum lugar. *O rádio **transmitiu** a notícia do temporal. Suas palavras **transmitem** paz.* **2** Passar algo a alguém, por herança, contágio etc. *Nossa avó nos **transmitiu** os olhos claros. Há mosquitos que **transmitem** doenças.* ~ **transmissão** *subst.fem.*

transparente (trans-pa-ren-te) *adj.masc.fem.* O que é **transparente** deixa passar a luz e ver o que está por trás. *A lente dos óculos é de vidro **transparente**.* [Antôn.: *opaco*.]

transpirar (trans-pi-rar) *verbo* **1** É o mesmo que suar. **2** **Transpirar** é também deixar aparecer para as outras pessoas um sentimento ou qualidade. *Minha avó **transpira** sabedoria. O olhar dos pais **transpirava** amor.* ~ **transpiração** *subst.fem.*

transplante (trans-plan-te) *subst.masc.* MED Cirurgia em que um órgão do corpo de uma pessoa é transferido para o corpo de outra. Há **transplantes** feitos com órgãos da mesma pessoa, como o de pele.

transportar (trans-por-tar) *verbo* Levar uma pessoa, uma carga ou qualquer outra coisa de um lugar para outro. *Uma* van *vai **transportar** os hóspedes até a praia.*

transporte (trans-por-te) *subst.masc.* **1** Quando levamos alguma coisa de um lugar para o outro, fazemos seu **transporte**. *O **transporte** dos móveis foi feito em um caminhão.* **2** **Transporte** também é qualquer veículo usado para levar pessoas ou cargas de um lugar para o outro. *Carro, trem e avião são meios de **transporte**.*

trapaça (tra-pa-ça) *subst.fem.* Tudo o que se faz para enganar os outros ou ter vantagem sem merecer. *Derrubar o outro atleta foi **trapaça**.* ~ **trapaceiro** *subst.masc.*

trapézio (tra-pé-zio) *subst.masc.* **1** Balanço usado para exercícios físicos ou para apresentações artísticas. **2** MAT Figura de quatro lados, com dois deles paralelos. ☛ **Ver ilustração na p. 498.**

trapiche (tra-pi-che) *subst.masc.* Armazém na beira do cais.

trapo (tra-po) *subst.masc.* Roupa ou pedaço de pano muito usado, velho ou gasto. *O mendigo se vestia com **trapos**.*

trás *advérbio* A parte de **trás** é contrária à parte da frente. Se alguém anda para **trás**, fica de costas e não olha para onde vai. *Fiquei de **trás** para a porta e não vi Joana chegar. Juliana correu muito rápido, sem olhar para **trás**.* **por trás de** O que está **por trás de** algo está atrás. ***Por trás da** foto no porta-retratos, havia fotos antigas.*

traseiro (tra-sei-ro) *adj.* **1** O que é **traseiro** fica atrás. *O pneu **traseiro** da bicicleta furou.* [Antôn.: *dianteiro*.] *subst.masc.* **2** *informal* **Traseiro** também quer dizer bumbum.

tratamento (tra-ta-men-to) *subst.masc.* **1** Conjunto de cuidados que temos com pessoas e animais doentes para que fiquem curados. **2** Maneira de agir ou de falar com alguém. *Marco lhe deu* ***tratamento*** *carinhoso. "Você" é um pronome de* ***tratamento****.*

tratar (tra-tar) *verbo* **1** Cuidar para que uma pessoa ou animal tenha saúde ou que um objeto fique em bom estado. *O médico* ***tratou*** *de todas as crianças da escola. Daniele sempre* ***tratou*** *bem dos brinquedos dela.* **2** A maneira como você **trata** as pessoas é como você fala e age com elas. *Joel sempre* ***trata*** *bem os primos dele.* **3** Ter por assunto. *O livro* ***trata*** *de uma viagem a um país imaginário.* **4** Se você **trata** uma venda com uma pessoa, você combina essa venda com ela.

trato (tra-to) *subst.masc.* **1** Aquilo que você combina com uma pessoa. *O* ***trato*** *da loja é entregar a bicicleta em dois dias.* **2** Modo de agir, de se relacionar com as pessoas. *Patrícia é uma pessoa de* ***trato*** *difícil.*

trator (tra-tor) \ô\ *subst.masc.* Veículo grande que se move sobre rodas ou esteiras de aço e é usado geralmente em obras em fazendas, estradas etc. [Pl.: *tratores.*] ☛ Ver ilustração na p. 486.

travar (tra-var) *verbo* **1** Impedir ou atrapalhar o movimento de alguém ou de algo. *Como o sofá* ***travava*** *a porta da sala, entramos pela cozinha. Filipe* ***travou*** *o carro em cima do sinal.* **2** **Travar** também é dar início a alguma coisa. ***Travaram*** *conhecimento na festa de Natal. Teme-se que esses países* ***travem*** *uma guerra.*

trave ► (tra-ve) *subst.fem.* **1** Peça comprida de madeira, usada para sustentar uma estrutura, especialmente de uma construção. **2** Cada uma das barras verticais que compõem o gol. *A bola bateu na* ***trave*** *e saiu do campo.*

Traves do gol.

travessa (tra-ves-sa) *subst.fem.* **1** Rua estreita que cruza com outra mais importante ou maior. *Esta rua é uma* ***travessa*** *da avenida principal.* **2** Prato comprido usado para levar os alimentos à mesa. *Fátima, me passe, por favor, a* ***travessa*** *com os bifes.*

travessão (tra-ves-são) *subst.masc.* Sinal (–) que mostra, num texto escrito, que alguém falou algo. As palavras que estão depois desse sinal, geralmente em outro parágrafo, são de outra pessoa que não é a mesma de antes, como nesse exemplo: "Leila perguntou: – A que horas é a saída?" [Pl.: *travessões.*]

travesseiro (tra-ves-sei-ro) *subst.masc.* Almofada macia usada para apoiar a cabeça ao se deitar.

travessura (tra-ves-su-ra) *subst.fem.* Brincadeira de criança agitada. Uma **travessura** pode ser desagradável ou até malvada.

trazer (tra-zer) *verbo* **1** Conduzir pessoa ou coisa de um lugar distante para o lugar em que estamos. *Dione pediu a Luís que* ***trouxesse*** *pão. Marcelo vai* ***trazer*** *o filho para visitar a avó.* [Antôn.: *levar.*] **2** Ser a causa de algo. *Muito calor* ***traz*** *chuvas fortes.* **3** **Trazer** também é ter em si ou ter junto de si. *O livro* ***traz*** *lindas gravuras da África. O moço* ***trazia*** *pouco dinheiro no bolso.*

trecho (tre-cho) \ê\ *subst.masc.* **1** O que está entre dois momentos ou entre dois pontos no espaço. *O número 40 fica no* ***trecho*** *entre as duas ruas.* **2** **Trecho** também é uma parte de texto, música, filme etc.

treco (tre-co) *subst.masc. informal* Palavra usada quando queremos falar de uma coisa qualquer, concreta ou abstrata, e não sabemos ou não queremos dizer o que é. *Leila deixou cair um* ***treco*** *no chão. Vovó teve um* ***treco*** *ao ouvir a notícia no rádio.* [Sinôn.: *troço.*]

treinar (trei-nar) *verbo* Fazer exercícios muitas vezes ou muitas horas por dia. Podemos **treinar** para uma prova, para uma competição ou apenas para melhorar nossa capacidade de fazer algo. *Ian* ***treinou*** *muito para a corrida. Nanda vai passar o domingo* ***treinando*** *no piano.* ~ **treinador** *adj. subst.masc.* **treinamento** *subst.masc.*

treino (trei-no) *subst.masc.* Exercício feito regularmente. Em esportes, o **treino** serve para criar e ensaiar jogadas.

trem *subst.masc.* **1** Meio de transporte que possui vários vagões ligados um ao outro, puxados por uma locomotiva. O **trem** anda sobre trilhos de aço. **2** *informal* Em Minas Gerais e no Centro-Oeste, palavra usada no lugar de qualquer coisa, qualquer objeto ou acontecimento. *Ele usava um **trem** colorido na cabeça. Aconteceu um **trem** esquisito ontem.* [Sinôn.: *treco, troço.*] [Pl.: *trens.*]

tremer (tre-mer) *verbo* Mexer-se muito e sem controle. *Sentia tanto frio que não conseguia parar de **tremer**. As bandeiras **tremiam** com o vento.*

tremor (tre-mor) \ô\ *subst.masc.* Série de movimentos rápidos repetidos. *Ilma gosta de ver o **tremor** da chama da vela. Algumas pessoas idosas têm **tremores** nas mãos.* [Pl.: *tremores.*]

trenó (tre-nó) *subst.masc.* Pequeno veículo com esquis, geralmente puxado por cães, usado para deslizar sobre o gelo e a neve.

trepadeira (tre-pa-dei-ra) *subst.fem.* Planta que cresce se apoiando em outra planta, em muros, cercas etc. Chuchu, maracujá e bucha são **trepadeiras**.

trepar ► (tre-par) *verbo* Subir em algo, usando os pés e as mãos.

trevas (tre-vas) *subst.fem.pl.* **1** Escuridão completa. *Acabou a energia da casa e ficamos nas **trevas** por horas.* **2** Trevas também significa falta de conhecimento, de cultura. *Depois de adulto aprendeu a ler e saiu do mundo das **trevas**.*

trevo (tre-vo) \ê\ *subst.masc.* Erva com folhas verdes, geralmente em número de três.

→ Por ser mais difícil de encontrar, as pessoas acreditam que o **trevo** de quatro folhas traz sorte.

triangular (tri-an-gu-lar) *adj.masc.fem.* O que é **triangular** tem a forma de um triângulo. *A vela da jangada é **triangular**.* [Pl.: *triangulares.*]

triângulo (tri-ân-gu-lo) *subst.masc.* **1** MAT Figura geométrica que tem três lados. *Na bandeira de Minas Gerais há o desenho de um **triângulo**.* ☛ Ver ilustração na p. 498. **2** MÚS Instrumento musical feito de metal e com forma triangular. O **triângulo** é tocado com uma vareta de metal. *Luís toca **triângulo** numa banda de forró.* ☛ Ver ilustração na p. 494.

tribo (tri-bo) *subst.fem.* **1** Grupo de pessoas que ocupa um mesmo território, fala a mesma língua, tem os mesmos costumes e, geralmente, as mesmas origens. *Ainda há **tribos** nômades nos desertos da Ásia. No parque do Xingu vivem diferentes **tribos** indígenas.* **2** Grupo de pessoas com os mesmos interesses e gostos. *Gosto de surfar, mas não sou da **tribo** dos surfistas.*

tribunal (tri-bu-nal) *subst.masc.* **1** Lugar em que juízes, advogados, réus e testemunhas se reúnem para a realização de um julgamento. *É proibido entrar sem camisa nos **tribunais**.* **2** Grupo de pessoas que trabalham em órgãos que cuidam do cumprimento das leis. *O **tribunal** se reuniu para dar a sentença.* [Pl.: *tribunais.*]

tributo (tri-bu-to) *subst.masc.* É o mesmo que imposto.

tricô (tri-cô) *subst.masc.* Tecido feito à mão, com duas agulhas que cruzam os fios, geralmente de lã, para fazer colchas, roupas etc. Há também máquinas que fazem **tricô**.

trigo (tri-go) *subst.masc.* **1** Cereal muito usado na alimentação humana. **2** O grão desse cereal também se chama **trigo**.

trilha (tri-lha) *subst.fem.* **1** Caminho, geralmente estreito, no meio do mato. *Para chegar à praia, tivemos que atravessar uma **trilha**.* [Sinôn.: *trilho.*] ☛ Ver ilustração na p. 486. **2** Alguma coisa que se deixa no caminho como pista. *As gotas de sangue do animal ferido deixaram uma **trilha** que ajudou a encontrá-lo.* **trilha sonora** Sequência de músicas que acompanham o enredo de um filme, de uma peça teatral, de uma novela. *O CD com **trilha sonora** da novela das oito vai ser lançado em dezembro.*

trilho (tri-lho) *subst.fem.* **1** Cada uma das barras de aço paralelas por onde deslizam os trens e os bondes. **2** Caminho, em geral estreito, no meio do mato. [Sinôn.: *trilha.*] **andar nos trilhos** *informal* Ter bom comportamento, ser responsável e estudioso é **andar nos trilhos**.

trimestre (tri-mes-tre) *subst.masc.* Período de três meses. *O gerente preparou o relatório de vendas do **trimestre**.* ~ **trimestral** *adj.masc.fem.*

trinar (tri-nar) *verbo* Quando um passarinho **trina**, ele canta. ~ **trinado** *subst.masc.*

trincheira ▼ (trin-chei-ra) *subst.fem.* Nas guerras, buraco aberto ao longo do chão usado para proteger os soldados dos ataques inimigos.

trinco (trin-co) *subst.masc.* Peça usada para prender ou trancar portas, janelas etc. *Passe o **trinco** na porta quando for se deitar.*

trineto (tri-ne-to) *subst.masc.* Filho do bisneto ou da bisneta.

trio (tri-o) *subst.masc.* **1** Conjunto de três elementos iguais. *Comprei um **trio** de anjinhos de barro.* **2** Quando três músicos se juntam, eles formam um **trio** musical. *Carlos e seu irmão tocam pandeiro no **trio**.*

tripa (tri-pa) *subst.fem.* Intestino dos animais.

triplo (tri-plo) *numeral* **1** Quantidade três vezes maior de alguma coisa. *O time da casa só fez um gol, e os visitantes fizeram o **triplo**.* *adj.* **2** Algo **triplo** está em um grupo de três. *Desenhei um **triplo** X na camiseta.*

tripulação (tri-pu-la-ção) *subst.fem.* Conjunto das pessoas que trabalham em um navio ou avião. [Pl.: *tripulações*.]

tripulante (tri-pu-lan-te) *subst.masc.fem.* Pessoa que faz parte de uma tripulação.

trisavô (tri-sa-vô) *subst.masc.* Pai do bisavô ou da bisavó. [Fem.: *trisavó*.] ☛ Ver *avô*.

trissílabo (tris-sí-la-bo) *subst.masc.* GRAM Palavra que tem três sílabas. "Macaco", por exemplo, é um **trissílabo**. ☛ Esta palavra pode ser usada como adj.: *palavra **trissílaba***.

triste (tris-te) *adj.masc.fem.* **1** Quem está **triste** se sente desanimado, nada alegre. *Bernardo ficou **triste** quando os primos foram embora.* [Antôn.: *contente*.] **2** Uma coisa **triste** não tem vibração nem alegria. *O cinzento é uma cor **triste**.*

tristeza (tris-te-za) \ê\ *subst.fem.* **1** Desânimo de quem não está feliz. *Uma **tristeza** imensa caiu sobre o reino com o encantamento da princesa.* **2** Decepção, desgosto por algo que não saiu bem. *A derrota no vôlei causou **tristeza** na torcida.* [Antôn. geral: *alegria*.]

troca (tro-ca) *subst.fem.* **1** Quando trocamos uma coisa por outra, fazemos uma **troca**. *É necessário fazer a **troca** das lâmpadas.* **2** Quando uma pessoa nos dá algo e nós também damos algo a ela,

trincheira

fazemos uma **troca**. *O atleta não gostou da **troca** de informações entre os técnicos.*

trocar (tro-car) *verbo* **1** Colocar uma coisa no lugar de outra. *Fafá **trocou** a saia preta pela azul. Sônia **trocou** o nome do vizinho.* [Sinôn.: *substituir*.] **2** Dar e receber, ao mesmo tempo. *Clara e Fábio **trocavam** olhares carinhosos.*

troco (tro-co) \ô\ *subst.masc.* **1** Dinheiro devolvido pelo vendedor ao comprador que pagou com quantia acima do preço da mercadoria. *Celso deu dez reais ao caixa e recebeu três de **troco**.* **2** Reação por um sofrimento, ofensa, mágoa etc. recebido de alguém. *Renato foi xingado e não deu o **troco**.*

troço (tro-ço) \ó\ *subst.masc. informal* É o mesmo que negócio, treco, coisa. Quando queremos falar de uma coisa qualquer, usamos a palavra **troço**. *Pegue aquele **troço** que está em cima da mesa.*

troféu (tro-féu) *subst.masc.* Objeto, geralmente em forma de taça, dado ao vencedor de uma competição. [Pl.: *troféus*.]

tromba (trom-ba) *subst.fem.* **1** Nariz comprido e flexível de certos animais. O elefante e o tamanduá têm **tromba**, que é usada para levar alimento e água até a boca. **2** *informal* Se uma pessoa faz cara de que está zangada, dizemos que ela está fazendo **tromba**.

trombone (trom-bo-ne) *subst.masc.* MÚS Instrumento musical formado por um tubo de metal estreito e longo que dá uma volta sobre si mesmo. O **trombone** tem uma ponta para colocar a boca e soprar e outra mais larga por onde sai o som. ☛ Ver ilustração na p. 494.

tronco (tron-co) *subst.masc.* **1 Tronco** é o caule grosso, geralmente com casca, das árvores e dos arbustos. ☛ Ver ilustração de *árvore*. **2** ANAT A parte do nosso corpo composta por tórax, abdome e bacia chama-se **tronco**. ☛ Ver ilustração na p. 478.

trono (tro-no) *subst.masc.* **1** Assento, colocado em local mais alto que os demais, usado por reis. *Os cavaleiros ajoelharam-se diante do **trono** do rei.* **2** Também chamamos de **trono** o poder ou o cargo do rei. *O filho mais velho herdará o **trono** da Inglaterra.* **3** *informal* É o mesmo que vaso sanitário.

tropa (tro-pa) *subst.fem.* **1** Grupo grande de soldados. **2** Caravana de bestas de carga.

tropeçar (tro-pe-çar) *verbo* Quando você **tropeça** em alguma coisa, você bate com o pé nessa coisa e pode cair. *Maria **tropeçou** e caiu. O pedreiro pode **tropeçar** nesses degraus.*

tropeiro (tro-pei-ro) *subst.masc.* Pessoa que conduz tropa de animais.

tropical (tro-pi-cal) *adj.masc.fem.* **1** Região **tropical** é aquela que fica entre os trópicos. O Brasil é um país **tropical**. **2** Também dizemos que é **tropical** a vegetação, o clima e tudo o que é dessa região. [Pl.: *tropicais*.]

trópico (tró-pi-co) *subst.masc.* **1** GEOG No globo terrestre, cada uma das duas linhas horizontais e imaginárias, paralelas ao equador. ☛ Ver ilustração na p. 482. **2** GEOG Região do planeta que fica entre essas linhas.

trouxa (trou-xa) *subst.fem.* **1** Saco, geralmente de pano, usado para levar roupas. *subst.masc.fem.* **2** *informal* Uma pessoa que é enganada facilmente é **trouxa**. ☛ Neste sentido, esta palavra pode ser usada como adj.: *garoto **trouxa**, menina **trouxa**.*

Trouxa de roupas.

trova (tro-va) *subst.fem.* Poema popular com quatro versos. ~ **trovador** *subst.masc.*

trovão (tro-vão) *subst.masc.* Som que se ouve logo após os relâmpagos, causado pela descarga elétrica na atmosfera. [Pl.: *trovões*.]

trovejar (tro-ve-jar) *verbo* Soar o barulho dos trovões. ***Trovejou** muito mas não choveu.*

trovoada (tro-vo-a-da) *subst.fem.* Quando vários trovões acontecem, há uma **trovoada**. *Hoje teremos chuvas e **trovoadas**.*

trunfo (trun-fo) *subst.masc.* **1** Em alguns jogos de baralho, carta ou grupo de cartas que valem mais que as outras. *Nesta partida, o **trunfo** é espadas. Pôs na mesa um **trunfo**, o valete de espadas.* **2 Trunfo** também é uma vantagem que se tem para conseguir algo. *Valéria tinha **trunfos** para conseguir o emprego.*

truque (tru-que) *subst.masc.* **1** O que é feito com a intenção de enganar as pessoas. *Soraia usou vários **truques** para escapar da reunião.* **2** Uma forma delicada de agir ou contar uma coisa também pode ser chamada de **truque**. *O médico usa um **truque** para acalmar seus pacientes.* **3 Truque** é como chamamos o que os mágicos fazem. *Fernando ensinou um **truque** com lenços para Selma.* [Sinôn.: *magia, mágica.*]

tu *pron.pessoal* Pessoa com quem falamos. *"O que **tu** queres fazer, menina?", vovó perguntou para mim.*

→ Usamos **tu** apenas como sujeito de uma oração.

tuba (tu-ba) *subst.fem.* MÚS Instrumento musical grande, com corpo de metal, uma ponta para colocar a boca e soprar e uma outra, bem mais larga, por onde sai o som. O corpo da **tuba** dá uma volta completa sobre si mesmo, e a ponta mais larga é virada para cima. ☛ Ver ilustração na p. 494.

tubarão (tu-ba-rão) *subst.masc.* Grande peixe predador, que tem dentes bem afiados, barbatana e vive no mar. A maioria das espécies de **tubarão** não oferece perigo aos seres humanos. [Pl.: *tubarões.*]

tubérculo (tu-bér-cu-lo) *subst.masc.* Parte mais grossa do caule de certas plantas, que é rica em substâncias nutritivas e geralmente fica debaixo da terra. Inhame, batata e batata-doce são **tubérculos** comestíveis.

tuberculose (tu-ber-cu-lo-se) *subst.fem.* MED Doença que ataca principalmente os pulmões e é transmitida pelo ar. Quem tem **tuberculose** precisa se tratar por seis meses para ficar curado.

tubo (tu-bo) *subst.masc.* **1** O **tubo** é ou se parece com um cilindro oco. O **tubo** pode ser largo ou estreito, comprido ou curto. Os canos de água e o canudo são **tubos**. **2** Recipiente que se parece com um **tubo**. *O **tubo** da pomada é branco e amarelo.*

tubulação (tu-bu-la-ção) *subst.fem.* Instalação feita com tubos ou canos por onde passam água, gás, eletricidade etc. *A **tubulação** de água estourou e inundou a praça.* [Pl.: *tubulações.*]

tucano (tu-ca-no) *subst.masc.* Ave de penas coloridas e bico muito grande. O **tucano** vive em árvores de países tropicais.

tucunaré (tu-cu-na-ré) *subst.masc.* Peixe amazônico prateado e com mancha redonda no rabo, muito consumido como alimento.

tucupi (tu-cu-pi) *subst.masc.* CUL Molho preparado com caldo extraído da mandioca e pimenta, muito usado em pratos do Norte do Brasil.

tudo (tu-do) *pron.indef.* Todas as coisas, sem faltar ou sobrar nada. *Nem precisei ajudar Isabel com a festa, ela fez **tudo** sozinha. **Tudo** é bonito aqui.* [Antôn.: *nada.*]

tufão (tu-fão) *subst.masc.* Vendaval muito forte, capaz de causar grandes destruições. [Pl.: *tufões.*]

tuiuiú (tui-ui-ú) *subst.masc.* É o mesmo que jaburu.

tumor (tu-mor) \ô\ *subst.masc.* MED Massa de células que cresceu de forma descontrolada no corpo de uma pessoa ou animal. *A cachorra tinha um **tumor** do tamanho de um limão na barriga.* [Pl.: *tumores.*]

túmulo (tú-mu-lo) *subst.masc.* Sepultura coberta por uma laje de pedra, mármore ou concreto. *A família foi visitar o **túmulo** do avô.*

tumulto (tu-mul-to) *subst.masc.* **1** Desordem, confusão. *Os camelôs causam **tumulto** nas calçadas.* **2** Briga envolvendo várias pessoas. *Houve **tumulto** na saída do jogo.* ~ **tumultuar** *verbo*

túnel (tú-nel) *subst.masc.* Passagem subterrânea. Há **túneis** construídos pelo homem, que passam sob montanhas ou rochas, e há os que são feitos por animais como os tatus e as toupeiras. [Pl.: *túneis.*]

tupi (tu-pi) *subst.masc.fem.* **1** Grupo formado por vários povos indígenas do Brasil e de outros países sul-americanos. **2** O indígena que pertence a esse grupo também é chamado **tupi**. *subst.masc.* **3** Grupo de línguas faladas por esses povos.

☛ Esta palavra pode ser usada como adj.: *costumes **tupis**, palavra de origem **tupi**.*

tupi-guarani (tu-pi - gua-ra-ni) *subst.masc.* **1** Conjunto de línguas com a mesma origem, que inclui o tupi, o guarani e outras 20 línguas indígenas. *subst.masc.fem.* **2** Grupo indígena que fala uma língua que pertence a esse conjunto. **3** Indígena que faz parte desse grupo. [Pl.: *tupis-guaranis.*] ☛ Esta palavra pode ser usada como adj.: *língua **tupi-guarani**, povos **tupis-guaranis**.*

➜ As línguas do grupo **tupi-guarani** são faladas, com pequenas diferenças, em 13 estados do Brasil e também na Guiana Francesa, Venezuela, Colômbia, Peru, Bolívia, Paraguai e Argentina.

tupinambá (tu-pi-nam-bá) *subst.masc.fem.* **1** Indígena de um grupo que vivia em partes de São Paulo, Rio de Janeiro, Bahia, Maranhão, Pará e Amazonas. *subst.masc.* **2** Língua falada por esse grupo. ☛ Esta palavra pode ser usada como adj.: *costumes **tupinambás**, língua **tupinambá**.*

➜ Ainda há **tupinambás** no litoral sul da Bahia. No século XVII, a língua dos **tupinambás** era chamada de "língua geral", quando falada pela população não indígena. Ela deu origem, depois, a uma língua indígena chamada nheengatu, falada em toda a Amazônia, até a fronteira com Peru, Colômbia e Venezuela.

turismo (tu-ris-mo) *subst.masc.* Quando viajamos para passear e conhecer novos lugares, estamos fazendo **turismo.**

turista (tu-ris-ta) *subst.masc.fem.* Pessoa que faz turismo.

turma (tur-ma) *subst.fem.* **1** Grupo de alunos que estudam juntos, no mesmo ano e na mesma sala de aula. [Sinôn.: *classe.*] **2 Turma** também é qualquer conjunto de pessoas, geralmente de amigos. *Marcelo gosta de encontrar com a **turma** para jogar bola.*

turnê (tur-nê) *subst.fem.* Viagem feita por artistas, com roteiro e paradas já combinados, para *shows*, apresentações etc.

turno (tur-no) *subst.masc.* **1** Horário que um grupo de pessoas tem para fazer um serviço ou uma tarefa antes de ser substituído por um outro grupo. Médicos, enfermeiros e operários costumam trabalhar em **turnos.** *O **turno** da manhã começa às sete horas. Reinaldo estuda no **turno** da manhã.* **2 Turno** também é uma etapa de competição esportiva ou de eleição. *Na última eleição para prefeito, houve segundo **turno**.*

tutu (tu-tu) *subst.masc.* CUL Feijão cozido misturado com farinha.

TV *subst.fem.* Abreviação da palavra televisão.

Urucu

Uu

u *subst.masc.* Vigésima primeira letra do nosso alfabeto. A letra **u** é uma vogal.

ui *interjeição* Usamos **ui** para expressar susto, surpresa ou dor. ***Ui!*** *Que barulho foi esse?* ***Ui****, cortei o dedo.* [Sinôn.: *ai.*]

uirapuru (ui-ra-pu-ru) *subst.masc.* Pássaro de penas coloridas, geralmente preto com vermelho, laranja ou branco. O **uirapuru** é encontrado na Amazônia e é conhecido por seu belo canto.

→ O canto do **uirapuru** é muito raro, pois ele só canta 15 dias no ano, na época do acasalamento. Uma lenda diz que, quando o **uirapuru** canta, todos os pássaros ficam em silêncio para ouvi-lo.

uivar (ui-var) *verbo* **1** Quando os cachorros, os lobos e as raposas soltam uma espécie de gemido bem alto e longo, eles estão **uivando**. **2** Dizemos que o vento **uiva** quando ele produz um som agudo e longo, parecido com o uivo dos animais. ~ **uivo** *subst.masc.*

último (úl-ti-mo) *adj.* **1** Quem chegou em **último** lugar chegou depois de todos. ☛ Neste sentido, esta palavra pode ser usada como subst.: *Os* ***últimos*** *serão os primeiros.* **2** A **última** novidade é a novidade mais recente. *Perdi os* ***últimos*** *números da revista.* **3** Quando se dá uma **última** chance, não haverá mais nenhuma. *Este é o meu* ***último*** *conselho.*

ultraleve ► (ul-tra-le-ve) *subst.masc.* **1** Pequeno avião para um ou dois passageiros, com motor pouco potente. *adj.masc.fem.* **2** Muito leve. *Sua mala está* ***ultraleve****.*

ultrapassar (ul-tra-pas-sar) *verbo* **1** Passar à frente de pessoa, carro, animal etc. que vai na mesma direção que você. *O caminhão não conseguiu* ***ultrapassar*** *o carro branco.* **2** Ir além de determinado ponto. *O bebê já* ***ultrapassou*** *50 centímetros. Às vezes, a conversa de Sérgio* ***ultrapassa*** *os limites da minha paciência.* ~ **ultrapassagem** *subst.fem.*

ultravioleta (ul-tra-vi-o-le-ta) \ê\ *adj.masc.fem.* Os raios **ultravioleta** vêm na luz do Sol para o nosso planeta. Eles são invisíveis a olho nu e, se ficarmos muito expostos a eles sem proteção, podemos prejudicar nossa pele e nossos olhos, por exemplo. *A camada de ozônio nos protege da ação direta dos raios* ***ultravioleta****.* ☛ O sing. e o pl. desta palavra são iguais: *radiação* ***ultravioleta****, radiações* ***ultravioleta****.*

um *numeral* **1** Quantidade que corresponde à unidade. *Rafael só quis* ***uma*** *bala e não duas.* **2** O número **um** de uma fila é aquele que vem na frente de todos os outros. *art.indef.* **3** Quando dizemos que **um** dia algo vai acontecer é porque não sabemos em qual dia exato isso vai acontecer. *pron.indef.* **4 Um** também é alguém que não dizemos em detalhe quem é, porque não queremos ou não sabemos. *Para* ***uns*** *é fácil fazer amigos; para outros, não.* [Pl. para 3 e 4: *uns.* Fem.: *uma.*]

umbanda (um-ban-da) *subst.fem.* REL Religião formada pelo encontro de tradições religiosas africanas, espíritas e brasileiras. Hoje, há cultos variados, com influências de várias outras crenças.

umbigo (um-bi-go) *subst.masc.* Parte do corpo no meio da barriga, pequena e arredondada como um buraquinho. ☛ Ver ilustração na p. 478.

→ O **umbigo** é formado pela cicatriz do cordão umbilical. Esse cordão liga o corpo do bebê ao corpo de sua mãe para fazer o transporte de todo o material necessário para que o bebê se desenvolva. Ao nascer, o cordão umbilical é cortado.

umbilical (um-bi-li-cal) *adj.masc.fem.* **Umbilical** quer dizer relacionado ao umbigo. [Pl.: *umbilicais.*]

umbu *subst.masc.* → imbu

umedecer (u-me-de-cer) *verbo* Tornar molhado ou molhar só um pouquinho, sem encharcar. *Carlota **umedeceu** o bolo com suco de laranja. A garoa **umedeceu** a terra.*

umidade (u-mi-da-de) *subst.fem.* **1** Se algo é ou está úmido, ele tem **umidade**. *Sinta a **umidade** da terra, se for preciso regue um pouco.* **2** Vapor de água presente na atmosfera. *Em Brasília o clima é seco, com baixa **umidade** do ar.*

úmido (ú-mi-do) *adj.* **1** O que está **úmido** está um pouco molhado. *As toalhas **úmidas** estão no varal.* **2** Um tempo **úmido** é um tempo em que o ar está carregado de partículas de água. Há também lugares **úmidos**. *Em dias **úmidos** pioro da alergia. O porão da casa é muito **úmido**.* [Antôn. geral: *seco.*]

unha (u-nha) *subst.fem.* Camada dura que cresce cobrindo a parte de cima das pontas dos dedos. Alguns animais, como os gatos, as onças e as águias, têm **unhas** afiadas. ☛ Ver ilustração na p. 478.

unhada (u-nha-da) *subst.fem.* Ferimento ou arranhão feito com a unha. *A **unhada** do gato deixou marcas na égua.*

união (u-ni-ão) *subst.fem.* **1** Quando duas ou mais coisas se juntam formando uma coisa só, isso é uma **união**. *O casamento é a **união** de duas pessoas.* [Antôn.: *separação.*] **2** Quando há harmonia e solidariedade entre duas ou mais pessoas, há **união** entre elas. [Sinôn.: *unidade.* Antôn.: *discordância.*] **3** Muitas sociedades e organizações têm o nome de **união**. *A **União** da Ilha do Governador é uma escola de samba. Existe uma **União** Brasileira de Compositores.* **4** O governo do Brasil é chamado de **União**. ☛ Neste sentido, primeira letra maiúscula. [Pl.: *uniões.*]

único (ú-ni-co) *adj.* **1** Uma **única** vez é só uma vez, não haverá outra. *Aquela seria a **única** apresentação da peça.* **2** Uma obra **única** é uma obra sem igual, que não pode ser comparada com outras. *Este é um caso **único** no mundo da medicina.* **3** Se algo é **único** é um só e deve servir para todos. *O atendimento será feito em fila **única**. A loja só vende camisas de tamanho **único**.* **4** Diz-se **único** também quando só existe um. *Mauro é filho **único**.*

unicórnio ◄ (u-ni-cór-nio) *subst.masc.* Ser imaginário representado por um cavalo branco com um chifre no meio da testa.

unidade (u-ni-da-de) *subst.fem.* **1** Cada pessoa, coisa ou elemento de um grupo é uma **unidade**. *Esse pacote de papel higiênico tem quatro **unidades**.* **2** **Unidade** também é uma medida de comparação entre valores, distâncias etc. *A **unidade** de medida de comprimento é o metro, a de medida de peso é o grama.* ☛ Ver tabela na p. 508. **3** O número um é chamado de **unidade**. **4** Quando há solidariedade e harmonia entre as pessoas, elas formam uma unidade. *A **unidade** da turma só se desfazia em dia de jogo.* [Sinôn.: *união.*]

uniforme (u-ni-for-me) *adj.masc.fem.* **1** O que é **uniforme** é igual ou muito parecido com outros do mesmo tipo, na forma, na aparência, no valor. *Os dentes de Murilo são **uniformes**.* [Antôn.: *diferente.*] *subst.masc.* **2** Roupa igual que todas as pessoas de um grupo devem usar. *O **uniforme** do time de basquete ficou pronto.*

unir (u-nir) *verbo* **1** Reunir duas ou mais coisas ou pessoas, formando um todo. *Os foliões se **uniram** formando um bloco.* [Antôn.: *separar.*] **2** Fazer ficar

U

junto, em contato ou grudado. *A cola **uniu** os dois papéis. Por favor, **una** as pontas da corda.* [Antôn.: *soltar.*] **3** Reunir uma coisa com outra. *Você precisa **unir** o útil ao agradável. A amizade **uniu** as duas famílias.* **4** Fazer duas ou mais coisas se comunicarem. *Essa ponte **une** as duas margens do rio.* **5** Misturar coisas. ***Una** as gemas às claras e bata.* **6** Fazer concordar sentimentos, vontades. *O que os **uniu** foi o amor.* **7** Ligar pelo casamento. *A cerimônia na igreja **uniu** o casal.*

universal (u-ni-ver-sal) *adj.masc.fem.* **1 Universal** quer dizer relacionado ao Universo ou à Terra. **2 Universal** também quer dizer que pertence a todos. Um direito **universal** é um direito de todos. [Pl.: *universais.*]

universidade (u-ni-ver-si-da-de) *subst.fem.* **1** Conjunto de cursos que as pessoas, que já têm ensino médio, podem fazer para estudar uma ciência e adquirir uma profissão. *O vestibular é um concurso para entrar na **universidade**.* **2** A **universidade** também é o lugar onde há esses cursos. *O ônibus enguiçou na frente da **universidade**.*

universo (u-ni-ver-so) *subst.masc.* **1** Conjunto de tudo o que existe. *O **Universo** é infinito.* **2** Sistema solar. *O Sol é o centro do **Universo**.* **3** Qualquer ambiente ou meio. *O **universo** teatral encanta muitos atores.* ☛ Em 1 e 2, primeira letra maiúscula.

untar (un-tar) *verbo* Espalhar óleo, manteiga ou outro tipo de gordura comestível numa panela, num tabuleiro etc.

urbanizar (ur-ba-ni-zar) *verbo* **1** Instalar redes de água, de esgoto e de eletricidade, calçar as ruas, melhorar o sistema de transporte etc. em um espaço público. **2 Urbanizar** uma cidade também é torná-la mais bonita, melhor cuidada. *As novas obras são para **urbanizar** o bairro.* ~ **urbanização** *subst.fem.*

urbano (ur-ba-no) *adj.* **Urbano** quer dizer relacionado à cidade. Cuidar do lixo **urbano** é cuidar do lixo da cidade. Animais **urbanos** são animais que vivem na cidade. ☛ Ver ilustração na p. 484.

urgência (ur-gên-cia) *subst.fem.* **1** Situação que exige uma solução rápida e imediata. *Este documento deve ser entregue com a maior **urgência**.* **2** É o mesmo que emergência. *O hospital atende **urgências** pediátricas.*

Sementes do **urucu**.

urgente (ur-gen-te) *adj.masc.fem.* O que é **urgente** deve ser feito logo, com rapidez. *Preciso dar um telefonema **urgente**!*

urina (u-ri-na) *subst.fem.* Líquido que é eliminado do corpo. A **urina** é produzida nos rins, conduzida até a bexiga e depois expelida pelo corpo. [Sinôn.: *xixi.*] ~ **urinar** *verbo* **urinário** *adj.*

urna (ur-na) *subst.fem.* **1** Caixa, que fica trancada, onde são depositados votos para uma eleição, cupons para sorteios etc. *Podíamos ver os bilhetes porque a **urna** era transparente.* **2** Recipiente onde são depositadas cinzas ou restos mortais. *A família levou a **urna** para a capela da fazenda.*

→ Nas eleições brasileiras, há dez anos não usamos mais o voto de papel. Quem vota digita o número do seu candidato e os dados ficam gravados num computador, chamado de **urna** eletrônica.

urrar (ur-rar) *verbo* **1** É o mesmo que rugir. **2 Urrar** também é dar um grito rouco e forte, geralmente quando sentimos dor ou quando estamos com raiva. *Clara prendeu o dedo na porta e **urrou** de dor.*

urso (ur-so) *subst.masc.* Mamífero selvagem, grande e com pelos, que tem cauda curta, garras afiadas e membros curtos e fortes. Os **ursos** andam sobre duas patas, alimentam-se tanto de vegetais quanto de carne e, em lugares de inverno muito frio, hibernam. ☛ Ver ilustração de *mamífero*.

urtiga (ur-ti-ga) *subst.fem.* Planta que tem folhas com pelos que causam coceira na pele.

urubu (u-ru-bu) *subst.masc.* Ave grande e geralmente preta, de bico curvado para baixo e sem penas na cabeça e no pescoço. O **urubu** se alimenta de carniça.

urucu ou **urucum** ◄ (u-ru-cu; u-ru-cum) *subst.masc.* **1** Fruto vermelho ou amarelo conhecido especialmente porque dele se tira tinta. **2** A tinta vermelha ou amarela tirada desse fruto também se chama **urucu** e é usada para colorir alimentos ou para pintar o corpo. ☛ O pl. de **urucum** é *urucuns*.

urutu (u-ru-tu) *subst.masc.fem.* Serpente venenosa de até dois metros de comprimento, que tem o corpo marrom com manchas escuras e linhas claras no alto da cabeça, formando uma espécie de cruz.

usar (u-sar) *verbo* **1** Fazer uso de um objeto, sentimento etc. *Tânia só **usa** óculos para ler. Vicente **usou** toda sua paciência para ensinar Míriam a dirigir.* [Sinôn.: *utilizar*.] **2** **Usar** também é o mesmo que trazer vestido em você. *Carla gosta de **usar** camisetas sem mangas.*

usina (u-si-na) *subst.fem.* **1** Estabelecimento industrial que transforma matéria-prima em produtos para diversos fins. *As **usinas** de açúcar são muito comuns no Nordeste.* **2** Conjunto de instalações e equipamentos próprios para gerar energia ou aproveitar de novo energia produzida. *A **usina** hidrelétrica de Itaipu abastece o Brasil e o Paraguai.* **usina nuclear** **Usina** que produz eletricidade a partir do controle da energia nuclear. ~ **usineiro** *subst.masc.*

uso (u-so) *subst.masc.* **1** Quando você faz **uso** de uma ferramenta, instrumento, objeto etc., você os emprega de acordo com a função que eles têm. *O **uso** de máquinas de calcular foi proibido durante a prova.* [Sinôn.: *emprego*.] **2** Um medicamento para **uso** externo deve ser utilizado apenas na parte exterior do corpo. Um medicamento para **uso** interno deve ser ingerido, tomado como injeção etc. **3** **Uso** também é o mesmo que hábito ou costume. *Sair cedo às sextas-feiras é um **uso** da empresa de minha mãe.*

usual (u-su-al) *adj.masc.fem.* O que é **usual** acontece sempre ou com frequência. *Martinha acordou com seu **usual** bom humor. A visita de Ivo ao dentista não era **usual**.* [Pl.: *usuais*.]

usuário (u-su-á-rio) *subst.masc.* Pessoa que usa alguma coisa. *Os **usuários** desse computador devem ter uma senha.*

utensílio (u-ten-sí-lio) *subst.masc.* Qualquer instrumento ou objeto usado na realização de algo. Eletrodomésticos, talheres, ferramentas, canetas, escovas são **utensílios**.

útero (ú-te-ro) *subst.masc.* Parte do corpo das fêmeas dos mamíferos onde o filhote se desenvolve até a hora de nascer. [Sinôn.: *ventre*.] ~ **uterino** *adj.*

útil (ú-til) *adj.masc.fem.* **1** Algo **útil** serve para alguma coisa. *Vou escolher um presente **útil** para a casa nova.* [Antôn.: *inútil*.] **2** Dia **útil** é o dia em que se trabalha, sem ser feriado, sábado ou domingo. *Em fevereiro, teremos apenas 18 dias **úteis**.* [Pl.: *úteis*.]

utilidade (u-ti-li-da-de) *subst.fem.* Algo tem **utilidade** quando serve para alguma coisa, quando auxilia na execução de uma tarefa etc. *Qual é a **utilidade** desta ferramenta? Trazer sacos para o lixo foi de grande **utilidade**.*

utilizar (u-ti-li-zar) *verbo* **1** Fazer uso de alguma coisa. ***Utilizaremos** uma garrafa para fazer o boneco.* [Sinôn.: *usar*.] **2** Aproveitar algo tornando-o útil. *Precisa **utilizar** melhor seu tempo livre.* ~ **utilização** *subst.fem.*

uva (u-va) *subst.fem.* Fruta pequena que cresce em cachos e é usada para fazer suco, geleia, vinho e vinagre. Há uvas verdes, rosadas, pretas e vermelhas.

Violeta

Vv

v *subst.masc.* Vigésima segunda letra do nosso alfabeto. O **v** é uma consoante.

vaca (va-ca) *subst.fem.* Fêmea do boi. Usamos o leite da **vaca** para nos alimentar e para fabricar vários produtos, como requeijão, manteiga e queijo. ☛ Ver ilustração na p. 486.

vacina (va-ci-na) *subst.fem.* MED Substância que impede as pessoas ou os animais de pegarem determinada doença. As **vacinas** contêm um pouquinho do micróbio causador da doença, sem fazer a gente ficar doente. ~ **vacinação** *subst.fem.* **vacinar** *verbo*

O que **vacinas** e vacas têm em comum? As duas palavras têm a mesma origem, do latim. Isso porque a primeira **vacina** inventada na Europa, a da varíola, foi criada a partir de uma doença que atacava as vacas, bem parecida com uma outra que atacava as pessoas. Então, o médico inglês Edward Jenner, no século XVIII, usou os micróbios da doença da vaca para proteger as pessoas da doença humana. E a partir da palavra latina *vacca* criou-se a palavra **vacina**.

vadio (va-di-o) *adj.* **1** Uma pessoa **vadia** não trabalha nem estuda. **2** Aquele que não se esforça no estudo e no trabalho também é **vadio**. *Estudante **vadio** não tira boa nota.* [Sinôn. geral: *vagabundo*.] ☛ Esta palavra pode ser usada como subst.: *Os **vadios** reclamam de tudo.* ~ **vadiar** *verbo*

vaga (va-ga) *subst.fem.* Lugar ou cargo desocupado. *No prédio, há seis **vagas** para carros. A **vaga** de vendedor já foi ocupada.*

vagabundo (va-ga-bun-do) *adj.* **1** *informal* É o mesmo que vadio. **2** *informal* Um material de baixa qualidade também pode ser chamado de **vagabundo**. *Esse tecido é **vagabundo**, rasga à toa.*

vaga-lume (va-ga - lu-me) *subst.masc.* Inseto pequeno capaz de produzir uma luz na ponta de trás do corpo. [Sinôn.: *pirilampo*. Pl.: *vaga-lumes*.]

vagão ▼ (va-gão) *subst.masc.* Cada um dos carros do trem ou do metrô. No **vagão** há mais de uma porta para os passageiros entrarem e saírem. *O **vagão** em que a Iara viajou estava cheio.* [Pl.: *vagões*.]

vagaroso (va-ga-ro-so) \ô\ *adj.* É o mesmo que lento.

vagem (va-gem) *subst.fem.* Legume longo e fino que geralmente se come cozido. As sementes da **vagem** estão no seu interior e em fila. [Pl.: *vagens*.]

vagina (va-gi-na) *subst.fem.* ANAT Parte do corpo feminino que liga o útero ao exterior do corpo. A **vagina** é um canal por onde entram os espermatozoides e por onde sai o bebê ou o filhote na hora do parto.

[1]**vago** (va-go) *adj.* Um lugar **vago** ainda está para ser ocupado. *Só havia uma cadeira **vaga** na sala. O cargo de diretor está **vago**.*

Vago tem origem no latim *vacuus*, que quer dizer "vazio".

[2]**vago** (va-go) *adj.* Sem características bem definidas. Uma lembrança **vaga** é uma lembrança fraca, sem exatidão. Uma resposta **vaga** não explica de modo claro as coisas. [Antôn.: *preciso*.]

Vago vem de uma palavra latina relacionada a "andar sem rumo certo".

vaia (vai-a) *subst.fem.* Forma de mostrar, geralmente com grito ou com assobio, que um jogo, uma apresentação ou um discurso não agradou. *Depois da partida, o técnico recebeu uma **vaia** dos torcedores.* [Antôn.: *aplauso*.]

vaidoso (vai-do-so) \ô\ *adj.* **1** Sentimento de quem se orgulha do que é, do que conquistou ou das qualidades de alguém próximo dele. *Dona Sofia é muito **vaidosa** dos filhos que tem.* [Sinôn.: *orgulhoso*.] **2** Também é **vaidoso** quem acha que é melhor ou mais importante que os outros. [Sinôn.: *convencido*.] ~ **vaidade** *subst.fem.*

vala (va-la) *subst.fem.* **1** Buraco comprido e não muito profundo por onde correm água e esgoto. *Em locais sem saneamento básico há **valas** sem cobertura.* **2** Buraco nem muito comprido, nem muito fundo. *O veterinário mandou cavar **valas** para enterrar os animais.*

[1]**vale** (va-le) *subst.masc.* Extensão de terra plana entre montanhas, montes ou colinas. ☛ Ver ilustração na p. 490.

Vale vem do latim *valles* ou *vallis*, que também quer dizer "terreno com montanhas em volta".

[2]**vale** (va-le) *subst.masc.* **1** Papel ou cartão para ser trocado por alguma mercadoria, brinde, refeição, prêmio ou serviço. *No pacote de biscoito havia um **vale** que dava direito a uma mochila.* **2** Se o empregado pedir um **vale**, ele quer uma parte do seu salário adiantada.

Vale é uma das formas conjugadas do verbo *valer*. Como se alguém perguntasse: – Isso vale? E o outro respondesse: – Vale. Então, o verbo acabou se transformando em um substantivo, com o significado de "papel que se troca por algo".

valentão (va-len-tão) *subst.masc.* Quem é muito valente ou diz ser mais valente do que é. *O **valentão** da turma fugiu do gato da Eleonor.* [Pl.: *valentões*. Fem.: *valentona*.] ☛ Esta palavra pode ser usada como adj.: *vizinho **valentão***.

valente (va-len-te) *adj.masc.fem.* Pessoa ou animal **valente** é aquele que não tem medo do perigo. [Sinôn.: *corajoso*. Antôn.: *covarde*.] ☛ Esta palavra pode ser usada como subst.: *Os **valentes** defendem os fracos.*

valer (va-ler) *verbo* **1** Quanto um objeto **vale** é por quanto ele pode ser comprado ou vendido. *O vaso de cristal **valia** muito.* [Sinôn.: *custar*.] **2 Valer** também é ser útil ou bom. *Sair mais cedo não **valeu** de nada a Juca, pegou chuva do mesmo jeito.* **3** Quando se diz que uma coisa **vale** por outra, quer dizer que elas têm o mesmo valor, importância ou significado. *O sanduíche **valeu** por um jantar.*

valete (va-le-te) *subst.masc.* Carta de baralho com o desenho de um homem jovem. Dependendo do jogo, o **valete** pode valer 11 pontos ou só meio. ☛ Ver ilustração de *baralho*.

validade (va-li-da-de) *subst.fem.* **1** Espaço de tempo em que uma lei, um contrato, um documento etc. tem valor legal. *A **validade** da passagem é até 2010.* **2** Período entre a fabricação ou preparação de um produto e o prazo máximo para seu consumo em condições saudáveis ou adequadas. *Verifique a data de **validade** do leite.*

válido (vá-li-do) *adj.* Algo **válido** tem valor legal ou é adequado. *Foi um gol **válido** ou não? O ator considerou as críticas **válidas**.*

valioso (va-li-o-so) \ô\ *adj.* **1** Um objeto **valioso**, como uma joia, vale muito dinheiro. **2** Muito importante, bom, útil e de grande qualidade. *Lucas é um amigo **valioso**, que dá conselhos **valiosos**.*

valor (va-lor) \ô\ *subst.masc.* **1** É o mesmo que preço. **2** O que tem **valor** é bom, de qualidade, útil e importante. *Nossa amizade é de grande **valor**.* **3** Quem tem **valor** tem qualidades desejáveis, importantes. *Esse guarda é um homem de **valor**.* [Pl.: *valores*.] ~ **valorizar** *verbo*

valsa (val-sa) *subst.fem.* **1** Dança de ritmo lento, surgida na Europa pouco antes de 1800. **2** A música que acompanha essa dança também é chamada de **valsa**.

vampiro (vam-pi-ro) *subst.masc.* Criatura que sai do túmulo à noite para se alimentar do sangue de pessoas vivas. *Renata adora filmes com **vampiros**.*

van *subst.fem.* Palavra inglesa que dá nome a um automóvel que transporta de oito a 16 passageiros. ☛ Pronuncia-se *vã*.

vantagem (van-ta-gem) *subst.fem.* **1** Posição ou situação superior em relação a alguém ou alguma coisa. *Venceu a corrida com uma **vantagem** de dois minutos.* **2** Condição favorável para alguém ou alguma coisa. *Em dias de chuva, é uma **vantagem** não precisar sair de casa.* [Antôn. geral: *desvantagem*. Pl.: *vantagens*.] ~ **vantajoso** *adj.*

vão ► *adj.* **1** Um pensamento **vão** ou uma ideia vã são vazios, sem conteúdo. **2** Um esforço **vão** não traz nenhum resultado. [Sinôn.: *inútil*.] *subst.masc.* **3** Um **vão** é um espaço vazio. *Há um **vão** entre o trem e a plataforma.* [Pl.: *vãos*. Fem. para o adj: *vã*.]

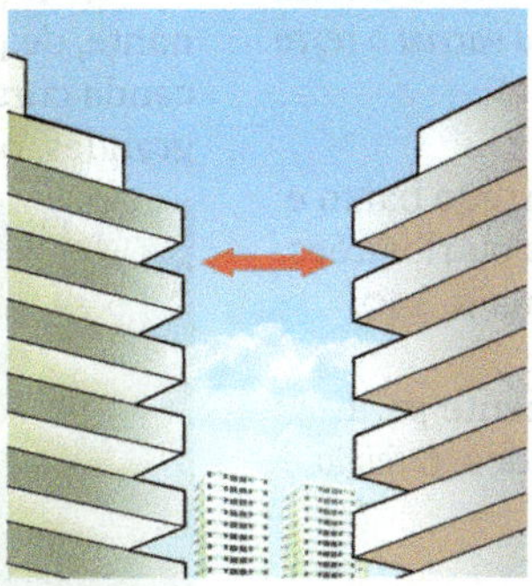
Há um **vão** entre os prédios.

vapor (va-por) \ô\ *subst.masc.* **1** Estado gasoso de uma substância. O **vapor** é aquela fumacinha que sai dos líquidos quando são expostos à ação do calor. **2** Tipo de barco que é movido por máquinas que funcionam a **vapor** de água. **a todo vapor** Com toda a força, com muito entusiasmo. *Pela gritaria, dava para ver que as crianças já estavam **a todo vapor**.* [Pl.: *vapores*.]

vaqueiro (va-quei-ro) *subst.masc.* Pessoa que toma conta de bois e vacas.

vara (va-ra) *subst.fem.* **1** Galho ou outro pedaço de madeira fino e comprido. **2** Haste fina e comprida usada para pescar. A essa haste prende-se a linha com o anzol. **3** ESP Peça fina e comprida, feita de diversos materiais, usada em saltos. **4** Uma porção de porcos juntos também é uma **vara**. **5** Um dos lugares onde um juiz trabalha também é chamado de **vara**. *O juiz da **vara** de infância mandou matricular as crianças na escola.*

varal (va-ral) *subst.masc.* **Varal** é a corda ou arame onde penduramos a roupa para secar. [Pl.: *varais*.] ☛ Ver ilustração na p. 486.

varanda (va-ran-da) *subst.fem.* **1** Espaço aberto e com cobertura que se estende à frente ou em torno de uma casa. **2** **Varanda** também é o mesmo que sacada.

varar (va-rar) *verbo* **1** Bater com uma vara. **2** Fazer um furo de um lado a outro de uma parede, um muro etc. *A pedra **varou** o vidro da janela.* **3** **Varar** uma noite é passar a noite acordado. Um evento que **vara** o dia dura o dia inteiro.

varejo (va-re-jo) \ê\ *subst.masc.* Venda de mercadorias em pequena quantidade, geralmente feita para o próprio consumidor e não para quem vai vender a outras pessoas. *Produtos no **varejo** costumam ser mais caros.* [Antôn.: *atacado*.]

vareta (va-re-ta) \ê\ *subst.fem.* **1** Vara pequena. **2** Cada uma das hastes da armação do guarda-chuva. **3** Jogo formado de vários palitos coloridos, com uma ponta fina. As **varetas** são soltas em uma superfície e devem ser retiradas uma a uma, sem esbarrar na outra.

vargem (var-gem) *subst.fem.* GEOG É o mesmo que várzea. [Pl.: *vargens*.]

variado (va-ri-a-do) *adj.* Composto de coisas diferentes. *O filme mostrava **variadas** formas de vida do fundo do mar.*

variar (va-ri-ar) *verbo* **1** Fazer de forma diferente. *Inês gosta de **variar** os penteados. Vamos ficar em casa só para **variar**.* **2** Sofrer mudança no modo, na forma, no jeito de agir etc. *O humor dele **varia** muito.* [Sinôn.: *mudar*.] **3** Ser diferente. *As respostas **variaram** muito.* ~ **variação** *subst.fem.*

variedade (va-ri-e-da-de) *subst.fem.* **1** Qualidade do que possui diferentes formas ou tipos. *Sabrina gosta de **variedade** na comida. É impressionante a **variedade** de plantas deste jardim.* **2** Conjunto de elementos diferentes dentro de uma mesma classe, grupo etc. *Fausto saiu da loja com uma **variedade** de livros.*

varíola (va-rí-o-la) *subst.fem.* MED Doença que causa feridas com pus na pele.

→ Você sabia que tomar vacina contra a **varíola** já deu uma grande confusão? No Rio de Janeiro, em 1904, houve a Revolta da Vacina. O médico Oswaldo Cruz foi um dos personagens dessa história.

vários (vá-rios) *pron.indef.* Quantidade indefinida de alguma coisa. *Há **vários** sapatos no armário de Heitor. A pergunta tinha **várias** respostas.* ☛ Esta palavra só é usada no plural.

varrer (var-rer) *verbo* **1** Tirar a sujeira com vassoura ou algo semelhante a ela. *Seu Geraldo acabou de **varrer** o quintal.* **2** *informal* Fazer desaparecer. *Os médicos querem **varrer** a dengue do bairro.* **3** Causar destruição. *Os tornados **varreram** a cidade.* **4** Examinar com muito cuidado. *A secretária **varreu** o texto procurando algum erro.*

várzea (vár-zea) *subst.fem.* GEOG Terreno baixo e plano, próximo às margens de rios ou ribeirões. [Sinôn.: *vargem.*] ☛ Ver ilustração na p. 490.

vasilha (va-si-lha) *subst.fem.* Recipiente para guardar alimentos líquidos ou sólidos. *O feijão está em uma **vasilha** de vidro grande.*

vaso (va-so) *subst.masc.* **1** Recipiente onde plantamos sementes, mudas de plantas etc. **2** Recipiente em que colocamos flores para enfeitar o ambiente. *A noiva ganhou de presente dois **vasos** de cristal.* [Sinôn.: *jarro.*] **3** ANAT Uma veia muito fina também é chamada de **vaso**. **vaso sanitário** Assento de louça onde são despejados e eliminados os excrementos humanos, como as fezes e a urina. O **vaso sanitário** está ligado a um sistema de esgoto. [Sinôn.: *privada.*]

vassoura (vas-sou-ra) *subst.fem.* Utensílio usado para limpar o chão. A **vassoura** é feita de um cabo longo com um tipo de escova numa das pontas.

vasto (vas-to) *adj.* **1** Algo **vasto** tem grande extensão. *A fazenda possui uma **vasta** plantação de soja.* [Sinôn.: *extenso.*] **2** Grande quantidade. *Iuri possui **vastos** conhecimentos de biologia.*

vatapá (va-ta-pá) *subst.masc.* CUL Massa temperada de pão ou farinha de trigo, servida geralmente com peixe e camarão. O **vatapá** é um prato baiano.

vazante (va-zan-te) *subst.fem.* Período em que as águas dos rios baixam. *Na **vazante**, podemos atravessar este rio de um lado a outro.* [Antôn.: *cheia.*]

vazar (va-zar) *verbo* **1** Quando um líquido ou gás escapa do local em que está guardado, ele **vaza**. ***Vazou** gás do bujão.* **2** Se alguém sabe de um segredo ou de uma notícia que não devia saber, dizemos que a informação **vazou**.

vazio (va-zi-o) *adj.* **1** Algo **vazio** não tem nada dentro ou tem menos coisas do que deveria. *Gilson voltou da feira com os bolsos **vazios**.* **2** Em uma rua **vazia** não há ninguém. *Nossa casa nunca está **vazia**.* [Antôn. geral: *cheio.*]

veado ▼ (ve-a-do) *subst.masc.* Mamífero ruminante, de pelo amarronzado, pernas longas e cauda curta. Os machos adultos possuem chifres grandes, parecidos com galhos de árvores.

vedar (ve-dar) *verbo* **1** Fechar bem alguma coisa. Se você **veda** uma janela, você não quer que a luz, o barulho ou a água passe por ela. *A cozinheira **vedou** o vidro para a geleia não estragar.* **2** **Vedar** também é impedir ou proibir alguma coisa. *O juiz **vedou** a propaganda de cigarro na televisão.*

vegetação (ve-ge-ta-ção) *subst.fem.* Conjunto de plantas de um lugar. *A **vegetação** do cerrado é muito bonita.* [Pl.: *vegetações.*]

vegetal (ve-ge-tal) *adj.masc.fem.* **1** **Vegetal** quer dizer relacionado a plantas. Célula **vegetal** é uma célula das plantas; óleo **vegetal** é um óleo produzido a partir de plantas, como dendê, milho e soja. *subst.masc.* **2** **Vegetal** é outro nome para planta. *Alface, aveia, cenoura e ervas são vegetais.* [Pl.: *vegetais.*]

vegetariano (ve-ge-ta-ri-a-no) *subst.masc.* Pessoa que só ingere alimentos de origem vegetal, como legumes, verduras, grãos, cereais etc. ☛ Esta palavra pode ser usada como adj.: *restaurante **vegetariano**.*

veia (vei-a) *subst.fem.* ANAT Canal do corpo por onde o sangue volta para o coração.

veículo (ve-í-cu-lo) *subst.masc.* **1** Qualquer meio de transporte que leve pessoas ou cargas de um lugar para o outro. Carro, ônibus e trem são exemplos de **veículos**. **2** Meio de divulgação ou de transmissão de alguma coisa. A TV e o rádio são **veículos** de informação. O ar é um **veículo** de transmissão de bactérias.

[1]**vela** (ve-la) *subst.fem.* Pedaço grande de tecido que fica preso no mastro de algumas embarcações e que, ao ser soprado pelo vento, movimenta o barco. ☛ Ver ilustração de *jangada.*

Vela veio de *vela*, palavra latina que também quer dizer "lona de embarcações".

[2]**vela** (ve-la) *subst.fem.* Peça de cera com um pavio no meio, usada para iluminar.

Vela vem do verbo *velar*, relacionado ao latim *vigilare*, que significa "ficar acordado, vigiando". Esse verbo latino também dá origem em português ao verbo *vigiar*.

velhice (ve-lhi-ce) *subst.fem.* Período da vida humana após a idade adulta.

velho (ve-lho) *adj.* **1** Um objeto **velho** já foi muito usado. *Raul doou seus sapatos **velhos**.* **2** Uma pessoa **velha** tem muita idade. [Antôn.: *jovem.*] ☛ Neste sentido, esta palavra pode ser usada como subst.: *Os **velhos** podem ser muito saudáveis.* **3** Um fato **velho** é de uma época que já passou há muito tempo. *Mamãe contou a **velha** história de quando conheceu papai.* [Sinôn.: *antigo.* Antôn.: *recente.*] [Antôn. geral: *novo.*]

velocidade (ve-lo-ci-da-de) *subst.fem.* **1** A **velocidade** é a relação entre a distância percorrida e o tempo que se levou para percorrê-la. Se a **velocidade** de um carro é 80 quilômetros por hora, quer dizer que, em uma hora, o carro andará 80 quilômetros. **2** **Velocidade** é a rapidez com que algo se move. *O atleta de maior **velocidade** ganhou a corrida.*

velocípede (ve-lo-cí-pe-de) *subst.masc.* Brinquedo para crianças pequenas, com um assento, duas rodas atrás e só uma na frente, onde estão presos dois pedais.

velório (ve-ló-rio) *subst.masc.* Ritual que acontece antes do enterro. Durante o **velório**, amigos e parentes fazem suas últimas homenagens ou orações diante do caixão do morto.

veloz (ve-loz) *adj.masc.fem.* Se pessoas, animais ou coisas são **velozes**, eles se movimentam com muita rapidez. *A lebre é um animal muito **veloz**.* [Sinôn.: *ágil, rápido.* Antôn.: *lento.* Pl.: *velozes.* Superl. absol.: *velocíssimo.*]

veludo (ve-lu-do) *subst.masc.* Tecido que tem um dos lados coberto por muitos pelos curtos e macios. O **veludo** pode brilhar e geralmente é usado para fazer roupas de frio.

vencer (ven-cer) *verbo* **1** Conseguir uma vitória. *Sula **venceu** a corrida.* **2** Controlar um sentimento ou dominar uma situação também é **vencer**. *Mirna **venceu** a tristeza e voltou a sair. Os obstáculos serão **vencidos** com o tempo.* **3** O último dia para pagar uma conta é o dia em que essa conta vence. *A conta de gás **vence** no dia 23.* ~ **vencedor** *adj. subst.masc.*

[1]**venda** (ven-da) *subst.fem.* **1** O vendedor realiza uma **venda** quando alguém compra a sua mercadoria. *As **vendas** de enfeites de Natal aumentaram neste último mês.* [Antôn.: *compra.*] **2** Pequena mercearia. *A **venda** do seu Josué é uma das mais antigas do bairro.*

Venda vem do verbo *vender*.

²venda ▼ (ven-da) *subst.fem.* Tira de pano usada para cobrir os olhos e, assim, impedir a visão de quem a usa. *Na cabra-cega, a criança que vai pegar as outras usa uma* ***venda****.*

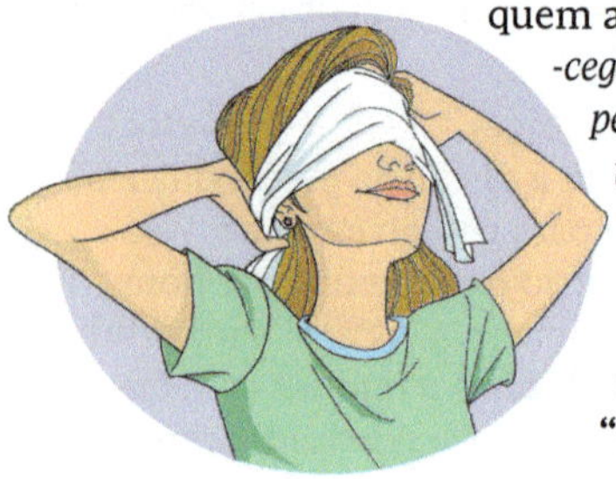

Venda vem de uma palavra francesa que significa "faixa, tira".

vendaval (ven-da-val) *subst.masc.* Vento forte e contínuo. [Pl.: *vendavais.*]

vender (ven-der) *verbo* **1** Quando você **vende** uma coisa para alguém, você recebe dinheiro e essa coisa deixa de ser sua e passa a ser dessa pessoa. *Laura* ***vendeu*** *sua coleção de selos ao vizinho.* [Antôn.: *comprar.*] **2** Quem tem comércio de um produto ou de um serviço em especial **vende** esse produto ou serviço. *A loja da esquina* ***vende*** *roupas femininas.* ~ **vendedor** *adj. subst.masc.*

veneno (ve-ne-no) *subst.masc.* **1** Substância que destrói ou prejudica o funcionamento de um organismo. O **veneno** pode machucar e até matar as pessoas ou os animais que o engolem ou entram em contato com ele. *José espalhou* ***veneno*** *para rato no quintal. O* ***veneno*** *da jararaca é muito forte.* **2** O que causa mal às pessoas também é chamado de **veneno.** *Filmes violentos são um* ***veneno*** *para as crianças. Cigarro é um* ***veneno*** *para as pessoas.*

venenoso (ve-ne-no-so) \ô\ *adj.* Uma planta ou animal é **venenoso** quando tem veneno. *O escorpião tem um ferrão* ***venenoso****.*

ventania (ven-ta-ni-a) *subst.fem.* Vento forte, mas geralmente passageiro. *A* ***ventania*** *derrubou os vasos de planta.*

ventar (ven-tar) *verbo* Está **ventando** quando há movimentação de um certo volume de ar em uma ou mais direções, com mais ou menos força. **Ventar** é um fenômeno da natureza, como chover e trovejar. *Na nossa cidade* ***venta*** *muito.*

ventilador (ven-ti-la-dor) \ô\ *subst.masc.* Aparelho elétrico com pás que giram e movimentam o ar, refrescando o ambiente. [Pl.: *ventiladores.*]

vento (ven-to) *subst.masc.* **1** Movimento natural do ar da atmosfera. *O* ***vento*** *está levantando muita poeira.* **2** Movimento do ar de modo artificial, por meio de um ventilador ou de um leque. *Ai, que* ***vento*** *bom faz esse ventilador!*

→ Os **ventos** podem ter mais ou menos velocidade, podem vir ou não acompanhados de chuva. Dependendo do tipo de **vento,** eles recebem nomes diferentes: brisa, rajada, ventania, vendaval, ciclone, furacão, rodamoinho e outros.

ventre (ven-tre) *subst.masc.* **1** ANAT É o mesmo que abdome. **2** ANAT **Ventre** também quer dizer útero.

ver *verbo* **1** Perceber o mundo pela visão. *Não* ***vejo*** *bem de longe, preciso de óculos.* [Sinôn.: *enxergar.*] **2** Dirigir o olhar para algo ou para alguém. ***Vimos*** *os barcos chegando. A criança achou graça ao se* ***ver*** *no retrato.* [Sinôn.: *olhar, observar.*] **3** Ir ao encontro de alguém. *Até logo, vou* ***ver*** *Cristina.* **4** Assistir a um espetáculo, programa de televisão, filme etc. *O que você está* ***vendo*** *na TV?* **5** Estar presente em um acontecimento. *Todos* ***viram*** *você chegar.* **6** Reconhecer que algo é verdadeiro. *Custei a* ***ver*** *que esta era a melhor solução.* [Sinôn.: *perceber.*] **7** Estar em algum lugar ou em alguma situação inesperada. *De repente* ***viu****-se no meio da confusão.* **8** Pesquisar, procurar. ***Vejam*** *no dicionário como se escreve esta palavra.* **9** Manter contato social frequente. *Somos amigas mas não nos* ***vemos*** *muito.*

verão (ve-rão) *subst.masc.* Estação do ano em que faz mais calor. O **verão** fica entre a primavera e o outono. [Pl.: *verões.*]

→ Nos países do hemisfério sul, como o Brasil, o **verão** vai de dezembro a março.

verba (ver-ba) *subst.fem.* Quantia que, num orçamento, é destinada a um fim específico. *Os vereadores aumentaram a* ***verba*** *para as creches.*

verbete (ver-be-te) \ê\ *subst.masc.* Conjunto formado por todas as informações de uma entrada de dicionário ou enciclopédia. Um **verbete** traz os significados da palavra, exemplos, classe gramatical e outras informações. *Neste dicionário, o* ***verbete*** *"verdade" tem quatro acepções.*

verbo (ver-bo) *subst.masc.* GRAM Palavra, como "dançar" ou "chover", usada para dizer o que alguém faz, o que acontece ou para dizer como algo está, indicando se esses fatos são do presente, do passado ou do futuro. O **verbo** é uma das classes de palavras. ~ **verbal** *adj.masc.fem.*

verdade (ver-da-de) *subst.fem.* **1 Verdade** é o que corresponde de fato à realidade. *O que eu estou dizendo é a* ***verdade****, não é mentira.* **2** Princípio ou conjunto de ideias que se aceita como autêntico, digno de fé. *Cada religião tem uma* ***verdade****. Cada um de nós tem a sua* ***verdade****.* **3** Opinião que uma pessoa expressa de modo sincero e às vezes não muito gentil. *Idalina disse umas* ***verdades*** *à dona Glória.* **4** Quem age com **verdade** é sincero, correto. [Antôn. para 1 e 2: *mentira.*]

verdadeiro (ver-da-dei-ro) *adj.* **1** O que é **verdadeiro** está de acordo com os fatos e com a realidade. *O livro narra uma história* ***verdadeira****. No fim da novela, a personagem descobriu seu* ***verdadeiro*** *pai.* [Antôn.: *imaginário.*] **2** Uma coisa **verdadeira** é aquela que não é uma cópia, nem uma imitação. *A noiva enfeitou o cabelo com flores* ***verdadeiras****.* **3** Uma pessoa **verdadeira** diz o que pensa e sente, sem mentir, nem fingir. Um sorriso ou olhar **verdadeiro** mostra de verdade os sentimentos de uma pessoa. [Sinôn.: *sincero.*] [Sinôn. geral: *autêntico*. Antôn. geral: *falso.*]

verde (ver-de) \ê\ *adj.masc.fem.* **1** O que é **verde** tem a mesma cor da grama e da maioria das folhas. ☛ Ver ilustração na p. 498. **2** Uma fruta **verde** ainda não amadureceu. [Antôn.: *maduro.*] *subst.masc.* **3** O **verde** é a cor da grama e da maioria das folhas. *O* ***verde*** *da nossa bandeira representa as matas.* **4** O **verde** também é a vegetação, as plantas em geral ou de um lugar. *O Jardim Botânico tem muito* ***verde****.*

verdura (ver-du-ra) *subst.fem.* Nome dado às plantas que têm folhas, flores ou caules comestíveis. Alface, repolho, agrião e couve-flor são **verduras**.

vereador (ve-re-a-dor) \ô\ *subst.masc.* Pessoa que foi eleita para representar o povo de um município na Câmara Municipal. [Pl.: *vereadores.*]

vergonha (ver-go-nha) *subst.fem.* **1** Arrependimento de quem sabe que fez algo errado. *Senti* ***vergonha*** *por ter gritado com a Gabriela.* **2** Timidez ou medo de fazer alguma coisa ridícula. *O Jair teve* ***vergonha*** *de aparecer fantasiado de coelho.* **3** Sentimento de quem teme mostrar aos outros seus segredos, suas fraquezas etc. *Lino tem* ***vergonha*** *de que saibam que adora Helena.* **4** A gente também sente **vergonha** por coisas que outras pessoas fazem. *A família do Edu sentiu* ***vergonha*** *quando ele recebeu a advertência.* **pouca vergonha** Coisa que merece reprovação, por faltar a ela honestidade ou dignidade. **ter vergonha na cara** Ser digno, honesto. ~ **vergonhoso** *adj.*

verificar (ve-ri-fi-car) *verbo* Olhar com atenção para conferir se algo é verdade ou está correto. *Antes de ligar, é melhor* ***verificar*** *o número do telefone na agenda.* ~ **verificação** *subst.fem.* **verificável** *adj.masc.fem.*

verme (ver-me) *subst.masc.* Animal invertebrado, sem patas, de corpo fino, comprido e mole. Há **vermes** que são parasitas e vivem no intestino de seres humanos e animais, causando doenças.

vermelho (ver-me-lho) \ê\ *subst.masc.* A cor do sangue. *Marina pintou a boca de* ***vermelho****.* ☛ Esta palavra pode ser usada como adj.: *fruta* ***vermelha****.* Ver ilustração na p. 498.

verniz (ver-niz) *subst.masc.* Produto líquido e incolor, usado em madeira, couro, cerâmica etc. para proteger ou dar brilho. [Pl.: *vernizes.*]

verruga ou **berruga** (ver-ru-ga; ber-ru-ga) *subst.fem.* MED Pequena elevação na pele.

[1]verso (ver-so) *subst.masc.* Cada linha de um poema ou de uma letra de música.

Verso vem de uma palavra latina que também quer dizer "linha".

---

[2]verso (ver-so) *subst.masc.* Lado de algo, como uma folha de papel, que não é o da frente. *Marta preencheu o formulário na frente e assinou no* ***verso****.* [Antôn.: *frente.*]

Verso vem de uma palavra latina que quer dizer "virado".

A B C D E F G H I J K L M N O P Q R S T U V W X Y Z

vértebra (vér-te-bra) *subst.fem.* ANAT Cada osso pequeno e circular que fica no centro das costas dos seres humanos e dos animais vertebrados. As **vértebras** ficam uma em cima das outras formando a coluna vertebral. ☛ Ver ilustração na p. 478. ~ **vertebral** *adj.masc.fem.*

vertebrado (ver-te-bra-do) *subst.masc.* Animal que possui coluna vertebral e vários outros ossos. Peixes, mamíferos e aves são **vertebrados**. [Antôn.: *invertebrado.*] ☛ Esta palavra pode ser usada como adj.: *animal* ***vertebrado***.

vertical (ver-ti-cal) *adj.masc.fem.* A posição **vertical** é a de um corpo em pé e não curvado. [Antôn.: *horizontal.* Pl.: *verticais.*] ☛ Esta palavra pode ser usada como subst.: *A chuva cai na* ***vertical***. Ver ilustração de *horizontal.*

vertigem (ver-ti-gem) *subst.fem.* MED Sensação de perda de equilíbrio, geralmente quando a pessoa está em um lugar alto e olha para baixo. [Sinôn.: *tontura.* Pl.: *vertigens.*]

vesgo (ves-go) \ê\ *adj.* É o mesmo que estrábico.

vespa (ves-pa) \ê\ *subst.fem.* Inseto que voa e tem ferrão, parecido com uma abelha, mas com pouco ou nenhum pelo. As **vespas** vivem sozinhas ou em comunidades. ☛ Ver *marimbondo.*

véspera (vés-pe-ra) *subst.fem.* **1** A **véspera** do seu aniversário é o dia antes dele. Sábado é **véspera** de domingo. **vésperas** *subst.fem.pl.* **2** Os dias bem próximos a um fato. *Às* ***vésperas*** *do casamento, Carol desistiu do noivado.*

vestiário (ves-ti-á-rio) *subst.masc.* Lugar de um clube, colégio etc. onde as pessoas guardam ou trocam suas roupas.

vestibular (ves-ti-bu-lar) *subst.masc.* Prova escrita para entrar numa universidade ou numa faculdade. [Pl.: *vestibulares.*] ☛ Esta palavra pode ser usada como adj.: *exame* ***vestibular***.

vestido (ves-ti-do) *subst.masc.* Peça de roupa feminina que cobre do tronco até as pernas de uma só vez, como se juntasse blusa e saia. O **vestido** tem comprimentos e formas bem variados.

vestígio (ves-tí-gio) *subst.masc.* **1** Rastro, pegada, marca etc. deixado como sinal da presença de alguém ou algo. *Encontramos* ***vestígios*** *de pneus na areia.* **2** O que sobrou da destruição de uma antiga civilização, de uma construção etc. *Os pesquisadores encontraram* ***vestígios*** *de uma tribo indígena.*

vestir (ves-tir) *verbo* **1** Colocar uma roupa em alguém ou usar algum tipo de roupa. *O pai* ***vestiu*** *o bebê. Meninos não* ***vestem*** *saia.* [Antôn.: *despir.*] **2** Usar certa roupa como disfarce ou fantasia. *Cláudia se* ***vestiu*** *de bailarina no carnaval.*

vestuário (ves-tu-á-rio) *subst.masc.* Conjunto das peças usadas para vestir. *A saia é parte do* ***vestuário*** *feminino.* [Sinôn.: *roupa.*]

veterinário (ve-te-ri-ná-rio) *subst.masc.* Médico que trata dos animais.

véu *subst.masc.* Pano fino e geralmente transparente, usado para cobrir o rosto, a cabeça, berços etc. *O* ***véu*** *da noiva arrastava no chão.*

vexame (ve-xa-me) *subst.masc.* **1** Sentimento de quem se sente envergonhado ou humilhado. *Edu esqueceu sua fala e passou um* ***vexame*** *enorme no palco.* **2** O que causa vergonha, humilhação ou escândalo. *Foi um* ***vexame*** *aquele desfile de modas.*

vez \ê\ *subst.fem.* **1** Momento em que alguma coisa acontece. *Dessa* ***vez****, a carne ficou mais macia. É a terceira* ***vez*** *que Duda chega atrasado.* **2** Oportunidade ou momento correto para fazer algo. *Todos precisaram esperar a* ***vez*** *na fila.* **3** **Vez** indica uma quantidade multiplicada ou uma comparação. *Três* ***vezes*** *três é igual a nove. Mirna demorou para comprar a tevê e pagou duas* ***vezes*** *mais que Bianca.* **às vezes** Em alguns momentos. *O bebê é muito calmo, mas* ***às vezes*** *ele chora.* **em vez de** No lugar de outra coisa. *Amanda preferiu a saia* ***em vez da*** *calça.* [Pl.: *vezes.*]

via (vi-a) *subst.fem.* **1** Local que serve de passagem para pessoas e veículos. Uma rua, uma avenida, um caminho são uma **via**. *A prefeitura deve cuidar das* ***vias*** *públicas.* **2** ANAT Em nosso organismo, qualquer canal ou tubo que ligue um órgão a outro ou que conduza alguma substância. *A poluição do ar prejudica nossas* ***vias*** *respiratórias.* **3** Modo como se transmite ou encaminha uma mensagem, uma encomenda. *Recebemos um*

videira

convite ***via*** e-mail *e também uma carta por* ***via*** *aérea.* **4** Se um documento tiver três **vias**, ele tem três cópias. *A segunda* ***via*** *da nota fiscal fica com o cliente.* Via Láctea **1** Faixa luminosa composta de milhares de estrelas e de corpos celestes, incluindo o Sol e todo o sistema solar. [Sinôn.: *galáxia.*] **2** Nome dado à galáxia da Terra e de todo o sistema solar.

viaduto (vi-a-du-to) *subst.masc.* Espécie de ponte que permite a passagem de veículos sobre vales, estradas e ainda sobre outra via. *O engarrafamento alcançou a subida do* ***viaduto.***

viagem (vi-a-gem) *subst.fem.* **1** Ida de um lugar a outro mais ou menos distante. *Alda mora em Ilhéus e fez uma* ***viagem*** *a Salvador.* **2** O tempo que você passa no lugar para onde foi também se chama **viagem.** *As fotos da* ***viagem*** *ficaram ótimas.* [Pl.: *viagens.*]

viajante (vi-a-jan-te) *subst.masc.fem.* Pessoa que viaja. *Muitos* ***viajantes*** *almoçam nesse restaurante.*

viajar (vi-a-jar) *verbo* Ir para um lugar longe daquele em que se está. *Tainá mora em Manaus e* ***viaja*** *para Maceió todo ano.*

víbora (ví-bo-ra) *subst.fem.* Nome dado a várias espécies de serpentes venenosas, encontradas na Europa, na África e na Ásia.

vibrar (vi-brar) *verbo* **1** Quando algo **vibra**, ele treme ou balança. *A janela* ***vibrou*** *com o vento.* **2** Tirar som de um instrumento musical tocando em suas cordas é fazer **vibrar** as cordas desse instrumento. **3** Alguém **vibra** quando está muito alegre. *A torcida* ***vibrou*** *com o gol.* ~ **vibração** *subst.fem.*

vice (vi-ce) *subst.masc.* **1** Pessoa, time ou grupo que chega em segundo lugar numa competição. **2** Quem ocupa o segundo cargo mais importante de uma empresa ou mesmo do governo de uma cidade ou país também é chamado de **vice**. *Quando o presidente viaja, o* ***vice*** *assume suas funções.*

vice-versa (vi-ce - ver-sa) *advérbio* **1** Em sentido contrário. Se alguém diz "Quem está no segundo degrau desce para o primeiro, e **vice-versa**", quer dizer que quem está no primeiro degrau deve subir para o segundo. **2** De maneira mútua. Se eu penteio o seu cabelo, e **vice-versa**, você também penteia o meu.

vício (ví-cio) *subst.masc.* Hábito considerado ruim que uma pessoa não consegue controlar. *Fumar cigarro é um* ***vício.*** ~ **viciar** *verbo*

vida (vi-da) *subst.fem.* **1** Conjunto de atividades e funções de um organismo que indica que ele está vivo e não morto. *O médico salvou a* ***vida*** *do paciente. A goiabeira ficou seca, sem* ***vida.*** *O pássaro caiu sem* ***vida.*** **2** Período entre nascer e morrer. *Há quem diga que a* ***vida*** *é muito curta.* [Sinôn.: *existência.*] **3** Modo como se vive. *Penha teve uma* ***vida*** *de rainha.* **4** Período de existência ou funcionamento de algo. *A* ***vida*** *útil das novas pilhas é maior.* **5** Alegria, entusiasmo. *Vânia é uma pessoa cheia de* ***vida.***

videira ▲ (vi-dei-ra) *subst.fem.* Planta que produz a uva. [Sinôn.: *parreira, vinha.*]

vídeo (ví-deo) *subst.masc.* **1** Reprodução eletrônica de imagens em movimento. *Podemos comprar um* ***vídeo*** *com a apresentação de balé.* **2** **Vídeo** também é a tela da televisão ou do monitor de um computador.

video game *locução* Expressão inglesa que significa jogo para computador ou televisão, com controles eletrônicos. ☛ Pronuncia-se *vídeo guêime*.

vidraça (vi-dra-ça) *subst.fem.* Lâmina de vidro colocada em janelas, vitrines etc. *As **vidraças** da loja estão decoradas para a volta às aulas.*

vidro (vi-dro) *subst.masc.* **1** Material sólido, porém frágil, que geralmente deixa a luz passar através dele. *O **vidro** destas garrafas é bem resistente.* **2** Recipiente feito com esse material. *Os **vidros** de azeitona estão no armário.* **3** Lâmina feita com esse material. *A bola bateu no **vidro** da janela. O **vidro** do relógio está arranhado.*

→ O **vidro** é feito da mistura de areia com outras substâncias. Essa mistura é aquecida em temperatura muito alta.

vigia (vi-gi-a) *subst.masc.fem.* **1** Pessoa responsável por tomar conta de alguma coisa, como por exemplo uma loja. *O **vigia** percebeu que o ladrão ia assaltar a padaria.* [Sinôn.: *vigilante*.] *subst.fem.* **2** Quem faz uma **vigia**, toma conta de algo o tempo todo. *A polícia ficou de **vigia** do prédio durante toda a semana.*

vigiar (vi-gi-ar) *verbo* Quando alguém **vigia** um lugar ou uma pessoa, fica tomando conta, olhando o tempo todo. *Seu trabalho era **vigiar** os carros.*

vigilante (vi-gi-lan-te) *subst.masc.fem.* **1** Pessoa que trabalha vigiando, tomando conta de alguma coisa ou de alguém. *O **vigilante** da loja impediu o assalto.* [Sinôn.: *segurança*.] *adj.masc.fem.* **2** Uma pessoa **vigilante** está sempre tomando cuidado. *Motoristas **vigilantes** evitam acidentes.* ~ **vigilância** *subst.fem.*

vigor (vi-gor) \ô\ *subst.masc.* **1** Qualidade do que possui força, energia. *As plantas cresciam com **vigor**. O advogado defendeu o réu com **vigor**.* **2** Se uma lei está em **vigor**, ela está valendo. [Pl.: *vigores*.]

vila (vi-la) *subst.fem.* **1** Pequena cidade, maior que um arraial. *Na época do Brasil colonial, muitas **vilas** cresceram próximas ao garimpos.* **2** Conjunto de casas de arquitetura semelhante construídas em pequenas ruas, geralmente sem saída. *A **vila** no fim da rua tem 12 casas.*

vilão (vi-lão) *subst.masc.* **1** Pessoa má, desonesta. *O Coringa é um dos **vilões** da história do Batman.* **2** Um problema ou uma coisa que nos atrapalha a alcançar um objetivo também é chamado de **vilão**. *Os preços altos foram os **vilões** no Natal. A quinta pergunta foi a **vilã** da prova.* [Pl.: *vilões*. Fem.: *vilã*.]

vinagre (vi-na-gre) *subst.masc.* Líquido de sabor ácido, usado como tempero. *A salada foi temperada com azeite, **vinagre** e sal.*

vingança (vin-gan-ça) *subst.fem.* **1** Sentimento de quem quer dar resposta a uma ofensa ou a um dano sofrido. *Carlos sentia impulsos de **vingança** contra a traição do amigo.* **2** O ato de fazer tal coisa. *Paulo quebrou a boneca da irmã como **vingança** ao tapa que ela lhe dera.*

vingar (vin-gar) *verbo* **1** Se você se **vinga** de algo que fizeram com você, você castiga a pessoa que praticou esse ato. *Salomão voltou para **vingar**-se de quem o denunciou.* **2** Conseguir viver, crescer, ter êxito. *A plantinha que plantamos **vingou**.* ~ **vingativo** *adj.*

vinha (vi-nha) *subst.fem.* **1** Grande plantação de videiras. *Em algumas regiões do Nordeste, há **vinhas** de boa qualidade.* **2** É o mesmo que videira. *Tentamos plantar umas **vinhas**, mas não deu certo.*

vinho (vi-nho) *subst.masc.* **1** Bebida alcoólica feita a partir do suco da uva. **2** A cor vermelha de alguns tipos de **vinho**. ☛ Neste sentido, o sing. e o pl. desta palavra são iguais, e ela pode ser usada como adj.: *casaco **vinho**, saias **vinho***. Ver ilustração na p. 498.

viola (vi-o-la) *subst.fem.* **1** MÚS Instrumento musical parecido com o violino, só que um pouco maior e com o som mais grave. **2** MÚS Instrumento musical parecido com o violão, só que um pouco menor e com cinco ou seis cordas duplas. ☛ Ver ilustração na p. 494.

violão (vi-o-lão) *subst.masc.* MÚS Instrumento musical de corpo oco, em forma de oito e com um cabo chamado de braço. O **violão** tem seis cordas que são tocadas com os dedos. [Pl.: *violões*.] ☛ Ver ilustração na p. 494. ~ **violonista** *subst.masc.fem.*

violência (vi-o-lên-cia) *subst.fem.* **1** Comportamento de quem usa força, maltrata, causa ferimentos ou até põe em risco a vida de outra pessoa. **2** Força intensa e súbita que se faz sentir. A **violência** de uma tempestade ou de um vulcão são exemplos disso. [Sinôn.: *fúria.*]

violento (vi-o-len-to) *adj.* **1** A pessoa ou coisa que age ou se comporta com violência é **violenta.** *Há bandidos **violentos** na prisão. O mar estava **violento** ontem.* **2** Usa-se **violento** para indicar a forte intensidade com que algo ocorre. *Houve um acidente **violento** na estrada.*

violeta ▼ (vi-o-le-ta) \ê\ *subst.fem.* **1** Planta de flores geralmente arroxeadas e folhas cobertas de pequenos pelos. A **violeta** é muito usada como enfeite. *subst.masc.* **2** Cor arroxeada. *O **violeta** se parece com o roxo.* *adj.masc.fem.* **3** O que é **violeta** tem a mesma cor da flor dessa planta. ☛ Neste sentido, o sing. e o pl. desta palavra são iguais: *vestido **violeta**, blusas **violeta**.*

violino (vi-o-li-no) *subst.masc.* MÚS Instrumento musical de madeira, com quatro cordas, tocado com um arco e apoiado no ombro. ☛ Ver ilustração na p. 494. ~ **violinista** *subst.masc.fem.*

violoncelo (vi-o-lon-ce-lo) *subst.masc.* MÚS Instrumento musical com a forma do violino, mas muito maior e tocado na posição vertical, apoiado no chão, entre as pernas de quem o toca. ☛ Ver ilustração na p. 494. ~ **violoncelista** *subst.masc.fem.*

vir *verbo* **1** Ir para o lugar onde nós estamos ou onde está a pessoa que fala. *Foi Tônia quem **veio** em nossa direção.* **2** Sair de um lugar e ir para o lugar onde está a pessoa que fala. *Quando **vier** para cá, telefone para mim. Ana **veio** de Recife para João Pessoa em 1999.* **3** Estar presente. *Todos os pais **vieram** ao encontro.* **4** A origem de alguém ou de algo é de onde essa pessoa ou coisa **vem**. *O bisavô de Clarice **veio** da Rússia. Muitas palavras da língua portuguesa **vieram** do latim.*

vira-lata (vi-ra - la-ta) *subst.masc.fem.* Animal doméstico, geralmente cão ou gato, que não tem raça definida. Os **vira-latas** são filhos de pai e mãe de raças diferentes ou de outros **vira-latas**. [Pl.: *vira-latas.*] ☛ Esta palavra pode ser usada como adj.: *cachorros **vira-latas**.* Ver ilustração na p. 486.

virar (vi-rar) *verbo* **1** Mudar de direção ou posição. *O carro **virou** à direita antes do sinal. Silvia se **vira** na cama quando dorme.* **2** Ficar de cabeça para baixo ou com a parte de dentro para fora. *As ondas estavam muito altas, e o barco **virou**. César, antes de guardar a camisa, a **vira** do avesso.* **3** Quando o tempo **vira**, deixa de ter sol e começa a esfriar ou chover. **4** *informal* Quando uma pessoa está vivendo bem, apesar de alguns problemas, dizemos que ela está se **virando**. **5** **Virar** uma garrafa de água, de vinho etc. é beber todo o seu conteúdo.

vírgula (vír-gu-la) *subst.fem.* **1** GRAM Sinal de pontuação (,) que indica uma pausa rápida e é usado para separar orações ou palavras dentro de uma frase. **2** Sinal (,) usado para indicar que um número não tem apenas unidades, tem também frações. Por exemplo, o número 1,5 está entre os números inteiros 1 e 2.

virilha (vi-ri-lha) *subst.fem.* ANAT Região do corpo onde a coxa se prende ao tronco. ☛ Ver ilustração na p. 478.

virose (vi-ro-se) *subst.fem.* MED **Virose** é qualquer doença causada por um vírus.

virtual (vir-tu-al) *adj.masc.fem.* **1** O que é **virtual** é possível, mas ainda não se tornou realidade. *A cidade tem um candidato **virtual** para prefeito.* **2** INF Criado por programa de computador para parecer com a realidade. *O jogo tem um belo cenário **virtual**.* **3** INF Feito, conhecido ou visitado por meio de um computador. *Tenho três amigos **virtuais**, dois moram no Japão. Fizemos uma visita **virtual** ao museu.* [Pl.: *virtuais.*]

virtude (vir-tu-de) *subst.fem.* **1** **Virtude** é qualquer boa qualidade. *A maior **virtude** da Laura é a paciência.* **2** Quem tem **virtude** é correto na maneira de agir e se comportar. *Dom Rosalvo é um padre cheio de **virtude** e correção.* em virtude de Por causa de ou em razão de. ***Em virtude das** comemorações, não haverá aula hoje.*

vírus (ví-rus) *subst.masc.* **1** BIO Partícula microscópica que entra nas células vivas e se multiplica, causando doenças. **2** INF Programa de computador capaz de prejudicar o funcionamento de um sistema, alterando ou destruindo arquivos. ☛ O sing. e o pl. desta palavra são iguais: *o **vírus**, os **vírus**.*

visão (vi-são) *subst.fem.* **1** Capacidade física de perceber cores, formas, tamanhos, utilizando os olhos. *Lílian quase perdeu a **visão** no acidente.* [Sinôn.: *vista.*] **2 Visão** também quer dizer opinião, maneira de entender as coisas. *Na minha **visão**, Miguel ainda gosta de Viviane.* **3** Se alguém diz ver pessoas ou seres que os outros não são capazes de ver, dizemos que ele está tendo **visões**. [Pl.: *visões.*]

visar (vi-sar) *verbo* **1** Fazer mira, pôr no alvo alguma coisa. *O pirata **visou** o porto com a luneta.* **2** Ter como objetivo. *O vendedor gritava, **visando** ser ouvido por todos.* **3 Visar** também é pôr um V significando visto ou conseguir aprovação para um documento. *A professora já **visou** todos os cadernos. Meu pai **visou** seu passaporte para ir à Europa.*

visita (vi-si-ta) *subst.fem.* **1** O tempo que você passa com a pessoa ou no lugar que você foi visitar se chama **visita**. *A **visita** à tia Carminha durou duas horas.* **2** A pessoa que visita. *Raul estava cansado e queria que as **visitas** saíssem.*

visitar (vi-si-tar) *verbo* Ir a um lugar para ver alguém ou alguma coisa. *Paulo adora **visitar** museus.* ~ **visitação** *subst.fem.* **visitante** *adj.masc.fem. subst.masc.fem.*

visível (vi-sí-vel) *adj.masc.fem.* **1** O que é **visível** nós podemos ver. *A blusa tinha uma mancha **visível**.* [Antôn.: *invisível.*] **2** Um fato **visível** todos percebem com facilidade. *Era **visível** que o atleta sentia dor.* [Sinôn.: *óbvio.*] [Pl.: *visíveis.*]

vista (vis-ta) *subst.fem.* **1** Capacidade de ver, de perceber as coisas através dos olhos. *Minha **vista** está ruim, tenho de ir ao oftalmologista.* [Sinôn.: *visão.*] **2 Vista** também é cada um dos olhos. *Vovó operou a **vista** direita.* **3** A paisagem que se vê também é chamada de **vista**. *Este apartamento tem uma bela **vista** para a lagoa.* à vista Quando se compra algo **à vista**, se paga o valor inteiro de uma vez. *Esta loja só aceita pagamento **à vista**.*

visual (vi-su-al) *adj.masc.fem.* **1 Visual** é relacionado à visão. O campo **visual** é até onde podemos ver. *subst.masc.* **2** *informal* Aparência. *Valéria cortou o cabelo para mudar o **visual**.* [Pl.: *visuais.*]

vitamina (vi-ta-mi-na) *subst.fem.* **1** Substância natural encontrada nos alimentos, necessária para o nosso corpo funcionar com saúde. As **vitaminas** de que precisamos estão principalmente nas frutas e verduras. *Laranja tem **vitamina** C.* **2** Um comprimido com essa substância também é chamado de **vitamina**. **3** Bebida feita de leite com fruta. ***Vitamina** de banana é bem gostosa.*

vítima (ví-ti-ma) *subst.fem.* Quem sofre as consequências ruins de crime, tragédia, problema, situação difícil etc. *Felizmente o incêndio não fez **vítimas**.*

vitória (vi-tó-ria) *subst.fem.* Quem conquista uma **vitória**, ganha uma batalha, um jogo, uma competição etc. [Antôn.: *derrota.*] ~ **vitorioso** *adj. subst.masc.*

vitória-régia ▼ (vi-tó-ria - ré-gia) *subst.fem.* Planta grande, parecida com um disco, que vive sobre a água, muito comum na Amazônia. [Pl.: *vitórias-régias.*]

vitrine (vi-tri-ne) *subst.fem.* Local, geralmente protegido por vidraças, onde as lojas exibem suas mercadorias às pessoas que passam à sua frente. *As **vitrines** estão decoradas para o Natal.*

viúvo (vi-ú-vo) *adj.* Uma pessoa fica **viúva** quando o esposo ou a esposa morre e essa pessoa não se casa de novo. ☛ Esta palavra pode ser usada como subst.: *A **viúva** estava triste.*

viva (vi-va) *interjeição* Palavra que expressa alegria com relação a alguém ou a um fato. *Chegaram as férias! **Viva!***

viveiro (vi-vei-ro) *subst.masc.* Lugar preparado para criar e manter animais ou plantas, para diversas finalidades, como pesquisa científica e exposição.

viver (vi-ver) *verbo* **1** Ter vida ou estar vivo. *O peixinho ainda **vive**.* [Antôn.: *morrer*.] **2** Morar em algum lugar é **viver** nesse lugar. *Meus padrinhos **vivem** no Chile.* **3** Morar com alguém. *Maíra e Augusto **vivem** juntos há muitos anos.* **4** Se alguém ou algum animal **vive** de um alimento específico, a sua nutrição é quase só aquilo. *Os pombos **vivem** do milho que jogam para eles.* **5** Levar a vida de um certo modo. *Alberto **vive** sem luxos e é muito feliz.* **6** Exercer uma atividade para se sustentar. *Ramiro **vive** de artesanato.* **7** Passar por momentos que marcaram a sua vida. *Quando fiquei presa no elevador, **vivi** momentos de pânico!*

vivo (vi-vo) *adj.* **1** Algo **vivo** ainda vive. *Todos nós somos seres **vivos**.* ☛ Neste sentido, esta palavra pode ser usada como subst.: *Os **vivos** têm medo dos mortos.* **2** Um criança esperta, alegre, animada é uma criança **viva**. **3** Uma cor **viva** é uma cor alegre, forte. *Escolha a blusa com tons mais **vivos** que os da saia.* **ao vivo** Se um programa é transmitido **ao vivo**, ele pode ser assistido durante a sua realização. *O jogo será transmitido **ao vivo** para todo o país.*

vizinho (vi-zi-nho) *subst.masc.* **1** Quem mora próximo a você é seu **vizinho**. *adj.* **2** Um estado **vizinho** faz limite com outro. Uma cadeira **vizinha** a outra está do lado desta outra. *Visitamos Ouro Preto e cidades **vizinhas**.*

voar (vo-ar) *verbo* **1** Mover-se ou flutuar no ar, geralmente usando asas. Pássaros, insetos, aviões e pipas podem **voar**. **2** **Voar** também é passar ou mover-se muito rápido. *O tempo **voa** quando nos divertimos. Tadeu **voou** com seu carrinho ao descer a ladeira.* **3** Quando o vento move algo, dizemos que isso está **voando**. *Se abrir a janela, as folhas que estão sobre a mesa vão **voar**.* ~ **voador** *adj. subst.masc.*

vocabulário (vo-ca-bu-lá-rio) *subst.masc.* **1** Conjunto de palavras de uma língua ou de um texto. *O **vocabulário** da prova estava bem fácil.* **2** Grupo de palavras que uma pessoa conhece ou usa. *Ler muito aumenta o **vocabulário**.*

vocação (vo-ca-ção) *subst.fem.* Alguém com muita facilidade ou habilidade para fazer alguma coisa ou se dedicar a alguma coisa tem **vocação** para isso. *Lourenço sempre teve **vocação** para veterinário.* [Pl.: *vocações*.]

vocal (vo-cal) *adj.masc.fem.* O que é **vocal** é relacionado à voz. Um som **vocal** é feito com a voz. As pregas **vocais** ajudam na produção da voz. [Pl.: *vocais*.]

você (vo-cê) *pron.trat.* Usamos **você** para falar com alguém quando estamos numa situação informal, como uma conversa com um amigo.

→ Em quase todo o Brasil, **você** é usado no lugar de "tu", e, mesmo **você** sendo usado para a pessoa com quem falamos, o verbo fica do mesmo jeito que ficaria com o pronome "ele", como "fez" em "**Você** fez o seu dever?".

vogal (vo-gal) *subst.fem.* **1** GRAM Toda sílaba tem uma **vogal**, que pode ser falada sozinha, sem o apoio de outro som. **2** GRAM Letra que representa cada um desses sons. São vogais "a", "e", "i", "o" e "u". O "y" também é uma **vogal**. [Pl.: *vogais*.]

volante (vo-lan-te) *adj.masc.fem.* **1** O que é **volante** podemos mover, quase sempre com facilidade. *O dentista atendeu Sueli em um consultório **volante**.* *subst.masc.* **2** Peça em forma de roda que o motorista usa para comandar a direção que o veículo deve seguir.

vôlei (vô-lei) *subst.masc.* ESP É o mesmo que voleibol.

voleibol (vo-lei-bol) *subst.masc.* ESP Esporte em que dois times, com seis pessoas cada, têm que jogar uma bola de um lado a outro de uma quadra dividida por uma rede. Também se diz apenas vôlei. [Pl.: *voleibóis*.] ☛ Ver ilustração na p. 492.

✏ A palavra **voleibol** veio do inglês *volleyball*, que quer dizer "bola que voa".

volta (vol-ta) *subst.fem.* **1** A **volta** de alguém é a sua chegada ao lugar de onde saiu ou o caminho feito até a chegada. *Os amigos festejaram a **volta** de Glória. A **volta** de ônibus é mais lenta que a de avião.* [Antôn.: *ida*.] **2** Se você gira em torno de um centro ou eixo, você dá uma **volta** em torno desse ponto. **3** Passeio curto. *Todos os dias, Carina leva sua irmã para uma **volta** no bairro.*

voltar (vol-tar) *verbo* **1** Sair do lugar onde está e ir para o lugar de onde veio. *Maria **voltou** para casa depois de meio-dia. Alex viaja no dia 15 e **volta** no dia 28.* [Sinôn.: *retornar*. Antôn.: *partir*.] **2** Ocupar-se novamente de algo que já não fazia ou de assunto sobre o qual já não se falava. *Regina **voltou** a fumar. Depois de três dias, os primos **voltaram** a comentar o filme.*

volume (vo-lu-me) *subst.masc.* **1** Todos os corpos ocupam espaço ou contêm espaço dentro de si. **Volume** é a quantidade de espaço que cada corpo ocupa ou contém. *O **volume** desta garrafa é de três litros.* ☛ Ver tabela na p. 508. **2** Cada um dos livros de uma série ou coleção. *Emprestei o **volume** dois da enciclopédia de ciências.* **3** Cada embrulho, pacote ou mala que carregamos ou transportamos. *O motorista de táxi cobrou R$1,00 por **volume** colocado no porta-malas.* **4** Altura e força da voz ou do som produzido por um instrumento ou aparelho. *O botão do **volume** do rádio quebrou. Ei, pessoal, dá para abaixar o **volume** dos gritos?* **5** Quantidade de alguma coisa. *Com os ensaios o **volume** de trabalho da professora aumentou.* ~ **volumoso** *adj.*

voluntário (vo-lun-tá-rio) *adj.* **1** Uma atitude ou um movimento **voluntário** é natural, não é forçado. *A doação do cachorro foi uma decisão **voluntária**.* *subst.masc.* **2** Pessoa que se oferece para participar de uma atividade, de uma obra, geralmente para ajudar alguém. *Vários amigos se ofereceram como **voluntários** para terminar a casa.*

vomitar (vo-mi-tar) *verbo* Uma pessoa **vomita** quando o que ela comeu ou bebeu volta do estômago dela e sai pela boca.

vômito (vô-mi-to) *subst.masc.* **1** **Vômito** é o que acontece quando alguém vomita. *No início da gravidez, Gabriela tinha **vômitos** pela manhã.* **2** Comida ou bebida que estava no estômago e foi vomitada. *O chão do ônibus estava sujo de **vômito**!*

vontade (von-ta-de) *subst.fem.* **1** Firmeza, determinação de fazer ou não fazer algo. *Mauro tem muita força de **vontade** e vai terminar seu trabalho.* **2** Aquilo que se quer. *A **vontade** da Léa é só comer sobremesas.* **à vontade** Quem se sente **à vontade**, se sente cômodo, confortável. **boa vontade** Quando há **boa vontade**, todos colaboram para a realização de uma tarefa. *Com a **boa vontade** da turma, foi fácil sair em silêncio.* **má vontade** Disposição de quem não concorda com alguma coisa. *Foi com muita **má vontade** que saímos da festa.*

voo (vo-o) \ôo\ *subst.masc.* **1** O **voo** de um animal, de um inseto, de uma aeronave ou de qualquer objeto acontece quando ele se move pelo ar, sem contato com o solo. *O **voo** da borboleta é muito bonito.* **2** Também chamamos de **voo** a viagem de avião. *Eurico chegou tarde porque o **voo** atrasou.*

vos *pron.pessoal* Usamos **vos** quando vós completa o significado de um verbo que não é acompanhado de preposição.

→ Devemos dizer "Ana **vos** viu" e não "Ana viu vós".

---

vós *pron.pessoal* Grupo de duas ou mais pessoas com quem nós falamos.

→ Usamos **vós** como sujeito de uma oração ou para completar o significado do verbo quando ele é seguido de preposição. As pessoas quase não falam **vós**, preferem "vocês".

---

vosso (vos-so) *pron.poss.* **Vosso** é a palavra que usamos para dizer "de vós". Tudo o que é **vosso** é das pessoas com quem estamos falando, se as chamamos de "vós". *O príncipe, ajoelhando-se, disse: – Minha rainha e meu rei, estarei sempre a serviço de **vossa** filha.*

votação (vo-ta-ção) *subst.fem.* **1** Aprovação ou escolha por meio de voto. *O tema da redação será decidido por **votação**.* **2** Conjunto de votos de uma eleição, de um candidato ou de uma proposta. *A **votação** do segundo colocado foi quase igual à do primeiro.* [Pl.: *votações*.]

votar (vo-tar) *verbo* Decidir por meio de voto. *No Brasil, com 16 anos já se pode **votar** para presidente. Vânia não **votou** na rainha do baile.*

voto (vo-to) *subst.masc.* **1** Maneira de mostrar uma vontade ou uma opinião numa eleição ou reunião em que é preciso fazer uma escolha. *No Brasil, o **voto** é secreto. O **voto** de Luísa não impediu a construção da piscina no prédio.* **2** O desejo de uma pessoa em relação a outra também é chamado de **voto**. *Faço **votos** de que sua saúde melhore.* **3** Compromisso assumido com divindade, com um grupo etc. *As freiras fazem **votos** religiosos.*

vovô (vo-vô) *subst.masc.* Jeito carinhoso de chamar o avô. [Fem.: *vovó*.]

voz *subst.fem.* **1** Som produzido pela vibração das pregas vocais, usado como meio de comunicação. *A **voz** de Agostinho é bem grave.* **2** Capacidade de se expressar por meio de palavras ou sons. *Gritou tanto que ficou sem **voz**.* **3** Som produzido de outras maneiras, por animais que não têm pregas vocais. Cada animal tem uma **voz** diferente. *Gravaram um CD com as **vozes** dos animais da floresta.* **4** Direito de se expressar. *Na reunião, os adolescentes não tiveram **voz**.* **5** MÚS Numa composição musical, cada uma das partes cantadas. *Nesta canção, as meninas fazem a primeira **voz** e os rapazes a segunda.* [Pl.: *vozes*. Aument. de 1 a 3: *vozeirão*.]

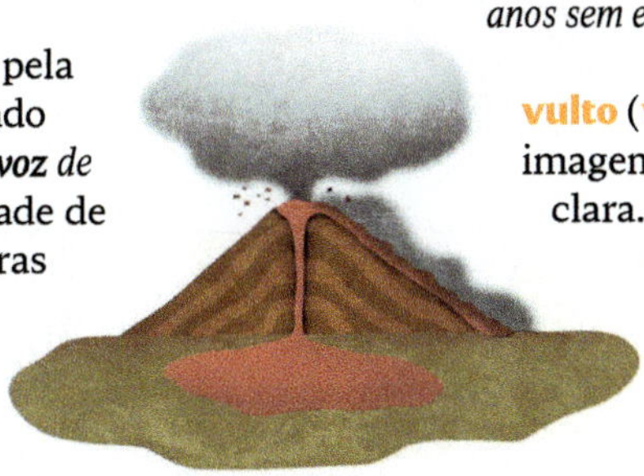

vulcão (vul-cão) *subst.masc.* Abertura na crosta terrestre por onde são lançados lavas, gases e matérias em brasa vindos do interior mais profundo da Terra. *Os **vulcões** podem passar muitos anos sem entrar em erupção.* [Pl.: *vulcões*.]

vulto (vul-to) *subst.masc.* **1** Figura ou imagem de pessoa que não está muito clara. *Bruno não me reconheceu, só viu um **vulto**.* **2** Pessoa importante. *A princesa Isabel é um **vulto** da história do Brasil.* **3** Um negócio de **vulto** é um negócio muito importante e de grande valor.

Windsurfe

Ww

w *subst.masc.* Vigésima terceira letra do nosso alfabeto. Na língua portuguesa, o **w** pode ter o som do "v", como em "Wagner", ou de "u", como em "web", por exemplo. É uma letra muito usada em nomes próprios, em palavras de origem estrangeira e em alguns símbolos, como "W", de "watt".

web *subst.fem.* INF Palavra inglesa que dá nome a uma forma de comunicação entre computadores ligados em rede pelo mundo todo. ☛ Pronuncia-se *uéb*. Ver *internet*.

→ ***Web*** é uma forma simplificada de dizer *world wide web*, formada a partir de *web*, que significa "teia, rede", e *world wide*, "de alcance mundial". A internet passou a ser conhecida por esse nome a partir dos anos 1990.

windsurfe (wind-sur-fe) *subst.masc.* ESP Esporte em que se navega sobre as ondas em cima de uma prancha com uma vela.

✏ **Windsurfe** é uma adaptação da palavra inglesa *windsurf*, nome do mesmo esporte e que quer dizer "surfe no vento", ou seja, usar o vento para surfar.

Xx

Xícara

x *subst.masc.* Vigésima quarta letra do nosso alfabeto. O **x** é uma consoante e, na língua portuguesa, pode ter quatro sons diferentes: o mais comum, de "xícara"; o som parecido com "cs", como em "táxi"; o som de "s", de "texto" e "excelente"; e ainda o som de "z", como em "exame".

xadrez ▼ (xa-drez) \ê\ *subst.masc.* **1** Jogo para duas pessoas que imita uma batalha entre dois exércitos. O **xadrez** é jogado com dois grupos de 16 peças sobre um tabuleiro com 64 quadrados de duas cores alternadas. **2** Desenho que reproduz esse tabuleiro. ☛ Neste sentido, esta palavra pode ser usada como adj.: *saia **xadrez**, blusa **xadrez***. [Pl.: *xadrezes.*]

Tabuleiro de **xadrez** e suas peças.

xale (xa-le) *subst.masc.* Espécie de manta usada pelas mulheres, como enfeite ou agasalho, sobre os ombros, tronco ou cabeça. O **xale** pode ser de lã, seda, renda.

xampu (xam-pu) *subst.masc.* Sabão líquido próprio para lavar cabelos ou pelos.

xará (xa-rá) *subst.masc.fem.* Duas pessoas que têm o mesmo nome são **xarás**.

xaréu (xa-réu) *subst.masc.* Peixe do mar que mede cerca de um metro de comprimento e é comum no Nordeste do Brasil.

xarope (xa-ro-pe) *subst.masc.* **1** Remédio líquido e geralmente doce. *André está tomando um **xarope** para melhorar da tosse.* **2** Qualquer líquido preparado com muito açúcar também é um **xarope**. *Desde criança, meu pai gosta de **xarope** de groselha.*

xaxado (xa-xa-do) *subst.masc.* Dança de origem pernambucana que tem o ritmo do canto marcado pelas batidas dos pés no chão.

xaxim (xa-xim) *subst.masc.* Caule de um tipo de samambaia, coberto de fibras marrons. O **xaxim** é muito usado para fazer vasos. [Pl.: *xaxins.*]

xeque-mate (xe-que - ma-te) *subst.masc.* No jogo de xadrez, o movimento que dá a vitória a um dos jogadores. [Pl.: *xeques-mate, xeques-mates.*]

xeretar (xe-re-tar) *verbo* Investigar, observar de modo intrometido. *Os netos **xeretaram** as gavetas da avó procurando fotos antigas.*

xerife (xe-ri-fe) *subst.masc.* Autoridade policial nos Estados Unidos da América e na Inglaterra. O **xerife** é como se fosse o delegado. *O **xerife** mandou prender uma quadrilha que roubava joias.*

xícara ▲ (xí-ca-ra) *subst.fem.* **1** Recipiente com asa, em geral com a borda maior que a base, usado para tomar líquidos quentes. A **xícara** fica apoiada sobre um pires, quando não a estamos levando à boca. **2** Também chamamos de **xícara** o que está contido nela. *A senhora aceita uma **xícara** de chocolate quente?*

xingar (xin-gar) *verbo* Agredir alguém com palavras desagradáveis. ~ **xingamento** *subst.masc.*

xixi (xi-xi) *subst.masc. informal* É o mesmo que urina.

xodó (xo-dó) *subst.masc.* **1** *informal* Sentimento de carinho e amor que se tem por algo ou alguém. *Gorete tem um enorme **xodó** por seu cão.* **2** *informal* Pessoa, animal ou coisa querida. *Laís é o **xodó** do vovô.*

xote (xo-te) *subst.masc.* **1** Dança de origem europeia, que se tornou popular em várias regiões do Brasil. **2** Música, tocada no acordeão, que acompanha essa dança.

→ O **xote** surgiu primeiro, no Brasil, em regiões rurais do Rio Grande do Sul e do Nordeste, depois nas cidades do Rio de Janeiro. Luiz Gonzaga, músico pernambucano já falecido, é autor de **xotes** famosos, como "**Xote** das meninas".

Y y

Yakisoba

y *subst.masc.* Vigésima quinta letra do nosso alfabeto. O y é uma vogal e, na língua portuguesa, tem o som de "i", muito comum em nomes de pessoas e lugares e em palavras estrangeiras, mas pouco usada para palavras comuns da nossa língua.

yakisoba ▼ *subst.masc.* CUL Palavra japonesa que dá nome a um prato de macarrão com verduras, carnes, frutos do mar etc. ☛ Pronuncia-se *iaquissôba*.

Zepelim

Zz

z *subst.masc.* Vigésima sexta letra do nosso alfabeto. O **z** é uma consoante.

zabumba (za-bum-ba) *subst.masc.* MÚS Tambor formado por um cilindro de madeira ou metal e duas peles esticadas e presas em cada uma das bases desse cilindro. A pele da base de cima é mais grossa que a de baixo e produz som mais grave. ☛ Ver ilustração na p. 494.

zangado (zan-ga-do) *adj.* Com raiva, bravo.

zangão (zan-gão) *subst.masc.* Macho da abelha. O **zangão** não tem ferrão e não produz mel. [Pl.: *zangões, zangãos.*]

zangar (zan-gar) *verbo* **1** Ficar aborrecido ou com raiva. ***Zangava**-se com a bagunça das crianças.* **2** Repreender alguém. *Geni **zangou** com Nélson porque ele se atrasou.*

zanzar (zan-zar) *verbo* Andar sem destino ou andar de um lado para o outro. *André **zanzava** pelo bairro e sua mãe **zanzava** diante da porta, esperando por ele.*

zarpar (zar-par) *verbo* Quando um navio sai do porto, dizemos que ele **zarpou**.

zebra (ze-bra) \ê\ *subst.fem.* Mamífero quadrúpede africano que se parece com o cavalo, mas tem crina curta e pelo claro com listras negras.

zebu (ze-bu) *subst.masc.* Tipo de boi que tem uma espécie de corcova nas costas, perto do pescoço. O **zebu** tem origem na Índia, mas hoje é muito comum no Brasil. ☛ Esta palavra pode ser usada como adj.: *boi **zebu**, gado da raça **zebu**.*

zelar (ze-lar) *verbo* Tratar com atenção, cuidado e interesse. *O governo deve **zelar** pela população.* ~ **zelo** *subst.masc.*

zepelim (ze-pe-lim) *subst.masc.* Grande balão que tem uma estrutura de metal, possui forma alongada e é movido a motor. O **zepelim** pode ser dirigido. [Pl.: *zepelins.*]

zigue-zague (zi-gue - za-gue) *subst.masc.* **1** Linha que sobe e desce formando ângulos. **2** Qualquer movimento que forme ou lembre esse desenho também é chamado de **zigue-zague**. *Marta subiu a escada em **zigue-zague**.* [Pl.: *zigue-zagues.*]

zinco (zin-co) *subst.masc.* **1** Metal duro e cinza que pode ser transformado e ter muitos usos na indústria e na fabricação de materiais de construção. *O cano foi coberto de **zinco** para não enferrujar.* **2** Folha feita desse metal. *O telhado do prédio é de **zinco**.*

zíper (zí-per) *subst.masc.* É o mesmo que fecho ecler. [Pl.: *zíperes.*]

zoar (zo-ar) *verbo* **1** Fazer muito barulho, geralmente um som alto e confuso. *As máquinas **zoaram** a manhã inteira.* **2** *informal* Rir de alguém ou fazer piadas com alguém. *Amir vivia **zoando** o irmão.*

zombar (zom-bar) *verbo* **1** Fazer brincadeiras ou rir dos defeitos, dificuldades ou características de alguém. *A turma **zombava** dela só porque usava óculos.* **2** **Zombar** também é não dar importância a alguma coisa. *Renato **zombou** do perigo, saiu de casa de madrugada.*

zombaria (zom-ba-ri-a) *subst.fem.* Quem zomba, faz **zombaria**. *Reinaldo quase foi embora por causa das **zombarias** do time.*

zona (zo-na) *subst.fem.* **1** Região que reúne certas características comuns, como vegetação, interesse cultural, comércio, relevo etc. *Meus pais moram na **zona** rural. Esta é a maior **zona** de* *comércio popular.* **2** *informal* Bagunça. *O jogo virou a maior **zona**.*

zonzo (zon-zo) *adj.* É o mesmo que tonto.

zoologia (zo-o-lo-gi-a) *subst.fem.* Parte da biologia que estuda os animais.

zoológico (zo-o-ló-gi-co) *adj.* **1** Tudo que se relaciona com a zoologia é **zoológico**. *Ontem visitamos o setor de pesquisas **zoológicas**.* *subst.masc.* **2** É o mesmo que jardim zoológico.

zumbido (zum-bi-do) *subst.masc.* **1** Som emitido por alguns insetos, como a abelha e o besouro, quando voam. O **zumbido** é parecido com o som da letra z, repetido muitas vezes. **2** Qualquer barulho que lembre esse som. *Como a música estava muito alta, Henrique saiu com **zumbido** nos ouvidos.* ~ **zumbir** *verbo*

zurrar (zur-rar) *verbo* Quando um burro ou um jumento **zurra**, ele produz um som bem alto. ~ **zurro** *subst.masc.*

Páginas temáticas

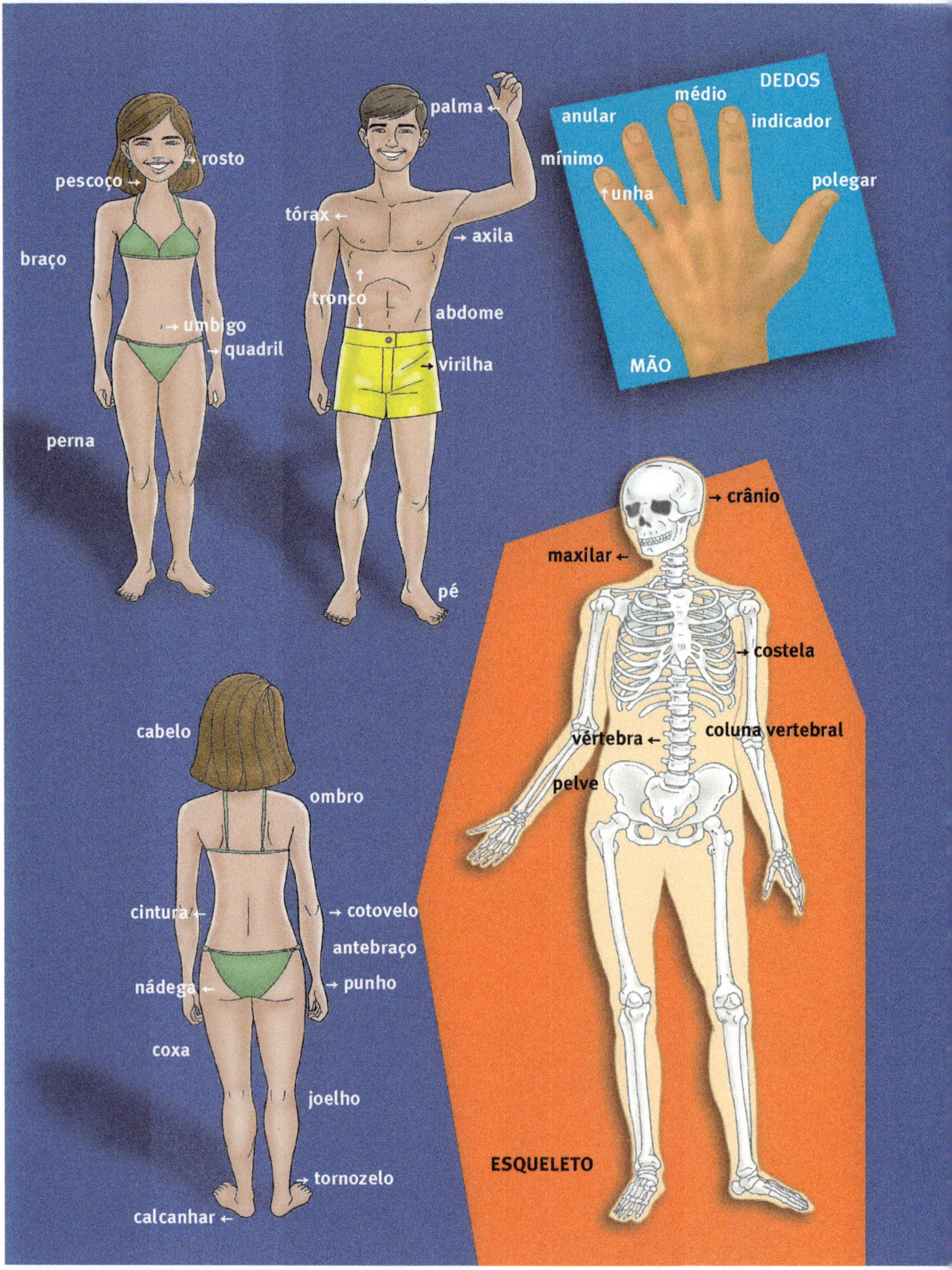
rosto
pescoço
braço
umbigo
quadril
perna
palma
tórax
axila
tronco
abdome
virilha
pé
DEDOS
médio
anular
indicador
mínimo
unha
polegar
MÃO
crânio
maxilar
costela
vértebra
coluna vertebral
pelve
ESQUELETO
cabelo
ombro
cintura
cotovelo
antebraço
nádega
punho
coxa
joelho
tornozelo
calcanhar

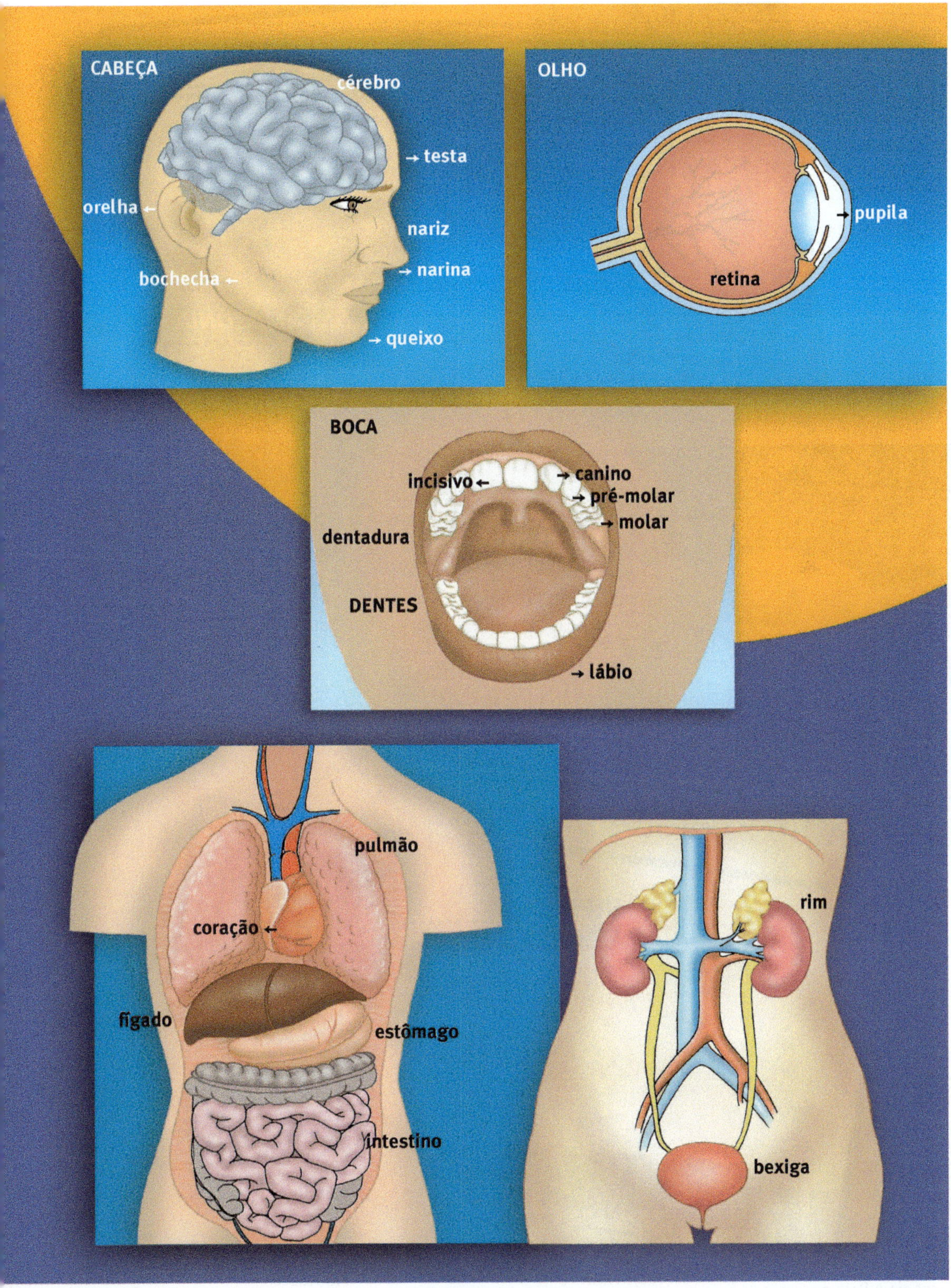
CABEÇA
cérebro
testa
orelha
nariz
bochecha
narina
queixo
OLHO
pupila
retina
BOCA
incisivo
canino
pré-molar
molar
dentadura
DENTES
lábio
pulmão
coração
fígado
estômago
intestino
rim
bexiga

AMAZÔNIA
PANTANAL
PAMPA

CAATINGA

CERRADO

MATA ATLÂNTICA

Oceano Glacial Ártico
AMÉRICA DO NORTE
Oceano Pacífico
Oceano Atlântico
Portugal
TRÓPICO DE CÂNCER
AMÉRICA CENTRAL
Cabo Verde
Guiné Bissau
São Tomé e Príncipe
LINHA DO EQUADOR
Brasil
AMÉRICA DO SUL
Oceano Atlântico
TRÓPICO DE CAPRICÓRNIO
Oceano Glacial Antártico

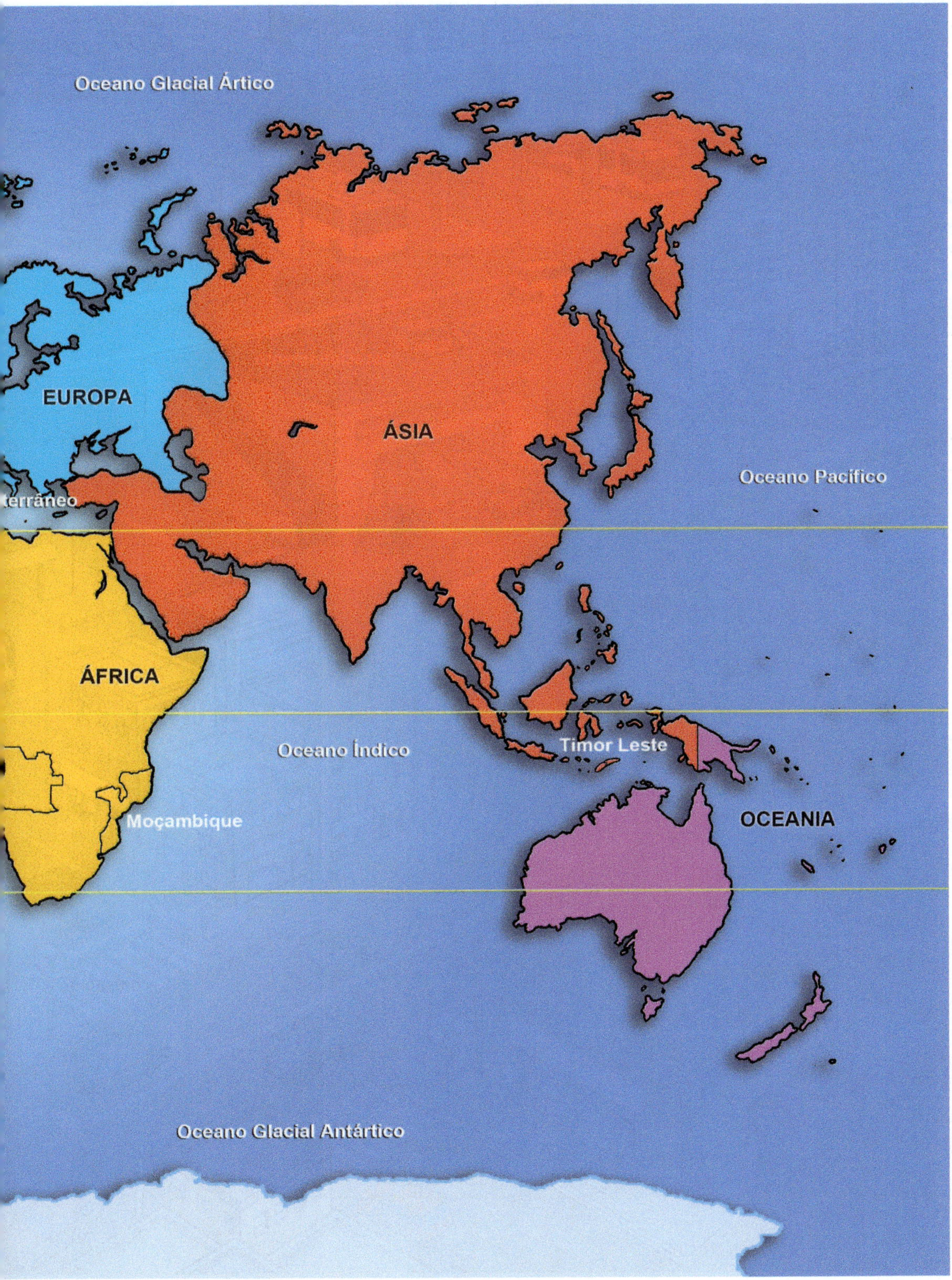

Oceano Glacial Ártico
EUROPA
ÁSIA
Oceano Pacífico
terrâneo
ÁFRICA
Oceano Índico
Timor Leste
Moçambique
OCEANIA
Oceano Glacial Antártico

rodoviária
hospital
beco
estacionamento
avenida
rampa
poste
carro
parque
ônibus
placa
correio
quiosque
orelhão
meio-fio↑
loja
calçada
shopping center
contramão
faixa de pedestre

paralelepípedo
chafariz
rua
condomínio
praça
arranha-céu
ponto de ônibus
semáforo
prédio
pedestre
cruzamento
esquina
monumento
lixeira
metrô
engarrafamento

açude
estrada
arraial
lavoura
vaca
pasto
trator
casa
estábulo
cavalo
porteira
curral
bode
horta
foice
rancho
cerca
colheita
galinha-
-d'angola
galinha

barranco
bosque
trilha
pomar
varal
jardim
caminho
ponte
vira-lata

evaporação
ilha
arquipélago
restinga
mar
porto
barco
foz
cabo
enseada
duna
lagoa

farol
navio
rochedos
onda
recife
praia
península
areia

poente
pico
maciço
serra
morro
cachoeira
gruta
ribeirão
mata
lago
várzea

cratera
planalto
montanha
nascente
encosta
vale
caverna
afluente
planície
erosão
monte
rio
riacho
pântano

beisebol

basquetebol

handebol

salto

futebol

esqui

boxe

tênis

surfe

voleibol

hipismo

órgão
piano
harpa
acordeão
violão
bandolim
viola
cavaquinho
tuba
trombone
gaita
corneta

bateria
guitarra
contrabaixo elétrico
violoncelo
tambores
zabumba
tamborim
violino
agogô
berimbau
flautas
cuíca
pandeiro
triângulo

braquiossauro
alwalkeria
anquilossauro
gojirassauro
saurópode
dilofossauro

pterossauro
plateossauro
triceratope
dinossauro
bico-de-pato
tiranossauro
estegossauro

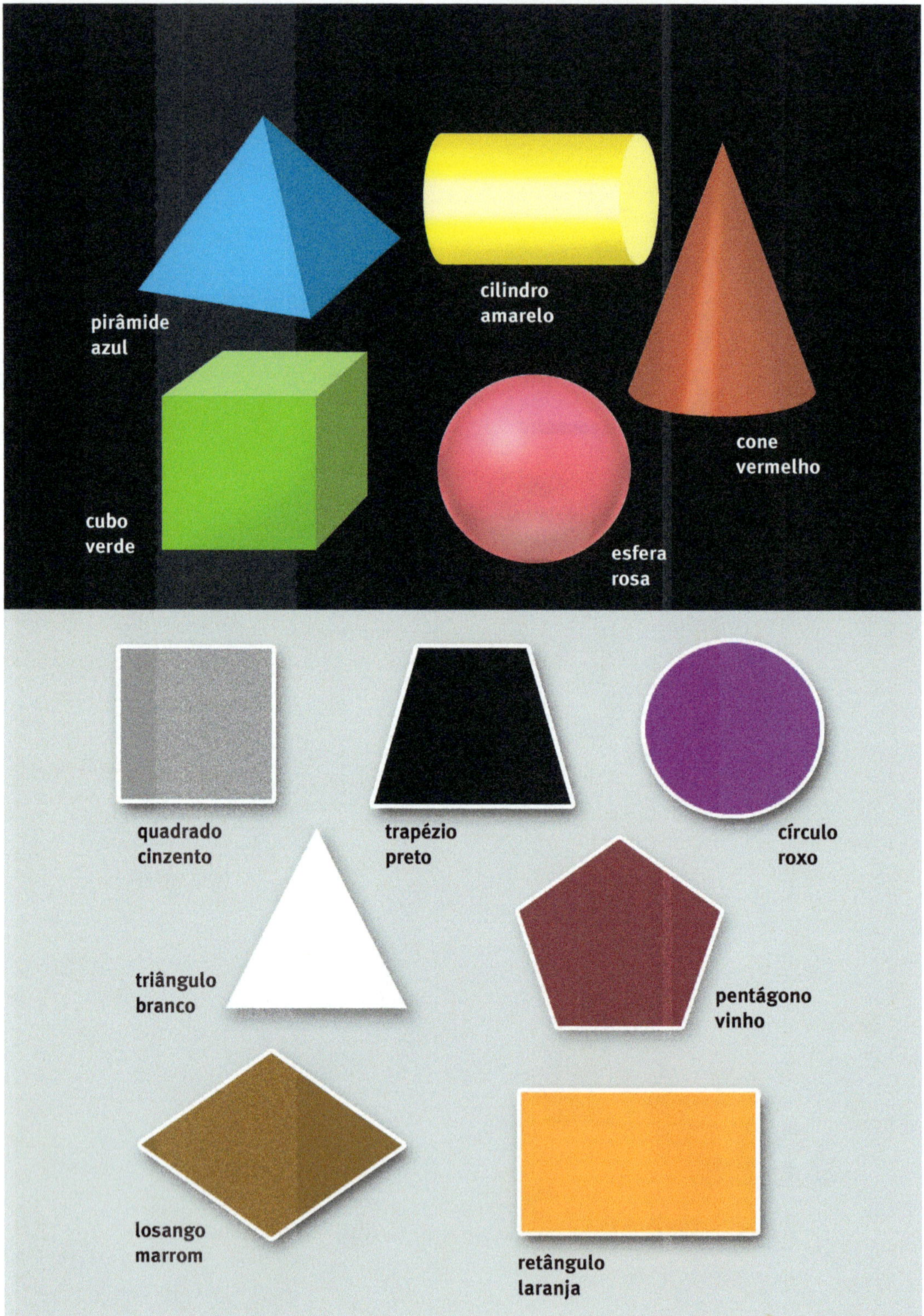
pirâmide
azul
cilindro
amarelo
cone
vermelho
cubo
verde
esfera
rosa
quadrado
cinzento
trapézio
preto
círculo
roxo
triângulo
branco
pentágono
vinho
losango
marrom
retângulo
laranja

Tabelas e quadros

A DECLARAÇÃO DOS DIREITOS DA CRIANÇA

Durante a Assembleia Geral das Nações Unidas, no dia 20 de novembro de 1959, representantes de centenas de países aprovaram a Declaração dos Direitos da Criança, que foi adaptada da Declaração Universal dos Direitos Humanos. A seguir, estão resumidos os princípios dessa declaração.

PRINCÍPIO 1º
Toda criança será beneficiada por esses direitos, sem nenhuma discriminação por raça, cor, sexo, língua, religião, país de origem, classe social ou riqueza. Toda e qualquer criança do mundo deve ter seus direitos respeitados.

PRINCÍPIO 2º
Toda criança tem direito a proteção especial e a oportunidades para se desenvolver com liberdade e dignidade.

PRINCÍPIO 3º
Desde que nasce, toda criança tem direito a um nome e a uma nacionalidade.

PRINCÍPIO 4º
As crianças têm direito a crescer com saúde. Para isso, as futuras mamães também têm direito a cuidados especiais, para que seus filhos possam nascer saudáveis. Toda criança também tem direito a alimentação, habitação, recreação e assistência médica.

PRINCÍPIO 5º
Crianças com deficiência física ou mental devem receber educação e cuidados especiais.

PRINCÍPIO 6º
Toda criança deve crescer em um ambiente de amor com segurança e compreensão. As crianças devem ser criadas sob o cuidado dos pais. O governo e a sociedade têm a obrigação de fornecer cuidados especiais para as crianças que não têm família.

PRINCÍPIO 7º
Toda criança tem direito a receber educação escolar básica e de qualidade. Brincar e se divertir também são seus direitos.

PRINCÍPIO 8º
A criança deverá ser a primeira a receber proteção e socorro dos adultos em caso de emergência ou acidente.

PRINCÍPIO 9º
Nenhuma criança deverá trabalhar antes da idade mínima nem fazer atividades que prejudiquem sua saúde, educação e seu desenvolvimento.

PRINCÍPIO 10º
A criança deverá ser protegida contra qualquer tipo de preconceito, seja de raça, religião ou posição social. Toda criança deverá crescer em um ambiente de compreensão, tolerância e amizade, de paz e de fraternidade universal.

Texto adaptado de A DECLARAÇÃO dos direitos da criança. *In*: FUNDAÇÃO OSWALDO CRUZ. Disponível em: http://www.fiocruz.br/biosseguranca/Bis/infantil/direitodacrianca.htm. Acesso em: 25 mar. 2009.

ALGUNS GRUPOS INDÍGENAS BRASILEIROS

GRUPO	REGIÃO QUE HABITAM OU HABITAVAM
bororo	Mato Grosso
cadiuéu	Mato Grosso do Sul
caeté (considerado extinto)	Parte do litoral do Nordeste
caiapó	Mato Grosso, Pará
caingangue	Paraná, Rio Grande do Sul, Santa Catarina, São Paulo
carajá	Goiás, Mato Grosso, Pará, Tocantins
cariri	Ceará
cuicuro	Mato Grosso
fulniô	Pernambuco
goitacás (considerado extinto)	Parte do litoral do Espírito Santo e do Rio de Janeiro
ianomâmi	Roraima, Amazonas
iaualapiti	Mato Grosso
juruna	Pará, Mato Grosso
pancararu	Pernambuco, São Paulo
pataxó	Bahia, Minas Gerais
potiguara	Ceará, Paraíba
suiá	Mato Grosso
tabajara	Ceará
tapuia	Goiás
terena	Mato Grosso do Sul, São Paulo
ticuna	Amazonas
tupiniquim	Espírito Santo
xavante	Mato Grosso

ESTADOS BRASILEIROS

ESTADO	SIGLA	NATURALIDADE	CAPITAL	NATURALIDADE
Acre	AC	acriano	Rio Branco	rio-branquense
Alagoas	AL	alagoano	Maceió	maceioense
Amapá	AP	amapaense	Macapá	macapaense
Amazonas	AM	amazonense	Manaus	manauara, manauense
Bahia	BA	baiano	Salvador	salvadorense, soteropolitano
Ceará	CE	cearense	Fortaleza	fortalezense
Espírito Santo	ES	capixaba, espírito-santense	Vitória	capixaba, vitoriense
Goiás	GO	goiano	Goiânia	goianiense
Maranhão	MA	maranhense	São Luís	ludovicense, são-luisense
Mato Grosso	MT	mato-grossense	Cuiabá	cuiabano
Mato Grosso do Sul	MS	mato-grossense-do-sul, sul-mato-grossense	Campo Grande	campo-grandense
Minas Gerais	MG	mineiro	Belo Horizonte	belo-horizontino
Pará	PA	paraense	Belém	belenense
Paraíba	PB	paraibano	João Pessoa	pessoense
Paraná	PR	paranaense	Curitiba	curitibano
Pernambuco	PE	pernambucano	Recife	recifense
Piauí	PI	piauiense	Teresina	teresinense
Rio de Janeiro	RJ	fluminense	Rio de Janeiro	carioca
Rio Grande do Norte	RN	norte-rio-grandense, potiguar, rio-grandense-do-norte	Natal	natalense
Rio Grande do Sul	RS	gaúcho, rio-grandense, rio-grandense-do-sul, sul-rio-grandense	Porto Alegre	porto-alegrense
Rondônia	RO	rondoniano, rondoniense	Porto Velho	porto-velhense
Roraima	RR	roraimense	Boa Vista	boa-vistense
Santa Catarina	SC	barriga-verde, catarinense, catarino	Florianópolis	florianopolitano
São Paulo	SP	paulista	São Paulo	paulistano
Sergipe	SE	sergipano	Aracaju	aracajuano, aracajuense
Tocantins	TO	tocantinense	Palmas	palmense

PAÍSES, NACIONALIDADES E CAPITAIS

PAÍS	NACIONALIDADE	CAPITAL
Afeganistão	afegane, afegão	Cabul
África do Sul	austro-africano, sul-africano	Pretória (executiva), Cidade do Cabo (legislativa) e Bloemfontein (judiciária)
Albânia	albanês, albano	Tirana
Alemanha	alemão	Berlim
Andorra	andorrano, andorrense	Andorra la Vella
Angola	angolano, angolense	Luanda
Antígua e Barbuda	antiguano	Saint John's
Arábia Saudita	árabe-saudita, saudita	Riad (sede do reinado) e Jidá (administrativa)
Argélia	argeliano, argelino	Argel
Argentina	argentino	Buenos Aires
Armênia	armênio	Erevan
Austrália	australiano	Camberra
Áustria	austríaco	Viena
Azerbaidjão	azerbaidjano, azeri	Baku
Bahamas	baamês, baamense, baamiano	Nassau
Bangladesh	bengalês, bengali	Daca
Barbados	barbadiano	Bridgetown
Barein ou Bahrein	bareinita, baremense, baremês	Manama
Belarus – ver Bielorrússia		
Bélgica	belga	Bruxelas
Belize	belizenho, belizense	Belmopan
Benin	beninense ou beninês	Cotonou (sede do governo) e Porto Novo (administrativa)
Bielorrússia ou Belarus	bielorrusso	Minsk
Bolívia	boliviano	Sucre (capital constitucional) e La Paz (sede do governo)
Bósnia-Herzegóvina	bosnense, bosníaco, bosniense, bósnio	Sarajevo
Botsuana	botsuanense, botsuanês, botsuano	Gaborone
Brasil	brasileiro	Brasília
Brunei	bruneano	Bandar Seri Begawan
Bulgária	búlgaro	Sófia
Burquina ou Burkina Fasso	burquinabê, burquinense, burquino	Uagadugu
Burundi	burundiano, burundiense, burundinês	Bujumbura
Butão ou Butã	butanense, butanês, butâni, butani	Timfu
Cabo Verde	cabo-verdiano	Praia
Cameroun (antigo Camarões)	camaronense, camaronês	Laundê
Camboja	cambojano, cambojiano, campucheano	Phnom Penh
Canadá	canadense	Otawa
Catar, Katar ou Qatar	catarense, catari, catariano	Doha
Cazaquistão	cazaque, cazaquistanês	Astana
Chade ou Tchad	chadiense, tchadiano, tchadiense	Ndjamena
Chile	chileno	Santiago
China	chinês, chino	Beijing ou Pequim

Chipre	chiprense, cipriota, cíprio	Nicósia
Cingapura	cingapurense, cingapuriano	Cidade de Cingapura
Colômbia	colombiano	Bogotá
Comores	comorense, comoriano	Moroni
Congo (República Democrática do)	congolense, congolês	Kinshasa
Congo (República do)	congolês, conguês	Brazzaville
Coreia do Norte	norte-coreano	Pyongyang
Coreia do Sul	sul-coreano	Seul
Costa do Marfim	ebúrneo, marfinense, marfiniano	Yamoussoukro
Costa Rica	costa-ricense, costa-riquenho, costa-riquense	San José
Coveite – ver Kuwait		
Croácia	croata	Zagreb
Cuba	cubano	Havana
Dinamarca	dinamarquês	Copenhague
Djibuti	djibutiano, djibutiense	Djibuti
Dominica	dominiquense, dominiquês	Santo Domingo
Egito	egípcio	Cairo
Eire – ver Irlanda		
El Salvador	salvadorenho, salvadorense, salvatoriano	San Salvador
Emirados Árabes Unidos	árabe	Abu Dabi
Equador	equatoriano	Quito
Eritreia	eritreu	Asmará
Escócia	escocês	Edimburgo
Eslováquia ou República Eslovaca	eslovaco	Bratislava
Eslovênia	esloveno	Liubliana
Espanha	espanhol	Madri
Estados Unidos da América	americano, estadunidense, norte-americano	Washington
Estônia	estoniano	Tallin
Etiópia	etíope	Adis-Abeba
Federação Russa	russo	Moscou
Fidji	fidjiano, fijiano	Suva
Filipinas	filipino	Manila
Finlândia	finês, finense, fínico, finlandês, fino	Helsinque
França	francês	Paris
Gabão	gabonense, gabonês	Libreville
Gâmbia	gambiano, gambiense	Banjul
Gana	ganense, ganês	Acra
Geórgia	georgiano	Tbilisi
Grã-Bretanha (Inglaterra, Escócia e País de Gales)	bretão, britânico	Londres
Granada	granadino	Saint Georges
Grécia	grego	Atenas
Guatemala	guatemalense, guatemalteco	Guatemala
Guiana	guianense, guianês	Georgetown
Guiné	guineano, guinéu	Conacri
Guiné-Bissau	guineense	Bissau
Guiné Equatorial	guinéu-equatoriano	Malabo

Haiti	haitiano	Porto Príncipe
Holanda – ver Países Baixos		
Honduras	hondurenho	Tegucigalpa
Hungria	hungarês, húngaro, magiar	Budapeste
Iêmen	iemenita	Sanaa
Ilhas Marshall	marshalino	Majuro
Ilhas Salomão	salomoniano	Honiara
Inglaterra	inglês	Londres
Índia	hindu, indiano, índio	Nova Délhi
Indonésia	indonésio	Jacarta
Irã	iraniano, irânico	Teerã
Iraque	iraquiano	Bagdá
Irlanda ou Eire	irlandês	Dublin
Irlanda do Norte ou Ulster	irlandês	Belfast
Islândia	islandês	Reykjavik
Israel	israelense	Jerusalém
Itália	italiano	Roma
Jamaica	jamaicano	Kingston
Japão	japonês, nipônico	Tóquio
Jordânia	jordaniano, jordaniense, jordânio	Amã
Katar – ver Catar		
Kiribati	kiribatiano, quiribatiano	Bairiki
Kuwait, Kuweit ou Coveite	coveitiano, kowaitiano, koweitiano, kuwaitiano, kuweitiano	Cidade do Kuwait, do Kuweit ou do Coveite
Laos	laosense, laosiano	Vientiane
Lesoto	lesotense, lesotiano, lesoto	Maseru
Letônia	letão, leto	Riga
Líbano	libanês	Beirute
Libéria	liberiano	Monróvia
Líbia	líbico, líbio	Trípoli
Liechtenstein	liechtensteinense, liechtensteiniense, listenstainiano	Vaduz
Lituânia	lituano	Vilnius
Luxemburgo	luxemburguês	Cidade de Luxemburgo
Macedônia	macedoniense, macedônio	Skopje
Madagascar	madagascarense, malgaxe	Antananarivo
Malásia	malaio, malásio	Kuala Lumpur
Malaui	malaui, malauiano, malauiense, malauísta, malauíta, malaviano, malavita	Lilongue
Maldivas	maldivano, maldiviano, maldívio, maldivo	Male
Mali	malê, malês, mali, maliense, malinês	Bamaco
Malta	maltês	La Valleta
Marrocos	marroquino	Rabat
Maurício	mauriciano	Port Louis
Mauritânia	mauritano	Nouakchott
México	mexicano	Cidade do México
Mianmá ou Myanmar	bermá, bermã, bermano, birmã, birmane, birmanense, birmanês, birmaniano, birmano, mianmarense	Yangum

Micronésia (Estados Federados)	micronésio	Palikir
Moçambique	moçambicano	Maputo
Moldávia ou Moldova	moldávico, moldávio	Chisinau
Mônaco	monegasco	Mônaco-Ville
Mongólia	mongol	Ulan Bator
Montenegro	montenegrino	Podgorica
Myanmar – ver Mianmá		
Namíbia	namibiano, namíbio	Windhoek
Nauru	nauruano	Yaren
Nepal	nepalês	Katmandu
Nicarágua	nicaraguano, nicaraguense	Manágua
Níger	nigerino, nigerense	Niamei
Nigéria	nigeriano	Ajuba
Noruega	norueguês	Oslo
Nova Zelândia	neozelandês	Wellington
Omã	omanense, omani, omaniano	Mascate
País de Gales	galense, galês	Cardiff
Países Baixos ou Holanda	batavo, holandês	Amsterdã
Palau	palauense	Koror
Panamá	panamenho	Cidade do Panamá
Papua Nova Guiné	papua, papuásio	Port Moresby
Paquistão	paquistanense, paquistanês	Islamabad
Paraguai	paraguaio	Assunção
Peru	peruano	Lima
Polônia	polaco, polonês	Varsóvia
Portugal	português	Lisboa
Qatar – ver Catar		
Quênia	queniano	Nairóbi
Quirguízia ou Quirguistão	quirguistanês, quirguiz	Bishkek
Reino Unido (Grã-Bretanha e Irlanda do Norte)	bretão, britânico	Londres
República Centro-Africana	centro-africano	Bangui
República Dominicana	dominicano	Santo Domingo
República Tcheca	tcheco	Praga
Romênia	romeno	Bucareste
Ruanda	ruandês	Kigali
Rússia – Ver Federação Russa		
Samoa	samoano, samoense	Apia
San Marino	samarinês	San Marino
Santa Lúcia	santa-luciense	Castries
São Cristóvão e Névis	são-cristovense	Basseterre
São Tomé e Príncipe	santomense, são-tomense	São Tomé
São Vicente e Granadinas	são-vicentino	Kingstown
Senegal	senegalês	Dacar
Serra Leoa	serra-leonense, serra-leonês	Freetown
Sérvia	sérvio	Belgrado
Síria	sírio, siríaco, sírico, siro	Damasco
Somália (República Democrática Somali)	somali, somaliano, somaliense	Mogadíscio
Sri Lanka	cingalês	Colombo

Suazilândia	suázi, suazilandês	Mbabane
Sudão	sudanês	Cartum
Suécia	sueco	Estocolmo
Suíça	helvécio, helvético, suíço	Berna
Suriname	surinamense, surinamês	Paramaribo
Tailândia	tailandês	Bangcoc
Tadjiquistão	tadjique, tadjiquistanês, tajiquistanês	Dushanbe
Taiwan	taiwanês	Taipé
Tanzânia	tanzaniano	Dodona
Tchad – ver Chade		
Timor Leste	timor, timorense	Dili
Togo	togolense, togolês, toguense, toguês	Lomé
Tonga	tonganês	Nukualofa
Trinidad e Tobago	trinitário, trinitário-tobagense, trinitino, tobaguiano	Port of Spain
Tunísia	tunetano, tunisiano	Túnis
Turcomenistão	turcmeno, turcomeno	Ashkhabad
Turquia	turco	Ancara
Tuvalu	tuvaluano	Fongafale
Ucrânia	ucraíno, ucraniano, ucrânio	Kiev
Uganda	ugandense, ugandês	Campala
Ulster – ver Irlanda do Norte		
Uruguai	uruguaio	Montevidéu
Uzbequistão	uzbeque, uzbequistanês	Tashkent
Vanuatu	vanuatuense	Porto-Vila
Venezuela	venezuelano	Caracas
Vietnã	vietnamense, vietnamês, vietnamiano, vietnamita	Hanói
Zâmbia	zambiano, zambiense, zâmbio	Lusaka
Zimbábue	zimbabuano, zimbabuense	Harare

UNIDADES DE MEDIDA

MEDIDAS DE TEMPO	
1 minuto	60 segundos
1 hora	60 minutos
1 dia	24 horas
1 semana	7 dias
1 mês	30 dias (abril, junho, setembro e novembro); 31 dias (janeiro, março, maio, julho, agosto, outubro e dezembro); 28 (fevereiro tem 29 dias em anos bissextos)
1 ano	365 dias (366 em anos bissextos)

MEDIDAS DE EXTENSÃO/DISTÂNCIA	
1 centímetro	10 milímetros
1 metro	100 centímetros
1 quilômetro	1.000 metros

MEDIDAS DE PESO	
1 quilograma	1.000 gramas
1 tonelada	1.000 quilogramas

MEDIDAS DE VOLUME	
1 centilitro	10 mililitros
1 decilitro	10 centilitros
1 litro	10 decilitros

MEDIDAS DE ESPAÇO PARA ARMAZENAMENTO DE DADOS EM COMPUTADOR	
1 *byte*	8 *bits*
1 *kilobyte*	1.024 *bytes*
1 *megabyte*	1.024 *kilobytes*
1 *gigabyte*	1.024 *megabytes*

ALGARISMOS E NUMERAIS

ALGARISMO ARÁBICO	ALGARISMO ROMANO	CARDINAL	ORDINAL	FRACIONÁRIO
1	I	um	primeiro	-
2	II	dois	segundo	metade, meio
3	III	três	terceiro	terço
4	IV	quatro	quarto	quarto
5	V	cinco	quinto	quinto
6	VI	seis	sexto	sexto
7	VII	sete	sétimo	sétimo
8	VIII	oito	oitavo	oitavo
9	IX	nove	nono	nono
10	X	dez	décimo	décimo
11	XI	onze	décimo primeiro	onze avos
12	XII	doze	décimo segundo	doze avos
13	XIII	treze	décimo terceiro	treze avos
14	XIV	quatorze ou catorze	décimo quarto	quatorze ou catorze avos
15	XV	quinze	décimo quinto	quinze avos
16	XVI	dezesseis	décimo sexto	dezesseis avos
17	XVII	dezessete	décimo sétimo	dezessete avos
18	XVIII	dezoito	décimo oitavo	dezoito avos
19	XIX	dezenove	décimo nono	dezenove avos
20	XX	vinte	vigésimo	vinte avos
30	XXX	trinta	trigésimo	trinta avos
40	XL	quarenta	quadragésimo	quarenta avos
50	L	cinquenta	quinquagésimo	cinquenta avos
60	LX	sessenta	sexagésimo	sessenta avos
70	LXX	setenta	setuagésimo	setenta avos
80	LXXX	oitenta	octogésimo	oitenta avos
90	XC	noventa	nonagésimo	noventa avos
100	C	cem	centésimo	centésimo
200	CC	duzentos	ducentésimo	ducentésimo
300	CCC	trezentos	trecentésimo, tricentésimo	trecentésimo, tricentésimo
400	CD	quatrocentos	quadringentésimo	quadringentésimo
500	D	quinhentos	quingentésimo	quingentésimo
600	DC	seiscentos	sexcentésimo	sexcentésimo
700	DCC	setecentos	septingentésimo	septingentésimo
800	DCCC	oitocentos	octingentésimo	octingentésimo
900	CM	novecentos	nongentésimo	nongentésimo
1.000	M	mil	milésimo	milésimo
1.000.000	$\overline{M}$	um milhão	milionésimo	milionésimo
1.000.000.000		um bilhão	bilionésimo	bilionésimo

Créditos das imagens

p. vii	**acerola**	Bernd Euler/Getty Images
p. 1	**aracnídeo**	Dea Picture Library/Getty Images
p. 2	**abajur**	Dorling Kindersley/Getty Images
p. 3	**abraçar**	Clarissa Leahy/Getty Images
p. 4	**acampamento**	Robert Harding/Imageplus
p. 6	**acerola**	Bernd Euler/Getty Images
p. 8	**adesivo**	David Atkinson/Getty Images
p. 11	**aeronave**	George Hall/CORBIS/Corbis (DC)/Latinstock
p. 12	**agachar**	Sheer Photo, Inc/Getty Images
p. 14	**água-viva**	Eric Meola/Getty Images
p. 17	**algodão**	Inga Spence/Getty Images
p. 18	**alongado**	Dea Picture Library/Getty Images
p. 22	**ampulheta**	Mark Harwood/Getty Images
p. 24	**anta**	Minden Pictures/Minden Pictures/Latinstock
p. 25	**anzol**	Stuart Minzey/Getty Images
p. 29	**aracnídeo**	Dea Picture Library/Getty Images
p. 30	**ariranha**	Nicole Duplaix/Getty Images, armadura – French Scholl/Getty Images
p. 31	**arraia**	Panoramic Images/Getty Images
p. 36	**astronauta**	Photoresearchers/Latinstock
p. 39	**atum**	Bill Curtsinger/Getty Images
p. 41	**aves**	
	canário	(Luiz Cláudio Marigo / Opção Brasil Imagens),
	beija-flor	(Arthur Morris/Corbis/Corbis(DC)/Latinstock),

	galos	(Photononstop /Opção Brasil Imagens),
	cisne	(Oxford Scientific/Oxford Scientific/Latinstock)
p. 43	**bicicleta**	Philip Gatward/Getty Images
p. 44	**balanço**	Brad Wilson/Getty Images
p. 45	**bambolê**	Paul Debois/Getty Images
p. 48	**barragem**	Muneo Abe/Sebun Photo/Getty Images
p. 49	**batata**	Alain Caste/Getty Images
p. 51	**beliche**	Diana Koenigsberg/Getty Images
p. 53	**bezerro**	Geoff Brightling/Getty Images
p. 54	**bicicleta**	Philip Gatward/Getty Images
p. 55	**bloco**	Peter Adams/Corbis/Corbis (DC)/Latinstock
p. 56	**boia**	Gary S Chapman/Getty Images
p. 58	**bombacha**	Renato Grimm/Keystone,
	boné	Rachel Canto/Opção Brasil Imagens
p. 60	**braile**	Terry Vine/Getty Images
p. 62	**búfalo**	Minden Pictures/Minden Pictures/Latinstock
p. 63	**bule**	Andy Crawford/Getty Images,
	búzio	Dorling Kindersley/Getty Images
P. 65	**cobra**	Laura Wickenden/Getty Images
p. 66	**cacho**	G. Evangelista/Opção Brasil Imagens
p. 70	**cama de gato**	Wolf/Corbis/Corbis (DC)/ Latinstock
p. 72	**caneca**	Andy Crawford/Getty Images
p. 75	**capivara**	Gustavo Sá/Keystone
p. 76	**carambola**	Tom Grill/Getty Images
p. 78	**carneiro**	Luiz Cláudio Marigo/Opção Brasil Imagens
p. 79	**carrossel**	Susanna Blavarg/Getty Images
p. 82	**cavalo-marinho**	Photoresearchers/Latinstock
p. 84	**cenário**	Richard T. Nowitz/CORBIS/ Corbis (DC)/Latinstock
p. 85	**cerca**	Robert Warren/Getty Images
p. 90	**chuteira**	Andy Crawford/Getty Images
p. 91	**cinto**	Marina Jefferson/Getty Images
p. 94	**cobra**	ADRIAN BICKER/SCIENCE PHOTO LIBRARY/SPL DC/ Latinstock
p. 95	**código**	Bryan Mullennix/Getty Images
p. 96	**cogumelo**	Raul Touzon/Getty Images
p. 98	**coluna**	Radius Images/Radius Images/ Latinstock
p. 100	**compasso**	Clive Streeter/Getty Images
p. 106	**conjunto**	Neal Preston/CORBIS/Corbis (DC)/Latinstock
p. 108	**conta**	AINACO/CORBIS/Corbis (DC)/ Latinstock
p. 113	**cara & coroa**	Maryanne Linz
p. 115	**Coruja**	Luiz Cláudio Marigo/Opção Brasil Imagens
p. 120	**cupim**	Bill Curtsinger/Getty Images
p. 123	**dália**	Daves and Starr/Getty Images,
	dominó	William Andrew/Getty Images
p. 125	**decolar**	Check Six/Getty Images
p. 146	**dominó**	William Andrew/Getty Images
p. 149	**envelope**	Andy Crawford/Getty Images
p. 152	**ema**	Nicole Duplaix/Getty Images
p. 158	**engarra-famento**	Henry Georgi/Getty Images
p. 159	**engrenagem**	Photononstop/Opção Brasil Imagens
p. 162	**envelope**	Andy Crawford/Getty Images
	envolver	David Stoecklein/CORBIS/ Corbis (DC)/Latinstock
p. 164	**erosão**	CGIBackgrounds.com/Getty Images
p. 169	**espantalho**	Peter Cade/Getty Images
p. 174	**estande**	Richard Cummins/Corbis/ Corbis (DC)/Latinstock
p. 176	**estrela-do-mar**	Darryl Torckler/Getty Images
p. 177	**estufa**	Mark Horn/Getty Images
p. 180	**exército**	Check Six/Getty Images
p. 182	**extração**	Nordic/Nordic/Latinstock
p. 187	**fantoche**	Steve Gorton and Karl Shone/ Getty Images

p. 191	**felino**	DLILLC/Corbis/Corbis (DC)/ Latinstock
p. 196	**fivela**	GSO Images/Getty Images
p. 200	**fósforo**	Jerónimo Alba/Keystone
p. 203	**frondoso**	Mauritius/Mauritius/Latinstock
p. 207	**gafanhoto**	Minden Pictures/Minden Pictures/Latinstock
p. 207	**graviola**	Stockfood/StockFood/ Latinstock
p. 208	**gancho**	Bodo A. Schieren/Getty Images
p. 209	**gargalo**	Marcos André/Opção Brasil Imagens
p. 210	**gavião**	MANUEL PRESTI/SCIENCE PHOTO LIBRARY/SPL DC/ Latinstock
p. 212	**gestante**	B2M Productions/Getty Images
p. 213	**globo**	Dave Bradley Photography/ Getty Images,
	gola	Caroline Schiff/Getty Images
p. 214	**gomo**	Reiner Schmitz/Getty Images
p. 218	**graviola**	Stockfood/StockFood/ Latinstock
p. 219	**guará**	Frans Lanting/Corbis/Corbis (DC)/Latinstock
p. 220	**guizo**	Dorling Kindersley/Getty Images
p. 221	**haste**	guarda-chuva (Untitled X-Ray/ Nick Veasey/Getty Images)
p. 222	**haste**	guarda-chuva (Untitled X-Ray/ Nick Veasey/Getty Images), bambu (Aaron Graubart/Getty Images)
p. 223	**hibisco**	Bernd Lippert/Getty Images
p. 228	**iglu**	Altraendo images/Getty Images
p. 231	**implosão**	Fred Charles/Getty Images
p. 236	**indústria**	Brian Lawrence/Getty Images
p. 238	**injeção**	Photononstop/Opção Brasil Imagens
p. 242	**inundação**	Peter Cade/Getty Images
p. 244	**ipê**	Douglas Peebles/CORBIS/Corbis (DC)/Latinstock
p. 247	**jaburu**	Minden Pictures/Minden Pictures/Latinstock,
	jabuti	(Robert Harding/Imageplus)
p. 255	**lixa**	Dorling Kindersley/Getty Images
p. 257	**lapela**	Gabrielle Revere/Getty Images
p. 263	**limo**	MacGregor and Gordon/Getty Images
p. 265	**lixa**	Dorling Kindersley/Getty Images
p. 266	**lona**	Aleruaro/Keystone
p. 271	**morcego**	James Hager/Getty Images,
	macaco	
	orangotango	(SINCLAIR STAMMERS/ SCIENCE PHOTO LIBRARY/SPL DC/Latinstock),
	chimpanzé	(Kennan Ward/CORBIS/Corbis (DC)/Latinstock),
	gorila	(Mauritius/Mauritius/ Latinstock)
p. 273	**maiô**	Wallis/Opção Brasil Imagens
p. 275	**mamíferos**	
	elefante	(Blaine Harrington/Keystone), urso (Michael Breuer/Keystone),
	canguru	(SuperStock/Keystone)
	cachorro	(SuperStock/Keystone)
p. 277	**mangue**	Shigeyuki Uenishi/Getty Images
p. 280	**marfim**	Frank Trapper/Corbis/Corbis (DC)/Latinstock
p. 281	**marionete**	Dave King/Getty Images
p. 285	**melão**	Cornelia Ritter/Getty Images
p. 287	**mercado**	Hans Von Manteuffel/Opção Brasil Imagens
p. 289	**mexilhão**	Andy Crawford/Getty Images
p. 293	**mochila**	Dave King, Andy Crawford, Steve Gorton/Getty Images
p. 295	**monumento**	Ricardo Azoury/Keystone
p. 297	**mosquiteiro**	Massimo Listri/CORBIS/Corbis (DC)/Latinstock
p. 298	**muleta**	Image Source/Latinstock
p. 299	**mural**	Mimmo Jodice/CORBIS/Corbis (DC)/Latinstock
p. 301	**ninho (vespa)**	Steve McAlister/Getty Images
p. 303	**natureza-morta**	Jean-Baptiste Simeon Chardin/ Getty Images

p. 305	**névoa**	Pete Turner/Getty Images
p. 305	**ninho (pássaro)**	Minden Pictures/Minden Pictures/Latinstock
p. 305	**ninho (vespa)**	Steve McAlister/Getty Images
p. 311	**oasis**	Atanas Kanchev/Keystone
p. 311	**ornitorrinco**	Larry Duke/Getty Images
p. 313	**oca**	Carlos Goldgrub/Opção Brasil Imagens
p. 318	**ordenhar**	Tim Flach/Getty Images
p. 319	**ornitorrinco**	Larry Duke/Getty Images
p. 320	**ouriço**	Marcos André/Opção Brasil Imagens
p. 323	**poltrona**	Peter Dazeley/Getty Images
p. 324	**palafita**	Gavin Hellier/Robert Harding World Imagery/Corbis/Corbis (DC)/Latinstock
p. 327	**papo**	Photoresearchers/Latinstock
p. 332	**pauta**	Andy Crawford/Getty Images
p. 335	**peneira**	Untitled X-Ray/Nick Veasey/Getty Images
p. 342	**pinhão**	Minden Pictures/Minden Pictures/Latinstock
p. 344	**pitanga**	SambaPhoto/Ricardo de Vicq/Getty Images
p. 346	**poço**	Travel Ink/Getty Images
p. 348	**poltrona**	Peter Dazeley/Getty Images
p. 360	**procissão**	Luiz Cláudio Marigo/Opção Brasil Imagens
p. 363	**proteção**	Mauritius/Latinstock
p. 373	**reciclagem**	Burazin/Getty Images
p. 378	**reciclagem**	Burazin/Getty Images
p. 381	**régua**	Grupo Keystone
p. 383	**remar**	Greg Pease/Getty Images
p. 384	**renda**	M. Angelo/CORBIS/Corbis (DC)/Latinstock
p. 386	**réptil**	
	camaleão	(Photoresearchers/Photoresearchers/Latinstock),
	jacaré	(Luiz Cláudio Marigo/Opção Brasil Imagens),
	jabuti	(Robert Harding/Imageplus)
p. 388	**restinga**	Douglas Engle/Corbis/Corbis (DC)/Latinstock
p. 391	**Rinoceronte:**	Image Source/Image Source/Latinstock
p. 394	**romã**	Ian OÐLeary/Getty Images
p. 396	**ruína**	Radius Images/Radius Images/Latinstock
p. 397	**sacada**	Christian Knepper/Opção Brasil Imagens
p. 397	**siri**	Stockfood/StockFood/Latinstock
p. 400	**samurai**	Shuji Kobayaschi/Getty Images
p. 401	**sapoti**	Rosemary Calvert/Getty Images
p. 402	**saúva**	Minden Pictures/Minden Pictures/Latinstock
p. 404	**selo**	Customimages/Imageplus
p. 409	**seta**	Alan Schein Photography/Corbis/Corbis (DC)/Latinstock
p. 411	**símbolo**	SCIENCE PHOTO LIBRARY/SPL DC/Latinstock
p. 412	**siri**	Stockfood/StockFood/Latinstock
p. 414	**soja**	Paulo Fridman/Corbis/Corbis (DC)/Latinstock
p. 418	**submarino**	Diego Ignacio/epa/Corbis/Corbis (DC)/Latinstock
p. 419	**sucata**	José Fuste Raga/Corbis/Corbis (DC)/Latinstock
p. 421	**sumaúma**	Travel Ink/Getty Images
p. 425	**taco**	Yang Liu/Corbis/Corbis (DC)/Latinstock
p. 425	**tamanduá**	Index Stock Imagery/Index Stock Imagery (RM)/Latinstock
p. 426	**tamanduá**	Index Stock Imagery/Index Stock Imagery (RM)/Latinstock
p. 426	**talo**	Photoresearchers/Photoresearchers/Latinstock
p. 427	**tanga**	Buddy Mays/CORBIS/Corbis (DC)/Latinstock
p. 428	**tatu-bola**	Gerry Bishop/Getty Images
p. 430	**telha**	Marcos André/Opção Brasil Imagens
p. 437	**tomada**	George Diebold Photograpy/Getty Images

p. 439	**touca**	Roosevel Nina/Opção Brasil Imagens
p. 444	**trincheira**	Bettmann/CORBIS/Corbis (DC)/ Latinstock
p. 449	**ultraleve**	Silvestre Machado/Opção Brasil Imagens
p. 449	**urucu**	Neil Fletcher & Mattew Ward/ Getty Images
p. 451	**urucu**	Neil Fletcher & Mattew Ward/ Getty Images
p. 453	**violeta**	THE PICTURE STORE/SCIENCE PHOTO LIBRARY/SPL DC/ Latinstock
p. 456	**veado**	Oxford Scientific/Photolibrary/ Getty Images
p. 461	**videira**	Rob Atkins/Getty Images
p. 463	**violeta**	THE PICTURE STORE/SCIENCE PHOTO LIBRARY/SPL DC/ Latinstock
p. 464	**vitória-régia**	Dea/C. Dani/Getty Images
p. 471	**xícara**	Stephen St. John/Getty Images
p. 473	**yakisoba**	Tom Grill/Getty Images
p. 475	**zepelim**	Central Press/Getty Images
p. 480	**Amazônia**	(Luiz Cláudio Marigo/Opção Brasil Imagens),
	Pantanal	(Luiz Cláudio Marigo/Opção Brasil Imagens),
	Pampa	(Roberto Vinícius/Agência Freelancer/Futura Press)
p. 481	**Caatinga**	(Luiz Cláudio Marigo/Opção Brasil Imagens),
	Cerrado	(Renato Grimm/Opção Brasil Imagens),
	Mata Atlântica	(Luiz Cláudio Marigo/Opção Brasil Imagens)